DAS PFENNIG-MAGAZIN
DER GESELLSCHAFT ZUR VERBREITUNG
GEMEINNÜTZIGER KENNTNISSE.
1836.

DELPHI 1014.

NEU VERLEGT BEI FRANZ GRENO, NÖRDLINGEN 1985.

Herausgegeben von Reinhard Kaiser.

Copyright © 1985 bei GRENO Verlagsgesellschaft mbH,
D-8860 Nördlingen.

Die Reproduktion erfolgte
nach dem Hand-Exemplar von Arno Schmidt
mit freundlicher Genehmigung
der Arno-Schmidt-Stiftung, Bargfeld.

Reproduktionen G. Mayr, Donauwörth
und G. Bergmann, Frankfurt/Main.
Gedruckt und gebunden bei Wagner GmbH, Nördlingen.
Printed in Germany.

ISBN 3921568544.

Das Pfennig-Magazin

der

Gesellschaft

zur

Verbreitung gemeinnütziger Kenntnisse.

Vierter Band.

Nr. 144—196.

Leipzig,

In der Expedition des Pfennig=Magazins.

(F. A. Brockhaus.)

1836.

Inhaltsverzeichniß des vierten Jahrganges.

Zur bequemen Übersicht der mit Abbildungen versehenen Artikel sind die Titel derselben mit gesperrter Schrift gedruckt; die mit [ ] versehenen Ziffern weisen die Nummer des Stücks nach, die am Ende der Zeilen stehenden die Seitenzahl.

	Nr.	S.
Abendmahl, das, von Leonardo da Vinci	[154]	88
Abstimmung, die, s. Hogarth.		
Ackerbaugesellschaft, die, in Kamtschatka, s. Kamtschatka.		
Adler, der, einer römischen Legion	[146]	20
Affen, die	[149]	44
	[150]	52
Ahmed's, Sultan, Moschee, s. Moschee.		
Akropolis, das Thor von, s. Thor.		
Algier, Topographie der Stadt	[169]	202
Aloe von Sokotora	[126]	276
Amstelbrücke, die, in Amsterdam	[156]	104
Anatomie, die vergleichende	[165]	173
Anbau der Brunnenkresse in Frankreich, s. Brunnenkresse.		
Annibale Carracci, das Stillschweigen, Gemälde desselben	[144]	1
Ansichten: **Algier**	[169]	201
Aranjuez	[151]	60
Benares, das Innere dieser Stadt	[161]	144
Benares, Landungsplatz daselbst	[161]	140
Birmingham	[179]	281
Cordova (der Stadt) und der Brücke über den Guadalquivir	[165]	169
Eisberge im Polarmeere	[154]	85
Eisenbahn von London nach Greenwich	[170]	216
Escurial	[151]	61
Fairhead, Vorgebirge auf der Insel Raghery	[193]	396
Harbourg (Insel) von dem Walle St.-Malos	[164]	164
Helena (St.)	[183]	317
der Mainbrücke und des Marienbergs zu Würzburg	[167]	192
Meriko	[158]	114
Petit-Bai (Insel) von dem Walle St.-Malos	[164]	164
Saint-Malo, des Hafens daselbst	[164]	165
— des Schlosses das.	—	164
Schahbagh, eines Palastes daselbst	[166]	180
Schloßruine zu Presburg	[186]	341
Staffa	[148]	33
Teneriffa	[160]	129
Trave, die, bei Lübeck	[147]	28
Vegesack	[152]	68
Anstrengung, Frucht derselben, s. Frucht.		
Aranjuez, Ansicht von, s. Ansichten.		
Arbeit, Theilung derselben, s. Theilung.		
Arcole, die Brücke von	[161]	137
Arnold von Winkelried, s. Winkelried.		
Artesische Brunnen, s. Brunnen.		
Aschenurne, unweit Pezenas aufgefunden	[184]	324
Aetna, der	—	325
Atta-Gull, das	[166]	182
Aureng-Zeyb's Moschee in Benares, s. Moschee.		
Ausmarsch der Truppen nach Finchley, s. Hogarth.		
Baden, das, und Schwimmen	[164]	166
Barcelona	[188]	359
Baudenkmale in Frankreich aus den Zeiten Franz I.	[163]	156
Bauer, ein, aus der Normandie	[187]	352
Bauernhütte, die russische	[181]	301

	Nr.	S.
Baukunst, über die, vorzüglich die griechische	[189]	363
Bäume, versteinerte, bei Pondichery	[179]	287
Beduinen, die	[174]	245
Begräbnißgebräuche in Rußland	[190]	375
— der nordamerikanischen Indianer	[191]	380
Benares	[161]	140
Benares, das Innere dieser Stadt, s. Ansichten.		
Bereitung, die, des Schweizerkäses, s. Schweizerkäse.		
Bereitung, die, des Theers, s. Theer.		
Bergerac	[188]	355
— dessen Mondreise	—	356
Berlichingen, Götz von, mit der eisernen Hand, s. Götz.		
Besteigung, die, des Giftbergs, s. Giftberg.		
Besteigung der Gletscher, Gefahren dabei, s. Gefahren.		
Betelnußbaum, der	[170]	212
Bewaffnung aus dem 13. Jahrhundert	[156]	100
Bewohner der Steppen der asiatischen Tatarei	[192]	392
Bibelübersetzungen	[163]	159
— Holzschnitte zu den Baumgärtner'schen, s. Christus und Ruth.		
Bibliothek, öffentliche, in Konstantinopel	[171]	217
Bilder aus Rom	[176]	257
	[177]	266
	[178]	274
Bilderschrift, merikanische	[155]	93
Birmingham, Ansicht von, s. Ansichten.		
— Marktplatz daselbst, s. Marktplatz.		
— Stadthalle daselbst, s. Stadthalle.		
— neue Straße daselbst, s. Straße.		
— Topographie	[179]	282
Blätterschwamm, der	[178]	277
Bleichsucht, die, der Pflanzen	[145]	12
Blinde, Blindenunterricht und Blindenanstalten.		
I. Von den Blinden überhaupt	[175]	254
	[176]	262
	[177]	270
II. Von der Erziehung und dem Unterrichte der Blinden	[180]	293
	[181]	302
	[182]	310
III. Von den Blindenanstalten	[185]	330
	[186]	333
Blutbad, das, auf Manilla	[150]	54
Bobbinetmaschine, die	[162]	149
Böhme, Jakob	[173]	236
Bohrer, s. Dachshunde.		
Bordeaur, Weinlese bei dieser Stadt, s. Weinlese.		
Börse, die, in Petersburg	[145]	12
Bourbon, Herzog Karl von, Grabmal desselben, s. Grabmal.		
Brasilien, Diamantengruben daselbst, s. Diamantengruben.		
Bremen (Topographie)	[152]	65
— der Domhof daselbst	—	72
Brieftauben, die		
Brotbereitung der Madagassen aus der Maniocwurzel	[190]	373
Brücke, die, von Arcole, s. Arcole.		

Inhaltsverzeichniß.

	Nr.	S.
Brücke zwischen dem alten und neuen Johanniscollegium zu Cambridge	[184]	328
Brüderschaft, die, der weißen Büßenden	[180]	293
Brüllaffe, der, s. Heulaffe.		
Brunnen, artesische	[161]	139
Brunnenkresse, Anbau derselben in Frankreich	[185]	334
Brust, Misbildungen derselben, s. Misbildungen.		
Buchdruckerei, die, auf den Gesellschaftsinseln	[168]	195
Burgund, Agnes von, Grabmal derselben, s. Grabmal.		
Büßende, Brüderschaft der weißen, s. Brüderschaft.		
Cagliostro	[162]	148
Cajus Marcus wird nach dem Siege von Corioli gekrönt	[160]	132
Calais, das Thor von, s. Hogarth.		
Cambridge	[184]	322
Campo Vaccino, das, zu Rom	[177]	272
Canada, die Holzhauer daselbst, s. Holzhauer.		
Canal du midi, s. Languedoccanal.		
Carneval, das, in Rom	[178]	273
Castel, das, von Conisborough, s. Conisborough.		
Cavallo, Monte, s. Monte.		
Ceylon, s. Perlenfischerei.		
Chamäleon, das	[169]	205
Chambre dorée, die, zu Paris	[185]	333
Champagnerverbrauch	[194]	407
Charaktere, historische	[189]	565
Chichester, Kathedrale daselbst, s. Kathedrale.		
Chillon, das Schloß	[171]	221
Chimpanse, der	[149]	45
China, Strafen daselbst, s. Strafen.		
Chorus, der, s. Hogarth.		
Christus am Ölberge (Holzschnitt zur Bibelausgabe)	[183]	163
Cid, der, s. Don Rodrigo Diaz.		
Cliffwagen, der	[168]	200
Colonie, Entdeckung einer solchen auf der nördlichen Küste von Neuholland	[159]	127
Conchylien, s. Schalthiere.		
Conisborough, das Castel von, in der englischen Grafschaft York	[159]	124
Contraste des weiblichen Sinnes	[171]	219
Corbeil, Reliquienkästchen des heiligen Spire daselbst, s. Reliquienkästchen.		
Cordova	[165]	170
—— Ansicht der Stadt und der Brücke über den Guadalquivir, s. Ansichten.		
—— das Innere der Domkirche daselbst, s. Domkirche.		
Coriolan entdeckt sich dem Attius Tullus	[160]	133
Corrawasserfall, der, in Schottland	[187]	343
Cortez, Ferdinand	[156]	97
Cultur, die, des Thees, s. Thee.		
Curassow, Luftröhre desselben, s. Luftröhre.		
Dachshunde, englische und schottische, oder Bohrer	[147]	32
Dampfböte, eiserne	[161]	139
Dampfmaschine, Wirkungskraft derselben	[168]	198
Dampfschiff, eisernes	[163]	159
Dampfschiffe, vermehrter Verkehr durch dieselben, s. Verkehr.		
Dampfschifffahrt, Verbindung zwischen Großbritannien und Indien durch dieselbe	[191]	381
Denkmal Nelson's auf dem Marktplatze zu Birmingham	[179]	288
Denkmal, römisches, zu Igel	[183]	313
Diamantengruben, die, in Brasilien	[144]	5
Dianentempel, der, zu Evora	[175]	249
Domhof, der, zu Bremen, s. Bremen.		
Domkirche, die, zu Cordova, das Innere derselben	[165]	176
Domkirche, die, zu Mexico	[158]	116
Domplatz, der, zu Florenz	[172]	225
Don Rodrigo Diaz, der Cid	[172]	312
Dublin, Eisenbahn von dort nach Kingstown, s. Eisenbahn.		
Dublin, Eisenbahn von da nach Valencia, s. Eisenbahn.		

	Nr.	S.
Eber, Kopf eines äthiopischen	[165]	173
—— Skelett eines deutschen		—
Egg, der Felsen von	[148]	40
Eicheln, die, als Nahrung	[187]	349
Eingeborene von Madagaskar in kriegerischer Rüstung	[190]	372
Eisberge im Polarmeere, s. Ansichten.		
Eisenbahn, die, von Dublin nach Kingstown	[177]	268
Eisenbahn, die, von London nach Greenwich	[170]	215
Eisenbahn von Dublin nach Valencia, als künftigen Welthafen	[164]	167
Eisenbahn zwischen Dover und Calais	[171]	223
Eisenbahnen, vermehrter Verkehr durch dieselben, s. Verkehr.		
Eiserne Dampfböte, s. Dampfböte.		
Eisernes Dampfschiff, s. Dampfschiff.		
Elektricität der Tuberose	[181]	300
Elenhirsch, der	[145]	13
Elenthier, der, oder Musethier	—	12
Ely, Kathedrale daselbst, s. Kathedrale.		
Engelsburg, die, in Rom	[176]	257
Engländer, Sterblichkeit unter denselben in Indien, s. Sterblichkeit.		
Englische Dachshunde, s. Dachshunde.		
Entdeckung einer Colonie auf der nördlichen Küste von Neuholland, s. Colonie.		
Entfernungen, Messungen derselben, s. Messungen.		
Entdeckungsreisen, die neuesten, in den nördlichen Polargegenden	[154]	83
Erdbeben, ein	[149]	42
Erinnerung aus der Perückenzeit, s. Perückenzeit.		
Ersteigung des Vulkans Popokatepetl in Amerika	[196]	421
Erwärmungsmethode in Madrid	[194]	403
Escurial, Ansicht von, s. Ansichten.		
Etretat, der Fischerflecken	[144]	6
Evora	[175]	249
—— Dianentempel das., s. Dianentempel.		
—— Wasserleitung, römische, daselbst, s. Wasserleitung.		
Exeter, Kathedrale daselbst, s. Kathedrale.		
Fachen der Hüte, Verfahren dabei	[194]	404
Fairhead, Vorgebirge auf der Insel Raghery, s. Ansichten.		
Feldmäuse, die, in Kamtschatka	[168]	199
Felsen, der, von Egg, s. Egg.		
Felsenwildniß auf dem Sinai, s. Sinai.		
Findelkind, das, von Kempten, Seelengröße desselben, s. Seelengröße.		
Firnißbaum, der	[168]	199
Flachs, Surrogate dafür, s. Surrogate.		
Fliegender Hund, s. Hund.		
Fliegenschwamm, der	[178]	277
Florenz, Topographie	[172] / [173]	226 / 235
—— Domplatz daselbst, s. Domplatz.		
—— Ponte vecchio daselbst, s. Ponte vecchio.		
Flug, der, der Insekten	[185]	333
Flußkrebs, der, und der Seekrebs oder Hummer	[159]	125
Folgt nach einem sehr heißen Sommer ein sehr kalter Winter? s. Sommer.		
Formen der Hüte	[194]	405
Francke, August Herrmann	[185]	331
Franz I., Grabmal desselben, s. Grabmal.		
—— Palast desselben, s. Palast.		
Französischer Seidenhandel, s. Seidenhandel.		
Freiburg, Hängebrücke das., s. Hängebrücke.		
Friedrich II., Reisen desselben	[171]	219
Frucht der Anstrengung	[153]	78
Fußvolk aus dem 15. Jahrhundert	[156]	101
Gastmahl beim Großvezier im Monat Ramazan	[180]	292
Gebräuche der Indianer, s. Indianer.		
Gefahren bei Besteigung der Gletscher	[196]	418
Gefangenenbesserung	[189]	362
Geier, der ägyptische	[167]	185
Gemälde, mexicanische	[155]	92
Gemälde von Ispahan, s. Ispahan.		

Inhaltsverzeichniß.

	Nr.	S.
Gemälde von Petersburg, s. Petersburg.		
Geologie	[170]	214
	[171]	221
	[172]	230
	[173]	237
	[183]	318
Geruchssinn, über den Bereich desselben		
Geschicklichkeit indischer Jongleurs, s. Jongleurs.		
Gesellschaftsinseln, Buchdruckerei daselbst, s. Buchdruckerei.		
Gewicht der Meereswassermasse	[186]	342
Giftberg, Besteigung desselben	[160]	133
Gifttrinker, die	[174]	243
Girnego, das Schloß	[173]	240
Glas, Geschichte und Verfertigung desselben	[175]	250
Glasgow	[192]	385
Glencoe	[189]	362
Gletscher, Gefahren bei Besteigung derselben, s. Gefahren.		
Godesberg, das Hochkreuz daselbst, s. Hochkreuz.		
Goguelu, Herr von	[191]	380
Gold, gediegenes	[169]	207
Gottes unsichtbare Wasserwelten, s. Wasserwelten.		
Gotthard, St., Straße über denselben, s. Straße.		
Götz von Berlichingen mit der eisernen Hand	[186]	342
Grabmal, das, Franz I.	[163]	157
Grabmal, das, des Herzogs Karl von Bourbon und seiner Gemahlin Agnes von Burgund, in Souvigny	[178]	279
Grabmäler, die, der Griechen und Römer	[169]	203
Grenoble, das große Karthäuserkloster daselbst, s. Karthäuserkloster.		
Gröden, s. Holzschnitzwaaren.		
Großvezier, Gastmahl bei demselben, s. Gastmahl.		
Gußeisernes Pianoforte, s. Pianoforte.		
Hamburg, der Jungfernstieg daselbst, s. Jungfernstieg.		
Hanf, Surrogate dafür, s. Surrogate.		
Hängebrücke, die, bei Freiburg	[189]	367
Hängebrücken in Hochasien	[196]	419
Harbourg, die Insel, s. Ansichten.		
Haus Isaak Walton's, s. Walton.		
Hebriden, die	[148]	34
Hecht, der	[152]	70
Heilung, merkwürdige, der Wasserscheu	[195]	416
Heinrich, das Findelkind von Kempten, Seelengröße desselben, s. Seelengröße.		
Heinrich von Lützelburg, Kaiser	[192]	390
Helena, Sanct, s. Sanct Helena.		
Henkerflasche, die	[165]	73
Hereford, Kathedralkirche daselbst, s. Kathedralkirche.		
Herr von Goguelu	[191]	379
Heul- oder Brüllaffe, der	[150]	53
Historische Charaktere, s. Charaktere.		
Hochasien, Hängebrücken daselbst, s. Hängebrücken.		
Hochkreuz, das, bei Godesberg	[188]	354
Hogarth, dessen Werke:		
8. Der Politiker	[145]	16
9. Die abfahrende Landkutsche	[149]	47
10. Die Parlamentswahl		
1. Der Wahlschmaus	[153]	78
2. Die Stimmensammlung	[155]	95
3. Die Abstimmung	[157]	111
4. Die Huldigung	[159]	127
11. Der Ausmarsch der Truppen nach Finchley	[180]	295
12. Das Thor von Calais oder der englische Rinderbraten	[185]	335
13. Der Chorus	[190]	375
14. Das lachende Parterre	[194]	408
Höhen, Messungen derselben, s. Messungen.		
Holsteinbrücke, die in Lübeck, s. Lübeck.		
Holzhauer, die, in Canada	[168]	199
Holzschnitzwaaren, die, im Thale Gröden	[149]	46
Hühnengrab, das, in England	[173]	234
Huldigung, die, s. Hogarth.		
Hummer, der, s. Flußkrebs.		
Hund, der fliegende javanische oder Kalong	[151]	64
Hüte, Formen derselben, s. Formen.		
— Walken derselben, s. Walken.		
Ibrahim's Palast zu Kahira	[177]	269
Igel, römisches Denkmal das., s. Denkmal.		
Indianer, Gebräuche derselben	[165]	175
— die, in Nordamerika	[193]	397
	[194]	405
— nordamerikanische, Begräbnißgebräuche derselben, s. Begräbnißgebräuche.		
Indigo	[146]	19
— Bereitung desselben	—	20
Innere, das, der Stadt Benares, s. Ansichten.		
Innere, das, eines spanischen Wirthshauses, s. Wirthshaus.		
Insekten, Flug derselben, s. Flug.		
Insel, die, Ischia, s. Ischia.		
— die, Murano, s. Murano.		
— die, Ragherry	[193]	396
Inseln, die, Harbourg und Petit-Bai, s. Ansichten.		
Inseln, die schwimmenden, von St.-Omer	[169]	207
Irländische Leichengebräuche	[193]	395
Isaak Walton's Haus, s. Walton.		
Ischia, die Insel	[153]	73
Ispahan, Gemälde von	[166]	178
	[167]	190
Jakob Böhme, s. Böhme.		
Jamaica, Sklavenmarkt daselbst, s. Sklavenmarkt.		
Johannes, Kloster des heiligen, s. Kloster.		
Johannescollegium, altes und neues, zu Cambridge, Brücke zwischen demselben, s. Brücke.		
Jona, Ruinen von	[148]	40
Jongleurs, indische, Geschicklichkeit derselben	[168]	200
Jungfernstieg, der, in Hamburg	[162]	145
Kahira, Palast Ibrahim's daselbst, s. Ibrahim.		
Kaiser Heinrich von Lützelburg	[192]	390
Kalong, s. Hund, der fliegende.		
Kälte, die, am botnischen Meerbusen	[196]	423
Kamtschatka, Ackerbaugesellschaft daselbst	[165]	175
— Feldmäuse daselbst, s. Feldmäuse.		
Kanonen aus dem 14. und 15. Jahrhundert	[156]	100
Karausche, die	[152]	70
Karl XII., König von Schweden, Züge aus dem Leben desselben	[175]	153
Karpfen, der	[152]	69
Karte vom Nordpol, s. Nordpol.		
Karthäuserkloster, das große, zu Grenoble	[196]	421
Kastorhüte, die Verfertigung derselben	[194]	403
Katharinenkloster, das, auf dem Sinai, s. Sinai.		
Kathedrale, die, von Chichester	[190]	370
— die, zu Ely	[146]	23
— die, zu Exeter	[166]	177
Kathedralkirche, die, von Hereford	[193]	400
Kempten, das Findelkind, von, Seelengröße desselben, s. Seelengröße.		
Kernbeißer, der gesellige, Nest desselben, s. Nest.		
Kingstown, Eisenbahn von Dublin nach, s. Eisenbahn.		
Kirauea, der Vulkan von	[144]	7
Kloster, das, des heiligen Johannes	[157]	105
Kohlenbrennerei	[195]	412
Kolibri, der	[144]	4
Korkeiche, die	[158]	119
Krater des Pico de Teyde auf Teneriffa, s. Pico.		
Kreml, der, zu Moskau	[169]	208
Kreta, Labyrinth daselbst, s. Labyrinth.		
Kriegsmaschinen aus dem 15. Jahrhundert	[156]	101
Kriegswesen, das, der Engländer im Mittelalter	—	99
Kronjuwelen, englische, Raub derselben	[155]	90
Kuhbaum, der	[176]	261
Kunst, die, große Lasten fortzuschaffen	[172]	227
Labyrinth, das, auf Kreta	[195]	411
Landkutsche, die abfahrende, s. Hogarth.		
Landungsplatz in Benares, s. Ansichten.		

Inhaltsverzeichniß.

	Nr.	S.
Landungsplatz am Seeufer bei Neufchatel, s. Neufchatel.		
Languedockanal, der	[152]	71
Lasten, Kunst, dieselben fortzuschaffen, s. Kunst.		
Launen des Zufalls	[172]	232
Leben, menschliches, Versicherung desselben, s. Versicherung.		
Lebens- oder Rettungsboot, das	[168]	196
Leichengebräuche, irländische	[193]	395
Leonardo da Vinci und sein Abendmahl	[154]	81
Leopardenjagd, die, in Indien	[182]	309
Licht, Wirkung desselben	[155]	92
Liebfrauenkirche, die, zu Würzburg, s. Würzburg.		
Lissabon	[129]	297
Löffelgans, Luftröhre derselben, s. Luftröhre.		
Loggien, s. Rafael.		
Löschglöckchen, das	[184]	324
Löwenäffchen, das	[150]	53
Lübeck (Topographie)	[147]	26
—— Marktplatz mit dem Rathhause daselbst	—	25
—— Holsteinbrücke daselbst	—	29
Luchs, der	[151]	57
Luftröhre des Curassow	[196]	420
—— der Löffelgans	—	—
—— der Sammetente	—	—
Luftröhren verschiedener Vögel, Fig. 1—6.		
Luftvulkane, die, bei Turbaco	[166]	180
Lurley, der	[186]	344
Luzern	[174]	241
Mackintosh, Jacob	[157]	109
Madagaskar, die Insel	[190]	371
—— Eingeborne daselbst in kriegerischer Rüstung	—	372
Madagassen, Brotbereitung derselben aus der Maniocwurzel	—	373
Madrid (Topographie)	{[150], [151]}	{50, 59}
—— Erwärmungsmethode daselbst, s. Erwärmungsmethode.		
—— große Straße daselbst	[150]	49
Magna charta, die	[153]	77
Mahlen des Reises, s. Reis.		
Maikäfer, der	[184]	324
Mainbrücke, die zu Würzburg, s. Ansichten.		
Mandrillaffe, der	[150]	52
Manilla, Blutbad daselbst, s. Blutbad.		
Maniocwurzel, Brotbereitung aus derselben, s. Brotbereitung.		
Mann, der alte, auf der Insel Hoy	[182]	305
Marienberg, der, zu Würzburg, s. Ansichten.		
Marktplatz, der, zu Birmingham mit dem Denkmale Nelsons	[179]	288
—— der, zu Lübeck, s. Lübeck.		
Marmorpalast, der, zu Petersburg	[145]	9
Meereswassermasse, Gewicht derselben	[186]	342
Meiler beim Kohlenbrennen, vier Arten derselben	[195]	413
Merinoschaf, das	[148]	34
Messungen von Höhen und Entfernungen	[181]	300
Mexico	{[154], [155], [156], [157], [158]}	{86, 92, 97, 110, 114}
—— die Domkirche daselbst, s. Domkirche.		
Mexicanische Bilderschrift, s. Bilderschrift.		
Mexicanische Gemälde, s. Gemälde.		
Mißbildungen der Brust	[195]	410
Mittagsessen, ein chinesisches	[169]	207
Mittelasien, Trümmer menschlicher Größe daselbst	[174]	242
Mohammed (Biographie)	{[146], [147], [148]}	{18, 29, 37}
—— Ali, Pascha von Ägypten	[159]	121
Mohn, der weiße, und das Opium	[169]	204
Mokka, Stadt und Hafen	[196]	417

	Nr.	S.
Mondreise Bergerac's, s. Bergerac.		
Monomanie bei Pferden	[156]	103
Mosaik aus Pompeji	[166]	184
Moschee Aureng-Zeyb's in Benares	[161]	141
—— Sultan Ahmed's	[168]	193
Monte Cavallo, der, zu Rom	[177]	265
Münchhausens Reisen	—	270
Murano, die Insel	[140]	41
Musethier, das, s. Elenthier.		
Musseron, der	[178]	276
Naturhistorische Unterhaltungen, s. Unterhaltungen.		
Nelson, Denkmal desselben, s. Denkmal.		
Neptunstempel, der, in Pästum	[174]	244
Nest, das, des geselligen Kernbeißers	[157]	108
Neufchatel	[187]	346
—— Landungsplatz am Seeufer bei	—	345
Neuholland, Entdeckung einer Colonie auf der nördlichen Küste desselben, s. Colonie.		
—— Sitten der Wilden daselbst	[151]	61
Newton's, Isaak, Statue im Trinitycollegium zu Cambridge	[184]	321
Nikolausthurm, der, auf Rhodus, s. Rhodus.		
Nordpol, Karte von demselben	[154]	84
Normandie, Bauer in diesem Lande, s. Bauer.		
Notiz	{[187], [195]}	{351, 416}
Omai	[164]	163
Opium, s. Mohn, der weiße.		
Orang-Outang, der	[149]	44
Orkadische Inseln	[182]	306
Owaihi, vulkanische Gegend daselbst	[144]	8
Palast, der, Franz I.	[163]	156
—— der Thermen in Paris, s. Thermen.		
—— Ibrahim's zu Kahira, s. Ibrahim.		
—— zu Schaharbagh, s. Ansichten.		
Parias, die	[195]	414
Parlamentswahl, die, s. Hogarth.		
Parterre, das lachende, s. Hogarth.		
Pästum, die Tempel von	[174]	243
—— Neptunstempel daselbst, s. Neptunstempel.		
Patmos	[157]	106
Perlenfischerei auf Ceylon	[180]	289
Perückenzeit, Erinnerung aus derselben	[175]	253
Petersburg, Gemälde von	{[144], [145], [146]}	21
—— der englische Quai daselbst, s. Quai.		
—— der Marmorpalast daselbst, s. Marmorpalast.		
—— Börse daselbst, s. Börse.		
Petit-Bai, die Insel, s. Ansichten.		
Petra	[191]	378
Pfalz, die, am Rhein	[186]	338
Pferde, Monomanie bei denselben, s. Monomanie.		
—— steinerne, bei Pondichery	[179]	287
Pferderacen, die	{[162], [163], [164], [165]}	{146, 157, 162, 174}
Pflanzen, Bleichsucht derselben, s. Bleichsucht.		
—— Wanderungen einiger derselben	[175]	250
Pflanzung des jungen Reises, s. Reis.		
Pianoforte, gußeisernes	[158]	119
Pico de Teyde auf Teneriffa, Krater desselben	[160]	136
Pilger, die, im Mittelalter	[191]	379
Pilze, die	[178]	274
Polargegenden, Entdeckungsreisen in denselben, s. Entdeckungsreisen.		
Polarmeer, Eisberge in demselben, s. Ansichten.		
Politiker, der, s. Hogarth.		
Pompeji	[166]	182
—— Mosaik von da, s. Mosaik.		
Pondichery, steinerne Pferde daselbst, s. Pferde.		
Ponte vecchio, der, in Florenz	[173]	236
Popokatepetl, Vulkan in America, Ersteigung desselben, s. Ersteigung.		

Inhaltsverzeichniß.

VII

	Nr.	S.
Posten, zurückgelegter Weg derselben in den königlich preußischen Staaten während des Jahres 1835	[185]	335
Preßburg, Topographie von	[186]	340
Purpur, der, der Alten	[190]	370
Quai, der englische, in Petersburg	[144]	4
Rafael's Loggien im Vatican zu Rom	[176]	264
Raghery, die Insel	[193]	396
—— Seerabenfelsen daselbst, s. Seerabenfelsen.		
Ramasan, der	[180]	291
Rathhaus, das, zu Lübeck, s. Lübeck.		
Raub der englischen Kronjuwelen, s. Kronjuwelen.		
Rechnenorgel, die	[176]	262
Rechtsschulen, die englischen	[194]	402
Regenschirme	[173]	234
Reis, der, und sein Anbau	[172]	227
—— I. Wässerung des Bodens	—	228
—— II. Zubereitung des Bodens mit der Egge	—	228
—— III. Pflanzung des jungen Reises	—	229
—— IV. Zermalmen des Reises	—	229
—— V. Sieben und Mahlen des Reises	—	229
Reisen Friedrich II., s. Friedrich II.		
—— in Rußland	[183]	315
Reliquienkästchen, das, des heiligen Spire zu Corbeil	[165]	172
Rettungsboot, das, s. Lebens- oder Rettungsboot.		
Rhodus, die Insel	[163]	154
—— Nikolausthurm daselbst	—	153
Ricinusölpflanze, die	[174]	244
Rinderbraten, die englische, s. Hogarth.		
Ritter Franz von Sickingen, s. Sickingen.		
Ritter Melchior von Saalhausen, s. Saalhausen.		
Rom, Bilder von dort, s. Bilder.		
Römer, Geschichte derselben, ihrer Herrschaft und Cultur	[160]	131
Römisches Denkmal zu Igel, s. Denkmal.		
Rotheiche, die	[187]	349
Rotterdam	[193]	393
Ruinen von Jona, s. Jona.		
Rüsselaffe, der	[150]	52
Rußland, Begräbnißgebräuche daselbst, s. Begräbnißgebräuche.		
—— Reisen daselbst, s. Reisen.		
—— Winterreisen daselbst, s. Winterreisen.		
...iset mit Naemi nach Bethlehem...lzschnitt zur Bibelausgabe)	[163]	160
Saalhausen, Ritter Melchior von	[174]	243
Saimiri, der, (Affe)	[150]	53
Saint-Malo	[164]	163
—— Ansicht des Hafens daselbst, s. Ansichten.		
—— Ansicht des Schlosses daselbst, s. Ansichten.		
—— das Thor daselbst, s. Thor.		
Salzsee auf dem Vorgebirge der guten Hoffnung	[172]	232
Sammetente, Luftröhre derselben, s. Luftröhre.		
Sanct Helena	[183]	316
—— Ansicht dieser Insel, s. Ansichten.		
Säule, die dorische	[189]	364
—— die ionische	—	—
—— die korinthische	—	—
—— die korinthische, ihre Entstehung	—	—
—— die toscanische	—	365
—— die zusammengesetzte	—	—
Schaharbagh, Palast des, s. Ansichten.		
Schalthiere oder Conchylien	[155]	89
Scharlach, der, der Alten	[190]	370
Schiffbrüche englischer Fahrzeuge	[169]	207
—— Ursachen derselben	[195]	414
Schlangenbezauberer, indische	[146]	17
Schleie, die	[152]	71
Schlittschuhsoldaten, die norwegischen	[186]	339
Schloß, das königliche, zu Würzburg, s. Würzburg.		
Schloßruine, die, zu Preßburg, s. Ansichten.		
Schnabelthier, das	[152]	72
Schottische Dachshunde, s. Dachshunde.		
Schuppenpilz, der	[178]	278
Schweiz, Uhrenfabrik daselbst, s. Uhrenfabrik.		
Schweizerkäse, Bereitung desselben	[154]	82
Schwimmen, das, s. Baden.		
Seehundsjagd, die, in Grönland	[176]	260
—— in Schottland	[176]	261
Seekrebs, der, s. Flußkrebs.		
Seelengröße Heinrich's, des Findelkindes von Kempten	[157]	107
Seerabenfelsen auf der Insel Raghery	[193]	397
Seeungeheuer in den indischen Meeren	[161]	139
Seidenhandel, französischer	[151]	63
Sickingen, Ritter Franz von	[161]	137
Sieben des Reises, s. Reis.		
Sinai, der	[181]	297
—— Felsenwildniß auf demselben	—	300
—— Katharinenkloster, das, auf demselben	—	304
Sinclair, das Schloß	[173]	240
Sinn, weiblicher, Contraste desselben, s. Contraste.		
Sitten der Wilden in Neuholland, s. Neuholland.		
Sklavenmarkt, der, in Jamaica	[163]	155
Soho	[183]	319
Soldaten aus dem 14. und 15. Jahrh.	[156]	100
Soldaten aus dem 15. Jahrhundert	[156]	101
Sommer, ob nach einem sehr heißen ein sehr kalter Winter folgt?	[167]	186
Sonnenschirme im Morgenlande	[170]	211
Souvigny, Grabmal des Herzogs Karl von Bourbon und seiner Gemahlin, s. Grabmal.		
Spinnenaffe, der	[150]	53
Stadthalle zu Birmingham	[179]	284
Staffa, s. Ansichten.		
Stärkung der Lunge	[188]	354
Statue Isaak Newton's, s. Newton.		
Staubbach, der	[185]	330
Steineiche, die	[187]	349
Steppen der asiatischen Tatarei, Bewohner derselben, s. Bewohner.		
Sterblichkeit unter den Engländern in Indien	[192]	390
Stillschweigen, das, Gemälde von Annibale Carracci	[144]	1
Stimmensammlung, die, s. Hogarth.		
Stimmenwerkzeuge, die, b. Menschen und Thieren	[196]	419
St.-Michaelsberg, der, in Cornwall	[182]	308
St.-Michaelsstuhl, der	—	309
Strafen in China	[171]	223
Straße, die große, in Madrid, s. Madrid.		
Straße, neue, zu Birmingham	[179]	284
Straße über den St.-Gotthard in der Schweiz	[158]	117
Sultan Ahmed's Moschee, s. Moschee.		
Sumach, der	[150]	55
Surrogate für Flachs und Hanf	[166]	181
Tabackrauchen, Geschichte desselben	[156]	102
Tabackreibe aus dem 17. Jahrhundert	[188]	357
Talgbaum, der, in China	[164]	158
Tatarei, Steppen der asiatischen, Bewohner derselben, s. Bewohner.		
Taucher, Beobachtungen über dieselben	[153]	75
Teichfischerei, die	[152]	69
Tempel, die, von Pästum, s. Pästum.		
Teneriffa, Beschreibung der Insel	[160]	130
Teufelsbrücke, die	[158]	117
Thee, über die Cultur desselben	[153]	74
Theer, Bereitung desselben	[170]	213
Theer, vegetabilischer	[161]	139
Theilung der Arbeit	[195]	415
Thermen, Palast der, in Paris	[153]	76
Thiere, Vorgefühle derselben für das Wetter, s. Vorgefühle.		
Thier- und Pflanzenleben	[191]	373
Thor, das, von Akropolis	[191]	381
Thor, das, von Calais, s. Hogarth.		
Thor, das, von St.-Malo	[163]	165
Tintenschwamm, der	[178]	277
Tower, Waffensammlung in demselben, s. Waffensammlung.		
Trave, die, bei Lübeck s. Ansichten.		
Trümmer menschlicher Größe in Mittelasien, s. Mittelasien.		

VIII   Inhaltsverzeichniß.

	Nr.	S.
Tuberose, s. Elektricität.		
Turbaco, Luftvulkane daselbst, s. Luftvulkane.		
Turluru, der, s. Wanderkrabbe.		
Uhrenfabrik in der Schweiz	[195]	410
Unterhaltungen, naturhistorische	[151]	63
Ursachen der Schiffbrüche	[195]	414
Vegesack, s. Ansichten.		
Vegetabilischer Theer, s. Theer.		
Verbindung, die, zwischen Großbritannien und Indien durch Dampfschifffahrt	[191]	381
Verfertigung des Glases, s. Glas.		
——— die, der Kastorhüte	[194]	403
Verkehr, vermehrter, durch Eisenbahnen und Dampfschiffe	[150]	55
Versicherung des menschlichen Lebens.	[171]	220
Virginiawasser in Windsor	[195]	409
Völkerkunde	[160]	131
Vorgebirge der guten Hoffnung, Salzsee daselbst, s. Salzsee.		
Vorgefühle, die, der Thiere für das Wetter	[187]	347
Vulkan, s. Kirauea.		
Vulkanische Gegend auf Owaihi, s. Owaihi.		
Waffensammlung, die, im Tower	[191]	384
Wahlschmaus, der, s. Hogarth.		
Walken, das, der Hüte	[194]	405
Walton, Isaak, Haus desselben	[164]	160
Wanderkrabbe, die, oder der Turluru	[157]	107
Wanderungen einiger Pflanzen, s. Pflanzen.		
Wasser, Werth desselben in heißen Erdgegenden, s. Werth.		
Wasserleitung, römische, zu Evora	[175]	256
Wasserscheu, merkwürdige Heilung derselben, s. Heilung.		
Wässerung des Bodens beim Anbau des Reises, s. Reis.		
Wasserwelten, Etwas von Gottes unsichtbaren	[186]	342
Weberei, feine indische	[164]	168
Weg, zurückgelegter, der Posten in den königlich preußischen Staaten während des Jahres 1835, s. Posten.		

	Nr.	S.
	[170]	210
	[178]	278
	[179]	285
	[183]	314
Weinbau, über denselben	[184]	327
	[187]	350
	[188]	357
	[189]	365
	[190]	373
Weinlese, die, bei Bordeaux	[192]	389
Werth des Wassers in heißen Erdgegenden	[195]	415
Werth, Johann von	[145]	13
Wespen, die	[163]	155
Wichtigkeit der Zeitabschnitte, s. Zeitabschnitte.		
Wiedehopf, der	[170]	209
Wiesenblätterschwamm, der	[178]	276
Wilde, Sitten derselben in Neuholland, s. Neuholland.		
Windsor	[195]	409
——— Virginiawasser daselbst, s. Virginiawasser.		
Windsorpark, der	[195]	416
Winkelried, Arnold von	[173]	234
Winter, ob ein sehr kalter nach einem sehr heißen Sommer folgt? s. Sommer.		
Winterreisen in Rußland	[183]	316
Wirkung des Lichts, s. Licht.		
Wirkungskraft der Dampfmaschine, s. Dampfmaschine.		
Wirthshaus, spanisches, das Innere desselben	[162]	152
Würzburg	[167]	187
——— das ehemalige bischöfliche, jetzt königliche Schloß daselbst	—	189
——— die Liebfrauenkirche daselbst	—	188
——— die Mainbrücke und der Marienberg daselbst, s. Würzburg.		
Zeitabschnitte, Wichtigkeit derselben	[162]	150
Zermalmen des Reises, s. Reis.		
Zubereitung des Bodens mit der Egge beim Anbau des Reises, s. Reis.		
Züge aus dem Leben König Karl XII. von Schweden, s. Karl XII.		

Das Pfennig-Magazin

der
Gesellschaft zur Verbreitung gemeinnütziger Kenntnisse.

144.] Erscheint jeden Sonnabend. **[Januar 2, 1836.**

Das Stillschweigen, Gemälde von Annibale Carracci.

Annibale Carracci (geb. 1560, gest. 1609), der Bruder des Agostino (geb. 1575, gest. 1602), gehört mit diesem zu den Meistern der von ihrem Vetter Ludovico Carracci (geb. 1555, gest. 1619) gestifteten sogenannten bolognesischen Malerschule, welche sich zwar durch das Studium der Werke früherer Meister, wie Correggio, Paul Veronese, Tizian u. A. gebildet hatte, bald aber zu einem eigenthümlichen Styl hindurchdrang, der sich durch kraftvolle Zeichnung, durch eine ungemeine Stärke in der Farbengebung, durch Adel und vollkommenen Ausdruck und durch Kenntniß des Helldunkels auszeichnet. Der Vater des Annibale Carracci war ein Schneider und bestimmte seinen Sohn zu Erlernung desselben Handwerks, weshalb er auch keine vorzügliche Erziehung erhielt. Annibale war kaum im Stande zu lesen und zu schreiben, und die Folge davon war, daß er auch in spätern Jahren, wo er bereits als Künstler sich auszuzeichnen anfing, wenig Werth auf wissenschaftliche Bildung legte. Ein desto eifrigeres Studium verwendete er aber auf die Kunstwerke Correggio's, Rafael's, Tizian's und anderer Meister, die er in seinen Skizzen und Studien sorgfältig copirte, und durch deren berühmte Muster, verbunden mit eigner Genialität, er sich jene großartige Composition aneignete. Annibale war unter den drei Carracci der ausgezeichnetste in Hinsicht auf Adel in der Composition, während man seinem Bruder eine größere Erfindungsgabe und seinem Vetter Ludovico mehr theoretische Kenntniß der Grundsätze der Kunst zugestehen muß. Ludovico's Werke erinnern an Tizian, Agostino's an Tintoretto und Annibale's an Correggio. Man hat dem Annibale einer zu starken Hinneigung zur Caricatur beschuldigt; dieser Fehler rührte zum Theil von der ihm eignen Fertigkeit her, jeden Gegenstand, der ihm als seltsam auffließ, auf der Stelle mit vollkommener Treue auf das Blatt zu werfen. Annibale war einst, erzählt man, auf der Heerstraße von zwei Räubern angefallen und beraubt worden; er wandte sich deshalb an den Richter, der jedoch die Thäter nicht zu ermitteln wußte. Da zeichnete ihm Annibale mit Kohle in wenigen Zügen die Gesichter der Verbrecher so täuschend ähnlich auf die Tafel hin, daß man sie sogleich erkennen und vor Gericht ziehen konnte. Eine andere Scene zwischen ihm und seinem Bruder Agostino, mit welchem er zwar sehr brüderlich lebte, aber doch zuweilen, was die Kunst betraf, kleine Zwistigkeiten hatte, zeugt von seinem Hange zur Ironie und von einer gewissen Hartnäckigkeit, die bei dem lebhaften Künstler wol großentheils aus Mangel an feinerer Bildung hervorging. Agostino machte nämlich seinem Bruder Vorwürfe darüber, daß er kein geregeltes Leben führe und sich zu häufig in gemeine Gesellschaft mische; da zeichnete ihm Annibale, anstatt aller Antwort, auf ein Stück Papier Nadel und Schere hin, mit der Bemerkung, er solle diese betrachten und sich dabei erinnern, daß sie Beide in einer Schneiderwerkstatt erzogen wären. Von dem edeln, aber leicht verletzlichen Stolze Annibale's gibt folgender Zug einen Beweis. Als einst Agostino mit Begeisterung in einem Verein seiner zahlreichen Schüler die Schönheit der berühmten Gruppe des Laokoon schilderte und die geringe Aufmerksamkeit seines Bruders auf seine Rede bemerkte, bedauerte er ihn und warf ihm vor, daß er für die Größe dieses vollendeten Kunstwerks nicht empfänglich wäre. Augenblicklich sprang Annibale auf, ergriff eine Kohle und entwarf an der Wand mit Meisterstrichen so lebendig jene Statue, als hätte er sie vor Augen gehabt. Als die ganze Versammlung hierüber in lebhaftes Erstaunen gerieth, sagte Annibale: Dichter malen mit Worten, Maler reden durch Werke. Diese Antwort enthielt eine besondere Ironie auf seinen Bruder, der gern Verse machte.

Zu den größten Arbeiten, welche Annibale während seines Lebens ausführte, gehört die Ausschmückung der berühmten Galerie im Palast des Cardinal Odoardo Farnese zu Rom: ein Werk, das den Künstler acht Jahre hindurch beschäftigte, und ein glänzendes Denkmal seines Genies bleiben wird. Man sagt, daß der Gram über den Undank des Cardinals, der seine vortreffliche und anhaltende Arbeit nur mit 500 Scudi bezahlte, den Tod des Künstlers beschleunigt habe, der im Jahre 1609 erfolgte. Er liegt zu Rom im Pantheon an Rafael's Seite begraben.

Das hier in Holzschnitt mitgetheilte Gemälde, bekannt unter dem Namen: Das Schweigen, ist eine der vollendetsten Arbeit Annibale's, welche füglich mit Correggio's Meisterwerken verglichen werden kann. Das Gemälde stellt die Mutter Gottes vor, mit dem Christuskinde im Arm, das halb auf weißem Lager, halb am Herzen der Mutter ruhend, eben entschlummert ist. Zu den Füßen des Christuskindes steht der kleine Johannes, der in Begriff ist, es aufzuwecken, aber von der Mutter bedeutet wird, den Schlaf des Kindes nicht zu stören. Man braucht nur einen Blick auf die schönen Züge des Kindes und der besorgten Mutter zu werfen, um die idealische Schönheit des Gemäldes zu empfinden. Ein stiller, zauberischer Friede schwebt über der Scene und das Ganze macht einen beruhigenden und tröstlichen Eindruck.

Gemälde von Petersburg.

Petersburg, die zweite Hauptstadt Rußlands und erste Residenz des Kaisers, liegt an der Spitze des finnischen Meerbusens, eines Theils des baltischen Meeres. Sie ist die nördlichste Hauptstadt der Erde, da sie fast unter dem 60. Grad nördlicher Breite liegt, eine der schönsten Städte der Welt, und doch standen auf der Stelle, die sie jetzt einnimmt, vor 132 Jahren kaum einige zerstreute Fischerhütten, und ihre Erbauung ward in kürzerer Zeit vollendet, als die Gründung manches einzelnen Bauwerks anderswo nöthig gemacht hat. Der starke Wille eines mächtigen Fürsten rief Petersburg aus dem ungünstigsten Boden ins Dasein; an der Grenze seines ungeheuern Reichs gelegen, kann ihre Lage als Hauptstadt und Herzader dieses gewaltigen Staatskörpers nicht für glücklich gewählt gelten; aber als erste Handelsstadt des Reichs, als Metropole der Kunst und des Gewerbfleißes in diesem Reiche, hat sie die rechte Stelle eingenommen. Sie ist dem Weltverkehr leicht zugänglich, und diesem Umstande verdankt Petersburg, noch mehr als dem Willen seines Gründers, die überraschend schnelle Blüte, zu der es gelangt ist.

Peter der Große, dessen Namen sie trägt, war der Gründer dieser Hauptstadt. Die Civilisation Rußlands konnte, das sah der große Fürst deutlich ein, nur durch den Handel bewirkt werden. Der Seehandel, eine Flotte und ein Hafen waren daher die großen Zielpunkte seines Strebens. In dieser Absicht begann er den Krieg gegen Schweden, das im Besitz der Newamündungen in der Provinz Ingermanland war, wo jetzt die russische Hauptstadt sich erhebt. Ein Fort, das die Newa beschützte, ward erobert, ein anderes weiter abwärts auf einer der Newainseln zum Schutz der neuen Eroberung angelegt, und dies war der Anfang von Petersburg, beinahe fabelhaft, wenn man ihn mit Dem vergleicht, was Petersburg ein Menschenalter später schon war. Die Schwierigkeiten, welche hierbei zu überwinden waren, würden für jeden andern Geist, als den des großen Fürsten, zurückschreckend gewesen sein. Die Lage der neuen Stadt war äußerst ungünstig, die Umgegend flach und morastig und wüstenden Sturmfluten ausgesetzt. Ein kleines hölzernes Wohnhaus für den Zar erbaut, und bis auf unsere Zeit durch einen steinernen Überbau erhalten, aus dem er den Bau seiner Newafestung beaufsichtigte, war der kleine Anfang des heutigen Petersburg. Baracken für die Handwerker folgten und machten bald größern Gebäuden Platz. Nun ward eine ganze Bevölkerung von Russen aus Nowgorod und Moskau aufgeboten, Tataren, Kosacken und Scharen von Bauern aus dem Binnenlande wurden hierher versetzt. Diese Bevölkerung litt anfangs an Allem Mangel, dennoch erhob sich die neue Stadt auf einem Grunde, der in Säcken und Karren herbeigeholt werden mußte und bei dem man mit Baumstämmen, alten Masten und dergleichen befestigte. Fünf Monate später warf das erste Schiff, unter holländischer Flagge, am Fuß der Festung seine Anker aus. Der Zar empfand hierüber eine ungemeine Freude; der feurigste Wunsch seiner Seele ging vorbedeutend hier in Erfüllung; er sah sein Volk im Verkehr mit dem Westen Europas; er sah von diesem Punkte aus im Geiste Wohlstand und Civilisation sich über sein ganzes Reich ausbreiten. Der Schiffer wurde in Menschikoff's Hause bewirthet, der Zar selbst bediente ihn und saß an seiner Seite. Sein alter Freund Cornelius Calf aus Saardam hatte dieses Schiff gesendet; in wenigen Stunden hatten Peter, Menschikoff und seine Offiziere die ganze Ladung, in Wein, Salz und Zeuchen bestehend, an sich gekauft. Reich beschenkt kehrte der Schiffer zurück; im nächsten Jahre folgten ihm andere holländische und englische Seefahrer. Nun blühte die Stadt wie ein Wunder auf. Eine Kirche ward erbaut und zu Ende des ersten Jahres (1704) sollen bereits 30,000 Menschen in den Hütten an der Newa gewohnt haben. Doch die Erbauung der Festung, die Zudämmung der Sümpfe kostete unzählige Opfer; es sollen 100,000 Menschen ihren Tod dabei gefunden haben. Nichtsdestoweniger erhob sich die Stadt; von 1709 an durften nur steinerne Häuser errichtet werden, und jedes Schiff, das in dem neuen Hafen landen wollte, mußte eine gewisse Anzahl von Bausteinen abliefern. Peter's ursprünglicher Plan für die Stadt mußte zwar aufgegeben werden; indeß stellte ihn Katharina II. zum Theil wieder her und legte so den Grund zu der Regelmäßigkeit und Bequemlichkeit, welche diese Hauptstadt vor allen ihren Nebenbuhlerinnen auszeichnet.

Lage, Umgebung, Ausdehnung und Eintheilung.

Petersburg, am Ausfluß der Newa in das baltische Meer, erhebt sich an beiden Ufern dieses Flusses und auf seinen Inseln, und umfaßt über vier deutsche Meilen. Es hat weder Mauern noch Thore, und nur stellenweise bildet ein Landgraben die Grenzen der Stadt, Raum zu ungemessener Ausdehnung übrig lassend. Die Stadt erfüllt den Reisenden mit Bewunderung, wenn er durch ihre prachtvollen, schnurgraden, breiten Straßen wandert und da ihre Palastreihen, ihre Flußansichten, ihre fast unabsehbaren Quais, ihre Kirchen und Thürme mit vergoldeten Kuppeln, ihre kolossalen Bauwerke, zum Theil Muster des edelsten Styls, ihren Mastenwald und den blühenden lebendigen Verkehr ihrer Märkte und Bazars anstaunt. Vor Allem ist an einem schönen Sommertage der Austritt aus dem kaiserlichen Sommergarten von überraschender Schönheit. Der majestätische Strom mit Fahrzeugen, Wimpeln und Masten bedeckt, bunt von Schiffen, Barken und Jachten aller Art, Gondeln und Schiffbrücken, an beiden Ufern mit langen Reihen von Prachtbauen besetzt, reizende Gärten zwischen ihnen, blitzende Kirchthürme und Kuppeln über ihnen, zwischen ihnen eine frohe und in den mannichfaltigsten Trachten fremde und bunte Bevölkerung — all dies versetzt den Fremden wie in ein Land der Wunder und Fabeln. Am linken Stromufer zieht sich das Admiralitätsviertel, das glänzendste der Hauptstadt, hin. Hier sind die Seearsenale, der Kaiserpalast, die Paläste der Großen, eine Menge öffentlicher Gebäude. Auf dem rechten Ufer liegt der ältere Theil der Stadt, hier und da an die Tage seines Gründers erinnernd durch engere Straßen, unbequeme Kanäle und hölzerne Häuser; er gleicht einer holländischen Stadt und wurde nach dem Plan von Amsterdam gegründet. Fünf Inseln, zwei große und drei kleinere, bilden den innern Theil von Petersburg. Viele Kanäle, mit zahllosen Brücken und breiten Granitquais versehen, nehmen einen großen Theil des Flächenraums von Petersburg ein. Hier verläuft sich ein Theil der Flut, die der Westwind an der Mündung der Newa leicht aufstaut, und welche die niedrig liegende Hauptstadt, wie in den Jahren 1796 und 1824 geschah, ganz unter Wasser zu setzen vermag.

Aus dem allgemeinen Bilde von Petersburg tritt vor allen Dingen Pracht und jugendliche Frische als charakteristisch hervor. Es mag sein, daß sich dieser Eindruck noch durch den Contrast hebt, welchen der Anblick der russischen Hauptstadt erweckt, wenn man sich ihr durch die lange und ziemlich traurige Öde naht, die sie von Narwa trennt oder nach den Entbehrungen einer langen Seereise. Doch auch ohne diesen Contrast muß eine Stadt von neuerbauten Palästen, wo der Reichthum mit der Macht wetteifert, und wo die Neigung zur Schaustellung des Geschmacks und des Vermögens herrschend ist, einen tiefen Eindruck machen; nur ist zu fürchten, daß er sich durch Eintönigkeit selbst schade. Und dies ist denn auch der Fall. In der Zahl, in der Größe und in dem äußern Schein geschmackvoller Festigkeit seiner öffentlichen Bauwerke übertrifft Petersburg in der That London, Paris, Wien und Neapel. Der erste Gesammteindruck dieser Massen ist aufs höchste überraschend, bei näherer Prüfung zeigt sich jedoch, daß dieser Glanz nur theilweise, daß Vieles darin den Schein der Pracht und Festigkeit abspiegelt, daß manche Theile Petersburgs eher dürftig und häßlich genannt zu werden verdienen, und daß, einzeln betrachtet, keiner dieser unzählbaren Prachtbaue mit der Peterskirche in Rom, dem Louvre in Paris, der Paulskirche in London wetteifern kann.

Die Newa gibt für Petersburg einen leitenden Faden und den entscheidenden Zug in seinem Bilde ab. Wie die Seine Paris und die Themse London Bauplan und Gesetz gab, so die Newa in der russischen Hauptstadt. Sie trennt sie von ihrem östlichen Eintritt an in zwei ungleiche Hälften, von welchen die südliche, die Landseite, die größere und volkreichere ist. Die Nordseite wird wieder von einem Arme des Stroms, der sich mitten in der Stadt von ihr absondert, in zwei Theile zerschnitten, indeß der Hauptstrom sich in einer Breite von 4—500 Ellen durch die Stadt wälzt. Sein reines, hellblaues Wasser, vom Ladogasee ausgehend, dient ihr wie zum Spiegel ihrer Schönheit, und ersetzt in seiner vollkommenen Reinheit und Trinkbarkeit die mangelnden Brunnen. Die Tiefe des besonders beim Eisgange reißenden Stromes gestattet nicht, feste Brücke über die Newa zu gründen; und da auch die niedrigen Ufer der Idee hängender Brücken entgegen sind, so hat man sich mit drei Schiffbrücken begnügen müssen, vollkommen hinreichend, die Verbindung zu erhalten. Von diesen dehnt sich die Isaaksbrücke zwischen Wasiliefsky-Ostrow und dem Admiralitätsviertel, aus 20 bedeckten Böten bestehend, 1050 Fuß lang und mit festen Planken bedeckt. Sobald der Eisgang beginnt, im Anfang des Novembers, löst man die Ketten und die ganze Brücke zieht sich majestätisch an das Ufer hinüber und wird nicht eher wieder in ihre frühere Stellung gebracht, als bis das Eis auf dem Strome festzuliegen anfängt. Auf dieselbe Weise verfährt man mit den übrigen Schiffbrücken, doch bleiben diese den ganzen Winter hindurch am Ufer liegen. In allen Richtungen wird der Strom in den fünf Monaten, während welchen er mit Eis bedeckt bleibt, mit Schlitten befahren. Die Hauptstraßen auf ihm sind durch Tannenbäumchen bezeichnet und ein eignes Schauspiel gewährt das bunte Treiben auf der großen mit Schnee bedeckten Eisfläche.

Hat nun die Newa sich auch keiner schönen Brücke zu rühmen, so sind ihre großen Quais doch eine Zierde der Stadt. Der am linken Ufer ist fast eine halbe deutsche Meile lang, schön gepflastert, 10 Fuß über dem Wasserspiegel und gegen diesen hin mit einer 2½ Fuß hohen Brustwehr versehen. Das Ganze besteht aus behauenem Granit und läßt nur bedauern, daß es in der Mitte seiner Länge von einem Vorsprunge der Admiralität unterbrochen wird, welcher die Ansicht des Ganzen in zwei Halbbilder theilt. Die obere Hälfte hat in ihrer Front den Winterpalast und die Eremitage und trägt den Namen des russischen Quais; die untere heißt der englische Quai, ursprünglich und auch noch jetzt vorzüglich von Engländern bewohnt. Diesen stellt unsere Abbildung dar, einer der prachtvollsten und belebtesten, welche das Panorama von Petersburg darzubieten vermag, besonders im Winter, wenn die Bevölkerung der Stadt sich zu verdoppeln scheint und die Eisdecke der Newa zu einem weiten Tummelplatze der Volkslust geworden ist.

Die Newa, ihre Arme und ihre Kanäle geben Petersburg seine natürliche Eintheilung in Stadttheile und

Districte. Vier dieser Stadttheile liegen im Admiralitätsquartier; der fünfte ist der des Stückhofs, der sechste die moskof'sche, der siebente die norwä'sche, der achte die wasili-ostrow'sche, der neunte die petersburger, der zehnte die wiborg'sche Seite und endlich gibt es zwei Außentheile. Jeder dieser Theile zerfällt wieder in Districte, unter ihrer eignen militairischen Policeiverfassung, Wacht- und Feuerhäusern, und unter der allgemeinen Verwaltung eines Policeimeisters mit sehr ausgedehnter Gewalt.

(Die Fortsetzung folgt in Nr. 145.)

Der englische Quai in Petersburg.

Der Kolibri.

Die Heimat des Kolibris ist die neue Welt, überhaupt das Vaterland der meisten mit dem glänzendsten Gefieder geschmückten Geschöpfe. Die Pracht und Zierlichkeit dieser kleinen Wesen aber erregen wahrhafte Bewunderung und obgleich unsere Bekanntschaft mit ihren Gewohnheiten und ihrer Lebensweise noch sehr beschränkt ist, so haben doch neuere Beobachtungen dargethan, daß ihr Aufenthaltsort sich weiter erstreckt, als man gewöhnlich glaubte.

Denn obgleich sie hauptsächlich in den tropischen Gegenden Amerikas leben, so besuchen doch auch viele die gemäßigten und kältern Gegenden dieses Continents. Der rothkehlige Kolibri findet sich selbst im Innern von Canada und ist, wie die Schwalbe, ein Zugvogel; aber diese ist nicht die einzige Gattung, die kältere Länderstriche besucht. Doch sind es vorzüglich die mittlern Gegenden und die anliegenden Inseln Amerikas, wo sie am häufigsten angetroffen werden. Hier bevölkern sie die Wälder, in der Sonne gleich Edelsteinen glänzend, wenn sie mit unbegreiflicher Schnelligkeit vorüberfliegen oder auf ihren schimmernden, zitternden Schwingen schwebend, ihre Nahrung aus wohlriechenden Blüten einsaugen. Kein Vogel kommt ihnen an Schnelligkeit des Fluges gleich und sie sind rasch wie der Blitz in ihren Bewegungen. Die ungewöhnliche Länge ihrer Fittige, in Verbindung mit ihrer Gestalt und der Eigenthümlichkeit ihrer Federn, verleiht ihnen diese außerordentliche Schwungkraft. Ihre Füße und Beine sind dagegen schmal und schwach; auch sind sie nur von untergeordneter Wichtigkeit in dem Körperbau des Kolibris, da der Boden und die Bäume nicht sein Element sind.

Zuweilen läßt er sich wol auf einen Zweig nieder, um sein Gefieder zu putzen oder das Moos und die Flaume seines Nestes in Ordnung zu bringen, aber die Luft ist seine eigentliche Heimat, in der er sein ganzes Leben zubringt. Seine Flügel sind scharf zugespitzt und mehr oder weniger einwärts gekrümmt, jenen der Mauerschwalbe sehr ähnlich und bestehen hauptsächlich aus zierlich abgestuften Kielfedern, wovon die äußern die längsten sind. Auf diese folgen andere, sehr kurze Kielfedern, welche den innern Rand an der Wurzel der erstern einnehmen, jedoch nicht wie bei den andern Vögeln die Breite des Flügels vermehren. Die Bildung dieser Federn darf nicht übersehen werden; sie bestehen aus einem starken, sehr elastischen Schafte, der bei vielen Gattungen da, wo er anfängt, sehr dick ist. Auf jeder Seite desselben steht eine Fahne, die aus schmalen, dicht nebeneinander sitzenden Schwungfederchen zusammengesetzt ist und beim Durchschneiden der Luft jenen summenden Laut hervorbringt, wenn der Vogel über einer Blume schwebt oder vorüberfliegt.

Von der verhältnißmäßig ungeheuren Kraft der Brustmuskeln, durch deren Thätigkeit diese lang zugespitzten Schwingen in eine so schnelle Bewegung gesetzt werden, kann man sich kaum einen entsprechenden Begriff machen. Nach den Flügeln ist der Schwanz das wichtigste Organ für seine Bewegungen in der Luft; er ist nicht blos das Ruder, womit der Vogel seinen Flug lenkt, sondern er vergrößert auch die Oberfläche des Körpers, ohne sein Gewicht dadurch zu vermehren. Der Schwanz bei diesen Vögeln ist groß und seiner Form nach sehr mannichfaltig; bei einigen Arten ist er viereckig, bei andern gabelförmig, wieder bei andern spitzig zulaufend, bei allen aber besteht er aus Federn, die jenen der Schwingen an Textur sehr ähnlich sind. Bei einer länger dauernden Luftreise fliegt er in langen, wellenförmigen Schwingungen, sodaß er bald sich senkt, bald wieder in die Höhe steigt.

Kolibris.

Die Annahme, daß die Nahrung dieser Vögel blos aus dem Thaue der Blumen besteht, beruht auf einem Irrthume. Ohne Zweifel bildet dieser einen Bestandtheil, aber nicht das Ganze derselben; sie nähren sich aber auch von den kleinen Insekten, welche in den Blumenkelchen sich aufhalten, und ein neuerer Naturforscher behauptet, da er Fragmente von Insekten im Magen der von ihm untersuchten Kolibris fand, daß Insekten die Hauptnahrung derselben ausmachen. Ihr Schnabel, lang, dünn und der Form nach sehr verschieden, ist ganz dazu geschaffen, in das Innere der Blumenkelche einzudringen. Die Zunge des Kolibris besteht aus zwei Muskelröhren und kann sich, wie dieses bei dem Wendehals, dem Baumspechte und andern Vögeln der Fall ist, bis zu einer beträchtlichen Länge ausdehnen. Sie ist mit einem zähen Speichel überzogen, und das Insekt, wenn es dieselbe berührt, bleibt daran hängen. So klein diese schönen Geschöpfe sind, so kühn und unerschrocken vertheidigen sie ihre Nester. Ihre Stärke im Fluge gibt ihnen manchen Vortheil über größere Vögel; mit ihrem scharfen Schnabel picken sie nach ihren Augen und stoßen dabei einen durchdringenden Ton aus.

Zwei Männchen treffen selten zusammen, ohne miteinander zu kämpfen; während das Weibchen über dem Neste sitzt, greift das Männchen mit der äußersten Wuth ohne Unterschied jeden Vogel an, der sich ihm nähert. Ihre Nester bauen sie theils in den Zweigen der Bäume, zum Theil hängen sie dieselben an die äußersten Schößlinge, sodaß sie in der Luft zu schweben scheinen. Die Materialien dazu sind zum größten Theile Baumwolle oder der Flaum von verschiedenen Pflanzen, schön durcheinander geflochten; einige fügen eine äußere Lage von Moos oder Leberkraut hinzu. Das Weibchen legt gewöhnlich zwei Eier von ganz weißer Farbe.

Die Diamantengruben in Brasilien.

Die Provinz Minas geraes in Brasilien ist nicht nur an Diamanten, sondern überhaupt an edeln Metallen reich, und hat daher auch ihren Namen, der deutsch durch Erzland oder Erzgebirge übersetzt werden könnte. Der Zutritt zu diesem Gebiete wird nicht nur Fremden, sondern selbst Einheimischen sehr erschwert und man hatte daher bis jetzt nur mangelhafte Nachrichten über diese reiche Landschaft. Schon die Natur hat den Diamantenbezirk durch eine Ringmauer schroffer Felsen abgeschieden. Alle Zugänge sind mit Wachen besetzt. Die in den Gruben arbeitenden Sklaven werden von ihren Aufsehern streng bewacht, und man bietet Alles auf, der Regierung den Besitz dieser Schätze zu sichern. Es fehlt jedoch nicht an kühnen Abenteurern, die sich in dunkler Nacht oder bei dichtem Nebel in das Diamantenthal schleichen, und sich oft mehre Tage in den Hütten der Sklaven verbergen, welche ihnen gestohlene Diamanten zustecken. Die Diamantengruben wurden zu Anfange des 18. Jahrhunderts entdeckt und 1730 für königliches Eigenthum erklärt, doch durfte Jeder unter gewissen Beschränkungen an der Ausbeute Theil nehmen. Jeder in den Gruben beschäftigte Neger mußte eine Kopfsteuer bezahlen, die von acht bis zu neun Thalern stieg. Bald aber wurde diese Einrichtung gänzlich geändert, weil man gefunden hatte, daß die Diamanten bei der immer zunehmenden Ausbeute im Werthe bedeutend gesunken waren. Von 1735—72 wurden die Diamantengruben verpachtet. Das jährliche Pachtgeld betrug über 250,000 Thaler. Endlich aber ergab es sich, daß die Bearbeitung der Diamantengruben durch Privatpersonen, die ein ganz anderes Interesse hatten als die Regierung, mit mancherlei Betrügereien und Misbräuchen verbunden war. Die Regierung übernahm nun selbst die Oberaufsicht, und gab mehre neue Verordnungen, durch welche der Diamantenbezirk noch mehr von der übrigen Welt abgesondert wurde.

Der Oberaufseher der Diamantengruben hat eine fast unbeschränkte Gewalt. Die Schatzkammer, in welcher die Edelsteine niedergelegt werden, hat drei Schlüssel, welche der Oberaufseher, der erste Schatzmeister und der erste Secretair aufbewahren. Alle in den Gruben arbeitenden Neger haben Privatpersonen zu Herren, die ihnen Wochenlohn geben. Die Zahl dieser Arbeiter ist in neuern Zeiten von 3000 auf 1000 gesunken, und auch der Lohn um die Hälfte geringer als früher. Die unglücklichen Neger müssen ihr Leben mit einer dürftigen Kost fristen, die aus Mais, Bohnen und Salz besteht. Dazu kommt zuweilen ein Röllchen Tabak. Bei Tage in den Gruben beschäftigt, muß der Sklave sein Essen am Abend zubereiten, wozu er oft nur dürres Gras als Feuerung hat. Er steht in den Gruben Jahr aus Jahr ein im Wasser. Diese ungesunde Lebensweise erzeugt viele Krankheiten, und überdies schweben die Neger stets in Gefahr, von Erdstürzen verschüttet, oder von plötzlich abgelösten Felsen zerschmettert zu werden. Den ganzen Tag hindurch gibt es keine Feierstunde. Dieser Beschwerden ungeachtet, ziehen die Sklaven die Arbeit in den Gruben jeder andern vor. Sie haben wenigstens die Aussicht, einige Diamanten stehlen zu können, und selbst die Hoffnung, ihre Freilassung zu erlangen, die ihnen zu Theil wird, wenn sie einen Diamanten finden, der $17\frac{1}{2}$ Karat schwer ist. Wiegt der gefundene Diamant nur drei Viertheile jenes Gewichts, so erhält der Sklave zwar auch seine Freiheit, muß aber noch einige Zeit für die Regierung arbeiten. Für Diamanten von geringerm Gewicht erhalten die Sklaven unbedeutende Belohnungen. Findet der Neger einen Diamanten, so faßt er ihn zwischen Daumen und Zeigefinger, spreizt die andern Finger aus und zeigt ihn dem Aufseher. Er legt ihn dann in ein hölzernes Gefäß, worin die Diamanten gewaschen werden. Dieses Gefäß übernimmt bei Anbruch der Nacht ein Aufseher, läßt die Diamanten wiegen und steckt sie in einen Beutel, den er stets bei sich trägt. Die gefundenen Diamanten werden monatlich in die Schatzkammer niedergelegt, wobei sie nochmals gezählt und gewogen werden. Über den Ertrag werden genaue Verzeichnisse geführt. Ehe man die ganze jährliche Ausbeute nach der Hauptstadt Rio Janeiro schickt, wird sie gesondert. Man hat dazu 12 Siebe mit Löchern von verschiedener Größe, durch welche die Diamanten der Reihe nach geschüttelt werden. Die gesonderten Edelsteine werden dann in 12 verschiedene Beutel gethan, die in eine Kiste kommen, welche von drei Beamten versiegelt wird. Diese Kiste wird dann, von Soldaten begleitet, nach der Hauptstadt gebracht.

Die Neger haben im Stehlen der Diamanten eine ungemeine Geschicklichkeit. Neue Ankömmlinge werden von den ältern Arbeitern in ihre Kunst eingeweiht, und kommen bald ihren Lehrern gleich. Sie wissen selbst das wachsamste Auge zu hintergehen. Ein Oberaufseher wollte sich vor mehren Jahren überzeugen, ob es wahr sei, was ihm seine Untergebenen von der List der Sklaven gesagt hatten. Er ließ einen verschmitzten Neger kommen, versteckte einen kleinen Diamanten in einen Haufen Sand und versprach dem Sklaven die Freiheit, wenn er den Edelstein stehlen könnte, ohne sich ertappen zu lassen. Nachdem der Neger einige Minuten den Sandhaufen durchwühlt hatte, fragte ihn der Oberaufseher, wo der Diamant sei. Der Neger holte ihn nun aus seinem Munde hervor. Die Schleichhändler, die sich in den Diamantenbezirk wagen, haben den Negern ohne Zweifel die erste Veranlassung gegeben, sich in diesen Künsten zu üben. Unerfahrene Schleichhändler werden oft hintergangen, und nehmen kleine Krystallstücke, die der Neger mit Schrot polirt hat, für Edelsteine hin. Der geübte aber weiß die falschen Steine leicht von den echten zu unterscheiden; er steckt sie in den Mund und schnellt sie gegen die Zähne, um zu hören, ob sie den Klang haben, der echten Diamanten eigen ist.

Der Fischerflecken Etretat.

In dem Departement der Nieder-Seine an der Küste des Kanals, unweit Havre, liegt der unansehnliche Marktflecken Etretat, der aus wenigen dürftigen, größtentheils mit Stroh bedeckten Häusern besteht und etwa 1700 Einwohner zählt. Der Flecken liegt in einem engen Thalgrunde zwischen zwei hohen Hügelreihen, welche zu beiden Seiten des Thals dem Meere einen steilen Klippenabhang entgegenstellen, einen natürlichen Wall von 350 Fuß Höhe. Die Schlucht, in welcher die Wohnhäuser stehen, ist niedriger als das Meer zur Flutzeit, und bei diesem bedenklichen Zustande ist die ruhige Sorglosigkeit der Bewohner zu bewundern, welche glauben, daß sie dem Schicksale, über kurz oder lang sammt ihren Besitzungen vom Meere verschlungen zu werden, nicht entgehen können. Der Kies, den das Meer bei hohem Nordwind auswirft und an der Küste anhäuft, bildet eine Art von unsicherer Schutzwehr, welche die Einwohner ihren Damm nennen. Von Zeit zu Zeit wird dieser Damm auf Anordnung der Obrigkeit untersucht, um zu sehen, wie nahe oder wie fern noch das vermuthete Schicksal dieser Niederlassung sei. Schon oft drang die Flut wirklich in den Flecken ein. Einmal stand das Wasser fünf Fuß hoch; ein zweites Mal stand es daselbst über fünf Stunden, und riß im Zurücktreten einige der elenden Wohnungen mit sich fort. Trotz dieser drohenden Gefahr sind die Bewohner von Etretat nicht dahin zu bringen, ihre Häuser auf die Anhöhen zu bauen, sie pflanzen sie nach wie vor in die enge Schlucht, in der Überzeugung, daß der Mensch Dem, was ihm einmal bevorsteht, nicht entgehen könne. Von der Seite des Meeres angesehen, gleichen die weißen Klippenvorsprünge des Vorgebirges einer gewaltigen gothischen Kirche, mit geräumigen Schwibbögen, unter denen die Bewohner von Etretat zur Zeit der Ebbe lustwandeln.

Die Hauptnahrungszweige der Einwohner von Etretat sind besonders Heringsfang und Weberei, zwei sehr verschiedenartige Beschäftigungen. Aber diese Leute sind ein betriebsames Völkchen, und man sieht sie, von dem Fischfange zurückgekehrt, mit ebenso viel Fleiß am Webstuhl sitzen und das Schiffchen handhaben, als sie Muth, Ausdauer und Geschicklichkeit im Kampfe mit Wind und Wellen bewiesen haben. Dessenungeachtet ist ihnen, wie allen Küstenbewohnern, die Beschäftigung auf dem Meere lieber, und sie stechen beim herannahenden Winter, wenn der Heringsfang beginnt, mit all der Lustigkeit, die dem Matrosenleben eigen ist, in See, obgleich Mancher unter ihnen von dieser gefährlichen Fahrt nicht heimkehrt. Daß ihrer nicht wenige sind, die auf diese Weise ihren Tod finden, bemerkt man an den vielen in Trauer gekleideten Frauen und Kindern, die des Sonntags umhergehen. So lange die Männer auf dem Meere sind, sieht man, die altersschwachen Greise ausgenommen, in Etretat nur Frauen und Kinder. Sie gehen am Sonntag fleißig in die Kirche, und beten dort inbrünstig für die glückliche Heimkehr ihrer Gatten. Man sieht den Ausdruck der Andacht auf ihren Gesichtern, und es bewährt sich auch hier die alte Rede, daß Alles, was mit der See zu thun hat, an Gott glaubt. Der Mensch, der sein Liebstes täglich und stündlich in Todesgefahr weiß, bedarf eines Stützpunktes seiner Hoffnung, und diesen findet er nun einmal nirgend anders als in der Religion.

Während die Weiber und Kinder beten, befinden sich die Männer 15 Meilen von der Heimat entfernt, in dem Seestrich von Dieppe. Die Nachrichten, welche von da in der Vaterstadt einlaufen, machen hier ebenso viel Eindruck als eine wichtige Börsenveränderung in den Handelsplätzen von Europa; denn davon, ob der Fang gut oder schlecht ist, hängt das Wohl und Weh des ganzen armen Fleckens ab. Von Tag zu Tag laufen widersprechende Nachrichten ein. Die Frauen blicken Morgens und Abends nach dem Orte, woher der Wind weht und nach dem Stande der Wolken am Himmel. Der Ertrag des Heringsfangs zerfällt in 16—17 Theile. Der Eigenthümer des Fahrzeugs erhält zwei Theile; jeder Kahn ist mit 10 Fischern und einem Schiffsjungen bemannt, wovon die Fischer jeder seinen Theil, der Schiffsjunge einen halben erhält. Wer acht Netze auf dem Kahne hat, erhält überdies seinen Theil als Vergütung. Außerdem besteht zu Gunsten der Witwen ein Recht, nach welchem jede das hinterlassene Fischergeräth ihres Mannes auf ein Fahrzeug geben kann, für welches sie von dem Ertrage des Ganzen ebenfalls ihren Antheil erhält. Wenn auf den Fahrzeugen der Schiffer von Etretat nicht Raum genug ist, um diese Geräthschaften unterzubringen, so wenden sich die Witwen an den Commissair des Seewesens, der dafür sorgt, daß sie auf andern Kähnen Platz finden, und ihnen nach Beendigung des Fanges ihren Antheil berechnet.

Es ist ein schöner Anblick, wenn an einem Winterabend, beim Widerleuchten des Meeres vor der untergehenden Sonne, die reich befrachteten Fischerkähne von ihrer Fahrt heimkehren. Die ganze Hügelreihe längs der Küste hin ist dann mit Frauen und Kindern besetzt, welche erwartungsvoll, mit dem Ausdruck der Sehnsucht und unterdrückter Angst in den Mienen, über das weite Meer hinblicken. Noch ist Alles ruhig. Man hört nur das Rauschen und Branden der Meereswogen, die sich an den schroffen Felsenabhängen brechen. Jetzt lassen sich plötzlich ferne Ruderschläge vernehmen; Lichter schimmern unstät auf der Meeresfläche, wankend gleich den Flämmchen der Irrwische. Dies ist das Zeichen, daß die Fahrzeuge sich nähern, und nun entsteht unter den am Ufer Wartenden ein verwirrtes Getöse, ein Murmeln und Rufen, ein vielfacher Lärm, der die innere Gemüthsbewegung der Versammelten deutlich zu erkennen gibt. Man läuft unruhig durcheinander; man spricht sich an, man sucht die Landung der Fahrzeuge vorzubereiten; man schleppt Spillen und Taue herbei, um die Kähne ans Land zu ziehen. Noch dauert es geraume Zeit, ehe diese selbst sichtbar sind, denn der Wind ist entgegen, und die See fängt an höher zu gehen. Jetzt erblickt man die Spitzen der Mastbäume, welche sich auf dem purpurnen Grunde des Abendhimmels abzeichnen. Endlich sind die Fahrzeuge auf Schußweite sichtbar, und man sieht den Widerschein der Lichter in Furchen auf dem Meere hinziehen. Nun sind sie an der Küste; lautes Freudengeschrei erschallt am Ufer; man wirft Taue aus, und schon springt der erste Matrose ans Land; aber der Kahn geht schwer, jeder Wellenschlag treibt ihn eine Strecke zurück, und er hat bis an die Windvierung Wasser. Endlich ist er durch hundert Arme mittels des Taues ans Land gezogen. Aber noch ist der Augenblick des Wiedersehens nicht gekommen; noch gibt es vollauf für Menschenhände zu thun. Die Weiber drehen aus allen Kräften an den Winden; die Männer halten und stämmen, daß der Kahn lothrecht in die Bucht einleite, die Kinder legen geölte Bohlen vom Kiel aus zum Land herüber. Nun erst sind alle Fahrzeuge glücklich gelandet, und jetzt begrüßen sich mit Freudenthränen die Wiedervereinigten. Ein Augenblick, den wol nur Der richtig zu würdigen versteht, der selbst eine lange und gefahrvolle Seereise überstanden hat.

Der Heringsfang im Kanal ist im Jahre 1834 nicht sehr ergiebig gewesen. Seit 1814 wurden überhaupt an der französischen Küste weniger Heringe gefangen als früher. Die dortigen Fischer erzählen noch mit Vergnügen von ältern Fahrten, wo die Menge der einlaufenden Fische so groß war, daß das Meer von ihren glänzenden Schuppen ganz weiß erschien, und wo man die Heringsmöven, die in dichten Scharen um die Kähne flatterten, mit Stöcken todtschlagen mußte. Der vorletzte Fang war indessen sehr einträglich; man bemerkte damals an den Küsten eine Menge gelber Seegewächse, von dem Geschlecht der Nymphaea, was für den Markrelenfang, der auch in diesem Jahr überaus ergiebig war, ein günstiges Zeichen ist.

Der Vulkan von Kirauea.

Die vom Capitain Cook im Jahre 1778 entdeckten Sandwichinseln im Südmeere, welche unter britischem Schutze von einem Könige regiert werden und in der neuesten Zeit die merkwürdigsten Fortschritte in der Gesittung gemacht haben, sind meist vulkanischen Ursprungs, besonders die größte unter ihnen, Hawaii oder Owaihi, wo Capitain Cook im Jahre 1779 erschlagen wurde. Sie hat die Gestalt eines gleichseitigen Dreiecks und über 60 Meilen im Umfange. Ihre Berge heben sich nicht kühn wie Obelisken in die Wolken, sondern steigen allmälig vom Gestade zu den hohen Gipfeln Mouna Roa und Mouna Kea, welche, da sie stets mit Schnee bedeckt sind, 16—18,000 Fuß hoch sein mögen. Am Fuße sind die Berge, in einiger Entfernung vom Meere, mit Bäumen bedeckt, höher hinauf nur mit Gesträuch, Farrnkraut und Alpenpflanzen bekleidet, bis ihre aus Lava gebildeten Gipfel von allem Grün entblößt. Im östlichen und nordwestlichen Theile der Insel sind einige Ansiedelungen, im Allgemeinen aber ist das Innere eine unbewohnte Wüste. Der Mittelpunkt der Insel, der ein großes Thal zwischen den Gebirgen bildet, ist fast ganz unbekannt. Keine Straße führt von der östlichen zur westlichen Küste, die Eingeborenen aber, die das Innere genauer kennen, versichern, es sei mit undurchdringlichen Wäldern oder unermeßlichen Strecken verhärteter Lava bedeckt. Der größte Theil der Insel, der eines Anbaus fähig ist, dehnt sich längs der Küste aus, wo die Flecken und Dörfer der Eingeborenen dicht aneinander liegen. Die Volksmenge beträgt jetzt über 85,000. Ungefähr sechs Meilen landeinwärts liegt der Vulkan Kirauea, der größte und außerordentlichste, den es wol in der Welt gibt. Man irrt sich, wenn man einen Berg zu sehen erwartet, mit einer breiten Grundfläche, rauhen Abhängen, bestehend aus Schlacken und verhärteten Lavaströmen, und mit einem Gipfel, der die Ruine eines ungeheuern Kessels bilde. Nein, wir stehen am Rande eines ungeheuern Absturzes; vor uns liegt eine weite Ebene, drei bis vier Meilen im Umfange, und 200—400 Fuß unter ihr ursprüngliches Niveau gesunken. Die Oberfläche dieser Ebene ist ungleich und mit großen Steinen und vulkanischen Trümmern bedeckt. In ihrer Mitte erhebt sich ein großer Krater. Auf der Nordseite des Bergrückens, wo der Absturz weniger steil ist, kann man in die Ebene hinabsteigen; es erfodert jedoch große Vorsicht, da die Steine und Felsentrümmer unter dem Fuße des Wanderers weichen und in die Tiefe hinabrollen. Hat man endlich die Ebene erreicht, wo an mehren Stellen der Boden unter dem Fuße des Wanderers hohl klingt, so kommt man endlich an den Rand des großen Kraters und ein erhabenes, furchtbares Schauspiel bietet sich dar.

„Wir blieben stehen und zitterten", sagt der englische Missionar Ellis, dem wir nacherzählen. „Erstaunt und bewältigt von dem großartigen Anblicke, waren wir einige Augenblicke stumm, standen wie Bildsäulen in den Boden gewurzelt und hefteten unsere Blicke auf den tiefen Abgrund. Unmittelbar vor uns gähnte ein ungeheurer Schlund in Gestalt eines Halbmondes, ungefähr eine Stunde lang und beinahe eine halbe Stunde breit und wahrscheinlich 800 Fuß tief. Der Boden war mit Lava bedeckt und im südwestlichen und nördlichen Theile sah man eine ungeheure Flut von brennenden Stoffen, die furchtbar siedend ihre Flammenwogen hin und her wälzte. Einundfunfzig kegelförmige Eilande von verschiedener Größe, die ebenso viele Krater enthielten, erhoben sich rings um den Rand oder auf der Oberfläche des brennenden Sees; 22 von diesen strömten unaufhörlich graue Rauchsäulen oder glänzende Flammenpyramiden aus und mehre spieen zugleich aus ihren feurigen Mündungen Lavaströme, die glühend von den schwarzen Abhängen in die siedende Masse hinabstürzten. Das Dasein dieser kegelförmigen Krater führte uns zu der Vermuthung, daß der siedende Lavakessel vor uns nicht den eigentlichen Herd des Vulkans bildet, daß diese Masse geschmolzener Lava verhältnißmäßig seicht ist, und daß das Becken, worin sie sich befindet, durch eine feste Schicht von dem großen vulkanischen Abgrunde getrennt sein muß, der seinen geschmolzenen Inhalt unaufhörlich durch zahlreiche Krater in dieses obere Behältniß ergießt. Wir wurden in dieser Meinung bestärkt, als wir die ungeheuren Dampfsäulen sahen, die stets aus den Spalten in der Nähe der schwefelhaltigen Schichten und Wasserpfuhle emporstiegen. Sie müssen durch ein anderes Feuer hervorgebracht werden, als dasjenige, welches die Lava auf dem Boden des großen Kraters schmelzte. Diese Meinung bestätigen auch mehre kleine brennende Krater am obern Abhange des großen Schlundes, die dem Ansehen nach nicht mit ihm in Verbindung stehen. Die Lavaströme, die sie ausgossen, wälzten sich in den Flammensee hinab und mischten sich dort mit der geschmolzenen Masse, welche, obgleich aus verschiedenen Öffnungen ausgespieen, ursprünglich vielleicht in einem großen Ofen geschmolzen war. Die Abhänge des großen Schlundes vor uns, aus verschiedenen alten Lavaschichten bestehend, stürzten gegen 400 Fuß senkrecht hinab von einer horizontalen Schicht fester, schwarzer Lava, erstreckte sich aber rings um den Kessel. Unterhalb dieses Randes senkte sich der Abhang allmälig zu dem brennenden See, welcher, so viel wir bemerken konnten, gegen 400 Fuß tiefer lag. Die grauen und an einigen Stellen, dem Anscheine nach, verkalkten Seiten des großen Kraters, die Spalten, welche die Oberfläche des Bodens, wo wir standen, durchschnitten, die langen, zum Theil heißen Schwefelschichten auf der entgegengesetzten Seite des Schlundes, die Thätigkeit der zahlreichen kleinen Krater an seinem Rande, die dicken Dampfsäulen, die am nördlichen und südlichen Rande der Ebene emporstiegen, die Reihe der steilen, gegen 400 Fuß sich erhebenden Felsen — Alles dies bildete ein unermeßliches vulkanisches Panorama, das bei dem steten Tosen des ungeheuren Kessels unter uns eine noch großartigere Wirkung machte. Vom nördlichen Ende des Kraters gingen wir nach einer Gegend, wo, wie man uns gesagt hatte, in der Nähe einiger Dampfsäulen Wasser gefunden werden sollte. Ungefähr eine Viertelstunde weit fanden wir einige kleine Becken, die ein vollkommen süßes, frisches Wasser enthielten, das uns, nach einer langen Wanderung durch eine öde Wüste, eine unerwartete Erfrischung darbot. Diese Wasserbecken sind eine große Naturmerkwürdigkeit. Die Oberfläche des Bodens in der Nähe war auffallend warm und von mehren tiefen Spalten zerrissen, aus welchen unaufhörlich Dampf und dicker Rauch emporstiegen. An einigen Stellen waren diese Spalten zwei Fuß breit und aus ihnen stieg eine Dampfsäule empor, welche, in der kalten Bergluft augenblicklich verdichtet, wie ein leichter Regen in die Lava der Spalten hinabfiel. Die Wasserbecken, 6—8 Fuß von den Spalten entfernt, waren von Binsen und hohem Gras umgeben und damit bedeckt, wodurch das Wasser gegen die Sonnenhitze geschützt wurde."

Die ganze Insel Owaihi besteht, wie Ellis hinzusetzt, aus einer Masse von Lava oder andern vulkanischen Stoffen in verschiedenen Zuständen der Zersetzung. Von verschiedenen Öffnungen in der Gestalt von Kratern durchbohrt, bildet die Insel einen hohlen Kegel über einem ungeheuren Feuerherd im Innern eines mächtigen unterseeischen Berges, der vom Grunde des Meeres emporsteigt; unter dem Bette des Oceans mag das Feuer, mit vermehrter Kraft wüthend, die Grundfläche der Insel durch die Wassermasse emporgehoben und zu gleicher Zeit einen pyramidenförmigen Trichter von dem Feuerherd bis zur Atmosphäre gebildet haben.

Vulkanische Gegend auf Owaihi.

Das Pfennig-Magazin
der
Gesellschaft zur Verbreitung gemeinnütziger Kenntnisse.

145.] Erscheint jeden Sonnabend. [Januar 9, **1836**.

Der Marmorpalast zu Petersburg.

Gemälde von Petersburg.
(Fortsetzung aus Nr. 144.)

Straßen und Plätze.

Der Maßstab der Größe, nach welchem die Straßen und Plätze Petersburgs angelegt wurden, übertrifft den in jeder andern Hauptstadt Europas. Die Breite der Hauptstraßen wechselt zwischen 70 und 200 Fuß und mehre derselben dehnen sich fast eine halbe deutsche Meile weit hin. Größtentheils sind sie schnurgrade, doch bewahren die verschiedenen Einschnitte der Kreuzstraßen sie vor Einförmigkeit. Drei Admiralitätsseiten öffnen sich in große Plätze, von edeln Bauwerken umgeben; von hier, wie von einem gemeinsamen Mittelpunkt, gehen drei Hauptstraßen, Perspectiven oder Prospecte genannt, aus, welche in ihrer fächerartigen Entfaltung sämmtlich die Aussicht auf die vergoldete Kuppel der Admiralität darbieten. Der Sammelplatz der großen Welt ist die Perspective von Nefsky, eine Stunde lang und fast zweimal so breit als die berühmte Regentstreet in London. Hier sind die glänzendsten Läden und Bazars Petersburgs, hier ist die Lieblingspromenade Aller, die in der Hauptstadt auf Eleganz und feinen Ton Anspruch machen. Die Straße ist mit getheerten Holzklötzen gepflastert und unter Kaiser Alexander in Nachahmung der Linden zu Berlin mit doppelten Reihen Bäumen bepflanzt. Nicht minder schön ist die lange Liteinaja, die Sadovaja, die Admiralitätsstraße und die Morskaja. Noch prächtiger aber ist die Straße „die große Million" genannt, welche zu dem Marmorpalaste führt, den Katharina II. dem Grafen Orloff schenkte. An kolossaler Größe wetteifert dieser mit dem Palast des Kriegsministeriums, nicht weit von der noch nicht ganz vollendeten Isaakskirche. Die ehemaligen Wälle der Admiralität bieten jetzt einen herrlichen, von Linden beschatteten Spaziergang dar, von prächtigen Gebäuden umgeben und reich an schönen Aussichten. Nicht weit von hier öffnet sich auch der große Peters- oder Senatsplatz, dessen Mittelpunkt die berühmte Statue Peter's des Großen von Bronze, auf einem Granitfels errichtet, einnimmt *).

Das hier Geschilderte bildet den Mittelpunkt und den prächtigsten Theil der russischen Hauptstadt. In andern Theilen derselben fehlt es zwar nicht an einzelnen großen und glänzenden Gebäuden; allein ein solches Gesammtbild von Größe und Pracht wie die Admiralitätsseiten, die „große Million" und die Nefski-Perspective bietet doch kein anderes Quartier von Petersburg dar.

Privathäuser.

Die Häuser in Petersburg sind wie in Amsterdam meist auf Pfählen (Rosten) erbaut. Hölzerne Wohnungen finden sich nur noch in den ältesten Theilen der Stadt, alle neuern Viertel sind aus Ziegeln, mit Stuck bekleidet, erbaut, und haben das Ansehen aus Quadern erbauter Häuser. Die Frontseiten sind meist mit hellen Farben, unter denen das Gelb vorherrscht, angestrichen und haben meistentheils flache, roth, grün oder gelb gefärbte Dächer aus Eisenblech. Eine große Anzahl von Häusern öffnet sich unten in Läden; wo dies nicht der Fall, ist das untere Stockwerk der Dienerschaft überlassen, da die Parterrewohnungen bei der niedrigen Lage der Stadt für ungesund gehalten werden. Das Innere der obern Stockwerke bietet meist große Räume dar. Indeß würden diese großen Räume

---

*) Vergleiche Nr 19 des Pfennig-Magazins, wo eine ausführliche Beschreibung dieses Monuments, nebst einer Abbildung desselben geliefert worden.

schlecht zu dem Klima und dem fast siebenmonatlichen Winter Petersburgs passen, wenn die Kunst der Heizung hier nicht auf einen so hohen Grad von Vollkommenheit erhoben wäre. Ein weißer Kachelofen, der sich oft bis zur Decke erhebt, fehlt in keinem Hause; Röhren leiten aus diesem die erwärmte Luft in die Zimmer durch die Zimmerwände, und lassen sich einzeln öffnen und verschließen. Im Winter werden überdies in den Zimmern Thüren und Fenster verdoppelt und die letztern fast luftdicht verschlossen, der Fußboden aber wird mit Decken belegt, je nach Geschmack und Wohlhabenheit des Besitzers. Der Hausrath in den russischen Bürgerhäusern ist meist geschmacklos und alterthümlich; der Luxus überhaupt noch in den Bürgerständen wenig verbreitet. Dagegen verschlingt allein die Dienerschaft in reichen Häusern bedeutende Summen. Zwar sind die Löhne gering, aber die Zahl der Diener unverhältnißmäßig groß. In den Palästen der Großen trifft man oft eine Dienerschaft von 100 und mehr Köpfen.

Paläste und öffentliche Merkwürdigkeiten.

Zahlreiche und durch ihre Größe ausgezeichnete Kaiserpaläste zieren die Hauptstadt. An der Spitze derselben steht die gewöhnliche Winterresidenz der kaiserlichen Familie, der Winterpalast, an der Admiralitätsseite. Gegen die Newa hin hat dieser ungeheure Palast eine Front von 721 Fuß Länge, ist aber schwerfällig und mehr durch seine Masse als durch architektonische Schönheit imposant. Im Innern ist der St.-Georgssaal, 150 Fuß lang und 60 Fuß breit, von 40 korinthischen Säulen, mit vergoldeten Bronzebasen und Kapitälern und einer prachtvollen Galerie geschmückt, sein schönster Theil. Mit dem Winterpalast stehen die beiden kleinern Paläste, die große und kleine Eremitage, von Katharina II. erbaut, in Verbindung, berühmt durch die geschmackvolle Pracht, welche die Kaiserin an diesen ihren Lieblingsaufenthalt verschwendete. In diesen beiden Pavillons wird jetzt eine reiche Kunstsammlung aufbewahrt. Eine Reihe von Sälen enthält die Gemäldesammlung, deren Kern die Houghton'sche Sammlung, von Katharina für 140,000 Thlr. erkauft, bildet. Bewundert werden hier Meisterwerke aller Malerschulen, sowie die berühmte Gruppe Canova's, Amor und Psyche. Hier sieht man auch den großen Diamant, 194 Karat schwer, nebst vielen andern kostbaren Edelsteinen. Zauberische Gärten schließen sich diesen Hallen an, unter welchen besonders der unvergleichliche Wintergarten berühmt ist, wo unter einem Gewölbe von Glasfenstern mitten im Winter ein ewiger Frühling herrscht. Unmittelbar aus den prachtvollen Sälen der Eremitage tritt man in das Theater, das ohne Logen eine Nachahmung der antiken Schaubühnen darstellt.

Doch, um die Pracht Petersburgs auf einmal zu überblicken, eilen wir auf den Thurm der Admiralität, der uns ein Panorama eröffnet, das im Norden Europas nicht seines Gleichen hat. Petersburg ist die Säulenstadt genannt worden, und in der That, welche unabsehbare Reihe säulengezierter Bauwerke zeigt uns der Umblick von diesem Standpunkte herab! Vor uns liegt das Quartier von Petersburg mit dem kleinen hölzernen Wohnhause seines Gründers, seine Festung, der erzbischöfliche Palast, der botanische Garten, die Petrofskyschen Casernen. Dann überblicken wir das glänzende Viertel von Wassiliefsky-Ostrof, den Sitz des Handels und der Wissenschaften. Hier sehen wir die neue Börse, ein schönes Gebäude, das unsere Abbildung auf Seite 12 darstellt. Es ward 1811 von dem französischen Baumeister Tonon vollendet und 1816 eröffnet. Die Börse erhebt sich mit ihrer Colonnade von 44 Säulen unmittelbar über dem Flusse; ein Granit-Quai schließt den halbrunden Platz vor ihrem Peristyl ein; zwei schlanke Säulen mit Schiffsschnäbeln erheben sich, reich verziert, an ihren Seiten. Das Innere besteht blos aus einer einzigen Halle, 126 Fuß lang und 66 Fuß breit. Dies ist der Sammelplatz der fremden und der einheimischen Handelswelt, um drei Uhr jeden Tages; auf dem Platze, der 900 Fuß lang und 750 Fuß breit sich vor ihr ausdehnt, wird jährlich die große Frühlingsmesse gehalten, welche durch ganz Rußland, nach einem fünfmonatlichen Winterschlaf, das Wiedererwachen des Handels verkündet. Weiter sehen wir von unserm Standpunkte das Museum, den Cadettenhof, eine kleine Stadt für sich, von 4000 Menschen bewohnt, das Hafenlazareth, die herrlichen Casernen und die beiden schönen Prospecte. Nahe unter uns das Quartier des Hofes, der Palast, die Eremitagen und ihre Gärten, der unvergleichliche Quai, die Nefsky-Perspective, der Petersplatz mit der Statue, die Kathedrale, die Theater, die Alexandersäule *), das ungemein große Findelhaus, die Bibliothek, das Gouvernementshotel, mit den marktähnlichen Straßen dieses Viertels und endlich der imposante Marmorpalast den unsere Abbildung Seite 9 darstellt. Jenseit des großen Fontankakanals das Viertel von Liteinoi oder des Stückhofes, mit den Kirchen von St.-Simeon und Panteleimon, die beiden Arsenale, das Artilleriehotel, die Kirche der Transfiguration und St.-Wladimir, das Katharineninstitut, die Gleboff'schen Casernen, die Kirche Znamenia, die Semenoffskycasernen, die Handelsschule und der Prospect von Liteinoi stellen sich hier dar. Weiterhin bespült der Kanal von Tarakanofka das Quartier von Narwa mit der Dreieinigkeitskirche, den Gonnofskycasernen, dem Palast Katharinenhof und dem Kalinkin'schen Hospital; hinter uns von der Newa begrenzt, erscheint das Viertel von Roschestwensky; südwärts das Quartier vom Yamskoy mit seiner schönen Alexander-Nelskykirche und dem Kloster gleiches Namens, der Yamskoypost, den Casernen der Leibkosacken, und gegenüber im wiburgschen Viertel zeigen sich uns die Hospitäler für Land- und Seetruppen, und die ungeheuren Handelsmagazine. Der Senatspalast, dessen Seitenansicht unsere Abbildung S. 9 darstellt, ist gleichfalls ein besonders sehenswerthes Gebäude. Die Münze, mit ihrem grünen Dach, die goldenen Spitzen von St.-Peter und Paul, die Akademie, das Zollhaus, die zwölf Reichscollegien, die Paläste der Reichsbank, des Pagencorps, des Postamts, der Generalstabspalast, der herrliche Palast der Akademie der Künste, dann der Rumänzoffplatz, das Marsfeld mit ihren Monumenten und Museen ziehen uns ebenso an, vor allen aber der taurische Palast, mit dem Staroff einen entlegenen und einsamen Stadttheil schmückte, und mit welchem der Fürst Potemkin seine Gebieterin, die Kaiserin Katharina, die von dem Bau nichts erfahren, überraschte. Selten wandelt jetzt ein Fuß in den herrlichen aber veröderten Gängen des schönen Parks, der ihn umschließt, und das Gras wächst in seinem prachtvollen Vorhofe. Das unermeßliche Gebäude der Admiralität, mit einem vergoldeten Schiffe gekrönt und die Schiffswerfte einschließend, dessen Front, vielleicht die größte der Erde, den zwölften Theil einer deutschen Meile mißt, während ihre Flügel sich mit breiten Granitstufen gegen den Fluß hinabsenken, der Palast des Großfürsten Michael (1819—25 erbaut), der ältere Michailoff'sche Palast, der Marmorpalast und mehre Privatpaläste könnten allein mehre Blätter einer genauern Beschreibung füllen. Welch eine fast unübersehbare Menge würdiger und reichverzierter Prachtbaue, der übrigen Häusermasse, der Lustschlösser, Villen, kleiner Inseln, Parks, zehn großer Brücken gar nicht zu gedenken! Alles in diesem Bilde glänzt von Jugend und Frische. Unablässig wird gebaut, abgeputzt, geweißt; der Schein der Pracht oder glänzender lichter Farben besticht und entzückt das Auge und kaum danken wir es dem düstern und schwerfälligen Marmorpalast, von edlerm Material zu sein als diese heitern Bauwerke umher. Wir fügen noch einige allgemeine Züge hinzu, um unser gedrängtes Bild abzurunden.

Petersburgs Inseln, durch 156 Brücken, unter denen 10 von Gußeisen und 31 von Granit sind, verbunden, nehmen die 431 Straßen, in 12 Bezirke und 54 Policeireviere eingetheilt, auf. Die griechische Kirche zählt 115 Gotteshäuser, die übrigen christlichen Confessionen 33 Kirchen und eine Moschee am großen Prospect. Unter den Kirchen sind die prächtigsten: die der heiligen Jungfrau von Kasan, das Werk eines Leibeigenen des Grafen Stroganoff, dessen Plan den Sieg über den des berühmten Architecten Cameron davontrug. Woronikin erbaute diese Kathedrale in 15 Jahren, mit einem Aufwand von 15 Millionen Rubel. Sie hat die Form eines Kreuzes, über dessen Durchschnitt eine schöne Kuppel sich erhebt. Die Front, mit einer halbrunden Colonnade gegen die Nefsky-Perspective geöffnet, ahmt die der Peterskirche in Rom nach. Das Innere ist weit und prachtvoll; ein glänzender Verschluß verbirgt das Heiligthum, wie der griechische Ritus es verlangt, aus dem der Priester unter Weihrauchwolken hervortritt, um vor der knieenden Gemeinde das Meßopfer zu vollziehen. Sitze für die Gemeinde bietet keine griechische Kirche dar. Die noch nicht vollendete Isaakskirche mit ihren ungeheuren finnischen Granitsäulen ist gewiß eines der schönsten kirchlichen Gebäude der Welt. Dieser Bau, zweimal wiederholt, hat unermeßliche Summen gekostet und gilt mit Recht für einen Triumph der Kunst; 48 röthliche Granitsäulen tragen die Vorhallen dieses Tempels, jede aus einem Stück, 56 Fuß hoch und 7 Fuß im Durchmesser. Der Bruch und der Transport dieser ungeheuren Säulenblöcke war lange ein Gegenstand des Streites; Sukanoff kam damit zu Stande, indem er die uralten Transportmittel der Ägypter wieder in Anwendung brachte. Neben diesen beiden Kirchen verdienen nur noch ihre Alexander-Nefsky, St.-Nicolas, St.-Simeon, Znamenia, St.-Wladimir, die Dreieinigkeit, St.-Johann in Karetnoi, die Transfigurationskirche und St.-Peter und Paul, mit der kaiserlichen Gruft und einem kühnen Thurm Erwähnung. Selbst das Alexander-Nefskykloster ist nur seines silbernen Grabmals, 3600 Pfund schwer, und schöner Grabmonumente, und das Nonnenkloster von Smolnoi seiner weiblichen Erziehungsanstalt wegen berühmt.

Klima und Handel.

Großartige Geräumigkeit ist ein charakteristischer Zug in dem Bilde von Petersburg. Der Bewohner der innern Stadttheile kann kaum bemerken, daß Petersburg neben der Hauptstadt des Reichs zugleich die größte Handelsstadt desselben ist. Wer nicht weiß, daß es 116 Großhändler zählt, die jährlich auf 1200—1500 Handelsschiffen die Erzeugnisse aller Welttheile empfangen, daß 12,000 Barken und Flöße die Schätze des Reichs durch den Ladogakanal hier ausladen, daß der Handel Petersburgs jährlich ein Capital von 220 Millionen Rubel umsetzt, daß seine Ausfuhr den Werth von 120 Millionen,

---

*) Vergleiche über diese Pfennig-Magazin Nr. 83, wo neben einer Abbildung eine ausführliche Beschreibung dieses imposanten Denkmals gegeben ist.

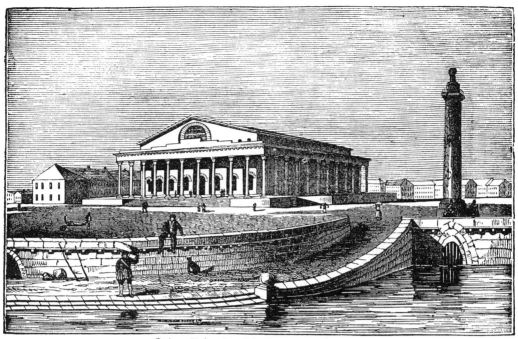

Die Börse in Petersburg.

ihre Einfuhr von 97 Millionen hat, der wird, wenn er in der Nähe des Theaters oder im Prospect von Nefsky wohnt, Petersburg kaum für eine Handelsstadt erkennen. Er könnte sich 100 Meilen von der Küste entfernt glauben, so wenig wird er hier von dem Verkehr gewahr, der die Gegend der Börse, des Zollhauses, der Stapelplätze mit beständigem und brausendem Gewühl erfüllt, indem die bärtigen Kutscher, Fiaker und Kärner unaufhörlich ihr gellendes „Padi" (aus dem Wege!) zu rufen haben.

(Der Beschluß folgt in Nr. 146.)

Die Bleichsucht der Pflanzen.

Diese bei den Pflanzen so oft vorkommende Krankheit gibt sich zu erkennen, wenn die Pflanze zu einer ungewöhnlichen Zeit gelb oder weiß wird, die eßbaren Pflanzen aber unschmackhaft werden. Die Krankheit entsteht dadurch, daß die Blätter fortwährend Kohlensäure ausdunsten, was geschieht, wenn sie im Schatten stehen; dies ist auch der Grund, warum sehr dichtstehende Pflanzen am Boden gelb werden, wie es z. B. beim Grase der Fall ist. Das beste Mittel gegen diese Krankheit ist, dem Lichte Zugang zu verschaffen, da die Pflanzen dann den Kohlenstoff bei sich behalten, und dagegen nur Sauerstoff aushauchen.

Das Elen= oder Musethier.

Dieses Thier ward sonst auch Elendthier genannt, nach einer sonderbaren Fabel, von welcher weiter unten die Rede sein wird, außerdem heißt es auch Elch, und in Nordamerika ist es unter dem allgemeinen Namen Moose-deer (Musethier) oder Moosthier, auch wol Orignal, bekannt. Es ist die größte der bekannten Hirscharten, hat jedoch keineswegs die schöne schlanke Gestalt unsers Edelhirsches, sondern erscheint eher zusammengesetzt aus Hirsch=, Pferd= und Rindviehformen. Der Kopf ist groß, plump, sogar länger als der Hals und mehr pferdeähnlich, namentlich auch die ziemlich breite, behaarte Schnauze mit großen weiten Naslöchern und einer langen, vorragenden Oberlippe, welche in der Mitte eine tiefe Furche hat. Das Gebiß ist dem der Hirsche ähnlich, die Augen sind klein, dagegen die Ohren lang und schlotternd, fast Eselohren ähnlich. Der Rücken zeigt sich am Vordertheile höher als am Hintertheile, fast höckerig, der kurze Leib ist vorn bedeutend dick, die Beine sind hoch, aber keineswegs so schlank als beim Hirsch, und besonders hinsichtlich der großen, starken Klauen oder Hufe mehr denen des Rindviehes ähnlich. Das Fell ist sehr dick, ebenfalls wie beim Rindvieh, dagegen sind die Haare so grob und steif wie bei den größern Hirscharten. Im Sommer ist die Färbung überhaupt mehr schwarzbraun, die innere Seite der Füße und der Unterbauch hellgräulich, dagegen ist das Winterhaar heller braun, im Nacken und am Vordertheile des Rückens sind die Haare mähnenartig verlängert. Die jungen Thiere sind ungefleckt, röthlichbraun. Die Größe des Elenthiers beträgt über 7 Fuß in der Länge, wovon der Kopf allein fast 1½ Fuß wegnimmt. Die Höhe des Vordertheils beträgt über 5 Fuß, die des Hintertheils ist etwas geringer. Das Männchen, auch der Elch oder Elenhirsch, Elchochs genannt, bekommt, wenn es ausgewachsen ist, ein großes, oben schaufelförmig erweitertes, mit 4—14 Zinken oder Enden versehenes Geweih, welches wie bei dem Edelhirsch jährlich vom December bis März gewechselt wird, indem das alte abfällt und bis Anfang August ein neues wächst, das anfangs mit einer schwarzbraunen, haarigen Haut bedeckt ist. Diese Geweihe sind jedoch bedeutend schwerer als bei dem Edelhirsch, man hat deren von 75 Pfund, wobei es 32 Zoll lang und 14 Zoll breit ist. Außer dem Geweihe zeichnet sich das Männchen nächst seiner ansehnlichen Größe von dem Weibchen noch durch einen kleinen Auswuchs an der Kehle aus, welcher mit langen Haaren besetzt ist und erst im dritten Jahre erscheint, auch bei alten Männchen oft ganz wieder verschwindet.

In seiner Lebensweise weicht das Elenthier ebenfalls vielfach von dem Edelhirsch ab. Ungestört ist es friedlich, und zeigt sich blos feindselig, wenn es gereizt wird. Es sieht und hört vortrefflich, flieht aber nicht bei jedem Geräusch, sondern erst nachdem es dessen Veranlassung kennt; doch sollen die nordamerikanischen Elche sehr scheu sein, weshalb die Indianer die Jagd derselben zu ihren größten Geschicklichkeiten rechnen, besonders im Winter, weil die Thiere im Sommer so sehr von Muskitos gequält werden, daß sie wenig auf ihre übrigen Feinde achten. Wenn der Edelhirsch in großen Sätzen flieht, so kann dagegen der Elenhirsch dies nicht wegen seiner hohen Vorderfüße und niedrigen Hinterbeine; sein Gang ist daher meist nur ein Trab, wobei

Der Elenhirsch.

er aber weit mit den Vorderfüßen ausgreift, sodaß er auch mit Leichtigkeit über fünf Fuß hohe Gegenstände wegsetzen kann; dabei ist sein Lauf immer so schnell, daß er täglich 50 Meilen zurücklegen kann. Führt der Weg durch Wald, so muß der Elenhirsch seinen Kopf des Geweihes wegen zurücklegen, damit er sich nicht in Zweige verwickle, von denen er nichtsdestoweniger die kleinern abknickt. Da aber im raschen Lauf eine solche Haltung des Kopfes das Sehen verhindert, so stürzt das Thier manchmal, was denn die Veranlassung zu der ehemals sehr verbreiteten Fabel gegeben haben mag, daß das Elen an der fallenden Sucht leide. Es lebt gern in den Gegenden, wo sogenannte Brüche und Sümpfe sind, und die Natur soll ihm noch eine eigne Weise gelehrt haben, über Stellen wegzukommen, auf welchen es beim gewöhnlichen Gange einsinken würde; es legt sich nämlich auf die Seite, zieht die Beine zusammen und rudert sich so gleichsam hinüber. Es schwimmt gut und hält sich im Sommer häufig im Wasser auf, um dadurch den Muskitos zu entgehen, wobei es bis an die Schnauze untertaucht. Diese Gewohnheit mag die Indianer auf den Glauben gebracht haben, das Elen könne eine geraume Zeit unter dem Wasser leben, was jedoch nach dem ganzen Bau des Thieres in Vergleichung mit solchen, welchen die Natur die Fähigkeit verliehen hat, unterzutauchen und unter dem Wasser wegzuschwimmen, ganz unwahrscheinlich ist.

Das Elen nährt sich meist von Schößlingen und Laub verschiedener Laub- und Nadelhölzer, namentlich von Pappeln, Weiden, Ebereschen, und in Nordamerika von dem weißen Cornelbaum, östlich vom Felsengebirge aber besonders von den immergrünen Blättern einer Gualtheria; doch fressen sie auch Baumrinde, Gräser, reifendes Getreide, namentlich in Europa und Asien, die Sumpfdotterblume, Schwaden und Porst. Das Weiden an der Erde ist dem Elen aber wegen der hohen Vorderbeine unbequem, und es muß, wenn es mit dem Kopfe seine Nahrung erreichen will, jene zurückziehen und biegen. In Gegenden, wo es durch Menschen gestört wird, weidet es blos bei Nacht. Übrigens hat es dieselben Gewohnheiten wie der Edelhirsch, nämlich nach der Sättigung zu ruhen und wiederzukäuen. Seinen gewöhnlichen Standort verläßt es nur dann, wenn es durch Jagen gestört wird.

Gewöhnlich lebt das Elen in einzelnen Familien und Rudeln beisammen, wenn aber die Zeit herannaht, wo das Weibchen Junge wirft, so trennen sich die erwachsenen Hirsche von den übrigen und ziehen sich, um ihr noch weiches Geweih zu schonen, in weniger bewachsene Brüche zurück, gesellen sich aber im September wieder zu den übrigen. Da dann auch mehre Familien sich in größere Rudel vereinigen; so gibt es dann auch Kämpfe zwischen den Elenhirschen wie bei dem Edelhirsch, wobei sie wie die Damhirsche schreien.

Das Elen ist hauptsächlich im Norden von Europa, Asien, Amerika einheimisch und war bis in das 11. Jahrhundert noch in Deutschland und Frankreich zu finden, ist aber jetzt in beiden Ländern durch Verfolgungen ausgerottet, sodaß es sich nur noch in Ostpreußen findet. Auch im nördlichen Amerika, wo es sonst so häufig war, wird es jetzt seltener, da die europäischen Ansiedler sowol als die Indianer dasselbe häufig verfolgen. Auch hat es an dem Bär, Luchs, Wolf und Vielfraß starke Feinde. Das Elen wird besonders wegen seines Felles gejagt, aus welchem man ein vorzügliches Leder bereitet, daher es denn auch einen nicht unbedeutenden Handelsartikel für die nordamerikanischen und nordasiatischen Völker abgibt. Außerdem benutzt man die Geweihe, sowie die festen Knochen zu allerlei Drechslerarbeiten; aus den Klauen drehte man früher Ringe, welche gegen die Fallsucht schützen sollten. Das Fleisch (ein ausgewachsenes Thier wiegt oft bis zu sieben Centner), dem Hirschfleisch ähnlich, wird eingesalzen und geräuchert gegessen, die geräucherten Keulen, Zunge, Ohren, Kolben (das junge, noch weiche Geweih), besonders aber das markähnliche Maul, gelten als Leckerbissen. In alten Zeiten fing man das Elen lebendig in Gruben und brachte es mit zu den Thierkämpfen, indem man ihm Wölfe, Bären, Auerochsen zu Gegnern gab.

Unsere Abbildung stellt nur einen Elenhirsch vor, dessen Geweih aber noch nicht vollkommen ausgebildet ist.

Johann von Werth.

In der zweiten, unheilvollern Hälfte des dreißigjährigen Krieges als nur Fremde im Dienste der deutschen Sache, d. h. die Schweden und Franzosen aus Deutschland zu jagen, fochten, oder deutsche Feldherren mit Deutschen unter fremden Fahnen gegen des eignen Vaterlandes Wohl mit Ruhm stritten, weilt das Auge mit Wohlgefallen auf einer hohen Gestalt, die es 20 Jahre hindurch im Kampfe für dieselbe Sache immer zuerst erblickt, auf dem tapfersten Reitergeneral, dem echtdeutschen Johann von Werth. Er war katholischen Glaubens, eines gemeinen Mannes Sohn aus dem Jülichschen, einer Bauernsage nach in der Jugend Schweinhirt auf dem Hofe des Freiherrn Raiz von Frenz, wurde 1622 Reiter in spanischem Dienste, that viele Jahre hindurch nur unbekannte Schwertstreiche, erhielt manche Wunde, bis wir ihn zur Zeit der Schlacht bei Lützen (1632) als Oberſtwachtmeiſter eines bairiſchen Regiments finden. Von jetzt an verliert er ſich 16 Jahre hindurch nicht aus dem Getümmel der großen Welt; er war ſprüchwörtlich das Vorbild aller Emporkömmlinge durch den Degen. Zu Anfange des Jahres 1633 that er durch windſchnelle Überfälle dem Herzoge Bernhard von Weimar an der Donau empfindlichen Schaden, hielt ſich von Wallenſtein's eigenmächtigen Planen ganz fern und trat dem Herzog Bernhard überall ſo entſchloſſen in den Weg, daß dieſer in ſeinem Verdruß einmal über die Iſar hinüberrief: „Führt der Teufel Euch Schwarzen (ſo wurde Johann genannt) aller Orten hin?" Im Jahre 1634 Generalwachtmeiſter des bairiſchen Heeres wachte er nicht allein, er ſchlug auch für Alle, erhielt auch wohl zuweilen harte Stöße. Nach der Wiedereroberung von Regensburg durch die Kaiſerlichen wandte das Glück ſich auf Ferdinand's Seite; ſeine Feldherren ſiegten in der Mordſchlacht bei Nördlingen am 6. September 1634, in welcher Werth's Reiter den ſchwediſchen Feldmarſchall Guſtav Horn fingen. Franken, Schwaben und der Oberrhein wurden darauf von den Schweden gereinigt, freilich auch durch die verwilderten Krieger entſetzlich mitgenommen. Doch gab ſich Johann nicht blind dem Haſſe gegen die Proteſtanten hin, ſtrafte hart ſeine eignen Regimentscompagnien, wenn ſie zu laut tobten. Als Heidelberg bezwungen war, ging er 1635 mitten im Winter über den Rhein und tummelte ſich recht nach Herzensluſt mit den Franzoſen herum. Im Elſaß und Lothringen floh Alles vor dem Schrecken ſeines Namens, der ſchon bis Paris drang. Der damals ſoldatenarme König von Frankreich rief den veralteten Adelsbann auf, und von Werth's Anſchlägen mitten in ſeinem Feldlager bedroht, ſuchte er durch glänzende Erbietungen den gefürchteten Deutſchen in ſeinen Dienſt zu locken, der den Franzoſen in wenigen Wochen gegen 50 Standarten abnahm und nach Kriegsbrauch 20 Thaler das Stück in Rechnung ſetzte. Aber Baner's Fortſchritte in Sachſen riefen das kaiſerliche Heer an den Rhein zurück. Im Frühjahre 1636 ängſtete Werth die franzöſiſch geſinnte Stadt Lüttich, warf ſich dann plötzlich mit dem ſpaniſchen Feldherrn Piccolomini auf die Picardie, deren Grenzveſten gleich hintereinander fielen; grade auf Paris zu trieb der Verwegene die zweifelhaften Heerführer. Blutig wurde der Übergang über die Somme erzwungen, und flüchtende Bauern, Mönche und Nonnen trugen das Entſetzen vor Werth in die Hauptſtadt. Ludwig XIII. und Richelieu zitterten. Die Wege nach der Loire füllten ſich mit Flüchtlingen, da faßte ſich der Cardinal, ließ Paris in Eile befeſtigen, bewaffnete alle Handwerker und Bedienten und foderte Schatzung von allen Ständen. So ſtand er bald an der Spitze eines mächtigen, bunt genug ausgerüſteten Bürger- und Adelsheers, während die ſpaniſchen Generale, Werth's raſchen Entſchluß verwerfend, die köſtliche Zeit verloren, und dieſer mit ſeinen Reitern voll Verdruß die Gegend von Paris räumte. Aber den Namen des Schrecklichen verewigten die Franzoſen in Liedern und vergaßen lange nicht das Angſtjahr von Corbie. Vor dem Abzuge vom franzöſiſchen Boden zeichnete Werth noch tüchtig ſechs franzöſiſche Reiterregimenter durch einen nächtlichen Überfall und ging dann für den Winter nach Köln. Aber ſein kühner Zug nach Frankreich, wozu er ſich bei ſeinem Kurfürſten nicht zuerſt Raths erholt, hätte ihm ſchier Ungnade zugezogen, wenn nicht ein glücklicher Streich mitten in der ſtrengſten Jahreszeit ſeine Willkür vergeſſen gemacht hätte. Während die Feinde glaubten, Werth vergnüge ſich auf ſeiner Hochzeit zu Köln mit der Gräfin Spauer, und der heſſiſche General Melander auf Frankreichs Betrieb vorſichtig einen Zug von 150 Wagen nach dem hungrigen Hermannsſtein, Koblenz gegenüber, geleitete, überfielen ihn Werth's Reiter, Johann voran, dicht unter dieſer Veſte und vereitelten das ganze Unternehmen. Darauf ſchloß er die Felſenveſte ein und zwang den franzöſiſchen Befehlshaber, der für ſeine Perſon allein 80 Ratten verzehrt haben ſoll, zur Übergabe. An den Oberrhein rief ihn der Angriff des Herzogs Bernhard, den er gleich darauf nach den blutigſten Gefechten im Auguſt und September 1637 über den Strom zurückwarf. Bernhard, in welchem er einen Feind des gemeinſamen Vaterlandes bitter haßte, entwiſchte ihm einmal nur mit Mühe durch ſein ſchwimmendes Pferd, dagegen ward Johann mit einer Kugel gefährlich durch das Geſicht geſchoſſen. Während Bernhard ſich im Bisthum Baſel verſteckte, jagten die Baiern die Franzoſen auf das Schimpflichſte aus der befeſtigten Inſel bei Rheinau (November 1637) und ſchickten die Gefangenen mit weißen Stäben nach Hagenau.

Aber mit dem Jahre 1638 wandte ſich das Glück von unſerm Helden. Herzog Bernhard, in der Schweiz über den Rhein geſchielt, belagerte Rheinfelden; Werth, das Schlimmſte fürchtend, eilte aus den entlegenen Winterquartieren herbei, trieb am 28. Februar den Herzog von Rheinfelden und ſchlug ſich Mann gegen Mann mit dem Grafen von Naſſau. Nach zwei Tagen jedoch kehrte Bernhard plötzlich um und überfiel die Siegesſichern, Hungrigen; Werth warf ſchnell genug ſeine Truppen dem Angreifenden entgegen; aber ſie wurden durchbrochen, und er, unter den Letzten in einem Wäldchen mit Verzweiflung ſich wehrend, übergab ſeinen Degen. Mit den andern Generalen gerieth auch ſein Neider und Widerſacher, der römiſche Fürſt Savelli, in die Gefangenſchaft. Herzog Bernhard empfing den perſönlich Gehaßten mit höhniſchen Worten, auf welche der Gefangene würdevoll antwortete und bei der Abendtafel nach der Schlacht ſeinen Unwillen gegen den Römer freien Lauf ließ. Frankreich jubelte bei der Botſchaft, der Schreckliche ſei gefangen, und Bernhard konnte ſich nicht größern Dank verdienen, als indem er dem Könige ſeinen Gefangenen zuſchickte. Werth wüthete, ſträubte ſich gegen die Fortführung in franzöſiſche Gewalt mit Händen und Füßen; endlich von Bernhard beruhigt, ließ er ſich in einem Wagen nach Paris führen. Aber die Franzoſen, ſtatt durch ſchadenfrohe Zudringlichkeit den Gefangenen zu kränken, bewunderten den Krieger und ſtaunten ihn ehrerbietig an, wie „einen afrikaniſchen Löwen". Man beherbergte ihn prächtig im Schloſſe Vincennes, daß er bald guter Laune wurde, ſich bei feiner Tafel als tüchtiger deutſcher Trinker und Tabackraucher betrachten ließ und den pariſer Damen manches ſoldatiſch galante Wörtchen ſagte. So lebte er, von den Vornehmſten beſucht, herrlich, ſpeiſte mit den Prinzen, wurde vom Könige bei Hoffeſten geliebkoſt und brachte einen ſo gemüthlich ritterlichen Eindruck auf die Pariſer hervor, daß ihn Volkslieder vielfach beſangen, die lange bei der Nachwelt lebten. Aber trotz dieſen Höflichkeitsbeweiſen wurde es ihm nach und nach unbehaglich in Paris und er ſehnte ſich nach Kriegsgetümmel. Vier Jahre hielt Frankreich den Gefürchteten und wechſelte ihn erſt im März 1642 gegen ſeinen Gefangenen von Nördlingen, Feldmarſchall Horn, aus.

Das grauenvolle Kriegsfeuer brannte fort. Werth,

zum Generallieutenant der Reiterei ernannt, trat unverzagt am Niederrhein den Franzosen wieder entgegen, die an kecken Unternehmungen bald seine Gegenwart merkten. Im Jahre 1643 vereitelte er mit dem bairischen Feldmarschall Mercy dreimal den Versuch Guebriant's, des französischen Heerführers, an der Donau durchzubrechen, focht mit altem Glück im kleinen Kriege, wurde General der Cavalerie und führte nach Guebriant's Fall seinen glänzenden, den Überfall und Vernichtung des französisch-weimarischen Heers bei Tuttlingen. Während des Winters war er in seiner Heimat im kölner Lande, wo er Haus und Güter besaß, empfing hier einmal Gift und erstach, von einem lärmvollen Trinkgelage nach Hause zurückkehrend, im Zweikampfe auf offener Straße seinen Beleidiger, den Obersten Grafen von Merode. Merode's zuchtlose, lüderliche Soldaten haben den Namen des Führers als Marodeur (Merodebrüder) in der neuern Kriegssprache verewigt. Im Juli 1644 nach kurzer Haft an den Oberrhein zurückeilend, nahm er entschiedenen Theil an den blutigen Tagen von Freiburg gegen den jungen Condé. Er vertheidigte sich beim Kurfürsten gegen feindliche Angeber mit dem Kraftworte: „wenn er den Torstenson Vormittags und die Franzosen Nachmittags ruiniren wolle, wolle er Leib und Blut daran strecken", wurde darauf, als müsse er auf jedem Schlachtfelde mitkämpfen, nach Böhmen gerufen und brach sich am Unglückstage von Jankau (6. März 1645) durch die siegenden Schweden Bahn. Als nach wenigen Wochen (5. Mai) Turenne vor ihm und Mercy aus dem Treffen bei Herbsthausen geflohen, erschien Condé, Rache suchend, an Baierns Grenze und gewann durch die schonungsloseste Aufopferung, zumeist deutschen Blutes, nach Mercy's Heldentode (3. August 1645) das Feld von Allerheim, während Johann zu hitzig den von ihm geschlagenen Flügel verfolgte. Diese Unbesonnenheit brachte ihn um die Ehre des Tages und um die Oberfeldherrnstelle des bairischen Heers. Die offene Sprache des Kriegers hatte ihm außerdem viele Herren am Hofe und in dem Kriegsrathe u Feinden gemacht. Im Herbste jenes Jahres stand Condé, seines Sieges ungeachtet, schon wieder am Rhein, um seine dünnen Regimenter zu verstärken. Das 28. Kriegsjahr verging thatenlos unter Märschen fast durch ganz Mitteldeutschland; wo etwas zu thun war, sah man den weidlichen Reiter immer vorauf, bis im Spätherbst Turenne und der Schwede Wrangel den kaiserlichen Feldherrn plump überlisteten und in das Herz von Baiern einbrachen. Noch einmal rettete Johann's Erscheinen das bedrohte Augsburg; aber bald war der gewonnene Vorsprung wieder verloren, und Kurfürst Maximilian, des Kaisers letzter Bundesgenosse, entsagte, im eignen Lande bedroht, der allgemeinen Sache, indem er im März 1647 einen Waffenstillstand zu Ulm schloß. Johann von Werth, vom Kurfürsten vernachlässigt, hatte nicht Lust, die Reichsfeinde triumphiren zu lassen. Alle Generale murrten über des Baiern Treubruch am Kaiser; auch Johann glaubte der größern Pflicht zu folgen, indem er das Band des Gehorsams gegen den Kurfürsten brach, und in einem kühnen Wagstücke das ganze bairische Heer zum bedrängten Reichsoberherrn führte. Aber der mit großartiger List angelegte Plan wurde verrathen, das Heer, schon auf dem Marsche, empörte sich und Johann von Werth entrann vor Vilshofen (Juli 1647) der bairischen Wuth nur mit wenigen Offizieren nach Böhmen. Geächtet, vogelfrei erklärt, arm, da man seine liegenden Gründe verbrannt und eingezogen hatte, stellte er sich dem Kaiser dar; aber Ferdinand, dankbar für den Willen, brachte den zertretenen Mann zu Ehren, gab ihm Güter und Würden und rechtfertigte des Dieners That vor der Welt. Maximilian blieb unversöhnlich, und als nach dem böhmischen Feldzuge Kaiser Ferdinand und der Kurfürst sich wieder die Hand boten (September 1647), ward Johann nach dem Vertrage aufgeopfert und trat für einige Monate aus dem Feldlager in ein dunkles Privatleben. Aber der Nothstand des letzten Kriegsjahrs 1648 rief den unmuthigen Helden wieder auf den Schauplatz; der alte Melander von Holzapfel war an Baierns Schwelle als Soldat gefallen, Baiern der furchtbarsten Verwüstung Wrangel's und Turenne's Preis gegeben. Da beugte der Jammer der Unterthanen den alten Maximilian zur Versöhnung. Er rief Johann von Werth wieder zum Heere, der eben zu Linz zum zweiten Male sich mit einer Gräfin von Kuffstein vermählt hatte. Unter Piccolomini, dem alten Waffengenossen, am Inn und der Isar dem Feinde gegenüber gelagert, endete Johann von Werth bei Dachau unweit München die Reihe der Feldschlachten des dreißigjährigen Krieges durch eine höchst eigenthümliche Reiterthat, nachdem er Franzosen und Schweden gezwungen, aus dem veröden Lande zu weichen. In einem morastigen Walde jagte am 6. October Turenne mit Wrangel lustig nach Hirschen, indessen sie das Revier durch ihre Regimenter gesichert wähnten, als Werth mit seinen Reitern den Wald umringte, die Posten versprengte und die im Waidwerk vertiefte Generalität nöthigte, mit Hinterlassung ihrer Pferde und Prachtzelte, sowie ihres Silbergeschirrs durch den Sumpf zu fliehen, durch welchen ein Hirsch, wie ein Bote des Himmels, ihnen den Weg gezeigt hatte. Am offenen Lande für die gestörte Lust sich unmenschlich rächend, zogen die Feinde nach Schwaben; Werth folgte ihnen bis zum Markstein Baierns, wo ihn noch am 13. October der letzte Kanonenschuß des dreißigjährigen Krieges aus der befreundeten Feste Rain beinahe zu Boden streckte, wie wenn keiner der alten Heerführer den mörderischen Kampf überleben solle. Als das kaiserliche und das bairische Heer im Begriff waren, dem bedrängten Prag zu Hülfe zu eilen, erreichte sie am 8. November die Kunde von dem eben geschlossenen Frieden. Johann von Werth dankte Gott; aber der hartsinnige Schwede Wrangel jagte den ersten Eilboten zu Feuchtwangen scheltend fort; warf, wie er den zweiten zu und dritten erhielt, seinen Generalshut auf den Boden und trat ihn voll Ingrimm mit Füßen.

Auf seinem Landgute in Böhmen, im Iserthale, zu Benateck unweit des Riesengebirges, verlebte der alte Held seine letzten Tage, verkehrte auch wohl traulich mit den geistlichen Vätern zu Lilienfeld. Unthätigkeit zehrte seine Kraft auf; er starb im 16. September 1652 und hinterließ ohne Erben eine junge Witwe. Unbesucht ruhen seine Gebeine in Benateck. Das deutsche Vaterland hatte ihn schon lange vergessen, als noch der Liedermund der Franzosen ihn besang und hier und da niederrheinische Bauern vom Helden ihres Stammes erzählten. Wenig verstand er zu Schreiben und Lesen; aber seine Briefe reden ein klares, kräftiges Deutsch. Zu Köln zeigt man im ehemaligen Besitzthum Werth's, jetzt ein Weinhaus, zwei Bildnisse, eins zu Fuß und eins zu Pferde. Neugierige Reisende wollen im dortigen Collegio Johann's von Werth schwer zu lüftende Pickelhaube gesehen haben.

16   Das Pfennig=Magazin.

Hogarth's Werke. 8. Der Politiker.

Der Politiker.

Das vorstehende Bild ist das wohlgetroffene Portrait eines Zeitgenossen von Hogarth, nämlich des Spitzenhändlers Tibson in London, der sich fortwährend mit Staatshändeln und Berechnung der möglichen Folgen derselben abgab, stets in Gedanken über Land und Meer schweifte, um zu sehen, was jener Staat und diese Provinz mache; der sich einbildete, in alle Geheimnisse der Staatskunst eingeweiht zu sein, und darüber sein eignes kleines Hauswesen zu Grunde richtete. Der satirische Hogarth hat in einem einzigen Zuge vortrefflich angedeutet, wie sehr der Hang zur Politik den Mann eingenommen hat, und wie er über den Zeitungsnachrichten Alles vergißt, was um ihn her vorgeht; denn wir sehen ihn in das Lesen eines Zeitungsblattes so sehr vertieft, daß er nicht einmal das durch sein Licht selbst verursachte Feuer bemerkt, das schon seinen Hut ergriffen hat und wahrscheinlich auch die Perücke in Brand stecken wird. Übrigens gehört dies Blatt zu Hogarth's gelungensten Arbeiten. Der Ausdruck des Gesichts, sagt Lichtenberg, ist unübertrefflich. Welche kalte verschlossene Besonnenheit, welche tiefe Geistesstille der Überlegung, welche forschende Wachsamkeit liegt nicht in den Zügen dieses Mannes!

Verantwortliche Herausgeber: Friedrich Brockhaus in Leipzig und Dr. C. Drärler=Manfred in Wien.
Verlag von F. A. Brockhaus in Leipzig.

Das Pfennig-Magazin

der
Gesellschaft zur Verbreitung gemeinnütziger Kenntnisse.

146.]   Erscheint jeden Sonnabend.   [Januar 16, **1836**.

Indische Schlangenbezauberer.*)

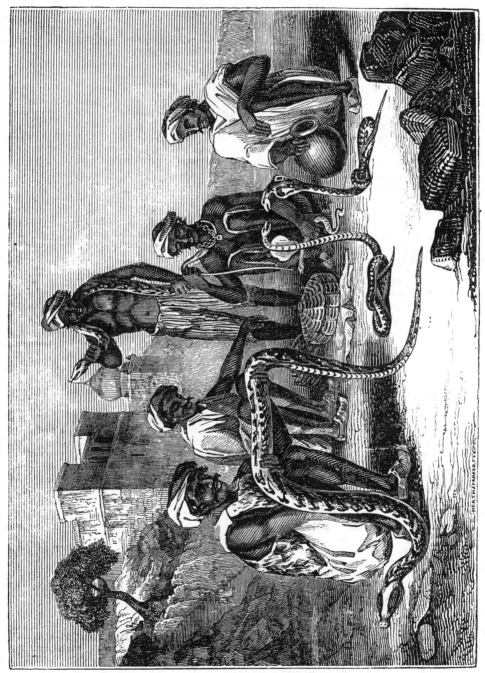

*) Vergleiche Pfennig-Magazin Nr. 16, wo über dieselben ausführlich gesprochen ist.

Mohammed.

Die große arabische Halbinsel, die sich vom persischen Meerbusen bis zum rothen Meere und von den Grenzen Syriens bis zu den Ufern des südlichen Weltmeers ausdehnt, bildet eine abgesonderte Welt, wo der Mensch und die thierische Schöpfung, der Himmel und die Erde, eine andere Gestalt zeigen und andern Gesetzen gehorchen. Alles erinnert hier an die ewige Unabhängigkeit eines Urvolkes; die alten Überlieferungen sind hier volksthümlich und ohne fremden Beistand hat sich eine Gesittung ganz eigner Art gebildet. Dieses große Festland, von mehr als 50,000 Quadratmeilen Flächenraum, wird von keinem Flusse durchschnitten, von keinem Gebirge durchzogen, das hoch genug wäre, die Wolken anzuziehen und in Regen aufzulösen, oder mit einer Schneedecke sich zu überziehen, und stets wird das Land unter dem heißen Himmel von Durst gequält. Die Erde selbst ist hier umgewandelt; sie überzieht sich nur mühsam in der Regenzeit mit einer Pflanzendecke, und sobald die Sonne die Wolken zerstreut, verwandelt sie sich unter den glühenden Strahlen wieder in Staub; sie wird von den Winden gefegt und zu Sandbergen aufgehäuft, die stets die Arbeiten der Menschen zu verschlingen drohen und oft dem Reisenden ein furchtbares Grab bereiten. Einige lebendige Quellen, die der Fleiß des Menschen oder der Naturtrieb der Thiere entdeckt, und die das mildthätige Alterthum sorgfältig in Behältern und tiefen Brunnen gesammelt hat, eine Wohlthat, die ein Unbekannter den Unbekannten künftiger Zeitalter uneigennützig weihte, bezeichnen in gewissen Entfernungen die Stellen, wo das Leben des Menschen sich erhalten kann; aber sie sind weit voneinander entlegen, wie die großen Städte in unserm Europa, und auf dem Reisewege der verschiedenen Karavanen fehlt es fast der Hälfte der Rastörter an Wasser. Außer jenen Wasserbehältern aber gibt es andere Quellen, die den Nachforschungen der Menschen entgangen sind oder durch ihre Sorgfalt nicht geschützt wurden, und sie bewahren ihr Wasser für die Ungeheuer der Wüste, Löwen und Tiger, die häufiger ihren Durst mit Blut stillen, oder für die Antilopen, die vor ihnen fliehen.

Die Gebirge, welchen die Glut der Sonne und heftige Winde das fruchtbare Erdreich entführen, erheben hier und da ihre nackten Gipfel, aber wenn einer dieser Berge hoch genug ist, sich mit Wolken zu bedecken und wohlthätigen Regen anzuziehen, wenn er von seinen Seiten einen Bach herabströmen läßt, so gibt dieses Wasser, ehe es sich im Sande verliert, dem Boden, den es erquicken kann, eine bewundernswürdige Fruchtbarkeit. Die Gewalt einer glühenden Sonne belebt dann, was sie sonst zerstört; eine grüne Insel erhebt sich mitten im Sande; Palmwälder beschatten die heilige Quelle; alle Thiere sammeln sich um den Menschen, seine Herrschaft erscheint ihnen minder furchtbar als die Macht, die in der Wüste waltete, aus welcher sie entflohen sind, und sie lassen sich mit einer Fügsamkeit zähmen, die man unter andern Himmelsstrichen nicht kennt. Jene Berge, jene frischen Quellen, jene Oasen sind nur in ziemlichen Entfernungen über das weite Gebiet von Arabien zerstreut; aber längs dem Gestade des rothen Meeres sind einige Stellen wasserreicher, und es standen hier schon im hohen Alterthum blühende Städte, während am äußersten Ende der Halbinsel, am Ufer des Weltmeers, das Königreich Jemen und das sogenannte glückliche Arabien von reichen Quellen bewässert, sorgfältig angebaut, mit Kaffeebäumen und Weihrauchstauden bedeckt sind, und man versichert, daß oft in einer Entfernung von mehren Stunden die Nähe des Gestades durch die Wohlgerüche, die es aushaucht, dem Reisenden sich verräth.

Der Bewohner dieser von andern Erdtheilen so verschiedenen Gegend hat von der Natur die nöthige Kraft erhalten, um über die Übel zu siegen, mit welchen er kämpfen muß. Muskelkräftig, behende, mäßig, geduldig, weiß er, wie das Kameel, sein treuer Gefährte, Durst und Hunger zu ertragen. Einige Datteln oder ein wenig Gerstenmehl, das er in der Hand netzt, sind hinlänglich zu seiner Nahrung; frisches und reines Wasser ist für ihn so selten und erscheint ihm als eine so große Wohlthat des Himmels, daß er wenig daran denkt, von der menschlichen Betriebsamkeit geistige Getränke zu fodern. Er hat seine Geisteskräfte genug geübt, um seine Überlegenheit zu kennen, und der bewegliche Schauplatz der Wüste, wo der Wind Sandberge fortbewegt und ein glühender und vergifteter Wind, der Samum, oft den Tod mit sich bringt, flößt ihm weder Staunen noch Schrecken ein. Er fodert dreist von dieser Wüste die wenigen Reichthümer, die ihr Schoos enthält; er durchzieht sie furchtlos nach allen Richtungen; er hat alle Thiere, die sie bewohnen, gezähmt oder vielmehr sie freundlich sich zugesellt, mit ihnen alle Gaben getheilt, die er einer kargen Natur entreißen kann, ihren Verstand geleitet, um die dürftige Nahrung, die Arabiens Boden ihnen darbietet, zu sammeln und aufzubewahren, und indem er ihre Kräfte zur Arbeit benutzte, den Adel ihres Wesens erhalten. Das Pferd lebt mitten unter den Kindern des Arabers; der Verstand des Thieres wird stets entwickelt durch den Umgang mit den Menschen, und es gehorcht seinem Herrn mehr aus Zuneigung als aus Furcht. Das Kameel hat ihm seine Kraft und seine Geduld hingegeben und es ihm möglich gemacht, durch thätigen Handel ein Land zu beleben, das, wie es schien, von allen Verbindungen abgeschnitten sein sollte.

Durch den Sieg der Betriebsamkeit und des Muthes kann der Mensch in Arabien leben, im Kampfe gegen die Natur; aber er könnte nicht hier leben, wenn er auch noch gegen den Despotismus kämpfen müßte. Der Araber ist immer frei gewesen, und wird es immer sein, denn alsbald würde dem Verluste seiner Freiheit der Verlust seines Daseins folgen. Wie könnte die Arbeit, die kaum hinreicht, ihn selber zu ernähren, auch noch Könige oder Soldaten bezahlen? Nur der Bewohner des glücklichen Arabiens hat von dem Schicksale nicht diese strenge Bürgschaft erhalten. Es gibt unbeschränkte Könige in Jemen und das Land ist sogar mehr als einmal von fremden Eroberern überzogen worden; aber die Städte am Ufer des rothen Meeres sind Freistaaten und im wüsten Arabien kennt man nur patriarchalische Regierungen. Der Scheikh, der Stammälteste, wird als Vater des Stammes betrachtet und alle Glieder desselben nennen sich seine Kinder. Er räth seinen Kindern zu ihrem eignen Wohle, er befiehlt ihnen nicht; die Beschlüsse des Stammes werden in der Versammlung der Ältesten gefaßt, und Derjenige, dem sie nicht gefallen, wendet sein Pferd nach der Wüste um und setzt ohne seine Brüder seinen einsamen Weg fort.

Kaum sind einige voneinander entfernte Gegenden Arabiens fähig, durch Menschenarbeit angebaut zu werden, und nur hier findet man Landeigenthum; in allen andern Theilen aber ist die Erde, wie die Luft und das Wasser, allen Menschen gemein und die Erzeugnisse, die sie ohne Anbau hervorbringt, gehören allen

Bewohnern. Der Beduine, der kein Grundeigenthum anerkennt, hat in häufigen Kämpfen mit Denjenigen, die ein Eigenthumsrecht an den von ihnen getheilten und eingefriedigten Feldern behaupteten, sich gewöhnt, die Gesetze, welche das Eigenthum unter den Menschen ordnen, wenig zu achten. Nur die Gesetze seines Stammes erkennt er an, nur die Habe seines Bruders oder diejenige, die sein Bruder in Schutz genommen hat, ist ihm heilig; gegen jedes andere Besitzthum aber glaubt er das Recht des Krieges ausüben zu können, und der Beduine, der sich achtet und den Vorschriften der Sittlichkeit und den Gesetzen seines Landes zu gehorchen glaubt, treibt ohne Bedenken das Räubergewerbe. Er greift mit bewaffneter Hand an und theilt das fremde Eigenthum, das er zu erlangen vermag. Fremder und Feind sind für ihn gleichbedeutende Ausdrücke, wenn anders nicht der Fremde das Gastrecht erworben, wenn er nicht Salz an seinem Tische genossen oder auch mit edelm Vertrauen, ohne frühere Bekanntschaft, sich an seinen Herd gesetzt hat; dann ist der Fremde für ihn ein heiliges Wesen, und er theilt mit ihm sein letztes Brot, seinen letzten Wasserbecher, opfert die letzte Kraft, um ihn zu vertheidigen.

(Die Fortsetzung folgt in Nr. 147.)

Indigo.

Der im Handel vorkommende Indigo wird aus verschiedenen Pflanzen, besonders aus der in Amerika wachsenden Indigopflanze (Indigofera anil) und aus der chinesischen (Indigofera tinctoria) gewonnen. Die amerikanische Indigopflanze ist ein zwei bis drei Fuß hoher Strauch, der in Südamerika und in Westindien vorkommt. Früher kam der feinste Indigo aus Guatemala, seit aber die Bereitung desselben die Aufmerksamkeit der Briten in Indien, besonders seit 1783, erweckte, liefert Ostindien diesen Färbestoff in weit feinerer Beschaffenheit als Guatemala. Der Indigo gehört zu denjenigen Färbemitteln, welche aufgelöst dem darein getauchten Stoffe die Farbe unmittelbar mittheilen, ohne daß vorher das Zeuch mittels einer erdigen oder metallischen Basis vorbereitet werden müßte. Man glaubt, daß schon den Alten ein dem Indigo ähnlicher Färbestoff bekannt gewesen sei, doch war es wahrscheinlich die aus dem Waid (Isatis tinctoria) bereitete Farbe, die alle Eigenschaften des Indigo besitzt, nur daß sie nicht ebenso viel Glanz hat. Die Morgenländer kannten den Indigo lange vor der Einführung desselben in Europa. Die Pflanze verlangt einen fruchtbaren, nicht zu trockenen Boden. Sie erschöpft das Land sehr und muß während ihres Wachsthums durchaus frei von Unkraut gehalten werden. Die Indigopflanze ist dauernd, da aber die jungen mehr Färbestoff liefern als die ältern, so ist es gewöhnlich, sie von zwei zu zwei Jahren aus dem Samen zu ziehen. Man legt den Samen in zwei bis drei Zoll tiefe Löcher, die in grader Linie ungefähr einen Fuß voneinander entfernt sind, 11—13 Samenkörner in jedes Loch. Dies darf nicht bei trocknem Wetter geschehen, damit nicht Insekten den Samen zerstören oder der Wind ihn verwehe. Sobald die junge Pflanze aus der Erde hervorkommt, fängt das Ausgäten des Unkrauts an und dauert fort, bis sie abgeschnitten wird, was ungefähr nach zwei Monaten geschieht. Läßt man sie länger wachsen, so kommt die Blüte hervor, die Blätter werden trockner und härter und geben weniger Färbestoff. Nach dem ersten Schnitte können von sechs zu sechs Wochen wieder junge Blätter geschnitten werden, wenn anders das Wetter feucht ist; denn die Pflanze geht ein, wofern sie bei trockenem Wetter geschnitten wird. Die abgeschnittenen Blätter werden in gemauerte Cisternen eingeweicht, deren drei übereinander angebracht sind. Die zweite ist niedriger als der Boden der ersten, sodaß der in dieser enthaltene Saft in jene abläuft, wenn die kleinen Rinnen an der Seite geöffnet werden, und die dritte nimmt den Inhalt der zweiten auf. Die erste und größte dieser Cisternen ist gewöhnlich 20 Fuß lang, 12—15 Fuß breit und 3—4 Fuß tief. Die zweite ist beinahe halb so groß, die dritte noch kleiner; 18—20 Pflanzenbündel sind gewöhnlich genug, einen Trog von der angegebenen Größe zu füllen. Sie werden dann mit Wasser übergossen und mit Holzstücken beschwert, damit die Blätter unten bleiben. Je nach dem Grade der Wärme des Wetters oder der größern oder geringern Zartheit der Blätter tritt die Gährung früher oder später ein, zuweilen schon in sechs Stunden. Bei dem Fortschritte der Gährung wird die Flüssigkeit immer undurchsichtiger und nimmt eine bläuliche, in das Violette übergehende Farbe an. Dann werden die Rinnen des obern Trogs, ohne die Pflanzen zu stören, geöffnet und die Flüssigkeit, welche mit den durch die Gährung entbundenen Salzen und Färbetheilen der Pflanze geschwängert ist, läuft in den zweiten Trog. Der obere Trog wird dann wieder mit frischen Pflanzen gefüllt. Die Flüssigkeit in dem untern Troge wird stark umgerührt, bis die ausgeschiedenen Färbetheile sich von den flüssigern sondern und fester werden. Der Arbeiter muß genau wissen, wann das Umrühren aufhören muß; geschieht es zu früh, so wird die Absonderung nicht vollständig, und wird zu lange damit fortgefahren, so vermischen sich die Färbetheile wieder mit dem Wasser. Ist die Arbeit gehörig verrichtet worden, so bilden jene Theile nach und nach einen schlammigen Niederschlag und das Wasser wird hell. Dann werden die Löcher geöffnet, welche sich in den Seiten des Troges in verschiedener Höhe befinden, um das Wasser nach und nach ablaufen zu lassen und endlich läßt man auch den Niederschlag durch eine vorn angebrachte Öffnung in den untern Trog laufen. Hier bleibt die Masse einige Zeit und wird dann in spitzig zulaufende, 15—18 Zoll lange Beutel gethan, die man aufhängt, bis das Wasser vollends abgelaufen ist. Nachstehende Abbildung wird dieses Verfahren veranschaulichen. Endlich wird die Masse in drei bis vier Fuß lange, zwei Fuß breite und gegen drei Zoll tiefe Kisten gelegt und in die Luft gestellt, damit sie vollends trockne. Während dies geschieht, muß der Indigo, wenn er gut werden soll, gegen die Sonnenstrahlen ebenso sehr als gegen den Regen geschützt werden.

Man thut gegenwärtig Kalkwasser in den zweiten Trog, um den Niederschlag des Färbestoffes zu beschleunigen, sobald er sich ansetzt. In Ägypten läßt man die Pflanzen nicht gähren, sondern drei bis vier Stunden kochen und wie es scheint, werden dadurch die Färbetheile ebenso gut als durch die Gährung ausgeschieden.

Um die Mitte des 16. Jahrhunderts brachten die Holländer den Indigo aus Ostindien nach Europa. Später ward er auch auf den Antillen und in Südamerika angebaut. Der Anbau und die Benutzung des Waids wurde dadurch in Deutschland vielfältig beschränkt und es wurden Anfangs gegen die Benutzung des Indigo Strafverbote gegeben. Die Engländer führen jetzt jährlich 7—9 Millionen Pfund nach Europa ein, wovon fast $1/7$ aus Ostindien kommt.

Wird der Indigo ohne Waid, den die Blaufärber doch nicht ganz entbehren können, zum Färben gebraucht, so nennt man das Färbegefäß eine Indigoküpe. Es ist gewöhnlich von Kupfer, kegelförmig gestaltet und es wird zwischen demselben und dem es umgebenden Mantel von Ziegelsteinen unter dem Boden ein Raum gelassen, wo das Feuer brennt. In dieses Gefäß wird Wasser gegossen, worin Weinsteinsalz oder Pottasche, Krapp und Kleie abgekocht worden sind. Zu dieser Mischung wird die nöthige Menge von Indigo gethan und dann das Ganze stark umgerührt. Darauf wird das Gefäß zugedeckt und ein langsames Feuer angezündet. Zwölf Stunden nach der Füllung der Küpe wird die Masse noch einmal umgerührt, und abermals nach Verlauf von 12 Stunden, bis die Flüssigkeit blau wird, wozu gewöhnlich 48 Stunden erfoderlich sind. Ist die Küpe gut bereitet, so hat sie dann eine schöne grüne Farbe mit einer kupferfarbigen Haut und einem blauen Schaume. Soll Tuch gefärbt werden, so wird die Küpe zwei Stunden vorher umgerührt, und damit das Tuch nicht mit dem Bodensatze in Berührung komme, wird es auf ein in dem Gefäße angebrachtes Flechtwerk gelegt. Wolle, die in der Küpe gefärbt werden soll, wird auch oben mit einem Flechtwerke bedeckt, um sie unter der Oberfläche der Küpe zu halten. Der zu färbende Stoff wird vorher in heißem Wasser gespült und ausgerungen, ehe er in die Küpe kommt, worin er längere oder kürzere Zeit bleibt, je nachdem die Farbe mehr oder weniger dunkel werden soll. Hat man ihn herausgenommen, so wird er über der Küpe ausgerungen und in die Luft gehängt, wo dann die grüne Farbe, die er in der Küpe erhalten hat, durch die Einsaugung des Sauerstoffs der Atmosphäre blau wird. Auch wird der Indigo, mit Schwefelsäure aufgelöst und dann mit Wasser verdünnt, zum Färben gebraucht.

Die Bereitung des Indigo.

Der Adler einer römischen Legion.

Der Gebrauch der Kriegsfahnen oder Feldzeichen überhaupt ist uralt. Fahnen oder an Stangen befestigte Tücher mit Sinnbildern verziert, hatten schon die Juden zu Moses' Zeiten. So hatte, wie uns die Bibel erzählt, der Stamm Ephraim in seiner Fahne den Wolf und der Stamm Benjamin den Stier als Sinnbild. Auch bei den alten Griechen finden wir Fahnen. Auf den Fahnen der Athener stand die Eule ihrer Schutzgöttin Minerva, auf den der Thebaner die Sphinx. Das erste Feldzeichen der Römer zur Zeit des Romulus, des Gründers ihrer Stadt, war ein Heubündel, welches auf einer Stange dem Heere vorgetragen wurde. Als die unbedeutende Römerstadt zum Staate herangewachsen war und in der Römerbrust Stolz und Kraftgefühl erwachten, wählte man eine aufwärts stehende Hand zum Feldzeichen und später den Adler, den heiligen Vogel Jupiter's, als Symbol der Kraft, der Hoheit und des Sieges. Anfangs waren diese Adler von Holz, bald sitzend, bald stehend dargestellt, aber stets mit ausgebreiteten Flügeln, zum Zeichen beständiger Thätigkeit. Ihre Größe war verschieden und richtete sich nach der Stärke der einzelnen Kriegerhaufen. Bekanntlich wurde ein römisches Heer eingetheilt in Legionen, diese in Cohorten oder Manipeln und jede Cohorte wieder in Centurien oder Haufen von 100, 80 oder 50 Mann, jenachdem die Legionen stärker oder schwächer waren. Den größten Adler hatte also die Legion. An die Stelle der hölzernen Adler traten später metallene und der Legionsadler war dann zum Unterschiede von den Adlern der kleinern Abtheilungen — die übrigens oft statt derselben als Sinnbilder auch Bären, Wölfe, Löwen, Drachen, vergoldete Kugeln u. s. w. hatten — vergoldet, in Roms Blütezeit von Silber und unter den Kaisern sogar von Gold. Ein solcher Adler stand bei den Römern in hohem Ansehen. Man schwur bei ihm, ja man verehrte den Adler sogar als eine Gottheit. Es wurden ihm nach siegreichem Kampfe Dankopfer gebracht und man schmückte den heiligen Vogel mit Blumen und Lorberkränzen. Schimpflicher als jede Niederlage war für eine Legion der Verlust des Adlers. Selten aber fiel dieser auch in Feindeshände; denn in der höchsten Noth, ehe der Römer an die eigne Rettung dachte, sorgte er dafür, daß die Heiligthümer des Heers vom übermüthigen Sieger nicht entweiht würden, brach die Adler von den Stangen ab, verscharrte sie tief in die Erde oder warf sie in den nächsten Strom. Und wirklich haben nur wenige Sammlungen alterthümlicher Schätze dergleichen Adler aufzuweisen. Einen Adler, wie ihn nachstehende Abbildung darstellt, fand man im Jahre 1820 unter den

Der Adler einer römischen Legion.

Trümmern eines römischen Castells in der zur großherzoglich-hessischen Provinz Starkenburg gehörigen Grafschaft Erbach-Schönberg. Man hält ihn seiner Größe wegen für einen Legionsadler. Er ist aus Bronze, sehr stark vergoldet und wiegt über acht Pfund.

Durch diese Adler wurde in der Schlacht dem Heere durch Heben und Senken derselben das Zeichen zum Angriff oder Rückzug gegeben. Lagerten sich die Kriegerhaufen, so wurde der Legionsadler vor dem Zelte des Feldherrn aufgepflanzt und das Zeichen zum Aufbruch war, wenn er von hier weggenommen wurde. Napoleon hatte zum Feldzeichen neben den Fahnen die altrömischen Adler eingeführt, die aber mit seinem Fall auch wieder verschwunden sind.

Der doppelköpfige Adler, als Sinnbild auf Kriegsfahnen, kommt zuerst bei den Kaisern des Orients vor, welche damit ihre Ansprüche auf das morgen- und abendländische Reich bezeichneten, und zur Hindeutung auf die Erbschaft des Orients hat seit Kaiser Sigismund das römisch-deutsche Reich den zweiköpfigen schwarzen gekrönten Adler mit ausgebreiteten Flügeln zum Sinnbilde auf seine Fahnen und in sein Wappen gesetzt. Aus demselben Grunde und in der nämlichen Gestalt hat ihn Östreich beibehalten, und mit mehr oder weniger Abänderung ahmten diesen Gebrauch Rußland, Preußen, Polen und andere europäische, besonders deutsche Staaten, Provinzen und Städte nach.

Gemälde von Petersburg.
(Beschluß aus Nr. 145.)

Petersburg ist der Ausfuhrort für alle Naturerzeugnisse des ungeheuren Reichs, welche ihren Weg nach Norden nehmen. Ein treffliches Kanalsystem verbindet die Newa mit der Wolga und dem kaspischen Meere. Aus einer Entfernung von 800 Meilen aus dem Schooß des metallreichen Sibiriens sendet die Selenga durch den Baikal, den Jenisei, den Obi und den Tobol, die Wolchow und den Ladogakanal die Schätze der Wolgaufer in die Newa, wo der russische Kaufmann, dem der innere Handel allein vorbehalten ist, sich ihrer bemächtigt. Der auswärtige Handel ist zum größten Theil in den Händen Fremder, Deutscher, Engländer und Holländer, und von 1239 Schiffen, welche im Jahre 1833 in Petersburg ausluden, waren nicht weniger als 696 englische, 62 amerikanische und 481 gehörten andern Völkern. Die alten Privilegien des englischen Handelsstandes haben jedoch aufgehört. Die vorzüglichsten Ausfuhrartikel des Hafens sind Hanf und Talg; nächst diesen Flachs, Eisen, Leder und Pelzwerk. Das höhere Fabrikwesen findet bei den Russen wenig Eingang; dagegen blühen alle Gewerbe, für welche Geschicklichkeit der Hand und Anstelligkeit ausreichen; daher versendet Petersburg eine große Menge roher Tuche, Linnen und Seidenwaaren. Dafür empfängt es Colonialwaaren, Baumwollfabrikate, Wolle, Öl, Weine und Luxusartikel in großer Menge und für das ganze Reich. Die petersburger Kaufmannschaft zerfällt in drei Gilden; die erste, im auswärtigen Handel beschäftigt, muß das Bürgerrecht und ein Vermögen von 10—50,000 Rubel besitzen; sie ist keinen Leibesstrafen unterworfen, und hat das Recht, in Wagen mit zwei Pferden zu fahren. Die zweite Classe, mit einem Vermögen von 5—10,000 Rubel, ist auf den innern Handel beschränkt; die dritte endlich begreift die Ladenbesitzer mit 1—5000 Rubel Capital. Doch der Handelsgeist ist ein charakteristischer Zug in dem gemeinen Russen; zu kaufen und zu verkaufen ist seine Freude, sein Glück. Sobald der Leibeigne daher nur einen Paß bezahlen kann, verläßt er sein Dorf, eilt nach der Hauptstadt, fängt hier sein Geschäft als Herumträger an, spart so lange, bis er eine Bude miethen kann und geht nun zu größern Speculationen über, die ihn oft bis zu großen Lieferungscontracten mit der Regierung führen, wobei er sicher ist, reich zu werden. Die Beispiele solcher schnell reich gewordenen Fisch- oder Graupenhändler sind häufig, und der Millionnair fährt nun, trotzdem daß er ein Leibeigner bleibt, so lange sein Herr ihn nicht entlassen will, in glänzender Equipage mit vier Rossen bespannt, umher. Fodert es der Herr, so will das Gesetz, daß er sein Hotel verlasse und in sein Dorf zu den gewohnten Diensten zurückkehre; denn der Preis für seine Freilassung liegt in der Willkür seines Herrn.

Das Klima Petersburgs ist zwar nicht freundlich, aber doch beiweitem nicht so zurückschreckend als Viele glauben. Die drei Sommermonate, Juni bis August, sind so warm und angenehm als in Deutschland. Zwei Monate gehören dem Wechsel, den Stürmen, den gefahrvollen Sturmfluten an; im November tritt der scharfe Winter ein und nimmt allerdings sieben Monate in Besitz. Aber Leben und Verkehr in der neuen Gestalt erheben sich unter seiner Hand. Fünf Monate hält in der Regel die Schlittenbahn an. Waaren und Besucher strömen aus dem ganzen Reiche nach der glänzenden Hauptstadt, und manche Familie scheut eine Reise von 200 Meilen nicht, um den Carneval oder das Neujahr in Petersburg zu feiern; denn dieser Weg wird pfeilschnell und mit geringen Kosten zurückgelegt. Mag auch vom December bis zur Mitte des März das Thermometer selten über zehn Grad unter dem Eispunkt stehen und eine dauernde Kälte von 20—24 Grad im Januar und Februar keine Seltenheit sein; das Pelzwerk ist ja in Petersburg zum Glück nicht theuer, und stets findet man, wenn man in Gefahr steht, Nase oder Ohren zu erfrieren, einen höflichen Warner, der sich vor uns verneigt, und zuruft: „Nosch", in den Schnee greift und uns den gefährdeten Theil stark reibt.

Das Volk. Petersburg hat eine Volksmenge von 460,000 Menschen, welche 9500 Häuser, unter welchen 2340 von Stein erbaute sind, bewohnen. Vielleicht der fünfte Theil dieser Bevölkerung besteht aus Fremden, unter denen die deutsche Colonie sowol die zahlreichste als die mit den Russen am engsten verbundene ist. Repräsentanten aller Völker, in ihrem bunten Costume das Gemälde des Volkslebens erheiternd, werden hier angetroffen; nur die Juden sind ausgeschlossen. Gegen 60,000 Menschen gehören dem Heere an, und die Pracht der militairischen Schauspiele Petersburgs hat nirgend ihres Gleichen. Im Winter strömen wenigstens 10,000 Leibeigne und Bauern hier zusammen, um als Händler, als Fuhrleute, als Handwerker aller Art ihr Glück zu suchen. In dieser Zeit hat Petersburg reichlich eine halbe Million Bewohner. Die Hauptstadt hat keine andern Zimmerleute, Maurer und Schmiede als diese Bauern aus der Provinz, deren Anstelligkeit bewunderungswürdig ist. Körperliche Geschicklichkeit ist, nächst der Höflichkeit, überhaupt der hervorstechendste Zug des Russen, und mit dieser und einem rohen Beil vollbringt der bäurische Zimmermann in Petersburg Arbeiten, zu denen der Deutsche lange Lehrjahre und zahlreiche Instrumente nöthig hat. Die starke Legion der Kaminfeger gehört einem eigenen Volke an; es sind Finnen, kühne, unerschrockene Bursche, die sich, auf ihrem Besen reitend, von oben herab mit furchtbarem Gepolter durch die Schornsteine stürzen. Die höhern Handwerke, Gastwirthschaften, Kaffeehäuser, Restaurationen, Manufacturen und Fabriken aller Art werden meist von Deutschen oder Eingeborenen der Ostseeprovinzen betrieben; nur die Kabaks des Volks halten Russen. Gutmüthigkeit, Frohsinn, Gewandtheit und Höflichkeit sind die Grundzüge im Charakter des russischen Volks. Eben diesen Frohsinn, der den gemeinen Mann keine Arbeit ohne Gesang vollbringen läßt, sieht man in den höhern Ständen oft zu maßloser Genußsucht und zu entschiedenem Leichtsinn ausarten, der in Sorglosigkeit, Verschwendung und unangemessener Prachtliebe sich zeigt.

Wissenschaftliche Anstalten. An Anstalten für Wissenschaft und Kunst ist Petersburg so reich, als es von der Hauptstadt des größten europäischen Reichs zu erwarten steht. Der Palast der Akademie der Künste und der für die Wissenschaften verkünden schon durch ihr Äußeres, wie viel die russische Regierung für Kunst und Wissenschaft zu thun bereit ist, wenn beide in dem jungen russischen Volke auch jetzt noch fremde und der Pflege bedürftige Pflanzen sind. Zu der Akademie der Wissenschaften gehört eine reiche Bibliothek, die ganz vorzüglich ausgestattete Sternwarte, ein Naturaliencabinet. Die Bergwerksschule bietet eine sehr sehenswerthe sinnliche Darstellung von dem Innern der Erde und ihren Erzeugnissen in einem künstlichen Bergwerke dar. Die Akademie der schönen Künste, die gegen 400 Zöglinge aus ihren Fonds unterhält; die Universität, seit 1819 eröffnet; 50 andere von der Regierung unterhaltene Lehranstalten; das See=, Berg=, Artillerie=, Ingenieur=, Cadettencorps, das Karteninstitut, mit dem Generalstab verbunden und durch die schönen Plane und Landkarten berühmt, die von hier ausgehen; das Landcadetteninstitut; die großen Hospitäler; das unermeßliche Findelhaus für 5000 Kinder — alle diese Anstalten, überraschend durch den großen Maßstab, nach welchem sie angelegt sind, zeugen von der Sorge der Regierung für wohlthätige und wissenschaftliche Zwecke. Die großen kaiserlichen Gymnasien, die deutsche Petrischule sind wohleingerichtete Lehranstalten; doch zeigt sich bei dem Russen weniger Sinn für gelehrte als für encyklopädische Bildung; die neuen Sprachen werden von ihm leicht erlernt; er zeigt offenen Sinn für Musik, Malerei und Tanz; dagegen wenig Neigung für die alte Literatur. Für die weibliche Erziehung, welche der Kaiserin Maria Feodorowna so viel verdankt, ist durch das große Fräuleinstift in Smolnoi und viele Pensionate gesorgt. Unter den übrigen wissenschaftlichen Anstalten nennen wir: die kaiserliche Schule für orientalische Sprachen, mit von der Regierung unterhaltenen Zöglingen, die medicinische Akademie mit 520 Pensionnairen, das Centralinstitut für Volkslehrer, die geistliche Akademie, das Adelspensionat, die beiden großen Militairschulen, erstes und zweites Landcadettencorps, das Forst= und Handelsinstitut, das technologische, die Marine= und die Thierarzneischule, das Katharineninstitut für 180 Mädchen aus dem Adel, und andere. Außer der Akademie der Wissenschaften gibt es an gelehrten Gesellschaften: die russische Akademie, die freie Gesellschaft der Wissenschaften, der Literatur und der Künste, die Gesellschaft für russische Sprache, die mineralogische, die ökonomische, die militairische Gesellschaft, die zur Ermunterung der Künste, welche Zöglinge in Rom unterhält, und viele Vereine dieser Art mehr.

Sammlungen und Bibliotheken finden sich so ausgezeichnete in Petersburg, daß es mit jeder andern Hauptstadt Europas wetteifert. Die große kaiserliche Bibliothek ist eine der größten Büchersammlungen in der Welt; die russische Bibliothek in der Eremitage enthält 10,000 russische Bücher; die der Akademie ist durch ihre kostbaren orientalischen Handschriften berühmt; hier findet sich auch in der Sternwarte der berühmte gottorpsche Globus von 11 Fuß im Durchmesser, im Innern den Himmel, außen die Erdoberfläche darstellend. Große Büchersammlungen sind ferner die der Universität, der Admiralität, der Cadetten, die der schönen Künste und von Alexander=Nefsky. Der Gemäldegalerie in der Eremitage haben wir schon gedacht; das Museum der Bildhauerkunst und die kleine Sammlung im taurischen Palast schließt sich diesen an. Das reiche orientalische Münzcabinet befindet sich bei der Akademie der Wissenschaften; die Medaillen sind in der Eremitage; eine schöne Waffensammlung wird im Zeughause bewahrt; der botanische Garten ist für exotische Gewächse der erste in Europa. Unter den Privatmuseen sind die der Familien Rumänzoff, Orlofsky, Swignin und die Galerien der Narischkin, Bessborodko, Stroganoff und Puschkin die sehenswerthesten.

Sitten, Volksvergnügungen, Theater. Eines der beliebtesten und fremdartigsten Bilder in dieser an Fremdartigem so reichen Stadt bietet der

Weihnachtsmarkt dar. Auf einem unermeßlichen Platze finden wir hier hohe Pyramiden von Ochsen, Hammeln, Kälbern, Schweinen, Fischen, Hühnern u. s. w. aufgehäuft, die von der strengen Kälte zu festen Massen zusammengefroren erscheinen. Tausende von Käufern für den Wintervorrath bewegen und drängen sich zwischen diesen eßbaren Bergen, welche die Schlittenbahn aus allen Provinzen des Reichs hier zusammenführt. Mit Äxten und Beilen läßt sich der Käufer aus diesen Pyramiden heraushauen, was er begehrt, und namentlich nehmen die Fische vom Peipussee eine solche Härte an, daß bei dieser Operation die Splitter umherfliegen, wie beim Hauen des Holzes. Die Consumtion an diesen Fischen ist unermeßlich, wie man leicht sieht, wenn man erwägt, daß während der strengen zehnwöchentlichen russischen Fastenzeit Fische die alleinige Nahrung des Volks sind. Dieser bunte Markt hatte sonst im Sommer an dem Ochsenfeste auf dem Paradeplatz ein Gegenbild, wo auf steilen Terrassen Eßwaaren aller Art, oben mit einem vergoldeten Ochsenkopfe geziert, aufgestellt und Dem, der die Terrassenwände erklimmt, preisgegeben werden. Die Abdachungen der Eier, Schinken und Würste, dann die Hasen und Rehe sind leicht ersteigen; die Krone des Sieges aber ist der Ochsenkopf, mit dessen Erlangung ein Preis von 1000 Rubeln verknüpft ist. Während mehre Springbrunnen Bier, Wein und Branntwein strömen, fliegen, von den Siegern herabgeworfen, Schinken, Spanferkel und Hasen dem Parterre zu, das den Siegern entzückten Jubel zujauchzt. Ähnliche Volksfeste gibt es in Petersburg mehr als irgendwo sonst. Die Rutschberge und Schaukeln, Komödien und Tänze in der Butterwoche im Carneval sind bekannt; das große Sommerfest in Peterhof, das große Neujahrsfest im Georgensaal, wo der Kaiser den Wirth seines Volks macht und wo dann oft 20,000 Personen seine Einladung empfangen, das religiöse Fest der Newaeinsegnung am Dreikönigstage, das Frühlingsfest in St. Peter und Paul und die großen militairischen Schauspiele, an denen, wie bei der Aufstellung der Alexandersäule, oft gegen 100,000 Krieger Theil nehmen — alle diese sind so viele Feste, dem Volk gegeben. Das Benehmen des Volks dabei ist musterhaft, und selten hat die Polizei nöthig, bei kleinen Aufläufen und Händeln ihr sanftes und sinnreiches Mittel, die Feuerspritzen, in Anwendung zu bringen, das seinen Zweck nie verfehlt und die erhitzten Streiter stets abkühlt. Der Tanz ist ein Hauptvergnügen des Russen und sein Golubez steht an zierlichen Schwingungen wenig andern Nationaltänzen nach; in den höhern Ständen herrscht die Masurka.

Eine andere Leidenschaft für den Russen ist das Baden in jenen eigenthümlichen russischen Badeanstalten. Schon in den ersten Lebenstagen beginnt die Abhärtung des gemeinen Russen durch die Taufe im kaltem Newawasser, in welches man den Säugling ganz untertaucht; denn die Kirche erlaubt nur selten gewärmtes Wasser, und die Anhänglichkeit des Russen an alt-religiöse Ceremonie ist groß. Seine heißen Bäder von 45 Grad, die er plötzlich mit einem Flußbade oder gar mit einem Schneebade beschließt, härten und stählen seine Haut. Bei den Hochzeitsfesten herrscht der Aberglaube, daß der Theil, welcher mit Segen den ersten Fuß auf den Teppich setzt, das Hausregiment führen werde. Seine Mildthätigkeit und Menschlichkeit zeigt der Russe in seiner Liebe zu den Thieren und beim Peter- und Paulfeste in reichen Gaben für die Galeerengefangenen, denen gewiß auch der Ärmste seine Kupfermünze zuwirft. Im Rausche, den der Russe allerdings liebt, ist er höchst gutmüthig. Seine Zärtlichkeit verräth sich dann in beständigen Liebkosungen und Küssen, von denen er ein großer Freund ist. Seine Kühnheit bewährt er auf der Bärenjagd jenseit Zarskoje-Selo und auf der Rutschbahn, diesem eigenthümlich russischen Vergnügen, wo er von 50 Fuß hohen Eisgerüsten dreist und sicher herabgleitet. Sein musikalischer Sinn spricht sich in der schönen Litanei der Kirche und seinem beständigen Singen und in der entzückenden Ragovaya, jener zauberischen Hornmusik, aus, bei welcher jeder Mitspielende nur einen Ton anzugeben hat, mit dem er in dem rechten Moment eintreten muß.

Petersburg hat drei Theatergebäude, in denen russisch, deutsch und französisch gespielt wird; keine der drei Truppen ist besonders ausgezeichnet. Die Umgegend von Petersburg ist mit Lusthäusern und kaiserlichen Schlössern bedeckt; doch die Ungunst des Klimas verkürzt und verbittert den ländlichen Aufenthalt oft. Unter den kaiserlichen Lustschlössern ist Zarskoje-Selo seiner Pracht wegen berühmt, die nur bedauern läßt, daß es kein Futteral hat, wie Prinz Heinrich von Preußen einst sagte. Kamenoi-Ostrof ist ein hübsches Lustschloß, bekannt als Sommeraufenthalt des Kaisers Alexander; Pawlofsk ist seiner Gärten, Gatschina seiner deutschen Colonie halber, Peterhof, das Versailles der Russen, seiner schönen Wasserkünste, seines Sommerfestes wegen berühmt. Oranienbaum und Strelna aber liegen in herrlichen Punkten des finnischen Meerbusens, dessen grüner Wasserspiegel fast bis mitten in die Stadt hineinleuchtet.

Die Kathedrale zu Ely.

Die Kathedrale zu Ely, einer Mittelstadt in der Grafschaft Cambridge, gehört zu den schönsten Denkmalen der gothischen Baukunst in England. Unsere Abbildung gibt die Ansicht von der nordwestlichen Seite, wo alle Theile dieses Prachtgebäudes hervortreten. Die Kirche hat die Form eines Kreuzes. Der größte Flügel, von Norden nach Süden, ist 535 und der kürzere 190 Fuß lang. Wo sich beide durchkreuzen, erhebt sich ein prächtiger achteckiger, 170 Fuß hoher Thurm, ein zweiter am Westende des kürzern Flügels, theilt sich oben in vier künstlich aufgeführte sechseckige Thürmchen, ist 215 Fuß hoch, war aber ehedem 60 Fuß höher und endigte in einen spitzigen Kegel. Der prächtigste Theil des Gebäudes ist, wie bei den meisten Kathedralen, die Westseite. Hier prangt reich und geschmackvoll mit Bildhauerarbeit verziert, die Hauptpforte, welche in die Vorhalle zum Schiffe der Kirche führt und unmittelbar über ihr steht der hohe Thurm mit seinen Zinnen und gibt dem ganzen Gebäude, welches übrigens von Grund aus bis in die äußerste Thurmspitze von Stein aufgeführt ist, ein höchst großartiges Gepräge. Früher stand hier ein Kloster, welches um das Jahr 693 Ethelfreda, Tochter eines Königs der Ostangeln, gestiftet hatte. Die Kirche wurde im 12. Jahrhundert gegründet, erhielt ihre jetzige Gestalt aber erst im Jahre 1250, da sie während dieser Zeit viele Veränderungen erlitten hat. Man bemerkt jedoch an diesem Gebäude nirgend einen Mangel an Symmetrie und muß zugleich seine Festigkeit bewundern, obschon es mit Fenstern und Öffnungen aller Art gleichsam übersäet und bis in die äußerste Thurmspitze durchbrochen ist. Allein die kunstreiche Verknüpfung der Bogenwölbungen, die allen gothischen Gebäuden eine ungemeine Dauer gibt, ist auch hier die alleinige Ursache, daß diese Kathedrale bereits sieben Jahrhunderte überlebt hat. Ihrem prachtvollen Äußern entspricht auch das Innere. Es enthält neben zahlreichen Bildwerken auch schätzbare Gemälde altitalienischer Meister, mehre Grabkapellen von Bischöfen und viele andere Denkmale, worunter besonders das Grabmal des berühmten John Tiptoft, eines Grafen von Worcester, Interesse erregt, welcher 1470 zu Tower Hill mit dem Beile hingerichtet wurde und von dem man sagt, daß der Hieb, welcher seinen Kopf abschlug, mehr Gelehrsamkeit vernichtete, als in den Köpfen des gesammten damals lebenden englischen Adels enthalten wäre.

Die Kathedrale zu Ely.

Verantwortliche Herausgeber: Friedrich Brockhaus in Leipzig und Dr. E. Drärler-Manfred in Wien.
Verlag von F. A. Brockhaus in Leipzig.

Das Pfennig-Magazin

der

Gesellschaft zur Verbreitung gemeinnütziger Kenntnisse.

147.] Erscheint jeden Sonnabend. [Januar 23, **1836.**

Lübeck.

Der Marktplatz mit dem Rathhause zu Lübeck.

Lübeck.

Schon ehe Lübeck als das Haupt der Hansestädte zu hohem Ansehen gelangte, war es durch seine günstige Lage, die es mit der Ostsee und der Nordsee in Verbindung setzte, eine ansehnliche Handelsstadt. Im Jahre 1140 auf der Stelle einer alten, zuerst im 11. Jahrhundert erwähnten Stadt von dem Grafen Adolf II. von Holstein an den Ufern der Trave und Wackenitz erbaut, wuchs es so schnell empor, daß viele reiche Kaufleute aus der Handelsstadt Bardewick sich in seinen Mauern niederließen. Im Jahre 1158 überließ der Graf von Holstein die Stadt dem mächtigen Herzoge Heinrich dem Löwen, welcher ihr ein eignes Stadtrecht, das berühmte lübische Recht, verlieh, das später von vielen andern Städten des nördlichen und mittlern Deutschland angenommen wurde. Lübecks Flagge wehte schon auf der Nordsee und einzelne Fahrzeuge seiner Kaufleute hatten selbst die Küsten Syriens begrüßt. Das Aufkommen der Stadt gab Veranlassung, daß sie der Sitz des Bisthums Oldenburg wurde. Seit dem Anfange des 13. Jahrhunderts in der Gewalt der Dänen, machte Lübeck im Jahre 1226 von der Fremdherrschaft durch die Entschlossenheit seiner Bürger sich frei und wurde darauf von dem Kaiser Friedrich II. zu einer freien Reichsstadt erhoben und mit vielen Vorrechten begabt. Von ihrem tapfern Bürgermeister Alexander von Soltwedel angeführt, nahmen die Lübecker 1227 rühmlichen Antheil an der Schlacht bei Bornhoevede gegen die Dänen, noch höhern Kriegsruhm aber erwarben sie sich 1234 in einem Seesiege gegen die Dänen, die ihre Unabhängigkeit bedrohten, und nach der Gründung der Hanse in dem Kampfe der verbündeten norddeutschen Seestädte gegen Dänemark, dessen glänzendes Ergebniß die Eroberung von Kopenhagen, Helsingör und andern Städten im Jahre 1368 war. Die Leitung der Angelegenheiten der Hanse suchte Köln den Lübeckern vergebens streitig zu machen; als aber im 15. Jahrhundert Zwistigkeiten zwischen der Bürgerschaft und dem Rathe ausbrachen, die zur Einsetzung eines neuen, größtentheils aus Handwerkern bestehenden Rathes führten und andere Hansestädte dieses Beispiel nachahmten, entstanden so lebhafte Streitigkeiten zwischen den Bundesgliedern, daß sich endlich Hamburg die Leitung des Bundes übertrugen. Mit dem Verfall der Hanse verminderte sich auch Lübecks politische Wichtigkeit. Nach der Auflösung des deutschen Reiches behielt Lübeck, jedoch ohne Verbindung mit den übrigen Deutschland, als freie Hansestadt seine Selbständigkeit, ward im November 1806, nachdem die Stadt von Blücher's Corps besetzt worden war, von den Franzosen gestürmt und war seit 1810 mit dem französischen Reiche vereinigt, bis es 1813 seine Freiheit wieder erlangte und seine alte Verfassung wiederherstellte.

Lübeck liegt auf einer freundlichen Anhöhe, welche die Flüsse Trave und Wackenitz, die Mauern der Stadt bespülend, zu einer kleinen Insel bilden. Die Abbildung auf Seite 28 gibt uns eine Ansicht der Umgebungen der Stadt. Die Trave, welche die zusammenhangenden Gebietstheile des Freistaats durchfließt, nimmt bei Genin die Steckenitz auf, und nachdem sie den Hafen von Lübeck gebildet und auf der Ostseite der Stadt mit der Wackenitz sich vereinigt hat, wendet sie sich zur oldenburgischen Grenze, scheidet dann, zum Binnensee sich ausdehnend, das Gebiet der freien Stadt von Holstein und Mecklenburg-Schwerin und ergießt sich bei Travemünde in die Ostsee. Auf der Steckenitz, welche durch die Delvenau die Trave mit der Elbe verbindet, gelangen die lübeckschen Schiffe in die Elbe und die Nordsee. Einer der drei Arme dieses Flusses ist der schon 1391 begonnene und 1398 vollendete Verbindungsgraben. Die Trave hat in der Stadt und deren Nähe mehre Brücken, unter welchen wir die in der Abbildung auf Seite 29 dargestellte Holsteinbrücke erwähnen, die aus Quadern erbaut und mit Bildwerken geziert ist. Der Wall bildet seit der Abtragung der Festungswerke einen angenehmen Spaziergang. Die Stadt hat vier Thore, unter welchen das Holsteinthor im Westen durch seine alterthümliche Bauart sich auszeichnet. Die Mehrzahl der Häuser, deren man über 3500 rechnet, ist nach alter Art erbaut. Unter den öffentlichen Plätzen sind auszuzeichnen der Marktplatz mit dem Rathhause, den vorstehende Abbildung zeigt; der freundlichere Kaufberg, und der Klingberg, der belebteste Stadttheil. Das Rathhaus besteht aus zwei langen Flügeln und zeigt auf seinen Thürplatten die Bildnisse der Kurfürsten. Im Erdgeschosse befindet sich ein mit Gemälden von Torelli gezierter Saal. Das ehemalige Gewandhaus, das einen der Flügel bildet seit 1672 zum Versammlungsorte der Kaufleute eingerichtet. Unter den übrigen öffentlichen Gebäuden ist das Haus der Schiffergesellschaft auszuzeichnen, das unter andern auf die Schifffahrt sich beziehenden Seltenheiten die Abbildung eines ansehnlichen, einst der freien Stadt eignen Kriegsschiffes, der Adler, besitzt. Unter den ältern Privathäusern verdient das Fredenhagen'sche wegen seiner schönen Schnitzwerke besondere Auszeichnung und eine umständlichere Beschreibung. Merkwürdig ist besonders ein Zimmer, das mehr als 30,000 Figuren enthält, worunter eine Menge Portraits. Der Sage nach soll es gegen 40,000 Mark gekostet haben. Der Künstler, dessen Name unbekannt ist, schnitzte daran mit seinen drei Gehülfen von 1572–83. Sein Portrait, mit den Buchstaben HT unterzeichnet, findet sich in der letzten Fensterwand. Der Name des Mannes und Kunstfreundes aber, welcher der Kunst ein so bedeutendes Geldopfer darbrachte, war der reiche Fredenhagen, dessen Nachkommen sich auch in der Marienkirche durch den Altar ein bleibendes Andenken setzten. Schon beim Eintreten in das Zimmer, das 22 Fuß lang und 14 Fuß hoch ist, erregt die künstliche Einrichtung der Thüre unsere Aufmerksamkeit; ohne Angeln, kann man sie nach beiden Seiten öffnen. Der Gesammteindruck aber, den das Innere auf uns macht, überrascht auf eine eigenthümliche Weise. Ueberall, auf dem kleinsten Stückchen Holz, entsteht den staunenden Blicken ein neues Gebilde, das an den Fleiß und an die Ausdauer des Künstlers erinnert. Alles ist noch in jugendlicher Frische, obgleich die spätern Besitzer wenig zu seiner Erhaltung beigetragen haben. Von der Decke, die sich durch eine Menge stark vergoldeter Rosetten und Schrauben in den zahlreichen Fächern auszeichnet, bis auf den Fußboden herab ist kein Stückchen Holz unbenutzt geblieben. Unter der Decke stehen rings herum neun Oelgemälde, größtentheils biblische und allegorische Darstellungen. Die Wände des Zimmers, aus hartem braunen Eichenholze, enthalten in kleinern Abtheilungen die feinsten Schnitzwerke; zwischen ihnen bemerkt man geschmackvoll abwechselnde alabasterne Tafeln mit recht niedlich gemeißelten Figuren. Besonders schön gearbeitet ist die Tafel, welche das jüngste Gericht darstellt. Wirklich ergreifend hat hier des Künstlers Meißel im todten Steine den Ausdruck der Verzweiflung in den Gesichtern der der Hölle Verfallenen geschaffen. Aber der Teufel wüthet hier auf eine höchst originelle Weise. Er ergreift die Verdammten bei den Haaren und Füßen und wirft sie — in den weiten Rachen eines Walfisches. Die Menge der Figuren, größtentheils im Hintergrunde nur durch Köpfe angedeutet, ist außerordentlich groß; es sind deren wenigstens 120 — und dies Alles in einem Raume von nicht mehr als einem Quadratfuß. Die unter diesen alabasternen Tafeln weiter abwärts folgende tiefere Reihe, aus 13 Fächern bestehend, gehört unstreitig zu den schönsten unter allen hier sich findenden Schnitzwerken. Die Holzarbeit ist äußerst fein und höchst wahrscheinlich von des Meisters eigner Hand. Sie enthält auf länglichen, ungefähr 5—6 Zoll breiten Tafeln biblische Darstellungen, gemischt mit mythologischen Scenen, beginnt mit der Schöpfung und endet mit dem obenerwähnten Bilde des Künstlers. Zwischen jeder Darstellung erblickt man die wohlgetroffenen Bildnisse der Reformatoren und anderer weltlichen hohen Personen. In dieser Reihe, auf der ersten Tafel, hat der Künstler die Schöpfung auf eine originelle Art dargestellt. Der Stamm des Baumes der Erkenntniß prangt hier als ein Todtengerippe. In der dritten Reihe werden die Fächer, meistentheils von korinthischen Säulen getragen, größer. Die halbhervorspringenden Brustbilder, in altdeutscher Tracht, sind so fein gearbeitet, daß man an den Köpfen die Haarflechten, ja sogar die Steine des Schmuckes, sowie an den Kleidungen die gefalteten Halskrausen und Bauschärmel deutlich sieht. Von vorzüglichem Kunstwerthe aber sind die beiden in der Mittelwand befindlichen Holztafeln, die nicht nur überaus reich an Figuren, sondern auch so äußerst fein geschnitzt sind, daß die Hände an ihnen, der Ausdruck der Gesichter, ja selbst die Muster der Zeuche, die Glieder der Halsketten und die Früchte auf den Tellern deutlich hervortreten, die Zeichnungen an den Gefäßen nicht ausgenommen. Die eine Tafel stellt den reichen Mann und Lazarus dar; die andern die Taufe, Versuchung und Kreuzigung Christi. Der Faltenwurf der Gewänder ist besonders gelungen. Die übrigen Nischen enthalten auf doppelten Tafeln in Holz und Alabaster allegorische Darstellungen der fünf Sinne, mit lateinischen Unterschriften, die, zusammen gelesen, folgende Verse geben:

Trux aper auditu — Linx visu — Milvus odore —
Simia nos superat gustu — sed aranea tactu. *)

Die merkwürdigste Kirche ist die Marienkirche, die im 12. Jahrh. erbaut ward und zu den schönsten Deutschlands gehört. Unter vielen Sehenswürdigkeiten, die sie enthält, sind vorzüglich zu erwähnen ihr marmorner Altar, ihre schönen Schnitzwerke, eine schon 1405 verfertigte, zuletzt 1809 durch den Astronomen Bode wiederhergestellte astronomische Uhr; der Todtentanz, welcher die Wand einer besondern Kapelle einnimmt und schon 1463 vorhanden war, und Overbeck's 1825 aufgestelltes schönes Gemälde: der Einzug Christi in Jerusalem. In der Vorhalle der Kirche sieht man zwei schlanke, 176 Fuß hohe Granitsäulen aus einem Stücke, Überreste der zerstörten Handelsstadt Bardewick. Die größere Domkirche, im 12. Jahrhundert erbaut, ist gleichfalls durch viele alte Denkmäler und Bilder ausgezeichnet, unter welchen besonders ein das Leiden Christi darstellendes, von einem Schüler Albrecht Dürer's, und das schöne Altargemälde: Christus am Ölberge, zu erwähnen sind. Die sehr alte Petrikirche und die Jakobikirche besitzen gleichfalls Gemälde. In der nicht mehr zum Gottesdienste benutzten Katharinenkirche findet man Gemälde von Tintoretto und andern berühmten Künstlern, reiche Sarkophage und einen sehenswerthen Chor.

Man rechnet die Einwohnerzahl des gesammten Gebiets der freien Stadt, das über 6½ Quadratmeilen umfaßt, auf 48,000, von welchen gegen 28,000 auf die Stadt selbst kommen. Die Bewohner der Stadt sind größtentheils den beiden protestantischen Kirchen zugethan. Die Juden sind seit 1816 durch einen Beschluß des Raths aus der Stadt in das drei Viertelstunden entfernte Dorf Moesling verwiesen worden. Die Stadt hat ausgezeichnete gemeinnützige Anstalten, die zum Theil dem Eifer patriotischer Bürger ihre Entstehung und Erhaltung verdanken. Das Gymnasium und die damit verbundene Bürgerschule, ursprünglich 1530 durch Bugenhagen gegründet und 1826 neu eingerichtet, steht an der Spitze der Lehranstalten und es gibt zahlreiche Schulen für die mittlern und niedern Bürgerclassen. Eine schon 1795 von der Gesellschaft zur Beförderung gemeinnütziger Thätigkeit gegründete Sonntagsschule wurde 1816 mit dem Schullehrerseminar vereinigt, und von demselben Vereine ward auch 1808 die Navigationsschule gestiftet, welche aber 1825 von der Stadt übernommen ward. Schon seit 1795 besteht eine Handelsakademie als Privatanstalt. Die erwähnte rühmlich wirksame Gesellschaft entstand aus einem 1789 gestifteten Gelehrtenvereine, der sich später zu einer umfassenden Thätigkeit ausbildete und zahlreiche Mitglieder hat. Außer den bereits erwähnten Anstalten verdankt Lübeck ihr die 1791 gestiftete Rettungsanstalt für Ertrunkene, die 1795 errichtete Zeichnenschule für Handwerker, die Industrieschule für Mädchen seit 1797, die Schwimmschule seit 1798, das Schullehrerseminar seit 1807, die 1817 gegründete Sparkasse, die technische Lehranstalt, die zur Bildung tüchtiger Handwerker unentgeltlichen Unterricht in der Mathematik, Physik und Mechanik ertheilt, und das Taubstummeninstitut, beide 1828 gestiftet. Bei gelungenen Lebensrettungen gibt die Gesellschaft Belohnungen. Sie besitzt, außer einer Naturalien- und Modellsammlung, eine Bibliothek, welche an neuern Werken reicher als die öffentliche Stadtbibliothek ist, die nur geringe Mittel hat. Bedeutender als die literarischen Anstalten sind die milden Stiftungen, welche an den frühern Reichthum und die ehemalige Wichtigkeit der Stadt erinnern. Trefflich sind besonders die Anstalten zur Armenversorgung, welche in verschiedene Abtheilungen zerfallen und unter den Namen St.-Annen Armen- und Werkhaus vereinigt sind. Als Armenhaus besteht es aus drei Abtheilungen, einer Pfleg- und Arbeitsanstalt für schwächliche Arme, einem Krankenhause für Alte und einem Versorgungshause für Kinder. Außer dieser Anstalt gibt es noch mehre Armenhäuser, welche aus milden Stiftungen entstanden sind, einige Hospitäler, die freie Wohnung und Geldunterstützung gewähren, und Wittwenhäuser, die von verschiedenen Ständen, z. B. Predigern und Schullehrern, und von verschiedenen Gewerben errichtet wurden. Unbemittelte Jungfrauen aus den höhern Ständen finden Versorgung in dem St.-Johannis-Jungfrauenstift, das die bedeutenden Einkünfte des ehemaligen Johannisklosters bezieht. Die Anstalt ist für 34 Jungfrauen gestiftet, von welchen 16 in dem Stifte selbst, die übrigen bis zu ihrer Einrückung in erledigte Stellen in der Stadt wohnen. Für vaterlose eheliche Kinder wurde 1806 ein Waisenhaus gestiftet, das sich durch sehr gute Einrichtung auszeichnet, und schon seit 1787 besitzt die Stadt ein Irrenhaus.

Die politische Verfassung gleicht in ihren Grundzügen den in den übrigen freien Städten bestehenden

---

*) Das wilde Schwein übertrifft uns im Gehör — der Luchs im Sehen — der Habicht im Geruch — der Affe im Geschmack — aber die Spinne im Gefühl.

Formen und ruht auf einem im Jahre 1669 geschlossenen Vergleiche, der die gegenseitigen Verhältnisse des Raths und der Bürgerschaft festgesetzt hat. Der Rath, die vollziehende Behörde, besteht aus 4 Bürgermeistern und 16 Rathsherren. Die Bürgerschaft ist in 12 Collegien getheilt, von welchen jedes bei Berathungen über Gemeindeangelegenheiten eine Stimme hat, doch können nur die Mitglieder der sieben obersten Collegien in den Rath gewählt werden. Die Rechtspflege wird von verschiedenen Untergerichten für die Stadt und das Gebiet und von höhern Behörden verwaltet. Die Policeibehörde, Wedde genannt, schlichtet auch die Streitigkeiten in Beziehung auf Zünfte und Gewerbe. Lübeck stellt zu dem Heere des deutschen Bundes 406 Mann Fußvolk und gemeinschaftlich mit Bremen einen Theil der Reiterei. Wie in den andern freien Städten, ist auch hier eine Bürgergarde. Die jährlichen Einkünfte des Freistaats werden auf 140,000 Thaler angeschlagen.

Ansicht der Trave bei Lübeck.

Die gewerbliche Thätigkeit zeigt sich weit mehr im Handel als in der Fabrikindustrie, obgleich die Zuckersiedereien, die Tabacks= und Lederwaarenfabriken, die Fischbeinreißereien und Leimsiedereien nicht unbedeutend sind. Der Speditionshandel zwischen Deutschland und den Ostseeländern ist vorzüglich wichtig, wiewol früher bedeutender als jetzt, da seit der Anlegung des Hafens von Swinemünde der Ostseehandel sich immer mehr nach Stettin gezogen hat. Beträchtlich ist der Handel mit den Naturproducten Holsteins und Mecklenburgs, besonders mit Getreide, Hopfen und Flachs. Bedeutend sind die Bankgeschäfte mit Hamburg, Petersburg, Kopenhagen und Stockholm. Lübeck besitzt 70 eigne Schiffe und jährlich kommen über 900 fremde Fahrzeuge an. Die Waaren, die mit den größern Seeschiffen in Travemünde landen, werden auf leichtern Fahrzeugen die Trave aufwärts in den Flußhafen gebracht. Zwischen Lübeck und Petersburg ist eine regelmäßige Dampfschifffahrt eingerichtet. In den Frühlings= und Sommermonaten gehen auch Dampfböte von Lübeck nach Kopenhagen und Riga.

Das Gebiet der freien Stadt besteht theils aus einem zusammenhängenden Landstriche, der etwa vier Meilen lang ist, theils aus einzelnen, in Holstein und Lauenburg zerstreut liegenden Besitzungen und aus dem Antheil an dem Amte Bergedorf, dessen wir bereits bei der Darstellung der Verhältnisse von Hamburg gedacht in Nr. 141 haben. Der bedeutendste Ort des Gebiets ist die Hafenstadt Travemünde, zwei Meilen von Lübeck, mit 1000 Einwohnern. Der sichere und bequeme Hafen, den ein starkes steinernes Bollwerk umfaßt, hat einen Leuchtthurm mit drei Lampen, deren Licht bis in einer Entfernung von acht Meilen sichtbar ist. Das im Jahre 1800 durch eine Actiengesellschaft angelegte und in neuern Zeiten vielfach verbesserte Seebad liegt auf der Nordseite der Stadt und hat sichere und bequeme Badekarren, die mit einem Fallschirme versehen sind, welcher das Bassin zum Baden bildet. Bei ruhigem Wetter stehen diese Karren in offener See und die Badegäste werden in Böten zu denselben gefahren.

Das ehemalige Bisthum, das in frühern Zeiten seinen Sitz in Lübeck hatte und seinen Namen von der Stadt führte, dauerte auch nach der Reformation als protestantisches Bisthum fort. Der Bischof, der zu den Reichsfürsten gehörte, wohnte in Eutin. Im Jahre 1802 wurde das Bisthum aufgehoben und mit den ansehnlichen Besitzungen des Domcapitels dem Herzoge von Oldenburg unter dem Namen des Fürstenthums Lübeck zur Entschädigung überlassen.

Die Holsteinbrücke in Lübeck.

Mohammed.
(Fortsetzung aus Nr. 146.)

Bei andern Völkern ist der Adel nicht viel mehr als der Übergang alter Reichthümer und alter Macht; wenn aber der Beduine, der keinen Reichthum als seinen Hausrath und auch diesen nicht lange besitzt, der keiner Gewalt gehorcht und dem wenig am Befehlen liegt, Achtung vor dem Alter der Stämme hat, wenn er mit frommer Sorgfalt seinen Stammbaum und seiner Lieblingspferde Stammbaum bewahrt, so ehrt er dadurch nur die Vergangenheit, die Macht des Andenkens und jene Kraft der Phantasie, die er unablässig in seiner langen Einsamkeit und seiner langen Geschäftslosigkeit nährt. Unter allen Völkerstämmen ist der Araber derjenige, dessen Geist am meisten in steter Thätigkeit sich regt. Die Geschichte seines Stammes muß sein Betragen leiten. Durch sein unstetes Leben berufen, Menschen aller Stämme zu begegnen, will er nie das Gute oder das Böse vergessen, das seine Väter von den Vätern Derjenigen empfangen haben, die er auf seinem Wege findet. In Ermangelung jeder gesellschaftlichen Gewalt, jeder der Sicherheit des Einzelnen durch Obrigkeiten oder durch Gesetze gegebenen Bürgschaft, sind Dankbarkeit und Rache für ihn die Grundgesetze seines Betragens geworden; sie sind durch alle seine Lebensgewohnheiten, durch alle Lehren, die er empfangen hat, über jede Grübelei hinaus, unter den Schutz des Ehrgefühls und einer heiligen Scheu gestellt worden. Seine Dankbarkeit ist ohne Grenzen in seiner Großmuth, seine Rache ohne Erbarmen; sie ist überdies ebenso geduldig und listig als grausam, weil sie durch Pflichtgefühl und nicht durch Haß genährt wird. Die Erforschung der Vergangenheit, ja selbst der Abstammung, dient diesen beiden Leidenschaften als Fackel. Das Gedächtniß des Arabers wird aber auch durch andere Erinnerungen genährt. Das lebhafteste volksthümliche Vergnügen gewährt ihm die Dichtung, eine von unserer Poesie ganz verschiedene Dichtung; sie drückt ungestümere Wünsche, glühendere Leidenschaften aus, und in einer bilderreichern Sprache, mit einer regellosern Phantasie. Wir müssen anerkennen, daß sie nicht einem rohen Volke angehört, sondern einem Volke, das auf dem Wege zur Gesittung einer andern Bahn folgte als wir und so weit gekommen ist, als es der Himmel, unter welchem es wohnte, und unüberwindliche Schwierigkeiten gestatteten. Die Sprache des Arabers, die Trägerin seiner Literatur, ist sorgfältig ausgebildet, und der Wüstenbewohner bemerkt den geringsten Mangel an Anmuth und Reinheit im Ausdrucke. Die Beredtsamkeit wurde wie die Dichtkunst gepflegt, und ehe die Kanzelberedtsamkeit unter der Regierung der Khalifen zur höchsten Entwickelung gelangte, hatte sich die politische Redekunst in hohem Glanze gezeigt, sowol bei den Berathungen in den Republiken am rothen Meere, als unter den Zelten in der Wüste, wo die Häupter des Volkes Diejenigen überreden mußten, die den Gehorsam nicht kannten.

Noch mehr als die Poesie beherrschte die Religion die Einbildungskraft der Araber. Dieses ernste, strengsinnige Volk, das stets im Kampfe mit Schwierigkeiten, stets der Todesgefahr gegenüber und oft langen Entbehrungen ausgesetzt war, hatte zu allen Zeiten sein Nachdenken auf die geheimnißvolle Seite des Menschenschicksals und auf seine Verhältnisse zu der unsichtbaren Welt gerichtet. Die älteste Religion der Welt, das Judenthum, hatte ihre Heimat fast in Arabien. Palästina lag an der Grenze des Landes; die Hebräer hatten lange in der Wüste gelebt, und eines ihrer heiligen Bücher, das den Ursprung der Araber von Ismael, Abraham's Sohne, ableitet, schmeichelte dem Stolze des Volkes. Zahlreiche und mächtige jüdische Ansiedler waren in Arabien zerstreut, wo sie frei ihren Glauben bekannten. Noch zahlreichere christliche Ansiedler waren nach und nach in das Land gekommen, seit in dem byzantinischen Reiche Verfolgungen gegen alle Parteien gewüthet hatten, die während der Streitigkeiten unter den Sekten von der Rechtgläubigkeit abgewichen waren. Arabien genoß eine zu vollkommene Freiheit, als daß nicht unbeschränkte Duldung geherrscht hätte, als daß nicht allen Sekten, die Zuflucht suchten, und allen Anhängern, die sie sich unter den Arabern verschaffen mochten, vollkommene Gleichheit wäre zu Theil geworden. Die Unmöglichkeit sich zu schaden, hatte sie dahin gebracht, sich zu verständigen, und Menschen, die jenseit der Grenze nur unablässig beschäftigt gewesen waren, sich vor den Gerichtshöfen anzuklagen und sich gegenseitig ihrer Bürgerrechte oder ihrer Menschenrechte zu berauben, hatten in Arabien ihre Herzen wieder menschenfreundlichen Regungen geöffnet. Obgleich aber Arabien in seiner Mitte Juden, Christen von allen Parteien, Magier, Sabäer aufgenommen hatte, so herrschte doch auch ein eigner Volksglaube, eine Vielgötterei, deren Hauptheiligthum die Kaaba zu Mekka war. Man zeigte hier der Verehrung der Gläubigen einen vom Himmel gefallenen schwarzen Stein und in demselben Tempel fand man 360 andere Götzenbilder. Die Bewachung der Kaaba war dem Stamme der Koreischiten, dem ältesten und angesehensten in Mekka, anvertraut, und dieses priesterliche Amt gab dem Haupte des Stammes den Vorsitz in dem Rathe der Republik. Pilger aus allen Gegenden Arabiens zogen andächtig nach Mekka, um den schwarzen Stein zu verehren und ihre Opfer in der Kaaba darzubringen. Die Bewohner der Stadt, der es an Wasser fehlte und deren Umgegend öde war, verdankten ihren Wohlstand mehr dem Aberglauben als dem Handel, und sie hingen daher dem Volksglauben mit einem Eifer an, den die Rücksicht auf den eignen Vortheil belebte.

In einem der berühmtesten Geschlechter Arabiens ward im Jahre 569 oder 571 ein Mann geboren, der alle Eigenschaften in sich vereinigte, die sein Volk auszeichnen. Es war Mohammed Abul Kasem, der Sohn Abdallah's, aus dem Stamme der Koreischiten und dem Zweige desselben, der Haschem hieß und die Obhut über die Kaaba und den Vorsitz in der obersten Behörde hatte. Mohammed's Großvater, Abd el Motalleb, hatte selber diese Würde bekleidet, aber er starb, wie sein Vater, ehe Mohammed mündig geworden war. Die Würde kam dann auf den ältesten Sohn Abd el Motalleb's, Abu Taleb, und Mohammed's Erbtheil bestand in fünf Kameelen und einer alten Sklavin. Er trat, 25 Jahre alt, in die Dienste einer reichen und edeln Witwe, Chadidscha, für welche er zwei Handelsreisen nach Syrien machte. Sein Eifer und seine Einsichten wurden bald durch die Hand der Witwe belohnt. Sie war nicht mehr jung, und Mohammed, der für den schönsten Mann seines Stammes galt und an den Frauen mit einer Leidenschaft hing, welche die Sitten der Araber nicht verdammen und die durch die gesetzlich eingeführte Vielweiberei bekräftigt worden ist, war ihr treu, so lange sie, 24 Jahre, an seiner Seite lebte, und gab ihr keine Nebenbuhlerin.

Durch seine Heirath zu Reichthum und einem ruhigen Leben gelangt, hatte Mohammed, dessen Charakter ernst, dessen Einbildungskraft feurig war und den eine strenge Mäßigkeit vielleicht noch mehr zu frommen Betrachtungen und zu schwärmerischen Träumereien stimmte, nun keinen andern Gedanken, keine andere Beschäftigung, als über seine Glaubensansichten sich aufzuklären, sie von dem rohen Aberglauben seiner Heimat loszumachen und zu reiner Gotteserkenntniß sich zu erheben. Enkel und Neffe des Oberpriesters eines Götzenbildes, der durch seine Verbindung mit der Kaaba mächtig und angesehen unter dem Volke war, erkannte er die Gottheit weder in jenem rohen Sinnbilde, noch in den andern von Menschenhänden gemachten Götzen, die es umgaben. Er suchte sie in seiner Seele, er erkannte sie als einen ewigen, allgegenwärtigen und wohlthätigen Geist, den kein körperliches Bild darstellen könne. Nachdem er sich 15 Jahre lang mit diesem hohen Gedanken beschäftigt, durch seine Betrachtungen ihn gereift und vielleicht seinen Geist durch seine Grübeleien überspannt hatte, entschloß er sich in seinem 40. Jahre, sein Volk auf einen bessern Weg zu leiten, und glaubte, wie er wenigstens sagte, zu diesem Werke durch einen ausdrücklichen Auftrag Gottes berufen zu sein.

Man würde sich einer großen Ungerechtigkeit schuldig machen, wenn man nur einen Betrüger und nicht einen Reformator in dem Manne suchen wollte, der ein großes Volk zu dem wichtigsten aller Schritte in der Erkenntniß der Wahrheit führte, der es aus einem ungereimten und herabwürdigenden Gottesdienste, aus der Sklaverei der Priester zur Erkenntniß des allmächtigen, allgütigen, wahren Gottes führte; denn sobald man dem höchsten Wesen dieselben Eigenschaften beilegt und nur eine einzige Gottheit annimmt, verehren Moslemin und Christen denselben Gott. Das Glaubensbekenntniß, das Mohammed seinen Anhängern vorschrieb und das sich bis auf diesen Tag ohne Veränderung und ohne Zusatz unter ihnen erhalten hat, spricht aus, es gebe nur einen einzigen Gott und Mohammed sei der Prophet Gottes. War er ein Betrüger, weil er sich einen Propheten nannte? Selbst in dieser Hinsicht müssen wir uns zur Nachsicht stimmen lassen, wenn wir uns erinnern, daß eine traurige Erfahrung über die menschliche Schwäche, über jene Mischung von Schwärmerei und List zu allen Zeiten bei Sektenhäuptern entdecken ließ. Innige Überzeugung wird leicht mit innerer Offenbarung verwechselt; die Träume einer überspannten Einbildungskraft werden Erscheinungen; der Glaube an ein künftiges Ereigniß erscheint uns als eine Weissagung. Man scheut sich, einen Irrthum zu zerstreuen, den man von selbst in der Seele eines Gläubigen entstehen sah, wenn man ihn für sein Heil förderlich hält; hat man seine Täuschungen einmal geschont, so erlaubt man sich, sie zu unterstützen und kommt dann zu einem frommen Betruge, den man durch seinen Zweck und seine Wirkungen gerechtfertigt glaubt; man überredet sich bald von Demjenigen, wovon man Andere überredet hat, und wir glauben an uns selbst, wenn Diejenigen, die uns lieben, an uns glauben. Mohammed legte sich aber nie die Wundergabe bei.

Aufrichtigkeit selbst sichert jedoch keineswegs gegen die Gefahren des Fanatismus, gegen die Unduldsamkeit, die er hervorruft, gegen die Grausamkeit, die er erzeugt. Mohammed wurde der Reformator der Araber; er führte sie zur Kenntniß des wahren Gottes und wollte sie dahin führen; aber sobald er den neuen Charakter eines Propheten angenommen hatte, verlor sein Leben etwas von seiner Reinheit, sein Charakter von seiner Milde; die Politik verband sich mit seiner Religion, der Trug vermischte sich immer mehr mit seinem Betragen und am Ende seiner Laufbahn weiß man es sich nicht zu erklären, wie er noch gegen sich selbst aufrichtig sein konnte.

Mohammed konnte nicht lesen. In Arabien war die Kenntniß der Buchstabenschrift zu einer guten Erziehung nicht erforderlich; aber Mohammed's Gedächtniß bewahrte die glänzendsten Dichtungen seiner Sprache

auf; sein Styl war rein und zierlich und seine Beredt=
samkeit überzeugend und hinreißend. Der Koran, nach
seinen mündlichen Mittheilungen von seinen Jüngern
aufgezeichnet, gilt für das Meisterstück der arabischen
Literatur, und der Moslem behauptet unbedenklich, das
Buch müsse eine göttliche Eingebung sein, weil kein
Mensch so erhaben habe schreiben können. Eine seit
den Kinderjahren gehegte Bewunderung gegen ein Werk,
das immer dem Gedächtnisse vorschwebt, und an wel=
ches die Literatur des Volkes in steten Anspielungen er=
innert, schafft bald jene Schönheit, die sie in dem Buche
zu finden glaubt. Eine gelehrte Bildung war überdies da=
mals so selten unter den Arabern, daß Mohammed eine
Art von heiliger Ehrfurcht gegen jedes Buch, das sich für
ein geoffenbartes ausgab, gefühlt zu haben scheint. Das
Ansehen des Buches, das Ansehen des Geschriebenen
ist immer groß bei allen halbgesitteten Völkern, und be=
sonders bei dem Moslem. Die Bücher der Juden, der
Christen, selbst die Bücher der Magier erheben in den
Augen der Anhänger Mohammed's Diejenigen, die dar=
in ihre Glaubensvorschriften finden, über die Ungläubi=
gen, und als sich Mohammed für den letzten und größ=
ten der Propheten Gottes, für den in der Schrift ver=
heißenen Paraklet ausgab, nahm er sechs aufeinander
folgende Offenbarungen an, welche die Gottheit durch
Adam, Noah, Abraham, Moses, Christus und ihn selbst
gegeben habe, und von welchen die seinige die Vollen=
dung aller übrigen sei. Der Koran, d. h. Schrift
oder Sammlung, wurde erst nach Mohammed's Tode
gesammelt und in die jetzige Ordnung gebracht. Er
wird in 114 Abschnitte (Suren) getheilt, deren jede aus
einer größern oder kleinern Anzahl von Sätzen besteht,
die Ajath (Verse) heißen. Dieses Buch ist die Haupt=
quelle der mohammedanischen Theologie und Rechtslehre.

Mohammed's Religion bestand nicht blos in dem
Glauben an die Lehre, sondern auch in der Befolgung
der Vorschriften der Moral, der Gerechtigkeit und der
Mildthätigkeit. Es ist ihm freilich begegnet, was oft
den Gesetzgebern geschieht, welche die Tugenden des Her=
zens bestimmten Regeln unterwerfen wollen, die Form
trat an die Stelle des Wesens. Der Koran ist unter
allen Glaubensgesetzen dasjenige, das Almosenspenden zu
der strengsten Pflicht macht und sie auf das genaueste
bestimmt, indem er ein Zehntheil bis ein Fünftheil der
Einkünfte jedes Gläubigen für milde Gaben fodert.
Aber die Regel ist an die Stelle des Gefühls gesetzt
worden; die Mildthätigkeit des Moslem ist eine persön=
liche Berechnung, die sich nur auf sein eignes Heil be=
zieht, und derselbe Mensch, der gewissenhaft die Pflich=
ten dieser Mildthätigkeit erfüllt hat, zeigt sich nicht we=
niger grausam und unbarmherzig gegen seinen Nächsten.

Äußere Andachtsübungen waren besonders nöthig
in einer Religion, welche, da sie keine Bilder, keine
Feierlichkeiten und selbst, außer den Wächtern des Ge=
setzes, keinen zu ihrer Beschützung bestimmten Priester=
stand annahm, zu Gleichgültigkeit und Kälte führen zu
können schien. Die Predigt war die gesellschaftliche An=
dachtsübung; die Gebete, die Abwaschungen, die Fasten
waren Andachtsübungen, die jedem Moslem vorgeschrie=
ben wurden. Bis zu seinem Tode predigte Mohammed
stets vor dem Volke, theils am Freitage, den er beson=
ders zur Gottesverehrung bestimmt hatte, theils bei allen
feierlichen Gelegenheiten, in allen Augenblicken der Ge=
fahr, in allen Augenblicken höherer Eingebung. Seine
hinreißende Beredtsamkeit vermehrte die Zahl seiner An=
hänger und belebte ihren Eifer. Nach ihm wurden die
Predigten von den ersten Khalifen und von Allen, die
Ansehen unter den Gläubigen hatten, fortgesetzt, oft an
der Spitze der Heere, um die kriegerische Begeisterung
durch Glaubensbegeisterung zu erhöhen.

Fünfmal an jedem Tage soll der Moslem ein in=
brünstiges kurzes Gebet in selbst gewählten Worten ver=
richten, ohne an eine liturgische Vorschrift gebunden zu
sein. Bei jedem Gebete muß er, um seine Aufmerksam=
keit zu fesseln, seine Blicke nach der Gegend von Mekka
(die Kebla) richten, nach jenem Tempel der Kaaba,
der dem Götzendienste geweiht war, den aber Mo=
hammed, indem er ihn reinigte und dem wahren Gotte
widmete, immer mit der Ehrfurcht betrachtete, welche
dieses Denkmal so lange seinem Volke und seinem
Stamme eingeflößt hatte. Als Vorbereitung zum Ge=
bete wurde dem Gläubigen, der vor Gottes Angesicht
treten wollte, eine Reinigung vorgeschrieben, und fünf
Abwaschungen der Hände und des Gesichts sollten den
fünf Gebeten vorhergehen. Die Lehre Mohammed's
wurde zuerst einem Volke verkündet, das sein Leben
meist in wasserlosen Wüsten zubrachte, und der Koran
erlaubte daher dem Gläubigen, im Nothfall statt des
Wassers Sand zur Reinigung zu nehmen. Die Fasten
waren strenge und gestatteten keine Ausnahme; sie hat=
ten den Charakter des mäßigen und ernsten Mannes,
der sie seinen Anhängern auflegte. Der Genuß des
Weins und aller gegohrenen Getränke ward ihnen zu
allen Zeiten und an allen Orten untersagt. Während
eines Monats, im Ramadan, der bei der Zeitberechnung
nach dem Mondjahre in verschiedene Jahreszeiten fallen
kann, darf der Moslem vom Aufgange bis zum Unter=
gange der Sonne weder essen noch trinken, weder Bä=
der nehmen noch Wohlgerüche genießen und keinen sinn=
lichen Genuß sich erlauben. Mohammed, der seinen
Jüngern ohne Ausnahme so strenge Bußübungen vor=
schrieb, billigte jedoch keineswegs das ascetische Leben;
er gestattete seinen Anhängern nicht, sich durch Gelübde
zu binden, und erklärte, daß er in seinem Glauben keine
Mönche dulden werde. Erst 300 Jahre nach seinem
Tode entstanden die Fakire und Derwische, und dies ist
eine der bedeutendsten Veränderungen, die der Islam
erfahren hat.

Diejenige Enthaltsamkeit, auf welche die christlichen
Lehrer am meisten gedrungen haben, wurde von Mo=
hammed am wenigsten beachtet, und er zeigte in dieser
Beziehung die größte Nachsicht. Vor seiner Zeit hatten
die Araber sich den Freuden der Liebe oder der Ehe mit
grenzenloser Zügellosigkeit überlassen. Mohammed ver=
dammte die Blutschande, bestrafte Ehebruch und Sit=
tenlosigkeit und erschwerte die Ehescheidung; aber er ge=
stattete jedem Moslem vier Frauen oder Kebsweiber; er
ordnete alle Ansprüche derselben, ihre Vorrechte und ihr
Witthum. Sich selbst erhob er über das Gesetz, das
er Andern gegeben hatte, und heirathete nach dem Tode
seiner ersten Frau 15, oder nach andern Berichten 17
Weiber, die alle, mit Ausnahme der Tochter Abubekr's,
Ajescha, Witwen waren. Ein Engel brachte ihm, heißt
es, einen neuen Abschnitt des Korans, um ihn von ei=
nem Gesetze zu entbinden, das uns so wenig streng er=
scheint. Die Nachsicht gegen jene glühende Leidenschaft
der Araber, die ihn selbst beherrschte, zeigt sich auch in
der Verheißung der Belohnungen im künftigen Leben,
durch welche Mohammed seinem Glauben die Weihe
gab. Er beschrieb den Gang des Weltgerichts, in wel=
chem nach der Wiedervereinigung des Leibes mit der
Seele die Sünden und guten Werke Aller, die an Gott
glauben, gewogen, belohnt oder bestraft werden sollen.
Mit einer bei einem Sektenhaupte seltenen Duldsamkeit
verkündigte er, oder hinderte doch nicht, es zu glauben,
daß man in jedem Glauben, wenn man nur gute Werke

geübt habe, selig werden könne. Dem Moslem, wie er sich auch betragen haben möge, wurde der endliche Eintritt in das Paradies versprochen, sobald er Sünden oder Verbrechen in einem Reinigungsorte abgebüßt habe, wo er nicht über 7000 Jahre zubringen sollte. Das Paradies wurde mit einer arabischen Phantasie gemalt; Gebüsche, Bäche, Blumen, Wohlgerüche unter kühlen Schatten, und 72 Houri, blühende Jungfrauen mit schwarzen Augen und von Schönheit strahlend, die jeden wahren Gläubigen zu beseligen suchen, sind die Belohnungen, die den Frommen erwarten. Mohammed fand zwar unter den Frauen die eifrigsten Anhängerinnen seiner Lehre, aber er hat nicht ausgesprochen, was für ein Paradies ihnen bestimmt sein soll.

(Der Beschluß folgt in Nr. 148.)

Englische und schottische Dachshunde oder Bohrer.

Den Namen terriers (Bohrer) haben diese Hunde, weil sie mit ungeheurer Begierde alle Thiere, welche in Erdhöhlen leben, verfolgen. Der schottische Dachshund ist rauchhaarig, nicht höher als 12—14 Zoll, aber muskulös gebaut, mit kurzen starken Beinen, schmalen, etwas zugespitzten Ohren und gewöhnlich schwarz- oder rothhaarig. Der englische Dachshund ist glatt, ein schöner, munterer Hund, auf dem Rücken, den Seiten, am Oberkopfe, im Nacken und am Hintern gewöhnlich schwarz, am Bauche und Halse hell rothbraun, mit gleichen Flecken über jedem Auge, und wird 10—18 Zoll hoch.

Zur Jagd auf Füchse und Dachse sind diese Hunde vorzüglich geeignet und werden von keinem andern übertroffen. Bei der Schärfe ihres Geruchs und ihrer Schnelligkeit entgeht ihnen so leicht keine Beute und mit unglaublicher Geschicklichkeit und Kühnheit bringen sie dann in die Höhlen ihrer Feinde und treiben sie aus denselben hervor. Auch sind sie erbitterte Feinde von Ratten und Mäusen, und von einem Hunde dieser Art wird erzählt, daß er mehr als einmal an hundert Ratten in fünf Minuten erwürgt habe.

Sehr auffallend muß daher bei dem beißigen Charakter dieser Hunde, sowie des Contrastes wegen erscheinen, was der Engländer Brown erzählt. Er sah 1820 zu Dunrobin in England eine englische Dachshündin, welche eine junge Ente führte. Man hatte ihr nämlich kurz vorher die Jungen weggenommen und die trostlose Mutter hatte, um sich für den Verlust einigermaßen zu entschädigen, dieses befiederte Pflegekind angenommen. Sie bewachte mit der größten Sorgfalt jeden Schritt desselben, begleitete sie den ganzen Tag und ein komischer Anblick war es, wenn die Ente, ihrem Instinkte folgend, ins Wasser ging, der Hund heulend am Ufer auf- und niederlief und das ungezogene Kind, wenn es wieder ans Land kam, eiligst in die Schnauze nahm und nach Hause trug.

Mit gleicher Liebe pflegte dieselbe Hündin im folgenden Jahre, wo man ihr die Jungen abermals genommen hatte, zwei junge Hähne, erhob aber jedesmal, sobald diese krähten, ein ängstliches Geheul.

Das Pfennig-Magazin

der
Gesellschaft zur Verbreitung gemeinnütziger Kenntnisse.

148.] Erscheint jeden Sonnabend. [Januar 30, **1836**

Staffa.

IV. 5

Die Hebriden.

An der Westküste von Schottland zieht sich eine lange Inselgruppe hin, die aus mehr als 300 Inseln besteht, von denen kaum 100 von etwa 80,000 Menschen bewohnt werden. Diese Inseln heißen die Hebriden und die bedeutendsten derselben sind Lewis, Skye und Mull. Sie haben zusammen einen Flächenraum von 160 ☐M. Viele derselben sind ganz kahl, unfruchtbar, unzugänglich, blos nackte Felsen; alle haben ein rauhes, stürmisches Klima, nur wenige von den bewohnten bringen etwas Hafer, Gerste und Kartoffeln hervor und auf den meisten müssen sich die armen Bewohner vom Ertrage der Fischerei, Viehzucht und vom Fange der Seevögel, besonders der Solangänse, nähren, die hier an allen Küsten in erstaunlicher Menge nisten. Desto reicher sind aber diese Inseln an schauerlichen, erhabenen und romantischen Naturschönheiten, und einige von ihnen haben hohes geschichtliches Interesse. Unter den letztern ist besonders Icolmkill, im Mittelalter Jona genannt, merkwürdig. Der heilige Columba, ein gelehrter Mönch, kam im 6. Jahrhundert aus Irland nach Britannien, um den im Norden dieses Landes wohnenden heidnischen Picten das Evangelium zu predigen. Er landete auch auf Jona, gründete unweit des Meeresufers eine Stadt, erbaute ein Kloster und erhob es zu einem mit einer Lehranstalt verbundenen Bischofssitz, aus welchem zuerst, und mehre Jahrhunderte lang, geistige Cultur sich über Schottland verbreitete. Es war hier ehemals ein Asyl für Verbrecher, und hier wurden auch lange Zeit die schottischen Könige begraben. Man zeigt neben den Trümmern des alten, wahrscheinlich gegen Ende des 11. Jahrhunderts erbauten Doms noch eine ehrwürdige Grabstätte und 60 einfache Denksteine, unter welchen die Gebeine von 60 Fürsten ruhen sollen. Nahe dabei liegen die Trümmer des alten von Columba gestifteten Klosters, und eine Darstellung dieser Überreste vergangener Größe gibt unsere Abbildung auf Seite 40. Jetzt wird diese Insel von etwa 350 Menschen bewohnt.

Eine andere berühmte Hebrideninsel, und die berühmteste der ganzen Gruppe, ist die kleine Felseninsel Staffa (vergleiche die vorstehende Ansicht), nicht länger als ¼ Meile nebst der Fingalshöhle. *)

Ziemlich in der Mitte der Inselgruppe liegen nahe beieinander sechs kleine Eilande, vorzugsweise die kleinen Inseln genannt. Sie bilden zusammen ein Kirchspiel und werden von etwa 1500 Menschen bewohnt, die sich ebenfalls von Viehzucht, Fischerei und Seevögelfang nähren müssen, da der Boden dieser Eilande nur Gras und Haidekraut hervorbringt. Sie heißen Rum, Muck, Cannay, Egg, Sanday und Aich. Rum ist ein Schrecken der Seefahrer, weil das umspülende Meer der unzähligen Felsenriffe wegen äußerst gefährlich ist. An der Küste von Cannay liegt ein Felsen, der, weil er größtentheils aus Magneteisenstein besteht, bedeutende Abweichungen der Magnetnadel hervorbringt und diese Wirkung weit in das Meer hinaus äußert. Auf Egg ist der Scuir berühmt, ein an der Küste liegender 1340 Fuß hoher Felsen, welcher aus schwarzem Pechstein besteht und in eine 350 Fuß hohe thurmartige Spitze endigt, die man selbst von der Küste aus wegen ihrer dunkeln Farbe von einer Burgruine nur schwer unterscheiden kann. Eine Darstellung dieses wunderbaren Naturgebildes gibt unsere Abbildung auf Seite 40. Häufig wird von Reisenden auch eine auf der Westseite dieses Berges liegende Höhle besucht. Sie ist 250 Fuß lang und 20—30 Fuß breit; den Boden bedecken unzählige Menschenknochen, die traurigen Überreste der Rachopfer einer gesetzlosen Zeit. Einige Genossen des Stammes Macleod von Skye, der größern Hebrideninsel, wurden einst, eben als sie von einer Fahrt aus Süden heimkehren wollten, durch widrigen Wind an das Eiland Egg getrieben. Hier wurden sie gastfreundlich aufgenommen, betrugen sich aber gegen die Bewohner so stolz und anmaßend, daß diese die rohen Gäste wieder in die See trieben und sie zwangen, den Heimweg in einem Boote ohne Ruder anzutreten. Glücklicherweise landete das Boot zur Zeit der Ebbe wohlbehalten auf Skye. Die Bewohner dieser Insel aber beschlossen einstimmig, diesen Schimpf an Egg blutig zu rächen. Bald näherte sich dem kleinen Eilande eine mächtige Anzahl feindlicher Fahrzeuge, und die unglücklichen Bewohner desselben, zu schwach, dem Feinde die Spitze bieten zu können, retteten sich mit Weibern und Kindern in diese Höhle. Lange suchten die Feinde vergebens die Entflohenen, bis endlich einer jener Unglücklichen die Höhle auf einige Augenblicke verließ, um zu sehen, ob jene wieder abgesegelt wären. Er wurde vom Feinde bemerkt, bis an die Höhle verfolgt, diese jetzt von den Rachedurstigen umzingelt, am Eingange ein großes Feuer angezündet und so lange unterhalten, bis die ganze darin verborgene Menschenmenge erstickt war. Düster schaut der hohe Scuir wie vor Jahrhunderten noch heute in das stürmische Meer hinaus und der Hochländer erblickt ihn mit Entsetzen, denn er steht als riesiges Monument über dem Grabe einer ganzen Bevölkerung und mahnt ihn an das traurige Schicksal seiner Mitbrüder.

Das Merinoschaf.

Das Merinoschaf, aus Spanien stammend, steht unter den Schafracen hinsichtlich seines Werthes oben an. Es ist keine eigne Art und nicht eine Abart des Bergschafs, vor der gewöhnlichen krauswolligen Schafart durch die Dichtigkeit des Vließes und die ungemeine Feinheit der Wolle sich auszeichnend. Es hat im Durchschnitt eine Höhe von 1¾—2¾ Fuß, eine Länge von 4—4¼ Fuß; immer ist der Bock oder Stähr größer als das Schaf. Im Kreuze erscheint es etwas höher als auf dem Rücken und an den Schultern, weshalb es auch den Kopf etwas niedriger als das gemeine Landschaf trägt. Dieser hat ein breiteres Gesicht und höhere Stirn, die Augen stehen näher beisammen und die Thränenhöhlen vor denselben, welche man bei dem gemeinen Landschaf kaum bemerkt, zeichnen sich bei den Merinos auffallend aus. Noch auffallender ist die Nase, welche gebogen ist und quer über, namentlich beim Bocke, Falten hat, auch größere Öffnungen zeigt; die Beine sind stärker und stehen grade, statt daß sie bei dem Landschaf dünner und etwas eingebogen (bockbeinig) sind. Auch haben sie eine weißere Farbe. Die Hörner der Merinoböcke stehen weiter auseinander und sind mehr gewunden, bei den überdies oft ungehörnten Böcken der Landschafe stehen sie mehr wie bei den Ziegen in die Höhe. Die Haut ist bei den Merinoschafen lose, sodaß sie bei Biegungen oft bedeutende Falten schlägt, ein Unterschied, der

---

*) Vergl. über Staffa und die Fingalshöhle Nr. 5 des Pfennig-Magazins, wo Beides ausführlich beschrieben und sowol von Staffa als von der Fingalshöhle eine Ansicht gegeben worden ist.

besonders sehr in die Augen fällt, wenn man zwei geschorene Thiere beider Racen nebeneinander betrachtet. Namentlich bildet sie vom Kinn am Halse herunter eine sogenannte Wamme. Die Merinos dünsten auch mehr aus, haben daher eine sehr fettige Wolle, und da sich deshalb der Staub leichter ansetzt, so erscheint ihr Bließ (die ganze Wollbedeckung) auch mehr schwärzlich. Die Wolle selbst ist bei dem Merinoschaf das Ausgezeichnetste; sie unterscheidet sich von aller andern durch Feinheit, Kräuselung und Gleichförmigkeit der einzelnen Wollhaare, die sich daher in ebenmäßige Büschel (Stapel) abtheilen und in diesen Abtheilungen schon auf den ersten Anblick auf der äußern Oberfläche des Bließes zu erkennen sind. Auch ist das Merinoschaf bis nahe an die Nase und an die Klauen, ja oft fast bis an diese herunter mit Wolle bewachsen, wogegen das gemeine Schaf den ganzen Kopf von den Ohren an frei hat und an den Beinen die Wolle nur bis an die Gelenke geht. Die Länge des einzelnen Wollhaares, das, zusammengekräuselt, oft kaum über einen Zoll lang ist, beträgt über $2\frac{1}{2}$—4 Zoll, und zeigt am Vordertheile des Schafes wenigstens 22 Kräuselungsbogen. Ein erwachsener Bock trägt aber über $2\frac{1}{2}$ Pfund Wolle, welche gewaschen ungefähr 16 Procent ihres Gewichtes verliert.

Man unterscheidet aber unter den Merinos besonders drei Arten, wiewol in der Heimat der Merinos, in Spanien, solche streng voneinander abgesonderte Stämme, wie es scheint, nicht vorhanden sind. Die erste nennt man Negretti oder Infantados. Sie hat un den Hals große Falten in der Haut, Kragen genannt, und ist von der Nase bis an die Klauen der Hinterfüße mit Wolle bedeckt, die bei ihr am fettigsten ist. Die zweite Art kommt mit der ersten im Allgemeinen überein, es fehlen ihr aber die Kragen, sie hat die feinste und edelste Wolle von seidenartiger Weichheit, wenn auch weniger am Gewicht, und wird Escurial- oder Electoralrace genannt. Aus dieser bestehen auch die sächsischen Heerden, deren Wolle so berühmt ist, und die Merinoheerde zu Naz im Departement de l'Ain, dagegen die Schäferei Rambouillet und die östreichischen Heerden mehr den Infantados angehören; doch ist auch bei diesen durch die Aufmerksamkeit und den Wetteifer der Schafzüchter der Stamm so sehr veredelt worden, daß er meist eine ebenso vollkommene Wolle erzeugt als jene. Eine dritte Art unterscheidet sich von der ersten dadurch, daß sie hochbeiniger ist, einen längern Kopf, dünnern Hals und keine Kragen hat, auch daß der Wollwuchs die Stirne wenig bedeckt und nur bis an die Beingelenke reicht.

Über den Ursprung der spanischen Merinos sind die Meinungen getheilt. Einige halten sie für eine dem nördlichen Spanien ursprünglich eigne Art, andere meinen, daß feinwollige Schafe von englischem Stamm in Nordspanien den eigenthümlichen Charakter erhalten haben, den sie seit 300 Jahren gleichförmig zeigen; aber obgleich man jetzt in Nordafrika keine Merinos mehr findet, so wird dadurch doch die Meinung nicht unwahrscheinlich, daß die Araber früher diese Schafart, mag sie nun in Afrika einheimisch gewesen oder durch Kreuzung asiatischer Schafe mit afrikanischen entstanden sein, gepflegt und in das von ihnen eroberte Spanien hinübergeführt haben. In Spanien unterscheidet man die Merinos von dem gemeinen Landschaf auch dadurch, daß dieses auf den Grundstücken seiner Eigenthümer bleibt und in Ställen überwintert, während die Merinos immer im Freien bleiben, im Sommer in die Gebirge getrieben werden, den Winter aber in den wärmern Ebenen zubringen; jene findet man in den östlichen Provinzen Spaniens, dagegen die Merinos mehr im mittlern und im westlichen Theil des Landes, in Castilien und Estremadura. Woher sich das Wandern der Schafe schreibt, darüber hat man für die frühesten Zeiten keine bestimmten Nachweisungen, diese gehen blos bis etwa in das 13. Jahrhundert zurück, wo die Christen die Oberhand über die Mohammedaner gewannen und sich nach dem Süden verbreiteten. Von jener Zeit an ward aber das Wandersystem eingeführt, und schon vor dem Fall der maurischen Herrschaft in Granada, im 15. Jahrhundert, bestand diese Einrichtung fast in ihrer gegenwärtigen Form unter dem Schutze der Regierung. Sie ist Spanien ganz eigen und führt den Namen Mesta. Es ist eine Gesellschaft von reichen Eigenthümern, welchen die Wanderschafe gehören; sie hat das Recht, Bestimmungen hinsichtlich der Wanderungen der Heerden zu treffen, und ist in der That eine große zusammenwirkende Gesellschaft von Capitalisten. Unglücklicherweise stehen ihre Privilegien keineswegs im Einklang mit den Interessen des übrigen Volkes.

Diese Heerden, wenn sie zur Wanderung zusammengetrieben sind, bestehen gewöhnlich in mehr als 10,000 Stück. Jede Heerde wird von einem Oberaufseher geführt, welcher den Namen Mayoral hat und dessen Geschäft in der Aufsicht über die Schäfer und in der Bestimmung der Marschroute besteht. Man wählt dazu einen thätigen Mann, der mit der Beschaffenheit der Weide, der Natur der Schafe und ihrer Behandlungsweise vertraut ist. Unter ihm stehen meist über 50 Schäfer, deren jedem es vergönnt ist, einige Schafe oder Ziegen mit der Bedingung in der Heerde zu haben, daß diese und ihre Jungen ihm eigenthümlich bleiben, dagegen Wolle und Haar dem Eigenthümer der Heerde gehören. Die Anzahl der Personen, die überhaupt mit der Aufsicht über die Heerden, welche zusammen die Mesta ausmachen, beauftragt sind, beläuft sich auf 45—50,000. Zu Ende des Aprils oder zu Anfang des Mais verlassen die Heerden die Ebenen, um nach den Gebirgen von Altcastilien und Aragon auf die Sommerweide zu ziehen, und wenn diese Zeit nahet, zeigen die Schafe von selbst eine eigne Unruhe, als ob sie die Zeit des Aufbruchs nicht erwarten könnten, versuchen auch wol die Reise eigenmächtig anzutreten. Wenn sie in der Gegend angelangt sind, wo sie bleiben sollen, erhalten sie so viel Salz als sie lecken mögen. Die Quantität an Salz für die fünf Sommermonate beträgt für 1000 Schafe eine Tonne. Zu Ende des Juli werden die Böcke zu den Schafen gelassen, wogegen man sie bis dahin von denselben getrennt weidete, wie dies auch später wieder geschieht. Im September werden die Rücken und Lenden der Schafe mit einer aus rothem Oker bestehenden Wasserfarbe bezeichnet und zu Ende desselben Monates treten sie ihre Rückreise nach den Ebenen in Südspanien wieder an. Man führt dabei die Schafe gewöhnlich in die Gründe zurück, wo sie im vorigen Jahre überwinterten und wo recht viele Lämmer geboren wurden, und errichtet Hürden für die Schafe und Hütten aus Zweigen für die Hirten. Bald nach der Ankunft der Heerden in ihren Winterquartieren werden die Lämmer geboren, welchen man eine ganz besondere Aufmerksamkeit widmet, um sie durch gute Nahrung und Pflege für die Gebirgsreise kräftig zu machen. Während der Dauer des Monats März haben die Schäfer viel mit den Lämmern zu thun; sie müssen die Schwänze stutzen, die Nasen mit einem heißen Eisen brennen und die Spitzen der Hörner absägen, wenn die Hörner sich zu weit einwärts biegen und dann mit den zwar langsam, aber desto sicherer eindringenden

Spitzen dem Kopfe gefährlich werden. Im Monat Mai, also während des Sommeraufenthaltes, wird die Schur vorgenommen, ein Geschäft, zu welchem viele Vorbereitungen getroffen werden, und wobei man die arbeitsfreien Stunden mit fröhlichen Spielen verbringt. Die Schur wird unter einem Obdache verrichtet, und die Thiere werden dazu vorläufig in ein Gebäude von 4—800 Schritt Länge und 100 Schritt Tiefe eingesperrt, so viele aber, als man am andern Tag zu scheeren gedenkt, am Abend vorher in eine schmale lange, und niedrige Hütte, welche man das Schwitzhaus nennt, getrieben, wo sie enge aufeinander gedrängt in stärkere Ausdünstung gerathen, wodurch die Wolle weicher und die Schur leichter wird: ein praktischer Vortheil, der schon den alten Römern nicht unbekannt war. Um 1000 Stück Schafe zu scheeren, braucht man gewöhnlich 120 Mann, 200 aber für 1000 Widder. Jedes Schaf gibt viererlei Wolle, die mehr oder weniger fein ist, je nach den verschiedenen Theilen des Leibes, auf welchen sie wächst. Die Widder geben mehr Wolle als die Schafe, doch ist sie nicht so fein und man rechnet, daß drei Widder oder fünf Schafe 25 Pfund geben. Die Wolle wird vor der Versendung sortirt und gewaschen; die Schafe, nachdem sie geschoren sind, werden an einen andern Platz gebracht und gezeichnet, diejenigen aber, bei welchen man während der genauen Untersuchung, die bei dieser Gelegenheit stattfindet, einen Verlust ihrer Zähne entdeckt, werden wieder besonders zum Schlachten aufbewahrt, oder wie man dies in Deutschland zu nennen pflegt, dem Stechhaufen zuge-

Das Merinoschaf.

theilt, denn es scheint, als ob man die sogenannten Hammel oder Schöpse in Spanien nicht kenne, welche in Deutschland die Mehrzahl der Stechhaufen ausmachen.

Die Tagereisen, welche die spanischen Heerden bei ihren Wanderungen machen, sind durch besondere Gesetze und, wie gesagt, seit undenklichen Zeiten bestehende Gewohnheiten bestimmt. Die Schafe ziehen ungestört über die Gemeinweiden, welche auf ihren Wegen liegen, und haben das Recht, sich da zu sättigen; über angebautes Land dürfen sie zwar nicht getrieben werden, aber was fast ebenso schlimm ist, die Eigenthümer solcher Ländereien sind verpflichtet, ihnen einen über 200 Fuß breiten Weg frei zu lassen. Wenn sie über Gemeinheitstriften ziehen, so machen sie den Tag über selten mehr als drei Stunden; müssen sie aber in geschlossener Ordnung durch angebaute Ländereien ziehen, so legen sie über vier Meilen zurück, ja oft noch mehr, um einen passenden Lagerplatz zu finden; im Ganzen aber legen sie ungefähr 100 Meilen zurück und dies in 30 oder 35 Tagen. Der gemeine Glaube in Spanien schreibt diesen Wanderungen die Vortrefflichkeit der Wolle zu, dem widerspricht aber, daß die Wolle der nicht wandernden Schafe von gleicher Güte ist, und daß auch die deutschen Heerden nicht blos eine Wolle aufzuweisen haben, welche derjenigen der echten spanischen Merinos völlig gleich kommt, sondern sie sogar noch übertrifft, obgleich die deutschen Heerden so weite Wanderungen nicht zu machen haben, wenn sie auch in manchen Gegenden täglich 2—3 Stunden weit nach ihrer Weide ziehen müssen, wogegen sie aber auch wieder den Winter hindurch ganz im Stalle bleiben, ja manche Heerden, z. B. die berühmte des Grafen Schönburg in Rochsburg, durchaus ganz in dem Stalle gefüttert werden. Übrigens wurde die Zahl der Wanderschafe in Spanien in den letztern Jahren etwa auf 10 Millionen, die der nicht wandernden auf 8 Millionen geschätzt.

Wir haben schon bemerkt, daß die Rechte und Privilegien der Mesta mit dem Interesse des Volks im

Widerspruch stehen, und diejenigen unserer Leser, welche wissen, wie sehr die Hut= und Triftgerechtigkeit in manchen Gegenden Deutschlands dem Aufkommen des Landbaues entgegensteht, ja sogar an Plätzen, welche sich dafür zwar nicht, doch wenigstens für Holzanbau eignen würden, hindernd entgegentritt, werden begreifen, wie sehr die Mesta den Ackerbau in Spanien drücken muß. Dieses Institut hat ein eignes Gesetzbuch und es sind zur Handhabung der Gesetze vier Richter bestellt, deren Gewalt sich über Alles erstreckt, was irgend mit der Mesta in Verbindung steht, und die hauptsächlich darüber zu wachen haben, daß die Privilegien auf keine Weise verletzt werden. Unter den Übeln, welche dieses System hervorbringt, steht oben an, daß die 40—50,000 Menschen, welche mit der Wartung der Schafe beschäftigt sind, in Bezug auf Ackerbau und Bevölkerung für den Staat verloren gehen, da sie in der Regel unverheirathet bleiben. Eine große Menge guten Landes dient blos als Trift und bringt also eigentlich nichts hervor, im Verhältniß zu Dem, was man durch Erbauung von Futterkräutern oder Früchten ernten könnte, und wo dann ein geringerer Theil der Ernte zur Fütterung hinreichen würde. Hierzu kommt noch der große Schade, den die Heerden bei ihren Durchzügen auf angebauten Ländereien anrichten und der um so beträchtlicher wird, als bei dem Anfang der Wanderung das Getreide bereits im besten Wachsthum, bei der Rückkehr aber der Weinstock mit Trauben beladen ist, daß ferner die Gemeinweiden durch die Merinos dergestalt abgeweidet werden, daß die Landschafe auf ihnen kaum eine kümmerliche Nahrung finden, wozu noch kommt, daß die Merinos dem Ackerbau gar keinen Nutzen bringen, indem man sie nicht, wie in Deutschland, zu unmittelbarer Düngung der Felder (zum Pferchen) verwendet. Der Mayoral sowol als die Schäfer selbst sind überall gefürchtet, wegen des abscheulichen Despotismus, den sie ausüben, und Klagen gegen sie, bei dem Gerichtshof der Mesta angebracht, werden selten zu Gunsten des Klägers entschieden.

Die durch Merinos bewirkte Veredlung der Schafzucht in Deutschland begann in Sachsen. Hier wurden, nachdem man in Frankreich und Schweden schon früher ähnliche Versuche gemacht hatte, im Jahre 1765 über 200 spanische Stähre und Mutterschafe, von zwei spanischen Schäfern begleitet, eingeführt und in einer Schäferei vereinigt. Dieser Stamm ward im Jahre 1778 durch einen Zuwachs erlesener Merinos aus den besten Heerden Leons und Castiliens vermehrt. So entstand die erste Merinoschäferei in Deutschland, welche zunächst auf die Veredlung der Schafzucht in Sachsen wohlthätig einwirkte. Es bildeten sich nach und nach mehre veredelte Heerden, welche eine Wolle erzeugten, die sich durch ihre Vortrefflichkeit empfahl und deren feinste Arten von ihrer Heimat, dem damaligen Kurfürstenthum Sachsen, Electoral=, d. i. kurfürstliche Wolle, genannt wurde. Durch fortgesetzte Sorgfalt hat sich dieser feinwollige Stamm erhalten und man hat wol mit Recht behauptet, daß Spanien selbst jetzt keine Heerde mehr habe, die dem 1765 nach Sachsen gewanderten Stamme vollkommen gleich wäre, daher denn im Jahre 1829 auf den Wunsch der spanischen Regierung aus den königlich sächsischen Stammschäfereien mehre Widder und Mutterschafe nach Spanien geschickt wurden, um die dortigen Heerden wieder zu veredeln. In demselben Jahre gingen sächsische Merinos auch in die neuenglische Ansiedelung am Schwanenflusse in Australien. Auch die veredelten Heerden in der Krim erhielten ihren Stamm aus Sachsen. Nach England kamen zwar schon im 16. Jahrhundert castilische Widder zur Veredlung der einheimischen Schafzucht, und auch gegen Ende des 18. Jahrhunderts wurden Merinos eingeführt, weil besonders Georg III. einige Jahre hindurch die Schafzucht sehr begünstigte. Es gibt jedoch in England nur wenige Merinoheerden, da dem englischen Landwirth weniger an der Wolle, als am Mastvieh liegt, der ganze Knochenbau des spanischen Schafes aber der Erzeugung des Fleisches nicht günstig ist, ein Gegenstand, dem man andererseits in England die größte Aufmerksamkeit schenkt. Dagegen aber hat man die Merinos benutzt, um durch Kreuzung, d. h. durch Paaren mit inländischen Schafen die Wolle der letztern zu verbessern. Die Engländer haben auch in Neuholland Merinos eingeführt, und mit welchem Glück, ergibt sich aus der großen Menge vortrefflicher Wolle, welche aus jenen Gegenden in den letzten Jahren nach dem Mutterlande ausgeführt worden ist. Auch auf dem Cap der guten Hoffnung und in den nordamerikanischen Staaten gedeiht die Zucht der Merinos.

Mohammed.
(Beschluß aus Nr. 147.)

Unter den Glaubenslehren, die Mohammed dem Geiste seiner Anhänger einschärfte, ist eine, die eine höhere Wichtigkeit erlangte, als er die Rolle eines Eroberers mit dem Prophetenberufe verband. Er hatte sich, um die Vereinigung der göttlichen Allwissenheit mit der Freiheit des Menschen zu erklären, zu dem Verhängnißglauben hingeneigt; aber er leugnete doch nie den Einfluß unsers Willens auf alle übrigen Handlungen des Menschen; er verkündigte nur seinen Kriegern, daß die Todesstunde zum Voraus in dem Buche des Lebens aufgezeichnet sei, daß Derjenige, der in der Schlacht ihr entgehe, sie in seinem Bette finden werde, und indem er diesen Gedanken von allen andern absonderte und ihn um so kräftiger einschärfte, je weniger er in jeder andern Beziehung den freien Willen durch die göttliche Allwissenheit beschränken wollte — obgleich ein folgerichtiger Verhängnißglaube all unsere Handlungen, all unsere Bewegungen umfassen müßte — flößte er seinen Jüngern eine Gleichgiltigkeit gegen die Gefahr ein und gab ihrem Muthe eine Zuversicht, die man vergebens bei Kriegern suchen würde, die nur von den edlern Regungen des Ehrgefühls und der Vaterlandsliebe beseelt werden.

Mohammed begann im Jahre 609 die Verkündigung seiner neuen Lehre zu Mekka. Er suchte unter seinen Angehörigen seine ersten Anhänger, und der Einfluß, den er auf ihr Gemüth gewann, gibt ein gutes Zeugniß von seinem hausväterlichen Charakter. Chadidscha wurde zuerst bekehrt, dann Zeid, sein Sklave, darauf Ali, Abu Taleb's Sohn, und Abubekr, einer der geachtetsten Bürger in Mekka. Mohammed brauchte zehn Jahre, die neue Lehre allmälig unter seinen Landsleuten auszubreiten, und Alle, die sie annahmen, wurden von dem feurigen Glauben Neubekehrter ergriffen. Der Prophet, wie Mohammed von seinen Jüngern allein genannt wurde, schien ihnen immer im Namen der Gottheit zu reden; und Niemand zweifelte an den Wahrheiten, die er offenbarte, oder an der Erfüllung seiner Verheißungen. Schon im vierten Jahre ernannte er seinen Vetter Ali, der kaum 14 Jahre alt war, zu seinem Wessir, als das Reich, das er verwalten sollte, nicht viel über 20 Gläubige zählte. Mohammed wendete sich aber nicht allein an die Bewohner der Stadt Mekka; er sprach auch zu den Pilgern, die aus allen Gegenden Arabiens zu der Kaaba kamen, er zeigte ihnen die Haltungslosigkeit und Roheit des Glaubens, den sie bekannten, und ermahnte sie, ihre Vernunft zu gebrauchen und den unsichtbaren Gott, den Schöpfer der Welt zu erkennen, erhaben über den schwarzen Stein oder den hölzernen Bilder, vor welchen sie sich niedergeworfen hatten. Seine Beredtsamkeit gewann ihm Jünger; aber die Bewohner der Stadt wurden unwillig, als sie sahen, wie der Enkel ihres Oberpriesters, der Neffe ihres lebenden Vorstehers ihre Götterverehrung in ihrem eigenen Tempel angriff und den Wohlstand der heiligen Stadt, wie ihren Glauben, gefährdete. Sie foderten Abu Taleb auf, dem Ärgernisse ein Ende zu machen. Er widersetzte sich zwar mit allem Nachdrucke den Predigten seines Neffen; aber er schützte ihn gegen alle Anschläge auf sein Leben oder seine Freiheit. Durch die Familie Haschem gegen die übrigen Glieder des Stammes Koreisch unterstützt, trotzte Mohammed dem gegen ihn ausgesprochenen Bann, der im Tempel ausgehängt war. Er wurde mit seinen Anhängern in seinem Hause belagert, schlug aber seine Gegner zurück und behauptete sich in Mekka, so lange Abu Taleb und Chadidscha lebten. Als aber nach seines Oheims Tode Abu Sofian, das Haupt der Familie der Ommaijaden vom Stamme Koreisch, Vorsteher der Republik und des Tempels wurde, sah Mohammed, daß er nur durch Flucht sich retten konnte; denn schon hatten seine Feinde beschlossen, daß zu derselben Zeit Einer aus jedem Geschlechte des Stammes ihm das Schwert in das Herz stoßen sollte, damit kein Einzelner der Blutrache der Haschemiten ausgesetzt sein möchte.

Es stand ihm bereits eine Zuflucht offen. Seine Lehre hatte Fortschritte in Arabien gemacht, und die Stadt Medina*), nördlich von Mekka, am arabischen Meerbusen, hatte erklärt, ihn aufnehmen und als Propheten und Oberherrn anerkennen zu wollen. Aber die Flucht war schwierig, diese berühmte Flucht, die Hedschra (15. Julius 622), die den Anfangspunkt der Zeitrechnung der Mohammedaner bildet. Die feindseligen Koreischiten bewachten Mohammed scharf; aber sie wurden von dem muthvollen Ali getäuscht, der sich an Mohammed's Stelle in das Bett legte und sich dadurch ihren Dolchen auszusetzen glaubte. Mohammed und Abubekr flohen allein. In den Wüsten Arabiens, wo wenige Gegenstände die Einförmigkeit des Horizonts unterbrechen, ist es nicht leicht, den Blicken wohlberittener Verfolger zu entgehen. Die beiden Flüchtlinge, von den Koreischiten beinahe erreicht, fanden Zuflucht in der Höhle Thor, wo sie drei Tage zubrachten. Diese Höhle wurde nicht untersucht, weil das Gewebe, das eine Spinne vor den Eingang gezogen hatte, die Feinde auf die Vermuthung führte, es könne Niemand hineingegangen sein. Erst als die Verfolger in ihrem ersten Eifer nachgelassen hatten, bestiegen Mohammed und Abubekr zwei Dromedare, die sie den Bemühungen ihrer Anhänger verdankten, und begleitet von einer erlesenen Schar von Flüchtlingen aus Mekka, zogen sie, 16 Tage nach ihrer Flucht, in Medina ein.

Von diesem Tage an wurde Mohammed, der bereits 53 Jahre alt war, nicht mehr blos als Prophet, sondern auch als Kriegsbefehlshaber betrachtet. Sein Glaube nahm nun einen andern Geist an, und er begnügte sich nicht mehr, durch Überredung zu gewinnen, er gebot Gehorsam. Nach seiner Erklärung nun die Zeit der Unterstützung und der Geduld vorüber; es sollte nun sein Auftrag und jedes Gläubigen Sendung sein, die neue Lehre mit dem Schwerte zu verbreiten, die Tempel der Ungläubigen und alle Denkmale des Götzendienstes zu zerstören und die Ungläubigen bis an das Ende der Welt zu verfolgen, ohne in dem heiligen Werke nachzulassen, selbst nicht an den Tagen, die der Gottesverehrung besonders geweiht waren. „Das Schwert", sagte Mohammed, „ist der Schlüssel des Himmels und der Hölle. Ein Tropfen Blut, für Gottes Sache vergossen, eine Nacht für ihn unter den Waffen zugebracht, werden dem Gläubigen höher angerechnet werden als zwei Monate, dem Fasten und Beten geweiht. Wer in der Schlacht fällt, erlangt Vergebung aller Sünden. Am Tage des Weltgerichts werden seine Wunden hochroth glänzen, wie Bisam und Ambra duftend, und die Glieder, die er verloren hat, sollen durch die Flügel von Engeln und Cherubim ersetzt werden."

Die Herrlichkeit des Himmels war nicht der einzige Lohn, der den tapfern Moslemin versprochen ward, auch die Reichthümer der Erde sollten unter sie getheilt werden. Mohammed führte sie nun gegen reiche Karawanen, welche durch die Wüste zogen. Die neue Lehre empfahl sich auch den herumschweifenden Beduinen, weniger, weil sie die Einheit und Geistigkeit Gottes verkündigte, als weil sie reichliche Beute versprach und dem Sieger Weiber und Gefangene wie die Reichthümer der Ungläubigen überließ. Während aber Mohammed die erbeuteten Schätze unter die Gläubigen vertheilte, gab er selber seine alte, einfache Lebensweise nicht auf. Sein Haus und seine Moschee in Medina waren ohne allen Schmuck; er trug einen groben Anzug, seine Nahrung beschränkte sich auf Datteln oder Gerstenbrot, und wenn er an jedem Freitage vor dem Volke predigte, stützte er sich auf den Stamm eines Palmbaums. Erst mehre Jahre später erlaubte er sich einen hölzernen Sitz.

Mohammed lieferte den Koreischiten im Jahre 624 die erste Schlacht im Thale Bedr. Er wollte sich einer reichen, von Abu Sofian geführten Karavane bemächtigen; die Bewohner Mekkas eilten in weit überlegenen Scharen herbei, sie zu befreien, und 313 Moslemin standen 850 bewaffneten Koreischiten entgegen, die von 100 Reitern unterstützt wurden. Mit solchen schwachen Streitkräften ward ein Krieg geführt, der bald über das Schicksal eines großen Theiles der Erde entscheiden sollte. Der Fanatismus der Mohammedaner siegte über die Macht ihrer Gegner, und sie glaubten, der unsichtbare Beistand von 3000 Engeln, geführt von dem Erzengel Gabriel, hätte den Sieg entschieden. Mohammed aber hatte den Glauben seines Volkes nicht von dem Siege abhängig gemacht; er ward im nächsten Jahre bei Ohud, unweit Medina, geschlagen, ja selber verwundet, und verkündete den Gläubigen von der Kanzel seine Niederlage und den Tod von 70 Märtyrern, die nach seiner Verheißung schon in die Herrlichkeit des Paradieses eingegangen waren.

Mohammed verdankte den Juden einen Theil seiner Kenntnisse und seiner Glaubenslehren; aber er fühlte gegen sie jenen Haß, der oft zwischen Glaubensparteien sich entzündet, wenn nur eine einzige Verschiedenheit mitten unter vielen Ähnlichkeiten zwischen ihnen obwaltet. Mächtige Ansiedelungen von Juden, durch Handel reich, aber alles kriegerischen Muthes

---

*) Medina al Nabi, Prophetenstadt; früher Jatsreb.

ermangelnd, wohnten in der Gegend von Medina. Mohammed griff sie von 623—628 mehrmals an, und begnügte sich nicht, ihre Reichthümer zu theilen, sondern überlieferte fast alle Besiegten grausamen Qualen, die in andern Kriegen selten seine Waffen befleckten.

Die Eroberung der Stadt Mekka war der Gegenstand seiner heißesten Wünsche. Sie war in seinen Augen der künftige Sitz seines Glaubens und seine wahre Heimat, und dort wollte er die Größe seiner Ahnen wiedererlangen und sie durch eigne Größe überstrahlen. Seine ersten Versuche hatten wenig Erfolg; aber mit jedem Jahre gewann er neue Anhänger; Osman, Khaled, Amru, die sich in den Reihen seiner Feinde ausgezeichnet hatten, gingen nacheinander unter seine Fahne und 10,000 Araber aus der Wüste verstärkten sein Heer. Abu Sofian sah sich gezwungen, im Januar 630 die Schlüssel der Stadt ihm zu übergeben. Elf Männer und sechs Frauen aus der Zahl seiner alten Feinde wurden durch Mohammed's Ausspruch verbannt. Das war eine kleine Rache für einen Araber. Die Koreischiten warfen sich zu seinen Füßen. „Welches Erbarmen", sprach er, „könnt Ihr von Jemand erwarten, den Ihr so sehr beleidigt habt?" Sie antworteten: „Wir vertrauen auf die Großmuth unsers Verwandten." Darauf sprach Mohammed: „Und Ihr habt nicht umsonst vertraut; Ihr seid frei." Die Kaaba ward auf seinem Befehl gereinigt. Alle Bewohner der Stadt gingen zum Islam über, und ein ewiges Gesetz verkündete, es sollte kein Ungläubiger das Gebiet der heiligen Stadt betreten.

Jeder Fortschritt des erobernden Propheten erleichterte den folgenden, und nach der Eroberung von Mekka kostete ihm die Unterwerfung des übrigen Arabiens nur wenige Jahre. Der große Sieg bei Honain und die Belagerung von Tajef waren glänzende Ereignisse dieser Zeit. Mohammed's Feldherren rückten von dem Gestade des rothen Meeres bis an die Ufern des Weltmeeres und des persischen Meerbusens, und als er seinen letzten Pilgergang um die Kaaba machte, folgten schon 114,000 Moslemin seinen Fahnen. Während der zehn Jahre seiner Herrschaft kämpfte Mohammed in neun Belagerungen oder Schlachten, und seine Heerführer unternahmen an der Spitze der Gläubigen 50 Kriegszüge, die sich fast alle auf das Gebiet Arabiens beschränkten. Im Jahre 629 oder 630 sandte er einen Heerhaufen nach Palästina, und kaum war Kaiser Heraklius aus seinem glänzenden Feldzuge gegen die Perser heimgekehrt, als er von einem ihm unbekannten Feinde angegriffen ward. Im Jahre 631 zog Mohammed selbst mit einem Heere von 20,000 Mann Fußvolk und 10,000 Reitern auf der Straße nach Damask und erklärte dem byzantinischen Reiche den Krieg. Es kam jedoch, wie es scheint, nicht zum Kampfe, und vielleicht bewog ihn seine geschwächte Gesundheit, sein Heer zu entlassen.

Mohammed war 63 Jahre alt. Seit vier Jahren schien die Körperstärke, die ihn früher ausgezeichnet hatte, zu sinken; aber noch immer erfüllte er alle Pflichten eines Königs, eines Heerführers und eines Propheten. Ein Fieber, das ihn 14 Tage lang quälte und zuweilen in Irrereden überging, führte ihn in das Grab. Als er die Gefahr fühlte, empfahl er sich von der Kanzel herab den Gebeten der Gläubigen und bat Alle, die er beleidigt haben möchte, um Verzeihung. „Ist Jemand hier," sprach er, „den ich ungerecht geschlagen habe, so mag er mich wieder schlagen; habe ich den Ruf eines Moslems gekränkt, so entdecke er mir eine meiner Sünden. Habe ich Jemand seines Gutes beraubt, so bin ich bereit, meine Schuld zu bezahlen." Da sprach eine Stimme aus der Menge: „Ja, du bist mir drei Drachmen schuldig, die ich noch nicht erhalten habe." Mohammed untersuchte den Anspruch, bezahlte die Schuld und dankte seinem Gläubiger, daß er ihn lieber in dieser Welt als vor dem Richterstuhle Gottes gemahnt habe. Darauf ließ er seine Sklaven frei, machte genaue Anordnungen zu seinem Begräbnisse, tröstete seine klagenden Freunde und gab ihnen seinen Segen. Bis drei Tage vor seinem Tode betete er in der Moschee. Ruhig sah er seinem Ende entgegen; aber bis zu seiner letzten Stunde verband er den verdächtigen Anspruch auf den Prophetenberuf mit dem lebendigen Glauben eines Schwärmers, und wiederholte die Worte, welche, wie er sagte, der Engel Gabriel ihm mittheilte. Auf einem Teppich liegend, ruhte er im letzten Todeskampfe an der Brust seiner geliebten Ajescha. Der Schmerz machte ihn ohnmächtig, aber sich erholend, heftete er seine Blicke auf die Decke des Gemaches und sprach deutlich die Worte: „O Gott, vergib mir meine Sünden. Ich gehe zu meinen Mitbürgern im Himmel."

Nach Mohammed's Tode verbreitete sich seine Lehre immer mehr, und ehe ein volles Jahrhundert verflossen war, bekannten sich zu ihr die Völker von der Grenze Indiens bis zum atlantischen Meere. Die Ursachen der großen Eroberungen der Araber lagen in den zerrütteten Verhältnissen der damaligen Welt, besonders des oströmischen Reiches, und eben darin ist auch die Hauptursache der schnellen Verbreitung des Mohammedanismus zu suchen. Die Eroberung, oder doch die Androhung der Kriegsgewalt ging gewöhnlich der Bekehrung voraus. So erließ der Feldherr Abu Obeidah, als er im Jahre 637 vor Jerusalem erschien, folgende Auffoderung an die Einwohner: „Gruß und Glück Jedem, der auf dem rechten Wege wandelt! Wir ersuchen Euch, zu bezeugen, daß Gott der einzige Gott und Mohammed sein Prophet ist. Weigert Ihr Euch, so verbindet Euch zur Zinspflichtigkeit und unterwerft Euch uns sogleich, sonst werde ich Männer gegen Euch führen, welchen es mehr Freude macht, den Tod zu finden, als es Euch macht Wein zu trinken und Schweinefleisch zu essen, und ich werde mich nicht entfernen, bis ich, gefällt es Gott, alle streitbaren Männer unter Euch vernichtet und Eure Kinder in die Sklaverei geführt habe." Den Götzendienern verkündigten die Eroberer den Tod, Juden und Christen aber durften gegen Entrichtung eines Tributs ihren Glauben behalten. Wer Mohammed's Lehre annahm, verschmolz mit den Siegern zu einem Volke. Der Götzendienst verschwand in allen von den Mohammedanern eroberten Ländern.

Die weltliche und geistliche Herrschaft über das Reich der Araber ging nach Mohammed's Tode auf die Khalifen, d. h. Stellvertreter des Propheten, über, deren erster Abubekr, Mohammed's Schwiegervater, war, der seinen Beinamen, der Gerechte, verdiente. Seine Nachfolger gehörten zu Mohammed's Freunden und Gefährten, bis im Jahre 680 die Familie des Stammes Koreisch, der Mohammed die Schlüssel der Kaaba entrissen hatte, die Ommaijaden, zur Herrschaft gelangte und den Arabern 14 Khalifen gab. Mohammed's Lehre nahm bei ihrer Verbreitung unter verschiedenen Völkern manches Fremde in sich auf, und besonders seit die unmittelbaren Schüler Mohammed's gestorben waren, entstand Streit über die Frage, was die wahre Lehre sei. Schon früh bildeten sich zwei Hauptsekten, die Suniten und die Schiiten. Die erste Partei umfaßte diejenigen Mohammedaner, die außer dem Koran auch die durch Überlieferung aufbewahrten Reden und Handlungen Mohammed's, die sogenannte Sunna, als Richtschnur des Glaubens und des Lebens annahm. Sie sind zahlreicher als die Schiiten (d. i. Abtrünnige), welche das Ansehen der Sunnen verwerfen, und besonders in Persien verbreitet sind.

Ruinen von Jona.

Der Felsen von Egg.

Verantwortliche Herausgeber: Friedrich Brockhaus in Leipzig und Dr. C. Dräxler-Manfred in Wien.
Verlag von F. A. Brockhaus in Leipzig.

Das Pfennig-Magazin

der
Gesellschaft zur Verbreitung gemeinnütziger Kenntnisse.

149.]   Erscheint jeden Sonnabend.   [Februar 6, **1836**.

Die Insel Murano.

Murano ist ein kleiner Flecken auf der gleichnamigen Laguneninsel im Meerbusen von Venedig, meist schlecht gebaut, und mit krummen Straßen. Als Venedig noch den Welthandel hatte, blühte auch Murano, zählte an 8000 Bewohner, während die Zahl derselben jetzt kaum 3000 übersteigt, eine Menge prächtiger Paläste, Kirchen und Klöster, und trieb besonders einen wichtigen Handel nach allen Theilen der Erde mit seinen Glaswaaren, besonders Spiegeln, die nirgend als hier von solcher Güte fabricirt wurden. Mit dem Sinken der Bedeutsamkeit Venedigs aber wich auch der Wohlstand aus Murano, wie aus allen übrigen venetianischen Ortschaften. Murano ist jetzt ein ärmlicher Flecken, die meisten Paläste sind verfallen, die prächtigen Gärten verwildert, und nur die Kirchen und Klöster, die man vor dem Verfall zu schützen suchte, lassen noch auf den frühern Reichthum der Bewohner schließen. Eines der großartigsten Gebäude, welche hier aus jener Zeit noch übrig sind, ist das Kloster, von welchem wir hier eine Abbildung geben. Es hat eine beträchtliche Ausdehnung, ist im altitalienischen Style erbaut, steht mitten im Wasser, und die Festigkeit seines Baues, bei welcher es noch heute wie vor Jahrhunderten diesem Elemente trotzt, erregt Erstaunen. Von ihm hat man eine entzückende Aussicht über eine weite Fläche des adriatischen Meeres.

Über die altberühmten Glasfabriken von Murano wollen wir hier noch Einiges erwähnen. In der Kunst der Glasfabrikation sind sie die Lehrerinnen von Europa gewesen, das Jahrhunderte lang von hier alle Glaswaaren bezog, und als endlich England, Frankreich und Deutschland eigne Glasfabriken gründeten, behielten noch lange die venetianischen Glaswaaren den Vorzug und wurden den inländischen weit vorgezogen. Erst im 17. Jahrhundert, als Frankreich das Spiegelgießen erfand (vorher war das Spiegelglas nur geblasen worden) und auch vorzügliches Tafelglas lieferte, auch die englischen und deutschen Fabriken immer mehr aufblühten, kamen die Fabriken von Murano in Abnahme; doch haben sie bis heute den Ruhm behauptet, in Hinsicht auf Reinheit, Gleichheit und Festigkeit, namentlich des Tafel= und Spiegelglases, noch nicht übertroffen worden zu sein, da ihrer Fabrikation Reinheit des Materials und örtliche Beschaffenheit sehr zu statten kommen. Mit gemeinen Glaswaaren, als: Scheibenglas, Glasperlen, unechten Edelsteinen, Glaspasten und andern kleinen Sachen treibt Murano noch einen bedeutenden Handel, Spiegelglas wird aber nur noch nach der Levante ausgeführt. Im Jahre 1828 zählte man in Murano noch 22 größere und kleinere Glasfabriken für sogenannte gemeine Glaswaaren und vier bedeutende für Tafel= und Spiegelglas, und allein mit Verfertigen von Glasperlen oder Glaskorallen beschäftigen sich in und um Murano noch fortwährend über 4000 Menschen.

Ein Erdbeben.

Obgleich Erdbeben nicht grade zu den seltenen Naturerscheinungen gehören, so erhalten wir doch äußerst selten recht klare und leicht faßliche Schilderungen von den Wirkungen solcher erschütternden Ereignisse. Wir glauben daher unsern Lesern willkommen zu sein, wenn wir ihnen einen Auszug aus der Schilderung mittheilen, die der Engländer Walsh als Augenzeuge von dem Erdbeben entwirft, das im Jahre 1820 Zante verwüstete, da diese Schilderung durch eine seltene Klarheit in der Darstellung von Wirkungen und Ursachen ausgezeichnet ist, wenn die zerstörende Gewalt, die hier wirksam war, auch minder furchtbar auftrat, als in den Erdbeben, die Lissabon, Messina oder Caracas den Untergang brachten.

Der Erzähler landete am 27. December 1820 in Begleitung des Lords Strangford, den er als Gesandtschaftsprediger nach Konstantinopel begleitete, auf Zante, einer Insel im ionischen Meere. Ein immer gleicher Frühling macht diese zu dem Sitz aller Naturreize. Zweimal im Jahre reift hier die Frucht, immer blühen Blumen; hier gedeihen alle Südfrüchte besonders gut. Quellen, in welchen das Berg= oder Steinöl beständig aufwallt, das geschöpft, einen vorzüglichen Reichthum der Insel bildet, und immer dampfende Erdpechquellen verkünden die dauernde Wirkung vulkanischer Zersetzungen, die von Zeit zu Zeit die Felsen der Insel selbst erschüttern, was auf Zante seit drei bis vier Jahrhunderten fast regelmäßig alle 50 Jahre erfolgte.

Gleich nach seiner Landung durchstreifte Walsh die Insel, erfreute sich an ihrer Schönheit, ihrer Cultur und dem Wohlstande ihrer Bewohner. Er besuchte die vulkanischen Steinpechquellen, das Naphtha=Moor und die malerischen Erdspalten, alles Zeugen früherer Erschütterungen. Am Abend kehrte er nach der blühenden und von 16,000 arbeitsamen Menschen bewohnten Stadt Zante, welche aus 4000, meist von starken Quadern erbauten Häusern besteht, zuück. In keiner Seele lebte auch nur eine Ahnung davon, in wie kurzer Zeit dieser Naturreiz, dieser Wohlstand, diese Heiterkeit glücklicher Menschen in Schreckenstrümmer und Trauer verwandelt sein würden.

Der Palast, in welchem der Reisende mit mehren seiner Begleiter Obdach erhielt, war ein ungemein festes, großes und stattliches venetianisches Bauwerk. Eine breite Marmortreppe führte zu einer offenen Galerie, an deren Ende auf einer Seite die Wohnzimmer und die Schlafgemächer für die Fremden eingerichtet waren. Die Mauern waren hier gewaltig dick, die Decken getäfelt und gegipst, mit großen und schwerfälligen Karnießen und Zierathen geschmückt. „Am Abend", fährt der Erzähler fort, „fanden wir eine große und glänzende Gesellschaft, die sich hier zur Begrüßung des Gesandten eingefunden hatte, in dem Hauptsaale versammelt. Es wurde Musik gemacht und gesungen; wir unterhielten die Gesellschaft von unsern Beobachtungen an den vulkanischen Quellen; man scherzte darüber und lachte über die Vermuthungen, welche an diese Beobachtungen über ein nahe bevorstehendes Erdbeben geknüpft wurden. Es war eine sternenhelle, herrliche Nacht, die Luft ruhig, der Dunstkreis reiner und durchsichtiger als gewöhnlich; der Himmel lächelte und Alles stand im Einklange mit der Festlust, der man sich hingab. Nach diesem sehr heiter verlebten Abend trennte sich die Gesellschaft in der Stimmung, welche ein Nachklang jener Fröhlichkeit war, und unter Scherzen, die sich häufig an den Gedanken eines Erdbebens knüpften. Als mich der Diener in mein Schlafzimmer begleitete, ließ er eine große Metalllampe auf einem mächtigen, mit Schnitzwerk versehenen Tische zurück, der Wand gegenüber, an der mein Bett stand. Als ich mich zum Schlafen niederlegte, heftete ich noch eine Zeit lang das Auge auf jene Zierathen an der Decke und ließ die freundlichen Erinnerungen des Tages an meiner Seele vorübergleiten. Die nächste Empfindung, deren ich mir noch bewußt bin, war eine unsäglich schmerzhafte. Ich erwachte — die Lampe brannte noch im Zimmer — aber das Zimmer schien wie lebendig geworden zu sein. Die Figuren an der Decke bewegten sich, wechselten ihre Plätze um mich her; jetzt lösten sie sich ab, jetzt stürzten sie mit großen Stücken des Gesimses von der Decke ins Zimmer, auf mein Bett und mich selbst. Ein unheimlicher, summender Wehlaut schien aus der Erde hervorzubrechen und zitterte außen an der Mauer des Hauses hin. Alle Nerven bebten unter ihm und ich fühlte eine heftige wogende Bewegung, die mich von einer Seite auf die andere warf, wie am Bord eines sturmgepeitschten Schiffes. Nun war es, als ob das ganze Gebäude mit einem gewaltigen Riß entzweibersten wollte. Ein großer Theil der Wand stürzte ein, zerschmetterte den eichenen Tisch mir gegenüber, löschte die Lampe aus und begrub mich in Finsterniß, während zugleich die Mauern vor meinen Blicken sich aufthaten und der blaue Nachthimmel mit seinen Sternen durch weite Spalten zu mir hereinschaute. Mit wilder Hast warf ich nun die mit Trümmerstücken belastete Bettdecke von mir und stürzte besinnungslos gegen die Thüre hin, allein die Trümmer der eingestürzten Seitenwand sperrten mir den Weg ab; instinctmäßig eilte ich gegen das Bett zurück, zog die Decke willenlos über das Gesicht, um mich vor noch immer herabstürzenden Stücken zu schützen, und erwartete so den Tod. Bis dahin war ich mir noch immer keiner Ursache dieser plötzlichen Zerstörung bewußt. Das Ganze war das Werk weniger Secunden gewesen, aber jeder einzelne Eindruck war so mächtig, daß mir eine ganz klare Erinnerung davon geblieben ist. Noch immer wußte ich nichts weiter, als eben, daß das Haus einstürzen wolle; da trat plötzlich ein Ereigniß ein, das mir wie ein Blitz die Wahrheit vor Augen stellte. Dem Palaste gegenüber erhob sich nämlich ein schlank aufsteigender Glockenthurm, mit einem Glockenspiele, das ich schon am Tage bemerkt hatte. Diese Glocken fingen plötzlich alle wie mit wilden, überirdischen Tönen zu klingen an, gleichsam als hätte eine furchtbare Riesenfaust das Thürmchen unten gefaßt und es wie ein Rohr geschüttelt. Dieser unbeschreibliche Ton machte mir plötzlich Alles klar. Das Erdbeben, dieses Ungeheuer, von dem wir so scherzend und leichtfertig geredet hatten, war nun da; ich fühlte mich plötzlich in jene gräßliche Naturwirkung versetzt, die Tausende im Augenblick vernichtet, vor welcher wir nichts sind, gegen die es keinen Schutz, keine Rettung gibt. Indeß als ich zum Bewußtsein der Gefahr erwachte, war diese selbst schon vorüber. Der grauenvolle Krampf der Erde hörte ebenso plötzlich auf, als er begonnen hatte, und eine Todtenstille folgte ihm. Ich glaubte, der einzige Gerettete zu sein, aber laute Töne der Wehklage, von unten heraufdringend, belehrten mich bald eines Andern. Sie kamen von einem eingestürzten Nachbarhause, dessen Bewohner zum Theil unter Trümmern begraben, um Hülfe riefen. Einen Augenblick später sah ich ein Licht durch die Spalten der Thürwand und hörte nahende Stimmen. Es waren Diener des Hauses, die nach mir zu sehen kamen. Als sie durch eine zweite Thüre in das Zimmer traten und die Zerstörung wahrnahmen, rief der Eine: „Da ist er, zerquetscht!" Ich warf nun die schützende Bettdecke weg und folgte den Dienern. Die massiven Außenwände des Palastes waren sämmtlich von den Querwänden losgerissen, nur diese zum Theil eingestürzt und durch die Spalten fiel das Sternenlicht ein. Es war meine Rettung, daß ich, von den Trümmerstücken verhindert, die Thüre nicht hatte erreichen können; denn der Flügel des Hauses außerhalb derselben war in eben dem Augenblicke in den Hof gestürzt und hätte mich wahrscheinlich unter seinen Trümmern begraben. Es war jetzt vier Uhr Morgens. Wir eilten mit angstvoller Seele zu dem Palaste des Statthalters, wo der Gesandte und unsere Freunde ihre Wohnung hatten. Der Himmel hatte sich indessen nicht minder verändert als die Erde. Ein furchtbarer Sturm toste und jagte rabenschwarze Wolken vor sich her. Die Straßen waren mit Menschen angefüllt, die schweigend, todtenbleich, eben in wilder Hast zu den Kirchen eilten, die wir schon beleuchtet und angefüllt fanden. Die Unglücklichen lagen im Staube in inbrünstigem Gebet. Wir fanden unsere Freunde gerettet. Alle waren im ersten Augenblicke nach dem vom Hauptgebäude getrennten Speisesaale geflüchtet, der größerer Sicherheit darbot. Hier blieben wir auch, bis es Tag wurde, und Jeder berichtete, wie er entronnen war. Dann wanderten wir durch die Straßen. Von den 4000 Häusern der Stadt war fast keines unbeschädigt geblieben. Die meisten waren gespalten, mehr oder minder zerrissen, etwa 40 waren ganz eingestürzt. Bei andern hingen die Vordermauern über die Straße weg, den Einsturz drohend, und diese Neigung der Gebäude, nach außen zu stürzen, hatte Vielen das Leben gerettet. Ein anderer glücklicher Umstand war, daß die furchtbare Nacht eine Festnacht gewesen, die des heiligen Dionysius, des Schutzpatrons von Zante, welche die meisten Bewohner wach und in den Kirchen oder auf den Straßen erhielt. Die festgebauten Kirchen aber waren zwar alle erschüttert und übel zugerichtet, hatten jedoch dem Stoße widerstanden. Die übereinstimmenden Zeugnisse mehrer entfernter Beobachter ergaben, daß die ganze Erschütterung etwa 50 Secunden bis eine Minute gedauert hatte. Aber diese Secunden schienen ebenso viele Stunden zu sein, maß man sie nach dem Drange und der Masse der Empfindungen, die sie erfüllten. Die Natur hatte ihr mild lächelndes Antlitz, das uns am Tage zuvor entzückt hatte, gänzlich verwandelt. Ein furchtbarer, tosender Sturm machte es unmöglich, uns mit unserer Fregatte in Verbindung zu setzen. Aus dem Hause durfte man keinen Fuß mehr zu setzen wagen, denn links und rechts stürzte der Sturm beständig die zerrissenen Häuser ein. Es verkündete ein leiser, aber doch fühlbarer Erdstoß, daß der Krampf der Elemente noch nicht vorüber war. Es wurde eine feierliche Procession veranstaltet, aber ein Naturereigniß von neuer, entsetzlicher Art unterbrach dieselbe. Der Sturm, zum Orkan herangewachsen, trieb das Meer über seine Ufer; plötzlich brach sich der pechschwarze Himmel und eine ungeheure Masse von mächtigen Eisklumpen stürzte herab. Die Procession flüchtete schaudernd in eine Kirche, aber plötzlich und in der Mitte des brünstigsten Gebets bebte der Tempel von einem neuen Erdstoße zusammen. Die ganze Versammlung stellte nun ein nie gesehenes Bild des Entsetzens dar. Die Furcht band die Stimme, kein Laut wurde hörbar, aber unaufhaltsam stürzten Thränen aus tausend Augen. In dem Gebäude, in welchem die Soldaten der Besatzung wohnten, und wohin ich mich nun begab, fand ich alles Unterste zu oberst gekehrt. Die steinernen Fußboden waren wie mühsam aufgebrochen, die Steinquadern standen sämmtlich auf der hohen Seite, zum Beweise, daß der Stoß am meisten von unten her gekommen, nicht horizontal gewirkt hatte. Dies bewies auch die Beobachtung, die man an Bord der Fregatte gemacht, es war nämlich, als würde die ganze Masse des Schiffes plötzlich in die Höhe gehoben und in die aufgewühlten Wogen niedergeworfen. Andere Theile der Stadt hatten weniger gelitten; die größte Verwüstung aber kam von der Zerreißung eines Dammes im obern Theile der Stadt, durch welchen nun das Wasser sich über eine Vorstadt stürzte und sie völlig hinwegschwemmte. Dieser Theil der Stadt war mit Leichen und Trümmern ganz erfüllt; der Hügel über ihm war geborsten und über die Häusertrümmer hinweggestürzt, die Verwüstung war über jeden Ausdruck schaurig. Die Nachrichten aus andern Theilen der Insel lauteten nicht trostreicher. Die Stadt Latakia, die wir noch am Tage zuvor in lachender Schönheit an ihrem Hügel gesehen und bewundert hatten, war ganz zerstört; hier, in der Nähe eines alten Feuerschlundes und der Pechquellen war der Stoß am furchtbarsten gewesen. Der Anblick der ganzen lachenden Insel war plötzlich so sehr verwandelt, daß man sich fast an keiner Stelle sogleich wieder zurechtfand. Gärten und Haine waren darniedergestreckt, der blühende Wohlstand des ganzen Eilandes war einer einzigen furchtbaren Minute dieser Nacht zum Opfer geworden. Später erfuhren wir, daß die Wirkungen dieses Erdbebens sich auch auf der einen Seite nach Morea, auf der andern nach Italien und selbst bis Malta erstreckt und, wiewol mit minderer Heftigkeit, einen Wirkungskreis von mehr als 250 Meilen eingenommen hatten, dessen Mittelpunkt das unglückliche Zante bildete."

Die Affen.

Der Orang-Outang.

Die Affen sind theils von mittlerer menschlicher Größe, theils klein, ihr Kopf ist fast immer rundlich, die Schnauze mittelmäßig lang, die Nase steht wenig oder gar nicht vor, der Hals ist kurz, der Körper leicht gebaut, die Glieder schmächtig und lang. Die Rückenseite des Körpers ist mit einem ziemlich dichten, langen und seidenartigen Haare bedeckt, unter welchem man kein Wollhaar bemerkt; dagegen erscheint die Bauchseite weniger behaart, ja mitunter beinahe nackt. Das Gesicht ist fast immer haarlos und oft auf sonderbare Weise gefärbt. Bald hat es eine gleichsam abgestorbene Fleischfarbe, bald ist es schwarz oder kupferroth und zuweilen mit weißen, blauen oder rothen Flecken gezeichnet, die einigermaßen den Verzierungen gleichen, welche manche wilde Völkerschaften auf ihrem Körper anbringen. Außerordentlich groß ist mitunter die Ähnlichkeit dieser Thiere mit dem Menschen, ja es gibt einige, deren Gesicht in der Jugend weniger verlängert ist als das vieler Neger; aber mit dem vorschreitenden Alter verändert sich dies, die Schnauze tritt dann mehr und mehr vor und zwar bisweilen so stark, daß dieser Gesichtstheil dem eines Hundes ganz ähnlich wird. Auch das Benehmen und der Gang der Affen haben oft viel Ähnlichkeit mit dem menschlichen; einige Arten halten sich leicht aufrecht, besonders wenn sie sich eines Stockes bedienen können, den sie dann wie ein Mensch gebrauchen; doch ist ihr Gang nie so sicher als der menschliche, da sie mit ihren Hinterfüßen, die gleich den vordern auch Hände sind, nicht, wie der Mensch, mit der ganzen Sohle oder der innern Handfläche sich aufstützen können, sondern nur der äußere Rand der Hand den Boden berührt. Hierzu kommt noch, daß ihr Kniegelenk sehr schlaff ist, ihr Becken sehr schmal, lauter Umstände, welche ebensowol die aufrechte Stellung als den Gang auf vier Füßen erschweren. Dagegen macht dieser Bau sie zum Klettern sehr geschickt. Die Länge und Biegsamkeit ihrer Gliedmaßen, das Vorhandensein einer Hand an allen, ihre bedeutende Muskelkraft, alles dies gibt ihnen eine erstaunliche Gelenkigkeit. Dazu gab die Natur vielen dieser Thiere noch einen sogenannten Greif- oder Wickelschwanz, der ihnen als eine fünfte Hand dient, um sich an Ästen aufzuhängen und daran hängend, sich einen Schwung zu geben, um so von einem Baume leicht zum andern zu gelangen. Diejenigen Affen, welche mit einem solchen Schwanze versehen sind, befinden sich fast in beständiger Bewegung, und wenn sie sich setzen wollen, krümmen sie sich nur zusammen und legen den Schwanz unter oder stützen sich auch wol auf denselben; diejenigen aber, welche weder einen Wickelschwanz noch einen stark behaarten Schwanz haben, sitzen sehr häufig ganz wie der Mensch, und damit ihnen diese Stellung noch bequemer werde, gab ihnen die Natur bedeutend breite Sitzknochen und bekleidete dieselben mit einer fast nackten, starken und schwieligen Haut, den sogenannten Gesäßschwielen.

Die Affen leben alle nur von Pflanzenkost und zwar fast allein von Früchten. Ihre Zähne haben auch die größte Ähnlichkeit mit den menschlichen; sie haben ebenso viele und ebenso gestellte Schneidezähne als der Mensch; freilich sind ihre Eckzähne viel größer und dienen manchen Arten als eine furchtbare Waffe, dagegen sind ihre Backen- oder Mahlzähne im Allgemeinen den menschlichen ähnlich, auch oft in gleicher Zahl vorhanden und nur bei den Affen der neuen Welt findet man in jedem Kiefer und an jeder Seite einen mehr als beim Menschen, nämlich sechs. Diese Thiere leben fast alle auf Bäumen und kommen nur selten auf die Erde; meist halten sie sich in Haufen zusammen, welche aus mehren Familien bestehen. Die Weibchen gebären ein Junges, manchmal auch zwei und tragen für dieselben eine ganz außerordentliche Sorge. Sie schleppen sie immer auf den Armen oder auf dem Rücken, wobei sich die Kleinen fest anklammern, mit herum und sorgen so lange für sie, bis sie sich selbst ernähren können, ja sie geben ihnen sogar eine Art von Erziehung, welche hauptsächlich darin besteht, das Stehlen zu lehren, worin denn die Mütter oft mit so gutem Beispiel vorangehen, daß sie sogar den Jungen Das entreißen, was diese eben erfaßt haben. Letztere sind im Allgemeinen sanft und gelehrig, viele lassen sich leicht zähmen und zu allerlei Kunststücken, namentlich aber zu Nachahmung menschlicher Geberden und Bewegungen abrichten, wie denn überhaupt der Nachahmungstrieb den Affen ganz eigenthümlich ist; aber die Sanftmuth dauert bei diesen Thieren nicht lange, sie verliert sich nach und nach mit zunehmendem Alter und zuletzt werden sie oft unbändiger als ein reißendes Thier. Je nach den Arten sind ihre Sitten sehr verschieden, im Allgemeinen aber kommen sie in der List überein, welche sie zuweilen in hohem Grade zeigen, wenn sie sich irgend eines Gegenstandes bemächtigen wollen, nach welchem sie lüstern sind. Meist sind ihre Bewegungen lebhaft, ihre Neugier ist groß und sie zeigen, wenn man sich anders dieses Ausdrucks bedienen darf, einen raschen Gedankenwechsel, denn oft gehen sie ohne alle Veranlassung augenblicklich von der größten Ruhe zum heftigsten Zorn über.

Alle Affen sind Bewohner heißer Erdstriche, nur eine einzige Art findet sich in Europa auf den unzugänglichen Felsen von Gibraltar; sie dauern in kältern Gegenden nicht aus und sterben nach wenigen Jahren meist an der Lungenschwindsucht. Sehr verbreitet sind sie in den Gegenden zwischen den Wendekreisen und es ist eine eigne Erscheinung, daß dieselben Arten sich nicht zugleich in der alten und neuen Welt finden, sondern diese Bewohner der einen und der andern so sehr voneinander verschieden sind, daß man sogar eine strenge Eintheilung auf diese Verschiedenheit gründen konnte. Man unterscheidet daher zwei große Abtheilungen: Affen des alten und neuen Continents.

Die Affen des alten Continents haben ebenso viele Backenzähne als der Mensch; die meisten besitzen Gesäßschwielen, dagegen fehlt ihnen immer der Wickelschwanz; ihre Nasenlöcher — und dies ist ein sehr in die Augen fallendes Kennzeichen — sind nur durch eine dünne Scheidewand getrennt und öffnen sich unten an der Nase. Bei vielen ist auch die innere Seitenhaut der Backen taschenähnlich gebildet, sogenannte Backentaschen, welche sie zu Aufbewahrung von Speisevorräthen benutzen. Die Affen des neuen Continents oder Amerikas haben auf jeder Seite sechs Backenzähne; die Gesäßschwielen fehlen ihnen ganz; der Schwanz ist meist ein Wickelschwanz, die Backentaschen fehlen und vor Allem erscheint ihr Gesicht auffallend durch die eigne Nasenbildung; denn die Nasenlöcher sind durch eine breite Scheidewand voneinander getrennt und öffnen sich an der Seite der Nase.

Den Übergang von dem Menschen zu den übrigen Thieren bilden die Affen der alten Welt, indem sie nach und nach von der aufrechten Stellung zu dem Gange auf vier Füßen, wie die andern Säugethiere, übergehen und ihre anfangs mehr menschenähnliche Gesichtsbildung immer mehr den thierischen Charakter annimmt, der sich dann auch in ihrem ganzen Benehmen zeigt. Unter den erstern sind einige, die dem Menschen sehr nahe kommen, nämlich die Orangs und Gibbons, welchen auch der Schwanz ganz fehlt, der dagegen bei den übrigen mehr oder weniger entwickelt ist.

Die Orangs sind noch wenig und eigentlich nur in ihrem jugendlichen Alter bekannt. Sie leben in den östlichen Theilen Indiens auf Java, Malakka, Borneo u. s. w. Unter ihnen gilt der Orang-Outang als diejenige Art, welche dem Menschen am ähnlichsten ist. In der That hat dieses Thier, so lange es jung ist, eine hohe gewölbte Stirn und seine Gestalt gleicht der eines Kindes, das eine eingedrückte Nase hat und den Mund verzieht; aber mit dem vorschreitenden Alter tritt die Schnauze stärker hervor und die Ähnlichkeit vermindert sich um Vieles. Da wir schon früher unsere Leser vom Orang-Outang unterhalten haben (in Nr. 34 des Pfennig-Magazins), so begnügen wir uns jetzt damit, noch eine interessante Abbildung von demselben auf Seite 44 zu geben.

Dieser Art ähnlich ist der auf vorliegender Abbildung

Der Chimpanse.

dargestellte Chimpanse, auch Pongo oder Jocko genannt, der in Guinea und Congo lebt. Man sagt, daß er sogar noch größer als ein Mensch werde. Er lebt gesellig in zahlreichen Haufen in Wäldern und vertheidigt sich gegen Menschen und sogar gegen Elefanten durch Steinwürfe und Stöcke, er sucht auch den mächtigen Feind durch sein Geschrei zu schrecken. Sonst soll er in seinem Benehmen viel Ähnliches mit dem Orang-Utang haben, auch ist er wie dieser in der Jugend sehr sanft, sehr gelehrig und läßt sich zu einem ganz menschenähnlichen Betragen abrichten.

Die Gibbons oder langarmigen Affen unterscheiden sich von den beiden vorigen, welchen sie sonst sehr ähnlich sind, hauptsächlich durch die Gesäßschwielen und durch ihre außerordentlich langen Arme. Sie leben in den entferntern Gegenden Indiens und auf den indischen Inseln, und halten sich gleich den Orangs in den dichtesten Wäldern auf. Mit ihren langen Armen hängen sie sich an den Ästen auf, und die Elasticität derselben benutzend, machen sie oft mehrmals hintereinander 40 Fuß weite Sprünge. Einige von ihnen leben paarweise, andere in zahlreichen Gesellschaften. Sie lassen sich nicht leicht zähmen und scheinen in der Gefangenschaft ihre Fähigkeiten zu verlieren. Am lebhaftesten und gewandtesten unter ihnen ist der graue Gibbon oder Wuwu, welcher auf Sumatra im Rohr und in den hohen Bambuswäldern lebt. Eine andere Art mit schwarzem krausen Haar ist merkwürdig wegen des eignen Baues der Hinterhände, an welchen der zweite und dritte Finger zur Hälfte miteinander verwachsen sind, sowie hinsichtlich seiner sonderbaren Gewohnheiten. Dieser Affe lebt in zahlreichen Haufen, welche von Einzelnen, die behender und kräftiger als die andern sind, angeführt werden, wie es scheint. Während des Tages hält sich der ganze Haufe ruhig im Laube verborgen, aber bei Aufgang und Untergang der Sonne erheben sie ein fürchterliches Geschrei. Auf der Erde können sie sich kaum fortschleppen, da ihnen ihre langen Arme hinderlich sind; sie klettern auch langsam und schwierig, sind aber so wachsam, daß es sehr schwer hält, sie zu überraschen. Man versichert, daß ein ihnen unbekannter Lärm, wäre er auch eine Meile weit entfernt, sie zur augenblicklichen Flucht bringe. Nur die Weibchen bekommen einen außerordentlichen Muth, wenn die Jungen in Gefahr sind; sie verlassen sie dann nicht, trotzen jeder Gefahr und stürzen sich auf den Feind. Auch außerdem zeigen sie für die Kleinen eine große Fürsorge, wie ein Naturforscher berichtet, der Gelegenheit hatte, diese Thiere in ihrer Freiheit zu beobachten. Er sah dem sonderbaren Schauspiele zu, wie die Mütter die Jungen an den Fluß trugen und hier, trotz dem Schreien derselben, sie reinigten, abwuschen und trockneten, überhaupt der Reinlichkeit derselben eine ungemeine Sorgfalt widmeten. Das fürchterliche Geschrei, welches diese Affen machen können, mag zum Theil mit Hülfe eines großen Sackes hervorgebracht werden, der mit dem Kehlkopfe in Verbindung steht.

Ähnlich den Gibbons im Körperbau und hinsichtlich der langen, schmächtigen Glieder sind die Semnopitheken; sie unterscheiden sich aber durch einen langen Schwanz und sind, ungeachtet ihrer Behendigkeit, gewöhnlich ruhig. Jung lassen sie sich leicht zähmen. Ihr Vaterland ist das südliche Asien, wo sie in großen Gesellschaften leben. In ihrem Vaterlande wird besonders der Art, welche unter dem Namen Entelle in Menagerien gezeigt wird, eine große Verehrung erwiesen. Die Hindus erlauben diesen Affen, ihre Gärten zu plündern, ja, die Speisen von den Tischen wegzunehmen, und freuen sich, wenn ein Haufe solcher Thiere bei ihnen einkehrt.

(Der Beschluß folgt in Nr. 150.)

Die Holzschnitzwaaren im Thale Gröden.

Das kleine Thal Gröden oder Gardena im Kreise Botzen in Tirol, liegt mehr als 3400 Fuß über dem mittelländischen Meere. Der Weg dahin von Botzen geht durch den Knutersweg, über ein malerisches Porphyrgebirge, das sich in überhangenden und zerklüfteten Felsen erhebt, dann längs dem Fuße des gewaltigen Schlern, durch hohe, von Bächen durchrauschte Wälder, über das Heilbad Ratzes, über die große und gesegnete Seiseralp, die überall mit Sennhütten bedeckt ist, und deren höchste Spitze mehr als 6000 Fuß über dem Meere liegt, und endlich durch eine tiefe Schlucht auf die mit weißen, schroffen Felswänden bedeckte Hochebene, welche das gegen anderthalb Meilen lange und eine Drittelmeile breite Thal bildet, das auf kaum einer Quadratmeile 3500 Bewohner zählt, die wegen ihrer Bildschnitzereien berühmt sind, womit sich vor etwa 50 Jahren kaum 40, jetzt aber über 300 Menschen beschäftigen. Zerstreute freundliche Wohnungen blicken überall von den Höhen herab. Der Hauptort des Thales ist St.-Ulrich mit einer großen, im Innern zierlich und reich geschmückten Kirche und einer in der neuesten Zeit auf Anordnung der Regierung errichteten Zeichenschule. Der Erste, der die Schnitzerei im Thale übte, war Johann de Mez, unweit St.-Ulrich, der zu Anfange des 18. Jahrhunderts auf den Gedanken kam, Bilderrahmen aus dem Holze der Zirbelnußkiefer zu schnitzen, welche, obgleich plump gearbeitet, doch Absatz fanden. Die Brüder Martin und Dominik Vinazer sahen ein, daß diese Arbeiten dem armen Thale, wo Weizen nicht mehr gedeiht und der spärlich wachsende Roggen zum Unterhalte nicht hinreicht, einen reichen Erwerbsquell geben könnten. Das weiche und fettige Zirbelholz, das die nahen Bergabhänge in Überfluß lieferten, ließ sich unter gewandten Händen leicht bearbeiten, und die Brüder versuchten mit Glück die ersten Figuren. Später gingen sie nach Venedig, um Unterricht zu nehmen, und kamen als Künstler zurück, die sogar Basreliefs in Silber auszuführen verstanden. Ihr Beispiel wirkte auf ihre Landsleute und bald legten sich Alle auf das Holzschnitzen. Es erwachte bald ein reger Geist der Betriebsamkeit. Während die Weiber in der Heimat schnitzten, zogen die Männer in die Fremde, den Ertrag ihres Fleißes zu verkaufen. Über 100 junge Leute von 18—30 Jahren sind beständig im Auslande, um Handel mit dieser Waare zu treiben, der auch einzig nur durch Grödener in allen europäischen Staaten unterhalten wird, und sich sogar bis nach Amerika ausdehnt. Schon vor 40 Jahren ließ sich Peter Wollponer in Mexico nieder, und vor 25 Jahren begaben sich einige junge Grödener mit Schnitzwaaren nach Philadelphia, Neuyork und Charlestown in Nordamerika. Überhaupt kann man annehmen, daß die Anzahl der im Auslande angesiedelten Grödener zwei Drittheile der Bevölkerung des Thales ausmacht. Die Schnitzarbeit beschäftigt die Grödener größtentheils nur an langen Winterabenden, zu einer Zeit, wo ihnen Feld- und Hauswirthschaft nichts zu thun gibt, und doch werden im Durchschnitt jährlich 260 Kisten versendet. Der Werth jeder Kiste wird zu 150 Gulden geschätzt, ohne jene Waaren zu rechnen, welche die Händler selbst mit sich führen. Man nimmt an, daß Gröden durch diesen Artikel vom Auslande jährlich gegen 54,000 Gulden bezieht. Während aber der Reichthum der fleißigen Thalbewohner zunahm, dachten sie nicht daran, für die Fortpflanzung des wohlthätigen Baumes zu sorgen, der ihre Betriebsamkeit nährte. Es trat Holzmangel ein und die Grödener mußten in ein benachbartes Thal hinabsteigen, um den Baum zu kaufen, und einen Theil ihres Erwerbes in fremde Hände fließen lassen, bis der Same gedeiht, den sie in die Erde gelegt haben, um ihren Nachkommen reichern Gewinn zu sichern. Viele geschnitzte Arbeiten, z. B. Thierfiguren, behalten ihre natürliche Farbe, andere kommen zu dem Maler und Lackirer und werden in den Magazinen der Verleger aufgehäuft, um in alle Weltgegenden versendet zu werden. Die bedeutendsten Niederlagen von grödener Waaren findet man in Neapel, Palermo, Messina, Florenz, Rom, Barcelona, Cadiz, Lissabon, Madrid, Philadelphia, Leipzig, Nürnberg, sämmtlich von Grödenern gegründet. Das weibliche Geschlecht in diesem Thale zeichnet sich durch eine besondere Geschicklichkeit im Klöppeln der Spitzen aus, welche ebenfalls einen bedeutenden Handelsartikel ausmachen.

Hogarth's Werke.
9. Die abfahrende Landkutsche.

Das hier mitgetheilte Blatt, in welchem Hogarth seinen Humor und Muthwillen recht gehen läßt, kann man füglich in zwei Theile theilen, welche miteinander nur in einer geringen Verbindung stehen. Um aber die im Hintergrunde vorgehende Scene zu verstehen, muß Folgendes erwähnt werden. Bei der Parlamentswahl im Jahre 1746 befand sich unter den Candidaten, welche sich für die Grafschaft Esser in Vorschlag brachten, auch ein junger Mann von angesehener Familie, Namens Child Lord Castlemain. Es war bereits nahe daran, daß er gewählt werden sollte, als die Gegenpartei auf den Einfall gerieth, das Kirchenbuch nachschlagen zu lassen, ob der junge Candidat nicht vielleicht noch minorenn und also zur Wahl unfähig sei. Bei der Untersuchung ergab es sich auch wirklich, daß er erst 20 Jahre alt und deshalb nach den Gesetzen noch nicht wählbar sei. Hogarth, der so leicht nichts unbenutzt ließ, brachte auch seine Satire auf den vorwitzigen Lord im Hintergrunde dieses Bildes an. Hier wird nämlich der bei der Wahl durchgefallene Gentleman in Procession, in einem Lehnstuhle wie ein alter Mann sitzend, auf einer Bahre getragen. Wie man bei kleinen Kindern pflegt, hat man ihm ein Geiferlätzchen vorgebunden; in der einen Hand hält er eine Kinderklapper, in der andern das ABC an einem Stocke. Oben auf den Galerien befinden sich zahlreiche Zuschauer, welche ihr Wohlgefallen an dem Auftritt bezeigen.

Ganz gleichgültig gegen diese Procession verhalten sich die um die Postkutsche versammelten Personen, welche, wie man auf den ersten Blick sieht, sehr verschiedenartiger Natur sind. Die Kutsche, die freilich mit den jetzt in England gebräuchlichen Wagen nur sehr wenig gemein hat, ist zur Abfahrt bereit, der Postillon sitzt schon auf seinem Platze, und es ist sonach die höchste Zeit, daß auch die Reisenden sich um die ihrigen bekümmern. Bis jetzt sind erst drei derselben untergebracht, nämlich die zwei Männer auf der Kutsche und die alte Frau hinter der Kutsche. Um die ersten Beiden recht zu bezeichnen, dienen am besten Lichtenberg's Worte, der von ihnen sagt: „Die beiden Gesellen hier oben passen zusammen nicht wie Schachtel und Deckel, sondern wie Ambos und Hammer, oder wenn man will, wie England und Frankreich. Aber was ist zu thun? Sie müssen miteinander fortkommen. So reist man mit der Landkutsche und durch das Leben." Ihren Stand anlangend, ist der Vergnügte von Beiden ein Matrose, der sich auf seinen erhabenen Sitz behaglich hingestreckt hat, und von dem Päckchen an seinem Arme, das er sich am Bord seines nun gelandeten Schiffes verdient hat, eine Reihe von lustigen Tagen erwartet. Der Misvergnügte ist, wie sein Hut und Degen und seine melancholische Miene andeuten, ein verarmter französischer Offizier aus der alten Zeit. Fortuna scheint dem ausgedienten Herrn niemals übertrieben gelächelt zu haben; es muß ihm in seinem Vaterlande übel mitgespielt worden sein, da er sogar in England, dem verhaßten Aufenthalt für jeden Altfranzosen, sein Unterkommen suchte, und seinen Platz auf der Landkutsche neben einem Matrosen nehmen muß. Der Degen und die Tabacksdose in seiner Hand sind die einzigen Freunde, welche ihm treu geblieben. Die dritte Person unter den bereits untergebrachten Reisenden ist die alte Frau hinten im Wagenkorbe. Sie hat unstreitig den armseligsten Platz erhalten und ist am meisten unberücksichtigt geblieben, obwol sie alle Übrigen berücksichtigt, dennoch schmaucht sie, zwischen Kisten und Räder eingeklemmt, mit großem Appetit ihr Pfeifchen, und eine vollkommene Zufriedenheit malt sich in ihren Zügen. Wenn der französische Offizier mit der Höhe, welche ihm das Landkutschengeschick angewiesen, keineswegs zufrieden ist und mit der Vorsehung hadert, die ihm nicht gestattet, im Innern des Wagens Platz zu nehmen, so denkt dagegen die Alte ganz anders, und ihr dünkt der Platz, den sie eben erhält, immer der beste. Dies ist die wahre Methode für Passagiere, und mit dieser kommt man guter Dinge von einer Poststation und von einer Lebensstation zur andern. Der übrigen Personen, welche noch im Innern des Wagens Raum gewinnen wollen, sind sieben an der Zahl. Betrachtet man die Enge der Landkutsche selbst und den stattlichen Umfang der Dame, welche eben einsteigt oder vielmehr hineingeschoben wird, so ist dem Zuschauer die Frage: Wo sollen diese alle bleiben? nicht zu verdenken. Dieser Zweifel scheint auch wirklich jenes lange, hagere, wunderlich geputzte Frauenzimmer, das wir hinter der kurzen Gestalt des Wirths erblicken, zu beunruhigen. Sie faltet die Hände, als ob sie schon auf die Möglichkeit, hier mit fortzukommen, verzichte, obgleich sie vermöge ihres bescheidenen Umfangs am ersten auf ein Plätzchen rechnen kann. Von den beiden Gentlemen, welche ebenfalls mit dieser Gelegenheit reisen wollen, erblicken wir den einen innerhalb der Hausthüre in einer zärtlichen Abschiedsscene von der Köchin oder Wirthschafterin, den zweiten aber in einer unangenehmen Auseinandersetzung mit dem Wirthe selbst begriffen. Diese zweite Figur ist von Hogarth meisterhaft gezeichnet. Der Tressenhut, die würdige Miene und die Parlamentsakte in seiner Tasche bezeugen, daß er ein Gentleman von Stande und als solcher sehr ungehalten über die Prellerei des Wirths zum alten Engel ist, der mit seiner kurzen, breiten Figur vor ihm steht und mit der Hand auf dem Herzen ihm betheuert, daß er der wohlfeilste Gasthalter in ganz England sei. Unter den übrigen Reisenden, welche unser Blatt vorstellt, zeichnen sich noch aus die Gestalt der dicken Wirthin, welche schreiend und mit einer Glocke läutend in einer Art von Vorhäuschen steht, ferner der dickbauchige Mann unweit des Wagentrittes, in dessen echt englischer Physiognomie die wahre Gleichgültigkeit ausgeprägt ist, während er im bequemen Reisekaftan, in Schuhen und Strümpfen, die

Rechte mit dem Reisedegen bewehrt, die Linke mit dem Krückenstock, das wunderlichste Mittelding zwischen Civil und Militair bildet. Endlich der bucklige, misgestaltete Zwerg hinter ihm, ist der Postillon, der den Reisenden auf der vorigen Station gefahren, aber entweder noch gar kein Trinkgeld, oder doch kein genügendes empfangen hat. Solche Postillone aber in Taschenformat mögen freilich auch in England selten sein. Allem Anschein nach werden aber die Zulagegesuche des Zwergs ihm wenig helfen, denn sein theilnahmloser Gönner scheint ganz dazu gestimmt, ihn zu einem Prediger in der Wüste zu machen.

Die abfahrende Landkutsche.

Verantwortliche Herausgeber: Friedrich Brockhaus in Leipzig und Dr. C. Dräxler-Manfred in Wien.
Verlag von F. A. Brockhaus in Leipzig.

Das Pfennig-Magazin

der
Gesellschaft zur Verbreitung gemeinnütziger Kenntnisse.

150.] Erscheint jeden Sonnabend. [Februar 13, **1836**.

Die große Straße zu Madrid.

Madrid.

Die nackte und öde Hochebene, wo jetzt die spanische Hauptstadt liegt, hatte nach der Sage schon in den ältesten Zeiten eine Ansiedelung, die griechische Feldherren bald nach dem trojanischen Kriege gegründet haben sollen, eben auf derselben Stelle, wie einer der spanischen Geschichtschreiber sagt, die bestimmt war, das Haupt des mächtigsten und ausgedehntesten Reiches zu sein, das je ein irdischer König besaß, und die Mutter und Beschützerin aller Völker war. Aber die beglaubigte Geschichte gibt dem Nationalstolze, der in diesen Sagen Nahrung findet, nur so viel zu, daß während der Herrschaft der Römer ein Ort auf dieser Stelle lag, der Mantua hieß. Während der ersten Jahrhunderte des Mittelalters wird Madrid nicht wieder genannt, bis 1109, wo die Mauren hier ein Schloß der Könige von Castilien einnahmen, um welches nach und nach Häuser waren erbaut worden. Als die Stadt unter Philipp II. 1563 der Sitz des königlichen Hofes geworden war, erhob sie sich immer mehr und erhielt bald einen bedeutenden Umfang. Philipp V. verschönerte sie, aber ihre prächtigsten Zierden verdankte sie Karl III. Aber eben auch unter der Regierung dieses Königs hätte sie beinahe wieder den Vorzug verloren, die Hauptstadt des Reichs zu sein; denn es entstand ein Aufruhr wegen des Befehls, die Straßen zu reinigen und wegen des Verbots, runde, breitrandige Hüte und weite Mäntel zu tragen, und der König war nahe daran, den Sitz des Hofes nach Sevilla zu verlegen. Einen wichtigen Zeitabschnitt in der Geschichte der Stadt führte die Revolution von 1808 herbei, welche Karl IV. zur Thronentsagung bewog. Eine französische Heeresabtheilung unter Murat besetzte die Stadt am 12. April. Als nun Ferdinand VII., der neue König, nach Bayonne gereist war, dem bald nachher seine Ältern folgten, und auch andere Glieder der königlichen Familie auf Napoleon's Verlangen nach Frankreich kommen sollten, brach am 2. Mai ein Volksaufstand in der Hauptstadt aus, der erst nach einem blutigen Kampfe in den Straßen durch die Überlegenheit der Franzosen gedämpft werden konnte. Die Stadt unterwarf sich nun der fremden Gewalt und dem Bruder Napoleon's, der auf den spanischen Thron erhoben wurde, aber die Niederlage der Franzosen bei Baylen im Julius 1808 nöthigte den neuen Herrscher, die Hauptstadt zu verlassen und im nördlichen Spanien eine festere Stellung zu nehmen. Die Befreiung der Stadt war von kurzer Dauer. Als Napoleon an der Spitze eines mächtigen Heers in Spanien eingerückt war und am Ende des Novembers den Engpaß von Somosierra, durch welchen der Weg nach Madrid führt, erstürmt hatte, erschien er am 2. December auf den Höhen vor der Stadt, die sich, da das zum Widerstande gerüstete Volk ohne entschlossene Anführer war und selbst durch Verrätherei in seinen Anstrengungen gelähmt ward, am 5. December den Franzosen unterwarf. Sie blieb in der Gewalt der Sieger, bis im Julius 1812 nach der Schlacht bei Salamanca König Joseph sie verließ und im August die Engländer unter Wellington sie besetzten. Die Bewegungen eines überlegenen Heers unter dem Marschall Soult brachten sie noch einmal in die Gewalt der Franzosen, die erst im folgenden Jahre nach ihrer Niederlage bei Vittoria sie verließen. König Ferdinand, schon im März 1814 aus Frankreich zurückgekehrt, hielt erst im Mai seinen Einzug in die Hauptstadt.

Madrid liegt in Neucastilien, fast in der Mitte des Königreichs, in einer weiten und dürren Hochebene, die auf einer Seite von hohen Bergen, der Guadarrama-Kette, eingefaßt, auf den übrigen Seiten aber offen ist, mehr als 2000 Fuß über der Meeresfläche. Keine europäische Hauptstadt erscheint aus der Ferne so wenig einladend. Man sieht keine schattigen Gehölze, keine lachenden Gärten, keine freundlichen Landhäuser, und die meisten Dörfer liegen so tief, daß nichts den Blick über die öde Ebene anzieht. Madrid erscheint in der Entfernung von einer Stunde wie Palmyra, die alte Königin der Wüste. Besonders unerfreulich ist die Ansicht von dem Gebirge Somosierra her, von dessen Fuße bis zu den Thoren der Stadt man kaum einen Baum sieht. Ein großer Theil der Umgegend ist unangebaut, und der angebaute, der Getreide hervorbringt, meist steinig und von Unkraut überwuchert. Von andern Seiten sind die Zugänge freundlicher und von Alleen beschattet. Gute Straßen führen zu allen Thoren, und besonders bildet die Alcalathor einen schönen Eingang. Der Manzanares, der die Ebene nahe bei der Stadt durchfließt, ist meist seicht und nur im Frühling, wenn der Schnee in den Guadarramagebirgen, wo er entspringt, geschmolzen ist, gleicht er einem Flusse. Zwei schöne Brücken wölben sich über sein dürres Bett. Die eine auf der Straße nach Segovia wurde von Philipp II. erbaut, welcher sie nach Vollendung des kostbaren Werkes einem fremden Gesandten mit der stolzen Frage zeigte, ob irgend etwas mangele. „Weniger Brücke oder mehr Wasser," war die kurze Antwort. Die zweite Brücke auf der Straße nach Toledo ist gleichfalls eines ansehnlichern Flusses würdig, sodaß ein Reisender sagte, er habe viele Flüsse ohne Brücken gesehen, aber nie eine Brücke, der es so sehr an einem Flusse mangle.

Die Stadt, die ein unregelmäßiges längliches Viereck bildet, hat ungefähr eine Meile im Umfange. Die Thürme zahlreicher Kirchen und Klöster geben ihr ein stattliches Ansehen. Sie ist von einer schwachen Mauer umgeben, hat aber weder einen Graben noch feste Schutzwehren. Ihre 15 Thore, besonders das Alcalathor, zeichnen sich meist durch schöne Bauart aus. Die Straßen in den ältern Stadttheilen sind größtentheils enge und krumm, die neuern aber breit und regelmäßig; sie sind mit kleinen Kieseln gepflastert, die das Gehen beschwerlich machen, und die überall angelegten erhöhten Fußpfade sind nicht breit genug. Die schönste Straße ist die Alcalastraße. An dem einen Ende derselben sieht man in die schönen Baumgänge des Prado mit ihren marmornen Springbrunnen, am andern Ende erhebt sich das prächtige Alcalathor und auf beiden Seiten ist sie mit Gebäuden eingefaßt, unter welchen das Zollhaus und mehre Klöster sich auszeichnen, doch sind sie im Ganzen nicht hoch genug im Verhältniß zu der Breite der Straße, die so beträchtlich ist, daß zehn Wagen nebeneinander fahren können. Unter den Straßen des ältern Stadttheils zeichnet die große Straße (Calle mayor) sich aus, von welcher wir auf S. 49 eine Ansicht geben. Zur Rechten sehen wir den Brunnen zum guten Glück, wo in den Morgenstunden müßige Spaziergänger sich sammeln. Links im Hintergrunde erhebt sich das Posthaus. Außer dem erwähnten Brunnen gibt es mehre zum Theil schön gebaute, welche ihr Wasser aus weiter Entfernung erhalten. Sie liefern den zahlreichen Wasserverkäufern ihre Waare, die sie in allen Straßen umhertragen, da es an einer Einrichtung fehlt, den Wohnhäusern ihren Bedarf an Wasser durch Röhren zuzuführen. Es gibt zwei Classen von Wasserverkäufern, solche, die im Ganzen verkaufen und solche, die mit dem Einzelverkauf sich abgeben. Die Galizier (Galegos) sind im ausschließenden Besitze des Großhandels mit Wasser, und wie ihre Landsleute in Lissabon, von welchen wir früher gesprochen haben*), machen sie eine besondere Volksclasse aus. Sie bilden eine Art von Zunft und bezahlen jährlich eine bestimmte Summe zur Unterhaltung der öffentlichen Wasserleitung. Sie theilen die Stadt unter sich ein, und die Bewohner jedes Bezirks sind gewissermaßen verpflichtet, die Kunden des Galego zu sein, dem derselbe zugetheilt ist. Diese Antheile bilden gleichsam ein Grundeigenthum, das die Besitzer auf ihre Kinder und Verwandten vererben oder an einen andern Galego verkaufen können. Diese Beschäftigung ist sehr beschwerlich, aber im Sommer ungemein gewinnreich, da der Wasserverbrauch in dieser Jahreszeit außerordentlich groß ist. Die Kleinhändler (aguadores), deren wir einen auf unserer Abbildung sehen, bilden keine Genossenschaft, und Jeder, der sich ein irdenes Wassergefäß und einige Gläser anzuschaffen im Stande ist, kann dieses Geschäft betreiben. Auch sie aber haben einigermaßen ihre bestimmten Verkaufsbezirke, wo man sie mit ihren langen Wasserbehältnissen auf dem Rücken und ihrem Gläserkorbe am linken Arme auf= und niedergehen sieht, ihr „Frisches Wasser, eben vom Brunnen" ausbietend.

Ein Fremder, der zum ersten Mal durch die Straßen von Madrid wandert, findet Vieles, das ebenso anziehend als neu für ihn ist. Die Volkstracht bietet ihm einen ganz neuen Anblick dar, denn während die Mode fast in allen Hauptstädten Europas in dieser Beziehung die Verschiedenheiten verwischt hat, haben die Spanier ihre volksthümliche Tracht noch nicht aufgegeben. Der düstere Anblick, den die Straßen gewähren, rührt hauptsächlich von der eigenthümlichen Tracht der meisten Frauen her, welche durch die bunte Mannichfaltigkeit ihres Anzugs die Straßen anderswo beleben. Aber in Madrid sieht man keine rothen, grünen, gelben und blauen Kleider, keine Bänder, die in allen Farben des Regenbogens spielen. Fast alle Frauen sind schwarz gekleidet. Diese düstere Tracht hat jedoch für den Fremden den Reiz der Neuheit und ist nicht ungefällig. Die Mantilla, der Schleiermantel, ist ein Hauptstück des Anzugs, eine Schärpe von Spitzen oder Seide, die über Kopf und Schultern geworfen wird und hinten und auf den Seiten bis auf die Hüfte herabwallt, während sie vorne, über einen hohen Kamm fallend, gewöhnlich mit einer Schmucknadel oder einem Zierstücke über die Stirne zusammengehalten wird. Anderes ist nicht minder eigenthümlich; der runde, aufgestülpte Hut und die rothe Schärpe des Bauers, die kurze grüne Jacke, die nackten Beine und die Sandalen der zahlreichen Wasserträger, die glänzenden Uniformen und vor Allem die Kleidung der Mönche der verschiedenen Orden, Alles gibt den Straßen ist eigenthümlich als der allgemeine Gebrauch des Fächers. Eine Spanierin würde ebenso wenig ohne Fächer als ohne Schuhe ausgehen. Man sieht fast nie ein weibliches Wesen in den Straßen ohne dieses unentbehrliche Zubehör. Die ehrbare Matrone und ihre stattliche Tochter, die sechs Schritte vorausgeht, wie es überall in Spanien Sitte ist, fächeln sich, während sie gehen; das sechsjährige Mädchen hält mit der einen Hand an seiner Mutter und fächelt sich mit der andern; die Feigenverkäuferin sitzt, ihren Fächer bewegend, in ihrer Bude auf der Straße, und die Magd, die vom Markte kommt, trägt an dem einen Arme ihren Eßwaarenkorb und bewegt den andern, um sich mit dem Fächer zu kühlen. Die Straßen bieten zu verschiedenen Tageszeiten ein verschiedenes Schauspiel dar,

zeigen aber von früher Morgenstunde ein bewegtes Leben. Die Morgenglocke ruft zur Frühmesse. Die Straßen werden belebt. Schwarz verschleierte Frauen und Männer in braunen Mänteln mit dem auf dem Rücken herabhängenden seidenen Haarnetz, ziehen zu den Kirchen. Die Thüren der Balcone öffnen sich und vor jedem Hause wird Wasser gesprengt. Jetzt ziehen die Ziegenhirten mit ihren kleinen Heerden in die Thore ein. „Milch! Ziegenmilch — frisch und warm!" erschallt es in den Straßen. Marktweiber gehen hinter ihren mit Gemüsen beladenen Eseln, Bäcker fahren Brot auf kleinen Rohrwagen umher und die Träger beginnen ihr Tagewerk, während Policeidiener mit heisern Stimmen die in der verflossenen Nacht begangenen Diebstähle ausrufen. Die Läden und Buden öffnen sich nach und nach. Die Schenkwirthe stellen ihre Gläser aus, die Chocoladenverkäuferin bringt ihre Töpfe in Ordnung, der Wasserverkäufer beginnt seinen Ruf: „Wer trinkt?" und die Miethkutscher und Maulthiervermiether nehmen ihre Plätze ein. Gegen Mittag wird es lebendiger und lärmender in den Straßen. Von ein Uhr an aber erhält Alles eine andere Gestalt. Alle Fensterladen werden geschlossen oder die Vorhänge niedergelassen, und kaum sieht man einen achtbaren Mann in den Straßen. Alle halten ihre Mittagsruhe. Die Budeninhaber breiten ein Tuch über ihre Waaren und legen sich schlafen; Gruppen von Armen und Müßigen haben sich auf schattigen Plätzen ausgestreckt und die Wasserverkäufer brauchen ihre Wassergefäße als Kopfkissen und werfen ihre Jacken über das Gesicht. Ist die Zeit der Mittagsruhe vorüber, so regt sich überall wieder Leben und Geschäftigkeit; Frauen zeigen sich auf den Balcons, die Schläfer schütteln ihre Trägheit ab, und das „Frisch Wasser!" schallt wieder durch alle Straßen.

Unter den 42 öffentlichen Plätzen sind keine durch Größe oder durch die umgebenden Gebäude ausgezeichnet. Einer der bedeutendsten ist der große Platz (Plaza mayor), auf welchen die Alcalastraße führt. Er bildet ein rechtwinkeliges Viereck, über 430 Fuß lang und über 330 Fuß breit. Ringsum laufen Arcaden, von steinernen Pfeilern getragen, über welche sich eine gleichförmige Reihe von Gebäuden erhebt. Dieser Platz, der übrigens nichts Großartiges hat, steht mit den umliegenden Straßen durch Öffnungen oder Durchgänge an den Ecken und in der Mitte der vier Seiten in Verbindung. Er war früher der Schauplatz der Stiergefechte, die jetzt auf dem Stierplatze (Plaza de toros), auf einer Anhöhe vor dem Alcalathore, gehalten werden. In ältern Zeiten wurden hier auch die Aussprüche des Glaubensgerichts, der Inquisition, vollzogen. In der Mitte des Platzes wurde dann ein erhöhtes Amphitheater errichtet, auf welchem den Verurtheilten der Ausspruch des Gerichts verkündet und das Urtheil vollzogen ward. Jetzt ist dieser große Platz der Mittelpunkt des Einzelverkaufs und der gewöhnliche Sammelplatz der geringern Volksclassen, und wer die Eigenheiten des Volks beobachten will, findet hier vielfachen Stoff. Das sogenannte Sonnenthor, die berühmte Puerta del sol, ist nicht sowol ein Freiplatz als ein offener Raum, der durch das Zusammenstoßen mehrer Straßen gebildet wird und seinen Namen von dem östlichen Stadtthore hat, das vor Zeiten auf dieser Stelle stand. Jetzt liegt dieser Platz beinahe in der Mitte der Stadt. Er ist der Sammelplatz aller Geschäftsleute, aller Fremden. Fast aus allen Stadttheilen führen Zugänge hierher, und der Fremde, der am Ende der Stadt in eine Straße tritt, kann gewiß sein, zu dem Sonnenthor zu kommen. Hier ist Madrid im Kleinen, ein buntes, le-

---

*) Vergl. Pfennig=Magazin Nr. 129.

bendiges Volksgewühl. Gegen **11** Uhr ist der Platz am belebtesten. Zeitungsverkäufer, Balladensänger, Gaukler, Cigarrenverkäufer, Soldaten und Kleinkrämer bewegen sich in dem drängenden Haufen. Hier bilden sich Gruppen um den Zeitungsverkäufer, der mit lauter Stimme Neuigkeiten verkündet, dort sammelt sich ein dichter Haufen, Maueranschläge zu lesen; hier läßt ein Thierführer aus Valencia seinen Affen tanzen, dort sammeln sich eilige Kunden um einen geschwätzigen Lohnschreiber (memorialista), der hier, wie die Straßenschreiber in Rom*) und die sogenannten Evangelisten in Mexico, stete Beschäftigung findet.

(Der Beschluß folgt in Nr. 151.)

Die Affen.
(Beschluß aus Nr. 149.)

Eine andere höchst merkwürdige Art ist der in nachstehender Abbildung dargestellte Nasen= oder Rüsselaffe,

Der Rüsselaffe.

so genannt wegen seiner langen menschenähnlichen Nase, die jedoch eigentlich eine Art Rüssel ist, da die Nasenlöcher ziemlich an der Spitze stehen. Er soll in Cochinchina einheimisch sein und gesellig leben.

Die sogenannten Meerkatzen haben ebenfalls einen langen Schwanz, zeichnen sich aber durch ihre großen Backentaschen aus und sind in Afrika zu Hause. Sie erreichen nur eine mittelmäßige Größe, springen ganz vortrefflich, gehen aber nur wenig und nicht ohne Schwierigkeit. Ihre Lebhaftigkeit ist ganz außerordentlich. Nichts ist im Stande, ihre Aufmerksamkeit dauernd zu fesseln; mitten in einer Beschäftigung, welche sie ganz in Anspruch zu nehmen scheint, zerstreut sie das Geringste, und jeden Augenblick nehmen sie etwas Anderes vor. In ihrer Heimat leben sie in zahlreichen Haufen beisammen, dringen in Gärten und Felder ein und richten dann große Verwüstungen an. Sie sollen dabei eine große Klugheit und Wachsamkeit beweisen, die stärksten den Vor= und Nachtrab bilden und diese bei einem Angriffe die Vertheidiger machen; an dem Plünderungsplatze angekommen, sollen dann Schildwachen ausgestellt werden, um jede Gefahr anzuzeigen, die Plünderer selbst aber sich in Reihen stellen und den Raub sich einander zuwerfend, schnell das Geschäft beendigen, indem sie immer neue Reihen bilden und so ihre Beute bald in Sicherheit bringen.

*) Vergl. Pfennig=Magazin Nr. 99.

Mehr zum Gange auf vier Füßen sind die Makaken gebaut, welche aber keine so langen Schwänze haben, sondern nur kurz herabhängende, die ihnen nicht einmal beim Springen dienen; ihre Schnauze ist länger und sie sind nicht sehr gelehrig, doch soll man eine Art, den Mamion auf Sumatra, dazu abrichten, Früchte von den Bäumen herabzuholen. Sie leben in Indien und Afrika.

In Afrika sind auch die Magots einheimisch, von welchen aber eine Art, wie schon oben erwähnt, auch in Gibraltar sich findet. Sie unterscheiden sich durch den gänzlichen Mangel des Schwanzes. Von allen Affen sind sie fast die bekanntesten, denn sie werden am häufigsten zu allerlei Kunststücken abgerichtet. In ältern Zeiten, als der Aberglaube es noch nicht zugab, menschliche Leichname zu zergliedern, diente dieser Affe zur Erforschung des innern Baues des Menschen, da die damaligen Ärzte meinten, daß bei so großer äußern Ähnlichkeit mit der menschlichen Bildung die innere nicht geringer sein könne, was aber neuere Beobachtungen als unrichtig erwiesen haben.

Die Hundskopfaffen, von welchen wir in Nr. 11 des Pfennig=Magazins eine Abbildung und Beschreibung gaben, führen diesen Namen von der auffallenden Ähnlichkeit ihres Kopfes mit dem der Hunde, haben wie die Magots große Backentaschen und einen mehr oder minder kurzen Schwanz. Zu ihnen gehört auch der unten abgebildete Mandrill mit seinen blauen, furchigen Backen und blutrother Nase. Alle diese Affen sind

Der Mandrillaffe.

die wildesten, zugleich aber auch nach den Orangs die stärksten und größten; sie haben kräftige Glieder, gehen gewöhnlich auf allen vier Händen, und ihre Eckzähne sind so stark, daß man das Gebiß eines Wolfes zu sehen glaubt. Sie klettern leicht und springen gut, halten sich aber in ihrer Heimat weniger auf Bäumen als auf Felsen auf. Wie die Meerkatzen leben sie von Früchten aller Art und plündern ebenso wie jene in Gesellschaft. Sie werden aber bei der Verfolgung gefährlich durch ihre Stärke und Wildheit. Besonders nachdrücklich vertheidigen sie ihre Wohnplätze gegen jeden Angriff; sie werfen mit Steinen und Baumästen, fürchten sich kaum vor Feuergewehr und wenn sie verwundet werden, gehen sie sogar dem Menschen zu Leibe. Sie lassen sich gar nicht zähmen, nur jung sind sie einigermaßen zu bändigen, und dann besonders gegen weibliche Wärterinnen folgsam, lassen aber dabei auch eine wüthende

Eifersucht blicken. Je älter sie werden, desto mehr verliert sich alle Nachgiebigkeit bei ihnen, und sogar gegen Diejenigen, welche ihnen ihr Futter reichen, zeigen sie einen ebenso großen Haß wie gegen alle Andern. Bei den alten Ägyptern wurde dieser Art eine besondere Verehrung bezeigt, und man findet sie häufig unter den Hieroglyphen abgebildet, auch kommt sie als Mumie vor.

Die Affen der neuen Welt haben zwar alle lange, aber nicht alle Wickelschwänze. Diejenigen, welche mit solchen versehen sind, nennt man Sapajous, die andern Sagoins oder Sahis, Sakis.

Unter jenen ist der Heul= oder Brüllaffe, den nachstehende Abbildung darstellt, besonders merkwürdig. Sein Zungenbein ist zu einer Höhlung entwickelt, in welcher sich die Luft fängt, und die Stimme wird dadurch dergestalt verstärkt, daß man sein Brüllen eine halbe Stunde weit vernimmt. In den Wäldern des südlichen Amerikas finden sich diese Affen in ungeheurer Menge, und obgleich man ihr Fell wie das der andern benutzt, verfolgt man sie doch wenig, da sie sich nur in den höchsten Baumspitzen aufhalten, und wenn ein Schuß sie nicht ganz tödtet, sich mit ihrem Schwanze so fest anklammern, daß sie selbst nach dem Tode nicht herabstürzen.

faule Thiere, welche man bei ihren gewöhnlichen langsamen Bewegungen für krank halten möchte, doch können sie auch große Behendigkeit zeigen. Sie leben ebenfalls gesellig auf Bäumen. Sie sollen sich auch von Insekten, Muscheln und Fischen nähren, und zur Zeit der Ebbe nach dem Fange der letztern ausgehen, und es vortrefflich verstehen, die Muscheln zwischen zwei Steinen entzwei zu schlagen, um zu dem Thiere zu gelangen. Wenn sie über einen breiten Strom setzen wollen, hängen sie sich, wie man sagt, mit den Schwänzen aneinander und bilden eine Kette, die sich so lange hin und her schwingt, bis der vorderste das Ziel, einen Baum oder Ast gegenüber, erreicht und nun festen Fuß fassend, den übrigen als Stützpunkt dient, an welchem sie sich hinaufziehen.

Sapajous werden ähnliche Affen genannt, die jedoch nicht so lange Gliedmaßen, dagegen einen ganz behaarten Schwanz haben. Man nennt sie wegen ihrer klagenden Stimme auch Winselaffen, und bringt sie häufig nach Europa.

Unter den Sagoins oder den Affen ohne Wickelschwanz sind zuerst die Saimiris zu erwähnen, wegen eines Grades von Klugheit, der sie höher als alle übri-

Der Heul= oder Brüllaffe.

Die Spinnenaffen haben einige Ähnlichkeit mit den Gibbons, und ihren Namen von den langen, schmächtigen Gliedmaßen. Es sind sanfte, furchtsame, etwas

gen stellt; auch haben sie ein größeres Gehirn. Sie zeichnen sich außerdem durch einen platten, mit kurzen Haaren besetzten Schwanz aus, sowie durch ihren runden Kopf und ihr plattes Gesicht, wie unsere Abbildung zeigt. Alexander von Humboldt bemerkte mehrmals deutlich, daß diese Thiere Insekten in Abbildungen erkannten, selbst wenn diese nicht colorirt waren, und

Der Saimiri.

Der Spinnenaffe.

Das Löwenäffchen.

daß ein in ihrer Gegenwart geführtes Gespräch dergestalt ihre Aufmerksamkeit erregte, daß sie unverwandt den Redner im Auge behielten, und es bald versuchten, ihm zu nahen, um seine Zähne oder Zunge mit ihren Fingern zu berühren. Die Gesichtszüge des Saimiri, sagt er, gleichen fast denen eines Kindes; derselbe Ausdruck von Unschuld, mitunter das nämliche schalkhafte Lächeln und beständig dieselbe Schnelligkeit im Übergang von Freude zur Traurigkeit; wie ein Kind empfindet er den Verdruß und bezeigt ihn wie dieses durch Thränen. Die Bewohner der Küsten des südlichen Amerikas lieben ihn wegen seines hübschen Aussehens, seines Benehmens und seiner Sanftheit; er ist in beständiger Bewegung, und seine Bewegungen sind gefällig; ohne Aufhören spielt er, springt oder fängt Insekten, namentlich Spinnen, welche er jeder Pflanzenkost vorzieht. Ein besonderer Zug an dieser Affenart ist die außerordentliche Liebe der Jungen zu ihrer Mutter; wenn diese getödtet wird, fallen sie mit ihr herab und bleiben fest an der Leiche hängen. Auf diese Weise werden sie auch von den Indianern gefangen, welche sie aufziehen, um sie dann an die Küstenbewohner zu verkaufen. Die Saimiris sind in Brasilien und Guyana ziemlich gemein und leben in kleinen Gesellschaften von zehn bis zwölf in den Wäldern. Die Sakis, wegen ihres dicken, buschigen Schwanzes auch Fuchsschwanzaffen genannt, leben, weil sie, gleich den vorigen, keinen Wickelschwanz haben, mehr in niederm Buschwerk, und werden, da sie weniger gewandt sind, von den Wickelschwanzaffen auf mancherlei Weise verfolgt, indem diese nicht allein ihre Nahrung ihnen stehlen und abjagen, sondern sie auch sonst noch mishandeln.

Eine ganz eigne Affenart ist der Durukuli oder Nachtaffe, weil er am Tage in hohlen Bäumen schläft und erst in der Nacht seiner Nahrung nachgeht. Sein Auge ist wie bei den Katzen so gebaut, daß er im Dunkeln hinlänglich sehen kann.

Bis auf die neueste Zeit wurden die Uistitis zu den Affen gezählt, mit welchen sie allerdings auf den ersten Blick eine große Ähnlichkeit haben, aber sie sind, genauer betrachtet, namentlich von den amerikanischen Affen, denen sie doch am nächsten kommen, sehr verschieden. Sie haben, wie die Affen der alten Welt, nur zehn Backenzähne; der Daumen der Vorderfüße ist kaum anders gebildet als bei den Nagethieren und kann den Fingern nicht so entgegengesetzt werden wie bei den andern Affen, weshalb man ihnen auch eine eigentliche Hand nicht zuschreiben kann, denn sie können mit derselben nicht greifen, und klettern nur mit Hülfe ihrer scharfen, gebogenen Krallen, wie die Eichhörnchen, dagegen die andern oder eigentlichen Affen alle mehr oder weniger vollkommen menschenähnliche Nägel haben. Sonst haben die Uistitis hübsche Formen, den runden Kopf, das platte Gesicht und die Nasenlöcher der amerikanischen Affen, keine Gesäßschwielen, keine Backentaschen und einen langen, dick behaarten, schlaffen Schwanz. Nach den von dem Naturforscher Audouin über diese Affen angestellten Beobachtungen scheinen sie ziemlich klug zu sein, auch einen Instinkt zu besitzen, der sie schnell jede Gefahr entdecken läßt. Jung aufgezogenen that er allerlei Insekten in ihren Käfig, Maikäfer, Heuschrecken, Fliegen, über die sie behende herfielen, um sie mit Gier zu verzehren; als er ihnen aber eine Wespe gegeben hatte, deren Stich sie doch noch nicht aus Erfahrung kennen konnten, ergriff sie augenscheinlich große Furcht, und sie drückten sich in eine Ecke, um dem Feinde auszuweichen, ja es war genug, ihnen die Abbildung einer Wespe zu zeigen, um sie in Furcht zu jagen. Sie scheinen auch ein gutes Gedächtniß zu haben, denn als der eine von ihnen einmal Weinbeeren verzehrte und sich dabei den Saft ins Auge gespritzt hatte, drückte er allemal die Augen zu, wenn er wieder Trauben aß. Eine der schönsten Arten ist der in der Abbildung auf S. 53 dargestellte Marikina, auch unter dem Namen Löwenäffchen bekannt. Dieser Affe lebt in Surinam und wird nur sehr selten nach Europa gebracht; er ist dunkelgelb, das Schwanzende braun, der Kopf aber ist mit einer schönen, dichten, goldgelben Mähne eingefaßt.

Blutbad auf Manilla.
(Ein Beitrag zur Geschichte der spanischen Colonien.)

Nur mit wenigen Worten haben unsere Zeitungen die Greuel erwähnt, welche in der ersten Hälfte des Octobers 1820 auf Manilla vorfielen. Wir heben Einiges aus dem Bericht eines Augenzeugen aus, als Beitrag zur Geschichte der spanischen Colonien und ihrer Verwaltung.

Am 1. und 2. October wüthete ein Sturm auf der genannten Insel mit solcher Heftigkeit, daß sich die ältesten Leute keines gleichen erinnern konnten. Überschwemmung des ganzen Niederlandes kam dazu, als deren Folge sich bald die Geißel der Indier, die Cholera, zeigte und hinwegraffte, wen sie ergriff. Da ergriff ein panisches Schrecken die Bewohner. Ein glänzender Ball, der zur Feier der Bekanntmachung der neuen Verfassung gegeben werden sollte, ward verschoben, und statt dessen eine allgemeine Berathung über die besten Mittel, der Seuche Einhalt zu thun und sich gegen sie zu schützen, angeordnet. Während dieser fürchterlichen Periode bewiesen sich ganz besonders die Ausländer thätig und menschenfreundlich, indem sie unentgeltlich Arznei vertheilten, und dadurch und durch genaue Gebrauchsvorschrift manche Familie vom Tode retteten.

Einige Elende benutzten den Augenblick der Verwirrung und der Verzweiflung, und verbreiteten unter den Eingeborenen die Erdichtung: man hätte Fässer voll Gift in dem Flusse gefunden; die Fremden hätten das Wasser vergiftet und streuten überdies noch jeden Abend Giftpulver in die Luft, sodaß diese selbst vergiftet sei; sich selbst schützten sie durch ihnen bekannte Gegengifte. Diese und tausend andere ähnliche erlogene Gerüchte fanden nur zu bald Glauben unter den farbigen Leuten auf der Insel, und ein unglücklicher Zufall bestärkte sie in ihrem Glauben. Ein junger französischer Arzt und Naturforscher, Godefoi, der sich besonders ausgezeichnet hatte in Unterstützung und Pflege der Kranken, hatte Arznei in einem Hause gegeben, wo mehre Kranke lagen. Kaum hatte er das Haus verlassen, als man einen kleinen Hund nahm und die für mehre Kranke bestimmte Portion ihm in den Hals goß, um dadurch Gewißheit zu bekommen, ob es Gift sei oder nicht. Der Hund starb nach wenigen Stunden, wie zu erwarten stand; und nun zweifelte Niemand mehr, daß Alles, was das Gerücht bis jetzt von Vergiftung gesagt habe, wahr sei. Die Eingeborenen stürzten aus ihren Häusern mit Keulen, Piken und Messern bewaffnet. Der arme Godefoi fiel als das erste Opfer. Man eilte ihm nach, holte ihn ein, mishandelte ihn auf die schändlichste Weise und ließ ihn für todt liegen. Erst später wurde er aufgehoben und in ein Hospital gebracht, wo er bald starb. Jetzt war das Signal gegeben, die Mordlust war losgelassen und durchrannte nun die Straßen, alle Weißen, die Spanier ausgenommen, erwürgend. Man stürmte die Häuser der fremden Kaufleute, und mordete oder plünderte, was zu finden war. Besonders war das große Hotel und Speisehaus, welches ein Deutscher, Bernhard Hantelmann, dort hat, ein Schauplatz des Greuels. Der Wirth, der zugleich Lieutenant in spanischen Diensten war, glaubte sich durch seine Uniform geschützt, und trat in der Thüre den Wüthenden entgegen. Er fiel unter ihren Streichen. Im Hause befanden sich grade vier Kostgänger. Der eine von ihnen sprang aus dem Fenster, verbarg sich im Hofe und entkam glücklich unter dem Schutze der Nacht. Ein zweiter, schon ziemlich bejahrter Mann, wurde ergriffen und niedergestoßen. Von den beiden letzten, die sich in einem Zimmer befanden, verbarg sich der eine unter einem Bette, der andere bedeckte sich mit einer großen Matte, die in einem Winkel lag. Die rasende Menge drang in das Zimmer, fand den unter dem Bette Verborgenen bald auf und tödtete ihn. Seinen Gefährten bemerkte man selbst bei den wiederholten Nachsuchungen nicht. Als schon Alle das Zimmer wieder verlassen hatten, kehrte Einer wieder um, zu sehen, ob es vielleicht noch etwas zu rauben gäbe, und entdeckte den unglücklichen Versteckten; dieser aber, der ein starker kräftiger Mann war, schlug ihn, sobald er sich verrathen sah, nieder, jedoch zu spät, als daß nicht schon die übrige Rotte Nachricht von seinem Auffinden erhalten hätte. Sie kam zurück; aber der Brave setzte das einmal angefangene Werk rüstig fort, bahnte sich mit seinen Fäusten einen Weg durch die Menge, und war, obgleich von Wunden bedeckt, so glücklich, sich bis zu einer spanischen Wache durchzuschlagen. Hier war er aber in noch schlimmere Hände gefallen; man warf ihn sogleich in Ketten, und er wäre dem Tode nicht entgangen, hätte ihn nicht die Freundschaft und Menschlichkeit eines Stabsoffiziers noch gerettet. Nach Mord und Plünderung aller Art stürmte endlich die Menge nach dem Hause eines gewissen Dausfeldt. Dieser hatte unglücklicherweise mehre Freunde zum Mittagsessen zu sich geladen. Die Thüre des Hauses war sehr stark und widerstand dem Angriffe des Pöbels drei Stunden lang. Da kam endlich der Gouverneur, Don Mariano Fernandez Folgueras Manandez de Godan Fernandez del Roguero Balea Flora u. s. w., mit einer Abtheilung Infanterie und seiner gewöhnlichen Cavalerieleibwache vor das Haus. Er bat die Aufrührer abzustehen von ihrem Beginnen und nach Hause zu gehen, man lachte ihn aber aus und Einige drohten ihm sogar mit ihren Piken. Anstatt nun seine Truppen zu befehligen, die Rotte auseinander zu treiben, welches schnell ohne Mühe und Blutvergießen hätte geschehen können, verbeugte er sich, entfernte sich sammt seinen Truppen und überließ die unglücklichen im Hause Eingeschlossenen ihrem Schicksal und der Wuth der mordlustigen Räuber. Das Betragen des Gouverneurs kann durch nichts entschuldigt werden, da 4—5000 Mann regulairer Truppen, die ringsherum im Quartiere lagen, zu seiner Disposition standen, und in Zeit von 15 Minuten unter den Waffen sein konnten, der rasende Pöbel aber noch volle zwei Stunden brauchte, ehe es ihm, mittels großer herbeigeschleppter Balken, gelang, die Thüre des bestürmten Hauses zu sprengen. Daß alle darin Befindlichen jede Mishandlung und den schrecklichsten Tod erlitten, war zu erwarten und ward an ihnen nur zu gräßlich erfüllt. Sechs reiche Kaufleute und ihre Diener fanden dabei ihren Tod.

Nachdem die Häuser der Europäer, selbst die der fremden Consuln, geplündert worden waren, kam die Reihe an die der chinesischen Kaufleute, welche man auf gleiche Weise behandelte. Über 100 Chinesen waren in wenig Stunden gemordet.

Vermehrter Verkehr durch Eisenbahnen und Dampfschiffe.

Wir haben bei mehren Gelegenheiten*) auf die Vermehrung des Personenverkehrs hingedeutet, welche überall die Folge der Verbindungen durch Eisenbahnen, wie aller, die Entfernungen abkürzenden Wegverbindungsmittel gewesen ist. Wir erinnern uns, daß man vor der Anlegung der Manchester-Liverpoolbahn Denjenigen, der die Behauptung wagte, daß jährlich 30,000 Personen dieselbe befahren würden, der Übertreibung beschuldigte. Und zwei Jahre nach der Vollendung des Werkes überstieg die Zahl der Reisenden 250,000 im Jahre, wozu noch kommt, daß auch auf dem die Städte Liverpool und Manchester verbindenden Kanal der Verkehr seitdem zugenommen hat, ein entscheidender Beweis, wie sehr durch solche das Fortkommen beschleunigende und das Reisen erleichternde Verbindungsmittel der Verkehr nach allen Richtungen sich vermehrt und die Betriebsamkeit in allen Zweigen wächst. Ähnliches erfahren wir von andern Verbesserungen der Wegverbindung. Auf einem schottischen Kanal belief sich in der Zeit, wo die Böte auf die gewöhnliche Weise fuhren, die jährliche Zahl der Reisenden auf 36,000; seit man aber Dampfböte eingeführt hat, ist sie auf 260,000 gestiegen. Zwischen Köln und Mainz haben im Jahre 1835 mehr als 100,000 Personen den Rhein in Dampfschiffen befahren.

Der Sumach.

Dieses Pflanzengeschlecht begreift über 30 Gattungen, von welchen mehre wegen ihrer Anwendung in den Gewerben geschätzt werden. Diejenige Pflanze, welche bei der Bereitung des Saffians gebraucht wird (Rhus coriaria), ist ein 10—12 Fuß hoher Strauch, dessen Rinde und Blätter eine sammetartige Bedeckung haben. Die kleinen grünlichweißen Blüten sitzen in großen Büscheln an den Enden der Zweige. Sie wächst wild auf trockenem steinigen Boden im südlichen Frankreich und in Asien. Die Frucht ist zusammenziehend, wurde in frühern Zeiten als Arznei gebraucht und diente den Alten, wie noch jetzt den Türken, auch als Gewürz. Schon die Griechen und Römer benutzten die getrockneten jungen Zweige zum Gerben, und dies ist noch jetzt in Italien und Spanien der Fall bei der Bereitung des Corduans. Der virginische Sumach (Rhus tiphinum) wird in Europa als Zierstrauch angepflanzt, wozu ihn seine schönen rothen, in Dolden herabhangenden Beeren und die glänzenden Farbentöne seiner Blätter im Herbst vorzüglich eignen. In Amerika gebraucht man die getrockneten und gepulverten Blätter gleichfalls zum Gerben. Der Firniß-Sumach (Rhus vernix) wächst 12—20 Fuß hoch in Japan und gibt einen milchichten

---

*) Vergl. die Aufsätze im Pfennig-Magazin Nr. 101 über Eisenbahnen und das deutsche Eisenbahnsystem, und in Nr. 130 und 131 über die Manchester-Liverpool-Eisenbahn.

Saft, wenn man einen Einschnitt in die Rinde macht, welcher zu einem Gummi verhärtet und in Weingeist aufgelöst, einen schönen Firniß liefert. Aus dem Samen wird ein leicht gerinnendes Öl gepreßt, das zu Lichtern dient. Der Kopal-Sumach (Rhus copallinum), eine kleine Gattung, wächst in trockenem und sandigem Boden in Südamerika und liefert das Gummi, aus welchem der Kopalfirniß bereitet wird. Der Giftsumach (Rhus toxicodendron) gleicht im Äußern dem Kopalfirniß und stammt ursprünglich aus Amerika, wird aber in Frankreich und andern Gegenden Europas angebaut. Die giftigen Bestandtheile dieser Pflanze befinden sich zwar zum Theil in den Blättern und dem Safte, nach neuern Versuchen aber werden sie vorzüglich aus der Oberfläche der Blätter ausgedunstet, wenn sie den Sonnenstrahlen ausgesetzt sind. Das dabei entwickelte Gas besteht aus Kohlenstoff und Wasserstoff. Die Wirkung der giftigen Ausdünstung ist gewöhnlich eine Anschwellung der Augenlider und oft auch des ganzen Gesichts, oder ein Brennen der Hände, wobei in dem angegriffenen Theile Wasserbläschen ausbrechen. Die meisten Sumacharten werden zum Gerben benutzt, und eine derselben liefert eine gelbe Farbe, die aber unvermischt mit andern Färbestoffen nicht sehr dauerhaft ist. Dieses Umstandes wegen bedient man sich in England dieser Pflanze statt der Eichenrinde bei dem Gerben des zu Stiefelstolpen bestimmten Leders, um es so hellfarbig als möglich zu erhalten.

Pompelmusebaum.*)

*) Vergl. in Nr. 143 des Pfennig-Magazins den Aufsatz über den Orangebaum, in welchem obige Art näher beschrieben wurde.

Das Pfennig-Magazin

der
Gesellschaft zur Verbreitung gemeinnütziger Kenntnisse.

151.] Erscheint jeden Sonnabend. [Februar 20, **1836**.

Der Luchs.

Der erste Blick auf unsere Abbildung zeigt, daß der Luchs ein Raubthier ist, und zum Katzengeschlecht gehört. Wir sehen das katzenartige Gebiß, die scharfen Krallen, Beides Kennzeichen der Katzenarten, wozu noch die nähere Bestimmung kommt, daß die Krallen sich in eine Scheiden zurückziehen lassen, wie man es an der Hauskatze beobachten kann; daß der Kopf rundlich und die Schnauze im Verhältniß zum Oberkopf sehr kurz ist, und die vorstehende nackte Nase sich schmal zwischen eine gleichsam gespaltene Oberlippe hereinzieht. Außer diesen Kennzeichen, daß der Luchs zum Katzengeschlecht zu zählen ist, hat er noch als ein besonderes Kennzeichen einen in die Augen fallenden Haarbüschel an der Spitze der Ohren.

Das ganze Geschlecht der Luchse ist hier gleichsam in einem Urbilde dargestellt, in dem sogenannten Rothluchs, der einzigen Art, welche noch hier und da in Deutschland einheimisch ist, und von welcher mehre andere in nördlichern Gegenden Europas, Asiens und Amerikas lebende vielleicht nur durch das Klima bewirkte Abänderungen sind, wiewol von einigen man doch wegen der Beständigkeit derselben annehmen kann, daß sie als Arten zu betrachten sein dürfen. Die Pelzhändler nehmen aber nur eine Luchsart an und unterscheiden die Pelze nur nach ihrer geringern oder größern Schönheit oder Feinheit und nach den Gegenden, woher sie kommen.

Der gemeine oder Rothluchs zeichnet sich durch seinen starken Körperbau und durch ein röthliches, überall mit kleinen rothbraunen Flecken bedecktes, mit einem gleichen Streifen auf dem Rücken gezeichnetes Fell aus, das im Sommer kurzhaarig, im Winter langhaarig ist. Auf den Backen stehen vier- bis fünfzeilige dunkle Binden; die sogenannten Schnurrhaare an der Oberlippe sind weiß, die Ohren haben lange Haarpinsel, der Schwanz ist nur so lang als der Kopf und von der Spitze bis zur Hälfte herein schwarz. Die Größe ist fast die eines Wolfes, nämlich etwas über drei Fuß lang und vorn an der Schulter etwas über zwei Fuß hoch. Diese Luchsart ist einzeln überall in Europa einheimisch, soll aber in Schweden häufiger vorkommen. Von ihr unterscheidet sich der sogenannte Hirschluchs, der sowol im nördlichen Europa als in Asien, vielleicht auch im nördlichen Amerika einheimisch ist, durch ein graues, zartes, besonders an den Schenkeln langes, dichtes Fell, das bei ältern Thieren mit schwarzen, bei jüngern mit braunen Flecken besetzt ist. Die Ohrpinsel sind kurz oder fehlen wol gar, der Schwanz ist länger als der Kopf, nicht stetig, wie bei dem gemeinen Luchs, und abgestutzt, sondern kegelförmig zulaufend, hat aber ebenfalls eine schwarze Spitze. An Größe übertrifft er den gemeinen Luchs bedeutend, erscheint aber bei größerer Höhe kürzer und gedrungener. Der canadische Luchs, in den nördlichen Gegenden Amerikas

IV. 8

und Asiens einheimisch, ist um ein Drittel kleiner als der gemeine, sein Pelz zeigt sich namentlich an den Schenkeln lang und dicht, graubraun und wellig, ohne deutliche Flecken; die Schnurrhaare sind schwarz und weiß, die Ohrpinsel lang, der Kopf kürzer als der Schwanz, stumpf gestutzt, mit schwärzlicher Spitze. Der Fuchsluchs hat ein gewelltes und striefiges Fell, das im Sommer röthlich, im Winter braungrau ist; die Ohrpinsel sind kurz, wie die Schnurrhaare und der schmächtige Schwanz. Er ist mehr lang als hoch, daher in der Gestalt mehr einem Fuchs ähnlich, in Nordamerika einheimisch, soll aber auch in Schweden vorkommen. In den sumpfigen Gegenden des südlichen Rußlands am kaspischen Meere, auch in Persien, Ägypten, Nubien findet sich eine Luchsart, in der Größe dem gewöhnlichen Luchs ähnlich, der Sumpfluchs, dessen Fell hellgelblichgrau ist, mit einem schwarzen Streif von den Augen bis an die Nase; die Ohren sind außen schwärzlich und haben nur sehr kurze Pinsel, die Gliedmaßen sind hoch und der kurze Schwanz hat eine schwarze Spitze und zwei gleichfarbige Ringe. Der Stiefelluchs ist, wie er, in Afrika, bis an das Vorgebirge der guten Hoffnung und im südlichen Asien einheimisch und ihm etwas ähnlich, doch bedeutend größer; sein rothgelbes Fell erscheint oben durch eingemischte schwarze Haare dunkelgrau schattirt, indessen Hals, Brust und Bauch in der Mitte hellroth gefärbt sind; zwei gleichfarbige Binden stehen auf den Backen, die großen Ohren sind außen rothbraun und haben kurze braune Pinsel, auf den Schenkeln stehen lichtbraune Binden, die Füße sind hinten und unten schwarz, der Schwanz ist fast halb so lang als der Körper, schmächtig, oben mit dem Rücken gleich gefärbt, hat eine schwarze Spitze und außerdem drei bis vier schwarze Halbringe, welche mit weißen abwechseln. Endlich ist noch des Karakals zu gedenken, welches wol der Lynx der Alten sein mag, der, in Afrika, Persien und Arabien einheimisch, an Größe dem gemeinen Luchs gleicht. Sein Schwanz reicht aber bis an die Fersen herunter, die Ohren haben lange Pinsel, der Pelz ist oben einfärbig weinroth, unten weiß, die Brust gelbroth mit braunen Flecken, die Ohren sind außen schwarz, innen weiß.

Der gemeine Luchs kommt eigentlich nur als Jagdthier, namentlich in Böhmen, weniger auf dem Harze und dem Thüringerwalde, häufiger im bairischen Hochgebirge vor, wo man jährlich noch zehn und mehr Stücke meist in Tellereisen fängt, deren Felle man jedoch nicht so hoch als die der nördlichen Luchsarten schätzt. Er ist ein kühnes und gefährliches Raubthier, hinsichtlich des Gesichtssinnes von der Natur so vortheilhaft ausgestattet, daß Luchsaugen zum Sprüchwort geworden sind; ebenso ist sein Gehör und sein Geruch schärfer als bei andern Katzenarten. Die Stimme des Luchses ist scharf, ein Heulen, ähnlich der Hunde. Männchen und Weibchen halten sich fast immer zusammen und verbergen sich in Steinklüften und Felsenritzen, in Brüchen, die hohes Gras und Schilf haben, suchen bei uns auch wol ihren Aufenthalt in alten Bergwerken, in den Gruben der Füchse und Dächse. Wenn sie sich ganz sicher glauben, legen sie sich auch am Tage auf Felsenspitzen oder Baumstrünke, um sich zu sonnen. Bäume besteigen sie für gewöhnlich nicht, nur zu ihrem Spielen, oder wenn sie verfolgt werden und keinen andern Zufluchtsort finden, wo sie sich dann gleich den Katzen der Länge nach auf einen Ast drücken, sodaß man sie kaum bemerkt. Sie werden besonders dem Rothwildpret, namentlich jungen Hirschen, außerdem aber auch Elenthieren, Rehen, Hasen und den großen Waldhühnern gefährlich und richten unter dem Wild aller Art große Verwüstungen an. Aber auch die Hausthiere verschont er nicht, und ein Luchs, der sich vor 60 Jahren in dem Thüringerwald aufhielt, soll in einer Nacht 50 Stück Schafe erwürgt haben. Der Luchs ist mehr ein nächtliches Raubthier, das seiner Nahrung nur in der Morgen- und Abenddämmerung nachgeht. Er lauert entweder auf einem niedrigen Baumstrunk hinter Gebüsch oder im Rohr und hohem Gras, wie eine Katze, niedergeduckt auf dem Bauch liegend, erreicht das nahende Thier mit drei bis vier Sprüngen von 12—14 Fuß, springt ihm auf den Rücken, schlägt ihm die Krallen tief ein und zerbeißt ihm den Hals, daß das Thier niederstürzen muß, schleicht aber wie beschämt wieder auf seinen Lagerplatz zurück oder sucht anderweit anzukommen, wenn es ihm nicht glückte, sich seines Raubes zu bemächtigen. Hat er ein glücklich gefaßt und glaubt er sich sicher, so saugt er das Blut aus und verzehrt nur wenige Pfund der besten Fleischtheile aus dem Halse, den Keulen und von den edlern Eingeweiden, verbirgt oder verscharrt aber das Übrige bis zum folgenden Tag, wo er zurückkehrt, wenn er keine neue Beute erhaschte, sich aber nur dann an diesen Resten sättigt, sofern ihm das Fleisch noch frisch genug ist, denn altes, riechendes rührt er nicht an. Man erzählte sonst, daß der Luchs höhere Bäume besteige, um sich von diesen auf das unten vorüberziehende Wild herabzustürzen, und daß er seiner Beute das Hirn ausfresse, beide Angaben sind jedoch durch neuere Beobachtungen widerlegt. Dieses Raubthier vermehrt sich nicht stark, denn man findet in dem Lager der Luchsin, das immer sehr versteckt ist, im April und Mai nur zwei bis drei Junge, die anfangs weiß sind, wie junge Katzen spielen und wie diese von der Mutter an dem von ihr lebendig herbeigetragenen Geflügel das Fangen und Tödten lernen.

Es läßt sich denken, daß man in cultivirten Ländern einem solchen Zerstörer der Wildbahn um des Schadens willen, den er anrichtet, nachstellt; in andern Gegenden, namentlich des Nordens, wo man von Hegung der Hirsche u. s. w. nichts weiß, verfolgt man den Luchs um seines Felles willen. Erscheint ein solches Thier auf einem Forste, so merkt dies der Jäger bald daran, daß das Wild unstät herumirrt, auch finden dann die Jagdhunde hier und da verscharrtes Wildpret. Vor Zeiten, als die Jägerei noch in großem Aufschwung war, wurde dann ein ausgemittelter oder, nach dem Jägerausdruck, eingekreister Luchs mit Netzen eingestellt und entweder in diese mittels eines förmlichen Treibjagens getrieben oder von den Hunden so verfolgt, daß er seine Zuflucht auf einen Baum nahm, von wo er dann herabgeschossen wurde. Aber die Hunde, welche man dann auf den verwundeten Luchs hetzte, wurden von ihm oft furchtbar zerfetzt und erhielten sogenannte süchtige, d. h. schwer heilende Wunden von Zähnen und Krallen. Auch richtete sich die Wuth des nur leicht verletzten Luchses nicht selten auf den Jäger. Man fängt ihn auch in Fallen. Das Luchsfell, der Hauptgewinn von dieser Jagd, steht in ziemlich hohem Werth. Wie schon erwähnt, sind indessen die nördlichen Luchsfelle besonders geschätzt, darunter namentlich die canadischen und sibirischen, noch höher aber im Werth stehen die persischen. Die Tataren sollen junge Luchse zur Jagd abrichten und einige nördliche Völker das Fleisch essen.

Die Alten hegten mancherlei Aberglauben vom Luchs. Die Krallen wurden in Gold und Silber gefaßt und sollten gegen die fallende Sucht schützen. Den Urin sollte der Luchs sorgfältig verscharren und derselbe sich dann in einen Stein verwandeln, der Lynkur genannt wurde. Dieser Stein, die Blasensteine, auch das Fett, wurden gegen Steinbeschwerden gebraucht. Außerdem schrieb man dem Luchs ein sehr kurzes Gedächtniß zu, indem er das vergrabene Wild so wenig wieder aufsuche, weil er den Platz vergessen habe; dagegen sollte er mit seinem scharfen Gesicht sogar undurchsichtige Dinge durchschauen können.

Madrid.
(Beschluß aus Nr. 150.)

Die ältern Häuser in Madrid sind sich ziemlich gleich und ihr Äußeres hat wenig Auffallendes. Sie sind meist von Holz, selten über drei Stockwerke hoch und haben sehr schmale Fenster und kleine, schlecht gebaute Balcone. Der obere Theil des Hauses ragt weit über den untern hervor, und die Vorderseite ist gewöhnlich mit Figuren, Scenen aus den Stiergefechten und andern Gegenständen verziert, welche an die Volksgewohnheiten erinnern. Die Fenster des Erdgeschosses haben gewöhnlich Eisengitter, welche dem Fremden die alten Geschichten von der Eifersucht der Spanier zurückrufen, und die starke Hausthüre ist mit dicken Nägeln beschlagen. Die neuern Gebäude sind höher, fester, gewöhnlich aus Granit gebaut, aber selbst die Häuser der Vornehmen unterscheiden sich von den geringern Privatwohnungen meist nur durch ihre Größe, und wenn auch nicht mit Malereien verziert, haben auch die neuern Häuser von außen ihre Crucifixe und Heiligenbilder. In der Mitte der Hausthüre befindet sich gewöhnlich ein kleines Fenster, das vergittert ist und einen Schieber hat. Wenn geklingelt wird, ruft eine Stimme heraus: „Wer ist da?" Wer eingelassen werden will, muß ausdrücklich ankündigen, daß er zu den friedlichen Leuten (gente de paz) gehört. Der Thorwärter sieht dann aus dem Fenster und betrachtet den Besucher. Kennt er ihn nicht, so erfolgt erst eine Unterredung, ehe sich ihm die Thüre öffnet. Diese Vorsicht ist nicht überflüssig in einer Stadt, wo Räuber nicht selten bei Tage in ein Haus dringen, wenn sie wissen, daß die Männer ausgegangen und nur die Frauen zu Hause sind.

In Madrid und der nächsten Umgegend gibt es fünf königliche Paläste. Das Residenzschloß, der neue Palast, steht auf der Stelle eines maurischen Schlosses und wurde 1734 nach dem Brande des alten Palastes von dem genuesischen Baumeister Sacchetti erbaut. Philipp V. hatte die Absicht, ein ungeheures Gebäude von vier Façaden, jede von 1600 Fuß, mit 23 Höfen und 34 Eingängen, zu errichten, aber dieser großartige Plan mußte unausgeführt bleiben. Das Gebäude, einer der prächtigsten Königspaläste in Europa, hat vier Hauptseiten, jede von 470 Fuß Länge und 100 Fuß Höhe. Er ist sehr dauerhaft und feuerfest gebaut und hat, außer dem mit Blei gedeckten Dache, den Fußböden, Thüren und Fenstern, kein Holzwerk. Das Innere ist prachtvoll und kostbar ausgeschmückt und erinnert an die Zeit, wo den Spaniern die Reichthümer einer halben Welt zuflossen. Die Zimmer sind geräumig, besonders das Audienzzimmer der Gesandten. Eine reiche Sammlung von Gemälden der besten italienischen, spanischen und flandrischen Meister schmückt das Innere. Das alte Schloß Buen Retiro am östlichen Ende der Stadt, schon unter Philipp IV. angefangen und zu verschiedenen Zeiten weiter ausgebaut, bildet eine unharmonische Masse und ist ziemlich verfallen. Es hat gleichfalls eine Gemäldesammlung und große prächtige Gärten, wo eine Bronzestatue Philipp II. auf einem galopirenden Pferde sehenswerth ist. Minder bedeutend ist das kleine Schloß Casino im volkreichsten Stadttheile.

Es ist auffallend, daß die spanische Hauptstadt keine durch Großartigkeit und Schönheit ausgezeichnete Kirche hat, dies erklärt sich aber aus dem Umstande, daß Madrid zu der Zeit, wo die Kirchenbaukunst blühte, noch ein unbedeutender Ort war. Viele haben zwar schöne Thürme, andere haben hübsche Kuppeln, aber die freundlich gebauten sind zu klein, die großen geschmacklos und mit phantastischen Bauverzierungen überladen. Zu den besten Kirchen gehören die Isidorkirche mit einer schönen Kuppel, die Kirche der Menschwerdung mit einem prächtigen Hochaltar, die Klosterkirche der Salesianerinnen mit schönen Gemälden, Bildwerken und Marmorsäulen. Unter den übrigen öffentlichen Gebäuden sind auszuzeichnen die Caserne der Garde, das größte Gebäude in Madrid, aber mit Verzierungen überladen, das in neuerer Zeit erbaute, ganz freistehende Posthaus, das Stadthaus, der Regierungspalast, wo die obern Gerichtshöfe ihre Sitzungen halten, das Staatsgefängniß auf dem großen Platze, die Akademie San-Fernando, welche in der Malerei, Bildhauerkunst und Baukunst unentgeltlichen Unterricht ertheilt und die Plane zu allen öffentlichen Gebäuden zu prüfen hat, und das Zeughaus, welches die Waffen mancher berühmten Krieger besitzt, die Spanien hervorgebracht oder besiegt hat. Das Museum, gleichfalls ein bedeutendes Gebäude, enthält der erlesensten Gemäldesammlungen in Europa. Die vier Säle, welche diese Kunstschätze aufbewahren, sind trefflich zu diesem Zwecke eingerichtet; jeder ist 150 Fuß lang und 32 Fuß breit, und sie sind in der Mitte von einem 300 Fuß langen Gange durchschnitten. Die Sammlung enthält Bilder von den ersten Meistern aller Schulen, und mehre Gemälde, die zu den größten Kleinoden der Kunst gehören, z. B. die Kreuztragung von Rafael. Dieses ursprünglich auf Holz gemalte Bild kam während des Krieges mit andern Schätzen nach Frankreich, aber da das Holz ganz wurmstichig geworden war, in einem Zustande, der dem Bilde den Untergang drohte. Es gehörte zu der kleinen Zahl von Gemälden, die nach Napoleon's Abdankung nach Spanien zurückkehrten; doch dieses Bild hatte der Wanderung seine Erhaltung zu danken, da es den französischen Künstlern gelungen war, die gemalte Oberfläche von dem Holze auf Leinwand zu übertragen.

Unter den öffentlichen Spaziergängen steht oben an der Prado, der Stolz der Madrider, berühmt in den spanischen Romanzen und Schauspielen. Er läuft längs einem großen Theile der Ostseite und einem Theil der Nordseite der Stadt, und da er, ehe die Gebäude weiter vorrückten, einsam lag und viele Unebenheiten hatte, so war er der Schauplatz mancher Zweikämpfe, politischer Verschwörungen und mörderischer Überfälle. Karl III. ließ ihn ebnen und mit den Bäumen bepflanzen, die ihm erquickende Schatten geben, und jetzt ist er so sicher als jeder andere Stadttheil. Der Prado ist 600—900 Fuß breit und dehnt sich in einer Länge von ungefähr einer halben Stunde aus. Er ist mit mehren Reihen von Ulmen und Kastanienbäumen bepflanzt und mit vielen schönen Springbrunnen verziert, die an Sommerabenden eine liebliche Kühlung gewähren. Der Theil des Prado, der hauptsächlich von Spaziergängern besucht wird, ist ungefähr eine Viertelstunde lang. Der mittlere Weg ist für Wagen und auf beiden Seiten

*

öffnen sich Alleen für die Fußgänger. Er hat nicht die natürlichen Reize des Praters bei Wien, aber er ist einer der Orte, wo der Fremde die Bewohner Madrids in ihrer Eigenthümlichkeit sehen kann. „Als ich hereintrat", sagt der Engländer Inglis, der Spanien in den letzten Jahren bereiste, „war in allen Gängen schon ein lebendiges Gewühl, obgleich sich noch immer ein breiter Menschenstrom aus der Alcalastraße dahin wälzte. In dem für Fahrende bestimmten Raume fuhren bereits zwei Wagenreihen, deren langsame Bewegung steife Fieerlichkeit verrieth. Die Wagen zeigten ein sonderbares Gemisch von Zierlichkeit und Armseligkeit; einige waren so hübsch, als man sie im Hyde Park bei London sehen kann, andere echt spanisch, mit Vergoldung und Malereien überladen; viele sahen abgenutzten Postkutschen ähnlich, andere altfränkischen Familienwagen, wie man sie zuweilen in den entlegenen Gegenden Englands an Sonntagen vor den Kirchthüren sieht. Ich bemerkte einen höchst possirlichen Contrast zwischen den Wagen und den Dienern; hinter manchem stattlichen, ja selbst schönen Wagen stand

Ansicht von Aranjuez.

ein Diener, den man für einen Landstreicher hätte halten können, der unterwegs den leeren Platz eingenommen, um eine Spazierfahrt mitzumachen. Ich sah einen ziemlich hübschen Wagen, den ein strumpfloser Kutscher fuhr, und einen andern, hinter welchem ein rheumatischer Lakei stand, der den Kopf mit Flanell umwickelt hatte."

Madrid hat fast immer einen unbewölkten und heitern Himmel, aber die Luft auf der Hochebene ist ungemein scharf und schwächlichen Menschen nachtheilig, wozu ohne Zweifel auch die Nähe der Guadarramagebirge beiträgt, deren Gipfel mehre Monate mit Schnee bedeckt sind. Diese nachtheiligen Wirkungen fühlt man auch bei Windstille, und man sagt sprüchwörtlich: die Luft von Madrid blase nicht ein Licht aus, tödte aber einen Menschen. Selbst bei heißem Wetter fühlt man einen Frostschauder, wenn man aus dem Sonnenschein in den Schatten tritt. Im Winter weht ein kalter, trockener Nordwind, im Frühling ein warmer Südwind, im Sommer aber ist es fast immer windstill. Regengüsse sind im Frühlinge häufig, in den übrigen Jahreszeiten aber regnet es selten und nie lange. Die Einwohnerzahl der Stadt wird sehr verschieden von 115,000 — 170,000 angegeben, weil man keine genauen Zählungen hat. Unter mehren Bildungsanstalten nennen wir die große Schule in dem Jesuitencollegium, eine chemische Schule, den 1770 angelegten botanischen Garten, Lehranstalten für das Studium der Anatomie und für praktische Medicin, und die Sternwarte. Außer der bereits erwähnten Kunstakademie gibt es auch eine historische Akademie und eine ähnliche Anstalt für die Ausbildung der spanischen Sprache, welche in neuern Zeiten ein treffliches Wörterbuch herausgegeben hat. Die königliche Bibliothek hat gegen 130,000 Bände, und die naturhistorische Sammlung ist reich an Seltenheiten, besonders aus den ehemaligen spanischen Colonien in Amerika. Die beiden Theater werden schlecht geleitet und wenig besucht. Stiergefechte sind noch immer die Lieblingsbelustigungen aller Volksclassen. Die Stadt ist reich an milden Stiftungen. Außer den allgemeinen Krankenanstalten gab es hier früher eigne Hospitäler für Dürftige verschiedener Länder, z. B. Frankreichs, Flanderns, Italiens, Irlands, selbst für einzelne spanische Provinzen, aber viele dieser Anstalten sind jetzt ihren ursprünglichen Zwecke entfremdet worden. Die spanische Regierung hat durch schwere Auflagen von manchen Culturzweigen, z. B. dem Weinbau, in der Nähe der Hauptstadt abgeschreckt. Ähnliche Beschränkungen haben die Fabrikthätigkeit niedergehalten. Die bedeutendsten Fabrikanstalten, die Mosaikfabrik, die Tapetenmanufactur, die Porzellanfabrik wurden für Rechnung des Königs angelegt und ihre Erzeugnisse zum Gebrauche der königlichen Familie oder zu Geschenken bestimmt. Der Handel der Hauptstadt ist fast blos Einfuhrhandel, da die Umgegend nicht so viel Lebensmittel erzeugt, als auf drei Wochen für den Bedarf der Einwohner genügen würden. Die entfernten Provinzen des Reichs liefern ihnen ihre Nahrungsmittel; die Fische, die in den Straßen verkauft werden, kommen auf Maulthieren vom atlantischen und mittelländischen Meere; Schlachtvieh und mehre Gemüse aus Asturien, Galicien und Biscaya, Früchte aller Art aus den südlichen und östlichen Landschaften.

In der nähern Umgegend von Madrid liegen noch einige königliche Schlösser, von welchen wir nur das Pardo, ein Jagdschloß am Manzanares, drei Stunden von der Stadt, in einer freundlichen Waldgegend, und die Casa del Campo, ein Jagdschloß, nennen wollen, wo früher wilde Thiere gehalten wurden. Den Vorzug, der Sitz der königlichen Familie zu sein, theilen mit Madrid, nach alter spanischer Hofsitte, die Lustschlösser, das auf S. 60 abgebildete Aranjuez in der Provinz Toledo in einem reizenden Thale am Tajo, fünf Meilen von Madrid, von Philipp II. erbaut, San-Ildefonso in der Provinz Segovia, am nördlichen Abhange des Guadarramagebirgs, mit Prachtgärten, die durch ihre Wasserkünste berühmt sind, und der Palast zu Escurial, am südlichen Abhange jenes Gebirges, sechs Meilen von Madrid. Dieses berühmte Schloß, von welchem wir eine Ansicht geben, und das damit verbundene Kloster nennen die

Ansicht des Escurial.

Spanier das achte Weltwunder. Philipp II. that in der Schlacht bei Saint-Quentin, am 20. August 1557, das Gelübde, zum Danke für einen Sieg über die Franzosen das prächtigste Kloster in der Welt zu Ehren des Heiligen zu erbauen, dessen Name jenem Tage angehöre. Es war der heilige Laurentius, und ihm wurde der Prachtbau geweiht, den Philipp II. und seine beiden nächsten Nachfolger nach Bramante's Zeichnung ausführen ließen. Das Gebäude bildet ein Viereck, wovon jede Seite 250 Schritte lang ist, hat einen Umfang von 4800 Fuß, 17 Abtheilungen, 22 große Höfe, 1860 Zimmer, 80 Treppen, 48 Weinkeller. Gärten mit 73 Springbrunnen umgeben das Gebäude. Es enthält 1560 Ölgemälde, und die Frescobilder würden zusammengenommen einen Raum von 1100 Quadratfuß bedecken. Die Mönche, 150 an der Zahl, welche die Klostergebäude bewohnen, trieben früher eine einträgliche Schafzucht, die Veranlassung zu dem Namen der Escurialschafe gab, den man einer Abart der Merinos beilegt. Philipp II. legte zugleich eine doppelte Bibliothek an, die von seinem Sohne ansehnlich vermehrt wurde, und reiche, besonders arabische handschriftliche Schätze besitzt. Die prachtvolle, nach dem Muster der Peterskirche zu Rom erbaute Kirche hat 24 Altäre und acht Orgeln. Die Reichthümer Spaniens und seiner Colonien sind hier verschwendet, Marmor, Porphyr, Jaspis von außerordentlicher Schönheit, Gold, Silber und Edelsteine, und die glänzende Wirkung des Ganzen wird bei näherer Beschauung nicht geschwächt; nirgend ist Trug, nirgend Flittergianz, überall gediegener Werth. Der Hochaltar in der Hauptkapelle, 90 Fuß hoch und 50 Fuß breit, besteht aus einer Masse von Jaspis, Porphyr, Marmor und vergoldeter Bronze. Die 18 Säulen, die den Altar zieren, sind von rothem und grünem Jaspis, und die Zwischenräume von Porphyr und Marmor in der größten Mannichfaltigkeit der Farben. Wohin man das Auge wendet, überall sieht man die seltensten Schätze der Natur und die trefflichsten Werke der Kunst. Unter dem Hochaltar befindet sich eine Kapelle, Pantheon genannt, die Gruft der Könige von Spanien, in welche über 50 Marmorstufen hinabführen. Das Thor ist kunstvoll aus vergoldeter Bronze gearbeitet. Die prachtvoll geschmückte Kapelle hat ein großes, mit Diamanten und andern Edelsteinen geziertes Crucifix. In der Mitte des Gewölbes steht ein großer goldener Leuchter, und an den Wänden sieht man in 20 prächtig verzierten Blenden ebenso viele Sarkophage von schwarzem Marmor, welche theils schon mit den Überresten verstorbener Könige und Königinnen von Spanien gefüllt, theils noch leer sind.

Sitten der Wilden in Neuholland.

England hat seit 50 Jahren blühende Ansiedelungen in Neuholland gegründet, aber noch immer stehen die

Eingeborenen auf der tiefsten Stufe der Roheit, und nirgend findet man auffallendere Gewohnheiten und einen rohern Aberglauben. Dem Mulgarradock, der zugleich Gaukler, Arzt, Priester und Zauberer ist, schreiben sie die Macht zu, Wind und Regen abzuhalten, und den Blitz oder Krankheiten auf den Gegenstand seines Hasses herabzuziehen. Will er einen Sturm beschwören, so stellt er sich in das Freie, bewegt seine Arme, schüttelt seine Kleider und macht heftige Geberden aller Art.

Die Bewohner der Küste leben fast nur von Fischen, welche von den Männern mit Harpunen, von den Weibern mit der Leine oder dem Netze gefangen werden. Den Weibern werden in zarter Jugend die beiden Gelenke des kleinen Fingers der linken Hand abgeschnitten, unter dem Vorwande, daß dieselben sie hindern würden, die Leine um die Hand zu wickeln. Die in den Wäldern lebenden Wilden müssen mit den größten Beschwerden sich ihre Nahrung verschaffen. Sie erklettern die Bäume, um Vögel zu fangen. Andere Thiere fangen sie mit Schlingen. Sie machen einen Teig von den Wurzeln gewisser Pflanzen, welche sie mit Ameisen zu einem Brei stampfen, wozu sie auch die Eier dieser Insekten thun. Alles, was ihnen in die Hände kommt, selbst Würmer, Raupen und Ungeziefer, verzehren sie. Männer und Weiber reiben sich die Haut mit Fischthran, der sie gegen den Stich der Muskitofliegen schützt, ihnen aber einen widrigen Geruch gibt. Oft bestreichen sie sich mit rother Thonerde und verzieren ihr Haar mit Fischgräten, Vögelknochen, Federn, Holzstücken und Känguruhzähnen.

Den Knaben wird im zwölften oder funfzehnten Jahre die Scheidewand der Nase durchbohrt, um einen Knochen oder ein Stück Schilfrohr hineinzustecken. In derselben Zeit treten sie in die Reihe der Männer, indem man ihnen einen der Vorderzähne ausreißt. Ein Reisender war Zeuge einer solchen Feierlichkeit unter einem Stamme in der Nähe der britischen Niederlassung Sidney. Die Glieder des Stammes, mit Keulen, Schilden und Lanzen bewaffnet und in einem schönsten Putze, versammelten sich in einem eingefriedigten Platze, wo 15 Knaben in einer Reihe standen. Die Bewaffneten näherten sich singend und bewegten Lanzen und Schilde, während sie mit ihren Füßen den Staub aufwirbelten, daß alle Umstehenden damit bedeckt wurden. Als sie sich den Knaben näherten, trat einer von ihnen vor, faßte einen Knaben, führte ihn mit scheinbarer Gewalt zu den übrigen Bewaffneten, die, ein Geschrei ausstoßend, jenen zu vertheidigen suchten. So wurde jeder der 15 Knaben ergriffen und an das andere Ende des eingefriedigten Platzes geschleppt, wo Alle mit gekreuzten Beinen, gesenktem Haupte und gefalteten Händen sich niedersetzten. In dieser Stellung mußten sie die ganze Nacht zubringen, ohne die Augen aufzuschlagen und ohne Nahrung zu erhalten. Plötzlich warf sich einer der Männer auf die Erde, wälzte sich in allerlei gezwungenen Stellungen hin und her, als ob unerhörte Schmerzen ihn quälten, bis er endlich einen Knochen von sich zu geben schien, welcher zu der bevorstehenden Feierlichkeit gebraucht werden sollte. Während dieser Gaukelei umtanzten ihn mehre Männer, indem sie einen gellenden Gesang anstimmten und den Gequälten auf den Rücken schlugen, bis er den Knochen ausgeleert hatte. Kaum hatte er, von Müdigkeit erschöpft und in Schweiß gebadet, sich erhoben, als ein Anderer dieselbe Rolle spielte und gleichfalls einen Knochen von sich gab, der vorher im Gürtel war versteckt worden. Diese Posse hat den Zweck, die Knaben zu überreden, daß sie bei dem Zahnausreißen nur geringen Schmerz fühlen werden; denn je mehr der Gaukler leidet, desto weniger sollen sie zu leiden haben. Nach diesen Vorbereitungen wurde zum Werke geschritten. Der erste Knabe ward auf die Schultern eines Mannes gesetzt, der auf der Erde saß. Darauf zeigte man den Knochen, den einer der Männer am vorigen Abend aus seinem Magen hervorgequält haben sollte. Man hatte ihn am vordern Ende zugespitzt, um das Zahnfleisch des Knaben damit aufzuschlitzen; denn sonst würde man den Zahn nicht haben ausziehen können, ohne den Kinnbacken zu zerreißen. Dann wurde der Schaft eines Pfeiles zerhauen, was unter vielen Feierlichkeiten geschah, indem man denselben auf einem harten Holzblocke mit einem schlecht schneidenden Werkzeuge zerhieb. Als das Zahnfleisch gehörig vorbereitet war, wurde das Ende des Schafts an den Zahn gelegt, worauf man diesen mit einem dicken Stein herausschlug. Dies dauerte gegen zehn Minuten, da zum Unglück für den Knaben der Zahn sehr fest in der Kinnlade saß. Als der Zahn heraus war, führte man den Knaben auf die Seite, und nachdem seine Freunde das aufgerissene Zahnfleisch wieder zusammengedrückt hatten, ward er mit dem Anzuge bekleidet, den er mehre Tage tragen mußte. Man umgürtete ihn mit einem hölzernen Schwerte und legte ihm eine Binde um den Kopf. Der Knabe mußte die linke Hand auf den geschlossenen Mund legen und durfte den ganzen Tag weder sprechen noch etwas essen. Die übrigen Knaben wurden auf gleiche Weise behandelt, ausgenommen ein schöner Knabe, der nach der Aufschlitzung des Zahnfleisches nur einen Schlag aushalten wollte, worauf es ihm gelang, den Händen des Zahnbrechers zu entkommen. Während der Dauer des Zahnausreißens machten die Zuschauer einen furchtbaren Lärm vor den Ohren der leidenden Knaben, um die Aufmerksamkeit derselben zu zerstreuen und ihre Klagen zu übertäuben. Die meisten Knaben aber suchten eine Ehre darin, den Schmerz zu ertragen, ohne einen Seufzer auszustoßen. Das Blut, das aus dem zerrissenen Zahnfleische floß, wurde nicht abgetrocknet, sondern man ließ es auf die Brust des Knaben und auf den Kopf des Mannes laufen, auf welchem er saß. Der Name dieses Mannes wurde später dem Namen des Knaben hinzugefügt. Das getrocknete Blut mußte einige Tage an seiner Stelle bleiben. Als endlich das Zahnausreißen geendigt war, stellte man die Knaben um einen Baumstamm und legte denjenigen, deren Zahnfleisch sehr gelitten hatte, gerösteten Fisch auf die Kinnlade, um den Schmerz zu lindern. Plötzlich erhoben sich, auf ein gegebenes Zeichen, die Knaben und eilten nach der Stadt, indem sie Männer, Weiber und Kinder vor sich her trieben, die ihnen schnell aus dem Wege gingen. Von diesem Augenblicke an traten sie in den Rang der Männer, erhielten das Recht, sich der Lanze, der Keule und des Pfeiles zu bedienen, an den Kämpfen Theil zu nehmen und die Mädchen, die ihnen gefielen, zu entführen, um sie zu ihren Weibern zu machen.

Unter den meisten Stämmen der Wilden in Neuholland werden die Heirathen mit der rohesten Gewaltthätigkeit vollzogen. Der Wilde sucht sich seine Gefährtin gewöhnlich unter einem fremden, selbst unter einem feindlichen Stamme. Er schleicht in die Hütte der Erwählten zu einer Zeit, wo ihre Angehörigen abwesend sind, schlägt sie mit seiner Keule, und wenn sie betäubt von seinen Mishandlungen ist, schleppt er sie durch Wälder und Schluchten und ruht nicht, bis er sie zu seinem Stamme gebracht hat. Dort wird nun die Unglückliche als das Weib ihres Entführers anerkannt. Sie unterwirft sich ihrem Schicksale, und selten verläßt sie ihren Mann und ihren neuen Stamm, um zu einem andern zu fliehen. Dieser Weiberraub ist so gewöhnlich, daß selbst Knaben ein Spiel daraus machen. Die Weiber werden sehr hart behandelt, und die geringste Beleidigung gegen ihre Männer wird mit einem Keulenschlage bestraft.

Auch diese Wilden sind jedoch nicht immer für zartere Gefühle unempfänglich, und um das abstoßende Bild, das wir gegeben haben, zu mildern, wollen wir aus dem Berichte des Reisenden, dem wir folgen, einen Zug mittheilen, dessen Wahrheit ein mit den Umständen bekannter Beamter in der britischen Ansiedelung ihm verbürgte. Ein junger Mann von 22 Jahren, der zu einem in der Nähe von Sidney wohnenden Stamme gehörte, hatte zwei Schwestern, eine 20, die andere erst 14 Jahre alt. Eines Tags, als er von der Jagd heimkehrte und die beiden Mädchen ihm nicht wie gewöhnlich entgegenkamen, setzte er sich unter einen Baum nicht weit von der Hütte, um sie zu erwarten. Die Sonne sank, die Nacht brach an, aber seine Schwestern erschienen nicht, und unruhig ging er in die Hütte. Wie groß war sein Schreck und sein Schmerz, als er bei dem Scheine der Dämmerung seine jüngere Schwester blutend auf dem Boden liegen sah. Er kniete neben ihr nieder und rief ihren Namen; sie war ohne Besinnung. Er holte Wasser herbei, rieb ihr das Gesicht, und als sie endlich zu sich gekommen war, rief sie aus: „O mein Bruder, unsere Schwester ist geraubt. Der Bösewicht schlug sie mit der Keule und faßte sie in seine Arme, um sie fortzuschleppen. Ich wollte ihn zurückhalten, aber er fiel über mich her, schlug mich wüthend und streckte mit einem Schlage seiner Keule mich nieder." Ihr Bruder hörte mit finsterm Schweigen zu, nur einzelne Worte entfuhren seiner bewegten Brust und verriethen seine Rachegedanken. Sobald die Sonne aufgegangen war, machte er sich mit seiner Schwester auf den Weg zu dem Stamme des Entführers. Als sie angekommen waren, sah der junge Wilde die Schwester des Mannes, der ihm die seinige geraubt hatte, in einiger Entfernung von den Hütten mit Holzsammeln beschäftigt. Die Gelegenheit zur Rache war günstig; er befahl seiner Schwester, sich zu verbergen, lief auf das Mädchen zu und schwang seine Keule, um sie niederzuschmettern. Die Unglückliche zitterte vor dem starken Feinde, aber sie nahm ihren ganzen Muth zusammen. Sie erhob ihr Auge zu ihm, ihre Blicke begegneten sich, und der junge Mann war von ihrer Schönheit so überrascht, daß er unbeweglich sie ansah. Als das Mädchen diesen Eindruck bemerkte, warf sie sich zu seinen Füßen, sein Mitleid anzuflehen, aber eine zartere Regung war schnell der Rachgier in seiner Brust gefolgt. Er warf seine Keule weg, schloß das Mädchen in seine Arme und bat sie, ihm zu seinem Stamme zu folgen. Als er sich nach seiner Schwester erkundigte, sagte ihm seine Braut, daß sie noch sehr leide, aber sich bald bessern werde, und entschuldigte ihren Bruder, indem sie die herrschende Sitte anführte. „Aber du", setzte sie hinzu, „hast ein weicheres Herz, du wirst mich nicht schlagen. Ich liebe dich, du liebst mich, ich liebe deine Schwestern und sie sind mir gut, aber mein Bruder ist ein böser Mensch." Das junge Paar lebte zu der Zeit, wo unser Gewährsmann in Sidney sich aufhielt, schon lange friedlich und glücklich in einer Hütte, welche der britische Beamte ihm hatte bauen lassen, der diese Geschichte erzählte.

Französischer Seidenhandel.

Die ungemeine Schnelligkeit, welche die Franzosen in der Erfindung neuer Muster zeigen, ist die wahre Quelle ihrer Überlegenheit im Seidenhandel, sagt Dr. Bowring in seinem Berichte über die Handelsverhältnisse zwischen Frankreich und Großbritannien. Man rechnet, daß nicht mehr als 25 Stücke im Durchschnitt nach demselben Muster verfertigt werden, und sehr viele Muster werden nur zu Proben verfertigt, welche, wenn sie nicht Beifall finden, nicht auf Stücke übertragen werden. Der Handel von Lyon beruht meist auf Bestellungen, und die Muster werden dem Käufer gesendet, ehe die Manufactur arbeitet. Daher gibt es wenig Vorräthe, und bei dem geringen Wagniß des Seidenwebers ist der Gewinn im Durchschnitt nicht groß. Es versteht sich, daß in diesem Gebiete der Mode auffallende Ausnahmen in jener Beziehung stattfinden, und für besonders schöne Waaren oft hohe Preise bezahlt werden. Die Capitale aber, die in Frankreich dem Seidenhandel gewidmet werden, sind im Ganzen mäßig. Das Factoreisystem oder die Vermittelung durch Verleger hat man bis jetzt nur im Kleinen versucht. Fast jeder Zweig des Verkehrs ist unabhängig von dem andern. Der Maulbeerbaumpflanzer, der Seidenwurmzüchter, der Spinner, der Haspler, der Färber, der Musterzeichner, der Weber, der Kaufmann, alle stehen vereinzelt, und es findet keine Oberaufsicht über die Verfertigung eines Stücks Waare statt. Die Zunahme des diesem Verkehr bestimmten Capitals und der Drang fremder Mitbewerbung, meint Bowring, würden zu manchen wohlthätigen Veränderungen führen. Einzelne Versuche sind schon gemacht worden. In Saint Vallier wird die Seide in demselben Fabrikgebäude gehaspelt und gewebt.

Naturhistorische Unterhaltungen.

In den Wildnissen von Turkastien wächst eine Akazienart, der Banbatbaum, der bei den Alten, wegen des Gummis, was er ausschwitzt, sehr geschätzt war. Die Zweige sind mit scharfen weißen Dornen besetzt und mit Büscheln duftender Blüten geziert, aus welchen die Chinesen eine schöne gelbe Farbe bereiten. Dieser Baum zeigt uns ein merkwürdiges Beispiel von dem thierischen Scharfsinne bei einer Raupenart, deren Nester zu tausenden an den Zweigen des Banbatbaumes hangen. Im Vorgefühl seiner Verwandlung sucht das Insekt Sicherheit in dem hülflosen Puppenzustande und verschafft sich eine geschirmte Wohnung. Im Raupenstande mit sehr scharfen Zähnen ausgestattet, sägt es mehre Dornen von dem Banbatbaume, die kürzesten, etwa einen Zoll lang, klebt sie in kegelförmiger Gestalt aneinander, die Spitzen alle nach einer Richtung, und läßt die längsten und schärfsten am Ende hervorstehen. Das Nest ist mit Seidengespinnst ausgefüttert und hängt an Fäden von demselben Stoffe an dem Baume. In diese Zuflucht begibt sich die Raupe zu ihrer langen Ruhe, und durch jene furchtbare Befestigung geschützt, trotzt sie ihren Feinden, den Vögeln. Kommt die Zeit der Befreiung, so nimmt die Puppe die neue Gestalt eines leichten Schmetterlings an und flattert mit tausend aus gleicher Gefangenschaft erlösten Gefährten umher, die Freuden eines kurzen Daseins zu genießen.

Der javanische fliegende Hund oder Kalong.

Der fliegende Hund, auch Kalong genannt, deren es mehre Arten namentlich in Ostindien gibt, gehört zu den Fledermäusen, deren größte Gattung diese Thiere sind. Sie nähren sich größtentheils nur von Früchten und scheinen nur dann und wann einen kleinen Vogel oder ein kleines Säugethier zu verzehren. Man sieht in der Abbildung, daß die Flughäute zwischen den Zehen der vordern Gliedmaßen ausgespannt sind und an dem Leibe herablaufend, sich mit den hintern Gliedmaßen verbinden. Sie dienen dem Thiere wie den hierländischen Fledermäusen zum Fliegen, die großen Krallen der Hinterbeine, um sich beim Schlafe daran fest zu hängen, und die langen Daumen und großen Krallen der Vordergliedmaßen braucht es, um sich damit, wenn auch mühselig, bei dem Kriechen auf dem Lande fortzubewegen. Die Farbe des Thieres ist oben schwarzgrau, und zwar heller als auf der Bauchseite, wo sie vielmehr kastanienschwarz wird, gegen die Regel, daß die untern Theile dieser Thiere heller sind; die Flughäute sind tiefschwarz und nur bei jüngern Thieren braun.

Diese eben dargestellte Art findet sich sehr häufig auf Java; sie mißt in der Länge 1½ Fuß und mit ausgebreiteten Flughäuten vier bis fünf Fuß, lebt in Gesellschaften und bietet ein überraschendes Schauspiel dar, wenn man die Feigenbäume, die man dort häufig in der Nähe der Wohnungen findet, mit hunderten dieser Thiere, welche fast wie dunkle Kokusnüsse längs der Äste herabhangen, bedeckt sieht. Während des Tages beobachtet eine solche Gesellschaft ein tiefes Schweigen, wird sie aber gestört, so erschallt durchdringendes Geschrei, und es gewährt einen ergötzlichen Anblick, wenn die Thiere, geblendet vom Sonnenlicht und aufgeschreckt aus tiefem Schlafe, sich nicht schnell aus ihrer Flughaut herauszuwickeln und ihre fest eingeschlagenen Krallen loszumachen vermögen; denn dies kann nur mit Hülfe der Flughaut geschehen, und jene sind so tief eingehakt, daß das Thier hängen bleibt, wenn es im Schlafe getödtet wird, sodaß man, wenn man es von den Bäumen nicht herunterholen will, genöthigt ist, es erst aufzuscheuchen, bevor man es tödtet. Erst nach Untergang der Sonne verlassen die Kalongs ihren Ruheplatz, um nach ihrer Nahrung auszufliegen, und durch diese werden sie allerdings dem Menschen mittelbar sehr schädlich, indem sie eine große Menge Früchte verzehren.

Es ist fast keine Gegend von Java in den Niederungen, wo dieses Thier nicht in großer Menge vorkäme; in höhern Lagen aber wird es nicht gefunden. Kaum ist die Sonne untergegangen, so erscheint eins nach dem andern, und es dauert dies fort, bis die Dunkelheit sie zu erkennen verhindert. Der Flug ist stätig und sie können lange darin aushalten. Wegen des Schadens, den sie anrichten, verfolgt man sie häufig, und die Europäer machen sich in Java ein großes Vergnügen daraus, in den schönen mondhellen Nächten jener Himmelsstriche diese Thiere zu erlegen. Auch fängt man sie wohl mit Netzen, die man sackförmig an einer Stange befestigt. Sie nützen allenfalls durch ihr Fleisch, das die Eingeborenen gern essen, obgleich es stark nach Bisam schmeckt.

Von einer andern Art auf der Insel Bonin, welche ein Reisender eine Zeit lang lebendig beobachten konnte, erzählt derselbe, sie habe die Klauen der Vordergliedmaßen häufig gebraucht, um die Kopfhaare zurecht zu streichen; sie schließe am Tage die Pupille so fest, daß man von dem Auge nur die braune Iris gesehen habe, und dennoch sei sie in diesem blinden Zustande auf die höchsten Zweige geklettert. Sie lebte besonders von den Früchten, genoß aber davon nur den Saft. Ins Wasser geworfen, schwamm sie nach einem Boote, war sie durstig, so stieg sie vom Baume herunter an eine Quelle, trank und kletterte wieder hinan.

Der javanische fliegende Hund oder Kalong.

Das Pfennig-Magazin

der

Gesellschaft zur Verbreitung gemeinnütziger Kenntnisse.

152.] Erscheint jeden Sonnabend. **[Februar 27, 1836.**

Bremen.

Der Domhof zu Bremen.

Die Hansestadt Bremen erwuchs aus einer Ansiedelung von Fischern und Schiffern, die sich allmälig vergrößerte, seit Karl der Große um das Jahr 788 hier ein Bisthum gegründet hatte, das 858 mit dem Erzbisthum Hamburg verbunden ward. Im 11. Jahrhundert kam der erzbischöfliche Sitz nach Bremen, doch behielt Hamburg sein eignes Domstift, das auch bei der Wahl des geistlichen Oberhauptes Rechte ausübte und bis in neuere Zeiten fortdauerte. Schon im 10. Jahrhundert waren einzelne Stadttheile mit Mauern umgeben, und der Anbau, der am rechten Ufer der Weser begonnen hatte, erweiterte sich nach und nach landeinwärts. Bremen wuchs unter der geistlichen Herrschaft schnell empor, wiewol die Erzbischöfe schon um die Mitte des 10. Jahrhunderts ihren Einfluß auf die Verfassung und die Verwaltung zum Theil verloren. Die Stadt wurde bald die Stapelstadt des Stromes und ihr Ansehen stieg noch höher, als sie in der zweiten Hälfte des 13. Jahrhunderts sich der Hanse anschloß. Streitigkeiten zwischen der Bürgerschaft und dem Rathe störten auch hier die innere Ruhe und verwickelten Bremen in Zwistigkeiten mit den übrigen Hansestädten, bis erst im 15. und 16. Jahrhundert diese Zerwürfnisse durch Vergleiche gehoben wurden. Das Verhältniß zwischen dem Erzbischofe, der sich fortdauernd die Oberherrschaft anmaßte, und der Stadt, die einen nicht anerkannten Anspruch auf Reichsfreiheit behauptete, blieb immer gespannt. Kriege mit den Nachbarn, besonders mit den Friesen, die bis in das 15. Jahrhundert dauerten, und später gegen den Herzog von Burgund, wurden mit abwechselndem Glücke geführt und gaben den Bremern mehrmals Gelegenheit, ihre Tapferkeit zu beweisen. In der ersten Hälfte des 16. Jahrhunderts wurden die Befestigungen der Stadt so bedeutend vermehrt, daß sie im schmalkaldischen und dreißigjährigen Kriege und später gegen die Schweden Belagerungen aushalten konnte. Seit 1625 ward ein neuer Stadttheil auf dem linken Ufer der Weser, die Neustadt, nach einem regelmäßigen Plane angelegt und immer mehr verschönert. Die Reichsfreiheit der Stadt, wie früher von den Erzbischöfen, so später von den Schweden bestritten, welchen nach dem dreißigjährigen Kriege das Gebiet des ehemaligen Erzstifts als Entschädigung zufiel, wurde zwar im westfälischen Frieden (1648) anerkannt, aber erst nachdem das Herzogthum Bremen an Braunschweig-Lüneburg gefallen war, kam die Stadt endlich 1731 zum unbestrittenen Besitze der Vorrechte und Freiheiten einer Reichsstadt. Nach dem Frieden von Luneville wurden (1803) außer dem Dom die Güter des Domstifts, die fortdauernd ein Eigenthum des Kurfürstenthums Hanover gewesen waren, der Stadt zugetheilt und ihr die Aufhebung des von Oldenburg erhobenen Weserzolls zu Elsfleth versprochen, die aber erst 1821 erfolgte. Nach der Auflösung des

IV.

deutschen Reichs kam Bremen auf kurze Zeit in den Besitz völliger Unabhängigkeit, aber 1810 wurde es wie die übrigen Hansestädte mit dem französischen Reiche vereinigt und der Hauptort des Departements der Wesermündung. Im October 1813 wurde die Stadt von den Verbündeten besetzt, nach wenigen Tagen aber wieder von den Franzosen eingenommen, welche erst nach dem Rückzuge ihres Haupttheers aus Deutschland sie verließen. Die Stadt wurde 1815 Mitglied des deutschen Bundes, und während sich im Kriege und unter der Fremdherrschaft gesunkener Wohlstand sich wieder erhob, wurden auch Verbesserungen der alten Verfassung eingeleitet, die aber noch nicht völlig zur Ausführung gekommen sind.

Bremen liegt in der großen norddeutschen Ebene an der hier über 600 Fuß breiten Weser, welche die Stadt in zwei ungleiche Hälften theilt, zehn Meilen von der Mündung des Stromes in die Nordsee. Die Zugänge der Stadt waren noch zu Anfange des 19. Jahrhunderts durch Sandstraßen oder schlechte Steindämme über sumpfige Niederungen sehr beschwerlich, seitdem aber ist Bremen mit Hamburg, Hanover und andern Städten durch treffliche Straßen verbunden, die ihren Anfang in der von Napoleon erbauten, über Wesel über Bremen nach Hamburg führenden Kunststraße erhielten. Zwischen den beiden Haupttheilen der Stadt, der größern nordöstlichen Altstadt und der südöstlichen Neustadt, zieht sich der Werder, und außer den ehemaligen Wällen liegen die ansehnlichen Vorstädte der Altstadt. Die Wälle sind seit 1802 abgetragen und in anmuthige Lustgänge verwandelt worden, die in einem Halbkreise von einem Weserufer zum andern die Altstadt umgeben, und durch welche sich der mit der Weser mittels doppelter Schleusen verbundene ehemalige Festungsgraben als ein klarer Fluß windet. An diese Spaziergänge stoßen die schönsten Häuser, fast alle neu erbaut und mit einer weiten Aussicht auf den Fluß, die Stadt, die umliegenden Wiesen und Gartenanlagen. Die meisten Häuser in den oft engen Straßen der Altstadt sind sehr hoch und haben häufig Giebeldächer und Erker, die man zu freundlichen Wintergärten benutzt. Unter den öffentlichen Plätzen dieses Stadttheils nennen wir zuerst den Marktplatz, wo das 1405 erbaute Rathhaus in seiner ganzen Länge liegt. Es ist ringsum mit vielen Steinbildern verziert. Im Innern sieht man mehre gute Schnitzarbeiten. Unter dem Rathhause, welches im 17. Jahrhundert erbauten Börsengebäude liegt ein Weinkeller, der in einer Abtheilung, welche die Rose heißt, die ältesten und kostbarsten Rheinweine aufbewahrt, die meist nur zu Ehrengeschenken gebraucht werden. Das älteste Stückfaß ist vom Jahre 1624. In einer andern Abtheilung liegen zwölf Stückfässer mit Rüdesheimer und Hochheimer gefüllt, welche die Apostel heißen. An der Seite des Rathhauses erblickt man eine mächtige Rolandssäule, die zu Anfange des 15. Jahrhunderts statt eines ältern, während eines nächtlichen Gefechts auf dem Marktplatze im Jahre 1466 verbrannten Bildes errichtet wurde. Diese in den ältesten Zeiten aus Holz meist roh und steif geformten Bildsäulen, deren man in 28 deutschen Städten findet, stellen gewöhnlich einen gewappneten Mann mit einem Schwert in der Hand vor, und sind wahrscheinlich bildliche Zeichen der städtischen Gerichtbarkeit oder des Stadtrechts und haben gleiche Bedeutung mit den Weichbildern, die man an den Grenzmarken verschiedener Städte sieht. Am Marktplatze liegt auch der Schütting, ein großes, im 16. Jahrhundert errichtetes Gebäude, wo die Vorsteher der Kaufmannschaft, die Ältermänner,

ihre Versammlungen halten und wo das Archiv derselben sich befindet. Nicht weit vom Marktplatze liegt der große und schöne Domhof, von welchem wir auf Seite 65 eine Abbildung geben, der von der Domkirche seinen Namen hat und zum Theil mit Linden bepflanzt ist. Hier wurden in der Vorzeit Turniere und Feste gehalten, besonders bei der feierlichen Einführung der Bischöfe, aber oft war er auch der Schauplatz blutiger Ereignisse in den Zeiten bürgerlicher Unruhen. Auf diesem Platze liegt auch das Stadthaus, ein 1819 auf der Stelle des ehemaligen erzbischöflichen Palastes errichtetes Gebäude, welches der Sitz einiger Behörden ist. Die Quais an der Seite der Altstadt und der Neustadt sind die lebendigsten Schauplätze der Gewerbthätigkeit.

Unter den Kirchen ist die Domkirche die älteste und bedeutendste. Sie liegt auf der Stelle der von dem ersten Bischof Bremens, Willehad, erbauten, dem heiligen Petrus geweihten hölzernen Kirche und ward in der ersten Hälfte des 12. Jahrhunderts nach dem Vorbilde der Dome zu Köln und Benevento begonnen, aber erst in spätern Zeiten vollendet. Sie ist 290 Fuß lang und 124 Fuß breit. Zwei schöne Portale führen in das Innere, wo sich uns das mächtige Gewölbe des Hauptschiffes zeigt. Breite gewölbte Gänge laufen zu beiden Seiten des von runden Säulen getragenen Schiffes. Der Thurm des Doms war einer der höchsten im nördlichen Deutschland, bis 1656 der Blitz seine hohe Spitze herabstürzte. Die große und schöne Orgel wurde 1698 von Schnittger gebaut. Die Domkirche war lange die einzige lutherische Kirche in der Stadt und wurde den Lutheranern, nachdem 1562 die reformirte Lehre die herrschende geworden war und jene alle Kirchen verloren hatten, erst 1638 von dem letzten protestantischen Erzbischof von Bremen, trotz dem gewaltigen Widerstande des Raths, wieder eingeräumt. Unter der Domkirche befindet sich eine Gruft, der Bleikeller, mit vielen unverwesten Leichnamen. Die Liebfrauenkirche, die erste Pfarrkirche der Reformirten, ward im 12. Jahrhundert erbaut, enthält aber, außer einigen Glasmalereien an den Fenstern und der reich verzierten Orgel aus dem 17. Jahrhundert, nichts Ausgezeichnetes. Einer der beiden Thürme dieser Kirche, die Tretenkammer genannt, bewahrt das geheime Archiv des Freistaats, in welchem sich das sogenannte Denkelbuch befindet, eine 1260 begonnene und bis auf die neueste Zeit fortgesetzte Geschichte der Stadt. Unter den übrigen Kirchen ist die im 13. Jahrhundert erbaute Ansgariikirche zu erwähnen, die einen schönen Thurm hat und durch ein Altargemälde von Tischbein geziert ist. Die Katholiken haben in der neuesten Zeit eines der schönsten kirchlichen Gebäude der Stadt, die ehemalige Franziskanerkirche, erhalten, die lange Zeit zu einem Waarenlager gedient hatte.

Man rechnet die Volksmenge des gesammten Freistaats auf einem Flächenraume von fünf Quadratmeilen auf 58,000 Menschen, von welchen 40,000 auf die Stadt kommen. Unter diesen befinden sich gegen 15,000 Reformirte, und die Lutheraner, früher in bürgerlichen Verhältnissen zurückgesetzt, haben erst in neuern Zeiten mit jenen gleiche Rechte erhalten. Unter der Gesammtzahl der Bewohner des Freistaats gibt es über 1500 Katholiken, die größtentheils in der Stadt wohnen. Die öffentlichen Anstalten für die Volksbildung haben seit 1817 eine verbesserte Einrichtung erhalten, und 1823 wurde das Lutheranern und Reformirten gemeinschaftliche akademische Gymnasium für die höhere wissenschaftliche Vorbildung errichtet. Später ward ein Schullehrerseminarium gegründet. Außer diesen Anstalten bestehen eine Handelsschule, eine Navigationsschule zur Bildung guter Steuermänner für die Fluß= und Seeschiffahrt, von deren Zöglingen sich immer eine gewisse Anzahl zur Erlernung des praktischen Dienstes auf der See befindet, und eine Zeichnungsschule. Unter den Hülfsanstalten für wissenschaftliche Bildung nennen wir zuerst die 1534 gestiftete Stadtbibliothek, die besonders an Werken über die Geschichte der Stadt und an Handschriften reich ist, obgleich mehre handschriftliche Schätze 1650 der Königin Christine von Schweden überlassen werden mußten. Das 1801 aus einem ältern Vereine entstandene Museum ist nicht nur dem geselligen Vergnügen gewidmet, sondern fördert auch durch seine schätzbare Bibliothek und seine reiche Sammlung von Naturalien, physikalischen Instrumenten und Kunstgegenständen wissenschaftliche Zwecke. In dem Museum, wie in einem andern geselligen Vereine, der Union, die gleichfalls eine Büchersammlung besitzt, werden auch wissenschaftliche Vorlesungen gehalten. Die Stadt besitzt zwei Sternwarten, unter welchen die des berühmten Astronomen Olbers durch wichtige Entdeckungen am gestirnten Himmel in der Geschichte der Sternkunde sich einen Namen erworben hat. In der neuesten Zeit ward ein Kunstverein gestiftet, der von zwei zu zwei Jahren eine Ausstellung von Kunstwerken veranstaltet.

Bremen ist, wie die andern Hansestädte, reich an wohleingerichteten milden Stiftungen. Die Anstalten zur Armenpflege haben in neuern Zeiten wohlthätige Verbesserungen erhalten. Zwei Waisenhäuser, beide Privatstiftungen, sind in Beziehung auf die körperliche sowol, als die geistige Pflege der Zöglinge musterhaft eingerichtet. Ein im 17. Jahrhundert gestiftetes Armenhaus, das durch milde Beiträge erhalten wird, verpflegt jährlich an 200 Dürftige. Eine merkwürdige Stiftung ist die 1545 von Kaufleuten und Schiffern gegründete Anstalt zur Unterstützung der im bremischen Seedienste untauglich gewordenen Schiffer, die Seefahrt genannt. Sie wird ohne obrigkeitliche Mitwirkung nach ihren alten Verfassungsurkunden von Vorstehern und Oberalten aus der Kaufmannschaft und den Schiffern verwaltet, welche durch einen Verein von Seecapitainen auf bestimmte Zeit gewählt werden. Alle Seeschiffer können Mitglieder der Stiftung werden und erhalten, wenn sie in eine hülfsbedürftige Lage kommen, nach Verhältniß der gesetzlichen Leistungen, lebenslängliche Geldunterstützungen. Steuerleute und Matrosen, die keine eigentlichen Mitglieder sind, oder deren Witwen, empfangen, wenn sie sich im Dienste gut betragen und freiwillige Beiträge in die Armenbüchsen auf den Schiffen gelegt haben, wöchentliche Spenden. Der Ertrag der jährlichen Sammlungen und der ansehnlichen Vermächtnisse wird sowol zu jenen regelmäßigen Gaben als zu Unterstützungen in Nothfällen verwendet, da es nicht auf Anhäufung von Capitalien abgesehen ist. Das wohleingerichtete städtische Krankenhaus ist in neuerer Zeit mit einer Irrenanstalt verbunden worden, und 1827 ward eine Lehranstalt für Taubstumme errichtet. Unter den übrigen Anstalten für Arme nennen wir noch die sogenannten Gottesbuden, freie Wohnungen für dürftige Personen, eine Unterstützungsanstalt für Musiker, und ein in der neuesten Zeit erbautes Arbeitshaus in der Neustadt.

Die Verfassung und Verwaltung des Freistaats ruht auf alten Verträgen. Die vollziehende Gewalt hat der Senat, der aus vier Bürgermeistern und 24 Senatoren, von welchen 17 zum Gelehrtenstande und 7 zur Kaufmannschaft gehören, besteht. Die Bürgermeister, die halbjährig im Vorsitze abwechseln, werden aus der Mitte des Senats auf Lebenszeit gewählt, die Senatoren aber aus drei Bürgern, welche von vier durch das Loos bestimmten Senatoren und vier Mitgliedern der Bürgerschaft vorgeschlagen werden. Die Gesetze werden durch Übereinstimmung des Senats mit dem Bürgerconvent gegeben, der aus allen selbständigen, nicht dienenden Bürgern besteht, und auch die Mitglieder der Ausschüsse zu den mit dem Senate gemeinschaftlich niedergesetzten Commissionen wählt. Die öffentlichen Einnahmen werden durch einen Ausschuß des Senats und elf Vertreter der Bürgerschaft verwaltet. Eine der Stadt Bremen eigenthümliche Steuer ist der Schoß, eine nicht jährlich wiederkehrende, sondern nur zur Abzahlung von Schulden oder zur Deckung außerordentlicher Bedürfnisse gefoderte und auf Treu und Glauben geleistete Abgabe von dem Vermögen. Jeder Bürger, der ein Vermögen von 3000 Thalern besitzt, zahlt in solchen Fällen zuerst offen die bestimmten Procente für jene Summe, was er aber, nach seiner eignen gewissenhaften Schätzung, über jenes Vermögenscapital noch zu zahlen hat, wirft er, ohne weitere Auskunft darüber zu geben, in eine bei der Abgabenerhebung bereit stehende Kiste. Auch werden mehre Handels= und Verbrauchsabgaben nach demselben Grundsatze erhoben, indem die Leistungspflichtigen den gesetzlichen Betrag nach Pflicht und Gewissen der Behörde einsenden. Sämmtliche den Schoß zahlende Bürger bilden in Vereinigung mit den Vorstehern des Handelsstandes, den Ältermännern, die sogenannte Wittheit, welche nach der bisherigen Verfassung bei wichtigen Angelegenheiten, z. B. bei neuen Abgaben, zusammenberufen wurde. Die Kriegsjahre des 19. Jahrhunderts haben der Stadt eine Schuldenlast aufgebürdet, die 1815 gegen vier Millionen Thaler betrug, wovon aber in der neuesten Zeit ein Theil abgetragen worden ist. Die Ergebnisse des Staatshaushalts wurden früher nicht bekannt gemacht, ein gesetzlicher Beschluß von 1831 aber hat die Veröffentlichung derselben verfügt. Nach diesen Bekanntmachungen betragen die öffentlichen Einkünfte über 680,000 Thaler. Die Rechtspflege in der Stadt wird durch das Niedergericht, das Obergericht und das Criminalgericht verwaltet, die aus Mitgliedern des Raths bestehen. Bremen unterhält zur Erfüllung seiner Pflicht gegen den deutschen Bund ein Bataillon Fußvolk, und wie wir in unserer Beschreibung von Lübeck bemerkt haben*), stellt es gemeinschaftlich mit diesem eine Abtheilung Reiterei. Die Bürgerwehr, aus vier Bataillonen bestehend, umfaßt in zwei Aufgeboten die Bürger von 20—35 Jahren.

Die gewerbliche Thätigkeit regt sich vorzüglich im Handel, und unter den deutschen Seehandlungsplätzen steht Bremen nur Hamburg nach. Es ward in den letzten Jahren ein Waarenwerth von ungefähr 12 Millionen Thaler seewärts eingeführt, und die Zahl der damit befrachteten Schiffe belief sich auf beinahe 1100. Der bedeutendste Handelszweig ist der Taback, der ein Fünftel des Gesammtwerths der Einfuhr beträgt. Andere Hauptgegenstände der Einfuhr sind Zucker und verschiedene Colonialwaaren, Thran und nächst diesen war bis auf die neueste Zeit der Handel mit französischen Weinen bedeutend. Wichtige Gegenstände der Ausfuhr für den Seehandel sind verschiedene Erzeugnisse des Ackerbaus aus dem ganzen Wesergebiet, Leinwand aus Schlesien, Westfalen und Sachsen nach Spanien, Westindien und Amerika. Der Werth der über

---

*) Vergl. Nr. 147 des Pfennig=Magazins.

Bremen ausgeführten Waaren übersteigt den Werth der Einfuhr. Die Schiffahrt Bremens war schon im Mittelalter bedeutend. Bremische Schiffe gaben 1158 Veranlassung zur Gründung von Riga, und unter dem zu einem Zelte ausgespannten Segel eines Schiffes aus Bremen wurden während der Kreuzzüge vor Akka die Kranken gepflegt, die den Schutz deutscher Ritter genossen. Im Jahre 1835 fuhren für Rechnung Bremens und unter bremer Flagge überhaupt 83 Schiffe von 100—490 Last, jede zu 4000 Pfund. Die Einfuhr von Taback betrug in jenem Jahre gegen 30 Millionen Pfund zu einem Werthe von 3,800,000 Thaler. Die Einfuhr von Thran stieg auf 36,000 Tonnen, worunter 22,000 Tonnen Südseethran, zu einem Gesammtwerth von 700,000 Thalern. Das größte 1828 erbaute bremische Schiff, die nach dem Astronomen Olbers genannte Fregatte, zeichnet sich unter allen deutschen Schiffen als Schnellsegler aus. Die Heringsfischerei beschäftigt mehre Fahrzeuge, der Walfischfang aber, der schon im 17. Jahrhundert durch die Grönlandscompagnie betrieben ward, und besonders in den ersten Jahrzehnten des 18. Jahrhunderts bedeutend war, ist zwar in neuern Zeiten nach manchen Unterbrechungen wieder versucht worden, doch hat sich dieser Gewerbszweig nie wieder zu der frühern Bedeutung erhoben. Große Seeschiffe konnten früher bei dem Mangel eines geräumigen Hafens auf der Weser nur bis an den oldenburgischen Hafen zu Bracke, kleinere bis Vegesack, dem bremischen Stadthafen, kommen, wo sie dann löschen mußten, um die Waaren auf größern Böten nach Bremen zu schaffen, da die Weser zwischen Vegesack und Bremen stets versandet war. Durch einen 1827 geschlossenen Vertrag überließ Hanover dem Freistaat einen Landstrich von einigen hundert Morgen an der Mündung des Flusses Geeste, wo mit bedeutendem Kostenaufwand ein neuer Hafen, Bremerhafen, sieben Meilen nördlich von der Stadt, angelegt wurde, dessen Hauptbassin nach dem Vorbilde der amerikanischen Docken eingerichtet ist und für 100 Schiffe Raum hat. An der Mündung der Weser, wo schon im 15. Jahrhundert eine Leuchtbaake sich befand, liegt ein von Bremen unterhaltenes Leucht= oder Signalschiff.

Wie in den übrigen Hansestädten steht zwar auch in Bremen die Fabrikthätigkeit dem Handel weit nach, ein sehr bedeutender Zweig derselben aber ist die Tabacksfabrikation, welche seit dem Anfange dieses Jahrhunderts sich vorzüglich zu der Verfertigung der Cigarren gewendet hat, womit einige tausend Arbeiter beschäftigt sind. Bremen ist für diesen Artikel der Stapelplatz, der ganz Deutschland damit versorgt. Eine der beiden größten Tabacksfabriken, deren es überhaupt gegen 100 gibt, lieferte in jedem der letzten Jahre vier bis fünf Millionen Stück Cigarren. Ein anderer eigenthümlicher Fabrikationszweig ist das Bremergrün, das um die Mitte des 18. Jahrhunderts von dem Bremer Kulenkamp zuerst bereitet wurde. Der Schiffbau beschäftigt in Bremen und auf den Werften zu Vegesack und Burg über 600 Menschen, und hat in der neuesten Zeit bedeutende Fortschritte gemacht.

Das gesellige Vergnügen fördern, außer den bereits genannten Vereinen, die stehende Bühne, die in der Geschichte der deutschen Schauspielkunst früher nicht unbedeutend erschien und 1792 ein auf Actien gegründetes schönes Gebäude erhielt, und mehre freundliche Vergnügungsörter in den Dörfern der Umgegend, besonders an den Ufern der Weser und des kleinen Flusses Lessum.

Das Gebiet Bremens liegt theils in der Nähe der Stadt als ein zusammenhängendes Ganzes auf beiden Ufern der Weser, theils entfernter und von dem Königreiche Hanover eingeschlossen. Jenes, die beiden Landesherrschaften, besteht aus 58 größern und kleinern Ortschaften. Unter den eingeschlossenen Gebietstheilen ist der bedeutendste der hier abgebildete Marktflecken Vegesack, wohin von Bremen eine neu angelegte, zwei Meilen lange Kunststraße auf dem rechten Weserufer führt, während die lebhafte Schiffahrt die Verbindung zu Wasser ununterbrochen unterhält. Auf dem Landwege führt eine schöne Brücke über die Lessum in der Nähe des ansehnlichen

Ansicht von Vegesack.

gleichnamigen Dorfes und des mit reizenden Landsitzen gezierten Dorfes St.=Magnus. Der Flecken Vegesack ist von holländischer Bauart und hat gegen 2000 Einwohner, die fast alle unmittelbar oder mittelbar der Schiffahrt angehören. Außer dem Hafen und den Schiffswerften sind auszuzeichnen eine neu angelegte Eisengießerei, eine Taudreherei und das neu errichtete Schifferwitwenhaus. Vegesack ist von einem trefflich angebauten, durch zahlreiche ländliche Wohnungen verschönerten Gelände umschlossen, wo Waldhöhen, Wiesen und Bäche in reicher Mannichfaltigkeit abwechseln, während der breite Strom, mit den Wimpeln und Flaggen der Seefahrer vieler Länder bedeckt, ein Bild der regesten Thätigkeit zeigt.

Die Teichfischerei.

Die Fischerei, die nebst der Jagd zu den ältesten menschlichen Beschäftigungen gehört, hat es mit dem Fange und mit der Zucht der Fische zu thun und wird in die zahme und wilde Fischerei eingetheilt. Jene kann nur in künstlich angelegten Teichen und Wasserbehältern, wo man für das Aufziehen und die Abwartung der Fische gehörig Sorge tragen kann, stattfinden; diese hingegen betreibt man in Bächen, Flüssen, Seen und allen andern Gewässern überhaupt. Die Fischerei ist theilweise für den Landwirth ein wichtiger Gegenstand.

Unter Teichen versteht man große künstliche Wasserbehälter, in welchen man das Wasser nach Belieben sammeln und ablassen kann. In Teichen, die durch die Örtlichkeit begünstigt werden, kann die Fischerei einen sehr einträglichen Erwerbszweig bilden, daher ist es besonders wichtig, bei Anlegung solcher Teiche Rücksicht auf die Localität zu nehmen. Außerdem hat man dabei noch auf die natürliche Lage und die Beschaffenheit des Bodens, auf den Zu= und Abfluß des Wassers und auf die Sicherstellung desselben gegen wilde Fluten zu sehen. Der Untergrund des Teiches muß die auf ihm ruhende Wasserlast tragen können, ohne sie versinken zu lassen. Endlich muß man noch darauf sehen, daß die Teiche wo möglich so zu liegen kommen, daß sie nicht leicht verschlemmt werden können und die Winde quer über dieselben, nicht grade gegen den Damm anstreichen; daß die Teiche hinlängliche Wasserzugänge haben — denn Regen und Schneewasser sind nicht hinreichend, es müssen auch Quellen vorhanden sein —; daß das Wasser von guter Beschaffenheit, nicht sauer und faul sei, daß die Dämme und Wasserabzüge zweckmäßig und sorgfältig angelegt werden; denn auf ihnen beruht die Festigkeit und der Nutzen der Teiche und die Sicherheit der Umgegend.

Zu einer vollständigen und wohleingerichteten Fischerei gehören dreierlei Teiche. Erstens Streich= oder Laichteiche, zur Erzeugung der Fischbrut; zweitens Streck= oder Schulteiche zur Aufziehung der jungen Fische; drittens die Satzteiche oder Besetzteiche, auch Haupt= oder Gewächsteiche genannt, die zur Ernährung der aus den Schulteichen hierher versetzten Fische bis zu ihrem Verbrauch dienen.

Die Fischarten, deren Zucht hauptsächlich ein Gegenstand der Teichfischerei ist, sind vor allen: Karpfen, Forellen und Hechte; außer diesen noch als Beisatz: Schleien, Karauschen, Barsche, Schmerlen, Weißfische und vielleicht auch Gründlinge. Der Karpfen (Cyprinus carpio) ist von allen Arten der Fische, die in Teichen gezogen werden, der nutzbarste, daher wird auch auf die Zucht und Pflege desselben besonders Rücksicht genommen. Er liebt ein mehr temperirtes als kaltes Wasser, von stillem, nicht rauschendem Gange und mit einem fetten, lehmigen Grund. Setzt man ihn aber in gänzlich stehendes Wasser, so nimmt er leicht einen übeln faulichten Geschmack an.

Der Karpfen.

Karpfen verlangen Streichteiche, die, eine sonnige Lage und flache Ufer haben; man wählt zum Streichen wohlgenährte, jedoch nicht fette fünfjährige, vier bis fünf Pfund schwere Karpfen, welche schon hell und halb gelb glänzen, munter, rein von allen Flecken, auch nicht gescheuert sind, und in diesem Zustande werden sie im April eingesetzt. Die Stärke der Leichkarpfen muß sich nach der Größe des Teichs und nach der Güte der Nahrung richten. Auf einen guten Teichgrund rechnet man vier bis sechs Rogner und zwei bis drei Milchner. Die Karpfen laichen nach Maßgabe der Witterung vom Mai bis gegen Ende Juli; und ein Rogner gibt bei guter Laichzeit 25—30 Schock Brut.

Wenn es die Umstände erlauben und das Einfrieren der Streichteiche bis auf den Boden nicht zu befürchten ist, kann man mit Vortheil sowol die Streichkarpfen als die junge Brut bis zum nächsten Frühjahr in den Streichteichen lassen und von hier aus gleich die Brut in die Streckteiche setzen. Hat man hingegen das Einfrieren zu befürchten, so müssen sie im Herbst herausgenommen und den Winter hindurch in besondern Behältern aufbewahrt werden. Die Stärke des Besatzes der Streckteiche muß sich ebenfalls nach deren Größe und Nahrhaftigkeit richten. Die Fische bleiben ein oder zwei Jahre darin. Einsömmerigen oder einjährigen Satz rechnet man, je nachdem der Teich gut und nahrhaft ist, 25—30 Schock, zweisömmerigen 12—15 Schock auf den Acker.

Aus den Streckteichen kommen die Fische in die Haupt= oder Satzteiche, in welchen sich auch die Stärke des Besatzes nach ihrer Größe und Güte richten muß. Auf einen Acker rechnet man im Durchschnitt 2 — 2½ Schock. Immer ist es vortheilhafter, einige zu wenig als zu viel hineinzusetzen. Zu den Hauptteichen werden bei einer zusammenhängenden Fischerei, die sich ihre Fische selbst zieht, immer die größten, tiefsten und nahrungsreichsten gewählt; doch kommen häufig auch kleinere dazu, wenn sie sich sonst durch die Örtlichkeit dazu eignen. In den Hauptteichen bleiben die Fische, wenn sie gut wintern, d. h. wenn sie sich den Winter hindurch gut darin halten, zwei bis drei Jahre; wenn sie aber nicht gut wintern, müssen sie jährlich gefischt und neu besetzt werden. Im ersten Falle hält man es im Allgemeinen für besser, sie mit einjährigem, im zweiten hingegen mit zweijährigem Satz zu besetzen, der, nachdem er ein Jahr im Hauptteiche gestanden, schon starke und gute Fische liefern kann. Das Besetzen der Hauptteiche geschieht im Februar und März, spätestens im April.

Die besetzten Karpfenteiche verlangen eine ununterbrochene Wartung. Die Fische bleiben im Wachsthum zurück, wenn man sie aus einem bessern Stand in einen schlechtern bringt, wo es ihnen an hinreichender Nahrung gebricht.

Damit sie in trockenen Sommern aus Mangel an Wasser nicht abstehen, müssen die Teiche schon im Frühjahre hinlänglich bespannt werden. Fallen hingegen starke Regengüsse, so muß der Zapfen behutsam gezogen oder in dem Flutbette eine solche Vorrichtung getroffen werden, daß das überflüssige Wasser, ohne Schaden zu verursachen, ablaufen kann. Wenn bei heftigem Winterfroste die mit Fischen besetzten Teiche so stark mit einer Eisdecke überzogen sind, daß auf der ganzen Eisfläche nirgend mehr offene Stellen vorhanden sind, durch welche frische Luft in das Wasser gelangen könnte, so schlägt man, um die Fäulung des Wassers und das Absterben der Fische zu verhüten, das Einhauen von Löchern, Wacken genannt, vor. Es ist aber sehr zweifelhaft, ob man dadurch den gewünschten Erfolg erlange. Das sicherste Mittel wider das Absterben der Fische ist ein mäßiger Zu= und Abfluß des Wassers, wodurch der nöthige Luftwechsel bewirkt wird.

Ein wichtiger Gegenstand bei einer Fischerei von Belang sind die Winterhaltungen, wenn die Haupt= und Streckteiche, wie es häufig der Fall ist, nicht gut wintern. Die zur Winterhaltung geeigneten Teiche müssen hohe Ufer haben, wenigstens zwei bis drei Ellen tief sein und wo möglich ihren Wasserzufluß durch Quellen erhalten; Regen= und Thauwasser aber sucht man von ihnen abzuleiten. Ist ein Teich von Natur aus Mangel an Quellen nicht gut zur Winterhaltung geeignet, so kann er durch Kunst dazu eingerichtet werden, wenn man das Wasser von einem höhern und größern Teiche den ganzen Winter hindurch in einem einen Zoll starken Strahle hindurchfließen läßt. Hinsichtlich der Größe der Winterhaltung ist es gut, wenn dieselbe mit der übrigen Fischerei im Verhältniß steht. Kann man zu jeder Fischart, nämlich zur Brut, zu dem Satze und den Laichfischen, eine besondere Winterhaltung haben, so ist es desto besser. Meist ist man aber gezwungen, alle Fischarten in eine zusammenzubringen; dann muß man sich aber sehr vorsehen, daß man dieselbe nicht überfüllt, weil dadurch leicht ein Fischsterben eintreten kann. Gewöhnlich nimmt man an, daß man auf eine Quadratruthe Winterhaltung 30 — 40 Stück Satz, 60 — 70 Stück Brut und ein und 1½ Pfund Laichkarpfen, obgleich dies schon etwas zu viel ist, setzen könne. Gut ist es, die zur Winterhaltung bestimmten Teiche den Sommer hindurch leer liegen zu lassen; ehe sie jedoch wieder besetzt werden, müssen sie wieder ganz voll Wasser sein. Den Verlust, den man, selbst bei der größten Sorgfalt, an Fischen erleidet, ist sehr verschieden nach der guten Beschaffenheit des Wassers und der Menge der Raubfische. Den zwanzigsten Theil der Fischanzahl kann man jedes Jahr in den Streck= oder Satzteichen im Durchschnitt als Verlust annehmen. Je kleiner die Fische und je größer die Teiche, desto bedeutender ist der Verlust.

Die Forellen, und zwar die gemeinen, werden in eignen Teichen gezogen, sie lieben ein beständig fließendes, frisches, helles Wasser, mit einem kiesigen Untergrund, und kommen in einem weichern Wasser durchaus nicht fort. Die Streichteiche werden im Herbst mit Forellen besetzt, weil ihre Laichzeit in den November und December fällt. Im Herbst des folgenden Jahres wird dann dem Zuwachs ein neuer Aufenthalt angewiesen. Da die Forellen fleischfressende oder Raubfische sind, so muß man auf diese Nahrung für sie bedacht sein. Man setzt deshalb in die Forellenteiche kleine Fische mit ein, die übrigens von keinem Nutzen sind und das kalte Quellwasser nicht vertragen.

Der Hecht fodert als ein höchst gefräßiger Fisch eigne Teiche zu seiner Zucht, die ihm dann am besten

Der Hecht.

zusagen, wenn sie klares, kaltes Wasser und festen kiesigen Untergrund haben. Seine Laichzeit dauert vom Februar bis April. Die Jungen wachsen schnell und erreichen schon im ersten Jahre eine Länge von acht bis zehn Zoll. Als Speise setzt man ihm Frösche und kleinere Fische, wie Schleien, Barsche, Weißfische, Karauschen und dergleichen mit in den Teich. Fehlt es ihnen an Fraß, so fressen sie sich selbst auf. Ihrer Gefräßigkeit wegen darf man nie Hechte mit in die Laich= oder Streckteiche der Karpfen setzen, weil sonst ganze Zuchten durch sie vernichtet werden können, aber in die Hauptteiche setzt man gern einige kleinere Hechte neben Karpfen, weil man bemerkt haben will, daß diese dann besser wachsen und jene der Fischhaltung nachtheiligen Frösche wegfressen. Nur müssen die Hechte nicht von bedeutender Größe und nicht in Überzahl beigesetzt werden. Auf 25 Schock Karpfen rechnet man ein Schock Hechte. Die Brut des Hechtes zieht sich selber.

Die Karauschen (Cyprinus carassius) und die Schleien (Cyprinus tinca) werden gewöhnlich in mäßiger Anzahl in die Karpfenteiche mit eingesetzt; sie sind besonders den Nachstellungen der Raubfische ausgesetzt, und man muß daher ihre Brut entweder in besondern kleinen Teichen oder in Karpfen=Laichteichen ziehen. Weiß=

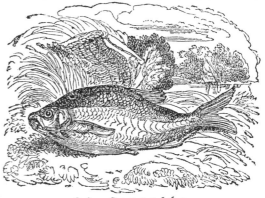

Die Karausche.

fische, Gründlinge, Barsche werden auch von Zeit zu Zeit mit in die Hauptteiche geworfen und pflanzen sich darin, wenn nicht Raubfische sie vertilgen, leicht fort.

Bei dem Ausfischen, welches gewöhnlich im October und November geschieht, läßt man das Wasser aus den Teichen ablaufen, bis das Erdreich nach der ganzen Fläche derselben hervorzuragen beginnt. Die Fische begeben sich nun nach dem Hauptgraben und in das Fischbecken, wo sie bei großen Teichen gewöhnlich mit

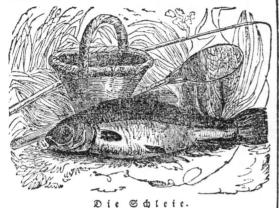

Die Schleie.

der Wade, einem großen von acht bis zehn Menschen gezogenen Netze, aufgefangen und behutsam aus dem Netze genommen werden. Im Fischbette soll immer einiges Wasser zurückbleiben, damit die Fische nicht ganz im Schlamme liegen, weil sonst, wenn warme Witterung eintritt, viele in wenigen Stunden abstehen. Die herausgefangenen Fische schüttet man in $1\frac{1}{4} - 1\frac{1}{2}$ Elle hohe hölzerne Gefäße, Butten oder Tösen genannt, worin frisches Wasser befindlich ist. In diesen Butten werden sie abgespült und sortirt, was besonders bei den Hauptteichen mit der größten Sorgfalt geschehen muß. Nach dem Abspülen und Sortiren werden die Fische gezählt, abgewogen und in Tonnen, entweder zur Vertheilung in andere Teiche oder in Behälter gesetzt und zum Verkauf gebracht. Bei kleinern Fischereien geschieht dieser Transport am schnellsten und leichtesten in offenen Zügern, die an Stangen getragen werden. In den Fässern muß jeder Fisch so viel Raum erhalten, daß er völlig im Wasser schwimmen kann. In einem Faß von fünf Eimern können ungefähr 30 Schock Brut, 6 Schock einsömmeriger Satz, 4 Schock zweisömmeriger oder $3\frac{1}{2}$ Centner Karpfen, wenn nicht mehr als 45 Stück einen Centner wiegen, transportirt werden. Zwei solcher Fässer setzt man gewöhnlich auf einen zweispännigen Wagen, indem man das Spundloch mit Stroh verstopft, damit kein Wasser herausspritzen könne.

Nach jedesmaligem Ausfischen läßt man die Stich- oder Fischböcke gehörig von dem überflüssigen Schlamm reinigen. Wenn mit der Zeit der Schlamm im ganzen Teiche zu sehr überhand nimmt, wird derselbe ausgeführt und zur Verbesserung der Felder und Wiesen benutzt. Man muß sich jedoch hüten, den Schlamm bis auf den festen Grund wegzunehmen, weil sonst den Teichen ein großer Theil der Fischnahrung entzogen wird und die Fische in dem nächsten Jahre verkümmern; dagegen ist das fleißige Wegräumen des Rohrs und des Schilfes immer eine nützliche Verbesserung des Teiches. Wo die Teichwirthschaft im Großen betrieben wird, pflegt man auch die Teiche, wenn sie dazu günstig gelegen sind, regelmäßig nach einer bestimmten Reihe von Jahren ruhen zu lassen und mit Feldfrüchten zu bestellen; man nennt dieses Verfahren Brachen oder Hebern. Die Hauptfrüchte, die darin gezogen werden, sind Hafer, Hanf, Sommerölsaat, auch wol Kohl- und Rübengewächse. Die Krankheiten der Fische sind die Schwämme und die Blattern. Sehr schädlich kann es für die Fische werden, wenn in die Teiche Kalkwasser hineinfließt.

Der Languedockanal oder Canal du midi.

Ludwig XIV. Baulust ist bekannt. Noch zeugen dafür Versailles, St.-Cloud und besonders der Languedockanal, der so äußerst wichtig für Frankreich ist.

Frankreich wird von zwei Meeren bespült, vom Ocean im Westen, vom mittelländischen Meere im Südosten. Das zwischen beiden liegende, an die Pyrenäen grenzende Land kann von beiden den Nutzen ziehen, den das Meer dem Menschen überall schafft, sobald durch dieses Land ein den Ocean mit dem mittelländischen Meere verbindender Kanal geht. Dieser Gedanke ist so einfach, daß man ihn schon lange vor seiner Ausführung hatte. Die Ausführung selbst schien auch leicht, denn aus der von den Pyrenäen herkommenden Bergkette, die das Land durchschneidet, entspringen zwei große Flüsse, wovon einer (die Garonne) sich in den Ocean mündet und einer in einer Entfernung von nicht mehr als 14 Stunden befindet; sie schienen mithin nur einen Kanal von dieser Länge zu fodern, um dann die Verbindung von selbst zu eröffnen.

Und doch war die Ausführung mit ungeheuren Schwierigkeiten verbunden. Es kam darauf an, diesen Kanal über und durch eine bedeutende Höhe zu leiten, ihn, trotz dieser, mit hinreichendem Wasser zu versehen, vor den Einströmen vieler kleiner Bergflüsse und der dadurch erfolgenden Versandung zu sichern, aber das Genie des Baumeisters Riquet und Ludwig XIV. Ehrgeiz wußten alle Hindernisse zu besiegen.

Riquet entdeckte in einem Gebirgskessel eine solche Menge Wasser, hinreichend, um einen schiffbaren Kanal zu unterhalten, und sein Geist fand Mittel, es dahin zu leiten, wo er es brauchte. Das von ihm eingerichtete Wasserbehältniß hält 1200 Fuß Länge und Breite. Es ist auf einer Anhöhe, die zwei Thäler beherrscht, wovon sich das eine nach der Garonne, das andere nach dem mittelländischen Meere hinneigt. Auf beiden Seiten ist es durch große Schleußen geschlossen. Andere Schleußen weisen seinem Inhalte den Weg nach Osten und Westen an.

Als diese erste Bedingung des glücklichen Ausgangs der Unternehmung geschaffen war, wurde dieses um 1667 nun selbst begonnen. Vierzehn Jahre arbeiteten 8—10,000 Menschen daran und die Kosten beliefen sich auf $7\frac{1}{2}$ Mill. Thaler. Am 15. Mai 1681 wurde der Kanal eingeweiht. An der Spitze von 23 Fahrzeugen aus Bordeaur, die mit Waaren für die Messe von Beaucaire beladen waren, fuhr der Intendant von Languedoc. Es war ein Triumphzug, und Jubelgeschrei begleitete die Fahrzeuge von einem Orte zum andern. Die Länge des Kanals ist wegen der vielen Krümmungen 55 Stunden. Die Breite ist 60 Fuß auf der Oberfläche, 32 aber auf dem Grunde. Die Tiefe ist überall sechs Fuß. Auf beiden Ufern ist der Rand 36 Fuß breit; auf dem einen, um einen Weg zu haben, auf dem andern, um den Schlamm beim Reinigen auszuwerfen. Dieser Rand ist herrlich angebaut.

Die Unterhaltungskosten betragen jährlich etwa

100,000 Thaler, die Einkünfte aber, obschon die Abgaben äußerst gering sind, ein Viertel mehr. Der General Andréossy hat berechnet, es würde wenigstens 1½ Million Thaler kosten, die Waaren zu Lande fortzuschaffen, welche jetzt auf diesem Kanal für etwa 300,000 Thaler jährlich versendet werden. Die Bewohner der beiden Ufer haben dabei doppelten Gewinn. Sie verkaufen ihre Erzeugnisse theurer und die des Auslandes bekommen sie wohlfeiler. Die Baukosten wurden von dem Könige und den Ständen von Languedoc getragen und den Ertrag schenkte der Erstere dem Baumeister Riquet: ein wahrhaft königliches Geschenk, das er und seine Nachkommen so lange besaßen, bis es diesen die französische Staatsumwälzung entriß.

Brieftauben.

Die sogenannten Brief- oder Posttauben vollbringen ihre merkwürdig schnellen Luftreisen, die schon in den ältesten Zeiten Erstaunen erregt haben, ohne Zweifel lediglich mit Hülfe des Gesichtssinnes. Man hat nämlich gewöhnliche Tauben eine weite Strecke von ihrem Schlage in einem Kasten hinweggeführt, damit sie nichts von den am Wege befindlichen Gegenständen sehen konnten, und fand, daß sie immer auf dieselbe Weise ihren Rückweg suchten. Sobald man sie nämlich aus den Kasten herausgelassen hatte, flatterten sie mehrmals hin und her, als ob sie sich erst von dem Zustand ihrer Freiheit überzeugen müßten. Dann fingen sie an, in Kreisen um den Ort, wo sie freigelassen worden waren, herumzufliegen, und indem sie bei jedem Umflug den Kreis vergrößerten, stiegen sie auch zugleich allmälig höher, bis sie endlich dem Auge der Beobachter verschwanden. Dies setzen sie wahrscheinlich so lange fort, bis sich ihnen ein bekannter Gegenstand darbietet, der sie in den Stand setzt, einen directen Flug anzutreten. Läßt man dagegen aus einem Luftball, der sich bereits bis über die Wolken erhoben hat, eine Taube los, so fliegt sie senkrecht hinab, bis sie die Gegenstände auf der Erde unterscheiden kann, worauf sie alsdann in einer Spirallinie herabsteigt, deren Krümmungen immer zunehmen, offenbar in der Absicht, einige bekannte Gegenstände zu entdecken und ihren fernern Flug darnach einzurichten. Im Grunde genommen kann man dieses seltsame Talent so schlichter Vögel, wie die Tauben, auf den außerordentlichen Örtlichkeitssinn zurückführen, der die Gattung der Brieftauben bezeichnet.

Das Schnabelthier.*)

*) Bereits in Nr. 96 des Pfennig-Magazins ist die Beschreibung dieses merkwürdigen, immer noch nicht hinlänglich beobachteten Thieres, nebst einer, aber undeutlichen Abbildung gegeben worden, weshalb diese vollkommene Abbildung nicht unzweckmäßig erscheint.

Verantwortliche Herausgeber: Friedrich Brockhaus in Leipzig und Dr. C. Drärler-Manfred in Wien. Verlag von F. A. Brockhaus in Leipzig.

Das Pfennig-Magazin

der

Gesellschaft zur Verbreitung gemeinnütziger Kenntnisse.

153.] Erscheint jeden Sonnabend. [März 5, **1836.**

Die Insel Ischia.

Der Golf von Neapel wird an seinen beiden Endpunkten, den Vorgebirgen Miseno und Campanella, von zwei Inseln geschlossen oder auch fortgesetzt: Capri*) im Süden und Ischia gegen Norden runden und vollenden so das unvergleichlichste Bild, das die Natur uns bietet. Von Neapel ist Ischia gegen fünf Meilen entfernt, doch die vielbesuchten Reize von Bajä, Cuma und Fusaro bringen uns ihr etwa bis auf eine Meile näher. Die Schönheit dieser Insel, die Reinheit ihrer Luft, der Ruf ihrer Mineralquellen, ihrer Bäder, ihrer Früchte und ihres Weins locken selbst den Neapolitaner herbei, der unter allen Menschen am wenigsten reiselustig ist und vielleicht auch die meiste Entschuldigung für diese Unlust hat. Wo könnte er die Natur größer und schöner sehen als in seiner Heimat? Die Natur hat diese Insel, deren Ansicht von Süden unsere Abbildung zeigt, mit Wundern umgeben und mit Wundern erfüllt. Haben wir die kleine und verhältnißmäßig flache Insel Procida und den öden Fels von Vivara umschifft, so stellt sich uns ein herrlicher Anblick dar. Grade vor uns hebt sich kühn und majestätisch der zweizackige Gipfel des Epomeo wie eine Krone der Insel zu den Wolken empor. Nirgend glänzt der Morgenstrahl schöner, nirgend haftet der letzte Abendsonnenblick länger und rosiger als an den glänzenden Spitzfelsen dieses Berges.

Auf der Mitte seiner Seiten beginnen grüne Waldungen von Steineichen und Kastanien; weiter abwärts bedecken Orangengärten und Weinberge, von weißen Landsitzen, zierlichen Dörfern und der kleinen Stadt Casamiccio unterbrochen, alles Land; die Ebene ist mit Lustschlössern, Dörfern, Meiereien, Städte, durch Haine von Südfrüchten, Maisfelder, Oliven- und Weingärten, von Myrthen- und Aloehecken eingeschlossen, bunt und mannichfaltig durcheinander bebaut, das Ganze mit unbeschreiblich frischen und glänzenden Farben geschmückt.

Ischia war einst der Fuß eines mächtigen Vulkans und Alles umher zeigt die Wirkung eines solchen. Lavaschichten, wild übereinander gethürmt, und lange Strecken, mit Tuff, Bimsstein, Asche und Schwefel bedeckt, nehmen drei Viertel des Raumes der Insel ein. Der Epomeo, jetzt Monte San Nicolo genannt, war eines von den Gliedern der großen Kette feuerspeiender Krater, welche Agnano, die Astroni, die Solfatara, der Averno und Vesuv auf dem Festlande, Vendotena, Ponza, Palmarola und zehn kleinere Krater, Stromboli, die Liparen und endlich der ungeheure Ätna im Meere bildeten. Welche erschütternde Naturereignisse mochten hier zur Schau gestellt sein, ehe die reizende Stille, die schöne Ruhe einheimisch wurde, welche jetzt den Reiz dieser Landschaft ausmacht! Die Üppigkeit des Bodens der Insel ist die Frucht dieser gewaltigen Naturwirkungen.

*) Über diese Insel vergleiche Pfennig-Magazin Nr. 99.

Ersteigen wir zuerst den Gipfel des Epomeo, ohne uns von dem steilen und rauhen Pfade abschrecken zu lassen, der etwa 3500 Fuß hoch zu ihm hinaufführt. Der Anblick, welcher uns dort entzückt, belohnt reichlich die mühsame Stunde. Welch ein reiches Gemälde! Fast die volle Hälfte der Südküste Italiens liegt vor uns ausgebreitet, begrenzt von der langen, grauen Kette der Apenninen, die sich ihr entlang ziehen. Der halbe Schauplatz der Odyssee und der Aeneide umgibt uns, Tasso's Geburtsort, Sorrent, liegt uns gegenüber. Hier winkt das Vorgebirge der Circe, dort locken die Felsen der Sirenen, das Cap, wo Äneas seinen Schiffsherold begrub. Hier ist die einsame Küste, wo Scipio starb, wo Marius, im Sumpf verborgen, auf den Sturz des Feindes sann, wo Cicero getödtet ward; dort Nisida, wo Brutus die edle Gattin verließ, Miseno, wo durch Augustulus Tod das tausendjährige römische Reich sein Ende fand und Plinius seinen ruhmvollen Tod. Welche Erinnerungen! Unfern von uns sehen wir den nun schweigenden Krater des Berges. Doch der letzte Ausbruch, welcher Ischia 1302 erschütterte und verwüstete, mag aus einem der tiefer liegenden Schlünde hervorgebrochen sein. Städte und Dörfer begrub er unter seinen Lavawogen, die sich wüthend in die Fluten stürzten und dort jene langen, schwarzen Felsdämme bildeten, welche ihre klippigen Spitzen nun schon 500 Jahre lang aus dem Meeresschaume erheben. Die ganze Nordspitze der Insel ist mit ihren starren und düstern Wogen bedeckt. Nicht fern von ihnen liegt Foria, die bevölkertste Stadt der Insel, die mit ihren weißen, zierlichen Häusern grell gegen die schwarzen Klippen absticht, welche sie umgeben. Hier wohnt die fischende und schiffende Bevölkerung der Insel. Ischia, die Hauptstadt, liegt am Südende, dem Felsen von Vivara gegenüber. Ein altes Schloß, malerisch auf einem abgesonderten Felsen sich erhebend, den eine schmale Kiesbank mit der Küste verbindet, beschützt den Hafen. Hier landet der Fremde, der von Neapel und Procida kommt. Casamiccio, durch seine Mineral- und Moorbäder berühmt, verbirgt sich halb im Schatten wunderschöner Wälder am Saume des Epomeo. Ponza, die vierte Stadt der Insel, verbindet sich durch eine Reihe von Landhäusern mit ihr. Die Insel hat etwa vier Meilen im Umfange und 25,000 Einwohner. Selbst in den Spalten der Felsen grünen Wälder und hier finden sich jene unvergleichlichen kühlen Luftsitze, welche der Fremde wie der Einheimische aufsucht, wenn die Hitze des Hochsommers ihn aus Neapel verscheucht. Friede, entzückende Kühlung, Stille und Gesundheit haben hier ihren Sitz und unzählige Leidende finden hier Genesung, besonders von Hautübeln und Gicht, durch Heilquellen und durch die reinste Luft.

Die Ischioten, Fischer, Schiffer und Weinbauer, sind ein kräftiger, gutgearteter, froher Menschenschlag; die Schönheit des weiblichen Geschlechts wird durch eine seltene Grazie der Bewegungen und eine malerische, der altgriechischen ähnliche Tracht erhöht, ist hervorstechend und zeigt ein reineres, unvermischteres Blut, als die Küste des Festlandes es bewahre. Von Ischia und seinem Epomeo, nicht vom Vesuv, kommen jene Dosen, Papierhalter u. s. w. von grüner Lava, welche in Neapel verkauft werden; denn die Lava des Vesuv ist schwarz, röthlich oder grau, nie aber grün.

Über die Cultur des Thees.

Wir haben zwar schon verschiedene Male (vergleiche Pfennig-Magazin Nr. 22 und 59) ausführlich über den Thee, dessen Nutzen und Anbau gesprochen, doch können die nachstehenden Angaben über den Bau dieser Pflanze als eine nicht überflüssige Ergänzung früherer Mittheilungen angesehen werden.

Die Theepflanze ist ein buschiger, immergrüner Strauch, der, wenn er seine natürliche Größe erreicht, 8 — 12 Fuß hoch wird. Die Pflanzen, welche einestheils grünen und anderntheils schwarzen Thee liefern, sind nur bleibende Abarten, die durch langen Anbau entstanden sind. Die Theepflanze wird in China seit undenklichen Zeiten angebaut. Am besten gedeiht sie von 23 — 30° nördlicher Breite; sie wird aus Samen gezogen und gibt in zwei bis drei Jahren die erste Ernte. Die Pflanze wird sorgfältig beschnitten und darauf gesehen, daß sie nicht höher wächst als zwei bis drei Fuß. Die Erzeugung eines guten Thees hängt, wie bei dem Wein von dem Boden, der Örtlichkeit und der Jahreszeit ab. Auch wechselt die Güte desselben ebenso nach der größern oder geringern Sorgfalt, womit er gesammelt und zubereitet wird. Jede Pflanze gibt in der Regel jährlich drei Ernten, die aber nicht immer von gleicher Güte sind. Je jünger die Blätter sind, um so vorzüglicher ist der Geschmack. Die früheste Ernte findet mit dem Anfang des Frühlings, die letzte im August statt. Der Anbau desjenigen Thees, der seinen schönen Geruch eine beträchtliche Zeit beibehält und deshalb sich zur Ausfuhr besonders eignet, war lange Zeit auf zwei Provinzen beschränkt, deren eine nur schwarzen, die andere nur grünen Thee lieferte. Seit einigen Jahren ist indeß wegen des großen Verbrauchs von Thee in Europa und Amerika die Cultur desselben noch auf drei andere Provinzen ausgedehnt worden. Die beiden erstgenannten Provinzen erzeugen jedoch immer noch den besten. Der schlechteste kommt aus dem District Wopring in der Provinz Kanton.

In China ist der Boden Privateigenthum und in sehr kleine Theile getheilt. Die Theeblätter werden von der Familie des Anbauers eingesammelt und in frischem Zustande auf den Markt gebracht, wo sie von einer besondern Classe von Handelsleuten gekauft werden. Diese trocknen die Blätter unter einem Dache an der Luft und verkaufen sie an eine vornehmere Classe von Kaufleuten, welche den Thee nach seiner Güte sondern, ihn völlig zubereiten und dann in Kisten verpacken. Der Thee kommt etwa um die Mitte des Octobers in Kanton an, und von dieser Zeit bis Ende Decembers ist der Handel am lebhaftesten. Die mit schwarzem Thee handelnden Kaufleute sind weniger zahlreich, aber wohlhabender als diejenigen, die mit grünem Handel treiben. Sie begleiten ihre Kisten, die meistentheils von Menschen getragen werden, mehre hundert Meilen weit bis Kanton. Zur Ausfuhr sind nicht über 15 verschiedene Sorten bestimmt, wovon etwa 8—9 schwarz und sechs grün sind. Der Preis wechselt von $1/6$ bis $5/6$ Thaler für das Pfund.

Alle Völker Asiens, östlich von Siam und Cambodscha, sind seit undenklichen Zeiten leidenschaftliche Theetrinker. Bei den Chinesen ist, ohne Unterschied des Geschlechts, Alters und Standes, der Theekessel vom frühen Morgen bis in die späte Nacht in beständiger Bewegung. Sie trinken den Thee immer ohne Milch und häufig ohne Zucker. Nimmt man an, was keineswegs zu viel ist, daß jeder Chinese zweimal so viel Thee trinkt als ein Engländer, so würde der jährliche Verbrauch in China an Gewicht eine halbe Million Tonnen betragen. In Europa begann der Gebrauch des Thees etwa um die Mitte des 17. Jahrhunderts und seit dieser Zeit ist der Verbrauch bis auf beinahe 30,000 Tonnen gestiegen. In England wird mehr Thee verbraucht als im ganzen übrigen Europa und in Amerika zusammengenommen. Man hat die Frage aufgeworfen, ob

China dem immer steigenden Bedürfnisse in der Folge werde genügen können. Dies leidet jedoch keinen Zweifel. Der Thee wird nämlich meist in bergigem und hügeligem Lande angebaut, das nicht besonders fruchtbar und zum Getreidebau nicht geeignet ist, und hiervon ist in China, ungeachtet der großen Cultur in den Ebenen und Thälern, noch sehr viel unbenutzt. In einigen Gegenden Ostindiens hat man in der neuesten Zeit gelungene Versuche mit dem Anbau des Thees gemacht, nachdem man in der Provinz Assam eine wildwachsende Theepflanze entdeckt hatte. Noch erfolgreicher hat sich bereits die von der holländischen Regierung angelegte Anpflanzung auf der Insel Java gezeigt. Im November 1835 wurde in Amsterdam eine Sendung dieses Javathees verkauft und man fand die meisten Sorten sehr gut.

Der Thee verdankt unstreitig seiner gelinde erregenden Wirkung auf den menschlichen Körper seine so allgemein gewordene Anwendung. Im Geschmack der verschiedenen Sorten herrscht eine ebenso große Mannichfaltigkeit als bei dem Wein. Die Chinesen, und überhaupt die Morgenländer, bedienen sich fast ausschließend des schwarzen Thees. Die Engländer verbrauchen auf vier Theile schwarzen einen Theil grünen Thee und die Amerikaner einen Theil schwarzen auf zwei Theile grünen Thee.

Beobachtungen über Taucher.

Der französische Schiffswundarzt Lefèvre wurde durch die große Verschiedenheit der Angaben über die Zeit, welche ein Mensch unter dem Wasser zubringen kann, um daselbst irgend eine Arbeit zu verrichten, zu interessanten Beobachtungen veranlaßt, deren Ergebniß er mitgetheilt hat. Jene Verschiedenheit ist in der That höchst auffallend, wenn man die Berichte älterer und neuerer Schriftsteller vergleicht. Ohne der Sage zu erwähnen, die von einem frommen Einsiedler in Brasilien erzählt, der drei Viertelstunden unter dem Wasser blieb, um sein Brevier zu beten, lesen wir in der Naturgeschichte Indiens von dem Portugiesen Joseph d'Acosta, daß Taucher eine halbe Stunde unter dem Wasser bleiben konnten. Pison erzählt in seiner Geschichte Brasiliens, ein Eingeborener des Landes habe 60 Minuten unter dem Wasser zugebracht. Andere ältere Schriftsteller bestimmen die Zeit sogar auf vier Stunden, einen Tag, ja drei Tage. Diese und andere minder auffallende Angaben von sonst glaubwürdigen Reisenden, z. B. von Chardin, nach welchem die Perlenfischer eine halbe Viertelstunde unter dem Wasser bleiben können, veranlaßten den berühmten Haller in seinem Werke über die Physiologie zu dem Ausspruche, daß sie von Männern herrühren, die entweder schlecht beobachtet haben oder durch unwissende Menschen zum Irrthum verleitet worden sind. Neuere Reisende schienen der Wahrheit näher zu kommen. Der Engländer Percival, der Ceylon bereiste, erzählt, daß die Perlenfischer bis auf 70 Fuß ins Meer untertauchen und von Kindheit an geübt, gewöhnlich zwei Minuten im Wasser verweilen. Wenn sie wieder auftauchen, setzt er hinzu, kommt zuweilen Blut aus Mund, Ohren und Nase. Sie können täglich 40—50 Mal untertauchen. Einige reiben sich den Leib mit Öl ein und verstopfen Nase und Ohren, um das Eindringen des Wassers zu verhindern.

Diese Berichte kommen den Beobachtungen nahe, die Lefèvre vor einigen Jahren im griechischen Inselmeere zu machen Gelegenheit hatte. Nach den Zeugnissen, welche schon die Alten von der Geschicklichkeit der griechischen Taucher geben, mußte er erwarten, daß sich auf die Küstenbewohner die Kunstfertigkeit ihrer Vorfahren vererbt habe. Er erinnerte sich der Berichte der griechischen Geschichtschreiber, die unter Andern von Tauchern erzählen, welche unter dem Wasser schwammen und an einer Leine Schläuche, mit Lebensmitteln gefüllt, nachschleppten, um einer belagerten Stadt Zufuhr zu bringen, oder bei der Belagerung von Syrakus sich in das Meer stürzten, um die Pfähle abzusägen, welche die Belagerten eingerammt hatten, den athenischen Schiffen den Zugang zu verwehren. Er wußte, was der Franzose Thevenot im 17. Jahrhundert von der Insel Nicaria erzählte, wo die besten Schwimmer Schwämme auf dem Meeresboden suchten oder auch wol Schiffstrümmer heraufholten, und die jungen Leute einen Wettkampf anstellten, um die Hand eines reichen Mädchens zu erhalten, die nur Demjenigen zu Theil wurde, welcher am längsten unter dem Wasser blieb.

Als Lefèvre sich auf der Rhede von Navarin befand, überzeugte er sich, daß die Neugriechen als geschickte Schwimmer ihren Vorfahren nicht nachstehen. Die Türken hatten, so lange sie in Morea blieben, wenig daran gedacht, die Rhede von den Schiffstrümmern zu befreien, die in der großen Seeschlacht am 20. October 1827 waren versenkt worden. Bald nach der Ankunft des französischen Heers ward eine Compagnie griechischer Taucher ermächtigt, die Trümmer der türkisch-ägyptischen Flotte aufzusuchen. So oft sie eine Kanone, einen Anker oder sonst einen Gegenstand von einigem Werthe heraufholten, wurde der Fund geschätzt und an Kaufleute aus Marseille verkauft. Die Taucher erhielten ein Drittheil des Werthes und zwei Drittheile wurden unter die Matrosen der Flotte vertheilt. Fast alle Taucher waren aus dem griechischen Inselmeere, mehre aus Kalymnos. Die meisten waren rüstige Leute und hatten gewöhnlich eine vollkommen entwickelte Muskelkraft. Sie gewöhnen sich von Jugend auf, unterzutauchen und lange Zeit unter dem Wasser zu bleiben. Lefèvre sah sie Kanonen heraufholen und Kupferbeschläge von den Schiffstrümmern in einer Tiefe von 100—120 Fuß abreißen, und in gleicher Tiefe holten sie aus einem Wrack auch kleinere Gegenstände, z. B. Pistolen, einen kostbar gebundenen Koran, eine Wasserpfeife (Kaliuhn) mit der Bernsteinspitze. Ehe sie untertauchten, kauerten sie einige Augenblicke am Bord des Kahnes, der sie auf die Stelle gebracht hatte, wo sie ein Wrack suchen wollten. In dieser Stellung stützten sie die Ellbogen auf die Knie und athmeten oft und schnell ein, während sie zugleich sich häufig bekreuzten. In dem Augenblicke, wo sie untertauchen wollten, thaten sie noch einmal einen tiefen Athemzug und stürzten sich dann mit dem Kopfe zuerst in das Meer. Befand sich der gesuchte Gegenstand in beträchtlicher Tiefe, so steckten sie den Daumen der rechten Hand in eine Schlinge an dem Ende einer Leine, die den im Kahne zurückgebliebenen Schiffern dazu diente, den Taucher heraufzuziehen, wenn ihm das Athemholen schwer wurde. Sie wird zugleich gebraucht, andern Leinen eine Richtung zu geben, an welchen man schwerere Gegenstände heraufzieht. Zur Bestimmung der Dauer des Untertauchens zeichnete Lefèvre drei Reihen von Beobachtungen auf, die er im Jahre 1829 bei mehren Tauchern machte, indem er nach einer Secundenuhr die Zeit des Aufenthalts unter dem Wasser bei Jedem bemerkte. Die Tiefe, in welcher die Gegenstände gesucht wurden, betrug 100 Fuß und die Temperatur der äußern Luft war 24° Réaumur. Die kürzeste Zeitdauer war 50, die längste 98, folglich die mittlere Zeit für jeden 76 Secunden, und nicht so lange, als Percival angegeben hat. Wenn die Taucher wieder herauska-

*

men, war ihr Gesicht fast immer stark von Blutandrang gefärbt und oft hatten sie Nasenbluten. In einigen Fällen sah Lefèvre Blut aus Augen und Ohren dringen. Sobald sie aus dem Wasser waren, hüllten sie sich in einen weiten, wollenen Mantel und warteten, bis die Reihe wieder an sie kam. Sie konnten das Untertauchen ohne Nachtheil viermal in einer Stunde wiederholen. Aus diesen Beobachtungen zieht Lefèvre den Schluß, daß ein Aufenthalt von zwei Minuten unter dem Wasser, die kürzeste Zeitangabe, die wir in den verschiedenen Reiseberichten finden, schon sehr lang ist, und daß nur wenige geschickte Taucher so viel zu wagen im Stande sind.

Der Palast der Thermen in Paris.

Die Sitte der Griechen, öffentliche Bäder anzulegen, ahmten die Römer schon frühzeitig nach und verwendeten auf dieselben, besonders während der üppigen Kaiserzeit, eine Pracht, die alle Begriffe übersteigt. Solche Bäder hatten gewöhnlich zwei Abtheilungen, eine für Frauen, die andere für Männer. In jeder konnte man kalt und warm baden. In der Mitte des Gebäudes, gewöhnlich im Kellergeschoß, befand sich das Heizzimmer und über diesem ein Gemach, wo in der Regel drei große Kessel übereinander eingemauert waren, sodaß der untere unmittelbar über dem Feuer, der zweite über diesem und der dritte über dem zweiten stand. Auf diese Weise hatte man zugleich heißes, laues und kaltes Wasser. Durch besondere, mit Hähnen versehene Röhren wurde das Wasser in die Badezimmer geführt, und aus einem großen Wasserbehälter die Kessel sogleich wieder gefüllt. Neben dem Heizzimmer lagen gewöhnlich drei besondere Zimmer, für das heiße, laue und kalte Bad. Die Badestuben hatten im Fußboden ein gemauertes Becken, um welches eine Galerie und Sitze liefen, wo sich die Badenden, ehe sie ins Bad stiegen, und die Bedienung aufhielten. Außerdem gab es noch ein eignes Zimmer zum Schwitzbade, welches durch Röhren geheizt wurde. Mittels Klappen an der Decke, die man öffnete und wieder schloß, konnte man die Hitze beliebig vermindern. Zum Auskleiden und Aufbewahren der Kleider und zum Salben nach dem Bade gab es ebenfalls eigne Zimmer. Auch durften bei einem Bade bedeckte Spaziergänge, Säle zu Ballspielen und Gärten nicht fehlen, damit man sich nach dem Bade die gehörige Bewegung machen konnte. Dabei waren die Zimmer prachtvoll mit Allem, was nur irgend zur Annehmlichkeit gehörte, ausgestattet, und ein solches Bad glich mit allen seinen Nebengebäuden einem weitläufigen Palaste. Ja der Luxus der Römer ging so weit, daß sie eigne Wasserleitungen oft aus einer Entfernung von mehren Meilen anlegten, die klares Flußwasser oder das stärkende Meerwasser in die Bäder führten, wol auch den Schnee von Gebirgen benutzten und überhaupt diese Anstalten auf eine Weise erweiterten, daß sie noch heute in ihren Trümmern Erstaunen und Bewunderung erregen. Da, wo die Römer auf ihren Eroberungszügen hinkamen und sich niederließen, gründeten sie auch sogleich dergleichen Bäder, und Trümmer derselben finden sich noch in verschiedenen ehemaligen Römerniederlassungen. So sieht man die Überreste eines solchen Römerbades, bekannt unter dem Namen des Palastes der Thermen, d. h. warmen Bäder, oder der Bäder des Julian, noch jetzt zu Paris. Sie bestehen aus festen, 40 Fuß hohen Gewölben, sind aber nur die unbedeutendern Trümmer vom Erdgeschoß eines ungeheuern Palastes, der hier zur Römerzeit und noch lange nachher stand. Kaiser Julian erbaute diesen Palast und bestimmte ihn zur Residenz seiner Statthalter; zu verschiedenen Zeiten bewohnten ihn auch die spätern römischen Kaiser, ebenso König Clodwig zu Ende des 5. Jahrhunderts, nachdem er Paris zur Hauptstadt des Frankenreichs erhoben hatte, und nach ihm noch andere fränkische Könige, und Karl der Große soll noch bedeutenden Kosten auf die innere Ausschmückung desselben gewendet haben. Nach mehr als tausend Jahren sind aber jene fürstlichen Zimmer, die die obern Stockwerke dieses Palastes bildeten, verschwunden und eine starke Erdschicht liegt über der Decke der Gewölbe und bildet einen angenehmen Garten. Von diesen Gewölben aber ist bei den Veränderungen, welche benachbarte Baue nöthig machten, nur noch ein sehr kleiner Theil stehen geblieben, doch ist dieser großartig genug, um unsere Bewunderung zu erregen. Wie groß aber der Palast gewesen sein muß, beweist der Umstand, daß sich nicht allein in den meisten Häusern der Straße, wo er liegt, sondern auch in einigen der Nebenstraßen unverkennbare Spuren dieser Gewölbe in mehr und weniger veränderter Gestalt vorfinden, und theilweise wegen ihrer Festigkeit zu Grundmauern der Häuser benutzt worden sind. Glücklicherweise hat man aber grade den Theil der Gewölbe verschont, welcher die Badesäle des Palastes bildete. Einer derselben, welcher noch wenig Spuren eines tausendjährigen Alters an sich trägt, ist auf vorstehender Abbildung dargestellt. Aus der ganzen Bauart dieses Saales geht hervor, daß er für warme Bäder bestimmt war. Man findet in ihm noch das ausgemauerte Badebecken, noch die Spuren der Röhren, durch welche das Wasser vertheilt wurde; eine kleine Treppe führt aus ihm zum Kellergeschoß, wo noch Ofentrümmer umherliegen, und ein anstoßender zweiter Saal enthält ein großes Bassin, worein das Wasser mittels eines Aquäducts geleitet wurde, dessen Trümmer noch heute angestaunt werden. Diese Wasserleitung nahm nicht etwa unmittelbar das Wasser der nahen Seine auf, das den üppigen Römern zu trübe und schlammig war, sondern es wurde vier Meilen weit hergeführt, bis zum Dorfe Arcueil, wo die Wasserleitung die schönen Quellen von Rungis aufnahm und nach Paris in den Palast der Thermen leitete.

Die Magna charta.

Die Angelsachsen, ein deutscher Volksstamm, der bei dem Verfall der römischen Herrschaft in England das Land sich unterwarf, hatte altdeutsche Einrichtungen eingeführt und die Verhältnisse des Grundbesitzes und das gesellschaftliche Leben nach den Gesetzen und Gewohnheiten seiner Heimat geordnet. Aber auch ihre Macht verfiel, und innere Zerrüttungen machten es dem kriegerischen Herzog von der Normandie, Wilhelm dem Eroberer, möglich, England 1066 nach einer siegreichen Schlacht zu unterwerfen. Er brachte die von der angelsächsischen Verfassung verschiedenen Einrichtungen seines Vaterlandes mit, verlieh einen großen Theil der Ländereien der Besiegten seinen Waffengefährten, führte das Lehnwesen ein, wodurch die Besitzer der Güter in ein abhängiges Verhältniß zu dem Könige kamen, und gab überhaupt der königlichen Gewalt eine größere Ausdehnung. Dies geschah auch durch die Beschränkung der Jagdbefugnisse der Ländereibesitzer, indem große Landstriche zu königlichen Forsten gemacht und die Übertreter der zu Gunsten der Krone erlassenen strengen Jagdgesetze mit schweren Strafen bedroht wurden. Es blieb jedoch, ungeachtet dieser Beschränkungen, noch viel von den freien Einrichtungen der Engländer übrig, besonders auch in der Verwaltung der Gemeinden und in der Ausübung des alten Rechts, in Versammlungen der Stände sich über die Angelegenheiten des Landes zu berathen. So konnte Wilhelm der Eroberer um so weniger eine unumschränkte Herrschaft gründen, als es ihm daran liegen mußte, die Engländer mit seiner Herrschaft zu versöhnen, sie mit den normannischen Einwanderern zu verschmelzen und sie mit seinen neuen Einrichtungen zu befreunden. Die normannischen Lehnsbesitzer, die eine neue Heimat in England gefunden hatten, erhielten bald gleiches Interesse mit den alten Bewohnern des Landes, und sie wurden eifersüchtig auf jede Ausdehnung der Gewalt der Krone, welche ihr Eigenthumsrecht und ihren Einfluß auf die öffentlichen Angelegenheiten beschränken mußte. Wilhelm's Sohn, Heinrich I., der seinem Bruder Wilhelm II. 1100 in der Regierung folgte, mußte bei seiner Thronbesteigung den mächtigen Lehnsleuten mehre Bewilligungen gewähren, um den Vorzug vor seinem ältern Bruder zu erlangen. Seine Nachfolger sahen sich um so mehr genöthigt, ähnliche Rechte zu verleihen, wenn sie zweifelhafte Ansprüche auf den Thron durch Gewinnung von Anhängern unterstützen mußten, wie es bei den Königen Stephan und Heinrich II. der Fall war. Heinrich II. jüngerer Sohn, Johann ohne Land, der 1199 seinem Bruder Richard Löwenherz auf dem Throne folgte, bei aller Schwäche seines Charakters eigenmächtig und willkürlich, machte das Volk abwendig, da er nicht nur den Verdacht gegen sich erregte, den Sohn eines ältern Bruders, den nächsten Thronerben, aus dem Wege geräumt zu haben, sondern auch die alten Stammländer in Frankreich verlor und selbst die Unabhängigkeit Englands aufopferte, indem er es dem römischen Stuhle als Lehn übertrug. Es bildete sich eine mächtige Partei gegen ihn, welche 1215 die Waffen ergriff, und Johann sah sich genöthigt, im Junius auf der großen Ebene Runnymede an der Themse Unterhandlungen anzuknüpfen, die am 19. desselben Monats zu dem Abschlusse eines Vergleichs mit den Unzufriedenen führten. Die Urkunde, welche die Vertragsbedingungen enthielt und die Anerkennung der bereits in frühern Verwilligungen gegründeten Rechte aussprach, wurde Magna charta, der große Freiheitsbrief, genannt. Eine Urschrift wird in dem britischen Museum zu London aufbewahrt, und nach dieser ist die vorstehend gegebene Abbildung des Siegels gemacht. Später milderte Johann auch die strengen Jagdgesetze, noch wichtiger aber war die Bewilligung, die sein Sohn Heinrich III. dem Adel, der Geistlichkeit und dem Bürgerstande in dem 1224 ausgestellten Freiheitsbriefe gewährte, welcher die lehnsherrlichen Rechte des Königs genau bestimmte und mehren früher stattgefundenen Bedrückungen abhalf. Unter die durch jene Freiheitsbriefe begründeten gesetzlichen Einrichtungen gehört vorzüglich, daß Geldhülfen der Lehnsleute nur in drei anerkannten Fällen gefodert, daß Niemand ohne gerichtliche Entscheidung mit Geldstrafen belegt werden solle; vorzüglich wichtig aber war die Bestimmung, kein freier Mann solle verhaftet, eingekerkert, seines Lehnguts, seiner erworbenen Rechte beraubt, geächtet, aus dem Lande verwiesen oder auf irgend eine Art in das Verderben gebracht werden, noch wolle der König seine Macht gegen ihn gebrauchen oder gebrauchen lassen, anders als nach gesetzmäßigem Ausspruche von Männern seines Gleichen oder nach den Gesetzen des Landes, und er wolle Niemand sein Recht verkaufen, Niemand es versagen oder verzögern. Auf diese alten Freiheitsbriefe gründen sich die wichtigsten der noch bestehenden Einrichtungen der englischen Verfassung.

Frucht der Anstrengung.

Edmund Stone, ein 1768 verstorbener berühmter Mathematiker, ist ein merkwürdiges Beispiel, wie durch Ausdauer und Fleiß gründliche Kenntnisse erlangt werden können. Sein Vater war Gärtner des Herzogs von Argyle in Schottland. Der junge Stone war acht Jahre alt, ehe er lesen lernte. Ein Diener des Herzogs machte ihn mit den Buchstaben des Alphabets bekannt, und der Geist des Knaben brauchte nicht mehr als dies, sich zu entfalten. Er legte sich auf das Studium, und als er 18 Jahre alt war, hatte er ohne Lehrer eine vollkommene Kenntniß der Geometrie erlangt. Der Herzog von Argyle, der mit seinen kriegerischen Talenten wissenschaftliche Bildung verband, sah einst in seinem Garten eine lateinische Ausgabe von Newton's berühmtem Werke über die Naturwissenschaft im Grase liegen. Er befahl seinem Diener, das Buch aufzunehmen und in seine Bibliothek zu bringen, wohin es, wie er glaubte, gehörte. Der junge Gärtner sagte ihm, das Buch wäre sein Eigenthum. „Dein Eigenthum?" fragte der Herzog. „Verstehst du Geometrie, Latein, Newton?" „Ich verstehe ein bischen davon", antwortete der Jüngling mit einem schlichten Wesen, das aus seiner Unbekanntschaft mit seinen Talenten und Kenntnissen hervorging. Der überraschte Herzog ließ sich in ein Gespräch mit dem jungen Manne ein, richtete verschiedene Fragen an ihn und war erstaunt über die Kraft, Genauigkeit und Offenheit der Antworten, die er erhielt. „Aber wie bist du zur Kenntniß von diesen Dingen gekommen?" fragte er. „Einer von Ihren Leuten, gnädiger Herr, hat mich vor zehn Jahren lesen gelernt", erwiderte Stone. „Was braucht man mehr zu kennen als die Buchstaben, um Alles zu lernen, was man wünscht?" Des Herzogs Neugier wurde noch lebhafter erregt, und er bat den jungen Mann, ihm zu erzählen, wie er es angefangen habe, so viel zu lernen. „Ich lernte zuerst lesen", erwiderte Stone. „Die Maurer waren zu jener Zeit in Ihrem Hause beschäftigt. Ich trat eines Tags zu ihnen und sah, daß der Baumeister Lineal und Cirkel brauchte und Berechnungen machte. Ich fragte, was diese Dinge bedeuten und nützen sollten, und ich erfuhr, es gebe eine Wissenschaft, genannt Arithmetik. Ich kaufte ein Buch über Arithmetik und lernte sie. Dann hörte ich, es gebe eine andere Wissenschaft, genannt Geometrie. Ich kaufte mir Lehrbücher und lernte Geometrie. Beim Lesen fand ich, daß es viele gute Bücher über diese Wissenschaft in lateinischer Sprache gebe. Ich kaufte ein Wörterbuch und lernte Latein. Dann erfuhr ich, es gebe gute Bücher über diese Dinge in französischer Sprache. Ich kaufte ein Wörterbuch und lernte Französisch. Dies ist Alles, was ich gethan habe, gnädiger Herr. Ich denke, man kann Alles lernen, wenn man einmal die Buchstaben kennt." Der Herzog war hocherfreut über diese Mittheilung und er gab dem Jünglinge eine Beschäftigung, die ihm hinlängliche Muße ließ, seinen Lieblingsneigungen nachzugehen, denn er entdeckte in ihm dieselbe Anlage zur Musik, Malerei, Baukunst und zu allen Wissenschaften, die von Berechnungen und Verhältnissen abhangen.

Hogarth's Werke.
10. Die Parlamentswahl.
1. Der Wahlschmaus.

Die vier folgenden Blätter unsers Meisters, welche wir unsern Lesern mittheilen wollen, gehören zusammen und bilden in ihrer Reihenfolge eine Satire auf die englischen Wahlen im Allgemeinen und auf die besondern Eigenthümlichkeiten, welche dabei bis auf die neuesten Zeiten stattfanden. Sie gehören zu den besten Arbeiten Hogarth's, und in ihnen ist eine reiche Fülle von Witz und guter Laune niedergelegt. Das erste stellt einen Schmaus dar, den ein junger Gentleman, der sich Hoffnung macht, zum Parlamentsglied gewählt zu werden, Denjenigen zum Besten gibt, deren Stimmen er theils schon gewiß ist, theils noch zu erhalten hofft. Wahrscheinlich ist die Mehrzahl dieser Gäste schon durch klingende Mittel gewonnen, und hier werden sie abermals durch eine gute Mahlzeit und allerlei treffliche Weine gewonnen.

In der Fülle frappanter und charakteristischer Gesichter, welche das Bild darbietet, fällt es einigermaßen schwer, Denjenigen hervorzusuchen, welcher der Freudenspender dieses Tages ist. Wir entdecken ihn endlich zur linken Seite am Ende der Tafel, mit feingepudertem Haare, Haarbeutel und Manschetten, wie er eben beschäftigt ist, mit großer Seelenruhe die Liebkosungen einer corpulenten Dame zu erdulden, welche ihm wahrscheinlich versichern will, daß seine Weine vortrefflich gewesen und er ein allerliebster, charmanter Mensch ist. Über dieses sehr verschiedenartige Paar hat sich ein lustiger Vogel hingebeugt, der die brennende Pfeife auf des jungen Herrn Haupt hält, wahrscheinlich in der feindseligen Absicht, seine Perücke in Brand zu stecken und so im eigentlichsten Sinne feurige Kohlen auf sein Haupt zu sammeln. Vor dem Paar steht ein Kerl, der Cocarden, Handschuhe und dergleichen verkauft, und jetzt eben mit Prüfung einer Banknote beschäftigt ist, die ihm wahrscheinlich einer der Gäste eingehändigt hat.

Unweit der Glasthüre stellt sich eine verliebte Scene dar, zwischen einem jungen Mädchen und einem Offizier; hinter dem erstern steht ein — wie wenigstens seine verschobene Perücke zeigt — vom Wein etwas erhitzter Notarius, welcher die heimliche Verlobung mit einem vollen Champagnerglas besiegelt. Der Mann, welcher dicht hinter dem Gastgeber sitzt, ist sein Geschäftsführer, er hält einen Brief in der Hand und zeigt unter allen Anwesenden das verdrießlichste Gesicht. Auch hat er dazu guten Grund, denn er befindet sich in einer ebenso eingeengten Lage als sein Herr, indem ihm sein Nachbar, dem der Wein bereits arg zugesetzt, nächst einer brünstigen Umarmung auch die unangenehmen Dämpfe seiner Tabackspfeife zukommen läßt. Dieses Leiden bemerkt ein Anderer, der dem Geängstigten für seine Herablassung die Hand drückt.

Zur Seite dieses Mitleidigen, um Lichtenberg's Worte zu gebrauchen, sitzt, wie der volle Mond unter den kleinen Gestirnen, der Herr Pastor. Er hat gegessen und getrunken, daß ihm selbst der rasirte Kopf davon raucht. Er nimmt daher die Perücke in die Hand und wischt sich das Haupt mit dem Taschentuch. Er ist nicht von hohem Rang, wie man aus der Perücke sehen kann, welche allmälig anfängt, den Mangel selbst zu leiden, den sie verdecken soll. Da bei einem so jungen Candidaten die Gelegenheit so zu schmausen vermuthlich erst nach sieben magern Jahren (so lange dauert bekanntlich ein Parlament) wiederkommen möchte, so nutzt er sie aufs Äußerste und auf eine sich auszeichnende Weise, denn er ist wirklich der Einzige, der in der ganzen Gesellschaft, die nur noch trinkt, noch allein ißt, und zwar hat er mit der ausgelernten Vorsicht eines wahren Gourmands ein Feuerbecken vor sich, auf welchem er den Rest einer Rehkeule wärmt. Zur Rechten steht eine Flasche Champagner und zur Linken ein Saucennapf.

Der Vordergrund enthält eine Scene, welche nicht sogleich verständlich ist. Ein auf einem Stuhle sitzender Fleischer, dessen Kopf selbst verbunden ist, verbindet einen Freund, der vor ihm auf einem kleinen Tritt sitzt, und seiner erhaltenen Kopfwunde ungeachtet, den Appetit an den Liqueuren des Wahlschmauses noch nicht verloren hat. Wahrscheinlich hatten diese beiden Helden einen kleinen Abstecher auf die Straße gemacht, wo sie im Übermuthe des Weins mit einigen Andern ihres Zeichens in Händel geriethen, welche, wie man sieht, zum Nachtheil unserer Gäste abgelaufen sind. Zu den Füßen Dessen, der verbunden wird, liegt eine Fahne, worauf die Worte stehen: „Give us our eleven days" (Gebt uns unsere elf Tage wieder). Als nämlich 1752 der gregorianische Kalender in England eingeführt wurde, und also elf Tage aus dem Kalender ausfielen, so sah dies ein Theil des Pöbels für einen außerordentlichen Verlust an, und es fehlte nicht, daß sich Einige mit Pöbeleifer der Sache annahmen. Die Vertheidiger des alten Kalenders rotteten sich daher oder in Banden zusammen, auf welcher die Bittschrift gleich mit deutlichen Worten geschrieben stand. Was diese Fahne eigentlich bei diesem Gastmahl für eine Rolle gespielt hat, ist nicht leicht zu ermitteln, unstreitig aber stehen die beiden Verwundeten mit ihr in näherer Verbindung, und vielleicht soll die Fahne sie nur als Anhänger des alten Kalenderstyls und nebenbei des Pöbels bezeichnen. Feinen Leuten gleichen sie allerdings nicht.

An der linken Seite der runden Tafel sitzen drei Gäste, deren Mienen und Geberden hinlänglich für sich selbst sprechen. Sie haben Burgunder vor sich stehen und lachen dabei über ein Possenspiel, das ein irländischer Procurator, Namens Parnel, der wegen seines muntern Geistes und seiner unerschöpflichen Laune damals berühmt und allgemein beliebt war, ihnen vormacht. Das Spiel, welches er vornimmt, wird dem größten Theil unserer Leser bekannt sein. Er schlägt nämlich um seine Faust ein weißes Taschentuch so herum, daß ein Menschengesicht herauskommt, welches, um der Einbildungskraft zu Hülfe zu kommen, mittels einer Kohle mit Augen, Augenbrauen und Nase versehen wird. Das Hauptsächlichste dabei aber ist der Mund, der dadurch hervorgebracht wird, daß das Tuch zwischen das untere Paar Finger eingeklemmt wird, wodurch er dann durch Auf= und Zuthun der Finger Beweglichkeit erhält und zu sprechen scheint. Was er sprechen soll, spricht hier Herr Parnel. Auf alle Fälle sind seine Witze abgesehen auf seinen Nachbar zur Linken, in dessen schrecklich saurer Miene sich die höchste Verdrießlichkeit ausspricht.

An der rechten Seite der Tafel sehen wir eine Sterbescene. Ein Gentleman nämlich ißt sich zu Tode an Austern, deren er eine noch auf der Gabel hält, indem ihn schon der Tod übereilt. Der Chirurgus hat ihm eine Ader geöffnet, die nicht mehr fließen will, hält die Lanzette im Munde und wischt dem Sterbenden den Todesschweiß vom Gesichte. Hinter diesem rührenden Auftritt, der das letzte Ende aller Dinge berührt, ereignet sich eine Bestechungsscene. Ein methodistischer Schneider nämlich, der ebenfalls eine Stimme zu vergeben hat, wird hier von einem Agenten des Wahlbewerbers stark in Versuchung geführt. Der Agent bietet ihm nämlich eine Hand voll Gold an; sein kleiner Junge zeigt ihm, daß er keine Schuhe und nicht die besten Strümpfe habe. Zwischen diesen überzeugenden Bewegründen und seinem eignen Gewissen steht nun der arme Schneider, so rathlos wie Hercules am Scheidewege. Seine Frau, welche diese Zweifel zu bemerken scheint, sucht durch ein leises Zupfen an seinem Haar ihren Ehemann für das klingende Argument

80   Das Pfennig=Magazin.

zu entscheiden, und die immer bedenklicher werdende Miene des gewissenhaften Mannes scheint zu bestätigen, daß die dreifache Überredung ihren Zweck bald erreichen wird.

Noch ist zu bemerken die zur Linken des sterbenden Alderman rücklings mit Verlust der Perücke umsinkende Person. Diese Person ist ein Stimmensammler, dem ein Stein durchs Fenster an den Kopf fliegt, welcher von der Gegenpartei des Wahlcandidaten herrührt, die eben tumultuarisch auf der Straße vorbeizieht. Diese trägt auf einer Bahre einen ausgestopften Juden mit einem Zettel auf der Brust, auf welchem die Worte stehen: Keine Juden! Es waren nämlich eben zu jener Zeit einige den Juden günstige Gesetze durchgegangen, welche hier und da unter dem Volke Misfallen erregten.

(Die Fortsetzung folgt in Nr. 155.)

Der Wahlschmaus.

Verantwortliche Herausgeber: Friedrich Brockhaus in Leipzig und Dr. C. Drärler=Manfred in Wien.
Verlag von F. A. Brockhaus in Leipzig.

Das Pfennig-Magazin
der
Gesellschaft zur Verbreitung gemeinnütziger Kenntnisse.

154.] Erscheint jeden Sonnabend. [März 12, 1836.

Leonardo da Vinci und sein Abendmahl.

Leonardo da Vinci, dessen ausdrucksvolles Bildniß wir hier in der Abbildung mittheilen, der berühmte Stifter der florentinischen Malerschule, ward um 1450 in dem Flecken Vinci unweit Florenz geboren. Er beschäftigte sich schon in früher Jugend mit Malerei, Bildhauerei, Baukunst, Poesie und Musik, und wurde noch sehr jung von dem Herzog Sforza nach Mailand berufen. Hier stiftete er eine Zeichnenakademie, und erwarb sich auch als einsichtsvoller Baumeister große Verdienste, ging aber 1499 nach Florenz zurück, erwarb sich dort, fleißig arbeitend, durch seine herrlichen Gemälde ein beträchtliches Vermögen, und sein Haus stand an Pracht der Einrichtung den Palästen der Fürsten nicht nach; er hielt sich, wie diese, Pagen und eine ansehnliche Dienerschaft, und war geehrt und geliebt von Allen, die ihn kannten. Von Florenz ging er nach Rom, wo er jedoch nicht lange verweilte, und 1515 folgte er einer Einladung des Königs Franz I. nach Frankreich, hier aber beschäftigte er sich fast nur mit Alchemie und starb daselbst 1519, nicht aber, wie bisher angenommen wurde, in den Armen seines königlichen Freundes.

Leonardo da Vinci war ein Meister, der seiner Kunst sein ganzes Leben hindurch das tiefste Studium widmete. Die höchste Wahrheit in der Darstellung war das Ziel, das er sich vorgesteckt hatte. Darum war der verschiedenartige Ausdruck im menschlichen Charakter für ihn ein Gegenstand unausgesetzter Beobachtungen. Er pflegte deshalb selbst Menschen aus den niedern Ständen um sich zu versammeln, die er durch Wein und Scherze aufregte, bis sie sich in ihrer frohen Laune ohne Rückhalt gehen ließen. Alsdann zeichnete Leonardo die ausdrucksvollsten Gesichter der lustigen Gesellschaft für seine Studien. Oft begleitete er auch Verbrecher zum Richtplatz und studirte auf ihren bleichen Gesichtern die allmälige Steigerung der Todesangst. Stets trug er ein Taschenbuch bei sich, in welches er jede auffallende Gestalt, besonders ausdrucksvolle Köpfe mit wenigen kühnen Zügen zeichnete. Aus diesen flüchtigen Skizzen ist die Sammlung von Caricaturen entstanden, welche bald nach seinem Tode bekannt gemacht wurde.

Das berühmteste Gemälde dieses Meisters ist das auf S. 88 dargestellte Abendmahl des Herrn im ehemaligen Refectorium der Dominikaner von Sta.-Maria delle Grazie zu Mailand. Der Maler hat zu seiner Darstellung den Augenblick gewählt, wo Christus die Worte spricht: Einer unter Euch wird mich verrathen! Er hat den Gesichtszügen der Apostel mit bewunderungswürdiger Kunst einen Ausdruck gegeben, in welchem Neugier, Furcht und das Verlangen, ihre Unschuld an den Tag zu legen, sich vermischen. Der Kopf des Judas machte dem Künstler die meiste Schwierigkeit, da er demselben den Ausdruck der höchsten Bosheit und Treulosigkeit zu geben bemüht war; daß er aber, wie wol erzählt wird, in seinem Judaskopf den Prior des Klosters abgebildet habe, ist eine Fabel. Ebenso ungegründet ist es, wenn Einige erzählen, daß Leonardo da Vinci, so viele Versuche er auch gemacht habe, nie den Kopf des Heilandes habe vollenden können, weil es ihm unmöglich geschienen, die Göttlichkeit in der menschlichen Gestalt auszudrücken, vielmehr versichern uns ältere Kunstschriftsteller, daß der Kopf Christi in dem Bilde auf bewunderungswürdige Weise vollendet gewesen sei. Durch die Länge der Zeit und bei der unverzeihlichen Nachlässigkeit, womit die Mönche das Gemälde behandelten, wurde jener Kopf jedoch verwischt. Das Frescobild, welches schon in frühern Zeiten außerordentlich gelitten hatte, da es auf eine feuchte, viel Salpeter absetzende Wand gemalt war, wurde 1726 durch einen mailändischen Maler, welcher das Geheimniß zu besitzen vorgab, verblichene Farben wiederherstellen zu können, sehr verderbt, wozu noch kam, daß das Refectorium längere Zeit als Heu- und Strohmagazin benutzt ward, und so das Gemälde dem Muthwillen der Soldaten preisgegeben wurde. Man besitzt jedoch zahlreiche Copien dieses herrlichen Bildes, von welchen die vorzüglichsten von Leonardo's Schülern herrühren, und da diese mit der größten Genauigkeit ausgeführt sind und sich sehr gut erhalten haben, so sind sie gegenwärtig zur Beurtheilung des Werks fast wichtiger als das Original selbst. Um dieses erwarb sich seit Aufhebung des Klosters die Behörde dadurch ein besonderes Verdienst, daß sie es gegen weiteres Verderben so viel möglich schützte und für die Beschauer zugänglicher machte.

Die Bereitung des Schweizerkäses.

Die Bereitung des so allgemein gesuchten Schweizerkäses ist so einfach, daß man sie ohne große Schwierigkeit überall nachmachen kann, wo Käse überhaupt bereitet wird. Wenn auch der Geschmack des nach unten beschriebener Schweizerart bereiteten Käses nicht der sein sollte, welchen der Käse, den wir unmittelbar aus der Schweiz beziehen, besitzt, so liegt es vielleicht nicht sowol in der falschen Bereitung, sondern wol meist in der Beschaffenheit der Milch unserer Kühe, die aus weniger kräftigen und gedeihlichen Kräutern erzeugt wird, während die der Kühe in der Schweiz vermöge ihrer ganz andern Lebensweise, die bedeutenden Einfluß auf die Milch äußert, eine weit fettigere und eigenthümliche Milch geben.

Für Diejenigen, welche mit dem Gegenstande nur im Allgemeinen bekannt sind, diene vorher folgende Erläuterung. Die Kuhmilch, woraus wir verschiedene Käse bereiten, enthält als Bestandtheile: Wasser, Käsestoff, verschiedene Fettarten, Butter u. s. w., Milchzucker, Milchsäure, Salze und einige wenige Extractivstoffe. Woher es nun aber kommt, daß man blos aus Milch Käse bereiten kann, liegt eben darin, weil keine andere Flüssigkeit Käsestoff enthält. Der Käsestoff wird bei der Milcherzeugung vermehrt, wenn man den Kühen viel Kleber und eiweißstoffhaltige Pflanzen füttert; der Gehalt des Fettes oder Rahms nimmt zu, wenn man ihnen Öl führende Samen gibt. Im Allgemeinen geben Kühe vom vierten bis zehnten Lebensjahre die beste und reichste Milch, jüngere nur wenig, ältere nicht so viel käsestoffhaltige Milch. Milch von erhitzten oder kranken Kühen taugt nicht zur Käsebereitung. Ehe wir den in der Milch enthaltenen Käsestoff zur Käsebereitung gewinnen können, bedürfen wir noch eines zweiten Stoffes, einer Säure; gewöhnlich bedient man sich des Labes, um den mit den übrigen Stoffen der Milch gebundenen Käsestoff auszuscheiden, wodurch er zum Gerinnen gebracht wird. Die Zubereitung des Labes ist nicht überall gleich; das Wesentliche und Wirksamste besteht aber in dem Safte aus dem vierten Magen, nämlich dem Lab- oder Gerinnmagen eines gesunden Kalbes. Die Schweizer wählen Kälber von zwei bis vier Wochen, welche hauptsächlich mit Milch genährt worden sind. Der Inhalt des Magens wird ausgeleert und, ohne ihn auszuwaschen, in mäßiger Wärme getrocknet, worauf er dann Jahre lang aufbewahrt werden kann. Einige Tage vor dem Gebrauche wird der Magen zerschnitten und in zwei Pfund Molken eingeweicht, auch etwas Salz zugesetzt, und diese dadurch erhaltene Flüssigkeit ist das Lab. Statt der Molken mit etwas Salz kann auch blos laues Wasser genommen werden; die Schweizer ziehen aber das erstere vor, weil dadurch das Lab kräftiger wirkt und nicht so leicht fault, wodurch es unwirksam wird. Die vielen Surrogate, die man statt des Labes vorgeschlagen, gepriesen und angewandt hat, erfüllen beiweitem nicht den Zweck; denn durch ihn allein erhält man guten Käse.

Wollen wir nun der Qualität des Schweizerkäses nur einigermaßen nahe kommen, so muß die Milch (gute und fette), die zum Verkäsen verwendet werden und die nicht von selbst gerinnen soll, entweder von der Kuh weg, frisch gemolken sein, oder wenn sie es nicht ist, wieder über dem Feuer zu jenem Wärmegrade, der ungefähr 20—22° R. beträgt, gebracht werden. Noch besser ist es aber, diesen Wärmegrad zu erreichen, indem man die Erhitzung unmittelbar über dem Feuer ganz und gar vermeidet und das Gefäß, worin sich die zu verkäsende Milch befindet, in einen warmen Raum bringt, der aber wo möglich schon vorher durch darunter angebrachtes Feuer erwärmt sein muß, z. B. auf einer eisernen, durch darunter angebrachtes Feuer erhitzten Platte, oder daß man das Käsegefäß in ein anderes größeres, mit erwärmtem Wasser gefülltes Gefäß hängt. Auf diese Art wird die Milch am gleichmäßigsten erwärmt, worauf bei der Käsebereitung viel ankommt. Ist nun die Milch kuhwarm oder hat sie durch Feuer diesen Wärmegrad erhalten, so wird in dieselbe eine angemessene Menge von Lab, in warmem Wasser aufgelöst, gegossen und bisweilen auch dieser Labauflösung etwas Orlean oder Safran, der Farbe wegen, beigemengt. Ein Theelöffel voll solcher Labauflösung auf 10—12 Kannen Milch ist vollkommen hinreichend, dieselbe zum Gerinnen zu bringen. In diesem Zustande bleibt nun die Milch so lange, gewöhnlich ein bis zwei Stunden, stehen, bis sie ganz geronnen ist, worauf sie mit einer hölzernen Schaufel, einem knotigen Stocke, oder auch einem Quirle, oder bei kleinen Massen auch mit der Hand so lange umgerührt wird, bis die geronnenen Käsetheile auf das Feinste wieder zertheilt worden sind, eine Arbeit, worauf man die größte Aufmerksamkeit verwenden muß. Ist dies geschehen, so läßt man die so zubereitete Milch stehen, damit sich die in derselben befindlichen Käsetheile vollkommen setzen können, und erwärmt darauf die Milch, ohne sie auf irgend eine andere Art in ihrem Niederschlagszustande zu stören, durch ein rasches Feuer bis 40° R., um sie etwas körnig zu machen. Es dürfen aber diese niedergeschlagenen Käsetheile nur kurze Zeit der Hitze ausgesetzt werden, dauert es länger, so wird der Käse spröde und geschmacklos, weshalb man auch bei kleinen Massen, woraus feiner Käse bereitet werden soll, das Erhitzen lieber ganz unterläßt. Dann werden die Käsetheile am Boden des Gefäßes, worin das Erwärmen geschehen ist, in einen Ballen zusammengedrückt, bei kleinen Massen mit Hülfe eines durchlöcherten blechernen Kochlöffels, bei großen Massen mittels eines darunter weggezogenen leinenen Tuches aus dem Gefäße herausgehoben und in die durchlöcherten hölzernen Formen gebracht, deren eine Seite offen ist, und die, wenn die Käsemasse sich darin befindet, vermöge eines darauf passenden Deckels beschwert werden können. Nachdem nun die Käsemasse zwei bis drei Tage (den ersten Tag aber wo möglich gepreßt) oder so lange in der Form gestanden hat, bis sich die Molken völlig daraus verloren haben, so wird sie herausgenommen und auf einen durchlöcherten oder mit Stroh bedeckten Tisch gelegt, wo der Käse nach Verhältniß seiner Größe drei bis sechs Wochen liegen bleibt, täglich gewendet und auf seiner Oberfläche mit Salz eingerieben wird. Hierauf kann er nun an seinen Aufbewahrungsort, in eine luftige, nicht dumpfige, frische, nicht ausdörrende Käsekammer gebracht werden, wo er jedoch, wenn er lange liegt, von Zeit zu Zeit noch mit Salz eingerieben werden muß. In dieser Gestalt ist er nun genießbar, und ob er gut sei, muß der Geschmack beurtheilen. Ein für allemal gilt indeß bei der Käsebereitung die Regel, je weniger warm die Milch ist, wenn ihr das Lab zugesetzt wird, desto langsamer gerinnt sie, und um so zarter wird die Masse; je weniger Lab man zusetzt, desto feiner wird der Geschmack des Käses, und je geringer die Hitze ist, der man die geronnenen Käsetheile aussetzt, desto weicher wird der Käse. *)

Die neuesten Entdeckungsreisen in den nördlichen Polargegenden.

Seit mehr als dritthalbhundert Jahren haben sich mehre Seemächte und die größten Seefahrer mit der Lösung der Aufgabe beschäftigt, ob es möglich sei, in den großen Ocean oder die Südsee auf einem kürzern Wege schiffen zu können, als auf dem kostspieligen, gefahrvollen, beschwerlichen und großen Umwege durch den atlantischen Ocean, längs der Ostküste von Südamerika hin und durch die Magellanstraße oder die Meerenge von Patagonien an der südlichsten Spitze von Amerika hindurch. Ein nördlicher Weg wäre ungleich kürzer und vielleicht weniger gefahrvoll gewesen. Man hatte keine andere Wahl, als von Europa aus nach Nordwesten zu steuern und zu versuchen, ob man um Nordamerika herumfahren könne. Vor dritthalbhundert Jahren war aber der Nordpol noch in tiefes Dunkel gehüllt; das Eis des Polarmeeres hielt man für undurchdringlich und es mußte daher dort noch Vieles entdeckt werden, ehe man nur an die Möglichkeit des glücklichen Erfolgs einer solchen Fahrt glauben konnte. Man wußte noch nicht, ob sich um den Nordpol ein großes Land ausdehne, und ob Nordamerika mit diesem irgendwo zusammenhänge oder nicht; denn nur im letztern Falle war die Durchfahrt zwischen Nordamerika und dem Polarlande möglich. Der Ruhm, diese Zweifel gehoben und die große Aufgabe, wiewol nach ungeheuern Opfern, endlich gelöst zu haben, gebührt zunächst den Engländern. Sie haben uns das mit ewigem Eis umlagerte Land und Meer im äußersten Norden Amerikas enthüllt, und der Leser findet die bis auf unsere Tage seit Ende des 16. Jahrhunderts dort gemachten Entdeckungen auf beifolgender Polkarte genau und theilweise mit Buchstaben bemerkt.

Nachdem bereits 1495 Sebastian Cabot eine nordwestliche Fahrt unternommen hatte, um auf einem kürzern Wege nach Indien zu gelangen, und der britische Seemann Frobisher 1577 eine der Einfahrten in das Binnenmeer der Hudsonsbai durchschifft hatte, unternahm die erste glückliche Fahrt 1585 der Engländer Davis; er entdeckte die nach ihm benannte Davisstraße zwischen der Westküste von Grönland und der Ostküste von Nordamerika. Ein anderer Engländer, Hudson, fand 1611 die Hudsonsbai. Dieser hochverdiente Mann wurde auf seiner letzten Reise, wo er diese Bai näher untersuchen wollte, in Folge einer Meuterei, mit seinem Sohne und mehren Gefährten in der Hudsonsbai ans Land gesetzt und verschwand seitdem spurlos. Nach ihm verfolgte der Engländer Baffin 1614 und 1615 die Davisstraße und fuhr zuerst in die Baffinsbai und in die auf unserer Karte mit m bezeichnete schmale Straße, die damals der Lancastersund genannt wurde, aber, wie später entdeckt wurde, kein Sund, sondern eine Straße ist. Die Entdeckung der Beringsstraße zwischen der Westküste von Nordamerika und der Ostküste von Asien, die der russische Seefahrer Bering 1728 machte, hatte indeß die schon 1648 durch die Fahrt des Kosacken Deschnew wahrscheinlich gewordene Thatsache bestätigt, daß Amerika und Asien geschieden sind. Lange, bis zum Jahre 1765, versuchten die Engländer vergebens, im Norden weiter vorzudringen, mehre Fahrten verunglückten gänzlich in Sturm und Eis; der 80jährige Engländer Knight kam 1741 in der Hudsonsbai mit seiner ganzen Mannschaft jämmerlich um. Der Zweck aller dieser Unternehmungen war, eine Durchfahrt nach Westen zu finden. Ein von dem britischen Parlamente auf die Lösung dieser Aufgabe gesetzter Preis veranlaßte 1746 eine neue Reise, die Ellis unternahm. Zu Lande drangen später Hearne (1771) und Mackenzie (1780) nach Norden vor und entdeckten unter dem 69.—71. Breitengrade das nördliche Eismeer, in welches zwei Flüsse, der Kupferminenfluß und der Mackenziestrom, sich ergießen. Der Engländer Barrington hatte indeß in einer eignen Schrift zu beweisen gesucht, daß das Polarmeer in gewissen Jahreszeiten von Eis frei und die Annäherung an den Pol dann möglich wäre. Die englische Regierung wurde dadurch veranlaßt, im Jahre 1773 den Capitain Phipps mit zwei Schiffen nach Spitzbergen zu senden; er ward aber, als er über den 80. Breitengrad gekommen war, durch Eisfelder zum Umkehren genöthigt. Auch Cook wurde 1778, als er aus der Beringsstraße bis zum Eiscap, der nördlichsten Spitze der Westküste Nordamerikas, gekommen war, durch Eis gehemmt. Diese und andere Versuche schienen zu beweisen, daß eine nordöstliche Durchfahrt aus dem atlantischen Meere in das stille Meer, oder ein Weg um die Nordküste Asiens in die Beringsstraße nicht vorhanden sei. Man hoffte dagegen, daß man einen kürzern nordwestlichen Weg aus der Baffinsbai um die Nordküste Amerikas bis zum Eiscap und der Beringsstraße finden werde, und mehre Beobachtungen schienen es wahrscheinlich zu machen, daß der kürzeste Weg durch das zwischen Grönland und Spitzbergen sehr tiefe Polarmeer selbst, nicht durch Eismassen gehemmt sei. Man glaubte, das Mislingen früherer Unternehmungen sei in dem Umstande gegründet, daß sich die Seefahrer immer zu nahe an den von Eismassen umgebenen Küsten gehalten hätten. Zu neuen Unternehmungen schien auch die Thatsache ermuntern zu können, daß sich große Eismassen in der Gegend von Grönland, sei es durch Erderschütterungen oder durch den Einfluß mehrer gelinden Winter, gelöst hatten, und seit 1815 Eisberge und Eisinseln bis zum 40. Breitengrade herabgekommen waren. Indem nun auf diese und andere Umstände die Vermuthung gestützt wurde, daß das Eis im Polarmeere, wie es sich früher gesammelt habe, auch wieder abnehmen und den Weg nach dem Nordpole wieder öffnen könne, daß Grönland eine Insel sei, und daß die Baffinsbai nach dem Eismeere hin eine Durchfahrt habe, beschloß die

---

*) Vergl. über die Bereitung des grünen Schweizerkäses Pfennig-Magazin Nr. 116.

Karte vom Nordpol.

britische Regierung, Entdeckungsfahrten im Polarmeere zu unternehmen. Das Parlament versprach dem ersten Seefahrer, der die nordwestliche Durchfahrt in das stille Meer auffände, eine Belohnung von 140,000 Thalern, demjenigen, der den Nordpol erreichte, 35,000 Thaler, und der damalige Prinz Regent setzte noch besondere Preise von 35,000—105,000 Thalern für Diejenigen aus, welche bis zu gewissen Punkten in dem Polarmeere vordringen würden. Im Jahre 1818 ließ die britische Regierung eine doppelte Fahrt nach dem Nordpol unternehmen. Der Capitain Buchan sollte mit zwei Schiffen zwischen Spitzbergen und Nowaja Semlja die Durchfahrt über den Pol in das stille Meer versuchen und Capitain Roß, den der damalige Lieutenant Parry begleitete, gleichzeitig mit zwei Fahrzeugen die nordwestliche Durchfahrt aus der Davisstraße und der Baffinsbai von Nordwesten her einen Weg in die Beringsstraße aufsuchen. Buchan kam über Spitzbergen hinaus bis zu 80° 31' und mußte im Sommer 1818, durch Eismassen gehemmt, wieder umkehren. Roß aber, der besonders die Westküste der Baffinsbai untersuchen sollte, drang bis gegen den 76. Breitengrad vor, wo er die Westküste Grönlands untersuchte und die Nordküste dieses Landes entdeckte, die er das arktische Hochland nannte. Er erreichte die nördlichste Grenze der Baffinsbai unter 77° 40' und bestimmte die Lage dieser Bai genauer. Er hatte sich in der Meinung befestigt, daß keine Durchfahrt aus der Davisstraße und der Baffinsbai in das Eismeer vorhanden sei; da er aber den Lancastersund und eine Strecke, wo sich eine Strömung zeigte, die ein offenes Meer andeutete, nicht genau hatte untersuchen können, so sandte die englische Regierung nach seiner Rückkehr den Lieutenant Parry im Jahre 1819 mit zwei Schiffen ab, um die Baffinsbai genauer erforschen zu lassen. Vom Lancastersund, der nach seinen Entdeckungen eine Straße ist, kam er durch die von ihm zuerst beschiffte Barrowstraße in das Polarmeer, überwinterte im Hafen der Melville-Insel, entdeckte die auf der Karte mit d bezeichnete Küste Banksland, mußte aber unter 74° 27', durch Eisfelder gehemmt, im August 1820 umkehren. Das Ergebniß war, daß eine Durchfahrt aus der Baffinsbai (ein Meer, keine Bai) möglich, und daß Grönland eine Insel sei. Im Mai 1821 trat Parry seine zweite Reise an, zwar ohne eine Durchfahrt zu finden, aber nicht ohne die Erdkunde durch genauere Beschreibung der Küsten zu bereichern. Die dritte Reise unternahm er 1824 in Begleitung von Capitain Lyon. Sie überwinterten im Hafen Bowen in der Prinz-Regent-Bai. Eismassen hinderten weiteres Vordringen. Im Mai 1827 segelte er mit einem trefflich ausgerüsteten Schiffe nach der Richtung von Spitz-

Ansicht der Eisberge im Polarmeer.

bergen. Unter 82° 45′ nördlicher Breite (der schwarze Punkt auf der Karte bezeichnet die Stelle) mußte er, durch Eismassen aufgehalten, umkehren. Durch seine Fahrten ist das Meer bis zum 115. Längengrade vollkommen bekannt geworden, und es sind nur noch 11 Grade bis zum Eiscap unbekannt.*) Während Parry's Reisen hatte auch der hochverdiente Capitain Franklin durch zwei Landreisen in den Jahren 1819—22 und 1825—27 bedeutende Küstenstrecken von Nordamerika untersucht; er kam nach zehnmonatlicher Überwinterung 1821 zum Kupferminenfluß und dann bis zu dem Punkte, welcher auf unserer Karte mit p bezeichnet ist, nannte das dabei liegende Cap Turnagain, und untersuchte auf der zweiten Reise vom Mackenzieflusse aus die Küste westwärts. Gleichzeitig schickte die britische Regierung den Capitain Beechey, der 1819 Parry's Begleiter gewesen war, mit einem Schiffe um das Cap Horn, der äußersten Spitze Südamerikas. Nordwärts durch das stille Meer fahrend, sollte er am Eiscap die östliche Durchfahrt suchen und zugleich Parry und Franklin, wenn sie im glücklichen Falle die offene See in der Beringsstraße erreichten, Vorräthe zuführen. Er segelte aus dem Kotzebuesund nordwärts und drang gegen 30 Meilen jenseit des Eiscaps vor, wo er vergebens auf Capitain Franklin wartete, der auf der Nordwestküste Amerikas dahin gelangen sollte, und mußte im October 1826 umkehren, wie Franklin, der sich dem Eiscap und Beechey's Schiffe bis auf ungefähr 36 Meilen genähert hatte, durch die Sorge für die Erhaltung seiner Leute zur Rückkehr genöthigt wurde.

Nach diesen Entdeckungen kann an einer nördlichen Durchfahrt nicht mehr gezweifelt werden. Die Erdkunde hat mit ihnen einen mächtigen Schritt vorwärts gethan. Grönland ist eine Insel und die ganze Nordküste Amerikas von der Davis- bis zur Beringsstraße bespült das Polarmeer, aber ebenso gewiß ist wol, daß diese höchst gefahrvolle Straße zur Fahrt in die Südsee nie wird benutzt werden können, selbst wenn auch einem kühnen Seemann die Durchfahrt gelänge. Dieses zu versuchen unternahm 1829 der Capitain Roß auf seine und seiner Freunde Kosten. Er verließ mit dem Dampfschiffe Victory und mit Lebensmitteln auf drei Jahre versehen England im Mai jenes Jahres, um von dem Lancastersund und der Prinz-Regent-Einfahrt aus die Nordküste von Amerika westwärts zu untersuchen. Nachdem er vier Winter in den Polargegenden zugebracht und im Mai 1832 sein Schiff verloren hatte, setzte er in Booten seine Fahrt fort, bis endlich ein Schiff von Hull ihn und seine Gefährten aufnahm. Besorgt um die Reisenden, schickte die geographische Gesellschaft zu London im Mai 1833 den Capitain Back ab, der von Montreal in Canada zu Lande bis zum Sklavensee vordringen und Roß aufsuchen sollte, als dieser im October 1833 unerwartet in England ankam. *) Die Resultate seiner Reise sind, daß die Prinz-Regent-Einfahrt im Süden verschlossen sei und die nordwestliche Spitze Amerikas sich in eine Halbinsel (c) endige. Back ist im J. 1835 gleichfalls nach England zurückgekehrt. Eine neue Fahrt in das Eismeer wurde zu Anfange dieses Jahres beschlossen, nachdem die Nachricht eingetroffen war, daß mehre auf den Walfischfang ausgegangene Schiffe von dem Eise eingeschlossen wären. James Roß, ein Verwandter des Capitains und dessen Begleiter auf der letzten Polarreise, erhielt die Leitung dieses Unternehmens, das aber unterblieb, als im Januar die Grönlandfahrer glücklich nach England zurückkehrten.

Die russische Regierung veranstaltete in demselben Zeitraume, wo die britischen Seefahrer so thätig waren, mehre Entdeckungsreisen, deren Zweck war, theils die Küsten Kamtschatkas und des nordwestlichen Amerikas, theils die Nordküste Asiens und Nowaja Semlja zu untersuchen. Das Ergebniß dieser, von Otto von Kotzebue, dem Baron von Wrangel, dem Capitain Wassiljeff, dem Lieutenant Lasareff, dem Lieutenant Lawroff und dem Capitain Lieutenant Lütke von 1814—26 unternommenen Reisen war, daß Asien im Norden nicht mit Amerika zusammenhängt, und überdies wurde die Kunde von Nowaja Semlja und den Küsten Lapplands durch diese Reisen bereichert.

Einen Begriff von der wunderbaren und für die Schiffahrt im Polarmeere höchst gefährlichen Bildung der

---

*) Vergl. Pfennig-Magazin Nr. 79.

*) Vergl. Pfennig-Magazin Nr. 65 und 71.

Eisberge wird sich der Leser nach einer der Natur entnommenen und auf S. 85 beigefügten Abbildung machen können.*)

Mexico.

I.

Die älteste Geschichte der Bewohner der großen Ländergebiete auf der Nordhälfte des amerikanischen Festlandes, die jetzt unter dem Namen Mexico verbunden sind, ist noch in Dunkel gehüllt. Die Überreste des Alterthums, die man in neuern Zeiten in Guatemala entdeckt hat, scheinen auf phönizische Ansiedelungen hinzuweisen; Sagen, Denkmale und andere Spuren deuten auf eine Einwanderung von Osten, und nicht unbegründet ist die Vermuthung, daß namentlich Mexico durch einen aus der Tatarei oder China ausgewanderten Stamm sei bevölkert worden, der sich 100 Jahre nach Christus gegen Nordosten wendete. Im 7. Jahrhundert kamen aus einem Lande nördlich von Mexico die Tolteken, welchen andere Stämme folgten, bis im 12. Jahrhundert die Azteken Mexico oder Anahuac, wie es in ihrer Sprache hieß, besetzten und im 14. Jahrhundert die alte Stadt Mexico gründeten. Als die Spanier im 16. Jahrhundert in das Land eindrangen, fanden sie die Bewohner auf einer solchen Stufe der Gesittung, daß das Recht des Privateigenthums anerkannt, eine auf bestimmte Gesetze gegründete Staatsordnung eingeführt war, gesonderte Gewerbe und Unterschied der Stände bestanden, und die Künste mit Erfolg gepflegt wurden. Es wurden Steuern vom Grundbesitz, von Gewerben und von Waaren bezahlt, aber, da die Mexicaner kein Geld kannten und nur Cacaobohnen ein beschränktes Tauschmittel waren, in Naturerzeugnissen, die in Vorrathshäusern aufbewahrt wurden, aus welchen der Beherrscher seine Diener im Frieden und seine Heere im Kriege versorgte. Menschen aus den niedern Volksclassen, die kein Eigenthum besaßen und kein Gewerbe trieben, mußten, statt Steuern zu bezahlen, persönliche Dienste leisten und des Königs Ländereien bearbeiten oder bei öffentlichen Bauten helfen. Es waren Eilboten in bestimmten Entfernungen angestellt, um Nachrichten von einem Theile des Landes zu dem andern zu bringen. Die Straßen der Städte wurden in der Nacht von Wächtern durchzogen und durch Feuer erleuchtet. Die Mexicaner verstanden die Kunst, Metalle zu gießen, sie bearbeiteten Steine, selbst den härtesten Basalt, mit großer Feinheit der Ausführung zu Bildsäulen, bauten Mais und Baumwolle an und errichteten kunstvolle Pyramiden, von welchen die größte, die Pyramide von Cholula, bereits in Nr. 113 des Pfennig-Magazins beschrieben worden ist. Die Sternkunde der Azteken scheint auf Überlieferung gegründet gewesen zu sein. Ihr Sonnenjahr bestand, wie bei den alten Ägyptern, aus 365 Tagen und ward in 18 Monate, jeder von 20 Tagen, eingetheilt. Die fünf Überschußtage wurden für Unglückstage gehalten, wo man weder arbeitete noch heilige Gebräuche verrichtete, sondern sich blos dem Vergnügen hingab. Nach 52 Jahren wurden 13 Tage eingeschaltet, wodurch die Zeitberechnung mit der julianischen Jahresbestimmung von 365 Tagen und 6 Stunden in Einklang kam. Die Religion der alten Mexicaner war Götzendienst, und sie verehrten zahlreiche Götter unter verschiedenen, zum Theil furchtbaren Gestalten. Den Altären sich nähernd, bespritzten sie dieselben mit dem Blute, das sie aus ihren Adern ließen. Menschenopfer waren gewöhnlich, und die Köpfe und Herzen der Kriegsgefangenen wurden den Göttern dargebracht. Die Götterbilder besiegter Völker wurden in einem eignen Gebäude wie in einem Gefängnisse aufbewahrt. In einem andern befanden sich die Köpfe der geopferten Krieger, und sobald ein Schädel bei einem ihrer Götzenbilder vor Alter morsch zu werden anfing, ward er durch einen andern Kopf aus jenem Vorrathe ersetzt. Den Köpfen gemeiner Krieger wurde die Haut abgezogen, die Köpfe der Vornehmen aber suchte man mit Haut, Bart und Haupthaar aufzubewahren, und sie machten die Siegesdenkmale nur noch furchtbarer. Die alten Mexicaner hatten so wenig als ein anderes Urvolk Amerikas ein Alphabet. Ihre Schrift war theils Bilderschrift, welche sinnlich wahrnehmbare Gegenstände durch Abbildungen darstellte, theils eine sinnbildliche Schrift, welche die nicht sinnlich darstellbaren Begriffe durch willkürliche Zeichen oder einfache Hieroglyphen ausdrückte. Solche Zeichen, die der Abbildung eines Ereignisses hinzugefügt wurden, deuteten sinnreich an, ob die Handlung bei Tage oder bei Nacht stattgefunden hatte, wie alt die dargestellten Personen gewesen waren, ob sie miteinander gesprochen und wer am meisten geredet hatte. Die Mexicaner waren aber noch einen Schritt weiter gegangen, und gebrauchten auch Zeichen, bei welchen das Bild der Bedeutung des Wortes, womit der dargestellte Gegenstand bezeichnet war oder der Ähnlichkeit des Lautes entsprach, wodurch dem Beschauer dieses Wort vor die Seele gebracht wurde. So war z. B. die wörtliche Bedeutung des Namens eines alten mexicanischen Königs „Wassergesicht", und eines andern „ein die Luft durchfliegender Pfeil", und um diese Könige darzustellen, verband der Maler die Hieroglyphen von Wasser und Luft oder die zur Bezeichnung dieser Gegenstände üblichen willkürlichen Zeichen mit der Figur eines Kopfes und eines Pfeils. Die Namen zweier Städte bedeuteten „Adlerhaus" und „Spiegelplatz", und um sie auszudrücken, ward ein Haus, aus welchem ein Adlerkopf hervorblickte, und ein Spiegel von Obsidian gemalt.

Diese Bilderschrift war beiweitem nicht so ausgebildet als die Hieroglyphen der Ägypter, und die Gemälde waren von sehr roher Art und höchst unbestimmt in der Bezeichnung von Ereignissen. Die einfachsten Hieroglyphen bezeichnen z. B. eine Stadt durch ein Haus mit gewissen Sinnbildern, die bald natürliche Gegenstände, bald künstliche Figuren sind, um sie von andern Städten zu unterscheiden. Ein König, der sein Gebiet durch Waffengewalt vergrößert hat, wird durch einen mit Pfeilen bemalten Schild bezeichnet, der zwischen seiner Gestalt und den Sinnbildern der von ihm bezwungenen Städte steht. Um Zahlen zu bezeichnen, waren die Mexicaner einen Schritt über die herkömmlichen Zeichen hinausgegangen. Kleine Zahlen wurden durch so viele Punkte oder Kugeln bezeichnet, als die Zahl Einheiten hatte. Für große Zahlen gab es besondere Zeichen, z. B. für 400 eine Kornähre, eine Ananas oder einen Federkiel, worin Goldstaub aufbewahrt wurde, für 8000 einen Beutel, weil man gewöhnlich so viele Cacaobohnen in einen Beutel that. Die Angaben der Jahre sind neben der bildlichen Darstellung des Ereignisses angebracht, und die darauf sich beziehenden Zeichen in eine Art von Rahmen eingeschlossen. Die mexicanischen Schriftmalereien wurden auf Häute, auf Baumrinden, auf Baumwollenzeug oder auf einen, aus den Fasern der Aloe bereiteten Stoff

---

*) Wir werden künftig in einem besondern Aufsatze ein allgemeines Naturgemälde des Nordpolarlandes nach den neuesten Entdeckungen geben.

aufgetragen. Solche Handschriften, deren es in mehren europäischen Sammlungen gibt, bestehen nicht aus Blättern oder Rollen, sondern sind zickzackartig wie Fächer zusammengelegt. Die Farben der Bilder sind ungemein lebhaft, aber die Figuren meist zwerghaft und sehr verzeichnet. Die Köpfe sind ungeheuer groß, die Leiber sehr kurz und die Füße gleichen mit ihren langen Zehen Klauen. Das Gesicht ist gewöhnlich im Profil gezeichnet, aber das Auge so gestellt, als ob das Gesicht in der vollen Ansicht sich zeigte, und die Nase von unverhältnißmäßiger Größe. Viele dieser Überreste des Alterthums wurden als Denkmale eines Götzendienstes von dem blinden Eifer der spanischen Eroberer gesammelt, und sie waren ungemein glücklich in ihren Bemühungen, da es sehr viele Malereien dieser Art in Mexico gab, die Zahl der Maler sehr ansehnlich war und fast nichts ungemalt blieb. Die spanischen Priester sammelten so viele Bilder blos in der Provinz Tezcuco, daß sie, wie ein Berichterstatter erzählt, auf dem Marktplatze zu Mexico einem kleinen Berge glichen. Alles ward angezündet und auf diese Weise manches Denkmal merkwürdiger Ereignisse in Asche verwandelt. Mehre dieser Überreste wurden jedoch dem Untergange entrissen, und unter diesen war eine für Karl V. bestimmte Sammlung, die auf dem Meere von einem französischen Schiffe erbeutet ward und später in die Hände eines englischen Gelehrten kam, der sie in Abbildungen bekannt machte. Sie besteht aus drei Abtheilungen. Die erste schildert in Bildern die Geschichte der mexicanischen Könige bis auf den Einfall der Spanier, die zweite enthält ein Verzeichniß der Tribute, die ihm von jeder Provinz und jeder Stadt dargebracht wurden, und die dritte zeigt uns die häuslichen Einrichtungen des Volkes. Die erste Bilderreihe eröffnen die zehn Häuptlinge, die das Reich der Azteken gründeten, und über ihren Köpfen sieht man die hieroglyphischen Sinnbilder ihrer Namen. Sie stoßen auf einen Adler und einen Cactus, welche die Stelle bezeichnen, wo die Wanderungen der Azteken endigen sollten und die Stadt Mexico erbaut wurde, die ein Haus sinnbildlich bezeichnet, wie ein Schild mit Pfeilen die Bezwingung derselben durch Waffengewalt. In der zweiten Abtheilung sehen wir die Steuern, welche jede Stadt dem königlichen Schatze oder gewissen Tempeln bringt und die sämmtlich in Naturerzeugnissen oder Kunstarbeiten bestehen, z. B. Gold, Silber, Edelsteine, Waffen, Matten, Mänteln, vierfüßigen Thieren und Vögeln, Federn, Cacao, Mais, buntem Papier, Salz u. s. w. Diese Gegenstände werden entweder durch wirkliche Abbildungen derselben oder durch die Dinge, worin sie gewöhnlich enthalten waren, z. B. Körbe, Beutel, Kisten, dargestellt, und die Menge derselben bezeichnen Zahlzeichen von der oben angegebenen Art. Die dritte Abtheilung zeigt uns das ganze Leben des Bürgers in einer Darstellung aller von den Gesetzen vorgeschriebenen Handlungen. Auf dem ersten Bilde sehen wir die bei der Geburt eines Kindes üblichen Feierlichkeiten. Die Ältern bringen es in der Wiege vor den Oberpriester und vor den Lehrer, der in dem Gebrauche der Waffen unterrichtete. Die nächsten Bilder sind Darstellungen der Erziehung des Kindes bis zum 15. Jahre, und zwar jedesmal in einem doppelten Bilde, wo auf der einen Seite der Vater den Knaben, auf der andern die Mutter das Mädchen unterrichtet. Die Menge der Nahrung ist genau angegeben und für beide Geschlechter gleich. Ein Kuchen ist hinreichend, bis das Kind sechs Jahre alt ist, später anderthalb Kuchen. Kleine Kreise auf dem Bilde bezeichnen das Alter. Mit dem fünften Jahre trägt der Knabe Lasten und das Mädchen steht bei der spinnenden Mutter. Im sechsten Jahre spinnt das Mädchen selber und der Knabe wird im Gebrauche des Fischernetzes unterrichtet. Im achten Jahre werden die Werkzeuge der Züchtigung den Trägen oder Ungehorsamen zur Abschreckung gezeigt, und aus dem Munde der Ältern kommen Worte der Ermahnung, die durch eine Reihe kleiner Zungen angedeutet werden. Die Folgsamkeit der Kinder wird durch ihre flehende Stellung und durch Thränen auf ihren Wangen bezeichnet. Im neunten Jahre wird die Züchtigung wirklich verhängt. Der Knabe ist an Händen und Füßen gebunden und liegt auf den scharfen Stacheln von Aloeblättern, während der Vater ihm den Leib damit kitzelt. Das Mädchen wird nur am Handgelenke gestachelt. Im zehnten Jahre härtere Züchtigungen; Knaben und Mädchen werden geprügelt. Ein Jahr später werden noch härtere und empfindlichere Strafen aufgelegt, indem den Kindern, die weder durch Worte noch durch Schläge sich bessern lassen, der scharfe Dampf von Piment in die Nase gebracht wird. Sie erhalten immer nur noch anderthalb Kuchen, weil sie nicht gefräßig werden sollen. Im zwölften Jahre eine neue Steigerung der Züchtigung; der Vater legt den nackten, an Händen und Füßen gebundenen Knaben in einen Pfuhl, wo er einen ganzen Tag liegen muß. Im 13. und 14. Jahre theilen Knabe und Mädchen die Arbeiten ihrer Ältern; sie rudern, fischen, kochen oder weben. Im 15. Jahre werden zwei Knaben, der eine dem Oberpriester, der andere dem Lehrer der Waffenübungen übergeben, da dies das Alter ist, wo sie ihren Lebensberuf wählen. Die Mädchen werden verheirathet. Von dieser Zeit an werden die Lebensjahre nicht mehr bezeichnet. Wir sehen den jungen Mann dem Priester oder dem Krieger folgen, Unterricht empfangen und Züchtigungen erleiden. Er erhält die Ehrenbezeigungen, die er in seinem Berufe verdient: bemalte Schilde, den Lohn edler Thaten, das rothe Stirnband, das die Tapferkeit eines jungen Kriegers belohnt, und andere Auszeichnungen, die der König den Tapfern gewährt, je nach der Zahl der von ihnen gefangenen Feinde. Auf dem letzten Bilde wird der Befehlshaber einer Provinz erwürgt, weil er sich gegen den König empört hat. Wir sehen die Missethat des Verbrechers, die Bestrafung seiner ganzen Familie und die Rache, die seine Untergebenen an den Boten ausüben, welche die Befehle des Königs überbringen. Staatsboten, Kundschafter, Gerichtsdiener, das Reichsgericht und endlich der König selber auf dem Throne erscheinen auf dem Schauplatze.

Hieroglyphische Gemälde sind jetzt in Mexico selten, wo es überhaupt, außer den Pyramiden, nur wenige Denkmale der Vorzeit gibt. Die Spanier zerstörten die Tempel, zerbrachen die Götterbilder und begruben die Steinblöcke, die zu groß waren, als daß man sie hätte zerschlagen können. Alles, was sich auf die alten Gebräuche bezog, sollte vor den Augen des Volkes verborgen werden. Einige jener ungeheuern Steinblöcke sind erst in neuern Zeiten wieder aufgegraben worden, unter andern einer, der mit mehren auf den Kalender sich beziehenden Bildwerken bedeckt war und zu Ende des 18. Jahrhunderts unter den Trümmern eines alten Tempels in Mexico gefunden ward. Er hatte ein Gewicht von 24 Tonnen, und da kein Berg in einer Entfernung von acht bis zehn Stunden ähnlichen Porphyr lieferte, so mußte es unermeßliche Arbeit gekostet haben, ihn bis zu dem Tempel zu schaffen.

(Die Fortsetzung folgt in Nr. 155.)

Das Abendmahl von Leonardo da Vinci.

Verantwortliche Herausgeber: Friedrich Brockhaus in Leipzig und Dr. E. Drärler-Manfred in Wien.
Verlag von F. A. Brockhaus in Leipzig.

Das Pfennig-Magazin

der

Gesellschaft zur Verbreitung gemeinnütziger Kenntnisse.

155.] Erscheint jeden Sonnabend. [März 19, 1836.

Schalthiere oder Conchylien.

Die Schalthiere, ein höchst merkwürdiges und mannichfaltiges Thiergeschlecht, leben theils im Meere und in Flüssen, theils auf dem Lande. Nach ihrer Schale werden sie eingetheilt in Schnecken, wenn die Schale nur aus einem Stücke besteht, und in Muscheln, wenn sie aus mehren zusammengesetzt ist. Diese Schalen sind außerdem aber sehr verschiedenartig gestaltet und noch verschiedener gezeichnet, sodaß, wenn man die Thiergattung nach Gestalt, Zeichnung und Farbe der Schalen ordnen will, man eine große, fast nicht zu übersehende Menge von Abarten erhält. Neuere Naturforscher haben daher nicht die Schalen, sondern die inwohnenden Thiere selbst in zwei Hauptclassen, die der Weichthiere und Ringelwürmer gebracht. Die Schalen bildet sich das Thier selbst aus einem kalkhaltigen Safte, den es ausschwitzt und der dann leicht verhärtet. Es gibt bedeutende Sammlungen solcher Schalen, die nach ihrer Gestalt und Farbe eigne, von andern ihnen ähnlichen Gegenständen entlehnte Namen erhielten, wobei man freilich, um diese Ähnlichkeiten zu finden, die Phantasie zu Hülfe nehmen muß. Dies ganze Thiergeschlecht ist übrigens von den Naturforschern noch wenig gekannt, weshalb wir zwölf theils allgemein bekanntere, theils von Sammlern sehr geschätzte Schnecken- und Muschelgattungen hier in treuen Abbildungen geben.

Nr. 1 ist der viel gefürchtete Bohrwurm, welcher durch Zerbohren des Holzes an Schiffen und Wasserbauen schon oft ungeheuern Schaden angerichtet hat. Den eigentlichen Wurm umgibt eine lange, runde, vielgegliederte Schale, die das Thier nach Belieben biegen kann, und mit einem am äußersten vordern Ende derselben befindlichen Stachel bohrt es sich in das Holz, von welchem es sich auch nähren soll. Kein Baum ist diesem Thiere zu stark, kein Holz zu hart, in kurzer Zeit ist die stärkste Bekleidung der Schiffe zerfressen, und das Schiff würde sinken, wenn nicht sogleich Maßregeln dagegen getroffen würden; aus diesem Grunde werden die Seeschiffe gewöhnlich, so weit sie in Wasser gehen, mit Kupfer, Zink und dergleichen beschlagen. Auch an Wasserbauen, Dämmen und dergleichen ist dieser Wurm, besonders da er sich sehr schnell vermehrt, ein sehr gefährlicher Feind. So war z. B. zu Anfange des 18. Jahrhunderts das Holzwerk an den Dämmen, welche die niederländische Provinz Seeland gegen die Überschwemmungen des Meeres schützen, in kurzer Zeit so durchbohrt worden, daß man den baldigen Einsturz derselben und die Überschwemmung des ganzen Landes fürchten mußte. Glücklicherweise nahm aber noch zeitig genug der Feind, aus unbekannten Ursachen, seinen Rückzug.

Ein weit willkommenerer Gast ist die unter Nr. 2 dargestellte Auster. Sie lebt nur im Meere, zerfällt in mehre Gattungen, von denen fast alle eßbar sind. Der oft verschiedene Geschmack von Austern einer und derselben Gattung rührt hauptsächlich von der Gegend her, wo sie gefangen werden, und von der Nahrung, welche sie dort finden. Indeß macht man auch eine schlechte Auster dadurch schmackhaft, daß man sie eine Zeit lang in besondere Behälter bringt, wo möglich in der Nähe der Küsten, wo sie gefangen wurden, und hier gut füttert. Die Auster ändert dann bald ihre Farbe und wird kräftiger und schmackhafter.

Weniger geschätzt als die Auster ist die sogenannte eßbare Muschel Nr. 3. Auch von ihr gibt es verschiedene Gattungen. Man findet sie in allen Meeren, auch in stillen, süßen Wassern. Sie wachsen und vermehren sich noch schneller als die Austern und häufen sich an Küsten oft in solcher Menge an, daß sie das Fahrwasser da, wo das Meer nur mäßig tief ist, förmlich versperren, und Schiffe oft die größte Mühe haben, durchzukommen. Mehre Arten dieser Muschel werden ihrer schönen Zeichnung wegen geschätzt.

Die Muschel Nr. 4 führt den Namen der Feldcythere. Sie zeichnet sich durch ihre braunen, regelmäßigen Zackenlinien auf weißem Grunde aus. Cytheren gibt es in 34 Arten. Einige derselben findet man an den Kalkfelsen der französischen Küsten, ihre eigentliche Heimat aber ist das indische Meer.

Von der folgenden Muschelgattung Nr. 5, die man wegen ihrer Gestalt die Kammmuschel nennt, gibt es mehr als 100 Arten. Sie sind den Austern an Gestalt sehr ähnlich, können sich aber, während jene still liegen oder an Felsen hängen, beliebig bewegen und kommen oft auf die Oberfläche des Wassers. Einige dieser Muscheln sind prächtig gezeichnet und werden häufig als Trinkschalen mit Silber eingefaßt in den Handel gebracht, auch bedienten sich schon die alten Römer solcher Schalen z. B. zu Salzfässern.

Ebenfalls nach ihrer Gestalt hat man die Muschel Nr. 6 die Arche Noah's genannt. Sie besteht wie Nr. 2, 4 und 5 aus zwei Schalen, die das inwohnende Thier öffnen und verschließen kann. Dieses hängt sich mittels sehnenartiger Fäden, die es durch die Spalte der Schale spinnt, an Felsen, zerreißt diese Fäden aber wieder, so oft es sich an einen andern Ort begeben will. Man findet diese Muscheln an den Antilleninseln, im mittelländischen Meere, an den Küsten Afrikas im rothen Meere; sie sind eine Lieblingsspeise der Araber.

Die Schnecke, Nr. 7, kommt in fast unzähligen Abarten vor. Man findet sie überall, große, kleine, bunte und einfarbige. Die große Schnecke mit graugelbem Hause wird häufig als Delicatesse verspeist.

Die kreisförmige Muschel Nr. 8 heißt die Sonnenuhr. Auch von ihr unterscheidet man nach der Zeichnung verschiedene Arten. Die hier abgebildete ist die gestreifte Sonnenuhr. Diese Muschelgattung findet sich nur im indischen Meere.

Nach ihrer Ähnlichkeit mit einem Helme wird die Muschel Nr. 9 die Helmmuschel genannt. Man zählt deren 21 Arten. Unter ihnen zeichnet sich durch Schönheit und Größe die gestrickte Helmmuschel besonders aus.

Zwei sehr schöne Muschelgattungen sind die unter Nr. 10 und 11 abgebildeten Porzellanmuscheln, so genannt wegen ihrer schön polirten, mit prächtigen Farben und Zeichnungen geschmückten Schalen. Diese Muscheln finden sich in allen Meeren, am schönsten aber in den tropischen, und kommen häufig zu Dosen verarbeitet in den Handel.

Ähnlich gestaltet wie die vorige, nur weit größer, ist Nr. 12, die Mützen- oder Kegelmuschel, die zu den Zierden jeder Muschelsammlung gehört. Sie hält sich nur auf dem Meeresgrunde auf und ist deshalb schwer zu fangen. Es gibt mehre sehr schön gezeichnete Arten dieser Muschelgattung, die nach der Schönheit der Zeichnung besondere Ehrennamen erhalten haben. So heißt eine derselben Cedo nulli, d. h. ich weiche keiner, eine andere die Kaiser-, eine dritte die Königsmuschel; wieder andere kennt der Muschelsammler unter den Namen Cardinal, Erzbischof, Bischof, Gouverneur, Commandant, Gesandter u. s. w. Von der Kegelmuschel gibt es viele Arten, und unter jedem der angeführten Namen begreift man wieder mehre Spielarten, unterschieden durch Farbe und Zeichnung. Für Muscheln dieser Art zahlt der Kenner oft große Summen, und in Frankreich wurde zu Anfange des 18. Jahrhunderts für eine Cedo nulli 1000 Francs bezahlt, und für noch seltenere und ebenso schöne Muscheln zahlt man noch heute wol das Dreifache. Die meisten dieser Muschelarten finden sich in dem tropischen Meere, nur einige weniger geschätzte in dem mittelländischen.

Der Raub der englischen Kronjuwelen.

Zu den besondern Merkwürdigkeiten, auf welche der Spießbürger Londons den Fremden vorzugsweise aufmerksam machen zu müssen glaubt, gehören auch die Herrlichkeiten, welche der alterthümliche Tower in seinen festen Thürmen, dunklen Gewölben und großen Hallen birgt, von denen aber wieder die Kronjuwelen als das Interessanteste bezeichnet werden.*) Daher wallfahrten auch noch jetzt jährlich viele Hunderte zum Beschauen der alten Kronen und sonstigen Reichsinsignien, so sehr auch dasselbe jetzt erschwert und mit lästigen Formalitäten verbunden ist. Die Veranlassung zu diesen außerordentlichen Vorsichtsmaßregeln, die vielleicht mancher unserer deutschen Landsleute unangenehm genug empfunden hat, ist in ihren Einzelheiten noch so wenig bekannt, daß wir auf den Dank unserer Leser rechnen zu dürfen glauben, wenn wir dieselbe nach authentischen Berichten in diesen Blättern mittheilen.

Erst seit der Regierung Karl II. wurden die Reichsinsignien in dem Tower öffentlich ausgestellt und dem Volke der Zutritt zu denselben gegen Erlegung eines bestimmten Eintrittsgeldes gestattet. Die Oberaufsicht über dieselben führte damals Sir Gilbert Talbot, welcher es einem alten, treuen und zuverlässigen Diener seines väterlichen Hauses, einem gewissen Talbot Edwards, überließ, die schaulustigen Fremden herumzuführen und ihnen die Herrlichkeiten der Königswürde in ihren Symbolen zu zeigen. Sein Name ist eng verknüpft mit der Geschichte des Raubversuches, welches 1673 ausgeführt wurde, indem ein gewisser Blood, der Sohn eines irländischen Grobschmieds, ein zu jedem Bubenstücke fähiger und entschlossener Mensch, es versuchte, sich der Juwelen, die seine Raubsucht gereizt hatten, zu bemächtigen. Um dies bewerkstelligen zu können, verschaffte sich dieser durchtriebene Schurke unter der Maske und im vollen Ornat eines Geistlichen in Begleitung eines Weibes, das er seine Frau nannte, Eingang in den Tower und wünschte, die Kronjuwelen zu sehen; kaum aber waren sie in das Zimmer getreten, als die Dame plötzlich unwohl zu werden vorgab und die freundlichen Dienstleistungen der Frau Edwards in Anspruch nahm. Diese brachte die

---

*) Vergl. über den Tower Pfennig-Magazin Nr. 82, wo auch die Kronjuwelen ausführlich beschrieben sind.

Kranke sogleich in ihre Wohnung, wo dieselbe bald wieder sich wohl fühlte und dankbar für die erfahrene Freundlichkeit von den ehrlichen, nichts Böses ahnenden Leuten schied. Wenige Tage darauf kam Blood wieder, um der Frau Edwards im Namen der Seinigen einige Paar weißer Handschuhe zum Geschenk zu bringen; nachdem so die erste Bekanntschaft angeknüpft war, wurde nichts versäumt, dieselbe durch immer häufigere Besuche inniger zu machen, endlich der verschmitzte Schelm durch den Vorschlag einer Heirath zwischen der Tochter Edwards und einem vorgeblichen Neffen Blood's, der gegen 1000 Thaler jährliche sichere Einkünfte haben sollte, die guten, ehrlichen Leute ganz sicher machte. Die Einwilligung des alten Edwards brauchte nicht erst erbeten zu werden; mit Freuden willigte er in eine Verbindung, in welcher er das Glück seines Kindes zu sehen glaubte, und lud den vorgeblichen Prediger ein, nächstens mit ihm zu Mittag zu essen, um das Vorhaben weiter besprechen zu können. Blood nahm die Einladung an, übernahm es als Geistlicher, der Sitte gemäß das Tischgebet zu sprechen, wobei er in Wort und Haltung die tiefste Andacht heuchelte und mit einem inbrünstigen Gebete für den König und die königliche Familie schloß. Nach Tische ließ er sich in den übrigen Zimmern, welche zur Wohnung des Aufsehers gehörten, herumführen, und da er hier ein Paar schöne Pistolen hängen sah, wünschte er dieselben zu kaufen, vielleicht um auf diese Weise dem alten Manne auch die letzten Mittel zur Vertheidigung zu entziehen. Beim Weggehen bestimmte er Tag und Stunde, wo er seinen jungen Neffen einführen und der ihm bestimmten Braut vorstellen wollte. An diesem Tage war der alte Edwards früher als gewöhnlich aufgestanden, um seinen werthen Freund gehörig empfangen zu können, seine Tochter aber hatte alle Kunst des Anzuges aufgeboten, um ihrem Zukünftigen recht zu gefallen, als Blood mit drei Begleitern, die alle mit Stockdegen, Dolchen und Pistolen bewaffnet waren, ankam. Zwei von diesen seinen Begleitern traten mit ihm ins Haus, der dritte aber blieb an der Thüre stehen, indem er glauben ließ, es liege ihm mehr daran, die schöne Tochter des Hauses zu sehen, in der That aber sollte er hier Wache halten und seine Spießgesellen vor Überrumpelung sichern. Das junge Mädchen, welches es nicht für schicklich hielt, herunterzukommen, bevor es von ihrem Vater gerufen würde, aber doch gern den ihr bestimmten Gemahl kennen lernen wollte, schickte in dem Drange ihrer Neugierde ihr Dienstmädchen herab, um ihr eine Beschreibung von den Begleitern des Herrn Blood zu bringen. Diese aber hielt, wie leicht zu erklären ist, den aufmerksamen jungen Mann, der an der Thüre zurückgeblieben war und unverwandt nach den Fenstern ihrer Herrin hinaufsah, für den hoffenden Bräutigam, und brachte eine sehr günstige Schilderung von ihm zurück. Während dessen sagte Blood zu Edwards, sie wollten nicht eher hinauf zu den Frauen gehen, bis die seinige kommen würde, und schlug vor, während der Zeit die Kronjuwelen seinen Freunden zu zeigen. Kaum aber waren die in den Saal getreten und Edwards hatte, wie gewöhnlich, die Thüre hinter sich verschlossen, als die Bösewichter dem alten Manne einen Mantel über den Kopf warfen und einen Knebel ihm in den Mund drehten. Als sie so jeden Widerstand von seiner Seite unmöglich gemacht, sagten sie ihm, sie müßten die Krone, den Reichsapfel und das Scepter haben; würde er ihnen diese geben oder dieselben nehmen lassen, so wollten sie ihm das Leben schenken;

sonst habe er keine Gnade zu erwarten. Hierauf strengte sich der alte Mann aus allen Kräften an, so laut zu rufen, daß man ihn oben hören möchte, wofür ihn die Nichtswürdigen mit einem hölzernen Schlegel niederschlugen unter der wiederholten Versicherung, daß sie ihm nur unter der Bedingung das Leben schenken könnten, daß er sich ruhig verhaltet, wo nicht, so würden sie ihn beim nächsten Versuche, sie zu verrathen, tödten. Doch ließ sich der ehrliche Edwards durch alle diese Drohungen nicht einschüchtern, sondern versuchte nur, um so lauter zu schreien, empfing aber dafür auch sogleich noch einige Schläge auf den Kopf und einen Dolchstoß in den Unterleib, in Folge dessen er die Besinnung verlor, sodaß einer der Räuber ihn für todt erklärte. Edwards jedoch war indessen wieder zu sich gekommen, hielt es aber unter so bewandten Umständen für das Beste, die Räuber in ihrem Wahne zu lassen, als sei er wirklich todt. Diese theilten nun die Beute, der eine von ihnen, Namens Parrot, ein Seidenfärber und früher Offizier unter Cromwell, steckte den Reichsapfel in seine weiten Pluderhosen; Blood nahm die Krone unter seinen Mantel, und der Dritte war eben im Begriffe, das Scepter entzwei zu feilen, um es in einen ledernen Beutel zu stecken, den man eigens dazu mitgebracht hatte, als glücklicherweise der Sohn des alten Edwards, der mit Sir John Talbot in Flandern gewesen war, unvermuthet ankam. Zwar fragte ihn der als Wachposten an der Thüre aufgestellte Raubgenosse, zu wem er wolle, und versuchte ihn aufzuhalten; der junge Mann indeß antwortete, er gehöre zum Hause, und eilte vor Freude, die Seinen wieder zu sehen, ungeduldig die Treppe hinauf. Dieser unerwartete Zufall setzte die Räuber in die größte Bestürzung, und sie machten sich augenblicklich mit Krone und Reichsapfel aus dem Staube, ließen aber das noch unzerfeilte Scepter zurück.

Jetzt kam der gemißhandelte, treue Wächter seiner Schätze völlig wieder zu sich, richtete sich auf, riß mit Anstrengung den Knebel aus dem Munde und schrie: „Verrath, Mörder!" Seine Tochter, welche wol einen ganz andern Ruf erwartet hatte, hörte den Schrei, lief hinaus und wiederholte ihn. Bald wurde der Lärm allgemein und die Veranlassung bekannt; der junge Edwards und sein Schwager, Capitain Beckman, setzten den Räubern nach, welche indessen schon durch einen Thorwärter waren aufgehalten worden; aber Blood schoß sein Pistol auf diesen ab, der auch zusammenstürzte, obgleich er nicht getroffen war, und die Diebe setzten ungehindert ihren Weg durch die übrigen Thore und über die Zugbrücke fort. Draußen warteten ihre Pferde, auf welche sie sich warfen und im schnellsten Galopp dem Tower entgegen ritten, indem sie aus vollem Halse riefen: „Halt die Spitzbuben!" bis endlich Capitain Beckman sie einholte. Zwar feuerte Blood auch auf ihn ein Pistol ab, fehlte ihn aber und ward festgenommen. Unter dem Mantel des kühnen Diebes fand man die Krone, und obgleich er sich gefangen sah, hatte er doch noch die Unverschämtheit, sich herumzubalgen, und als seine Beute ihm endlich mit Gewalt genommen wurde, sagte er: „Der Versuch war wenigstens der Mühe werth, wenn auch nicht glücklich; es galt ja eine Krone!"

Auch Parrot wurde ergriffen; aber Hunt, Blood's Schwiegersohn, entkam und wurde erst später aufgefunden und in sichern Gewahrsam gebracht. Bei dieser Gelegenheit gingen die große Perle, der große Diamant und einige kleinere Steine verloren, wurden jedoch spä-

*

ter fast sämmtlich wiedergefunden und zurückerstattet; so auch der große Rubin vom Scepter, den man in Parrot's Tasche fand. Sobald die Gefangenen in sicherer Haft waren, eilte der junge Edwards zu Sir Gilbert Talbot, um demselben, als dem Oberschatzmeister, Bericht über den Vorfall zu erstatten. Sir Gilbert ging sofort zum Könige, um diesen davon in Kenntniß zu setzen, und erhielt von ihm den Befehl, ungesäumt sich in den Tower zu verfügen, den Thatbestand zu untersuchen, Blood und seine Raubgenossen zu verhören und hierauf das Nähere zu berichten. Kaum war jedoch Sir Gilbert fort, so fiel es dem Könige ein, dem Verhöre in eigner Person beizuwohnen; man ließ daher die Gefangenen nach Whitehall bringen, ein Umstand, der höchst wahrscheinlich die kühnen Räuber von dem Galgen rettete. Blood, der vorher schon einmal als Anführer eines Complotts gegen den Herzog von Ormond in Verdacht gewesen war, wurde bei seinem Verhöre wegen des Kronenraubes über jene Sache befragt und gestand auch ohne Umstände ein, daß er dabei betheiligt gewesen sei, weigerte sich aber auf das Bestimmteste, irgend einen seiner Mitschuldigen zu nennen.

Wirkung des Lichts.

Ein englischer Schriftsteller leitet seine Bemerkungen über den wichtigen Einfluß des Lichts auf die Entwickelung und Erhaltung des thierischen Lebens durch eine interessante Beobachtung ein. Ein englischer Naturforscher verschaffte sich eine große Anzahl von Froschlarven oder ausgebildeten Fröschen in dem Mittelzustande, wo sie noch keine Gliedmaßen, sondern nur einen Schwanz haben, stets im Wasser leben und wie die Fische durch Kiemen athmen. Er sonderte sie in zwei Theile, setzte sie unter völlig gleichen Umständen wieder in das Wasser, jedoch so, daß ein Theil dem Lichte ausgesetzt, der andere aber von dem Einflusse desselben ausgeschlossen war. Dies hatte die Wirkung, daß die Ausbildung der im Dunkeln befindlichen Froschlarven zurückgehalten wurde, und während die im Lichte lebenden bald zu vollkommenen Fröschen geworden waren, behielten mehre der andern ihre Larvengestalt, wiewol sie sehr gewachsen waren. Gewiß läßt sich annehmen, sagt jener Schriftsteller, daß das Licht, das eine so auffallende Wirkung auf geringere Thiere, wie bekanntlich auch auf Pflanzen hat, auch auf den Menschen Einfluß haben müsse, und ohne Zweifel darf man dieser Ursache nicht blos das besondere Ansehen der Bewohner tiefer und schattiger Thäler und das häufige Vorkommen von Verkrüppelten und Kretinen zuschreiben, sondern auch die bleiche und kränkliche Farbe der Bewohner enge gebauter Städte, im Gegensatze der blühenden Farbe auf den Wangen der Landleute. Die Enge der Straßen, fährt der Verfasser fort, und die Höhe der Häuser finden den freien Zugang des Lichts, und da sich diesem Übel nicht gänzlich abhelfen läßt, so ist es sehr wichtig, die einfallenden Sonnenstrahlen so viel als möglich zu benutzen. Dies ist bei weitem nicht genug der Fall. Die dunkeln, oft ganz geschwärzten äußern Mauern der Häuser saugen fast alles auf sie fallende Licht ein, und es wird daher wenig Licht durch die Reflexion gewonnen. Das Weißen der Häuser ist ein leichtes Mittel, und es sollte in engen Straßen regelmäßig und jährlich angewendet werden. Die spätere Herbstzeit wäre dazu am angemessensten, da das frische Weiß dann für die kurzen und trüben Tage einigen Ersatz geben würde. Ehe die Rückkehr längerer und hellerer Tage die vorherrschende weiße Farbe den Augen nachtheilig machen könnte, würde durch den winterlichen Rauch der zahlreichen Feueressen und andere Einflüsse die blendende Farbe schon gemildert sein. Auch würde dadurch die Wirkung der Straßenlampen erhöht werden. Diese Bemerkungen scheinen uns so treffend zu sein, daß sie die Aufmerksamkeit der Wohlfahrtspolicei verdienen.

Mexico.
(Fortsetzung aus Nr. 154.)

Nach den Erläuterungen, die wir über das mexicanische Alterthum gegeben haben, lassen wir nun Abbildungen folgen, deren einige die oben mitgetheilten Bemerkungen über die Malerei und die Bilderschrift der Mexicaner deutlicher machen werden. In der ersten sehen wir mexicanische Trachten aus der Zeit, wo die Spanier in das Land drangen. Fig. 1 und 2 zeigen uns Krieger. Der erste hat einen Küraß von Baumwollenzeug und einen Schild, der zweite aber ist nackt

Mexikanische Gemälde.

und sein Leib in ein Netz mit großen Maschen gewickelt, das er seinem Feinde über dem Kopf warf. Fig. 3 ist Montezuma, der Beherrscher Mexicos, in einer Hofkleidung, wie er sie in seinem Palaste trug. Das Oberkleid ist mit Perlen besetzt. Sein Haar ist auf dem Wirbel zusammengefaßt und mit einem rothen Bande gebunden, der Auszeichnung tapferer Heerführer. Er trägt ein Halsband von Edelsteinen, und in der einen Hand Blumen, in der andern ein Rohr mit einem Behältnisse, worin wohlriechendes Harz sich befand. Seine Füße sind nackt, wie denn überhaupt die mexicanischen Maler Könige und Vornehme so darstellten, um anzudeuten, daß dieselben nicht dazu geboren seien, sich ihrer Füße zu bedienen, sondern stets in einem Palankin auf den Schultern ihrer Diener getragen zu werden.

Die Darstellungen der folgenden Abbildung zeigen uns verschiedene Ereignisse in mexicanischer Bilderschrift. **Fig. 1** deutet die Ankunft des ersten spanischen Bischofs in Mexico im Jahr 1532 an, **Fig. 2** seinen Tod 1549. Die Fußtapfen bezeichnen die Ankunft und der angehängte Schädel bedeutet den Tod, während die Zahlzeichen die Zeit andeuten. Fig. 3 soll gefallenen Schnee bedeuten, der große

Mexicanische Bilderschrift.

Sterblichkeit verursachte, da das frisch gesäete Getreide dadurch zu Grunde gerichtet ward. Fig. 4 bezeichnet die Taufe eines Indianers durch einen spanischen Priester; Fig. 5 den Aufstand und die Bestrafung der Neger in Mexico im Jahre 1537; Fig. 6 die Erscheinung zweier Kometen, die bildlich durch ein Ungethüm angedeutet werden, in den Jahren 1490 und 1529, und Fig. 7 die durch die Pocken unter den Mexicanern angerichteten Verheerungen im Jahre 1538.

Wir haben ein Bild des gesellschaftlichen Zustandes zu geben versucht, worin sich die Bewohner Mexicos befanden, als die Spanier ankamen, und wollen nun, ehe wir zu der Schilderung der alten Hauptstadt übergehen, einen Blick auf die Geschichte des Landes seit der Eroberung werfen. Die Spanier hatten seit 1508 die Insel Cuba aufgefunden und schon lange nach den Goldländern im Westen des amerikanischen Festlandes getrachtet, als 1519 der spanische Statthalter auf Cuba dem tapfern Ferdinand Cortez den Auftrag gab, Mexico zu unterjochen. Kaum aber war Cortez von Cuba abgesegelt, da gebot ihm der Statthalter, den Oberbefehl abzugeben. Erbittert über diese Kränkung und von seinen Kriegern unterstützt, beschloß Cortez, das Unternehmen auf eigne Gefahr mit 500 Mann Fußvolk und 60 Reitern zu wagen. Montezuma beherrschte damals Mexico, dem einige benachbarte Länder unterworfen waren. Cortez landete und verbrannte seine Schiffe, um seinen Gefährten jede Hoffnung der Rückkehr abzuschneiden. Er baute an der Küste die Feste Vera Cruz und brach dann gegen Mexico auf. Nach einem beschwerlichen Zuge kamen die Spanier in die weite fruchtbare Ebene, wo die Hauptstadt aus einem großen See mit ihren Tempeln und Thürmen so prachtvoll hervorstieg, daß sie in das Land der Träume versetzt zu sein glaubten. Vor den Thoren der Stadt angekommen, sahen sie einen langen Zug vornehmer Männer, die mit Federn geschmückt waren und Mäntel von feinem Baumwollenzeuch trugen. Ehrerbietig grüßten sie den spanischen Heerführer und verkündigten die Ankunft Montezuma's, der bald nachher in königlicher Pracht erschien. Er ward in einer Sänfte von vier Dienern getragen, während andere einen zierlich gearbeiteten Baldachin über seinem Haupte hielten. Voran gingen drei Hofbeamte mit goldenen Stäben in der Hand, die sie von Zeit zu Zeit erhoben, worauf alle anwesenden Mexicaner demüthig das Haupt senkten. Montezuma stieg aus der Sänfte und, gestützt auf zwei seiner nächsten Verwandten, näherte er sich langsam den Spaniern, während seine Begleiter die Straße mit baumwollenen Zeuchen bedeckten, damit sein Fuß nicht den Boden berühre. Nach der feierlichen Begrüßung führte Montezuma den Anführer mit allen Kriegern in einen großen Palast und schied dann mit den Worten: „Du bist nun mit deinen Brüdern in deinem eignen Hause; erfrischt euch nach euren Beschwerden und seid glücklich, bis ich wiederkomme."

Die erste Sorge des spanischen Heerführers war, an seine Sicherheit zu denken, und da der Palast mit einer Mauer umgeben war, so ward es ihm leicht, sich gegen jeden Überfall zu schützen. In den Abendstunden kehrte Montezuma zurück und es erfolgte eine lange Besprechung, worin er seine abergläubige Ehrfurcht gegen die Fremdlinge verrieth, und wie die Spanier erzählen, sie als die Herren seines Gebiets erkannte. Am nächsten Morgen wurden Cortez und seine vornehmsten Offiziere vor Montezuma geführt und brachten dann die nächsten drei Tage damit zu, die wundervolle Stadt zu besehen.

Mexico, von den Azteken im Jahre 1325 erbaut und anfänglich Tenochtitlan genannt, lag auf einer Insel im See Tezcuco und war mit dem Festlande durch drei Dämme verbunden. Ein vierter Dammweg war die Grundlage einer Wasserleitung, welche der Stadt Wasser aus der Nachbarschaft zuführte, da der See kein gutes Trinkwasser gab. Die Stadt war sehr regelmäßig gebaut und ein Soldat im spanischen Heere, der eine getreue Geschichte der Eroberung Mexicos hinterlassen hat, verglich sie wegen der genau abgemessenen Anordnung ihrer Freiplätze mit einem ungeheuern Schachbret. Jeder Freiplatz war mit Wegen oder Kanälen umgeben und auf jedem stand ein Tempel. Einige Hauptstraßen, eng, aber lang, waren halb trocken, halb von Kanälen durchschnitten, über welche gut gebaute hölzerne Brücken führten. Der Marktplatz war von sehr bedeutendem Umfange und mit einer großen Halle umgeben. Hier fand man Waaren aller Art, Naturerzeugnisse und Fabrikate. Die Waaren jeder Gattung wurden in besondern Abtheilungen des Marktes verkauft. Aufseher zogen fortwährend durch das Gedränge, um darauf zu achten, daß die richtigen Preise gefordert wurden, und nahmen den Kaufleuten falsche Maße weg, die sie dann zerbrachen. Die Spanier bewunderten die von Vogelfedern verfertigten Arbeiten, die Schmetterlinge, Blumen und andere Naturgegenstände vorstellten und von den Eingeborenen mit ungemeiner Geschicklichkeit gemacht wurden. Die Goldschmiede lieferten vorzügliche Arbeiten, obgleich die Mexicaner zu jener Zeit den Bergbau noch nicht kannten, sondern das Gold blos aus Flüssen und Bächen gewannen. Man goß, wie die gleichzeitigen spanischen Berichterstatter versichern, Schüsseln mit acht Ecken, von welchen jede aus verschiedenem Metall, abwechselnd Gold und Silber, bestand, ohne daß man eine Löthung daran bemerkte, ja sogar Fische, bei welchen eine Schuppe auf dem Rücken von Gold, die andere von Silber war, einen Papagei, der die Zunge rührte, den Kopf bewegte und mit den Flügeln schlug, und einen Affen, der Hände und Füße bewegte, eine Spindel hielt, als ob er spänne und einen Apfel in der Hand hatte. Der Haupttempel stand in der Mitte der Stadt, von Ziegeln erbaut, der Pyramide von Cholula*) ähnlich. Auf der flachen Spitze, zu welcher 114 Stufen führten, sah man große Steine, auf welche die Opfer gestellt wurden. Hier stand auch eine große Figur, einem Drachen gleich, um welche man Spuren von frisch vergossenem Blute sah. Das eigentliche Heiligthum der Götter, das Montezuma selber dem spanischen Feldherrn zeigte, war reich verziert. Das Bild des Kriegsgottes war ganz mit Gold und Edelsteinen bedeckt, sein Leib mit goldenen Schlangen umwunden, und um den Hals hingen goldene und silberne Nachbildungen von menschlichen Köpfen und Herzen. In einer vor dem Bilde stehenden Pfanne mit Räucherwerk brannten drei Menschenherzen. Ein anderes großes Götzenbild in Bärengestalt, war ebenso reich verziert und es wurden ihm ähnliche Opfer gebracht. Zu diesem Tempel gehörten sehr viele Priester, und in den von der äußern Mauer umschlossenen Gebäuden wohnten überhaupt 5000 Menschen, die behaglich im Dienste der Götter lebten. Der König zeigte, nach den Schilderungen der Spanier, den Prunk asiatischer Fürsten. Niemand, einige Lehnfürsten ausgenommen, durften ihm ins Gesicht sehen. Er änderte seinen Anzug und badete sich täglich viermal, und legte die einmal getragenen Kleider nie

---

*) Vergl. Pfennig-Magazin Nr. 113.

wieder an, die aufbewahrt und seinen Dienern oder Gesandten und tapfern Kriegern geschenkt wurden. Er verließ, außer wenn er zum Essen ging, selten sein Zimmer. In einem kostbaren Anzuge vor ihm zu erscheinen, würde man für eine Verletzung der Achtung gehalten haben, und die Vornehmsten traten daher nur in dürftiger Kleidung vor sein Angesicht. Beim Eintreten verbeugten sie sich dreimal und sprachen bei der ersten Verbeugung: Herr! bei der zweiten: Mein Herr! bei der dritten: Großer Herr! Sie sprachen mit leiser Stimme und senkten dabei demüthig das Haupt. Der Palast des Königs, ein sehr großes Gebäude, hatte 20 Pforten, die auf öffentliche Plätze und Straßen gingen. Die Wände seiner zahlreichen Gemächer waren mit Marmor, Jaspis und andern schön geäderten Steinen belegt, die Decken mit künstlichem Schnitzwerk verziert, und man sah Tapeten von Baumwollenzeuche, von einem aus Kaninchenhaaren gemachten Stoffe und von Federn. Alle Hofbedienten waren Leute von Stande, und außer der stehenden Dienerschaft, erschienen jeden Morgen gegen 600 Edelleute, die den ganzen Tag in dem Vorzimmer zubrachten, um die Befehle des Königs zu erwarten, während ihre Diener die Höfe des Palastes füllten. Der Palast war, wie alle übrigen Schlösser, mit anmuthigen Gärten umgeben, worin Heilkräuter, Blumen und Bäume mit köstlichen Früchten wuchsen. Montezuma ließ in seinen Gärten keine Küchenkräuter oder Gewächse zum Verkaufe bauen; es gebühre Königen nicht, sagte er, unter den Gegenständen ihres Vergnügens nutzenbringende Dinge zu haben. Montezuma hatte zwei große Gebäude mit lebenden seltenen Thieren. Das eine enthielt Vögel, die nicht von Raub leben, das andere Raubvögel, vierfüßige Thiere und Amphibien; 300 Menschen waren mit der Wartung der Vögel in der ersten Abtheilung beschäftigt, außer den eigens angestellten Thierärzten. Jeder Wärter hatte sein bestimmtes Geschäft, und das wichtigste war, den Vögeln die Federn auszurupfen, aus welchen Mäntel, Tapeten und andere Schmuckwerke gemacht wurden. Den Raubvögeln in der zweiten Abtheilung wurden täglich 500 Truthühner geliefert, und es waren zahlreiche Wärter, Falkner und Jäger bei ihnen angestellt. Die Schlangen wurden in irdenen Behältnissen, die Krokodile in ummauerten Teichen bewahrt. Neben den wilden Thieren sammelte Montezuma auch alle merkwürdigen Exemplare der Menschengattung, die er sich verschaffen konnte. In einem Gemache sah man Männer, Weiber und Kinder, die weiß geboren waren, dort eine große Seltenheit, in einem andern Zwerge, Buckelige und andere Misgestalten. Freilich waren manche dieser Unglücklichen absichtlich in ihrer Kindheit verstümmelt worden, um des Königs Größe zu verherrlichen, wie der berichterstattende Spanier sagt, da immer einige derselben bei der Tafel zugegen sein mußten, wenn der König speiste.

(Fortsetzung folgt in Nr. 156.)

Hogarth's Werke.
10. Die Parlamentswahl.
2. Die Stimmensammlung.
(Fortsetzung aus Nr. 153.)

Auf dem zweiten der unter obigem Titel bekannten Blätter, das im Englischen die Überschrift führt: Canvassing for votes, finden wir eine Darstellung Dessen, was die Römer ambitus, Stimmenjagd, nannten. Wir sehen hier in der Mitte des Bildes einen jungen Pachter, der für die Parlamentswahl auch eine Stimme, nämlich seine eigne, zu vergeben hat. Er, noch im Reiserock mit Stiefeln und Sporen, scheint eben erst angekommen zu sein, und wird von den Wirthen der beiden Wirthshäuser eingeladen, bei ihnen einzukehren und dabei zugleich um seine Stimme angegangen. Zu seiner Linken steht der Wirth zur Königseiche, zur Rechten der aus der Krone; jeder übergibt ihm eine Empfehlungskarte zu seinem Hause, wovon jedes der Sitz einer verschiedenen Partei ist. Außerdem suchen Beide den Neuangekommenen noch auf eine handgreiflichere Weise zu bestechen, indem ihm der Wirth zur Krone eine Guinee, der Wirth zur Königseiche aber gar eine ganze Hand voll zusteckt. Der gute Pachter befindet sich also hier ganz in derselben Verlegenheit wie auf dem ersten Blatte (Nr. 153) jener unglückliche Schneider; er scheint aber ein leichteres Gewissen als dieser zu haben, indem er sich augenscheinlich zu dem stärkern Gewicht des Wirths zur Eiche neigt, aber die geringere Gabe des Kronenwirths darum ebenfalls nicht verschmäht.

Im Vordergrunde zur Linken sieht man eine Nebenscene, welche aber doch einige Berücksichtigung verdient. Vor dem dritten Wirthshause, das hier auf diesem wirthshausreichen Blatte zu sehen ist und den Namen Porto bello führt, sitzen ein Barbier und ein einäugiger Schuhmacher und streiten sich über die Eroberung der Festung gleiches Namens, welche 1739 von dem Admiral Vernon nur mit sechs Schiffen erobert wurde. Auf des Barbiers Seite ist bei dieser politischen Unterhaltung die Belehrung; dieser formirt die Flotte des Admirals auf dem Tische mit den Stückchen seiner zerbrochenen Pfeife und setzt dem vielleicht etwas schwer begreifenden Schuster ihre Stellung auseinander. Dieser hat als unverkennbares Zeichen seines Gewerbes einen Schuh vor sich stehen, und die Symbole des Barbiers, Becken, Serviette und Flasche, liegen einstweilen unter dem Tische. Sehr wahrscheinlich ist es, daß irgend ein ehrlicher Nachbar sehnlich auf seinen ausgebesserten Schuh, und irgend ein Anderer ebenso sehnsüchtig auf Abnahme seines Bartes wartet, während unsere beiden Politiker hier unbekümmert von Dingen reden, die sie nichts angehen. In einem Fenstervorsprunge des Wirthshauses zur Krone fallen uns noch die beiden mit Essen beschäftigten Personen auf, von denen der Eine, welcher wahrscheinlich große Eile hat, den gebratenen Kapaun ansetzt wie die Querflöte. Nicht weit von diesen Essern steht vor der Thüre des Wirthshauses ein Löwe, welcher eine Lilie frißt. Dieses Bildwerk ist ein zum Vordertheil eines Kriegsschiffes ehemals gehöriger Zierath, dergleichen man bei den Thüren der Wirthshäuser sonst wol aufzustellen pflegte. In sofern die Lilie ehemals das französische Wappen war, enthält dieser Lilienfresser eine Anspielung, in welcher sich Hogarth's eingewurzelter Widerwille gegen die französische Nation ausspricht. Vor eben diesem Wirthshause sehen wir noch einen wohlgebildeten stattlichen Mann stehen, der mit einem Juden, welcher hier allerlei Kostbarkeiten, Uhren, Ketten, Ringe u. s. w. feil bietet, in Handel steht. Der Käufer, wahrscheinlich Agent eines der Wahlbewerber, hält in der Linken einen Beutel mit Goldstücken und spricht mit zwei Damen auf der Galerie des Wirthshauses, denen er, wie es scheint, ein Geschenk, wahrscheinlich um auch durch sie Stimmen für seinen Candidaten zu erhalten, machen will.

Eine besondere Erwähnung verdient das an demselben Hause befindliche Aushängeschild. Dies ist nichts Anderes als ein Komödienzettel, worauf ein Stück angekündigt wird, das wahrscheinlich auf Kosten des galanten Agenten, der keine Ausgabe scheut, um zu seinem Zwecke zu gelangen, in dem Wirthshause gespielt werden soll. Das Stück, woraus eine Hauptscene auf Wachstuch gemalt vor dem Hause hängt, wie dies früher in England besonders von Winkeltruppen zu geschehen pflegte, heißt, laut der Unterschrift: Punch, Candidate for Guzzledown (Polichinell, Candidat für Guzzledown), und ist ebenfalls eine Satire auf die bei Parlamentswahlen vorkommenden Bestechungen. Polichinell ist hier vorgestellt, wie er einen Schiebekarren voll Guineen vor sich herschiebt und mit einer einem Punschlöffel ähnlichen Schaufel sie unter die Leute auswirft, welche sie begierig in ihren Mützen und Hüten auffangen. Das Gemälde in der obern Abtheilung des Aushängeschildes zur Linken stellt die Schatzkammer vor, und das zur Rechten die Wache der Garden zu Pferde, zwei öffentliche Gebäude in der Straße Whitehall. Vor der Schatzkammer hält ein Frachtwagen, auf welchen Geld in Säcken, zum Einkaufen der Stimmen, geladen wird. Ein etwas plumper Witz, dergleichen sich auch bei Hogarth finden.

(Die Fortsetzung folgt in Nr. 157.)

Die Stimmensammlung.

Verantwortliche Herausgeber: Friedrich Brockhaus in Leipzig und Dr. C. Drärler-Manfred in Wien.
Verlag von F. A. Brockhaus in Leipzig.

Das Pfennig-Magazin

der

Gesellschaft zur Verbreitung gemeinnütziger Kenntniſſe.

156.]   Erſcheint jeden Sonnabend.   [**März 26, 1836.**

Mexico.
(Fortſetzung aus Nr. 155.)

Ferdinand Cortez

II.

Cortez war noch nicht lange in Mexico geweſen, als ſeine Lage ſehr ſchwierig wurde. Ein Angriff, den ein Feldherr Montezuma's auf die mit den Spaniern verbündeten Indianer gemacht hatte, bewog Cortez, den König zu nöthigen, ihm in ſeine Wohnung zu folgen, wo er ihn als Gefangenen behandelte. Montezuma mußte ſeinen Feldherrn, der die Kriegsunternehmung gegen die Indianer geleitet hatte, auf dem Markte zu Mexico verbrennen laſſen. Der lange ſtill genährte Unwille der Mexicaner wurde dadurch aufgeregt, aber noch drohendere Gefahren erhoben ſich gegen Cortez, als der eiferſüchtige Befehlshaber auf Cuba einen Heerhaufen von Fußvolk und Reiterei gegen ihn ausſendete. Cortez ließ 80 Mann ſeiner Getreuen in Mexico zurück, vereinigte ſich mit den Spaniern, die in der neuen Feſte Vera Cruz ſtanden, und zog, von Indianern unterſtützt, dem neuen Feinde kühn entgegen. Er ſiegte, nahm den Anführer gefangen und durch die übrigen Spanier verſtärkt, die ſich unter ſeine Fahnen ſtellten, kehrte er nach Mexico zurück. Die Spanier waren hier in großer Bedrängniß. Ihr Anführer hatte durch Stolz und Härte die Mexicaner beleidigt, die ſich rüſteten, die Fremdlinge zu vertreiben. Cortez griff die Bewohner der Stadt an, und während des Kampfes wurde Montezuma, der das empörte Volk, nach dem Verlangen des ſpaniſchen Feldherrn, beruhigen wollte, durch einen Steinwurf tödtlich verwundet. Sein Tod ſchnitt die letzte Hoffnung auf Verſöhnung ab. Sein Neffe Guatimozin wurde von dem Volke zu ſeinem Nachfolger gewählt. Er belagerte die Spanier in ihrem Bezirke und drängte ſie ſo ſehr, daß Cortez ſich genöthigt ſah, die Stadt in der Nacht, nicht ohne den Verluſt vieler Tapfern, ſchnell zu verlaſſen. Guatimozin verfolgte ihn, und in der Ebene von Otumba kam es zu einem blutigen Gefechte, in welchem die überlegene Kriegskunſt des ſpaniſchen Feldherrn ſiegte. Sechs Monate nach ſeinem nächtlichen Rückzuge kehrte Cortez nach Mexico zurück, während er jedes Stück des Bodens durch Kampf gewinnen mußte. Vor den Thoren der Stadt, als er eben eine Verſchwörung unter ſeinem Heerhaufen unterdrückt hatte, bot er dem König einen Vergleich an, aber die Bedingungen wurden auf den Rath der Prieſter verworfen, und Cortez entſchloß ſich zum Sturm. Er griff die Stadt auf drei verſchiedenen Punkten an, indem er längs der Dammwege zog, die ſie mit den Ufern des Sees verbanden. Während eines ganzen Monats wurde der Angriff täglich erneuert; endlich aber befahl Guatimozin ſeinen Heerhaufen in ihren Anſtrengungen nachzulaſſen, um die Spanier anzulocken, während eine Abtheilung erleſener Krieger zu Lande und zu Waſſer entſendet, um den Feinden in den Rücken zu fallen. Auf ein gegebenes Zeichen führten die Prieſter in dem Tempel die große, dem Kriegsgotte geweihte

IV.

Trommel. Kaum hörten die Mexicaner diesen dumpfen Ton, der ihnen Todesverachtung und begeisterten Eifer einflößte, als sie wüthend auf den Feind stürzten. Die Niederlage der Spanier war vollständig; mehre wurden getödtet und 40 gefangen. Als die Nacht anbrach, bereiteten sich die Mexicaner, ihren Sieg durch blutige Opfer zu feiern. Alle Stadttheile waren erleuchtet, und glänzend überragte sie der große Tempel. Die geschlagenen Spanier sahen aus ihrem Lager deutlich die Bewegung in den Straßen und die Priester, die geschäftig waren, die Schlachtopfer zum Tode zu führen. Sie glaubten in der Dämmerung die Gestalten ihrer Gefährten an ihrer weißen Haut zu erkennen, als die Unglücklichen entkleidet und gezwungen wurden, vor dem Bilde des Gottes zu tanzen, ehe sie geopfert werden sollten. Das Geschrei der Gemordeten drang in ihre Ohren, und sie glaubten jedes Opfer an dem wohlbekannten Tone der Stimme zu erkennen.

Cortez änderte nun seinen Angriffsplan und beschloß, jeden eroberten Theil der Stadt sogleich zu zerstören. Dies gelang. Mit dem Schutte der Häuser wurden die Kanäle ausgefüllt, und die spanische Reiterei konnte nun in den Straßen kämpfen. Die Spanier wurden bei diesem Zerstörungswerke von den Indianern eifrig unterstützt, die sich des Druckes erinnerten, den die Mexicaner ihnen aufgelegt hatten, und sich der Verheerung der Stadt freuten. Guatimozin setzte seinem Mißgeschick kräftigen Muth entgegen und verwarf jeden Friedensantrag; als aber die Lage der Stadt immer gefährlicher wurde, gab er den dringenden Bitten seiner Großen nach und versuchte zu entfliehen. Die Spanier waren wachsam. Der Offizier, der die Schiffe auf dem See befehligte, sah einige mit Menschen angefüllte Kähne, die mit außerordentlicher Schnelligkeit über den See ruderten. Er setzte ihnen sogleich nach; sein schnellstes Schiff holte sie bald ein und wollte feuern, als die Schiffer in dem vordersten Kahne plötzlich die Ruder senkten, und die Mannschaft bat um Schonung, da Guatimozin am Bord sei. Der König ergab sich den Feinden mit würdevoller Fassung und bat nur, seiner Gemahlin und seinen Kindern keinen Schimpf zuzufügen. Man führte ihn vor den spanischen Feldherrn. „Ich bat ihn, sich niederzusetzen", erzählt Cortez in seinem Berichte, „und behandelte ihn mit Zutrauen; aber der junge Mann faßte den Griff des Dolches, den ich an der Seite trug, und drang in mich, ihn zu tödten, weil er, seit er seine Pflicht gegen sich und sein Volk gethan habe, nichts als den Tod wünsche." Als nun die Spanier die Stadt besetzt hatten, fanden sie so wenig Beute, daß ein lautes Murren entstand, und einer der raubgierigen Anführer suchte von dem unglücklichen Guatimozin und einigen seiner Räthe die Entdeckung der verborgenen Schätze zu erpressen, indem er ihre vorher mit Öl getränkten Fußsohlen bei einem langsamen Feuer braten ließ. Guatimozin ertrug die Qual mit großer Standhaftigkeit, einer seiner Leidensgefährten aber, von dem Schmerz überwältigt, wendete sein Auge zu dem König, als hätte er ihn um die Erlaubniß bitten wollen, das Geheimniß zu entdecken. „Liege ich denn auf Blumen?" sprach der König. Der Vorwurf, der in seinen Worten lag, war hinlänglich, und der treue Günstling starb schweigend. Cortez entriß zwar den Gefangenen dem Feuertode, aber nur zu neuen Qualen wurde das Leben des Königs verlängert.

Nach dem Falle der Hauptstadt besetzten die Spanier ohne Widerstand die übrigen Theile des Reichs, und kleine Heerabtheilungen zogen in verschiedenen Richtungen zu den Küsten des Südmeers. Cortez suchte seine Eroberung durch verschiedene Einrichtungen zu sichern, und alsbald begann er die zerstörte Hauptstadt nach einem größern Plane prächtiger wieder aufzubauen. Er ließ durch kundige Männer Erzgruben aufsuchen, und bewog seine Offiziere durch Verleihung von Ländereien und andern Vorrechten zur Ansiedelung in Mexico. Die Eingeborenen, durch den Druck der Fremdherrschaft zur Verzweiflung gebracht, griffen mehrmals zu den Waffen, aber sie wurden immer durch europäische Kriegskunst überwältigt, und ihre Anstrengungen dienten nur dazu, ihre Leiden zu erschweren. Nach jedem Aufstande wurden die Anführer durch die grausamsten Martern zum Tode gebracht und das Volk gerieth immer mehr in drückende Sklaverei. Auf einen bloßen Verdacht, einen Plan zur Abschüttelung des Joches entworfen zu haben, ward der gefangene Guatimozin mit zwei der ersten Männer des Reichs gehängt. Die Grausamkeiten, die Cortez sich erlaubte, wurden von untergeordneten Anführern in empörendern Ausschweifungen nachgeahmt. Die unglücklichen Indianer wurden überall weggeschleppt, und mußten in Flüssen und Bächen nach Golde suchen, aber mit geringem Erfolge für ihre habsüchtigen Unterdrücker; erst 30 Jahre nach der Eroberung wurden die reichen Gruben des Landes entdeckt. Viele Indianer mußten den spanischen Heeren folgen und wurden gezwungen, übermäßige Lasten zu tragen, ohne daß man ihnen hinlängliche Nahrung und Ruhe gewährte. Vergebens waren spätere Anordnungen der spanischen Regierung zur Beschützung der unglücklichen Mexicaner gegen die Bedrückungen der europäischen Ansiedler, vergebens übernahmen die spanischen Priester und Missionare die Vertheidigung der Eingeborenen. Als endlich die Mexicaner dahin gebracht waren, das Joch der Eroberer geduldig zu tragen und die europäischen Ansiedler den ungestörten Besitz aller Schätze des Landes erlangt hatten, verschwand nach und nach der kriegerische Geist der Eingeborenen, und Mexico, das unter dem Namen Neuspanien eine der neun großen Statthalterschaften bildete, in welche die spanischen Besitzungen in Amerika getheilt waren, genoß dritthalb Jahrhunderte hindurch einen nur selten gestörten Frieden. Einzelne Aufstände unter den Indianern im 17. Jahrhundert wurden bald unterdrückt. So lange die Creolen so wenig zahlreich blieben, daß sie mit den europäischen Spaniern vereinigt waren, regte sich kein Streben nach Unabhängigkeit. Als aber nach der Lösung einiger Fesseln des Handelsverkehrs die Mexicaner in nähere Verbindungen mit den Vereinigten Staaten von Nordamerika, mit Franzosen und Dänen kamen, und die politischen Ereignisse in Europa seit 1789 auch jenseit des atlantischen Meeres ihren Einfluß übten, entstanden neue Interessen unter den Creolen und sie traten breister mit ihren Ansprüchen gegen das Mutterland auf. Den Beschwerden wurde nicht wirksam abgeholfen. Nur die persönliche Freiheit, welche die über ein unermeßliches Gebiet zerstreuten Colonisten genossen, besonders aber der Haß der verschiedenen Volksclassen gegeneinander und die Furcht der Weißen vor den aus Afrika als Sklaven eingeführten Schwarzen und den Indianern verhinderten die allgemeine Verbreitung der Unzufriedenheit des Volks. Als aber seit 1808 die Verhältnisse im Mutterlande immer verwickelter wurden, die alten Bande des Staats sich auflösten und die neuen Machthaber in Spanien nur durch geschärfte Zwangsbefehle die Aufregung unter den Creolen zu stillen suchten, brach endlich im September 1810 der Aufstand aus. Die Unabhängigkeit von Mexico wurde bald das Losungswort des Kampfes, und wurde 1813 von den versammelten Abgeordneten der Provinzen erklärt. Die Grausamkeit des langen, oft wechselvollen Kampfes erbitterte die Eingeborenen noch mehr, bis endlich die Spanier, von dem Mutterlande nur schwach unterstützt, den Creolen die Selbstbewaffnung gestatten mußten. Die einzelnen Provinzen führten abgesonderte Verwaltungen ein. Ein glücklicher Feldherr, Iturbide, ließ sich 1822 zum Kaiser ausrufen, mußte aber im folgenden Jahre, nach einem blutigen Kampfe mit seinen mächtigen Gegnern, das Land verlassen. Die neue Staatsverfassung, die 1824 eingeführt wurde, war der nordamerikanischen nachgebildet. Die aus 21 einzelnen unabhängigen Staaten bestehende Republik bildete einen Bundesstaat, dessen Gesammtangelegenheiten ein Congreß und ein auf vier Jahre gewählter Präsident leitete. Kämpfe zwischen streitenden Parteien störten aber unablässig die Ruhe des Landes, bis endlich 1835 durch den Einfluß des siegreichen Feldherrn Santana Anträge zur Umgestaltung jener Verfassung gemacht wurden. Neue Zerwürfnisse wurden dadurch herbeigeführt, und noch ist Mexicos Schicksal nicht entschieden.

(Fortsetzung folgt in Nr. 157.)

Das Kriegswesen der Engländer im Mittelalter.

Unter dem deutschen Volksstamme der Angelsachsen, die im 5. Jahrhunderte ihre Herrschaft in England gründeten, war das Kriegswesen wenig ausgebildet, und erst Alfred der Große *) gab der Volksbewaffnung und den Vertheidigungsanstalten des Landes eine kräftigere Entwickelung, welche ihm seine Siege über die nordischen Seeräuber sicherten, die seit dem 9. Jahrhunderte England verheert hatten. Der Verfall der Kriegszucht unter seinem schwächern Nachfolger erleichterte den Dänen zu Anfange des 11. Jahrhunderts die Unterjochung des Landes, und erst als nach den Zerrüttungen, die aus diesem Ereignisse hervorgingen, Wilhelm, Herzog von der Normandie, in der Schlacht bei Hastings (1066) durch überlegene Kriegskunst die Angelsachsen besiegt und England erobert hatte, erhielt, wie die Verfassung und die Sitten des Volkes, auch das Kriegswesen eine gänzliche Umwandlung, und es wurde der Grund zu der Überlegenheit gelegt, welche die englischen Waffen später gegen ihre Nachbarn, die Irländer, die Schottländer und selbst gegen die Franzosen behaupteten.

Wir wollen uns hier nur darauf beschränken, Einiges über Kriegstracht, Waffen und Kriegszucht der Engländer im 14. und 15. Jahrhunderte mitzutheilen.

Der Soldat, er mochte zum Fußvolke oder zur Reiterei gehören, war vom Kopf bis zum Fuß in Eisen gehüllt. Seine Rüstung, die den ganzen Körper bedeckte, bestand entweder aus eisernen, netzartig ineinander verschlungenen Ringen, dünnen Eisenplatten oder aus starkem Leder. Eine solche Rüstung glich dem Schuppenpanzer, war mit Leinwand oder Leder gefüttert, wurde am Halse durch Riemen zusammengehalten, war sehr gelenkig und widerstand besonders Schwertstreichen und Pikenstichen. Sie kam im 14. Jahrhundert sehr in Aufnahme und war oft zierlich mit Gold und Silber ausgelegt. Zum völlig gerüsteten Krieger gehörte ferner Helm, von gleicher Beschaffenheit wie die Rüstung, und Schild. Letzterer war rund oder dreieckig, mit starkem Leder überzogen, mit Kupfer oder Eisen eingefaßt und wurde durch zwei an der innern Seite angebrachte Riemen an den linken Arm geschnallt. Die Helme waren entweder kegel- oder pyramidenförmig, hatten rings herum einen schirmartigen Vorsprung, um das Gesicht gegen Querstreiche zu schützen, oder cylinderförmig, bedeckten den ganzen Kopf und hatten blos Löcher zum Sehen und Athmen. (Abbildung I.) Die Helmbüsche kamen erst unter Richard III. in Gebrauch. Überhaupt hatte sich unter diesem Fürsten die Kriegstracht bedeutend verbessert. Damals trug z. B. ein Reiter im Felde Stahlschuhe, Beinschienen, Lendenstücke, Panzerhosen, einen Küraß oder Brustharnisch, Armschienen, Schulterstücke, Panzerhandschuhe, einen Mantel, Helm, Schild und ein kurzes und langes Schwert. Nach Einführung der Feuergewehre traten an die Stelle der frühern Rüstungen ungewöhnlich starke Eisenpanzer, kamen aber ihrer Schwere wegen bald wieder außer Gebrauch und unter Jakob I. sogar auch Helm und Küraß.

Das Fußvolk hatte Speere, Schleudern, Wurfspieße, Bogen, Armbrüste, Pfeile, Schwerter, die Reiterei Lanzen, Schwerter und Dolche. Der Bogen und die Armbrust wurden unter Wilhelm dem Eroberer (1066) im englischen Heere eingeführt. Zur Zeit Eduard III. galten besonders die Schützen mit langen Bogen für die besten Soldaten und waren selbst noch lange nach Erfindung des Schießpulvers gefürchtet. Hierin standen die Franzosen den Engländern weit nach und die glänzenden Siege bei Creßy, Poitiers und Azincourt waren hauptsächlich das Ergebniß der Trefflichkeit der englischen Bogenschützen. Selbst die damals vielgerühmten Lanzenmänner der Schotten und die eisenumgürteten Ritter der Franzosen mußten ihnen nachstehen. Eduard IV. befahl, daß jeder Engländer oder Irländer einen Bogen von der Länge seines Körpers aus einem dauerhaften Holze führen, jede Gemeinde in ihrem Gebiete einen Wall aufwerfen und der Bogenschütze sich daran üben sollte. Die Pfeile waren von verschiedener Länge und Schwere, die leichtern gewöhnlich zwei bis drei Fuß lang, die schwereren 1/2 Elle. Jeder Schütze trug 24 derselben im Köcher und 12 im Gürtel. Am untern Ende war jeder Pfeil mit drei Federn geziert und wenn die Bogenschützen in Masse schossen, so glichen, wie der französische Geschichtschreiber Froissart sagt, die in der Luft fliegenden Pfeile fallenden Schneeflocken. Oft waren sie vergiftet oder mit brennbaren Stoffen gefüllt. Außer dem Bogen trug jeder Schütze einen Schild, ein Beil und einen an beiden Enden zugespitzten Stock, welcher, an einem langen Seile befestigt, als Wurfspieß diente. War der Feind durch Pfeile und Wurfspieße in Unordnung gebracht, so griff man zur schmalen Streitart und dem Schwerte und vollendete die Niederlage. Wann der Bogen bei den Engländern außer Gebrauch kam, ist unbekannt. Wir finden ihn noch lange nach Einführung der Feuergewehre, und dies darf nicht wundern, wenn wir bedenken, wie unbequem diese Waffe noch zu Anfange des vorigen Jahrhunderts war. Die Armbrust wurde unter Heinrich VIII. eingeführt. (Abbildung II.)

Vor Einführung der Kanonen bedienten sich die Engländer bei Belagerungen großer Maschinen, welche Wurfspieße und Steine oft ungeheure Strecken weit schleuderten. Eduard III. soll sich schon 1327 gegen die Schotten und 1346 in der Schlacht bei Creßy einer Art von Kanonen oder vielmehr kurzer Bombenmörser bedient haben, die zwar noch sehr unvollkommen, dennoch wegen ihrer Leichtigkeit im Felde weit nützlicher waren als die alten ungeheuern Wurf- und Belagerungsmaschinen. Sie waren kurz, von großem

---

*) Über ihn und seine Verdienste werden wir nächstens in dieser Zeitschrift sprechen.

I. Bewaffnung aus dem 13. Jahrhundert.

II. Soldaten und Kanonen aus dem 14. und 15. Jahrhundert.

III. Fußvolk aus dem 15. Jahrhundert.

IV. Soldaten und Kriegsmaschinen aus dem 15. Jahrhundert.

Kaliber, gewöhnlich aus Eisenstäben zusammengesetzt und mit Reifen von demselben Metalle zusammengehalten. Der auf der Abbildung II. in der Mitte befindliche Mörser ist aus dieser Zeit. Die zweite Kanone aus der Zeit Heinrich IV. ist von Eisen, liegt in einer hölzernen trogartig ausgehöhlten Röhre in schräger Richtung auf einem Holzblocke und konnte mittels eines beweglichen Zapfens gerichtet werden. Indeß muß, nach diesem Apparate zu urtheilen, die Ladung sehr schwach gewesen sein. Neben der Mündung des einen Geschützes steht ein Schildträger, der die Verpflichtung hatte, dem Kanonier, Bogen= oder Armbrustschützen, wenn dieser sich dem Walle näherte, einen Schild zum Schutze gegen feindliche Waffen vorzutragen. Eine eigne Art Geschütz des 14. Jahrhunderts waren die sogenannten Handkanonen, von so geringer Schwere, daß zwei Menschen dieselben bequem von einem Orte zum andern tragen konnten. Beim Abfeuern wurden sie auf den Boden gestützt. Die ersten gegossenen Geschütze findet man in England um das Jahr 1521; allein ungleich leichter wurden die Kanonen schon zu Anfange des 15. Jahrhunderts.

Das auf unserer Abbildung IV. im Vordergrunde stehende Geschütz hängt mittels eiserner Zapfen zwischen den Armen einer großen eisernen Gabel. Am untern Ende der Kanone ist ein breites, sensenförmiges Eisen perpendicular angebracht, mit mehren gleichweit voneinander stehenden Löchern. Ein in dieselben hineingeschobener Riegel erhält die Kanone in der gegebenen Richtung. Die Grundlage der ganzen Maschine ist ein starkes Gerüste aus eichenen Pfosten. Von leichterm Kaliber ist das zweite Geschütz. Der hohe, in der Mitte stehende hölzerne Thurm läßt einen Blick in das damalige Belagerungssystem thun. Mittels seiner Räder wurde derselbe von einem Ort zum andern gerollt. Aus den an den Seiten befindlichen dreieckigen Löchern schoß man Pfeile oder schleuderte Steine und ähnliche Dinge. Auf dem oben befindlichen freien Platze standen Bogenschützen, welche sich durch die längs der Brustwehr hinlaufenden und zum Auf= und Niederlassen eingerichteten Schirme gegen feindliches Geschoß sichern konnten. Das breite über dem Thurme auf zwei Balken ruhende Dach diente nicht blos als Schutz, sondern die Bogenschützen bestiegen dasselbe, wenn sich der Thurm völlig dem Walle oder der Mauer genähert hatte, und sprangen von ihm auf die Mauern der belagerten Stadt.

Unter die bemerkenswerthesten militairischen Gebräuche der Engländer im Mittelalter gehört das Feldgeschrei. Sein Zweck war, sowol den Muth der Krieger anzufeuern als vorzüglich auch den Freund vom Feinde im Getümmel der Schlacht zu unterscheiden. Das Feldgeschrei war gewöhnlich St.=Georg oder St.=Georg und England! Die musikalischen Hauptinstrumente waren Trompeten, Querpfeifen, Trommeln und bei den Schotten die Sackpfeife.

Die Kriegszucht scheint streng gewesen zu sein. Es gab drei Hauptstrafen für militairische Verbrechen, das Enthaupten, Erhängen und Ersäufen. König Richard Löwenherz gab, als er nach dem heiligen Lande zog, seinem Heere folgende Gesetze: „Wer am Bord eines Schiffes Jemand tödtet, soll an den Getödteten gebunden und mit diesem in das Meer geworfen werden. Wer Jemand am Ufer tödtet, soll an den Getödteten gebunden und mit ihm begraben werden. Wer sein Messer zieht, um Jemand zu erstechen oder ihn wirklich verwundet, verliert die rechte Hand. Wer Jemand mit der Hand so schlägt, daß der Geschlagene blutet, soll dreimal langsam ins Meer niedergetaucht werden. Wer seinen Kameraden schimpft oder verflucht, zahlt dem Beleidigten eine Unze Silber als Genugthuung."

Gelinde körperliche Strafen kamen indeß seltener vor und wurden gewöhnlich, weil jeder Krieger Eigenthum hatte, mit Geldstrafen abgebüßt. Viele Vergehen wurden mit Verhaftung bestraft, bei Offizieren mit Verweis oder Entsetzung. Ausreißen war unter Heinrich IV. Capitalverbrechen, und jedem Gotteslästerer ohne Ausnahme wurde die Zunge mit einem glühenden Eisen durchbohrt. Die Trunkenheit scheint indeß verhältnißmäßig weniger gerügt worden zu sein. Elisabeth verordnete, daß „ein Säufer bei Brot und Wasser so lange eingesperrt werden sollte, als es der Grad des Lasters verdiente". Diebstahl war ein Hauptverbrechen, und wer Festungen, Magazine, Kriegsvorräthe dem Feinde überlieferte, ward als Hochverräther bestraft.

Zur Geschichte des Tabackrauchens.*)

Es gibt schwerlich eine menschliche Gewohnheit, die zu so vielfachen Betrachtungen Anlaß geben kann, als das Tabackrauchen. Es ist weit mehr als irgend eine andere, welche der Mensch angenommen hat, eine künstliche Gewohnheit, und nur wenige sind so abstoßend für den natürlichen Geschmack. Sie ist meist unangenehm für Diejenigen, die ihr nicht ergeben sind, und Diejenigen, die sie angenommen haben, sind nicht ohne Überwindung von Schwierigkeiten dazu gekommen. Sie ist über den größten Theil der Erde verbreitet, in alle Volksclassen übergegangen, von dem Wilden auf der tiefsten Stufe der Roheit bis zu dem Gebildetsten, und herrscht unter jedem Klima, von Sibirien bis zum Äquator und vom Äquator bis zum äußersten Süden. Diese Verbreitung ist noch auffallender, wenn man an den verhältnißmäßig neuen Zeitpunkt denkt, in welchem diese Gewohnheit entstand; denn 250—300 Jahre sind eine kurze Zeit für die allgemeine Verbreitung einer Gewohnheit. Werfen wir einen Blick auf die Geschichte derselben, so ist kein Grund, zu bezweifeln, daß Amerika die Quelle ist, aus welcher sich diese Gewohnheit über die Welt verbreitet hat. Sieht man, wie sehr die Bewohner der Türkei, Persiens und anderer östlichen Länder den Taback lieben, und welche Verfeinerungen sie in der Kunst des Rauchens eingeführt haben, so möchte man bezweifeln, ob diese Gewohnheit wirklich in Asien so neu sei als sie, wie wir wissen, in Europa ist. Man hat auch behauptet, daß Asien den Taback gekannt habe, ehe er im 16. Jahrhundert aus Amerika nach Europa kam; Andere aber haben dies für irrig erklärt. In ältern morgenländischen Werken, welche die Gewohnheiten des Volkes genau beschreiben, wird des Tabackrauchens nicht erwähnt, z. B. in der Märchensammlung „Tausend und eine Nacht". Auch sagen uns die ältesten europäischen Reisenden nichts davon. Die Chinesen behaupten zwar, seit vielen Jahrhunderten Tabackraucher gewesen zu sein, aber es scheint ein Misverständniß obzuwalten, das entweder der europäische Gewährsmann, der davon spricht, verschuldet hat, oder auf Rechnung Derjenigen kommt, die ihm die Sache mittheilten. Die Chinesen mögen zwar auch in frühern Zeiten, wie noch jetzt, andere Pflanzen geraucht haben, aber nicht Taback, und Diejenigen, von welchen jene Behauptung herrührte, mögen die Gewohnheit des Rauchens und den Gebrauch des Tabacks nicht genau unterschieden haben. Wahrscheinlich haben die Chinesen den ersten Taback aus Indien erhalten, wohin die Portugiesen 1599 den Samen der Pflanze brachten. Beinahe 30 Jahre lang hatten seit jener Zeit die Portugiesen Niederlassungen am persischen Meerbusen, und während dieser Zeit wurde wahrscheinlich der Gebrauch des Tabacks in Persien eingeführt. Die Portugiesen brachten vermuthlich die Gewohnheit in Aufnahme und lieferten den Taback aus Indien, und überdies hatten die Perser selbst häufigen Verkehr mit jenem Lande.

---

*) Vergl. über den Taback noch Pfennig=Magazin Nr. 14, wo auch eine Abbildung der Tabackspflanze gegeben ist.

Noch 1628, zwei Jahre nach der Vertreibung der Portugiesen vom persischen Meerbusen, erhielt Persien ansehnliche Sendungen von Taback aus Indien.

Die Türken scheinen die Gewohnheit wie die Waare unmittelbar aus Europa erhalten zu haben, ungefähr um dieselbe Zeit, wo sie die Perser aus Indien erhielten, wiewol sie auch zu den Bewohnern der Türkei entweder aus Persien oder aus Indien gekommen sein kann. Als der Engländer Sir Thomas Herbert in der ersten Hälfte des 17. Jahrhunderts in Bagdad war, besuchte er die dortigen Kaffeehäuser, die er Kohohäuser nennt, wo die Bewohner der Stadt, wie er sagt, sich in den Abendstunden versammelten, um Kaffee zu trinken, „einen höllischen, schwarzen, dicken und bittern Trank", um sich mit Arak und Taback zu berauschen. Der Engländer Sandys, der schon 1610 in Konstantinopel war, spricht noch bestimmter, und nennt ausdrücklich das Tabackrauchen als eine neue Gewohnheit der Türken. Sie rauchen, sagt er, durch Röhren, an welchen große hölzerne Köpfe für den Taback angebracht sind. Er setzt hinzu, der Taback sei ihnen durch die Engländer zugeführt worden, und die Gewohnheit würde sich noch weiter verbreitet haben, wenn nicht von Zeit zu Zeit Verbote dagegen ergangen wären. Während Sandys in Konstantinopel war, wurde einem Türken eine Pfeife durch die Nase gesteckt, und so ward er zum Schimpf durch die Stadt geführt. Die Pfeifen, die er beschreibt, sind dieselben, die noch jetzt gebraucht werden, außer daß der Kopf von Thon ist. Die in Europa ursprünglich üblichen kleinen Pfeifen wurden wahrscheinlich wegen des hohen Preises des Tabacks eingeführt.

Nach England kam der Taback zuerst um das Jahr 1578, wo der berühmte Sir Walter Raleigh ihn aus Amerika mitbrachte. Nach einer Sage pflegte er vor seiner Thüre zu sitzen und in Gesellschaft eines Freundes zu rauchen. Wahrscheinlich wurde die Gewohnheit durch diese Öffentlichkeit und den vornehmen Stand der Raucher befördert. Unter der Regierung der Königin Elisabeth verbreitete sich die Gewohnheit nur langsam; aber der Engländer Stow, der um 1631 schrieb und den Taback „ein stinkendes, zu Gottes Unehre viel gemisbrauchtes Kraut" nennt, erzählt uns, daß zu jener Zeit das Rauchen unter Männern und vielen Frauen gewöhnlich war. Jakob I. verfaßte bald nach seiner Thronbesteigung eine Schrift gegen das Rauchen, die wenigstens unter seinen Hofleuten der Gewohnheit Einhalt thun mochte, welche sich schon weit verbreitet hatte. Und was die Eitelkeiten anlangt, sagt er, wozu diese schmuzige Gewohnheit führt, ist es nicht eine große Eitelkeit und sehr unnütz, daß bei Tische, wo Ehrerbietigkeit, Reinlichkeit und Sittsamkeit herrschen sollen, die Leute sich nicht schämen, Tabackspfeifen zu handhaben und einander den Rauch zuzublasen, sodaß der häßliche Dampf und Gestank über die Schüsseln sich verbreitet und die Luft verpestet, während oft Leute, die ihn verabscheuen, in der Gesellschaft sind? Ist es nicht eine große Thorheit, fährt er fort, daß jetzt Niemand seinen Freund anders zu bewillkommnen weiß, als daß er ihn sogleich zum Rauchen einladet? Ja die Hausfrau kann ihrem Galan nicht freundlicher begegnen, als wenn sie ihm mit ihrer schönen Hand eine Tabackspfeife reicht. Aber, sagt er weiter, es ist nicht nur eine große Eitelkeit, sondern auch eine große Verachtung der guten Gaben Gottes, daß die Süßigkeit des Menschenodems, der eine gute Gabe Gottes ist, absichtlich durch dieses stinkende Rauchen verdorben werde! Der König pflegte zu sagen, wenn er den Teufel zu Tische laden wollte, würde er ihm dreierlei vorsetzen, ein Ferkel, Stockfisch und Senf und eine Pfeife Taback zur Verdauung.

Monomanie bei Pferden.

Folgende merkwürdige Thatsachen von seltenem Abscheu der Pferde gegen einzelne Gegenstände, kann man wol mit Recht einer wirklichen Monomanie zuschreiben.

Im Jahre 1806 hatte ein Piemonteser, während der Schlacht bei Austerlitz, eine sehr schöne und in andern Hinsichten sehr brauchbare Stute; eine Eigenschaft derselben wurde dem Reiter oft gefährlich. Sie hatte einen entschiedenen Widerwillen gegen Papier, welches sie sogleich erkannte, sobald sie es sah. Die Wirkung, die der Anblick oder das Geräusch des Papiers bei ihr hervorbrachte, war so stark und schnell, daß sie sehr oft ihren Reiter aus dem Sattel warf. Sonst hatte dieses Thier nicht die geringste Furcht vor Gegenständen und Tönen, die andere Pferde erschreckt haben würden; es vertrug das Pfeifen der Kugeln, das Donnern der Kanonen und das Geklirr der Waffen; das Gewirre und der Lärm eines Angriffs machte keinen Eindruck auf dasselbe; nur der Anblick oder das Rascheln des Papiers machte es unbezähmbar. Alle nur möglichen Mittel wurden angewandt, diesen merkwürdigen und höchst gefährlichen Abscheu zu heilen, vergebens; der Besitzer sah sich daher gezwungen, das Pferd zu verkaufen, denn sein Leben schwebte in steter Gefahr.

Eine Stute, die einem französischen Offizier während der Jahre 1816—21 gehörte, war vollkommen lenksam und verrieth nicht die geringste Abneigung weder gegen Menschen, noch gegen Thiere, außer gegen hellgraue Pferde. Sah sie ein solches Pferd, so sprang sie darauf zu und griff es mit der größten Wuth an. Sie leistete Alles, was man nur verlangen konnte, auf der Parade, auf dem Marsche, in Reihe und Glied, im Kampfe und im Stalle; aber ihr Haß gegen graue Pferde war so groß, daß es gefährlich war, dergleichen mit in ihren Stall zu stellen, wäre auch die Entfernung zwischen den beiden Thieren noch so bedeutend gewesen. Hatte sie einmal ein graues Pferd erblickt, so ruhte sie nicht eher, als bis sie ihren Reiter abgeworfen oder ihren Halfter zerrissen hatte, dann eilte sie auf dasselbe zu und biß mit der größten Wuth. Sie faßte das Thier gewöhnlich beim Kopfe oder bei der Kehle und hielt es so fest, daß sie es erstickt haben würde, hätte man nicht dasselbe aus ihrer Gewalt befreit. Als sie alt wurde (sie war 1821 18 Jahre alt), legte sich diese Wuth noch nicht völlig, aber sie war wenigstens nicht mehr so heftig. Kein anderer grauer Gegenstand schien dagegen den geringsten Eindruck auf sie zu machen.

Noch eine andere Stute fürchtete im Gegentheil alle leblosen weißen Gegenstände, z. B. weiße Mäntel oder Kleider, selbst weiße Hemdenärmel und besonders weiße Federn. Sobald einer dieser weißen Gegenstände, besonders wenn er in Bewegung und einigermaßen groß war, von ihr bemerkt wurde, kam sie in schreckliche Furcht und suchte durchzugehen; war der Gegenstand aber nicht von bedeutender Größe und bewegte er sich nur langsam fort, so eilte sie auf ihn zu, erhob ihre Vorderfüße gegen ihn und drohte ihn mit den Zähnen zu zerreißen. Keine andere Farbe übte den geringsten Einfluß auf sie, noch erschreckte sie das plötzliche Erscheinen weißer Pferde oder Hunde; erblickte sie aber eine weiße Feder oder ein Stück weißes Papier, so hatte der Reiter die Gewalt über das sonst so lenksame Thier verloren.

(Die Amstelbrücke in Amsterdam.*)

*) Siehe Nr. 69 des Pfennig-Magazins, wo bereits eine ausführliche Beschreibung von Amsterdam, sowie eine Ansicht des ehemaligen Stadthauses, jetzt königlichen Palasts, und der Börse gegeben worden

Verantwortliche Herausgeber: Friedrich Brockhaus in Leipzig und Dr. E. Drärler-Manfred in Wien.
Verlag von F. A. Brockhaus in Leipzig.

Das Pfennig-Magazin

der

Gesellschaft zur Verbreitung gemeinnütziger Kenntnisse.

157.] Erscheint jeden Sonnabend. [April 2, **1836**

Patmos.

Das Kloster des heiligen Johannes.

Patmos.

Nicht weit von der Küste Kleinasiens, im griechischen Archipelagus, ungefähr neun Meilen von Samos, liegt die Insel Patmos oder Patmo, die zu jener Gruppe von Eilanden gehört, welche bei den Alten die Sporaden, d. i. die zerstreuten Inseln, hießen. Sie hat eine sehr unregelmäßige Gestalt und besteht in ihrem ganzen Umfange aus einer Reihe von Vorgebirgen und Buchten, die sichere Häfen bilden. An einer Stelle beträgt die Breite der Insel kaum 750 Fuß. So schön und fruchtbar die Inseln des griechischen Meeres sind, so öde und nackt erhebt sich Patmos aus den Wellen. Das ganze Eiland ist ein zusammenhängender Felsen, der oft in Hügel und Berge aufsteigt. Die Thäler sind selten des Anbaues fähig, und fast die einzige Stelle, wo der Menschenfleiß dem dürren Boden Früchte abzugewinnen versucht hat, ist ein kleines Thal auf der Westseite, in welchem die wohlhabendern Bewohner einige Gärten angelegt haben. Nach einer Beschreibung der Insel, die der griechische Erzbischof Georgirenes von Samos im 17. Jahrhundert herausgab, erzeugte sie Wein, Feigen, Citronen und hinlängliches Getreide für den Bedarf ihrer Bewohner. Der französische Botaniker Tournefort, der etwa 20 Jahre später, um 1680, in Patmos war, versichert dagegen, sie ernte nur wenig Weizen oder Gerste, wenig Wein und erhalte ihren Bedarf von Santorin. Jetzt ist die Insel hinsichtlich der Lebensbedürfnisse ganz von dem Festlande abhängig. Dieser Umstand erklärt die hohen Preise fast aller Lebensbedürfnisse, die weit theuerer als an irgend einem Orte in der Levante sind. Wie auf den meisten Inseln der Küste Kleinasiens, welche der Hülfsmittel des Ackerbaus entbehren, sind alle Männer auf Patmos Seeleute. Sie machen häufige Reisen nach Europa, und man behauptet, sie seien eben darum aufgeklärter und weniger abergläubig als die übrigen Inselgriechen. Die Weiber beschäftigen sich hauptsächlich mit der Verfertigung von Strümpfen, wozu sie die Baumwolle aus Kleinasien erhalten. Ihre Arbeiten sind dauerhaft, aber theuer.

Die Stadt liegt in der Mitte der Insel auf einem hohen Felsen, der steil aus dem Meere emporsteigt, und ist von dem berühmten Johanneskloster gekrönt, das unsere Abbildung darstellt. Sie hat etwa 100 Häuser, welche nebst einigen in dem Hafen La Scala alle auf der Insel befindlichen Wohnungen ausmachen. Nach Tournefort's Angabe lag die Stadt vor Zeiten nahe am Gestade, die Einwohner aber sollen durch die Angriffe der Seeräuber genöthigt worden sein, sich weiter von der Küste auf dem Felsenberge anzubauen. Alle Häuser sind steinern und meist gut gebaut, zum Theil besser als auf andern durch Handel blühenden griechischen Inseln. Die Stadt ist theils auf dem Gipfel des Berges, theils am Abhange gebaut, und die engen Straßen sind daher sehr steil. Die Aussicht vom Gipfel ist überraschend. Überall sieht das Auge nur Berge unter sich, und die geringe Breite der Insel und die sonderbare Gestalt ihrer Küsten bietet einen seltsamen Anblick dar.

Das Kloster, das man auf den ersten Blick für eine Festung hält, ist ein starkes, mächtiges Gebäude und besteht aus mehren Thürmen von unregelmäßiger Gestalt. Es soll unter der Regierung des griechischen Kaisers Alexius Komnenus (1081—1118) gegründet worden sein, und man behauptet, der Erbauer sei der heilige Christodoulos gewesen, der früher Abt in Kleinasien war. Von den Türken geängstigt, deren Macht schon zu jener Zeit in Kleinasien schnell zunahm, erhielt er um 1100 die ganze Insel Patmos und die umliegenden unbewohnten Inseln zum Geschenke. Als er seine Familie und seine Reichthümer dahin gebracht hatte, baute er ein Kloster an dem Ufer des Meeres; aber da ihm der Platz nicht gefiel und, wie der obenerwähnte Erzbischof erzählt, eine Stimme vom Himmel ihn warnte, so verließ er dieses Kloster und gründete ein anderes auf den höchsten Punkte der Insel, befestigte es mit hohen und starken Mauern und baute auch eine Kirche. Diese Kirche ist klein, aber freundlich, der Fußboden von Mosaik und über dem Altare sieht man drei sehr mittelmäßige Gemälde, den Heiland, die heilige Jungfrau und den Evangelisten Johannes darstellend, wie die Mönche sagen, Geschenke Peter's des Großen. In der Kirche zeigt man den Leichnam des heiligen Christodoulos. Das Kloster war früher reich, aber schon im 17. Jahrhundert hatten die Einkünfte desselben sehr abgenommen und sind nach neuern Reiseberichten jetzt noch geringer. Die nicht unbedeutende Bibliothek des Klosters enthält viele Handschriften, meist theologischen Inhalts.

Die Insel hat keine historische Bedeutung gewöhnlicher Art, aber dieser Mangel wird ersetzt durch das Interesse, das sie mit dem Leben des Evangelisten Johannes in Verbindung bringt, der nach Patmos verbannt wurde. Als Kaiser Nerva der Christenverfolgung ein Ende machte und die Verbannten zurückrief, ging Johannes wieder nach Ephesus, wo er bis zu seinem Tode blieb. Nach einer alten Sage schrieb er auf Patmos sein Evangelium, da die Inselbewohner kurz vor seiner Abreise ihn baten, ihnen eine Richtschnur des Glaubens zu hinterlassen. Als er seine Arbeit beginnen wollte, setzt die Sage hinzu, entstand ein heftiges Ungewitter und ein Erdbeben, worauf der Evangelist, zum Himmel blickend, sprach: „Im Anfange war das Wort." Die Höhle, die man noch die heilige Grotte nennt, soll bei jenem Erdbeben entstanden sein. Mit dieser Sage läßt sich aber die Überlieferung nicht gut vereinigen, daß jene Grotte, die man auch die Grotte der Offenbarung nennt, der Ort sei, wo Johannes die Apokalypse geschrieben habe. Sie ist eine natürliche Höhle im Abhange des Berges, ungefähr in der Mitte zwischen der Stadt und dem Hafen La Scala am Fuße des Felsens. Sie geht gegen 20 Fuß tief in den Felsen, ist etwa 36 Fuß breit und 10—12 Fuß hoch. Die Griechen haben hier eine bunt verzierte Kirche angelegt, und neben derselben eine Schule, worin einige Kinder im Lesen, Schreiben und Altgriechischen unterrichtet werden, eine Anstalt, die ein neuerer Reisender als gut eingerichtet rühmt. Die Grotte steht bei den Eingeborenen in hoher Verehrung, und nach dem Erzbischof Georgirenes wuchs in der Nähe ein Feigenbaum, auf dessen Früchten das Wort Apokalypsis zu lesen sein sollte.

Patmos hatte zu allen Zeiten viel von christlichen und mohammedanischen Seeräubern zu leiden, und oft von jenen mehr als von diesen, ungeachtet die Bewohner der Insel Schutzbriefe von dem Papste, den Königen von Frankreich, von Neapel, von dem Großherzoge von Toscana und von dem Großmeister zu Malta erhalten hatten. Die Seeräuber lauerten gewöhnlich bei der Insel Furni, nördlich von Patmos; hatten sie ein Schiff geentert, so metzelten sie die Mannschaft nieder, und war es ausgeplündert, versenkten sie gewöhnlich das Fahrzeug. Patmos gehört zu denjenigen Inseln des griechischen Meeres, deren Einkünfte der Kapudan Pascha bezieht.

Seelengröße Heinrich's, des Findelkindes von Kempten.

Daß in unsern Vorfahren der Sinn für die thätige Menschenliebe reger gewesen sei als jetzt, bezeugt die ungezählte Menge von Hospitälern, Krankenherbergen, milden Stiftungen und Versorgungsanstalten für alte Leute, die wir nicht allein in allen deutschen Städten, sondern selbst in vielen Dörfern finden; Stiftungen, ohne welche die neuere Zeit vielleicht nicht bestehen könnte. Ein rührenderer Zug aber von Seelenerhabenheit und aufopfernder Sorge für die Noth des Nächsten, als Heinrich's, des Findelkindes von Kempten, findet sich schwerlich in den Jahrbüchern der Menschenliebe; vielleicht nur im Morgenlande unter den ersten Bekennern Christi. Hören wir, wie der einfache Natursohn seine That erzählt: „Ich, Heinrich Findelkind. Mein Vater, so man fand, hieß der Maier von Kempten, der verdarb wegen Bürgschaft. Der hatte neun Kinder und ich, Heinrich Findelkind, war das zehnte. Da that er uns halb aus dem Hause, daß wir gingen und dienen sollten. Da kam ich, Heinrich Findelkind, zu zweien Priestern, die wollten nach Rom; mit denen ging ich über den Arlberg und wir kamen zu Jacklein am Rhein. Da fragte Jacklein: wo wollt ihr mit dem Knaben hin? Da sprachen die Herren: er ist zu uns kommen auf dem Felde. Da sprach Jacklein, wollt ihr ihn hier lassen, daß er uns die Schweine hüte? Da sprachen sie, was er thut, ist uns lieb. Und er bingte mich und gab mir das erste Jahr zwei Gulden. Da war ich bei dem genannten Jacklein zehn Jahre und ging mit ihm zur Kirche in dem Winter und trug ihm das Schwert nach. Da brachte man viel Leute, die waren auf dem Arlberg in dem Schnee verdorben; denen hatten die Vögel die Augen ausgefressen und die Kehlen ab. Das erbarmte mich, Heinrich Findelkind, so sehr und ich hatte 15 Gulden verdient mit dem Hirtenstab. Da rufte ich und sprach, ob Jemand nehmen wollte die 15 Gulden und einen Anfang anheben auf dem Arlberg zu bauen, daß die Leute nicht so verdürben? Das wollte Niemand thun; da nahm ich den allmächtigen Gott zu Hülfe und den lieben Herrn Sanct Christophel, der ein großer Nothhelfer ist, und fing an mit den 15 Gulden, die ich mit dem Hirtenstab verdient hatte, und den ersten Winter half sieben Menschen mit dem heiligen Almosen. Seitdem haben mir Gott und ehrbare Leute geholfen, daß ich und meine Helfer des Lebens gerettet haben 50 Menschen, und den Anfang hub ich an im Anfang des Jahres 1386 am Tage Johannis des Täufers."

Der Segen des Herrn folgte einer so frommen Johannisfeier und erweckte christliche Gemüther zur Nachahmung. Heinrich durchzog bittend Deutschland, Böhmen, Polen und Kroatien. Leopold, Herzog von Östreich, welchem der arme Knecht Heinrich seine Bitte vortrug, „ein Haus auf dem Arlberg zu bauen, damit die armen Leute Herberge hätten, wenn sie vor Unwetter oder Krankheit nicht weiter kommen könnten", gab Beihülfe und Erlaubniß, weil viel guter Dinge von einfältigen Leuten angefangen worden, und ermahnte in einem offenen Briefe, Grätz den 27. December 1386, alle Nahegesessenen und Reisenden, sich an dem Werke mit zu unterziehen. Er selbst und noch drei fürstliche Paare desselben Stammes verbrüderten sich mit der Versicherung eines jährlichen Beitrages und ließen ihre Wappen prächtig in das pergamentene Brüderbuch hineinmalen, welches bis zum Jahre 1414 viele der edelsten Geschlechter Deutschlands aufführt; 17 Bischöfe gaben reichliche Steuer oder geistliche Vortheile der St.-Christophelskapelle, welche in der Elendenherberge entstand. Wenn Heinrich um Beisteuer bat, redete er also: „Liebe Kinder, ihr sollt mir Almosen geben auf den Arlberg zu Weg und Steg und zu einer Herberge, darin man beherbergt Arm und Reich und aus dem ich mit meinen Knechten, jeglicher mit vier Schneereifen, alle Abende ausziehe und rufe, und wen wir im Schnee finden, den tragen wir in die Herberge und geben ihm Almosen."

Also ward, wie auf dem St.-Bernhard durch die frommen Mönche, eine Brüderschaft gestiftet, deren zwei Brüdermeistern die Pflicht auferlegt war, jährlich vor dem Winter das Gottes- und Gasthaus zu besichtigen, dem Oberbrüdermeister zu berichten, damit bei Zeiten vorgesorgt würde. Der Bruderwirth auf dem Berge ward gehalten, jedem Reisenden über gute und böse Wege Auskunft zu ertheilen, dem Reichen Speise und Trank gegen Bezahlung, dem Armen umsonst zu reichen. Jedem pilgernden Priester ward gestattet, bei St.-Christophel Messe zu lesen für die Seelen verstorbener Brüder und Schwestern, und dafür an Speise und Trank 18 Kreuzer zu erhalten. Beim Ave Maria Abends und Morgens mußte in dem Winter und bei Unwetter der Wirth sammt einem Knechte mit vier Schneereifen, einem Kruge Wein und einem Stück Brot abwärts zu den abgesteckten Stangen gehen, viermal mit lauter Stimme rufen, und sobald er einen Hülfsbedürftigen wahrnahm, ihn der Herberge zuführen, laben und speisen. Alles, was sich das Jahr über zutrug, mußte der Wirth dem Pfarrer zu Zambs, als nächstem Brudermeister, anzeigen.

Bis in die neuesten Zeiten, in welchen die Landespolicei sich der Straßen und Wege annahm, ward durch eine freiwillige Gesellschaft, ohne Geheiß als durch das Gebot christlicher Liebe, vielen Tausenden Hülfe und Rettung bereitet. Aber bis auf das Jahr 1790 gedachte man nicht des Namens eines Wohlthäters, dessen Grab ein Wallfahrtsort für Freunde des Menschenwohls zu sein verdient.

Die Wanderkrabbe oder der Turluru.

Die sogenannte, in der umstehenden Abbildung dargestellte Wanderkrabbe erreicht die Größe einer Hand und ist in der Regel dunkelpurpurfarbig, zuweilen aber auch anders gefärbt, auf dem Rücken hat sie eine Vertiefung, die einem H gleicht. Sie lebt in Jamaica und auch auf dem festen Lande von Südamerika. Sie leben eigentlich auf dem Lande, in Höhlen, oft selbst in hochliegenden Gegenden, namentlich in Waldungen, doch auch in den Feldern, wo sie großen Schaden durch Abkneipen der Blätter des jungen Zuckerrohrs und Korns anrichten.

Sie dienen den ärmern Bewohnern jener Gegenden als ein Hauptnahrungsmittel, und um sich dies zu verschaffen, ziehen sie, wenn es dunkel wird, mit Fackeln truppweise aus und kehren meist nach Mitternacht mit reichlich gefüllten Körben zurück. Die Indianer und Neger begnügen sich aber nicht damit, sie blos so zu genießen, sondern sie bewahren sie in Fässern und füttern sie mit Feigenschalen u. dergl., um sie fetter und wohlschmeckender zu machen. Werden diese Thiere außerhalb ihres gewöhnlichen Aufenthalts gefunden, so suchen sie so schnell als

*

Die Wanderkrabbe.

möglich ihren Verfolgern zu entkommen, wobei sie sich geschickt ihrer Scheren zur Vertheidigung bedienen, die sie aber nicht lange fortsetzen, da sie lieber die Schere im Stiche lassen, welche, obgleich von dem Körper gleichsam losgesprengt, doch nicht minder heftig zu zwicken fortfährt, bei der nächsten Häutung aber dem Thiere durch eine andere ersetzt wird. Dasselbe ist der Fall mit den Füßen.

Wie die Flußkrebse sind auch diese Krebse vor dem Eierlegen und dann wieder nach demselben, kurz vor und nach dem Ablegen der Schale am besten, und ihr Fleisch soll dann, vorzüglich wenn es fett ist, sehr wohlschmeckend sein. Der Wechsel der Schale hat im Juli und August statt, und um dies mit Ruhe abwarten zu können, verstopfen sie dann ihre Höhle dicht mit Gras.

Da aber die Eier nur im Wasser zur Entwickelung kommen, so suchen diese Thiere um jene Zeit das ihnen erforderliche Wasser auf, und diese Wanderungen sind es, welche sie besonders merkwürdig machen und ihnen ihren Namen gegeben haben. In unendlicher Zahl vereinigt, beginnen sie die Wanderung und verfolgen ihren Zweck gradewegs, keine Hindernisse umgehend, sondern vielmehr Alles, was ihnen in den Weg kommt, übersteigend. Da sie besonders des Nachts wandern, so bringen sie dann sogar in die Häuser ein. Man sagt, daß sie in der Regel in drei Haufen ziehen. Den Vortrab sollen die kräftigsten Männchen bilden, die gleichsam die Bahn brechen; ihnen folgen die Weibchen in besserer Ordnung, in Zügen von 50 Fuß Breite und so dicht, daß sie im eigentlichen Sinne den Boden bedecken. Den Nachtrab bilden vermischte Haufen aus Männchen und Weibchen bestehend, schwache und kraftlose, die mit den andern nicht gleichen Schritt halten können. Wird ein Zug erschreckt, so begibt sich Alles rückwärts in die Flucht, erhebt aber drohend die Scheren und macht damit ein furchtbares Geklapper, um die Feinde zu schrecken. An dem Wasser angekommen, werden die an den Füßen hängenden Eier am Ufer abgewaschen und mit Sand bedeckt. Hier sind sie wie die Eier und die Jungen abermals vielen Verfolgungen, jene von Menschen und größern Thieren, diese von Fischen, ausgesetzt, nichtsdestoweniger aber wandern die Jungen in zahlloser Menge in das Innere des Landes zurück. Ein Reisender erzählt, daß er die Straße wie mit rothem Staub bedeckt sah; er stieg ab, um die Sache näher zu betrachten, und fand, daß es junge Krabben waren, welche rasch über die Straße gegen das Gebirge wanderten; er ritt acht Stunden der Küste entlang und fand überall Alles von denselben so voll, daß unter jedem Fußtritt des Pferdes wenigstens zehn Krabben ihr Leben verloren, und als er am andern Tage zurückritt, fand er es noch immer so, doch bemerkt er, daß die jungen Krabben nicht immer in solcher Menge zum Vorschein kämen.

Das Nest des geselligen Kernbeißers.

Wir danken dem berühmten französischen Naturforscher Levaillant die genauere Beschreibung des oben dargestellten ungeheuern Nestes, oder vielmehr dieser großen Nestercolonie, indem die Masse nicht von einem Vogel, sondern von vielen erbaut wird, weshalb der Vogel auch der gesellige Kernbeißer genannt wird. Es ist eine Art Finke, olivenbraun, unten gelblich mit dunklerm oder schwärzlicherm Kopfe und Flügel. Levaillant untersuchte auf seiner zweiten Reise in Innern von Afrika ein solches Nest bis in seine kleinsten Einzelnheiten. Zu diesem Zweck hieb er es mit einem Beile in Stücke und bemerkte nun, daß die obere Decke nur aus einer Masse von Buschmanngras bestand, ohne alle andere Beimischung, welches aber so dicht und fest ineinander gewirkt war, daß es selbst für den heftigsten Regen undurchdringlich wurde. Dies ist aber nur der Anfang des ganzen Baues, und jedes Vogelpaar baut nun sein eignes Nest unter diesem Baldachin. Jedes einzelne Nest hat drei oder vier Zoll im Durchmesser, und da sie ringsum dicht aneinander sitzen, so scheinen sie nur Ein Gebäude auszumachen und sind nur durch eine kleine äußere Öffnung voneinander zu unterscheiden, welche jedem als Eingang dient, und von denen sogar manche für drei Nester benutzt wird, indem eines oben und zwei an der Seite befestigt sind. Nach einem andern Beobachter, dem Engländer Patterson, sollen die Nester nach Verhältniß des Anwachses der Colonie selbst sich vermehren und die alten Nester dann als Verbindungswege dienen. Es ist kein Zweifel, daß bei Vermehrung der Vögel auch die Anzahl der Nester wachsen muß und daß, da ein Anbau nur auf der untern Seite stattfindet, die neu erbauten Nester die alten bedecken, diese also verlassen werden müssen. Das beschriebene Nest, dessen Gestalt aus unserer Abbildung deutlicher wird, war eines der größten, welches Levaillant auf seinen Reisen sah und enthielt nicht weniger als 320 bewohnte Nester.

Jakob Mackintosh.

Aus einer alten schottischen Familie stammend, ward Jakob Mackintosh 1755 in der Grafschaft Inverneß geboren. In der Schule, wie auf der Universität Aberdeen zog er zwar durch die Lebendigkeit seines Geistes und seiner Anlagen die Aufmerksamkeit seiner Lehrer auf sich, doch ließ sich auch ein gewisser Mangel an Stätigkeit, ein Schwanken und eine auffallende Veränderlichkeit in der Wahl seiner Beschäftigungen bemerken, die seiner fernern gleichmäßigen geistigen Ausbildung leicht hätte nachtheilig werden können. Nach langem Schwanken wendete Mackintosh sich endlich zur Medicin und bezog die Universität Edinburg, wo er sich aber auch außer seinen medicinischen Studien fortwährend mit philosophischen Untersuchungen beschäftigte. Nachdem er 1787 Doctor geworden war, verließ er Edinburg; anstatt sich aber der Ausübung seines gewählten Berufs zu widmen, warf er sich mit Eifer auf das Studium der Staatswissenschaften, die er auch später als Schriftsteller mit vielem Glücke bearbeitete. Seit 1792 studirte er dann die Rechte, und suchte den Schmerz über den Verlust einer geliebten Gattin, der ihn in dieser Zeit traf, durch eine angestrengte Thätigkeit zu bekämpfen, die er vorzüglich dem Völkerrechte zuwendete. Eine Reihe von Vorlesungen, welche er in London über diesen Gegenstand hielt, wurde mit großem Beifalle aufgenommen. Die Vertheidigung eines französischen Journalisten, Peltier, der auf die Anklage des damaligen ersten Consuls Bonaparte vor Gericht gestellt wurde, hatte Mackintosh übernommen. Zwar fiel der Urtheilsspruch für Peltier ungünstig aus, aber das außerordentliche Talent und die Freimüthigkeit, womit Mackintosh die Vertheidigung geführt hatte, erhöhte seinen Ruf so sehr, daß ihm das Amt eines Archivars zu Bombay in Ostindien angetragen wurde, welches er auch neun Jahre lang mit Eifer und Erfolg verwaltete. Bei seiner Rückkehr nach England wählte ihn 1813 die Grafschaft Nairn in Schottland zu ihrem Vertreter im Unterhause. Je größer die Hindernisse waren, welche dem neuen Parlamentsgliede sein ungünstiges Sprachorgan entgegenstellte, zu desto größerm Ruhme gereichte es ihm, dieselben glücklich überwunden zu haben. Er zeigte sich bald als klarer, lichtvoller Redner, und die feste Behauptung seiner Grundsätze, wie seine kräftige und leidenschaftlose Beredtsamkeit erwarben ihm bald die Aufmerksamkeit des Hauses. Mit der Achtung, welche ihm die bedeutendsten Männer zuwendeten, steigerte sich sein Einfluß, den er vorzüglich dazu anwendete, eine Verbesserung der englischen Strafgesetze herbeizuführen, deren Mängel er schon lange erkannt hatte. Auch zeigte sich Mackintosh als einer der standhaftesten Gegner der in den westindischen Colonien der Briten eingeführten Sklaverei. Er hielt diese Angelegenheit stets für eine der wichtigsten und für enge verbunden mit dem Rufe der Rechtlichkeit und mit der Ehre des britischen Volkes, wie mit der Sicherheit und

Wohlfahrt der europäischen Einwohner der Colonien, vor Allem aber mit dem Wohle einer Million von Wesen, die nach ihrer Erhebung zu dem Range von Menschen seufzten. So starb Mackintosh, für das Wohl seiner Mitbürger und der Menschheit überhaupt eifrigst beschäftigt, am 30. Mai 1832. Auch im Privatleben zeigte er sich in hohem Grade als ein mit vielen Tugenden und vortrefflichen Eigenschaften geschmückter Mann. Er hinterließ eine nicht ganz vollendete Geschichte Englands, die auch in das Deutsche übersetzt worden ist, und eine gleichfalls nicht von ihm selber bis zum Schlusse fortgeführte geschichtliche Darstellung der großen Staatsveränderung, die England 1688 nach dem Falle des Hauses Stuart erfuhr.

Mexico.
(Fortsetzung aus Nr. 156.)

Mexico umfaßt mit Einschluß der freien Indianerländer einen Flächenraum von mehr als 70,000 Quadratmeilen und grenzt östlich an den Meerbusen von Mexico und an Liusiana, westlich an das stille Meer, nördlich an die Vereinigten nordamerikanischen Staaten und südlich an den Freistaat Guatemala. Ein großer Theil des Landes ist noch wenig bekannt, und der blos von Indianern bewohnte Landstrich im Norden noch nie untersucht worden. Eine Gebirgskette breitet sich von der Landenge von Guatemala zu einem weiten Tafelland aus, welches den südlichen Theil von Mexico einnimmt und mit seinen Hochflächen und Hochthälern 7000 Fuß über dem Meere liegt. Während die Städte auf dieser erhabenen Landschaft eine milde Temperatur genießen, sind die Bewohner der östlichen und westlichen Küste dem Einflusse der heißen Sonne ausgesetzt, und in den zwischenliegenden Gegenden findet man alle Abwechselungen von Wärmegraden. Über jenem Tafellande erheben sich mehre Bergrücken oder einzelne Höhen, unter welchen der Popocatepetl (d. i. der Dampfberg) gegen 18,000 Fuß hoch und zugleich der größte unter den fünf noch nicht erloschenen Bulkanen Mexicos, der Orizaba, 17,000 Fuß hoch, der Cerra de la Leona und der Iztaczihuatl (d. i. die weiße Frau) zu den bedeutendsten gehören. Die Flüsse des Landes sind, mit Ausnahme des Rio del Norte und des Rio Colorado, nicht wasserreich. In dem südlichen Theile verhindert die Verengerung des Festlandes die Ansammlung großer Gewässer, und auf dem schroffen Abhange der Gebirgskette gibt es mehr Bäche als Flüsse. Die zahlreichen Seen, die blos Überreste des ungeheuern Wasserbeckens sind, das einst die Hochebene bedeckt zu haben scheint, vermindern sich nach und nach. Zu den bedeutendsten gehören der Chapala, die Seen in dem großen Thale von Mexico, der Pazcuarro mit seinen malerischen Umgebungen und der Nicaragua. In den niedrigen Küstenstrichen, obgleich sie feucht und ungesund sind, gedeihen alle Erzeugnisse der Tropenländer; höher hinauf, zwischen 3500 und 4400 Fuß über der Meeresfläche, herrscht ewiger Frühling, und sengende Hitze ist hier so unbekannt als strenge Kälte; die über 6000 Fuß hohen Gegenden haben die Temperatur der Lombardei, doch ist hier die Pflanzenwelt weniger kräftig und die europäischen Gewächse gedeihen minder üppig als in ihrer Heimat. Alle Hochebenen über 8000 Fuß Höhe haben, ungeachtet des Tropenhimmels, ein rauhes Klima und sind zum Theil pflanzenarmes Land. Unter den angebauten Pflanzen sind vorzüglich wichtig die nährenden Bananen, die einen ungemein reichen Ertrag geben und auf vielfache Weise als Nahrung benutzt werden, die Juca, die das Maniocmehl gibt, aus welchem das zuckerreiche Kassavebrot bereitet wird, und besonders der Mais, welcher, von Hitze und Feuchtigkeit begünstigt, sechs bis neun Fuß hoch wächst und bei solchen Begünstigungen im Durchschnitt das 150ste Korn gibt, in dem besten Boden aber wol vierhundertfältig und noch reichlicher lohnt, und die Hauptnahrung der geringern Volksclasse ausmacht. Bei einer Misernte entsteht daher so große Noth, daß die Eingeborenen zu unreifen Früchten, Beeren und Wurzeln ihre Zuflucht nehmen müssen. Der Mais dient auf verschiedene Weise als Nahrung, und die Körner, wie der zuckerhaltige Saft des Stengels, werden auch zu geistigen Getränken benutzt. Weizen gedeiht ebenfalls sehr gut auf den Hochebenen; die Verbindungen zwischen diesen und den Küsten sind jedoch so schwierig, daß das Weizenmehl dort wohlfeiler aus Nordamerika bezogen wird. Der Anbau des Zuckers hat seit einem Jahrzehnd abgenommen, dagegen ist in neuern Zeiten der Kaffeebau eingeführt, aber erst seit wenigen Jahren ist der Gebrauch des Kaffees im Innern des Landes allgemeiner geworden. Baumwolle ist ein altes einheimisches Erzeugniß, und auf der westlichen Küste wird sehr feine gewonnen, doch haben sich seit einigen Jahrzehnden die Manufacturen, welche dieselbe für den einheimischen Bedarf bearbeiten, nach und nach vermindert. Sehr beträchtlich ist der Anbau einer Agave-Art, Maguey de Pulque genannt, aus deren Saft ein geistiges Getränk bereitet wird. Sie vermehrt sich sehr leicht und widersteht der Kälte in den höhern Gebirgsgegenden, es dauert aber lange, bis sie ihre Reife erlangt hat. Dann schneidet man, sobald die Blüte hervorbricht, die innern Herzblätter aus und macht eine zwei Fuß tiefe Höhlung in den Stamm, worin der Saft sich sammelt. Eine Pflanze liefert jährlich während einer Zeit von zwei bis drei Monaten 150 Flaschen Saft, der einen angenehm säuerlichen Geschmack hat, sehr leicht gährt und in einigen Tagen ein dem Cider ähnliches Getränk, Pulque genannt, gibt. Aus einer andern Art derselben Pflanze wird ein sehr berauschender Branntwein destillirt. Die Blätter dieser Agave werden außerdem zu Bindfaden und Papier verarbeitet. Vor der Eroberung hatten die Mexicaner nur wenige Hausthiere. In einigen nördlichen Gegenden des Landes wurden Hunde zum Ziehen gebraucht, wie in Nordasien. Um die Mitte des 16. Jahrhunderts wurden Pferde, Ochsen, Schafe und Schweine aus Europa eingeführt, und vermehrten sich außerordentlich, ohne im mindesten auszuarten. Die Pferde sind besonders in den nördlichen Provinzen vorzüglich. Sie leben wild auf den Wiesenflächen des Binnenlandes. Die Schafzucht wird sehr vernachlässigt, und die Schafe geben daher nur eine schlechte Wolle. Schon Cortez führte Seidenwürmer in Mexico ein, aber die Beschränkungen, welche die spanische Regierung den einheimischen Manufacturen auflegte, haben den Seidenbau fast ganz vernichtet, und nur in einigen Gegenden ist noch die Seidenraupe einheimisch, die eine der chinesischen ähnliche, treffliche Seide liefert. Der ganze gebirgige Theil des Landes ist ungemein reich an edlen Metallen, besonders die Bezirke von Guanaxuato, Zacatecas und Catorce, welche über die Hälfte des im Lande gewonnenen Silbers liefern. Seit dem Ausbruche des Bürgerkrieges sind indeß mehre Gruben verödet, und einige der reichsten in die Hände von Europäern gekommen, die den früher sehr unvollkommenen Bergmaschinenbau verbessert haben. Mexico wird wahrscheinlich nicht sobald ein Manufacturland werden, da sein Reichthum an Mineralien und Erzeugnissen des Ackerbaus hinlänglich ist, ihm alle Bedürfnisse des Auslandes zu verschaffen. Ebenso wenig hat die Natur das Land dazu berufen, eine Seemacht zu werden. Die Häfen an der Küste des atlantischen Meeres sind unsicher und meist nur Rheden, auf der westlichen Küste aber gibt es mehre treffliche Häfen von Acapulco bis Guaymas, doch ist hier der Handelsverkehr weit unbedeutender als auf der östlichen Küste, da die meisten Länder am stillen Meere, Peru, Ecuador, Chile, mit welchen Handel getrieben werden könnte, fast dieselben Erzeugnisse des Bodens hervorbringen, die Mexico besitzt. Die Zahl der Bewohner des Landes wird auf 8 Millionen geschätzt, ungeachtet der 1829 verfügten Vertreibung der Spanier. Sie bestehen aus Creolen oder eingeborenen Weißen von europäischer Abstammung, aus Indianern, dem unvermischten Stamme der Eingeborenen, aus Negern und aus Menschen von gemischter Abkunft. Diese zerfallen in Mestizen oder Abkömmlinge von Weißen und Indianern, in Mulatten, die von Weißen und Negerinnen abstammen, und in Zambos oder Abkömmlinge von Negern und Indianerinnen. Andere Abstufungen sind die Quarterones, die von Mulattinnen und Weißen abstammen, und die Quinterones oder die Abkömmlinge eines Creolen und eines Quarteronweibes. Während der spanischen Herrschaft wurde auf diese Unterschiede strenge gehalten, um die Eifersucht zwischen den Kasten zu nähren, und es war ein Vorrecht der Regierung, einem Farbigen die Ehren der Weißen zu verleihen. Die Indianer bilden ungefähr zwei Fünftel der Volksmenge und sind in zahlreiche Stämme getheilt, die sich durch Gesittung und Sprache sehr unterscheiden. Man zählt nicht weniger als 20 verschiedene Sprachen unter ihnen. Die Indianer in Mexico haben eine dunklere Hautfarbe als die eingeborenen Stämme Südamerikas, und einen stärkern Bart als diese. Körperliche Mißbildungen findet man nicht unter ihnen, und selbst in den Gegenden, wo Kröpfe sonst häufig gefunden werden, sind die Indianer und die Mestizen davon frei. Sie erreichen ein hohes Alter, nur in den Gegenden, wo viel Pulque gemacht wird, und in den warmen Küstenstrichen, wo man viel Zuckerrohr baut, schwächen sie ihre Gesundheit durch hitzige Getränke. Selten bemerkt man die Spuren des Alters an ihnen, da ihr Haar nie ergraut und ihre Haut wenig Runzeln bekommt. Die Indianer in Mexico zeigen nicht viel Lebhaftigkeit des Geistes; sie sind ernst, melancholisch und still, außer wenn sie durch hitzige Getränke aufgeregt sind. Haben sie Gelegenheit, einige geistige Bildung zu erlangen, so entwickeln sie viel Fassungskraft und Scharfsinn. In den nachahmenden Künsten und in mechanischen Fertigkeiten zeigen sie ungemeine Geschicklichkeit und Anstelligkeit. Sie sind gute Soldaten. Unter der spanischen Herrschaft war ihnen der Gebrauch der Gewehre verboten, jetzt aber sind sie als Miliz gut bewaffnet und an Kriegszucht gewöhnt. Jedes Indianerdorf hat einen Vorsteher, der auf zwei Jahre aus den Eingeborenen gewählt wird, und wo es noch Abkömmlinge der alten Häuptlinge oder Kaziken gibt, fällt die Wahl meist auf diese. Im Allgemeinen ist die Masse des Volkes noch in tiefe Unwissenheit versunken. Die innern Zerrüttungen seit 1810 haben nicht gestattet, für die Verbesserung des Volksunterrichts zu wirken. Zwar sind auch für die Indianer und für alle Farbige Volksschulen angelegt worden, aber da viele Indianer die spanische Sprache, welche die herrschende in Mexico ist, nicht verstehen, ja eine Abneigung gegen dieselbe haben, und keine Bücher in den Indianersprachen gedruckt werden, so verhindert dies sehr die Verbreitung nützlicher Kenntnisse. Die Creolen zeichnen sich, wie durch Reichthum, so auch durch geistige Regsamkeit und höhere Bildung vor den Indianern aus, und die wissenschaftlichen Anstalten, die schon unter der spanischen Regierung gegründet und freigebig unterhalten wurden, haben unter dieser Volksclasse, in deren Händen seit der Vertreibung der Spanier die Leitung der öffentlichen Angelegenheiten ist, viel Bildung, besonders mathematische und naturwissenschaftliche Kenntnisse, verbreitet.

(Der Beschluß folgt in Nr. 158.)

Hogarth's Werke.
10. Die Parlamentswahl.
3. Die Abstimmung.
(Fortsetzung aus Nr. 155.)

Auf dem dritten, nicht minder witzigen Blatte der Parlamentswahl sehen wir nun die eigentliche Abstimmung. Hier strömen alle erkauften und nicht erkauften Wähler, unter denen sich Blinde, Lahme, Krüppel, Sterbende und sogar Wahnsinnige befinden, zusammen, um Dasjenige abzugeben, was sie ihr Votum nennen. Im Vordergrunde sieht man die zum Abgeben der Stimmen aufgeschlagenen Gerüste, welche von Gerichtsdienern besetzt werden; es sind deren zwei, welche sich durch aufgesteckte verschiedenfarbige Flaggen voneinander unterscheiden; das zur Linken bezeichnet, wie man heutzutage sich ausdrücken würde, die Torypartei, das zur Rechten die Partei der Whigs. Die Wähler müssen hier auf die Bibel ihre Stimmfähigkeit beschwören. Auf dem linken Gerüste sehen wir dies nur eine einzige Person verrichten, und dieses ist ein pensionirter Offizier, der fast die Hälfte seines Körpers im Dienste des Vaterlandes verloren hat. Der linke Arm, das rechte Bein und die rechte Hand fehlen ihm gänzlich.

Auf der rechten Seite des Gerüstes geht es dagegen lebhafter zu. Wir bemerken hier zuerst einen Menschen mit einer Schlafmütze, auf welcher eine Cocarde steckt; dies ist ein Sterbender, den man hierher geschleppt zu haben scheint, um seine Stimme und sein Leben zugleich abzugeben. Die auffallendste Person in seiner Nähe ist ein Weib mit einer Nase, welche wirklich nicht von solchem Umfange gebräuchlich und in Erstaunen setzen muß. Die Treppe herauf steigt ein Blinder, den ein kleiner Junge, aber sehr schlecht, führt. Die Figur dieses Blinden ist schön gezeichnet, es ist dies die wahre Haltung Aller, denen das Augenlicht fehlt; die sitzende Figur ist ein Wahnsinniger, der ein Gesicht schneidet, aus welchem man entweder Alles oder gar nichts machen kann. Übrigens war es keine Übertreibung von Hogarth, daß er hier Gebrechliche aller Art anbrachte, da es sich in frühern Zeiten häufig ereignete, daß man dergleichen auf die Wahlgerüste brachte.

An der Hinterwand des einen Gerüstes gewahrt man einen der Bewerber, dessen Benehmen und gleichgültige Haltung viel Sicherheit verräth und darauf hindeutet, daß er wahrscheinlich der Begünstigte ist. Seine stoische Gelassenheit erweckt den Muthwillen einiger Witzlinge, welche sich das Vergnügen machen, ihn unter vielem Gelächter abzuzeichnen. Der andere Bewerber, den wir an der Hinterwand des zweiten Gerüstes sehen, scheint in einer weit mißlichern Gemüthsstimmung zu sein. Mit zurückgeschoner Perücke kratzt er sich gedankenvoll den Kopf; er hat ein Papier in der Hand, dessen Ansicht ihm kein sonderliches Vergnügen gewährt, vielleicht bereut er im Voraus die Summen, die er sich diese Wahl hat kosten lassen. Merkwürdig ist noch die Gruppe zur Rechten des Blattes, weil sie unter die wenigen Allegorien gehört, die sich in Hogarth's Werken finden. Wir sehen hier nichts Geringeres als die Carosse der Dame Britannia, deren Kutscher und Bediente auf dem Bocke Karten spielen, ganz unbekümmert, was aus dem Wagen wird, den sie leiten sollen. Sie sind so in ihr Spiel vertieft, daß sie nicht allein an der Brücke vorbei fahren, sondern auch die Kutsche selbst umwerfen und zertrümmern. Britannia im Wagen zieht den Kutscher mittels der Schnur am Arme, er achtet aber nicht darauf und läßt sich lieber von seinem Nachbar auf dem Bocke in die Karten sehen.

(Der Beschluß folgt in Nr. 159.)

Die Abstimmung.

Verantwortliche Herausgeber: Friedrich Brockhaus in Leipzig und Dr. E. Drärler-Manfred in Wien.
Verlag von F. A. Brockhaus in Leipzig.

Das Pfennig-Magazin
der
Gesellschaft zur Verbreitung gemeinnütziger Kenntnisse.

158.] Erscheint jeden Sonnabend. [April 9, **1836.**

Ansicht von Mexico.

Mexico.
(Beschluß aus Nr. 157.)

III.

Mexico, die Hauptstadt der vereinigten mexicanischen Staaten, liegt 7400 Fuß über der Meeresfläche, zum Theil auf der Stelle des alten Tenochtitlan; während dieses aber auf den Inseln mitten im See Tezcuco lag, ist die neue Stadt beinahe anderthalb Stunden von dem See entfernt, weil sich das Wasser desselben vermindert hat, und die ehemaligen Inseln sich mit dem festen Lande vereinigt haben. Die Dammwege, welche die alte Stadt mit dem Ufer verbanden, haben sich erhalten, und es sind vier neue hinzugekommen, welche, mit Blumen bepflanzt, freundliche Zugänge über einen Marschboden bilden. Die Stadt ist eine der schönsten, welche die Europäer in ihren Colonien gebaut haben. Ein weites, fruchtbares Thal breitet sich rings um sie aus, bis zu dem Fuße der schneebedeckten Berge, die es einschließen, und der sorgfältige Anbau des Thalgeländes bildet einen auffallenden Gegensatz zu den nackten Vulkanen, die aus jenem Gebirgskranze hervorragen, und unter welchen der Popocatepetl aus seinem ungeheuren Kegel, von Schnee umgeben, stets Rauch und Asche ausstößt. Das Thal enthält fünf Seen, welche, mit Ausnahme des Tezcuco, höher als die Stadt liegen, und dieselbe häufigen Überschwemmungen aussetzen, wenn der nördlichste See, der Zumpango, durch den Fluß Guantitlan und andere Gebirgswässer angeschwellt wird, und sein Wasser sich in die tiefer liegenden ergießt. Eine der größten Überschwemmungen, die 1629 begann, dauerte fünf Jahre und brachte die Stadt in große Bedrängnisse, wo die Verbindung durch Böte unterhalten werden mußte und Brücken längs den Häusern für die Fußgänger gebaut wurden. Nur durch häufige Erdbeben, welche Schlünde in den Boden rissen, erhielt das Wasser allmälig Abfluß. Es wurden verschiedene Versuche gemacht, ähnlichem Unglücke vorzubeugen, und schon 1607 begann das Werk, das in seiner Vollendung einer der riesenhaftesten und bewunderswürdigsten Wasserbaue wurde, der Kanal von Huehuetoca. Man ließ anfangs durch die unglücklichen, mit Grausamkeit zur Frohnarbeit getriebenen Indianer einen unterirdischen Abfluß für den Guantitlan durch das südöstliche Gebirge graben, der auf der andern Seite in einen offenen Graben mündete, welcher das Wasser in den mexicanischen Meerbusen führte. Als die Gefahr der Überschwemmung dadurch für die Stadt noch nicht gänzlich entfernt war, entschloß man sich, die Decke dieses Kanalgewölbes wegzunehmen und einen ungeheuern Durchschnitt durch das Gebirge zu machen; aber auch dies genügte noch nicht, dem Wasser einen ungehemmten Durchgang zu verschaffen, bis endlich die Kaufleute in Mexico 1767 es unternahmen, den Kanal zu erweitern, der aber erst 1789 vollendet wurde. Der Durchschnitt durch das Gebirge ist 260—318 Fuß breit und hat 131—164 Fuß senkrechte Tiefe. Der eigentliche Wasserlauf hat zwar nur die Breite des ursprünglichen unterirdischen Kanals, hätte dieser Kanal aber 32 Fuß Wasser, so würden die größten Kriegsschiffe hindurchfahren können. Durch dieses Werk und zwei andere zu Ende des 18. Jahrhunderts angelegte Kanäle ist die Stadt nun gegen gewöhnliche Überschwemmungen gesichert. Von dem See Chalco führt bis nahe vor die Stadt ein Kanal, auf welchem die Landleute an jedem Morgen Früchte, Blumen und Gemüse zuführen. In der Nähe dieser Wasserstraße liegen die schwimmenden Gärten, Chinampas, die schon zu Ende des 14. Jahrhunderts in den die Stadt umgebenden Seen sich befanden. Sie sollen ursprünglich kleine, vom Ufer losgerissene Stücke gewesen sein, die durch die Wurzeln der darauf befindlichen Gewächse verbunden blieben und zuweilen zu kleinen Eilanden sich vereinigten. Später wurden solche Eilande künstlich auf Flößen von Rohr, Schilf und Reißig angelegt, mit Dammerde bedeckt und durch Begießen mit Seewasser ungemein fruchtbar gemacht. Die meisten dieser Gärten sind jetzt am Ufer des Kanals befestigt und durch Dämme voneinander geschieden. Sie sind gewöhnlich über 320 Fuß lang und 16—19 Fuß breit und mit Blumen oder Rosenhecken eingefaßt.

Breite Alleen von Ulmen und Pappeln führen nach allen Richtungen zu der Stadt, und zwei Wasserleitungen, die sich zum Theil über hohe Bögen durch die Ebene ziehen, geben einen malerischen Anblick. Die Kanäle, die aus den Seen zur Stadt gehen, theilen sich in kleinere, die durch einige Straßen fließen. Die Straßen sind alle gerade, sehr breit und durchschneiden sich in rechten Winkeln. In den Hauptstraßen hat man eine freie Aussicht in die Umgegend, und da in der reinen und klaren Luft die Entfernungen sich dem Auge vermindern, so scheinen die Felsenmassen der wenigstens sieben Stunden entfernten Berge, die das Thal einschließen, einen nahen Hintergrund zu bilden, auf welchem man fast die Bäume zählen kann, die hier und da sie beleben. Die Straßen sind durchaus eben, und dies macht sie zur Regenzeit auf mehre Stunden ganz ungangbar. Fußgänger müssen sich dann, wenn kein Miethwagen in der Nähe ist, auf den Schultern der Lastträger forttragen lassen, die aber den Fremden oft den Possen spielen, mitten im tiefsten Pfuhl einen höhern Lohn zu verlangen, und ihn, wenn die Foderung nicht sogleich gewährt wird, gelassen niederzusetzen. Die meisten Straßen sind von zehn Uhr Vormittags bis zum Anbruch des Abends durch zahllose Wagen und Reiter belebt. Jede angesehene Familie hat Kutschen und Maulthiere. Die Wagenkasten sind ziemlich groß und bunt mit Gemälden geziert, die verschiedene Gegenstände, nicht selten mythologische, darstellen. Die Maulthiere werden einige Fuß weit von dem Wagen vorgespannt, und auf einem derselben sitzt der Kutscher. Selbst wenn sie nicht gebraucht werden, sind sie vor den Wagen gespannt, der vom Morgen bis Abend im Hofe bereit steht. Ihr Geschirr ist schwerfällig, mit messingenen Platten versetzt und die Schweife der Thiere sind in starke lederne Beutel eingehüllt. Zu allen Tagesstunden reiten geputzte Herren auf eben so bunt geschmückten Pferden langsam und stattlich durch die Straßen. Rücken und Seiten des Pferdes sind mit ledernen, zuweilen vergoldeten Decken belegt, deren Ränder immer mit kleinen Zierathen von Messing, Eisen oder Silber besetzt sind, die bei jedem Schritte des Thieres ein gewaltiges Geklimper machen. Der Sattel ist groß und reich mit Seide, Gold oder Silber gestickt und endigt vorn in einem hohen, mit Gold oder Silber verzierten Knopfe. Der plumpe Zaum ist durch silberne Zierathen mit einem schweren Gebiß verbunden, das den Reiter in Stand setzt, selbst das wildeste Roß leicht zu bändigen. Der Putz des Reiters ist in demselben Styl. Er trägt einen Hut mit niedrigem Kopfe und sechs Zoll breitem Rande, der mit einer breiten goldenen oder silbernen Tresse besetzt ist, ein Wamms von Tuch oder Kattun, gleichfalls mit Gold oder Seide gestickt, oder mit kostbarem Pelze verbrämt, und Beinkleider von lebhafter Farbe, z. B. erbsgrün oder himmelblau, die am Knie offen sind, um die befranzten Stiefeln sehen zu lassen, und tief unter dem Knie in zwei Spitzen endigen, an den Seiten dicht mit großen silbernen Knöpfen besetzt. Der blaue oder purpurfarbige Reitermantel wird oft über den Sattel geworfen oder hinter dem Reiter so zusammengelegt, daß man das runde Stück Sammet in der Mitte sieht, durch welches der Reiter den Kopf steckt, wenn er den Mantel anlegt. Die Stiefeln, ein Hauptschmuck des Reiterputzes, sind von Rehleder, mit allerlei Figuren bedruckt und unter dem Knie mit einem bunten Bande gebunden. Die Sporen sind sehr plump, 1—1½ Pfund schwer, mit Ketten und eisernen Bügeln um den Fuß befestigt, und der Durchmesser ihrer Räder ist gewöhnlich drei Zoll.

Die Häuser haben im Allgemeinen ein sehr gutes Ansehen. Man sieht nicht jene hölzernen Balcone, welche alle von Europäern gebauten Städte im südlichen Amerika so sehr entstellen; alle Geländer sind von Gußeisen und mit Bronze verziert. Die Häuser haben flache Dächer, deren viele mit Blumen bedeckt sind, welche von einem höhern Standpunkte aus einen ungemein freundlichen Anblick geben. Die Vorderseite der Häuser, die von verschiedener Höhe, doch selten über drei Stockwerke hoch sind, werden gewöhnlich bunt bemalt und haben oft biblische Inschriften. Zuweilen sieht man statt des bunten Anstrichs Porzellantafeln, die in verschiedenen Mustern zusammengeordnet sind und im Ganzen das Ansehen von Mosaik geben. Im Erdgeschosse, selbst der prächtigsten Häuser, sind gewöhnlich Kaufläden oder Manufacturwerkstätten. Große Flügelthüren führen in einen offenen Hof, der mit Bäumen und Blumen bepflanzt und rings von Gemächern umgeben ist. Eine breite steinerne Treppe führt zu den Balconen, von welchen man grade in die Zimmer tritt. Die Bauart dieser Wohnungen paßt ganz für das Klima eines Landes, wo man kaum einen Wechsel der Temperatur kennt, wo ewiger Frühling herrscht und kaum Glasfenster nöthig sind, um die Schlafgemächer gegen die Nachtluft zu schützen. Die innere Einrichtung der Zimmer stimmt wenig mit dem Äußern überein. Der verminderte Ertrag der Bergwerke, die Vertreibung der reichen spanischen Familien und ein sechzehnjähriger innerer Krieg mit allen Leiden, die ihn begleiteten, haben eine traurige Veränderung in der Lage und den Vermögensumständen vieler Einzelnen, wie in dem Zustande des Landes überhaupt, hervorgebracht. Die prächtigen Silbergeräthe, die schweren silbernen Rahmen der Spiegel und Gemälde aus einer reichen Vorzeit sind in die Münze gewandert, und viele Familien haben nur die Mittel, sich das Nothdürftige zu verschaffen.

Dem Fremden bieten die Kaufläden einen merkwürdigen Anblick dar. Sie haben keine Fenster, und zwei bis drei Thüren lassen Licht, Luft, Staub und Kunden ein. Die bedeutendsten sind die Werkstätten der zahlreichen Goldschmiede, die vortreffliche Arbeiten liefern. Sonderbar nehmen sich Läden aus, die Putzsachen für Frauen verkaufen. Da sieht man 20—30 rüstige Bursche von allen Farben mit Schnurbärten im Vordergrunde des Ladens sitzen, beschäftigt, Musselinkleider zu nähen, Blumen zu machen, Hauben aufzuputzen oder andere Gegenstände des weiblichen Anzugs zuzurichten, während im nächsten Laden junge Mädchen auf dem Boden knieen und Chocolade in Handmühlen mahlen. Branntweinläden locken durch den vielfarbigen Inhalt ihrer zierlichen Flaschen den armen Indianer an, Wirthshäuser und Kaffeehäuser sind dagegen sehr selten. In den Häusern, welche Zimmer an Fremde vermiethen, finden sich weder Betten noch andere Bequemlichkeiten, sondern nichts als die vier Wände und etwa ein paar Breter, worauf man sich legen kann. Speisehäuser für andere Gäste als Maulthiertreiber und die niedrigste Classe der Creolen, die in ihrer Lebensweise den Lazzaroni in Neapel gleichen, gibt es nur sehr wenige.

Die Stadt hat zahlreiche und prächtige öffentliche Gebäude. Treten wir zuerst auf den großen Freiplatz. Hier sehen wir die Domkirche, von welcher wir eine Abbildung geben. Sie ist 500 Fuß lang und steht auf der Stelle des ehemaligen großen Tempels der Azteken. Ein Theil derselben ist niedrig und in schlechtem gothischen Geschmacke, der übrige Theil aber im italienischen Styl und mit Bildsäulen, Pfeilern und mannichfaltigen Bauzierathen ausgestattet. Das Innere des großen Gebäudes ist mit Verzierungen überladen und macht deshalb keineswegs einen großartigen Eindruck. Man sieht schönes hölzernes Schnitzwerk und mehre schätzbare Gemälde von spanischen und italienischen Meistern, die aber meist in sehr ungünstigem Lichte hangen. In der äußern Mauer ist ein kreisrunder, über 48,000 Pfund schwerer Porphyrblock eingemauert, der sogenannte Kalenderstein oder Montezuma's Uhr, auf welchem die Azteken die Monate des Jahres bezeichnet haben. In der Mitte sieht man einen häßlichen Kopf, der die Sonne in ihren vier, die Jahreszeiten bezeichnenden Standorten darstellt. Um denselben läuft eine doppelte Reihe von Hieroglyphen, hinter welchen sich mehre erhaben gearbeitete Kreise ziehen. Vor der Kirche wurde während der spanischen Herrschaft die von dem mexicanischen Künstler Tolsa gegossene schöne, 40,500 Pfund schwere Reiterstatue Karl IV. aufgerichtet, aber nach dem Abfalle von dem Mutterlande von ihrem Fußgestelle herabgenommen. Unter den übrigen Gebäuden, die den großen Platz zieren, zeichnet sich der ehemalige Palast des Vicekönigs aus, der jetzt die Wohnung des Präsidenten der Republik und die Versammlungssäle der gesetzgebenden Behörde enthält. Einen großen Theil des Freiplatzes nimmt außerdem ein geräumiges, viereckiges, aber geschmackloses Gebäude ein, das von mehren Durchgängen durchschnitten ist und viele Läden enthält, die zum Einzelverkaufe verschiedener Waaren dienen. Auch haben auf diesem Platze, in der Nähe der Kaufläden, die öffentlichen Schreiber, die sogenannten Evangelisten, ihren Sitz, die Bittschriften und Briefe für die des Schreibens Unkundigen machen.*)

Mehre öffentliche Gebäude sind in neuern Zeiten in Verfall gerathen. Dahin gehört die prächtige Bergwerkschule, von Tolsa erbaut, welche, wie mehre andere Gebäude der Stadt, auf Rosten steht, aber jetzt in allen Theilen sich gesenkt hat. Auch die Akademie der schönen Künste, die mit reichen Einkünften und trefflichen Lehrmitteln ausgestattet, noch zu Anfange des 19. Jahrhunderts zahlreiche Zöglinge aus allen Volksclassen bildete, ist während der bürgerlichen Unruhen eingegangen. Seit 1824 hat eine neugegründete Gesellschaft der Künste und Wissenschaften den Untergang jener Anstalt zu ersetzen gesucht. Auch andere Bildungsanstalten, wie die Universität, die öffentliche Bibliothek und der botanische Garten, im ehemaligen Palaste des Vicekönigs, sind in Verfall gerathen. Die öffentlichen Spaziergänge, die Mexico, wie die meisten Städte spanischen Ursprungs hat, selbst die vorzüglichsten, die Alameda und

---

*) Vergl. über solche öffentliche Schreiber Pfennig-Magazin Nr. 99.

Die Domkirche in Merico.

der Paseo nuevo haben nicht mehr ihren ehemaligen Glanz. Die Alameda besteht aus Baumgängen, die von verschiedenen Mittelpunkten auslaufen, und schattigen Gebüschen. Ringsum läuft ein Fahrweg, wo man um 4 Uhr Nachmittags schwerfällige Kutschen mit geputzten Frauen in einer langen Reihe sieht, die oft Stunden lang still halten, während die Schönen, die Reiter und Spaziergänger erwartend, sich die Zeit mit Cigarrenrauchen vertreiben. Die Stadt hat gegen 170,000 Einwohner, von welchen nach neuern Reisenden 20,000 zu jenen schmuzigen, zerlumpten und müßigen Creolen gehören, welche in Merico Leperos heißen, aber in der neuesten Zeit durch Zwang zur Arbeit angehalten worden sind. Der Platz Portales bietet uns ein buntes Bild des Volkslebens in Merico dar. Es gibt hier mehre ansehnliche Kaufläden und unzählige Verkäufer und Verkäuferinnen, die ihre Waaren auf Tischen, in Kisten und Körben auslegen oder auf der Erde ausbreiten. Halb=

nackte Leperos schlafen, von Pulque berauscht, auf der Erde, oder betteln von den Vorübergehenden; Priester, Mönche, Offiziere, Indianer, Frauen und Europäer bilden ein immer bewegtes Gemälde. Hier sehen wir einen Wasserträger, der an einem über den Kopf gehenden breiten Riemen einen ungeheuren Krug auf dem Rücken trägt, während ein anderes kleineres Gefäß vorne an einem andern Riemen hängt, um das Gleichgewicht zu erhalten. Dort trägt ein rüstiger Lepero auf einem über die Schultern hangenden Stuhle einen alten zudringlichen Bettler. Weichen wir ihm aus, so straucheln wir über die Früchte und Blumen einer armen Indianerin, die ruhig auf der Erde an einem Pfeiler sitzt, während von einer andern Seite das laute Geschrei der Ausrufer erschallt, die Flugschriften und Bekanntmachungen über die Angelegenheiten des Tages verkaufen.

Die Straße über den St.-Gotthard in der Schweiz.

Die Teufelsbrücke.

Schon im frühesten Alterthume führte über den St. Gotthard ein Pfad, der bereits im J. 801 gangbarer gemacht wurde; später ward er von den mächtigen Grafen von Rapperschwyl bedeutend verbessert, wofür sie in Göschinen einen Zoll erhoben. Als nach der Bildung der schweizerischen Eidgenossenschaft der Handel in den Städten der deutschen Schweiz immer mehr aufblühte, wurde der Paß über den Gotthard auch belebter und blieb lange der kürzeste Hauptverbindungsweg zwischen Deutschland und Italien. In den neuesten Zeiten, als unter Napoleon die Simplonstraße angelegt und später die bisherigen Saumwege über den Bernhardin und Splügen, nach dem Luganer- und Comersee fahrbar gemacht waren, wurde der Gotthardpaß weniger benutzt. Man dachte seitdem ernstlich auch an die Fahrbarmachung dieser Saumstraße und kam, ungeachtet der mancherlei Hindernisse, die sich einem solchen Unternehmen entgegenstellten, und unter welchen der bedeutende Kostenaufwand für einen so armen Canton wie Uri nicht das kleinste war, endlich so weit, daß im Mai 1820 die Sache der Landesgemeinde vorgelegt und von dieser der Bau der Straße von Amstäg nach Göschinen, nach dem Plane des Staatsraths Maschini, einmüthig beschlossen wurde. Die Arbeit wurde hierauf dem Baumeister Cirillo Jauch aus Bellenz übertragen und im Herbst 1822 vollendet; freilich nicht ganz zur allgemeinen Zufriedenheit, da mehre Stellen bald wieder einstürzten und neu gebaut werden mußten. Das Geld zur Tilgung der Baukosten war durch Actien aufgebracht worden, die vom Ertrage eines Zolles verzinst und nach und nach abgezahlt werden sollten. Das Bedürfniß, die neue Fahrstraße weiter fortzusetzen, sie auf der Höhe des Gotthard mit der Tessinerstraße zu verbinden und die untere schon fahrbare Straße von Amstäg nach Fluelen auszubessern, war allgemein und so dringend, daß auch diesmal die sich darbietenden beträchtlichen Hindernisse überwunden wurden. Es wurde abermals durch Actien das Geld aufgebracht, der Bau zu 400,000 Schweizerfranken veranschlagt, und zur Abtragung dieser Actienschuld in den Cantonen Uri und Luzern eine gemeinschaftliche Tilgungskasse errichtet. Nachdem die Landesgemeinde 1827 diesen Plan genehmigt hatte, begann die Arbeit im Mai 1828 und wurde 1830 vollendet. Dies ist die freilich sehr gedrängte Geschichte dieses großartigen Unternehmens, dessen Ausführung man, wegen der großen Schwierigkeiten und der anstrengenden Arbeiten, die damit verbunden waren, noch wenige Jahre vorher für unmöglich gehalten hatte. Dem menschlichen Fleiße und ernstem Willen ist es gelungen, einen der rauhesten Gebirgswege in eine vollkommen schöne Kunststraße zu verwandeln, sodaß, wo früher nur das Saumroß mühsam und unsicher unter Flüchen und Stößen des Treibers einhergehen konnte, jetzt mit Bequemlichkeit der wohlgepackte Frachtwagen und die schnelle

Kutsche des Reisenden in vierfach kürzerer Zeit dahinrollen. Die allgemeinen Vortheile, welche diese Veränderung darbietet, fallen in die Augen; am wichtigsten und erfreulichsten aber sind sie für den Canton Uri. In ihrer vollen Länge beträgt die neue Gotthardsstraße 22 schweizer Stunden. Sie zieht sich quer durch die Alpenkette von Fluelen am Vierwaldstädtersee, bis nach Bellenz (Bellinzona), in dessen Nähe sie mit der bündnerischen Bernhardinerstraße zusammenfällt. Der höchste Punkt der Straße liegt ungefähr 6650 Fuß über der Meeresfläche. Auf der Nordseite führt sie durch das etwa $12\frac{1}{2}$ Stunden lange Reußthal. Auf der Südseite steigt sie durch das Val Tremola hinunter und zieht sich dann durch das schöne Livinerthal hin. Wir glauben, daß es dem Leser willkommen sein wird, wenn wir ihm einen Abriß der Ortschaften und Gegenden geben, durch welche diese Straße sich hinzieht, um so mehr, da dieser ganze Alpentheil an romantischen und zum Theil auch historisch denkwürdigen Partieen so reich ist.

Von Fluelen, einem Dorfe an der südöstlichen Seite des Vierwaldstädtersees, nimmt der nördliche Theil der Gotthardstraße seinen Anfang. Das Dörfchen liegt dicht am Fuße des Grauwaldes, ihm gegenüber der 6500 Fuß über dem Meere erhabene und steile Glitschen, neben welchem eine lange Kette mächtiger Berge hinläuft. Diese Gebirge geben der Bucht bei Fluelen ein düsteres Ansehen, welches aber durch die reinlichen Wohnhäuser, durch die herrlichen Baumgruppen rings umher gemildert wird. Unweit der Kirche steht das alte Schloß Rudenz, welches ehedem den in der Schweizergeschichte berühmten Edlen von Attinghausen gehörte, und wo dieselben einen Zoll erhoben. Die nächsten Orte, welche die Straße von hier an berührt, sind die Stadt Altdorf und das in einem engen Felsenthale anmuthig liegende Dorf Amstäg. Von hier aus führt die Straße über eine hölzerne Brücke, welche von den Franzosen bei ihrem Rückzuge vor Suworoff im Herbste 1799 abgebrannt wurde, über den Kerstelenbach, und gleich darauf über eine andere schöne steinerne Brücke an das linke Ufer der Reuß hinüber. Von da läuft die Straße eine halbe Stunde weit, großentheils in Felsen eingehauen, bis Inschi, wo der Leutschechbach hervorströmt. Gleich hinter Inschi führt eine steinerne Brücke über einen tiefen, engen Schlund, das Krachenthal, in welchen unweit der Brücke der Inschialpbach zwischen dunkeln Tannen einen schönen Fall bildet. Bei Meitschlingen geht die Straße über eine gewölbte Brücke wieder auf das rechte Reußufer, und von da an folgt die neue Kunststraße dem alten Saumwege bis Urseren, ungefähr $4\frac{1}{2}$ Stunden. Dem Reisenden, der es gewohnt ist, Naturschönheiten auch da aufzusuchen, wo sie nicht grade an der Landstraße liegen, ist der Besuch des noch zu wenig bekannten Kerstelenthales sehr zu empfehlen, welches sich von Amstäg bis an die Grenzen von Glarus und Bündten sechs Stunden weit hineinzieht. Von Meitschlingen aus führt die Straße über zwei schöne Brücken, wovon die erste den Namen des Pfaffensprunges führt, weil nach einer alten Volkssage ein Mönch mit einem Mädchen flüchtend, hier den gefährlichen Sprung über die Reuß gewagt haben soll. Die Brücke besteht nur aus einem einzigen Bogen, 90 Fuß hoch über dem Wasser, welches sich durch die enge Felsschlucht hindurchdrängt. Unweit Wattingen ist die zweite Brücke, welche aus sehr feinkörnigem Granit erbaut ist. Nahe bei derselben ist eine kleine Kapelle, zwischen welcher und der Brücke der Rohrbach stäubend von Felsenbank zu Felsenbank in die Reuß hinabstürzt und einen bezaubernden Anblick gewährt. Eine halbe Stunde davon ist das ärmliche Dörfchen Göschinen, in dessen Nähe der sogenannte Teufelsstein liegt.

Zu der so berühmten wie berüchtigten Teufelsbrücke gelangt man durch die Schöllinen, eine anderthalb Stunden lange nackte und schauerliche Felsenkluft, welche das urseler Thal von dem göschener Thale trennt und von der wild schäumenden Reuß durchströmt wird. Es befinden sich hier jetzt, wie auch die Abbildung auf S. 117 zeigt, zwei Brücken dicht beieinander, die alte und die neue Teufelsbrücke. Letztere ist die schönste, ihr Bogen hat 55 Fuß im Durchmesser und 21 F. Höhe, ihr Mittelpunkt ist 95 F. über die darunter hinrauschende Reuß erhaben. Die alte Teufelsbrücke ist dagegen nur 75 F. über der Reuß. Auf ungeheuern Mauern windet sich hier die Straße fort, dicht bei der in senkrechter Richtung 100 Fuß hohen Sturz der Reuß vorbei, nach der Felsengalerie, die das Urselerloch heißt. An dieser Stelle war der Bau der Straße mit den größten Schwierigkeiten und Gefahren verbunden, und viele Arbeiter verloren dabei ihr Leben.

Der Weg durch die Schöllinen ist bei günstigem Wetter völlig gefahrlos, nicht so bei schlechtem Wetter, und im Winter wegen der dann vom Gebirge herabrollenden Steine und hier besonders häufigen Lavinen. Eine Menge hölzerne Kreuze bezeichneten längs der alten Straße die Stellen, wo einzelne Wanderer durch Felsenlavinen, Schneewirbel oder Frost den Tod gefunden haben.

Eine der interessantesten Partieen der Gotthardstraße ist das sogenannte Urner- oder Urselerloch, ein 200 Fuß langer, acht bis neun Fuß hoher und acht Fuß breiter Durchgang durch den Kilchberg, einen harten Granitfelsen. Moretini, ein damals berühmter Minirer sprengte denselben 1707 innerhalb eines Zeitraums von 11 Monaten. Dieser finstere Gang wurde damals nur durch eine einzige, in seiner Mitte angebrachte Öffnung zum kleinsten Theile erleuchtet, ist jedoch in der neuesten Zeit bedeutend erweitert und heller gemacht worden. Unbeschreiblich ist der Eindruck, welchen auf den Reisenden, der die grausenhafte Felsschlucht der Schöllinen hinter sich hat und nun durch das Urnerloch über 200 Schritte gegangen ist, der unerwartete Anblick des urseler Thals macht, sobald er aus der Felsengalerie heraustritt. Er erblickt einen weiten, grünen, von der Sonne beleuchteten Teppich, reiche, üppige Matten, umgeben von bemoosten, auf dem Gipfel mit ewigem Schnee bedeckten Bergen, an deren Fuße die Dörfer Andermatt und Hospenthal in freundlicher Ruhe sich ausbreiten. Diese beiden Dörfer sind die ältesten Niederlassungen im ganzen Urnerlande. Die Gebirge, welche das Urselerthal umschließen, gehören zu den höchsten des Alpgebiets. Das Thal wird von der Reuß durchflossen, und die an ihrem Ufer wachsenden Weidengebüsche beleben das einfache Grün der Wiesen und geben dem Ganzen ein ungemein freundliches Ansehen.

Andermatt ist das letzte Dorf auf der deutschen Seite. Es liegt bereits so hoch, daß kein Getreide, kein Holz, ausgenommen ein als heilig geschontes Tannenwäldchen hinter dem Orte, hier angetroffen wird, und aller Bedarf muß auf Saumthieren weit hergeholt werden. Von hier erhebt sich der Weg sehr steil, bis man nach drei Stunden das Hospiz erreicht, den höchsten Punkt der Gotthardstraße, das in einem öden Felsenthale, 6650 Fuß über dem Meere, liegt.

Vier bedeutende Flüsse entspringen auf dieser hohen Bergregion: der Rhein, die Rhone, die Reuß und der Tessin, welche nach allen vier Weltgegenden hinabfließen und ihr Gewässer verschiedenen Meeren zuführen. Früher stand hier das von Karl Borromäus 1618 erbaute Kloster der Capuciner. Die frommen Bewohner desselben nahmen, wie noch die Mönche des St.=Bernhardsberg, jeden Reisenden gastlich auf, ohne Bezahlung zu verlangen, und suchten bei schlechtem Wetter mit ihren Hunden die verirrten Wanderer auf, welchen auch Abends durch Glocken Zeichen gegeben wurden. Die Revolutionskriege haben jedoch diese wohlthätige Anstalt zerstört, sodaß von ihr nur noch die Mauern stehen. In dem neuerdings hier angelegten Wirthshause wohnt während der Sommermonate ein Wirth von Airolo. Von dem Hospiz an steigt man die südliche oder italienische Seite des Gotthard herab, und gelangt zunächst in das Val di Tremola oder Thal des Schreckens. Dieses Tremolathal ist von der ganzen Gotthardstraße die gefährlichste Stelle, da es in seiner ganzen Länge den Schneelavinen ausgesetzt ist. Vorzüglich schauerlich und gefährlich ist der enge Schlund bei der untern Brücke über den Tessin, schauriger noch durch die schwarze Farbe der sie umgebenden Felsen, die fast immer feucht und naß sind, da vom Ende des October bis zum Juni kein Sonnenstrahl in diese Schlucht dringt. Hier war es, wo im Herbste 1799 die Russen in dicht geschlossenen Reihen die Franzosen angriffen, welche mit großer Hartnäckigkeit den Paß vertheidigten. In dem vom Val di Tremola an immer mehr sich erweiternden Thale gelangt man nach 2½ Stunden schnellen Herabsteigens nach Airolo, einem von schönen Bergwiesen umgebenen Dörfchen am Fuße des Gotthard, und in der Nähe von Faido, einem Dorfe in der Mitte des Livinerthals, hat der Reisende die letzte wilde Gegend der Gotthardstraße zu durchwandern. Hier verengt sich das Thal des Tessin wieder, ungeheuere Granitblöcke liegen umher, wüthend schäumt und drängt sich der Tessin über die rauhen Felstrümmer hinab und befeuchtet mit seinem Wasserstaube die schroffen Felsen und die längs derselben erbaute Straße, die zweimal mittels schöner Brücken den tobenden Strom überspringt. Von hier an werden die Dorfschaften immer freundlicher und einladender, das Thal des Tessins wird angebauter, und man überzeugt sich an den Weinpflanzungen, die sich bei Bellinzona ausbreiten, daß man sich nun an der Grenze eines südlichern Landes und unter einem mildern Himmel befindet.

Gußeisernes Pianoforte.

Die Herren Eder und Gaugain zu Rouen haben eine Medaille für ein Pianoforte aus Gußeisen zuerkannt bekommen. Da das Eisen bei gleicher Festigkeit einen geringern Raum einnimmt, so hat der Resonanzboden mehr Freiheit der Schwingungen, auch gibt das dem Eisen eigenthümliche Anhalten des Klanges den Mitteltönen vorzüglich einen besondern Reiz. Sowol in der Höhe als der Tiefe zeichnet sich das Instrument durch Wohlklang aus, und es verstimmt sich weit schwerer, da das Eisen unbiegsamer ist.

Die Korkeiche.

Der Baum, dessen äußere schwammige Rinde den vielbenutzten Kork liefert, die Korkeiche (Quercus suber), hat zwei Abarten, die breitblätterige und die schmalblätterige, und unterscheidet sich von der immergrünen Eiche (Quercus ilex) nur durch das rissige Aussehen der Rinde. Sie wächst in Spanien, Portugal, Südfrankreich, Italien und der Berberei, ist ein hoher und starker Baum und erreicht ein Alter von 100 Jahren. Die Blätter sind von hellgrüner Farbe, eirund und gezackt, glatt auf der obern, wollig auf der untern Seite. Die Frucht ist länglich, glatt, nach erlangter Reife braun und an Gestalt der gewöhnlichen Eichel ähnlich, doch süßer, sehr nahrhaft und wird in Spanien gegessen wie Kastanien. Die äußere Rinde ist dicker als bei andern Bäumen und läßt sich leichter ablösen. Hat der Baum ein gewisses Alter der Reife erlangt, so wirft er von selbst seine Rinde ab, doch ist diese von geringerer Güte als die zu bestimmten Zeiten abgeschälte. Hat man den Baum abgeschält, was gewöhnlich einmal in zehn Jahren geschieht, so bildet sich aus dem Bast oder der innern Rinde eine neue. Die Rinde auf dem Stamme und den Hauptästen ist rauh und sehr schwammig, auf den kleinern Zweigen weich und grau, auf den jungen Schößlingen weiß und wollig. Der echte Kork kommt nur von der breitblätterigen Korkeiche, und der meiste aus Catalonien. Den besten im Handel vorkommenden Kork liefern die ältesten Bäume; die Rinde junger Bäume ist zu schwammig zum Gebrauche. Die Bäume werden jedoch, ehe sie 20 Jahre alt sind, abgeschält, und dies ist nöthig, um für das nächste Abschälen eine bessere Rinde zu erhalten, da man bemerkt hat, daß nach jeder Abschälung die Rinde besser wird. Die erste Ernte gibt eine dünne, harte, sehr rissige und wenig brauchbare Rinde. Bei dem Einsammeln des Korks werden mit einem Messer in senkrechter Richtung vom obern Ende des Stammes bis zum Wurzelende in gewissen Entfernungen Einschnitte gemacht und dann oben und unten Querschnitte. Zuweilen werden die Korkstücke in ihrer ganzen Länge abgeschält, zuweilen aber in kleinern Theilen, und in diesem Falle macht man mehre Querschnitte in gewissen Entfernungen. Zum Ablösen der Rinde bedient man sich eines gekrümmten Messers mit einer Handhabe an jedem Ende. Die Rinde bleibt zuweilen, nachdem man die Einschnitte gemacht hat, auf dem Baume und wird nicht eher abgeschält, bis sich unter ihr eine neue gebildet hat, und sie läßt sich dann leicht mit der Hand ablösen. Die abgelösten Stücke werden in Wasser eingeweicht, und wenn sie bald trocken sind, über ein Kohlenfeuer gehalten, wodurch die äußere Oberfläche geschwärzt wird. Die Rinde wird durch dieses Verfahren weich und alle kleinern Mängel lassen sich verbergen; die größern Löcher und Risse werden mit einer Mischung von Ruß und nasser Erde ausgefüllt. Endlich werden die Rinden mit Gewichten beschwert, um sie eben zu machen, und dann getrocknet und verpackt.

Der Gebrauch des Korks war schon den Alten bekannt und wurde ziemlich in der Art wie heutiges Tages benutzt. Seine Elasticität macht ihn besonders zum Verstopfen von Gefäßen brauchbar, doch soll die Benutzung des Korks zu Stöpseln auf Glasflaschen erst im 15. Jahrhundert aufgekommen sein. Auch der Gebrauch des Korks zur Erleichterung des Schwimmens ist sehr alt. Die Schwimmweste, eine alte, ursprünglich in Deutschland gemachte Erfindung, ist in neuern Zeiten wieder ins Leben gerufen worden. Korkstücke, drei Zoll lang und zwei Zoll breit, von gewöhnlicher Dicke, werden zwischen zwei Lagen Leinwand gelegt und alle Stücke ringsum gesteppt, daß sie ihre Lage behalten. Am untern, die Hüften bedeckenden Ende ist die Weste wie eine Schnürbrust gemacht, um die freie Bewegung der Beine bei dem Schwimmen nicht zu hindern. Die Weste wird durch die an das hintere Ende angenähten starken Streifen um den Leib befestigt und die daran befindlichen Bänder werden vorn gebunden, um den Schwimmer in den Stand zu setzen, die Weste nach seiner Bequemlichkeit enger zusammenzuziehen.

In einigen Gegenden Spaniens werden die Wände der Zimmer mit Kork belegt, um sie warm zu machen und die Feuchtigkeit abzuhalten. Die alten Ägypter machten oft Särge von Kork. Wegen seiner Leichtigkeit gebraucht man ihn auch zu künstlichen Beinen. Den Gebrauch zu verschiedenen andern bekannten Zwecken übergehen wir und erwähnen nur noch die in neuern Zeiten mit Erfolg versuchte Benutzung des Korks zu Modellen von Gebäuden, Kunstwerken und zu Nachbildungen von Denkmalen des Alterthums. Diese Kunst (die Phelloplastik) ward um das Jahr 1790 zu Rom erfunden. Sie kam später nach Deutschland, wo der Baurath Mey in Aschaffenburg sie vervollkommnete und auch auf Werke der gothischen Baukunst anwendete. Diese Korkmodelle haben vor den Nachbildungen in Thon, Holz oder Stein den Vorzug größerer Wohlfeilheit, weil die Bearbeitung weniger schwierig ist und der Kork die Farbe der von der Zeit gebräunten Baudenkmale hat, die andern Stoffen erst durch Kunst gegeben werden muß.

Bei dem Schneiden des Korks zu gewöhnlichem Gebrauche wird ein breites, dünnes und scharfes Messer angewendet, das nach jedem Schnitt auf einem Brete gewetzt und von Zeit zu Zeit mit einem gewöhnlichen Schleifsteine geschärft wird. Die Stöpsel zu Flaschen werden der Länge nach aus der Rinde geschnitten, daher liegen die Poren in ihnen der Quere nach. Kork zu Spunden schneidet man in entgegengesetzter Richtung, daher laufen die Poren hier abwärts, ein Umstand, der sie weniger tauglich macht, Gefäße luftdicht zu verschließen. Die Abfälle bei dem Schneiden des Korks werden gesammelt und geben verkohlt das spanische Schwarz.

Die Korkeiche.

Das Pfennig-Magazin

der

Gesellschaft zur Verbreitung gemeinnütziger Kenntnisse.

159.]   Erscheint jeden Sonnabend.   [April 16, **1836**.

Mohammed Ali, Pascha von Ägypten.

IV.   16

Mohammed Ali, Pascha von Ägypten.

Der Vicekönig oder Pascha von Ägypten, Mohammed oder Mehemed Ali, ist eines der merkwürdigsten Beispiele der Auszeichnung, die durch eine kräftige ursprüngliche Richtung des Geistes erreicht werden kann. Um ihn richtig zu beurtheilen, darf man nicht vergessen, daß die Gewohnheiten des Islams ihn in eine Stellung brachten, in welcher er nicht als moralisches Beispiel gelten konnte. Seine Laufbahn zeigt eine Erhebung über mohammedanische und morgenländische Vorurtheile, einen Eifer für nationale Verbesserungen und eine Anerkennung der Politik gesitteter Völker, die ihn auf jeden Fall zu einer merkwürdigen Erscheinung unter seinen Landsleuten machen. Bei aller Klugheit und Kraft aber kann er doch den Barbaren nicht verleugnen und sich nicht ganz von jener Politik losmachen, die den Baum niederhaut, um die Früchte zu genießen.

Mohammed Ali machte dieselbe Laufbahn, die seit Jahrhunderten viele Türken in Ägypten zu Auszeichnung und Macht geführt hat. Im Jahre 1769 zu Kavala in Rumelien geboren, brachte er seine Jugendzeit mit den gewöhnlichen Unterhaltungen junger Türken zu; er liebte die Jagd, wurde ein geschickter Reiter und übte sich in dem Gebrauche der Waffen. Der türkische Statthalter in Kavala, der sich des früh verwaisten Knaben annahm, gab ihm die gewöhnliche türkische Erziehung, die aber so dürftig war, daß Mohammed Ali erst als Pascha Lesen und Schreiben lernte. Zum Jüngling aufgewachsen, ward er Soldat, und sein Gönner verschaffte ihm die Hand einer reichen Witwe. Es ist einer der charakteristischen Züge der Türken, daß sie bei Abneigung gegen den Handel doch einen unwiderstehlichen Trieb zum Gewinn haben. Der junge Soldat trieb den Tabackshandel, und Handelsunternehmungen, die er nach seiner Verheirathung bedeutend erweitern konnte, schienen sein Lebensberuf werden zu sollen, als die Eroberung Ägyptens durch die Franzosen seinem Schicksale eine andere Wendung gab und ihn auf den Schauplatz führte, wo ihm eine große Rolle zugedacht war. Er ging mit den in Rumelien ausgehobenen Kriegsvölkern nach Ägypten und zeichnete sich bald an der Spitze einer kleinen Abtheilung so sehr aus, daß der Oberbefehlshaber ihn beförderte und ihn in den Dienst des Paschas von Ägypten brachte. Nach dem Abzuge der Franzosen beschäftigte ein neuer Feind die Wachsamkeit des Paschas und gab Mohammed Ali Gelegenheit, sich neuen Kriegsruhm und die Zuneigung der türkischen Soldaten zu gewinnen. Die von den Franzosen vertriebenen Mamluken, ursprünglich türkische Sklaven, welche seit der Mitte des 18. Jahrhunderts ein entschiedenes Übergewicht in der Regierung Ägyptens erlangt hatten, waren aus Oberägypten zurückgekehrt, hatten sich zu Herren des offenen Landes gemacht und den Pascha in Kahira eingeschlossen. Mohammed Ali erhielt den Auftrag, ihn von diesen furchtbaren Feinden zu befreien. Er begann nach morgenländischer Weise mit einem Versuche, sie durch Unterhandlungen zu hintergehen, doch als diese zu lange dauerten, wollte er den Erfolg durch die Waffen beschleunigen. Er griff das Lager der Mamluken in der Nacht an; aber sie waren wachsam, Mohammed mußte sich zurückziehen und sollte nun vor dem in seinen Hoffnungen getäuschten Khurschid Pascha, dem Statthalter von Ägypten, erscheinen. Mit der den Türken eignen Verstellungskunst empfing ihn der unmuthige Pascha mit offenen Armen und gab ihm einen Ehrenpelz, nach einiger Zeit aber erhielt Mohammed Ali den Befehl, Ägypten zu verlassen. Er sollte Pascha von Salonichi werden. Mohammed Ali wußte schon, daß er auf festem Boden stand, und wollte nicht weichen. Er erhielt endlich auch die Erlaubniß, noch zwei Monate in Ägypten zu bleiben, und zugleich bis zu Ablauf jener Zeit eine kleine Verwaltungsstelle. Die rumeliotischen Kriegsvölker in Kahira zeigten einen so heftigen Widerstand, daß der Pascha eine Abtheilung türkischer Reiterei herbeizuziehen beschloß, um sie zu bezwingen. Die Rumelioten murrten und verlangten ihren Sold, die gewöhnliche Foderung aufrührischer Soldaten im Morgenlande, die aber den Pascha in die größte Verlegenheit setzten, da sein Schatz leer war. Es blieb ihm nichts übrig, als den Marsch der Reiterei beschleunigen zu lassen; die Rumelioten aber wurden noch erbitterter, und es fehlte ihnen nur an einem Anführer, um die Festung zu stürmen. Mohammed Ali war ein aufmerksamer Beobachter der steigenden Unzufriedenheit der Soldaten gewesen und trat nun hervor, um das seinen Landsleuten zugefügte Unrecht zu rächen. Er zog an der Spitze einer zahlreichen Schar gegen Kahira, besetzte die Thore, schlug die Leibwache des Paschas und übte eine überwiegende Gewalt in der Hauptstadt aus, wo seine Ankunft willkommen war, da sich die türkischen Soldaten viele Erpressungen erlaubt hatten. Mohammed drohte, Jeden hängen zu lassen, der ein Brot oder eine Flasche Dattelbranntwein wegnehmen würde. Khurschid Pascha aber empfing ihn wieder mit Auszeichnung, gab ihm einen neuen Verwaltungsbezirk und lud ihn zu der Einsetzungsfeier in die Festung ein. Der kluge Mohammed kannte die morgenländischen Kunstgriffe so gut, daß er sich durchaus weigerte, die Einladung anzunehmen, und verlangte, daß die Einsetzung in dem Hause eines seiner Freunde vorgenommen werden sollte. So ward er 1804 Pascha von Dschidda.

Sein Ehrgeiz hatte ein höheres Ziel. Khurschid Pascha war träge, unbeliebt, und wie seine albanischen Soldaten ihn quälten, die er weder an Kriegszucht gewöhnen noch bezahlen konnte, so hatte er auch gegen Feinde zu kämpfen, die sich zu unterwerfen noch hintergehen ließen. Mohammed hingegen war thätig, der Liebling der albanischen Krieger und das Schrecken der Mamluken. Die Statthalterschaft in Ägypten war ein lockender Preis für den Ehrgeiz des tapfern Empörers, und plötzlich ward in Kahira das Verlangen laut; den Pascha zu entsetzen und Mohammed Ali zu seinem Nachfolger zu machen. Seine Partei wirkte so kräftig, daß sie sich zu einem Divan versammelte, und während sie ihre Beschwerden gegen Khurschid Pascha nach Konstantinopel schickte, Mohammed Ali zum Statthalter ernannte. Der Pascha erklärte den Divan und seinen Nebenbuhler für Empörer, aber er hatte weder Soldaten noch Geld, während sein Gegner Beides besaß. Er verschloß sich in die Festung, wo Mohammed ihn belagerte, der aber noch wirksamere Schritte in Konstantinopel that. Im April 1806 verfügte die Pforte die Absetzung Khurschid's und ernannte Mohammed Ali zum Statthalter von Ägypten.

Wie die Statthalter im Orient gewöhnlich damit anfangen, Bäckern und Wechslern die Köpfe abhauen zu lassen, zwei Menschenclassen, die den Höchsten wie den Geringsten verhaßt sind, so suchte sich auch der neue Pascha beliebt zu machen, indem er diese Züchtigung auf einige der verrufensten Quäler fallen ließ. Er behauptete sich in seinem Amte, als die Pforte, durch England gewonnen, den Mamluken Elfi-Bey zum Statthalter bestimmt hatte. In kurzer Zeit führte er Ordnung in das verwilderte Land zurück und gewöhnte die zuchtlosen Soldaten an Gehorsam. Er nöthigte die Engländer, die im März 1807 Alexandria besetzt hatten, nach mehren für sie nachtheiligen Gefechten das Land im September wieder zu verlassen. Dann suchte er die Mamluken zu überlisten, um dadurch seine Macht zu sichern. Er reizte einen seiner Offiziere durch eine Beleidigung, sich scheinbar mit dem Feinde in ein Verständniß einzulassen. Diese echt morgenländische List gelang, und der verstellte Überläufer bewog die Mamluken, bei dem Nilfeste in die Stadt einzudringen, während die Soldaten bei dem Feste beschäftigt und die Stadtbewohner der Freude hingegeben waren. Die Mamluken gingen in die Schlinge. Sie zogen im Vorgefühle des Sieges in die Stadt, waren aber kaum in den engen Straßen zusammengedrängt, als von allen Seiten auf sie gefeuert wurde. Widerstand wäre vergeblich gewesen; sie hatten mit unsichtbaren Feinden zu kämpfen. Viele blieben auf dem Platze; die Übrigen sprangen von ihren Pferden und flohen in der Dämmerung, wurden aber von Kugeln verfolgt, welche die Straßen mit Leichen bedeckten. Die wenigen Gefangenen wurden in einen Kerker geworfen, wo sie bald das gewöhnliche Schicksal türkischer Kriegsgefangenen erfuhren.

Das Glück des neuen Paschas reizte die Eifersucht der Pforte. Sie schickte einen Abgeordneten nach Ägypten und ließ dem Statthalter befehlen, seine Würde niederzulegen. Mohammed Ali drückte das Schreiben des Sultans nach üblicher Sitte an seine Stirne und betheuerte die tiefste Ehrerbietung gegen die Pforte, behielt aber seine Statthalterschaft. Der Abgeordnete kam nie nach Konstantinopel zurück, und die Pforte mußte nun kräftigere Maßregeln nehmen. Mohammed Ali wurde von dem Kapudan Pascha, dem Großadmiral, aufgefodert, Kahira zu verlassen und die Ankunft der Flotte vor der Mündung des Nils zu erwarten. Der Statthalter betheuerte abermals seine Ehrfurcht gegen die Pforte, schützte aber eine Krankheit vor, und mittlerweile befestigte er schnell die Stadt, sammelte Kriegsvölker und schaffte Vorräthe von Lebensmitteln herbei. Eine beträchtliche Summe, die er zu rechter Zeit an die Pforte gelangen ließ, der Vertheidigungsstand, in welchen er Kahira gesetzt hatte, und seine bekannte Unerschrockenheit, all das gab der Sache eine andere Wendung, und der drohende Angriff endigte mit einer neuen Anerkennung seiner Würde.

Die Mamluken waren aber noch immer furchtbar. Ihre Anschläge, die Mohammed's stete Wachsamkeit foderten, und ihre Macht konnten jeden Augenblick sein Ansehen erschüttern. Er entwarf nun einen jener grausamen Pläne, welche in allen mohammedanischen Ländern feindliche Parteien ohne Bedenken sich erlauben. Er schlug den Mamluken eine Aussöhnung vor; sie nahmen sein Erbieten an, und es ward einem ansehnlichen Theile derselben gestattet, nach Kahira zu kommen. Als er ihren Argwohn eingeschläfert hatte, lud er sie zu einem Feste ein, das er zu Ehren der Beförderung seines Sohnes zu einer höhern Kriegswürde in der Festung geben wollte. Die Mamluken ließen sich durch die Erinnerung an die frühern Listen des Paschas nicht warnen, erschienen in ihrem vollen Prunke, wurden prächtig bewirthet und verließen den Pascha, hocherfreut über die vollständige Versöhnung. Als sie aber in dem zu den Thoren der Festung führenden Gange hinabgingen, sahen sie zu ihrer Bestürzung den Weg auf beiden Seiten mit Bewaffneten besetzt. Verrätherei! erscholl es in ihren Reihen. Der Ruf ward mit Flintenschüssen aus den Mauern beantwortet. Die Mamluken stürzten zu den Thoren, die aber verschlossen und mit Soldaten besetzt waren. Sie kämpften nun verzweifelnd um ihr Leben, aber vergebens; Alle wurden getödtet, mit Ausnahme eines Einzigen, der mit seinem Pferde von dem Walle der Festung, eine furchtbare Höhe, hinabsprengte. Gegen 600 der trefflichsten Reiter fanden an diesem Tage ihren Untergang. Die Streitfrage zwischen ihnen und dem Pascha war eine Frage, die nur durch das Schwert gelöst werden konnte, und unter den Asiaten, bei welchen Verrätherei etwas Gewöhnliches und Trug das Werkzeug der Macht ist, findet sich die Ehre nicht befleckt, wenn das Schwert auf dem kürzesten Wege gebraucht wird.

Nach der Ausrottung der Mamluken, die durch ihre Grausamkeit und Verworfenheit ihr Schicksal verdient hatten, sah sich Mohammed Ali endlich in den Stand gesetzt, seine Laufbahn ungehindert zu verfolgen. Gegen die Pforte gesichert und von seinen nächsten gefährlichsten Feinden befreit, nahm er nun, wie es scheint, nicht mehr zu den Kunstgriffen asiatischer Politik seine Zuflucht, und widmete sich den Entwürfen zur Sicherung seiner Herrschaft durch Verbesserung der Verwaltung des Landes und durch die Bekämpfung äußerer Feinde. Das Heer wurde neu eingerichtet und der Finanzzustand verbessert, während der Nil und die östlichen Küsten des rothen Meeres von den Räuberstämmen gereinigt wurden, die seit Jahrhunderten diese Gegenden unsicher gemacht hatten. Mohammed's Sohn Ibrahim kämpfte 1816 mit Glück gegen die Wahabi in Arabien, eine seit der Mitte des 18. Jahrhunderts entstandene mohammedanische Sekte, welche der Pascha bereits einige Jahre früher mit minder entscheidendem Erfolge angegriffen hatte. Ihre Hauptstadt Derejeh in der arabischen Provinz Nedsched wurde erobert und ihr Anführer gefangen nach Konstantinopel geschickt. Bald nachher unternahm Mohammed Ali einen Krieg gegen die Länder am obern Nil, und sein Heer drang bis Nubien und Sennaar vor, und als sein jüngerer Sohn Ismael, der Anführer des Heers, in Sennaar war ermordet worden, nahmen die Ägypter an den Einwohnern blutige Rache.

Während dieser Kriege richtete Mohammed auf die Verwaltung des Landes seine besondere Aufmerksamkeit. Die Land- und Seemacht, der Festungsbau und die Verpflegung des Heeres wurden seit 1815 auf europäische Weise eingerichtet, Telegraphen eingeführt. Der Ackerbau erhielt einen größern Umfang, Schafzucht und Pferdezucht wurden verbessert, Ölbäume, Baumwolle und Maulbeerbäume angepflanzt, Zuckersiedereien und Salpetersiedereien angelegt, Dampfmaschinen eingeführt, Baumwollenmanufacturen gegründet, Stückgießereien errichtet, Quarantaineanstalten gestiftet. Gewerbsamkeit und Handel blühten auf, und zur Belebung des Verkehrs wurde ein Kanal angelegt, der Alexandrien und Kahira verbindet. Doch fanden diese Beförderungen der Betriebsamkeit in dem Umstande, daß der Pascha unumschränkter Herr des Bodens ist, eine Hemmung, die ihre nachtheiligen Einflüsse auf den Zustand des Volkes bereits gezeigt hat und immer mehr zeigen muß. Mit den Erzeugnissen des Landes, besonders mit der Baumwolle, und selbst mit den über Ägypten kommenden ostindischen Waaren treibt Mohammed Ali einen Alleinhandel, an welchem nur einige von ihm bestimmte Handlungshäuser Theil nehmen; doch scheint er in der neuesten Zeit die Nothwendigkeit erkannt zu haben, dieses strenge Monopol zu mildern. Auch wurden viele Anstalten zur Bildung des Volkes in das Leben gerufen, vorzugsweise aber solche, die für Mohammed's Pläne zur Verbesserung der Verwaltung nützlich sein konnten, und da alle durch ihn bewirkten Umwandlungen aus dem Bedürfnisse einer Umbildung des Kriegswesens hervorgegangen sind, so waren Schulen zur Bildung tüchtiger Offiziere die ersten Anstalten, die unter der Leitung von Europäern, besonders Franzosen, eröffnet wurden. An sie schloß sich schon 1821 eine Elementarschule, in welcher einige Hundert Zöglinge, sowol Türken als Araber, in Sprachkenntnissen, Zeichnen und Mathematik, aber mit vorwaltender Rücksicht auf den Soldatenberuf, unterrichtet wurden. Mit einem Militairhospitale ward eine medicinische Schule verbunden, welche Regimentsärzte bildete. Ebenso wurden um dieselbe Zeit theils am Bord einiger Schiffe, theils in Alexandrien Unterrichtsanstalten eröffnet, um junge Araber sowol als selbst ältere Offiziere im Seedienste und in der Schiffahrtskunde zu unterrichten. Doch war Alles, was Mohammed in dieser Beziehung that, um so weniger auf die Erhebung des Volks berechnet, da in diesem das Bedürfniß eines bessern Zustandes und einer höhern Bildung noch nicht erwacht war, sondern nur auf die Befestigung seiner Macht. Aber seine Bemühungen, europäische Bildung zu verbreiten, werden für die Zukunft nicht unfruchtbar bleiben. Besonders wichtig ist in dieser Beziehung, daß schon 1826 mehre junge Leute nach Frankreich geschickt wurden, wo sie theils in den zur Leitung der öffentlichen Verwaltung nöthigen Kenntnissen, theils für Künste und Gewerbe sich ausbildeten. Ihnen sind bis jetzt mehre gefolgt, und viele dieser europäisch gebildeten Jünglinge wirken bereits in ihrer Heimat als Lehrer und sind zum Theil auch, wie z. B. der gebildete Scheik Refaa, als Schriftsteller in eignen Werken und in Übersetzungen aufgetreten. In Bulak bei Kahira ward eine Buchdruckerei angelegt, in welcher Araber, Türken, Italiener und Franzosen arbeiten. Seit 1829 erscheint hier eine Zeitung in türkischer und arabischer Sprache.

Im Jahre 1824 wurde Mohammed von der Pforte, die den Übermächtigen fürchtete, zum Oberanführer gegen die Griechen ernannt, und die seinem Vortheile widerstreitende Theilnahme an diesem Kampfe ward ihm aufgenöthigt. Sein Sohn Ibrahim landete auf Morea, um dort eine Negercolonie zu gründen, ward aber von den Griechen geschlagen; glücklicher war er im folgenden Jahre und behauptete Morea, bis 1827 die Folgen der Schlacht bei Navarino ihn nöthigten, das Land zu räumen. Die Schwäche der Pforte nach dem Frieden von Adrianopel reizte den Pascha, seinen Plan, sich unabhängig zu machen, durch die Eroberung Syriens auszuführen. Ibrahim führte den Feldzug seit dem October 1831 mit glücklichem Erfolge, und der Pascha, obgleich der Sultan den Bann gegen ihn ausspracht, setzte den Krieg fort, bis der Sieg bei Koniehh im December 1832 den Kampf entschied. Durch die Vermittelung der europäischen Mächte wurde der Friede geschlossen, welcher dem Pascha das eroberte Syrien als eine Statthalterschaft und zugleich den Besitz der Insel Kreta gab. Seitdem hat er sich auch die Städte auf der arabischen Küste und die Provinz Yemen in Arabien unterworfen, während sein Sohn eine drohende Empörung in Syrien zu bekämpfen hatte.

Das Castel von Conisborough in der englischen Grafschaft York.

Zu den ältesten Denkmälern Englands gehört die auf unserer Abbildung dargestellte Ruine des Castels von Conisborough in der Grafschaft York. Die Zeit der Gründung dieser Burg ist unbekannt, die Geschichte gedenkt dieser Feste zuerst zur Zeit Wilhelm's des Eroberers und nennt als ihren Erbauer einen Grafen Wilhelm von Warren. Wilhelm der Eroberer gebrauchte sie als Zwingburg zur Behauptung des umliegenden Landes, und zwei Jahrhunderte, von König Eduard IV. bis Johann II., war sie ein Besitzthum der Krone. Der Letztere schenkte sie dem Lord Dover, und gegenwärtig gehört sie dem Herzoge von Leeds. Sie muß ursprünglich einen bedeutenden Umfang gehabt haben, war mit einem tüchtigen Walle und weiten Graben umgeben, der aber jetzt wasserleer und mit prächtigen, hundertjährigen Eichen und Ulmen bewachsen, theilweise auch mit Burgtrümmern angefüllt ist. Vor Erfindung des Schießpulvers konnte diese Feste gewiß für unüberwindlich gelten, jetzt ist nach einem Zeitraume von 1000 Jahren nichts von ihr noch übrig als ein Theil des Thurmes. Die ursprüngliche Höhe desselben läßt sich nicht angeben, da bereits ein Theil desselben zusammengestürzt ist; doch beträgt die Höhe der sechs Strebepfeiler, welche ihn ringsum stützen, noch immer 86 Fuß. Zur Thurmpforte steigt man auf 25 breiten steinernen Stufen und hat von hier aus schon eine prächtige Aussicht auf die üppige und waldreiche umliegende Landschaft. Unweit der Ruine liegt das alte Dorf Conisborough, welches ehedem, als diese Burg noch stand, ein bedeutender Ort gewesen zu sein scheint. Die Kirche des Dorfes, im altenglischen Style erbaut, wird allgemein für einen Überrest des alten Conisborough gehalten. Denkmale, die hierüber Aufschluß geben könnten, fehlen aber in ihr, und nur ein einziger Stein, mit Hieroglyphen bedeckt, ist noch in ihren Mauern vorhanden und hat schon oft, wiewol bis jetzt noch ohne jene Züge entziffern zu können, die Aufmerksamkeit der Gelehrten auf sich gezogen.

Der Flußkrebs und der Seekrebs oder Hummer.

Beide Krebsarten gehören zu derjenigen Thierclasse, die man in neuerer Zeit von den Insekten, zu welchen man sie früher zählte, getrennt und mit dem Namen Crustaceen belegt hat und zu derjenigen Abtheilung derselben rechnet, die langgeschwänzte genannt werden. Der Flußkrebs und der Hummer gehören derselben Gattung an und weichen nur in wenigen Punkten voneinander ab, weshalb wir den erstern, da er uns zunächst angeht, etwas genauer betrachten wollen.

Der Flußkrebs.

Der Körper des Krebses besteht eigentlich nur aus zwei Theilen, dem Brusttheil oder eigentlichen Körper und dem gegliederten Schwanze, indeß läßt sich an dem erstern noch eine Abtheilung bemerken, insofern er wieder in die zwei Theile zerfällt, welche durch die Freßwerkzeuge und durch die Beine charakterisirt sind, also als Kopf- und Brusttheil. Der Kopftheil, über welchen von oben der Rückenschild wegragt, um vorn eine Stirnspitze zu bilden, ist eigentlich nur an der untern Seite deutlicher gesondert. An ihm sitzen die Augen auf länglichen Stielen, demnächst aber längere und kürzere Fühlhörner und die verschiedenen Freßwerkzeuge, hinter welchen die sogenannten Scheren folgen, als gewissermaßen das erste Fußpaar, das, wenn auch bedeutend größer, doch mit den beiden folgenden große Ähnlichkeit hat. Diese Scheren bestehen am Ende aus einem feststehenden Stücke, dem Daumen, und einem beweglichen, dem sogenannten Finger. Im Innern der Scherenwurzeln liegen viele starke Muskeln, wodurch die Krebse mit ihren Scheren so viel Gewalt ausüben und so stark kneipen können. Je größer, breiter und stärker die Scheren sich zeigen, um so schmächtiger sind dann die folgenden vier Fußpaare. Von diesen haben die beiden vordern ebenfalls am Ende noch kleine Scheren, von welchen jedoch, namentlich bei den Männchen, am dritten Fußpaar, die Wurzel des Daumens stark verlängert ist, bei den Weibchen dagegen eine Vertiefung hat. Die beiden hintern Fußpaare haben am Ende nur einen einfachen Haken, und am Wurzelgliede des letzten sieht man bei dem Männchen eine ähnliche Öffnung wie bei dem Weibchen. Das Brust- oder Rückenschild, das sich an den Seiten nach unten wölbt, zeigt verschiedene Erhöhungen und Vertiefungen, welche die darunter liegenden innern Theile bedingen. Der sogenannte Schwanz oder Hinterleib besteht aus sechs Gliedern, welche sich von vorn nach hinten theilweise decken, oben gewölbt, unten flach sind, und an deren letztem eine aus mehren Blättchen bestehende Flosse sitzt. An der untern Seite dieser Schwanzringe stehen kleine fußähnliche Theile, von welchen die vordern bei dem Männchen zu den Geschlechtstheilen gehören, bei dem Weibchen aber die meisten zur Anheftung der Eier dienen. Wenn man den Krebs im Innern betrachtet, so sieht man dicht hinter dem Kopfe den Magen, der besonders dadurch merkwürdig ist, daß man darin zu manchen Zeiten die sogenannten Krebsaugen, richtiger Krebssteine, findet. Weiter nach hinten liegt zu beiden Seiten, als lauter feinen Fäden bestehend, die Leber. Zwischen ihren beiden Lappen beginnt der Darm, der gradeaus bis zum letzten Ringe läuft. Innerhalb des Rückenschildes, da wo dasselbe an die Beine stößt, sitzen an diesem die Kiemen oder die Werkzeuge zum Athmen, federförmig gebildet, zu welchen durch die Spalte zwischen dem Rande des Rückenschildes und den Füßen das Wasser eintreten kann, aus welchem sie die nöthige Luft aussondern.

Die Weibchen sind größer als die Männchen, sie haben gewöhnlich eine braungrüne Farbe, die sich zuweilen mehr oder weniger ins Schwarze, Rothe oder Blaue verliert, ja in dem Flusse Moy in Frankreich soll es blaue, im Canton Solothurn in der Schweiz in der Dinner rothe Krebse geben, den gesottenen ähnlich. Der Flußkrebs lebt zunächst in Europa, findet sich aber auch in Asien und wird namentlich in der Wolga und ihren Nebenflüssen sehr groß, hat dort aber einen schlechten Geschmack und wird nicht gegessen.

Die Krebse leben meist nur in fließendem Wasser, aber nicht überall, und sogar, absichtlich in ein Gewässer gesetzt, verlassen sie dasselbe, wenn es ihnen nicht zusagt. Es sind Nachtthiere, die nur selten am Tage, außer bei Gewitterluft, ihre Wohnung in Uferlöchern, unter Baumstämmen und Steinen verlassen. Ihr Gang ist zum Sprüchwort geworden, weil sie meist rückwärts gehen; doch kriechen sie auch vorwärts, schwimmen aber nur rückwärts und benutzen dabei ihr floßähnliches Schwanzende als Ruder. Sie ziehen sich oft zwei Fuß tief in ihre Löcher zurück, gewöhnlich den Kopf nach vorn, mit vorgehaltenen Scheren, um gelegentlich eine Beute zu erhaschen. Naht sich ein Feind, namentlich eine Menschenhand, um sie hervorzuziehen, so entfernen sie sich, zuerst rückwärts kriechend, vertheidigen sich auch mit ihren Scheren, stemmen sich aber dabei so gewaltig an, indem sie ihren Stirnstachel einbohren, daß man ihnen oft eher eine Schere oder ein anderes Glied abreißt, bevor sie sich herausziehen lassen. Ihr eigentliches Element ist zwar das Wasser, doch gehen sie oft auch auf das Land und können mehre Tage lang daselbst leben, wenn nur die Luft hinlänglich feucht ist, damit ihre Kiemen nicht austrocknen, ja sie leben sogar in einer solchen feuchten Luft länger auf dem Lande als in stehendem Wasser. Auch in der Gefangenschaft lieben sie die Dunkelheit und werden bei künstlichem Lichte unruhig, doch pflegen sie sich im Freien dadurch aus ihren Höhlen locken zu lassen.

Ihre Nahrung ziehen die Krebse meist aus dem Thierreiche; jedes im Wasser befindliche Aas ist ihnen willkommen, doch stellen sie auch lebenden Thieren, besonders dem braunen Grasfrosch, nach. Man kann sie in der Gefangenschaft mästen, wozu man namentlich Ochsenleber, aber auch Weizenkleie mit Milch, Möhren u. s. w. wählt, wobei man ihnen gern Brennnesselblätter gibt. So nachtheilig ihnen stehendes Wasser ist, so sollen sie auch durchaus den Dunst von Schweinen, wenn diese in Menge beisammen sind, nicht vertragen können; doch ist es übertrieben, wenn man sagt, daß die Krebse auf einem Wagen absterben, wenn ein Schwein unter diesen weglaufe.

Eine ganz eigne Erscheinung bei den Krebsen ist das Wechseln ihrer kalkartigen Schale. Dies geschieht bei uns in den Monaten Juli bis September. Da nämlich die kalkartige Schale so hart ist, daß sie sich auf keinerlei Weise und in keiner Richtung ausdehnen läßt, so würde der Krebs nicht wachsen können, wenn er ein altes Kleid nicht abwerfen könnte, um ein neues weiteres anzuziehen. Dieser Schalenwechsel findet statt, wenn unter der alten Schale, die dann dünner und weicher wird, sich eine eigne dicke, mit rothen Adern durchzogene Haut gebildet hat, welche die alte Bedeckung aus ihrer bisherigen Verbindung mit den übrigen Körpertheilen löst. Bei dem Bestreben des Thieres, sich aus seiner Schale zu befreien, sobald die erwähnte Haut die nöthige Ausbildung erlangt hat, platzt zuerst die Verbindung zwischen dem Rückenschilde (Nase genannt) und dem Schwanze. Die nächste Bemühung ist darauf gerichtet, den Vorderkörper aus der Schale zu ziehen, und ehe noch jenes vollendet ist, hat der Krebs den Schwanz ausgezogen. Nach und nach wird dann die ganze Haut abgestreift, wobei sich noch die untern engern Glieder trennen und die größern durchlassen. Das Sonderbarste bei dieser Häutung ist, daß sich auch ein neuer Magen bildet, und zwar um den alten herum, der nun von seinem Nachfolger verzehrt wird. Ist der Krebs aus der alten Schale herausgekrochen, so zeigt sich die neue noch ganz weich, und solche Krebse sind unter dem Namen Butterkrebse bekannt. Die neue Schale braucht drei bis fünf Tage, um zu erhärten, und erst während dieser Zeit bildet sich die Kalkmasse in ihr. Schon vor dem Anfange der Häutung, d. h. im Mai, findet man neben dem Magen den Ansatz zu den sogenannten Krebssteinen, welche ihre vollständige Größe zugleich mit der Entwickelung der neuen Haut erreichen und mit dieser ausgestoßen werden; wahrscheinlich werden sie durch die Spalte entfernt, welche zwischen dem Rückenschilde und den Beinen sich findet; daß sie aber ausgestoßen werden, ergibt sich daraus, daß man solche Steine immer da findet, wo sich Krebse gehäutet haben. Wenn auch das Häuten der Krebse in ihrer Natur begründet ist, so wird es ihnen doch keineswegs leicht, ja man kann es sogar als eine Krankheit betrachten, indem viele in dieser Zeit absterben. Sie hüten sich dann aber auch, aus ihren Löchern herauszukommen, um so mehr, als die eben gehäuteten gern von andern, die mit einem festern Panzer versehen sind, aufgesucht und verzehrt werden. Da die weiche Schale sehr leicht Verletzungen ausgesetzt ist, so hat die Natur dafür gesorgt, daß diese dem Thiere nicht sehr schädlich werden, indem sie ihm sogar verlorene Gliedmaßen wieder ersetzt.

Die Krebse pflanzen sich durch Eier fort; diese werden im Frühjahre gelegt und sind mit einem kleinen klebrigen Stielchen versehen, mittels dessen sie an die haarigen Fransen unter dem Schwanze des Weibchens angehängt werden, und zwar so, daß sie ganz gleichmäßig zu 20—30 an ein Füßchen vertheilt sind, obgleich ein Weibchen gegen 200 Eier mit sich herumträgt. Das Anheften erfolgt unter beständiger Bewegung der Schwanzfüßchen, welche sich dieselben immer einander zuschieben. Die Eier selbst sind dunkelröthlich und heller gefleckt, und bleiben bis zum Juni oder Juli, d. h. bis zum Auskriechen der Jungen, an ihrer Stelle. Die Jungen haben eine weißliche Farbe und eine weiche Schale, und bleiben noch einige Tage bei der Mutter, um dieselbe herumschwimmend, bei Gefahren aber sogleich unter den Schwanz derselben flüchtend.

Man fängt die Krebse auf die einfachste Weise, wenn man sie, besonders im Herbst, Winter und Frühling, in ihren Löchern aufsucht, ein Geschäft, das oft nicht ohne Gefahr ist, indem theils die Krebse selbst derb kneipen, theils statt ihrer die Hand auch wol eine Wasserratte ergreift, die sich mit Bissen wehrt. Leicht fängt man sie in Fischreusen, in welche man als Lockspeise todte Frösche oder Aas bringt. Eine sehr bequeme Fangart ist auch die, daß man sich an den Enden mit Schnuren versehenes Bret, auf welchem man eine Lockspeise, besonders Ochsenleber, befestigt, mit Steinen beschwert, Abends in das Wasser herabläßt und gegen Morgen wieder herauszieht.

Man sagt, daß die Krebse namentlich vom Mai bis in den August, oder nach einem alten Sprüchwort in den Monaten ohne R am besten sein sollen, wenigstens am feistesten. Auch zieht man die Krebse aus schönen hellen Bächen den in trüberm und unreinerm Wasser gefangenen vor. Bei abgesottenen Krebsen sieht man darauf, daß die Schwänze fest eingebogen sind, und ist dies nicht der Fall, so war der Krebs vor dem Absieden schon abgestorben. Früher wurden nicht blos ganze Krebse, sondern auch einzelne Theile als Arznei benutzt, jetzt sind kaum noch die Krebssteine als Heilmittel gebräuchlich. Sie waren früher in großem Ruf und kamen in ganzen Wagenladungen, namentlich aus Rußland, Polen und Ostpreußen. Durch den widrigen Geruch todter Krebse soll man Maulwürfe u. s. w. leicht vertreiben können.

Von unserm Flußkrebs unterscheidet sich der

große, unter dem Namen Hummer bekannte Seekrebs am meisten durch die Größe, da dieser nicht selten eine Länge von 1½ Fuß erreicht. Sein Fleisch ist nicht minder beliebt als das des Flußkrebses und hat dabei noch den eigenthümlichen Geschmack aller Seefische. Die Scheren sind kürzer als beim Flußkrebs und haben starke, knotige Zähne, auch ist der Stirnstachel dreizahnig, mit noch einem paar Zähnen an der obern Wurzel. Die Seekrebse leben im Ocean, sie werden in großer Menge, vorzüglich an den Küsten, gefangen und sind ein nicht ganz unbedeutender Handelsartikel.

Entdeckung einer Colonie auf der nördlichen Küste von Neuholland.

In dem „Leed's Mercury" finden wir einige schätzbare Auszüge aus dem Privattagebuche eines unlängst von Singapore angekommenen Reisenden, der mit einer Gesellschaft an der Rafflesbai, auf der Nordküste von Neuholland, gelandet war und eine Reise von zwei Monaten ins Innere des Landes gethan hatte. Nachdem sie ihre Reise über schroffe Hügel, steile Felsen und ausgetrocknete Wüsten viele Tage fortgesetzt hatten, ohne, außer denen an der Seeküste lebenden, andere Eingeborene gefunden zu haben, auch täglich auf eine höchst mühsame und beschwerliche Weise ihr Wasser graben mußten, erreichten sie die Spitze eines Hügels, von wo sie, südwärts nach unten sehend, ungefähr drei oder vier englische Meilen entfernt, ein langes und ebenes Land sahen, mit Baumreihen bepflanzt, durch welche ein stiller Strom sich schlängelte; am südlichsten Ende dieser Ebene schien eine Gruppe Häuser, mit Palmbäumen umgeben, zu liegen. Das Wasser bildete längs dem nördlichen Ufer zahlreiche kleine Inseln und eine Menge kleiner Böte, von zwei Menschen regiert, durchkreuzten in jeder Richtung den Strom, wovon einige zu fischen schienen. Das Ganze hatte das Ansehen, als ob die Reisegesellschaft durch Bezauberung in ein cultivirtes Land versetzt worden sei.

Am Fuße des Hügels begegneten die Reisenden ganz unerwartet einem menschlichen Wesen von weißer Gesichtsfarbe, wo sie natürlich einen schwärzlichen Indianer erwartet hatten. Seine Kleidung bestand in einer Jacke und Hose von Fellen ohne Haare und so weiß gebleicht als Leinwand; auf dem Kopfe trug er eine hohe weiße Fellmütze, deren Rand mit den Federn des Kakadu eingefaßt war. So schlecht er das Holländische sprach, so erfuhren sie doch viel Interessantes durch ihn; nämlich, daß er zu einer kleinen Colonie gehöre, ungefähr 300 Köpfe stark, alle ebenso weiß als er, daß sie Häuser bewohnten, alle mit einer großen Mauer umgeben, um sich gegen die Anfälle der Wilden zu sichern. Vor ungefähr 170 Jahren wären ihre Väter hier angekommen, und zwar, wie sie erzählt hätten, aus einem sehr entfernten Lande.

Zu ihrer großen Freude besuchte die Gesellschaft das Dorf der Weißen. Der Abkömmling eines Offiziers, genannt van Baerle, wurde als Oberhaupt angesehen, und bei ihm blieb die Gesellschaft acht Tage. Ihre Überlieferung ist, daß ihre Väter, nach dem Verunglücken ihres Schiffs, genöthigt waren, dem Aufgange der Sonne entgegenzueilen, so viel Vorrath mit sich führend als sie konnten, wobei Viele umkamen, bis sie den Ort, wo sie sich jetzt befinden, als den zu einer Niederlassung geeignetsten ansahen. Zehn Frauen, die mit ihnen gerettet waren, vertheilten sie durchs Loos unter sich. Sie haben keine Thiere, weder Schafe, Kühe, Schweine, oder sonst andere. Ihre Anpflanzungen bestehen aus Mais (türkischem Weizen), und Yams, und diese mit frischen oder getrockneten Fischen machen ihre vorzüglichste Nahrung aus; zuweilen bietet ihnen der Känguru oder anderes Wild Abwechselung dar, aber es scheint, als ob sie, wahrscheinlich durch Unkunde, oft Mangel an Nahrungsmitteln haben. Zum Tausch konnten sie der Reisegesellschaft wenig auf Felle bieten. Dem Namen nach sind sie Christen; ihre Ehen werden ohne alle Ceremonie geschlossen. Die Ältesten leiten alle Angelegenheiten, und die Jünglinge von zehn Jahren an bilden eine Art Miliz und sind mit langen Piken bewaffnet. Bücher und Schreibematerialien haben sie nicht und von Schulen wissen sie nichts. Den Sonntag feiern sie, indem sie sich ihrer gewöhnlichen Arbeit enthalten.

Hogarth's Werke.
10. Die Parlamentswahl.
4. Die Huldigung.
(Beschluß aus Nr. 157.)

Der Gegenstand des vierten und letzten Blattes dieser Reihe ist die ehemals in England übliche Sitte, nach welcher die neugewählten Parlamentsglieder auf Armstühle gesetzt und auf den Schultern ihrer Partei wie im Triumph umhergetragen wurden. Allein dem Helden auf unserm Blatte, in welchem wir die Person des einen der Candidaten von dem in Nr. 157 beschriebenen Blatte wiedererkennen, begegnet gleich bei Beginn seiner neuen Würde ein Unfall, der eben keine günstige Vorbedeutung für die Zukunft ist. Es hat sich unmittelbar unter dem Triumphsessel ein Streit entsponnen zwischen einem Bauer mit einem Dreschflegel und einem Matrosen mit einem ungeheuern Prügel. Der Bauer ist so unglücklich, wider seinen Willen einen der Träger des Triumphsessels zu treffen, worüber der ganze Zug in Unordnung geräth. Der Lehnstuhl, sowie der darauf befindliche Held fangen an zu wanken, und Letzterer spielt, wie man sieht, eine einem Parlamentsglied keineswegs entsprechende Figur. Allem Anscheine nach ist der Triumphzug auf seinem Wege einem Bauerhofe etwas zu nahe gekommen und hat hier allerlei Störungen, namentlich unter dem kleinen Vieh, herbeigeführt, wie das wildgewordene Mutterschwein mit den fünf Ferkeln andeutet, welches eine neugierige Frau umgerannt hat, und die Gans, die als eine lebendige Satire über dem Haupte des neugewählten Gesetzgebers schwebt.

Etwas verwickelter ist die Scene, welche sich unweit der Kirchhofmauer zur Linken unsers Gemäldes ereignet. Der Matrose nämlich, der mit dem Bauer in Streit gerieth, gehört eigentlich als Führer zu dem Bären, der sich an einer Kette mit einem Affen auf seinem Rücken zeigt. Da nun der in Wuth versetzte Führer über dem Streit mehr als billig seine Pflichten aus den Augen gelassen hat, so hat sich der Bär dies zu Nutze gemacht und ist einem eben vorbeiziehenden Bauer, oder vielmehr dessen Esel über den Lastkorb gerathen, in welchem sich Kaldaunen befinden. Indem nun der Bauer, wie ihm wol nicht zu verargen, auf den Bären losschlägt, geräth der auf letzterm reitende Affe in ängstliche Bewegung, wodurch ein über seine Schulter hängender Karabiner losgeht und einen Schornsteinfegerjungen erschießt, der, auf dem Pfeiler des Kirchhofthores sitzend, eben noch so muthwillig gewesen war, dem als Sinnbild darauf befindlichen Todtenkopfe zum Scherz eine wol aus Brotteig zusammengeknetete Brille anzuheften. Über dieses Ereigniß fällt eine junge Dame, die von der Kirchhofmauer herab den Triumphzug mit ansehen wollte in Ohnmacht.

Das Haus zur Rechten ist die Wohnung eines Procurators, der, wie man aus der servirenden Dienerschaft an der Hausthüre ersieht, eben im Begriff ist, ein großes Fest zu geben.

Auffallend ist noch die halbnackte Figur an der Brückenbarriere. Diese gehört einem Soldaten, der sich soeben auf der Straße geobrt hat und im Begriff ist, sich wieder anzukleiden. Sein Kopf, auf welchen er bereits wieder den Hut gesetzt hat, ist verbunden. Sein Degen liegt zerbrochen hinter ihm. Zu seiner Herzstärkung nimmt er aus einem Tuche ein Prümchen Kautaback, das er mit großem Appetit in den Mund steckt.

Übrigens ist zu erwähnen, daß die vier Gemälde Hogarth's nicht auf einmal im Publicum erschienen. Das erste Blatt, in Nr. 153, erschien 1755, das zweite, in Nr. 155, 1757, das dritte, in Nr. 157, 1758 und das letzte eben gegebene Blatt am Neujahrstage 1759.

Die Huldigung.

Verantwortliche Herausgeber: Friedrich Brockhaus in Leipzig und Dr. C. Drärler-Manfred in Wien.
Verlag von F. A. Brockhaus in Leipzig.

Das Pfennig-Magazin

der Gesellschaft zur Verbreitung gemeinnütziger Kenntnisse.

160.] Erscheint jeden Sonnabend. [April 23, 1836.

Teneriffa.

Ansicht von Teneriffa.

In der Gruppe der canarischen Inseln an der Westküste von Afrika ist Teneriffa die größte. Sie theilt mit den übrigen jenes herrliche Klima, jene üppige Fruchtbarkeit, die ihnen bei den Alten den Namen der glücklichen Inseln verschaffte. Canaria und Forteventura sind nächst Teneriffa die ansehnlichsten Eilande; Palma, Ferro, Gomera und Lancerota sind kleiner und die übrigen nur unbewohnte Felsen. Obgleich wahrscheinlich schon mit den Karthagern in Verkehr und von den Alten genau beschrieben, so treten sie doch in der neuern Geschichte nicht eher als im 14. Jahrhundert hervor, wo Papst Clemens VI. sie dem spanischen Infanten Don Luis de la Cerda schenkte, unter der Bedingung, den Eingeborenen das Christenthum predigen zu lassen. Der Infant starb bald nachher und es geschah nichts zur Eroberung der Inseln, bis 1409 Jean de Betancour, ein Edelmann aus der Normandie, und Galifer de la Sala aus Rochelle Schiffe ausrüsteten, um sie zu besuchen. Sie landeten auf Lancerota, der nördlichsten Insel, deren Bewohner, die kurz zuvor von europäischen Seeräubern waren geplündert worden, vor ihnen in die Wälder flohen, aber bald zurückkehrten und den Franzosen selbst bei dem Baue einer Feste an ihrem Ankerplatze, die Rubicon genannt wurde, Beistand leisteten. Durch die friedlichen Gesinnungen der Eingeborenen ermuthigt, wollte der Anführer eine benachbarte Insel besetzen, deren Bewohner aber so kriegerisch und zu zahlreich waren, daß er davon abstehen mußte und nach Europa ging, um Verstärkung zu holen. Nach seiner Rückkehr stellte Betancour zuvörderst die Ruhe und das gute Vernehmen mit den Eingeborenen wieder her, welches durch die Zügellosigkeit der in Rubicon zurückgelassenen Besatzung war gestört worden. Der Häuptling der Insel und viele seiner Unterthanen gingen zum Christenthume über, und bald folgte Forteventura diesem Beispiele. Bei seinem Angriffe auf Canaria und Palma war Betancour unglücklich und mußte sich zurückziehen; zwei andere Eilande aber unterwarfen sich ihm noch. Die spanische Regierung kaufte 1476 den Eroberern ihre Ansprüche ab und rüstete Schiffe aus, um Canaria zu unterwerfen. Erst nach einem langen Kampfe wurde die Insel 1483 bezwungen. Auch Palma ward erobert, nachdem die Sieger durch Verrätherei die Bewohner niedergemetzelt hatten. Die rohe Grausamkeit, welche die Unternehmungen der Eroberer bezeichneten, hatte unter den Bewohnern des noch immer unbezwungenen Teneriffa eine so heftige Wuth entzündet, daß die Spanier nach ihrer Landung gänzlich geschlagen wurden. Sie schifften sich ein und eilten nach Canaria zurück, aber sobald sie sich verstärkt hatten, erschienen sie wieder vor der Insel. Die Bewohner waren erstaunt, als sie sahen, daß die Feinde ihren Verlust so schnell ersetzt hatten, und nahmen einen Vergleich an, durch welchen ihnen der Besitz ihrer Güter gesichert ward, unter der Bedingung, den christlichen Glauben anzunehmen. Seitdem blieben die Inseln unter spanischer Herrschaft. Die ältesten Bewohner der canarischen Inseln, die Guanches, verstanden die Kunst, Leichen einzubalsamiren. Sie nähten dieselben in Ziegenhäute und legten sie in einen Sarg, den sie dann in trockne Grotten setzten. Die wenigen Mumien, welche die europäischen Eroberer noch vorfanden, zerfielen in Staub, sobald man sie aus den Ziegenhäuten nahm. Die jetzigen Bewohner der Inseln, Nachkömmlinge der Guanches, Spanier und Mauren, haben ganz die Sitten und die Sprache der Eroberer angenommen.

So schön und gesund das Klima der Inseln im Allgemeinen ist, so üppig der Pflanzenwuchs grünt, so werden sie doch zuweilen von furchtbaren Wirbelwinden heimgesucht, welche die Wohnungen niederreißen. Alle Inseln haben hohe und steile Küsten und steigen im Innern zu spitzigen Felsen empor. In der Regenzeit strömen von den Bergen Fluten mit losgerissenen Felsblöcken, die Alles mit sich fortreißen und die Thäler überschwemmen. Nicht selten werden sie von Heuschreckenschwärmen geplagt, die alles Grün verzehren, die Palmen anfallen und die Bäume von ihren Rinden entblößen.

Teneriffa hat einen Flächenraum von 62 Quadratmeilen und 100,000 Einwohner. Die Oberfläche dieser Insel, wie der übrigen, besteht aus Laven verschiedener Art, und wurde wahrscheinlich durch die Gewalt eines unterseeischen Vulkans erhoben. Die Insel wird durch eine Gebirgskette getheilt, in deren Mitte der ungeheure Pico de Teyde mehr als 11,000 Fuß über der Meeresfläche emporragt, seinen Abendschatten weit hinaus in die See werfend, und während die Dämmerung schon die niedrigern Gegenden der Insel bedeckt, an seinem Gipfel noch von den Strahlen der untergehenden Sonne geröthet wird. Unter allen Vulkanen, die ganz oder zum Theil erloschen sind, zeichnet er sich durch seine Höhe und seine vereinzelte Lage aus. Der Pico bietet von den entgegengesetzten Seiten der Gebirgskette ganz verschiedene Ansichten dar. Von dem Hafen Orotava zeigt er sich am großartigsten. Eine angenehme und fruchtbare Ebene bildet hier einen ergreifenden Gegensatz zu der ernsten und wilden Gestalt des Vulkans. Es ist unbekannt, wann der Hauptkrater, den wir in nachstehender Abbildung (Seite 136) geben, in Thätigkeit gewesen sei. Jetzt steigen nur noch Schwefeldämpfe aus den Spalten seiner Oberfläche auf. Aber obgleich der Gipfel ruhig ist, so haben sich doch zu verschiedenen Zeiten die Seiten geöffnet. Der Gipfel ist schwer zu ersteigen. Auf dem Wege vom Hafen Orotava steigt man über sandige Berge, die hier und da mit Bäumen besetzt sind. Unweit des Ruheplatzes, wo die Maulthiere Halt machen, liegt der sogenannte Eiskeller. Das Wasser fließt langsam zwischen den Felsen des vulkanischen Bodens über der Eishöhle, und fast immer ist die Oberfläche mit Eis bedeckt. Man sieht von Zeit zu Zeit Schwefelausbrüche, die in feurigen Strömen sich herabwälzen. Am Fuße der steilen Höhe, der Zuckerhut genannt, sieht man an mehren Stellen Dämpfe aufsteigen, die anfänglich dünnen Wolken gleichen, und sobald sie verschwunden sind, erheben sich andere an derselben oder an andern Stellen. Die Oberfläche des Gipfels ist fast oval, gegen 420 Fuß lang und 330 F. breit. In der Mitte ist eine sehr tiefe Höhlung, der Kessel (la caldera) genannt, der erloschene Krater. Die tiefste Stelle ist an der Nordseite, wo die Tiefe 120 Fuß beträgt. Der Vesuv*), nur ein Hügel gegen den Pico, hat einen fünfmal größern Krater. Auch unterscheidet sich der Krater auf Teneriffa von den Gipfeln anderer Vulkane dadurch, daß er nicht bis zu seiner Spitze kegelförmig sich erhebt, sondern von einem kreisrunden Walle umgeben ist und in der Entfernung wie ein Cylinder auf einem abgestumpften Kegel aussieht. Das Innere des Schlundes ist mit gelbem und weißem Thone bedeckt und man sieht Bruchstücke von zersetzter Lava, unter welchen man schöne Schwefelkrystalle findet. Reisende, die hinabstiegen, fanden in dem Krater große Steine, und wenn sie die in demselben befindliche Erde in eine läng-

*) Vergl. über diesen Pfennig-Magazin Nr. 45.

liche Form zusammenrollten und an ein Licht hielten, brannte sie wie Schwefel. Die unaufhörliche Thätigkeit dieses Herdes schützt Teneriffa wahrscheinlich vor den zerstörenden Ausbrüchen, welche den andern canarischen Inseln zuweilen verderblich geworden sind; doch ward er mehr als einmal ein gefährlicher Nachbar der Stadt, die an seinem Fuße liegt. In den Jahren 1704 und 1706 wurde der beste Hafen auf der Insel zerstört, und 1798 warf der benachbarte Berg Chahorra drei Monate hindurch Lava aus. Die Aussicht von dem Gipfel des Pico umfaßt nicht nur die unermeßliche Fläche des Meeres, sondern auch die Wälder von Teneriffa und den bewohnten Theil der Küste, den reichen Pflanzenwuchs der Ebenen und die ganze schöne Inselgruppe, Alles so nahe, daß die reizendsten Contraste in Form und Farbe hervortreten. Der Vulkan erdrückt gleichsam mit seiner Masse die kleine Insel zu seinen Füßen und steigt aus dem Schooße des Meeres zu einer Höhe empor, die dreimal höher ist als die Region, in welcher die Wolken im Sommer ziehen.

Teneriffa hat ein herrliches Klima, das in verschiedener Höhe zwischen der Wärme der Äquinoctialgegenden und den kältern Gegenden Europas abwechselt. Das Haupterzeugniß der Inseln Teneriffa, Canaria und Palma ist ein trefflicher Wein. Den Brotfruchtbaum, Zimmt, Zuckerrohr, Cacao und Kaffee hat man mit Erfolg angebaut, und der hier gewonnene Färbestoff, Orseille, ist von vorzüglicher Güte. In den höhern Gegenden wächst der Lorber, die Kastanie und noch höher die Fichte. Die Hauptstadt Santa-Cruz ist der Sitz der Regierung und hat einen trefflichen Hafen, wo die nach Indien fahrenden Schiffe anlegen, um Lebensmittel und frisches Wasser bis zum Vorgebirge der guten Hoffnung einzunehmen. In der Stadt Laguna, dem Sitze des Bischofs, wurde 1744 eine Universität angelegt, die aber Ferdinand VII. 1830 aufhob. Die Stadt Taganana ist vorzüglich wegen ihres Weins berühmt. Auf mehren Inseln gibt es Schwärme von Canarienvögeln, und die wohlangebaute Insel Forteventura hat viele Dromedare und Pferde. Durch Ferro, die westlichste der canarischen Inseln, ziehen mehre, besonders ältere Geographen, den Meridian, als den Anfangspunkt der Längengradeintheilung auf der Erdkugel.

Zur Völkerkunde.

In den wenig bekannten Provinzen des Birmanenreichs, Tasman und Mergul, umwickeln die Einwohner den ganzen Körper mit schweren und kostbaren Seidenstoffen, ganz gegen die Sitte der Indier und Siamesen, die alle Bedeckung oberhalb der Hüften für überflüssig und lästig halten. Die Frauen genießen große Freiheit. Sie tragen weder Halsbänder noch Zierathen um Arm und Fuß wie die Indianerinnen. Ihr gewöhnlicher Anzug besteht aus Seide, doch tragen sie auch Baumwollenstoffe. In der Regenzeit tragen die Männer leichte Hüte, die gegen vier Fuß im Durchmesser haben. Sie tätowiren sich, wie die Birmanen in Ava, wogegen die Siamesen diese Sitte für barbarisch halten. Obgleich unter dem Joche des Despotismus, sind doch die untern Volksclassen tapfer, gastfrei, ehrlich und zutraulich. Eigenthümlich ist ihre Art zu grüßen; man berührt mit der Nase die Wange des Begrüßten und athmet dabei stark aus. Die Ehen werden blos als bürgerliche Verträge geschlossen, Scheidungen finden keine Schwierigkeiten. Die Bewohner von Birma und Pegu verbrennen ihre Todten, aber die Leichen der unter 15 Jahren Verstorbenen werden begraben. Stirbt eine Frau im Wochenbette, so verbrennt man ihre Leiche am Ufer eines Flusses. Das Leichenbegängniß der Priester ist besonders prächtig. Der englische Reisende Low war bei einer solchen Feierlichkeit zugegen und nach seiner Beschreibung ward an die Bahre ein langer metallener Faden befestigt, und als man sie auf den Scheiterhaufen gestellt hatte, zündete man diesen mittels einer Lunte an, die längs dem ganzen Metalldrahte lief. Man hatte so viel Brennstoff zusammengehäuft und so viel Steinöl auf den Scheiterhaufen gegossen, daß der Boden acht Tage lang brannte. Schach-, Dame- und Ballspiel sind die Hauptbelustigungen der Einwohner. Bei allen Festen gibt es Ringer- und Faustkämpfe; auch Hahnengefechte sind sehr beliebt. Merkwürdig sind die Fischkämpfe. Man braucht dazu eine Art von Fischen, welche die Siamesen Plakat nennen. Sie werden bis zum Kampfe in großen Gefäßen aufbewahrt. Sind die Kampfbedingungen festgesetzt und die Wetten abgeschlossen, so legt jeder der beiden Theilnehmer seinen Fisch in ein Becken mit kaltem Wasser. Sobald die beiden Fische sich erblicken, greifen sie sich an und kämpfen so lange, bis einer von ihnen unterliegt. Auch Büffelkämpfe sind sehr gewöhnlich. Der Wärter erregt sie zum Kampfe, indem er sich auf ihren Rücken schwingt.

Die Geschichte der Römer, ihrer Herrschaft und Cultur.

Zur Beförderung des so wohlthätigen Zweckes, geschichtliche Kenntnisse immer mehr zu einer vollkommenen Ausbildung für das Bürgerleben zu benutzen, hat Dr. Fiedler in seiner „Geschichte der Römer, ihrer Herrschaft und Cultur, von der Erbauung Roms bis zum Untergange des weströmischen Reichs", die in Lieferungen seit 1835 in der Baumgärtner'schen Verlagsbuchhandlung zu Leipzig erscheint, einen schätzbaren Beitrag zu geben angefangen. Wir finden in den bis jetzt vor uns liegenden Lieferungen eine fruchtbare und ansprechende Darstellung der großen Ereignisse, welche die Geschichte Roms darbietet. Das Buch ist zwar zunächst für die mittlern Classen der Gymnasien und für Real- und Bürgerschulen bestimmt, es eignet sich aber bei der gewählten Behandlung des Stoffes zu einem unterrichtenden Lesebuche für Erwachsene, welchen wir es hierdurch empfohlen haben wollen. Das Werk wird, außer zwei Karten des Römerreichs, 84 eingedruckte bildliche Darstellungen enthalten. Wir geben von diesen zwei Proben, mit dem sich auf die Abbildungen beziehenden Text.

*

Cajus Marcius Coriolanus und der Krieg gegen die Volsker.

Cajus Marcius wird nach dem Siege von Corioli gekrönt.

Eine natürliche Folge des während der Kriege mit den Volskern vernachlässigten Ackerbaues war Theurung der Lebensmittel, dann Hungersnoth; ansteckende Krankheiten herrschten im Volskerlande. Die Consuln ließen daher Getreide in Hetrurien und Sicilien aufkaufen und der edle Tyrann von Syrakus, Gelon, schenkte den Preis des in seinen Häfen gekauften Getreides. Im Senate aber stritt man darüber, zu welchem Preise den Bürgern dasselbe gelassen werden solle. Viele Patricier wollten diese Zeit der Noth benutzen, um die Plebejer zu zwingen, für wohlfeiles Brot ihren errungenen Rechten und Freiheiten zu entsagen. Dazu rieth besonders der adelstolze Patricier Cajus Marcius. Schon unter dem Dictator Aulus Posthumius hatte er sich in der Schlacht am See Regillus ausgezeichnet und war mit einem Eichenkranze bekränzt worden, weil er einen Mitbürger mit seinem Schilde gedeckt hatte. Während der innern Unruhen zog er in den Krieg gegen die Volsker und belagerte die Stadt Corioli. Als das römische Heer von einem aus Antium aufgebrochenen Volskerheere in demselben Augenblicke angegriffen wurde, als die Belagerten einen Ausfall machten, so schlug Marcius diese nicht blos zurück, sondern drang auch mit ihnen zugleich in das Thor ein, vergrößerte die Bestürzung durch Mord und Brand und eroberte so Corioli. Der Consul Posthumius Cominius versammelte den andern Tages das Heer, dankte den Göttern für das Glück der Waffen, erhob mit dem höchsten **Lobe den** Marcius und schenkte ihm außer vieler andern Beute ein Pferd mit schönem Zeuge als Siegesdank. Da er nun das Pferd annahm, die Beute aber ausschlug, so erklärte der Consul, daß er von nun an den Ehrennamen Coriolanus tragen solle.

Man kann jedoch mit Recht einigen Zweifel in diese Erzählung setzen, da die Sitte, den Feldherren Beinamen von ihren Siegen und Eroberungen zu geben, erst mit des großen Scipio afrikanischem Triumph begann und nachher herrschend ward. Vor ihm kommt außer Marcius kein ähnliches Beispiel vor. Wahrscheinlich hatte er schon früher diesen Zunamen von dem ursprünglichen Wohnorte seines Geschlechts, wie Collatinus, Camerinus, Medullinus, Regillensis und andere. Corioli war aber ursprünglich eine latinische Stadt, aber in dem großen volskischen Kriege den Latinern entrissen worden. Auch die übrige Geschichte von des Coriolanus Schicksalen ist von der Dichtung ausgeschmückt worden, und römischer Nationalstolz suchte die Schmach jenes für Rom und Latium nachtheiligen Krieges mit den Volskern zu mindern, indem die Sage einen verbannten Helden verherrlichte, der von allen als ein frommer und gerechter Mann besungen und gepriesen ward.

Als nun Coriolan, ein Feind der tribunicischen Macht, trotzig gegen die Plebejer gesprochen hatte, foderten ihn die Tribunen vor das Bürgergericht zur Rechtfertigung. In diesem stimmte die Volksgemeinde nach Köpfen, sodaß die Plebejer das Übergewicht hatten. Vergebens suchten die Patricier die Klage rückgängig zu machen. Als daher Marcius an dem bestimmten Tage nicht erschien, wurde er abwesend verurtheilt. Voll Rache ging er zu den Volskern nach Antium, wo Attius Tullus, ein erbitterter Feind der Römer, in königlichem Ansehen stand. Er war eigentlich Prätor von Antium, und nicht, wie die spätere Sage ihn nennt, König. In dessen Haus ging, im Dunkel von Niemand erkannt, Marcius und setzte sich mit verhülltem Haupte still an den Herd, wie Schutzflehende zu thun pflegten. Als er sich aber dem Tullus zu erkennen gegeben, da war dieser hoch erfreut und nahm ihn gastlich auf.

Obgleich damals Waffenstillstand war, so suchte doch Coriolan die Volsker zum Wiederanfange der Feindseligkeiten zu bewegen, und die Römer gaben dazu selbst Gelegenheit, indem sie, auf einen absichtlich erregten Verdacht hin, bei einem Volksfeste alle Volsker vor Sonnenuntergang aus der Stadt gehen hießen, weil die Consuln nämlich argwöhnten, die Fremden möchten über die Römer unversehens herfallen und die Stadt anzünden. Die dadurch entstandene Erbitterung wurde von Tullus und Marcius noch mehr angeregt und der Krieg beschlossen, worauf Marcius, mit Tullus zum Heerführer ernannt, plötzlich in das römische Gebiet einfiel. Um die Patricier den Plebejern noch mehr zu verfeinden, verbrannte und verwüstete er die plebejischen Landgüter, während er die Besitzungen der Patricier gegen alle Verheerung sicherte. Darauf rückte er mit verstärkter Macht

Coriolan entdeckt sich dem Attius Tullus.

vor, eroberte viele mit Rom verbundene latinische Städte und schlug bei dem sogenannten Cluilischen Graben eine Meile von Rom ein Lager auf. Schrecken verbreitete sich in Rom bei der Nachricht von des siegreichen Feindes drohender Nähe. Der Senat beschloß, eine Gesandtschaft an ihn abzuschicken und ihm die Rückkehr ins Vaterland anzubieten. Er aber wies sie vornehm und finster ab, mit der Foderung, alle Eroberungen herauszugeben und den Volskern staatsbürgerliche Gleichstellung, wie die Latiner sie hatten, einzuräumen. Er gestattete dreißig Tage Bedenkzeit. Da er seine Foderung wiederholt erklärt hatte, zogen aus dem hart bedrängten Rom alle Priester in heiligem Schmuck in das Lager; aber auch sie beugten nicht des rachsüchtigen Heerführers Herz. Zuletzt ging des Verbannten Gattin Volumnia mit zwei Knaben, seine alte Mutter Veturia und andere edle Frauen nach dem Lager. Ihr Aufzug rührte auch den Feind zu mitleidiger Ehrerbietung und Stille, und Marcius, vom Gefühl übermannt, lief ihnen entgegen, küßte die Mutter, Gattin und Kinder unter Thränen und freundlicher Begrüßung. Dann hörte er still, in Gegenwart der volskischen Hauptleute, die eindringliche Rede der Volumnia an. Als sie aber geendet und ihm den Undank gegen die Mutter vorgeworfen hatte, fiel sie ihm zugleich mit seiner Gattin und den Kindern zu Füßen. Da rief Marcius: „Ach Mutter, was hast du mir angethan!" hob sie auf und sprach: „Du hast für das Vaterland einen glücklichen, für mich verderblichen Sieg gewonnen; von dir allein überwunden, ziehe ich ab."

Hierauf entließ er die Seinigen und führte das Heer, das ihm willig folgte, von der Stadt zurück. Die Volsker sollen ihn aber deshalb zur Verantwortung gezogen und in der Versammlung ermordet haben. Fabius, der älteste römische Geschichtschreiber, erzählt, Coriolan habe noch als Greis in der Verbannung gelebt und im hohen Alter sein Schicksal bejammert.

Die Besteigung des Giftbergs.

Im Bezirk Clanwilliam, am Vorgebirge der guten Hoffnung, zieht sich am rechten Ufer des Elefantenflusses eine Gebirgskette nordwärts, die mit dem Cedergebirge in Verbindung steht und nur durch den großen Doornfluß von demselben getrennt wird. Der nordwestlichste Vorsprung dieser Kette heißt der Maskama und dessen höchster Berg der Giftberg, welcher seinen Namen von dem hier häufig wachsenden Giftstrauch*) hat. Dieser wird bis 18 Fuß hoch, seine dunkelgrünen Blätter sehen den Lorberblättern ähnlich, die rothe Blüte hängt in Büscheln zwischen den Zweigen, und die nußähnliche Frucht, deren drei bis vier an einem Stengel hangen, ist oben etwas eingedrückt. Sie enthält sechs kleinere Kapseln, deren jede einen Kern in sich schließt. Beinahe alle Theile dieses Strauches sind giftig. Mit den getrockneten Früchten tödten die Colonisten, indem sie dieselben in Fleischstücke verstecken, Hyänen, Leoparden und wilde Hunde. Die Blätter sind allem Vieh gefährlich, ja sogar der Rauch des verbrennenden Holzes ist dem Menschen höchst nachtheilig. Nur zwei Wege führen zu den Höhen des Giftberges, beide gleich gefährlich und mühsam. Als ich das erste Mal ihn bestieg, schlief ich die Nacht zuvor auf der schönen und äußerst fruchtbaren Pflanzung des Herrn Nieuwoudt, genannt Windhoek (Windecke), weil zu einer gewissen Jahreszeit der Westwind hier besonders stark weht. Mehre Tagereisen in der Karrow hatten mich abgespannt, und besonders der letzte Tag durch seine außerordentliche Hitze mich erschöpft. Wie erquickend war da die erfrischende Abendkühle in einem schönen Orangenwalde, wo der freundliche Besitzer mir die in Afrika so allgemein herrschende Gastfreundschaft bewies. Nach dem Essen wanderte er mit mir auf seiner Besitzung umher, um mir seine herrlichen Anpflanzungen zu zeigen. Eine besonders große Dattelpalme, die eben in voller Blüte stand, erregte meine Aufmerksamkeit, da sie über 60 Fuß hoch und 3¼ Fuß dick war. Nach der Orangenanlage zurückgekehrt, erzählte mir mein Wirth seine Jagdabenteuer. Noch im vergangenen Jahre war er auf einer Leopardenjagd wunderbar errettet wor-

---

*) Er ist nicht mit andern Giftsträuchern in der Colonie zu verwechseln, die allerdings schon von Thunberg, Burchel, und Andern beschrieben sind.

den, denn da das Thier schon auf ihm saß, schoß sein Sohn mit sicherer Hand dasselbe auf dem Vater todt. Ein alter Herr, der aus der Nachbarschaft eben zum Besuch hier war, erzählte viel Interessantes von den Zügen gegen die Buschmänner, denen er mehrmals beigewohnt hatte. In seiner Jugend ward er vier Wochen lang von diesen Wilden als Gefangener mitgeführt und mußte während dieser Zeit ihnen als Arzt und Koch dienen. Endlich, nachdem die Hausfrau mit ihren Töchtern sich zu uns gesellt, kam die Sklavin mit dem warmen Wasser, um Jedem, wie es hier gebräuchlich, die Füße zu waschen. Nun ging es zur allgemeinen Abendtafel, nach welcher Pfeifen und Rothwein erschienen. Ich erbat mir die Erlaubniß, der Muskitos und der Wärme wegen mein Bett im Freien aufschlagen zu lassen, und suchte dasselbe gegen 11 Uhr, wo mich auch sogleich der Schlaf in seine Arme schloß. Am andern Morgen vor Tagesanbruch weckte mich schon mein Diener, der Hottentott Androw, weil wir vor eintretender Wärme den beschwerlichsten Theil des Weges zurückgelegt haben mußten. Ins Haus tretend, fand ich die männlichen Glieder der Familie schon bei der Pfeife und dem Sopjetrank, und als ich Kaffee getrunken, trat ich meine Reise an. Die Colonisten, die selten Sinn für Naturschönheiten besitzen, suchten mich von meinem Vorhaben abzubringen, indem sie mir versicherten, daß auf dem Giftberge nichts zu sehen sei; sie erzählten mir auch, noch nie habe ein Europäer es der Mühe werth gehalten, diese ungeheuern Berge zu ersteigen. Sie selber, die am Fuße des Gebirges und in der Umgegend wohnenden Colonisten, bringen jährlich ihre Pferde auf den Giftberg wegen einer Pferdekrankheit, die fast immer im Mai und Juni in den Ebenen eine große Menge Pferde hinrafft. Auf den hohen Gebirgen bleiben sie aber von dieser Krankheit frei. Von dem Wohnhause des Herrn Nieuwoudt aus schlängelt sich der Weg unter Orangen- und Citronenbäumen längs einem Bache immer tiefer in eine Bergschlucht. Die frische Morgenkühle erquickte uns Alle. Die Vögel ließen ihren Gesang hören und die leichtfüßige Gazelle, sowie der schöne Leopard, durch unser Geräusch aufgeschreckt, flohen die steilen Bergwände hinan. Die Paviane versammelten sich zahlreich und ließen ihre heisere Stimme hören, begleitet von schallendem Hohngelächter, als bedauerten sie uns, daß wir nicht so leicht und behende wie sie Klippen überspringen und Berge erklettern könnten.

Endlich gelangten wir unter einen steilen Bergabhang, wo wir absteigen mußten, um unsere Reise zu Fuße fortzusetzen. Hier war Alles mit dem in der Colonie so häufigen Rhinocerosbusch bewachsen, der drei bis vier Fuß hoch ist. Das ganze Gebirge ruht auf dunkelbraunem Sandstein mit Adern von Blutstein, dann folgt grobkörniger Quarz, der an vielen Stellen in Sandstein übergeht; die höchsten Spitzen bestehen ganz aus Sandstein, dem Verwitterung die verschiedensten Gestalten gegeben hat. Ein des Weges genau kundiger Hottentott ging voraus, ihm folgten sowol Reit- als Packpferde, welchen die Zügel aufgebunden wurden, eins hinter dem andern; nach zwei Pferden kam immer ein Hottentott, um Alles schnell wieder in Ordnung zu bringen, was vielleicht am Pack- und Lederzeug der Pferde einen Aufenthalt verursachte; ich und mein Diener schlossen den Zug. Die Pferde wurden durch immerwährendes Zurufen ermuthigt, und zuweilen mußte einige Minuten ausgeruht werden, wozu der vorangehende Hottentott jedes Mal das Zeichen gab. Es war ein ganz schmaler Fußweg, der, selten betreten, sich längs den schroffen Felsenwänden hinaufschlängelt; rechts ein furchtbarer Abgrund, links steile Felsen, die oft den Weg so schmal machten, daß die Pferde sich vorbei zwängen mußten und sich deshalb oft wund streiften, um nicht in die Tiefe zu stürzen. Oft versperrten herabgefallene Felsblöcke den Pfad, und Pferde sowol als Menschen mußten von einer Klippe zur andern springen. Die Bergwände sind theils mit dem oben beschriebenen Giftstrauch bewachsen, theils finden sich verschiedene Sumacharten, mehre Arten Proteas, der Speckbaum, das Dickblatt, viele Amaryllisarten, Geranium u. s. w. In den feuchten Schluchten sieht man den wilden Mandelbaum, das Eisenholz, Milchbaum, Stinkholz, Gelbholz. Überall wächst auch hier der bekannte Bucho, sowol der roth- als auch der weißblühende, wovon ich Sträucher von 2½ Fuß Höhe fand. Diese Pflanze wird von den Colonisten und den Wilden als Arznei gesucht, und thut besonders gute Dienste bei Leibschmerz und Krämpfen. Obschon mehre Reisende das Gegentheil behaupten, so war mir doch der Geruch dieser Pflanze höchst unangenehm, ja betäubend. Je höher wir stiegen, desto schönere Stauden und Blumen erfreuten das Auge. Viele Stunden waren wir mit großer Anstrengung geklettert, als wir einen Absatz erreichten, wo der schon erwähnte Bach, welcher Hoghoek bewässert, entspringt und bald einen hohen Wasserfall bildet. Hier wollten die Hottentotten die Pferde grasen lassen, und da auch ich mich nach Ruhe sehnte, so loderte bald ein Feuer lustig empor, woran sich die Leute einen Duiker (eine Gazellenart), den sie eben geschossen, nach ihrer Art zubereiteten. Eine reiche Aussicht lag vor uns. Das große Weltmeer breitete in seiner Spiegelfläche sich aus. Zu meinen Füßen der Elefantenfluß, der sich wie ein Silberdraht schlängelte, mit seinen durch Mimosen begrünten Ufern, seine Mündung in das Meer mit der Insel und dem Elefantenfelsen. Links in weiter Entfernung die Gebirge von Tulbagh, Clanwillam, das Heerenlogement mit seinen Felsengruppen, die Nardau- und Karreeberge. Zur Rechten das ganze Namaqualand mit dem Kamisgebirge und dem Hartoveld. Nachdem mein Auge sich lange ergötzt hatte, wurde wieder aufgebrochen. Auf die Hottentotten machte das Großartige der Natur keinen Eindruck. Der Weg war nun nicht mehr so steil, sondern zog sich nach und nach durch angenehme und erfrischende Thäler, terrassenartig höher und höher, bis wir eine größere, ganz mit schönen graden Wageboombäumen bedeckte Fläche, an deren Ende wir eine romantische Felsengruppe und zu deren Seite mehre Hottentottenwohnungen erblickten. Weidende Kühe und Ziegen zeigten uns, daß die Hütten bewohnt waren. Der Ort heißt Snorgfontain (Schnarchquelle), von einer Quelle, die unter Felsen hervorquillt, und zwar stoßweise, sodaß nach Absätzen von drei bis vier Minuten immer ein Stoß Wasser erscheint, und das jedesmal mit einem schnarchenden Tone begleitet ist. Es schien mir, als ob das Wasser sich durch Felsen hindurchpressen müsse und daher die Zwischenräume entständen. Die hier wohnenden Hottentotten sind glücklich und zufrieden; sie haben, wie sie mir versicherten, Wasser, Viehweide und Wild genug, und sind den Bedrückungen der holländischen Colonisten nicht ausgesetzt. Mehre Gärten, welche sie zwischen großen Basaltbrocken angelegt hatten, schienen sehr ergiebig, und ich fand die herrlichsten Früchte darin. Da ich noch eine nicht unbedeutende Strecke bis zu meinem Ziele hatte und die Pferde sehr ermüdet waren, so beschloß ich, hier zu übernachten, um morgen die Frühkühle zur Fortsetzung der Reise zu benutzen. Während meine Leute beschäftigt waren, mir von Matten ein kleines Zelt aufzuschlagen und das Abendbrot zu bereiten, durchstrich ich mit einem der Eingeborenen die Gegend. Mancher interessante und mir noch unbekannte Gegenstand stieß uns auf. Als ich einige Aasvögel, wie sie die Colonisten nennen, die hier horsten, schoß, war der mich begleitende Hottentott höchlich erstaunt über meine Percussionsdoppelflinte, welcher er nicht viel zugetraut haben mochte, da er keinen Feuerstein daran wahrgenommen hatte. Nachdem ich zu meinen Leuten zurückgekehrt war, wollte Jeder das Gewehr sehen und sich von dessen Wirkung überzeugen. Meine Hottentotten, die solche Gewehre schon länger bei mir unter Händen gehabt, machten mit stolzer Miene die Lehrmeister; mich belustigte ihr Erstaunen, zu sehen, daß das Gewehr mir jedesmal Folge leistete und ihnen nie, weil ich aus Scherz, wenn ich es ihnen reichte, die Sicherheitsdeckel schloß, und deshalb das Kupferhütchen sich nicht entladen konnte. Abends machte ich den hier wohnenden Hottentotten einen Besuch in ihren Hütten; die größte derselben, ungefähr sieben Fuß hoch und zwölf Fuß weit, bestand wie die übrigen aus Binsenmatten, sie wurde von einer hochbejahrten Frau mit ihren erwachsenen Kindern bewohnt; in der Mitte brannte das Feuer und erleuchtete malerisch das Ganze. Alle Bewohner saßen mit übereinandergeschlagenen Beinen auf der Erde um das Feuer. Ich wurde mit Fragen von diesen Kindern der Wildniß bestürmt, besonders konnte man auch hier nicht begreifen, warum ich diesen beschwerlichen Berg bestiegen habe. Als ich zufällig meine Taschenuhr herauszog, wurden sie Alle in große Verwunderung gesetzt, und es dauerte lange, ehe ich sie bewegen konnte, dieselbe in ihre Hand zu nehmen, da sie meinten, es sei ein lebendiges Geschöpf darin verborgen. Alle Mühe, die ich mir gab, ihnen einen Begriff von dem Nutzen und dem Mechanismus der Uhr beizubringen, war fruchtlos; ebenso erstaunt waren sie über ein Thermometer. Überhaupt waren diese Leute unwissender, aber auch viel unverdorbener als ihre Brüder, welche unter den holländischen Colonisten leben. Sie gingen fast ganz nackt, nur wenn es kalt ist, hängen sie mehre zusammengenähte Felle, welche ihnen statt Lager dienen, um den Körper. Männer sowol als Frauen bemalen ihre Gesichter. Sie waren mit vielen Halsbändern geziert, die sie theils selbst aus dem Samen verschiedener Gewächse verfertigen, theils gegen Vieh von den Colonisten eintauschen. Eiserne, kupferne und lederne Ringe trugen sie an Armen und Füßen. Taback, den sie selbst bauen, brauchen sie zum Kauen und zum Rauchen. Ihr Lieblingsgetränk ist eine Art Bier aus Honig, mit gewissen Wurzeln in Gährung gebracht; es ist aber sehr berauschend und ihnen deshalb sehr gefährlich, da sie in der Trunkenheit äußerst wild und unbändig sind. Der Rattel oder afrikanische Honigbär stiehlt ihnen manches Bienennest, weshalb sie diesem Thiere sehr nachstellen.

Als eine besondere Gewogenheit mußte ich es ansehen, daß sie mir ein Concert gaben, was sich wirklich nicht unangenehm anhörte. Ein junges Mädchen spielte nicht ohne Anmuth auf dem Ramaky, ihr Bruder begleitete sie auf dem Koera, Andere sangen dazu. Das Ramaky ist ein ungefähr zwei Fuß langes und vier Zoll breites Bret mit vier Saiten bespannt, welche durch einen Steg angezogen sind; an der untern Seite ist die Hälfte einer ausgehöhlten Kalebasse angebracht, die mit einem Fell überspannt ist. Das Koera besteht aus einem dünnen hölzernen Stabe mit einer Saite überzogen, an deren Ende eine Feder angebracht ist. Durch Blasen wird diese Feder und durch sie die Saite in Bewegung gesetzt; eine andere Feder, die bald hier bald dort auf die sich bewegende Saite gehalten wird, entlockt diesem einfachen Instrumente die verschiedensten Töne. Die Weiber haben durchgängig eine schöne Stimme und lieben den Gesang.

Daß die Hottentotten, wie behauptet wird, den Mond anbeten, ist mir höchst unwahrscheinlich, auch habe ich nie eine Spur davon bei ihnen gefunden, was doch, während eines beinahe sechsjährigen Aufenthalts unter ihnen, und zwar bei den verschiedensten Stämmen, der Fall hätte sein müssen. Vielmehr ist diese Meinung wol nur daher entstanden, weil die Hottentotten wegen der Kühle die mondhellen Nächte gern zu ihren Belustigungen und Vergnügungen wählen.

Am andern Tage erreichte ich auf weniger beschwerlichem Wege gegen zehn Uhr früh mein Ziel, die Besitzung Vondeling, einem holländischen Abkömmlinge, Herrn Beukes, zugehörend. Er lebt hier mit einem Bruder und einigen Dienern, abgeschnitten von aller gesitteten Welt. Das von ihm bewohnte Häuschen zeichnet sich nur wenig von den Wohnungen der Hottentotten aus. Unter wilden Felsengruppen weiden seine Viehheerden; ein kleiner Garten liefert das nöthige Gemüse. Kleider und Schuhe verfertigen sich diese Einsiedler aus selbst gearbeiteten Stoffen. Mit einem mehr mürrischen als freundlichen Gesichte wurde ich empfangen, und man war höchst neugierig, zu erfahren, was mein Besuch dieser wilden Gegend eigentlich für einen Zweck habe. Mit ungläubigem Kopfschütteln antwortete der Hausherr, als ich ihm versicherte, daß nur Liebe zur Natur und ihren Schönheiten mich hierher geführt habe. Ängstlich forschend betrachtete er jeden meiner Schritte, und als er Blumen und Steine einpacken, geschossene Vögel abbalgen sah, rief er ein über das andere Mal aus: „Unbegreiflich! was will der Herr mit diesen unnützen Dingen machen?" Übrigens wurde er durch einige Geschenke bald freundlicher, und als ich am zweiten Tag Abends von einer Wanderung zurückkehrte, setzte er sich zu mir und wünschte viel von Europa zu hören. Vor vielen Jahren hatte er seine Frau durch den Tod verloren, was ihn bestimmte, sich in dieser Einsamkeit anzubauen. Weder er noch sein Bruder hatte die geringste Schulbildung, und Beide konnten nur nothdürftig in ihrer großen holländischen Bibel lesen.

Die ganze Hochebene schien sehr fruchtbar, denn alle Bäume und Sträucher waren üppig emporgeschossen. Von Wild fand ich den Duiker, den Griesbock, den Klippspringer, den Steinbock und den afrikanischen Rehbock, das Rebhuhn, den Fasan und den Korrhahn. Der Springhase, sowie der gemeine Hase lebt in großer Anzahl hier, da die Hottentotten und alle ihnen verwandte Völker durchaus keine Hasen tödten, indem sie glauben, die Seelen ihrer abgeschiedenen Freunde müssen eine Zeit lang als Hasen herumwandern. Der Leopard findet sich auf diesem Gebirge sehr häufig, ebenso die Hyäne, der Schakal und die Zibethkatze. Das kleine, sehr niedliche Thier, welches die Colonisten Klipdas nennen, bewohnt die Felsen des Giftbergs in großer Anzahl. Es kommt den Kaninchen an Größe gleich, hat kurze, steife Ohren, keinen Schwanz, ist dunkelbraun von Farbe und wird sowol von den Pflanzern als den Eingeborenen gegessen. An den Felsen findet sich eine dunkle bituminöse Materie, welche man allgemein diesem Thiere zuschreibt und Daßpiß nennt. Es ist wol nichts Anderes als eine Art Steinpech und wird von den Eingeborenen aufgelöst als blutreinigend gebraucht. Schlan=

gen, Skorpionen, verschiedene Eidechsarten, das Chamäleon werden hier auch häufig gesehen.

Nachdem ich mehre Tage die Gegend durchstrichen hatte, trat ich die Rückreise an und wählte dazu die andere Seite des Gebirges. Ich wünschte noch mehre Höhlen am Abhange des Berges zu besuchen, wohin mein Wirth so freundlich war mich zu begleiten; zu einigen derselben mußten wir uns erst mit Äxten den Weg bahnen. In verschiedenen Beschreibungen Afrikas ist von solchen Höhlen in andern Gegenden häufig die Rede, besonders wegen der in ihnen befindlichen Malereien. Die Wände der meisten solcher Höhlen sind nämlich mit verschiedenen der hier lebenden Thierarten in rother Erde bemalt. Die Zeichnung des Einhorns, die man oft findet, schien zu beweisen, daß dieses Thier hier gelebt habe, und die englische Regierung setzte deshalb einen hohen Preis auf die Auffindung des Einhorns. Alle Colonisten und Hottentotten erzählen auch, daß sie solche Thiere gesehen, aber man kann diesen Erzählungen nicht glauben, um so weniger, da bis jetzt noch kein solches Thier wirklich gefunden worden ist. Was die Zeichnungen in den Höhlen betrifft, die sehr alt sein müssen, da manche derselben durch ziemlich dicke Bäume ganz unzugänglich waren, so glaube ich gewiß, daß sie den afrikanischen Rehbock, der zwei gegen drei Fuß lange Hörner hat, vorstellen sollen; da ihn die Hottentotten aber von der Seite abgezeichnet haben und keine Perspective kennen, so sieht man nur ein Horn. Übrigens sind die Zeichnungen dieser Thiere, als Elefanten, Rhinoceroße, Löwen u. s. w., gar nicht schlecht, sondern lassen sich auf den ersten Blick für das erkennen, was sie vorstellen sollen. Mühsam und mit mancher Gefahr stiegen wir wieder hinunter in die Ebene, wo wir uns gegen Abend auf einer schönen grünen Fläche befanden, die ich zum Nachtlager wählte. Meine Führer versicherten aber, daß nicht weit von hier eine Wohnung stehe, wo ich, da es zu regnen drohte, unter Obdach die Nacht zubringen könne. Nachdem wir ungefähr eine Stunde weiter geritten, überraschten mich die schönsten Gartenanlagen. Ich ritt auf das vor mir liegende Haus zu, aus welchem mir ein alter Neger entgegentrat, und auf meine Frage, ob sein Gebieter zu Hause sei, entgegnete er mit freundlicher Miene: „Ich selbst bin Besitzer dieses Hauses, und wollen Sie hier übernachten, so betrachten Sie es als ihr Eigenthum." Später erzählte er mir, er sei in seiner Jugend von Mozambik als Sklave nach der Capstadt gebracht worden, von seinem Herrn übel behandelt, habe er die Flucht ergriffen und hier, wo er eine Hottentottenfamilie gefunden, sich eine Frau genommen und fleißig gearbeitet. Die holländischen Colonisten wollten ihm diese Besitzung oft entreißen; er stellte sich aber immer tapfer zur Wehre, bis er zuletzt, des immerwährenden Krieges müde, sich an den Gouverneur wendete, der ihm, da sein früherer Herr längst ohne Erben verstorben war, nicht nur einen Freibrief schenkte, sondern ihm auch diese Besitzung als Eigenthum überließ. Gutmüthig räumte er mir einen Theil seines reinlichen Hauses ein, wo ich mich, während es draußen stürmte und regnete, recht wohl befand. Die Familie sang vor dem Schlafengehen in einem Nebenzimmer ihre Abendlieder.

Reisende, die Südafrika nur flüchtig durchstreiften, vergleichen die Sprache der Hottentotten mit dem Geschrei der Truthähne und dem Geheule der Eulen; ich habe sie im Gegentheil gern gehört und ohne Beleidigung für mein Ohr. Das scharf klingende ing, womit so oft Perioden schließen, klingt nur im Munde des Europäers schlecht; die Sprachwerkzeuge des Hottentotten aber sind verschieden von den unserigen gebildet.

Krater des Pico de Teyde auf Teneriffa.

Verantwortliche Herausgeber: Friedrich Brockhaus in Leipzig und Dr. C. Drärler-Manfred in Wien.
Verlag von F. A. Brockhaus in Leipzig.

Das Pfennig-Magazin

der

Gesellschaft zur Verbreitung gemeinnütziger Kenntnisse.

161.] Erscheint jeden Sonnabend. [April 30, 1836.

Die Brücke von Arcole.

Arcole, ein Dorf in der Nähe von Mantua im lombardisch-venetianischen Königreiche, wurde berühmt durch die Schlacht, welche hier zwischen dem französischen Heere unter Anführung von Bonaparte und den Östreichern am 15.—17. November 1796 geschlagen wurde. Um Mantua zu entsetzen, drang gegen Ende Octobers ein östreichisches Heer unter Alvinzi's Oberbefehl aus Tirol und Friaul nach Italien vor, und die französischen Divisionen unter Augereau und Massena wurden nach tapferm Widerstande am 12. November bei Bassano, Roveredo und Caldiero zurückgedrängt, und schon rüsteten sich die Östreicher zum Übergange über die Etsch, als der Obergeneral Bonaparte erschien. Zwei Tage lang leisteten bei Arcole die Östreicher den tapfersten Widerstand; vergebens führte Bonaparte in eigner Person die Division Augereau's gegen das Dorf, um auf das linke Ufer des kleinen, sich in die Etsch ergießenden Flusses Alpons, und so nach Villanuova zu kommen; umsonst waren alle Versuche, die hölzerne Brücke von Arcole zu nehmen; umsonst stellte sich Augereau und dann Bonaparte selbst mit der Fahne in der Hand an die Spitze der stürmenden Truppen, welcher Augenblick auf unserm Bilde dargestellt ist, das nach einem Gemälde des berühmten französischen Malers Baron Gros copirt wurde. Ohne Entscheidung verging der 15. November und ebenso erfolglos wurde am folgenden Tage mit der größten Tapferkeit gestritten, bis es in der Nacht vom 17. November den Franzosen gelang, unterhalb Arcole eine Faschinenbrücke über die dasigen Sümpfe zu Stande zu bringen und einen Theil der Division Augereau's den Östreichern in die Flanke zu führen. Hierdurch überrascht, zogen sich die Oestreicher zurück und die Franzosen blieben Herren des Schlachtfeldes. Alvinzi aber zog sich mit seiner tapfern Armee hinter die Brenta zurück.

Ritter Franz von Sickingen.

Wie Georg von Freundsberg*) in ein Bedürfniß des deutschen Reiches einging, und einen neuen Kriegsstand, das deutsche Fußvolk, schaffend, ruhmvollen Namen im Dienste Kaiser Maximilian I. und Karl V. gewann, während Götz von Berlichingen, unbekümmert um die Noth des Reiches, im Geiste seiner Zeit das vermeintliche Recht seiner Person in unzähligen Fehden und Räubereien ver-

---
*) Im Pfennig-Magazin wird später die Geschichte dieses Mannes mitgetheilt werden.

focht und über seiner Selbstsucht zu Schanden wurde, hatte ein dritter Genosse dieser großartigen Zeit sich das Schützeramt bedrängter Unschuld eigenmächtig herausgenommen, als deutscher Freiherr die höchsten bürgerlichen, kirchlichen und ständischen Interesse mit eigner Kraft durchzuführen sich vermessen, und mußte nach verwegenem Kampfe unterliegen. Franz von Sickingen, geboren 1. März 1481 aus einem nicht eben reichen, aber alten Geschlecht am Mittelrhein, verrieth schon in seiner Jugend einen ungebändigten, zum Ungewöhnlichen aufstrebenden Sinn, genoß den Unterricht des berühmten Johann Reuchlin und widmete früh sich dem Kriegswesen, auch wol der damals im Rufe stehenden geheimen Wissenschaft; wenigstens war eine Zeit lang ein berüchtigter Schwarzkünstler Johann, mit dem Beinamen Faust, mit ihm in Verbindung. Häuslich glückliches Leben mit einer lieben Ehefrau hielt ihn nicht ab, nach seines Standes Art sich in Fehden mit den Nachbarn einzulassen, wiewol er auch einmal für Kaiser Max in Italien focht. Er war mehr klein als groß von Gestalt und nicht so heißblütig in persönlichem Streit, wie Götz von Berlichingen, der ohne Beulen und Wunden nicht heimkehren mochte. Desto mehr gefiel er sich in selbständiger Kriegführung als sein eigner Feldherr. Sickingen's Name erhielt zuerst einen gefürchteten Klang, als er im Jahre 1515 die berühmte Reichsstadt Worms befehdete; nicht in Person von den Bürgern beleidigt, wiewol er sie im Allgemeinen haßte, sondern die Sache eines aus dem Patriziern vertriebenen Bürgers und Beamten jener Gemeinde als die seine aufnehmend. Franz begnügte sich nicht wie Götz, sein Kriegsgefährte, in ähnlichem Falle, mit Beraubung der Kaufleute, sondern warb mit seinen Freunden ein stattliches Heer und rückte mit 6000 Mann zu Fuß und 1100 Reitern verwüstend vor Worms selbst. Wol war es die verwegenste Herausfoderung, eine Stadt, in deren Mitte das höchste zur Hegung des Landfriedens verordnete Gericht, das Reichskammergericht, seinen Sitz hatte, gegen alle Abmahnung und alles Rechtserbieten zu belagern. Aber Franz, trotzend auf sein angebliches Recht, kümmerte sich nicht um die kaiserliche Acht, welche gegen den frevelhaften Friedensstörer ausgesprochen wurde, bedrängte die Bürger den Sommer über hart, und zog nach mehrmaligen Stürmen, als eine Verstärkung hinter ihren Mauern gewonnen, im Herbste unbestraft aus dem verwüsteten Weichbilde, zum letzten Hohn ihnen noch den Galgen abbrechend. Gleich darauf lockte ihn ein neues, ebenso selbständiges Unternehmen aus seinem Schlosse Ebernburg. Herzog Anton von Lothringen hatte einen Freund und Waffenbruder Sickingen's in seinen Rechten gekränkt. Franz, dem eine Gelegenheit zu lohnender That winkte, führte das vor Worms nicht entschädigte Heer nach Lothringen, und nöthigte den Herzog zum Nachgeben gegen den deutschen Edelmann 1516.

Gleich darauf sehen wir unsern Freiherrn am Hofe zu Amboise, in einer verdächtigen Verbindung mit König Franz, dem er eine Partei unter dem deutschen Adel zu werben verspricht; es ist ihm aber wol nicht Ernst damit, den Franzosen zum Kaiser zu befördern; er freut sich nur seiner fürstlichen Haltung und möchte für seine eignen Pläne einen König zum Bundesgenossen haben. Er hat sich der Bürger der mächtigen Stadt Metz angenommen, welche von den Adeligen bedrängt sind. Mit einem Heere von 19,000 Mann fällt er in ihr Gebiet und zwingt sie durch gedrohte Verwüstung ihrer Weinberge zu seinem Willen und einer ungeheuern Brandschatzung. Der Kaiser, beunruhigt durch die klagenden Städte, darf nicht schweigen; doch der zur Achtsvollstreckung angesetzte Heereszug unterbleibt; Franz von Sickingen unterhandelt mit den betheiligten Fürsten, und nicht allein wird Sickingen von der Acht befreit, sondern sogar zu Innsbruck, im Frühjahre 1518, in den Dienst des Kaisers aufgenommen. So ging unser Ritter mit gesteigertem Selbstvertrauen aus dem gefährlichen Handel hervor. Doch fast noch unter den Verhandlungen reizte ihn der junge Landgraf Philipp von Hessen zu neuer Fehde. Das Domcapitel zu Mainz muß ihm 1000 Goldgulden geben, damit er nicht den nächsten Weg verfolge durch das Stift; der junge Landgraf flieht, zahlt, tiefen Groll im Herzen, andere 50,000 Gulden und stellt seinen misvergnügten Adel zufrieden. Auch Frankfurt büßt beiläufig, weil es den Reichsritter beleidigt hatte. Gleich darauf sehen wir ihn unter den Feldherren, welche im Jahre 1519 den gewaltthätigen Herzog Ulrich von Würtemberg vertreiben. Als Einer der Ersten des deutschen Adels, dessen bedeutendste Männer ihm befreundet und verschwägert sind, steht er glanzvoll an der Spitze jedes ritterlichen Unternehmens. Um diese Zeit wieder für die Reformation gewonnen, finden Ulrich von Hutten, Reuchlin und andere bedrängte Anhänger Luther's Schutz und Aufnahme auf seiner Ebernburg. Die Wahl Kaiser Karl V., durch französische Bestechungen verwirrt, hielt nur ein um Frankfurt versammeltes Heer aufrecht, und Sickingen, den der Kaiser in einer würdevollen Denkschrift begrüßte, wird zu neuen Würden erhoben. Gleichzeitig hat an der äußersten Grenze deutscher Bildung, in Preußen, der Orden, durch Polen bedrängt, Hülfe bittend an den Ritter sich gewandt, und 10,000 Söldner ziehen unter mehren Edelleuten an die Weichsel, um den Hochmeister Albrecht von Brandenburg zu schützen. Franz selbst aber bleibt am Rhein und führt als kaiserlicher Feldherr den Krieg gegen Frankreich, welcher im Herbst 1521 ausgebrochen war. Uneinigkeit zwischen den Heerführern, das Erscheinen Bayard's, des Ritters ohne Furcht und Tadel, vereitelte die Eroberung von Mézières, sodaß an der französischen Grenze des Kaisers Waffen nicht so glücklich waren als gleichzeitig in Italien.

Unterdessen hatte nach dem Tage zu Worms, wo Luther seine Lehre zuerst vor Kaiser und Reich vertheidigte, der kirchlich politische Zwiespalt in unserm Vaterlande sich unheilvoll erweitert, und Sickingen's glühender Geist ist von neuen Ideen hingerissen. Bereits hatte er Luthern sein ritterliches Schwert angeboten. Es ist nicht nicht an Orte, zu erzählen, welche Regsamkeit auf der Ebernburg unter Sickingen's Leitung waltete, von wo selbst Flugschriften durch das Land getragen wurden. Nachdem er mit der Ritterschaft am Rhein 1522 ein Bündniß geschlossen und bereits das Gerücht im Volke ging, er wolle, wenn nicht gar Kaiser, doch Kurfürst des Reiches werden, sammelt er ein mächtiges, mit Allem versehenes Heer, besetzt seine festen Schlösser Landstuhl, Ebernburg und andere und greift im Herbst 1522 das Gebiet des Kurfürsten von Trier an. Dieser, ehe seine Bundesverwandten herbeigekommen, zog sich in seine feste Residenz zurück, ließ die Weinberge, Äcker und Klöster ringsum verwüsten und nöthigte durch Ausdauer den Belagerer von seinen Mauern abzuziehen. Aber die Fürsten, voll Erstaunen über den Edelmann, welcher ihnen sich gleich gestellt, beschlossen seine Bestrafung. Auf Anrufen Triers wird die Acht über Sickingen ausgesprochen, und zwei Kurfürsten, Ludwig von der Pfalz und Richard von Trier, nebst dem Landgrafen rüsten im Winter ihre ganze Macht, demüthigen erst die Freunde des Ritters, damit er allein stehe, brechen seine Burgen und ziehen alle Drei vor Landstuhl, wo der Unerschrockene sie erwartet. Ihre neuen Kanonen zerbrachen schon am 2. Mai 1523 die neuen Mauern und Thürme, auf welche Sickingen getrotzt. Er selbst, wie er, am Podagra krank, sich auf die Mauer führen ließ, um den Schaden zu besichtigen, ward durch die Trümmer eines Balkens, welchen eine Kugel zersplittert, tödtlich niedergeworfen. Als die angelobte Hülfe seiner Freunde ausblieb, er in seiner Burg keine Stätte fand, um ruhig zu sterben, erbot er sich am 6. Mai sich zu ergeben. Die Fürsten fanden ihn auf seinem Schmerzenslager, wo er frei von aller irdischen Sorge mit dem Freimuth des Sterbenden sich gegen seine Feinde benahm, und wenige Stunden darauf am 7. Mai seinen Geist aushauchte. Sogleich theilten sich die Überwinder in die Habe des Ritters und in seine Schlösser.

Nach 22 Jahren errichteten ihm seine Söhne, als sie einen Theil des Vatererbes durch Vergleich wiedergewannen, ein Grabmal in der Pfarrkirche zu Landstuhl; das Steinbild ist verstümmelt, und selten besuchen Wanderer die Ruhestätte eines der merkwürdigsten Altvordern.

Seeungeheuer in den indischen Meeren.

Capitain Piddington hat an die asiatische Gesellschaft von Bengalen folgende Nachricht eingesandt: „Im December 1829 lag ich in der Bai von Mariveles vor Anker. Eines Mittags hörte ich auf dem Verdeck einen ungewöhnlichen Lärm, eilte hinauf, und glaubte, nach Dem, was ich sah, das Schiff habe sich von seinem Anker gerissen und treibe über eine Bank von weißen Korallen oder Sand mit großen schwarzen Flecken. Ich befahl daher, sogleich einen andern Anker fallen zu lassen, meine Matrosen aber, meist alle aus Manila, sagten: „Nein, Herr! es ist nur der Chacon!" Bald sah ich auch meinen Irrthum, und unterschied deutlich den gefleckten Rücken eines ungeheuern Fisches. Mein Hochbootsmann sprang sofort mit vier Leuten in ein Boot, und es gelang ihnen wirklich, den Fisch zu harpuniren. Aber obgleich eine lange Leine an den Harpunen befestigt war, wurde sie dennoch so schnell ins Meer hinausgerissen, daß die Leute genöthigt waren, dieselbe durchzuschneiden. So viel ich von dem Fische sehen konnte, mußte derselbe wenigstens 70—80 Fuß lang sein, seine Breite war verhältnißmäßig und betrug freilich nicht weniger als 30 F. Der Rücken war so gefleckt, daß, wie oben gesagt, ich ihn für eine Korallenbank ansah. Ich konnte leider Kopf und Finnen nicht recht unterscheiden. Durch diesen Vorfall veranlaßt, sammelte ich mehre Einzelnheiten über dieses Ungeheuer, und nach Dem, was ich erfuhr, kann ich an der Existenz eines solchen großen, von den Naturforschern bis jetzt noch nicht gekannten Fisches nicht mehr zweifeln."

Vegetabilischer Theer.

In der Sitzung der königlich asiatischen Gesellschaft zu London wurde eine Menschenhand und ein Stück Ochsenfleisch mit einem am Ufer des rothen Meeres gebräuchlichen vegetabilischen Theer einbalsamirt, nebst einer Probe dieses Theers, vorgelegt und dabei ein Schreiben des Oberstlieutenants Bagnold, das mit den obigen Gegenständen eingegangen war, vorgelesen, in welchem folgende Stellen vorkamen: „Während meines Aufenthalts am rothen Meere führten mich wiederholte Unterredungen mit Beduinen-Arabern in der Nachbarschaft von Mekka auf die Vermuthung, daß die von den alten Ägyptern zu Einbalsamirung ihrer Gestorbenen verwendete Ingredienz nichts Anderes gewesen sei, als der von den heutigen Arabern Katran genannte vegetabilische Theer von den Ufern des rothen Meeres. Meine ersten Versuche stellte ich mit Hühnern und Hammelschlegeln an, und diese gelangen, obschon ich sie im Monat Julius bei einer Hitze von 27° R. im Schatten anstellte, vollkommen. Die Hand, welche ich Ihnen anbei mitzusenden die Ehre habe, wurde vor vier Jahren von mir zubereitet. Die bestunterrichteten Araber meinen, daß zum Einbalsamiren Kampher, Myrrhen, Aloe und Weihrauch gebraucht worden sei; die übersandten Musterstücke beweisen jedoch, daß dies nicht nöthig war, da der Theer, ganz allein angewendet, die Knochen durchdringt und entfärbt. Der einzige Gebrauch, den man von diesem Theer in Arabien jetzt noch macht, ist, als Pflaster oder Salbe für wund gedrückte Pferde oder Kameele, für die Klauenseuche der Schafe u. s. w. Dieser Theer wird aus den Zweigen eines niedrigen Baumes oder Strauchs gewonnen, den man in den meisten Theilen Syriens und des glücklichen Arabiens findet."

Artesische Brunnen.

In der Sitzung der französischen Akademie am 18. Januar theilte Herr Arago einige Details über einen artesischen Brunnen mit, der in der Nähe von Tours gegraben und in 24 Stunden gegen 110,000 Kannen Wasser gibt. Man hatte bei der Bohrung dieses Brunnens keine andere Absicht, als eine Triebkraft zum Treiben einer Mahlmühle zu gewinnen, und kümmerte sich deshalb nicht darum, wie hoch wol der Wasserstrahl steigen könne. — Die Quellen, die man durch eine Bohrung zu Elbeuf fand, stiegen 60 Fuß hoch; man hat keinen weitern Versuch gemacht, sie höher steigen zu machen, und kennt deshalb das Maximum der Erhebung, das sie erreichen können, noch nicht. — Vermittels einer Durchbohrung des Kreidelagers hofft man auch bei dem Schlachthause von Grenelle bei Paris Wasser zu erhalten, glaubt aber sehr tief bohren zu müssen; auch wünschte man gar nicht, bald Wasser zu finden, da nach den gemachten Erfahrungen über die Zunahme der Temperatur der Erdschichten das Wasser in der Tiefe, wo man es erst zu finden wünscht, wenigstens 16° R. haben wird, und so zur Erwärmung öffentlicher Anstalten, der Bäder und dergl. nützlich verwendet werden kann.

Eiserne Dampfböte.

Man erwartet bedeutende Fortschritte in der Ausdehnung und Anwendung der Dampfschifffahrt von dem Gebrauch des Eisens statt Holzes zum Bau der Schiffe. Bis jetzt sind die eisernen Dampfböte nur zur Beschiffung von Flüssen angewandt worden, es ist aber kein Grund da, sie darauf zu beschränken. Für Seereisen bieten sie im Gegentheil sogar mancherlei Vortheile dar. Sie sind nicht halb so schwer als hölzerne Schiffe von gleichem Tonnengehalt und gehen daher bei gleicher Last nicht so tief im Wasser, leisten also auch der sie forttreibenden Kraft geringern Widerstand. Vermöge der Beschaffenheit ihres Materials sind sie fester und geben

140 Das Pfennig-Magazin.

weniger nach als hölzerne. Läuft ein hölzernes Schiff gegen einen Felsen, so zersplittert die Planke, und es entsteht meist ein Loch, das weit größer als die Felsenspitze war, die den Stoß verursachte. Ein eisernes Schiff aber bekömmt in diesem Falle entweder eine bloße Grube, oder das Loch ist doch nicht größer als die Felsenspitze selbst.

Benares.

Ansicht eines Landungsplatzes in Benares.

Die volkreichste Stadt Hindostans, berühmt durch ihr hohes Alterthum und die in ihrer Mitte vereinigten Anstalten für brahminische Gelehrsamkeit, das Heiligthum der Religion Brahma's, der nach der Volksüber-

Moschee Aureng-Zeyb's in Benares.

lieferung hier geboren ward, ist Benares, die „allerheiligste Stadt." Sie liegt in einer Ebene am nördlichen Ufer des Ganges, und soll ihren Namen von zwei Flüssen, dem Benar und Assi, die in ihrer Nähe in jenen Strom fallen, erhalten haben. Ihr alter Name war Kasi, die prächtige, den sie nach der Eroberung durch die Mohammedaner im 17. Jahrhunderte verloren zu haben scheint. Die Stadt hat eine beträchtliche Ausdehnung, aber so groß sie ist, so enthält sie doch eine weit bedeutendere Einwohnerzahl, als man nach ihrem Flächenraume vermuthen könnte. Schon 1803 fand man bei einer Zählung über 580,000 Einwohner in 12,000 Häusern von Steinen oder Ziegeln und 16,000 Lehmhütten, und seitdem hat die Zahl der Häuser und der Bewohner sehr zugenommen und die Stadt sich bis zu den benachbarten Dörfern ausgedehnt. Ganz morgenländisch in ihrem Charakter, unterscheidet sie sich doch sehr von allen übrigen Städten Hindostans. Die Häuser, ein Gemisch von schönen und seltsamen Formen, die einen ungeheuern Steinwall längs dem Ufer des Ganges bilden, erheben sich mit ihrer Grundfläche gegen 30 Fuß über das Bett des Stromes, mit welchem die Stadt durch zahlreiche sogenannte Landungsplätze verbunden ist, wohin breite Treppen zwischen den hohen Häusern hinabführen. Eine Ansicht der Stadt von einem dieser Landungsplätze zeigt unsere Abbildung (S. 140). Von der Flußseite bietet Benares überhaupt einen anziehenden Anblick dar. Es zeigt sich ein lebendiges Gemälde, das durch üppig belaubte Bäume gehoben wird, die zwischen den Brustwehren und Strebepfeilern der benachbarten Gebäude hervorblicken. Fährt man in einem Boote den Strom hinab, so geht eine Mannichfaltigkeit anziehender Gegenstände dem Auge vorüber. Durch die Zwischenräume der Thürme und Paläste, der Tempel und Häuser der Stadt blicken Gärten und Bazars hervor. Lange bedeckte Gänge führen zu der Einsamkeit einer Frauenwohnung. Vorragende Thürmchen auf den hohen Zinnen eines mächtigen Gebäudes ruhend, gleichen den Wachthürmen europäischer Ritterburgen. Zu allen Tagesstunden zeigt sich ein bewegtes Leben in der Nähe jener Landungsplätze. In jeder Bucht sieht man Fahrzeuge aller Art. Hier liegen kleine Böte vor Anker, dort tanzen leichte Kähne auf den sanft gekräuselten Wellen, hier erheben sich die bunt verzierten Masten eines größern Schiffes, während breite, mit Baumwolle beladene einheimische Fahrzeuge den Strom in der Nähe einer vielbesuchten Schiffslände füllen. Kleine Barken schwimmen unablässig über den glänzenden Wasserspiegel, und Segel, bald blendend weiß, bald saffrangelb, oft aus zerrissenen Bruchstücken zusammengeheftet, zeigen sich in allen Richtungen. Wir sehen eine Pagode, die mitten im Strome steht, ohne alle Verbindung mit dem Gestade. Der ganze Grund des Gebäudes ist unter Wasser, und zwei seiner Thürme sind so sehr von der lothrechten Linie abgewichen, daß sie einen spitzigen Winkel mit dem

Wasserspiegel bilden. Diese Pagode ist ein Denkmal altindischer Baukunst. Man weiß nicht, wann sie gebaut wurde, wem sie geweiht war und warum man den Grund unter dem Wasser legte, wenn es nicht etwa wegen der Heiligkeit des Flusses geschehen ist. Man sieht stets Böte zwischen den gewölbten Hallen der Pagode hindurchfahren, und es ist zu verwundern, daß das Gebäude so lange der Gewalt des Stromes widerstanden hat, der während der halbjährigen Passatwinde sehr heftig ist.

Die Umgegend von Benares auf der Landseite ist eben und hat wenig Reize; nur hier und da wird sie durch Haine erheitert. Die Militairposten und Civilbeamten der ostindischen Compagnie wohnen in einiger Entfernung von der Stadt zu Secrole. Jenseit dieser militairischen Linien werden die nächsten Umgebungen der Stadt freundlicher. Mehre schöne mohammedanische Gräber verkündigen die Zunahme der Anhänger eines fremden Glaubens, selbst in Brahma's heiliger Stadt. Eine lange Vorstadt, deren zerstreute und verfallene Häuser, durch sonderbare Bauart ausgezeichnet, zwischen Bäumen und blühenden Gebüschen hervorblicken, führt zu den Stadtthoren, und ein ziemlich breiter Weg bringt uns zu einem großen Freiplatze. Von hier an können europäische Fuhrwerke nicht mehr gebraucht werden. Wir müssen zu Fuße gehen, oder Elefanten besteigen, oder uns in Sänften setzen, die in den engen, krummen und volkreichen Straßen der innern Stadt oft nur mit Mühe durchkommen können. Die Häuser sind meist hoch, keines unter zwei Stockwerken, die meisten aber haben drei, mehre fünf oder sechs. Die Straßen liegen beträchtlich tief unter der Grundfläche der Häuser, die gewöhnlich an der Vorderseite bedeckte Hallen haben, hinter welchen kleine Läden hervorblicken. Über diesen Hallen sind die Häuser reich verziert mit Sonnendächern, vorragenden Rundfenstern und sehr breiten überhängenden Dachtraufen, die auf Unterlagen von Schnitzwerk ruhen. Man sieht viele Tempel, die aber meist klein sind, in den Winkeln der Straßen an hohe Häuser angelehnt. Sie sind jedoch von ziemlich gefälliger Bauart, besonders die alten, und viele derselben ganz bedeckt mit schönem Schnitzwerke von Blumen, Thieren und Palmzweigen, das mit den Arbeiten gothischer und griechischer Architektur verglichen werden kann. Im Allgemeinen herrscht in Benares mehr Geschmack in den Verzierungen der Gebäude, als man gewöhnlich in den Privatwohnungen in Indien findet. Der Hindu bemalt sein Haus gern mit hochrother Farbe, und die hervorstehenden Theile sind gewöhnlich mit bunten Gemälden von Blumen, Menschen, Stieren, Elefanten, Göttern und Göttinnen in all ihrer vielgestaltigen, vielköpfigen und vielwaffigen Mannichfaltigkeit, bedeckt. Das Innere der Stadt macht durch eine Vereinigung der Bauarten aller Jahrhunderte einen auffallenden Eindruck. Hier zeigen aufeinander gehäufte Steinmassen zuweilen so nackte und hohe Vorderseiten, daß sie an ein Gefängniß oder eine Festung erinnern, dort treten zwischen den hohen Häusern gothische Thore, Thürme, Schwibbögen, Balcone, Kuppeln, runde und zugespitzte Dome hervor. Nachstehende Abbildung (S. 144) zeigt uns einen Theil des Innern der Stadt. Seit Aureng-Zyb, der von 1658—1707 über Indien herrschte und die Stadt eroberte, hat die mohammedanische Baukunst ihre leichten und zierlichen Formen unter der schwerfälligern und minder geschmackvollen Werken der Hindu eingeführt. Von einer Moschee, auf den Trümmern eines Hindutempels erbaut, steigen mehre Minarete empor, die ihre hohen Spitzen aus einer Masse schwerfälliger Bauwerke zu dem Himmel erheben, wie unsere Abbildung Seite 141 zeigt.

Ungeachtet ihres hohen Alterthumes und bei allen auf die Verzierung der Pagoden verwendeten Kosten hat Benares doch keinen jener prächtigen Tempel, die in andern Gegenden Indiens einen so hohen Begriff von dem großartigen Sinne ihrer Gründer geben. Hier sieht man keine pyramidenförmigen Massen, mit erhabener Arbeit geziert, keine großen kugelförmigen, einsam stehenden Hügel von Mauerwerk, wie zu Bindrabund, keine riesige Stadt, wie der Kutub Minar in Delhi, sondern das Ganze ist aus Einzelheiten zusammengesetzt, die ohne Plan und Absicht verbunden sind, aber zusammen ein architektonisches Ganzes von den auffallendsten und ergreifendsten Charakter bilden.

Die dem Gott Siwa geweihten Stiere, junge und alte, zahm und zutraulich wie Hunde, gehen langsam in den engen Straßen auf und nieder oder liegen in der Mitte derselben, und lassen kaum durch sanfte Stöße — wer einen Schlag wagte, würde sich der Wuth des fanatischen Volkes aussetzen — sich aufstören, um einer Sänfte Platz zu machen. Affen, dem Affengotte Gunimaun geweiht, der Ceylon eroberte, sind ebenso zahlreich in andern Theilen der Stadt, klettern auf alle Dächer und auf die Vorragungen an den Tempeln, stecken ihre zudringlichen Köpfe und Hände in jeden Obst- oder Zuckerwerkladen und reißen den Kindern das Essen aus der Hand. Überall sieht man die Häuser der Fakirs mit Götzenbildern verziert, aus welchen ein unablässiges Geräusch mistönender Instrumente hervorschallt, während andächtige Bettler von allen Hindusekten, welche die scheußlichsten, durch Kunst, Schmuz oder Krankheit hervorgebrachten Misgestalten in den ekelhaftesten Stellungen zeigen, beide Seiten der Straßen einfassen.

Benares zeigt bei Tagesanbruch ein weniger bewegtes Leben als die meisten großen Städte. Man sieht fast Niemand als einige Straßenkehrer. Alle Häuser sind verschlossen, die Läden fest verriegelt. Eine frischere, kühlere Luft weht in den Straßen, als man bei ihrer dichten Bevölkerung es erwarten sollte. Die Thiere sind mit dem ersten Strahle der Sonne lebendig, Stiere und Affen in Bewegung, Scharen von Tauben und Papageien fliegen von den Gebäuden in allen Richtungen herab. Nach Sonnenaufgang sieht man die Priester zu den Tempeln gehen, die Andächtigen holen das heilige Wasser aus dem Ganges. An den Thüren der Pagoden stehen Leute mit Körben voll Blumen zum Verkaufe. Lange Schnüre von hochrothen, weißen oder gelben Blumen werden besonders gesucht als Opfergaben für die Götter. Der Fußboden der Tempel wird mit Blumen bestreut.

Gegen zehn Uhr regt sich die lebendigste Thätigkeit. Die kostbaren Waaren, wovon Benares einen Überfluß hat, werden nach indischer Sitte sorgfältig den Blicken der Vorübergehenden entzogen, aber in den Läden der Schneider sieht man einige der theuersten Erzeugnisse der benachbarten Länder ausgelegt. Diese geschickten Handwerker, die einen Riß mit unsichtbaren Stichen zusammenheften, sitzen in Gruppen und sind beschäftigt, prächtige Shawls zu flicken, welche, nachdem sie durch ihre geübten Hände gegangen sind, an unerfahrene Käufer so theuer verkauft werden, als ob sie eben erst von den Webstühlen in Tibet gekommen wären. Die Läden der Kupferschmiede fallen am meisten in die Augen, reich ausgestattet mit Gefäßen und Geräthen für Haus und Tempel. In jeder Straße sieht man einen Wechsler hinter einem Geldhaufen und Beuteln sitzen. Diese Leute machen guten Gewinn durch Geldwechseln gegen gewisse Procente und durch Borgen gegen ungeheure Zinsen. Zuckerbäcker bieten ihre vielgesuchten Leckerbissen aus, und nicht selten sieht man sie in ihren offenen Läden mit der Bereitung ihrer Zuckerkuchen beschäftigt. Auch die Färber, wie einige andere Handwerker, treiben ihr Gewerbe im Freien. Ihre Häuser zeichnen sich durch lange Stücke bunter Zeuche aus, die auf ausgestreckten Stangen hängen. Das glänzende Roth der indischen Rose und das prächtige Gelb, die bräutliche Farbe bei dem Hindu, stechen unter den Farben besonders hervor.

Außer den Minareten ist vorzüglich die Sternwarte ein Gegenstand der Neugier des Fremden, zwar nicht mehr von Sterndeutern bewohnt, aber immer noch ein großartiger Überrest jenes Eifers für die Fortschritte der Wissenschaften, welcher der Vorzeit eigen war. Die Entdeckungen der neuern Zeiten, die von den morgenländischen Sternkundigen, wiewol nur langsam, angenommen wurden, haben diese Anstalt für den Zweck, dem sie ursprünglich gewidmet war, weniger brauchbar gemacht, und sie ist nun ziemlich in Verfall gerathen. Man kommt von der Straße in einen großen Hof, der in mehre kleine Vierecke getheilt ist, die von bedeckten Gängen umgeben sind und eine kühle, schattige Zuflucht darbieten, einst für die Weisen bestimmt, die auf dem platten Dache der Sternwarte die Wunder des Himmels erforschten. Breite Stufen führen zu dem Gipfel des mächtigen viereckigen Gebäudes, das zu der Zeit seiner Gründung mit einem für den damaligen Zustand der Wissenschaften sehr beträchtlichen Vorrath von Instrumenten versehen wurde. Die Aussicht von der Sternwarte ist beschränkt auf den Fluß und das auf dem jenseitigen Ufer liegende Gelände. Eine umfassendere Aussicht gewähren die Minarete. Hier erhält man eine neue Ansicht der Stadt. Man sieht, daß weite Räume zwischen den hohen Gebäuden liegen, die ein Labyrinth von kleinen Gassen bilden, und daß Gärten zwischen den dichten Steinmassen blühen. Die Paläste der Stadt erscheinen hier in der Mannichfaltigkeit ihrer Bauart sehr zu ihrem Vortheile. Thürme, die auf üppige Blumenbeete schauen, geben ein erfreulicheres Bild von der Einsamkeit, wozu die Frauen verurtheilt sind.

Betrachten wir nun die Stadt als den Mittelpunkt der Brahmareligion. Man behauptet, es gebe hier nicht weniger als 8000 Häuser, die den Brahminen gehören, und dies ist um so wahrscheinlicher, da hier die Bildungsanstalt ist, aus welcher sie jährlich Jünger zur Ausbreitung ihres Glaubens absenden. Der Hindu hält Benares für den Mittelpunkt alles Heiligen, den Brennpunkt aller Weisheit, die Quelle alles Guten. Die Legende erzählt, Benares sei einst von Gold gebaut gewesen, später aber, wegen der Sünden des Volkes, sei es steinern geworden und in neuern Zeiten, wegen der zugenommenen Bosheit, in Lehm ausgeartet. Die Brahminen aber sagen noch immer, die Stadt sei kein Theil des Erdkörpers, denn während dieser auf der tausendköpfigen Schlange Ananta (Ewigkeit) ruhe, sei Benares auf der Spitze des Dreizacks Siwa's befestigt und habe daher auch nie etwas von einem Erdbeben gelitten.

Benares ist in ganz Indien als der Sitz theologischer und philosophischer Gelehrsamkeit berühmt, und seit mehr als zwei Jahrhunderten haben die religiösen Gebräuche des Volkes keine Veränderung erfahren. Unter den Tempeln der Stadt ist vorzüglich der Bischwajesa berühmt, einer der heiligsten in Hindostan, doch noch mehr geehrt ist eine benachbarte Stelle, die Aureng-Zyb entweihte, indem er eine Moschee darauf erbaute. Der kleine Hof des Tempels ist mit fetten und zahmen Ochsen angefüllt, die ihre Schnauze in die Hand und die Taschen jedes Eintretenden stecken, um Körner und Zuckerwerk zu empfangen. In den bedeckten Gängen liegen fortwährend nackte Fakirs. Unter diesen Leuten, die man überall bei den Tempeln findet, bieten einige den empörendsten Anblick dar. Sie leben gewöhnlich, wie wilde Thiere, in Dickigen und Mooren, wo sie sich von Wurzeln und wilden Früchten sättigen, oder sie werden von vorübergehenden Andächtigen genährt, die sich um sie drängen und in knechtischer Sprache mit ihnen reden, wie mit Wesen höherer Art. Sie gehen ganz nackt, beschmieren den Leib mit Kuhmist und bestreuen ihn dann mit Asche. Sie lassen Nägel, Haare und Bart wachsen. Zuweilen legen sie sich die furchtbarsten Martern auf, um sich einen Anspruch auf eine ewige Belohnung im Paradiese zu erwerben. Einige halten ihre Glieder in besondern Stellungen, bis sie ersteifen und unbeweglich werden. Ein Reisender sah vor einigen Jahren in Benares einen der merkwürdigsten dieser Bettler. Er hatte das Gelübde gethan, für eine gewisse Zeit seinen rechten Arm über dem Kopfe zu halten; als aber die Zeit verflossen war, konnte er den steifen und verdorrten Arm nicht mehr bewegen. Die Nägel waren zu einer ungeheuern Länge gewachsen und in die geballte Faust gedrungen. Das ganze Ansehen des Mannes war im höchsten Grade abschreckend. Sein langes Haar war verfilzt und mit Schmuz angefüllt, sein zottiger Bart, dick von vieljährigen Unreinigkeiten, bedeckte die magere Brust, die noch mit Kuhmist und Asche besudelt war. Andere fesseln sich an Bäume, das Gesicht zur aufgehenden Sonne richtend, und bleiben so Jahre lang in dieser Stellung, wenn nicht der Tod sie von ihren Qualen erlöst. Manche schlafen in Betten mit eisernen Stacheln, die abgestumpft sind, daß sie nicht in das Fleisch dringen. Andere begraben sich in eine Grube, die grade ihren Körper faßt und nur eine kleine Öffnung hat, damit sie Nahrung erhalten können.

Der höchste Gegenstand der Verehrung ist aber der Ganges. Nach der Meinung des Hindu gibt es nirgend auf Erden und kaum im Himmel einen heiligern Namen. Das Wasser des Stroms soll vom Himmel kommen und Jeden, der sich darin wäscht, von allen Sünden befreien. An seinem Ufer zu sterben, von seinem Wasser bespült zu werden, gibt schon einen Anspruch auf das Paradies. Man unternimmt Reisen von mehren hundert Meilen, um den Strom zu sehen und in seinen Wellen sich zu baden. Außer den zahlreichen Pilgern, die jährlich aus allen Theilen Indiens nach Benares reisen, kommen auch viele reiche Leute in den letzten Jahren ihres Lebens, und fast alle angesehenen Männer, die durch irgend eine Ursache aus ihrer Heimat verbannt wurden, nach der heiligen Stadt, um sich von ihren Sünden zu reinigen und hier zu sterben. Viele stürzen sich sogar in den Strom, um durch solchen freiwilligen Tod die Glückseligkeit einer andern Welt zu erwerben.

Eines der schönsten Feste, das nirgend so glänzend als in Benares gefeiert wird, ist das Duwallifest. Der Hauptreiz dieses jährlichen Festes ist die zauberische Beleuchtung der Stadt. Bei Anbruch des Abends werden kleine, mit Öl gefüllte Thonlampen an den Umrissen aller Gebäude dicht nebeneinander angebracht. Paläste, Tempel, Thürme, Alles ist wie mit Sternen besäet und vom Strome aus bietet die Stadt den herrlichsten Anblick dar. Alle Fahrzeuge, die nahe und fern auf dem Strome schwimmen, sind erleuchtet. Die Umrisse der

144 Das Pfennig=Magazin.

ganzen Stadt werden so durch Feuerlinien bezeichnet und das funkelnde Licht strahlt zum dunkelblauen Himmel hinan und zittert in langen Streifen auf den sanft bewegten Wellen des Stromes.

Seit mehren Jahren ist eine englische Kapelle in Benares, wo ein Geistlicher der englischen Kirche den Gottesdienst in hindostanischer Sprache hält. Auch gibt es dort eine von den englischen Missionaren besorgte Schule, die von einem reichen Hindu gestiftet ward und von den Eingeborenen gern benutzt wird.

Ansicht des Innern der Stadt Benares.

Verantwortliche Herausgeber: Friedrich Brockhaus in Leipzig und Dr. C. Drärler=Manfred in Wien.
Verlag von F. A. Brockhaus in Leipzig.

Das Pfennig-Magazin
der
Gesellschaft zur Verbreitung gemeinnütziger Kenntnisse.

162.] Erscheint jeden Sonnabend. [Mai 7, 1836.

Hamburg.*)

Der Jungfernstieg in Hamburg.

*) Vergl. über Hamburg Nr. 140 des Pfennig-Magazins.

Die Pferderacen.

Die ursprüngliche Heimat des Pferdes läßt sich nicht bestimmen. Man hat es, jedoch wesentlich verschieden in Größe, Gestalt und Brauchbarkeit, in allen gemäßigten, selbst in den meisten heißen und auch in vielen nördlichen Gegenden der alten Welt gefunden. Die ersten Nachrichten von der Zähmung des Pferdes, die wir in den Schriften der Hebräer finden, weisen uns auf Ägypten hin. Zu Abraham's Zeit scheint das Pferd dort noch nicht als Zugthier benutzt worden zu sein, und es wird unter den Thieren, die er von Pharao erhielt, Schafe, Ochsen, Esel und Kameele, nicht erwähnt. Wir hören zuerst von Pferden, als Jakob bei der in Kanaan herrschenden Hungersnoth nach Ägypten schickte, um Korn einkaufen zu lassen. Wagen, wahrscheinlich von Pferden gezogen, wurden von Joseph nach Kanaan gesandt, um seinen Vater nach Ägypten zu bringen. Die Zähmung und Benutzung der Pferde scheint jedoch damals noch nicht alt, und dieses nützliche Thier selbst noch nicht häufig gewesen zu sein, und noch nicht als Lastthier gedient zu haben, denn die gesammten Kornvorräthe, die auf einem langen Wege fortgeschafft werden und Jakob's Familie ernähren sollten, waren auf Esel geladen. Die Pferde wurden jedoch bald so zahlreich in Ägypten, daß Reiter einen ansehnlichen Theil des ägyptischen Heeres bildeten. Als die Israeliten Ägypten verließen, waren die Pferde dort völlig einheimisch, „da die Kanaaniter auszogen mit sehr vielen Rossen und Wagen, zu streiten mit Israel".

Es mußte eine lange Zeit vergehen, ehe der Mensch im Stande war, den Werth und den eigenthümlichen Nutzen der ihn umgebenden Thiere auszumitteln. Er begann mit den geringern Thierclassen, die sich leicht einfangen und leicht bändigen ließen, und der Nutzen, den sie ihm bei seiner Arbeit gewährten, mochte ihn veranlassen, auch die größern vierfüßigen Thiere zu zähmen. Wir finden daher nur in den Mosaischen Schriften, daß der Mensch nach den Ochsen, den Schafen und den Ziegen, den Esel zähmte, dann das Kameel, und zuletzt das Roß zu seinem Diener machte, und kaum hatte er dieses gebändigt und die Stärke, Gelehrigkeit und Klugheit desselben kennen gelernt, als er die übrigen Thiere weniger achtete, außer in Palästina, wo der Gebrauch des Pferdes durch Religionsvorschrift verboten war, und in weit gedehnten Wüsten, wo es nicht leben konnte. Wir bemerken hier, daß die Bildwerke in den Ruinen von Persepolis in Persien uns einen Wink in Beziehung auf das Zähmen der Pferde geben können. Man findet dort, wie ein genau beobachtender Reisender sagt, keine Reitergestalten, obgleich Andere sie zu sehen geglaubt haben, und doch scheint es, man hätte eher daran denken können, sich von Pferden tragen zu lassen, als es zum Wagenziehen zu gebrauchen; auch bei Homer sehen wir die Pferde vor Wagen gespannt, von welchen die Helden zuweilen herabsteigen, um zu fechten. Der Umstand, daß man keine Reiter unter den Bildwerken von Persepolis sieht, scheint zu bestätigen, daß jene alten Bauwerke älter sind als Cyrus (500 Jahre vor Christus), der durch Vorschrift und Beispiel den Persern Neigung zu Reiterübungen einflößte. Aus Ägypten mag sich die Benutzung der Pferde weiter in andere und entfernte Länder verbreitet haben. In Griechenland waren die Thessalier die ersten und erfahrensten Reiter. Nach den Schriften des hebräischen Alterthums war Arabien, durch dessen Pferdestämme der Stamm in andern Ländern so sehr verbessert worden ist, nicht das Urland des Pferdes; es hatte 600 Jahre nach der oben erwähnten Zeit noch keine Pferde. Salomo führte Spezereien, Gold und Silber aus Arabien nach Palästina ein, aber alle Pferde für seine Reiterei und seine Wagen erhielt er aus Ägypten. Mohammed hatte, als er im 7. Jahrhunderte die Koreischiten bei Mekka angriff, nur wenige Pferde. Vor dieser Zeit hatten die arabischen Pferde wenig Werth, und die Pferdezucht in Arabien, die jetzt einen so vorzüglichen Stamm liefert, ist verhältnißmäßig jung. Sie kamen aus Ägypten dahin; ob die Pferde aber in diesem Lande gezogen wurden, oder aus dem südwestlichen Asien, oder wahrscheinlicher aus dem Innern oder den nordöstlichen Theilen Afrikas stammten, läßt sich nicht bestimmen.

Wild oder verwildert findet man jetzt noch das Pferd in großen Haufen in den Ebenen der großen Tatarei und in mehren Gegenden Südamerikas, doch finden wir weder hier noch dort in diesen wilden Pferden einen ursprünglichen Stamm, wiewol die wilden Pferde in Asien sich durch mausefahle Farbe, dichteres Haar und einen größern Kopf vor den Zahmen auszeichnen. Die Pferde in der Ukraine, wie in Südamerika, sind solche, die aus der Sklaverei der Menschen entflohen. Die tatarischen Pferde sind behende und stark, aber sonst von gewöhnlicher Zucht, und die südamerikanischen behalten fast unverändert die Größe und Gestalt ihrer europäischen Stammältern. In keinem Theile Amerikas oder in einer der Südseeinseln fand man bei der Ankunft der Europäer Pferde. Den Ursprung der wilden Pferde in der Tatarei kann man bis 1657 verfolgen, wo sie im Kriege aus Mangel an Futter freigelassen wurden.

Alle Reisenden, welche die Ebenen vom Platastrome nach Patagonien durchzogen haben, reden von den zahlreichen Scharen wilder Pferde, und einige wollen Haufen von 10,000 gesehen haben. Sie scheinen unter einem Anführer zu stehen, dem stärksten und kühnsten des Schwarmes, und ihm unbedingt zu gehorchen. Ein innerer Instinct sagt ihnen, daß ihre Sicherheit in ihrer Vereinigung beruht. Der Löwe, der Tiger und der Leopard sind ihre gefährlichsten Feinde. Auf ein allen verständliches Zeichen drängen sie sich bei Annäherung der Gefahr in einen dicht geschlossenen Haufen und treten ihren Feind mit den Füßen, oder nehmen die Stuten und Füllen in die Mitte eines Kreises, den sie bilden, und schlagen hinten aus. Bei dem Angriffe geht der Anführer zuerst der Gefahr entgegen, und wenn die Klugheit Flucht gebietet, folgen ihm alle. In den schwach bevölkerten Gegenden Südamerikas ist es nicht ohne Gefahr, unter diese wilden Pferde zu gerathen. Sie kommen so nahe als möglich, wiehern dem Rosse, das einen Reiter trägt, laut zu, und wenn der Reisende nicht auf seiner Hut ist und sein Pferd nicht mit starkem Arme regieren kann, so wird es ihn abwerfen und zu dem wilden Haufen eilen. Der Engländer Head, der vor einigen Jahren die Ebenen am Platastrome durchreiste, gibt uns anziehende Nachrichten über die Art, wie die Bewohner jener Gegend, die Gauchos, ihre Pferde behandeln. Sie haben weder Ställe, noch eingefriedigte Weiden. Gewöhnlich steht ein Pferd vor der Thüre der Hütte angepflöckt und wird in der Nacht mit Mais gefüttert, oder man schließt mehre derselben in einen aus eingerammten Pfählen gebildeten Kreis, Corral genannt. Die Stuten werden in Südamerika nie geritten oder gezähmt, sondern ziehen frei mit ihren Füllen umher. Braucht der Gaucho Pferde für sich oder für Reisende, so geht er entweder mit seiner Schlinge (lasso) in den Corral, wählt diejenigen, die vielleicht Tags vorher zum ersten Male einen Reiter getragen haben, und kehrt mit einem sich sträubenden gefangenen zurück. Haben die Pferde ihre Dienste geleistet, so bringt man sie entweder in den Corral zurück, wo man sie mit etwas Mais füttert, oder läßt sie wieder in die Ebene laufen. Die Schlinge, womit der Gaucho die Pferde einfängt, besteht aus starken geflochtenen Riemen von rohen Häuten, etwa 40 Fuß lang, und wird durch Einschmieren mit Fett geschmeidig erhalten. An einem Ende befindet sich ein eiserner Ring, 1½ Zoll im Durchmesser, durch welchen der Riemen gezogen ist, sodaß er eine Schlinge bildet. Das eine Ende der Schlinge ist an den Sattelgurt befestigt, der andere Theil sorgfältig um die linke Hand gewickelt, aber von dem die eigentliche Schlinge bildenden Theile bleiben ungefähr 12 Fuß übrig, die der Reiter zum Theil mit der rechten Hand faßt. Er schwingt dann die Schlinge rings um den Kopf, während das Gewicht des Ringes am Ende derselben es ihm möglich macht, bei einer steten kreisförmigen Bewegung sie weit hinaus zu werfen. Mit dieser Schlinge holt der Gaucho aus einem vollen Corral ohne große Mühe die Pferde, die er braucht. Die Thiere sträuben sich anfangs und wollen, wenn sie aus dem Corral kommen, davonlaufen; aber Gehülfen sind schnell hinter ihnen her, werfen ihnen eine Schlinge um die Beine und ziehen sie so fest an, daß das Pferd niederstürzt. Alsbald sitzt ein Gaucho auf dem Kopfe des Pferdes und schneidet ihm mit seinem langen Messer die Mähne ab, während ein anderer die Haare vom Ende des Schwanzes abschneidet. Dies ist ein Zeichen, daß das Pferd einmal geritten worden ist. Dann legt man dem Thiere ein Stück Leder in den Mund, das die Stelle des Gebisses vertreten muß, und eine starke Halfter um den Kopf und sattelt es, wobei sich das Pferd meist sehr unbändig zeigt. Der Gaucho, der es besteigen will, legt seine langen und scharfen Sporen an, und während zwei Männer das Pferd bei den Ohren halten, schwingt er sich in den Sattel, der sehr fest geschnallt wird, und faßt die Halfter, die man ihm zuwirft. Das Pferd sprengt alsbald davon, und von dem Reiter gespornt, sucht es ihn abzuwerfen. Das Schwierigste ist, die Pferde in den Corral zurückzubringen. Sie sind so scheu geworden, daß sie sich heftig dagegen sperren, während der Reiter sie nur durch Peitschen bis an den Eingang bringen kann, wo man sie absattelt und entzäumt. Will der Gaucho ein wildes Pferd einfangen, so besteigt er ein Thier, das schon einmal dazu gebraucht worden ist und reitet in die Ebene. Sobald er seiner Beute nahe ist, wird die Schlinge um die Hinterbeine des Thieres geworfen. Dann reitet er ein wenig auf die Seite und zieht dadurch des gefangenen Pferdes Füße gleichfalls seitwärts. Ehe das Thier sich von dem Falle erholen kann, springt der Reiter ab und wirft seinen Mantel ihm über den Kopf. Darauf legt er ihm ein starkes Gebiß an, schnallt ihm den Sattel auf, besteigt es und nimmt ihm den Mantel vom Kopfe; das bestürzte Thier springt auf und sucht den neuen Gebieter abzuwerfen, der es aber so geschickt zu bändigen versteht, daß es bald seine Schnelligkeit und Kräfte dazu leiht, seine wilden Gefährten einzufangen. Diese Pferde in den südamerikanischen Ebenen gleichen in ihrer Gestalt sehr dem spanischen Pferde, von welchem sie abstammen. Obgleich durch Furcht, Peitsche und Sporn gezähmt, gibt es doch kein Pferd, das seine Klugheit und seine Stärke so schnell dem Dienste des Menschen widmet. Sie zeigen eine außerordentliche Schnelligkeit und sind fähig, große Beschwerden zu ertragen. Unter dem Sporn des grausamen Gaucho müssen sie oft ununterbrochen eine Strecke von mehr als 20 Meilen, dritthalb Meilen in einer Stunde, zurücklegen. Wie die arabischen Pferde, kennen die südamerikanischen kein Mittel zwischen Schritt und Galop. Die Stuten werden zuweilen geschlachtet, um zur Nahrung zu dienen, besonders bei großen Festlichkeiten, wobei das mit Branntwein vermischte Blut des Thieres gewöhnlich nicht fehlt. Auf den von der sengenden Sonne verbrannten Ebenen Südamerikas ist das Wasser oft sehr selten, und die armen Thiere befällt dann eine Art von Wahnsinn, worin sie ihre Gelehrigkeit verleugnen. Sie stürzen sich wild in jeden Teich und See, und oft hat man rings um ein solches Wasser die Überreste derjenigen gefunden, die im Gedränge gefallen waren.

Die wilden Pferde in der Tatarei werden leicht gezähmt, sind aber den amerikanischen ganz unähnlich. Kommt ein gezähmtes Pferd, unbeschützt von seinem Herrn, ihnen nahe, so fallen sie es mit Beißen und Ausschlagen an und tödten es bald. Sie unterwerfen sich aber ohne große Schwierigkeit der Herrschaft der Menschen und werden sehr folgsam und treu. Das Fleisch der Pferde wird von den Tataren häufig gegessen, zwar nicht roh, wie von den Indianern in Südamerika, aber die bei ihnen gewöhnliche Bereitungsart ist für den Europäer nicht sehr einladend. Sie schneiden das Fleisch in Streifen, die sie unter den Sattel legen, und wenn sie acht bis zehn Meilen geritten sind, ist es mürbe. Bei allen Gastmählern ist ein Pferdekopf das Lieblingsgericht. Man sieht zuweilen Haufen von wilden Pferden in dem innern Afrika, in San-Domingo, in den Wüsten Arabiens und in einigen andern Gegenden, aber nirgend kommen sie den gezähmten Pferden an Gestalt, Stärke oder Schnelligkeit gleich.

Gehen wir nun zur Geschichte der Pferderacen über. Aus Ägypten, wohin uns die ältesten Spuren führen, verbreitete sich das Pferd allmälig nach Arabien, Persien und nach den Ländern, wo Ägypter sich ansiedelten. Ägypten aber ist nicht ein Land, das Pferdezucht treibt, und es scheint nicht die zum Gedeihen derselben erforderlichen Eigenschaften zu besitzen. Stammen die ägyptischen Pferde wahrscheinlich aus dem innern Afrika, so beginnen wir unsere Übersicht angemessen mit den afrikanischen.

An der Spitze derselben steht der Berber aus der Berberei, besonders aus Fez und Marokko und dem Innern der Provinz Tripoli. Es ist durch seinen schönen Gang und seine gefällige Haltung ausgezeichnet, wiewol kleiner als das arabische, selten über 14 Hand und 1 Zoll hoch. Die Schultern sind flach, die Brust gerundet, die Gelenke sind länglich gestreckt, der Kopf ist besonders schön. Dem arabischen Pferde ist im Äußern entschieden vorzuziehen, ist es doch nicht so muthig, nicht so schnell. Der Berber hat hauptsächlich zur Verbesserung der spanischen Race beigetragen, und als man auch anderwärts, z. B. in England, anfing die Pferdezucht systematisch zu veredeln, wurde der Berber sehr früh eingeführt. Mehre der berühmtesten englischen Wettrenner stammen von Berberstuten. Tiefer im innern Afrika, im Königreiche Burnu, gibt es eine Race, die nach dem Zeugnisse des Reisenden Tulley den Pferden aus Arabien oder der Berberei noch vorzuziehen sein soll, indem sie, die besten Eigenschaften beider vereinigend, so nützlich als der Araber und so schön als der Berber ist. In den südlichern und westlichern Theilen Afrikas ist der Pferdestamm weit geringer; klein, schwach, unsicher und unlenksam.

Das Dongolapferd, das seine Heimat in Dongola zwischen Ägypten und Abyssinien hat, gleicht keiner andern morgenländischen Race. Es ist 16 Hand hoch, aber die Länge verhältnißmäßig geringer, es ist daher dem Araber entgegengesetzt, der gewöhnlich einige Zoll länger als hoch ist. Der Hals ist lang und schlank, der Vorderkopf schön, aber die Brust enge und die Seiten sind zu schmal. Diese Race ist wegen ihrer Schnelligkeit, Dauerhaftigkeit und Größe trefflich zum Kriege geeignet. Ein schönes Dongolapferd wurde 1816 für 7000 Thaler verkauft. Wie der Engländer Bruce erzählt, glaubt man, daß die besten afrikanischen Pferde von einem der fünf Rosse abstammen, mit welchen Mohammed und seine Gefährten von Mekka nach Medina (im Jahre 622) flohen. In Afrika reitet man nie Stuten, dagegen in Arabien nie Hengste, denn da die Araber stets im Kriege leben, so würde das Wiehern der Hengste, wenn sie im feindlichen Lager eine Stute witterten, die Absicht, einen Überfall zu machen, leicht vereiteln.

(Die Fortsetzung folgt in Nr. 163.)

Cagliostro.

Einer der listigsten Betrüger des 18. Jahrhunderts war wol der Graf Alexander von Cagliostro, geboren zu Palermo am 2. Juni 1743. Sein eigentlicher Name war Giuseppe Balsamo, und da sein Vater frühzeitig starb, wurde er von mütterlichen Verwandten erzogen und später in den Orden der barmherzigen Brüder aufgenommen. Hier erwarb er sich die medicinischen und chemischen Kenntnisse, mit denen er in der Folge so viel Aufsehen machte. Wegen seines ausschweifenden Lebens wurde er aber wieder aus dem Orden entlassen und kehrte nach Palermo zurück, täuschte daselbst einige Leichtgläubige mit vorgeblichen Zauberkünsten und Schatzgraben und besonders durch die Fertigkeit, Handschriften täuschend nachzuahmen. Als er sich aber so durch Verfälschung einer Urkunde in den Besitz eines streitigen Grundstücks setzen wollte, ward der Betrug entdeckt und er sah sich genöthigt, sein Vaterland zu verlassen. In Calabrien lernte er Lorenza Feliciani, die Tochter eines Gürtlers, kennen, welche ihm zur Ausführung seiner Pläne vorzüglich geschickt schien. Er verband sich daher mit ihr und veranlaßte sie bald darauf, in seine Absichten einzugehen. Mit ihr begann er unter dem Namen eines Marchese Pellegrini und dann des Grafen Cagliostro seine Reisen durch mehre Staaten Europas, verweilte vorzüglich in den Hauptstädten und gewann bald durch seine chemischen Mischungen, bald durch seine Betrügereien, bald auch durch die Galanterien seiner Frau beträchtliche Summen. Überall glückte es ihm, sich noch zeitig genug durch die Flucht zu retten, wenn zuweilen einem oder dem andern Betrogenen die Augen aufgingen und man den Gauner zu entlarven drohte. Auffindung des Steins der Weisen, Zubereitung eines Lebens- und Schönheitswassers und andere dergleichen Universalmittel, welche durch geheime Wissenschaften hervorgebracht werden sollten, waren immer der Ball, womit Cagliostro seine leichtgläubigen Jünger gegen eine angemessene Entschädigung an baarem Gelde spielen ließ. Manche wollten sich von ihm nicht grade in die Tiefen der Wissenschaft einweihen lassen, sondern begnügten sich, für ansehnliche Summen einzelne seiner Mittel zu erhandeln. Diesen einträglichen Handel trieb Cagliostro mehre Jahre hindurch, da aber doch mit der Zeit viele ergiebige Hülfsquellen für ihn zu versiegen anfingen und der Arzneihandel auch zu stocken begann, beschloß er, als Stifter einer geheimen Secte sein Glück zu versuchen, ließ sich deswegen bei seinem zweiten Aufenthalte in London als

Freimaurer aufnehmen und spielte seitdem die Rolle eines Wunderthäters und Magiers. Seine Gattin blieb ihrerseits auch nicht unthätig; sie war seine erste und gelehrteste Schülerin und spielte nunmehr die Rolle einer Priesterin der geheimen Weisheit ebenso meisterhaft, als sie die ihr vorher zugetheilte Rolle gespielt hatte. Das System, wodurch Cagliostro einen alten ägyptischen Orden, dessen Stifter Enoch und Elias gewesen sein sollten, wiederherstellen wollte, war ein Gemisch der abgeschmacktesten Träumereien und des aberwitzigsten Unsinns; aber der Anstrich des Überirdischen und Geheimnißvollen, womit es übertüncht war, und die freche Anmaßung seines Urhebers, welcher bald mit der scheinbarsten Uneigennützigkeit nie krank gewesene Kranke unentgeltlich heilte, bald als großer Kophta, welchen Namen er sich als Wiederhersteller der ägyptischen Mysterien beilegte, die Geheimnisse der Zukunft offenbarte, erwarben ihm viele Anhänger und Beschützer. So durchstreifte er abermals Europa und machte besonders in Mitau 1779, Strasburg, Lyon und Paris ungemeines Aufsehen. Bei seinem Aufenthalte in Paris 1785 ward er durch die Gräfin Lamothe in die bekannte Halsbandgeschichte verwickelt und des Landes verwiesen. Er begab sich darauf wieder nach London, erließ von hier mehre Sendschreiben an seine Anhänger, worin er sich über die, wie er sagte, erlittene Beschimpfung bitter beklagte. Von London, wo er sich diesmal nicht lange halten konnte, reiste er nach Basel und in andere benachbarte Städte der Schweiz und Frankreichs, gab aber endlich den Bitten seiner Frau und anderer Freunde Gehör und kehrte 1789 nach Rom zurück, wo er fortfuhr, sich mit der Maurerei zu beschäftigen, aber entdeckt, auf die Engelsburg gebracht und neben andern Gründen am 7. April 1791 als ein der Religion höchst gefährlicher Mann zum Tode verurtheilt wurde, was der Papst jedoch in lebenslängliches Gefängniß verwandelte. Im Gefängnisse zu S.=Leo, einer kleinen Stadt im Kirchenstaate, starb er im Sommer 1795.

Die Bobbinetmaschine.

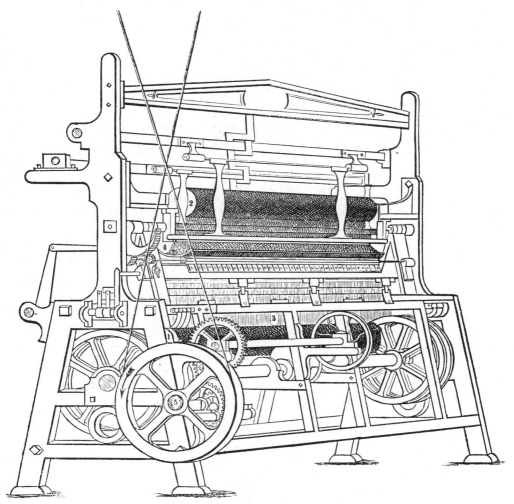

Bobbinet oder Maschinenspitzengrund ist ein baumwollenes oder seidenes Gewebe, welches dem einfachen glatten geklöppelten Spitzengrunde vollkommen gleicht und wie dieser zu Putz für das weibliche Geschlecht verwendet wird. Die Verfertigung dieses Stoffes geschieht auf eignen, hier abgebildeten, sehr künstlichen Ma=

schinen oder sogenannten Stühlen. Die lange hölzerne Walze (1) heißt der Kettenbaum, weil um sie die Fäden (3) gewickelt sind, welche die Stelle der Kette bei gewöhnlichen Webereien vertreten. Von da gehen diese senkrecht aufwärts durch einen Kamm und sogenannte Fadenleiter, von denen sie in völlig gleicher Entfernung voneinander und zugleich genau nebeneinander gehalten werden, und mitten durch den aus zwei Hälften bestehenden gebogenen Theil bei (4) bis zu der Walze (2) oder dem Zeuchbaume, an welchen sie befestigt sind und der das fertige Zeuch aufzunehmen bestimmt ist. Die Bildung des Gewebes geht bei (4) durch Einflechten der den Kettenfäden an Zahl gleichen und am Ende derselben befestigten Einschlagfäden vor sich. Jeder derselben ist auf eine Spule gewickelt, welche aus zwei sehr dünnen Messing- oder Eisenblechscheiben besteht, die, im Mittelpunkte verbunden, zusammen nur $1/4$ bis $1/3$ Linie stark sind und $1\frac{1}{2}$ Zoll im Durchmesser haben. Diese Spulen vertreten die bei der gewöhnlichen Spitzenverfertigung gebräuchlichen Klöppel und stehen auf dem gekrümmten Theile in einer Reihe und in genauen Gleisen den Zwischenräumen der Kettenfäden gegenüber. Das Einflechten geschieht, indem die Spulen zwischen den Kettenfäden durch vor- und rückwärts geschoben werden, wobei sie auf dem halb hinter, halb vor den Kettenfäden liegenden, gekrümmten Theile bei 4 hin und her gleiten. Der Zwischenraum in der Mitte ist nämlich so klein, daß er kein Hinderniß für die Bewegung der Spulen abgibt. Da jedoch die Einschlagfäden in der Art schräg eingeflochten werden sollen, daß z. B., wenn zu ellenbreitem Bobbinet 700 Ketten- und also ebenso viel Einschlagfäden aufgespannt worden sind, die Spulen der letztern, nachdem 350 Maschen gebildet worden, ihre Stellung in der Art verändert haben, daß die erste derselben die Stelle der letzten u. s. w. eingenommen, nach abermaligen 350 Maschen aber jede ihren ursprünglichen Platz wieder gewonnen hat, so müssen nicht nur die gekrümmten Theile mit den Spulen, sondern auch alle Kettenfäden sich gleichmäßig seitwärts hin und her bewegen lassen, um die Einschlagfäden nach und nach durch alle Zwischenräume der Kettenfäden führen zu können. Während auf diese Art das Weben vor sich geht, sind die Walzen 1 und 2 in sehr langsamer und übereinstimmender Umdrehung begriffen, und die Schnelligkeit, mit welcher der Zeuchbaum das Gewebe aufnimmt, bestimmt zugleich die Größe der Maschen oder Öffnungen desselben. Bei der abgebildeten Maschine werden diese verschiedenen Bewegungen mittels eines sehr sinnreichen Mechanismus durch Umdrehung des Rades 5 mittels Wasser, Dampf oder einer andern Kraft bewirkt, zu welchem Ende ein endloser Riemen über dasselbe gezogen ist. Das fertige Gewebe wird über einer Weingeistflamme gesengt, um alle kleinen Fasern desselben zu entfernen, hierauf gebleicht, mit gekochter Stärke zugerichtet, aufgespannt, getrocknet und in Stücken von der Breite eines Fingers bis zwei Ellen und darüber, und von sehr verschiedener Länge in den Handel gebracht. Die Schönheit des Bobbinet wird durch die Feinheit des Fadens, die vollkommene Gleichheit der Maschen in Form und Größe und durch die Kleinheit derselben bestimmt.

Die Bobbinettstühle gehören zu den neuern englischen Erfindungen und werden sehr geheim gehalten, doch ist es dem Herrn F. G. Wieck in Chemnitz gelungen, dieselben nachzubauen, und es besteht seit 1832 in Harthau eine solche Bobbinetfabrik, die über 20 Stühle beschäftigt.

Wichtigkeit der Zeitabschnitte.

Ein sonderbares Geschöpf ist der Mensch. An der äußern Gestaltung der Dinge hängt oft sein ganzes Sein. Geht die Sonne zur Ruhe, verlöscht die Nachtkerze und verklingt der letzte Ton, so überfällt ihn der Schlaf, und er verliert sein Bewußtsein. Geht die Sonne wieder auf oder wirbelt die Trommel, oder wiehert das Roß, so besinnt er sich wieder, macht sich auf und thut das Nämliche, was er gestern und vorgestern gethan hat.

Immer ein Sklave der Zeit, geht er nicht gern eher an die Arbeit, bis seine Stunde schlägt. Ebenso hört er auch wieder auf zu arbeiten und seine Mahlzeit zu nehmen, wenn seine Stunde ruft. Er könnte noch etwas hinzusetzen, er könnte ein anderes Mal wieder etwas abkürzen, wenn er sich zu beherrschen verstände; es würde ihm Nutzen bringen, für kommende Geschäfte noch einige Kräfte aufzusparen, oder einen andern Theil seiner Kräfte vorarbeiten zu lassen, aber sein Bureau wird pünktlich geschlossen, und nun vermag in der Welt nichts, ihn wieder an sein Werk zu bringen.

So geartet, bedarf der Mensch der Wiederholungen des Lebens. Das Triebwerk seines Wirkens würde in Stocken gerathen, wenn kein neuer Puls ihn wieder belebte. Diese neuen Pulse finden wir in den Abschnitten der Zeit, mögen sie Stunden, Tage, Wochen, Monate, Jahre oder Aeonen heißen. Ein neuer Tag, ein neues Jahr bricht ein, erneuert mit den Segenswünschen des Friedens alle wohlgemeinten Vorsätze. Das erste Wort, der erste Gruß bringt etwas Erfreuliches ins junge Leben. Abgeschlossen sind die strengen Rechnungen der vorhergegangenen Irrungen und Mühseligkeiten. Man hat sie begraben in den Schoos der Zeit. Mit der neuen Sonne ist eine neue frische Beleuchtung der Umstände, eine neue, helle, lichte Ansicht der Dinge entstanden. Man hat einen Grund gefunden, der längst schon überdrüssigen nicht mehr zu gedenken, eine Veranlassung, etwas Anderes vorzunehmen, um zu versuchen, ob es besser gerathen werde. Man findet sich dadurch in eine neue Sphäre gerückt, und es thut dem Menschen unendlich wohl, sich in einer neuen Sphäre zu bewegen. Er befreundet sich so leicht und schnell damit, daß er nach wenigen Minuten nicht mehr begreift, wie ihm das Alte nur noch erträglich sein konnte. Er hat ihm kaum den Rücken zugewendet, so findet er es abgeschmackt, veraltet und verbraucht. Ja es darf eine Sache nur Ähnlichkeit mit dem Zurückgelegten haben, um ebenfalls zurückgelegt und ohne weitere Verantwortung der Vergessenheit überliefert zu werden. Der Ausruf: „Das ist ja schon etwas Altes!" bricht den Stab über jeden hervorgebrachten, obgleich nützlichen Gedanken, über jede neue, wohlthätige Einrichtung und Anstalt, über jede heilsame Erfindung, und wäre sie noch so auffallend, wenn sie mit einer frühern Ähnlichkeit hat. Erinnern wir uns nur, was der berüchtigte Bannspruch sagen will: „Der Mensch — die Stadt — das Land steht um 50 Jahre noch zurück."

Eine Stunde früher geboren, gehört der Mensch noch dem vorigen Jahrhunderte an, eine Stunde länger lebend, hat er das neue Jahrhundert schon erreicht. Das gilt von kleinern wie von größern Abschnitten der Zeit. Diese Strenge, die das Zeitmaß ausübt, verdient von uns beherzigt zu werden, denn wir leben einmal in der Zeit. Unser Verstand, sei er groß oder klein, wird nicht eher mündig, bis er sein gesetztes Jahr erreicht. Wir gewöhnen uns an diese Art zu rechnen und zu zählen. Sage uns wer da will, es ist ein Tag wie der andere, du findest da dieselbe Luft, denselben Himmel, dieselben Menschen und Dinge; wir finden Alles anders. Die Menschen, die wir sehen, sind die heutigen, nicht die gestrigen; der Ton der Lüft ist der jetzige, nicht der vor einer Stunde. Wir sind gezwungen, zu bekennen, daß das Vergangene nimmermehr wiederkehren, das Geschehene in Ewigkeit nicht ungeschehen werden kann. Es hilft kein Sträuben, die Zeit reißt uns mit sich fort, und sind wir unvermögend, unsern Kahn zu lenken, so schleudert ihn der Strom, wohin er will. O haltet das Ruder fest, ihr wackern Gefährten des Lebens. Bleibt unter den Verwandlungen der Dinge immer die nämlichen. Erneuert euch, ohne zu veralten, mit der Zeit. Ertragt den Wechsel, ohne eure Seele zu verwechseln. Und findet Euch, wenn tausend Jahre abgelaufen sein werden, findet Euch mit uns nach tausend Jahren wieder.

Feuersbrünste in London.

Man kann sich einen Begriff von der Größe und dem Treiben der englischen Hauptstadt schon aus dem Umstande allein machen, daß im vorigen Jahre nicht weniger als 643mal Feuerlärm in London und seinem Weichbilde war. Es kamen mithin durchschnittlich auf jeden Tag beinahe zwei Feuersbrünste. Der December war unter den zwölf Monaten mit damit am reichsten bedacht. Bei sieben Feuersbrünsten sind zusammen 14 Menschen ums Leben gekommen. In 471 Fällen ist die Ursache der Entstehung des Brandes ermittelt worden. Unvermeidliche Ursachen (bei Bäckern und andern Feuerarbeitern) sind in 14 Fällen vorgekommen. Bettgardinen geriethen 52mal und Fenstergardinen 22mal in Brand. Durch fehlerhafte und baufällige Schornsteine entstand 69mal, durch fehlerhafte Gasleitungsröhren u. s. w. 39mal, durch Trocknen der Wäsche am Ofen 22mal, durch Kinder, die mit Feuer spielten, 5mal, durch Feuerwerke 3mal und durch Tabackrauchen 4mal Feuer. Blinder Lärm war 106mal.

Spanisches Wirthshaus.

Unter allen Ländern des gesitteten Europas gewährt keines dem Reisenden so wenig Bequemlichkeiten als Spanien. Selbst in großen Städten, ja in der Hauptstadt, findet er Ursache, über die Wirthshäuser zu klagen; alle trifft, wenn auch in geringerm Grade, der Vorwurf, den man den Wirthshäusern in den ärmsten Dörfern und in den abgelegensten Gegenden macht. Es ist bemerkenswerth, daß in dem größten Theile des Landes so wenig Fortschritte in dieser Beziehung gemacht worden sind; denn in den letzten 150 Jahren geben uns die Berichte der Reisenden fast dieselben Schilderungen, die aus frühern Zeiten auf uns gekommen sind. Ein Reisender, der Spanien zu Ende des 17. Jahrhunderts besuchte, macht eine sehr kläglische Schilderung. Er konnte zuweilen weder Brot noch Nachtlager in einem Wirthshause erhalten, weder Öl für seine Lampe noch Brennholz, noch Futter für sein Pferd. Als der Engländer Swinburne in den Jahren 1775 und 1776 Spanien bereiste, fand er es nicht viel besser. Er hatte einen vollständigen Packwagen bei sich, der Betten, Brot, Wein, Mehl, Öl und Salz von einem Nachtlager zum andern brachte, da man in den Wirthshäusern selten mehr als die nackten Wände fand, oder vielleicht einige Eier, die aber nur zu hohen Preisen verkauft wurden.

Fand man ein paar nicht zerbrochene Stühle, so schätzte man sich sehr glücklich, mußte aber für diese Bequemlichkeit theuer bezahlen. Die Küche des Venta war gewöhnlich an einem Ende des Hauses; selten hatte man Gelegenheit, einen Bratspieß oder einen Rost darin anzuwenden. Die Maulthiere standen in dem hintern Theile desselben. Die Reisenden selbst aber hielten sich in einem meist wenig bessern Gemache auf, dessen schmale Fensteröffnungen noch mit Eisenstangen verwahrt waren, obgleich kein Kind hindurchkriechen konnte. Selbst später noch war es nöthig, auf einer Reise durch Spanien einen des Kochens kundigen Diener mitzunehmen, und Wein, Brot und Fleisch, wo diese Bedürfnisse am besten zu haben waren, in hinlänglicher Menge einzukaufen; auch Matratzen, Leinenzeug, Messer, Gabeln und Löffel durften nicht fehlen, was Alles durch Maulthiere getragen werden mußte.

Was neuere Reisende von den Unbequemlichkeiten des Reisens in Spanien sagen, lautet nicht besser, wiewol einige Verbesserungen in den Orten stattgefunden haben, durch welche Postkutschen gehen. Zwischen Vittoria und Madrid wird der Reisende ziemlich befriedigt sein. Die französische Post geht nämlich auf dieser Straße, und auf den bestimmten Stationen ist der Tisch für die Reisenden stets gedeckt.

Die größte Schwierigkeit aber, mit welcher der Reisende im Innern Spaniens zu kämpfen hat, ist die Wahrscheinlichkeit, ja die Gewißheit, in den kleinen Wirthshäusern nichts zu essen zu finden, und nichts als den Fußboden oder höchstens einen Stuhl zum Nachtlager. Messer und Gabeln findet er aber noch seltener in einem Wirthshause; der Spanier weiß die Gabel zu entbehren und sein Taschenmesser trägt er stets bei sich. Vor allen Dingen muß der Reisende nicht wählerisch und ekel sein. Darum befindet sich namentlich so übel, wer sich von den heimischen Gewohnheiten nicht losmachen kann. Während er z. B. in einem deutschen Wirthshause sich für sein Geld doch wenigstens sättigen kann, antwortet man ihm in einer spanischen Schenke auf die Frage: „Was kann ich zu essen haben?" gewöhnlich: „Was Ihr mitgebracht habt."

Findet man indeß auch selten Vorräthe in den Wirthshäusern, so ist doch die Wirthin stets bereit, zu kochen, was der vorsichtige Reisende unterwegs eingekauft hat, und wenn er am folgenden Morgen abreist, bezahlt er für die „Störung im Hause" den Hauptansatz in der Rechnung. Auch steht es ihm frei, sich selber sein Essen zu bereiten, und kann er es, so wird er am besten dabei fahren. Die Kochkunst der Spanier ist selten nach dem Geschmacke der Ausländer, und ihre besondere Art, die Speisen zu würzen, findet nur unter ihnen selbst Beifall. Sie essen fast nichts ohne Safran, Piment und Knoblauch, ihr Wein muß nach den ausgepichten Schlauche schmecken und das Baumöl ranzig sein. Dasselbe Öl nährt die Lampe, schwimmt auf der Suppe und wird zum Salat gegossen, ja in den Wirthshäusern wird nicht selten die angezündete Lampe auf den Tisch gestellt, damit sich Jeder seinen Bedarf daraus nehmen könne. In den meisten Gegenden von Spanien setzt man zum Abendessen zuerst Suppe und gesottene Eier auf, aber die Suppe ist gewöhnlich ganz steif von Brot und die Eier sind hart gesotten, aber der Reisende thut wohl, sich daran zu halten, denn wahrscheinlich wird er das Schmorfleisch oder Geflügel auf einem Lager von Öl und Knoblauch finden, aus welchem er unmöglich einen unbefleckten Bissen heraussuchen kann.

Unsere Abbildung zeigt das Innere eines Wirthshauses in einem Dorfe in Valencia, an der Straße von Murviedro nach Catalonien. Sie kann als ein Bild eines gewöhnlichen spanischen Wirthshauses gelten. Die Küche ist der Sammelplatz der ganzen Familie und auch der Durchgang für die Ziegen, die Schweine und das Federvieh, da die Thüre selten, selbst nicht zur Nachtzeit, verschlossen wird. Unter der Öffnung eines großen Schornsteins steht die Wirthin, sauber angezogen, vor ihrer Bratpfanne, die bald den gesalzenen Fisch für die Fuhrleute, bald Eierkuchen und Speck für die vornehmern Gäste, aber Öl und Knoblauch für Alle aufnimmt. Die Spanier reden laut, aber mitten unter allen Stimmen herrscht die Stimme der Wirthin vor. Die Gäste drängen sich um sie, ihre Cigarren rauchend, und mit nie ermüdender Munterkeit werden Scherze gewechselt. Die Fuhrleute schlafen hier auf ihren Packsätteln, während Maulthiere und Wagen in der Vorhalle sich befinden.

Das Innere eines spanischen Wirthshauses.

Verantwortliche Herausgeber: Friedrich Brockhaus in Leipzig und Dr. C. Drärler-Manfred in Wien.
Verlag von F. A. Brockhaus in Leipzig.

Das Pfennig-Magazin

der

Gesellschaft zur Verbreitung gemeinnütziger Kenntnisse.

163.] Erscheint jeden Sonnabend. [Mai 14, **1836.**

Die Insel Rhodus.

Der Nikolausthurm auf Rhodus

Die Insel Rhodus.

Unter den reizenden Inseln des Meeres, das die Küsten von Kleinasien bespült, ist Rhodus oder Rhodis eine der schönsten. Sie ist acht Meilen lang und drei Meilen breit, und war schon im Alterthume wegen ihrer heitern Luft und ihrer trefflichen Früchte berühmt. Der Boden ist sehr fruchtbar, aber wenig angebaut. Lange war die Insel der Sitz einer mächtigen Republik, die in den Kriegen der Römer, oft als ihre Verbündete, eine bedeutende Rolle spielte, und Colonien in Italien, Sicilien, selbst in Spanien gründete. Ihre Seegesetze galten als Muster im Alterthume, und die Schönheit der Kunstwerke, die sich auf der reichen Insel fanden, zog viele wohlhabende Griechen und Römer dahin. Erst unter Vespasian wurde Rhodus eine römische Provinz. Im 7. Jahrhunderte fiel sie in die Gewalt der Araber, welchen sie alsbald von den Christen wieder entrissen ward, und im Jahre 1309 wurde sie der Sitz der Johanniterritter, die früher, nach dem Verluste von Palästina, in Cypern Zuflucht gefunden hatten. Seitdem erhielten sie den Namen Rhodiserritter. Sie behaupteten sich hier mit glänzender Tapferkeit gegen die oft wiederholten Angriffe der Türken und widerstanden 1480 einer heftigen Belagerung, mußten aber doch endlich 1522 die Insel den Türken übergeben, die sie seitdem besessen haben. Sie steht unter dem Kapudan Pascha, dem Befehlshaber der Inseln des Archipelagus, hat gegenwärtig gegen 40,000 Einwohner, und ist der wichtigste Schiffbauplatz der Türken.

Die Hauptstadt gleiches Namens ward während des peloponnesischen Kriegs, mehr als 400 Jahre vor Christus, gegründet und von demselben Baumeister erbaut, der die Mauern des Piräus zu Athen errichtete. Der griechische Geograph Strabo, der im ersten christlichen Jahrhunderte die meisten Städte der römischen Welt sah, zog sie allen andern vor, und ein anderer griechischer Schriftsteller, der sie 200 Jahre später sah, schildert mit glänzenden Farben ihre Pracht und nennt sie die einzige Stadt, von welcher man sagen könne, sie sei wie eine Burg befestigt und wie ein Palast geschmückt. In den Tagen ihres höchsten Glanzes, vor der Eroberung durch die Römer, soll sie mit 3000 Bildsäulen und 100 kolossalen Bildwerken geziert gewesen sein. Unter diesen gehörte der Koloß von Rhodus zu den sogenannten sieben Wunderwerken der alten Welt. Er ward errichtet, als Demetrius der Stadtebezwinger, König von Macedonien, 300 Jahre vor Christus, die lange Belagerung der Stadt aufzuheben war gezwungen worden. Dieses Standbild, das Chares von Lindus verfertigte, war ungefähr 105 Fuß hoch, und ward in einer Zeit von zwölf Jahren mit einem Kostenaufwande von ungefähr 500,000 Thalern vollendet. Sechsundfunfzig Jahre nach der Errichtung wurde der Koloß durch ein Erdbeben von seinem Fußgestelle herabgestürzt. Vergebens wurden die Rhodier aufgefodert, das Bild wieder aufzurichten, und ganz Griechenland, selbst der König von Ägypten, erboten sich, Beiträge zu den Kosten zu geben; die Rhodier lehnten es ab und gaben vor, ein Orakel habe die Wiederaufrichtung des Kolosses verboten. Zur Zeit des römischen Schriftstellers Plinius, im ersten christlichen Jahrhunderte, lag der Koloß noch auf der Erde, ein wunderbarer Anblick. Wenige Menschen, sagt er, konnten den Daumen des Riesenbildes umspannen, und die Finger waren so lang als der Körper der meisten Bildsäulen. Durch die bei dem Sturze entstandenen Risse des Standbildes sah man große Öffnungen im Innern, in welche man Steine gelegt hatte, um den Koloß, als er stand, im Gleichgewichte zu halten. Einer der Feldherren des Khalifen Osman verkaufte nach der Eroberung der Insel 655 das Erz des zertrümmerten Bildes an einen Juden, der mehr als 900 Kameele damit beladen haben soll. Spätere Angaben haben viele Fabeln und Übertreibungen von diesem Riesenbilde in Umlauf gebracht, z. B. daß es mit seinen Beinen auf zwei gegenüberstehenden Felsen am Eingange des Hafens, einen Raum von 50 Fuß überschreitend, gestanden habe, daß Schiffe mit vollen Segeln unter ihm hingefahren seien, daß es in der rechten Hand eine hell leuchtende Lampe gehalten und am Halse ein Spiegel gehangen habe, in welchem man Schiffe bis an der Küste Ägyptens habe entdecken können.

Die Hauptstadt erscheint jetzt, wie die ganze Insel, in einem traurigen Gegensatz zu ihrem frühern Glanze. Sie hat kaum noch den vierten Theil ihres ehemaligen Umfanges. Die alten Ringmauern sind fast noch unversehrt, aber meist nicht über zwei Fuß stark, und werden von einem 70 Fuß breiten, jetzt trockenen Graben umgeben. Längs demselben liegen die Vorstädte, die schön am Abhange der Berge gebaut sind, und bestehen aus guten steinernen Häusern, deren jedes gewöhnlich einen Garten hat, worin Pomeranzen, Citronen, Ölbäume, Feigen und Reben üppig gedeihen.

Unsere Abbildung zeigt den Nikolausthurm, der am Ende eines Dammes in den großen Hafen steht. Er wurde 1461 von den Johanniterrittern erbaut, als den Angriff des kriegerischen Sultans, Mohammed II., voraussahen. Bei der ersten Belagerung 1480 richtete der türkische Befehlshaber die kräftigsten Anstrengungen gegen dieses Werk, da ein deutscher Renegat, dessen Rath ihn hauptsächlich leitete, ihm versichert hatte, daß nach der Einnahme dieses Thurmes der Hafen und die Stadt sich ergeben würden. Drei ungeheure Geschütze, die 18 Fuß lang waren und steinerne Kugeln von zwei bis drei Fuß im Durchmesser schossen, wurden gegen den Thurm gerichtet, aber mehr als 300 Schüsse von der Seeseite gegen seine Mauern machten zwar keinen Eindruck, aber auf der Landseite wurde das mächtige Bollwerk zerrissen. Der Großmeister, Peter von Aubuison, überzeugt, daß die Sicherheit der Stadt von der Erhaltung des Thurmes abhing, schickte mehre seiner tapfersten Ritter dahin, um die Mauerrisse wiederherstellen zu lassen, und die Feinde währenddem abzuhalten. Sie schlugen die stürmenden Feinde mit großer Tapferkeit auch glücklich zurück, und nun griff der türkische Befehlshaber die Stadt selbst an, aber als er auch hier nicht glücklicher war, wendete er sich wieder gegen den Nikolausthurm. Ein Haupthinderniß des Erfolges war ein schmaler Kanal zwischen dem Damme und der türkischen Stellung. Es ward deshalb eine Art von Schiffbrücke gebaut, und um das eine Ende desselben auf den Damm zu bringen, schaffte ein Türke unter dem Schutze der Nacht einen Anker über den Kanal, den er an einem Felsen unter der Oberfläche des Wassers befestigte. Dann zog er ein starkes Tau, dessen eines Ende an die Brücke gebunden war, durch den Ring des Ankers und brachte es wieder mit hinüber, um es an eine Winde zu befestigen, mittels welcher man die Brücke auf den Punkt zu bringen hoffte, wo der Anker lag. Ein Soldat war zufällig in der Nähe, als der Türke den Anker legte, und sobald sich derselbe entfernt hatte, stürzte er sich in das Meer, machte das Tau los und brachte den Anker dem Großmeister. Als die Türken nun ihre Brücke bereit hatten, fingen sie an mit ihrer Winde zu arbeiten und brachten zu ihrem großen Erstaunen die Brücke nicht von der Stelle, dagegen aber nur ihr Anker zurück. Bei der zweiten Belagerung der Insel 1522 vertheidigte den Thurm, als den Schlüssel der Insel, der tapfere Ritter Guyot de Castellane mit 20 andern Rittern und 300 Kriegern. Die Türken richteten aber diesmal ihre Angriffe hauptsächlich gegen die Stadt selbst und der Thurm wurde nur in den Stunden der Nacht beschossen. Fünfhundert dieser nächtlichen Angriffe zertrümmerten endlich den Thurm auf der Abendseite. Die Türken wagten einen Sturm, fanden aber einen zweiten befestigten Wall hinter den Trümmern des ersten und mußten sich deshalb zurückziehen. Dagegen setzten sie ihre Angriffe gegen andere Theile der Stadt fort, bis es ihren Anstrengungen endlich gelang, sie zu erobern.

Der Sklavenmarkt in Jamaica.

Bei unserer Ankunft in Jamaica, erzählt ein Reisender, war unser erster Weg nach dem Platze, wo der Sklavenhandel getrieben wurde, um mit eignen Augen diesen für die Menschheit so schimpflichen Handel zu beobachten. Wir fanden viele Hunderte dieser unglücklichen Geschöpfe in ihren Buden; sie waren fast nackend, das Haupthaar war größtentheils abgeschoren, und da sie meist in einer Reihe auf schmalen Bänken oder auf der Erde saßen, erregte ihr Anblick Schauder. Diejenigen, welche so so bloß standen, waren meist Kinder; fast alle waren mit einem spitzigen Eisen gezeichnet. Ja auch Mädchen waren da, bei welchen das Zeichen mit einem glühenden Eisen auf die Brust gebrannt war. In Folge des Schmuzes, in welchem sie am Bord der Sklavenschiffe leben müssen, besonders aber der schlechten Nahrung wegen, die nur in gesalzenem Fleische, Speck u. s. w. besteht, erhalten die armen Geschöpfe ein erbärmliches Aussehen. Ihre Haut trägt Spuren von skorbutischen Krankheiten. Durch Hunger und Elend hat die schwarze Farbe ihrer Haut ihre Feinheit und ihren Glanz verloren, und der Hautausschlag, die Geschwüre, der geschorene Kopf mit den großen Augen machen diese Geschöpfe in der That zu Wesen, denen wir nach dem ersten Eindruck nicht gern einräumen, mit uns zu demselben Geschlecht zu gehören. Beim Kaufe werden die Sklaven genau besichtigt wie Thiere, und um zu verhüten, daß sie betrübt aussehen, geben ihnen die Händler zuweilen Ingwer oder auch Taback zu essen, oder sie werden durch Ohrfeigen, Schläge und Rippenstöße gezwungen, heiter zu scheinen. Der Eigenthümer einer solchen Sklavenbude beeilt sich, dem eintretenden Fremden mit außerordentlicher Freundlichkeit entgegen zu kommen und betheuert die Güte seiner Waare. Er stößt einige der Unglücklichen von ihren Sitzen auf, um Proben ihrer Behendigkeit von ihnen ablegen zu lassen. Sehen aber diese nichtswürdigen Menschenhändler, daß man ihre Käfige nur aus Neugierde besucht, so werden sie grob und unverschämt; sie fangen dann an, die Ausländer zu schmähen, besonders die Engländer, welche, wie sie sagen, sich in ihre Angelegenheiten mischen und ihnen ihren Verdienst schmälern, nur um sich zu bereichern.

Lange vor Tagesanbruch und während des ganzen Tages sieht man hier viele tausend Sklaven Arbeit suchen; der Marktplatz sowol als der Hafen ist von ihnen überfüllt, und man kann kaum einen Schritt gehen, ohne von ihnen angesprochen zu werden. Diese Sklaven müssen nicht nur für ihren eignen Lebensunterhalt sorgen, sondern außerdem ihrem Herrn noch täglich eine gewisse Summe Geldes bringen; thun sie es nicht, so werden sie gepeitscht; wenn sie aber mehr gewinnen, als sie brauchen, so können sie das Übrige für sich behalten, um es an einem andern Tage zuzulegen, wo sie nicht genug erworben haben. Während unsers Aufenthalts sahen wir selbst, wie manche Sklaven ihren Herren täglich den Werth eines Thalers brachten. Viele Herren senden ihre Sklaven auf tägliche Arbeit in die benachbarten Steinbrüche; andere und beiweitem nicht der geringste Theil läßt seine Sklaven Insekten fangen, weshalb auch hier, wie in Rio Janeiro, die schönsten Insekten so billig sind. Die Gewinnsucht ergreift überhaupt alle Mittel, um zum Ziele zu gelangen. Kinder werden von der Mutterbrust gerissen und für 30—40 Piaster verkauft. Der Sklaveneigenthümer handelt überhaupt ganz nach seinem Willen, er schließt und löst Ehen unter seinen Sklaven; er trennt Kinder von ihren Ältern, verkauft Weib und Gatten an verschiedene Käufer, sodaß sie sich nie wieder sehen.

Die Wespen.*)

Die schon früher von Naturhistorikern gemachte Beobachtung, daß die Wespen, wenn sie sich am Abend in ihrem Neste zur Ruhe begeben, an den Eingang desselben eine Wache stellen, ist neuerlich von mehren Seiten in Zweifel gezogen worden. Die neuesten Beobachter versichern jedoch, daß jene Angabe völlig gegründet sei, und einer derselben berichtet hierüber Folgendes. Ich kann bestimmt versichern, daß ich in den Sommermonaten nach 9 Uhr Abends niemals das Nest irgend einer Wespengattung ohne eine solche Wache gesehen habe, und es ist merkwürdig, mit welcher Schnelligkeit die nahende Gefahr den im Innern befindlichen Wespen mitgetheilt wird, sobald sich ein Feind blicken läßt. Ich habe zuweilen noch eine zweite Wache in einiger Entfernung hinter der äußern zu sehen geglaubt, und nach der gewöhnlichen Entfernung des Eingangs von dem Innern des Nestes, oft zwei bis drei Fuß, und der Schnelligkeit der Verbindung mit demselben zu urtheilen, mögen wol noch mehre aufgestellt sein. Nähert man der wachehaltenden Wespe eine Laterne, so scheint sie dadurch nicht beunruhigt zu werden; stößt man indessen neben ihr auf den Boden, so verschwindet sie augenblicklich auf einige Augenblicke, und die Bewohner des Nests machen sogleich einen Ausfall. Ich bemächtigte mich immer erst der stets geschlechtslosen Wespe, ehe ich das Nest zu nehmen versuchte. Eine beträchtliche Anzahl Wespen bleibt bei warmem Wetter in der Nacht auf der Außenseite des Baumnestes, allein die Wache steht dennoch immer am Eingange desselben. Die in der Erde befindlichen Nester haben zwei Öffnungen, einen Ausgang und einen Eingang. Das Baumnest hat gewöhnlich nur eine Öffnung, und zwar nahe am Boden. Bei großen Colonien wird indeß oft eine zweite hinzugefügt, in welchem Falle dann an jede eine Wache gestellt wird. Ein merkwürdiger Umstand ist, daß, wenn am Tage der Eingang verstopft wird, die Hunderte von Wespen, welche beständig heimkehren, nicht den Angreifenden zu stechen suchen, sobald jedoch eine aus dem Neste hervorkommt, fällt sie sogleich über ihn her, jedoch nicht mit der Wuth der Biene. Ich habe oft am Tage die Wespen

*) Vergl. über das Nest der Wespe Pfennig-Magazin Nr. 16, wo auch eine Abbildung desselben gegeben ist.

mit einer Mischung von Schwefel und Pulver erstickt und sie sogleich ausgegraben, während Hunderte mich umschwärmten, ohne daß ich von ihnen gestochen worden wäre. Wenn man eine Flasche, die halb mit Wasser angefüllt ist, dann an die Stelle des zerstörten Nestes in die Erde stellt, und den Boden wieder grade macht, sodaß die Mündung der Flasche so genau als möglich die Stelle des frühern Eingangs einnimmt, so werden alle Wespen, welche zu der Zeit, wo das Nest herausgenommen wurde, abwesend waren, in die Flasche hineinkriechen. Auf diese Weise habe ich oft an 1500 Wespen gefangen.

Baudenkmale in Frankreich aus den Zeiten Franz I.

Der Palast Franz I.

Die Geschichte der Kunst in Frankreich beginnt eigentlich mit Franz I. Dieser König liebte den Krieg, aber auch Künste und Wissenschaften und hat zu ihrem Aufblühen in Frankreich mehr als alle seine Vorfahren beigetragen, sodaß die Geschichte der Kunst in Frankreich eigentlich mit diesem Monarchen beginnt. Besonders gediehen unter ihm Malerei, Baukunst und Bildhauerei, und während vorher die Kunst unter dem Drucke der Unwissenheit schmachten mußte, nahm Franz I. sie in seinen Schutz, gründete Schulen und Manufacturen, zog talentvolle Männer nach Frankreich und ließ aus Italien, wo damals die Künste in ihrer höchsten Blüte standen, unter Andern auch den berühmten Maler Leonardo da Vinci an seinen Hof kommen, um daselbst zu arbeiten. Er kaufte in Italien werthvolle Gemälde und Antiken, die in den Kunstschulen Frankreichs aufgestellt wurden, damit die Franzosen ihren Geschmack nach ihnen bilden und läutern möchten. Seine Bemühungen blieben auch nicht fruchtlos. Bald wurden in Frankreich Kunstwerke geschaffen, wovon man kurze Zeit vorher noch keine Ahnung gehabt hatte. Die Kirchen der Hauptstädte und die königlichen Lustschlösser wurden mit den trefflichsten Gemälden geziert, eine Menge Prachtgebäude aufgeführt, kurz, ganz Frankreich erhielt eine neue Gestalt, denn mit dem Aufblühen der Künste und Wissenschaften hoben sich auch Handel und Gewerbe. Der König wurde deshalb auch von seinen Unterthanen als der Wiederhersteller der Künste und Wissenschaften gepriesen. Zwei Monumente verewigen das Andenken dieses Fürsten, und von beiden haben wir eine Abbildung beigegeben. Das eine ist der Palast des Königs und das andere sein Grabmal. Beide Denkmäler zeigen,

Das Grabmahl Franz I.

was Bildhauerei und Baukunst in Frankreich zu leisten vermochten, denn an beiden haben zu dieser Zeit die größten Meister gearbeitet. Das erstere ließ Franz I. selbst erbauen. Es stand ursprünglich im Walde von Fontainebleau und war ein Jagdschloß. Als eins der vorzüglichsten Muster für das Studium der Bau- und Bildhauerkunst wurde es aber 1826 abgetragen, Stein um Stein genau bezeichnet, so nach Paris gebracht und hier wieder genau, wie es gewesen, in den elysäischen Feldern aufgerichtet.

Das Grabmal wurde drei Jahre nach des Königs Tode 1550 von dessen Sohn und Nachfolger Heinrich II. errichtet. Es besteht ganz aus weißem Marmor. Zwei prächtige Statuen, den König und seine Gemahlin im Augenblick des Hinscheidens vorstellend, und ein kunstreiches Basrelief, eine Scene aus der Schlacht von Marignano, bilden nebst den vier über ihm knieenden Evangelisten den Hauptschmuck dieses großartigen Monuments in der Kirche zu St.-Denis.

Pferderacen.

(Fortsetzung aus Nr. 162.)

Der Araber steht unter allen Pferdestämmen sehr hoch. Die wenigen wilden Pferde, die noch in einigen Wüsten Arabiens sich finden, werden von den Beduinen gejagt, die das Fleisch der Füllen als einen Leckerbissen lieben. Auch benutzen sie dieselben wol, um den Stamm der geringern Pferde zu vermehren, die sie den unkundigen Fremden als Abkömmlinge ihrer heiligen Race verkaufen. Sie sollen schneller als die gezähmten sein. Man fängt sie in verdeckten Gruben im Sande. Die Araber hatten im 7. Jahrhunderte noch keine vorzüglichen Pferde; aber die Pferde aus Kappadocien und andern Gegenden Asiens, die sie von ihren Nachbarn erhielten, wurden so sorgfältig gepflegt und so gleichförmig und mit so strenger Auswahl durch die schönsten Thiere derselben Race fortgepflanzt, daß schon im 13. Jahrhundert das arabische Pferd in hohem Rufe stand. Es soll drei Abarten arabischer Pferde geben: die Attechi, eine geringere Race, die zu den oben erwähnten wilden gehören; die Kadidschi, wörtlich Pferde von unbekanntem Stamme, eine gemischte Zucht, und die Kochlani, Pferde, deren Abstammung, wie die Araber sagen, 2000 Jahre rückwärts bekannt ist. Mehre derselben haben geschriebene und beglaubigte Stammbäume, die über 400 Jahre hinaufsteigen, und mit echt orientalischer Übertreibung bis zu Salomo's Stuterei hinangeführt werden. Auf diese Stammbäume wird die größte Sorgfalt gewendet, und man ist äußerst bedacht, die Möglichkeit eines Betrugs zu verhüten, so weit der geschriebene Stammbaum reicht. Die Kochlani werden hauptsächlich von den Beduinen in den entlegenern Wüsten gezogen. Hengste kann man leicht erhalten, jedoch nur zu hohen Preisen, selten aber Stuten, ausgenommen durch Trug oder Bestechung. Die Araber wollen gefunden haben, daß die Stute auf die Vorzüge der Abkömmlinge mehr Einfluß hat als der Beschäler, und die Genealogien ihrer Pferde werden stets von den Müttern gerechnet. Nicht jeder Beurtheiler würde die Gestalt des arabischen Pferdes vollkommen finden; aber sein Kopf ist unübertrefflich. Die Breite der Stirne, die Schönheit des Mauls, der Glanz des hervorstehenden Auges, die Kleinheit der Ohren und das schöne Geäder zeichnen den Kopf des arabischen Pferdes vor allen andern aus. Der Leib ist etwas zu leicht gebaut, die Brust zu schmal, doch weiter nach den Schultern wird der Brustkasten breiter und läßt der Lunge freies Spiel. Nächst dem Kopfe zeichnet sich der Araber durch die Bildung der Schultern vor allen andern Pferden aus. Er ist selten über 14 Hand 2 Zoll hoch. Die Feinheit der Beine und die schiefe Stellung der Fessel könnten dem Anscheine nach der Stärke des Thieres nachtheilig sein, aber dies ist keineswegs der Fall. Die stark hervortretenden Muskeln des Vorderbugs und der Schenkel zeigen, daß der Araber fähig ist, die Kraftbewegungen zu machen, die man ihm zuschreibt. Nur der Berber allein übertrifft ihn in edler und kräftiger Bewegung. Er vereinigt Schnelligkeit und Kraft und unbezwinglichen Muth. Man kann wol nicht Alles glauben, was von dem Araber erzählt wird; der Beduine ist zu Übertreibungen geneigt, zumal wenn von der Rüstigkeit seines Pferdes die Rede ist, das er so sehr als seine Kinder liebt; aber es ist nicht zu leugnen, daß dem Araber, als er in die europäischen Stutereien eingeführt wurde, keine andere Race zu vergleichen war. Er ist so berühmt wegen seiner Folgsamkeit als wegen seiner Schnelligkeit und seines Muthes. Er gewinnt eine ungemeine Zuneigung zu seinem Herrn, und ungeachtet seiner feurigen Natur schmiegt er sich ihm zutraulich an. Die freundliche Behandlung, die er von seiner frühesten Jugend an erhält, weckt und nährt diese Zuneigung und gibt ihm Folgsamkeit gegen den Willen seines Herrn, und daher eine Klugheit, die man selten bei andern Racen findet. Die Stute und ihr Füllen wohnen in demselben Zelte mit den Beduinen und seinen Kindern. Der Hals der Stute ist oft das Kopfkissen des Reiters und noch häufiger der Kinder, die sich auf ihr und den Füllen wälzen; nie entstehen dadurch Unfälle, und das Thier gewinnt jene Freundschaft gegen den Menschen, die es wegen einer gelegentlichen rauhen Behandlung nicht vergißt. Fällt der Araber von seinem Pferde und ist nicht im Stande, wieder aufzustehen, so bleibt es augenblicklich stehen und wiehert, bis Beistand kommt. Legt er sich zum Schlafen nieder, wenn Müdigkeit ihn überwältigt, so steht das Pferd wachsam über ihm und erweckt ihn durch Wiehern, sobald ein Mensch oder ein Thier sich nähert. Ein alter Araber hatte eine treffliche Stute, die ihn 15 Jahre lang in manchem Kampfe und auf manchem beschwerlichen Wege getragen hatte, und als er 80 Jahre alt und nicht mehr im Stande war, sie zu besteigen, gab er sie mit seinem Säbel, ein Vermächtniß von seinem Vater, seinem ältesten Sohne, ihm einschärfend, Beide werth zu halten und sich nicht zur Ruhe zu legen, ohne sie zu reiben wie einen Spiegel. Der junge Mann fand in dem ersten Gefechte, woran er Theil nahm, seinen Tod und das Pferd fiel in die Hände der Feinde. Als der alte Mann diese Botschaft erhielt, rief er aus, das Leben habe keinen Werth mehr für ihn, da er seinen Sohn und sein Pferd verloren habe, und um Beide trauernd, starb er bald nachher. So sehr aber der Araber sein Pferd liebt, er behandelt es doch zuweilen mit unglaublicher Grausamkeit. Das vielleicht noch nie gerittene Füllen wird nicht selten über Sandflächen und Felsen getrieben, 10—15 Meilen weit, ohne ihm einen Augenblick Ruhe zu gönnen. Dann wird es, dampfend und keuchend, in ein Wasser geführt, das tief genug ist, um darin zu schwimmen. Wenn es darauf frißt, als ob nichts geschehen wäre, so ist sein Ruf gegründet, und es gilt als ein echter Abkömmling der Kochlanirace. Der Araber fühlt nicht die Grausamkeit, die er sich erlaubt; es ist eine unabweichliche Gewohnheit, und Gewohnheit verleitet ihn, selbst Denjenigen Schmerz zuzufügen, die ihm so theuer sind. Ein Araber in der Wüste hatte eine einzige schöne Stute. Ein Europäer wollte sie kaufen; der Araber würde den Antrag sogleich mit Unwillen abgewiesen haben, aber er war sehr arm und besaß nicht die Mittel, seine dringendsten Bedürfnisse zu befriedigen. Noch immer zögerte er, das Anerbieten anzunehmen. Er hatte kaum Lumpen, sich zu bedecken, sein Weib und seine Kinder hungerten, und das Gebot des Europäers war so ansehnlich, daß es ihm Unterhalt für sein ganzes Leben verschaffen konnte. Endlich gab er nach. Er brachte das Pferd vor die Wohnung des Käufers, stieg ab, lehnte sich auf das Thier und blickte bald auf die Goldstücke, bald auf das geliebte Pferd. „Wem will ich dich überlassen?" sprach er seufzend. „Europäern, die dich fest binden, dich schlagen, dich unglücklich machen werden? Komm zurück mit mir, mein Schatz und mein Kleinod, erfreue die Herzen meiner Kinder." Mit diesen Worten sprang er auf das Pferd und war in einem Augenblicke aus dem Gesichte. Eine andere Anekdote ist nicht minder rührend. Ibrahim, ein armer wackerer Araber, war nicht im Stande, eine Schuld zu bezahlen, und mußte zu einem Kaufmanne in Rama gehen, um ihm sein Pferd zu verpfänden. Als die Zeit der Wiedererstattung herankam, konnte er das Pfand nicht einlösen, und die Stute wurde verkauft. Ihr Stammbaum war von väterlicher und mütterlicher Seite volle 500 Jahre alt. Der Preis war über 2000 Thaler, eine ungeheure Summe für jenes Land. Oft ging Ibrahim nach Rama, sich nach seinem Pferde zu erkundigen; er umarmte es, wischte ihm die Augen mit seinem Tuche, rieb es mit dem Ärmel seines Gewandes und gab ihm tausend Segenswünsche, während er mit ihm sprach. „Meine Seele, mein Schatz", sprach er, „muß ich so unglücklich sein, daß ich dich an Andere verkaufen mußte und nicht selber behalten konnte! Ich bin arm, meine Antelope. Ich habe dich auferzogen in meinem Zelte wie mein Kind, ich habe dich nie gescholten, immer geliebkost. Gott behüte dich! Du bist schön, du bist süß und lieblich. Gott behüte dich vor dem bösen Auge!"

Die arabischen Pferde erhalten nur eine spärliche Nahrung. Die Stute hat nur eine, höchstens zwei Mahlzeiten binnen 24 Stunden. Während des Tages ist sie vor dem Eingange des Zeltes angebunden, damit ihr Besitzer sie sogleich besteigen könne. Abends erhält sie ein wenig Wasser, fünf bis sechs Pfund Gerste oder Bohnen und legt sich zufrieden auf ihr Strohlager nieder.

Die ostindische Race zerfällt in verschiedene Abarten. Der Turki stammt ursprünglich von turkmanischen und persischen Pferden, ist schön gebaut, gefällig in seinen Bewegungen und ungemein folgsam. Er hat, gut gepflegt, eine treffliche und stolze Haltung und ungemein viel Feuer. Der Irani ist von minder schönem Wuchse, hat starke Hufe, aber nicht viel Feuer und große hangende Ohren. Der geduldige und folgsame Cozaki hat einen großen Kopf, überhaupt keinen regelmäßigen Bau, ist aber sehr brauchbar zu schwerer Arbeit. Der Modschinnis ist schön, feurig, behende und dauerhaft. Der Tazi ist leicht, hat einen eingebogenen Rücken, und besitzt eben darum viel Stärke, aber einen sichern Gang. Die meisten indischen Pferde sind über 14 Hand hoch. Ihre Beine sind unter dem Knie meist sehr dünn und die Knie dick, als ob sie den Spaht hätten.

Die chinesische Race ist klein, schwach, schlecht gebaut und ohne Feuer,

Das persische Pferd ist nächst dem Araber das schönste in Asien. Sein Kopf ist fast so schön als bei jenem, das Kreuz besser; es ist ebenso behende, aber nicht so dauerhaft. Die persischen Pferde waren hundert Jahre früher berühmt, ehe man die arabischen kannte. Die Perser hatten im Alterthume die beste Reiterei im Morgenlande. Die echten persischen Pferde wurden so sehr geschätzt, daß Alexander der Große ein solches Roß für das edelste Geschenk hielt, das er geben könnte, und wenn die parthischen Könige die Götter durch ein kostbares Opfer versöhnen wollten, ward ein Pferd auf dem Altare geschlachtet. Sie sind auch jetzt noch nicht ausgeartet. Nie sind sie über 14 — 14½ Hand hoch und im Ganzen größer als die Araber. Man gibt ihnen nur bei Sonnenaufgang und Sonnenuntergang Futter und Wasser und reinigt sie dann. Ihr gewöhnliches Futter ist Gerste und Häckerling; nie bekommen sie Heu. Das Lager des Pferdes ist sein Mist, der während des Tages an die Sonne gelegt, und wenn er sich gepulvert hat, dem Thiere Abends untergestreut wird. Dieser Mist berührt nicht den Leib des Thieres, der bei kaltem Wetter in eine warme, von den Ohren bis zum Schwanze reichende, mit einem Gurt befestigte Bedeckung eingewickelt ist. Bei warmem Wetter ist die Bedeckung von leichtem Zeuge. Bei Tage stehen die Pferde ganz im Schatten. In der Nacht werden sie im Hofe angebunden und die Hinterbeine durch härene Stricke befestigt, damit sie sich nicht einander anfallen und beschädigen. Die Wärter schlafen immer unter ihnen, um Unfälle zu verhüten. Aber dieser Vorsicht ungeachtet, reißen sie sich zuweilen los, und unter furchtbarem Wiehern, Schreien, Beißen und Ausschlagen beginnt der Kampf. Auch im Gefechte nehmen die persischen Pferde Theil an dem Kampfe der Reiter und zerreißen sich mit den Zähnen. Wettrennen sind in Persien gewöhnlich bei festlichen Gelegenheiten. Die zum Wettkampfe bestimmten Pferde werden in drei Haufen getheilt, um die Unterhaltung zu verlängern. Sie werden mehre Wochen vorher vorbereitet, und während dieser Zeit oft über die Rennbahn geführt. Man gibt sich viele Mühe, durch Schweiß und Anstrengung ihr Gewicht zu vermindern. In Tscherkessien hat fast jede angesehene Familie eine Anzahl von Pferden, welchen in ihrer Jugend ein Zeichen eingebrannt werden. Man ist dabei sehr strenge, sodaß Jemand, der einem Füllen von gemeiner Abkunft ein Zeichen geben wollte, das edle Herkunft anzeigt, für diesen Betrug mit dem Leben büßen müßte. Die beste tscherkessische Pferderace heißt Schalock, und zeichnet sich mehr durch Stärke und Behendigkeit als durch Schönheit aus.

Die turkmanische Race, in Turkestan, nordöstlich vom kaspischen Meere, ist seit den ältesten Zeiten wegen der Reinheit ihrer Abstammung berühmt. Sie ist groß, 15—16 Hand hoch, behende und unermüdlich in Beschwerden, doch ist ihr Bau nicht regelmäßig, der Kopf ist unverhältnißmäßig groß, die Brust schmal und sie sind auch zu hochbeinig.

Die tatarischen Pferde auf den unermeßlichen Ebenen des innern Asiens und in einem großen Theile des europäischen Rußlands, die noch wenig von dem Zustande der Wildheit sich entfernt haben, sind klein und schlecht gebaut, aber fähig, bei der spärlichsten Nahrung Beschwerden zu ertragen. Pferde, welche häufige Wanderungen nicht ertragen können, werden geschlachtet und nur die kräftigen erhalten. Die frei weidenden Pferde werden in Heerden getheilt, an deren Spitze zwei Hengste gestellt werden, die sie zusammenhalten. Selten geht ein Füllen verloren. Nähert sich eine fremde Heerde, so treiben die Hengste ihre Haufen dicht zusammen und stellen sich an die Spitze, greifen im Nothfalle an und vertreiben die andern. Wenn die Hengstfüllen heranwachsen, werden sie von der Heerde gesondert, und weiden in einiger Entfernung allein, bis sie groß genug sind, eigne Heerden bilden zu können.

Die türkischen Pferde stammen meist von Arabern und persischen oder andern asiatischen Racen. Sie sind länger als die arabischen und haben ein höheres Kreuz. Man hat sie häufig benutzt, durch Kreuzung die englische Race zu verbessern. Auch die Türken behandeln ihre Pferde mit großer Schonung und Milde, und die Thiere zeigen dagegen große Anhänglichkeit und Folgsamkeit gegen ihre Herren.

(Fortsetzung folgt in Nr. 164.)

Eisernes Dampfschiff.

Die Dampfschifffahrtsgesellschaft in Rotterdam hat 1835 für Rechnung der niederländischen Regierung zwei eiserne Dampfschiffe bauen lassen, die in den ostindischen Gewässern gebraucht werden sollen. Das größere, bereits verladen, das 115 Fuß lang und 20 F. breit ist, hat, theils nach dem cubischen Inhalte gemessen, theils gewogen, nicht mehr als 25 Last betragen. Es geht, ganz beladen und mit einer Batterie von eisernen Zwölfpfündern ausgerüstet, nicht drei Fuß tief, und wird durch eine Dampfmaschine, die 30 Pferdekraft hat, in Bewegung gesetzt. Das kleinere, noch auf dem Stapel liegende Dampfschiff ist 58 Fuß lang und 16 Fuß breit. Die Hitze am Bord dieser eisernen Dampfschiffe ist bedeutend geringer als am Bord der hölzernen, was in dem heißen Klima der ostindischen Gewässer für die europäische Mannschaft sehr wichtig ist. Die Eisenplatten, welche die Schale der Fahrzeuge bilden, sind oben von oben nach unten nicht über ¼ — 1 Zoll dick, und die in der hohen Kante liegenden eisernen Rippen sind gleichfalls nur 1 Zoll dick, daher der Raum in solchen Schiffen nicht nur weit größer als in dem hölzernen von gleichem Umfange, sondern auch das Gewicht der Fahrzeuge so gering ist, daß die Maschine an dem Boote selbst kaum eine Last zu schieben hat. Beide Schiffe sind bestimmt, gegen die Seeräuber zu kreuzen, und deshalb zum Schnellsegeln gebaut.

Bibelübersetzungen.

Die Baumgärtner'sche Buchhandlung in Leipzig hat seit 1835 zwei Ausgaben der Bibel begonnen, die beide in typographischer Hinsicht sich auszeichnen und mit zahlreichen Abbildungen versehen sind:

1) Die „Allgemeine wohlfeile Volksbibel nach Luther's Übersetzung", und

2) die „Allgemeine wohlfeile Bilderbibel für Katholiken" (mit der Druckerlaubniß des katholisch-geistlichen Consistorii im Königreiche Sachsen); jene nach dem correctesten Texte sorgfältig abgedruckt, diese nach einer von den geistlichen Behörden genehmigten Übersetzung. Die dem Texte eingedruckten, mit Randvignetten gezierten Abbildungen, deren jede, in Lieferungen erscheinende Ausgabe mindestens 500 enthalten wird, hat die Verlagshandlung sich mit bedeutenden Kosten in Frankreich angekauft, und es sind dieselben, welche die in Paris in französischer Sprache erschienene „Geschichte des Alten und Neuen Testaments"

von Le Maitre de Sacy zieren. Jede Ausgabe wird in 20—24 Lieferungen (jede zu 4 Gr.) vollendet werden.

Wir geben hier als Probe der Vorzüglichkeit der Holzschnitte:

Aus dem Alten Testamente Buch Ruth, Cap. I. Ruth reiset mit Naemi nach Bethlehem.

Aus dem Neuen Testamente über Evangelium Matthäi, Cap. XXVI. Christus am Ölberge.

Verantwortliche Herausgeber: Friedrich Brockhaus in Leipzig und Dr. C. Drärler-Manfred in Wien.
Verlag von F. A. Brockhaus in Leipzig.

Das Pfennig-Magazin
der
Gesellschaft zur Verbreitung gemeinnütziger Kenntnisse.

164.] Erscheint jeden Sonnabend. **[Mai 21, 1836.**

Isaak Walton's Haus.

Vorstehende Abbildung stellt das Wohnhaus des berühmten Anglers Isaak Walton in London (geboren 1593) vor, eines Mannes, welchem an heiterer Lebensfreudigkeit, Einfachheit der Sitten, Biederkeit der Gesinnung und regem Natursinn wenige Menschen glichen. In seinem Buche über das Angeln, das im 17. Jahrhunderte erschien und noch immer gern gelesen wird, sind diese Charakterzüge ausgesprochen. Er beschreibt das Angeln mit einer Begeisterung, die Denen vielleicht lächerlich erscheint, welche nicht Frohsinn und Zufriedenheit genug besitzen, in dem Genusse einfacher Vergnügungen Erholung von ihren Berufsgeschäften zu suchen. Walton widmete sich, nachdem er seine Geschäfte als Kaufmann aufgegeben hatte, dem Landleben und seiner Lieblingsbeschäftigung, dem Angeln. Diejenigen unserer Leser, welche an der treuen und schönen Darstellung einer solchen Lebensweise sich zu erfreuen wünschen, verweisen wir auf Washington Irving's Schilderung eines

Anglers in seinem „Skizzenbuche", wo auf Walton besonders Bezug genommen ist.

Pferderacen.
(Fortsetzung aus Nr. 163.)

Die deutschen Pferde sind im Allgemeinen groß, schwer gebaut und langsam. Aber auch in mehren deutschen Ländern ist man in neuern Zeiten bemüht gewesen, die einheimische Race durch Kreuzung mit fremden zu veredeln. Die preußischen, mecklenburgischen, holsteinischen und friesländischen Pferde gehören zu den vorzüglichsten Racen. Sie sind meist von dunkelbrauner Farbe, haben kleine Köpfe, weite Nüstern, große dunkle Augen und sind rüstig und dauerhaft.

Die schwedischen Pferde sind klein, aber gut gebaut und ungemein behende und feurig. Die finnländischen sind noch kleiner, nicht über 12 Hand hoch, schön gebildet und sehr behende. Die Bauern holen sie aus dem Walde, wenn sie gebraucht werden sollen. Sie sind dem Anscheine nach wild, werden aber unter sorgfältiger Aufsicht gehalten.

Die isländischen Pferde, die nach Einigen von den norwegischen, nach Andern von den schottischen abstammen sollen, sind sehr klein, aber kräftig und schnell. Man findet sie in zahlreichen Haufen in den Gebirgen, wo sie den Schnee wegkratzen, oder das Eis brechen, um spärliche Nahrung zu suchen. Einige werden in Ställen gehalten, aber wenn der Bauer mehre braucht, fängt er so viele ein als er nöthig hat und beschlägt sie.

Die flamändischen und holländischen Pferde sind groß, stark und gut gebaut. Die englischen Pferdezüchter benutzen sie häufig, ihre Zugpferde durch Kreuzung zu verbessern.

Die französischen Pferde sind, ungeachtet in neuern Zeiten in den zahlreichen Gestüten viel zur Veredlung der Race geschehen ist, den englischen an Schönheit, Behendigkeit und Stärke nicht gleich. Die besten Pferde werden in der Normandie und der ehemaligen Provinz Limosin gezogen. Auvergne und Poitou liefern eine kleine Race, die aber dauerhaft ist. Die vorzüglichsten Pferde für die Reiterei und für Wagen kommen aus der Normandie.

Die spanischen Pferde waren schon in ältern Zeiten berühmt, besonders die andalusischen, die während der Herrschaft der Araber durch Kreuzung mit afrikanischen veredelt wurden. Sie haben einen großen Kopf, eine breite Brust, ein hohes Kreuz und einen stolzen Gang und sind meist schwarz mit weißer Stirne.

Unter den italienischen Pferden waren früher die neapolitanischen berühmt, die aber in neuern Zeiten ausgeartet sind, wiewol einige derselben, die sich durch Größe und stattliche Gestalt auszeichnen, vorzügliche Wagenpferde sind. Man schreibt den Verfall der Pferdezucht in Italien besonders dem Umstande zu, daß man die einheimischen Racen nicht mit morgenländischen, sondern mit europäischen gekreuzt hat.

Die ungarischen Pferde sind leicht, behende und verrathen das morgenländische Blut.

In Nordamerika gibt es verschiedene Pferderacen. Die canadische findet man außer Canada in den nördlichen Staaten der Union. Sie sind zum Theil von französischer Abkunft. Das Conestogapferd ist in Pennsylvanien und in den mittlern Staaten einheimisch. Es ist hochbeinig, leicht gebaut, zuweilen gegen 17 Hand hoch und wird hauptsächlich als Zugpferd gebraucht. In Virginien und Kentucky gibt es meist Pferde von englischer Abkunft, die man auch in größerer oder geringerer Zahl in den übrigen Staaten findet, besonders aber haben sie sich in den südlichen Staaten in großer Reinheit erhalten. In den entfernten neuern Ansiedelungen, unter den sogenannten Hinterwäldlern, gleicht das Pferd den oben beschriebenen wilden Pferden in Südamerika und scheint von gleichem Ursprunge zu sein.

Die englischen Pferde sind seit langer Zeit mit so großer Sorgfalt veredelt worden, daß sich aus dem einheimischen Stamme eine der trefflichsten Racen gebildet hat. Wir glauben ihr eine umständlichere Betrachtung widmen zu müssen. Schon als die Römer unter Julius Cäsar in Britannien landeten (50 v. Ch.), hatten die Briten zahlreiche Kriegswagen, welche von Pferden gezogen wurden, die der Eroberer für so vorzüglich hielt, daß er viele derselben nach Rom führte, und britische Pferde wurden lange nachher in mehren Theilen des römischen Reichs geschätzt. Die Römer aber brachten mit ihrer Reiterei viele fremde Pferde auf die Insel, und der einheimische Stamm wurde durch die erste Kreuzung mit gallischen, spanischen und italischen Pferden verändert. Schon im 10. Jahrhunderte war die Verbesserung der Pferdezucht ein Gegenstand der Sorgfalt der Regierung. In derselben Zeit wurde die Ausfuhr von englischen Pferden, ausgenommen als Geschenke des Königs, verboten. Im 10. Jahrhunderte gab ein Fürst von Wales Verfügungen über den Preis und Verkauf der Pferde. Ein dreijähriges Füllen kostete 60, ein ausgewachsenes 120 Pence. Zu gleicher Zeit wurden Verordnungen gegen Betrug im Verkaufe erlassen und für den Käufer verschiedene Fristen bestimmt, während welcher er das Pferd erproben konnte, ob es frei von Schwindel, Engbrüstigkeit und Druse sei. Auch ward eine Geldbuße für Diejenigen festgesetzt, die gemiethete Pferde beschädigt hatten, unter andern wenn das Fleisch bis auf den Knochen aufgerieben war, 16 Pence. Es ist zu bemerken, daß in den ältesten Nachrichten nichts von dem Gebrauche des Pferdes vor dem Pfluge vorkommt; es wurden in England, wie in andern Ländern, blos Ochsen dazu gebraucht. Gegen Ende des 10. Jahrhunderts schlich eine Neuerung ein, und es ward in Wales durch ein Gesetz verboten, nicht mit Pferden und Kühen zu pflügen. Nach der Mitte des 11. Jahrhunderts aber findet man auf dem aus jener Zeit stammenden sogenannten Teppich von Bayeux ein vor eine Egge gespanntes Pferd, und dies ist die erste sichere Spur von der Benutzung der Pferde zur Feldarbeit. Mit Wilhelm dem Eroberer nahm die Pferdezucht in England einen Aufschwung. Er und die meisten seiner Begleiter kamen aus einem Lande, wo der Ackerbau bereits größere Fortschritte gemacht hatte als in England. Von mehren normannischen Rittern, die neue Besitzungen in England erhielten, wurde das spanische Pferd eingeführt. In der ersten Hälfte des 12. Jahrhunderts kam das erste arabische Pferd nach England. Nach der Mitte desselben Jahrhunderts wurde in Smithfield zu London schon ein berühmter Pferdemarkt gehalten, und zur Erprobung der verkäuflichen Pferde ward ein Wettrennen eingeführt. Während der Kreuzzüge wurden nicht selten schöne morgenländische Pferde nach England gebracht. Unter König Johann, welcher 1216 starb, hob sich die Pferdezucht durch die Einführung flamändischer Hengste, wodurch besonders der Grund zu der trefflichen englischen Race der Zugpferde gelegt wurde. Der König selbst hatte einen Marstall von erlesenen Pferden, die sich durch ungewöhnliche Stärke auszeichneten. Zu Anfange des 14. Jahrhunderts wurden mehre Kriegspferde und einige Zugpferde aus der Lombardei nach England eingeführt. Italien und Spanien waren damals die Länder, die den übrigen Europäern Prachtpferde und Kriegsrosse lieferten, während die besten Ackerpferde aus Flandern kamen. Unter Eduard III. (1327—77) wurde die königliche Stuterei durch spanische Pferde verbessert, deren Überschiffung so kostbar war, daß dem Könige jedes Pferd 160 Pfund Sterling jetziger Währung (über 1100 Thaler) kostete. Man erkannte immer mehr die Vortheile, die stattliche und schwere einheimische Race mit leichtern und behendern Fremdlingen zu kreuzen. Nur eine Schwierigkeit stand diesen Verbesserungen entgegen. Der gerüstete Ritter hatte oft ein Gewicht von 25 Stein, und es gehörte ein starkes Pferd dazu, eine so schwere Last zu tragen. Erst als das Feuergewehr eingeführt und die schwere Bewaffnung und Rüstung unnöthig wurde, begann eigentlich die Veredlung der englischen Pferdezucht. Die Ausfuhr einheimischer Pferde ward unter schweren Strafen verboten, und die Eifersucht auf die veredelten englischen Pferde war so groß, daß ein deutscher Kaufmann, der flandrische Pferde nach England zum Verkaufe gebracht hatte, zwar die Erlaubniß erhielt, sie wieder mitzunehmen, ihm aber durchaus verboten wurde, sie nach Schottland zu führen. Die englischen Pferde wurden immer vorzüglicher, und ihr Preis stieg im 14. Jahrhunderte bedeutend; die Betrügereien der Roßhändler gingen jedoch schon so weit, daß mehre Verfügungen gegeben wurden, und die beschränkte Ansicht jener Zeit, welche die Nachtheile des Eingreifens in die Landwirthschaft und den Verkehr nicht einsah, glaubte durch Preisbestimmungen abhelfen zu können. König Heinrich VIII., der viel auf äußern Prunk hielt, suchte eine Zucht stattlicher und stolzer Pferde zu erlangen, und gab mehre Verordnungen, die mit seinem herrischen Charakter im Einklange standen, aber zur Erreichung des Zwecks wenig geeignet waren. Er führte ein bestimmtes Maß ein, unter welchem kein Pferd gehalten werden sollte. Die geringste Höhe für einen Hengst waren 15 Hand*), für eine Stute 13 Hand. Ehe völlig ausgewachsen, durfte kein Hengst, der über zwei Jahre alt und unter 14½ Hand hoch war, zur Zucht gebraucht werden. Zu Michaelis wurden unter obrigkeitlicher Aufsicht die Wälder und Gemeinländer abgesucht, um nicht nur solche kleine Hengste, sondern überhaupt unansehnliche Thiere und Füllen, die keinen kräftigen Stamm versprachen, todt zu schlagen. Alle Prälaten und Edeln, und solche, deren Frauen sammtne Hauben trugen, sollten keine andern Sattelpferde als Hengste, wenigstens 15 Hand hoch halten. Die Pferdezucht verfiel, und die Zahl der Pferde verminderte sich. Man kannte noch nicht das Geheimniß, die Pferdezucht zu veredeln und beschränkte sie auf solche Kreuzungen, von welchen sich wenig Vortheil erwarten ließ, oder die vielmehr in Beziehung auf den damaligen Zustand des Landes standen, auf das schwere Fuhrwerk, die schlechten Straßen und das langsame Reiten. Die meisten Pferde waren schwerer Art, nur als Zugvieh nützlich, und die leichter gebauten waren schwach. In mehren Gegenden Englands wurden regelmäßige Wettrennen schon im 16. Jahrhunderte eingeführt, aber es gab noch keine Zucht für Wettläufer. Alle Pferde wurden zugelassen. Erst im ersten Viertel des 17. Jahrhunderts wurden bestimmte Regeln für das Wettrennen eingeführt. Vor dieser Zeit hatte man Kreuzungen mit türkischen und nordafrikanischen Pferden versucht, doch ohne großen Erfolg. Jakob I. ermunterte zu Versuchen mit Arabern, die aber anfänglich gegen manche Vorurtheile zu kämpfen hatten. Unter Karl I. begannen die Pferderennen in Hydepark und Newmarket, und Cromwell, der den günstigen Einfluß dieser Übungen auf die Pferdezucht erkannte, hielt selbst vorzügliche Wettrennen. Karl II. schickte seinen Stallmeister in das Morgenland und ließ eine Anzahl von türkischen und nordafrikanischen Pferden einkaufen. Seitdem wurde bis zur Mitte des 18. Jahrhunderts das System der Veredlung der Pferdezucht eifrig verfolgt; mit allen Arten morgenländischer Pferde wurden Kreuzungsversuche gemacht, und die Vorzüge der Thiere von gemischter Abstammung vor den besten des Urstammes waren bald sichtbar. Im ersten Viertel des 18. Jahrhunderts machte man, dem noch immer herrschenden Vorurtheile zum Trotze, auch wieder Versuche mit Arabern, die sehr glücklich ausfielen, und sie lieferten den Engländern einen Pferdestamm, der an Schönheit, Behendigkeit und Stärke mit jedem andern verglichen werden kann.

(Der Beschluß folgt in Nr. 165.)

Saint-Malo.

Der Hafen und die Stadt Saint-Malo in dem Departement der Jlle und Vilaine bieten den überraschendsten Anblick dar. Auf der Spitze eines Felsens, erbaut zur Zeit der Flut, auf allen Seiten vom Meere umgeben, zeigt sich nur während der Ebbe eine lange und schmale Erdzunge, welche die Stadt mit dem Festlande verbindet. Diesen Damm, über welchem sich das feste Schloß von St.-Malo kühn erhebt, zeigt umstehende Abbildung. Der Raum war enge; man suchte daher in der Höhe zu gewinnen, was in der Breite versagt war, und massive, vier- und fünfstöckige Häuser, von Granit erbaut, ragen über die schon hohen Wälle der Stadt empor. Den Einwohnern blieb kein Raum zu Spaziergängen übrig, als diese Wälle selbst, welche aber interessante Ansichten des Festlandes und der Inseln Harbourg und Petit-Bey darbieten, wie unsere Abbildung zeigt, und kein Baum, als einige eingekerkerte Linden auf dem kleinen Platze Duguay-Trouin.

Die Bewohner von St.-Malo galten zu allen Zeiten für die kühnsten Seefahrer und Korsaren Frankreichs. Im Mittelalter stand St.-Malo mit der Hanse in Verbindung; seit 1560 knüpfte es engere Handelsverbindungen mit Amerika und Indien an; der Handel von Mokka war ganz in seiner Hand. Von Duguay Trouin, seinem Seehelden, begeistert, rüstete die Stadt die berühmte Kaperflotte aus, mit welcher dieser Rio Janeiro eroberte, dessen Lösegeld in mehr als 12 Millionen Kisten Zucker und andern schweren Bedingungen bestand. Durch solche Kaperzüge wurde St.-Malo reich und mächtig. Dies zog ihm die Feindschaft der Engländer zu, welche mehrmals bemüht waren, diesen verhaßten Felsen von Grund aus zu zerstören. Sie bombardirten die Stadt zu verschiedenen Zeiten, vorzüglich 1693, wo sie während der Nacht ein großes, inwendig gemauertes Schiff, mit Pulverfässern, Bomben und dergl. gefüllt, gegen die Stadtmauern führten. Doch die furchtbare Brander scheiterte auf einer Klippe, er ward zwar entzündet, aber die Entfernung war zu weit und die Bomben erreichten die Stadt nicht. Doch eben während dieser Zeit, von 1688—97, betrugen die Prisen der Kaper von St.-Malo nicht weniger als 162 Begleitschiffe und 3384 Handelsfahrzeuge von allen Größen.

*

---

*) Drei Hand sind gleich einem Fuße.

Ansicht des Schlosses von St.-Malo.

Ansicht der Inseln Harbourg und Petit-Bey von dem Walle St.-Malos.

Der Hafen von St.-Malo bietet je nach den Zeiten der Ebbe und der Flut zwei ganz verschiedene Ansichten dar. Bald erscheint er wie ein ungeheures Bassin, von Fischerbarken und Booten überall durchfurcht, welche die Verbindung zwischen der Stadt und dem Festlande unterhalten, während große Schiffe ein- und auslaufen. Dies ist die Zeit der Flut. Sechs Stunden später, zur Zeit der Ebbe, sieht man dagegen eine weite Sandebene, nur von einigen schwachrieselnden Wasserfurchen durchschnitten. Die Schiffe, welche noch eben

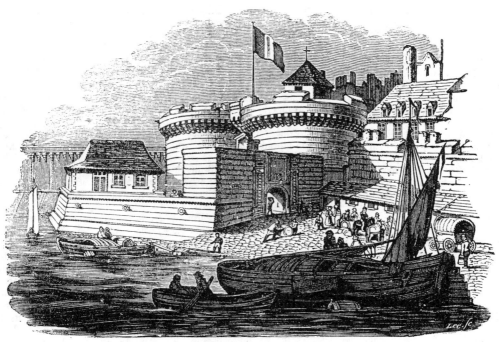

Ansicht des Hafens von St.-Malo.

Das Thor von St.-Malo.

erst stolz dahinsegelten, liegen nun hülflos auf der Seite, den traurigen Anblick gescheiterter Fahrzeuge darbietend. Matrosen klettern daran umher, um auszubessern oder zu theeren, wo es Noth thut, Weiber und Kinder suchen Muscheln und Schnecken an ihren Kielen, während schwerfällige Karren statt der flüchtigen Barken dahinziehen. Bald aber kehrt die Flut wieder und auf einmal wechselt die Scene. Die hülflosen Schiffe richten sich wieder stolz empor, die Karren fliehen, die Boote erscheinen wieder und dem trägen Halbschlummer folgt wieder das regste, eiligste Leben, denn in sechs Stunden hat auch dies wieder sein Ende.

Dreitausend Menschen machen täglich die Überfahrt zwischen St.-Malo und dem gegenüberliegenden St.-Servan, wo ein Kriegshafen sich befindet, der nicht weniger lebhaft als der Handelshafen ist, auf Karren oder in Booten. Zu solchem Reichthume aber war der Handelsstand von St.-Malo ehedem emporgestiegen, daß ein Handlungshaus 1711 Ludwig XIV. ein Dahrlehn von mehr als 7 Millionen Thalern machen konnte. Der Verlust der

Colonien, das Continentalsystem, die unglücklichen Seekriege aber haben freilich einen großen Theil dieses Reichthums zerstört, doch ist St.-Malos Handel immer noch bedeutend zu nennen. Die Einfuhr besteht besonders aus Colonialwaaren, die Ausfuhr nach Spanien und Amerika in Hanf, Getreide, Früchten und getrockneten Fischen. Der französische Stockfischfang ist fast ganz in den Händen von St.-Malo; 120 Schiffe beschäftigen sich ausschließend damit und 3000 Matrosen leben von ihm.

Ein Sprüchwort, durch ganz Frankreich bekannt, bezeichnet die Hunde von St.-Malo als gefährliche Feinde der menschlichen Waden, sodaß Der, der daran vielleicht Mangel hat, scherzweise gefragt, ob er in St.-Malo war. Dieses Sprüchwort hat seinen Ursprung darin, daß man ehemals zum Schutz der auf dem Trockenen liegenden Schiffe eine Schar furchtbarer Bullenbeißer unterhielt, die, zur Nacht losgelassen, Jeden von den Schiffen abhielten. Ein besonderer Aufseher war über diese fürchterlichen Wächter gestellt und regierte sie mit einer Trompete. Diese Wächter wurden aber 1770 abgeschafft, nachdem sie einen Offizier, der sich den Eingang erzwingen wollte, nach vergeblichem Gebrauche seines Degens, in Stücken zerrissen hatten.

Über das Baden und Schwimmen.

Obgleich der äußerliche Gebrauch des Wassers zur Erhaltung der Gesundheit und Reinlichkeit schon zu allen Zeiten und bei allen Völkern gewöhnlich gewesen ist, so scheint doch das Baden, als angenehmer Genuß oder als Heilmittel, nur auf die gesitteten Völker Europas und Asiens beschränkt gewesen zu sein. In den frühesten Schriften des Alterthums wird des Badens entweder als eines religiösen Gebrauchs oder als eines Stärkungsmittels gegen die Beschwerden und Abmattungen des Kriegs erwähnt; aber bei diesen Erwähnungen ist nur das kalte Bad, worauf wir unsere Aufmerksamkeit beschränken werden, in Betracht gezogen. Das Baden wurde den Anhängern des Mosaischen Gesetzes streng befohlen. An verschiedenen Stellen der heiligen Schrift wird es als Heilmittel verschiedener Krankheiten genannt. In mehren bestimmten Fällen wurden die Juden, bevor sie nicht die vorgeschriebenen Abwaschungen verrichtet hatten, als unrein angesehen und durften keine Gemeinschaft mit Andern pflegen. Die Griechen entlehnten, wie ihre Geschichtschreiber erzählen, den Gebrauch des Bades von den Ägyptern, und die öffentlichen Bäder bildeten bei ihnen einen wichtigen Zweig der Baukunst; viele Wohlhabende suchten sich durch Verschwendung in der Einrichtung und Verzierung öffentlicher Bäder die Gunst des Volkes zu erwerben, und noch heute bewundert man die werthvollen Überreste dieser Gebäude. Die Spartaner überließen die Einrichtung der Badeanstalten nicht der Willkür von Privatpersonen, sondern unterwarfen sie festen Gesetzen. Die Römer nahmen sich die Bäder der Griechen zum Muster und bauten wie diese die schönsten Bäder, die sie aber später in prächtige Wohnhäuser verwandelten, worin die Söhne der Patrizier und Reichen erzogen wurden.

Die Veränderung, welche die Berührung des kalten Wassers auf den Körper hervorbringt, könnte uns veranlassen, die physische Natur und Eigenschaft des kalten Bades zu untersuchen, und wir wollen wenigstens einige Andeutungen davon geben. Das leichteste Wasser ist wenigstens 800mal schwerer als Luft; wenn daher die Luftsäule, welche auf unsern Körper drückt, mit einer Gewalt von 39,000 Pfund in Wasser verwandelt werden könnte, so würde das ganze Gewicht dieses Druckes 31,200,000 Pfund betragen. Da aber unsere Gesundheit durch einen Unterschied von 3—4000 Pfund in dem Drucke der Luft angegriffen wird, so kann man leicht begreifen, daß der menschliche Körper nicht dazu geeignet ist, auf längere Zeit den großen Druck des Wassers zu ertragen. Aus diesem Grunde wagen es selbst die erfahrensten Negertaucher nicht, über einer gewissen Tiefe sich in das Meer hinabzulassen, wohlwissend, daß es unmöglich sein würde, sich gegen den vermehrten Druck des Wassers auf ihren Körper wieder zu erheben.

Wenn Jemand in dem gewöhnlichen Gesundheitszustande in ein kaltes Bad geht, ergreift ihn zuerst ein Gefühl von Kälte, worauf fast unmittelbar eine schnell zunehmende Wärme folgt. Diese Zunahme der thierischen Wärme ist der Gegenwirkung des gesammten Körpers zuzuschreiben, die ihn in den Stand setzt, dem äußern Eindrucke, welcher ihm schädlich werden könnte, zu widerstehen; diese Gegenwirkung steht im Verhältniß mit der Stärke des Eindrucks, durch welchen sie aufgereizt wird, und mit der Stärke der Lebenskräfte, deren besondere Anstrengung sie ist. Diese Gegenwirkung ist es, die den Körper in Stand setzt, von der Anwendung des kalten Bades Nutzen zu ziehen, und wo sie gar nicht, oder nur in geringem Grade stattfindet, ist das kalte Bad unvorsichtig angewendet; wenn daher der Körper durch dauernde Arbeit oder Krankheit geschwächt worden ist, sollte das kalte Bad vermieden werden, und wenn Jemand nach dem Gebrauch desselben matt und unthätig ist oder fröstelt, von Kopfschmerz oder Brustbeklemmung befallen wird, so ist es einleuchtend, daß er es nicht vertragen kann, oder daß er es zu lange gebraucht hat. Das beste kalte Bad ist im Meere oder in einem Flusse, indem wir hier nicht unthätig sein dürfen, sondern stets in Bewegung bleiben müssen und dadurch das Blut von dem Mittelpunkte bis zu den entferntesten Theilen des Körpers in Umlauf bringen. Nachdem man das Bad verlassen hat, muß man den Körper mit einem trockenen und etwas rauhen Tuche abtrocknen.

Dr. Franklin ist der Meinung, daß es nie zu spät sei, schwimmen zu lernen, und diese Meinung wird durch die specifische Schwere der verschiedenen Theile des menschlichen Körpers gerechtfertigt. Die Beine, Arme und der Kopf, als feste Theile, sind specifisch schwerer als frisches Wasser; der Rumpf jedoch, besonders der obere Theil, ist wegen seiner hohlen Beschaffenheit viel leichter als Wasser, sodaß der ganze Körper zusammengenommen zu leicht ist, ganz unter das Wasser zu sinken, sondern es wird ein Theil oben bleiben, bis die Lunge mit Wasser angefüllt ist. Dies geschieht dadurch, daß Wasser anstatt Luft eingesogen wird, daß Jemand in plötzlichem Schrecken zu athmen versucht, während der Mund und die Nase untergetaucht sind. Die Beine und Arme sind specifisch leichter als Salzwasser, und werden auf der Oberfläche desselben erhalten werden, sodaß der menschliche Körper in Salzwasser nicht sinken würde, selbst wenn die Lunge schon mit Wasser angefüllt wäre, wofern nicht die größere specifische Schwere des Kopfes vorhanden wäre; folglich kann Jemand, wenn er sich auf den Rücken legt und die Arme ausstreckt, in dieser Lage bleiben und durch Mund und Nase frei athmen, durch eine leichte Handbewegung aber den Körper an dem Umwenden hindern, wenn er Neigung dazu zeigen sollte. Legt sich im frischen Wasser aber Jemand rücklings auf die Oberfläche, so kann er nicht lange in dieser Lage bleiben ohne eine eigenthümliche Thätigkeit der Hände; wendet er diese nicht an, so sinken die Beine und der untere Theil des Körpers langsam unter, bis dieser in eine aufrechte Stellung kommt, in welcher er bleiben wird, indem die hohle Beschaffenheit der Brust den Kopf aufwärts erhält. Wenn aber der Körper in dieser aufrechten Stellung bleibt und der Kopf ganz zurückgebogen wird, sodaß das Gesicht aufwärts blickt, so bedeckt das Wasser den ganzen hintern Theil des Kopfes, und da sein Gewicht sehr durch dasselbe unterstützt wird, so bleibt das Gesicht über dem Wasser und das Athmen frei. Das Gesicht wird sich bei jedem Einathmen um einen Zoll erheben, und bei jedem Ausathmen um ebenso viel sinken, aber nie so tief, daß das Wasser über den Mund käme. Wenn Jemand, der nicht schwimmen kann, zufällig ins Wasser fällt, aber Geistesgegenwart genug hat, um das Untersinken zu vermeiden und den Körper in diese natürliche Stellung zu bringen, so kann er sich vielleicht so lange vor dem Ertrinken bewahren, bis Hülfe kommt, denn das durch eingesogenes Wasser vermehrte Gewicht der Kleider ist im Wasser selbst unbedeutend, obschon sie sehr schwer sind, wenn sie aus dem Wasser kommen. Aber es ist Niemandem zu rathen, sich auf seine Geistesgegenwart in einem solchen Augenblicke zu verlassen; das Sicherste ist, schwimmen zu lernen. Dann wird man, im Besitz dieser Fertigkeit, bei vielen Gelegenheiten sich sicherer und glücklicher fühlen, da man frei von peinlicher Furcht vor Gefahren sein kann, des Vergnügens nicht zu gedenken, das diese so angenehme und nützliche Übung gewährt. Abgesehen, daß es eine nützliche Leibesübung ist, hat es auch noch den Nutzen eines kalten Bades, der durch die Bewegung und die Muskelanstrengung vermehrt wird. Einige Regeln und Warnungen jedoch müssen beachtet werden; mehrere sind bereits erwähnt, und es ist nur noch zu bemerken nöthig, daß Derjenige, der sich hinabstürzen will, mit dem Kopfe, aber nicht mit den Füßen, zuerst in das Wasser tauchen sollte; der Körper soll weder zu warm noch zu kalt sein; gefährliche Flüsse und Teiche sollten vermieden werden, und man sollte das Wasser nicht eher betreten, bis die Strahlen der Sonne dasselbe einigermaßen erwärmt haben.

Sehr gefährlich für den Badenden ist der Krampf. Wird man von diesem Gefühle befallen, so ist es ein Mittel zur Vertreibung desselben, dem davon ergriffenen Gliede einige plötzliche, starke und heftige Bewegungen, wo möglich außerhalb des Wassers, zu geben; sollte dies nicht fruchten, so muß sich der Schwimmer auf den Rücken legen und diese Bewegungen fortsetzen. Ein Schutzmittel wider den Krampf ist, wenn man die Glieder vor dem Baden mit einem rauhen Handtuche reibt.

Zu welcher Vortrefflichkeit es auch die Menschen im Schwimmen gebracht haben mögen, so ist es doch bemerkenswerth, daß fast noch alle Personen, die ins Wasser gefallen sind, ertranken, wenn sie nicht fremde Hülfe gerettet hat. Der Schreck ist die Ursache davon. Wir haben bereits gesagt, daß der menschliche Körper, nach physischen Grundsätzen, schwimmen muß, wenn er nicht durch unsere eignen Anstrengungen daran gehindert wird; daß ein Mensch in Salzwasser, wenn er ganz ruhig mit ausgestreckten Armen liegt, schwimmen und frei athmen wird, und daß er dasselbe auch in süßem Wasser thun kann, wenn er eine leichte Bewegung seiner Hände anwendet. Wollte daher Jemand, der sich im Wasser befindet, und nicht schwimmen kann, versuchen, gelassen und ruhig zu werden, anstatt im Schreck alle mögliche Anstrengungen zu machen, die ihn nur erschöpfen und zum Sinken bringen, so würde er vor dem Ertrinken sicher sein. Die Plötzlichkeit des Falles wird ihn erst zum Sinken bringen, unmittelbar darauf aber hebt ihn das Wasser wieder auf die Oberfläche empor; eine unglückselige Neigung aber, die Arme empor zu strecken, als ob er nach etwas fassen wollte, bringt ihn um die ganze Schwimmkraft der Arme und gewöhnlich auch um sein Leben.

Eisenbahn von Dublin nach Valentia als künftigem Welthafen.

Unter der großen Menge von Plänen zu Eisenbahnen, welche dem englischen Parlament zur Genehmigung vorgelegt worden sind, befindet sich besonders einer, dessen Wichtigkeit nicht nur für England und Irland, sondern für Europa und Amerika so groß ist, daß man zuversichtlich erwartet, das Parlament werde ihn nicht nur genehmigen, sondern einen großen Theil der Kosten übernehmen. Dies ist die Eisenbahn von Dublin nach Valentia, dem westlichsten Hafen von Irland und von Europa. Er wird durch die Insel Valentia gebildet, enthält hinlänglichen Raum für die größte Seemacht der Welt, und hat zwei tiefe Ausmündungen in das Meer, wodurch es möglich wird, daß die Schiffe zu jeder Zeit ein- und ausfahren können, wie auch Wind und Wetter sein mögen. Die Entfernung von Dublin ist 40 deutsche Meilen, welche auf einer Eisenbahn leicht in 10 Stunden zurückgelegt werden können. Sobald daher die Eisenbahn von London nach Manchester vollendet sein wird, würde man von London in 34 Stunden in Valentia sein, nämlich London bis Liverpool 10 Stunden, Liverpool bis Dublin auf Dampfschiffen 14 Stunden, und 10 von Dublin bis Valentia. Von Valentia würden dann neue Linien von Dampfschiffen ausgehen, welche den großen Vortheil hätten, die schwierige, gefährliche und langwierige Schifffahrt im englischen Kanal zu vermeiden. Die Postdampfschiffe für Spanien, Portugal und das mittelländische Meer würden nach Valentia verlegt und eine neue Linie für Amerika angelegt werden. Daß Dampfschifffahrt über das atlantische Meer möglich ist, unterliegt keinem Zweifel. Ein Dampfschiff von 500 Tonnen, mit Maschinen von 160 Pferdekraft würde täglich 17 Tonnen Steinkohlen verbrauchen, und die Fahrt von Valentia nach Halifax in Neuschottland in 11—12 Tagen machen. Man könnte daher mit Sicherheit darauf rechnen, Amerika von London aus in 14 Tagen zu erreichen, während man gegenwärtig bei der Unsicherheit der Fahrt im Kanal oft auf 40 Tage rechnen muß. Es wäre keineswegs unmöglich, eine Linie von Dampfbooten zwischen Valentia und Neuyork zu errichten: die Entfernung ist 540 deutsche Meilen, welche in 15—16 Tagen gemacht werden könnten, aber die Linie von Halifax hätte den großen Vortheil, daß man in Neuschottland Steinkohlen, welche zur Dampfschifffahrt tauglich sind, im Überfluß findet, während sie in Neuyork mangeln, wohin man sie aus Halifax kommen läßt. Dadurch würde der Verkehr mit Nordamerika, der gegenwärtig fast ganz in den Händen der Nordamerikaner ist, wieder in die Hände der Engländer kommen. Der Vortheil, den Irland in einer Eisenbahn finden müßte, da es in der Mitte durchschneiden und zum Mittelpunkt der Communicationen zwischen Europa und Amerika machen würde, ist unberechenbar. Die örtlichen

Verhältnisse bieten keine Schwierigkeiten dar, die Kosten sind auf 18 Millionen Thaler angeschlagen.

Der Talgbaum in China.

Die Chinesen nennen den Baum, der den vegetabilischen Talg liefert, u Kinou. Er ist dem Birnbaume ähnlich, hat einen kurzen dicken Stamm und eine glatte Rinde. Aber der merkwürdigste Theil ist die Frucht, die sich in einer Schale befindet. Ist sie reif, so öffnet sich die Schale von selbst und es zeigen sich drei weiße Kerne von der Größe einer Haselnuß. Diese Kerne geben den schönen Talg, den die Chinesen so nützlich zu verwenden wissen. Die Maschine, worin die Kerne zerquetscht werden, besteht in einem rückwärts und vorwärts sich bewegenden Rade in einem ausgehöhlten Baumstamme, der mit Eisen ausgefüttert und auf dem Boden befestigt ist. Sind die Kerne zerquetscht, so werden sie eine ziemlich lange Zeit der Wirkung des Dampfes ausgesetzt, bis sie ganz weich sind, und dann schnell auf verschiedene Lagen Stroh übereinander ausgebreitet. Diese Lagen werden mit den Füßen gestampft, bis sich Kuchen, aus Kernen und Stroh gemischt, bilden, die man dann wie den Rübsamen preßt. Die Chinesen gewinnen aber auch den Talg, indem sie die zerquetschten Kerne in Wasser kochen und das oben schwimmende Öl abschöpfen. Der Talg ist hart und weiß und völlig dem thierischen gleich. Die besten daraus verfertigten Lichter erhalten einen Wachsüberzug. Gehörig bereitet, rauchen sie nicht und haben keinen unangenehmen Geruch. Der Talgbaum wird in großen Ebenen reihenweise gepflanzt, und eine solche Pflanzung gewährt mit den purpurnen Blättern und den hochgelben Blüten des Baumes einen reizenden Anblick.

Feine indische Weberei.

Zu Dacca in Ostindien wurden bis 1820 Musline von so großer Feinheit gefertigt, daß das Stück von 15 Ellen und 1½ Elle Breite nur 10½ Rica Ruppie (8 Loth) wogen. Jetzt sollen aber diese nicht mehr so herzustellen sein, da die Frauen, welche ehemals so fein spannen, seitdem gestorben sind, und wegen der verminderten Nachfrage nach dergleichen Zeuchen keine Schülerinnen gebildet haben. Die Fäden konnten zu diesem Gespinnste nur vor Sonnenaufgang, so lange noch Thau lag, gesponnen werden, auch besaßen diese Arbeiterinnen eine große Geschicklichkeit im Ausbessern, daß sie z. B. aus einem ganzen Stücke solchen Muslins einen Faden herauszogen und mit einem andern feinern ersetzten.

Omaï.

Die folgende Abbildung stellt den jungen Omaï dar, einen Eingeborenen der Freundschaftsinseln in der Südsee, welchen der berühmte Seefahrer Cook*), als er gegen Ende des vorigen Jahrhunderts diese Inseln besuchte, mit sich nahm und nach England brachte. Omaï leistete ihm wesentliche Dienste; er diente ihm nämlich als Dolmetscher bei den Unterhandlungen mit den Südseeinsulanern, wozu er wegen seiner Gelehrigkeit und sanften, freundlichen Gemüthsart, die den Bewohnern der Freundschaftsinseln überhaupt eigen ist, vorzüglich paßte. Auch in England empfahl sich Omaï so sehr durch diese Eigenschaften, daß er dort mit der größten Freundlichkeit behandelt ward und bei den angesehensten Personen Zutritt erhielt. Er betrug sich mit vielem Anstand, zeigte eine ungezwungene Höflichkeit gegen Jedermann, und dabei so viel bescheidene Wißbegierde, daß er von den berühmtesten Männern Londons geschätzt und ausgezeichnet wurde. Die natürliche Feinheit seines Betragens schien zu verrathen, daß Omaï Häuptling eines Stammes in seinem Vaterlande gewesen sei; dies war jedoch keineswegs der Fall; allein spätere Reisende, die sich mit den Eingeborenen jener Inseln vertraut gemacht haben, versichern, daß Allen ein besonderes Talent für den geselligen Umgang eigen ist.

Als Cook, den er lange überall hin begleitet hatte, ihn nach seinem Vaterlande zurückbrachte, weinte Omaï die bittersten Thränen und bat dringend, ihn wieder mit nach England zu nehmen, obgleich sein Beschützer sehr für ihn gesorgt und ihm Land, Haus und Garten geschenkt hatte, um in Zukunft ruhig unter seinen Landsleuten leben zu können. Wahrscheinlich fürchtete er, daß diese, wegen der Auszeichnung, die er von den Europäern erfahren, und wegen der größern Kenntnisse, die er auf seinen Reisen gesammelt hatte, einen Haß auf ihn werfen würden, und ruhte deshalb nicht eher, bis er den größten Theil der ihm geschenkten Güter wieder unter seine Landsleute vertheilt hatte.

*) Vergl. Pfennig-Magazin Nr. 18.

Das Pfennig-Magazin

der

Gesellschaft zur Verbreitung gemeinnütziger Kenntnisse.

165.] Erscheint jeden Sonnabend. [Mai 28, **1836**.

Cordova.

Ansicht der Stadt Cordova und der Brücke über den Guadalquivir.

IV   22

Cordova.

Córdŏvă, Hauptstadt in der gleichnamigen spanischen Provinz und die zweite Stadt Andalusiens, wurde wahrscheinlich von den Römern angelegt, welche sie Colonia patricia und später Corduba nannten. Sie war ein ansehnlicher Ort, hatte eine berühmte Akademie und war die Heimat zweier ausgezeichneten römischen Gelehrten, des ältern und des jüngern Seneca, und des Dichters Lucan. Nach dem Falle des römischen Reiches wurde, wie ganz Spanien, auch Cordova von den Westgothen erobert und blieb in deren Besitze, bis zur Landung der Araber. Als Roderich, der letzte König der Westgothen, 711 bei Xeres eine Niederlage erlitten hatte, überfiel ein feindlicher Reiterhaufen während der Nacht die Stadt Cordova und trieb den Befehlshaber derselben mit 400 tapfern Gothen in die Hauptkirche, wo sie sich befestigten. Sie hielten sich hier drei Monate lang, da ihnen ihr Wasserbedarf durch eine unterirdische Leitung aus einer Quelle am Fuße des Gebirges zugeführt wurde. Wie ein arabischer Schriftsteller erzählt, ward ein Neger aus dem Heerhaufen der Mohammedaner von den Belagerten gefangen, und da sie nie einen Schwarzen gesehen hatten, so führten sie ihn an ihre unterirdische Wasserleitung und versuchten es ernstlich, ihn weiß zu waschen. Nach siebentägiger Gefangenschaft gelang es dem Neger zu entkommen, und als er dem Befehlshaber des Heerhaufens seine Beobachtungen mitgetheilt hatte, wurde die Wasserleitung entdeckt und abgeschnitten. Die Belagerten hatten nun keine Hoffnung mehr, aber sie verwarfen standhaft die ihnen vorgelegten Bedingungen, zum Mohamedanismus überzugehen oder Tribut zu bezahlen. Die Kirche wurde angezündet, und Alle kamen in den Flammen um. Ungefähr 50 Jahre später war Cordova die Hauptstadt des mohammedanischen Reiches in Spanien. Als der Stamm der Abbassiden das herrschende Geschlecht der Omajjiden verdrängt und sich des Khalifats zu Damask bemächtigt hatte, ging Abderrhaman, der letzte Sprößling des verbannten Stammes, nach Spanien, machte sich nach einem glücklichen Kampfe zum Herrn der mohammedanischen Besitzungen und nahm 759 seinen Sitz in Cordova, das den Namen des westlichen Khalifats erhielt. Die Stadt wurde nun der Mittelpunkt arabischer Cultur und Pracht, ein Sitz der Gelehrsamkeit, Kunst und Betriebsamkeit, während das übrige Europa in Roheit versunken war, ein glänzendes Vorbild ritterlicher Waffenspiele. Abderrhaman vergrößerte und verschönerte die Stadt, umgab sie mit einer Mauer, baute einen prächtigen Palast mit reizenden Gärten und begann den Bau der großen Moschee, die so berühmt in der ganzen mohammedanischen Welt wurde. Zwar störten später den innern Frieden stete Unruhen, bald Empörungen der Statthalter in den Provinzen und Städten des Khalifats, bald der den Mohammedanern unterworfenen westgothischen Christen, und die Landungen der Normannen an den spanischen Küsten im 9. Jahrhunderte vermehrten die Verwirrung im Innern; aber Cordova wurde mitten unter diesen Drangsalen verschönert, und hob sich noch mehr, als Abderrhaman III. in der zweiten Hälfte des 10. Jahrhunderts die innere Ruhe und den Glanz des Khalifats wiederherstellte, die Grenzen seines Reichs erweiterte und durch eine weise Staatsverwaltung seine Macht vermehrte. Um diese Zeit wurden die Häuser in Cordova gezählt, und man fand nach der Versicherung eines arabischen Schriftstellers über 200,000, die blos von dem gemeinen Volke bewohnt wurden, über 66,000, wo Edle, Staatsbeamte und Kriegsleute wohnten; Kaufläden wurden über 80,000 gezählt. Die Zahl der Einwohner stand damit in Verhältniß und wurde zu einer Million angegeben. Was auch in diesen Angaben übertrieben sein mag, so geht doch aus andern arabischen Schriftstellern hervor, daß die Stadt mit ihren Zubehörungen einen beträchtlichen Flächenraum einnahm. Einer derselben erzählt, er sei durch die Stadt und ihre ausgedehnten Vorstädte eine Strecke von zwei Meilen bei dem Lampenlichte einer ununterbrochenen Häuserreihe gezogen, und es wird bestimmt angegeben, daß die Gebäude einen Raum von fünfthalb Meilen in einer Richtung und von mehr als einer Meile in einer andern bedeckt haben; überall Wohnhäuser, Paläste, Moscheen und Gärten längs dem Ufer des Guadalquivir. Die Mauren in Cordova waren in mancher Hinsicht von den Bewohnern der übrigen großen Städte Spaniens verschieden. Ihre Widersetzlichkeit gegen ihre Beherrscher war sprüchwörtlich geworden. Einer derselben vergleicht sie mit Kameelen, die immer Klagelaute ausstoßen, mag man ihnen Lasten abnehmen oder auflegen, sodaß man nicht weiß, was ihnen gefalle, um es ihnen zu gewähren, oder was ihnen misfalle, um es zu vermeiden. Auch zeichneten sie sich durch zierlichen Anzug aus, durch strenge Erfüllung ihrer Glaubenspflichten, durch ihren Eifer, die Weinschenken zu zerstören, wiewol sie sonst verbotenen Genüssen sich hingaben, durch ihren Stolz auf edle Herkunft und kriegerische Geschicklichkeit. Der alte Ruhm der Gelehrsamkeit wurde während der Herrschaft der Mauren nicht vermindert. Unter Abderrhaman's Sohn, Al Hakkam II., der bis 976 herrschte, wurde noch mehr als früher für die Cultur des Landes gethan; Ackerbau, Gewerbe, Künste, besonders Baukunst, blühten, eine Gelehrtenschule ward in Cordova errichtet, fremde arabische Gelehrte wurden in das Land gezogen, und der Khalif legte eine Büchersammlung an, die er aus vielen Ländern zusammenbrachte, und unter den zahlreichen Werken derselben war, wie man sagt, nicht ein einziges, das er nicht selber sorgfältig durchgesehen und dem er nicht mit eigner Hand eine Nachricht über die Lebensumstände des Verfassers beigeschrieben hätte. Seit dem Anfange des 11. Jahrhunderts zerfiel das Khalifat Cordova nach und nach in einzelne arabische Fürstenthümer, und als die Herrschaft der Mohammedaner immer mehr in Verfall gerathen war, während die kleinen christlichen Königreiche in Spanien erstarkten, ward endlich Cordova im Jahre 1236 den Mauren durch Ferdinand den Heiligen entrissen. Er vertrieb alle Mauren, und Cordova verödete bald. Gras wuchs in seinen Straßen und den Höfen seiner Paläste und Häuser, und ungehört murmelten seine kühlen Springbrunnen. Einige unbetriebsame Menschen ließen sich durch die Verleihung von Häusern und Ländereien bewegen, aus andern Gegenden Spaniens in die öde Stadt zu ziehen, und die Abkömmlinge dieser Einwanderer sind die jetzigen Bewohner Cordovas.

Die Stadt liegt am rechten Ufer des Guadalquivir, am Fuße der Sierra Morena, in einer reizenden Landschaft, ein längliches Viereck bildend, von Mauern und mächtigen Thürmen umgeben. Die ebene Gegend am Stromufer erzeugt in Überfluß alle Früchte des südlichen Spaniens. Eine Reihe der umliegenden niedrigen Berge ist bis zum Gipfel bewaldet; Gärten, Pomeranzenwäldchen und Landhäuser beleben die Landschaft längs dem Ufer und beschränken die Aussicht gegen Süden, während die Gebirgskette der Sierra Morena ihre malerischen Vorberge fast bis zu den Mauern der Stadt ausstreckt. Das anziehende Bild, das Cordova in der

Ferne darbietet, verliert seine Reize, wenn wir die Stadt betreten. Ihre Straßen sind enge, krumm und schmutzig. Viele Gebäude sind verfallen, überall Spuren untergegangener Herrlichkeit. Zahlreiche Gärten bedecken einen großen Theil des einst bewohnten Raumes. Die Einwohnerzahl ist auf 30,000 herabgesunken. Der große Platz ist regelmäßig und ein schöner Säulengang umgibt ihn. Von dem alten Schlosse der maurischen Könige sieht man noch Überreste, die einen Theil des bischöflichen Palastes bilden. Eins der prachtvollsten Denkmale der maurischen Vorzeit ist die Domkirche, einst eine Moschee, nach den Tempeln zu Jerusalem und Mekka die heiligste in der mohammedanischen Welt. Sie wurde von Abderrhaman auf den Trümmern einer von den westgothischen Königen gebauten Kirche errichtet, von seinem Sohne um das Jahr 800 vollendet, von spätern Khalifen vergrößert und nach der Eroberung in eine christliche Kirche umgeschaffen. Die Moschee war 620 Fuß lang und 440 F. breit und von vier Straßen umgeben, die sie von jeder Berührung mit andern Gebäuden ausschlossen. Das Dach stützten mehr als 1200 Säulen von dem kostbarsten Marmor und Jaspis, welche 19 Gänge in der Breite und 29 in der Länge bildeten. Der Tempel hatte 21 Eingänge, alle mit künstlichen ehernen Verzierungen bedeckt. Die Hauptthüre, die zu dem Allerheiligsten, der Maksura, führte, war von Gold und der Fußboden dieses geweihten Raumes von Silber. Hier ward auf einem Throne von Aloeholz mit goldenen Nägeln in einem goldenen, mit Perlen und Rubinen besetzten Behältnisse eine Abschrift des Korans aufbewahrt. Das Minaret der Moschee war gegen 70 Ellen hoch und mit drei Kugeln gekrönt, zwei von Gold, die mittlere von Silber, jede viertehalb Spannen im Umfange haltend. Zweiundachtzig Lampen von Erz oder Silber erleuchteten das Innere und verbrauchten jährlich 1000 Pfund Baumwolle und 27,000 Pfund Öl. Die Zahl der an der Moschee angestellten Priester, Vorleser, Aufseher, Gebetrufer betrug 300. Ein Theil des viereckigen Gebäudes enthielt einen noch jetzt vorhandenen Hof, in welchem vor dem Eintritte in die Moschee die vorgeschriebenen Abwaschungen vorgenommen wurden. Er war auf drei Seiten von einem Säulengange umgeben, hatte drei Springbrunnen, und viele Cypressen-, Palmen- und Orangebäume gewährten stets einen erquickenden Schatten. Man sieht noch jetzt in dem Vorhofe Orangebäume von außerordentlicher Größe, die aus der Zeit der maurischen Könige stammen sollen. Nach der Eroberung der Stadt ließ König Ferdinand das Gebäude größtentheils in der ursprünglichen Gestalt, seit 1528 aber fing man an, das schöne Ebenmaß des prächtigen Bauwerks durch neue Anbaue zu stören, und vergebens haben Freunde der Kunst des Alterthums bei dem Domcapitel Vorstellungen gegen jene geschmacklosen Veränderungen gemacht, wozu besonders die Errichtung eines großen Chors mitten in der Kirche gehört, der zwar an sich eine treffliche Arbeit im gothischen Style zeigt, aber mit dem Innern einer maurischen Moschee nicht zusammenstimmt. Eine Art von Zelle hat, bis auf einen Altar und ein Grabmal, noch ganz den maurischen Charakter mit allen ursprünglichen Verzierungen, die Form des maurischen Bogens, die schnörkelartigen Vergoldungen, die arabischen Inschriften in Mosaik. Das Innere des großartigen Tempels, in welches uns nachstehende Abbildung (S. 176) einen Blick gewährt, gleicht einem Walde von Säulen, und nichts ist ergreifender als ein Blick durch einen jener Säulengänge, in welchem die Aussicht nicht durch neue Kapellen gehemmt wird. Das Licht fällt durch die Thüren und durch mehre kleine Kuppeln ein, doch herrscht im Innern eine geheimnißvolle Dämmerung.

Die Brücke über den Guadalquivir, die wir auf vorstehender Abbildung sehen, ist ebenfalls ein prächtiges Bauwerk, hat 16 Bögen und ist 1000 Fuß lang. Die Mauren begannen den Bau 721; gegen Ende des 8. Jahrhunderts aber wurde sie von Abderrhaman's Sohn gänzlich umgebaut. Als das Werk vollendet war, erzählen die arabischen Geschichtschreiber, fragte der Khalif, was das Volk zu dem Baue sage. „Sie sagen", war die Antwort, „ihr Fürst habe sie nur gebaut, um darüber auf die Jagd zu gehen." Als der Khalif dies hörte, verband er sich durch einen Eid, nie über die Brücke zu gehen, und hielt dies Gelübde treu.

Ungefähr zwei Stunden von Cordova stand einst der Palast Azzahra, den Abderrhaman III. nach dem Wunsche seiner geliebtesten Gemahlin erbaute und nach ihr nannte. Er ließ die berühmtesten Baumeister aus Bagdad, Konstantinopel und andern Theilen des Morgenlandes kommen, und wie die arabischen Geschichtschreiber erzählen, waren täglich mehre tausend Menschen bei dem Baue beschäftigt, es wurden nicht weniger als 1400 Lastthiere dabei gebraucht, und das Werk ward in 25 Jahren vollendet. Der Palast hatte 4300 Säulen von verschiedener Größe und mehre tausend kostbar verzierte Thüren. Der Prachtsaal der Khalifen bestand aus buntem, mit Gold ausgelegtem Marmor. In der Mitte des Saals befand sich ein großes, mit Quecksilber gefülltes Marmorbecken. Auf jeder Seite waren acht Thüren, in Gewänden mit Gold und Elfenbein verziert und an Säulen von Marmor und Krystallen hangend. Fiel das Sonnenlicht durch die geöffneten Thüren, so war der von der Decke und den Wänden zurückgeworfene Glanz so groß, daß das Auge geblendet wurde. Wollte der Khalif Jemand in seinem Gefolge überraschen oder erschrecken, so ließ er das Quecksilber in Bewegung setzen, wo dann der ganze Saal in Bewegung zu sein schien, bis das Quecksilber wieder ruhig war. Al Hakkam, Abderrhaman's Sohn, vergrößerte den Palast. Eine arme Witwe, erzählt man, besaß ein kleines Stück Feld, das an den Garten des Khalifen grenzte. Sie wies jedes Anerbieten ab, das Erbe ihrer Väter zu verkaufen; aber einer der Beamten des Khalifen nahm ihr mit Gewalt, was sie nicht abtreten wollte. Die untröstliche Frau ging nach Cordova und brachte ihre Klage vor dem Richter an. Der Beamte sah, daß das Gesetz klar und entscheidend zu Gunsten der Frau sprach, aber er fühlte, es sei schwer zu sein würde, den Khalifen davon zu überzeugen. Er setzte sich auf einen Esel, nahm einen ungeheuern Sack mit und erschien vor dem Khalifen, der eben in einem Kiosk saß, welcher auf dem der armen Frau genommenen Felde erbaut war. Der Khalif wunderte sich, den Richter mit einem großen Sacke auf den Schultern zu sehen. Der Beamte warf sich vor ihm nieder und bat ihn um die Erlaubniß, seinen Sack mit Erde von dem Boden zu füllen, auf welchem sie standen. Die Bitte wurde gewährt, und als der Sack gefüllt war, bat der Richter den Fürsten, ihm den Sack auf den Esel heben zu helfen. Dieses seltsame Gesuch überraschte den Khalifen noch mehr, und er sagte dem Richter, die Last wäre zu schwer. „O Fürst", sprach der Richter, „dieser Sack enthält nur einen kleinen Theil der Erde, die du ungerechter Weise einer armen Frau genommen hast, und wie schwer wirst du am Tage des Gerichts an dem Ganzen zu tragen haben." Der Khalif, nicht erzürnt über den dreisten Vorwurf, erkannte seinen Fehler und gab das Feld zurück mit Allem, was er darauf hatte erbauen lassen. Keine Spur von dem prächtigen Palast ist mehr zu sehen; er wurde während der innern Kriege des 11. Jahrhunderts zerstört.

Cordova war einst berühmt durch die Trefflichkeit seiner vielen Manufacturen, besonders durch ein feines Leder, das von der Stadt, wo es zuerst und ausschließend verfertigt wurde, den Namen Corduan erhielt. Am nördlichen Ufer des Guadalquivir findet man noch mehre, mit Ziegeln ausgemauerte Gerbergruben, welche die Mauren bei der Bereitung dieses Leders benutzten. Sie hatten eine außerordentliche Geschicklichkeit in dieser Gerberei, und nachdem sie die Häute durch Anwendung verschiedener Mittel zubereitet hatten, gaben sie ihnen eine lebhafte Farbe und zuletzt einen so hohen Glanz, als ob ein Firniß wäre aufgetragen worden. Man findet noch in einigen Gegenden Andalusiens Überreste dieses Zweiges der Betriebsamkeit, der bei der Vertreibung der Mauren fast ganz vernichtet ward und mit ihnen nach Marokko wanderte, wo noch jetzt ähnliche feine Lederarten bereitet werden, die den Namen Maroquin führen. Die dürftigen Manufacturen in Cordova beschränken sich jetzt meist auf die Verfertigung von Bändern und baumwollenen Maulthierdecken. Nur mit Pferden wird noch ein bedeutender Handel getrieben, und das königliche Gestüte im alten maurischen Palaste gilt für das vorzüglichste in Spanien.

Das Reliquienkästchen des heiligen Spire zu Corbeil.

Dieses kunstvoll gearbeitete alterthümliche Meisterwerk, das sich ehedem in der Kirche des heiligen Spire zu Corbeil befand, und in welchem die Überreste des heiligen Leo, des heiligen Regnobert und des Schutzpatrons der Kirche selbst aufbewahrt wurden, war aus vergoldetem Silber, wie die Abbildung zeigt, in Form einer gothischen Kapelle, gearbeitet, und die darin enthaltenen Reliquien waren drei Köpfe, ebenfalls aus vergoldetem Silber, welche die wirklichen Häupter der Heiligen darstellten. Zur Zeit der französischen Revolution machte die Stadtbehörde von Corbeil mit diesem Schatz der Regierung ein Geschenk, welche das Ganze einschmelzen ließ.

Die Henkerflasche.

Dies war der Name einer runden Flasche, die vor mehren hundert Jahren solchen Leuten, die sich policeilicher Vergehungen, öffentlichen Skandals u. s. w. schuldig gemacht hatten, an einem Riemen um den Hals gehängt, und womit sie dann öffentlich durch die Straßen oder um das Rathhaus herumgeführt wurden. Unsere Abbildung stellt eine solche Henkerflasche vor, auf welcher zwei Weiber dargestellt sind, die sich auf öffentlichem Markte schimpfen und schlagen. War das Vergehen mit erschwerenden Umständen verbunden, so schritt ihnen ein Gerichtsdiener und ein Tambour voran und verkündete laut das begangene Unrecht. Ähnliche Strafen waren namentlich im 17. Jahrhundert durch ganz Europa üblich.

Die vergleichende Anatomie.

Eine der interessantesten Seiten der Naturwissenschaft ist unstreitig die wissenschaftliche Beobachtung der Verschiedenheiten in den Körperformen der einzelnen Thierarten. Die aus diesem Studium sich ergebende Vergleichung des Mannichfaltigen und Unterschiedenen, das Zurückführen des Einzelnen auf allgemeine Principien ist der Gegenstand der vergleichenden Anatomie, einer Wissenschaft, die sich namentlich in unsern Tagen durch die ausgezeichnetsten Gelehrten zu einem hohen Grade ausgebildet hat. Bleibt aber auch das streng wissenschaftliche Resultat dieser Studien nur den Gelehrten von Beruf vorbehalten, so muß es doch auch für den bloßen Naturfreund, der sich zu belehren wünscht, von Interesse sein, aus den abweichenden Gestaltungen seiner Mitgeschöpfe sich über deren eigenthümlichste Bestimmung, über ihre Lebensverrichtungen und über die besondere Stellung, welche ihnen die Allmacht des Schöpfers in dem Weltall angewiesen, zu unterrichten.

Das Princip, welches uns hierbei zu einem allgemeinern Überblick der gesammten Natur leitet, ist, daß die Organisation nach den Bedingungen und Umständen, unter denen das Thier auf seinen Platz hingestellt ist, und durch die es nur leben kann, immer wechselt. So ist jede wichtige Verrichtung des animalischen Lebens genau bedingt, durch die Organe (Werkzeuge), welche das Thier dazu besitzt. Die Verdauung z. B. ist bei allen Thieren dieselbe; aber in der Organisation herrscht doch eine bedeutende Verschiedenheit, der Bau des Magens ist mannichfaltig, hinsichtlich seiner Gestalt, der Anzahl seiner Höhlungen, nach Maßgabe des Fraßes, den das Thier zu sich nimmt, ob es Vogel, Fisch, Insekt u. s. w. ist. Diese Abweichungen sind keineswegs von der Größe des Thieres abhängig, sondern beziehen sich lediglich auf seine Nahrung. So ist der Magen eines Fisches, eines Insekts so vollständig wie bei dem Geflügel. Ebenso ist in Beziehung auf den Blutumlauf in der Art und Weise des Einathmens ein großer Unterschied, und die dazu dienenden Organe müs=

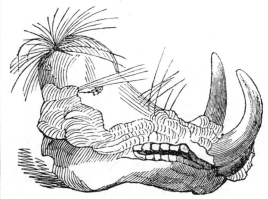

Der Kopf eines äthiopischen Ebers.

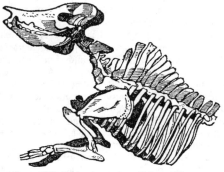

Das Skelett eines deutschen Ebers.

sen sich darnach richten, ob das Thier im Wasser, in der Luft oder in der Erde lebt. Ein noch größerer Unterschied, wie bei den innern Organen herrscht jedoch unter den äußern Körpertheilen der Thiere, mittels derer sie ihre Nahrung sich verschaffen oder sich ihrer Beute bemächtigen müssen. Wie vielgestaltig müssen die Extremitäten des Thieres sein, je nachdem es läuft, springt, hüpft, kriecht oder schleicht. Der Bau des Kopfs, der Hörner, des Gebisses u. s. w. muß sich danach richten, wie es seine Nahrung erlangt, ob es Feinde zu bekämpfen, und wie es sie zu überwältigen hat. Ein aufmerksamer Blick auf den Kopf des Ebers zeigt uns z. B. seine ganze Lebensweise und die besondere Richtung seiner Kraft. Er lebt von Wurzeln, die er aus der Erde wühlen muß; die Werkzeuge, mit denen er dies verrichtet, dienen auch zu seiner Vertheidigung. Durch die eigenthümliche Stellung der Fangzähne ist das Auge beim Aufwühlen der Erde geschützt; die Bildung des Rückgrats, die merkwürdige Richtung des hintern Schädels, die sich fest mit den starken Muskeln zu verbinden, Alles zeigt, wie das ganze Gewicht und die Kraft dieses Thieres nach vorwärts geht, und sich in den mächtigen Fängen concentrirt. Jetzt sieht man den Grund ein, warum der Hals so kurz und steif ist, warum die ganze Stärke der Schultern dem Kopfe und den mächtigen Hauern zustrebt.

Unsere Abbildung stellt den Kopf eines äthiopischen Ebers dar. Die gewaltigen Hauer zeigen, welch ein furchtbares Thier dies sein muß. Daneben ist das Skelett eines deutschen Ebers abgebildet*), an dessen kraftvollem Rückgrath man das oben Gesagte bestätigt finden wird.

Pferderacen.
(Beschluß aus Nr. 164.)

Gehen wir nach diesen geschichtlichen Andeutungen zu den verschiedenen Racen der englischen Pferde über. Das gewöhnliche Reitpferd ist in den verschiedenen Landestheilen verschieden. Man sieht dabei vorzüglich auf regelmäßige Bildung der Schultern und der Vorderfüße. Die Schultern dürfen nicht zu sehr aufrecht stehen, sondern müssen rückwärts abfallen. Ein Pferd, dessen Schultern gut sind, steht in seiner natürlichen Stellung mit den Vorderfüßen in einer senkrechten Linie auf dem Boden, daher ein vorsichtiger Käufer es im Stalle ansieht, ehe es aus seiner gewöhnlichen Stellung gebracht ist. Ein gut gebauter Vorderfuß muß unter dem Knie so stark als über dem Hufhaare sein. Das gewöhnliche Ackerpferd, das sowol zum Reiten als zum Ziehen gebraucht wird, muß höher als das gemeine Reitpferd sein, wenigstens 15 Hand 2 Zoll hoch. Es muß eine stärkere Schulter als dieses haben. Der englische Landwirth zieht jetzt rüstige Pferde den ehemaligen schweren und plumpen vor. Die Pferdezucht wird hauptsächlich nur in den nördlichen Grafschaften Englands getrieben, obgleich jeder Landwirth, der Gelegenheit hat, Füllen zu erziehen, sich mit Nutzen auf diese Zucht legen könnte. Diese Bemerkung gilt nicht blos für England, sondern ist von allgemeiner Anwendbarkeit. Der englische Landwirth beachtet übrigens zu wenig den erprobten Grundsatz der Araber, daß bei einer guten Zucht es vorzüglich auf die Stute ankommt.

Das englische Kutschpferd gehört schon zu der höher veredelten Zucht und ist jetzt ganz anders als vor 50 Jahren. Das plump gebaute, dickfüßige, feiste, schwarze Familienpferd, das eine Meile in einer Stunde zurücklegte und nach einer Tagereise erschöpft war, sieht man jetzt nicht mehr, und man hat dagegen schön gebaute Thiere, die stärker und dreimal so schnell sind.

Die besten Kutschpferde kommen aus der Grafschaft York. Aus demselben Theile Englands kommen die schweren und hohen Zugpferde, die man von ihrer Heimat Clevelandpferde nennt. Sie können mehr als 700 Pfund 12 Meilen weit in 24 Stunden ziehen und diese Reise viermal wöchentlich machen; doch ist dieser Stamm jetzt fast ausgestorben. Ihnen ähnlich sind die gleichfalls jetzt seltenen Suffolkpferde, sehr starke Thiere, mit großem Kopfe, sehr niedrigen Schultern und von rothbrauner Farbe, aber dabei sehr behende und sicher. Eine gute Zucht für Pferde zu demselben Gebrauche gibt es auch im Clydethale in Schottland. Sie werden im südlichen Schottland nicht nur für landwirthschaftliche Arbeiten, sondern selbst als Kutschpferde und zum Reiten benutzt. Durch Stärke und stattliche Gestalt ausgezeichnet ist noch das sogenannte schwere schwarze Pferd, das vorzüglich in Lincolnshire gezogen wird. Die Landwirthe, die sie ziehen, verkaufen sie gewöhnlich zu dem Gebrauche auf den Landstraßen in der Nähe der Hauptstadt, die kräftige Zugthiere fodern, und bereiten sie zu dieser Bestimmung vor, indem sie dieselben sehr jung, oft vier nebeneinander, einen Pflug ziehen lassen. Man sieht deren einige, welche in einem Alter von dritthalb Jahren 17 Hand hoch sind. Die stärksten Pferde dieser Gattung, die sich durch eine breite Brust und hohe Schultern auszeichnen, werden als Karrengäule gebraucht. Man hat sie in neuern Zeiten durch Kreuzung mit Pferden von flamändischer Zucht verbessert. Eine leichter gebaute feurigere Art von diesem Stamme wird bei der englischen Reiterei benutzt. In frühern Zeiten wurden für die Reiterei meist starke und schwere Pferde gewählt, später aber behielt man diese nur in den Garderegimentern bei und wählte für die übrige Reiterei leichtere und schnellere Pferde, doch war man darin zum Theil zu weit gegangen, und es zeigte sich, daß nur noch der Schlacht bei Waterloo nur die Gardereiter den heftigen Angriffen der französischen schweren Reiterei widerstehen konnten.

Besondere Sorgfalt wird in England auf die Zucht der Rennpferde (race horses) gewendet. Über den Ursprung derselben ist man nicht einig. Nach einigen stammen sie von väterlicher und mütterlicher Seite von morgenländischen Pferden, nach andern von einheimischen, die mit Berbern oder türkischen und arabischen Thieren gekreuzt wurden. Mögen die Rennpferde in frühern Zeiten, wie man behauptet, alle von morgenländischem Ursprunge gewesen sein, so kann man doch im Allgemeinen annehmen, daß der jetzige Stamm im Ganzen zwar von fremder Herkunft ist, aber durch den Einfluß des Klimas und sorgfältige Pflege sich veredelt hat. Die Erfahrung hat gezeigt, daß die in England gezogenen Pferde dieser Art an Schönheit, Schnelligkeit und Stärke die berühmten Renner aus der arabischen Wüste übertroffen haben. Seit 50 Jahren hat man in England die Stammbäume der Renner mit großer Sorgfalt fortgeführt. Der Stammvater der besten Rennpferde ist der Darley-Araber, der in der Wüste bei Palmyra gezogen und von dem Engländer Darley in Aleppo gekauft wurde. Zu seinen berühmtesten Nachkommen gehören der Sampson, der Eclipse und der windschnelle Childers, von welchem man erzählt, daß er eine englische Meile in einer Minute laufen konnte. Der Eclipse, der 1789 starb, siegte in 334 Wettrennen und verdiente seinen Eigenthümern über 160,000 Pfund Sterling, und ein Abkömmling des Childers, der König Herodes, siegte 497mal und gewann gegen 200,000 Pfund. Ein anderer Stamm-

---
*) Vergl. über den wilden Eber Pfennig-Magazin Nr. 122.

vater der englischen Renner, der eine zahlreiche Nachkommenschaft hinterlassen hat, war ein in Frankreich von dem Lord Godolphin gekaufter Berber, der dort einen Karren zog und 1753 in England starb. Eine innige Freundschaft bestand zwischen ihm und einer Katze, die im Stalle entweder auf seinem Rücken saß oder sich dicht neben ihm ihren Platz suchte, und nach seinem Tode nichts mehr fraß und bald starb. Man versichert, es sei eine ungegründete Behauptung, daß der gegenwärtige Stamm der englischen Rennpferde ausgeartet sei; aber allerdings könnte die Gewohnheit, die Pferde, ehe sie völlig ausgewachsen sind, auf die Rennbahn zu bringen, eine Ausartung veranlassen. Der Eclipse und der Childers kamen nicht eher zum Rennen, bis sie fünf Jahre alt waren.

Unter den veredelten Pferden steht nächst dem Renner das Jagdpferd (hunter) am höchsten in äußern Vorzügen und im Werthe, und es wird auf die Zucht und Pflege desselben große Sorgfalt gewendet. Es wird nicht leicht unter 15 und nicht über 16 Hand hoch genommen, und das Vordertheil muß etwas höher sein als das Hintertheil, das dagegen nicht beim Renner höher sein kann, weil seine Hauptstärke in den Hinterbeinen liegt. Eine Haupteigenschaft des Jagdpferdes ist, daß es sich leicht führen läßt, und daher muß es einen kleinen Kopf und einen dünnen Hals haben. Es muß überdies durch eine breite Brust sich auszeichnen, damit der Lunge freie Thätigkeit gewährt sei und das Pferd, wie die Engländer sagen, guten Wind habe; und da es über Gräben und Hecken zu setzen und mehr Schwierigkeiten des Bodens zu überwinden hat als der Renner, so muß es beim Laufe die Beine höher heben als dieser. Es ist interessant, das Feuer selbst alter Jagdpferde zu beobachten. Wenn es, nach mancher Winterarbeit im Parke weidend, die Ruhe des Alters genießt und dann das entfernte Gebell der Jagdhunde hört, springt es oft über die Einfriedigung, setzt über Hecke und Bach und folgt dem Zuge der Jagd. Ein auf der Jagd verwundetes starkes Pferd stand in einem Breterverschlage, über dessen verschlossener, vier Fuß hoher Thüre sich eine drei Fuß im Gevierte haltende Öffnung befand. Es hörte das ferne Geschrei der Jäger und der Hunde und sprang durch die Öffnung, ohne sich im mindesten zu verletzen.

Eine eigne einheimische Race sind die kleinen Gallowaypferde aus dem südlichen Schottland, nicht über 14 Hand hoch und durch ihren zierlichen Bau ausgezeichnet, wiewol sie in neuern Zeiten sehr ausgeartet sind. Sie sollen von einigen spanischen Pferden abstammen, die mit einem der Schiffe der sogenannten unüberwindlichen Flotte Philipp's II. an der schottischen Küste scheiterten. Doch hatte man schon im 13. Jahrhunderte einen guten Pferdeschlag in jener Gegend. Die Gallowaypferde, die den schwedischen und isländischen ähnlich sind, werden besonders zum Reiten für Frauen und Kinder gebraucht. Durch zierlichen Bau sind auch die in Wales gezogenen Pferdchen (ponies) ausgezeichnet; sie sind unermüdlich und mit der schlechtesten Nahrung zufrieden. Von geringem Werthe sind dagegen die in Lincolnshire und in Ermoor gezogenen kleinen Pferde. Die kleinen Pferde im schottischen Hochlande (Highland ponies) stehen weit unter den Gallowaypferden. Sie sind plump gebaut, aber von großer Dauerhaftigkeit und leben im Sommer und Winter fast immer im Freien. Das kleinste Pferd auf den britischen Inseln findet man auf Shetland; es heißt in Schottland Shettie und ist zuweilen nicht 7½ Hand hoch, aber ungemein zierlich gebaut und sehr gelehrig. Die irländischen Pferde haben selten den schönen Bau und den Werth der englischen, und sind gewöhnlich kleiner als diese, da sie, von dem armen Landwirthe zu früh zur Arbeit gebraucht, in ihrem Wuchse verkrüppelt werden. Selbst die veredelten irländischen Pferde stehen den englischen nach; doch nichts kommt ihrer Gewandtheit im Springen gleich; aber es ist nicht die Bewegung des englischen Pferdes, das in vollem Laufe über eine Hecke setzt, sondern mehr der Sprung eines Hirsches.

Gebräuche der Indianer.

Die Indianer in Nordamerika gehen mit einer Ruhe aus der Welt, welche durch nichts übertroffen werden kann. In den Vereinigten Staaten von Nordamerika verschwindet das ursprüngliche Bild der Indianer freilich immer mehr; aber höher hinauf gibt es Völkerschaften, wo es in aller eigenthümlicher Roheit noch vorkommt. Dort schneidet sich die Mutter ein Glied vom Finger ab, so oft sie ein Kind verliert, und manche Hand wird dadurch gänzlich verstümmelt. Der Freund trauert um den verstorbenen Freund, indem er sich ein Messer durch den Arm sticht oder sich die Stirne zerfetzt. Allein das Schrecklichste ist die Art, wie die Kinder dort ihre Väter auf deren Geheiß tödten müssen. Häufig lassen sich alte Indianer, wenn sie dem nahen Tode entgegensehen, ihr Grab aushöhlen, und in vollem Schmucke rufen sie ihre Familie zusammen und verkündigen Allen, daß sie nun zum Lande der Geister gehen wollten, wo es Fische und Wildpret im Überflusse gibt. Sie befehlen, daß man ihnen Flinte, Feuerzeug und auch den Kessel ins Grab lege, und erwarten, so ausgerüstet, den Tod mit Ruhe. Noch häufiger aber bitten sie, ohne ihn erwarten zu können, die eignen Kinder, ihnen den letzten Liebesdienst zu erweisen und sie zu erdrosseln. Der Greis setzt sich dann in sein Grab, raucht seine letzte Pfeife, trinkt noch einmal mit den Söhnen und gibt endlich das Zeichen, worauf ihm zwei derselben den Hals zuschnüren. „Es ist besser zu sitzen als zu stehen, zu schlafen als zu wachen, zu sterben als zu leben!" sagt der Indianer und sieht den Tod für eine Wohlthat an, sobald ihm die Kräfte fehlen, welche zur Jagd und Fischerei nöthig sind. Nur der große Mangel, der dort oft herrscht, wenn der Fischfang fehlschlägt, die Gefahren und Beschwerden, welche mit dem Jägerleben verbunden sind, können zu solchen Sitten führen.

Die Ackerbaugesellschaft in Kamtschatka.

In der Halbinsel Kamtschatka, wo bis jetzt so gut wie nichts wächst, was einer nahrhaften Frucht ähnlich sieht, hat sich auf die Aufforderung der russischen Regierung eine Gesellschaft gebildet, um den bisher hier gar nicht betriebenen Ackerbau zu befördern; denn da das Land zwischen 51 und 62° N. B. liegt, so ist der Ackerbau durch die Natur keineswegs ausgeschlossen. In dem Berichte über die Erfolge des Jahres 1834 bekennen übrigens die Directoren der Gesellschaft, daß ihre Versuche nicht überall den Erwartungen entsprochen haben. Von drei Aussaaten Winter- und Sommerkorn hat nur eine die darauf gewandte Mühe und Kosten belohnt, die zwei andern sind zu Grunde gegangen, und zwar beide zu einer Zeit, wo alle Gefahr für die Frucht muthmaßlich

176   Das Pfennig=Magazin.

schon vorüber war: die Winterfrucht füllte sich auf dem einen Acker nicht wegen der heftigen Regen zur Zeit der Blüte, die Sommerfrucht aber war schon eingeschossen, als sie am 22. August durch einen Reif großen Schaden litt, auf einem andern Acker wurden die Halme der Gerste von den Mäusen angefressen, deren es in diesem Jahre in ganz ungewöhnlicher Menge in Kamtschatka gab. Diese Ursachen der unergiebigen Ernte waren also nur zufällig, und die Gesellschaft schmeichelt sich daher, daß ihre Hoffnungen doch noch in Erfüllung gehen werden, und ist entschlossen, ihre Bemühungen fortzusetzen.

Das Innere der Domkirche zu Cordova.

Verantwortliche Herausgeber: Friedrich Brockhaus in Leipzig und Dr. C. Drexler=Manfred in Wien.
Verlag von F. A. Brockhaus in Leipzig.

Das Pfennig-Magazin

der

Gesellschaft zur Verbreitung gemeinnütziger Kenntnisse.

166.] Erscheint jeden Sonnabend. **[Juni 4, 1836.**

Die Kathedrale von Exeter.

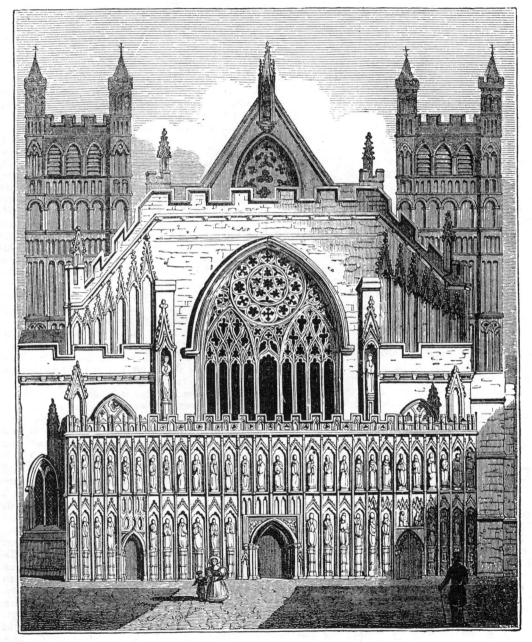

Die Kathedrale von Exeter, deren westliche Seite unsere Abbildung darstellt, gehört zu den ausgezeichnetsten Bauwerken des sogenannten mittelgothischen Styls. Sie ward 1120 begonnen und erst 1206, wie sie jetzt ist, beendet, doch war der Plan der ersten Baumeister für ihre Nachfolger leitend und bindend.

IV. 23

Die Kreuzesform, wiewol mit einem sehr verkürzten Kreuzgange, war auch bei dieser Kathedrale zum Grunde gelegt; ihr Hauptschiff mißt 408 Fuß in der Länge und mit den Seitenflügeln 76 Fuß in der Breite; der Kreuzgang aber springt auf jeder Seite nur etwa 30 Fuß hervor, und endet in den Basen für zwei viereckige Thürme, die sich 130 Fuß hoch erheben und in vier kleinen Eckthürmchen schließen. Rund um die Nord- und die Südseite laufen Stützpfeiler, die gleichfalls in Thürmchen enden und beiden Seiten einen reichen Schmuck verleihen. Indeß ist die Façade auf der Abendseite doch der geschmückteste Theil des Tempels. In der Mitte über dem Hauptportale dehnt sich zwischen Thürmchen eine große, mit buntem Glase ausgelegte Fensterrosette aus, die in einem Spitzbogen endet. Die ganze übrige Fronte ist mit Sculpturen reich bedeckt und stellt in einer langen Reihe von Nischen Könige, Prälaten und Heilige dar. Die Zeit hat die feinern Züge dieser Statuen zwar verwischt, allein die gedrängte Fülle derselben bringt noch jetzt einen großartigen Eindruck hervor. Das Innere dieses Tempels ist wahrhaft überraschend. Die Höhe des Gewölbes, das 70 Fuß mißt, die kühne Ribbung der Decke, die sieben prachtvollen Säulenbündel auf jeder Seite, die schöne Werkleidung des Chors und die zahlreichen alten Monumente von vorzüglicher Arbeit erhalten von den prächtigen Fensterrosen der Nord- und Südseite ein höchst günstiges Licht. Der Kreuzgang erhält dasselbe durch zwei Fenster in den Endthürmen, das Chor schließt nordwärts in einer Galerie für Musiker, ein seltener Schmuck in Kirchen von diesem Alter. Von 13 Pfeilern getragen, stellt sie zwischen je zweien die Figur eines Musikers mit verschiedenen Instrumenten dar. Ein schöner Bischofsthron erhebt sich südwärts und eine zierliche Verkleidung sondert das Chor vom Hauptschiffe. Die Aufmerksamkeit des Reisenden wird auch noch durch eine astronomische Uhr aus dem 14. Jahrhundert in Anspruch genommen, mit einem sieben Fuß im Durchmesser messenden Zifferblatt. Ebenso berühmt ist ihre große Glocke, die größte in England nach der orforder Christ Churchglocke, und 12,500 Pfund schwer; auch ihre Orgel gehört zu den mächtigsten Instrumenten dieser Art in Europa, und wird nur an Größe, aber nicht an Schönheit des Tons von der harlemer Orgel übertroffen. Sie ist das Werk eines Engländers aus dem Jahre 1665.

Gemälde von Ispahan.

Die Stadt Ispahan oder Isfahan, Hauptstadt der persischen Provinz Irak, vor Zeiten aber die Hauptstadt des Königreichs Persien, hat lange Zeit als das reichste und glänzendste Stadt, selbst in einem Lande, das von Alters her durch die reichen Prachtsitze seiner Fürsten berühmt war, hervorgestrahlt. Jetzt hat dieser Glanz sehr vermindert; sie ist keine Königsresidenz mehr und ihre Plätze und Straßen zeigen nicht mehr das Gewühl der Bevölkerung von einer Million Menschen und das Gemälde asiatischen Pomps; aber sie ist noch immer die volkreichste Stadt Persiens und die Reste ihrer ehemaligen Pracht verdienen und erregen auch noch immer die Aufmerksamkeit des Reisenden.

Nach Einigen erhob sich Ispahan auf den Ruinen von Hekatompylos, der Hauptstadt des Partherreiches, nach Andern nimmt sie die Stelle des alten Aspadana des Ptolemäus ein. In den ersten Jahrhunderten des Mohammedanismus wird sie als eine ansehnliche Stadt im Khalifat von Bagdad erwähnt. Als Timur Persien eroberte, ergab sich Ispahan 1387 ihm ohne Schwertstreich, und erkaufte durch diese schnelle Ergebung seine Erhaltung; aber ein unglücklicher Zufall erregte dennoch den Zorn des Eroberers gegen sie. Ein junger Schmied rührte zu seinem Vergnügen eine Trommel; das Volk, hierdurch erschreckt, eilte herbei, und der Erfolg dieses Auflaufs war, daß in der Nacht die Besatzung von 3000 Tataren erschlagen und in der ersten Trunkenheit des Sieges dem Eroberer die Thore geschlossen wurden. Timur's Zorn kannte keine Grenzen; Ispahan ward dem Verderben geweiht, sein Beispiel sollte das unterjochte Asien schrecken. Die Einwohner Ispahans wußten, was ihnen bevorstand, und Verzweiflung gab ihnen den Muth, der ihnen sonst zu allen Zeiten fehlte; sie widerstanden, aber umsonst. Ihre Lehmmauer ward von Timur's wüthenden Scharen erstürmt, die ganze Bevölkerung dem Tode geweiht und Ispahan dem Boden gleich gemacht; 70,000 Köpfe der Erschlagenen wurden in einer Pyramide an ihrer Stelle aufgerichtet. Abbas I., mit dem Beinamen der Große, war es, der Ispahan zu einer der prächtigsten Städte der Erde erhob und sie zu seiner Hauptstadt wählte, wodurch sich ihre Bevölkerung während seiner Regierung verdoppelte und bis auf eine Million stieg. Er herrschte von 1585—1628, und seine ruhmwürdige Regierung macht, daß sein Name noch im Gedächtniß des ganzen Orients lebt. Der Volksglaube macht ihn in Persien zum Erbauer aller Brücken, Karavanserais, Paläste und Schlösser des Reichs, und Alles, was einer Verbesserung ähnlich sieht, wird ihm zugeschrieben. In Ispahan sind der Palast von Tschel-Situn, die königliche Moschee, die Paläste und Gärten von Tscharbag sein Werk, wie auch die große Brücke über den Zendeh-rud, verschiedene Bazars und Paläste in den Vorstädten.

Diesen Glanz zerstörte das Jahr 1722, als unter der Regierung Schah Sultan-Hussein's, Mahmud, Fürst der Afghanen, nach Besiegung des persischen Heers gegen die Hauptstadt des Reichs heranzog. Im ersten Augenblick beschloß Hussein, dem Sieger zu widerstehen. Die Wälle, die Brücken und die Zugänge der Stadt und des Flusses Zendah-rud wurden in Vertheidigungsstand gesetzt. Aber der erste Entschluß Hussein's wurde sobald aufgegeben, als das wilde Afghanenheer sich der Hauptstadt näherte. Die tapfern Bewohner der Vorstadt Dschulfa, einer armenischen Colonie, welche Abbas sehr begünstigt, seine Nachfolger aber vielfach in ihren Privilegien geschmälert hatten, wurden entwaffnet, und zwar auf die hinterlistigste Art. Hierauf fiel diese Vorstadt in die Gewalt der Afghanen, aber ein Angriff auf die Stadt mislang, und Mahmud bot einen Frieden an. Dieser ward stolz verworfen und er bereitete sich nun, die Stadt durch Hunger zu bezwingen. Er verheerte die Umgegend, bemächtigte sich nach und nach aller Brücken und Wege, und so fing der Hunger nun an, in der volkreichen Stadt zu wüthen. Jetzt foderte Hussein vergebens den erst verworfenen Frieden. Absichtlich verlängerte Mahmud nun die Belagerung, denn sein Heer war zu schwach, um eine Bevölkerung, wie die Ispahans war, im Zaume zu halten, und er beschloß deshalb, wenigstens die Hälfte derselben erst durch Hunger zu tödten, ehe er in die besiegte Hauptstadt einzöge. Schon im August 1722 waren Pferde, Esel und Kameele aufgezehrt; die Hunde folgten diesen, denn schon überwand der Hunger die Scheu des Mohammedaners vor diesen unreinen Thieren. Baumrinde, Blätter und Leder erhielten auch einen Theil der Bewohner, aber endlich waren auch diese verzehrt. Plätze und

Straßen lagen voller Leichen, die Niemand begrub und an deren Fleisch der Hunger gestillt ward; der Fluß stemmte sich an den hineingeworfenen Leichen, sein Wasser wurde Gift, und der Tod wüthete fürchterlich in Ispahan. Zwei Monate lang währte dieses Elend; endlich am 21. October zog der Schah, tief in Trauer gehüllt, in das Lager der Afghanen, entsagte dem Throne und ward in Gefangenschaft geführt; Ispahan fiel nun in die Gewalt der Afghanen, welche im nächsten Jahre fast die ganze persische Bevölkerung mordeten. Sechs Jahre lang dauerte Mahmud's Herrschaft, bis endlich 1729 Nadir-Schah ihr ein Ende machte. Seit dieser Zeit hat Ispahan verschiedene Herren gehabt, aber nie hat es sich von dem Verderben zu erholen vermocht, das die wilde Herrschaft der Afghanen begleitete.

Am nördlichen Ufer des Flusses Zendeh-rud gelegen, erstreckt sich Ispahan mit seinen beiden Vorstädten Dschulfa und Abbasabad auf das südliche Ufer dieses kleinen Flusses hinüber und hat vielleicht 1¼ deutsche Meile im Umfang. Alles Uebrige liegt in Schutt, wie die von den Afghanen zerstörten Wälle. Der Zendeh-rud, in den Bergen im Westen der Stadt entspringend und im Sande der südöstlichen Wüste verrinnend, ist nur zu Anfange des Frühlings von einiger Bedeutung. Dann füllt sich sein weites Steinbett an, in welchem er während des Sommers in zwei oder drei kleinen Bächen, 30—40 Fuß breit, die überall zu durchwaten sind, matt dahin schleicht. Der Reisende nähert sich Ispahan von Süden her durch einen wüsten Landstrich, Hezzar Derreh, die „tausend Thäler" genannt, welche der Schauplatz der Heldenthaten Rustan's, dieses fabelhaften Besiegers des Drachens, sind, dessen giftiger Athem die Wüste bildete. Von Schiras her erlangen wir die erste Ansicht der Stadt von einem Hügel etwa eine Meile entfernt, und dieser Anblick ist, nach der Oede des durchzogenen Landstriches, blendend und überraschend, trotz dem jetzigen Verfall der Stadt. Glänzende Kuppeln, hohe Paläste und schlanke Minarets zwischen himmelhohen Bäumen halb verborgen, stellen ein Bild dar, das selbst heute noch den Spruch der Perser rechtfertigt, daß Ispahan die „halbe Welt" sei. Nahe bei dieser Stelle erhebt sich ein rundes, mit einer Kuppel gekröntes Denkmal, der Thurm des Schatir (Läufers) genannt, an den sich eine anziehende Sage knüpft. Ein König von Persien, heißt es, versprach Demjenigen seine Tochter zur Ehe, welcher mit ihm, während er zu Pferde saß, den Wettlauf von Schiras nach Ispahan zu Fuß wagen wollte. Einer seiner Schatirs nahm die Wette an. Als sie diese Höhe erreichten, begann der König zu fürchten, daß er sie verlieren könne. Denn sein Pferd wurde matt, während der Schatir noch lustig trabte. Er ließ daher seine Peitsche fallen. Der Schatir aber war so umwickelt und geschnürt, daß ihn der Tod bedrohte, wenn er sich bückte. Er wußte dies und hob die Peitsche im Laufe mit der Fußspitze empor und reichte sie dem König. Dieser, nun noch besorgter, ließ hierauf seinen Siegelring fallen, und der Schatir, der nun sein Schicksal vor Augen sah, rief: „O, König, du hast dein Wort gebrochen, aber ich bin dein Sklave bis zum Tode", bückte sich nach dem Ringe und starb. Der König aber baute ihm zu Ehren dieses Denkmal, das später dazu diente, die Läufer des Königs zu prüfen, indem diese zwischen Sonnenaufgang und Sonnenuntergang zwölfmal den Weg von der Residenz bis zu diesem Monument zurücklegen mußten.

In der Nähe der Stadt verschwindet freilich viel von dem Zauber, welchen die erste Ansicht vom Thurme des Schatir allerdings erweckt. Die Haine und Gänge der geräumigen Gärten im Innern der Stadt verbergen zwar zum Theil ihre Verödung, und lassen nur die glänzenden Kuppeln darüber hervorblicken; bald jedoch trifft das Auge des getäuschten Reisenden auf völlig verödete und in Ruinen fallende Straßen, zwischen welchen sich einzelne bewohnte Quartiere, verfallene Paläste und menschenleere Bazars darstellen, und auf weite Strecken kann man zwischen Wohnhäusern, verwilderten Gärten, verfallenen Kanälen, Palastruinen reiten, ohne ein anderes lebendes Wesen anzutreffen, als einen Schakal, der über die Trümmer blickt, oder einen schnellen Fuchs, der darunter Schutz sucht.

Die Straßen Ispahans gleichen im Allgemeinen denen der übrigen persischen Städte, sie sind schmuzig, eng, dumpfig und krumm. Die Kaufläden sind alle in Bazars vereinigt, welche für den Europäer einen angenehmen Aufenthalt und einen bedeckten und belebten Spaziergang darbieten. Hier sieht man noch jetzt alle jene Scenen, die uns in den arabischen Märchen geschildert werden.

Der schönste und größte Platz Ispahans ist der Meidan-Schah, 2600 Fuß lang und 700 Fuß breit. Eine doppelte Reihe von Schwibbögen zieht sich längs jeder Seite und den Mittelpunkt derselben ziert ein großartiges und prächtiges Gebäude.*) Der hohe Dom zur Linken gehört der Moschee von Lutf-Allah an, das hohe Portal zur Rechten führt in die Meschel-Schah, einen Prachtbau Abbas des Großen. Nordwestlich erhebt sich der Thurm, welcher zu dem königlichen Bazar führt, und südwestlich ist Alicapi, das Alithor, von dem unsere Ansicht genommen ist. Ueber diesem Thore erhebt sich eine weite auf drei Seiten offene Halle, vorn in eine Plattform ausgehend, wo Schah Abbas sich aufzuhalten pflegte, indem er sich an den Bewegungen und Reiterkünsten seiner Truppen, welche auf dem Platze unter ihm ihren Muth und ihre Geschicklichkeit zeigten, oder an den Thierkämpfen, oder auch an den Spielen und Festen des hier versammelten Volks erfreute. Von dem platten Dache dieses Gebäudes genießt man der schönsten Ansicht Ispahans.

Die Wohnhäuser Ispahans bestehen zum größten Theil aus einstöckigen Gebäuden, die nach der Straße zu nur selten mit Fenstern versehen sind, was ihre dumpfe Eintönigkeit noch erhöht. Von Ziegeln erbaut und mit flachen Dächern versehen, öffnen sie sich vorne in einem Thorwege, der nach dem Range des Besitzers hoch oder niedrig ist. Dieser führt in einen meist kleinen Hof, rings von hohen Mauern umgeben, an dessen Seiten die Wohnzimmer entweder ganz offen oder nur mit einem Vorhang verdeckt, vertheilt sind. Hier ist der Aufenthalt der männlichen Bewohner. Der Hausherr sitzt gewöhnlich in einem dieser Zimmer, die Dienerschaft ist im Hofe, um auf jeden Wink sogleich bereit zu sein. Solche Wohnungen nehmen selbst bei den geringern Ständen einen großen Raum ein. Bei den Häusern dieser Stände ist der Thorweg sehr niedrig, oft nur drei Fuß hoch, theils um zu verhindern, daß die Diener der Großen nicht etwa zu Pferde eindringen, theils auch um die Unterwürfigkeit des Besitzers anzukündigen.

Die Wohnhäuser der Großen sind glänzend und

---

*) In Nr. 130 des Pfennig-Magazins haben wir schon eine Abbildung dieses Platzes gegeben, und indem sie zugleich einen Ueberblick über die Stadt darbietet, beziehen wir uns in der folgenden Beschreibung auf dieselbe.
*

Ansicht eines Palastes im Schaharbagh.

wetteifern nicht selten mit den Palästen des Schah selbst. Ein hohes Portal führt in einen geräumigen Hof, welcher mit Sand und bunten Glasscherben ausgelegte Gänge, Blumenrabatten und sprudelnde Springbrunnen hat. Hier öffnen sich gleichfalls alle von den Männern bewohnten Zimmer. Hinten, aber durch eine Mauer getrennt, stößt ein kleinerer Hof an diesen und hier ist die Wohnung der Frauen, das Harem. Gewöhnlich geht dieses auf einen Garten hinaus. Diese Gärten nehmen einen bedeutenden Raum im Innern der Stadt ein, tragen aber auch viel zu ihrer Gesundheit bei, denn die Epidemien des Orients sind in Ispahan fast unbekannt.

Die schönste Zierde Ispahans aber sind die Schaharbagh oder „vier Gärten". Zwei prachtvolle Alleen, 70 Fuß breit und 3000 Schritte lang, an beiden Ufern des Zendeh-rud, stoßen mit einer Biegung an der Hauptbrücke des Flusses zusammen. Eine doppelte Reihe von luftigen und prächtigen Bäumen, mit einem Laube gleich der Platane, dem Lieblingsbaume der Perser, bilden diese schönen Alleen, deren Seiten mit Kiosken, Gärten und Palästen besetzt sind. Diese, wiewol zum Theil unbewohnt, sind doch fast alle gut erhalten, leicht und gefällig im Styl, wie unsere Abbildung zeigt, fallen sie angenehm ins Auge, wenn wir auch Regelmäßigkeit und strengen Geschmack an ihnen vermissen.

Der glänzendste Palast in Ispahan ist das Tschel-Situn oder der Palast der 40 Säulen, von Schah Abbas erbaut. Er nimmt den Mittelpunkt eines sehr bedeutenden Platzes ein, welchen mit Bäumen bepflanzte Kanäle durchziehen. Ein großes Wasserbecken dehnt sich vor ihm hin und gewährt ihm Kühle und Frische. Die Hauptfronte öffnet sich auf einen Garten, eine doppelte Reihe von 40 Fuß hohen Säulen, die sich auf den Rücken von vier verbundenen Löwen von weißem Marmor erheben, trägt das Dach. Die Schäfte dieser Säulen sind mit Laubarabesken von Glas, vergoldet und gemalt, bedeckt; einige sind spiralförmig gewunden, andere schießen in goldenen Kronen zusammen, noch andere bilden Sterne oder andere phantastische Formen. Architrav und Basis sind mit Bildern ähnlicher Art im frischesten Farbenglanz geschmückt und die Fußböden mit Teppichen von den herrlichsten Geweben belegt, die Alles, was Ispahan jetzt in dieser Art erzeugt, weit hinter sich zurücklassen. Ein hoher gewölbter Gang führt ins Innere einer großen Halle, wo aller Luxus des Orients mit unglaublicher Verschwendung ausgebreitet ist. Sechs große Wandgemälde schmücken die Seiten dieses Festsaals; diese Gemälde sind ohne Perspectiv und in mancher Rücksicht voll kindischer Verstöße gegen die Regeln der Kunst angelegt, aber sie sind als Zeitbilder und für die Bildnisse der Personen und die Trachten der in Festgelagen und Schlachten versammelten Völker von Werth.

(Beschluß in Nr. 167.)

Die Luftvulkane bei Turbaco.

Das Dorf Turbaco liegt auf der Nordküste von Colombia, in dem Departement Magdalena, unweit der Hauptstadt Cartagena und der Hafeninsel Tierra Bomba, etwas tiefer ins Land hinein, in einer reizenden und überaus gesunden Gegend, auf einer sanften Anhöhe am Saume eines majestätischen Waldes. Viele Europäer begeben sich von der Küste, wo während der Sommerzeit eine außerordentliche Hitze und häufige Krankheiten herrschen, nach diesem anmuthigen Orte, dessen Wohnungen aus leichtem Bambus aufgeführt und mit Palmblättern gedeckt sind. Hier und dort entspringen den Kalkfelsen der Umgegend klare Ströme, beschattet von dem prächtigen Laubwerk des Anacardium caracoli, eines hochstämmigen Baumes, von welchem unter den Eingeborenen die Sage geht, daß er in seinen Zweigen die unangenehmen und schädlichen Luftdünste auffange und ihre weitere Verbreitung hindere. In dieser angenehmen Gegend befinden sich, als seltene naturhistorische

Die Luftvulkane von Turbaco.

Merkwürdigkeit, die sogenannten Volcanitos, gelegen in der Mitte eines herrlichen Palmenwaldes, in welchem, außer andern seltenen Tropengewächsen, auch die schönen Nymphäeen in ihrer üppigsten Vollkommenheit und die merkwürdige Pflanze Cavanillesia mocundo wachsen, deren pergamentähnliche und durchsichtige Früchte gleich Laternen an den Zweigen hangen. Der Grund, auf welchem die Volcanitos sich erheben, liegt gegen 1200 Fuß über dem Meere, aber wegen der ungemein üppigen Vegetation fällt es dem Reisenden schwer, seine Beschaffenheit näher zu untersuchen. Ein großer Theil besteht aus Kalkstein. Unsere Abbildung stellt den südlichsten Theil der Hochebene vor, wo die Volcanitos sich befinden. In der Mitte dieser Hochebene bemerkt man 18—20 kleine Bergkegel von nicht mehr als 35—40 Fuß Höhe. Sie bestehen aus einer dunkelfarbigen Thongattung und haben kleine Öffnungen oder Krater, die mit Wasser angefüllt sind. Nähert man sich ihnen, so vernimmt man zuerst ein ziemlich lautes unterirdisches Getöse, auf welches nach Verlauf einiger Secunden eine heftige Lufterplosion erfolgt. Mit großer Gewalt bricht diese Luft, welche nach den neuesten Untersuchungen das reinste Stickstoffgas ist, über dem Wasserspiegel hervor, sodaß es dem Beschauer wie ein leichtes Erdbeben vorkommt. Man kann auf zwei Minuten fünf solcher Explosionen rechnen, welche in der Regel auch von einer starken Schlammentleerung begleitet sind. Nach den Versicherungen der Indianer haben diese kleinen Berghügel während einer langen Reihe von Jahren ihre Gestalt nicht verändert, doch richtet sich die Gewalt und Masse dieser Gaserplosionen nach der Beschaffenheit der Jahreszeit.

Surrogate für Flachs und Hanf.

Man macht gegenwärtig in England interessante Versuche, die große Einfuhr von Flachs und Hanf, welche etwa 18 Millionen Thaler jährlich beträgt, durch die Cultur neuer Pflanzenarten, welche spinnbare Fibern liefern, zu ersetzen. Diese bestehen in neuseeländischem Flachs und Seidengras (die soie végétale der Franzosen). Es haben sich zu diesem Zwecke zwei Gesellschaften gebildet, wovon die eine Taue und Segeltuch, die andere Zeuche zu Kleidern und Meubeln fabricirt. Man hat gefunden, daß Taue von neuseeländischem Flachs stärker sind, von der Nässe weniger leiden und ein Fünftheil leichter sind als gewöhnliche. Die Zeuche, welche daraus gewebt werden, haben einen Seidenglanz, sind aber bedeutend fester als Seide und können daher überaus dünn gewebt werden, wodurch sich ihre Steifigkeit verliert, welche sie von der Seide unterscheidet. Man webt aus Seidengras Teppiche, welche von großer Dauerhaftigkeit sind, aber es fehlt ihnen noch an der Weichheit der wollenen Teppiche, dennoch nimmt der Gebrauch derselben schnell zu, und die Fabriken dieser Art in Barnsley werden fast täglich vergrößert. Die Gesellschaften haben gegenwärtig einen Agenten nach Neuseeland geschickt, um den Rohstoff, dessen sie bedürfen, an Ort und Stelle zu kaufen; da aber der jährliche Ertrag, der sich bei der Barbarei der Neuseeländer erhalten läßt, sich nicht auf mehr als 20—30,000 Centner beläuft, so beabsichtigen sie die Cultur dieses Flachses in England und besonders in Irland einzuführen, und haben deshalb ihren Agenten aufgegeben, jedem Schiffe, das Flachs ladet, auch einige Tausend Pflanzen mitzugeben. Man hat mit diesen Versuchen angestellt und gefunden, daß die Pflanze etwa dreimal so viel Flachs liefert als die gewöhnliche, und dabei fast keine Kosten verursacht, indem sie nicht abstirbt, sich durch die Wurzel fortpflanzt und nicht zum Gebrauch ausgerissen werden muß, indem man nur ihre

Blätter braucht. Eine Pflanze trug 1833 in einem Garten in Irland 700 Blätter, welche sechs bis sieben Fuß lang waren. Sie wächst in Sümpfen und auf Wiesen, welche Überschwemmungen ausgesetzt sind, scheint aber keinen hohen Grad von Frost ertragen zu können. Die Admiralität hat einen Vertrag mit einer dieser Manufacturen abgeschlossen, nach welchem diese die Elle Segeltuch aus neuseeländischem Flachs zu 8½ Pence liefert, von einer Beschaffenheit, die in gewöhnlichem Hanf 18—20 Pence kostete. In feinern Zeuchen hoffen die Fabrikanten den neuen Flachs zu 30—40 Procent unter den bisherigen Preisen liefern zu können.

Das Atta-Gul.

Bei Ghasipur in der Provinz Hindostan wird von den Rosenpflanzungen, welche die Stadt umgeben, das köstliche Rosenwasser gewonnen, das unter dem Namen Atta-Gul berühmt ist. Man denke sich jene Pflanzungen nicht als ein Paradies. Die indische Rose läßt sich mit ihren europäischen Schwestern nur hinsichtlich des Geruchs vergleichen, und zeigt sich, außer in Agra, nicht in jener Pracht, die in unsern Gärten diese Blumen auszeichnet. Die Rosenstöcke werden um Ghasipur in großen Feldern angepflanzt, und durch Beschneiden sehr niedrig im Wuchse gehalten. An jedem Morgen werden die aufgeblühten Rosen abgeschnitten. Sie werden zuerst destillirt. Das dadurch erhaltene Rosenwasser, das Gulahbi, wird dann in große Gefäße gegossen und unbedeckt der freien Luft während der Nacht ausgesetzt. Die Gefäße werden von Zeit zu Zeit abgeschöpft, um das oben schwimmende Öl, das den köstlichsten Wohlgeruch hat, zu gewinnen. Man braucht 200,000 aufgeblühte Rosen, um das Gewicht von drei Quentchen Rosenöl zu erlangen. Der Preis ist so hoch, daß man jenen Gewichttheil auf den Märkten, wo das Öl aber oft mit Sandelholz verfälscht vorkommt, für 80 Rupien (ungefähr 55 Thaler) verkauft. In den englischen Niederlagen, wo man es als echt verbürgt, kostet es 70 Thaler. Das abgeschöpfte Rosenwasser wird für geringer gehalten, als dasjenige, welches sein Öl behalten hat und ist weit wohlfeiler, und ungefähr ein Nösel kostet nicht mehr als acht Groschen. Das Rosenwasser wird in Indien vielfältig gebraucht, zu Abwaschungen, als Arznei und in der Küche.

Pompeji.

Die alte Stadt Pompeji lag an dem kleinen Flusse Sarnus im südlichen Campanien, in einer blühenden, herrlich angebauten und mit vielen Landhäusern vornehmer Römer gezierten Gegend. Die Einwohner, 40—50,000 an der Zahl, trieben einen nicht unbedeutenden Handel, durch einen ansehnlichen Seehafen begünstigt, und man konnte Pompeji als den Stapelplatz von Campanien betrachten.

Schon 63 v. Chr. ward Pompeji durch ein heftiges Erdbeben verwüstet. Der größte Theil der schöngebauten Stadt stürzte zusammen, wurde jedoch bald schöner wieder aufgebaut, aber 79 n. Chr. verwüstete ein furchtbarer Ausbruch des Vesuvs die ganze Umgegend, und durch den ungeheuern Aschenregen, der diesen Ausbruch begleitete, ward Pompeji nebst den beiden benachbarten Städten Herculanum und Stabiä gänzlich verschüttet. Siebzehn Jahrhunderte lang lag es im Schose der Erde begraben; ein Hügel wölbte sich über die vergessene Stadt und wurde als Weinberg benutzt, bis man 1748 bei Grabung eines Brunnens die Trümmer von Häusern entdeckte. Durch seitdem eifrig fortgesetzte Nachgrabungen förderte man endlich einen bedeutenden Theil der Stadt mit ihren noch wohlerhaltenen Straßen, Theatern, Tempeln und Häusern aus dem Schutte hervor; indeß dürfte der größte Theil der Stadt wol noch von Asche bedeckt sein. Ein reinlicher Weg führt seit 1812 durch die sogenannte Gräberstraße, wo noch die alten Monumente unversehrt stehen, in das Innere der Stadt. Da Pompeji nicht wie Herculanum durch einen mit Wasser vermischten Stein- und Sandregen verschüttet war, auch später nicht Lavaströme darüber hinweg gegangen sind, so fand man auch Alles, selbst die feinste Glasarbeit, unverletzt, da hingegen Feuer und Lava in Herculanum das Meiste versengt und zermalmt hatten.

Der jüngere Plinius, ein römischer Schriftsteller, beschreibt jenes schreckliche Naturereigniß, durch welches Pompeji unterging, und bei dem auch der berühmte Naturforscher Plinius der Ältere ums Leben kam, gewissermaßen als Augenzeuge ausführlich. Dieser hielt sich damals eben zu Misenum auf, als er am 23. August Mittags die Nachricht erhielt, daß eine Wolke von wunderbarer Gestalt am Himmel stehe. Er beschloß, dieses Phänomen, das sich in der Gegend des Vesuvs zeigte, näher zu untersuchen, und bestieg zu dem Ende ein Schiff. Nicht lange befand er sich darauf, als ein dichter heißer Aschenregen herabfiel; Steine flogen zugleich mit der glühenden Asche nieder und das Meer war in großer, noch nie gesehener Bewegung. Plinius ließ sich bei Stabiä ans Land setzen. Er eilte in das Haus seines Gastfreundes, wo er schon Alles außer sich vor Angst und auf der Flucht begriffen fand. Plinius vermochte den Freund nicht zurückzuhalten, beschloß aber, sein Schicksal zu theilen und ihn zu begleiten. Mit vorgehaltenen Tüchern, um nicht in dem Aschenstaube zu ersticken, eilten sie ins Freie, dem Meere zu; aber hier war keine Rettung mehr möglich; die See flutete, ein heftiger Sturm blies entgegen, Flammen und Schwefeldampf vor sich herpeitschend. In dieser glühenden Luft erstickten beide Freunde; am dritten Tage nach dem furchtbaren Ereigniß fand man den Leichnam des Plinius unversehrt, einem Schlafenden gleich. Über 48 Stunden hatte der Ausbruch, mit dem stärksten Erdbeben verbunden, gewährt; so lange auch herrschte dicke Finsterniß über der Gegend, nur von den Flammen des Vesuv erleuchtet. Am dritten Tage erst drang das Sonnenlicht durch, aber es beschien ein grauenvoll wüstes Lavameer.

Wir entlehnen dem Bericht eines Reisenden, der vor Kurzem das neuerstandene Pompeji besuchte, einige Mittheilungen. Mit sehr gespannter Phantasie gelangt man nach Pompeji. Große Erwartungen, große Erinnerungen werden rege, jene düstern Erinnerungen an den flammenden Vulkan, an das entsetzliche Erdbeben. Aber kaum angelangt, erblickt man das anmuthigste Schauspiel. Pompeji ist ein reizender Ort. Die Sonne lacht in die hellen breiten Straßen hinein. Zwei neapolitanische Soldaten halten an der hölzernen Barriere Wache. Der Phantasietraum verfliegt, aber das Interesse steigt. Ein Gang durch Pompeji wird zum angenehmsten Studium. Die kleinsten Erinnerungen stehen in überraschender Verkörperung da, die Häuser sind offen, aufgethan ist das innere Hausleben der Alten; die Scenen des lieblichen griechisch-römischen Lebens stehen wirklich vor uns.

Die Gräberstraße gewährt einen imposanten Anblick. Wie Meilenzeiger stehen die Grabmäler an der Straße. Beim Ausgraben derselben fand man die Gebeine von Menschen, die in jener fürchterlichen Nacht, eine Zuflucht unter den Grabmälern der Ihrigen suchend, hier umkamen. Drei Männer lehnten an dem Pfeiler eines Porticus, wo sie in der Glutasche erstickten. Man fand eine Mutter, im Arme das Skelett eines Säuglings, zwei Kinderskelete daneben. Welche jammervolle Gruppe! Das Skelett eines Greises grub man aus, er hielt noch einen Beutel mit 410 Münzen in der Hand. Ein sehr schönes Grabmal unter andern ist das der Neroleja, ganz aus Marmor, auf der einen Seite die Büste der Neroleja, auf einer andern ein Schiff mit eingezogenen Segeln. Das Innere enthält viele Nischen, in deren größter eine Urne mit Asche gefüllt steht. In den kleinern befinden sich ebenfalls Urnen, eine Lampe und mehre Obolen (eine kleine Münze), das Fährgeld für den Charon. Der seltsamste Fund aber waren hier zwei bauchige Gefäße in Blei eingeschlossen, welche Wasser mit Öl und Wein vermischt und darin verkalktes Gebein enthielten.

Andere merkwürdige Punkte von Pompeji sind jene berühmte Villa des Cicero, von welcher er so oft an seinen Freund Atticus schrieb, das Haus des Marius Arius Diomedes, das zuerst entdeckt wurde, ein herrliches, bis auf die kleinsten Theile wohl erhaltenes Gebäude, an welchem Künstler die prunkvolle Bauart der alten Römer studiren können. In dem Kellerraum dieses Hauses entdeckte man viele aschgraue Krüge, welche zur Abkühlung des Weins bestimmt waren, und 17 Skelete verunglückter Menschen, unter denen sich nach Vermuthen auch das der Frau des Hauses befand. An der Thüre des an die Villa stoßenden Gartens fand man den Hausherrn, einen Schlüssel mit goldener Kette in der Hand, hinter ihm ein Diener mit Silbergeschirr.

An den Straßenecken Pompejis sieht man noch heute die Ankündigungen, welche das seit 17 Jahrhunderten untergegangene Geschlecht zur Aufführung der Schauspiele einladen. Welch eine Betrachtung! Gewiß, wem diese Lettern nicht Mahnungen sind für das ganze Leben, der hat überhaupt allen Sinn für den Ernst des irdischen Daseins verloren.

Planlos umherschweifend, betrat der Reisende jeden Ort, der ihn anzog. Er besuchte Schenken, Kramläden und Tempel, dort eine Küche, wo an den Wänden noch allerlei Geschirr umherhing, dort die Stube eines Wundarztes, worin sich noch seine chirurgischen Instrumente vorfanden, dann ein Bad, das kaum verlassen sein mochte, als das Unglück einbrach. An einem Hause fand er einen öffentlichen Anschlag, worin Julia Felix, eine reiche Römerin, 500 Schenken auf einmal zur Verpachtung ausbot, und solcher alten Zeugen des ehemaligen regen Lebens mehr. Nur hier und da arbeiteten in diesen öden Wohnungen, was einen sonderbaren Gegensatz bildete, einfach zu schmücken, so bequem, traulich und anmuthig einzurichten, und dennoch ging ihnen der höhere Sinn für das Leben nicht ab. Dies beweist die großartige Würde des Forums, davon zeugen diese Tempel, diese Theater, dieser Circus, im eigentlichsten Sinne Sammelplätze des Volks.

Gewiß läßt es sich nicht leugnen, und dies ist der Eindruck, der alle Reisende, welche Pompeji und Herculanum besuchten, mit sich nahmen, daß Natur und Geschichte unerschöpflich sind in Bildungsmitteln für die in der Gegenwart lebenden Geschlechter. Um uns zu belehren, um uns die Sitte und den Geist einer längst verschwundenen Zeit lebendig vor das Auge zu stellen, öffnet die Erde ihren Jahrtausende lang verschlossenen Schoos und macht uns aufmerksam auf die Vergleichung der Gegenwart mit der Vergangenheit. Tausend Künstler und Dichter haben schon in diesen Überresten der römisch-griechischen Welt Begeisterung und Nahrung für ihren Geist gefunden, und es ist nicht zu berechnen, wie viel selbst das sittliche Gefühl der Tausende, welche den erneuten Glanz Pompejis schauten, durch diese Betrachtung gewonnen hat.

Wir lassen hier noch die Beschreibung des erst 1829 ausgegrabenen Hauses des Faunus, auch Casa di Göthe genannt, zu Ehren unsers großen Dichters, folgen und des in demselben entdeckten, hier, so wie er jetzt ist, dargestellten Mosaikfußbodens, als das bedeutendste Meisterwerk, das in der Art hier gefunden wurde. Man stieß im genannten Jahre auf ein Haus, das an Größe und Schönheit alle in Pompeji aufgefundenen Gebäude übertraf. Zu diesem führt eine breite Treppe, und ist man hinaufgestiegen, so hat man auf der Schwelle gleich die Ansicht von dem ganzen innern Raume. Es zeigt sich da eine große weite Vorhalle, deren Wände im mannichfachsten Farbenschmucke glänzen, der Fußboden ist von rothem Jaspis und Alabaster; zu beiden Seiten sieht man mehre kleine Schlafstätten, ein Gesellschaftszimmer und einige Speisezimmer. Auf der Seite gegenüber liegt ein Blumengarten, in dessen Mitte ein Springbrunnen sein Wasser in ein Marmorbecken ergoß. Vierundzwanzig ionische Säulen bildeten eine Galerie ringsherum und in ihren Zwischenräumen standen Statuen oder kleine Tempel für die Hausgötter; zwei Dreifüße von Erz dampften immer zu Ehren der Concordia, des Phöbus und der Grazien, wovon die Trümmer gefunden wurden. Den Hintergrund bildete die Aussicht auf den Gipfel des Vesuvs. Es war in diesem Hause Alles geblieben, wie es lag und stand, und so fand man eine große Menge von Geräthen aller Art, von Bronze, von Glas, von Silber, auf den marmornen Tischen. Namentlich grub man mitten in der Vorhalle einen herrlichen Faun aus, nach welchem man das Gebäude benannte. Die Fußböden in dieser Vorhalle und den Speisezimmern zeigten die schönsten buntfarbigsten Mosaikbilder; bald reiche Guirlanden von Früchten, Blumen und Masken, bald Ansichten vom Gestade des Meeres, mit Fischen und Schalthieren, dann wieder Vögel in den Klauen einer Katze u. s. w., badende Nymphen, Gärten und Vorhallen mit Springbrunnen, musikalische Instrumente, der Jetztwelt unbekannt, und anderes Geräth; dort stürzt sich ein Löwe auf seine Beute, oder Bacchus reitet auf einem Panther, und andere Darstellungen aus dem Götterleben. Allein vorzüglich fesselt ein großes Meisterwerk in Mosaik, das den Fußboden selbst schmückt, und welches wir in einer Abbildung mittheilen. Es hat 15 F. Länge und 7 F. 8 Zoll Höhe. Was es vorstellen soll, haben die Alterthumskenner noch nicht erklären können, allein wahrscheinlich ist, daß man eine Schlacht zwischen Alexander und Darius sieht. Dagegen kann man diese vielen Gestalten, ihren Ausdruck und ihre herrliche Gruppirung nicht genug bewundern. Wie treibt der Wagenführer des persischen Königs die vier Rosse an! Wie ruhig und edel gehalten sind die Züge des griechischen Anführers! Leider sieht man auf dem Bilde große Lücken, die zwar im Original zum Theil, aber sehr ungenügend, wieder ergänzt sind.

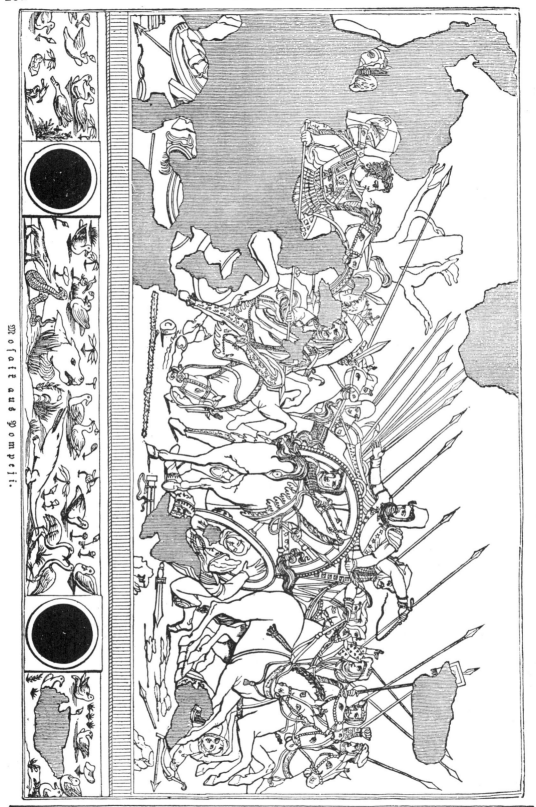

Mosaik aus Pompeji.

Das Pfennig-Magazin

der

Gesellschaft zur Verbreitung gemeinnütziger Kenntnisse.

167.]   Erscheint jeden Sonnabend.   **[Juni 11, 1836.**

Der ägyptische Geier.

Die Geier (Vultures) sind diejenigen Raubvögel, deren Geschlecht auf dem Erdboden am weitesten verbreitet ist. Besonders zahlreich finden sie sich in den heißen Ländern, wo ihr großer Nutzen, der in Wegschaffung des Aases von den Feldern und von den Straßen der Dörfer und Städte besteht, allgemein anerkannt ist. Je mehr

IV.   24

man sich der gemäßigten Zone nähert, desto seltener werden die Geier, bis sie endlich in den kalten Erdgegenden ganz verschwinden. In Amerika wird der türkische Geier vom Feuerlande an bis nach Neuschottland gefunden, und der schwarze Geier vorzüglich in Carolina. Abarten von diesen findet man auch im südlichen, aber seltener in Mitteleuropa, wobei es nicht nöthig ist, den sogenannten Lämmergeier, der eigentlich den Übergang von dem scheuen, gefräßigen und phlegmatischen Geschlechte der Geier zu den muthigern und lebhaftern Adlern bildet, als eine besondere zu erwähnen. In den Gebirgen von Mitteleuropa kommen der Greif und eine andere Abart vor, welche über den ganzen südlichern Theil der alten Welt verbreitet sind. Eine verschiedene Familie bildet der auf unserm Bilde vorgestellte ägyptische Geier, auch das Pharaonshuhn genannt, und auch in Spanien häufig.

Der ägyptische Geier, der kleinste unter allen Geiern der alten Welt, nähert sich in seinem Baue und in seiner Lebensweise am meisten dem in Amerika einheimischen türkischen Geier. In Ägypten und in den ihm zunächst liegenden Ländern Europas, Asiens und Afrikas ist er häufig, auch zuweilen in Italien und der Schweiz; selbst in England wurde einer als große Seltenheit im Jahre 1825 geschossen. Er ist der eigentliche sogenannte Aasgeier, weil er nur von Aas und todtem Fleische lebt, und wird dadurch, vorzüglich in Ägypten, sehr nützlich. Er war ebendeshalb der heilige Geier bei den alten Ägyptern und kommt häufig auf den Denkmälern dieses Landes vor. Stets begleitet er die Karavanen, besucht die Fleischbänke und ist unermüdlich im Aufspüren des Aases.

Mit allen übrigen Geiern hat der ägyptische die schönen, langen und breiten Schwingen gemein, die ihn eben zu seinem hohen und sanften Fluge fähig machen. Gefräßig, wie alle Vögel dieser Gattung, frißt er sich in der Regel bei einer Mahlzeit so dick und voll, daß ihm dann das Emporschwingen sehr beschwerlich wird.

Alle Geierarten fliegen unermeßlich hoch, höher als selbst der ihnen verwandte Adler und Falke. Auf den Anden in Amerika findet man den Condor noch in einer Höhe von 19,000 Fuß über dem Meere. Der Geier schwimmt, ruhig wie der Schwan auf seinem Wasserspiegel, mit fast bewegungslosen Schwingen in dem unermeßlichen Luftraume. Sein ungemein scharfes Gesicht läßt ihn jedoch selbst von einer solchen Höhe herab die Gegenstände auf der Erde erkennen. Wie ein Pfeil durchschießt er die Luft, wenn er eine Beute entdeckt hat. Diese Vögel, namentlich die ägyptischen Geier, sind, ehe man ihre Nähe im Geringsten ahnet, sobald ein Thier gefallen oder getödtet ist, auf der Stelle, und zwar in großen Haufen. Es ist viel darüber gestritten worden, ob sie durch ihr scharfes Gesicht oder ihren feinen Geruch dazu in Stand gesetzt werden; die neuern Beobachtungen des Naturforschers Audubon scheinen gegen das Vorwalten des Geruchs zu entscheiden. Er stopfte eine vollkommen getrocknete Rehhaut mit Heu aus und legte sie auf das offene Feld. Ein Geier flog sogleich herab, griff seine Beute wie gewöhnlich an, riß die Haut auf und schien das Fleisch zu suchen, dessen Mangel ihm seine Sinne nicht verrathen hatten, bis er endlich davon flog. Ein todtes Schwein, 20 Fuß tief in eine Grube gelegt und mit Reisern und Binsen belegt, ward von den darüber fliegenden Geiern nicht gewittert, wogegen Hunde die Spur bald gefunden hatten. Junge Geier, in einen Käfig gesetzt, entdeckten das nahe liegende Futter nicht, wenn sie es nicht sahen.

An Größe übertrifft der ägyptische Geier in etwas den Raben; seine Länge beträgt zwei Fuß, fünf bis sechs Zoll, und mit ausgespannten Flügeln mißt er 5—5½ Fuß. Er ist von Farbe fast ganz weiß, mit Ausnahme der großen Schwungfedern, welche schwarz sind. Der Vorderkopf, die Backen und der Hals sind nackt und die Haut an diesen Stellen ist schwarzgelb; die Augen sind ganz dunkel. Er verändert sein Gefieder mehre Male, zuerst, wenn er noch jung ist, wo es umbrabraun ist, dann wird er mit jeder Mauser immer lichter, bis er zuletzt eine schneeweiße Farbe bekommt. Er baut in die Klüfte der Felsen und sonst auf erhabene Orte, aber sein Nest muß sehr unzugänglich sein, da man seine Eier nirgend auch nur beschrieben findet.

Folgt nach einem sehr heißen Sommer ein sehr kalter Winter?

Der außerordentlich heiße Sommer des Jahres 1834 ließ bei Vielen die Meinung laut werden, daß auch ein ebenso anhaltender und heftiger Winter folgen würde. Sie hätten zur Unterstützung ihrer Meinung auf die Theorie so gut als auf die Erfahrung sich berufen können. Zwar läßt sich annehmen, daß das ganze Jahr gleichsam eine gewisse Menge von Wärme enthalte, und wird diese in einer Reihe von Tagen hintereinander aufgebraucht, so muß nothwendig in einer ebenso großen Reihe von Tagen eine jenem Wärmeverbrauch entsprechende Kälte erfolgen. Gesetzt, daß im Durchschnitt auf jeden der 365 Tage des Jahrs eine Wärme von 10° Réaumur käme und wir hätten nun 150 Tage, wie es im Sommer 1834 so ziemlich mit Einschluß des Herbstes der Fall war, wo immer eine Wärme von 15—25° und auch wol darüber herrschte, so müßte dann natürlich dieser Verbrauch sich im folgenden Winter empfindlich genug zeigen und an den Tagen, welchen die ihnen zukommenden 10° entzogen wären, eine Kälte von 5—15° herrschen. Nun hatten zwar sicher nicht Alle, welche einen sehr kalten Winter fürchteten, eine solche Berechnung gemacht, aber die dunkle Vorstellung, daß die Natur nichts schuldig bleibe und von ihr eine ungewöhnliche Hitze durch eine ungewöhnliche Kälte ausgeglichen werde, mag doch bei den Meisten obgewaltet haben. Noch viel mehr jedoch konnten sie auf die Erfahrung pochen. Einer der härtesten Winter war der von 1708—9, aber ihm ging ein außerordentlich heißer Sommer mit Erdnebeln, anhaltender Trockenheit, schweren Gewittern, merkwürdigen Donnerschlägen voraus, wie sich eine Schrift aus jener Zeit, „Der neubestellte Agent von Haus aus" (1709) ausdrückt. Die Erdnebel waren ohne Zweifel nichts als der noch jetzt ziemlich räthselhafte Höherauch, welcher auch im vorigen heißen Sommer häufig beobachtet wurde. Noch fürchterlicher durch Dauer, wie durch hohen Kältegrad, war der Winter von 1739—40; auch ihm ging aber ein äußerst heißer Sommer voraus, namentlich war im Juli eine ganz unerträgliche Hitze. Einen furchtbar kalten Winter hatten wir 1783—84, allein der Sommer vorher war ebenfalls außerordentlich heiß, voller Erdbeben, oft mit Höherauch begleitet gewesen und der Professor Wiedeburg in Jena prophezeihte aus den beiden letztern Erscheinungen den folgenden harten Winter. Dieselbe Erscheinung that sich 1822—23 kund, wo einer der härtesten Winter herrschte, welcher oft 20—28° Kälte hatte, aber der vorhergegangene Sommer zeich=

nete sich bekanntlich auch durch eine Hitze aus, welche der des Sommers 1834 im Grade und in der Dauer nichts oder wenig nachgab. Indessen sind alle solche Erfahrungen doch trüglich. Man achtet auf sie, wenn sie zutreffen, und vergißt ihrer, wo sie getäuscht haben. Einer der heißesten Sommer war 1750. Man berechnete damals in Berlin, daß die Erde sich immer mehr der Sonne nähere und es nur eine gewisse Zeit dauern könne, bis sie von ihr angezogen, dann aber natürlich in Feuer aufgehen werde. Niemand aber hat bemerkt, daß ein sehr kalter Winter darauf gefolgt sei. Sehr Vielen wird noch der heiße Sommer von 1811 erinnerlich sein, und ihm folgte ein äußerst gelinder Winter mit ungeheuerm Schnee, wie wir ihn auch von 1834 zu 1835 in den gebirgigen Gegenden wenigstens gehabt haben. Übrigens ist ja auch ebenso häufig ein äußerst kalter Winter nach einem nur mäßig warmen Sommer erschienen, wo also der Grund, den man etwa anführen könnte, daß nach einem heißen Sommer ein harter Winter folgen müsse, grade einen gelinden bedingen würde. So war z. B. der Winter 1829—30 einer der härtesten in ganz Europa, der Sommer vorher aber sehr wenig durch Wärme ausgezeichnet. Der Winter von 1834—35 hat die von uns aufgeworfene Frage ebenfalls verneinend beantwortet; er war gelind und veränderlich. Überhaupt aber dürfte ein harter Winter oder das Gegentheil nie vom vorausgegangenen Sommer abhängig sein, denn umgekehrt würde ja auch der Schluß gelten, daß einem harten Winter ein heißer Sommer folgen müsse. Im Gegentheil scheint nach meinen Beobachtungen nur ein Moment hier hauptsächlich zu entscheiden, die Richtung des Windes. Herrscht anhaltend Süd= und besonders Südwestwind vor, so ist der Winter gelind und veränderlich, es mag der vorhergegangene Sommer heiß oder kühl, trocken oder naß gewesen sein. Anhaltender Ost= oder Nordost=, ja selbst Südostwind bedingt das Gegentheil. *) Fast hätte man fürchten sollen, daß die Natur das Versäumte im Winter von 1835 zu 1836 nachholen werde. Der ihm vorausgegangene Sommer zeichnete sich hier zwar keineswegs durch anhaltende Wärme oder hohen Wärmegrad aus. Bis zu Ende des Juni gab es meist naßkalte Witterung, und von da an trat eine Trockenheit ein, welche die im Sommer von 1834 noch beiweitem übertraf, doch die Wärme war immer nur sehr mäßig und stieg fast kaum einmal bis 25° R. Auf dem Fuße aber folgte dieser Dürre, welche in einem großen Theile Deutschlands, in ganz Böhmen, Ungarn und Preußen u. s. w. die Heu= und Getreideernte vernichtete und große Theuerung zu begründen schien, gleich vom 1. November an eine täglich zunehmende Kälte in ganz Europa, im südlichen wie im nördlichen, sodaß sie zuletzt bis 16 Grad in unsern Gegenden stieg; allein mitten im November hatte sie ein Ende, und von dieser Zeit an herrschte sie zwar in ungewöhnlichem Grade im Norden und Süden Europas, Deutschland selbst aber klagte nur über eine außerordentliche Abwechselung der Temperatur, welche Regen, ungeheuern Schnee in den meisten Gebirgsgegenden, Frost und Thauwetter dermaßen aufeinander folgten, daß es selten 48 Stunden lang einerlei Witterung gab. Der Süd= und Westwind herrschte, zur Bestätigung unserer oben mitgetheilten Ansicht, stets vor und wurde nur vom Nordwind dann durchkreuzt, wenn ein heftiges Gewitter getobt hatte, deren von Neujahr an, begleitet von brausenden Stürmen und leuchtenden Meteoren, sehr viele zum Vorschein kamen, die selbst an manchen Orten auf eine gefährliche Art, z. B. am 12. Februar in Westfalen, auf dem Harz, am Rheine, zündeten. Doch genug zum Beweise, daß ein kalter Winter von einem heißen Sommer so wenig bedingt wird, wie ein heißer Sommer von diesem. Ob und wann ein solcher erscheint, hängt von Ursachen ab, die, wie Alles, was auf Meteorologie hinausläuft, noch nicht erforscht sind und auch schwerlich je ermittelt werden dürften.

Würzburg.

Würzburg, die Hauptstadt des Untermainkreises im Königreiche Baiern, theilte die Schicksale des gleichnamigen Bisthums, das 741 durch den deutschen Apostel Bonifacius gestiftet wurde, nachdem schon 100 Jahre früher der Irländer Kilian den Grund zum Christenthume in Franken gelegt hatte. Das Bisthum gehörte seitdem zu dem Sprengel des erzbischöflichen Stuhles zu Mainz, den Bonifacius 748 erhielt. Die neue Stiftung wurde von den fränkischen Königen und den deutschen Kaisern mit manchen Gütern begabt, und die Bischöfe selbst erwarben von den Grafen und Herren in Franken mehre Besitzungen, aus welchen das ansehnliche Gebiet des Fürstenthums Würzburg erwuchs. Die Bischöfe führten den Titel Herzoge von Franken, aber erst seit der Mitte des 15. Jahrhunderts, veranlaßt durch den zufälligen Umstand, daß der Herzog von Sachsen, Sigismund, ein Bruder des Kurfürsten Friedrich's des Sanftmüthigen, 1440 zum Bischof erwählt ward, und unerweislich ist die Angabe, daß bereits der fränkische König Pipin dem ersten Bischof Burkhard das Herzogthum Franken verliehen habe. Die geistreichen Fürsten erwarben sich große Verdienste um die Cultur des Landes und das Gedeihen ihrer Hauptstadt, besonders der Bischof Julius Echter von Mespelbrunn, die Bischöfe aus dem Hause Schönborn und der vorletzte Fürstbischof Franz Ludwig von Erthal. Das Bisthum, das einen Flächenraum von 87 Quadratmeilen mit 250,000 Einwohnern hatte, fiel 1803 als weltliches Fürstenthum an Baiern zur Entschädigung für die verlorenen rheinischen Besitzungen. Durch den Frieden von Preßburg (1805) erhielt es der Großherzog Ferdinand von Toscana für das an Östreich abgetretene Salzburg und beherrschte das anfangs zum Kurstaat erhobene Land nach der Auflösung des deutschen Reichs als Großherzog, bis er nach den Ereignissen des Jahres 1813 sein Erbland Toscana wieder erhielt und Würzburg an Baiern zurückfiel.

Die Stadt Würzburg liegt in einem reizenden Thale am Main, der sie in zwei ungleiche Theile trennt, auf zwei Seiten von hohen Weinbergen eingeschlossen. Um das feste Bergschloß Marienberg auf dem linken Stromufer, den Sitz der thüringisch=fränkischen Herzoge, bildete sich allmälig die Stadt, die später auf das rechte Ufer sich ausdehnte, besonders seitdem die erste Kirche, auf der Stelle des jetzigen Neumünster, unter Kilian, als die Wiege des Christenthums in Franken, war gegründet worden. Die schönste und umfassendste Ansicht der Stadt und ihrer nächsten Umgebungen finden wir auf dem nördlich sich erhebenden, wegen seines trefflichen Weins berühmten Steinberg. Beide Stadttheile verbindet eine, in der Abbildung auf S. 192 dargestellte, 540 Fuß lange steinerne Brücke von acht Bögen, die im 15. Jahrhundert erbaut ward und auf bei-

---

*) Vergl. in Nr. 106 des Pfennig=Magazins den Aufsatz: Die Witterung des Jahres 1834.

Die Liebfrauenkapelle zu Würzburg.

den Seiten mit kolossalen Statuen der Schutzheiligen von Franken und Deutschland geziert ist. Der ältere Stadttheil ist unregelmäßig gebaut und überhaupt hat Würzburg nur wenige breite und gerade Straßen. Die schönste und durch vielfachen Verkehr belebte ist die Domstraße, die von der Brücke zu dem großen Freiplatze vor dem Rathhause und zu der Domkirche führt und durch den großen, mit Sinnbildern, Wappen und Inschriften verzierten Vierröhrenbrunnen sich auszeichnet. Auch in der Nähe des schönen Schloßplatzes sind die Straßen breit und regelmäßig.

Beginnen wir nun den Überblick der merkwürdigsten Bauwerke mit der alten Feste Marienberg, die sich an einem 400 Fuß hohen Berge erhebt und bereits an den Bischof Burkhard abgetreten wurde. Bonifacius verwandelte einen heidnischen Tempel, der hier stand, in eine der heiligen Jungfrau gewidmete Kirche, von welcher die Burg ihren Namen erhielt. Sie war vom 14. bis zum 18. Jahrhundert der gewöhnliche Sitz der Bischöfe. Im 15. Jahrhundert erhielt sie bedeutende Veränderungen, und nachdem sie 1512 größtentheils abgebrannt war, wurde sie von dem Bischofe Julius wiederhergestellt und nach einem zweiten Brande 1600 abermals erneut. Gustav Adolf erstürmte 1631 das Schloß, das aber 1635 wieder in den Besitz des Bischofs kam, und 1650 starke, nach Vauban's Grundsätzen erbaute Außenwerke erhielt, die später vollendet wurden. Seit 1688 wurde die Feste mehre Male belagert und erobert. Zu den Merkwürdigkeiten des Schlosses gehören das 1711 erbaute Zeughaus, der mittlere hohe Wartthurm, die im 16. Jahrhundert vergrößerte alte Kirche, ein 388 Fuß tiefer Brunnen und zwei Springbrunnen, die durch ein Druckwerk 500 Fuß hoch vom Main heraufgeleitet werden.

Die Abhänge des Berges sind auf der Morgen- und Mittagseite mit Reben bepflanzt, und auf einem derselben, der sogenannten Leiste, wächst der Leistenwein. Auf der linken Mainseite liegt die ursprünglich von dem Bischof Burkhard gegründete Burkhardskirche, die im 11. Jahrhundert neu gebaut wurde und im 16. und 17. Jahrhunderte im Äußern und Innern mehre Veränderungen erhielt, doch haben sich manche Theile des alten Gebäudes erhalten. Ihre beiden Thürme sind bis zur höchsten Spitze ganz von Steinen aufgeführt. Der mit einem Gemälde von Onghers gezierte Hochaltar steht auf einem Bogengewölbe, durch welches die Straße zu einem Stadtthore führt. Die im 13. Jahrhunderte erbaute Deutschhauskirche hat eine zierliche Hauptthüre in schönem mittelalterlichen Styl. Die Schottenklosterkirche ward im 12. Jahrhundert für Mönche aus Irland, zu jener Zeit noch häufig Schottland genannt, in dankbarer Erinnerung an die Wohlthaten gegründet, welche Franken von den irländischen Glaubensboten erhalten hatte. Das zu Ende des 16. Jahrhunderts eingegangene Kloster wurde später erneuert, in neuern Zeiten aber in ein Kriegsspital verwandelt.

Gehen wir über die Mainbrücke, so erblicken wir gleich bei dem Ausgange derselben das im 14. Jahrhundert erbaute Rathhaus mit seinem hohen Thurme, zum Grafen Eckard genannt. Am Ende der langen Straße, der wir von hier folgen, ragen die hohen grauen Massen der Domkirche empor. Sie ward ursprünglich im 9. Jahrhundert gegründet, im folgenden in dem byzantinischen Styl erbaut, später aber durch vielfache Anbaue bedeutend vergrößert und zeigt in ihrem Äußern und Innern den wechselnden Baugeschmack mehrer Jahrhunderte. Die Kirche hat vier Thürme, zwei über dem Chore, zwei am Haupteingange. Das großartige

Das ehemalige bischöfliche, gegenwärtig königliche Schloß zu Würzburg.

Mittelschiff der Kirche wird auf beiden Seiten von 14 Pfeilern getragen und ist trefflich erleuchtet. Mehre Altargemälde, marmorne und eherne Grabmäler, die Schönborn'sche Kapelle, das Baptisterium von 1279, die mit Bildwerken von Alabaster verzierte Kanzel gehören zu den Merkwürdigkeiten des Innern. Das bereits erwähnte Neumünster mit einer schönen Kuppel wurde, nachdem die alte von dem Bischof Burkhard erbaute Kirche im 9. Jahrhundert abgebrannt und an ihrer Stelle später eine Kapelle errichtet war, in eine neue Kirche umgewandelt, von welcher aber bei dem zu Anfange des 18. Jahrhunderts vorgenommenen Umbau nur wenige den Übergang von der byzantinischen zur gothischen Baukunst bezeichnende Überreste geblieben sind. Eins der vorzüglichsten Denkmäler des altdeutschen Baustyls ist die auf Seite 188 in Abbildung gegebene Liebfrauenkapelle. Sie ward in der zweiten Hälfte des 14. Jahrhunderts begonnen, aber erst 100 Jahre später vollendet. Am Hauptportal auf der Westseite verjüngt sich ein weiter Spitzbogen nach innen in immer kleinere Bögen und enthält eine figurenreiche Abbildung des jüngsten Gerichts in Hautrelief. Über dem südlichen Eingange stellt ein Kniebild die Krönung der heiligen Jungfrau in altchristlicher Weise dar, und an den Pfeilern sieht man Adam und Eva und die zwölf Apostel. Der Thurm erhebt sich an der Nordseite bis zum Dachstuhl ohne allen Schmuck. Von hier an steigt, auf allen Seiten frei abstehend, ein schön durchbrochenes Bauwerk empor und beginnt eine treffliche steinerne Wendeltreppe, welche auf 54 Stufen in das Glockenhaus und weiter aufwärts in ein schönes gothisches Gewölbe führt. Der höhere Theil des Thurmes wurde 1711 gebaut und auf der Spitze steht ein 18 Fuß hohes Marienbild von reich vergoldetem Kupfer. Wir treten durch das Hauptportal in das Innere, das von schlank und kühn emporstrebenden Pfeilern getragen wird, die oben nach allen Richtungen wie Baumäste sich trennen und die Gurten der Gewölbefelder bilden. Hohe schmale Fenster erhellen das Innere. Eines der schönsten Gebäude ist die ehemalige Stiftskirche, die Pfarrkirche zu Haug, die diesen Namen daher führt, weil das Stift bis zu Ende des 17. Jahrhunderts außerhalb der Stadt, unweit des Steinberges, auf einer kleinen Anhöhe (altdeutsch Haug) lag. Sie zeichnet sich durch ihre neurömische Bauart, durch zwei schöne und hohe Thürme und eine kühne Kuppel vorzüglich aus. Das ehemalige bischöfliche Schloß, von welchem wir eine Abbildung geben, das vorzüglichste Gebäude Würzburgs und einer der prächtigsten Fürstenpaläste Deutschlands, liegt im östlichen Theile der Stadt auf einem großen Freiplatze und ward 1720 von dem Bischofe Johann Philipp von Schönborn begonnen. Es bildet ein längliches Viereck, dessen vordere Seite 571 Fuß lang ist. Eine steinerne, mit Trophäen, Urnen und Statuen besetzte Galerie läuft auf dem obersten Gesimse um den drei Stockwerk hohen Palast und verdeckt einen Theil des Daches. An das Schloß stoßen rechts und links zwei ansehnliche Gebäude von gleicher Höhe, welchen sich Bogenstellungen anreihen, deren Pfeiler mit Säulen dorischer Ordnung geziert sind, und am Ende derselben erheben sich über 100 Fuß hoch zwei freistehende Säulen, in welchen eine Wendeltreppe zu einer offenen Galerie führt. Die prachtvolle Haupttreppe, von einem mit vielen Marmorbildern verzierten Steingeländer umgeben, führt zum Hauptstockwerke und verdoppelt sich in der Hälfte ihrer Höhe. Das Treppenhaus hat ein großes Deckengemälde von Tiepolo, in der Mitte den Olymp, auf den vier Seiten die vier Welttheile darstellend. Unter den prächtigen Zimmern des Schlosses ist der Kaisersaal das größte, durch zwei Stockwerke gehend, und 88 Fuß lang, 50 Fuß breit. Kanelirte Säulen von Gypsmarmor tragen das vergoldete Gesimse. Das Deckengemälde von Tiepolo stellt die in Würzburg vollzogene

Vermählung Friedrich Barbarossa's mit Beatrix von Burgund dar. Am Ende des vordern linken Schloßflügels befindet sich die Hofkapelle, die sich durch reiche Verzierungen und zwei Altargemälde von Tiepolo auszeichnet. Auf der Ost- und Südseite umgibt das Schloß der Hofgarten, der durch anmuthige Anlagen und großen Pflanzenreichthum anzieht.

Eine Hauptzierde der Stadt ist das große palastähnliche Juliushospital am nördlichen Stadtwalle, von dem trefflichen Bischof Julius Echter von 1576—79 gebaut, aber nach einem Brande seit 1704 und am Ende des 18. Jahrhunderts vielfach verändert. In dem prächtigen Mittelgeschoß des innern Hauptflügels befindet sich eine einfache und geschmackvoll eingerichtete Kapelle. Die mit einem Vermögen von 5 Millionen Gulden ausgestattete Anstalt nimmt jährlich eine große Anzahl armer Kranken zur Verpflegung auf und gewährt vielen gebrechlichen Alten lebenslängliche Versorgung. Mit dem Spitale sind noch andere Anstalten in verschiedenen Gebäuden vereinigt, nämlich das eigentliche Krankenhaus, die Heilanstalt für Epileptische und Wahnsinnige, das Entbindungshaus, das anatomische Theater, das chemische Laboratorium und der botanische Garten. In naher Verbindung mit dem Juliushospitale, als dem eigentlichen Mittelpunkte des praktisch-medicinischen Studiums, steht die Universität, die der Bischof Julius 1582 gründete, nachdem die schon 1403 nach dem Muster von Bologna gestiftete Hochschule bald wieder eingegangen war. Sie wurde von ihrem Stifter reich ausgestattet und erhielt besonders unter der Regierung des vorletzten erleuchteten Fürstbischofs von Erthal einen höhern Aufschwung, der auch nach der Vereinigung des Landes mit Baiern fortdauerte. Die Verbindung mit dem Juliushospitale hat sie stets zu einer der ersten medicinischen Schulen Deutschlands gemacht. Unter den übrigen gemeinnützigen Anstalten sind vorzüglich auszuzeichnen das Gymnasium, Heine's orthopädisches Institut, die Blindenlehranstalt, die Thierarzneischule, die Schwimmschule, das von einem Verein unterhaltene und wohlthätig wirkende polytechnische Institut oder die Centralindustrieschule, das musikalische Institut, das im Gesange und in der Instrumentalmusik unentgeltlichen Unterricht ertheilt und besonders auch dazu beiträgt, unter den Landschullehrern Baierns musikalische Bildung zu verbreiten.

Würzburg hat gegen 24,000 Einwohner, die sich mit einigen nicht sehr bedeutenden Fabrikzweigen beschäftigen, aber einen ansehnlichen Handel mit dem Haupterzeugnisse der Umgegend, Wein, treiben, welcher durch die Mainschifffahrt sehr begünstigt wird. In dem benachbarten ehemaligen Cisterciensertloster Oberzell befindet sich seit 1817 die mechanische Werkstatt für die von den beiden Deutschen König und Bauer erfundenen und zuerst 1814 von ihnen in England ausgeführten Schnellpressen oder Druckmaschinen, deren sie verschiedene, doch auf einem Princip beruhende Arten verfertigen.

Ispahan.
(Beschluß aus Nr. 166.)

Was Ispahan an neuen Prachtbauten aufzuweisen hat, verdankt es seinem jetzigen Statthalter, der von einem bescheidenen Krämer sich zu seiner Würde emporgeschwungen hat, und dessen Ehrgeiz es ist, seine Vaterstadt zu ihrem alten Glanze wieder emporzuheben. Alle diese Prachtgebäude kommen in gewissen Grundzügen überein. Eine offene von Säulen getragene Halle in der Fronte, oder verschlossen von bunten Glasfenstern, die ein sanftes Licht einlassen, öffnet sich auf einen Platz, den ein Wasserbecken oder ein Springbrunnen ziert, um den sich die Dienerschaft versammelt. Die Säulen sind meist vergoldet oder mit Arabesken geschmückt, das Ganze erscheint luftig und leicht, wie es dem Klima angemessen ist.

Ehemals hatte Ispahan nicht weniger als 162 Moscheen und 48 große Lehranstalten, viele derselben stehen noch. Unter allen nimmt die Medsched-Schah oder Königsmoschee den ersten Rang ein, unstreitig eines der prachtvollsten kirchlichen Gebäude Asiens, von Abbas dem Großen erbaut und dem Imaum Mehedi gewidmet. Ein hoher Porticus führt in ihren innern Hof. Auf jeder Seite neben ihm erhebt sich ein schlanker Thurm mit einer offenen Galerie endend. In der Mitte ist der Eingang, welchen zwei mächtige, 12 Fuß breite Flügelthüren schließen. Diese Thüren sind mit Silberplatten belegt und mit Inschriften aus dem Koran geziert. Eine schwere eiserne Kette zieht sich vor dieser Pforte hin, welche uns in den Vorhof der Moschee führt, die sich selbst am Ende desselben in einer gewaltigen Kuppel, das Wunder Persiens, erhebt. Der Hof, wie der Haupttempel selbst ist von Quadern erbaut, die, mit glasirten Ziegeln bekleidet und mit Inschriften bedeckt, den Glanz der Sonne zurückspiegeln. Das Innere der Moschee steht mit diesem prachtvollen Vorhof im Einklang; hier herrschen Größe und Feierlichkeit, wie in keinem andern mohammedanischen Tempel.

Die Moschee von Lutf-allah ist einfacher, aber nicht minder groß; Verhältnisse und Arbeit sind hier noch zierlicher, und der schöne gelbliche und durchsichtige Marmor von Tabris, Gemälde, glasirte Ziegel und Inschriften auf Bronze und Silberplatten bilden den Schmuck dieses Tempels.

Unter den höhern Lehranstalten ist die Medresseh Dschedda die berühmteste. Ein hoher Porticus von phantastisch gewundenen Säulen führt zu einem Paar mächtigen Flügelthüren von Bronze, mit Silber ausgelegt und mit Blumen und Sprüchen aus dem Koran geziert, in eine gewölbte Vorhalle, aus der man in den geräumigen, mit Bäumen und Blumen bepflanzten Hof tritt, dessen rechte Seite die schöne Moschee mit ihren zwei hohen Minarets einnimmt, indeß auf der Linken ein schöner Porticus, und ihm zur Seite die Wohnzimmer der Lernenden, zwölf auf jeder Seite, in zwei Stockwerken liegen, kleine viereckige Zellen mit Teppichen belegt, die unter diesen Umgebungen von grünen Sträuchern, spielenden Wassern, Tempeln und der Stille des Orts wie zum Studium geschaffen sind. Gewöhnlich wohnen hier über hundert Jünger der Wissenschaft, welche Unterhalt und Lehre kostenfrei erhalten.

Nach den neuesten Schätzungen rechnet man die Zahl der Einwohner Ispahans auf 200,000. Sie sind mit Recht die Pariser Asiens genannt worden. Leicht, lebhaft und höflich, unterscheiden sie sich auffallend von den übrigen Asiaten. Voller Anlagen für Künste und Wissenschaften, lebhaften Geistes und von schneller Fassungskraft, kann fast jeder Ispahaner lesen und schreiben und ist mit den Lieblingsdichtern des Vaterlandes vertraut. Thätig, fleißig und betriebsam, aber wegen ihrer Weichlichkeit und Feigheit der Spott der übrigen Provinzen, sind sie immer berühmte Seidenweber, aber sehr schlechte Soldaten gewesen, und man nennt die Fabriken Ispahans als die ersten in Asien, und seine Krieger als die feigsten.

Auch sind Ispahans Manufacturen in Baumwolle,

Sammt, Seide, Tuch, die Fabriken von gefärbtem Glas, Leder, Zucker, Töpferwaaren und Waffen, in welchen ein bedeutender Handel geführt wird, sehr berühmt, kurz, Ispahan ist eine der ersten Gewerbstädte Asiens.

Die Bewohner Ispahans sind, wie die Perser überhaupt, ihrem Glaubensbekenntnisse nach Schiiten oder Anhänger Ali's, welche die Türken und Sunniten als Ketzer ansehen. Dieser Religionsunterschied entstand dadurch, daß beim Tode Mohammed's zwischen Ali, seinem Schwiegersohn, und Abubekr, seinem Schwiegervater, ein Streit über die Nachfolge ausbrach. Der Letzte behielt die Oberhand und behauptete 2½ Jahre lang das Khalifat. Ihm folgte Omar und diesem Osman, nach dessen Tode endlich Ali seine langbestrittenen Rechte erlangte. Seine Anhänger sahen nun Abubekr, Omar und Osman als falsche Khalifen an und verwarfen Alles, was zwischen ihnen und Mohammed in Religionssachen festgesetzt worden; so leugnen sie daher auch alle Traditionen, die auf ihrer Autorität beruhen, an welche dagegen die Sunniten glauben.

Das Christenthum hat in Persien nie Anhang gefunden, ungeachtet es an Bemühungen der Missionare nicht gefehlt hat. In den Bergen von Kurdistan wohnt jedoch eine kleine Gemeinde von Nestorianern, und in Ispahan selbst gibt es eine katholische Mission. Die Vorstadt Dschulfa wird noch fast ganz von Armeniern bewohnt, deren Gottesdienst nicht gestört wird, und die man als fleißige Handwerker schätzt. Minder zahlreich und verachtet sind die Juden. In Kerman und Yezd allein verbergen sich noch einige Anhänger Zoroasters oder Feueranbeter, da sie, streng verfolgt, meist nach Indien vertrieben wurden.

Der Aberglaube ist ein charakteristischer Zug des Persers. Jeder, vom Fürsten bis zum Lastträger herab, glaubt an Vorzeichen, günstige Constellationen und Stunden. Jedermann trägt Amulete und Talismane, und fast nichts geschieht in Persien ohne vorgängige Befragung der Sterne. Keine Reise wird unternommen, kein neues Kleid angelegt, kein Fest wird gefeiert, ohne erst den Kalender zu befragen.

Es ist auffallend, daß die Perser, unter allen Asiaten das heiterste und phantasiereichste Volk, zu ihren Trachten grade die dunkelsten Farben gewählt haben, während die übrigen Asiaten an hellen und bunten Gefallen finden, denn im Gegensatz von ehedem sieht man jetzt nur dunkelfarbige Kleider bei ihnen; ein Paar weite Pantalons bis auf die Knöchel herabreichend, ein Hemd darüber bis zu den Hüften herunter; über diesem eine knappe Weste mit aufgeschlitzten Ärmeln, und endlich ein langer, oben eng anliegender Rock, von den Hüften abwärts offen und mit Knöpfen auf jeder Seite besetzt, bilden den Anzug des Persers von Stande. Ein mehre Ellen langes Stück Zeuch von Muslin um den Leib vertritt die Stelle des Gürtels und trägt den Dolch, dessen prachtvoller, aber bescheidener Griff den Rang und den Reichthum des Besitzers zur Schau trägt. Das Haupt bedeckt eine schwarze Mütze von Schaffell, anderthalb Fuß hoch, sonst mit einem Shawl umwunden; der jetzt aber nur noch von wenigen Vornehmen getragen wird. Den Fuß bedeckt ein spitziger und nach oben gebogener Schuh mit bis anderthalb Zoll hohen eisernen Absätzen versehen, oft ein furchtbares Strafinstrument gegen ungehorsame Diener, und so ist es nicht auffallend, daß die Gestalt des Persers mit seiner hohen thurmähnlichen Mütze und hohen Schuhen riesenhaft erscheinen.

Juwelen trägt nur der Schah. Die Perser behaupten, daß, wenn der Schah seinen vollen Schmuck anlegt und sich in die Sonne setzt, kein menschliches Auge ihn anzusehen vermöge. Kein Fürst besitzt Diamanten, die denen des Königs von Persien gleich kämen, welche meist noch aus dem Schatze des Großmoguls und der Plünderung von Delhi herstammen. Unter ihnen ist „das Meer des Lichts", 186 Karat schwer, als der schönste Diamant der Erde bekannt, die „Krone des Mondes" wiegt 146 Karat, und die Armbänder, welche diese Steine zieren, haben allein einen Werth von mehr als 6 Millionen Thaler.

Die Sitte der Perser ist fein, fröhlich und entgegenkommend, wie irgendwo in Asien. Die höhern Classen der Gesellschaft sind wohl unterrichtet und ihr äußeres Benehmen hat viel natürliche Anmuth. Ihre Unterhaltung ist lebhaft und witzig, und namentlich der Ispahaner ist durchaus liebenswürdig, wenn er einmal die Fesseln des Ceremoniels abgestreift hat. Dafür aber steht er auch in dem Rufe großer Falschheit und Doppelzüngigkeit. Nirgend hört man mehr Betheuerungen und Schwüre als in Persien; oft aber, wenn die Ungläubigkeit des Fremden unbesieglich ist, ruft er aus: „Glaubet mir, obgleich ich ein Perser bin."

Trotz dem Vorwurfe der Weichlichkeit, den man den Einwohnern Ispahans macht, kennt man viele von den Verweichlichungen der Türken hier nicht. Selten trifft man Divane an. Der Ispahaner sitzt gewöhnlich nur auf einem dicken Filzteppich, Nummud, mit untergeschlagenen Beinen auf den Fersen. Wie die übrigen Orientalen steht er vor Sonnenaufgang auf, denn das erste seiner vorgeschriebenen Gebete muß vor Tage verrichtet werden. Zuerst geschieht die Waschung mit der rechten Hand, denn der linken bedient sich der Perser fast nie. Dann wird der Teppich zum Gebet entfaltet; er kniet darauf nieder, legt die Hände mit geschlossener Faust auf die Brust, wendet sein Antlitz nach der Richtung von Mekka hin und murmelt das vorgeschriebene Gebet, an bestimmten Stellen den Teppich mit der Stirn berührend. Dies abgethan, frühstückt er und nimmt seine Wasserpfeife (Kaliun), die ihn nun den ganzen Tag lang nicht mehr verläßt. Um Mittag folgt das zweite Gebet, worauf ein zweites nährenderes Frühstück folgt. Um drei Uhr abermaliges Gebet und bei Sonnenuntergang ein viertes. Eine Stunde darauf folgt das Hauptessen. Das fünfte Gebet vor dem Schlafengehen ist seinem Belieben überlassen, und es verrichten, heißt fromm sein.

Nie betritt ein Perser das Zimmer mit Schuhen, weil der Teppich, welcher so wesentlich beim Gebet ist, nicht anders als mit Socken berührt werden darf.

Der Ispahaner ist ein Freund der Gesellschaft und die ungemeine Wohlfeilheit aller Lebensbedürfnisse, der Überfluß an Früchten u. s. w. macht, daß auch die geringern Stände verhältnißmäßig gut leben. Seine Kochkunst ist wenig ausgezeichnet, aber er verzehrt eine unglaubliche Menge von Zuckerwerk und Leckereien, und zahllose Läden versorgen ihn mit diesen Lebensbedürfnissen. Wein und Schweinfleisch ist ihm untersagt; indeß wird das Weinverbot oft übertreten. Im Allgemeinen aber ist der Perser mäßig und sparsam und im Alter oft selbst geizig.

Der vorzüglichsten Zweige des Gewerbfleißes in Ispahan haben wir oben schon gedacht. In großer Vollkommenheit werden hier noch die Brocatzeuche verfertigt, welche zu Ehrenkleidern, die der Schah als Auszeichnungen verschenkt, verwendet werden. Zu den Baumwollengeweben wird die in der Umgebung gewonnene Baumwolle gebraucht, und diese Gewebe kommen unter dem Namen Nankings auch nach Europa. Jeder Perser, vom Schah bis zum Bauer herab, trägt sie; auch gehen große Massen davon nach Rußland aus den Häfen des kaspischen Meeres. Papier, Pulver, Säbelklingen, Töpferwaaren, auch Glas bilden nächst Sammet- und Seidengeweben die vorzüglichsten Handelsartikel, welche Ispahan auf fremde Märkte bringt.

Ansicht der Mainbrücke und des Marienbergs zu Würzburg.

Das Pfennig-Magazin

der

Gesellschaft zur Verbreitung gemeinnütziger Kenntnisse.

168.] Erscheint jeden Sonnabend. [Juni 18, **1836**.

Sultan Ahmed's Moschee.

Sultan Ahmed's Moschee.

Ahmed I., der von 1603 — 17 auf dem osmanischen Throne saß, baute die große Moschee in Konstantinopel, die gewöhnlich seinen Namen führt, aber auch die sechsthürmige heißt, weil sie die einzige in der türkischen Hauptstadt ist, die sechs jener schlanken, zum Gebetausrufen bestimmten Thürme (Minarehs) hat. Früher war es keinem Christen gestattet, eine Medsched, wie sie im Arabischen heißt, was wir verstümmelt Moschee, d. i. Anbetungsort, nennen, zu betreten, wenn er nicht eine besondere Erlaubniß von dem Sultan erlangt hatte, und selbst diese sicherte ihn nicht immer gegen Beleidigungen des fanatischen Pöbels. Seit Sultan Mahmud mit kühner Hand die alten Einrichtungen und Gebräuche angegriffen hat, ist diese Ausschließung nicht mehr so streng, und christliche Reisende finden jetzt wenig Schwierigkeiten, wenn sie eine Moschee sehen wollen. Alle kaiserlichen Moscheen in Konstantinopel, deren es mit der ehemaligen Sophienkirche 14 gibt, sind hohe und großartige Bauwerke, aber das Innere ist ganz einfach und schmucklos. In einigen, wie in der Sophienkirche und der Ahmedmoschee sind die Säulen mit Schnitzwerk, und Gewölbe, Kuppeln und Wände mit Mosaik verziert, aber dies und einige Zierathen um die zahlreichen Fenster sind fast der einzige Schmuck des Innern. Nichts von Beiwerken, das die Einförmigkeit aufheben könnte, keine Steinbilder, keine Gemälde und ebenso wenig eine Orgel, da die Mohammedaner bei ihrem Gottesdienste keine Musik haben, ausgenommen in den Hallen der tanzenden Derwische. Auch sieht man keine großen Kanzeln, keine Kirchenstühle, keine Bänke. In jeder Moschee aber gibt es drei Gegenstände, die jedoch nur klein und keineswegs hervorragend sind: 1) das Mihrab, von Europäern uneigentlich Altar genannt, eine Nische, sechs bis acht Fuß hoch, in der Wand der Moschee, dem Haupteingange gegenüber, um die Richtung nach der heiligen Stadt Mekka (das Kebla) zu bezeichnen, wohin der Moslem bei dem Gebete sich wenden muß; 2) das Mahfil-Muezzin, eine kleine Erhöhung zur Linken des Mihrab, wo die Gebetrufer (Muezzin) während des Gottesdienstes ihren Platz haben; 3) eine Art von offener Kanzel, rechts vom Mihrab und sechs bis acht Fuß vom Fußboden, wo der Oberprediger steht, der aber selten predigt.

In den kaiserlichen Moscheen gibt es überdies noch ein Minber und ein Mahfil-Padischahi. Das Minber ist eine Art von kleinem Pavillon, immer in einiger Entfernung links vom Mihrab, und wird auf einer steilen und schmalen Treppe erstiegen, die nach dem Gesetze nie mehr als 23 Stufen haben soll. Es ist für den Khatib, den Obern der Moschee, bestimmt, der an gewissen Tagen das Glaubensbekenntniß und den Verdammungsspruch über alle nichtmohammedanischen Religionen hersagt. Als die Türken ein eroberndes Volk waren und die den Christen genommenen Kirchen in Moscheen umwandelten, ging an dem Tage, wo sie eröffnet wurden und zum ersten Male das Allah il Allah vom hohen Minareh erschallte, der Khatib mit einem Schwerte die Treppe hinan und zeigte es, das Werkzeug des Sieges und der Bekehrung, während er das Glaubensbekenntniß sprach. Dann schwang er es, und auf die Waffe sich stützend, stieg er wieder hinab. Das Mahfil-Padischahi (d. h. Sultansplatz) ist ein kleines Gemach mit vergoldetem Gitter, worin der Sultan und sein Hofstaat während des Gebets ungesehen sich befinden. Diese Gebetkammer, die jedoch gar nicht über die Wandfläche hervorragt, ist ziemlich hoch und gewöhnlich dem Sitze des Khatibs gegenüber.

Inschriften in großen arabischen Buchstaben und Täflein mit den Namen Allah's, Mohammed's und der vier ersten Khalifen (Abubekr, Omar, Osman, Ali) und Hassan's und Hussein's, der Söhne Ali's, sieht man hier und da an den Wänden, aber sie sind zu schlicht, als daß sie für Verzierungen gelten könnten. Die Täflein haben schwarze hölzerne Rahmen und selten mehr als zwei bis drei Fuß im Geviert. Einige derselben enthalten kurze Sprüche aus dem Koran, mit blauen und goldenen Buchstaben geschrieben. Lampen, zuweilen von Silber und in Ahmed's Moschee von Gold und mit Edelsteinen besetzt, hängen in verschiedenen Theilen des Gebäudes, aber es sind ihrer zu wenige und sie sind zu klein, als daß sie eine helle Beleuchtung in diesen großen Räumen hervorbringen könnten. Auch hängt man in den Moscheen und den Grabgewölben wol große Straußeier auf und zuweilen einige bunte Glaslämpchen.

Der Fußboden des Hauptganges ist gewöhnlich mit trefflichen ägyptischen Matten bedeckt, die weit glatter und fester als unsere Strohmatten sind. Die Türken trugen bis in die neueste Zeit weiche Saffianstiefeln ohne Sohlen und über dieselben starke Papuschen oder besohlte Pantoffeln, die allein mit dem Straßenschmuz in Berührung kamen, und bei dem Eintritte in eine Moschee, wie auf der Schwelle jeder Privatwohnung, ausgezogen wurden. Die Matten wurden daher nicht beschmutzt und die Moscheen in Konstantinopel waren ungemein reinlich. Seit Sultan Mahmud einem großen Theile seiner Unterthanen Schuhe und Stiefeln angezogen hat, die sich nicht so leicht als Papuschen ausziehen lassen, wird die Reinlichkeit nicht mehr so gut erhalten werden können.

Der Sophientempel gilt zwar für die Hauptmoschee, aber an den drei großen mohammedanischen Festtagen, dem Bairam oder Id-fitr (Fastenbrechen), einer dreitägigen Feier am Ende der Fastenzeit, dem Kurban Bairam oder Opferfeste, 70 Tage nach jenem, und dem Megilaud, einem von Murad III. 1588 zu Ehren der Geburt des Propheten eingesetzten Feste, begibt sich der Sultan in die Ahmedmoschee. An diesen Tagen ist der große Raum, von welchem unsere Abbildung nur einen kleinen Abschnitt zeigt, mit dem zahlreichen Hofstaat des Sultans, den Muftis, den Ulemahs, den Paschas angefüllt, welche Alle von ihren erwachsenen Söhnen und einem Schwarme glänzend gekleideter Diener begleitet sind. Die weiten hochfarbigen Gewänder, die prächtigen Turbans, die stattlichen Bärte, die schimmernden, mit Diamanten verzierten Dolche, die hohen Reiherfedern und die ganze prachtvolle morgenländische Tracht, Alles machte einen außerordentlichen Eindruck, und es war höchst ergreifend, die ganze glänzende Masse in den Moscheen knien und dann aufstehen und die Hände auf die Brust schlagen zu sehen, als ob die Tausende nur von einem Willen, von einer Seele wären bewegt worden.

Auch hier ist nicht mehr der alte Glanz, die alte Sitte, und seit Mahmud in der Volkstracht eine so große Veränderung hervorgebracht hat, ist viel von der malerischen Wirkung des Schauspiels verloren gegangen. Der Zug geht vom Serai auf die ehemalige byzantinische Rennbahn, wo die Ahmedmoschee steht. In glänzendem Anzug, auf schönen, prächtig geschirrten Pferden zieht sich das zahlreiche Gefolge des Sultans in einer endlosen bunten Reihe. Jeder ist von reichgekleideten Dienern begleitet, die vor oder neben seinem Pferde gehen. Längs der Linie mehre Hofbeamte und Palastdiener, in verschiedene Haufen getheilt, die durch ihre Tracht unterschieden sind. Einen Theil des Zuges bilden die schönsten Pferde aus des Sultans Stall, jedes von einem Reitknechte geführt und mit glänzenden Schilden und andern Theilen morgenländischer Rüstung beladen. Langsam bewegt sich die Reihe durch die Straßen, wo Todtenstille unter den Tausenden herrscht, die als Zuschauer sich versammelt haben. Kein Laut, kein Flüstern, bis der Sultan über die Rennbahn zu dem Eingange der Moschee gelangt ist, wo einige Diener bei den Pferden bleiben, andere dem Zuge in das Innere folgen, und nun der Muezzin vom Minareh ruft: „Allah il Allah! Es ist nur ein Gott und Mohammed ist sein Prophet."

Die Buchdruckerei auf den Gesellschaftsinseln.

Als ein ansehnlicher Theil der Bewohner der Insel Otaheite und der übrigen Gesellschaftsinseln seit 1815 durch die Bemühungen der englischen Glaubensprediger zum Christenthume übergegangen war, regte sich unter ihnen der Wunsch, Bücher zu ihrer Belehrung zu erhalten. Die Missionare kamen diesem Verlangen gern entgegen, und beschlossen eine Druckerei anzulegen. Unter der Mitwirkung des Königs Pomare wurde der Plan bald zur Ausführung gebracht und auf der Insel Eimeo eine Presse aufgestellt. Viele Tahitier eilten dahin, das wunderbare Werk zu sehen. Der König selbst kam mit einer zahlreichen Begleitung, als er Nachricht erhalten hatte, daß die Arbeit beginnen sollte. Der würdige Missionar Ellis nahm den Winkelhaken in die Hand, und als er sah, daß der König mit lebhafter Freude die neuen glänzenden Lettern betrachtete, fragte er ihn, ob es ihm angenehm sein würde, das erste Alphabet zusammenzustellen. Der König bejahte die Frage mit sichtbarem Vergnügen. Ellis reichte ihm den Winkelhaken, der König nahm einen großen Anfangsbuchstaben nach dem andern und setzte so das ganze Alphabet zusammen. Ebenso setzte er die kleinen Lettern und dann die kleinen Sylben auf der ersten Seite des A B C-Buches, das zuerst aus der Presse hervorgehen sollte. Pomare war hoch erfreut, als die erste Seite fertig war und wünschte sie sogleich abgedruckt zu sehen, als man ihm aber sagte, daß dies nicht eher geschehen könnte, bis so viele Seiten fertig wären, als zu einem Bogen gehörten, wünschte er Nachricht zu erhalten, sobald diese Arbeit vollendet sein würde. Er kam fast jeden Tag in die Druckerei, bis er, auf die Nachricht, daß zum Abdrucke geschritten werden sollte, nur in Gesellschaft von zwei begünstigten Häuptlingen erschien. Es folgten ihnen aber viele Neugierige und zahlreiche Eingeborene drängten sich vor die Thüre. Der König untersuchte mit großer Aufmerksamkeit die Form, die in der Presse lag und machte sich bereit, den ersten Bogen abzuziehen, der je in seinem Lande gedruckt war. Als man ihm die Anweisung dazu gegeben hatte, sagte er scherzend zu seinen Begleitern, sie möchten ihn nicht zu genau zusehen und nicht lachen, wenn er sich linkisch benähme. Ellis reichte ihm die Ballen mit der Druckerschwärze, und als der König sie nach der Vorschrift gebraucht hatte und die Form unter den Tiegel geschoben war, zog er den Preßbengel an. Der gedruckte Bogen wurde aus dem Deckel genommen. Die Häuptlinge und die übrigen Zuschauer drängten sich herbei, um zu sehen, was des Königs Hand bewirkt habe. Als sie die schwarzen, großen und deutlichen Buchstaben sahen, ward ihre Verwunderung und ihre Freude in einem gleichzeitigen Ausrufe laut. Der König nahm den Bogen in die Hand, und nachdem er zuerst das Papier und dann die Lettern aufmerksam und bewundernd betrachtet hatte, reichte er ihn einem seiner Begleiter und wünschte noch einen Abdruck zu machen. Während er damit beschäftigt war, wurde der erste Bogen den Neugierigen draußen gezeigt, die bei dem Anblicke desselben einen lauten Schrei des Staunens und der Freude ausstießen. Pomare betrachtete aufmerksam die Presse und bewunderte die Leichtigkeit, womit es durch die Einrichtung derselben möglich war, so viele Seiten auf einmal abzudrucken. Nach Anbruch der Nacht entfernte er sich und nahm die von ihm abgedruckten Bogen mit. Von diesem A B C-Buche, das ein dringendes Bedürfniß war, wurden einige Tausend Abdrücke gemacht. Der König besuchte die Druckerei fortdauernd jeden Tag und nahm lebhaften Antheil an dem Fortschritte der Arbeit. Er zählte mehre der im A B C-Buche vorkommenden Lettern und war erstaunt, als er fand, daß auf 16 Seiten der Buchstabe o gegen 5000mal vorkam. Nach Vollendung des A B C-Buches wurde der otaheitische Katechismus in mehr als 2000 Exemplaren gedruckt, dann folgten ein Auszug aus der Bibel und endlich das Evangelium Lucä. Die Neugier der Inselbewohner blieb lange rege. Die Häuptlinge wurden in das Innere der Druckerei eingelassen, das Volk belagerte Thüren und Fenster und blickte durch jede Spalte. Die Druckpresse wurde der Gegenstand des allgemeinen Gespräches, und die Leichtigkeit, womit sich Bücher vervielfältigen lassen, erfüllte die Gemüther mit lebhafter Freude. Selbst von andern Inseln kamen Neugierige, um Bücher zu kaufen und die außerordentliche Maschine zu sehen. Der Zusammenfluß der Fremden glich einige Wochen hindurch, während der die erste Abtheilung der Bibel gedruckt ward, einem Jahrmarkte; das ganze Gestade von Eimeo war mit Kähnen bedeckt, die Häuser der Einwohner konnten die Gäste nicht alle fassen, und man sah einzelne Haufen im Freien gelagert. Ellis zählte oft 30—40 Kähne aus entlegenen Gegenden der Insel oder von andern Eilanden, und in jedem fünf bis sechs Menschen, die blos in der Absicht gekommen waren, sich die Bibel zu verschaffen. Manche wartete gegen sechs Wochen, bis der Druck geendigt war. Zuweilen brachte ein Kahn 30—40 auf Bananenblätter geschriebene Briefe von Personen, die nicht selber kommen konnten, und so schriftlich um Bücher baten. „Eines Abends", erzählt Ellis, „sah ich einen Kahn von Otaheite kommen, und als die Reisenden das Fahrzeug an das Gestade gezogen hatten, näherten sie sich meiner Wohnung. Ich ging ihnen entgegen und fragte, was sie wünschten. Das Wort des Lucas, antworteten Alle, indem sie die mit Kokosnußöl gefüllten Bambusrohre erhoben, womit die gewünschten Exemplare bezahlt werden sollten. Ich antwortete ihnen, daß ich erst am nächsten Tage ihr Verlangen erfüllen könnte, und rieth ihnen, die Nacht bei ihren Freunden im Dorfe zuzubringen. Als ich aber bei Tagesanbruch aus meinem Fenster sah, bemerkte ich mit Überraschung, daß die fünf Reisenden vor meinem Hause auf der Erde lagen, wo ihnen einige trockene Kokosnußblätter zum Lager dienten und das Stück Zeuch, das die Eingeborenen gewöhnlich über die Schulter werfen, ihre Decke war. Ich eilte zu ihnen und fragte sie, ob sie die ganze Nacht in dieser Lage zuge-

*

bracht und warum sie nicht meinen Rath befolgt hätten. Ihre Antwort überraschte und erfreute mich. Wir wollten nicht weggehen, sagten sie, weil wir fürchteten, es möchten diesen Morgen Andere vor uns kommen und die Bücher nehmen, die Ihr übrig habt, und dann hätten wir ohne sie heimkehren müssen; darum entschlossen wir uns gestern Abend, als Ihr uns verlassen hattet, nicht wegzugehen, bis wir die Bücher erhalten hätten. Ich führte sie in die Druckerei und gab Jedem das gewünschte Exemplar. Sie verlangten noch zwei andere, das eine für eine Mutter, das zweite für eine Schwester, und für Beide hatten sie die Bezahlung mitgebracht. Als ich auch dieses Verlangen befriedigt hatte, wickelte Jeder sein Buch in ein Stück weißen Zeuches, steckte es in den Busen, sagte mir Lebewohl, und ohne, wie ich glaube, etwas gegessen oder getrunken, oder Jemand auf der Insel gesehen zu haben, eilten sie nach dem Gestade, lösten ihren Kahn vom Ufer, zogen ihre Segel auf und steuerten fröhlich in ihre Heimat."

Das Lebens= oder Rettungsboot.

Die Erfindung des Lebens= oder Rettungsboots verdanken wir dem englischen Baumeister Henry Greathead, der das erste Fahrzeug dieser Art am 30. Januar 1790 vom Stapel laufen ließ. Die nächste Veranlassung zu dieser Erfindung gab ein Schiffbruch, der 1789 unweit dem Tynemouthhafen an der Küste von Northumberland stattfand. Hier scheiterte nämlich das Schiff Adventure von Newcastle und versank mit Mann und Maus in den Wellen, ohne daß vom Strand aus Hülfe geleistet werden konnte. Von dem Ufer sah eine zahllose Menge, wie die verzweifelte Mannschaft des Schiffes an dem Tauwerk hinaufzuklettern suchte, und wie von dieser Höhe herab in den Abgrund der Wogen geschleudert ward. Es wurden zwar mehre Versuche gemacht, sich mit Booten dem Schiffe zu nähern; allein dies war unmöglich, da kein auf gewöhnliche Weise gezimmertes Boot der Gewalt der Wellen widerstand. Ein so furchtbares Schauspiel, die Mannschaft eines starken, gut gebauten Schiffes so ganz ohne Möglichkeit der Rettung untergehen zu sehen, hatte die Gemüther der Zuschauer so lebhaft ergriffen, daß sich kurz nach diesem traurigen Vorfall in ihrer Mitte ein Verein bildete, welcher einen nicht unbedeutenden Preis für die Erfindung eines Rettungsboots aussetzte, das, seinem Baue nach in den Wellen nicht versinken könnte. Eine Zeichnung hierzu übergab nun Greathead dem Rettungscomité, und der Erfolg hat die Tüchtigkeit seiner Erfindung bestätigt. Späterhin, 1802, ward vom Parlament ein Ausschuß Sachverständiger nach den Küsten von Durham und Northumberland geschickt, welcher das Rettungsboot an Ort und Stelle prüfen sollte. Es wurden mehre Seeleute, die oftmals Zeugen von den Erfolgen des Rettungsboots gewesen waren, befragt, und diese erhärteten durch ihre Aussagen die Zweckmäßigkeit der Einrichtung. Nach der Aussage des einen hatte einmal das Rettungsboot aus einem gescheiterten Wrack 15 Mann durch die Brandung sicher ans Ufer gebracht, während selbst die erfahrensten Seeleute, vom Gestade aus, das Gelingen dieses Unternehmens für unmöglich gehalten hatten. Fast gleichzeitig mit dem Rettungsboot fuhr auch das Schiffsboot, aber mit einer weit geringern Mannschaft, nach dem Ufer ab, welche aber nach kurzem Steuern sammt ihrem Fahrzeuge von den Wellen verschlungen ward. Seit dem Jahre der Erfindung bis 1802 hatte das Rettungsboot nicht weniger als 300 Personen einem sichern Tode entrissen, und es war nunmehr durch authentische Berichte vollkommen ausgemacht, daß auch bei dem furchtbarsten Aufruhr der Wellen das Boot weder sich überschlagen noch untersinken kann. Nachdem auf diese Weise das Wohlthätige der Erfindung ganz außer Zweifel gesetzt war, bewilligte das Parlament dem Erfinder eine Belohnung von 8400 Thalern. Ein anderer Verein übersandte ihm 700 Thaler und bewilligte außerdem eine Summe von 14,000 Thalern zu Erbauung von Rettungsbooten in verschiedenen Häfen des Königreichs. Zwei Jahre später sandte der Kaiser Alexander von Rußland dem Erfinder zum Zeichen seiner besondern Anerkennung einen kostbaren Diamantring.

Nirgend jedoch bedient man sich und bedarf des Rettungsboots häufiger als an der rauhen und klippenvollen Küste von Durham und Northumberland, wozu auch die große Menge der in die nordöstlichen Häfen Englands einlaufenden Schiffe beiträgt.

Der Hauptvorzug des Rettungsboots ist seine außerordentliche Schwimmfähigkeit, welche zunächst von der Einrichtung herrührt, daß sein Kiel hohl und vollkommen luftdicht ist. Der Umstand ferner, daß

die Seiten des Boots aus verschiedenen Theilen bestehen, schützt dasselbe vor dem Umsturz, wenn etwa eine große Welle quer darüber hinrollt. Dies kann jedoch nur selten vorkommen, da beide Enden ganz gleich geformt sind und das Boot mit großer Schnelligkeit umgedreht werden kann, ohne es den heftigen Stößen auszusetzen, die es bei einer andern Einrichtung und bei hochgehender See leicht umschlagen würden. Mit großer Vorsicht ist es so gebaut, daß, wenn es die Welle hinaufsteigt, die zum Vordertheil hereindringende Wassermasse sogleich am Hintertheil wieder abläuft. Wenn das Wasser von mehren Seiten eintritt, erfolgt die schleunigste Entleerung durch die am Boden angebrachten Luftlöcher. Eins der vorzüglichsten Rettungsboote ist das Sunderlandboot, 1800 erbaut. Es hat 26 Fuß Länge und 9½ Fuß Weite. Ohne die getroffene Vorkehrung, daß die Seiten in verschiedene Abschnitte getheilt sind, würde dieses Boot, das bereits viele Gefahren glücklich bestand, in Kreuzwellen und Kreuzwirbeln schon unzählige Male umgeschlagen und zertrümmert worden sein. In dem Boden des Sunderlandboots befinden sich sechs Luftlöcher, welche so der Größe des Boots angemessen und an der richtigen Stelle angebracht sind, daß, wenn dasselbe ganz mit Wasser angefüllt ist, dieses binnen 40 Secunden völlig abgelaufen ist. Es gehören, nach Maßgabe der Umstände und der vorwaltenden Gefahr, 6—10 Personen dazu, um es zu steuern; zwei von diesen führen Ruder von 17 Fuß Länge. Keins derselben wird aus freier Hand geführt, sondern bewegt sich in einem von Seilen gedrehten Ring. Eine kleine Abgabe, welche die Mannschaft der gelandeten Schiffe aufbringt, bildet das sehr mäßige Honorar für die unerschrockenen Seeleute des Rettungsboots. Wenn es die Noth erfordert, wird das Boot aus dem Schuppen, wo man es aufbewahrt, auf einem niedrigen, vierrädrigen Wagen zu dem Strande und von da zurückgeschafft, wie dies unsere vorstehende Abbildung zeigt. Sobald man den schneidenden Ruf vernimmt: A wreck! (ein Wrack!) versammelt der Befehlshaber des Boots seine Leute und läßt hierauf das Boot nach dem Ufer schaffen.

Das Gestell des Wagens ist so eingerichtet, daß es in schräge Richtung gelegt werden und mittels dieses einfachen Mechanismus gleich von der Achse aus das Boot in See stechen kann.

Eine feste Ruhe, Unerschrockenheit und Heiterkeit zeichnet die Mannschaft eines Rettungsboots aus. Sie liebt ihr Fahrzeug, wie überhaupt die Seefahrer, mit wahrhafter Zärtlichkeit, wie einen geprüften Freund. Ein Matrose aus Tynemouth sagte einst zu dem Künstler, der von seinem Boot eine Zeichnung entwarf, indem er die Seiten desselben mit Wohlgefallen klopfte und liebkosete: „Habt Ihr mein Boot abgezeichnet, Herr? Ei, da habt Ihr wohlgethan; es ist ein herrlich Ding und hat mit mir schon 27 Leben an einem Morgen gerettet."

Eine andere wohlthätige neuere Erfindung ist der in der Abbildung auf Seite 200 gegebene Cliffwagen (Klippenwagen), eine Rettungsmaschine für Fälle, wo Schiffbrüchige an ein hohes Ufer geworfen werden, von James Davison. Sie besteht aus einer Grundlage von Bohlen, die auf vier niedrigen Rädern steht und auf jeder Seite drei starke Stützen hat, welche Stangen auf Rollen tragen, und auf diesen ruhen zwei glatte, 21 Fuß lange Hebebäume, deren jeder zwei Schaukelsitze hat, die an Tauen von einem steilen Ufer zu den Schiffbrüchigen hinabgelassen werden. Die Hebebäume können nicht nur weit über den Rand des Klippenufers hinausgerückt, sondern auch hereingezogen werden, und zwar mittels desselben Zuges, mit welchem man die Sitze heraufzieht. Jeder Sitz hat einen starken Riemen, den der Gerettete um den Leib schlingt. Die Maschine kann durch ein paar Pferde leicht an jeden Ort geschafft werden, wo Gefahr ist, und sie wird mittels einer einfachen Vorrichtung am Rande des steilen Ufers vollkommen festgestellt, da der Wagen überdies mit Steinen belastet wird.

Wirkungskraft der Dampfmaschine.

Als im Jahre 1811 mehre Kohlengrubenbesitzer in Cornwall auf die Vermuthung kamen, daß ihre Dampfmaschinen nicht die, mit dem Feuerungsverbrauche in Verhältniß stehende Wirksamkeit ausübten, beschlossen sie, eine gleichförmige Art der Prüfung dieser Wirksamkeit einzuführen. Zu diesem Zwecke ward an jeder Maschine ein Zähler angebracht, um die Zahl der Hebungen des Kolbens zu bezeichnen. Es wurden zwei Sachverständige als Aufseher der Maschinen angestellt, die von Monat zu Monat Berichte über die Leistungen jeder Maschine erstatteten, wobei alle Verhältnisse in der Einrichtung derselben und endlich die Wirkungskraft der Maschine oder die Zahl von Pfunden, die von einem Bushel (81 Pfund) Steinkohlen einen Fuß hoch gehoben wurden, genau angegeben waren. Diese monatlichen Berichte begannen im August 1811 und sind bis auf diesen Tag regelmäßig fortgesetzt worden. Die günstige Wirkung, welche diese Berichte auf die Wachsamkeit und Sorgfalt der Maschinenbaumeister gehabt, und der Wetteifer, den sie sowol unter den Baumeistern als unter Denjenigen erweckt haben, welchen der Gebrauch der Maschinen anvertraut ist, zeigt sich in den erhöhten Leistungen, die nach und nach bei den Maschinen stattgefunden haben. Nach einem im December 1826 erstatteten Berichte war die höchste Wirkungskraft bei einer Maschine in dem Steinkohlenwerke Wheal Hope in Cornwall beobachtet worden. Bei dem Verbrauche von einem Bushel Kohlen hob diese Maschine in runder Zahl 47,000,000 Pfund einen Fuß hoch. Ein 1835 bekannt gemachter Bericht meldete, daß eine Dampfmaschine in dem Kupferbergwerke St.-Austle in Cronwall 95,000,000 Pfund mit einem Bushel Kohlen einen Fuß hoch gehoben habe. Da diese ungeheure Wirkungskraft Zweifel gegen die Genauigkeit der Beobachtungen erweckt hatte, auf welche der Bericht gestützt war, so wurde beschlossen, eine neue Probe in Gegenwart mehrer Sachverständigen und unbetheiligten Zeugen anzustellen. Dies geschah, und es ergab sich, daß die Maschine mit jedem unter dem Dampfkessel verbrauchten Bushel Steinkohlen 125 1/2 Million Pfund einen Fuß hoch hob.

Es wird nicht uninteressant sein, die in der Steinkohle enthaltene mechanische Wirkungskraft durch faßliche Vergleichungen zu erläutern. Kann ein Bushel Steinkohlen zu 81 Pfund ein Gewicht von 50,027 Tonnen, zu 2000 Pfund, einen Fuß hoch heben, so folgt, daß ein Pfund Kohlen 667 Tonnen und eine Unze Kohlen 42 Tonnen einen Fuß hoch, oder 18 Pfund eine englische Meile (5135 rheinische Fuß) hoch heben würden. Da nun eine Kraft von 18 Pfund fähig ist, zwei Tonnen auf einer Eisenbahn zu ziehen, so ergibt sich, daß eine Unze Kohlen so viel mechanische Kraft hat, zwei Tonnen eine Meile weit oder eine Tonne zwei Meilen weit auf einer völlig ebenen Bahn zu ziehen. Wir bemerken jedoch dabei, daß der wirkliche Verbrauch von Kohlen auf Eisenbahnen ungefähr acht Unzen für die Tonne auf eine englische Meile beträgt; folglich die Wirkung hier 16mal geringer als bei der oben erwähnten Dampfmaschine ist. Der Umfang der Erde wird zu 5400 geographischen Meilen angenommen. Wäre sie nun von einer Eisenbahn umgeben, so würde eine Last von einer Tonne um die Erde in sechs Wochen durch eine mechanische Kraft gezogen werden, die der dritte Theil einer Tonne Steinkohlen besitzt.

Der ungeheure Kohlenverbrauch in den Fabriken, bei der Dampfschifffahrt und auf den Eisenbahnen hat in England die Besorgniß erregt, daß die Kohlengruben endlich erschöpft werden könnten. Diese Befürchtungen werden aber durch die Behauptung der Geognosten und Bergbaukundigen widerlegt, daß bei einem jährlichen Verbrauche von 16 Millionen Tonnen blos die Gruben in Northumberland und Durham den Bedarf noch 1700 Jahre liefern können. Mit Recht aber hat man bemerkt, daß man bei solchen Berechnungen die wahrscheinlichen, ja gewissen Fortschritte der Entdeckungen nicht übersehen dürfe, und daß man annehmen könne, es werden lange vor Ablauf jener Zeit andere und stärkere mechanische Kräfte den Gebrauch der Steinkohlen beschränken. „Die Naturwissenschaft", sagt der englische Naturforscher Lardner in seiner neuen Schrift über die Dampfmaschine", deutet schon auf die Quellen einer unerschöpflichen Kraft in den Erscheinungen der Elektricität und des Magnetismus. Die wechselnde Zersetzung und Wiederzusammensetzung des Wassers durch Magnetismus und Elektricität hat eine zu große Ähnlichkeit mit der abwechselnd eintretenden Verwandlung des Wassers in Dämpfe und Verdichtung derselben, als daß sie nicht Jedem auffallen sollte, und die Entwickelung von Gasarten aus festen Stoffen durch die Wirkung chemischer Verwandtschaften und die darauf folgende Verwandlung in flüssige Form ist bereits als mechanische Kraft versucht worden. Kurz, der gegenwärtige Zustand der Naturwissenschaften, die Thätigkeit, der Eifer und der Scharfsinn, womit die Forschungen unter allen gesitteten Völkern fortgesetzt werden, Alles rechtfertigt die Erwartung, daß mechanische Entdeckungen bevorstehen, die noch größer sind als alle, welche der Menschengeist bis jetzt gemacht hat."

Die Holzhauer in Canada.

Die zu einer Wanderung der Holzhauer in Canada und Neuschottland nöthigen Erfodernisse bestehen in Äxten, einer Säge, Kochtöpfen, einem Fasse Rum, Pfeifen, Taback, Zwieback, Schweine- und Rindfleisch, eingesalzenen Fischen, Erbsen, Gerste und einem Fäßchen Melasse, womit sie ihren Thee versüßen, den sie aus einer Mischung von mancherlei Kräutern bereiten. Drei Joch Ochsen, nebst dem zu ihrer Nahrung nöthigen Heu, sind ebenfalls ein Haupterfoderniß, denn mit diesen müssen die gefällten Stämme aus den Wäldern geschafft werden. So ausgerüstet, gehen diese Männer, nachdem sie mit den Holzhändlern Verträge abgeschlossen haben, die Flüsse aufwärts, um ihre Winterarbeit zu beginnen. An dem Orte, welcher ausgebeutet werden soll, angelangt, fällen sie zuerst einige junge Bäume, schlagen davon eine Hütte auf, die mit Birkenrinde gedeckt wird, und zünden in der Mitte ein großes Feuer an. Um dieses Feuer werden Lagerstätten von Zweigen, Blättern oder Stroh bereitet, auf denen sie während der Nacht, mit den Füßen gegen den Herd gekehrt, schlafen. Zu Besorgung der Küche haben sie einen eignen Mann bei sich, der das Frühstück vor Tagesanbruch bereiten muß. Um diese Zeit stehen sie auf, essen und trinken dann ein Glas Rum. Das Frühstück wie das Mittags- und Abendessen besteht aus Brot, Rind- und Schweinefleisch oder Fisch- und Erbsensuppe, und ihr Getränk ist Thee. Nach dem Frühstück bilden sie die Abtheilungen, von welchen die eine die Bäume fällt, die andere sie abzweigt und die dritte sie mit den Ochsen bis zu dem nächsten Flusse schafft. Der ganze Winter, während dessen der Schnee oft bis auf drei Fuß hoch liegt, wird mit dieser beschwerlichen Arbeit hingebracht, und wenn die Aprilsonne die Flüsse durch den schmelzenden Schnee anschwellt, werden aus den gefällten Bäumen Flöße gebildet, welche die den verschiedenen Bestellungen der Holzhändler entsprechende Anzahl von Stämmen enthalten. Um diese Jahreszeit ist das Wasser außerordentlich kalt, und dennoch arbeiten diese Leute, in demselben bis an die Schultern stehend, oft einen ganzen Monat lang. Diese mühselige Lebensweise hat für Die, welche sich derselben widmen, dennoch einen ganz eignen Reiz, und sie ziehen sie, ungeachtet der Gefahren, welchen ihre Gesundheit ausgesetzt ist, doch jeder andern vor. Ist das Holz abgeliefert und verkauft, so bringen diese Holzhauer oft mehre Monate hintereinander mit Rauchen, Trinken und Nichtsthun hin. Dann sieht man sie in der anständigsten Kleidung, und was das Merkwürdigste ist, mit einem Regenschirm unter dem Arm in den Städten umherstreichen. Mit Beginn des Winters legen sie jedoch diese Kleidung wieder bei Seite, schließen ihre Verträge ab und gehen mit frohem Herzen an ihre beschwerliche Arbeit.

Der Firnißbaum.

Der schöne schwarze japanische Firniß kommt von dem Firnißbaume, der in China und Japan wächst. Er wird hier sorgsam angepflanzt und dadurch so sehr veredelt, daß er dreimal mehr Firniß liefert als der wild wachsende. Er hat im Äußern Ähnlichkeit mit der Esche. Die Fortpflanzungsart dieses Baumes ist aber ganz eigenthümlich. Es wird im Frühjahr ein $1\frac{1}{2}-2$ Fuß langer Zweig ausgesucht und ein Ring von der Rinde, etwa einen Zoll breit, ausgeschnitten. Die Wunde wird dann mit weichem Thon belegt, den man mit Matten und dgl. umwickelt, um das Auseinanderfallen zu verhindern. Ein Gefäß mit Wasser, das eine sehr kleine Öffnung in dem Boden hat, wird darüber gehängt, um durch das herabtröpfelnde Wasser den Thon stets feucht zu erhalten. Nach sechs Monaten hat die abgeschälte Stelle der Rinde Wurzelfasern in den Thon getrieben. Hat der Zweig hinlängliche Wurzeln geschlagen, so wird er etwas unterhalb des Thonballs vom Mutterstamme getrennt, in die Erde gesetzt und gedeiht bald. Sind die Bäume sieben bis acht Jahre alt, so geben sie den schönen Firniß. In der Mitte des Sommers werden mehre Einschnitte in die Rinde gemacht und darunter steckt man eine Muschelschale, die leicht in die Rinde eindringt. Dies geschieht Abends, da der Firniß nur während der Nacht ausfließt. Am nächsten Morgen wird der in jeder Muschel befindliche Firniß sorgfältig herausgenommen und in einem größern Gefäße gesammelt. Dies dauert fort, bis der Firniß aufhört zu fließen. Funfzig Bäume geben in einer Nacht ein Pfund Firniß. Ist die Einsammlung vorüber, so wird der Firniß durch ein dünnes Tuch gepreßt. Er hat eine stark ätzende Eigenschaft, die höchst nachtheilig wirkt, wenn die Arbeiter sorglos sind, und um sich dagegen zu schützen, reiben sie den ganzen Leib mit Öl ein, ehe sie an ihre Arbeit gehen. Beim Einsammeln umwickeln sie den Kopf mit leinenen Tüchern, tragen einen engen Lederanzug und lange, bis an die Elbogen reichende Handschuhe.

Die Feldmäuse in Kamtschatka.

Die auf der Halbinsel Kamtschatka besonders häufigen Feldmäuse, kleiner noch als ihre europäischen Brüder, setzen uns sowol durch ihre Wohnungen, ihre Sorge für ihren Unterhalt wie ihre Wanderungen gleich sehr in Erstaunen. Auf Wiesen unter Torf oder Rasen, in Gehölzen legen sie ihre Wohnungen an, die aus einer plattgewölbten Höhle von einem Fuße im Durchmesser bestehen, welche, wenn sie die Erde festgetreten haben, mit weichem, zernagtem Grase ausgefüttert wird, wozu wol 30 Zugänge in allen Richtungen von einem Zoll Weite führen. Stets nur ein Paar erbaut und bewohnt dieses Haus; der Bau fängt im Frühlinge an und ist im Herbste vollendet, worauf nun so viele nahrhafte Wurzeln aller Art eingesammelt werden, als sie im Winter verzehren. Die Kamtschadalen suchen dann solche Höhlen auf, nehmen die eßbaren Wurzeln heraus, legen aber zu den schlechtern als Ersatz des Raubes etwas Fischrogen.

Bisweilen verlassen diese Thierchen zu Tausenden ihre Heimat, sammeln sich im Frühjahre und wandern über Berge, Flüsse, Seen, bis an den penschinskischen Meerbusen, umgehen diesen und richten sich nun nach Süden, sodaß sie im Juli am Juduma- und Ochotaflusse ankommen. Nur vom Meerbusen an gerechnet, ist dies ein Weg von 150 deutschen Meilen, und diesen machen sie im October noch einmal zurück, wo sie von den Kamtschadalen mit Frohlocken wieder empfangen werden, da ihnen meist Füchse, Zobel, Wiesel und dergl. in großer Menge folgen und eine gute Jagd gewähren.

Der Kamtschadale liebt diese Thierchen ungemein. Er trocknet und wärmt jedes, das er naß und ermattet findet. Es nährt ihn ja und schafft ihm jagdbare Thiere.

Geschicklichkeit indischer Jongleurs.

Bereits in Nr. 24 des Pfennig-Magazins haben wir Gelegenheit gehabt, über die Geschicklichkeit der indischen Jongleurs und deren Kunst, die Zuschauer zu täuschen, Einiges mitzutheilen, und gaben eine Abbildung des Jongleurs Scheshal, sowie in Nr. 16 und 146 Abbildungen von indischen Schlangenbezauberern und eine Beschreibung des dabei gewöhnlichen Verfahrens.

Übertroffen werden aber diese Erzählungen noch von folgenden Proben indischer Geschicklichkeit, die von einem englischen Reisenden erzählt werden. Nachdem der Mann seine gewöhnlichen Künste, z. B. Degenverschlucken, Feuerverschlingen, gezeigt hatte, nahm er ein mit Wasser gefülltes irdenes Gefäß, mit weiter Mündung, sodaß das Wasser herausfloß. Sobald er aber die Mündung nach oben wandte, war der Krug jedesmal wieder voll. Hierauf leerte er denselben aus und ließ ihn von einem der Zuschauer aufs Neue füllen. Kaum hatte der Jongleur denselben wieder in seinen Händen, so wandte er ihn um, und siehe da, es floß kein Tropfen Wasser heraus. Dieses Spiel wurde zum Erstaunen aller Anwesenden mehrmals mit demselben Resultate wiederholt. Jedermann sah, daß das Gefäß gefüllt war, kaum war es jedoch umgekehrt, so benetzte auch nicht ein Tropfen Wasser den Boden. Noch merkwürdiger war das zweite Kunststück, welches der Jongleur zeigte. Er brachte einen großen Korb und steckte unter denselben eine große magere Hündin. Nach Verlauf einiger Minuten nahm er den Korb hinweg und nun hatte die Hündin sieben Junge bei sich. Diese wurden ebenfalls mit dem Korbe bedeckt, nach dessen Hinwegnahme eine Ziege zum Vorschein kam. Diese wurde wieder durch ein starkes Schwein ersetzt, welches späterhin mit durchschnittener Kehle sich zeigte, die ihm aber unter der geheimnißvollen Hülle des Korbes schnell wieder zugeheilt ward. Während dieser sämmtlichen Verwandlungen stand bei dem Korbe Niemand als der Jongleur, welcher aber nichts that, als daß er die Thiere mit dem Korbe auf- und zudeckte. Als er den Korb zum letzten Male hinwegnahm, war der Raum unter demselben leer. Ein anderer Jongleur warf 35 Metallkugeln, eine nach der andern, in die Luft, welche sämmtlich wieder herabfielen. Als er aber die letzte hinaufwarf, erfolgte eine kurze Pause, hierauf begann der Jongleur stark zu gesticuliren und einen Zaubergesang anzustimmen, worauf dann die Kugeln, eine auf die andere, wie er sie hinaufgeworfen, wieder herabfielen. Derselbe schoß dann 13 Pfeile hintereinander grade in die Luft, sodaß sie im Herunterfallen, das zu gleicher Zeit erfolgte, gleichsam ein Dach bildeten, da an jeder Seite des 13. Pfeiles sich 6 Pfeile fanden. Wie genau mußten hierbei die verschiedenen Höhen berechnet sein, in welche die Pfeile zu schießen waren.

Der Cliffwagen.

Verantwortliche Herausgeber: Friedrich Brockhaus in Leipzig und Dr. C. Drärler-Manfred in Wien.
Verlag von F. A. Brockhaus in Leipzig.

Das Pfennig-Magazin

der

Gesellschaft zur Verbreitung gemeinnütziger Kenntnisse.

169.] Erscheint jeden Sonnabend. [Juni 25, **1836.**

Die Stadt Algier.

Die Stadt Algier.

Der Kriegszug Frankreichs gegen Algier im Jahre 1830 und die Besitznahme dieses ehemaligen Raubstaats von Seiten jener Macht hat in neuesten Zeiten die Augen von Europa mehr als je auf diese Stadt gerichtet, sodaß es unsern Lesern nicht unwillkommen sein wird, hier eine gedrängte Schilderung von dem gegenwärtigen Zustande derselben zu erhalten, und das um so mehr, da seit Beginn der französischen Verwaltung wesentliche Veränderungen darin vorgegangen sind.

Algier, im Arabischen Dschesair genannt, war in frühern Zeiten die Hauptstadt des Paschaliks oder Königreichs gleiches Namens und die Residenz des Deys, der unter den Beherrschern der sogenannten drei Raubstaaten den vornehmsten Rang einnahm. Die Stadt liegt an der nördlichen Abdachung eines Gebirgs, welches ein durch die Ebene Metidscha getrennter Zweig des Atlas ist. Die Stadt gewährt wegen ihrer höchst unregelmäßigen Bauart, namentlich von der Meerseite aus, einen seltsamen Anblick. Man sieht nur viereckige Steinmassen von blendend weißer Farbe, die man eher für einen Kreide- oder Marmorbruch als für eine Stadt zu halten versucht ist. Die Straßen, nur zum Theil gepflastert, und in der Regel durch ein in der Mitte hindurchlaufendes Wasser getheilt, sind so eng, daß in den meisten derselben zwei Fußgänger nicht wohl einander ausweichen können. Indessen ist von Seiten der französischen Verwaltung schon viel für die Verbesserung der Stadt gethan worden. Man hat viele Häuser niedergerissen, einige der gangbarsten Straßen erweitert und durch Hinwegräumung der Ruinen einer großen Moschee einen freien Platz gewonnen, der diesem Theile der Stadt ein freundlicheres Ansehen gibt. Die Hauptstraßen von Algier sind: die Straße der Marine, die Straße Bab-el-Qued und die Straße Bab-a-Zun; außer diesen gibt es noch mehre Nebenstraßen, die von den Franzosen größtentheils andere Namen erhalten haben. Man unterscheidet unter diesen die Straße Karl V., die Straße Philipp, der drei Farben, Orleans, Doria, Duquesne, der Consuln u. a.

Das Äußere der Häuser gewährt keinen erfreulichen Anblick. Man bemerkt von außen nur kleine löcherartige Öffnungen, die über den Thüren angebracht sind; nur hier und da zeigt sich ein Fenster, mit einem dichten eisernen Gitter versehen, das dem Bewohner ebenso wenig Annehmlichkeit als dem Beschauer verspricht. Mit dem Äußern steht jedoch das Innere der Häuser in dem auffallendsten Contraste. Eine von Säulen getragene Vorhalle führt zu einer Treppe, die zwischen Säulen oder zwischen den mit buntem Porzellan ausgelegten Wänden in das Innere des Hauses hinaufsteigt. Dieses besteht aus einer sehr geräumigen, mit Marmorplatten ausgelegten und von Säulengängen eingeschlossenen Halle, die ihr Licht von oben erhält und zuweilen durch einen in ihrer Mitte befindlichen Springbrunnen verziert ist. Über dem untern Säulengange erhebt sich ein zweiter, von welchem man in die rings um diesen befindlichen Zimmer gelangt. Auf diese Weise sind alle Häuser gebaut und sie unterscheiden sich nur durch ihre Größe und durch den Reichthum der Verzierungen. Die Zimmer, welche stets ein längliches Viereck bilden, sind zwar hoch, aber schmal, meist feucht und dunkel; sie erhalten ihr Licht durch die Thüre und zwei kleine Fenster, die auf die große Halle gehen, aber höchstens dazu geeignet sind, das Zimmer in ein gewisses Helldunkel zu versetzen. Ein oder zwei mit vielem Fleiße ausgeschnittene, bunt bemalte und vergoldete Koffer oder Laden von ungewöhnlicher Größe, ein Teppich, einige Polster, zwei sehr niedrige Tische, ein großer oder mehre kleine Spiegel an den mit buntem Porzellan ausgelegten Wänden ist Alles, was man in dem Zimmer eines wohlhabenden Mannes bemerkt. In vielen Häusern, deren jetzige Bewohner Franzosen sind, ist die offene Halle mit einem Glasdache versehen, auch sind jetzt in den meisten Zimmern der Europäer Kamine angebracht, die man in den Häusern der Eingeborenen nur in den Küchen trifft. Jedes Haus besteht in der Regel nur aus zwei Stockwerken, die ganz gleich eingetheilt sind, sodaß immer Mauer auf Mauer steht. Die mit Terrassen versehenen Dächer sind flach, und dienen an schönen Sommerabenden namentlich den Frauen zum Aufenthalte.

Es gibt in Algier ungefähr 60 Moscheen, von denen einige jedoch nicht benutzt werden. Die schönste darunter ist den Franzosen überlassen worden; das Innere derselben besteht aus weißem Marmor, kolossale, herrlich gearbeitete Säulen von demselben Steine tragen eine weite Kuppel, durch welche das Licht durch bunte Glasfenster, deren Malerei und Farbenglanz jedoch mit den unsrigen nicht zu vergleichen ist, einfällt. Die Wände sind zum Theil noch mit stark vergoldeten und bunt gemalten Stellen aus dem Koran, sowie mit einigen Bildern geschmückt. Darunter befindet sich namentlich ein schönes Bild der Mutter Gottes, das der Papst unter dem Gouvernement des Herzogs von Rovigo der Kirche schenkte. Zu bemerken ist noch unter den öffentlichen Gebäuden die sogenannte Kasba oder Kasauba, eigentlich die Citadelle der Stadt, welche dieselbe beherrscht. In dieses feste Schloß verlegte der vorletzte Dey aus Furcht vor Verschwörungen und Meutereien seine Residenz und lebte hier mehr in einem Gefängnisse als in einem Palaste. Nach der Einnahme fanden die Franzosen in der Kasauba bedeutende Schätze, die allein an baarem Gelde über vier Millionen Thaler betrugen. Gegenwärtig wird sie zu einer Caserne benutzt.

Die Einwohnerzahl von Algier, die sehr verschieden angegeben wird, mag sich im Durchschnitte auf 60,000 belaufen. Unter diesen sind die Mauren, meist Nachkommen der Araber, die eigentlichen Stammbewohner und Bürger der Stadt. Sie wurden im 15. Jahrhunderte aus Spanien vertrieben, ließen sich an der afrikanischen Küste nieder und begaben sich theils freiwillig, theils gezwungen unter türkischen Schutz, der sich aber bald in eine drückende Oberherrschaft verwandelte, die um so überraschender war, da sie nur von einer Handvoll türkischer Soldaten gegen ein zahlreiches, aber muthloses Volk gehandhabt wurde. Die äußere Körperbildung dieser Mauren ist schön, ihre Gesichtszüge sind ernst und edel, die Haltung ihres Körpers ruhig und vornehm; ihre Haut ist weiß und zart, Augen und Haare schwarz, die Zähne von blendender Weiße. Ihr Anzug besteht aus einem sehr kostbaren Turban, zwei oder drei mit goldenen oder seidenen Schnüren besetzten Westen, von denen eine mit Ärmeln versehen ist, einer seidenen Leibbinde und einem Paar sehr weiter, nur bis unter das Knie reichender Beinkleider. Sie tragen nur selten Strümpfe, die Schuhe sind rund ausgeschnitten und von grober Arbeit, ein Mantel ohne Ärmel, gleich der römischen Toga, von weißem Baumwollenzeuge, zuweilen auch von Seide, dient mehr zum Luxus als zum Gebrauch und wird selbst bei dem schönsten Wetter über die Schulter geworfen. Die Tabackspfeife ist die unzertrennliche Begleiterin des Mauren, wenn er ausgeht.

Die Frauen befinden sich in Algier, sowie im ganzen Orient, in einer unwürdigen Sklaverei; sie werden oft ohne den geringsten Grund auf die grausamste Weise mishandelt, müssen Tag für Tag in dem Innern ihrer Häuser verbringen und werden dort von dem Auge des Mannes und den wachsamen Sklaven auf das Genaueste beobachtet. Von Kindheit an dürfen sie nur verschleiert ausgehen. Ein großes weites Tuch umwickelt den ganzen Kopf und bedeckt den Körper bis über die Knie. Ein anderes an dem Haar befestigtes weißes Tuch bildet eine Art von Schleier, der das ganze Gesicht bis auf die Augen bedeckt; ihre weiten Beinkleider sind durch einen Zug unter den Knöcheln geschlossen. Gleich den Männern tragen sie ebenfalls selten Strümpfe. Im Innern ihrer Häuser sind die maurischen Damen oft noch kostbarer geschmückt als wenn sie ausgehen; sie tragen dann kleine, sehr weit ausgeschnittene und mit Goldstickerei versehene Pantoffeln, lange goldene Ohrringe, Korallen- und Perlenschnüre. Das schwarze Haar, über der Stirne ganz kurz abgeschnitten, hängt, hinten künstlich geflochten und von einem seidenen Tuche gehalten, auf die Schultern herab. Augenbrauen und Augenwimpern sind dunkel gefärbt, und erstere so, daß sie über der Nase in einem Bogen zusammenlaufen, wo dann oft eine buntgemalte Blume angebracht ist; kleine runde Schönheitspfläsicherchen sind auf dem übrigen Theil des Gesichts zerstreut und verleihen demselben einen eigenthümlichen Reiz. Sie rauchen in ihren Gemächern Taback, und das mit Wasser gefüllte Gefäß, durch welches sich das elastische Pfeifenrohr windet, ist ein nothwendiges Meubel in dem Putzzimmer einer Maurin. Ein ebenso unerläßlicher Luxusartikel ist das Rosen- und Jasminöl, mit welchem sich die Maurinnen im eigentlichsten Sinne überschütten. Die einzige Zerstreuung der Frauen außer dem Hause besteht in den rührenden Beweisen des Andenkens an ihre verstorbenen Freunde und Verwandten. Sie begeben sich zu diesem Zwecke am Freitage, der bei den Mohammedanern der Ruhetag ist, nach den sehr heilig geachteten Begräbnißplätzen der Hingeschiedenen, die sie vom Staube reinigen und mit Blumen bekränzen.

Eine andere Classe der Einwohner von Algier sind die Neger, welche in der Regel von schönem und starkem Körperbaue sind; sie tragen kleine rothe Mützen, eine weiße, mit kurzen Ärmeln versehene Weste, eine rothe Leibbinde und sehr weite, bis über die Knie reichende Beinkleider. Freigelassene Sklaven tragen den Turban wie die übrige Kleidung der Mauren. Die Negerinnen, welche ebenfalls groß und schön gewachsen sind, tragen eine Art von kurzem Kleide ohne Ärmel und zuweilen kurze Beinkleider, lassen aber Gesicht und Brust unbedeckt. An den Armen und Beinen tragen sie kupferne Ringe. Wenn sie sich, was häufig geschieht, mit Mauren verheirathen, so nehmen sie die Kleidung der maurischen Frauen an.

Außerdem gibt es noch viele Beduinen und Kabylen in Algier. Erstere kommen aus dem flachen Lande, letztere von dem Atlas herab in die Stadt, um daselbst ihren Lebensunterhalt zu gewinnen. Sie sind gewöhnlich Lastträger, Aufwärter in den Bädern, Pferdemäkler u. dergl.; sie leben sehr mäßig, begnügen sich mit einer Feige oder Apfelsine oft für den ganzen Tag und bringen die Nächte meist auf dem Straßenpflaster ohne Stroh und Decken zu.

Unter den Europäern in Algier befinden sich außer den Franzosen noch Spanier, Deutsche und Malteser; jedoch sind die Deutschen die Einzigen, die sich förmlich angesiedelt haben; die Europäer führen ein sehr behagliches Leben; es gibt dort gute Kaffeehäuser, Leseanstalten, literarische Vereine, Theater und öfters musikalische Abendunterhaltungen.

So wenig ansprechend aber auch im Allgemeinen der Aufenthalt in der Stadt selbst ist, so reizend ist derselbe in der Umgegend von Algier. Eine üppige Vegetation bedeckt die Thäler und Anhöhen, welche mit Landhäusern besetzt sind. Die schlanke Palme und die hier zu einer riesenhaften Größe sich erhebende Platane, unter deren Schatten die Aloe und der Cactus wuchern, bilden reizende Gruppen auf dem mit bunten Blumen durchwirkten Grün der Wiesen. Die mit dem Dufte des Jasmins und der Orangenblüte angefüllte Luft durchzieht die durchsichtige und heitere Atmosphäre. Die Landhäuser im orientalischen Geschmack sind gewöhnlich von einem Orangengarten umgeben, der von einer hohen Hecke von Granatbäumen eingeschlossen ist. In der nächsten Umgegend der Stadt befindet sich eine Anzahl von kleinen arabischen Kaffeehäusern, die freilich in der Regel aus weiter nichts bestehen, als aus einem Dache von Rohr, welches auf zwei Baumstämmen ruht: unter diesen sind Strohmatten und Sitze angebracht. Das schönste dieser Kaffeehäuser ist das von Bir Nadam, zwei Stunden von Algier. Es hat einen Säulengang von weißem Marmor, mit einem sehr schönen Springbrunnen.

Das Land um Algier ist überaus fruchtbar, und es ist keinem Zweifel unterworfen, daß es bei größerer und verständigerer Bebauung in wenigen Jahren zu den fruchtbarsten der Erde gehören wird. Es ist überreich an Getreide aller Art, sowie an den herrlichsten Südfrüchten. Alle europäischen Gemüsearten werden in den Gärten gezogen, und sind von auffallender Größe und seltenem Wohlgeschmack. Der Taback ist ganz vorzüglich und gehört zu den besten Sorten des Orients; er ist leicht und von einem sehr angenehmen Geruche und wird bei größerer Anpflanzung ganz Frankreich hinreichend versehen können.

Die Grabmäler der Griechen und Römer.

Der eigenthümliche Sinn, die besondere Denk- und Anschauungsweise der verschiedenen Völker spricht sich unter Anderm auch deutlich in ihren Grabmälern und Todtenmonumenten aus. Wir haben alte Völker, bei denen, wie die Leichenfeierlichkeiten überhaupt, so auch die Monumente mit größter Einfachheit und Schmucklosigkeit stattfanden. Bei mehren war es nur der einfache, mit Rasen bedeckte Hügel, welcher für einige Zeit die Stätte bezeichnete, wo ein Staatsbürger oder ein Familienglied ruhte. So waren auch die Grabmäler der alten Griechen und Römer, von denen nur wir hier sprechen, in den frühesten Zeiten, wie Homer sie beschreibt und noch jetzt in der Umgegend des alten Troja angetroffen werden. Solche Grabhügel waren blos mit Gesträuch bepflanzt, als ob die Natur selbst dem Todten die letzte Ehre erweisen sollte. Erst später kam man darauf, zu den Häuptern der Grabenen abgestumpfte Säulen oder Halbsäulen aufzustellen, welche eine kurze, einfache Inschrift und die Sinnbilder des Berufs des Verstorbenen als Kennzeichen führten. So war das Grab des Archimedes, auf welchem nur ein Zirkel und Compaß als Symbole seiner Wissenschaft eingegraben waren. Die Denkmäler, welche der

Staat seinen ausgezeichneten Bürgern setzte, waren freilich in Stoff und Form weit kostbarer; Privatleute aber begnügten sich mit jenen einfachen Halbsäulen oder Denksteinen, dergleichen unsere Abbildung zwei verschiedene vorstellt. Weit prächtiger ist das andere Grabmonument, welches wir gleichfalls in der Abbildung geben, und welches das Museum im Louvre zu Paris

aufbewahrt. Geschmack und Ausführung an diesem kostbaren, jedoch nicht überladenen Bauwerke sind gleich bewundernswerth. Der mittlere Kopf stellt das Haupt der Gorgo vor, zwischen zwei Schwänen, deren Flügel auf beiden Seiten des Kopfes stehen und zu diesem selbst zu gehören scheinen. Weiter oben, auf beiden Seiten des leergelassenen Feldes, find Köpfe des Jupiter Ammon mit dem Widderhorne. Unterhalb diesen halten auf beiden Seiten zwei Adler Kaninchen in ihren Fängen. Mit ungemeiner Leichtigkeit und Anmuth sind die Blumenguirlanden gearbeitet, welche von den Jupitershörnern herabhängen. Unter den Adlern in zwei Feldern befinden sich Masken mit dem Augurstab. Zwischen diesen ist das Basrelief einer Meergöttin und dreier Genien, welche auf einem Delphin die Fluten durchschwimmen, wahrscheinlich auf der Fahrt nach den Inseln der Seligen begriffen: eine sinnvolle Anspielung auf das Schicksal des Vollendeten. Der Umstand, daß das Feld für die Inschrift leer ist, wiederholt sich auf sehr vielen alten Grabmälern und erklärt sich daraus, daß solche Kunstwerke nicht blos auf Bestellung, sondern auch zum Verkauf gemacht wurden, wo dann natürlich das Feld leer blieb, um den Namen, Stand u. s. w. des Verstorbenen nachträglich eingraben zu lassen.

Die Römer nannten das gewöhnliche Grab, worin der Todte selbst oder seine Asche lag, sepulcrum. Die eigentlichen Grabmäler, oft mit ungeheurer Pracht und außerordentlichem Aufwand errichtet, hießen monumenta, mausolea. Viele waren aus parischem Marmor gearbeitet, wenige hatten mehr als ein Stockwerk. Das ausgezeichnetste, welches wir kennen, ist das des Kaisers Hadrian in Rom. Die Pyramide des Cestius, ebenfalls aus parischem Marmor erbaut, enthielt inwendig ein mit kostbaren Malereien geziertes Gemach. Die Grabschriften (epitaphia) der Römer pflegten im Allgemeinen länger zu sein, als die der Griechen. Auf denselben waren Name, Stand, Titel u. s. w. des Verstorbenen, auch sein Alter, mit großer Genauigkeit, bis auf Monate und Tage verzeichnet. Die Inschriften begannen in der Regel mit den Buchstaben D. M. (Diis manibus), d. i. den Manen, den Todtengöttern des Verstorbenen geweiht. Grabmäler, welche nur Monumente waren, ohne daß der Leib oder die Asche des Todten selbst darin enthalten war, nannte man Kenotaphien; sie unterschieden sich in der Bauart nicht von den eigentlichen Grabmälern. Reichere römische Familien hatten in ihren Wohnhäusern und Villen auch Grabgewölbe (Familiengrüfte), wo in ausgehauenen Nischen die Urnen mit der Asche der verstorbenen Familienglieder beigesetzt wurden. Solche Gewölbe nannten die Römer Columbaria, wegen der Ähnlichkeit, die diese Nischen mit den Löchern hatten, in denen die Tauben zu nisten pflegen. Auch gibt es antike Grabmäler mit den Bildnissen des Todten und seiner Familie, oft von großer künstlerischer Vollendung.

Der weiße Mohn und das Opium.

Mehre Pflanzen enthalten einen milchigen Saft, der eine einschläfernde und betäubende Eigenschaft hat, die besonders in dem Safte des weißen Mohns sehr wirksam ist. Er liefert das Opium. Diese Pflanze wird in mehren Gegenden Asiens, vorzüglich im britischen Indien, angebaut, gedeiht aber auch im südlichen Europa, da sie leicht fortkommt und selbst Kälte nicht scheut. Sie verträgt das Verpflanzen nicht und muß daher dicker gesäet werden als sie wachsen soll, da man die Beete später durch Ausjäten lichtet. In Indien wird der Same im October auf abgetheilte kleine Beete gesäet, und die Pflanzen werden reichlich begossen, bis sie acht Zoll hoch sind; später werden sie sparsamer bewässert, bis die Zeit der Blüte nahet, wo man sie wieder häufiger begießt und eine salpeterhaltige Erde und Dünger auf die Beete streut. Wenn die Samenkapseln halb reif sind, wird die Bewässerung verstärkt und die Opiumernte beginnt. In jede Kapsel werden bei Sonnenuntergange zwei Einschnitte von unten nach oben gemacht, die aber nicht in die Höhlung der Kapsel eindringen dürfen. Diese Einschnitte werden jeden Abend wiederholt, bis jede Kapsel sechs bis sieben Wunden hat, worauf man dann den Samen zur Reife kommen läßt. Früh am Tage wird der aus den Einschnitten geflossene Saft von Frauen und Kindern gesammelt und in irdene Gefäße gethan, in welchen man ihn stehen läßt, bis er zu kugelförmigen, gegen vier Pfund schweren Massen verhärtet ist, die man dann

Der weiße Mohn.

mit Blättern bedeckt, trocknet und in den Handel bringt. Das in Indien gewonnene Opium geht meist durch Schleichhandel nach China, wo man es theils raucht, theils in Gestalt von Pillen nimmt, um sich zu berauschen. Diese verderbliche Sitte ist ebenso herrschend unter den Türken, besonders den ältern, und nur erst in der neuesten Zeit ist sie beschränkt worden. Ein Reisender, der längere Zeit in Konstantinopel verweilte, besuchte eines der Kaffeehäuser, wo sich die leidenschaftlichen Opiumesser, Theriaki, versammeln. Jedem Besucher wurde die Gabe gereicht, die er brauchte, um sich in einen Rausch zu versetzen. Sie saßen still auf ihren Polstersitzen und erwarteten die Wirkung. Einige machten furchtbare Geberden, während Diejenigen, die bereits im Rausche waren, wie im Fieberwahn redeten. Ihre Gesichter glühten, ihre Augen hatten einen unnatürlichen Glanz, und furchtbar wild war der Ausdruck ihrer Züge. Gewöhnlich erfolgt die Wirkung zwei Stunden nach dem Genusse des Opiums und dauert gegen fünf Stunden. Die Gabe steigt von drei Gran bis zu einer Drachme. Man sah in jenem Kaffeehause einen alten Mann, der seit 25 Jahren täglich binnen zwei Stunden vier Pillen, jede von sechs Gran genommen hatte. Solche Fälle sind aber sehr selten, da ein Opiumesser nicht leicht das dreißigste Jahr überlebt, wenn er sich der zerstörenden Gewohnheit hingegeben hat. Die moralische und physische Schwäche, die der Aufregung folgt, ist furchtbar. Die Eßlust wird bald gestört, jede Fiber zittert, die Nerven des Halses werden angegriffen und die Muskeln steif; bei mehren Gästen des Kaffeehauses war der Hals dürr und die Finger zusammengezogen, und doch konnten sie von der Gewohnheit nicht ablassen. Sie fühlen sich elend, bis die Stunde kommt, wo sie ihre gewöhnliche Gabe nehmen, und wenn sie zu wirken beginnt, werden sie feurig und lebendig. Einige reden in Versen, Andere sprechen in beredten Worten zu den Umstehenden, und halten in ihrem trunkenen Wahn sich für Könige der Welt. Der Reisende erprobte an sich selber die Wirkung. Er begann mit einem Gran, der in einer Zeit von anderthalb Stunden keine merkliche Wirkung hatte. Dann nahm er noch einen halben Gran, und nach einer halben Stunde nochmals ebenso viel. Drittehalb Stunden nach der ersten Gabe ließ er sich eine Pille von zwei Gran reichen und bald nachher fühlte er eine lebhafte Aufregung. Seine Seelenkräfte belebten sich, Alles, was er sah, schien sich zu vergrößern, aber er fühlte nicht so angenehme Regungen, wenn er die Augen schloß, als wenn er sie offen hielt. Er eilte so schnell als möglich nach Hause und es war ihm, als ob sein Fuß kaum den Boden berührte. Er ging sogleich zu Bette, und die seltsamsten entzückendsten Traumbilder flogen durch seine Seele. Er war bleich und unlustig, als er am folgenden Morgen aufstand, hatte Kopfschmerz und fühlte eine so große Schwäche, daß er den ganzen Tag auf dem Sopha liegen mußte.

Das Chamäleon.

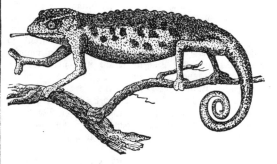

Das Chamäleon gehört zu den vierfüßigen Amphibien. Es ist von verschiedener Größe, doch nicht über 1½ Fuß groß, hat einen großen pyramidalen Kopf, der auf den Seiten zusammengedrückt, von vorn angesehen, fast viereckig erscheint, mehr hoch als breit ist und fast so hoch als lang, in eine spitzige Schnauze endigt, die je nach den verschiedenen Arten mit kammartigen Auswüchsen besetzt ist. Auch die Seiten des Kopfes sind kammartig erhöht, der Hinterkopf aber ist mehr oder weniger angeschwollen, verlängert und ebenfalls mit einem Kamme besetzt. Unten an der Kehle zeigt sich ein zusammengedrückter Kropf, den das Thier nach Willkür aufblasen kann. Der eigentliche Hals ist sehr kurz und wenig beweglich. Auch der übrige Körper ist kurz und an den Seiten eingedrückt; auf dem scharfen und gebogenen Rücken bemerkt man oft einen Kamm, sowie auch am Bauche. Der zugerundete Schwanz kann kräftig nach unten zusammengerollt werden. Die langen und schmächtigen Gliedmaßen haben einen eignen Bau; die Schienbeine sind nämlich so lang als die Schenkel. Noch sonderbarer aber ist die Beschaffenheit der Zehen, die man bei keinen andern Amphibien auf gleiche Weise findet. Sie sind in zwei Bündel verwachsen, die sich einander gegenüber stehen, sodaß sie gleichsam eine Zange bilden, und zwar stehen an den Vorderfüßen zwei Zehen nach außen und drei nach innen, wogegen dieses Verhältniß bei den Hinterfüßen umgekehrt ist.

Betrachten wir das Skelett dieser Thiere, so finden wir noch manches Merkwürdige. Zuerst fallen die sehr großen Augenhöhlen auf, welche nur durch eine häutige Scheidewand voneinander getrennt sind. Die Halswirbel sind zum Theil miteinander verwachsen, wodurch die Schwerbeweglichkeit des Halses sich leicht erklären läßt, und die meisten Rippen einer Seite sind mit denen der andern verwachsen, ohne, wie bei andern verwandten Thieren, durch ein Zwischenstück verbunden zu sein. Bei den großen Augen des Thiers tritt auch hier wieder eine sonderbare Eigenthümlichkeit hervor; der Augapfel ist nämlich dermaßen durch ein, mit körnigen Schuppen besetztes Augenlid bedeckt, daß nur eine kleine Öffnung von zwei bis drei Linien übrig bleibt. Hierzu kommt noch die auffallende Erscheinung, daß nicht wie bei andern Thieren beide Augen sich immer zugleich bewegen, sondern jedes Auge für sich eine beliebige Richtung nehmen kann. Nicht minder auffallend ist der Bau der Zunge dieses Thieres. Es kann dieselbe augenblicklich mehre Zoll lang aus dem Maule herausschnellen und ebenso rasch wieder einziehen, nachdem es ein Insekt damit erfaßt hat. Dies scheint durch ein Umlegen der Zunge zu geschehen und nicht, wie man sonst wol glaubte, durch eine klebrige Feuchtigkeit an ihrer Spitze.

Wir haben schon erwähnt, daß das Chamäleon von Insekten lebt. Die Alten glaubten indeß, es ernähre sich blos durch Luft, eine Meinung, die vielleicht daher entstanden ist, daß diese Thiere, gleich andern Reptilien, sehr lange ohne Nahrung leben können, vielleicht auch daher, daß die Lungen des Chamäleons so außerordentlich entwickelt sind. Sie erscheinen nämlich als ein paar große Blasen, welche noch überdies nach hinten zu verlängert sind und dem Thiere äußerlich einen großen Umfang geben, während sie dessen Gewicht so sehr vermindern, daß es mit der Größe in gar keinem Verhältnisse mehr steht. Dabei sind die Wände der Brust so dünn, daß das Chamäleon in der Zeit, wo es seine Lunge recht mit Luft gefüllt hat, fast durchscheinend wird.

Diese Thiere haben außer den bereits erwähnten noch mehre auffallende Eigenschaften, und wir müssen noch eine der merkwürdigsten anführen, welche unter allen immer die größte Aufmerksamkeit erregt hat und sogar zu dem Sprüchworte Veranlassung gab: „er ist ein Chamäleon", oder: „er ändert die Farben wie ein Chamäleon." Bevor wir jedoch davon weiter sprechen, müssen wir zuerst noch die Haut dieses Thieres betrachten. Diese ist überall mit kleinen körnigen, verschieden gebildeten Schuppen bedeckt, welche hier und da eine erweiterte oder verlängerte Gestalt annehmen und damit die Kämme u. s. w. bilden, deren bereits oben gedacht wurde. Die Farbe der Haut ist bei jeder Art verschieden, doch eben nicht auffallend, indem sich auf derselben nur undeutliche Flecke und marmorartige Zeichnungen finden. In dieser Beziehung hat das Thier nichts Ausgezeichnetes, wol aber hinsichtlich der Fähigkeit, seine eigenthümliche Farbe fast augenblicklich zu verändern. Gewöhnlich ist die Farbe ein schmuziges Graugrün, das sich aber unter Umständen in ein mehr oder weniger helles Gelb, in ein dunkles, mehr oder minder in das Violette fallendes Grün, in ein mehr oder minder dunkles Braun, ja selbst in Schwarz verändert.

Eine so auffallende Erscheinung mußte nothwendig zur Beobachtung reizen und hat die abweichendsten Erklärungsversuche hervorgerufen, die wir hier nicht näher anführen wollen. Der neueste Erklärungsversuch rührt von dem englischen Naturforscher Milne Edwards und erläutert die Sache am meisten. Die Untersuchungen dieses Gelehrten haben nämlich dargethan, daß sich in der Haut des Chamäleons zwei verschiedene, in eigenthümliche Gefäße vertheilte und übereinander liegende Farbenstoffe befinden, welche sich gleichzeitig oder auch nacheinander zeigen können, indem einer sich hinter dem andern verbirgt; der eine ist mehr oder weniger gelblich oder weißlich grau, der andere violett, roth und schwärzlich, und zwar liegt dieser letztere tiefer in der Haut, als jener. Immer bleiben aber noch, ungeachtet dieser Thatsache, manche Erscheinungen bei dem Farbenwechsel unerklärt.

Übrigens scheinen diese Farbenveränderungen mit dem gesunden und krankhaften Zustande des Thieres verknüpft zu sein, denn es gibt Zustände, in welchen das Thier nicht mehr im Stande zu sein scheint, solchen Wechsel hervorzubringen. Dies konnte man z. B. an einem der beiden Chamäleons bemerken, welche vor einigen Jahren zu Paris gezeigt wurden. Das eine blieb unbeweglich in einer Ecke seines Käfigs und zeigte eine einförmige kupfergrüne Farbe; alle Umstände, welche bei seinem Gefährten einen Farbenwechsel hervorbrachten, hatten hier keine Wirkung. Ebenso wenig als man bis jetzt vermocht hat, die Weise, wodurch der Farbenwechsel entsteht, zu erklären, kann man den Grund angeben, warum er statthat. Das Chamäleon pflanzt sich durch Eier fort, aus welchen die Jungen, vollkommen wie die Alten gebildet, ausschlüpfen. Es konnte nicht fehlen, daß ein so merkwürdiges Thier wie das Chamäleon, das den Alten schon bekannt war, zu einer Menge Fabeln Veranlassung gab, auch z. B., wenn eine Schlange, sein Hauptfeind, es zu verschlingen drohe, so nehme es schnell einen Stock quer in das Maul und sei nun sicher, ein solches Hinderniß entgegengestellt zu haben, daß auch der weiteste Rachen ihm keine Gefahr mehr bringe.

Das Chamäleon ist ein träges Thier, das gleich dem Faulthiere, da es weder leicht gehen, noch weniger laufen kann, sich immer an Baumäste oder an Steine angeklammert, wobei es neben den Klauen auch den Schwanz zu Hülfe nimmt. Unbeweglich sitzt es so stundenlang, und nur der Hunger oder ein erscheinendes Insekt bringt es aus seiner Trägheit. Wenn man es ergreift, so versucht es kaum sich mit einem Bisse zu wehren, den man übrigens nicht zu fürchten braucht, da er weder heftig noch gefährlich ist. Man findet diese Thiere nur in den heißen Gegenden der alten Welt und in Europa nur in Spanien. Nirgend fürchtet man sie, aber auch nirgend benutzt man sie zu irgend einem Zwecke, denn medicinische Kräfte haben auch diejenigen Theile nicht, welchen man sie früher zuschrieb.

Von den verschiedenen Arten stellt unsere Abbildung, die gemeinste, das sogenannte afrikanische Chamäleon dar; es ist zugleich die am weitesten verbreitete und am längsten bekannte, die sich von andern besonders durch den Rückenkamm, das vorspringende Hinterhaupt und die einfach gezähnten Augenbogenkämme, welche sich vorn auf der Schnauze vereinigen, auszeichnet. Die Färbung dieses Thieres ist gelblich, mit bräunlichen unregelmäßigen Querbinden. Bei jungen Thieren bemerkt man an den Seiten des Rückens eine Reihe gelblicher, schwarz gesäumter Flecke, welche bei zunehmendem Alter sich in eine gelbliche Linie verwandeln. Diese Art sehr gemein an den Küsten des Mittelmeeres, in Ägypten, in der Berberei, und findet sich auch im südlichen Spanien.

―――――――――

Ein chinesisches Mittagsessen.

Wenn ein Reicher in China seinen Freunden und Gönnern ein Mittagsessen geben will, so läßt er mehre Tage vorher sein ganzes Haus auf das Zierlichste ausputzen. Beim Empfang führt er seine Gäste durch eine ganze Reihe von Prunkgemächern und wo möglich auch durch die Vorhöfe und Gärten, welche mit Blumenbeeten, Wasserbecken und grünen Plätzen geziert sind, und ergötzt sich an den Ausbrüchen ihrer Bewunderung. Zuletzt unter Allen betritt der Gast den Speisesaal, wo man sich unter vielfachen Ceremonien und Complimenten endlich zu Tische setzt. Man genießt zuerst eine Suppe von indischen Schwalbennestern, welche in kleinen Porzellantassen herumgereicht wird. Nach der Suppe werden 15 — 20 Mal die Schüsseln gewechselt, und zuweilen stehen ihrer 60 auf einmal auf der Tafel. Bei vielen Gerichten ist es ganz unmöglich, ihre Bestandtheile zu erkennen, denn die Kochkunst der Chinesen ist sehr zusammengesetzt. Zu den erkennbaren gehören unter andern: gedämpfte Taubeneier, wildes Katzenfleisch, Fricassee von Froschkeulen, getrocknete und stark gewürzte Würmer, welche ungefähr die Stelle unsers Kaviars vertreten und zum Appetit reizen sollen, gebratene Grillen, Haifischfloßfedern und andere chinesische Leckerbissen, welche einem europäischen Gaumen zum Theil widerstehen. Die Fleischspeisen bestehen in Wildpret, Fasanen und Rebhühnern, welches Alles aber in kleine Stückchen geschnitten und in Porzellantassen herumgegeben wird. Anstatt der Messer und Gabeln bedient man sich kleiner Elfenbeinstäbchen, die mit Silber beschlagen sind, und welche die Chinesen mit großer Zierlichkeit zu handhaben wissen. Das einzige Getränk zu diesen vielfachen Speisen ist der sogenannte Sei-Hung, das ist Zuckerwasser mit Wein vermischt, welches ebenfalls in kleinen Tassen gereicht wird. In diesem unschuldigen Getränk trinken die Gäste gegenseitig ihre Gesundheit, indem sie das Täßchen mit beiden Händen fassen und es unter Verneigungen und heftigem Kopfschütteln ausleeren, und zuletzt umkehren, zum Zeichen, daß nichts darin geblieben ist. Während des Speisens werden Schauspiele oder Pantomimen aufgeführt und sogenannte Symphonien gespielt, wobei die Cymbeln, Trommeln und Trompeten ein entsetzliches Getöse machen.

Schiffbrüche englischer Fahrzeuge.

Wir geben hier unsern Lesern die Zahl der englischen Schiffe, die seit einer Reihe von Jahren auf dem Meere verunglückten, welches ein noch höheres Interesse gewinnt durch die Unglücksfälle, die sich, namentlich in der letztern Zeit, durch heftige Orkane auf dem Meere ereignet haben. Wenn man die außerordentlichen Fortschritte erwägt, welche die mathematischen und astronomischen Wissenschaften gemacht, ferner die erfolgreiche Anwendung der Mechanik, die Sorgfalt, welche man auf die Ausarbeitung von Seekarten verwendet, wenn man die größere Ausbildung der Seeleute und die Errichtung so vieler Leuchtthürme bedenkt, so sollte man glauben, daß sich die Zahl der Schiffbrüche von Jahr zu Jahr vermindern müsse. Allein dem ist nicht so, und man kann eher sagen, daß die Unglücksfälle dieser Art sich vermehrt haben. Hinsichtlich der englischen Handelsmarine, deren Stärke sich, mit Einschluß der Colonien, jetzt etwa auf 24,500 Schiffe beläuft, ergeben die Berichte Folgendes.

Im Jahre 1830 erlitten von den Schiffen, welche weite Reisen unternahmen, 157 Schiffbruch auf offenem Meere, 248 an der Küste, von denen jedoch 224 gerettet wurden, 22 versanken, 25 wurden auf dem Meere verlassen, 8 schlugen um und 27 gingen ganz zu Grunde. Von Küstenfahrern und Kohlenschiffen erlitten 100 Schiffbruch, 297 scheiterten, oder wurden an die Küste geworfen (von diesen jedoch 121 gerettet), 67 sanken unter, 13 wurden verlassen, von denen man jedoch fünf noch in den Hafen brachte, drei schlugen um und 16 gingen ganz zu Grunde. Von den Dampfschiffen litten vier Schiffbruch, vier scheiterten an der Küste und zwei sanken unter. Diese Unglücksfälle haben sich in spätern Jahren nicht vermindert. Im Jahre 1833 gingen mehr als 800 Kauffahrer, mithin der dreißigste Theil der gesammten Handelsmarine, zu Grunde, oder wurden an die Küste geschleudert.

Die schwimmenden Inseln von St.-Omer.

Zu den in der Geschichte so berühmten hängenden Gärten der Semiramis bilden ein Seitenstück die sogenannten schwimmenden Inseln zwischen St.-Omer und Clairmarais. In der Nähe von St.-Omer sieht man einen See mit einigen kleinen Inseln voller Gebüsche und Pflanzen; man befestigt irgendwo einen Strick und zieht sie mit dem darauf weidenden Vieh, wohin man will. Die flamändischen Umwohner pflegten sie ehedem Blote zu nennen, d. i. flößendes schwimmendes Land. Die Inseln lagen eine Stunde von St.-Omer, einige waren etliche hundert Fuß lang, andere kleiner, und man konnte nicht allenthalben mit Sicherheit darauf herumgehen; es fanden sich Löcher darin, aus denen keine Rettung war, wenn man das Unglück hatte hineinzufallen, denn das Wasser war sehr tief, und das Land nur zwei bis drei Fuß dick. Im Winter vom Feste des heiligen Michael an, bis zum Mai führte man sie gewöhnlich an bestimmte Orte, und benutzte sie zum bequemern Fange der hier sehr zahlreichen Fische. Im Sommer dagegen ließ man sie vom Winde treiben und benutzte sie als Weideplätze. Es scheint, daß man in früherer Zeit sie so viel möglich zu erhalten suchte, als man aber keine Sorgfalt mehr darauf wendete, verschwanden sie nach und nach. Denn 1768 waren die Inseln nur noch kleine Stücke Landes von der Größe eines mittelmäßigen Kahnes, mit Moos bedeckt, und wenn man darauf trat, so war es, als ob man auf einen mit Wasser angefüllten Schwamm träte. Die Zahl der Inseln verminderte sich darauf fast täglich; die Erdschichten wurden immer dicker und schwerer und hingen sich an das Land an. Im Jahre 1827 sollen nur noch zwei vorhanden gewesen sein; nur eine davon noch mit Pflanzen und Gebüschen bewachsen, und es finden sich darauf einige alte Weiden, auf deren von Moos ganz überzogenen Rinden man noch die Namen einiger Besucher eingegraben sieht.

Gediegenes Gold.

Ein sehr merkwürdiges Stück gediegenes Gold, das in den Bergwerken von Choquingillo bei La Paz, der Hauptstadt von Bolivia, gefunden worden, hat großes Aufsehen unter den Mineralogen erregt. Es enthält drei verschiedene Arten von Gold, nämlich 22, 23 und

23½ karätiges, ohne Beimischung irgend eines Erzes, und wiegt nahe an zwei Pfund. Das im königlichen Museum zu Madrid befindliche Stück von 40 Pfund ist kein gediegenes Gold, sondern Golderz.

Der Kreml zu Moskau.*)

*) Vergl. über denselben Pfennig-Magazin Nr. 63 und 96.

Verantwortliche Herausgeber: Friedrich Brockhaus in Leipzig und Dr. C. Dräxler-Manfred in Wien.
Verlag von F. A. Brockhaus in Leipzig.

Das Pfennig-Magazin

der

Gesellschaft zur Verbreitung gemeinnütziger Kenntnisse.

170.]   Erscheint jeden Sonnabend.   **[Juli 2, 1836.**

Der Wiedehopf.

Dieser schöne Vogel verbreitet sich während der Sommermonate über den größten Theil Europas und ist in den südlichen Gegenden sehr häufig, in die nördlichern Gegenden jedoch verirren sich nur wenige Abschweifer, wenn sie aus Asien und Afrika, wo sie den Winter zubringen, nach Europa kommen.

In Sumpfgegenden, die der Wiedehopf liebt, sieht man ihn auf dem Boden mit seinem langen Schnabel allerhand Insekten, seine Nahrung, suchen, oft auch hängt er an Zweigen und untersucht die untere Seite der Blätter, ob sie vielleicht Nahrung für ihn verbergen.

In die Höhlungen verdorrter Bäume baut er sein Nest, das aus trockenem Grase besteht und mit Federn, Wolle oder andern weichen Dingen ausgefüttert ist. Wenn er keine hohlen Bäume findet, nistet der Wiedehopf zuweilen auch in Felsenspalten und in den Ritzen alter Gebäude. Das Weibchen legt gewöhnlich vier bis fünf Eier, die dunkelgrau oder braun gefleckt sind.

Der Wiedehopf wird sehr häufig gefangen, da ihn sein schönes Gefieder, seine drolligen Geberden und seine Zutraulichkeit beliebt machen. Wenn er bemerkt, daß er beobachtet wird, beginnt er mit dem Schnabel auf den Boden zu klopfen, schwingt zugleich seine Flügel und erhebt seinen Kamm. Wird er gereizt oder ist er in Furcht, so gibt er einen unangenehmen knarrenden Ton von sich. In Bechstein's interessantem Buche über Stubenvögel befindet sich ein Auszug eines Briefes von dem Herrn von Schauroth, den wir unsern Lesern mittheilen. „Mit großer Mühe und Sorgfalt gelang es mir vorigen Sommer, zwei junge Wiedehopfe aufzuziehen, die ich aus einem Neste genommen hatte, welches sich auf dem Gipfel einer Eiche befand. Die kleinen Vögel folgten mir überall nach, und wenn sie mich in der Entfernung kommen hörten, verriethen sie ihre Freude durch ein besonderes Zirpen, hüpften in die Höhe oder kletterten, wenn ich mich gesetzt hatte, an meinen Kleidern heran, bis sie sich endlich auf meine Schultern, zuweilen auch auf meinen Kopf setzten und mich sehr zärtlich liebkosten; dessenungeachtet hätte ich, um mich von ihnen zu befreien, nur ein Wort sagen dürfen und sie würden in ihren Käfig zurückgekehrt sein und vielleicht beobachtet haben, in welcher Stimmung ich mich befände, um sich darnach betragen zu können. Ich fütterte sie wie die Nachtigallen oder gab ihnen gewöhnliches Vogelfutter, wozu ich zuweilen einige Insekten that; Erdwürmer rührten sie nicht an, aber Maikäfer fraßen sie sehr gern; diese tödteten sie erst und schlugen sie dann mit dem Schnabel in eine längliche Form; wenn dies geschehen war, warfen sie den Käfer in die Luft, damit sie ihn fangen und der Länge nach verschlucken konnten; fiel er quer herab, so mußten sie ihn nochmals in die Höhe werfen. Anstatt sich zu baden, wälzten sie sich im Sande. Ich nahm sie eines Tages mit auf ein benachbartes Feld, damit sie sich Insekten fangen möchten, und hatte da Gelegenheit, ihre Furcht vor Raubvögeln und ihren Instinct dabei zu bemerken. Sobald sie einen Raben oder selbst eine Taube bemerkten, legten sie sich auf den Bauch, indem sie mit einem Auge blinzten, spannten ihre Flügel aus und legten den Kopf rückwärts, sodaß sie kein Raubvogel hätte erkennen können. Sobald der Vogel, der sie in Furcht gejagt hatte, vorüber war, sprangen sie auf und stießen Freudentöne aus. Sie lagen sehr gern in der Sonne und bezeigten ihre Zufriedenheit durch die Töne: „Wek, Wek, Wek." Das Männchen lebte den Winter hindurch, blieb aber stets in der geheizten Stube, sein Schnabel wurde nach und nach so trocken, daß die beiden Theile einen Zoll weit voneinander standen, worauf es starb."

Über den Weinbau.

I.

Aus dem mittlern Asien, wo sich die frühesten Spuren des Weinbaues finden, kamen die Reben nach Griechenland und ohne Zweifel schon mit den ersten Ansiedlern nach Italien, woher sie das übrige südliche und das mittlere Europa erhielt. Die Rebe ist jetzt in allen Welttheilen verbreitet, am besten aber gedeiht sie in den gemäßigten Ländern innerhalb des 32. und 50. Grades nördlicher Breite, doch in Amerika nicht höher nördlich als bis zum 40. Grade. In beiden Hemisphären ist der Anbau des Weines nicht vortheilhaft in Gegenden, die näher als 30 Grade am Äquator liegen, außer in hohen Lagen oder auf Inseln, z. B. auf Teneriffa, wo die Hitze durch die Seeluft gemildert wird. So umfaßt das Gebiet des Weinbaues einen Streif von etwa 20 Breitengraden in der alten und einen nur halb so breiten in der neuen Welt. In der südlichen Halbkugel fällt das Vorgebirge der guten Hoffnung grade in die dem Anbaue der Rebe günstige Breite. Die nördliche Grenze des Weinbaues reicht an einem Punkte weiter nördlich als am andern. Dieser Umstand hat darin seinen Grund, daß das Gedeihen der Rebe von der Temperatur des Sommers und nicht von der mittlern Temperatur abhängt. So ist die mittlere Wintertemperatur in London höher als in Manheim und in Wien, und doch kommt die Traube in südlichen England im Freien nicht zur Vollkommenheit, obgleich in Manheim und Wien der Winter um 6—7 Grad kälter als in der Gegend von London ist. Wein, der jenseit der nördlichen Grenze des Weinbaues gewonnen wird, ist nicht nur leichter, sondern auch saurer als das Erzeugniß der Trauben, die unter einer wärmern Sonne den höchsten Grad der Reife erlangt haben. In mehren Gegenden von Europa und Amerika wächst der Wein wild und schlingt sich zu den Gipfeln der höchsten Bäume hinan. Fast in allen Theilen der Vereinigten Staaten von Amerika hat man ihn angepflanzt, und in mehren gedeiht er gut. Auch in Chile und Mexico hat man ihn mit Erfolg angebaut, weniger in Brasilien.

Die Rebe, obgleich sie die köstlichste Frucht gibt, ist eine so genügsame Pflanze, daß sie auch auf steinigem Boden gedeiht, ja selbst aus Trümmern hervorsproßt, doch fodert der veredelnde Anbau derselben sowol große Sorgfalt als auch stete Rücksicht auf Verbesserung des Bodens. Kalkstein, den man häufig an den Abhängen der Berge findet, ist für den Weinbau günstig, und überhaupt ein lockerer, mehr sandiger als lehmiger Boden vortheilhaft, besonders auch der auf Syenit lagernde kiesige Boden. Über zwei Fuß tiefer Sandboden, ohne Unterlage von Kalk oder Syenit, ist ungünstig. Ist dagegen der Boden zu üppig, so ziehen sich die Wurzeln nach unten, und dem Einflusse der Sonne und der Luft wird entgegengewirkt. Eine südliche oder südöstliche Lage ist den Weinbergen am günstigsten.

Es gibt gegen 20 verschiedene Rebenarten, die wieder in viele Spielarten zerfallen, welche durch den Einfluß des Bodens, des Klimas und der Cultur entstanden sind. In einer Rebenschule, welche vor einigen Jahren in Paris angelegt wurde, sammelte man nicht weniger als 1400 Spielarten, und besaß doch nicht alle, nur in Frankreich bekannten.

Es ist eine in der Geschichte des Weinbaues merkwürdige Thatsache, daß im Mittelalter bis gegen Ende des 12. Jahrhunderts der Weinbau im südlichen England gedieh und jedes Kloster seinen Weingarten hatte, wogegen die Rebe dort jetzt nur durch künstliche Pflege vollkommene Früchte bringt. Noch im 16. und 17 Jahrhundert wurde ziemlich viel Wein gemacht, und selbst im 18. ward in der Grafschaft Surrey ein dem Champagner ähnlicher Wein gekeltert. Was man aber auch von diesen Erzeugnissen englischer Reben rühmen mag, es ist nicht zu vergessen, daß man sie mit den leichtesten französischen Weinen, namentlich mit den um Paris wachsenden, verglich, die jetzt nur in den Vorstadtschenken getrunken werden. Vergebens hat man in der Normandie den Wein anzubauen gesucht, und ebenso wenig würde der Culturversuch im Großen im südlichen England gelingen, daher man sich auch begnügt, die Trauben in Gärten anzubauen, wo man zum Theil durch künstliche Wärme treffliche Früchte erzeugt.

Während in Frankreich und in Deutschland die mit Wein bedeckten Hügel, so lange die niedrig gehaltenen Reben noch nicht die Pfähle umranken oder der halb entblätterte Stock mit einer Fülle reifer Trauben beladen ist, keineswegs einen anziehenden Anblick gewähren, ist nichts malerischer als eine Rebenpflanzung in Italien. Die Felder sind mit Bäumen umpflanzt, deren Stämme und Äste hoch hinauf von üppigen Reben umschlungen sind, die schwere Traubenbüschel tragen. Gewöhnlich benutzt man die Pappel und den Ahorn dazu, weil ihre lichten Wipfel die Reben nicht zu sehr überschatten, und man läßt sie überdies nicht bis zu ihrer vollen Höhe wachsen. Die Reben werden so gezogen, daß die Schößlinge abwärts gehen, damit sie desto mehr Früchte tragen. Die jährigen Schößlinge, die im folgenden Sommer tragen sollen, werden je zwei und zwei zusammengebogen, umeinander geschlungen, in einer bestimmten Entfernung abgeschnitten und mit einer Weidenruthe zusammengebunden. Diese Schößlinge hängen dann mit ihren Enden über die Zweige. Einige aber werden aufwärts gebogen und ihre Enden an den Baum oder den Hauptstamm der Rebe gebunden; andere leitet man von dem Baume ab und bindet sie an die Spitzen hoher Pfähle, die weit von den Bäumen entfernt stehen. Die Weinbauer zeigen viel Geschmack bei diesen Anpflanzungen und geben ihnen die reizendste Mannichfaltigkeit. Zwischen Rom und Neapel werden die Reben meist an Pappeln gezogen, die man zu ihrer vollen Höhe wachsen läßt und nur so weit von den Seitenästen befreit, daß die Sonnenstrahlen nicht abgehalten werden. In vielen Zwischenräumen ragen die Pappeln empor; an jeder schlingt sich eine Rebe hinan, deren lange Schößlinge von einem Baume zu dem andern geleitet sind und über die Zweige derselben in allen Richtungen sich durchkreuzen, oft bis auf die Erde mit ihren saftigen Blättern hinabhängend. Üppige Saaten wachsen unter den Bäumen, vollkörniger Weizen, jetzt mit blühenden Ähren, jetzt gelb der Sichel zureifend, und schöner Mais mit goldenen Körnern. In der Gegend von Rom werden die Reben niedrig gehalten, in Reihen fünf bis sechs Fuß voneinander, und dazwischen erbaut man Bohnen, Mais und Weizen.

Sonnenschirme im Morgenlande.

Der Sonnenschirm stammt aus dem Morgenlande, wo man aber seinen unmittelbaren Abkömmling, den eigentlichen Regenschirm, nicht kennt, wenn er nicht aus Europa eingeführt wird. Mag man ihn in den Stellen der Bibel finden können, wo von einem „gegen die Sonne schützenden Schatten" die Rede ist, die Sache ist wenigstens in allen warmen Ländern Asiens so alt, daß es unmöglich ist, seine ursprüngliche Heimat anzugeben, wiewol gewisse Umstände auf einen gemeinschaftlichen Ursprung hindeuten. In China ist der Sonnenschirm gebräuchlicher als anderswo in Asien, und wenn wir eine Gewohnheit in diesem Lande finden, so sind wir geneigt, zu glauben, daß sie dort ihren Ursprung habe, doch ist in diesem Falle Chinas Anspruch nicht erweislich. Außer in China und in einigen europäischer Sitte zugewendeten Theilen der Türkei, findet man ihn nirgend unter dem Volke; in den meisten asiatischen Ländern aber ist er ein Vorzug der Herrscher, während er in andern auch Vornehmen, besonders Statthaltern der Provinzen, erlaubt ist. In Hinterindien ist der Sonnenschirm durchaus nur bei Königen gebräuchlich. Daher heißt es in dem Titel, den sich der König von Ava in Briefen an fremde Fürsten gibt: „König der Könige, dem alle Könige gehorsam sein sollen, als dem Freunde und nahen Verwandten aller Götter des Himmels und der Erde, welche aus Achtung gegen ihn alle Thiere ernähren und erhalten und die Jahreszeiten stets wechseln lassen, ihm, dem Bruder der Sonne und dem nahen Verwandten des Mondes und der Sterne, dem Gebieter der Ebbe und Flut des Meeres, dem Herrn des weißen Elefanten und dem Herrn der 24 Sonnenschirme." Da der Sonnenschirm als Zeichen der königlichen Gewalt gilt, so soll durch jenen Zusatz im Titel blos die Zahl der dem Könige unterworfenen Länder angedeutet werden. In Hindostan war der Sonnenschirm von jeher eine Auszeichnung der Großen, doch nicht ausschließend der Könige. Im Lande der Mahratten gilt der Titel „Sonnenschirmherr" (Tschattrapati) noch immer als eine Auszeichnung der vornehmsten Beamten. Auch in Persien ist der Sonnenschirm seit alten Zeiten eine königliche Auszeichnung. Auf den Bildwerken von Persepolis ist über einer Figur, die den König vorzustellen scheint, ein Sonnenschirm zu sehen, und unter den wenigstens 1200 Jahre alten Bildwerken auf dem Felsen von Takht i Rustan sieht man über einem reitenden König, einen Sonnenschirm, den ein hinter ihm laufender Mann trägt. Von den Arabern kam der Sonnenschirm wahrscheinlich nach Afrika, wo er nicht nur unter den Mauren im Norden, sondern auch unter den Negern auf der westlichen Küste als Zeichen der Königswürde gilt. In Marokko darf außer dem Könige Niemand als seine Söhne und seine Brüder einen Sonnenschirm tragen. China und die Türkei, wo die Sonnenschirme auch von dem Volke gebraucht werden, sind die einzigen Länder, wo sie zugleich zum Schutze gegen den Regen dienen, wogegen sie anderswo blos gegen die Sonne schützen. In China scheinen sie unter der Mittelclasse und dem geringern Volke nicht sehr verbreitet zu sein; die breitrandigen Hüte ersetzen sie gegen die Sonnenglut, und während der Regenzeit trägt man ein Oberkleid, das ganz dazu geeignet ist, gegen Nässe zu schützen. Es tragen nämlich Alle, die sich ihres Gewerbes wegen den Abwechselungen des Wetters aussetzen müssen, ein Kleid von Stroh, von welchem der Regen abläuft, wie von den Federn eines Vogels, und dazu noch zuweilen einen Mantel von Hirsehalmen, der die Schultern vollkommen deckt, und einen Hut von Stroh und gespaltenem Bambus. Gewöhnlicher ist der Sonnenschirm in der Türkei, doch nur in den westlichen Gegenden. Kommt man aus den östlichen Theilen des Reiches, wo man den Sonnenschirm als ein Zeichen der Vornehmheit betrachtet, nach Konstantinopel, so wundert man sich, ihn hier als Regenschirm so gewöhnlich zu finden. Das Beispiel der Europäer in Pera mag viel dazu beigetragen haben. Aber auch hier sind nicht alle Spuren der Auszeichnung, die man überall im Morgenlande mit dem Gebrauche des

Sonnenschirms verbindet, ganz verschwunden. Ein Reisender ging vor einigen Jahren an einem Regentage mit seinem Schirme in der Hand am Ufer des Bosporus nach Pera, und als er sich einem Hause näherte, wo der Sultan sich grade befand, trat ihm eine Schildwache trotzig in den Weg. Er begriff nicht, was ihre Absicht war, und wollte mit dem ausgespannten Regenschirme weiter gehen, als der Soldat das Bayonnet gegen ihn fällte. Zum Glück war dicht hinter ihm ein gutmüthiger Türke, der ihm den Regenschirm heftig aus der Hand riß, ihn fortschob und ihn gegen den Angriff des Soldaten deckte, der nun auf seinen Posten zurückkehrte und ihn an dem großherrlichen Landhause ruhig vorübergehen ließ. Der Türke erklärte ihm nun, als sie weiter gingen, daß Jeder verbunden sei, vor der Wohnung des Sultans den Regenschirm niederzulassen. Selbst Personen, die in Böten über den Bosporus fahren, beobachten diese Sitte, sobald sie sich dem Hause nähern, das der „Bruder der Sonne und des Mondes" mit seiner Gegenwart beehrt.

Der Betelnußbaum.

Dieser Baum ist eine der schönsten Palmenarten. Er ist besonders in den Küstengegenden Asiens innerhalb der Wendekreise einheimisch und man hat ihn vorzüglich wegen seiner Früchte, die sehr geschätzt werden, durch ganz Indien, wie auf den Inseln des indischen Archipelagus angebaut. Der Baum blüht den größten Theil des Jahres hindurch und im fünften Jahre trägt er Früchte; sein Stamm erreicht oft die Höhe von 40—50 Fuß, hat aber selten mehr als 20 Zoll im Umfange und geht meist schon im 25. Jahre ein. Die Frucht, eine Nuß, hat die Größe eines Hühnereis, ist mit einer häutigen Schale bedeckt und sieht röthlichgelb aus, wenn sie reif ist. Der Stamm hat keine Zweige, aber seine Blätter, die an der Spitze einen runden Büschel bilden, sind sehr schön. Der Baum gibt zwei Ernten im Jahre, die Anzahl der Nüsse, die ein einzelner Baum trägt, steigt an manchen Orten jährlich zu 300.

Die Nüsse werden getrocknet und gewöhnlich in vier Stücke geschnitten, welche, mit Tabackblättern und mit gelöschtem Kalk gemischt, von den Eingeborenen genossen werden. Welchen Nutzen man durch diese Zubereitungsart erlangt, ist schwer zu bestimmen. Die Nüsse haben übrigens einen herben, zusammenziehenden Geschmack, und man ißt sie nie ohne die erwähnte Zubereitung. Das Kauen des Betels verursacht einen rothen Speichel, den man fortwährend auswerfen muß. Die heutigen Araber, obschon sie ebenfalls, wie die Indier, Betel kauen, geben jedoch den Knospen einer andern Pflanze, Kad genannt, den Vorzug, die, wie sie meinen, den Athem wohlriechend machen und das Zahnfleisch gut erhalten. Man benutzt außerdem den Betel auch zum Färben.

Die Indier tragen den Munam oder Kalk, womit sie die Nüsse bestreichen, in Büchsen mit sich herum und kauen zu jeder Stunde Betel. Jedem, mit dem sie sprechen wollen, reichen sie vorher Betel, und das Ausschlagen würde sehr übel genommen werden, da es das Freundschaftszeichen der Indier ist, Betel miteinander zu kauen. In andern Theilen Indiens jedoch, z. B. in Canara, gebraucht man statt des Kalkes Holzasche.

Im Jahre 1793 wurde der Betelnußbaum auf Jamaica angepflanzt, und ein Colonist, der es versuchte, sagt, daß die getrocknete Betelnuß, ohne Zubereitung genossen, Schwäche und die Gelbsucht herbeiführe, sobald sie aber mit Kalk vermischt sei, unschädlich werde.

Die Bereitung des Theers.

Der Theer ist eine dicke, schwarze und klebrige Masse, die aus Fichten- und Tannenholze gewonnen wird. In den ungeheuern Wäldern des nördlichen Europas wird besonders viel bereitet. So wurden z. B. 1833 20,000 Tonnen Theer nach Großbritannien gebracht, wovon Rußland, Schweden und Dänemark den größten Theil lieferten.

Das Verfahren bei der Bereitung des Theers war schon den Griechen bekannt und ist von mehren ihrer Schriftsteller ausführlich beschrieben worden, woraus sich ergibt, daß in Rußland noch dasselbe Verfahren beobachtet wird, wovon unsere Abbildung eine deutlichere Anschauung gewährt. Der günstigste Ort zur Theerbereitung ist in einem Walde, an einem Sumpf oder einem Moor, weil die Wurzeln der Tannen, woraus besonders der Theer gewonnen wird, an diesen Stellen am leichtesten zu haben sind. Es wird dann in den Boden eine kegelförmige Höhlung gemacht und die Tannenwurzeln und Scheite desselben Holzes, welche gewöhnlich in Kegelform sehr zierlich aufeinander gelegt sind, werden in diese Höhlung hinabgelassen. Dann wird Alles mit Rasen bedeckt, um das Verfliegen der flüchtigen Theile zu verhindern, und mit einem hölzernen Stampfer oder auch mit hölzernen Keulen wird Alles so viel als möglich zusammengestampft. Der Holzscheithaufen wird dann angezündet und es steigt ein Dampf ohne Flamme empor, ungefähr wie beim Kohlenbrennen. Während dieses Feuers schwitzt der Theer aus und tröpfelt in eine eiserne Pfanne, die auf dem Boden der Höhlung steht und aus der eine Röhre geht, durch welche der Theer sogleich in Fässer geleitet wird, die sofort zur Versendung zugespündet werden.

Geologie.*)

Unter den unzähligen Gegenständen, welche auf der Erde die Aufmerksamkeit des Beschauenden vorzüglich fesseln und ihn zu weiterm Nachdenken auffodern, sind wol das Meer und die Gebirge die großartigsten. Ergreift jenes in dem sturmbewegten Aufruhre seiner Wogen das Gemüth gewaltsam und stimmt es zu erhabenen, religiösen Gefühlen, so haben diese dagegen etwas Anziehenderes, gleichsam Magisches, und ihre Anziehungskraft wird stärker, je genauer man sie beobachtet. In der großen Mannichfaltigkeit ihrer oft ganz grotesken und phantastischen Formen, von den lieblichsten, wellenartigen Hügeln und üppigsten Abhängen bis zu den riesenhaften Alpen und den ragenden Hörnern und Firsten mit ewigem Schnee und Eis, bieten sie das reizendste Schauspiel dar, welches den sinnigen Beschauer mit immer neuer Lust erfüllt. Dazu kommen die reichen Geschenke, welche Mutter Natur an viele unter ihnen mit verschwenderischer Hand ausgetheilt hat. Es hat nicht blos jedes Gebirge seine eigenthümliche Pflanzen- und Thierwelt, sondern es liegen auch an seiner Oberfläche werthvolle Schaustücke und Proben von Steinen und Erzen ausgestreut, um den Menschen zu bestimmen, im Innern zu graben und die daselbst angehäuften unermeßlichen Schätze zu Tage zu fördern. Wir nennen hier nur die edeln Steine und Metalle, das Eisen und die Steinkohlen. Diese haben auf den Wohlstand und die politische Macht, auf Künste und Gewerbe, auf Handel und Wandel, auf Civilisation, Luxus und Sittenverderbniß der Völker einen nicht zu berechnenden Einfluß ausgeübt, und besonders ohne Eisen und Steinkohlen hätte der Mensch nicht die Herrschaft über das Meer erlangt, die Dampfmaschinen nicht ihre Wunder gewirkt.

Dies ist jedoch noch nicht Alles. Die Gebirge lassen sich noch von einem andern Standpunkte aus betrachten, auf welchen sich zu stellen wir die damit noch nicht vertrauten Leser dieser Blätter hierdurch auffodern möchten, in der festen Überzeugung, daß sich ihnen eine neue unversiegbare Quelle reinmenschlicher Genüsse eröffnen werde. Gewiß hat sich schon Jeder, wenn er von einem Berge herab ein Thal überblickte, wenigstens bisweilen die Frage vorgelegt, wie wol die Berge und Thäler entstanden sein möchten. Und an diese Frage knüpft sich auf das Natürlichste die zweite nach dem Ursprunge der Pflanzen, der Thiere und unsers eignen Geschlechts. Geht man diesem Gedanken nach, so findet man bei einiger Aufmerksamkeit gar bald, daß die Gebirge sich nicht so gebildet haben, wie ein Niederschlag in einem stillstehenden, allmälig verdunstenden oder nachher abfließenden Wasser, oder wie eine Pflanze aus dem Samenkorne durch zarte und leise Übergänge, sondern daß dabei wahre Revolutionen im Spiele waren und ein gewaltsamer Kampf der Elemente, der sich noch jetzt in schwächern Bewegungen und in beschränkbarem Umfange bald hier, bald dort offenbart, uns einen schwachen Maßstab zur Würdigung jener Katastrophe darbietend. Zu diesen Ursachen, welche noch gegenwärtig die Oberfläche der Erde verändern, gehören die Gewitterregen, das Schmelzen des Schnees im Frühjahre, wodurch die Bäche und Flüsse anschwellen und austreten und oft große Massen von den Bergen losgerissen und in den Thälern verbreitet werden, sowie dann diese Flüsse selbst an ihren eignen Ufern nagen, sie zum Theil zerstören und aus ihrem Bette tretend durch Verwüstungen sich neue Wege öffnen. Eine andere Ursache sind die Meere, welche die hohen Küsten unterwühlen, auf den flachen Ufern Sand aufwerfen und in Häfen, Buchten und überall, wo sie ruhiger sind, Schlamm und Bodensatz häufen, und an manchen Orten, wie z. B. in den Lagunen bei Venedig, in solcher Menge, daß nur durch die angestrengte Thätigkeit der Bewohner diese einstige Beherrscherin des adriatischen Meeres ihre sichere Lage behaupten kann. Endlich eine dritte noch fortdauernde Ursache solcher Veränderungen sind die Vulkane und die damit zusammenhängenden Erdbeben. Für jene großen Umwälzungen aber und die damit verbundenen ausgedehnten Veränderungen der Erdoberfläche sprechen folgende Thatsachen.

1) **Die Structur der Gebirge.** Es bestehen allerdings mehre Gebirgsarten aus einer Art von Platten oder Schichten, die horizontal nebeneinander liegen und sich oft sehr weit erstrecken, grade so, wie wenn in einem stillstehenden oder fließenden Wasser sich erdige Theile, Sand und kleine Steine, absetzen, weshalb man diese Gebirge geschichtete nennt. Dazu gehören alle Hügel, die niedern Berge und selbst die Ebenen, welche, verglichen mit dem Meeresgrunde, als Berge angesehen werden können. Fast alle umschließen eine Menge versteinerter Meeresproducte, vorzüglich Conchylien, und zum Theil in so ungeheurer Anzahl, daß die ganze Masse, z. B. des Muschelkalks, der jüngern Gebirge aus ihnen zu bestehen scheint. Sie erheben sich zu einer Höhe, welche den Spiegel aller Meere weit übersteigt, und zu welcher sich jetzt kein Meer zu erheben vermag, sowie sie in allen Welttheilen und in allen Ländern verbreitet sind. Unter den alten Philosophen hatten Empedokles und Heraklides eine Ahnung hiervon, später aber kam die Meinung auf, welche sich bis in das 18. Jahrhundert erhalten hat, daß sämmtliche Versteinerungen bloße Naturspiele seien, Producte der bildenden Kraft der Natur in Gestalt von Pflanzen und Thieren. Als 1577 bei Luzern in der Schweiz Zähne und Gerippe eines Elefanten ausgegraben wurden, erklärte sie der Anatom Felix Plater für Knochen eines 19 Fuß langen Menschen, der Landvoigt Engel aber für das Gerippe eines Engels; das 1695 bei Tonna im Gothaischen entdeckte schöne Elefantengerippe nebst Zähnen erkannte zwar der Bibliothekar Tenzel in Gotha als solches, das Collegium medicum aber widersprach dieser Meinung und erklärte es für ein Mineral, welches in Sandmergel wie in seiner Mutter nach und nach erzeugt worden, ja selbst der große Leibnitz ließ einen bei Tiede unweit Wolfenbüttel ausgegrabenen Elefantenzahn mit der Beischrift aufstellen: dens animalis marini Tidae effossi (der Zahn eines zu Tiede ausgegrabenen Seethiers), woraus ein Mineralog ein Seethier Tiede machte. Erst zu unserer Zeit ist man hierüber zu einer richtigern Ansicht gelangt und hat jene Vorstellungen in das Gebiet der Träume verwiesen. Wie kommen nun diese zahlreichen Conchylien und andere Meeresbewohner so tief in den Boden hinein oder auf hohe Berge in Binnenländern, wo weit und breit kein See, selbst nicht ein bedeutender Fluß sich befindet? Sie haben unstreitig da gelebt, wo sie starben, und ihr Fundort muß einst Meeresgrund gewesen sein. Auf hohe Berge aber können sie nur auf doppelte Weise gelangt sein, entweder war auch dort einst Meeresgrund, oder sie wurden aus dem Meere erhoben. In beiden Fällen war die Oberfläche unsers Planeten in jenen Zeiten ganz anders beschaffen als jetzt, und theils hatte das Meer eine viel größere Ausdehnung, theils war die vulkanische Thätigkeit eine viel gewaltigere und auch in

---

*) Vergl. Pfennig-Magazin Nr. 81, 82 und 155.

solchen Gegenden herrschend, in denen sich jetzt nur noch schwache Zuckungen derselben als Erderschütterungen oder heiße Quellen zeigen. Die Veränderungen, als Folgen jener Katastrophen, sind aber nur nach und nach eingetreten, und das Meer muß daselbst lange gestanden haben, weil die Schichten ihre horizontale Lage beibehalten haben, und die Conchylien zum Theil, wie die aus dem Becken der Seine bei Paris, von mikroskopischer Kleinheit, ihre zartesten Theile mit den feinsten Rändern und Zacken unverletzt besitzen. Auch nach ihrer Entstehung haben sie noch partielle Veränderungen erlitten. Herabströmende Gewässer haben sie zum Theil ausgefurcht, die Schichten voneinander gerissen und kleinere Schluchten und Seitenthäler gebildet, in denen sie die losgerissenen Stücke als Geschiebe absetzen. Diese liegen aber nach den Gesetzen der Schwere alle mit der langen Achse auf dem Boden. Steigt man noch höher und nähert sich mehr dem Fuße großer Bergketten, so treten die Spuren der Umwälzungen noch deutlicher hervor. Hier findet man die Conchylien noch ebenso häufig, aber die Lager, worin sie vorkommen, sind nicht mehr horizontale Schichten, sondern sie stehen geneigt, zuweilen fast senkrecht, und die horizontalen Schichten der Hügel sind an sie angelehnt. Durchbricht man diese und gräbt tiefer, so findet man jene geneigten Lager unter ihnen, sie sind also emporgehoben worden, und zwar so, daß nur die eine Seite gehoben wurde, denn sonst würden sie ihre ursprüngliche horizontale Lage beibehalten haben.

Noch deutlicher treten diese Katastrophen hervor, wenn man die zweite große Classe der Gebirge in Beziehung auf ihre Structur ins Auge faßt, die sogenannten massigen. Sie bestehen meistens aus großen Massen, kolossalen Blöcken von krystallinischer Bildung und sind ein Gemenge von mehren, bald mehr, bald weniger deutlich krystallisirten Mineralien, worunter der größere Theil der Edelsteine. Sie stehen nicht selten isolirt und ragen inselartig über ihre Umgebungen hervor, erheben sich oft in zugespitzten Formen als Pics, Nadeln und Hörner oder, wie gewaltsam emporgetrieben, an mehren Punkten gesprungene Blasen, und ihr ganzes Aussehen hat etwas Zackiges, Schroffes, Zerrissenes, was sich auch ihren Thälern mitgetheilt hat. In ihnen findet man weder Conchylien, noch Reste anderer organischer Wesen (Petrefacte). Diese sind die ältesten Gebirge unserer Erde, die sogenannten Urgebirge, wie Granit, Gneus, Glimmerschiefer, Urthonschiefer und andere, welche hier näher zu beschreiben uns zu weit führen würde. Sie machen die tiefste Grundlage der Gebirge aus und bilden die hohen Gebirgsrücken des Hochlandes der verschiedenen Welttheile, wie der Cordilleren in Südamerika, die tibetanischen und gangebischen Gebirge, den Ural und Kaukasus in Asien und die Hochgebirge und Alpen Europas. Ein schwieriger Punkt hierbei ist, daß diese Urgebirge nicht selten ebenso gut geschichtet vorkommen wie die spätern, und zwar in concentrischen, kugelartigen Schichten, wie z. B. der Granit, daß sie nicht blos mannichfaltig miteinander abwechseln, sondern sich auch bisweilen auf jüngern gelagert finden, woraus man schließen könnte, daß sie nicht älter als diese seien. Dies würde aber voreilig sein; denn in diesem Falle würden nicht nur sie selbst, sondern auch die sie umgebenden jüngern Gebirge ihre ursprüngliche horizontale Lage beibehalten haben. So ist es aber nicht. Die Schichten und Platten der an ihrem Fuße und Abhängen gelagerten und sie mantelartig umkleidenden jüngern Gebirge sind verschoben, senkrecht aufgestellt, zerrissen und durchbrochen worden, die ältern, ursprünglich unter ihnen gelegenen Gebirge haben sie auf die Seite gedrückt und sich einen Weg durch sie gebahnt, bis sie auf ihren Gipfeln erschienen. So hat, nach der Bemerkung eines der geistvollsten Geologen, Leopold von Buch, im südlichen Tirol der Augitfels alle seiner Erhebung sich entgegensetzenden Steinlager, erst den rothen Porphyr, dann den Sandstein und zuletzt die Kalkflöze alle durchbrochen, umgestaltet, verdreht und aufgerichtet. Dabei waren zwei Fälle möglich. Die Erhebung geschah entweder langsam, ruckweise und mit Pausen, und dann konnten die Lagen der Urgebirge ihre ursprüngliche concentrische Form beibehalten und auch die jüngern Gebirge wurden weniger verrückt, und so konnte ein ganzes conchylienreiches Lager von Flötzkalk auf den Gipfel der Pyrenäen beinahe 11,000 Fuß über das Meer erhoben werden. Oder die Erhebung geschah schneller, gewaltsamer, gleichsam wie in einem Fieberparoxysmus, und von einer erhöhten Temperatur begleitet. Dann waren auch die Zerreißungen der aufliegenden Berge gewaltsamer, das erhobene Urgebirge selbst erlitt eine wesentliche Veränderung, der Granit verwandelte sich in Porphyr, in Trachyt, und dieser in Bimsstein, Obsidian und zum Theil in wirkliche Lava. War die Temperatur so hoch, daß z. B. die Bestandtheile des Granits zu einer flüssigen, fast gleichartigen Masse zusammenflossen, so entstand der Thonschiefer, in welchem die Bestandtheile des Granits nur noch zum Theil mikroskopisch sichtbar sind, weshalb er für eine einfache Gebirgsart gilt. Am stärksten wurden bei diesen Katastrophen natürlich die den Urgebirgen zunächst liegenden Gebirgsarten, die sogenannten Übergangsgebirge, wie Grauwacke, Thonschiefer u. s. w., ergriffen, weshalb bei ihnen die Zerreißungen und Verwüstungen am auffallendsten sind. Zeugen und Denkmale dieser Katastrophen an den Urgebirgen selbst sind die thurmartigen Erhebungen und Zerreißungen ihrer Gipfel, sowie die großen kugeligen oder eckigen und schieferigen Massen, welche auf ihnen und an ihren Abhängen in größter Unordnung als sprechende Bilder der Zerstörung untereinander liegen, gleich als ob eine Riesenhand sie absichtlich durcheinander geworfen hätte.

(Die Fortsetzung folgt in Nr. 171.)

Die Eisenbahn von London nach Greenwich.

Durch Großartigkeit und Eigenthümlichkeit des Baues ausgezeichnet ist die nun bald vollendete Eisenbahn, die von London nach dem durch sein Matrosenhospital und seine Sternwarte berühmten Greenwich führt. Der Plan dieses Werkes wurde 1833 entworfen und ein Capital von 2,800,000 Thalern durch 20,000 Actien zusammengebracht. Die gewöhnliche Poststraße von London nach Greenwich hat eine Länge von etwas mehr als einer deutschen Meile, die Eisenbahnlinie aber ist um ein Fünftel kürzer. Sie geht von der Londonbrücke auf einem 22 Fuß hohen Viaduct, der auf beinahe 1000 Bögen ruht. Diese Bögen sind sowol zu Wohnungen als zu Werkstätten oder Waarenniederlagen bestimmt. Jeder der darin bereits angebrachten Wohnräume besteht aus zwar sehr kleinen, aber bequemen und netten Gemächern, und um die über dieselben laufende Bahn nicht durch den Rauch der Schornsteine zu belästigen, ist statt der gewöhnlichen Feuerungsvorrichtungen Luftheizung darin angebracht. Mehre Bögen haben Seitenthüren, um, wenn es nöthig ist, zwei oder drei derselben in eine einzige Wohnung oder eine Waarenniederlage zu verwandeln. Auch hat man die Absicht, den londoner Hopfenmarkt in diese Bogenräume zu verlegen, und man glaubt, daß der kürzere Weg längs der Bogenreihe als Fußpfad benutzt werden dürfte, und das auf demselben erhobene Weggeld der Actiengesellschaft eine nicht unbeträchtliche Einnahme gewähren möchte. Es wird bereits auf dem vollendeten Theile des Wegs ein Penny von jedem Fußgänger erhoben. Längs dem Fußpfade läuft eine niedrige Brustwehr, welche denselben von den umliegenden Feldern und Gärten scheidet, die aber auf nachstehender Abbildung eines Theils der Bahn nicht angegeben ist, um die Höhe der Bögen desto besser zu zeigen. Das Unternehmen wird um so einträglicher werden, da andere bereits beschlossene Eisenbahnen, z. B. zwischen London, Gravesend und Dover, mit der Greenwichbahn sich vereinigen sollen.

Ansicht der Eisenbahn von London nach Greenwich.

Verantwortliche Herausgeber: Friedrich Brockhaus in Leipzig und Dr. E. Drärler-Manfred in Wien.
Verlag von F. A. Brockhaus in Leipzig.

Das Pfennig-Magazin

der

Gesellschaft zur Verbreitung gemeinnütziger Kenntnisse.

171.] Erscheint jeden Sonnabend. [Juli 9, **1836**.

Öffentliche Bibliothek in Konstantinopel.

Bibliotheken in Konstantinopel.

Es ist zwar nicht zu leugnen, daß der Mohammedanismus der freien geistigen Entwickelung der Völker, bei welchen er herrschend geworden ist, Hindernisse in den Weg gelegt, und der hohe Begriff von der Vortrefflichkeit des Korans, der Grundlage ihres Glaubens, den Kreis der geistigen Bildung selbst bei den Arabern verengt hat; aber im Sinne des Korans und in Mohammed's Absichten lag diese Wirkung nicht. „Suche Gelehrsamkeit", sagt Mohammed, „und wäre es in China", und die hohe Achtung, welche er ihr zollte, spricht er in der Behauptung aus, daß die Tinte der Gelehrten ebenso wie das Blut der Märtyrer von hohem Werthe in den Augen des Himmels seien. Mohammed's nächste Nachfolger, die ersten Khalifen, nur mit Eroberungen beschäftigt, thaten freilich nichts für die Beförderung der Wissenschaften unter den Völkern, wiewol die unerwiesene alte Sage, daß sie die Bibliothek zu Alexandria verbrannt haben, nicht gegen sie angeführt werden kann, aber desto thätiger wirkten die Abbassidischen Khalifen seit Harun al Raschid im 9. Jahrhundert, Gelehrsamkeit zu verbreiten, und zu einer Zeit, wo gelehrte Kenntnisse fast nirgend Ermunterung fanden, waren es die Araber, die sich mit der Sammlung derselben beschäftigten. In Alexandria, in Bagdad, in Kahira wurden große Büchersammlungen angelegt, wie später in Cordova*), und die Araber wurden im 10. Jahrhundert in mehren Zweigen der Wissenschaft, besonders in der Mathematik und der Heilkunde, die Lehrer der Europäer. Mit dem politischen Verfalle des Khalifenreiches sank das wissenschaftliche Leben. Auch die ersten türkischen Sultane waren Beförderer der Kenntnisse. „Sei die Stütze des Glaubens und der Beschützer der Wissenschaften", sagte der sterbende Osman zu seinem Sohne Orchan im 14. Jahrhundert. Die spätern Sultane waren freilich minder eifrig in der Beförderung der Gelehrsamkeit, und es scheint, als ob sie bei der Verminderung des Fanatismus unter ihren Völkern nicht geneigt gewesen wären, die Unwissenheit derselben zu entfernen.

Die ersten Sultane bethätigten ihren Eifer für die Aufmunterung der Gelehrsamkeit auch durch die Stiftung von öffentlichen Bibliotheken, die in den großen Städten des Reichs angelegt wurden und theils mit den Moscheen und größern Lehranstalten verbunden waren, theils für sich bestanden. Konstantinopel hat 35 Büchersammlungen, deren keine unter 1000 Handschriften hat, und einige über 5000 besitzen. Die innere Ansicht dieser Bibliotheken gibt vorstehende Abbildung. Auch sieht man hier die Form der Bücher, welche, mit wenigen Ausnahmen, nur Handschriften sind, aus den im Vordergrunde befindlichen Bänden. Jedes Buch ist in rothes, grünes oder schwarzes Leder gebunden und in ein ledernes Futteral eingeschlossen, um es gegen Staub und Würmer zu verwahren. Der Titel steht nicht auf dem Rücken des Buches, sondern sowol auf dem Schnitte als auf der äußern Bedeckung. Die Bücher werden in Schränken mit Glasthüren oder Drahtgittern aufbewahrt, wo sie übereinander liegen. Diese Bibliotheken sind täglich, ausgenommen Dienstags und Freitags, geöffnet, und es ist Jedem gestattet, nicht nur die Bücher zu lesen und Auszüge zu machen, sondern auch ganze Handschriften abzuschreiben. Die meisten Bücher gehören den gewöhnlichen Studien an, die in größern Lehranstalten getrieben werden, und da Rechtsgelehrsamkeit und Theologie ausschließend die Zöglinge derselben beschäftigen, so besteht der Inhalt der Bibliotheken größtentheils aus Abschriften des Korans, aus Erläuterungen dieser Glaubensquelle, aus der Sammlung der mündlichen Vorschriften des Propheten und rechtswissenschaftlichen Schriften. Die Handschriften sind auf das feinste Pergament geschrieben und einige können für Muster der Schönschreibekunst gelten. Jede Bibliothek hat einen Katalog. Die meisten Sammlungen werden sowol aus dem Ertrage des ursprünglichen Stiftungsvermögens als auch durch freigebige Beiträge von Privatpersonen vermehrt. Ein Schreiber, der eine schöne Hand schreibt, hält es gewöhnlich für seine Pflicht, eine Abschrift des Korans zu machen und sie einer öffentlichen Bibliothek zu schenken. So theuer in einem Lande, wo die Buchdruckerkunst noch so wenig verbreitet ist, Bücher sind, so schafft doch jeder nicht ganz unbemittelte Türke sich einige an, und der Rechtsgelehrte, der Staatsbeamte, der eine schöne Sammlung besitzt, vermacht sie meist einer öffentlichen Bibliothek, um die Segnungen Derjenigen zu erlangen, die von seiner Freigebigkeit Nutzen ziehen.

Es herrschte lange die Meinung, daß in den Bibliotheken zu Konstantinopel einige Überreste der classischen Literatur vorhanden sein müßten, die der allgemeinen Verheerung bei der Eroberung der Stadt durch Mohammed II. im J. 1453 entgangen wären. Mehre europäische Gelehrte haben in dieser Beziehung eifrige Nachforschungen angestellt. Im Jahre 1799 schickte die englische Regierung im Gefolge ihres Gesandten, des Lords Elgin, einen Kenner der morgenländischen Sprachen, Carlyle aus Cambridge, nach Konstantinopel, um jene Vermuthungen aufzuklären. Durch die Bemühungen des Gesandten gelang es dem Gelehrten Zutritt zu der Bibliothek im Serai zu verschaffen, doch stellten sich der Benutzung der erlangten Erlaubniß große Schwierigkeiten entgegen. Der Oberaufseher versicherte, daß sich nach allen angestellten Nachforschungen keine griechische Handschrift in der Bibliothek des Serai befinde, und als Carlyle nun die morgenländischen Bücher zu untersuchen wünschte, antwortete man ihm, es gebe zwei Sammlungen der Art, die eine in der Schatzkammer und die eigentliche Bibliothek; jene, die blos Abschriften des Korans und Erklärungsschriften über denselben enthalten, könne ihm nicht geöffnet werden, die andere aber solle ihm zugänglich sein. Nach langen Zögerungen führte man ihn endlich hinein. Die Bibliothek ist klein, aber das Innere hell und freundlich. Über den mittlern Theile wölbt sich eine von vier Marmorsäulen getragene Kuppel. Viele Fenster erleuchten den Saal. Die Bücherschränke haben Thüren mit Drahtgittern, die durch ein Vorlegeschloß und das Siegel des Aufsehers verwahrt sind. Carlyle konnte den Inhalt des berühmten Bücherschatzes nur schnell überblicken, und die Eifersucht der ihn begleitenden türkischen Gelehrten erlaubte ihm nicht, genaue Verzeichnisse aufzunehmen. Er fand weder griechische noch hebräische oder lateinische Handschriften. Carlyle sah während seines Aufenthalts in Konstantinopel mehre andere Sammlungen und ließ keine unbesucht, zu welcher er Zutritt erlangen konnte. Weder er noch ein anderer Gelehrter, der ihm in diesen Nachforschungen Beistand leistete, will irgend ein Bruchstück eines griechischen oder lateinischen Schriftstellers weder im Original noch in einer Übersetzung gefunden haben. Man hat jedoch gegen diese bestimmte Versicherung nicht ohne Grund den Einwurf gemacht,

---

*) Vergl. Nr. 165 des Pfennig-Magazins.

daß jene Gelehrten, da ihnen nur ein flüchtiger Überblick gestattet war, der eine sorgfältige Untersuchung des Inhalts der Handschriften ausschloß, wol nicht behaupten könnten, daß dieselben keine übersetzten Bruchstücke griechischer Schriften enthielten. Der französische Orientalist Renouard, der lange im Morgenlande lebte, vermuthet, daß sich in den unterirdischen Räumen des Serais noch immer Überbleibsel der Bibliothek der letzten griechischen Kaiser finden möchten. Die Türken, bemerkt er, lassen die Denkmäler des Alterthums zwar wol verfallen, selten aber zerstören sie etwas der Art, und er setzt hinzu, ein reicher griechischer Kaufmann habe nach seiner Versicherung Bücher aus der Bibliothek der byzantinischen Kaiser in der Schatzkammer des Sultans gesehen, wohin man ihn geführt hatte, um einige goldene und silberne Kostbarkeiten abzuschätzen, welche in die Münze gebracht werden sollten.

Die Reisen Friedrich II.

Es ist bekannt und in mancher Hinsicht bedeutend, daß Friedrich II. in Vergleich mit andern Fürsten nicht weit gereist ist, und insbesondere die Grenzen Deutschlands kaum ein paarmal auf kurze Zeit überschritten hat. Der Grund davon ist ohne Zweifel in äußern, zumal politischen Verhältnissen, nicht aber in einer Abneigung des Königs gegen weite Reisen zu suchen, wovon er in jüngern Jahren sicher ganz frei war. Zum Beweis dient, daß er wenige Monate nach seiner Thronbesteigung incognito nach Paris zu reisen beabsichtigte. Er wurde aber nicht allein in Strasburg sehr bald erkannt, sondern er soll auch daselbst — die Thatsache beruht auf einer Versicherung des bekannten Barons von Pöllnitz — Depeschen von seinem Gesandten zu Paris empfangen haben, welche ihm die weitere Reise mit den triftigsten Gründen widerriethen. Ein so ungünstiger Anfang mußte allerdings den König abschrecken, und spätere politische Verhältnisse waren nicht von der Art, um ihn anders zu stimmen. Friedrich II. beschränkte daher seine spätern Reisen meistens auf den Umfang seiner eignen Staaten, und auch von diesen waren einige von seinen Besuchen ausgeschlossen. Besonders ist es aufgefallen, daß er nach dem siebenjährigen Kriege das Königreich Preußen nie wieder betrat, wozu theils eine von jeher gehegte Abneigung, theils die anscheinende Hinneigung des Landes zu den Russen, welche es im siebenjährigen Kriege besetzten, theils die unwürdige Flucht einiger ostpreußischen Regimenter in der Schlacht bei Zorndorf, wodurch diese beinahe zu einer Niederlage geworden wäre, beigetragen haben sollen. Dagegen war Breslau der Ort, wo der König auf seinen Reisen am längsten verweilte, und wo er auch eine seiner fünf Handbibliotheken hatte. Alle Bücher, die der König des Besitzes werth hielt, wurden nämlich in fünf Exemplaren angeschafft und dadurch fünf ganz gleiche Bibliotheken, eine zu Potsdam, eine zu Sanssouci, eine zu Berlin, eine zu Charlottenburg und eine zu Breslau gebildet, sodaß der König, wenn er an einem Orte die Lecture abgebrochen hatte, sich nur die Seitenzahl zu bemerken brauchte, um an dem andern Orte wieder anzufangen.

Bei diesen spätern Reisen des Königs innerhalb seiner Staaten ging Alles höchst regelmäßig zu. Tag und Stunde der Abreise und der Ankunft, Ruhepunkte, um zu Mittag zu speisen und zu übernachten, Alles war genau vorher bestimmt. Einige seiner Nachtquartiere waren auf Dörfern und bei Predigern. Der König zahlte für jedes Nachtquartier dem Wirth 100 Thaler, obwol er nichts als ein Bett, einen Armstuhl und einen Tisch gebrauchte, und auch das Abendessen sich nach dem siebenjährigen Kriege allmälig abgewöhnt hatte. Bei der Ankunft im Quartier war das erste Geschäft des Königs, die ihm den Tag über eingereichten Bittschriften zu durchlaufen und darauf zu verfügen; er führte deshalb immer zwei oder drei Portefeuilles und ein Schreibzeug bei sich, welches man, sobald er ankam, auf seinen Tisch setzte.

Sein ganzer Reisezug bestand nur aus zwei Wagen, dem, worin er selbst saß, und dem sogenannten Chatoullewagen. In dem letztern befanden sich Papiere und das Geld, welches er bei sich führte, außerdem nur ein Schreiber, welcher darin ganz bequem saß, während die andern Diener des Königs, selbst derjenige, dem die Bewachung der Chatoulle anvertraut war, hinten auf seinem eignen Wagen, hoch oben auf den Koffern, ihren Sitz nehmen mußten.

Der große, alte und schwerfällige Reisewagen des Königs wurde mit zwölf Bauerpferden bespannt und er legte darin täglich 20—25 Meilen zurück. Dieser Wagen war eine Merkwürdigkeit, als ein Beleg zu der Wahrheit, daß Fürsten es am allerwenigsten vermeiden können, hintergangen zu werden. Der König hatte sich nämlich geweigert, Reparaturkosten für denselben zu zahlen, weil er diese für eine Übervortheilung hielt, und man ließ daher den Wagen immer ohne sein Wissen ausbessern und ihn die Kosten unter einer andern Rubrik zahlen. So gelangte der König endlich dahin, seinen Wagen für ganz unverwüstlich zu halten und in allem Ernste zu glauben, daß derselbe in einer Zeit von mehr als 30 Jahren keiner Reparatur bedurft habe. Er wendete nun diese ihm angenehme vermeintliche Erfahrung auch auf andere Wagen an und strich alle Kosten für Wagenreparaturen überhaupt, in dem guten Glauben, daß sich alle Wagen nach seinem eignen unverwüstlichen zu richten hätten.

Contraste des weiblichen Sinnes.

Während der berühmten Belagerung Stralsunds durch Wallenstein im Jahre 1628 war die Stadt von der Seeseite ganz frei, indem den belagernden Kaiserlichen keine Schiffe zu Gebote standen. Dieser Umstand gewährte den Stralsundern den Vortheil, nicht allein Lebensmittel, Munition, sowie dänische und schwedische Hülfstruppen über See zu erhalten, sondern auch einen Theil ihrer eignen Bevölkerung, der zur Vertheidigung unnütz oder dabei hinderlich war, auswärts in Sicherheit bringen zu können. Noch vor dem wirklichen Angriffe der Kaiserlichen, am 25. Mai 1628, machte der Bürgermeister Krauthof der Bürgerschaft den Vorschlag, ob es nicht rathsam sei, die Frauen, Jungfrauen und Kinder an einen andern Ort hinzuschicken, weil sie nicht nur durch ihr wehmüthiges Winseln und Weinen die streitende Mannschaft fast kleinmüthig machten, sondern auch im Fall eines unglücklichen Ausgangs besondern Mishandlungen von den Feinden ausgesetzt wären. Der Vorschlag an sich erschien sehr annehmlich, nur war man nicht darüber einig, wie viel man den Flüchtenden von ihrer Habe mitzunehmen erlauben wolle. Als aber Wallenstein nach seiner Ankunft, Ende Juni, die Stadt heftig bestürmen ließ und die große Schanze vor dem Frankenthore wirklich einnahm, entstand unter dem weiblichen Geschlecht ein solches Zagen, daß die Obrigkeit die Abreise zugab und ein großer Theil der Frauenzimmer sich nach Schweden einschiffte.

Daß aber nicht Alle verzagten, beweist folgender Vorfall. Während eines Ausfalls der Belagerten am 19. Juli waren viele Frauen und Jungfrauen bürgerlichen und adeligen Standes auf die Böden der an der Stadtmauer gelegenen Häuser gestiegen, um dem Gefechte zuzusehen. Zwei davon, Beide von Adel, mußten ihre Neugierde mit dem Leben büßen. Einer adeligen Witwe wurde das Bein abgeschossen, worauf sie nach Empfang des Abendmahls Abends um 12 Uhr verschied; eine adelige Jungfrau, Katharina von Baenekow, wurde von dem groben Geschütz mitten voneinander gerissen und starb auf der Stelle.

Versicherung des menschlichen Lebens.

Wer ist der wohlbeleibte Herr, der hier unter Trauernde die blitzenden Thaler ausschüttet und gefüllte Goldsäcke vor ihnen aufstellt? Ein Helfer zur rechten Zeit, kommt er in das Haus der Betrübniß und Sorge, wo eine zahlreiche Familie den unlängst verstorbenen Versorger beweint. Einen Bogen Papier hält seine Linke, um ihn in die geöffnete Schreibtafel einzulegen. „Seht", sagt er zu den Staunenden, „die Männer, die auf diesem Papier unterschrieben sind, haben euerm braven Vater versprochen, euch nach seinem Tode 1000 Thaler auszuzahlen, und ich, als Beauftragter derselben, komme nun, das Versprechen zu halten. Im Geheim, ohne daß ihr etwas davon erfuhr, brachte mir der Verstorbene seine Ersparnisse, die euch nun hundertfältige Früchte bringen. So nehmt und benutzt wohl das Vermächtniß seiner vorsorgenden Liebe, und mir laßt die Urkunde, deren Bestimmung nun erfüllt ist!"

Wer sich erinnert, was früher einmal in diesen Blättern über Lebensversicherung mitgetheilt wurde*), wird leicht errathen, wer der dicke Herr ist und woher seine Goldsäcke stammen. Es bestehen nämlich in Deutschland mehre Vereine, welche Denen, die Mitglieder werden und jährliche Beiträge einzahlen, dafür ein Capital, das ihren Erben ausgezahlt wird, zusichern; ein Vertrag, der „Lebensversicherung" genannt und worüber jedem Mitgliede eine Urkunde ausgefertigt wird. Diese Vereine haben in vielen Städten Geschäftsträger, Agenten genannt, welche das Publicum über den Zweck und die Einrichtung der Anstalten belehren, die Anmeldungen neuer Mitglieder annehmen und nach dem Tode eines Versicherten den Erben die versprochene Summe auszahlen. Einen solchen Agenten sehen wir hier im Bilde, wie er den Hinterbliebenen eines Vereinsgliedes Zahlung leistet und dafür dessen Aufnahmsurkunde zurückempfängt.

Der Verstorbene wollte anfänglich sein Erübrigtes in die Sparkasse legen. Bei angestellter Berechnung fand er aber, daß er bei einer jährlichen Einlage von 20 Thalern gegen 30 Jahre brauchen würde, um 1000 Thaler anzusammeln, denn so viel mindestens wollte er den Seinen hinterlassen, damit sie aus den Zinsen die dringendsten Bedürfnisse der Wirthschaft, aus dem Capital selbst aber einst kleine Ausstattungen für Töchter und Söhne bestreiten könnten. Aber die Ungewißheit, ob er auf diesem Wege sein Ziel erreichen würde, beunruhigte ihn lebhaft. „Jetzt fühle ich mich gesund und kräftig", sagte er zu sich selbst, „aber kann ich deshalb darauf rechnen, noch 30 Jahre zu leben? Was wird aus meiner Familie, wenn ich früher, vielleicht schon in wenigen Jahren sterben sollte und sie dann kaum die Begräbnißkosten in meiner Sparkasse vorfindet?"

Während er so mit Besorgniß in die Zukunft sah, erfuhr er, daß einer seiner Mitbürger Agent der gothaer Lebensversicherungsbank geworden sei. Begierig, die Bestimmung dieser Anstalt kennen zu lernen, ließ er sich den Plan derselben geben und fand, daß er bei ihr mit etwa 20 Thaler jährlicher Einlage 1000 Thaler auf sein Leben versichern könnte, und daß diese Summe, nach den Gesetzen des Vereins, seinen Erben jedenfalls ausgezahlt werden würde, er möge nun früh oder spät, ja selbst schon bald nach erfolgter Aufnahme mit Tode abgehen. So ließ sich also die Summe, die er den Seinen hinterlassen wollte, für alle Fälle feststellen und

---

*) Vergl. Pfennig-Magazin Nr. 22.

die Frucht seiner Ersparnisse im Voraus berechnen und in Sicherheit bringen. Das war es, was er erreichen wollte, und so zögerte er auch nicht lange, sich bei dem Agenten zur Aufnahme zu melden. Nur wenige Jahre war er Mitglied des Vereins, als der Tod ihn abrief und die Hinterbliebenen aus dessen stets bereiter Hülfskasse die Ernte der Aussaat des früh Verstorbenen empfingen.

Das Schloß Chillon.

Einer der interessantesten Punkte des auch an Naturschönheiten so reichen Genfersees ist das ehemals feste Schloß Chillon am nordöstlichen Ufer des Sees, am Ausflusse der Rhone und den Höhen von Meillerie gegenüber gelegen. Die Gegend rings um dasselbe ist wild und düster, was durch ein hinter dem Schlosse herabstürzendes Gebirgswasser noch vermehrt wird. Das Schloß selbst ist auf einem von dem Gebirge in den See gestürzten Felsen in altgothischem Style erbaut und mit dem Lande nur durch eine hölzerne Brücke verbunden, und diente seit dem 16. Jahrhundert bis 1792 als Staatsgefängniß, in welchem namentlich der muthig für die Selbständigkeit seiner Vaterstadt Genf kämpfende Bonnivard von 1530—36 schmachtete, bis ihn seine siegreichen, das Schloß erstürmenden Landsleute mit seinen Mitgefangenen befreiten. Noch jetzt besucht der Reisende die dunkeln, feuchten, in den Felsen eingesprengten und unter dem Wasserspiegel des Sees liegenden Kerker, wobei er sich wol nicht leicht eines schauerlichen Gefühls erwehren kann.

Geologie.
(Fortsetzung aus Nr. 170.)

2) Ein anderes Denkmal der großen Katastrophen, wodurch die Oberfläche der Erde bedeutend verändert worden, sind die Felsblöcke, welche in ungeheurer Menge in vielen Gegenden Europas ausgestreut liegen. Im nördlichen Deutschland finden sie sich von der Meeresküste an durch ganz Mecklenburg, die Mark, Pommern, Holstein, bis Hanover, Osnabrück und Minden an der Weser, dann den Harz umkreisend bis zur Haynleite und Unstrut und in die Gegend von Leipzig*), wenden sich dann nach Wurzen, Torgau, durch die Lausitz nach Niederschlesien und Polen, durch Lithauen, Kurland und Liefland bis Petersburg. Andere Gruppen finden sich in den östlichen Theilen Englands, in den nördlichen Niederlanden, in Dänemark und in Schweden und Finnland, und wieder andere in den

---

*) Der berühmte Schwedenstein bei Lützen, zu Gustav Adolf's Andenken, ist ein solcher.

Alpen, sowol in der französischen und deutschen Schweiz als in der italienischen und endlich auch in den Hochebenen Baierns. Sie finden sich gruppenweise in gerader Richtung wie Strahlen abgelagert, oft auf beträchtlicher Höhe, wie z. B. in der Schweiz auf dem Jura 1500 Fuß über dem Genfersee, und an einigen Orten sogar bis gegen 4000 Fuß, an dem Mont Sion bis 2500 F., wo (sowie zu Sallenche) mehre tausende beisammen liegen. Unter ihnen gibt es welche von 63 Fuß Länge, in dem Dransethale bei Thonon und Corsan am Genfersee, sowie auf dem Kalkberge von Val Madera über Lecco 1200 F. über dem Comersee Talkschiefer und Granitblöcke von 30—40,000 Cubikfuß Größe, bei Neufchatel 800 F. über dem See, einen von 40 Fuß Höhe und 50 F. Länge, sowie auch die prachtvolle Schale in Berlin von 22 F. Durchmesser aus einem großen Granitblocke von den Rauenschen Bergen bei Fürstenwalde (dem Markgrafensteine) geschliffen worden. Die Frage ist nun: wo kommen diese Blöcke her? Die natürlichste Antwort ist wol: Sie sind von benachbarten Gebirgen abgerissen und durch Wasserfluten bis zu ihren gegenwärtigen Lagerstätten fortgeschwemmt worden. Diese Annahme wird jedoch durch folgende Thatsachen entkräftet: a) sie liegen in Ebenen zerstreut, wo sich weit und breit kein bedeutender Berg findet, oder wo dergleichen aufsteigen, da enthalten diese ganz andere Gebirgsarten, zum Theil von jüngerm Alter; sie können also unmöglich von ihnen abstammen. Man muß daher ihre Geburtsstätte in entferntern Gegenden suchen, und ist auch so glücklich gewesen, sie zu entdecken. Die Blöcke in der Mark und in Pommern, sowie in Niedersachsen und Westfalen zeigen sich als ganz identisch mit den Urgebirgen am Mälarsee in Schweden, in Gothland und Finnland, die zwischen der Düna und dem Niemen sind identisch mit denen von Wiborg und Finnland und den labradorischen in Ingermanland, die in Preußen und Polen identisch mit den Graniten von Abo und Helsingfors, den Porphyren von Elfdalen, die am Genfersee identisch mit denen des Montblanc und der walliser Gebirge, die Gneißblöcke des Jura identisch mit denen des Eigers bei Grindelwald, endlich die in Baiern, Franken und Schwaben identisch mit den Gebirgen von Mähren, Böhmen und Niederöstreich. Am Fuße der schwedischen Urgebirge selbst sind aus diesen Trümmern ganze Hügel entstanden, und auf den Granit- und Gneißplateaus in Gothenburg finden sich noch Spuren der Furchen und Geleise, welche die fortgetriebenen Blöcke einschnitten. b) Da der Weg von den schwedischen Provinzen nach Sachsen, Hanover, Westfalen u. s. w. nicht den Strömungen der Oder, Elbe und Weser folgt, sondern theils in entgegengesetzter Richtung geht, theils die Gebiete dieser Flüsse durchschneidet, so mußte jene Flut eine ganz andere sein und von solcher Gewalt, daß die größten Überschwemmungen dieser Ströme als unbedeutend verschwinden. c) Viele der größten Blöcke, besonders die schweizerischen aus dem Wallis und vom Montblanc sind nicht abgerundet und scharfkantig wie Geschiebe, sondern stumpfeckig und zum Theil von noch ganz frischem Ansehen, und folglich sind sie von der Flut nicht auf dem Boden fortgetrieben worden. d) Die nordischen konnten nicht über die Ostsee und die Schweizerblöcke nicht durch die Thäler auf die Berge. Sie wären zu Boden gesunken, und was hätte das für eine Flut sein müssen, welche so große Blöcke auf eine Anhöhe von einigen tausend Fuß hätte treiben können? Mithin bleibt nur zweierlei übrig: entweder existirten bei dem Eintritte jener großen Katastrophe weder das baltische Meer und die Ostsee, noch die Gebirgsthäler zwischen Wallis und dem Jura, mit Einschluß des Genfersees, richtiger, jener Theil von Deutschland war früher Meeresgrund und wurde bald nachher in die Höhe gehoben, und jene Blöcke wurden auf großen Eisschollen getragen und so fast unversehrt abgesetzt, und indem die Eisschollen an den damals noch geringern Anhöhen, weil das Niveau des Meeres höher stand, sich stießen und aufthürmten, hinaufgetrieben. Wahrscheinlich fand Beides zugleich statt. Der erste Act jener großen Katastrophe war die gewaltsame Erhebung der schweizerischen Urgebirge von innen heraus durch vulkanische Thätigkeit. Dadurch wurden die Gipfel und Seiten dieser Gebirge zum Theil auseinandergerissen, die Gletscher und das Eismeer gesprengt, die nachfolgenden Schichten drängten die abgerissenen Blöcke vorwärts; so kamen sie auf Eisschollen zu liegen, die Einschnitte in die hochgelegenen Bergthäler verschafften den Bergseen Abfluß, und so vereinigte sich Alles zu einer ungeheuern Flut, zu einer totalen Umgestaltung der Oberfläche. Wahrscheinlich folgten nachher, da der innere Sturm der empörten Natur sich nicht auf einmal legen konnte, noch mehre geringere Eruptionen, wodurch die Thalbildung vollendet und kleinere Felsstücke fortgetrieben wurden, wie denn noch jetzt die Rhone, die Aar und der Rhein solche große Strecken weit fortführen und als Geschiebe absetzen. Daher folgten die Strömungen den Thaleinschnitten, und vielleicht erhielt der Lauf mehrer Flüsse eine ganz andere Richtung. Eine ähnliche Katastrophe, nur in noch größerm Style, ereignete sich in Schweden, wodurch auch der Continent zerrissen und dem Nordmeer der Eingang geöffnet wurde, oder richtiger, Deutschland wurde erhoben und das Meer dadurch zurückgedrängt und in seine gegenwärtigen Grenzen eingeschlossen.

3) Ein anderes sprechendes Denkmal großer Katastrophen sind die zahlreichen Überreste der Knochen vierfüßiger Thiere, Amphibien und größerer Seethiere. Unter diesen Geschöpfen sind die merkwürdigsten zwei ausgezeichnete Gattungen, in denen sich die Charaktere der eierlegenden Vierfüßer mit Organen zur Bewegung, ähnlich den Cetaceen (fischähnliche Säugethiere) vereinigen. Der Ichthyosaurus hat den Kopf einer Eidechse mit langer zugespitzter Schnauze, außerordentlich große Augen, vier große Glieder, welche Floßfedern aus einem Stücke bilden, lebte in dem Meere und war 20 Fuß lang und darüber. Der Plesiosaurus ähnelte noch mehr der Eidechse, hatte aber einen dünnen Hals von der Länge des ganzen Körpers, bestehend aus einigen und dreißig Wirbelbeinen, der sich über dem Rumpfe gleich dem Körper einer Schlange erhob und sich in einen kleinen eidechsenartigen Kopf endigte, wodurch er das Ansehen einer Hydra und eines wahren Ungeheuers erhielt, wie sie in den Sagen des Mittelalters oft vorkommen. Der größte dieser Art ist 20 Fuß lang. Mit ihnen gleichzeitig lebten Krokodile. Eins der merkwürdigsten Reptile war der Megalosaurus, eine riesenartige Eidechse von 70 Fuß Länge, d. i. von der Größe eines Walfisches. Der Mosasaurus, eine andere Eidechsenart von derselben riesenhaften Größe, 25 Fuß lang, hatte einen hohen und flachen Schwanz, der ein breites verticales Ruder bildete, und die zahlreichen Wirbelbeine des Rückgraths waren nach vorn convex und nach hinten concav, sodaß es die schilderartige Oberhaut wie einen Tannzapfen aufrichten konnte, wodurch es an die fabelhaften Drachen und Lindwürmer erinnert. Noch mehr war dieses der Fall bei dem riesenhaften Reptil aus dem Kalke des Forstes von Tilgaba, dessen Überreste

Herr Mantel der geologischen Gesellschaft in London vorlegte. Höchst merkwürdig ist auch eine große Menge und Mannichfaltigkeit von Pachydermengattungen, d. h. Thiere, welche mehr oder weniger Ähnlichkeit haben mit dem Tapir, Rhinoceros und Kameel, aber unter den heutigen Vierfüßlern ganz fehlen. Man kann 40 Arten derselben unterscheiden. Dazu kommen noch Überreste von einer riesenhaften Meerschildkröte, von Delphinen u. s. w. Eine andere interessante Gruppe bilden die zahlreichen Knochen des russischen Elefanten Mammuth, welcher tausende seiner Cadaver von den Küsten Sibiriens bis nach Spanien hinterlassen hat und sich auch ebenso zahlreich in Nordamerika findet. Nach dem Glauben der Tataren und Chinesen war es eine Art Maulwurf, daher der Name, welcher unter der Erde lebe, und sobald es das Tageslicht erblicke, sterbe. Ein ähnliches Thier war das Mastodont. Gleichzeitig mit ihnen lebten das Hippopotamus, ein großes Rhinoceros, der Riesentapir, und das Elasmotherium, eine Gattung zwischen dem Rhinoceros und Pferd von der Größe des größten Rhinoceros. Pferde und alle Wiederkäuer waren in dieser Zeit in außerordentlicher Anzahl vorhanden; unter ihnen riesenartige Hirsche. Eine andere interessante Gruppe sind die Säugethiere ohne Schneidezähne, zum Theil ganz gigantisch, wie das Megatherium und Megalonyx, welche die Charaktere der Gürtelthiere und Faulthiere in sich vereinigten, dem größten Rhinoceros gleich. Auch sehr zahlreich sind die Knochen von Fleischfressern, besonders von einer großen Bärenspecies, von Hyänen, von großen Löwen und Tigern.

(Fortsetzung folgt in Nr. 157.)

Eisenbahn zwischen Dover und Calais!

In einem soeben erschienenen Werke über Eisenbahnen macht in vollem Ernste der Verfasser Henry Fairbairn den Vorschlag, England und Frankreich auch durch eine über den Kanal führende Eisenbahn zu verbinden. Zu diesem Ende soll nichts weiter nöthig sein, als von Dover aus alle Felsenklippen abzusprengen und vermittels dieses Verfahrens die See auf mehre Meilen weit hinaus so anzufüllen, daß dadurch ein mit behauenen Steinen zu vervollständigender Molo gebildet wird. Ist dieser Molo erst zu Stande gekommen, so ist nichts leichter, als darauf auch eine Eisenbahn anzulegen, und kommen nun andererseits die Franzosen von Calais den Engländern mit einem ähnlichen Damme entgegen, so dürfte sich bald die Entfernung beider Molen auf eine so kurze Strecke erstrecken, daß zwar der Durchgang der größten Schiffe nicht behindert, aber auch die Anlegung einer Kettenbrücke oder eines andern Verbindungsweges möglich wird. Man sieht, daß es die Eisenbahnspeculanten noch sehr weit bringen können; von allen Projecten aber, die gewiß nicht zu Stande kommen, dürfte dieses wol das großartigste bleiben.

Strafen in China.

Man rühmt die Stifter des chinesischen Reiches als milde Gesetzgeber, seit aber Räubereien und Aufstände die Ruhe der Gesellschaft störten, wurden strengere Strafen eingeführt, nämlich Verbannung und Tod, und einzelne Verbrechen wurden mit Erdrosselung und der Vernichtung der ganzen Sippschaft, selbst der Kinder nicht ausgenommen, bestraft, oder die Verbrecher wurden zersägt, oder mußten in einsamer Gefangenschaft lebenslänglich das Halseisen tragen. In spätern Zeiten wurden die ältern Strafen als zu strenge abgeschafft, namentlich die Vernichtung aller Angehörigen des Verbrechers. Die meisten ältern Strafen sind abgekommen oder durch den Gebrauch gemildert. In frühern Zeiten kamen die Beschuldigten und die Zeugen auf die Folter, wenn sie nicht bekennen wollten; heutiges Tages aber kennt man die Folter kaum mehr. Der Richter einer Provinz, der zunächst nach dem Vicekönig den Rang hat, ist nicht ermächtigt, Todesstrafen zu verhängen, ausgenommen bei wenigen großen Verbrechen, sondern muß an den Kaiser berichten und dessen Entscheidung erwarten, aber er kann verbannen, einkerkern, Geldbußen auflegen und Fußsohlenhiebe geben lassen. Der Beamte ist stets in dem Gericht, und sobald ein Verbrecher verhaftet und sein Ankläger erschienen ist, wird zum Verhör geschritten. Ist das Vergehen leicht und kann der Überwiesene eine Geldstrafe nicht bezahlen, so legt man ihn auf die Erde und gibt ihm mit einem langen flachen Bambus Hiebe. Wenn die Strafe nicht hart ist, steht der Schuldige nach erhaltenen Hieben auf, geht nach Hause und kann am folgenden Tage wieder arbeiten. Die ganze Verhandlung ist in wenigen Stunden abgemacht.

Nach dem alten Strafgesetzbuche besteht, nach Verhältniß der Vergehen, eine fünffache Abstufung der Strafen. Bei dem ersten Grade waren früher zehn Bambushiebe das Mindeste, und es ging weiter hinauf zu 20, 30, 40—50, nach neuern Anordnungen aber werden diese Strafen, auf welche erkannt wird, bei der Vollziehung von 4 bis aufwärts zu 20 herabgesetzt. Der zweite Strafgrad enthielt gleichfalls in fünf Verschärfungen aufsteigend 60—100 Hiebe, jetzt herabgesetzt auf 20—40. Der dritte Grad ist Verbannung auf eine Entfernung nicht über 500 chinesische Lee (jede zu drei deutschen Meilen), und zwar auf ein bis drei Jahre mit fünf aufsteigenden Verschärfungen und den mit jeder verbundenen Hieben von 60—100, aber herabgesetzt nach dem oben angegebenen Verhältnisse. Der vierte Strafgrad ist ewige Verbannung in Fällen, wo selbst bei schweren Verbrechen das Leben des Schuldigen geschont wird. Sie ist mit 100 (d. i. 60) Bambushieben verbunden und erstreckt sich auf eine Entfernung von 2000, 2500 und 3000 Lee. Ist der Verbrecher an dem Orte seiner Bestimmung angekommen, so kann er seinen Geschäften nachgehen, muß sich aber einmal wöchentlich oder monatlich bei dem Beamten des Ortes melden. Der fünfte Strafgrad ist der Tod durch Erdrosselung oder Enthauptung.

Alle todeswürdigen Verbrecher, ausgenommen diejenigen, deren augenblickliche Hinrichtung wegen der Schwere des Vergehens verfügt worden ist, bleiben im Gefängniß bis zur Hinrichtung, die zu einer bestimmten Zeit im Herbste stattfindet.

In allen Städten haben die Mandarine (d. h. öffentliche Beamte) ihre Gerichtshöfe, nebst einem Schreiber und Gerichtsdiener. Nachstehende Abbildung nach einem chinesischen Gemälde zeigt uns das Verhör einer Verbrecherin. Der Gerichtsdiener hält sie bei den Haaren, weil er sie mit Gewalt vor den Richter führen mußte. Die gewöhnliche Strafe für Weiber sind Schläge auf die Wangen mit einem starken Stücke Leder, da aber die Weiber ein sehr abgeschiedenes Leben führen, so sind Straffälle selten. Der Beamte erscheint in Hoftracht. Die Auszeichnung, die wir auf seiner Brust sehen, trägt er auch auf dem Rücken, eine Art von Dienstzeichen, wie deren ähnliche die Soldaten haben. Der Knopf auf seiner Mütze bezeichnet seinen Rang; er ist bald von Gold, bald von Glas oder Karneol. Die Pfauenfeder auf der Mütze ist ein von dem Kaiser erhaltenes Verdienstzeichen. Der Schreiber, der das Verhör aufzeichnet, hat im Gürtel ein Schnupftuch, ein Futteral mit zwei langen elfenbeinernen oder hölzernen Stäbchen, die statt der Gabeln dienen, und einen Beutel mit Geld oder Taback. Er trägt seidene Stiefeln. Der Gerichtsdiener ist einer von Denjenigen, die dem Beamten in den Straßen vorangehen und ein Geräusch machen, um anzukündigen, wer da komme. Unter dem Tische liegt der Schirm gegen Sonne und Regen.

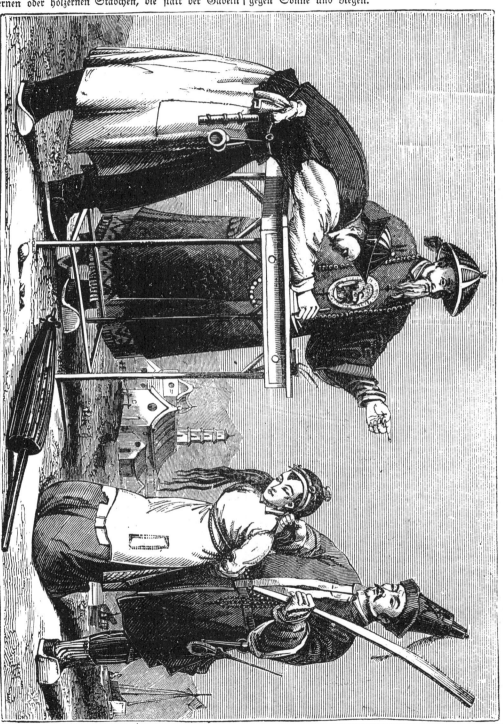

Strafen in China.

Verantwortliche Herausgeber: Friedrich Brockhaus in Leipzig und Dr. C. Drärler-Manfred in Wien.
Verlag von F. A. Brockhaus in Leipzig.

Das Pfennig-Magazin
der
Gesellschaft zur Verbreitung gemeinnütziger Kenntnisse.

172.] Erscheint jeden Sonnabend. **[Juli 16, 1836.**

Der Domplatz zu Florenz.

Florenz.

I.

Wenn man das interessante, aber etwas finstere Bologna verlassen und die Apenninenstraße eingeschlagen hat, und nun, in die südlichen Thäler des Gebirges hinabsteigend, die wilde, nackte, öde Bergnatur mit einer reichern Vegetation und einem mildern Klima vertauscht, wenn man dann an einen der zahlreichen Fuhrleute, welche mit ihren, gewöhnlich mit rothem wollenen Überwurf bedeckten Pferden und leichtgebauten Karren die schöne breite Straße hinanziehen, die Frage richtet: wie weit man von Florenz entfernt sei, und die Antwort erhält: „Quattro miglie, per servirla", so kann man bald eines wundervollen Anblicks gewärtig sein. Bei einer Wendung des Weges, wo dieser sich steil hinabsenkt, und zur Linken die Hügelkette von Fiesole sich erhebt, überschaut das Auge auf einmal die herrliche toscanische Ebene, die der Arno durchströmt, mit dem Silbergrün des Ölbaums bedeckt bis zu den Wällen der aus ihrem Schoose stolz emporsteigenden Stadt, deren Kuppeln und zahllose Thürme die südlichen Hügel und darüber hinausstrebenden Gebirgsmassen zum malerischen Hintergrunde haben, Alles in die magischen Farben gekleidet, welche die Formenschönheit der italienischen Landschaft um so Vieles erhöhen und herauszustellen dienen.

Wenn man bedenkt, was Florenz der Kunst und Wissenschaft gewesen, welche Männer aus dieser Stadt hervorgegangen sind, welche Erinnerungen und Denkmale sie bewahrt, so kann man sich nicht ohne Ehrfurcht ihren Mauern nähern. Und wie ihr Name schon in der Ferne auf alle für das Große und Schöne empfänglichen Gemüther zu wirken pflegt, wie ihr erstes Auftauchen den sehnsüchtigen Wanderer überrascht, so ist auch ihr Inneres ganz dazu geeignet, den Traum von vergangenen Jahrhunderten festzuhalten, das mittelalterliche Leben mit seiner Baulust, seiner Frömmigkeit, seinen Bürgerfehden bei jedem Schritte vor Auge und Geist zu führen. Hier findet man breite, luftige Straßen, aber auch solche, die so eng sind, daß ein Wagen dem andern nicht auszuweichen vermag, auf beiden Seiten eingeschlossen von düstern, himmelhohen Palästen, die nicht selten Burgen oder Gefängnissen gleichen, und dabei doch oft von großer architektonischer Schönheit sind; hier findet man Kirchen neben Kirchen, die eine reicher und prächtiger als die andere; öffentliche Plätze, mit unsterblichen Kunstwerken geschmückt, geräumige Hallen und stets grünende Gärten. Die Straßen und Gebäude von Florenz erzählen die Geschichte der Stadt und des Landes. Tretet herbei und stellt euch dort auf die Piazza del Granduca*) hin, in den Schatten, welchen das vorspringende Dach des Postamts euch bietet, seht ihr da die altergraue Burg, welche vom Ende des 13. Jahrhunderts an der Sitz der Magistrate war, mit dem schlanken, aus ihren Zinnen emporsteigenden Thurme, dessen große Glocke so oft das Volk bei friedlichen wie bei stürmischen Veranlassungen zusammenrief? Seht ihr ferner dort die Halle, welche Andreas Orcagna baute, und die lange Reihe der Arcaden und Fenster der Uffizien, deren Räume die herrlichsten Kunstschätze einschließen? Und laßt uns nun die Bildwerke betrachten, welche den Platz schmücken. Hier, gleich links, wo ehemals ein Theil der Wohnungen der Ghibellinenfamilie der Uberti lag, welche die guelfische Wuth dem Boden gleich machte, reitet mit majestätischer Haltung der erste Cosmus, unter welchem das Mediceische Haus den Gipfel seiner Größe erreichte und die Freiheit seiner Vaterstadt auf immer unterdrückte, ein Werk Johann's von Bologna, des Flamänders, von welchem auch dort unter dem dritten Bogen der Loggia Orcagna's die kunstvolle und kühngedachte Marmorgruppe herrührt, welche den Sabinerinnenraub darstellt. Der Reiterstatue zunächst sieht man den Brunnen Ammanati's mit dem kolossalen Neptun, Meergottheiten und Seepferden, dann den sitzenden Löwen mit dem Lilienwappen, das Sinnbild der florentinischen Republik, den David, Michel Angelo Buonaroti's Jugendwerk, und Bandinelli's Hercules und Cacus. Und weiter, unter der schon genannten Loggia, steht der Perseus, das Meisterwerk des Benvenuto Cellini, und die Judith des Donatello, nebst sechs Marmorbildern römischer Matronen. Und auf diesem Platze ereigneten sich so manche denkwürdige Vorfälle. Hier versammelte sich das Volk, wenn es durch die große Palastglocke zum Parlament gerufen wurde; hier stürmten die wildbewegten Massen gegen eben diesen, zur Festung umgeschaffenen Palast, um Rache zu nehmen an dem tyrannischen Herzog von Athen; hier endete, wie Johannes Huß, der Dominikanermönch Hieronymus Savonarola sein Leben auf dem Scheiterhaufen.

Aber wir wollen nun den Domplatz berühren, welchen uns vorstehende Abbildung in dem Augenblicke zeigt, wo die feierliche Procession des Corpus-Domini, welcher der Großherzog von Toscana in dem Costüm des Großmeisters des Stephansordens mit den Rittern beizuwohnen pflegt, über ihn hin nach der Piazza di San-Firenze zieht. Vor euch erblickt ihr das herrliche Gebäude, aus schwarzem und weißem Marmor erbaut, und an der Außenseite wie im Innern mit den kunstreichsten Bildhauerarbeiten geschmückt. Als die Stadt reich und mächtig geworden war und ihre Unabhängigkeit zu behaupten gelernt hatte, beschloß sie, dem Beispiel Pisas und Sienas nachzuahmen und ertheilte 1294 dem Baumeister Arnolfo den Auftrag, auf der Stelle des alten Doms Sta.-Reparata eine Kirche zu bauen, welche Alles an Herrlichkeit übertreffen sollte. Arnolfo entwarf den Plan und 1298 ward von dem Legaten des Papstes der erste Stein gelegt. Rasch stieg das große Werk empor, die Freigebigkeit der Bürger ermüdete nicht, und die Marmorberge der Maremma lieferten das Material. Der größte Dichter des Mittelalters, Dante Alighieri, pflegte, auf einem Steine sitzend, dem Riesenbaue zuzusehen, noch zeigt man die Stelle, dem Orte nahe, wo Arnolfo's marmornes Standbild neben seinem Werke steht, und wo Filippo Brunelleschi sein Auge zu der kühnen Wölbung der Kuppel emporrichtete, womit er die Kirche krönte. Denn längst war Arnolfo gestorben und Manche waren ihm als Architekten der Gemeinde nachgefolgt, unter ihnen Giotto, der Hirtenknabe von Vespignano, der Schüler Cimabue's und Erbauer des wunderherrlichen Glockenthurms, den man neben der Kirche sieht, und der die zierlichsten Verhältnisse mit so schönen als merkwürdigen Sculpturen zur Schau trägt, aber noch fehlte dem Dom Vollendung, bis 154 Jahre nach dem Beginne Brunelleschi die Kuppel aufführte, welche Michel Angelo für unübertrefflich erklärte, und die ein Gegenstand der Bewunderung der spätesten Zeiten sein wird. Die Höhe vom Fußboden bis zur Spitze des Kreuzes beträgt 361 Fuß 11 Zoll, die Gesammtlänge der Kirche 467 Fuß 5 Zoll. Der schon erwähnte Glockenthurm ist 258 Fuß hoch. Das Innere der Kirche zeigt großartige Verhältnisse, aber das Hauptschiff ist vielleicht etwas zu schmucklos. Im Chor und

---

*) Vergl. Pfennig-Magazin Nr. 85.

den Kapellen sieht man prachtvolle Bildhauerarbeiten von Ghiberti, Donatello, Buonaroti, Bandinelli und Andern, sowie an den Wänden der Seitenschiffe Denkmäler berühmter Florentiner, des Giotto und des platonischen Philosopen Marsilius Ficinus, des Brunelleschi, des Engländers Hawkwort, welcher als General im Dienste der Republik starb, und des großen Dante, in einem Gemälde bestehend, welches an ihn wie an seine „Göttliche Komödie" erinnert. In dieser Kirche wurde am 16. April 1478 Giuliano de' Medici durch die Pazzi ermordet, welche sich in die bekannte, von Alfieri dramatisch bearbeitete Verschwörung eingelassen hatten, um sich der gehaßten und übermächtigen Medici zu entledigen, aber sich selbst einen entsetzlichen Untergang bereiteten, indem Lorenzo, der ältere Bruder, sich rettete und das Volk Partei für ihn und gegen die Verschworenen nahm, welche für das Unternehmen mit dem Leben büßten.

Der niemals vollendeten Façade des Doms gegenüber steht die Taufkapelle zu St. Johann, der allgemeinen Annahme zufolge auf der Stelle des alten Tempels des Mars, welcher der Schutzgott der heidnischen Florentiner war, und dessen Bildsäule im Einsturze der alten Brücke in den Fluten des Arno begraben wurde. Sie ist achteitig, aus weißem und schwarzem Marmor erbaut und mit drei Erzthüren geziert, deren älteste auf der Südseite 1330 von Andrea Pisano gearbeitet wurde, während die beiden andern von Lorenzo Ghiberti sind. Die mittlere, in zehn Reliefs Darstellungen aus der heiligen Schrift enthaltend, ist das am meisten bewunderte Meisterwerk in dieser Gattung. In den Ausspruch Michel Angelo's: „sie seien würdig, die Pforten des Paradieses zu schließen", stimmen Alle ein, welche sie gesehen. Das Innere ist vorzüglich merkwürdig wegen seines Marmorfußbodens und der alten Musikwerke der Tribune. Auch sieht man hier das schöne Grabmal Balthasar Cossa's, einst Papst Johann XXII., auf dem Concil zu Kostnitz 1413 abgesetzt und sechs Jahre später zu Florenz gestorben, wo auch sein Nachfolger, Martin V., aus dem Hause Colonna, längere Zeit verweilte.

Wer sich über die Geschichte dieser denkwürdigen Werke, wie über die Männer, welche im 15. Jahrhunderte bei ihrer Vollendung thätig waren, und über die florentinischen Ereignisse jener Zeit näher unterrichten will, dem empfehlen wir ein ebenso unterhaltendes als lehrreiches Buch. Es ist die „Chronik des Lorenzo Ghiberti", ein Werk des Herrn August Hagen in Königsberg, aus alten Schriftstellern mit vieler Kunst zusammengestellt, und ein aus eigner Anschauung hervorgegangenes treues und lebendiges Bild gewährend.

(Beschluß in Nr. 173.)

Über die Kunst, große Lasten fortzuschaffen.

Ist es nicht sonderbar und merkwürdig, fragt ein Engländer, daß manche halbbarbarische Völker in der Kunst, große Lasten fortzuschaffen, Größeres leisten als die gebildeten Europäer mit all ihren Fortschritten in der Mechanik und ihren vervollkommneten Maschinen? Ohne in eine Erörterung über diese schon oft aufgestellte, aber auch oft bestrittene Behauptung einzugehen, führte er folgende Beispiele an, die auch wir einer Mittheilung werth halten, da sie wenigstens einen interessanten Beleg für den Zustand der Gießereien in Ostindien geben. Die berühmte Kanone Malik-e-meritan zu Bejapur, die bei einer Länge von 14 Fuß neun Zoll eine Bohrung von zwei Fuß fünf Zoll im Durchmesser hat, und an welcher die Dicke des Metalls 14 Zoll mißt, wurde zu Ahmednuggur, etwa 36 Meilen von den Bastionen von Bejapur, wo sie gegenwärtig liegt, gegossen, und doch mußten die Engländer ihren Vorsatz, diese Kanone nach England zu schaffen, wegen der außerordentlichen Größe und Schwere derselben aufgeben. Dasselbe war auch mit der großen Kanone von Agra der Fall, die kürzlich in Trümmer zersprang. In Rangun, im Reiche der Birmanen, war eine große Anzahl von Seeleuten und Arbeitern 14 Tage lang beschäftigt, die große Glocke des berühmten Tempels an den nur einige Ruthen entfernten Fluß und dann in eine in demselben liegende Brigg zu schaffen. Sie brachten sie an den Fluß, statt sie aber in die Brigg zu heben, ließen sie dieselbe mitten in den Fluß fallen, wo man sie nach mehren fruchtlosen Versuchen den ungebildeten Birmanen überließ. Nach drei Tagen war die Glocke von diesen Leuten nicht nur aus dem Flusse herausgeschafft, sondern auch schon wieder in ihrer frühern Stellung in der Höhe des Tempels sichtbar.

Der Reis und sein Anbau.

Wie in dem kleinsten Umstande überhaupt, beweist sich uns besonders auffallend die göttliche Fürsehung in der Vertheilung der ernährenden Früchte auf der Erdoberfläche, dem Klima und übrigen Örtlichkeiten angemessen, sodaß der Mensch nur diesem Winke der Natur zu folgen braucht, um selbst das ungesundeste Klima der Gesundheit unschädlich zu machen. In den heißen Gegenden zwischen den Wendekreisen, wo die sengenden Strahlen der Sonne in einer fast senkrechten Richtung die Erde treffen, finden wir nur wenige für den Unterhalt der Menschen taugliche Thiere, und diese sind noch sehr zerstreut und haben ein weit schlechteres, nicht zum Genusse einladendes Fleisch.

Die Vertheilung der verschiedenen Kornarten auf unserer Erde folgt derselben Regel; hiervon bietet besonders der Reis ein Beispiel dar. Er ist von trockener Beschaffenheit und weniger der Gährung unterworfen als Weizen oder Gerste, und daher für die Bewohner heißer Gegenden ein sehr passendes Nahrungsmittel. Wir können auch den Mais als Beispiel anführen, der in seinen Eigenschaften dem Reise ähnlich ist. Einen großen Theil der Bevölkerung des Ostens, besonders die Chinesen, Indier und die Bewohner Sumatras beschäftigt der Reisbau, ebenso baut man ihn in Oberitalien, Spanien und in einigen Theilen Amerikas, besonders in Südcarolina, wie jedoch erst 1693, wo er von der Insel Madagaskar hierher gebracht wurde.

Die Sümpfe Südcarolinas sind der Cultur des Reises sehr günstig, und er gelangt hier, ohne daß sein Anbau viel Arbeit erfodert, zu einer ausgezeichneten Güte, indem er entschieden größer und schöner ist als in den andern genannten Gegenden. Er bildet auch jetzt hier, wie in Indien und China, die hauptsächlichste Nahrung der Einwohner, die ohne ihn den größten Mangel erleiden würden, was jetzt und bei großer Trockenheit der Fall ist.

Einige Botaniker nennen vier verschiedene Arten des Reises, während Andere die wenigen Verschiedenheiten, die Diese anführen, dem Einflusse des Bodens, des Anbaus und des Klimas zuschreiben. Als die vier Arten werden angeführt, der gewöhnliche Reis, der Frühreis, der Bergreis und der zähe Reis. Ersterer ist eine Sumpfpflanze und geht ein, sobald der Bo-

*

den, auf den sie ausgesäet ist, vor ihrer Reife trocken werden sollte. Der Frühreis wächst wie der vorige, ebenfalls im Sumpfe, wird aber nicht so groß, wol aber viel eher reif; denn während der gewöhnliche Reis sechs Monate bis zur Reife braucht, kann dieser, wenn die Lage günstig ist, schon nach vier Monaten geerntet werden. Der Bergreis wächst auf Bergen und Hügeln, wo er von aller Feuchtigkeit frei ist; er kann einen hohen Grad Kälte ertragen, so wächst er z. B. auf den kalten Bergen Nepals. Der zähe Reis kommt sowol auf trockenem als auch auf feuchtem Boden fort und braucht vier bis fünf Monate zur Reife.

Die Reisernte in Südcarolina beginnt gewöhnlich im August und dauert den September hindurch, manchmal noch länger. Die Neger müssen mit einer Sichel den Reis schneiden, während ihn die Weiber in Bündel binden. Diese Arbeit, bei welcher die Neger meist im Wasser stehen, ist der Gesundheit höchst nachtheilig, daher ist auch die Sterblichkeit in den Reisdistricten so erstaunlich groß und das Einbringen neuer Negersklaven fortwährend so bedeutend.

Auf den üppigen Gefilden der Lombardei, welche von dem Po bewässert werden können, ist der Reisbau sehr bedeutend und einträglich. Die für diesen Zweck bestimmten Felder sind vollkommen flach. Nachdem der Reis gesäet ist, wird das Wasser bis zur Höhe von mehren Zollen über sie gelassen und muß so lange darüber erhalten werden, bis der Reis seine Reife erlangt hat. Der Boden gibt drei Ernten, ohne daß er gedüngt zu werden braucht, alsdann muß er aber einige Jahre ruhen, ehe er wieder mit Reis besäet werden kann.

In Spanien wird der Reis fast auf dieselbe Weise angebaut. Das Wasser bleibt jedoch hier selbst noch während der Ernte über dem Boden und die Schnitter müssen bis an die Knie im Wasser waten, während andere Arbeiter die Reisbüschel sammeln und sie an einen trockenen Ort bringen, wo sie von Maulthieren ausgetreten werden.

Ohne Zweifel, haben die Chinesen, besonders in den südlichen Provinzen, den bedeutendsten Reisbau. Diese Landestheile werden jährlich von dem Flusse Kiang

I. Wässerung des Bodens.

II. Zubereitung des Bodens mit der Egge.

III. Pflanzung des jungen Reises.

und dem Hoang-Ho (d. h. der gelbe Fluß) überflutet, wo das Wasser aber nicht hintritt, durch besondere Wässerungsanstalten hingeleitet — Abbildung I. Wenn das Wasser dann wieder zurücktritt, bleibt der Boden mit einem dicken Schlamme bedeckt, welcher das Land außerordentlich fruchtbar macht. Jetzt umgibt der fleißige Chinese verschiedene Abtheilungen dieses fetten Bodens mit einem Erddamme. Der Boden wird dann sorgsam geeggt — Abbildung II — mittlerweile ist aber der Reissamen in verdünnten Dünger gesäet und nach zwei Tagen können die jungen Pflanzen schon in das Land gesetzt werden, das für ihr ferneres Wachsthum bestimmt ist, wobei sie aber begossen werden müssen — Abbildung III.

Sobald diese Pflanzen die Höhe von sechs bis sieben Zoll erreicht haben, werden sie herausgezogen, die Spitzen abgeschnitten, die Wurzeln rein abgewaschen und dann wieder in Reihen ungefähr einen Fuß voneinander eingepflanzt. Während die Pflanzen wachsen, werden sie oft mit Kalkwasser begossen, das die Insekten vertreibt und zugleich den Boden düngt. Mit der größten Mühe und Sorgfalt wird das Unkraut weggeschafft. In diesem mühevollen Geschäft zeigt der Chinese eine Ausdauer, wovon sich ein europäischer Ackerbauer keinen Begriff machen kann. Der Boden gibt hier jährlich zwei Ernten, die erste im Mai, die andere im

IV. Das Zermalmen des Reises.

October. Der Reis wird zuerst mit Dreschflegeln ausgedroschen, dann von seinen Hülsen in einer Art Mörser — Abbildung IV — abgelöst. Hierauf durch Durchsieben von Hülsen und Spreu gesondert, wie Abbildung V zeigt.

V. Das Sieben und Mahlen des Reises.

Diese sich überall mehr oder minder ähnlichen Beschwerden des Anbaues abgerechnet, bietet der Anbau des Reises große Vortheile dar, indem die Anbauer darauf rechnen können, ihn gut abzusetzen.

Geologie.
(Fortsetzung aus Nr. 171.)

Merkwürdig und lehrreich sind die Fundorte dieser Knochen. Um unsern der Sache unkundigen Lesern verständlich zu werden, müssen wir hier etwas einschalten über das relative und muthmaßliche Alter der einzelnen Gebirgsarten. Auf den ersten Anblick scheint es, als treibe hier der Zufall sein Spiel und als sei Alles in wilder Unordnung durcheinander geworfen, bei genauerer Untersuchung aber entdeckt man auch hier bestimmte Gesetze und eine gewisse regelmäßige Anordnung in der Ablagerung. Es haben sich nämlich, wie sich daraus ergibt, die einzelnen Gebirgsarten nicht auf einmal und wie mit einem Schlage, sondern successiv gebildet, und wenn auch, wie bemerkt, große Katastrophen darauf eingewirkt haben, so hat die Natur doch auch in der Stille ihren Gang verfolgt, in ähnlicher Weise, wie sich aus der Wechselwirkung zwischen dem erwärmten Eiweiß und Dotter nach organischen Gesetzen die einzelnen Glieder eines Thieres entwickeln. Allen frühern Untersuchungen dieser Art, bis auf den unsterblichen Werner in Freiberg, fehlte es an einem sichern Princip. Dieser große Gelehrte wurde der Begründer der neuern Geognosie, indem er zuerst die Gebirgsmassen sonderte, ihre Structur und Zusammensetzung genauer bestimmte, den schroffen Gegensatz zwischen den Urgebirgen und den spätern oder secundairen durch Zwischenglieder vermittelte, und endlich dabei das Auftreten der lebendigen Geschöpfe berücksichtigte. Mochte sein Standpunkt immerhin sehr beschränkt sein, indem er nichts weiter als Sachsen und einen Theil von Böhmen umfaßte, so lag doch diesem der wichtige Gedanke zum Grunde, daß, wenn in der Entstehung und Lagerung der einzelnen Gebirgsarten bestimmte Gesetze herrschen, sich diese auch in jedem einzelnen Gebirge erkennen lassen. Das allgemeine Gesetz schien ihm nun dieses zu sein: Die ganze Oberfläche der Erde besteht aus übereinander gelagerten Massen, sodaß die untersten die ältesten sind, und selbst da, wo sie auf den Gipfeln erscheinen, sie doch nicht die spätern durchbrochen und gehoben haben, sondern ursprünglich so gebildet worden sind. Diese sind daher die Urgebirge oder Grundgebirge, vor allen Granit, dann Gneiß, Glimmerschiefer, Urthonschiefer u. s. w. Auf diese lagerten sich die Übergangsgebirge, dem Alter nach ihnen am nächsten stehend, wie Grauwacke, Übergangskalk; auf diese wieder die jüngern Flötzgebirge, wie Flötzsandstein, Flötzkalk u. s. w., und endlich auf diese, als die jüngsten Erzeugnisse, die sogenannten aufgeschwemmten Gebirge, wie Nagelfluhe, Sandstein, Kalktuff u. s. w. Werner begeisterte eine zahlreiche Classe von Schülern, welche von diesem Standpunkte aus fast ganz Europa, sowie einen Theil von Asien und Amerika untersuchten, wodurch freilich auch der Horizont sich erweiterte, neue Aussichten sich eröffneten und selbst das Bekannte in einem andern Lichte erschien. Damit zeigten sich auch die Verhältnisse der Gebirgsarten mannichfaltig verzweigt, durch genauere Untersuchung der Petrefacten (von denen Werner, da er weder Botaniker noch Zoolog war, nur oberflächliche Kenntnisse besaß) und ihrer Fundorte sonderten sie sich in bestimmte Formationen, d. h. solche mineralische Massen, welche so miteinander verbunden sind, daß man sie als gleichzeitig oder durch dieselben Processe entstanden ansehen kann, gesetzt auch, daß sie durch die größten Zwischenräume voneinander entfernt sind, wie z. B. Basalt, Obsidian u. s. w. Zwar herrschen hierüber noch abweichende Meinungen, jedoch nehmen die meisten und besten Geognosten jetzt zwei große Classen von Formationen an, die geschichteten und massigen, wie schon erwähnt, und theilen die geschichteten in fünf Gruppen oder Ordnungen, welche, wenn man von der obersten Lage der Erdrinde in Thälern und auf Hügeln anfängt und dann tiefer gräbt, folgendermaßen übereinander gelagert sind. Die oberste Lage bildet die erste Gruppe, die aufgeschwemmten Gebirge. Dazu gehören Ackererde, Torf, die Marschen oder moorigen Ablagerungen an der Meeresküste, Schlamm, Sand, die Geschiebe und Gerölle, die Dünen und der Sand der Wüsten, die jüngsten Sand- und Kalksteine auch in Süßwassern, Tropfsteine und Kalktuff (Travertin), Gletscher, Mergellager, Salz, Schutt, Alpengeschiebe, und in Beziehung auf lebende Wesen besonders die Knochenbreccien und Knochenhöhlen. Die Überreste von Thieren und Pflanzen, welche sie einschließen, gehören fast alle solchen Gattungen an, die noch jetzt leben, und großentheils da lebten, wo sie begraben worden sind, und begreifen außer den Conchylien, Pferde, Ochsen, Hirsche, Elefanten, Hippopotamen, Rhinocerosse, Mastodonten, Tapire, Bären, Tiger, Hyänen, auch, wiewol seltener, Cetaceen, das Megatherium, Megalonix und andere. Die Knochenbreccie ist ein Conglomerat, fast ganz aus größern oder kleinern Knochen bestehend, mit Bindemitteln von Sand, Grus u. s. w. Die Knochen gehören fast allen oben angegebenen Vierfüßern. Man findet diese Breccie fast nur an den Küsten und den Inseln des mittelländischen Meeres, am häufigsten bei Gibraltar, Cette, Antibes und Nizza. Unter den Knochenhöhlen sind vorzüglich berühmt geworden die bei Gailenreuth und Muggendorf in Franken, die Höhlen des Harzes, in Frankreich die von Lunel-Vieil bei Montpellier, von Bire im Departement de l'Aude, die Höhle Trou de la Baume bei Besoul, die von Combes und Sauvigard, in England die von Kirkdale, Hulton, Pavilland u. s. w. Diese Höhlen enthalten zahlreiche Knochen, besonders von Hyänen, sogar mit ihren Excrementen (album graecum), dann vom Löwen, Bär, Wolf, dem Vielfraß, Elefanten, Rhinoceros, Tapir, Hirsch, Pferd, Schwein u. s. w. Unter diesen aufgeschwemmten Gebirgen liegen die zweite Gruppe, das tertiaire Gebirge. Dazu gehören: die oberste Meeresformation (Crag), die Mergel und sandiger Kalkstein, Roggenstein, Muschelsandstein, die obere Süßwasserformation in der Loire und Seine bei Paris, die Nagelfluhe (ein Conglomerat von Geschieben und Sandstein), der neuere Gyps, der Krobkalk, der Londonthon und mehre Braunkohlengebilde. Diese Gebirge enthalten an 1400 Species von Conchylien, unter denen sehr wenige jetzt lebender, dann einige Phoken und Cetaceen, und von den großen Vierfüßern, in Verhältniß zu der vorhergehenden Gruppe, nur wenige Überreste. Über der zweiten liegt die dritte Gruppe, die Flötzgebirge, deren Hauptgebilde sind die Kreide und der Quadersandstein, die secundaire Süßwasserbildung, der Jurakalkstein oder Oolithengruppe, mit bituminösem Mergelschiefer, Lias, Keuper, Muschelkalk, buntem Sandstein, Zechstein und dem rothen todtliegenden. Von Thieren finden sich hier außer mehren Conchylien und andern Meerproducten, Krokodile und jene wunderbaren gigantischen Formen des Mosasaurus, Plesiosaurus, Megalosaurus, Ichthyosaurus, Pterodactylus u. s. w. Die vierte Gruppe unter dieser begreift die Übergangsgebirge. Hierzu gehören vorzüglich die Steinkohlen, die Übergangsschiefergebirge oder Thonschiefer und Grauwacke. Von den organischen Resten sind hier die Pflanzen überwiegend, die der Thiere sparsam und nur auf die niedern Classen beschränkt. Endlich unter diesen liegt die fünfte Gruppe, die Urgebirge, deren einzelne Glieder schon oben bezeichnet worden, und die selbst gar keine Petrefacten führen.

Durch diese Vergleichung erhalten wir folgende interessante Resultate: 1) Die mannichfaltigen Gebirgsarten sondern sich in verwandte Gruppen, welche in verschiedenen Perioden nacheinander entstanden sind. 2) Bei der Entstehung der Urgebirge des festen Erdkerns, welcher selbst dem Meere zum Stützpunkt diente, existirten noch keine lebenden Wesen, in der Periode der Übergangsgebirge erschienen sie noch sparsam, zur Zeit der jüngern und jüngsten Gebirge zahlreich. 3) In den jüngsten und ihnen zunächst liegenden Gebirgen finden sich die lebendiggebährenden Vierfüßer am zahlreichsten, aber gleichzeitig mit den niedrigsten Thierclassen, dann in den etwas ältern die eierlegenden Vierfüßer, die Reptilien, Amphibien, Fische, und in den noch ältern nur die niedrigsten Classen, Zoophyten und Mollusken. 4) Die Thiere traten nacheinander auf, und zwar die niedrigern früher als die höhern, vollkommenern. Darf man auch den Gedanken, als habe die Natur wie eine Schülerin von den einfachsten Formen angefangen und sei erst durch allmälige Stufenübergänge zu den künstlichern Bildungen und ihrem Meisterwerke gelangt, nicht in seiner ganzen Ausdehnung verfolgen, schon deswegen nicht, weil dann auch so die einzelnen angrenzenden Formen als Sprünge erschienen, so gibt es doch ein allgemeines Gesetz in der Entwickelungsgeschichte des Thierreichs, von dem die Natur sich nicht entfernen durfte. Dies ist folgendes: Kein Thier konnte auf der Erde bestehen ohne die Mittel seines Unterhaltes. Es konnten also die Bewohner des Meeres und der Süßwasser nicht eher erscheinen, als bis ihnen ihr Aufenthaltsort mit den nöthigen Nahrungsmitteln bereitet war, und eben deshalb die Raubthiere unter ihnen später; die pflanzenfressenden Landthiere konnten nur nach entwickelter Vegetation auftreten, und die Räuber und Mörder unter ihnen ebenfalls nur später, aber nicht unmittelbar nach ihnen, weil sie sonst die andern alle würden vertilgt und zuletzt sich selbst zerfleischt haben, sondern erst dann, als die andern schon zahlreich vorhanden waren. 5) Es gibt unter ihnen mehre ausgestorbene, jetzt ganz unbekannte Gattungen, die Paläotherien, Anaplotherien, Megalonyre u. s. w., welche man außerdem nie würde haben kennen lernen, andere sind den noch lebenden Formen ähnlich, und wieder von andern leben noch die Originale, sie gehören einer noch fortdauernden Schöpfung an. Die riesenmäßigen, ungeheuern Formen der untergegangenen Geschlechter sprechen für die große Intensität der Schöpfungskraft. Mangel an Nahrung, Krankheiten, besonders aber die Nachstellungen ihrer Feinde, unter denen der Mensch einer der grausamsten und unerbittlichsten, lassen die jetzigen Formen nicht mehr zu ihrer vollkommenen Entwickelung gelangen. 6) Jene Geschöpfe lebten da, wo sie ihr Grab fanden. Dies beweist die große Zahl derselben und das Zusammensein der Überreste solcher, welche in Familien lebten. An den Küsten des Eismeers, zwischen der Lena und Kolyma, finden sich hunderte von Elefanten, Rhinocerossen, Ochsen u. s. w., sodaß mit dem Elfenbein ein einträglicher Handel getrieben werden kann. Bei dem Muschelkalke und der Knochenbreccie besteht oft die ganze Masse des Gesteins aus thierischen Überresten. Hieraus ergibt sich ein doppelter entgegengesetzter Schluß über den Wohnort der Meeresbewohner und vierfüßigen Landthiere. Die Reste der Meeresbewohner finden sich in Gegenden, wo jetzt kein Meer, ja oft weit und breit kein Landsee oder ein bedeutender Fluß vorhanden. Ihr jetziger Fundort war also einst Meeresgrund, und dann fand ein doppelter Fall statt. Entweder stand das Meer gleich anfangs da und zog sich nachher zurück, oder es brach gewaltsam ein, blieb auf dem neuen Grunde vielleicht Jahrtausende stehen, und zog sich dann wieder zurück. Das gewaltsame Hereinbrechen des Meeres war an sich selbst eine Katastrophe, aber auch der Zurücktritt desselben scheint gewaltsam und von einer bedeutenden Veränderung der Temperatur begleitet gewesen zu sein, wie man daraus sieht, daß viele Conchylien sich in ungeheurer Zahl familienweise zusammengedrängt finden, gleich als ob die Katastrophe sie überrascht, und sie sich aus Angst in die schwachen Überreste des Meers zusammengeflüchtet hätten. Im pariser Museum befindet sich ein Fisch, welcher vor seinem Tode nicht Zeit genug hatte, einen andern Fisch, den er eben fressen wollte, fahren zu lassen. Diejenigen Gegenden hingegen, wo die vierfüßigen Landthiere einst lebten, mußten fester Boden gewesen sein. Sie fanden ihren Tod durch das Hereinbrechen der Meeresfluthen, aus welchen sich allmälig die obern Gebirgsschichten absetzten, in denen nun ihre Leichen ruhen. Diese Katastrophe war ganz vorzüglich von plötzlich eintretender Kälte begleitet. Die Leichen der großen Vierfüßer, welche man in Rußland am Eismeer aufgefunden, waren in Eis eingehüllt, hatten aber noch Haut und Haare und unversehrtes Fleisch. Der Adam'sche Elefant hatte eine lange Mähne, schwarze steife Haare, und eine Art röthlicher Wolle. Wären sie nicht gleich im Tode erstarrt, so würden sie in Fäulniß übergegangen sein. 7) Es müssen mehre Katastrophen eingetreten sein. Die Knochen der vierfüßigen Landthiere und der Meeresbewohner finden sich theils beisammen, theils in verschiedenen Schichten übereinander. Zugleich können sie aber nicht beisammen gelebt haben; es muß also derselbe Boden in verschiedenen Perioden abwechselnd Meeresgrund und trockenes Land gewesen sein. Das Meer hat verschiedene Einbrüche gemacht, wobei die Landthiere umkamen, durch das Zurücktreten des Meeres aber, oder die Erhebung des Meeresgrundes wurden die Wasserthiere aufs Trockene gesetzt. Die letzte große Katastrophe dieser Art mag zwar über die historischen Erinnerungen der Völker hinausreichen, sie kann aber doch nicht in so ganz entfernten Zeiten eingetreten sein, weil sonst die Cadaver jener unter dem Eise umgekommenen Geschlechter der Landthiere sich nicht würden so gut erhalten haben. Und eine Spur ist doch den ältesten Völkern geblieben, indem nicht blos die heilige Schrift, sondern auch die Mythen der Indier, Chinesen, Assyrer, Griechen u. s. w. einstimmig von einer großen Flut sprechen, welche über die schon vorhandene Schöpfung eingebrochen sei. Und dies ganz natürlich. Denn finden wir, die späten Nachkommen, noch so viele sprechende Zeugen jener großen Revolution, so müssen die Denkmale ihrer Verwüstungen im grauen Alterthume noch viel zahlreicher gewesen sein, noch lauter gesprochen haben. Die Flut kann aber nicht die ganze Erde bedeckt haben, weil sonst alle Landthiere umgekommen sein würden. 8) Seit jener Katastrophe hat sich die Temperatur der Erde und damit das Klima mehrer Länder geändert. Zwar meinen Einige, wie Link, jene nordischen Elefanten seien eine von der indischen verschiedene Species gewesen, und ihre Haare und Wolle hätten es ihnen möglich gemacht, ein kaltes Klima zu ertragen; allein dieser Einwurf wird durch folgende Gründe entkräftet: a) In südlichen und tropischen Gegenden gibt es eine Menge stark behaarter Thiere, wie Bären, Büffel, Dromedare, Löwen, Hyänen und andere. b) Jene Bemerkung würde von dem Rhinoceros nicht gelten, von dem sich neben dem nordischen Elefanten am nördlichen Eismeere ganze Individuen erhalten finden, und welches dem heutigen Rhinoceros aus Ostindien und vom Cap ähnlich ist. c) Die in Heerden lebenden Elefanten, Rinder u. s. w. mußten dort ihre Nahrung finden, und da die meisten unter ihnen nicht in Nadelwäldern, sondern in Laubhölzern leben, und besonders Wiesen und grasreiche Gegenden lieben, so mußten solche vorhanden sein.*) Es lehrt dieses die Analogie bei der Vergleichung der übrigen Geschöpfe. Es finden sich in Deutschland, England, Frankreich u. s. w. Zoophyten und Conchylien, die jetzt nur in tropischen Klimaten leben; die Löwen, Tiger und Hyänen gehören ebenfalls wärmeren Gegenden an, und nur höchst selten verirrt sich jetzt ein bengalischer Tiger ins südliche Sibirien bis zum 51° nördlicher Breite; noch mehr sprechen aber dafür die fossilen Amphibien, die großen Eidechsen, Krokodile, Meerschildkröten, von denen die jetzt noch in kältern Gegenden lebenden Eidechsen nur selten und in verkrüppelter zwergartiger Gestalt vorkommen. Dafür spricht auch die vorweltliche Flora. An der ganzen preußischen Küste sind ungeheure Wälder versunken und liegen jetzt zum Theil unter dem Meere. Aus der Rinde derselben quoll der Bernstein, eine unerschöpfliche Fundgrube seit einer Reihe von Jahrhunderten, wovon sich nur in wärmern Zonen analoge Erscheinungen finden. Die darin eingeschlossenen Insekten gehören südlichern Gegenden an. Außerdem finden sich unter den versteinerten Pflanzenabdrücken mehre Palmenarten, Farrnkräuter, welche den südamerikanischen Arten gleichen, indianische Rohrstämme, Aloen, indianische Feigen, selbst Pfeffer und dergleichen, und zwar in Frankreich, England und Deutschland, bis nach Schlesien hin, wo jetzt nichts Ähnliches mehr gedeiht. 9) Problematisch scheint das Zusammensein der vielen Thierknochen in den Knochenhöhlen. Sie stammen nämlich nicht blos von mehren in Feindschaft lebenden Raubthieren, sondern sie sind gemischt mit zahlreichen Überresten pflanzenfressender Thiere, welche mit ihren Todfeinden unmöglich in einer Höhle zusammengelebt haben. Nacheinander können sie dort auch nicht gelebt haben, da die Wiederkäuer nicht in Höhlen leben. Die natürlichste Hypothese scheint diese zu sein, daß sie den Raubthieren zur Wohnung dienten, welche ihre Opfer dorthin schleppten und verzehrten. Dies möchte der Fall gewesen sein bei der Höhle von Kirkdale, wo die Hyänenknochen vorherrschend, und viele derselben angenagt sind, nicht aber bei den fränkischen, wo dies anders ist, und noch viel weniger bei denen, wo sich die Knochen nur solcher Pflanzenfresser finden, die theils ihrer Größe, theils ihrer Natur nach gar nicht darin gelebt haben können, wie Elefanten, Rhinoceros, Hirsche und dergleichen. Auch leben die meisten Raubthiere nicht in Heerden, sondern paarweise. Endlich liegen diese Knochen alle in Verwirrung durcheinander, mit Geschieben und Gerölle vermischt, zum Theil oben an der Decke, und in der adelsberger Höhle in der Mitte von Kalksteinblöcken und von ihnen zerquetscht. Dies Alles spricht dafür, daß eine Katastrophe dabei im Spiele gewesen, schließt aber die Hypothese nicht aus, daß einige dieser Höhlen vorher Wohnungen von Raubthieren gewesen. Vielleicht wurden auch mehre, wie Hyänen, Löwen, Bären u. s. w. bei der hereinbrechenden Flut durch die gemeinsame Noth hineingetrieben, einen Augenblick ihre natürliche Feindschaft vergessend, fielen sie dann übereinander her, oder fanden, indem die Flut auch bis in die Höhlen drang, hier zusammen ihren Tod.

(Der Beschluß folgt in Nr. 173.)

Salzsee auf dem Vorgebirge der guten Hoffnung.

In der Mitte einer großen Ebene, in bedeutender Höhe über dem Meere, liegt im Gebiete der britischen Colonie ein länglich runder See von beträchtlicher Ausdehnung, den die Eingeborenen das Salzfaß nennen. Auf einer Seite ist er von einem mit Rasen bekleideten sanften Abhange, auf den übrigen von schroff abfallenden Wänden eingeschlossen. Die Ufer und ein großer Theil der Oberfläche des Sees sind gewöhnlich mit einer dicken Eisrinde bedeckt, welche mit Krystallen, Schneeflocken gleich, bestreut ist. Dies bildet einen auffallenden Contrast mit dem üppigen Pflanzenwuchse der Umgebungen. Immergrüne Bäume und schöne Akazien mit Gebüschen und schön blühenden Pflanzen durchschlungen, bedecken die Ufer, und über ihnen ragen die riesengroßen Blumenbüschel der Euphorbia hervor, die ihre blätterlosen Zweige weit über die grünen Wipfel der Bäume erheben.

Launen des Zufalls.

Dem preußischen Obersten Emanuel von Schöning wurde in der Schlacht bei Kesselsdorf am 15. December 1745 die Uniform an 14 Stellen von Kugeln durchlöchert. Er wurde dabei zwar verwundet, doch konnte der fünfundfunfzigjährige Mann schon acht Wochen nachher mit einem jungen Fräulein an den Traualtar treten, und er trug an diesem Tage absichtlich die durchlöcherte Uniform. Aber nicht immer behandelte ihn das Schicksal so glimpflich. Bald nach Eröffnung des Feldzuges 1757 stürzte er mit dem Pferde und zerbrach einen Fuß. In diesem Zustande ließ er sich am 6. Mai zu Pferde bringen, um der Schlacht von Prag beizuwohnen und hier traf ihn ein Schuß grade in den zerbrochenen Fuß. Die Amputation desselben rettete ihn nicht, er starb zehn Tage nach der Schlacht an der Wunde.

---

*) Grönland bedeutet in der Sprache der Eingeborenen Wiesenland.

Das Pfennig-Magazin

der
Gesellschaft zur Verbreitung gemeinnütziger Kenntnisse.

173.] Erscheint jeden Sonnabend. [Juli 23, **1836**.

Arnold von Winkelried.

Arnold von Winkelried.

Die Schweizer bildeten schon in den ältesten Zeiten freie Gemeinden, die unter sich in einer von zehn zu zehn Jahren erneuerten Verbindung gegen auswärtige Feinde standen. Sie gehörten zu dem Herzogthume Schwaben, jede Gemeinde aber wählte ihren Vorstand, den Landamman und dessen Beisitzer, aus der Mitte der freien Eigenthümer. Innerhalb des Landes aber gab es mehre adelige Häuser mit ansehnlichen Besitzungen, die ihre Macht immer weiter ausdehnten, und eines der angesehensten unter ihnen war das Haus Habsburg. Rudolf von Habsburg, 1273 auf den deutschen Kaiserthron erhoben, behandelte die Schweizer mit großer Milde und Klugheit und sie unterstützten ihn gern in seinen Kriegen gegen den König Ottokar von Böhmen. Die Bedrückungen aber, welche die Schweizer nach Rudolf's Tode von den in ihrem Lande angestellten Landvögten erlitten, reizten zuerst die Gemeinden am Waldstädtersee, die nun einen Bund schlossen und sich am 1. Januar 1308 gegen die Landvögte erhoben. Es erfolgte ein langer Kampf, in welchem sich die Selbständigkeit des Gebirgslandes befestigte, und nach und nach schlossen sich mehre Bezirke und Städte dem ursprünglichen Bunde der Waldstädte an, bis im Laufe der Zeit die schweizerische Eidgenossenschaft gebildet war. Ein entscheidender Kampf, der viel zur Befestigung der Unabhängigkeit des Landes beitrug, war 1386 die Schlacht bei Sempach. Die Bedrückungen, welche die unterthänigen Bauern erlitten, erregte Unzufriedenheit. Die schweizerischen Gemeinden rüsteten sich. Herzog Leopold zog mit zahlreicher Reiterei gegen Sempach, wo die Eidgenossen sich gesammelt hatten. Ohne sein Fußvolk zu erwarten, ließ er seine Ritter absteigen und befahl, Mann an Mann gedrängt, mit vorgehaltenen Lanzen in die Feinde einzudringen. Die Schweizer stürzten sich wüthend gegen die Ritter, aber vergebens. Keiner konnte durchdringen, Viele sanken, von Wunden durchbohrt, und Alle wankten. Da rief Arnold Struthan von Winkelried, ein tapferer Mann aus Unterwalden, mit lauter Stimme: „Ich will der Freiheit eine Gasse machen! Treue, liebe Eidgenossen, sorgt für mein Weib und Kind!" Nach diesen Worten umfaßte er mit beiden Armen so viele feindliche Speere als er greifen konnte, drückte sie in seine Brust und sank entseelt nieder. Über seine Leiche nun stürzten seine Waffengefährten in die Lücke des furchtbaren Lanzenwaldes und der Sieg war erfochten.

Ein Hühnengrab in England.

Die sogenannten Hühnen- (Riesen-) Gräber, welche man im nördlichen Deutschland, besonders aber auf der Insel Rügen, und auch in England häufig antrifft, zeugen nicht blos von der kräftigen und riesenhaften Leibesgestalt unserer Vorfahren, sondern auch von dem großen Aufwande, den diese oft bei der Beerdigung ihrer Fürsten und Häuptlinge gemacht haben müssen. So wurden kürzlich unweit des Dorfes Cherhill in der Gegend von Bath in England, in einem Erdhügel von etwa 60 Fuß im Umfange und zehn Fuß Höhe eine Menge versteinerter Substanzen, als Holz, Moos u. s. w., wie auch viele Bruchstücke von Geschirr, welches aus rothem Thon verfertigt war, und eine ungeheure Masse Thiergebeine ausgegraben. Unter den letztern befanden sich ein paar Hörner von außerordentlicher Größe, welche noch am Schädel saßen. Die Länge dieser Hörner, von der Wurzel bis zur Spitze, betrug zwei Fuß ein Zoll, und der Umfang derselben an der Wurzel ein Fuß vier Zoll. Die Thiere, welche diese Hörner getragen, gehörten allem Vermuthen nach einem Stiere, und es müssen solche nach Maßgabe der Hörner von beträchtlicher Größe gewesen sein. Unter den übrigen Knochen fanden sich Knochen von Rothwild, Ebern u. dgl. Wahrscheinlich deckte nunmehr abgetragene Hügel die Gebeine irgend eines britischen Häuptlings, zu dessen Leichenbegängniß man alle diese verschiedenen Thiere geschlachtet und dessen Asche wahrscheinlich in der Urne beigesetzt worden war, deren Bruchstücke man gefunden; denn Menschenknochen fanden sich sonst nicht. Die Beschaffenheit des Thonbodens und ein nicht weit davon fließender Fluß, dessen Wasser die Eigenschaft hat, zu versteinern, sind wahrscheinlich Ursache, daß diese Dinge sich so lange Zeit, vielleicht über 2000 Jahre, erhalten haben.

Regenschirme.

Die Sonnenschirme der Morgenländer, über welche wir in Nr. 170 dieser Zeitschrift gesprochen haben, kamen, wie es scheint, aus dem Orient zuerst nach Italien, wo sie sowol zum Schutze gegen die Sonne als später mit einigen Veränderungen gegen den Regen gebraucht wurden. Auch wird schon früh im 15. Jahrhundert des Dieners (ombrelliere) erwähnt, der den Schirm nach morgenländischer Sitte hinter Vornehmen trug. Aus Italien verbreiteten sich die Schirme gegen Sonne und Regen in dem übrigen Europa, und wahrscheinlich zuerst in Frankreich. Die ältesten Regen- und Sonnenschirme waren in Frankreich wie in England und Deutschland von Wachstuch. In England waren Regenschirme schon in der zweiten Hälfte des 17. Jahrhunderts bekannt, wurden aber nur von Frauen gebraucht. Männer ließen sich bei Regenwetter in Sänften tragen, und überdies gab die damalige Bauart der Häuser in den Städten mit weit über den Fußweg vorragenden Dächern und vorspringenden Erkern Schutz gegen den Regen. Es dauerte lange, ehe Männer sich eines Schirms gegen den Regen bedienten, weil man diese Sitte als weibisch verspottete. Der Erste, der es wagte, in London sich mit einem Regenschirme zu zeigen, war Jonas Hanway, ein vielgereister Kaufmann, als er um die Mitte des 18. Jahrhunderts vom Festlande zurückkam. Er hatte seinen Schirm, von allen Straßenbuben ausgelacht, viele Jahre getragen, aber ehe er (1786) starb, sah er ihn als allgemeine Sitte eingeführt. Später noch kamen die Regenschirme unter den Schottländern in Gebrauch und erst um 1780 ließ sich ein aus Paris zurückgekehrter Arzt in Edinburg damit sehen, wenn auch er nicht etwa, wie Hanway in England, blos der erste Mann war, der sich dieses Schutzmittels bediente. Nach wenigen Jahren fand sein Beispiel Nachahmer. In kleinern Städten und auf dem Lande war der Regenschirm eine Seltenheit und nur der Pfarrer und der Gutsherr waren mit einem baumwollenen Schirm (von seidenen war lange nicht die Rede) versehen. Der Bewohner eines Fleckens unweit Glasgow besuchte um jene Zeit seinen Gutsherrn, um ihm seinen Zins zu bezahlen, und als es bei seinem Aufbruche regnete, bot ihm jener einen Schirm an, mit welchem der Mann stolz heimging. Nach einiger Zeit sah man ihn mit ausgespanntem Schirme zurückkommen. „Ei, ei, Herr Oberst, das geht nicht", rief er. „Ich kann damit in keine Thüre meines Hauses kommen, selbst in mein Scheunenthor geht er nicht hinein."

Florenz.
(Beschluß aus Nr. 172.)

II.

Die Stadt wird durch den Arno in zwei ungleiche Hälften getrennt. In einer Entfernung von 25 italienischen Meilen von Florenz entspringt dieser Fluß auf der Falterone, einem der bedeutendsten Gipfel der mittlern Apenninen, in einer Höhe von mehr denn 4000 Fuß über der Meeresfläche. Durch die Richtung der Gebirgsketten wird er genöthigt, seinen Lauf nach Arezzo zu nehmen, und erst dann strömt er, nach langem Umwege, durch das fruchtbare obere Arnothal auf die Hauptstadt zu. Die Breite und Tiefe seines Bettes ist an einzelnen Stellen sehr verschieden; seine Wassermasse ändert sich nach den Jahreszeiten, sodaß er im Winter und Frühling oft sehr angeschwollen, im Sommer aber halb ausgetrocknet erscheint. Von Florenz bis Pisa und zu der Mündung ist er für kleine Fahrzeuge schiffbar. Auf der Strecke, wo er die Stadt von Südosten nach Westen durchströmt, ist der Arno von Mauern eingeschlossen, welche zum Theil die Quais begrenzen, zum Theil den dicht anliegenden Wohnungen als Unterbau dienen. Vier Brücken stellen die Verbindung der beiden Ufer her. Die erste und längste derselben heißt **Ponte alle Grazie** oder **Ponte Rubaconte** nach ihrem Erbauer, einem Podestà der Stadt. Die zweite nennt man den **Ponte vecchio**; sie war früher die einzige zur Zeit, als die eigentliche Stadt blos auf dem rechten Ufer lag, und man sich erst allmälig jenseit des Arno ansiedelte. Zu beiden Seiten mit Buden besetzt, wo die Goldarbeiter ihre Magazine haben, gewährt sie in der Mitte durch drei offene Bögen nach Osten wie nach Westen eine entzückende Aussicht über den Fluß, einen Theil der Stadt und der naheliegenden Hügel, unter denen man stromaufwärts zur Rechten namentlich den von San-Miniato bemerkt, welcher die schöne und merkwürdige alte Kirche dieses Namens trägt. Auf umstehendem Bilde sieht man diese Brücke im Hintergrunde, während mehr nach vorn, links an den festungsähnlichen großen Palast Spini, jetzt Feroni, stoßend, **Ponte Santa-Trinità** seine zierlichen Verhältnisse zeigt. Nachdem unter der Regierung Cosmo I. von Medici 1557 eine furchtbare Überschwemmung die alte Trinitabrücke, sowie die vierte, welche man **alla Caraia** nennt, zerstört hatte, baute Bartolomeo Ammanati die neue (1566—69) so schön und dauerhaft, daß sie allgemein als ein Meisterwerk angestaunt wird, so viele Besorgnisse man auch anfangs wegen der flachen Bögen hegte, deren Verhältnisse der Baumeister ersann und zuerst mit so großem Glücke in Anwendung brachte. Die äußere Bekleidung ist von Marmor, zu beiden Seiten laufen breite Trottoirs für die Fußgänger hin und an den beiden Aufgängen stehen Bildsäulen, welche die vier Jahreszeiten darstellen.

Die beiden Stadttheile sind an Umfang sehr verschieden. Der nördliche ist beiweitem der größere und belebtere. Hier sind die Mehrzahl der Buden, die Gewerbtreibenden, die Bureaus, die Mauth, das Postamt, die Bibliotheken u. s. w., sowie auch der Dom, der Palazzo vecchio u. s. w. in diesem ältern Theile liegen. Unter den Kirchen sind hier mehre von großer Schönheit wie von höchster Wichtigkeit zu nennen. Vorerst Santa-Croce, wo die berühmtesten Florentiner und andere Italiener ihre Denkmäler gefunden haben, Dante, Macchiavelli, Michel Angelo Buonaroti, Galilei, Alfieri und Andere, und wo man einige der merkwürdigsten alten Gemälde sieht; Sta.-Annunziata, mit einem unvergleichlichen Schatze von Fresken des Andrea del Sarto; S.-Marco, wo im anstoßenden Kloster des Dominikanerordens Fra Angelico da Fiesole, Fra Bartolomeo und der schon erwähnte Savonarola lebten. S. Lorenzo, von Brunelleschi gebaut, mit der von Michel Angelo aufgeführten neuen Sacristei, wo die Monumente zweier Medici stehen, und der kostbaren, aber geschmacklosen Grabkapelle der Großherzoge von Toscana; Or San-Michele mit vortrefflichen Statuen; endlich Sta.-Maria Novella, an einem schönen Platze gelegen, mit großartigen Frescogemälden geschmückt. Die Zahl der Paläste in diesem Theile der Stadt ist so bedeutend, daß hier nur die beiden berühmtesten genannt werden können, der Strozzi'sche und der Medici'sche, jetzt Palazzo Riccardi genannt, beide Denkmäler des alten Glanzes der Stadt, und zu dem Vollendetsten gehörend, was die Architektur im 15. Jahrhundert hervorgebracht hat.

In der südlichen Hälfte von Florenz nimmt die Wohnung der großherzoglichen Familie, der Palast Pitti, von dem schon einmal die Rede war*), die Aufmerksamkeit am meisten in Anspruch. Man kann sich nichts Einfacheres und dabei Großartigeres denken, als dieses Gebäude. Die Gemäldegalerie ist, der allgemeinen Annahme zufolge, die gewähltete, die es in Europa gibt. Ihr Hauptreichthum besteht in Werken aus der höchsten Blütezeit der Kunst, während in den Galerien der Uffizi und der Akademie der schönen Künste auch die frühern Jahrhunderte vorzüglich berücksichtigt sind. Von Rafael Sanzio sind zehn Bilder vorhanden, unter ihnen die Madonna della Seggiola und das Bildniß Leo's.**) Die Schulen von Florenz, Bologna, Venedig u. s. w. haben die kostbarsten Gemälde geliefert. Die Säle des Palastes sind zum Theil ebenso geschmackvoll als prächtig, man bewundert in ihnen namentlich die unvergleichlichen Tischplatten von florentinischer Mosaik- oder Pietredurearbeit, welche aus der großherzoglichen Anstalt hervorgegangen sind.

Mit dem Palaste in Verbindung stehend ist das reiche naturhistorische Museum, wo sich besonders die Wachspräparate auszeichnen. Von den Kirchen mögen nur zwei genannt werden: Santo-Spirito, das Meisterwerk des Brunelleschi, und il Carmine, nur durch die Fresken des Masaccio merkwürdig, in denen sich der Fortschritt, welchen die Malerkunst durch dieses große Talent auf der Bahn der Wahrheit und Schönheit machte, am deutlichsten zeigt.

Die Hügel, welche nach Norden zurückweichen, drängen sich auf der Südseite dicht an die Stadt, deren Gärten und Ringmauern zum Theil schon auf ihren Abhängen liegen. So erblicken wir bereits, bevor wir die Thore verlassen haben, von den Höhen des großherzoglichen Gartens Boboli aus, das herrlichste Panorama zu unsern Füßen. Noch ausgedehnter ist es aber, wenn man nach dem nahen S.-Miniato hinaufgeht. Vor sich hat man die ganze, vom Arno durchschnittene Stadt, im Hintergrunde die Höhen des Apennin, auf der vordersten das alte Städtchen Fiesole mit seinem schlanken Kirchthurme. Unzählige Landhäuser, zwischen Ölbäumen und Cypressen schimmernd, umgeben Florenz

---

*) Vergl. Pfennig-Magazin Nr. 85.
**) Vergl. Pfennig-Magazin Nr. 92. und 120.

nach allen Richtungen hin. Am weitesten schweift der Blick nach Westen, wo ein scharfes Auge die Städte Prato und Pistoja in der fruchtbaren Ebene erblicken kann. Die einen großen Theil des Jahres hindurch mit Schnee bedeckten Gebirge der Lunigiana begrenzen den Gesichtskreis.

Der Ponte vecchio in Florenz.

Jakob Böhme.

Dieser durch seine mystisch-religiösen Schriften berühmte Schuhmacher, geboren 1575 zu Altseidenberg bei Görlitz, war der Sohn wenig begüterter, aber gottesfürchtiger Landleute. Sie hielten ihn zur Frömmigkeit an, ließen ihn, obgleich sehr spät, im Schreiben, Rechnen und im Christenthume unterrichten und dann das Schuhmacherhandwerk lernen. Da bei dieser Lebensbestimmung Böhme's ausnehmende Geistesfähigkeiten aller

Jakob Böhme.

Anwendung nach außen entbehren, so wendeten sie sich, von seiner bis zur Überspannung reizbaren Einbildungskraft und von tiefem Gefühl für religiöse Dinge begünstigt, zur innerlichen Anschauung des Überirdischen. Schon in der Jugend, wo er das Vieh hütete, glaubte er außerordentliche Gesichte gehabt und z. B. den Schatz gesehen zu haben, welchen die Volkssage in der Landskrone, einem bei Görlitz einzeln liegenden Berge, verborgen sein läßt. Später hielt sich Böhme der besondern Annäherung des Geistes Gottes und mehrmals göttlicher Offenbarungen gewürdigt, lebte aber dabei immer still und bescheiden für sich, las viel in der Bibel, besonders in der Offenbarung Johannis und nahm keinen Theil an den in jener Zeit religiöser Aufregung häufigen Streitigkeiten. Nach vollbrachter Wanderschaft war er nach Görlitz zurückgekehrt, wo er 1594 Meister wurde und eines Fleischhauers Tochter heirathete, mit der er 30 Jahre in zufriedener Ehe lebte. Endlich vermochten ihn wiederholte Verzückungen und Gesichte, 1612 seine erste Schrift niederzuschreiben, welche er „Aurora, oder die Morgenröthe im Aufgange" nannte und die seine Offenbarungen und Anschauungen über Gott, Menschheit und Natur enthält. Bei der Mangelhaftigkeit des Unterrichts, welchen Böhme genossen hatte, ist der Tiefsinn und die poetische Kraft doppelt zu bewundern, welche sich darin, sowie in seinen spätern Schriften zeigen; es fehlt ihnen aber auch nicht an Dunkelheiten und Täuschungen, denen der Verfasser unterliegen mußte, da ihm die höhere Bildung abging, um mit seinen Ideen ins Klare zu kommen und sich überhaupt Rechenschaft davon geben zu können. Böhme war mit einigen Gelehrten in Verbindung gekommen, durch welche seine „Aurora" handschriftlich bekannt wurde und ihm die ersten Anfeindungen von Seiten der Geistlichkeit in Görlitz zuzog. Dadurch wurde aber die Aufmerksamkeit erst recht auf ihn hingelenkt und angesehene Personen von nah und fern suchten seine Bekanntschaft, foderten ihn zum fernern Niederschreiben seiner Gedanken auf und unterstützten ihn auch wol später, da er bei seinen anderweitigen Bestrebungen mit dem Gewerbe zurückkam. Indessen schrieb er doch erst seit 1619 seine übrigen Werke, die sich der Zahl nach auf 30 belaufen. Abgesehen von ihren zahlreichen Irrthümern und einer Darstellung, welche befangene Leser leicht zu Schwärmerei verleitet, verdient ihre streng sittliche und religiöse Richtung vollkommene Anerkennung und fand sie zum Theil noch bei Böhme's Lebzeiten, der 1624 nach Dresden berufen wurde und selbst am Hofe Schutz und Beifall fand. Allein noch im nämlichen Jahre starb der äußerst schwächliche Böhme in Görlitz und seine letzten Worte waren: „Nun fahre ich hin ins Paradies." Seine Beerdigung gab noch zu Mishelligkeiten mit der Geistlichkeit Veranlassung, von seinen Werken aber erschienen bis auf die neueste Zeit Gesammtausgaben. Philosophen und Theologen aller europäischen christlichen Völker haben sich vielfach mit ihnen beschäftigt.

Geologie.
(Beschluß aus Nr. 172.)

Die natürlichste Frage, welche sich bei dem Gesagten aufdringt, und die sich mehre unserer Leser wahrscheinlich schon selbst aufgeworfen haben, ist diese: Was wurde damals aus dem Menschengeschlechte? Ist es bei diesen

Katastrophen bis auf einige wenige, aus denen es sich dann wiedererzeugte, untergegangen, oder wurde es von der Vorsehung wunderbar erhalten, oder existirte es bei jener Revolution noch gar nicht? Daß man Menschenknochen, vermischt mit den Knochen verschiedener Thiere, in aufgeschwemmten Gebirgen gefunden hat, leidet keinen Zweifel, aber die schwierige Frage ist diese: Gibt es fossile Menschenknochen, das heißt solche, welche sich tiefer in regelmäßigen Schichten finden, und mit jenen untergegangenen Thiergeschlechtern von gleichem Alter sind? Früher glaubte man es unbedingt und das Exemplar Scheuchzer's, sollte als Zeuge der Sündflut gelten (homo diluvii testis). Cuvier zeigte jedoch, daß dieses Skelett einem Salamander gehöre; daß ebenso die in Guadeloupe aufgefundenen Menschenskelette nicht wahrhaft versteinert, sondern nur incrustirt sind und in Tuff eingeschlossen, der sich noch täglich fortbildet, und wahrscheinlich Individuen angehören, die bei einem Sturme verunglückten, endlich die vermeinten fossilen Menschenknochen zu Marseille nichts Anderes als Abdrücke von Meerröhren sind. Deshalb leugnet Cuvier das Dasein wirklich fossiler Menschenknochen. Auch von den vor mehren Jahren bei Köstriz gefundenen, mit Thierknochen vermischten Menschenknochen hat von Schlotheim zu zeigen gesucht, daß sie jünger sind als die Thierknochen, und diese aus höhern Lagern herabgespült und dort mit Menschengebeinen und Thierknochen aus der jetzigen Welt vermengt worden seien. Um dieselbe Zeit erregte der versteinerte Mensch vom langen Felsen, im Walde bei Fontainebleau große Aufmerksamkeit, und Speculanten zeigten diesen Cavalier pétrifié in Paris für Geld, genauere Untersuchungen ergaben aber bald, daß diese Masse gar keine thierische sei. Einige Jahre später fanden jedoch die Herren Marcel de Serres, Tournal und Bravard, in den Knochenhöhlen von Bize, Departement de l'Aude, von Pondnes und Sauvignarques unter den Knochen von Bären, Hyänen, Rhinoceros, Hirsch u. s. w. auch Menschenknochen, mit allen Zeichen eines gleichen Alters, die auch, wie jene, stark an der Zunge kleben, was nach Buckland ein Merkmal aller antediluvianischen Thierknochen ist. Im Jahre 1833 fand man in den Höhlen zu Engis und Engihoul bei Lüttich in Kalk Menschenknochen ganz unter denselben Verhältnissen wie die der vorweltlichen Thiere, und erst im vorigen Jahre, den 15. Januar 1835, in einer Kalkgrube bei Sorau in der Niederlausitz in großer Tiefe mitten unter andern Petrefacten, z. B. Mammuthsknochen, einen vollständig erhaltenen, ganz verkalkten Menschenfuß, der wegen seiner Kürze und Dicke fast den chinesischen gleicht. Diese Erscheinungen bedürfen freilich noch der Bestätigung durch sachkundige Männer, indessen wird es doch immer wahrscheinlicher, daß es wirklich fossile Menschenknochen gibt, und daß folglich beim Eintreten jener furchtbaren Katastrophen schon Menschen lebten. Und warum sollten sie auch nicht schon gelebt haben, da sie nach ihrer Organisation sich den Säugthieren anreihen und sie alle Producte derselben Schöpferkraft sind? Auch die Seltenheit dieser Knochen enthält an sich nichts Unbegreifliches. Vielleicht waren damals die Menschen nur noch in geringer Anzahl vorhanden, oder ihre Wohnplätze sind bei jenen Katastrophen versunken, oder ihre Gebeine liegen noch begraben, in solchen Gegenden, die noch nicht genauer untersucht sind, aber zu den Wohnplätzen unsers Geschlechts gehörten, wie die Hochebenen Asiens. Die Affen scheinen, wie sie dem Menschen am nächsten stehen, so die Zeitgenossen derselben gewesen zu sein. Von ihnen hat man noch gar keine Knochen entdeckt.

Die letzte Frage endlich, aber zugleich die wichtigste, welche nach dem gegenwärtigen Standpunkte der Naturwissenschaft und Philosophie zum Theil anders beantwortet werden muß, wie früher, ist die nach der wahren Ursache jener Katastrophen, die sich in den Ursprung und die verschiedenen Entwicklungsstufen unseres Planeten verliert. Den alten Völkern fehlte es an einer wahren Methode und echter philosophischer Bildung, daher waren ihre Systeme zwar oft glänzende und kühne, aber dennoch wunderliche, schwächliche und kränkliche Geschöpfe der Einbildungskraft. Sie dachten, oder dichteten vielmehr einen Urzustand der Erde, welcher durch die Sündflut mannichfaltig verändert worden sei. Die morgenländischen Kosmogenien der Indier, Ägypter u. s. w., sowie die der Griechen verrathen gleich dem flüchtigsten Blicke ihren dichterischen Ursprung, und können hier ganz übergangen werden. Aber auch die Neuern verloren sich hier in vage Hypothesen. Bald hatte die Erde anfangs eine dünne Kruste, deren Zerreißung die Sündflut bewirkte (Burnet), bald bestand sie aus einem halbflüssigen Teige, in welchen die Conchylien lebten (Woodward), oder sie war selbst ein Komet (Whiston), oder wurde durch einen Kometen aus der Sonne ausgestoßen (Buffon), oder sie enthielt im Innern ein Centralfeuer (Descartes, Moro), oder sie war im Innern anfänglich gefroren, und der erste Schöpfungsact bestand in einem Aufthauen (de Luc), und wie diese Spiele des Geistes sich weiter variiren, in denen man sich kühn über die Gesetze der Wissenschaft erhob, und die größten Schwierigkeiten entweder umging oder nicht beachtete. Selbst noch der große Leibnitz dachte sich die Erde als eine leuchtende Sonne, die durch allmäliges Erlöschen zu einer verglasten Kugel geworden, auf welche die Dämpfe bei ihrem Erkalten niederfielen und erst Meere bildeten, dann die Kalklager absetzten.

Diese und alle ähnlichen Hypothesen, welche anzuführen die Grenzen dieser Blätter uns verbieten, erschweren sich die Auflösung selbst, indem sie von einem Urzustande der Erde ausgehen, ohne zu bedenken, daß die Aufgabe der Naturwissenschaft verwickelter, der ganze Gang der Untersuchung dunkler und mühsamer werden muß, je mehr wir uns dem Anfange nähern, deshalb weil mit der Entstehung unsers Planeten und dem Erwachen des Lebens auf ihm erst die Gesetze der einzelnen Classen von Wesen ins Dasein treten, welche uns dann als Sprünge erscheinen, da uns die Wirksamkeit der Mittelglieder unbekannt ist. Das einzig richtige Verfahren dagegen kann nur dieses sein: Durch Anschauung der uns gegenwärtigen Phänomene und der in ihnen wirkenden Gesetze uns mit der Weise der Natur bekannt zu machen, die einzelnen Thatsachen untereinander zu vergleichen und durch richtige Inductionen und Analogien uns stufenweise zu den entfernteren Ursachen zu erheben. Dann machen wir denselben Weg, auf welchem die Natur bei der Erzeugung ihrer Geschöpfe fortschreitend gleichsam nach Stationen und Intervallen producirte, rückwärts, und können uns niemals wieder in abenteuerliche Hypothesen verlieren. Wo der Weg zu steil wird oder erst ein neuer Pfad gebrochen werden muß, wo er sich in dunkle Labyrinthe verliert, da halten wir an, suchen nach Licht und Werkzeugen, ersinnen Hypothesen, um weiter zu gelangen, scheiden dieses Gebiet aber immer von dem sichern und wirklich erleuchteten Theile unsers Wissens. Diesen Weg betrat in der Geognosie und Geologie zuerst Werner und stiftete dadurch für diese Wissenschaft eine neue Epoche. Er lenkte die Aufmerksamkeit seiner Schüler stets auf die constanten Verhältnisse gewisser Mineralgruppen und die regelmäßige Folge ihrer Lagerung, und da er in dieser unzweideutige Spuren successiver Niederschläge aus dem Wasser entdeckte, so schloß er: die ganze Masse unserer Erde war einst flüssig; dieses Urmeer enthielt die Bestandtheile aller Gebirge in sich aufgelöst und diese setzten sich allmälig darin nieder, sodaß sich zuerst der Granit als krystallinisches Aggregat niederschlug und um ihn erst die übrigen Urgebirge, dann die Übergangsgebirge und zuletzt die Flötzgebirge abgesetzt oder angelegt wurden. Dieser Schluß von dem Theile auf das Ganze war nun allerdings übereilt und erinnert etwas an das kleinstädtische tout comme chez nous. Werner dachte, die ganze Welt sehe aus wie das sächsische Erzgebirge und Böhmen, er verließ sich blos auf die Autopsie und achtete die Erfahrungen Anderer, insofern sie den seinigen entgegen waren, gering. Indem aber durch seine begeisterten Schüler das geognostische Studium sich über ganz Europa verbreitete und man nach diesen Principien überall forschte, mußte der ursprüngliche enge Standpunkt der Schule gar bald überschritten werden, da sich eine Menge von Erscheinungen zeigte, welche nach jener Theorie nicht blos unerklärlich waren, sondern mit ihr gradezu im Widerspruche standen. Die Basaltberge, der Structur nach den ältern Gebirgsmassen ähnlich und wie sie ohne Versteinerungen, zeigten sich in vielen Gegenden isolirt, als aus Ebenen hervorragende Kuppen oder Kegel über die neuesten Flötzgebirge und selbst über die aufgeschwemmten wie hingegossen, und die Basalte selbst, wie die in der Auvergne, von manchen vesuvianischen Laven gar nicht unterscheidbar, ja Dolomieu, ein Zeitgenosse Werner's, fand unter den alten Laven des Ätna prismatischen Basalt. Basaltähnliche Gesteine finden sich in Ungarn, und sonst mit vulkanischen Producten, Obsidian, Bimsstein u. s. w. beisammen. Schon die Erhebung der Gebirge über die Oberfläche der Erde, ihre oben gezeichneten Formen, die Zerreißungen derselben sprachen nicht für eine ruhige Absetzung, sondern für gewaltsame Katastrophen, als aber vollends K. von Raumer, Hausmann und von Buch die Lagerung des Granits, des Grünsteins, Porphyrs und anderer Urgebirge auf Flötzgebirgen, welche Versteinerungen enthielten, nachwiesen, als sich diese jüngern Gebirge selbst, wie schon bemerkt, nicht in horizontaler, sondern geneigter, fast senkrechter Lage zeigten, zum Beweise, daß die tiefer liegenden Urgebirge sie durchbrochen hatten, als man zugleich in Frankreich, am Rhein u. s. w. eine Menge erloschener Vulkane entdeckte, deren Lavaströme mit dem Niveau der jetzigen Flußbetten gleichförmig und zum Theil wahre Basalte sind, da konnte sich die Werner'sche Theorie nicht mehr halten, und die Wissenschaft erhielt einen völligen Umschwung. Vorzüglich hatten Faujas St.=Fond, Dolomieu und Voigt in Ilmenau, Jene die Basaltgebirge in Frankreich, Dieser in Deutschland (im Fuldaischen, Hessischen u. s. w.), als Stätte und Herde erloschener Vulkane darzustellen gesucht, Werner dagegen, gestützt auf seine beschränkten Beobachtungen im Erzgebirge, bei Stolpen u. s. w., widersprach fortdauernd, blieb aber, da er die Erfahrungen Anderer nicht widerlegen konnte, zuletzt hinter der Wissenschaft zurück. Die Ansicht, daß die Erhöhungen der Gebirge durch Erhebungen entstanden wären, ist übrigens nicht neu. Sie ward schon im 17. Jahrhundert von Steno, und von Lazzaro Moro 1740 vorgetragen, welcher durch ein außerordentliches Phänomen auf diese Hypothese gebracht wurde. Im Jahre 1707 stieg während eines Erdbebens bei Santorin im mittelländischen Meere eine neue Insel empor und wuchs bis zu einem Umfange von einer halben Meile. Moro erkannte darin einen Erhebungsproceß.

In England entstand durch Hutton eine eigne, der Werner'schen ganz entgegengesetzte Schule. Nach ihm sind durch Fluten die ältesten Festlande zertrümmert, ins Meer geführt, dann hier durch Wärme verändert und verhärtet, dann später emporgehoben, zerbrochen und gebogen worden. Sein Freund Hall machte zur Unterstützung dieser Theorie eine Reihe höchst lehrreicher chemischer Versuche, welche die krystallinische Anordnung und Textur darthaten, die geschmolzene Materien, unter starkem Drucke abgekühlt, erhalten. Auch hat Mitscherlich in Berlin mittels des Feuers eines Hochofens mehre Mineralien in krystallinischer Form aus ihren Bestandtheilen dargestellt, und zwar solche, welche zu den Urgebirgen gehören. Diese Theorie von den Erhebungen der Gebirge ist in unserer Zeit besonders von Alexander von Humboldt, Leopold von Buch und Elie de Beaumont weiter ausgebildet worden. Buch hat sie vorzüglich mit Beziehung auf die noch brennenden Vulkane entwickelt, aber die Voraussetzung einer blasenförmigen Erhebung der ältern vulkanischen Gebirgsmassen wird durch Hoffmann's Untersuchung der liparischen Inseln nicht bestätigt. Es scheint, daß die gegenwärtigen Vulkane ihre jetzige Gestalt in mehren Epochen erhalten haben. Wichtig aber bleibt seine Unterscheidung zwischen Centralvulkanen, d. h. Gruppen von Inseln oder Theilen des Festlandes mit einem gemeinschaftlichen Mittelpunkte vulkanischer Thätigkeit, und Reihenvulkanen, d. h. Kratern, die hintereinander liegen, wie die Essen auf einer großen Spalte. Elie de Beaumont nimmt an, die gemeinschaftliche Richtung und der Zusammenhang der Höhen eines jeden Gebirgssystems spreche für eine gleichzeitige Erhebung desselben, gewissermaßen durch einen einzigen Druck einer Convulsion, und so gibt es nach ihm in Europa zwölf aufeinander folgende Systeme: 1) das von Westmoreland, auch in Südschottland, am Hundsrück, und nach von Dechen am Niederrhein, im Fichtelgebirge, bis nach Böhmen; 2) das der Vogesen und der Bocage (Calvados) und ein Theil des Härzes bei Ilefeld und Opperode; 3) von Nordengland; 4) der Niederlande und Süd=Wales, sowie des rechten Rheinufers; 5) des Rheins von Basel bis Mainz; 6) des Böhmer= und Thüringerwaldes; 7) des Erzgebirgs, der Côte d'Or, des Pilas u. s. w.; 8) des Viso (der französischen Alpen); 9) der Pyrenäen und Apenninen (ein Theil des Harzes u. s. w.); 10) von Corsica und Sardinien (die Vulkane der Auvergne, der Habichtswald bei Kassel); 11) der westlichen Alpen; 12) die Alpen von Wallis bis Östreich. Daß von Zeit zu Zeit als Folgen eines gewissen Paroxysmus im Leben der Erde gewisse Erhebungen der Gebirge stattgefunden haben, leidet wol keinen Zweifel. Es haben sich solche Erhebungen wiederholt, z. B. 1759 wurde in Mexico der Landstrich Malpais von drei bis vier Quadratmeilen während eines Erdbebens in Form einer Blase erhoben, und der große Vulkan von Jorullo stieg 4000 Fuß empor. Das neueste Beispiel dieser Art ist die Bildung der Insel Ferdinandea im mittelländischen Meere durch Erhebung, als Folge eines vulkanischen Ausbruchs, im Juli 1831, die aber schon im Januar 1832 wieder verschwand. Und noch jetzt erhebt sich, nach unzweideutigen Erfahrungen, langsam die ganze schwedische Küste von Friedrichshall bis Abo hin. Dagegen bemerkten Andere, wie Keferstein, von Dechen, de la Beche, Conybeare und Mehre, daß das Streichen mehrer Gebirgsschichten nicht parallel geht der Richtung der Gebirgsketten, und daß andere Gebirgsketten, welche nach seiner Theorie gleichzeitig sein müßten, ein ganz verschiedenes Streichen haben. Auch Lyell, der Verfasser des neuesten Lehrbuchs der Geologie, ist dagegen; die größte Schwäche dieses Systems aber liegt in der Unsicherheit der Schlüsse, auf denen es ruht. Die parallele Richtung gewisser Gebirgsketten spricht zwar für die Ähnlichkeit des vulkanischen Processes in der Richtung seiner Thätigkeit, nicht aber für eine Gleichzeitigkeit dieser Processe und das Gegründetsein in derselben Ursache. Dies wird immer unwahrscheinlicher, je weiter diese parallelen Glieder räumlich auseinander liegen. Es ist schwer zu begreifen, daß Westmoreland und ein Theil des Fichtelgebirgs und Böhmen, die Vogesen und der Harz, die Pyrenäen, Apenninen und ein anderer Theil des Harzes gleichzeitig, wie durch einen Ruck, eine convulsivische Bewegung der Erde, emporgestiegen sein sollten. Lyell, von Hoff und Andere gehen von dem Grundsatze aus: Es müssen die noch jetzt auf der Erdoberfläche wirkenden Ursachen untersucht und mit den frühern in Übereinstimmung gesetzt werden, weil die Naturgesetze sich gleich bleiben. Die Gebirge sind also entstanden durch Processe, welche noch jetzt thätig sind. Das erste Glied dieses Satzes ist ganz richtig und hat die Geologie sehr gefördert. Früher hielt man die Conchylien und Knochen urweltlicher Thiere für Naturspiele, welcher Wahn zerstört wurde, als man mit Hülfe der vergleichenden Anatomie und Physiologie die Identität oder Ähnlichkeit der untergegangenen mit noch lebenden Geschöpfen darthat. Die Werner'sche Ansicht von dem neptunischen Ursprunge der Basalte konnte sich nicht mehr halten, als man die Producte der noch thätigen oder erloschenen Vulkane mit den Basalten verglich. Der Schlußsatz Lyell's aber ist falsch. Jene großen schon erwähnten Katastrophen, wodurch ganze Continente versenkt und ganze Schöpfungen begraben, und jene ungeheuern Felsblöcke abgerissen und zerstreut wurden, hat mit den jetzigen Überschwemmungen nichts als den Namen gemein. Und die vulkanische Thätigkeit zu einer Zeit, wo in der Auvergne allein 100 Vulkane zugleich oder bald nacheinander thätig waren, wo in der Eifel, am Rhein u. s. w. die ungeheuern Massen von Basalt, Trachyt u. s. w. erhoben wurden, war ein so großartiges Schauspiel, daß dagegen die jetzigen Paroxysmen des Vesuvs oder die Erhebung der kleinen Ferdinandea als Spielerei erscheinen.

Die Schlösser Sinclair und Girnego.

Auf der nördlichen Küste Schottlands, am südlichen Kanal der Sinclairbai, die hohe Felsen einfassen, liegen die Trümmer der Schlösser Sinclair und Girnego auf einem schmalen Vorgebirge, das von der Küste ein Seearm von geringer Breite trennt. Das Schloß Sinclair, früher das Eigenthum eines weitverzweigten schottischen Geschlechts, wurde vor ungefähr zehn Jahren durch einen heftigen Wintersturm auf seinen wankenden Grundfesten völlig niedergestürzt, und man sieht davon nichts mehr als einen Schornstein, der über einen Trümmerhaufen hervorragt. Girnego ist ein mächtiges Bauwerk, mit vielen jetzt meist verfallenen Gemächern. Der Felsen, auf welchem es steht, ist so steil, daß man ihn kaum von den Mauern des Schlosses unterscheiden kann. Diese malerischen Trümmer gewähren die schönste Ansicht, wenn man durch einen verfallenen Thorweg zu dem Gestade hinabsteigt.

Verantwortliche Herausgeber: Friedrich Brockhaus in Leipzig und Dr. E. Dräxler-Manfred in Wien.
Verlag von F. A. Brockhaus in Leipzig.

Das Pfennig-Magazin

der

Gesellschaft zur Verbreitung gemeinnütziger Kenntnisse.

174.] Erscheint jeden Sonnabend. [Juli 30, **1836**.

Luzern.

Beinahe in der Mitte der Schweiz, am Ufer der Reuß, auf der Stelle, wo sie am nordwestlichen Ende des Vierwaldstädtersees hervorbricht und am Fuße des Pilatus liegt die Stadt Luzern, die Hauptstadt des gleichnamigen Cantons. Sie ist eine der drei Städte, wo nach der Bundesverfassung, abwechselnd mit Bern und Zürich, die Tagsatzung sich versammelt. Hier wohnt auch der päpstliche Nuntius, da Luzern der bedeutendste unter den katholischen Cantonen ist. Die Stadt hat nicht über 7000 Einwohner. Ihre frühere Geschichte ist dunkel. Nach der Sage war hier eine römische Ansiedelung, die von einer, zu Gunsten der bei Nacht fahrenden Schiffer, auf dem alten Wasserthurme bei der Kappelbrücke aufgestellten Leuchte (Lucerna) den Namen erhalten haben soll. Nach Einigen bestand die Stadt schon im 4. Jahrhundert und soll viel durch Attila's Kriegszug gelitten haben; wahrscheinlicher aber ist die Meinung, daß sie allmälig aus der Ansiedelung um ein im 7. Jahrhundert gestiftetes Benedictinerkloster entstanden sei. Durch Freigebigkeit der fränkischen Könige wurde der Ort ein Eigenthum des Klosters. Im Jahre 768 schenkte Pipin, Karl's des Großen Vater, das Kloster der Abtei Murbach im Oberelsaß, und die Stadt ging gleichfalls unter die neue Herrschaft über. In diesem Verhältnisse blieb sie über 500 Jahre, aber obgleich der Abt von Murbach volle Oberherrlichkeit ausübte, so war er doch manchen Beschränkungen unterworfen, welche die Freiheit der Städter sicherten. Endlich wurde die Stadt mit dem Kloster und den umliegenden Ländereien 1191 an Kaiser Rudolf von Habsburg verkauft. Nach langen Fehden mit Östreich trat Luzern 1332 in den Bund der Eidgenossen, und seit dem Siege bei Sempach 1386 erwarben die Luzerner durch Waffengewalt oder andere Mittel das Gebiet, das später den Canton Luzern bildete.

Im Jahre 1798 hob Luzern, wie die andern Cantone, die alte Verfassung auf, welche die oberste Gewalt in den Händen einiger Wenigen vereinigte, und gründete eine neue, die auf Gleichheit der Rechte der verschiedenen Classen der Einwohner der Stadt und des Gebiets gebaut war. Nach dem Einfalle eines französischen Heers wurde Luzern die Hauptstadt der helvetischen Republik und blieb es, bis im März 1799 die Franzosen, in Schwaben geschlagen, die Schweiz den Östreichern überlassen mußten. In Napoleon's Vermittelungsacte von 1803 wurde Luzern zu einer der sechs Städte erklärt, in welchen die Tagsatzung abwechselnd gehalten werden sollte, bis 1815 wieder neue Verhältnisse eintraten. Bei den Bewegungen seit 1830 hat auch Luzern die damals erhaltene Verfassung in wesentlichen Punkten umgewandelt.

Die Lage der Stadt am Gestade eines prächtigen Sees und am Ufer eines reißenden Stromes, von hohen Bergen umgeben, ist ungemein schön. Der Zugang zu der Stadt sowol vom See her als auf der von Bern kommenden Straße, ist höchst malerisch. Auf der Landseite steigen wir die Straße hinab, immer die hohen Gebirge im Auge, und folgen den Windungen des klaren Stromes, dessen Ufer mit Häusern besetzt sind. Am Ende des Thals erhebt sich Luzern mit seinen Thürmen und Zinnen. Die Reuß trennt die Stadt in zwei ungleiche Theile, die durch drei hölzerne Brücken verbunden sind, von welchen eine 1380 Fuß lang ist. Zwei derselben sind bedeckt, und wir genießen hier eine entzückende Aussicht. Ungeheure Berge steigen von dem klaren und reinen Wasserspiegel empor, in geringer Entfernung zwischen dem Pilatus und dem Rigi im Vorgrunde. Eine vierte gleichfalls bedeckte Brücke geht über einen Arm des Sees und führt aus dem größern Stadttheile zu der Domkirche. Die bedeckten Brücken sind mit Gemälden geziert, die 1380 Fuß lange Hofbrücke mit Darstellungen aus der biblischen Geschichte, die Kappelbrücke mit Bildern, die Heldenthaten der Schweizer darstellend. Auf der kleinsten der bedeckten Brücken ist der Todtentanz dargestellt. Unter den Merkwürdigkeiten der Stadt ist zuerst die Domkirche zu nennen, die mehre alterthümliche Seltenheiten und eine sehr große Orgel besitzt. Das Stadthaus hat Säle mit trefflichen Verzierungen und in dem Zeughause werden interessante Denkmäler und Siegeszeichen aus den Schlachten der Schweizer im 14. und 15. Jahrhundert aufbewahrt. Die Stadt besitzt mehre vorzügliche Bibliotheken, unter welchen die von einem ihrer Mitbürger im Jahre 1809 ihr überlassene Bürgerbibliothek sich auszeichnet. Nicht weit von der Stadt liegt das im 9. Jahrhundert gegründete Stift Beromünster, wo der Chorherr Elias von Lauffen in seinem hohen Alter um das Jahr 1470 die erste Buchdruckerei in der Schweiz anlegte.

Trümmer menschlicher Größe in Mittelasien.

Alles vergeht! Einzelne Menschen und ganze Nationen! Was einst Bewunderung und allgemeines Entsetzen, Staunen und Furcht über den ganzen Erdball verbreitete, sank allmälig in den Staub, und in diesem mögen wir, wir stolzen Europäer, nur immerhin auch das Schicksal sehen, das vielleicht einst unsere Nachkommen in höherm oder geringerm Grade treffen wird. Wo sind sie hin, Mexicos Paläste, die unter Montezuma noch der Sammelplatz aller anbetenden, demüthigen Kaziken des nordwestlichen Amerikas bis Veracruz und tiefer hinunter waren? Wer redet noch in Peru von den Mankokapaks und Atalibas? Ein einziger Fremdling, der Spanier Cortez, zerstörte jene; ein Einziger, Pizarro, zertrümmerte das mächtige Reich dieser!

Auch Asien, und zwar sein mittlerer Theil, triumphirte einmal fast über diesen ganzen Continent. Es gab eine Zeit, wo ein Dschingis-Khan, ein Tamerlan, ein Mate, Alles um und neben sich zu Boden warfen und Europa zittern machten, während sie vom japanischen Meere bis an den Ausfluß der Wolga verehrt wurden. Und jetzt? Wer kennt noch die Mongolen, die Tataren, die dieses damals vermochten? Kaum sind noch Reste von ihnen da, die Rußland oder China zinsbar sind, das von ihnen unterjocht wurde, oder nur in Steppen und Gebirgen ein verächtliches Nomadenleben führen. Kaum der Forscher der Geschichte lernt sie kennen und nur der Knabe fürchtet sich vor ihnen, wenn ihm von den Zügen ihrer Herrscher und ihrer Barbareien erzählt wird, die sie bis tief nach Schlesien, Alles verheerend, verübten! In großen Trümmern der Baukunst, in den traurigen Überbleibseln von Palästen, Städten und Grabmälern spricht sich allein die Größe aus, die vor sechs Jahrhunderten der Ewigkeit trotzen wollte. In Astrachan, am kaspischen Meere, im Gouvernement Tobolsk, am Terek, am Kuma finden sich dergleichen sehr viele. Am letztern Flusse findet man noch eine Stadt in Ruinen, die wenigstens ¾ deutsche Meilen im Durchschnitte hatte, deren Gebäude vier bis fünf Klafter hoch pyramidenförmig in die Luft stiegen. In der Nähe des Irtisch sieht man das Grabmal eines Tatarfürsten oder eines Götzentempels, dessen äußerste Mauern gegen fünf Ellen dick sind und in dessen Ruinen vielleicht ein Regiment manoeuvriren könnte, denn noch jetzt campirt daselbst in dem einen Winkel eine Escadron bequem, und dieses ungeheure Gebäude zeigt auch in seinen Ruinen eine Pracht und Größe, wie sie nur eine wilde und eben erst im Keime der Cultur zurückgeworfene

Nation äußern konnte. Und so findet man mehre ähnliche Erscheinungen in jenen Steppen und Gebirgen vom kaspischen Meere an bis zum ochotzkischen, und so würde sich noch Manches finden, wenn überall fleißig beobachtende Forscher sie durchstreifen könnten.

Ritter Melchior von Saalhausen.
Eine wahre Geschichte aus dem Mittelalter.

Melchior von Saalhausen, ein Ritter aus altem Geschlecht, hatte sich von Jugend auf als ein tapferer Krieger gezeigt und als Anführer, besonders unter Markgraf Friedrich mit der gebissenen Wange, in mancher Schlacht und mancher Belagerung das Beste gethan. In seinem Alter begab er sich zur Ruhe auf seinen Rittersitz Schweta unweit Meißen, von seinem Landesherrn wegen seiner ritterlichen Thaten geschätzt und bevorzugt. Nur eins stand seinem Glücke sehr im Wege; der alte Ritter hatte sich im Kriege so sehr an Blutvergießen gewöhnt, daß er sich auch später, in friedlichen Verhältnissen, nicht viel Bedenken machte, einen Menschen umzubringen, wenn er gereizt war. Manchem seiner Diener und Unterthanen hatte dieser unglückliche Hang schon das Leben gekostet und oft war er, trotz der Gunst seines Fürsten, in Gefahr, verhaftet und vor Gericht gestellt zu werden, wußte sich aber mit eben so viel List als Geschwindigkeit jederzeit seinen Verfolgern zu entziehen.

Einst hatte er zwei Böttcher bestellt, in seinem Keller an Gefäßen zu arbeiten, die Arbeit hatte aber seinen Beifall nicht und er wollte sie geändert haben. Jene glaubten die Sache besser zu verstehen; Saalhausen ergrimmt und erwürgt Beide auf der Stelle. Ein ander Mal, als er eben auf dem Felde ist, erblickt er die Diener des Gerichts, welche zu Roß und zu Fuß heranziehen, um ihn aufzusuchen und festzunehmen. In dieser Noth wendet er sich an einen Bauer, seinen Unterthan, der eben Dünger auf seinen Acker fährt. Jener räth ihm klüglich, sich auf dem Acker niederzulegen, wo er ihn mit Dünger bedeckt und dann auf des Ritters Gut zurückkehrt, mit dem Versprechen, ihn zu benachrichtigen, sobald seine Verfolger sich entfernt haben würden. Diese aber, welche sichere Kundschaft von Saalhausen's Anwesenheit hatten, suchten eifrig und lange, sodaß der Ritter eine bedeutende Zeitfrist in seiner unangenehmen Lage zubringen mußte. Das verdroß ihn und er gerieth auf den Argwohn, der Bauer lasse ihn absichtlich so lange leiden. Endlich erscheint der Bauer voll Freude, seinem Herrn Befreiung und Sicherheit ankündigen zu können, aber statt des gehofften Danks empfängt ihn Saalhausen übel und da der Bauer sich entschuldigen will, sticht der Ritter ihn nieder. Als er aber bei der Rückkehr in sein Eigenthum sich von der Treue und Klugheit des Bauers, dem er so übel gelohnt, überzeugt hatte, erfaßte die Reue über sein vergangenes Leben ihn mit ganzer Macht. Mit dem Vorsatz ernstlicher Besserung begab er sich so lange ins Ausland, bis er durch Fürsprache fremder Fürsten mit seinem Landesherrn versöhnt war. Dann lebte er, um fernere Gelegenheit zum Zorn zu vermeiden, ganz einsam, nur mit Reue und Gebet beschäftigt und nebenbei bedacht, sich an Kirchen, Schulen und den Armen verdient zu machen, um auch ihrer Fürbitte gewiß zu sein. Vor seinem Tode, welcher 1304 erfolgte, befahl er, man sollte ihn zu Schweta begraben, nicht in die Kirche, weil er dessen nicht würdig sei, sondern in die Vorhalle derselben, und zwar mitten in den Weg, damit ihn Jedermann mit Füßen trete. Über seiner Grabstätte befahl er ein Rad aufzustellen, anzuzeigen, daß er die Strafe des Rades verdient gehabt habe. So geschah es auch, und sein Grabstein mit einem Rade darüber war noch lange nachher und ist vielleicht noch jetzt in der Kirche zu Schweta zu sehen.

Die Gifttrinker.

Moodie erzählt in seinen Schilderungen aus Südafrika, daß die Hottentotten sehr oft den giftigsten Schlangen das Gift entziehen und verschlucken, sich jedoch dabei in Acht nehmen, die Zähne und das Zahnfleisch nicht damit zu berühren. Sie thun dies, weil sie glauben, sie würden dann von den Schlangen nicht gebissen, oder das Gift thäte ihnen, wenn es dennoch geschehen sollte, keinen Schaden. „Ich hatte", sagt Moodie, „keine Gelegenheit, mich von der Wahrheit dieser Angaben zu überzeugen; nur so viel ist gewiß, daß das Gift zu dem erwähnten Zwecke verschluckt wird. Der Behauptung dieser Leute zufolge müssen sie alle sechs Monate eine frische Dosis nehmen, auch bleibe es gefährlich, von einer giftigern Schlange gebissen zu werden, als jene war, deren Gift sie getrunken hätten. Die dortigen Colonisten sowol als die Hottentotten glauben allgemein an die Wirksamkeit dieses Gegengiftes."

Die Tempel von Pästum.

Dichter, Geschichtschreiber und Reisende haben zwar Italien, dieses herrliche Land, nur ein Grab der Vergangenheit genannt, aber man muß doch zugestehen, daß an vielen Stellen dieses Grab so blühend, frisch und lebendig ist, wie kaum in den jüngern Reichen, deren Cultur und Civilisation neu ist, die Städte sind, deren Vergangenheit in Vergleichung mit den altrömischen Trümmern nur ein Gestern heißen kann. So bieten freilich in dem reizenden Italien die dürftigen Ortschaften, welche auf den Ruinen alter berühmter Städte erbaut sind, an und für sich wenig Erfreuliches dar, und man findet wol eine schmuzige Taverne auf der Stelle, wo einst ein herrlicher Tempel stand; aber dafür begegnen auch mitten in Wildnissen und an Orten, wo der Reisende es nicht vermuthet, dem Auge halbversunkene Bauwerke, die, selbst in ihrer heutigen Gestalt noch kraftvoll und lebendig, zur Bewunderung hinreißen.

Wenige Trümmer in dem alten Römerlande mögen an Pracht und stiller, imponirender Größe den Vergleich aushalten mit jenen drei mächtigen Gebäuden, welche sich in der Stadt Pästum finden und unter den Namen der Tempel des Neptun und der Ceres und der Basilika bekannt sind. Der Reisende, wenn er sich von Salerno aus der Grenze von Calabrien nähert, betritt eine öde und wilde Gegend, wo Meilen weit kaum eine menschliche Wohnung sichtbar ist, und außer zahlreichen Büffelheerden, die hier ungestört umherschwärmen, fast kein lebendiges Wesen dem Auge begegnet. Er gelangt nach Pästum, ehemals eine reiche und mächtige Stadt, die aber jetzt kaum den Namen eines Dorfes verdient, und außer einem schlechten Wirthshause und einem andern modernen Gebäude, welches die Wohnung des Bischofs ist, der aber nicht dort residirt, ist, nur wenige schlechte Hütten zählt. Aber mitten unter diesen erheben sich jene drei Prachtgebäude, auf denen der Blick nur mit Ehrfurcht weilt. Man kann diese herrlichen Gebäude kaum Ruinen nennen, so ganz und vollständig hat sich ihr alterthümlicher Charakter erhalten. Von den drei Gebäuden ist der Tempel der Ceres,

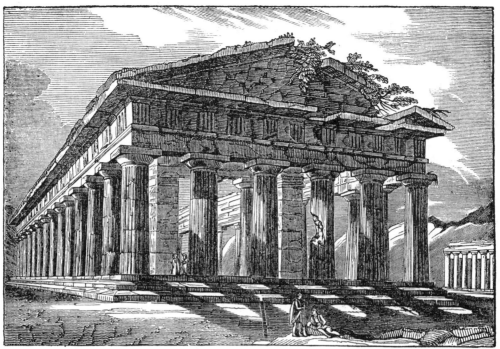

Der Neptunstempel in Pästum.

der sich dem von Neapel kommenden Reisenden zuerst zeigt, der kleinste. Er hat 6 Säulen in der Fronte und 13 in der Länge; die Säulen stehen enger aneinander, als man insgemein bei griechischen Tempeln findet. Der zweite ist der Neptunstempel, den vorstehende Abbildung darstellt. Er ist ebenfalls nicht der größte, allein unstreitig der imposanteste und massenhafteste unter den dreien; er hat 6 Säulen in der Front und 14 in der Tiefe, von denen die Ecksäule auf der Westseite einmal vom Blitz getroffen und theilweise zerstört ist. Sie drohte bereits einzustürzen und so die schöne Symmetrie eines der schönsten, aus dem Alterthume aufbewahrten Baudenkmale zu zerstören, allein man hat sie mittels metallener Krampen wieder zu verfestigen gewußt. Im Innern erhebt sich fast ganz unversehrt ein schönes Peristyl auf schlanken leichten Pfeilern, und von hier aus betrachtet, erscheint der wundervolle Bau beinahe noch größer, obgleich überall Steinblöcke und Schutt den Fuß des Beschauenden hindern. Eine feierliche Stille herrscht um diese alten Göttertempel; nur Schwärme von Krähen und Raubvögeln, die darin nisten, flattern krächzend auf, wenn sie der Tritt des Wanderers stört.

Das dritte schon genannte Bauwerk, die Basilika, ist das ausgedehnteste von allen, und in Hinsicht auf die abweichende Architektur das merkwürdigste. Es hat 9 Säulen in der Breite und 18 in der Tiefe, und eine Reihe von Pfeilern in der Mitte, welche mit den Seiten parallel läuft, theilt den Tempel oder was immer es gewesen sein mag, in zwei gleiche Theile.

Diese Gebäude sind sämmtlich im dorischen Styl und aus gleichem Material erbaut, was auch bei den meisten altrömischen Tempeln der Fall ist. Es ist ein ungemein harter, aber poröser und brüchiger Stein von bräunlich-grauer Farbe, welcher sich in der Gegend von Pästum findet.

Hoch ist das Alterthum der hier beschriebenen Gebäude, man gibt es mit guten Gründen auf 22 Jahrhunderte an. Welchen Stürmen, welchem Aufruhr der Natur, welchen Angriffen vielleicht selbst von Menschenhand trotzten diese ehrwürdigen Kunstwerke innerhalb dieses langen Zeitraums. Was ereignete sich seitdem um sie her; was blühte, welkte, entstand und verschwand wieder spurlos. Sie selbst aber stehen fest und unerschütterlich, und wie viele Geschlechter der Menschen mögen sie vielleicht noch überdauern und die Bewunderung der Nachwelt erregen.

Die Ricinusölpflanze.

Diese Pflanze gehört zu einer Classe, welche noch nicht genau von den Botanikern bestimmt worden ist; man hat jedoch angenommen, daß sie wenigstens 1500 Arten enthält, die in allen Gegenden der Erde zerstreut sind, theils in der Gestalt großer Bäume, theils als Büsche, häufiger jedoch als kleines Kraut und zuweilen auch als verkrüppelte, blätterlose, saftige Pflanzen. Die dargestellte Ricinusölpflanze (Ricinus communis) erreicht in Europa nur selten eine baumartige Höhe; nur im Departement Aveyron fand man 1818 einige dieser Pflanzen in einer Höhe von ungefähr 40 F., die einzigen Beispiele, daß diese Pflanze in unserm Welttheile eine solche Höhe außerhalb des Treibhauses erreicht. Dagegen in Asien, Afrika und Amerika ist die Pflanze einheimisch und erreicht hier gewöhnlich die genannte Höhe.

Die Eigenschaften dieser Pflanzenclasse sind sehr verschieden und in der Medicin von sehr großem Werthe. Die besondern Kräfte der Pflanze sind in einer milchigen Feuchtigkeit enthalten, welche sie hervorbringt. Einige Arten haben einen aromatischen, andere einen unangenehmen und

Die Ricinusölpflanze.

beißenden Geruch. Die Blüten einiger Arten kann man abkochen, indem sie sehr stärkend sind, während die Blätter anderer als schweißtreibend und die Wurzeln als Brechmittel gebraucht werden. Die Pflanze bietet neben milden Heilmitteln das stärkste Gift dar. Sie wird auch wegen der ausgezeichneten arzneilichen Kräfte des Öls, das man aus ihrem Samen gewinnt, sehr geschätzt. Ostindien, die westlichen Inseln und die Vereinigten Staaten beschäftigen sich besonders mit der Zubereitung dieses Öls.

In Amerika kocht man den Samen, nachdem man die Hülsen davon abgemacht hat, ungefähr sechs Stunden in Wasser und nimmt dann das Öl, welches sich weiß und schaumig auf der Oberfläche sammelt, behutsam ab. Dann seihet man es durch ein leinenes Tuch, um ihm die nöthige Reinheit zu geben. Das Öl hat dann eine Strohfarbe, und je klarer es ist, desto wirksamer sind seine Eigenschaften.

Die Beduinen.

Der Name Beduine ist aus einem arabischen Worte entstanden, das Wüstenbewohner bedeutet, und bezeichnet diejenigen Araberstämme, die in den Wüsten Arabiens und Nordafrikas wandern und in Gegenden, wo sie Wasser und Weide für ihr Vieh finden, stets in Zelten wohnen. Jeder Stamm wird als der ausschließende Eigenthümer eines Bezirks betrachtet, dessen Umfang und Werth mit der Wichtigkeit des Stammes in Verhältniß stehen, der aber gewöhnlich sehr groß ist, um einem Wandervolke, das seinen Unterhalt hauptsächlich aus den freiwilligen Erzeugnissen seines Wohnplatzes zieht, hinlänglichen Raum zu geben. Man findet daher denselben Stamm immer in demselben Weidegebiete,

wenn anders nicht ein mächtigerer ihn verdrängt, oder wenn ein Stamm durch Zwiespalt mit seinem Häuptlinge, dem Scheikh, oder durch die Hoffnung, ein günstigeres Gebiet zu finden, seine Selbständigkeit aufgibt und mit einem Nachbarstamme sich vereinigt. Die Beduinen unterscheiden sich durch ihre Sitten nicht nur von den in Städten wohnenden Arabern, sondern auch von denjenigen, die an den Grenzen angebauter Gegenden angesiedelt, Verkehr mit Städtebewohnern haben und wenigstens während einiger Monate mit dem Ackerbaue sich beschäftigen. Die Beduinen der einzelnen, besonders der weit voneinander entfernten Stämme, sind sehr verschieden. Im Allgemeinen sind sie unter Mittelgroße und hager, mit einer braunen Gesichtsfarbe und starkem schwarzen Haupthaar. Selten findet man hochgewachsene Leute unter ihnen, noch seltener wohlbeleibte. Sie haben, besonders an den Beinen, stark hervortretende Muskeln, die zuweilen mit den übrigen Theilen des Körpers nicht in Verhältniß stehen. Ihre Körperstärke ist bedeutend, noch größer aber ihre Regsamkeit und Gewandtheit, und in Enthaltsamkeit und Ausdauer bei Beschwerden werden sie kaum von ihren Kameelen übertroffen. Sie können vier bis fünf Tage reisen, ohne Wasser zu trinken, unter Umständen, wo eine zweitägige Enthaltsamkeit einen Europäer tödten würde. Ihr tiefes schwarzes Auge hat eine Glut, wie man sie nie in nördlichen Erdgegenden findet, und macht einen solchen Eindruck auf den Fremden, daß er leicht die wunderbaren Geschichten glaubt, die man von ihrer außerordentlichen Sehkraft und der Schärfe ihrer Sinne überhaupt erzählt. Gewöhnlich scheren sie das Haupthaar ab und lassen nur den Büschel auf dem Schädel stehen, an welchem Mohammed, nach dem Glauben des gemeinen Volkes, seine Anhänger in das Paradies hinaufziehen soll. Sie haben einen kurzen und sehr dünnen Bart, und nicht wenig beneiden sie die üppige Fülle dieser Männerzier, die ihren Nachbarn, den Persern, mit ungerechter Parteilichkeit, wie sie sagen, zugetheilt sei. Sie pflegen indeß mit großer Sorgfalt den dürftigen Wuchs, salben und kämmen ihn fleißig, und jedes einzelne Haar ist ihnen theuer wie „ein rother Tropfen" ihres Herzblutes, und die Drohung, ihn seines Bartes zu berauben, bewegt den Beduinen, entweder zu fliehen oder jede Erpressung und Ungerechtigkeit zu erdulden.

Die Tracht der Beduinen ist malerisch und eigenthümlich und besteht hauptsächlich aus dem Hemde, dem Mantel und der Kopfbedeckung. Das Hemd ist von grobem Baumwollenzeuche mit weiten Ärmeln. Es wird bei den Meisten selten, ja fast nie gewechselt oder gewaschen, und sie sind daher sehr mit Ungeziefer geplagt, mit dessen Fange sie sich in ihren häufigen Mußestunden die Zeit vertreiben. Wohlhabendere tragen zuweilen das gewöhnliche türkische Untergewand von Baumwollenzeuch oder Baumwolle und Seide; die meisten aber begnügen sich mit einem kurzen Mantel, der über dem Hemde getragen wird. Dieser Mantel, Abba genannt, der meist in Bagdad verfertigt wird, fällt von den Schultern bis auf die Wade und ist fast ebenso weit als lang, einem Sacke ähnlich, vorn offen und mit Öffnungen auf beiden Seiten für die Arme. Er ist von stark gedrehtem Wollengarn oder von gesponnenem Kameelhaar und verschieden in Beschaffenheit und Mustern. Eine leichte weiße Art dieser Mäntel wird zuweilen unter dem andern und selbst von Türken und Persern als ein bequemer Sommeranzug getragen. Einige sind ganz schwarz, die feinern Arten aber mit Gold durchwirkt oder mit Seide gestickt. Die gewöhnlichen sind braun oder mit senkrechten weißen und braunen oder weißen und blauen Streifen. Häufig findet man bei den verschiedenen Stämmen verschiedene Muster dieser gestreiften Zeuche. Das Hemd unter dem Mantel wird mit einem Stricke oder einem breiten Gürtel von Leder oder Wolle zusammengehalten. Der Beduine geht fast immer barfuß und nur zuweilen sieht man ihn in rothen Pantoffeln oder den gelben Stiefeln der Türken. Seine Kopfbedeckung ist ein starkes viereckiges Tuch von Seide oder Baumwolle und Seide, gewöhnlich roth und hochgelb oder gelb und grün gestreift. Es ist mit langen knotigen Franzen eingefaßt und wird dreieckig zusammengesteckt und so über den Kopf gelegt, daß ein Zipfel auf den Rücken herabhängt und die beiden andern vorn über die Schultern fallen, um sie zugleich zum Schutze gegen Sonne, Wind und Regen oder zur Verhüllung des Gesichts gebrauchen zu können. Es wird um den Kopf mit einer langen und dicken Schnur von Kameelhaar oder Wollengarn gebunden. Dies ist die Sommertracht, die aber auch oft im Winter nicht abgelegt wird, außer daß man dann den sonst offenen Mantel mittels des Hemdgürtels befestigt. In manchen Gegenden ist es aber auch gewöhnlich, im Winter über das Hemd einen Pelz zu tragen, der aus mehren zusammengehefteten Schaffellen besteht.

Die Beduinen wählen ihr Lager gewöhnlich in der Nähe eines Baches oder eines Brunnens. Findet sich aber eine gute Weide in einer Gegend, wo es keine Quellen gibt, so entbehren sie das Wasser auch wol mehre Wochen lang. Sie trinken dann nur Milch, und auch ihr Vieh, die Pferde ausgenommen, kann das Wasser entbehren, so lange es grüne und saftige Kräuter findet. Die Zahl der Zelte in den Lagern ist verschieden, und sie werden nach den Umständen oder nach den Jahreszeiten auf verschiedene Art aufgeschlagen. Sind nur wenige Zelte in einem Lager, so bilden sie gewöhnlich einen Kreis, wenn sie aber zahlreich sind, stehen sie in Reihen, besonders wenn das Lager an einem Bache liegt. Im Winter, wo es bei dem Überflusse an Wasser und Kräutern nicht nöthig ist, sich zusammenzudrängen, ist das Lager in Gruppen von drei bis vier Zelten über die Ebene zerstreut. Ist das Lager in der Nähe des einzigen Wassers der Umgegend, so wird das Vieh unter der Obhut von Hirten und Sklaven ausgetrieben und jeden Abend heimgeführt. Wenn aber der Stamm länger als einige Tage in der Gegend verweilt, werden die Heerden weiter getrieben und kehren nur alle zwei oder drei Tage zu den Zelten zurück, um getränkt zu werden. Das Lager wird abgebrochen, wenn alle Kräuter abgeweidet sind oder nur in zu großer Entfernung noch Weidegrund ist.

Bei der Wanderung eines Stammes ziehen gewöhnlich sechs Reiter auf eine Entfernung von zwei Stunden voran, um die Gegend auszukundschaften. Der Hauptzug bildet eine lange Linie. Zuerst kommen mehre bewaffnete Reiter auf Pferden und Kameelen, jeder über 100 Schritte von dem andern entfernt. Dann ziehen die Kameelstuten mit ihren Jungen langsam daher, das dürftige Gras abweidend; hinter ihnen die mit den Zelten und den Lebensbedürfnissen beladenen Kameele, dann Weiber und Kinder auf Kameelen und in Sätteln sitzend, die Wiegen ähnlich und mit grünen Vorhängen zum Schutze gegen die Sonne verwahrt sind. Die Männer reiten ohne Unterschied hier und da in dem Zuge, meist aber an der Spitze der Linie.

Die Zelte sind gewöhnlich 20—30 Fuß lang und ungefähr halb so breit. Jedes hat zwei Abtheilungen, die durch einen weißen wollenen Vorhang getrennt sind, eine für die Männer, die andere für die Weiber. Die Männerabtheilung ist mit Teppichen bedeckt; Kornsäcke und Schläuche liegen hier aufgehäuft, und die Packsättel sind so aufgeschichtet, daß die Männer, wenn sie auf der Erde sitzen, sich bequem daran lehnen können. Die Abtheilung für die Weiber ist nicht so sauber und bequem und mit Vorräthen und Hausrath aller Art angefüllt. Die Zeltdecke besteht gewöhnlich aus schwarzem Ziegenhaartuch und gibt guten Schutz gegen die Sonne wie gegen Regengüsse. Zu dem Gepäcke und Hausgeräthe gehören Sättel für Kameele und Pferde, Säcke von Haaren und Leder, ein hölzerner Mörser zum Zerstoßen der Kaffeebohnen, eine Handmühle, ein

Kaffeetopf, eine kupferne Pfanne und einige hölzerne Teller. Merkwürdig sind die verschiedenen Gefäße von Häuten und Leder. Man sieht zuweilen große Wasserschläuche von gegerbtem Kameelfell, doch gewöhnlich sind sie von Ziegenfellen. Der Eimer, mit welchem das Wasser aus tiefen Brunnen geschöpft wird, ist von Leder, aber nicht blos Wasser, auch Milch, Butter, Käse Datteln und andere Vorräthe werden in Häuten aufbewahrt und fortgeschafft. Sie sind bequem auf den Wanderungen und die Vorräthe bleiben darin frisch. Kleinere Schläuche, gewöhnlich von jungen Ziegen, hängen am Sattel des Beduinen. Diese Schläuche haben keine Nähte. Wenn das Thier getödtet ist, werden Kopf und Füße abgeschnitten, worauf dann, ohne den Leib aufzuschlitzen, die Haut abgestreift wird. Dieser abgezogenen Häute bedienen sich die Araber nicht blos zu Schläuchen, sondern zuweilen sieht man sie auch auf einer aufgeblasenen Thierhaut, mit den Füßen rudernd, über einen Fluß setzen.

Die Beduinen lauern oft den Karavanen auf, die in der Nähe ihrer Lager vorüberziehen, doch sind die verschiedenen Stämme keineswegs gegen die Reisenden verbündet, um sie zu berauben. Jeder Stamm raubt und plündert die Fremden für sich, und es besteht so wenig Eintracht unter den Beduinen, daß vielmehr ein Stamm auf Raub gegen den andern auszieht. Diese Räubereien sind so gewöhnlich geworden, daß man sie durch bestimmte Anordnungen geregelt hat, die sie zu einer Art von Glückspiel machen, in welchem Niemand Schande davon trägt, als der Verlierende.

Der Beduine hält überhaupt keine Art von Räuberei für schimpflich, und der Versuch, zu plündern, wird selbst von Demjenigen, gegen welchen derselbe gerichtet ist, und der sich dagegen wehrt, für ehrenhaft gehalten, nur gilt es für schändlich, einen Araber in seinem Zelte zu berauben. Beschimpft es einen Beduinen nicht, seinen Nachbar zu plündern, so macht es ihn doch nur berühmt, wenn er seine Feinde oder die Feinde seines Stammes beraubt.

Will ein Beduine auf Raub ausziehen, so sammelt er 10—12 entschlossene Freunde, und Alle bedecken sich mit Lumpen, damit sie, wenn sie gefangen werden, unbekannt bleiben und das Lösegeld nach ihrem armseligen Äußern bestimmt werde, doch ist dieser Kunstgriff so gewöhnlich geworden, daß er selten gelingt. Jeder nimmt etwas Mehl, Salz und einen kleinen Wasserschlauch mit, und so ausgerüstet entfernen sie sich oft auf acht Tage von ihrem Lagerplatze. Erreichen sie am Abend das Lager, gegen welches ihr Anschlag gerichtet ist, so werden drei der verwegensten Räuber nach den Zelten entsendet, welchen sie sich aber erst um Mitternacht nähern, wo die meisten Araber schlafen. Jeder von ihnen hat sein besonderes Geschäft. Einer, Mostambeh genannt, schleicht sich hinter das Zelt, dessen Eigenthümer geplündert werden soll, und sucht die Aufmerksamkeit der nächsten Wächterhunde auf sich zu ziehen. Sie fallen ihn an, er ergreift die Flucht und sie verfolgen ihn auf eine weite Strecke. Sind die Umgebungen des Zeltes auf diese Weise von ihren Wächtern entblößt, so nähert sich ein anderer, Harami oder Räuber genannt, den Kameelen, zerschneidet die Stricke, womit ihre Beine gebunden sind, und bringt sie zum Aufstehen. Dies geschieht ohne Schwierigkeit, da ein unbeladenes Kameel immer aufsteht und ohne das mindeste Geräusch umhergeht. Der Harami führt dann eine Kameelstute aus dem Lager und alsbald folgen ihr die übrigen. Der dritte Räuber steht indeß vor dem Zelte, eine Keule in der Hand und bereit, Jeden zu erschlagen, der herauskommt. Sobald aber der Harami seinen Anschlag glücklich ausgeführt hat, folgt ihm der Andere und hilft ihm die gewonnene Beute weiter treiben. In einiger Entfernung von dem Lager faßt Jeder eines der stärksten Kameele mit aller Kraft bei dem Schweife. Die Thiere setzen sich nun in Galopp und ziehen die Beduinen nach, während die übrigen Kameele ebenso schnell folgen, bis die Stelle erreicht ist, wo die zurückgebliebenen Gefährten warten. Diese übernehmen die Kameele, und die beiden Räuber eilen nun, den Mostambeh von den verfolgenden Hunden zu befreien. Auf diese Weise werden oft gegen 50 Kameele geraubt. Sind alle Räuber wieder vereinigt, so brechen sie auf und reisen Tag und Nacht, bis sie ihr Lager erreichen, wo die Beute getheilt wird.

Werden bei diesen Unternehmungen Räuber gefangen, so gibt die Behandlung, welche sie erfahren, eine merkwürdige Erklärung jener eigenthümlichen Gebräuche, die man eingeführt zu haben scheint, um eine gänzliche Zerreißung aller gesellschaftlichen Bande zu verhüten, die bei einer ungehemmten Wirksamkeit der gesetzlosen Gewohnheiten, in welchen die Beduinen leben, unvermeidlich sein würde. Es wird nämlich der uralte Gebrauch heilig gehalten, daß, wenn Jemand, der von einem Andern eine Gefahr zu befürchten hat, eine leblose Sache, die der Drohende in der Hand hält oder mit welcher er in irgend eine Verbindung gesetzt ist, berühren, oder wenn er ihn selber auch nur insofern mittelbar berühren kann, daß er ihn anspeit oder einen Stein auf ihn wirft und dabei ausruft: „Ich bin dein Schützling", Jener nach den Grundsätzen der Ehre verpflichtet ist, ihm den verlangten Schutz zu gewähren. Ein gefangener Räuber sucht natürlich jede Gelegenheit, der Wohlthat dieses Gebrauchs theilhaft zu werden, und Derjenige, in dessen Gewalt er sich befindet, ist ebenso eifrig bedacht, ihm diesen Vortheil zu entziehen. Der Gefangene wird, wenn Worte nicht helfen, durch Schläge gezwungen seinem Rechte auf jene Schutzerflehung zu entsagen, da diese Entsagung aber nur für den Tag gilt, wo sie geleistet wird, so muß der Gefangene sie täglich gegen Jeden, der sich ihm nähert, wiederholen. Der Zweck der Gefangenschaft ist, das höchste Lösegeld zu erlangen, und um den Räuber sicher zu bewahren, wird er in ein zwei Fuß tiefes Grab gelegt, mit den Füßen an den Boden gefesselt, an den Händen gebunden und mit den Haaren an zwei neben seinem Kopfe eingeschlagenen Pfählen befestigt. Das Grab wird mit Stangen belegt, die man mit verschiedenen Gegenständen beschwert, sodaß nur über dem Gesichte des Gefangenen eine kleine Öffnung bleibt. Es wird ihm nicht mehr Nahrung gereicht, als grade zur Erhaltung seines Lebens genug ist. Verhehlt er, wenn er aus einer reichen Familie ist, beharrlich seinen Namen, so bleibt er zuweilen wol sechs Monate in der Haft, worauf dann der Gegner der Sache müde wird und ihn unter leichtern Bedingungen entläßt. Auch erhält er seine Freiheit wol ohne alles Lösegeld, wenn er in der Gefangenschaft gefährlich erkrankt; denn stirbt Jemand in dem Gefängnisse, so glaubt man, daß sein Blut über seinen Feind komme. Zuweilen gelingt es ihm auch, aus seinem Grabe zu entkommen und in ein benachbartes Zelt zu fliehen, bei dessen Eigenthümer er Schutz verlangt, oder aus seinem Grabe Jemand anzuspeien, auf dessen Schutz er nicht verzichtet hat, oder von einem Kinde ein Stück Brot zu erlangen, wodurch er dann den Anspruch auf das Vorrecht erhält, mit seinem Befreier Brot gegessen zu haben. Seine Freunde bieten Alles auf, um seine Befreiung durch Gewalt oder durch List zu bewirken, und besonders sind die Weiber sinnreich in Erfindungen zur Erlösung eines Verwandten. Die Mutter oder die Schwester des Gefangenen geht in das Lager, wo sie in einem Zelte gastfreundlich empfangen wird. Hat sie ausgekundschaftet, in welchem Zelte er gefangen liegt, so geht sie in der Nacht zu ihm, mit einem Bindfadenknäuel in der Hand, wovon sie ihm ein Ende in den Mund steckt oder an den Fuß bindet. Dann geht sie, das Knäuel abwindend, in ein anderes Zelt, weckt den Eigenthümer, legt den Faden auf seine Brust und spricht: „Siehe mich an, bei deiner Liebe zu Gott und zu dir selbst, Dies ist unter deinem Schutze." Der Araber steht auf, faßt den Faden in die Hand und folgt ihm, bis er zu dem Zelte gelangt, wo der Räuber gefangen liegt. Dann weckt er den Eigenthümer und erklärt sich zum Beschützer des Gefangenen, der nun sogleich aus seinem Grabe befreit, wie ein neu angekommener Gast bewirthet und endlich ungekränkt entlassen wird.

Feuergewehre sind jetzt sehr gewöhnlich unter den Beduinen. Sie sind freilich sehr roh gearbeitet, und nur Reiche haben bessere, mit Elfenbein eingelegte oder sonst verzierte Gewehre. Der Beduine ist sehr geschickt in dem Gebrauche derselben und zielt sicherer als es bei einer so plumpen Waffe möglich zu sein scheint. Die gewöhnliche und eigenthümliche Waffe des Arabers ist die Lanze. Einige sind von Holz, andere von starkem Rohr, und diese die beliebtesten, weil sie die leichtesten sind. Die Lanze hat eine Spitze von Eisen oder Stahl an jedem Ende, und die untere dient hauptsächlich dazu, sie in die Erde zu stecken, wenn sie nicht gebraucht wird. Der Schaft ist gewöhnlich über zehn Fuß lang, die eigentliche Lanzenspitze nie kürzer als einen Fuß. Unter der Spitze ist die Lanze oft mit Straußfedern verziert. Fast jeder Beduine trägt stets einen Säbel, selbst wenn er in seines Nachbars Zelt geht, um Kaffee zu trinken. Überdies steckt in seinem Gürtel ein langes gekrümmtes Messer, dessen Griff vorn nach der linken Seite gekehrt ist. Keulen, zwei bis drei Fuß lang, werden häufig gebraucht, sowol zu Pferde als zu Fuße, wenn man nicht mit der Lanze bewaffnet ist. Diese furchtbare Waffe ist zuweilen von Eisen, gewöhnlich aber von Holz und mit Eisen beschwert oder mit eisernen Stiften besetzt. Hirten, welche sich mit der Heerden weit vom Lager entfernen müssen, haben eine kurze Lanze und sind sehr geschickt im Gebrauche der Steinschleuder. Als Schutzwaffe dient ein runder Schild, der 1 — 1½ Fuß im Durchmesser hat, und bald von Metall oder hartem Holze und mit Leder überzogen, bald von Büffel- oder Nilpferdhaut ist. Auch trägt man zuweilen Panzerhemden, die theils von den Ellbogen über die Schultern bis auf die Knie gehen, theils nur bis auf die Hüften reichen, während die Unterarme bis auf die Finger mit Stahlschienen bedeckt sind. Dazu kommt eine Blechhaube. Diese Schutzwaffen sind jedoch nur in eigentlichen Kriegen bei den Arabern gebräuchlich und auch dann nicht sehr häufig.

Beduinen.

Verantwortliche Herausgeber: Friedrich Brockhaus in Leipzig und Dr. C. Drxler-Manfred in Wien.
Verlag von F. A. Brockhaus in Leipzig.

Das Pfennig-Magazin

der

Gesellschaft zur Verbreitung gemeinnütziger Kenntnisse.

175.] Erscheint jeden Sonnabend. **[August 6, 1836**

Evora.

Der Dianentempel in Evora.

Evora ist die Hauptstadt der schönen portugiesischen Provinz Alemtejo. Die alte Stadt stand wahrscheinlich schon zu der Zeit, wo die Phönizier auf der pyrenäischen Halbinsel angesiedelt waren, und als 80 Jahre v. Chr. der Römer Quintus Sertorius, welcher vor dem in Rom allmächtigen Sylla fliehen mußte, in Spanien und Portugal eine unabhängige Herrschaft zu gründen suchte, befestigte er Evora und zierte es mit mehren öffentlichen Gebäuden. Julius Cäsar vergrößerte die Stadt, die den Namen Liberalitas Julia erhielt, gewöhnlich aber von den Römern Ebura genannt wurde. Sie wurde 715 von den Arabern, den Eroberern der pyrenäischen Halbinsel, unterworfen, 1166 von den Christen unter Giraldo, dem Ritter ohne Furcht, wiedergenommen, dessen Bild, zu Pferde mit dem Schwerte in einer und zwei Maurenköpfen in der andern Hand, noch das Stadtwappen ist.

Die Stadt liegt 15 Meilen von Lissabon reizend an einer Anhöhe, die fast ganz mit Orangenbäumen, Ölbäumen, Reben und Obstbäumen bedeckt ist, während am Fuße des Hügels lachende Getreidefelder sich ausbreiten, die in der Ferne von alten Korkeichen begrenzt werden. Sie hat gegen 10,000 Einwohner und ist der Sitz eines Erzbischofs. Merkwürdig sind besonders ihre Denkmale aus der Römerzeit. Zuerst zieht unsere Blicke bei dem Eintritte in die Stadt der Dianentempel an. Die sechs Säulen der Vorderseite von korinthischer Ordnung haben nur wenig von der Zeit und von Menschenhänden gelitten. Das Gebälke aber ist fast ganz zerstört. Die spitzigen Zinnen am obern Theile des Gebäudes, wie wir auf vorstehender Abbildung sehen, wurden von den Mauren hinzugefügt, die es nie verstanden, ihren schönen, aber ganz verschiedenartigen Baugeschmack dem Style der Griechen und Römer anzupassen. Die übrigen Theile des Bauwerkes, das aus feinkörnigem harten Granit besteht, haben sich ebenfalls trefflich erhalten, obgleich wahrscheinlich 18 Jahrhunderte verflossen sind, seit es errichtet wurde. Die Einwohner haben jedoch das Innere des schönen Tempels entweiht, indem sie es in ein Schlachthaus verwandelten.

Noch großartiger aber ist die römische Wasserleitung unweit der Stadt, von welcher unsere Abbildung (S. 256) den Theil darstellt, der nach der Stadt hin sich mit einem runden Castell endigt. Solche Castelle hatten verschiedene Zwecke. Sie waren bei langen Wasserleitungen an verschiedenen Stellen errichtet und mehre derselben enthielten Quartiere für Soldaten, die zur Beschützung und Bewachung des Werkes bestimmt waren. In einigen wohnten Maurer und Werkmeister, um bei irgend einer Beschädigung der Wasserleitung gleich zur Hand zu sein, während andere blos als Behältnisse dienten, aus welchen das Wasser durch Röhren und Hähne herbeigeschafft werden konnte. Das Castell auf unserer Abbildung ist von dieser Art. Im Innern sieht man ein Behältniß, welches einen Theil des Wassers aufnimmt, das über die Wasserleitung geführt wird, andere unterirdische Röhren aber leiten das Wasser in verschiedene Springbrunnen und Cisternen der Stadt. In Spanien, Italien, Dalmatien und andern Ländern, wo die Römer ähnliche unvergängliche Denkmale ihrer Herrschaft zurückgelassen haben, sind sie verfallen und unbrauchbar geworden, in Evora aber hat sich die Wasserleitung wie das Castell vollkommen erhalten, und die Bewohner der Stadt trinken noch dasselbe Wasser, das ihren Vätern vor 1800 Jahren zugeführt wurde. Die Wasserleitung besteht aus Steinen, die mit einem marmorharten Mörtel zusammengefügt sind. Das Castell ist sehr zierlich von Ziegeln gebaut und mit dem fast unzerstörbaren römischen Gypsüberzuge bekleidet. Jene römischen Backsteine sind ganz verschieden von den unserigen, flach wie die zum Pflastern gebrauchten Ziegel, selten über zwei Zoll dick und ungemein fest gebrannt. Sie wurden horizontal oder auf die flachen Seiten gelegt und der dazwischen befindliche Mörtel verbindet sie auf das festeste. Man findet Mauern und Gewölbe von solchen Ziegeln oft in dem vollkommensten Zustande, während benachbarte von Steinen errichtete Bauwerke verfallen sind. Das runde Castell hat ohne die Säulen 38 Fuß im Umfange. Die acht Säulen sind von ionischer Ordnung. In jeder Säulenweite befindet sich eine Nische und eine Thüre, und in einer derselben ist der Zugang zu dem Wasserbehältnisse und dem Innern. Das obere Stockwerk ist mit ionischen Pilastern verziert, zwischen welchen sich Öffnungen befinden, die Luft und Licht einlassen.

Wanderungen einiger Pflanzen.

Aus Konstantinopel sind 1554 die ersten Traubenhyacinthen, 1570 die Sternhyacinthen, 1590 die Kaiserkronen in unsere Gegenden gekommen. Auch die Ranunkeln haben wir aus Konstantinopel erhalten. Die Tulpen sind 1559 aus Kappadocien zu uns gebracht worden. Die Sammet- oder Winterrose ist aus den Gärten von Tunis in unsere Gegenden gekommen, als Kaiser Karl V. von daher zurückkehrte; sie wird deshalb auch noch wol die afrikanische Blume genannt. Aus Amerika haben wir die Tuberosen, Sonnenblumen, Cardinalblume, Passionsblume, gelben Weidrich, indianische Kresse und die Amaryllis. Die erste große amerikanische Aloe kam 1561 aus Mexico nach Italien. Die meisten Obstbäume sind zuerst aus den Morgenländern nach Griechenland, von da nach Italien und so in die übrigen Länder Europas gekommen. Die besten Äpfel und Birnen stammen aus Ägypten, Syrien und Griechenland. Nach Rom kamen von dort her die ersten Äpfelbäume. Die Aprikosen sind aus Epirus, und die welschen Nüsse wurden zur Zeit der römischen Könige aus Persien nach Italien gebracht. Die besten Haselnüsse hießen in Rom von ihrem Stammlande (Pontus in Kleinasien) noch pontische Nüsse. Die Feigen kamen auch aus Asien. Kaiser Julian brachte sie im 4. Jahrhundert zuerst nach Frankreich. Die Olivenbäume sind von der Insel Cypern nach Griechenland, und von da nach Italien gekommen.

Auch der Wein stammt aus dem mittlern Asien. Der Roßkastanienbaum ist aus dem nördlichen Asien nach Europa gekommen um 1550. Die Apfelsinenbäume sind aus China nach Portugal und von da nach Italien gebracht worden. Die Hirse ist aus Indien und das Haidekorn oder der Buchweizen vor 300 Jahren aus Asien durch die Türkei und Griechenland nach Italien und von hier nach den übrigen Ländern Europas gekommen. Der Reis, der aus Asien stammt und seit den ältesten Zeiten auf den indischen Inseln und in China gebaut wird, wurde seit 1696 in Nordamerika, und zwar zuerst in Carolina, bekannt. Die Saubohnen kamen vom kaspischen Meere. Die Erbsen wie die gewöhnliche Bohne (Vicia faba) stammen aus Ägypten und Syrien. In England wurden sie schon durch die Römer eingeführt. Die Scorzonere stammt zunächst aus Spanien, wohin sie die Mauren aus Afrika brachten. Man benutzte sie anfänglich wegen ihrer angeblichen Heilkräfte gegen den Biß einer giftigen Schlange, Scurzo genannt, woher sie seit dem 16. Jahrhundert den Namen erhielt. In Spanien ward sie auch zuerst gegessen und kam von dort nach Frankreich. Der Hanf stammt aus Ostindien und der Flachs ist aus dem mittägigen Europa zu uns gekommen. Die Zwiebel stammt aus Afrika und war in den ältesten Zeiten schon in Ägypten bekannt. Der Knoblauch stammt aus dem Morgenlande und der Schnittlauch aus Sibirien. Die Schalotten haben ihren Namen von der Stadt Askalon in Palästina. Die Kartoffeln sind im südlichen Amerika (Chile, Peru) zu Hause und wurden im 16. Jahrhundert nach Europa verpflanzt. Der Spargel, schon den Griechen und Römern bekannt, ist erst im 18. Jahrhundert aus Italien nach Deutschland gekommen. Die Artischocke, eigentlich eine Seepflanze, stammt wahrscheinlich von den Küsten des mittelländischen Meeres, und wurde schon im 15. Jahrhundert in Italien gebaut. Sie kam zu Anfang des 16. Jahrhunderts nach Frankreich, bald nachher auch nach England, und ist seit dem 17. Jahrhundert auch in Deutschland bekannt. Die ersten Safranzwiebeln brachte ein Pilger aus dem Morgenlande unter Eduard III. nach England. Der Kerbel ist aus Italien, der Dill aus Spanien, der Fenchel von den kanarischen Inseln, der Thymian aus Spanien, der Majoran aus Griechenland, die Petersilie aus Ägypten, der Portulak, schon im 17. Jahrhundert in Europa eingeführt, aus Südamerika, die Krausemünze aus Sibirien, der Rettig und das Radieschen aus China, die Schminkbohne aus Ostindien, der Kürbis aus dem asiatischen Rußland und die Melone aus der Kalmückei zu uns gekommen. Der Spinat stammt aus dem westlichen Asien, wird zuerst in den Schriften arabischer Ärzte erwähnt und in Spanien eingeführt, woher er schon im 14. Jahrhundert in das übrige Europa kam. Die Endivie stammt wahrscheinlich aus China und Japan und kam früh im 16. Jahrhundert nach Europa. Das Vaterland der Kresse ist Persien. Man baute sie schon in der Mitte des 16. Jahrhunderts in Europa. Der erste Same von Blumenkohl wurde aus der Insel Cypern gebracht und schon zu Anfang des 17. Jahrhunderts in England angebaut.

Die Geschichte und Verfertigung des Glases.

Es gibt keine bestimmten Angaben über die Zeit, wo die Herstellung des jetzt allgemein benutzten und bekannten Glases zuerst gelang. Nach der Erzählung des ältern Plinius, welcher im 1. Jahrhundert lebte und einer der gelehrtesten Römer war, vermittelte der Zufall die Entdeckung desselben. Phönizische Seeleute sollen nämlich eines Tages unweit des Berges Karmel an dem sandigen Ufer des Flusses Belus im heutigen Syrien gelandet sein und dort Feuer angezündet haben, um sich ihr Essen zu kochen. Da sie keine großen Steine in der Nähe fanden, um mittels derselben ihre Kochgeschirre über das Feuer setzen zu können, holten sie sich dazu vom Schiffe große Stücke Salpeter, woraus ihre Ladung bestand. Am Feuer schmolz nun ein Theil dieses Salpeters und bildete durch seine Vermischung mit der Asche und dem Sande nach dem Verlöschen des Feuers eine Masse, welche nichts Anderes als ein unreines Glas war. Die vollkommenere Bereitung desselben wurde hierauf von den Phöniziern bald aufgefunden, und die Bewohner von Sidon erlangten darin besondern Ruf; doch wird die Kunst, das Glas durch Blasen und Schneiden beliebig zu formen, als eine spätere Erfindung der Ägypter betrachtet. Übrigens beweisen die Glasstücke und Scherben, welche man in den alten ägyptischen Gräbern und andern verfallenen Gebäuden des Alterthums gefunden hat, daß die Entdeckung des Glases jedenfalls in eine sehr frühe Zeit und wol über 1000 Jahre v. Chr. zu versetzen ist.

Nach Italien und Rom scheint die Glasmacherkunst zu Anfang der christlichen Zeitrechnung gebracht, dort weiter vervollkommnet und von da nach den römischen Provinzen im westlichen Europa verbreitet worden zu sein. Über die früheste Anwendung des Glases zu Fenstern herrscht ebenfalls Ungewißheit; zuverlässig ist jedoch, daß schon im 3. Jahrhundert einige Kirchen des südlichen Europas bunte Glasfenster erhielten. Früher bediente man sich dazu des Marienglases, der Hornplatten, dünn geschabter Häute und ähnlicher Dinge.

Noch im Jahre 674 mußte man bei Erbauung einer neuen Abtei in England sich Glasmacher aus Frankreich kommen lassen, um die Kirche mit Glasfenstern zu versehen, und erst zu Ende des 10. Jahrhunderts fingen die Vornehmen an, sich Glasfenster machen zu lassen. Bis zum 17. Jahrhundert scheint aber dessenungeachtet dort die Glasbereitung auf sehr niedriger Stufe gestanden zu haben, und hob sich auch dann nur durch die aus Venedig berufenen Arbeiter, wo berühmte Glasfabriken damals bestanden. In Frankreich nahm die Glasfabrikation zu Anfang des 14. Jahrhunderts einen bedeutenden Aufschwung und wurde so werth gehalten, daß nur Leute adeliger Herkunft sich damit beschäftigen durften, daher auch noch im 17. Jahrhundert die Arbeiter in den Glasfabriken vor allen andern die Herren oder die adeligen Glasmacher genannt wurden. Dort wurde auch 1688 durch Abraham Thewart das Gießen großer Spiegelgläser erfunden, und die damals errichtete Fabrik zu St.-Gobin im Aisnedepartement gehört noch zu den vorzüglichsten. In Portugal wurde die erste Glasfabrik zu Anfang des 18. Jahrhunderts von Engländern, in Schweden 1641 vermuthlich von Deutschen angelegt.

In Deutschland selbst scheinen Glasarbeiten schon vor dem 8. Jahrhundert nicht unbekannt gewesen zu sein, indessen finden sich die ersten Nachrichten von bunten Glasfenstern in Kirchen erst im 10. Jahrhundert, und noch im Jahr 1458 rühmt es der Cardinal Äneas Sylvius unter den Herrlichkeiten der Stadt Wien, daß die meisten Häuser Glasfenster hatten. Dabei darf man übrigens nicht an unsere großen und hellen Fensterscheiben denken, sondern nur an jene kleinen runden, in Blei gefaßten, welche sich noch hin und wieder in alten Gebäuden finden. Im 18. und 19. Jahrhundert hat jedoch die Glasfabrikation in Deutschland eine Ausdehnung und Vollkommenheit erlangt, namentlich im Königreiche Böhmen, erlangt, welche ihren Erzeugnissen Absatz nach allen Weltgegenden sichert und ihr mit der englischen zu wetteifern erlaubt.

Was nun die Bereitung des Glases selbst anlangt, so wird diese durch Verschmelzung von Kieselerde, dem Hauptbestandtheile des Glases, der gewöhnlich als Quarz oder Quarzsand angewendet wird, mit kleinen Mengen von Glaubersalz, Pottasche, Kochsalz, Kalk, Salpeter, Bleiglätte und Mennig, und alten Glasscherben, sogenannten Bruchglase, wodurch der Schmelzproceß sehr beschleunigt wird. Alle diese Stoffe werden mehr und weniger gereinigt und gepulvert, je nachdem eine bessere oder geringere Sorte Glas bereitet werden soll, deren schlechteste die Bouteillenglas ist. Früher wurden die sorgfältig gemengten Materialien oder der sogenannte Glassatz, in einem besondern Ofen vor dem Schmelzen erst gefrittet, d. h. in einem Schmelztiegel bis fast zum Schmelzen erhitzt, um etwa die darin vorhandene Wasser- und Kohlensäure zu verflüchtigen und verbrennliche Stoffe zu zerstören. Diesem Fritten des Glassatzes im Ganzen zieht man aber jetzt das abgesonderte Glühen der etwa unreinen Zusätze vor.

Das Schmelzen geschieht in eignen, theils runden, theils viereckigen Öfen, von denen die der Wirkung des Feuers unmittelbar ausgesetzten innern Theile aus dem feuerbeständigsten Material, nämlich aus einem für sich im Ofenfeuer unschmelzbaren Thone hergestellt werden, da sie einer Hitze von 3500 — 8000° widerstehen müssen, und wo möglich über ein Jahr lang ohne Unterbrechung geheizt werden. Im untern Theile des Ofens liegen einander gegenüber die zum Herde führenden Öffnungen, zwischen denselben aber sind über dem Herde die ungefähr eine Elle tiefen und breiten, runden oder viereckigen Schmelzhäfen angebracht, die ebenfalls aus jenem feuerbeständigen Thone bestehen und für deren jeden der Ofen an der Seite, wo er sich befindet, eine verschließbare Öffnung hat.

Erst nachdem diese Schmelzhäfen bis zum Weißglühen erhitzt sind, wird der Glassatz mittels eiserner Schaufeln hineingethan, und gelangt nun binnen 15—24 Stunden in den Zustand völliger Flüssigkeit. Sind noch Theile darin enthalten, welche in die Glasbildung nicht eingehen, so sammeln sich diese als dünnflüssige Masse, Glasgalle genannt, an der Oberfläche und werden mittels eiserner Löffel entfernt. Ist aber endlich die Glasmasse hinlänglich geläutert, so wird die bisherige höchste Hitze etwas vermindert, damit die Masse dickflüssiger und zum Verarbeiten geschickt werde. Im Allgemeinen begreift man die daraus gefertigten Artikel unter dem Gesammtnamen Tafelglas, gewöhnlich zu Fensterscheiben, Hohlglas oder gläsernen Gefäßen aller Art und Spiegelglas.

Das Tafelglas pflegt besondere Härte zu besitzen und wird auf doppelte Weise, nämlich als Mondglas, in England Crownglas genannt, und als Walzenglas bereitet. Bei der ersten und ältern nimmt der Arbeiter die zu jeder Tafel nöthige Glasmasse aus den Glashäfen mit der sogenannten Pfeife, einem eisernen, oben mit einem hölzernen Griffe, unten mit einem kegelförmigen Ansatze versehenen Blasrohre, das er eintaucht, wie Kinder die Thonpfeifen in Seifenschaum, wenn sie Seifenblasen machen. Hat er genug Masse, so gibt er derselben durch Rollen auf einer glatten eisernen Tafel (Abbild. 1) eine regelmäßige Gestalt, und bläst sie

252   Das Pfennig-Magazin.

I.

dann mittels des Rohrs birnförmig auf (Abbild. 2),

II.

wobei er die Form durch Auflegen auf eine eiserne Rolle zu verlängern sucht, die auf eine Art Bank befestigt ist. Es versteht sich übrigens, daß, während dieses und des folgenden Verfahrens, die Masse durch wiederholtes Anwärmen am Feuer in dehnbarem Zustande erhalten wird. Ist die Masse hinlänglich aufgeblasen, so wird sie vor einer dazu bestimmten größern Öffnung des Ofens mittels der Pfeife, die dann auf einem zum Schutze der Arbeiter gegen die Hitze angebrachten Mauerschirm aufliegt, in eine schnelle drehende Bewegung gebracht (Abbild. 3), wodurch sich die der Pfeife entgegengesetzte

III.

Fläche, gleichsam der Boden der Blase, platt zieht. An diese Fläche setzt nun ein zweiter Arbeiter das sogenannte Hefteisen an, das vorher erwärmt und in die Glasmasse getaucht worden ist (Abbild. 4), und nur so fest

IIII.

wie die Pfeife haftet. Letztere aber wird jetzt abgeschnitten und die Umdrehung mittels des Hefteisens vor dem Ofen fortgesetzt (Abbild. 5), bis sich die noch erhabene

V.

Seite immer mehr verflacht (Abbild. 6) und endlich das

VI.

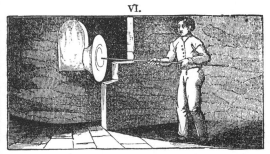

Ganze durch die Schwungkraft in eine nur in der Mitte noch etwas stärkere, sonst gleichmäßige Scheibe verwandelt (Abbild. 7) worden ist. Nunmehr wird dieselbe

VII.

auf ein Lager heißer Asche in die Nähe des mit dem Schmelzofen gewöhnlich in Verbindung stehenden Kühlofens gelegt, und von da, nachdem das Hefteisen entfernt worden, mittels einer Gabel senkrecht in den Kühlofen gestellt (Abbild. 8). In diesem erkaltet das

VIII.

Glas allmälig, was bei sehr großen Gläsern zuweilen Wochen dauert, denn durch plötzliches Abkühlen würde es viel zu spröde werden. Später werden die oft mehre

Fuß im Durchmesser haltenden Scheiben, mit Entfernung des mittlern Theiles, in zwei halbkreisförmige Theile geschnitten, woher der Name Mondglas rührt.

Die Verfertigung des Walzenglases ist eine deutsche Erfindung und erfodert ebenfalls, daß die Glasmasse zuerst walzen= oder birnförmig aufgeblasen (Fig. 9) werde. Hierauf wird der Boden der Blase mit einem Eisen durchbrochen (Fig. 10), allmälig erweitert (Fig. 11), dann an der Seite aufgeschnitten (Fig. 12) in Walzenform gebracht und das Glas auf eine eiserne Tafel gelegt (Fig. 13), wo es die letzte Form erhält.

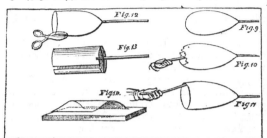

Das Spiegelglas wird vorzüglich sorgfältig theils wie das Tafelglas verfertigt, theils gegossen, indem man die geschmolzene Glasmasse auf eine kupferne oder bronzene Tafel leitet, die an den Seiten mit Metallleisten versehen ist, deren Höhe der gewünschten Dicke des Glases gleich kommt. Damit sich aber die Glasmasse gleichmäßig verbreite, läßt man auf den Leisten noch eine glatte Metallwalze über den Guß hinlaufen. Ist die Glastafel fest genug, so wird sie wie das auf andere Weise verfertigte Tafelglas im Kühlofen aufgestellt, um allmälig ganz zu verhärten.

Am Mannichfaltigsten sind die Formen des Hohlglases, bei deren Darstellung vielerlei Handgriffe, Übung u. s. w. sehr in Betracht kommen. Das Meiste wird geblasen. Man benutzt jetzt aber auch thönerne und metallene Formen dabei und vermag namentlich mittels letzterer den darin gegossenen Gefäßen ein Ansehen zu geben, das dem der geschliffenen Glaswaaren sehr ähnlich ist. Zu den letzten wird vorzugsweise Krystallglas genommen, das weniger hart als Tafelglas ist, allein bei gewöhnlich ansehnlicher Dicke die Durchsichtigkeit des Krystalls besitzt, wegen einer stärkern Beimischung von Blei aber auch sehr schwer ist. Durch Zusatz von andern metallischen Theilen kann das Glas verschiedenartig gefärbt werden, welche Kunst schon in älterer Zeit bekannt war und neuerdings wieder sehr vervollkommt worden ist; auch werden auf diesem Wege die künstlichen Edelsteine hervorgebracht, welche nichts Anderes sind, als bleihaltiges Glas, welches durch Verbindung mit gewissen Metalloxyden, z. B. durch Kupferoxyd grün, Kobaltoxyd blau, gefärbt worden ist.

Erinnerung aus der Perückenzeit.

Der ehemalige speiersche Leibarzt, Johann Peter Frank, sagt in seinem schätzbaren System der medicinischen Policei (dritter Band, Seite 208), welches 1783 erschien: „Wie elend kommt es doch heraus, wenn man eine ganze Nation mit weißgepuderten Köpfen in Fehljahren den Himmel über Fruchtmangel laut anklagen hört, da doch eine ganze Provinz eben von dem nahrhaften Staube schicklich zu leben hätte, mit welchem so viele tausend Perückenmacher sich zu Lungensüchtigen stäuben, indem sie das feinste Mehl in die Luft streuen und dem hungrigen Bürger entziehen." An solche Äußerungen muß man Diejenigen erinnern, welche die Gegenwart zu sehr herabsetzen. Wir sind durch die allgemeine Verbreitung der Kartoffeln mehr als unsere Großväter vor Hungersnoth gesichert, streuen aber dennoch kein Weizenmehl in die Haare und haben nicht mehr viele tausend Perückenmacher.

Züge aus dem Leben König Karl XII. von Schweden.

Nach der Schlacht bei Clissow, welche Karl XII. am 9. Juli 1702 gegen den König August von Polen gewann, fielen den Schweden, welche nur 700 männliche Gefangene gemacht hatten, noch 500 Frauenzimmer in die Hände, welche dem feindlichen Heere gefolgt waren, und unter denen sich auch einige von Stande befanden. Karl, der bekanntlich aller Frivolität höchst abhold war, mochte diese weibliche Cohorte weder in seinem Lager behalten, noch sie unbeschützt dem Feinde nachsenden, zumal da sie große Furcht vor dem Muthwillen der polnischen Bauern hegten. Er gab ihnen also einige Schwadronen zur Bedeckung mit, welche den strengsten Befehl hatten, ihren Schützlingen weder etwas zu entfremden, noch ihnen sonst die geringste Ungebühr zuzufügen. Diese Schonung gefiel dem Könige August so wohl, daß er seinem Gegner eine Höflichkeit schuldig zu sein glaubte. Ein schwedischer Rittmeister war in der Schlacht von seinem wild gewordenen Pferde mitten unter die Sachsen getragen worden, welche ihn gefangen nahmen. August ließ ihn auf das Beste bewirthen und schickte ihn dann dem Könige zurück. Aber Karl war nicht der Mann, um irgend Jemand etwas schuldig zu bleiben. Kaum hatte der Rittmeister das Geschehene berichtet, als er 25 gefangene sächsische Offiziere auf das Beste mit Speise und Trank versehen ließ und ihnen dann, ohne das damals noch übliche Lösegeld, die Freiheit gab.

Bei der Belagerung von Thorn 1703 hatte der König sein Zelt an einem so gefährlichen Orte aufschlagen lassen, daß unaufhörlich Kugeln in seiner Nähe niederfielen. Vergebens suchte man ihn zu bewegen, daß er entweder einen andern Ort wählen, oder doch einen Wall von Erde vor seinem Zelte möchte aufführen lassen. Endlich entschloß sich der Graf Piper, in der Abwesenheit des Königs einen großen Haufen Heu vor dessen Zelt bringen zu lassen. Kaum aber war der König zurück, als man augenblicklich das Heu wieder wegschaffen mußte. Indeß gestattete er doch, daß andere Personen, und namentlich auch seine Trabanten, ihre Heuhaufen behalten durften.

Als der König Thorn erobert hatte, schenkte er die Glocken in den Kirchen und Klöstern der Stadt seinen Artillerieoffizieren, und zwar weil man während der Belagerung geläutet hatte, statt nach Kriegsgebrauch eine gänzliche Stille herrschen zu lassen. Die Offiziere verkauften ihr Geschenk theils an die Stadt wieder, theils an den König selbst, der sie baar bezahlte und die Glocken nach Schweden schickte.

Eine Fürstin Lubomirska, welche mit bedeutenden Schätzen Polen verlassen und sich nach Sachsen begeben wollte, war von einem schwedischen Oberstlieutenant an der Grenze angehalten worden. Auf den Bericht davon schrieb Karl eigenhändig zurück: „Der Oberstlieutenant hat augenblicklich seine Gefangene loszugeben, mit Allem, was ihr zugehört, indem Wir nicht gesonnen sind, mit

Frauenzimmern Krieg zu führen. Wenn sie sich wegen der bevorstehenden Reise nicht völlig sicher achten sollte, so kann sie der Oberstlieutenant bis an die sächsischen Grenzen begleiten."

Über Blinde, Blindenunterricht und Blindenanstalten.

I. Von den Blinden überhaupt.

Zu denjenigen Classen von Menschen, welche die stärksten Ansprüche auf unser Mitleid und eine thätige Beihülfe haben, gehören ohne Zweifel die Blinden. Ein blinder Mann, sagt mit dem vollsten Rechte ein altes Sprüchwort, ein armer Mann! arm nämlich, wenn er auch Millionen besäße. Denn kann er etwa durch diese sich die tausendfältigen Genüsse und Freuden, welche uns Sehenden durch unser Augenlicht täglich zu Theil werden, ersetzen? Kann irgend ein fremdes Auge den Dienst des eignen ihm leisten? Und wer von uns wollte sich seiner Augen berauben lassen, auch wenn ihm der Besitz eines ganzen Königreichs dafür geboten würde? Entnehmen wir hieraus, wie schlimm erst diejenigen Blinden daran sind, die keine Reichthümer haben, die in Verhältnissen leben, in welchen sie sogar bei dem Besitze ihrer Augen sich nur durch Anstrengung aller ihrer Kräfte den nöthigen Lebensunterhalt von einem Tage zum andern erwerben könnten. Wie schrecklich, wie an Verzweiflung grenzend muß das Schicksal der Erblindung nicht erst in solcher Lage werden!

Unter die Blinden aber ist Jeder zu rechnen, der entweder gar kein Augenlicht hat, oder dessen Augenlicht so schwach ist, daß es nicht hinreicht, die im gemeinen Leben vorkommenden Geschäfte ohne Anstoß, Aufenthalt und Gefahr zu verrichten. Manche haben noch so viel Schein, daß sie nicht nur Tag und Nacht unterscheiden, größere Gegenstände wahrnehmen, sondern manche erkennen auch die Hauptfarben. Gleichwol sind alle diese mit Recht unter die Blinden zu rechnen, wenn sie nicht so viel Schein haben, daß sie gewöhnlichen Druck lesen, schreiben und andere kleine Gegenstände mittels der Augen unterscheiden können. Denn da fast bei allen Beschäftigungen des häuslichen und bürgerlichen Lebens Fälle vorkommen, wo ein ungeschwächtes Augenlicht erforderlich ist, so wird ein Solcher in allen diesen Fällen so lange ganz unbrauchbar sein, bis er, ebenso wie der ganz Blinde, den fehlenden Gesichtssinn durch Übertragung auf andere Sinneswerkzeuge zu ersetzen gelernt hat.

Eigentlich Blindgeborene, d. h. solche, welche ohne Augen oder ganz ohne Empfänglichkeit für die Lichtstrahlen geboren werden, sind sehr selten. Desto öfter geschieht es, daß Neugeborene einen Fehler an den Augen, oder eine Krankheit derselben mit auf die Welt bringen.

Die meisten Derer, die für Blindgeborene gelten, sind es durch unvorsichtige und fehlerhafte Behandlung in der ersten Zeit ihres Daseins geworden. Wenn z. B. die Augen des Kindes gleich nach der Geburt dem ungewohnten hellen Tageslicht an den Fenstern, wol gar dem Sonnenschein ausgesetzt werden, so muß dieser starke Lichtreiz auf das dazu nicht vorbereitete Auge des Kindes sehr nachtheilig wirken, und kann ganz gesunde Augen für alle Zukunft verderben. Das Kind bekommt dadurch sehr leicht die höchst gefährliche Augenentzündung der Neugeborenen, und wenn dieselbe sehr heftig ist, oder sonst nachtheilige Einflüsse auf dasselbe einwirken, so kann es ganz erblinden. Andere Veranlassungen zu dem frühzeitigen Erblinden geben außer mehren Ausschlagskrankheiten besonders die Masern, welche schon bei regelmäßigem Verlaufe die Augen angreifen und ein Geröthetsein, ein Thränen und Hitze derselben veranlassen. Durch Verletzungen und durch heftige Augenentzündungen kann in jedem Alter das Augenlicht erlöschen.

Aber die wirklich Blindgeborenen oder die ihnen gleichzusetzenden in den ersten Lebensjahren Erblindeten, sind sehr verschieden von denen, die später das Augenlicht verloren haben, sowol in Rücksicht ihrer Eigenschaften, ihrer Denk= und Handlungsart, als in der Weise, wie sie behandelt werden müssen, um nützlich auf sie zu wirken.

Wer das Unglück hat, nach völliger Verstandesreife, nach einem geführten thätigen Leben das Augenlicht zu verlieren, wer folglich mit dem Bewußtsein vorhergegangener Anschauungen in den Zustand der Blindheit übertritt, der wird, auch wenn der erste Jammer vorüber ist, und das Gemüth wieder einige Ruhe erlangt hat, dennoch in jedem einzelnen Falle eine traurige Vergleichung seines jetzigen mit seinem vorigen Zustande anstellen, die bei dem früh Erblindeten zu seinem Glücke nicht möglich ist. Er sieht sich auf einmal losgerissen von andern Menschen, mit denen er in mannichfacher Berührung stand. Er wird von ehemaligen Freunden und Bekannten in Geschäften und Unterhaltungen getrennt, daher kälter, nicht selten auch nachlässig behandelt, und sieht sich verlassen zu einer Zeit, wo er ihrer Hülfe am meisten bedarf. Was Wunder, wenn ein solcher Unglücklicher trübsinnig, verlassen und mistrauisch wird und sich manchmal nachtheilige und harte Urtheile über Andere erlaubt!

Ein Blinder hingegen, welcher das Augenlicht schon sehr frühe und zu einer Zeit verloren hat, wo er sich der sinnlichen Anschauung entweder gar noch nicht deutlich bewußt war, oder wo diese wenigstens keine bleibenden Eindrücke bei ihm zurückließen, ist den Blindgeborenen gleich zu rechnen. Die Zeit, wo die Eindrücke bleibend werden, und also in den Zustand der Blindheit mit übergehen, hängt von der frühern oder spätern Verstandesentwickelung ab; doch finden sich bei Solchen, die vor dem zehnten Jahre blind werden, wenige Spuren von deutlichem Bewußtsein ehemaliger Anschauungen. Ein solcher schließt sich innig einigen Wenigen an, die mit ihm gleich denken, oder die sich freiwillig ihm und seinem Schicksale widmen; die übrige Welt berührt ihn nur historisch. Was ihm Angenehmes widerfährt oder aufstößt, ist ihm gleichsam neu und unverwürzt, und macht ihm ein Leben lieb, an dessen ruhigen gleichförmigen Gang er von Jugend auf gewöhnt ist. Er vertraut Jedem, weil er selbst ohne Falsch ist, und weil er außerdem bei seinem Zustande sich jeden Augenblick dem Betrug ausgesetzt denken müßte.

Ob im Allgemeinen der Blinde oder der Taubstumme unglücklicher sei, läßt sich schwer bestimmen, da dies von dem innern Gefühle des Gebrechlichen abhängt. Fragt man sie selbst, so behauptet Jeder, daß er besser daran sei, als der Andere, und bemitleidet denselben, wiewol ihm selbst das Bejammern unangenehm ist. Zur Beantwortung der obigen Frage könnte man mit einigem Rechte anführen, daß bei Armuth die Taubheit, bei Reichthum die Blindheit erträglicher sei. Ist nämlich der Blinde arm, so kann er verhältnißmäßig weniger erwerben, und hat doch mehr Bedürfnisse, z. B. das eines Führers; ist er reich, so kann er sich Vorleser, Gesang, Tonspiel und erheiternde Umgebung ver=

schaffen. Ist der Taubstumme arm, so kann er sich durch Erlernung eines Handwerks ernähren; ist er reich, so kann er sich durch allen seinen Reichthum grade die angenehmsten Freuden, die eines belebten Gesprächs, nicht erkaufen.

Das mehr oder weniger häufige Vorkommen der Blindheit ist in den verschiedenen Erdstrichen und bei den verschiedenen Völkern sehr verschieden, und nimmt im Allgemeinen von den Wendekreisen hin nach den Polen zu ab. Namentlich gibt es in Afrika unter den Weißen fünfmal mehr Blinde als unter den Negern. In Ägypten mag etwa der hundertste, in Japan der dreihundertste Mensch blind sein. Im mittlern Europa ist im Durchschnitt unter 800 Menschen einer als blind zu rechnen. Im Canton Zürich befanden sich früher unter 194,913 Einwohnern 261 Blinde, sodaß auf 747 Seelen deren einer kam. 1831 waren im Preußischen Staate unter 13,038,960 Einwohnern 9212 Blinde, also unter 1415 Seelen einer. In Sachsen sind bei der Zählung des Jahres 1832 unter 1,558,153 Einwohnern 424 Blindgeborene, bei der zu Ende 1834 aber vorgenommenen unter 1,595,668 Einwohnern nur 324 Blindgeborene angegeben. Dieser sehr große Unterschied läßt sich nur darauf erklären, daß man bei den Zählungen statt der Blinden, nur die Blindgeborenen gezählt hat, für welche aber die Zahl 324 viel zu hoch ist; für alle Blinde hingegen dürfte die Zahl 424 wieder auch viel zu niedrig sein.

Von der immer noch sehr bedeutenden Anzahl Blinder kann man etwa die Hälfte als früh erblindet, nicht aber blind geboren, annehmen, während die andere Hälfte durch spätere Verletzungen, Krankheiten oder Augenschwäche ihr Gesicht verloren haben.

Im 19. Jahrhundert hat sich nun zwar durch die Einimpfung der Kuhpocken und durch eine zweckmäßigere Behandlung der Augenentzündungen und der an Ausschlagskrankheiten Leidenden, die Blindheit gegen früher sehr vermindert, und es finden sich jetzt daher weniger Blinde als Taubstumme, während früher die Zahl derselben ziemlich gleich war.

Vernachlässigung kleiner Augenübel und dadurch entstehende wirkliche Blindheit, Vorurtheile und verkehrte Behandlung, besonders bei der Pockenkrankheit, Verwahrlosung und Unglücksfälle, endlich starke Anstrengung der Augen beim Arbeiten, wovon manche diesem Organ an und für sich nachtheilig und verderblich sind, erzeugen zwar in den niedern, von Handarbeit lebenden, Ständen immer eine größere Anzahl von Blinden; aber auch in den höhern Ständen und unter Vermögenden gibt es mehr Blinde, als man gewöhnlich glaubt, weil man sie weniger zu sehen bekommt, als die Blinden aus niedern Ständen. Außer den natürlichen Ursachen, welche schon bei der Geburt an oder später Blindheit erzeugen, kommen in der Lebensart der höhern Stände Gebräuche und Gewohnheiten vor, welche den Augen sehr nachtheilig sind. Dahin gehört viel Lesen und Schreiben, besonders beim Licht.

Das Loos der Blindheit ist für beide Geschlechter gewiß gleich traurig. Die Natur des männlichen Geschlechts fodert mehr nach außen zu wirken, seine Neigung sowie sein künftiger Beruf treiben ihn in die Welt. Sein Leben ist rege Thätigkeit, und frühe schon geht sein Streben nach eigner Existenz und Unabhängigkeit. Alle diese Hoffnungen und Wünsche sind durch die Blindheit größtentheils abgeschnitten, wenigstens sehr beschränkt. Dagegen leidet der stille Beruf des Mädchens, der von Natur engere Kreis seiner Wirksamkeit und seiner Aussichten, keine so große Veränderung durch die Blindheit als beim männlichen Geschlecht. Hieraus sollte man schließen, daß die Blinden des männlichen Geschlechts ihr Unglück stärker fühlen, und daß sich die vom andern Geschlecht leichter in ihren Zustand finden werden. Die Erfahrung bestätigt dies jedoch nicht. Blindgeborene und Solche, welche von der ersten Jugend an blind sind, haben zwar zu ihrem Glück in beiden Geschlechtern einen heitern Sinn und ein zufriedenes Gemüth; dagegen findet man unter den später Erblindeten beim männlichen Geschlecht mehr Streben nach Hülfsmitteln zur Erleichterung ihres Zustandes als bei Blinden vom weiblichen Geschlechte.

Am auffallendsten ist dieser Unterschied bei der Erziehung blinder Knaben und Mädchen. Letztere sind schwerer zur körperlichen und geistigen Thätigkeit zu bringen und machen wenigere und langsamere Fortschritte als blinde Knaben. Die Gründlichkeit, welche sowol die eigne Belehrung als fremder Unterricht beim Zustande der Blindheit fodert, findet ein Hinderniß in dem gewöhnlichen Leichtsinn und dem Hang zur Oberflächlichkeit bei den Mädchen. Die mächtigste Triebfeder dieses Geschlechts, der Wunsch zu gefallen, wird durch die Blindheit gehemmt; dennoch verleugnet sich auch in diesem wie in andern Stücken das Geschlecht nicht ganz. Blinde Mädchen haben häufig einen Hang zum Empfindeln und Schwärmen, halten viel auf Putz und schöne Kleider, reden viel und bekümmern sich gern um fremde Angelegenheiten. Aber von Natur gutmüthig und verträglich sind auch die Blinden dieses Geschlechts. Besonders trifft man unter den gebildeten Ständen blinde Frauenzimmer an, welche schöne Ausnahmen von der bisherigen allgemeinen Schilderung machen, und welche die ihrem Geschlecht eigne Sanftmuth, Geduld und Überwindungsgabe dazu benutzen, die Schwierigkeiten zu besiegen, welche ihr Zustand erzeugt.

Wenn man bedenkt, wie viel von Dem, was man im gewöhnlichen Umgang für schicklich oder unschicklich, für gute Lebensart und Beweis von Bildung hält, nicht sowol auf Vernunftregeln als auf willkürlicher Convenienz und hergebrachten Gewohnheiten, sehr häufig auch auf bloßer Nachahmung Anderer beruht, so darf man sich nicht wundern, daß ein Blinder, der hierin Andern nichts absehen und ablernen kann, schon um deswillen in seinem Benehmen weniger Bekanntschaft mit den Sitten und Gebräuchen des gesellschaftlichen Umganges, dagegen eine gewisse Steifheit und Verlegenheit zeigt. Dazu kommt, daß bei dem Vorurtheile gegen die Lernfähigkeit des Blinden man es versäumt, ihn frühe genug auf solche Gegenstände aufmerksam zu machen.

Der in dem Blinden wie in jedem andern Menschen wohnende Trieb zur Thätigkeit veranlaßt ihn zur Bewegung des Körpers. Die Furcht, sich zu beschädigen, und die Erfahrung, leicht anzustoßen, verhindern ihn, seine körperlichen Bewegungen auf die gewöhnliche Art vorzunehmen. Aus dieser Ursache bewegen sich blinde Kinder meistens in kleinen Kreisen, oder sie bewegen den Körper im Sitzen oder Stehen sehr oft nach einerlei Richtung, oder sie gesticuliren mit Händen und Füßen, was ihnen oft ein auffallendes Ansehen gibt.

Blinde Kinder, besonders solche, deren Augen nicht ganz zerstört sind, haben auch sehr häufig die Gewohnheit, daß sie mit dem Finger in das Auge greifen und oft neben dem Augapfel bis auf den Grund der Augenhöhle bringen. Dies thun sie am meisten, wenn sie auf irgend einen äußern Gegenstand vorzüglich aufmerksam sind, und es scheint, daß sie durch eine solche Berührung der noch vorhandenen Theile des Auges oder des Sehnerven, den abhängigen Sinn oder vielmehr die unterbrochene Verbindung mit den übrigen Sinnen zu ersetzen suchen.

Solche Blinde, denen noch einiger Schein des Augenlichtes übrig geblieben ist, suchen sorgfältig, so viel es ihnen möglich ist, auf diesem engen Wege Licht einzusaugen. Sie drehen den Kopf beständig nach dem Lichte, suchen sorgfältig jeden Sonnenstrahl auf und pflegen mit der Hand oder irgend einem Instrumente sehr schnelle Bewegungen vor den Augen zu machen, um die ihnen angenehme Abwechselung von Schatten und Licht zu genießen.

(Fortsetzung folgt in Nr. 176.)

Römische Wasserleitung zu Evora.

Das Pfennig-Magazin

der

Gesellschaft zur Verbreitung gemeinnütziger Kenntnisse.

176.]   Erscheint jeden Sonnabend.   **[August 13, 1836.**

Bilder aus Rom.

Die Engelsburg in Rom.

I.

Wir haben unsere Leser schon mehr als einmal in die alte Hauptstadt der Welt geführt. Von der Engelsbrücke aus zeigten wir ihm die riesigen Denkmale heidnischer und christlicher Zeit *), begleiteten ihn durch die ungeheuern Hallen der Peterskirche **) und auf die Piazza del Popolo ***), wo mehr als irgendwo die Contraste alter und neuer Zeit vor das Auge treten. Aber diese Stadt ist so unermeßlich reich an historischen Erinnerungen wie an Monumenten aller Jahrhunderte, sie zieht, selbst von letztern abgesehen, durch ihre eigenthümliche Stellung und ihre Verhältnisse, durch ihren localen und ethnographischen Charakter, so sehr alle Blicke auf sich, daß es nicht überflüssig sein mag, aus dem unerschöpflichen Schatze Dessen, was sich hier dem Beobachter darbietet, noch Einiges in bunter Reihe zu wählen, um nach und nach das Bild zu vervollständigen.

Es ist das rechte Tiberufer, zu welchem wir zuerst unsere Schritte lenken wollen, über die Engelsbrücke, die Älische Brücke der Alten, gehend, welche allein in diesem Viertel geblieben, nachdem die vaticanische längst zusammengestürzt ist und nur unförmliche Trümmer im Flußbette zeigt. Auf sieben Bogen ruhend, mit Bernini's allzu viel manierirten Statuen geschmückt, führt die erstgenannte Brücke zu dem in der Leostadt (auch il Borgo genannt) gelegenen Mausoleum Hadrian's, welches die vorstehende Abbildung in seiner gegenwärtigen Gestalt zeigt. Das Grabmal des Kaisers, schon unter den letzten Imperatoren als Festung gebraucht, war nicht das einzige, welches seine Bestimmung auf solche Weise änderte; demjenigen der Cäcilia Metella, wo man eines so herrlichen Blicks auf Campagna und Stadt sich erfreut, ging es im Mittelalter ebenso. Wie sehr das alte Gebäude bei dem

---

*) Vgl. Pfennig-Magazin Nr. 64.
**) Vgl. Pfennig-Magazin Nr. 83.
***) Vgl. Pfennig-Magazin Nr. 110.

mannichfachen Wechsel, der es betroffen hat, sein Aussehen ändern mußte, braucht kaum bemerkt zu werden. Noch sieht man in seinem Innern die Grabkammer, aber verschwunden sind die es schmückenden Marmorstatuen, die man den anstürmenden Gothen auf die Köpfe warf, und statt ihrer thront die kolossale bronzene Bildsäule des Erzengels Michael auf der Spitze, da, wo dieser einst dem großen Papste Gregor während der Seuche erschienen sein soll. Von ihr schreibt sich der Name der Engelsburg (Castel S.=Angelo) her. Gegenwärtig zum Staatsgefängnisse dienend, und ohne Wichtigkeit als militairischer Punkt, war die Engelsburg von um so größerm Belange im Mittelalter, wo die verschiedenen kämpfenden Parteien sie abwechselnd inne hatten. Am berühmtesten wurde sie durch die Einschließung 1527, wo Papst Clemens VII. sich mit genauer Noth dahin flüchtete, als die Truppen des Connetable von Bourbon die Stadt stürmten und auf entsetzliche Weise plünderten. Manche unserer Leser werden diese Geschichte aus der lebendigen Schilderung kennen, welche der florentinische Goldarbeiter und Bildhauer Benvenuto Cellini (der sich rühmte, den Connetable durch einen Schuß getödtet zu haben) in seiner von Göthe übersetzten Selbstbiographie davon entwirft.

Schon war die Rede von der frühern Beschaffenheit des wegen seiner ungesunden Luft lange nicht zum Anbau benutzten vaticanischen Gebiets, wo einst Cincinnatus seine kleine Besitzung hatte, und wo zur Zeit des höchsten Glanzes Nero's Gärten und die beiden Circus lagen. Schritt für Schritt kann man die nachmalige Umgestaltung des vaticanischen Hügels unter den christlichen Kaisern und unter der Herrschaft der Päpste verfolgen, von der Erbauung der ältesten Peterskirche durch Kaiser Konstantin den Großen an, wobei ein bedeckter Säulengang die Kirche mit dem Mausoleum Hadrian's verband, bis zum Beginne des Baues der neuen Kirche unter Nikolaus V. um die Mitte des 15. Jahrhunderts und den großartigen Werken, welche Julius II., Leo X. und ihren Nachfolgern das Dasein verdanken.

Schon in den ältesten Zeiten finden sich Zeugnisse, daß die Statthalter Christi neben der Basilika eine Wohnung gründeten, wo sie einen Theil des Jahres, wahrscheinlich die Wintermonate, zubrachten. Die eigentliche Bedeutung des vaticanischen Palastes beginnt aber erst, nachdem 1376 das sogenannte babylonische Exil der Kirche beendigt war und das lange verlassene Rom seine Beherrscher wieder sah. Nikolaus V. wollte auch den Palast nach einem riesenhaften Plane bauen, wurde aber durch den Tod von der Ausführung abgerufen. Seitdem ward nun unter fast allen Päpsten an dieser Residenz gebaut, verändert, zugefügt, erneuert. Der Umfang des ganzen Gebäudes, oder vielmehr der Gebäudemasse, kommt dem einer bedeutenden Stadt gleich; die Zahl der Säle und Gemächer soll sich auf 11,000 belaufen, welche Menge von einigen Schriftstellern indeß auf 1800 und selbst auf 1100 herabgesetzt wird.

Wenn der vaticanische Palast auch nicht die Wirkung eines architektonischen Ganzen gewährt, und, vermöge seines allmäligen Entstehens und seiner zahlreichen Umgestaltungen, eine solche nicht gewähren kann, so imponirt er doch durch seine gewaltigen Massen und entspricht dem Begriffe von der Würde und Macht seiner Erbauer und Bewohner. Auf der rechten Seite des Petersplatzes, bei der Bildsäule Konstantin's des Großen, beginnt die prächtige Marmortreppe, welche mit ionischen Säulen geziert, und in ihrer gegenwärtigen Gestalt ein Werk Bernini's, unter dem Namen der Scala regia bekannt ist. Sie führt zu der Vorhalle oder Sala regia, die mit einer Menge von Verzierungen und Frescogemälden prangt, welche zum Theil Scenen des Glanzes und der Macht der Päpste darstellen, und gut geeignet sind, schon gleich beim Eintritte in die Residenz der Kirchenfürsten das Bewußtsein recht deutlich werden zu lassen, daß Petri Nachfolger nicht geringe Ansprüche zu machen gewohnt sind. Von der Vorhalle aus gelangt man in die beiden Kapellen, die Paulinische, wo man Petri Kreuzigung und Pauli Bekehrung von Michel Angelo Buonaroti sieht, und die Sirtinische, welche mit Recht die berühmteste der Christenheit genannt werden kann. Hier finden die großen, weltbekannten Feierlichkeiten während der heiligen Woche statt, die in jedem Jahre einen ungeheuern Zulauf von Menschen aus allen Gegenden und den fernsten Ländern veranlassen, und wobei die römische Kirche alle ihre großartige Pracht entfaltet. Man weiß, daß die geistliche Musik bei dieser Gelegenheit noch immer ihren Triumph feiert: wer das Miserere des Allegri, und Pergolese's Stabat mater nicht von der päpstlichen Kapelle vortragen hörte, umgeben von feierlicher Stille, das Auge wechselweise angezogen von den reichen Gewändern, von den Tausenden flimmernder Kerzen, von den fast geisterhaft von Wand und Decke herabschauenden Gestalten der Bilder, kann sich von dem Ergreifenden dieser Eindrücke keinen Begriff machen. In der Sistina sieht man neben den Arbeiten der berühmtesten Meister des 15. Jahrhunderts die Riesenwerke Michel Angelo's, die Bilder aus der Genesis, die Propheten und Sibyllen und das jüngste Gericht.

Die berühmten Loggien umgeben auf drei Seiten einen Hof, den man Cortile di S.=Damaso nennt. Das erste der drei Stockwerke, aus welchem diese Arcaden bestehen, führt zu den Appartamento Borgia, so genannt, weil Alexander VI. (Roderich Borgia) dort wohnte. Auch dies ist mit schönen Frescogemälden geziert. Die untern Loggien wurden von Johann von Udine ausgeschmückt; zu den Gemälden der zweiten Reihe lieferte Rafael selbst die Zeichnungen. Man findet hier neben einer Menge äußerst geschmackvoller Verzierungen jene Darstellungen, welche die sogenannte Bibel bilden, 52 Bilder in 13 Arcaden. Von hier gelangt man in die Stanze, die ehemalige Wohnung Leo X. Sie enthalten des unsterblichen Rafael's größte Meisterwerke. In dem Saal, den man gewöhnlich Stanza della Segnatura nennt, und mit dem wir beginnen, weil hier die frühern Arbeiten sich befinden, bewundert man die vier großen Wandgemälde, welche die Theologie, Philosophie, Poesie und Rechtswissenschaft darstellen, und deren erstere unter dem Namen der Disputa, der Schule von Athen, des Parnasses bekannt sind. Rafael's künstlerischer Charakter spricht sich hier vielleicht in seiner größten Reinheit und Eigenthümlichkeit aus. Die übrigen Gemächer enthalten Scenen aus der alten wie aus der Papstgeschichte, meist mit Anspielungen auf die Lebensereignisse Julius II. und Leo X., unter deren Regierung die Zimmer gemalt wurden. Man nennt sie den Saal des Heliodor, des Incendio del Borgo und des Konstantin. Zu letzterm lieferte Rafael nur die Zeichnungen: die Gemälde wurden, ebenso wie die der Loggie, ganz von seinen Schülern ausgeführt. Außer den vier großen Wandgemälden, welche jedes Gemach schmücken, finden sich darin noch Decken= und Sockelbilder und allegorische Figuren. Rafael begann diese wundervollen Werke, welche leider sehr gelitten haben, der gewöhnlichen Annahme gemäß, 1508 in einem Alter von 25 Jahren, und arbeitete daran, freilich mit vielen Unterbrechungen, bis zu seinem 1520 erfolgten Tode.

Bei der Schilderung des noch übrigen Theils des vaticanischen Palastes müssen wir uns nun kürzer fassen, da wir hier des Merkwürdigen so viel finden, daß jede auch noch so sehr gedrängte Beschreibung uns weit über die Grenzen hinausführen würde, welche durch Umfang und Zweck dieser Blätter geboten sind. Nur im Vorbeigehen können wir also der berühmten Bibliothek erwähnen, deren eigentliche Entstehung in die Zeit Sixtus IV. gehört, welche namentlich unter Leo X. bedeutend vermehrt wurde, und nach Ankauf und Erwerb vieler Privatsammlungen und nach wechselnden Schicksalen (namentlich während der französischen Herrschaft) gegenwärtig etwa 24,000 Handschriften neben den vielen gedruckten Büchern enthält. Das päpstliche Archiv befindet sich gleichfalls im Vatican. Das Antiquitätenmuseum, das reichste der Welt, befindet sich größtentheils in dem Theile des Palastes, welchen man der schönen Aussicht wegen das Belvedere nennt. Dieser Theil umgibt einen länglich viereckigen Hof, in welchem sich ein prächtiger Springbrunnen befindet, dessen antike Schale von orientalischem Granit ist. Die hintere Abtheilung des Palastes, welche bis dicht an die Stadtmauer reicht, umschließt ebenfalls ein Quadrat, Giardino della Ligna genannt; links davon liegt der mehre Alterthümer enthaltende vaticanische Garten. Um nun zum Museum zurückzukehren, so ist dies in das Museo Chiaramonti (nach dem Familiennamen des Stifters, Pius VII. geheißen) und das Pio Clementino (nach Clemens XIV. und Pius VI., die das gegenwärtige Local errichteten) getheilt, denen sich kleinere Abtheilungen anschließen. Man braucht nur den belvederischen Apoll und Torso, den Laokoon, die Minerva medica, den Ganymed zu nennen, um an diese Sammlungen zu erinnern, in denen die Alterthumsforscher unerschöpflichen Stoff zu gelehrten Untersuchungen fanden.

Die berühmten Rafael'schen Tapeten, welche, 22 an der Zahl, Scenen aus dem Leben des Heilands und der Apostel darstellen, sind jetzt in den Gemächern Pius V. zu sehen. Des Künstlers letztes Werk, die Transfiguration, wird in der vaticanischen Gemäldesammlung aufbewahrt, die zwar nicht zahlreich ist, aber einige wahre Perlen enthält. Wir rechnen dazu Rafael's Madonna von Foligno und Domenichino's Communion des heiligen Hieronymus. Diese allein wiegen manche andere Galerie auf.

(Die Fortsetzung folgt in Nr. 177.)

Die Seehundsjagd.

Die Gestalt und der Bau des Seehundes sind wol den meisten Lesern schon bekannt, und um nicht schon Gesagtes zu wiederholen, verweisen wir auf Nr. 8 und 90 des Pfennig-Magazins. Weniger vertraut dürfte jedoch der Leser mit der Art und Weise sein, wie in Grönland oder auf den Shetlandinseln dieses Thier, welches den dortigen Eingeborenen so nützlich und unentbehrlich ist, gefangen und erlegt wird, und wir wollen deshalb hierüber einiges Nähere mittheilen.

Die Grönländer unterweisen ihre Kinder von früher Jugend an in der Jagd auf die Seehunde, denn dort wird Derjenige, der sich ungeschickt dabei zeigt, wenig geachtet. Die Seehunde werden auf dreierlei Art gefangen. Zuerst mittels der Blase, wie umstehende Abbildung verdeutlicht. Der Grönländer nähert sich dem Thiere leise und vorsichtig, mit dem Winde und der Sonne, sodaß es seine Ankunft nicht merkt, bis auf eine Entfernung von 4—6 Klaftern, aber mit der größten Eile. Hat er es so nahe als nöthig ist, so faßt er schnell das Ruder mit der linken Hand, ergreift den Harpun, an welchen mittels einer langen Leine eine aufgeschwellte Blase befestigt ist, mit der rechten und schleudert ihn mit aller Kraft nach dem Seehund. Sobald das Thier getroffen ist, wirft der Mann die am Ende der Leine befestigte Blase ins Wasser, und zwar auf dieselbe Seite, wohin der Seehund sich begibt, der sogleich pfeilschnell untertaucht. Das Thier zieht nun die Blase unter das Wasser; da sie aber groß und unbehülflich ist, so ermüdet es bald und muß wieder heraufkommen, um Athem zu schöpfen. Genau muß nun der Mann auf die Stelle Acht haben, wo der Seehund wieder auftaucht, damit er diesen sogleich bei seinem Erscheinen mit einem zweiten Lanzenwurfe begrüßen kann. Dies wiederholt sich so lange, bis der Seehund völlig erschöpft ist, wo es dann dem Jäger leicht wird, ihn mittels eines kleinen Speers vollends zu tödten. Aber unmittelbar darauf verstopft er alle Wunden des Thieres, um das Blut zu erhalten. Dies ist die eine Art, die aber nur bei einer gewissen Gattung des Seehunds, welche der Grönländer Attarsoack nennt, und die beiweitem die plumpste und dümmste Race ist, in Anwendung kommen kann. Die andern Gattungen, welche vorsichtiger und scheuer sind, kann ein einziger Mann nicht fangen; es begeben sich zu diesem Zwecke immer mehre zusammen, und dies ist dann die Jagd, welche man, wegen des vielfachen Geräusches, womit sie verbunden ist, die Klapperjagd nennt. Das Verfahren besteht darin, daß die Jäger den Seehund durch Klappern, Schreien, Steinwerfen und andern Lärm aus seinem Asyl aufscheuchen und ins Wasser jagen. So oft nun das Thier, um Athem zu schöpfen, auftaucht, wird ihm von den Jägern arg zugesetzt, sodaß es, um Ruhe zu haben, nun sehr lange unter dem Wasser bleibt. Da aber daraus folgt, daß es auch wieder ebenso lange auf der Oberfläche verweilen muß, so gewinnen während dessen die Jäger volle Zeit, das erschöpfte Thier zu erlegen.

Die dritte Art, den Seehund (auf dem Eise) zu fangen, ist in Disko, der größten der zahlreichen Inseln an der grönländischen Küste, sehr üblich, und die am wenigsten beschwerliche. Zuweilen machen sich die Seehunde selbst Luftlöcher in das Eis. Dicht bei einem solchen setzt sich nun der Grönländer auf einen Stuhl und stellt eine Art von Schemel zu seinen Füßen, um sich nicht zu erkälten. Hier wartet er nun so lange geduldig, bis ein Seehund seine Nase aus dem Loche hervorstreckt, um zu athmen. Diesen Augenblick benutzt der Jäger sogleich und versetzt dem Thiere einen derben Stoß mit dem Harpun, erweitert dann die Öffnung und erlegt es vollends. Zuweilen verbinden sich auch zwei Jäger zu diesem Zwecke. Der eine sitzt und lauscht, der andere steht mit dem Harpun in Bereitschaft. Endlich gibt es noch eine vierte Jagdmethode, nämlich ein Mann streckt sich lang auf dem Bauch hin auf einer Art von Schleife oder Schlitten, unweit der Eislöcher, aus denen die Seehunde herauszukommen pflegen, um sich im Sonnenscheine zu lagern. Neben einer solchen Öffnung ist ein kleineres Loch gemacht, durch welches der zweite Jäger seinen Harpun steckt, der mit einem langen Schafte versehen ist. Erblickt nun der erste oder der Aufpasser einen herauftauchenden Seehund, so gibt er dem zweiten ein Zeichen, worauf dieser mit dem Harpun zustößt und den Seehund gleich unter dem Eise erlegt. Auch pflegen die Grönländer den Seehund dadurch zu täuschen und anzulocken, daß sie sein Grunzen nachahmen. Oft wird auch eine ganze Heerde von Seehunden, wenn sie, um Luft zu schöpfen,

*

Die Seehundsjagd in Grönland.

heraufkommen, oder wenn sie im Sonnenscheine schlafen, ohne alle Mühe todtgeschlagen.

An den Küsten der Orkney- und Shetlandinseln, besonders auf den kleinern und kleinsten, die nichts als kahle Klippen und Meerfelsen sind, gibt es viele Seehunde; dort liegen sie haufenweise bei niedriger See dicht aneinander gereiht. Sie schwimmen mit ungemeiner Schnelligkeit und zeigen sich vorzüglich hurtig, wenn ein Sturm und Ungewitter bevorsteht; dann pflegen sie die Nasen weit aus den bewegten Wellen hervorzustrecken, schnellen sich, wenn ihnen das Wetter gar zu bedenklich vorkommt, unter allerlei seltsamen Sprüngen ans Land und verbergen sich in ihren Felsenhöhlen so lange, bis das Unwetter vorüber ist. Man erzählt sich von diesen Thieren manche Eigenthümlichkeiten. Sie sind sehr neugierig, auch zutraulich gegen Menschen, schwimmen einem stark bemannten Boote, auf welchem laut gesprochen wird, oft lange nach, sehen sich die Mannschaft an und scheinen auf ihr Gespräch zu horchen. Die Kirche von Hoy in Orkney liegt dicht an einer kleinen sandigen Bucht, die von Seehunden öfters belebt ist; wenn nun mit den Glocken zum Gottesdienste geläutet wird, so kann man vom Ufer aus bemerken, wie die Seehunde von allen Seiten dicht an dasselbe herangeschwommen kommen und auf den Ton der Glocken horchen.

Auch an den nördlichen Küsten Schottlands werden jährlich eine außerordentliche Menge Seehunde erlegt, sowol des Thrans als des Felles wegen, in Nordronaldsha auch wegen ihres Fleisches, und namentlich das der Jungen soll gar nicht übel schmecken. In frühern Zeiten kamen junge Seehunde sogar auf die Tafeln der Vornehmen in England. Hier fängt man die Seehunde folgendergestalt: es gibt dort gewaltige Höhlen, welche sich in die See hinaus öffnen und sich bis 100 Ellen ins Land hinein erstrecken. Diese sind die Zufluchtsörter der Seehunde in der Brutzeit, wo sie sich so lange verborgen halten, bis die Jungen stark genug sind, um mit in See zu gehen, was gemeiniglich in sechs bis sieben Wochen der Fall ist. Der Eingang dieser Uferhöhlen ist so eng, daß nur ein einzelnes Boot hindurch kann, im Innern jedoch sind sie sehr geräumig. Im Monat October oder Anfang November fahren nun die Seehundjäger um die Nachtzeit in diese Felsenmündungen ein und rudern, mit tüchtigen Knütteln und Fackeln versehen, die sie beim Hineinfahren anzünden, so weit hinein als möglich. Plötzlich erhebt die ganze Mannschaft einen gewaltigen Lärm, worauf alle Thiere erschreckt mit Schreien und Grunzen aus ihren Schlupfwinkeln herausfahren. Dieses erste Aufschrecken ist für die Jäger nicht ohne Gefahr, sie müssen mit dem Boote vorsichtig zurückweichen, damit der große Haufe der alten Seehunde sie nicht umwirft. Ist dieser Strudel aber vorüber, dann haben die Jäger gewonnenes Spiel; sie nähern sich alsdann mit dem Boote den Löchern und Höhlungen der Felsenwand, wo die jungen Seehunde sich befinden, schlagen diese mit ihren Stöcken auf die Nasen — dem empfindlichsten Körpertheil dieser Thiere — und erlegen sie so in kurzer Zeit.

Die Seehundsjagd in Schottland.

Um schließlich die unserer Skizze beigegebenen beiden Abbildungen zu erläutern, müssen wir eine Stelle aus der Beschreibung ausheben, die ein Reisender von einer Seehundjagd macht, welche zum Vergnügen einer kleinen Gesellschaft an der schottischen Küste veranstaltet wurde. „An einem schönen Octobermorgen", schreibt Dieser, „begleitete ich meinen militairischen Freund auf die Seehundsjagd. Wir schifften uns in einem Boote von Mull aus (einer der hebridischen Inseln) ein. Der Diener trug zwei Doppelflinten und außer diesen eine längliche Büchse, worauf sich ein Glas befand, um in weiter Entfernung die getödteten Seehunde auf der Oberfläche des Wassers zu erkennen, um keinen Theil der Beute verloren gehen zu lassen. Das Boot war bemannt mit vier stattlichen Hochländern, die uns rüstig mitten unter die kleinen felsigen Eilande, womit die See dort ganz angefüllt ist, hineinruderten. Zahllose Ziegen und Schafe, welche an ihrem Rande hinklimmten, verliehen ihnen ein reges Leben. Auf einem dieser Eilande, an einer schmalen Landspitze, stiegen wir ans Land; hinter einem Felsenstücke, das sie verbarg, krochen nun die Jäger mit ihren Doppelflinten auf dem Bauche vorwärts; ihr geübter Blick strich über den weiten Meeresspiegel hin; in ihrer ganzen Haltung malten sich Vorsicht und Erwartung. Das Meer war so ruhig wie ein Landsee, die Sonne schien hell und warm darüber hin; luftige, mit Haidekraut bedeckte Hügel tauchten aus dem besonnten Spiegel hier und dort hervor; dann flogen wieder lange Schatten, von leichten Wolken gebildet, über die Scene und verliehen ihr einen eigenthümlichen, wildromantischen Reiz. Weit hinaus in die See sprangen die jähen Klippen der Küste, die ausgezackten Felsen in ihren abenteuerlichen Bildungen. Es war für den ruhigen und doch gespannten Beobachter eine höchst interessante Scene. Bei solcher Meeresstille kommt aus der Tiefe langsam und behaglich der Seehund hervorgetaucht; er schöpft die reine Luft in langen Zügen, scherzt und spielt auf der ruhigen Welle oder erklimmt einen niedrigen Vorsprung, um sich dort, hingestreckt gleich einem Hunde, von der milden Sonne bescheinen zu lassen. Schon zeigten sich mehre dieser Thiere, welche die Schützen, still und lauschend, in die Schußweite kommen ließen. Es gehört viel Übung dazu, so in der Entfernung und in dieser Stellung den Seehund zu erlegen; doch habe ich gesehen, daß dies vom Boote aus und auf äußerste Schußweite im Stande geschah."

Der Kuhbaum.

Schon in den ältern Schriften über die Naturerzeugnisse der neuen Welt finden wir Nachrichten über einen Baum, der eine genießbare Milch hervorbringe. Man nannte ihn Milchbaum oder Himmelsbaum, und zu den wunderbaren Sagen, die man davon erzählte, gehörte auch, daß die Seelen der einige Tage nach der Geburt gestorbenen Kinder um ihn säßen. Man hatte jedoch später lange an dem Dasein eines solchen Baumes gezweifelt, und als Alexander von Humboldt in Portocabello zuerst davon hörte, glaubte er, daß der Kuhbaum, wie man ihn hier nannte, zu der Art von Gewächsen gehöre, die einen herben, mehr oder minder schädlichen milchigen Saft enthalten. Erst als er und sein Gefährte Bonpland zu Barbula zwischen Portocabello und Valencia den Saft des Baumes gekostet hatten, überzeugte er sich, daß die ihm mitgetheilten Nachrichten weder erdichtet noch übertrieben waren. Dieser Baum, der besonders an der Küstenseite der Andeskette, vorzüglich von Barbula nach dem See Maracaybo angetroffen wird, ist 30 — 40 Fuß hoch, und so lange er jung ist sind seine Zweige eckig und mit einem feinen Flaum bedeckt. Er hat längliche, zähe und lederartige, sehr glatte, 9 — 10

Zoll lange und ungefähr vier Zoll breite Blätter. Die Frucht ist der Wallnuß ähnlich und enthält einen einfachen oder doppelten nußartigen Kern. Aus dem Stamme fließt, wenn man einen Einschnitt macht, reichlich ein milder und nährender Saft. „Es sind hier nicht", sagt Humboldt, „die feierlichen Schatten der Wälder, der majestätische Lauf der Ströme, die mit ewigem Schnee bedeckten Berge, was unser Gemüth aufregt. Einige Tropfen eines Pflanzensaftes erinnern uns an die Allmacht und Fruchtbarkeit der Natur. Auf einem nackten Felsenvorsprunge sehen wir einen Baum, dessen große Wurzeln kaum in den harten Boden bringen können, und dessen trockene Blätter mehre Monate hindurch kein Regen befeuchtet. Seine Zweige scheinen abgestorben zu sein, aber aus dem verletzten Stamme fließt, besonders bei Sonnenaufgang, eine süße nahrhafte Milch. Dann sieht man die Neger und Indianer aus allen Gegenden mit großen Näpfen herbeieilen, um Milch zu holen. Einige leeren sie gleich unter dem Baume aus, andere bringen sie nach Hause." Die Milch ist ziemlich dick, ohne alle Herbheit, und von balsamischem Geruche, nur wegen ihrer leimigen Eigenschaft etwas unangenehm. Die Neger und die armen Arbeiter in den Pflanzungen finden darin ein Hauptnahrungsmittel. Man genießt sie mit den Wurzeln der Cassava oder mit Mais, und in der Jahreszeit, wo sie am reichlichsten fließt, haben die Neger ein wohlgenährtes Ansehen. Nicht blos aber in seinem Äußern und im Geschmacke gleicht dieser Saft der Thiermilch, sondern auch in dem Umstande, daß er, der Luft ausgesetzt, eine Substanz absondert, welche dem Käse ähnlich ist und von den Eingeborenen so genannt wird.

Dieser merkwürdige Baum ist nicht blos auf den schmalen Küstenstrich, wo Humboldt ihn fand, beschränkt, denn wie schon alte Überlieferungen andeuten, war er den Mexicanern nicht unbekannt, und angestellte Erkundigungen haben es bestätigt, daß verschiedene Arten dieses Baumes in den Wäldern Mexicos wachsen, besonders in den ausgedehnten feuchten Wäldern der Provinzen Choco und Popayan. Ebenso findet man in den Wäldern bei Ysconde in Choco drei Bäume, welche die Eingeborenen Liria, Popa und Sande nennen. Sie geben eine ebenso nahrhafte Milch als der Kuhbaum in Venezuela, welche ebenfalls den ärmern Volksclassen zur Nahrung dient. Die Wohlhabenden benutzen sie wegen ihrer Klebrigkeit statt des Vogelleims bei Fangen der Papagaien. Der Sande, der dem Kuhbaum in Venezuela im Äußern am ähnlichsten ist, gibt eine reichliche, aber dünnere, bläuliche, minder wohlschmeckende, daher nicht zur Nahrung dienende Milch. Der Sonne ausgesetzt, verdickt sie zu einem schwärzlichen Gummi, dem man arzneiliche Eigenschaften zuschreibt. Der Liriabaum ist dem Kuhbaum ganz ähnlich. Der Popabaum gibt eine reichliche, süße und gewürzhafte Milch, dick wie guter Rahm und blendend weiß. Sie vermischt sich leicht mit Wasser oder Branntwein und gibt mit beiden ein angenehmes Getränk. In der Jahreszeit, wo sie am reichlichsten fließt, ist sie auch hier die Hauptnahrung der Eingeborenen, und selbst den Jaguar treibt sein Instinct, die Rinde mit seinen Klauen aufzureißen, um sich an dem herauströpfelnden Safte zu laben.

Die Rechnenorgel.

Mehre ausgezeichnete Mathematiker und Mechaniker haben sich, um eine der anstrengendsten und ermüdensten Geistesbeschäftigungen, das Rechnen, zu erleichtern, mit der Verfertigung von Rechnenmaschinen beschäftigt. Die erste solche Maschine erfand der bekannte französische Schriftsteller Pascal, welche später von dem nicht weniger berühmten Philosophen Diderot verbessert wurde; eine andere verfertigte der Mechaniker Thomas von Colmar, eine dritte 1820 der Italiener Palmarini in Piemont, und ungefähr gleichzeitig eine andere der ausgezeichnete englische Mathematiker Babbage. Das neueste Kunstwerk dieser Art ist die Arbeit eines jungen Tischlers zu Mailand und befand sich auf der dortigen letzten Industrieausstellung. Diese Maschine hat die Form einer kleinen Orgel mit doppelter Tastatur, jede von 18 Tasten; die erste Reihe der Tasten ist mit den einfachen und doppelten, die zweite mit den drei= und vierfachen Zahlen bezeichnet. Es bedarf also nur der Berührung derjenigen Ziffern, welche das Rechnenexempel bilden, um auf der Stelle das Facit zu erhalten. Soll z. B. 150 mit 7 multiplicirt werden, so bezeichnet man im Register die erste Zahl, greift dann die Taste der zweiten, und sogleich treten in dem über den Claviaturen befindlichen Raume die Ziffern des Products hervor. Will man von diesem die Zahl 70 abziehen, so greift man wieder das Register und dann die Taste 70, und sogleich erscheint der Rest. Bis jetzt ist diese künstliche Maschine nur für die drei ersten Species eingerichtet: der Künstler aber, durch Ertheilung einer goldenen Medaille aufgemuntert, wird seinem Werke auch die vierte Species hinzufügen.

Über Blinde, Blindenunterricht und Blindenanstalten.

I. Von den Blinden überhaupt.
(Fortsetzung aus Nr. 175.)

Bei dem Mangel eines so wichtigen Sinnes, wie das Gesicht ist, treten schon in der ersten Jugend sehr häufig Fälle ein, wo das Kind diesen Mangel durch Anstrengung der übrigen Sinne so viel als möglich zu ersetzen sucht. Dadurch entsteht eine große Übung und Fertigkeit dieser Sinne, und dieses ist es eigentlich, was den meisten Blinden einen Vorzug vor den Sehenden, besonders in Rücksicht des Gehörs und des Gefühls gibt. Die weise Einrichtung der Natur bewirkt auf dem gewöhnlichen Wege durch Anstrengung und Übung, was man oft als eine außerordentliche Wirkung, gleichsam als eine wohlthätige Entschädigung für den mangelnden Gesichtssinn anzusehen pflegt. Die Erfahrung lehrt uns auch, daß manche Sehende, deren Beruf es mit sich bringt, einen einzelnen Sinn vorzüglich zu üben, darin eine bewundernswürdige Fertigkeit und Sicherheit erlangen.

Das in der Regel feine Gehör des Blinden kommt ihm hauptsächlich bei dem Erlernen und Ausüben der Musik zu statten. Ganz kleine blinde Kinder suchen Allem, was ihnen in die Hände kommt, einen Ton abzulocken, und so wird Das, was anfänglich dürftiger Ersatz für die Unterhaltung war, welche andern Kindern sichtbare Gegenstände gewähren, zum ersten Bildungsmittel für das Kunstgehör. Das gute Gehör des Blinden leistet ihm auch im täglichen Leben manche wesentliche Dienste. Er erkennt und unterscheidet in beträchtlicher Entfernung die bei verschiedenen Arbeiten entstehenden Töne, bemerkt jedes Geräusch, und entdeckt dadurch eine nahende Gefahr. Besonders auffallend aber ist bei den meisten Blinden, daß sie oft nach langer Zeit einen Menschen an der Stimme wieder erkennen.

Auch der Geruch schärft und verfeinert sich sehr bei

Blinden, und oft, wenn man nicht begreifen kann, woran sie einen Gegenstand erkennen, geschieht es durch die Feinheit dieses Sinnes.

In Rücksicht des Gefühls ist das Gemeingefühl als Folge der durch den ganzen Körper verbreiteten Nerven, wobei sich der Mensch leidend verhält und wodurch wir von dem innern Zustande unsers Körpers unterrichtet werden, wol zu unterscheiden von dem eigentlichen Tastsinn, den thätigen Gefühlen, wozu vorzüglich die Hände gebraucht werden.

Ersteres, das allgemeine körperliche Gefühl, welches die Grundlage aller übrigen Sinne ausmacht, ist den meisten Blinden, wenn sie auch gar keine Bildung haben, in hohem Grade eigen. Ihre reizbaren Nerven nehmen so feine Eindrücke an, daß Andere gar keinen Sinn dafür haben. Durch den Druck oder eine besondere Bewegung der Luft, in Verbindung mit dem verschiedenen Hallen der Stimme, der Fußtritte oder anderer Laute erkennen sie die Nähe einer Wand, ein offenes Thor, die Richtung einer Straße u. s. w. Selbst im schnellen Laufen weichen sie jeder Säule, jedem Baume aus, wenn sie auf sich selbst aufmerksam sind; dagegen sie in Zimmern, wo kein freier Luftzug ist, an Alles anstoßen, was ihnen im Wege und nicht an seinem gewöhnlichen Orte steht.

Weniger allgemein ist die Ausbildung und Stärke des eigentlichen Tastsinnes bei den Blinden, und es kommt dabei viel darauf an, wie die nächsten Umgebungen eines blinden Kindes beschaffen waren, und ob man ihm frühe Veranlassung gegeben hat, diesen für einen Blinden nicht nur zur mechanischen, sondern selbst zur wissenschaftlichen Bildung so wichtigen Sinn zu üben und zu vervollkommnen. Die blinden Kinder sind sich hierin höchst ungleich. Einige, besonders Kinder vom Lande, welche thätiger sind und sich viel Bewegung machen, bekommen manche natürliche und einfache Körper unter die Hände, mit denen sie sich durch das Gefühl bekannt machen, und da ihnen von andern weniger Hülfe geleistet wird, so lernen sie frühe sich selbst helfen. Dagegen die blinden Kinder in der Stadt die meiste Zeit zwischen vier Mauern zubringen, selbst wider ihren Willen sich ruhig verhalten müssen, und von der zur Bildung und Stärkung des Körpers und der Glieder nöthigen Bewegung, sowie von Handhabung irgend eines Gegenstandes oder Werkzeuges, aus Furcht, daß sie sich beschädigen möchten, abgehalten werden, und noch dazu in den gewöhnlichsten, täglich vorkommenden Verrichtungen, z. B. beim An- und Auskleiden, beim Essen und Trinken, dadurch, daß ihnen dabei Alles von Andern gemacht, in die Hände und selbst in den Mund gegeben wird, gänzlich unerfahren und ungeschickt bleiben.

Die Folgen einer solchen unnatürlichen und zweckwidrigen Behandlung blinder Kinder sind um so trauriger, weil nicht nur dadurch ihr Unglück um Vieles erhöht und ihr Zustand weit hülfloser wird, sondern auch, weil durch eine solche Unterlassung aller Übung des Körpers und der Glieder diese unbehülflich, theils steif, theils schlaff, und zu jeder, auch der kleinsten Verrichtung untauglich werden.

Bei einem in gänzlicher Unthätigkeit bis in sein zehntes Jahr erhaltenen blinden Kinde nehmen besonders die Hände eine ganz eigne Form an. Die Finger bleiben sehr kurz, die Knochen dünn, die ganze Hand ungewöhnlich klein und schlaff. Weil beim Unterlassen alles Greifens die zum Einwärtsbiegen der Fingergelenke bestimmten Muskeln nicht geübt und gestärkt werden, so lassen sich die Finger sehr weit auswärts gegen den Rücken der Hand biegen, und eine solche vernachlässigte Hand gleicht kaum dem bewundernswürdigen Werkzeuge der Natur, durch welches die größten und feinsten Kunstwerke hervorgebracht werden.

Der Erzieher eines solchen Blinden ist doppelt schlimm daran, weil hier in den meisten Fällen die Hände die Stelle der Augen vertreten müssen, und selbst das Lesen, sowie die meisten wissenschaftlichen Kenntnisse auf diesem Wege erlangt werden sollen. Es dauert Jahre lang, bis die mechanischen Handgriffe, deren Einübung in der ersten Jugend versäumt worden ist, nachgeholt werden, und während die Geistesbildung oft schnelle Fortschritte macht, hat man viele Mühe, die Schwierigkeiten zu überwinden, welche in der Unbehülflichkeit des Körpers, besonders der Hände, liegen.

Obgleich diese Schwierigkeiten durch die Blindheit erzeugt und insofern dadurch unterhalten werden, daß ein solches Kind durch Zusehen Anderer keine Handgriffe ablernen kann, so sind sie doch keineswegs untrennlich von dem Zustande der Blindheit, noch unüberwindlich für denselben; dies bezeugen viele Beispiele von solchen blinden Kindern, welche von Jugend auf durch eine günstige Lage oder zweckmäßige Behandlung ihre mechanischen Kräfte geübt und ausgebildet haben, und daher viele Handgriffe selbst finden und andere durch kurze Anleitung sich eigen machen, und durch fortgesetzte Übung ihr Gefühl oder vielmehr ihren Tastsinn so verfeinern, daß sie die kleinsten kaum sichtbaren Erhabenheiten durch das Gefühl unterscheiden, und dadurch zu manchen Verrichtungen geschickt werden, von welchen sie ihre Blindheit auszuschließen scheint.

Blinde können durch ein sehr verfeinertes Gefühl allerdings bei manchen Gegenständen die Farben unterscheiden. Allein dessenungeachtet darf man dies nicht für ein wirkliches Farbenfühlen halten, da die Brechungen der Lichtstrahlen durchaus nicht fühlbar sind. Wenn dies geschieht, so wirkt nicht die Farbe selbst, sondern nur die färbende Materie auf das Gefühl der Blinden. Namentlich wird bei gefärbten Zeuchen durch den Färbestoff die Oberfläche bedeutend verändert, z. B. der zur schwarzen Farbe kommende Vitriol macht die Härchen des Zeuches härter und steifer. Überdies erkennen Diejenigen, welche noch Schimmer haben, aber dessenungeachtet nach dem Sprachgebrauche blind genannt werden, die Farben bei hellem Lichte. Wenn man dem Blinden im Dunkeln Blumenblätter oder geschliffene Edelsteine fühlen läßt, so findet man, daß sie die Farben ebenso wenig als Sehende durch das Gefühl zu unterscheiden vermögen.

Das, was der Blinde, der gern von Farben spricht, weil er Sehende einen besondern Werth darauf legen hört, an ihre Stelle setzt, ist ein Bild seiner Phantasie, wodurch er diese ihm unzugängliche Eigenschaft der Körper ergänzt. So verglich ein Blinder die Wirkung einer hellen Farbe mit dem Schall einer Trompete, ein anderer hat als Ursache, warum ihm Schwarz nicht gefalle, angegeben, weil es keinen schönen Namen habe.

Diese beiden Vorstellungsarten und Urtheile eines Blinden von Farben gründen sich auf das Gehör. Die Phantasie des Blinden stellt sich die Farbe selbst nicht als etwas Fühlbares vor. Übrigens rechnet der Blinde seinen Mangel der Farbenkenntniß nicht hoch an. Aus dem Umgange mit Sehenden weiß er die meisten natürlichen Körper auch nach ihrer Farbe zu benennen, und bei andern einzelnen Gegenständen pflegt er sich gewöhnlich nach der Farbe zu erkundigen, doch nicht, weil er selbst einen besondern Werth darauf legt, da er die übrigen Eigenschaften eines Körpers, die er durch das Gefühl erkennt, Gestalt, Größe, Schwere u. s. w. für weit vorzüglicher hält.

Wirklich scheint auch der Blinde in dieser Rücksicht nicht schlimmer daran zu sein, als der Sehende, wenn er Gegenstände in großer Entfernung oder bei einiger Dunkelheit sieht, wo er zwar den Umriß und die Gestalt, aber nicht die Farbe derselben erkennen kann, oder beim Kerzenlicht, wo sich Grün und Blau oder Gelb und Weiß nicht unterscheiden lassen.

(Die Fortsetzung folgt in Nr. 177.)

Rafael's Loggien im Vatican zu Rom.

Das Pfennig-Magazin

der

Gesellschaft zur Verbreitung gemeinnütziger Kenntnisse.

177.] Erscheint jeden Sonnabend. [August 20, **1836.**

Der Monte Cavallo zu Rom.

Bilder aus Rom.
II.
(Fortsetzung aus Nr. 176.)

„Wer von Norden kommt", heißt es in einem neuern, ebenso unterhaltenden als lehrreichen Buche über Rom *), „wundert sich anfänglich über das ganz moderne Aussehen der Stadt. Dieses rührt daher, daß der bewohnte Theil von Südost nach Nordwest gerückt ist; was früher bewohnt war, ist nun Vigna; was früher Exercierplatz und Spaziergang war, ist nun bewohnt. Nur die Strecke vom Marcellustheater bis Ponte Sisto war immer bewohnt, und dorthin mag sich auch die Bevölkerung vorzüglich zurückgezogen haben, als sie durch das Unglück der Zeiten im 14. Jahrhundert bis auf 20,000 Menschen herabgekommen und aller Wasserleitungen beraubt war. Als Julius II. Straßen durchbrechen ließ, als die Florentiner sich zwischen Ponte Sisto und der Engelsbrücke anbauten, wurde diese Gegend, als der Quirinal zum Sommeraufenthalte der Päpste gewählt ward, seine Umgebung, das Quartier der feinen Welt. Nun drängt sich das Leben sichtlich gegen den Corso zusammen, und der Platz Colonna ist das Hauptplatz des jetzigen Roms, wo Börse, Post, die Wechsel- und Getreidesalen, die Gerichte, die Mauth die täglichen Interessen vermitteln, und von wo aus man nach allen Richtungen das allmälige Abnehmen des gewerblichen Lebens bemerken kann."

Von der Piazza del Popolo **) aus führen die größern Straßen eine Strecke weit in gerader Richtung nach dem Innern der Stadt. Sie sind die schönsten und diejenigen, wo die Wohnungen namentlich im Winter, wo Rom mit Fremden aller Nationen gefüllt zu sein pflegt, am meisten gesucht werden. Der Corso nimmt die Mitte ein und ist die Hauptstraße des neuern Roms. Er führt zu der Piazza Colonna, auf welcher die Antoninische Säule steht, die gegenwärtig die Bildsäule des Apostels Paulus trägt, wie die Trajanische ***) die des Apostels Petrus. Rechts vom Corso, bei der Kirche de' Miracoli, beginnt die Straße Ripetta, am Tiberufer vorbeiführend, links, bei der Kirche di Monte Santo, die Straße Babuino, welche den Zugang zur Piazza di Spagna bildet, deren Hauptschmuck die schöne, den Weg zur Kirche Trinità de' Monti führende Treppe ist. Hier erhebt sich der Monte pincio, von Alters der Collis hortorum, der beliebteste und anmuthigste Spaziergang der Stadt, mit den Villen Medici und Ludovisi, wo einst Sallust, Lucullus und Domitian ihre Gärten hatten. Von diesem Hügel aus genießt man eines belohnenden Blickes über einen großen Theil der Stadt.

Auf der Seite des Monte pincio liegen drei Thore, die Porta pinciana, salaria und pia genannt, durch welche letztere man auf dem Weg nach Tivoli gelangt, und bei welchen die schöne gleichnamige Straße beginnt, welche an den ehemaligen Thermen des Diocletian vorbei, nach dem Quirinal leitet, dem höchsten der sieben Hügel. Man nennt ihn gewöhnlich Monte cavallo, nach den beiden Marmorkolossen der rossebändigenden Jünglinge, die einst in den Konstantinischen Bädern standen, und die man ohne irgend eine Autorität dem Phidias und Praxiteles zugeschrieben hat. Jedenfalls sind sie vorzügliche Arbeiten griechischer Künstler, und überraschen durch die Schönheit der Formen wie durch die Kühnheit der Stellung. Wen sie vorstellen, ist ungewiß; lange hielt man sie für Statuen Alexander des Großen und des Bucephalus; die wahrscheinlichste Annahme erklärt sie als Castor und Pollur. Zwischen ihnen steht ein ägyptischer Granitobelisk, welchen Pius VI. aufrichten ließ, während einer der zahlreichen Springbrunnen der Stadt seinen Wasserstrahl emporsteigen läßt. Der Palast wurde in der letzten Hälfte des 16. Jahrhunderts erbaut, und ist nicht ausgezeichnet. Er dient gewöhnlich zur Sommerwohnung wegen der gesunden Luft; in ihm werden überdies die Conclaven gehalten.

Von dem Monte cavallo aus, welchen überdies der große Palast der Fürsten Rospigliosi und der Garten des Hauses Colonna zieren, öffneten sich nach mehren Seiten hin herrliche Aussichten, an denen die in Thälern und auf Hügeln gebaute Stadt überhaupt einen so großen Reichthum hat. Westlich erscheint der Vatican mit dem Alles überragenden Dome St. Peter's.

Die Menge der merkwürdigen Gegenstände, der Kirchen, Paläste, Villen, Brunnen, Wasserleitungen, Ruinen u. s. w. ist so gewaltig, daß wir uns hier nur auf Einzelnes beschränken müssen, bald durch diesen, bald durch jenen der 14 Rioni wandernd, in welche die Stadt getheilt ist, und von denen zwei (il Borgo und Trastevere) auf dem rechten, die übrigen auf dem linken Tiberufer liegen. Der südöstliche Theil ist fast ganz unbewohnt, einzelne Kirchen und Klöster, Villen und Häuser finden sich hier neben den zahlreichen Trümmern, welche in der Gegend des Aventin, an dessen Abhange der berüchtigte Cacus seine Höhle hatte, des Cälius, des Esquilin liegen, hinan bis zum palatinischen Hügel, auf welchem die erste Ansiedelung stattfand. In diesem Theile lagen, schon außerhalb des Mauerkreises des Servius Tullius, die großartigen Thermen des Antoninus, in welchen 3000 Personen zu gleicher Zeit baden konnten, und deren gewaltige Trümmermassen noch jetzt einen Begriff von ihrer Pracht und ihrem Umfang geben. Zwischen dem aventinischen und palatinischen Hügel war der Circus maximus, für 260,000 Zuschauer eingerichtet, von dem jetzt nur verstümmelte Überreste vorhanden sind. Die imposanteste der Ruinen ist aber das Flavische Amphitheater, gewöhnlich das Coliseum *) genannt, in einer Fläche zwischen dem palatinischen, cälischen und esquilinischen Hügel liegend. Glücklicher als viele andere große Bauten ist es uns, wenn auch durch Zerstörungen aller Art verwüstet, doch größtentheils erhalten worden, und steht mit seinen riesigen Mauermassen und seinen Arcadenreihen als ein von allen Zeiten bewundertes Denkmal der Römergröße da.

Kein Ort vielleicht weckt ein lebhafteres Bewußtsein des Verfalles, des Verschwindens des alten Glanzes, als das Campo vaccino. Hoch liegt der aus Schutt und Erde bestehende Boden über dem Niveau des alten Forum; zu einem Rindermarkt ist der Versammlungsplatz der stolzen Republikaner herabgewürdigt. In den Tagen der Gründung der Stadt wahrscheinlich ein sumpfiges Thal, scheint das zwischen dem palatinischen und capitolinischen Hügel gelegene Forum nur durch die Cloaca maxima, welche unterhalb der palatinischen Brücke (Ponte rotto) in die Tiber mündet, ausgetrocknet worden zu sein. Von der Zeit der Könige an bis zum Untergange der Republik spielt das Forum, das sich allmälig durch Bauten aller Art füllte

---
*) Rom im Jahr 1833.
**) Vergl. die Abbildung und Beschreibung desselben im Pfennig-Magazin Nr. 110.
***) Vergl. die Abbildung und Beschreibung derselben im Pfennig-Magazin Nr. 72.

*) Vergl. die Abbildung und Beschreibung desselben im Pfennig-Magazin Nr. 18.

und verschönerte, bis es unter den Kaisern in einem Glanze prangte, wovon die Schriftsteller der Zeit ein freilich nur unvollkommenes Zeugniß geben, eine wichtige Rolle in der Stadt. Hier erstach Virginius seine schöne Tochter, um sie vor dem Decemvir zu retten; hier stürzte sich Curtius in den gähnenden Schlund, hier feierte Julius Cäsar prächtige Feste. Von aller Herrlichkeit der Tempel, Triumphbögen, Bildsäulen sind nur verstümmelte Reste geblieben.

Vom capitolinischen Hügel aus hat man die schönste Aussicht auf das tief unten liegende Forum und die Baumgruppen der Via sacra nebst ihren Ruinen. Zur Linken erhebt sich aus dem rings um ihn angewachsenen Boden der großartige aber schwerfällige Triumphbogen des Kaisers Septimius Severus, rechts die Colonnade des Tempels der Fortuna. Weiterhin sieht man die vereinzelte Säule des Phocas, hierauf drei corinthische Säulen, die man gewöhnlich für die Überreste eines Tempels des Jupiter Stator hält, die aber wahrscheinlicher dem Gesandtenhotel angehörten, das man hier Graecostasis nannte, wie in Konstantinopel Xenodochium Romanorum, und Eltschi-Khan bei den Osmanen. Denn hier wie dort bestand die Sitte, den Gesandten fremder Mächte eine eigne Wohnung anzuweisen, und sie gewissermaßen zu hindern, mit dem Volke in Berührung zu kommen, wie noch jetzt in China. Die bemerkenswerthesten andern Gegenstände, die sich hier dem Blicke darbieten, sind die drei Arcaden des Friedenstempels, auch die Konstantinische Basilica genannt, die Kirche der St.-Francesca Romana, der Triumphbogen des Kaisers Titus, die Reste der von Augustus wieder aufgebauten Curia Hostilia und die Trümmermassen auf dem palatinischen Hügel. In seiner überragenden Größe liegt das Coliseum da, und der Monte cavo schließt das unvergleichliche Bild.

Neben dem Forum romanum hatte die Stadt noch mehre andere, von denen das des Augustus, des Nerva und des Trajan in seiner Nähe zwischen Capitol und Quirinal lagen. Eine breite Treppe führt zum Campidoglio hinauf, dem eigentlichen Herzen des Freistaates, überreich an Erinnerungen aus der schönsten Zeit des alten Roms. Die eben beschriebene Aussicht vom Thurme des Capitols dürfte vielleicht von keiner andern übertroffen werden. „Die Betrachtung Roms", sagt Valery, indem er von dieser Stelle redet, „legt das Buch des Alterthums offen vor uns hin: man braucht nur hineinzublicken, um sich zu unterrichten. Jede der großen Erinnerungen dieser Stadt hat sich gleichsam ein anderes Viertel gewählt, das Rom der Könige erstreckt sich über den Aventin, das republikanische nimmt das Capitol ein, das kaiserliche herrscht auf dem Palatin; das christliche Rom endlich, einsam und abgeschieden, waltet auf dem Vatican."

Wie seinen Namen, hat das Capitol auch seine Gestalt bedeutend geändert. Der tarpejische Fels ist nicht mehr geeignet, eine großartige Wirkung hervorzubringen. Das berühmteste und vortrefflichste der Monumente ist die Reiterstatue Marc Aurel's, welcher Buonaroti seine Bewunderung nicht versagen konnte. Zum Palazzo senatorio führt die schöne, von letztgenanntem Künstler gebaute Treppe. Das Museum enthält einige der herrlichsten antiken Sculpturwerke, unter Anderm den sterbenden Fechter*), wie er gewöhnlich heißt; auch in der Gemäldegalerie findet man einige meisterhafte Bilder. Wie es hier im Mittelalter aussah, davon

---

*) Vergl. die Abbildung und Beschreibung desselben im Pfennig-Magazin Nr. 55.

geben uns die Chronisten, welche die Geschichte Heinrich's von Luxemburg (der 1312 im Lateran die Kaiserkrone erhielt) erzählen, einen Begriff. Der Senatspalast war in eine Festung umgeschaffen, welche von den Anhängern der dem Könige feindlichen Orsini, von Neapolitanern, Florentinern, Catalanen u. s. w. vertheidigt ward. Unten lag das befestigte Franziskanerkloster und viele Wohnungen der Edeln, meist mit hohen Thürmen versehen, wie es in den italienischen Städten Sitte war, und von denen herab der Kampf geführt ward. Vom Capitol aus nach Nordosten hin war Alles mit festungsähnlichen Wohnungen und Barrikaden bedeckt. Die Pläne des tapfern Königs scheiterten zum großen Theil: nach einem blutigen Sturme eroberte er zwar das Capitol, konnte aber nicht in die Leostadt (so nannte man den Theil jenseit des Flusses) bringen, wo der Prinz von Achaia mit den Feinden den Vatican und das Mausoleum des Hadrian, welches gewöhnlich die Benennung: Thurm des Crescentius führte, besetzt hielt. Bald nach seiner Krönung verließ der Kaiser die unheilvolle Stadt und zog nach Tivoli.

Eine glanzvolle Epoche erlebte das Capitol noch während des Tribunats des Cola di Rienzi, eines Mannes, dessen Charakter ein seltsames Gemisch von Größe, Prahlerei und Leichtsinn war. Nach zweimaliger stürmischen Regierung wurde er am 8. Sept. 1354 an der Capitolstreppe von demselben Volke ermordet, das er von der Tyrannei der Barone zu befreien gesucht hatte.

(Beschluß in Nr. 178.)

Die Eisenbahn von Dublin nach Kingstown.

Unter den auf den britischen Inseln ausgeführten und begonnenen Eisenbahnen ist die seit 1833 zwischen Dublin und dem Hafenort Kingstown angelegte, hinsichtlich der Anlage und der Ausführung eine der vorzüglichsten und in Beziehung auf Irland, als der Anfang neuer Verbindungswege zur Beförderung des innern Verkehrs, von großer Wichtigkeit. Der Boden der Insel ist reich und fruchtbar. Das Land hat viele Quellen des Reichthums, aber Armuth wohnt in den Hütten der Landleute, die den Boden anbauen oder das Rindvieh auf den grasreichen üppigen Triften hüten. Oft herrscht Hungersnoth in Gegenden, die sich durch Fruchtbarkeit und natürliche Hülfsmittel auszeichnen. Die nächste Ursache dieser unglücklichen Verhältnisse, außer den politischen und moralischen Ursachen, welchen nur verbesserte Staatseinrichtungen und höhere Volksbildung entgegenwirken können, ist der Mangel an richtig geleiteter Industrie unter der zahlreichen Volksmenge. Es fehlt an Manufacturen und Fabriken, oder sie sind nur auf einzelnen Punkten, wie im nördlichen Irland die Leinwandmanufacturen, zerstreut. Der Ackerbau steht, gegen England und Niederschottland, noch auf einer tiefen Stufe, und hat sich erst in neuern Zeiten in einigen Gegenden gehoben. Diesen Übeln abzuhelfen, kann nichts wirksamer sein, als die Herstellung bequemer, wohlfeiler und schneller Verbindungswege zwischen den einzelnen Theilen des Landes und zwischen dem Binnenlande und den trefflichen Häfen der Insel. Wird die Insel mit Eisenbahnen durchschnitten, welche die fruchtbarsten Bezirke berühren und in den bedeutendsten Seehäfen endigen, werden von diesen Hauptlinien Seitenbahnen zu den benachbarten Städten, zu Bergwerken, Kohlengruben und andern durch natürliche Hülfsmittel wichtigen Punkten geführt, so muß die Kraft des Volkes einen neuen Aufschwung nehmen. In verschie-

Eisenbahn von Dublin nach Kingstown.

denen Gegenden werden Waarenniederlagen entstehen, Märkte angelegt werden und der Ackerbauer und der Viehzüchter finden erleichterte Gelegenheit, ihre Erzeugnisse zu verkaufen und ihre Bedürfnisse zu beziehen. Irland ist bei seiner zahlreichen Bevölkerung und bei der Wohlfeilheit der Arbeit ganz zu Manufacturen geeignet und ihre Entstehung wartet nur auf die Beförderung des binnenländischen Verkehrs. Steinkohlen und andere Bedürfnisse sind wohlfeil herbeizuschaffen, und bei wohlfeiler Feuerung werden bald Maschinen die Thätigkeit der Menschenhände unterstützen und die Arbeitskräfte unendlich vermehren. Ein großer Theil der Insel, jetzt abgeschnitten oder unzugänglich, wird aufgeschlossen werden, der Werth des Landeigenthums steigen und bequeme Häuser werden sich erheben statt der elenden Hütten, wo jetzt der dürftige Landbauer und seine Familie mit seinen Hausthieren einen engen schmutzigen Raum theilt, und mit belohnter Arbeitslust und steigender Wohlhabenheit wird ihr nie fehlendes Gefolge, Gesittung und höhere Bildung, über Irlands grüne Gefilde sich verbreiten. Geldmittel, Einsicht und Unternehmungsgeist sind vorhanden, aber jetzt gebunden, und es fehlt nichts, die Insel zu dem blühendsten Theile des britischen Reichs zu machen, als, neben den bessern Staatseinrichtungen, die vorbereitet werden, Selbstvertrauen und Verbreitung von Kenntnissen, die grade von den neuen Verbindungsmitteln, auf welche jetzt die Aufmerksamkeit gerichtet ist, erwartet werden dürfen. Wird vollends der großartige Entwurf, die Verbindung zwischen Europa und Amerika über Irland anzuknüpfen, wovon wir in Nr. 164 dieser Blätter gesprochen haben, auf irgend eine Art ausgeführt, so lassen sich die Vortheile, die daraus für Irlands Gedeihen hervorgehen werden, kaum ermessen.

Diese Hindeutungen auf den gegenwärtigen Zustand und auf die Bedürfnisse des Landes werden dazu dienen, zu zeigen, wie wichtig das Unternehmen sei, mit welchem wir unsere Leser näher bekannt machen wollen, wenn es auch nur der Anfang größerer Entwürfe ist.

Die neue Eisenbahn verbindet Dublin längs der Küste mit dem Hafenort Kingstown, früher ein Dorf, das seinen alten Namen Dunleary mit jenem (Königsstadt) vertauscht hat, zum Andenken der Landung Georg IV. 1821, die ein Granitobelisk an der Küste verewigt. Der Hafen wurde 1817 begonnen und ist so tief, daß eine Fregatte von 36 Kanonen oder ein Indienfahrer von 100 Tonnen Schutz findet, und bei zweistündiger Flut das Wasser tief genug für ein Schiff von 74 Kanonen ist. Der Ausgangspunkt der Bahn ist Dublin mit seiner prächtigen Bai, die nördlich von der Halbinsel Howth, gegen 1½ Meile von der Stadt entfernt, und südlich von der kleinen Felseninsel Dalky, die ein schiffbarer Kanal vom Festlande trennt, begrenzt ist. Die Breite der Bai zwischen beiden Punkten ist 1½ Meile. Die Küste ist auf der Nordseite meist niedrig, aber mit Häusern besäet, einzeln oder in Gruppen am Ufer, von welchem ein reizendes Gelände mit Wald und Landhäusern ansteigt.

Die Bahn, bei welcher seit dem Anfange der Arbeiten täglich gegen 2000 Menschen beschäftigt waren, hat 1,200,000 Thaler gekostet, ist in allen Theilen vortrefflich ausgeführt, durch den Verein der Unternehmer mit andern Anlagen verbunden, welche die Annehmlichkeit der Fahrt erhöhen und dadurch den Personenverkehr vermehren werden. Die Entfernung zwischen beiden Punkten beträgt ungefähr zwei Meilen, die in 40 Minuten zurückgelegt werden. Die Eingangsstation ist im Stadttheile Westland=Row, mit bequemen Einrichtungen für die Aufnahme der Reisenden, die ein zierliches eisernes Obdach schützt. Aus verschiedenen Theilen der Stadt gehen Omnibus, um die Reisenden zu dem Stationshause zu bringen, und zwar jede eine halbe oder Viertelstunde, und ebenso auf andern Theilen der Bahn. Vom Ausgangspunkte an liegt die Bahn, um den Straßenverkehr der Stadt nicht zu stören, gegen 20 Fuß über der Oberfläche und geht in flachen elliptischen Bögen über mehre Straßen. Die Bahn ist hier zwischen den Brustwehren gegen 60 Fuß breit und für vier Bahnlinien eingerichtet, von welchen die beiden mittlern für Reisende hin und zurück und die äußern für Güterwagen bestimmt sind, welche auf- und abladen können, ohne den Personenverkehr zu stören. Die Bahn führt dann über die Quais und einen Theil der Docken auf einer Granitbrücke von drei Bögen eigenthümlicher Bauart. Einer dieser Bögen ist für eine künftige, den Docken parallel laufende Straße bestimmt. Weiterhin nimmt die Bahn bis auf 30 Fuß ab und hat nur zwei Bahnlinien, die jedoch acht Fuß voneinander liegen. Jenseit einer schönen Brücke über den Fluß Dodder kommt die Bahn in das offene Land, und alles Mauerwerk hört nun auf; eine Rasenböschung bezeichnet ihre Grenzen auf jeder Seite, von einer doppelten Hecke eingefaßt. Von Old Merrion bis Black Rock läuft die erhöhte Bahn über den Strand und erscheint bei hohem Wasser wie ein langer in das Meer gehender Hafendamm. Das durch die Bahnanlage dem sandigen Strande abgewonnene Land wird von dem Grundbesitzer zu Anpflanzungen benutzt. Bei Williamstown kommt die Bahn dicht an das Ufer des Meeres. Bei Black Rock läßt der Verein der Unternehmer schöne Bäder auf der äußern Seite des Bahndammes anlegen.

Von Black Rock bis Kingstown verändert sich die Ansicht der Bahn immer; Mauern auf der Landseite, offene Aussicht gegen das Meer. Unweit Black Rock geht sie zwischen zwei Granitpavillons auf dem Landsitze des Lords Cloncurry durch einen Tunnel, dann durch einen 40 Fuß tiefen Felsendurchschnitt unter einer Brücke, welche die Anlagen eines Landsitzes verbindet. Sie läuft bei Sea Point längs der Seebadanstalt, weiter durch einen tiefen Feseneinschnitt, dann unter hohen Klippen nach Salthill, wo ein prächtiger Gasthof eingerichtet wurde. Von hier zieht sich die Bahn über einen Theil des alten Hafens von Dunleary, der ausgefüllt wurde, zu dem neu erbauten prächtigen Quai und Landungsplatze für die Dampfböte, sodaß die Reisenden beim Aussteigen aus dem Dampfwagen sogleich in die Boote gehen können.

Sechs Dampfwagen mit trefflicher Maschinerie gehen auf der Bahn. Die Wagen für die Reisenden sind von dreierlei Art, und selbst die geringern der dritten Classe besser als in England. Alle sind bedeckt. Man hat die Absicht, die Bahn zunächst nach Bray zu führen, wohin von Kingstown der Weg meist durch ein reizendes Thal geht.

Ibrahim's Palast zu Kahira.

Am Nil, aufwärts von Bulak, dem Hafen von Kahira, liegt der von Ibrahim Pascha, dem Sohne des Vicekönigs von Ägypten, erbaute Palast, ein großes Gebäude von unregelmäßiger Bauart, seit seiner Abreise nach Syrien der beständige Aufenthalt seines Harems. Dem prächtig eingerichteten Palast gegenüber liegt die fruchtbare Insel Rhoda, auf welcher Ibrahim einen neuen Palast erbauen läßt, und es ist bereits ein großer

Theil derselben durch den geschickten Gärtner Trait, den Ibrahim aus England kommen ließ, in einen reizenden Garten umgewandelt worden, wo viele europäische und tropische Pflanzen vortrefflich gedeihen.

Münchhausens Reisen.

Zu den vorübergegangenen literarischen Erscheinungen, die einst viel Aufsehen machten, gehören die wunderbaren Reisen, Feldzüge und Abenteuer des Freiherrn von Münchhausen, eine Sammlung der seltsamsten und ausschweifendsten Einfälle, z. B. der Überrock des Erzählers sei von einem tollen Hunde gebissen und wüthend geworden, sein Windhund habe die Beine dergestalt abgelaufen, daß er zum Dachshund geworden, sein Jagdhund habe ihm im Schlaf den Magen herausgefressen, weil er Rebhühner darin gewittert und er habe sich dafür einen Schweinemagen einnähen lassen, und andere, noch ungleich weniger ergötzliche. Die Geschichte dieses Buchs ist merkwürdig genug. Manche haben es für eine absichtliche Satire auf lügenhafte, phantastische Erzähler oder Reisebeschreiber gehalten, aber mit Unrecht; es war vielmehr das unwillkürliche Erzeugniß einer krankhaften Geistesrichtung. Der Urheber dieser Märchen lebte in der zweiten Hälfte des vorigen Jahrhunderts still und eingezogen in dem Städtchen Bodenwerder an der Weser und kam nur wenig in Gesellschaften, war er aber darin und wurde er auf seine imaginairen Reisen gebracht, so erzählte er seine Einfälle mit dem vollen Ernst des Historikers, und konnte sehr unwillig werden, wenn man ihm nicht vollen Glauben schenkte. Offenbar glaubte dieser Mann zuletzt selbst an die Wahrheit seiner ersonnenen Abenteuer, nachdem er sie so oft sich und Andern erzählt hatte. War seine Frau zugegen, so rief er diese gewöhnlich zum Zeugen der Wahrheit an, obgleich die meisten seiner Abenteuer unter Umständen vorgefallen sein mußten, bei denen Frauen überhaupt nicht wol gegenwärtig gewesen sein konnten.

Längst hatten diese Schwänke einen großen Theil von Deutschland durchwandert und waren aus den höhern Cirkeln bis zur untersten Volksclasse herabgestiegen, ohne daß Jemand daran gedacht hätte, sie zu sammeln. Ein durch widrige Schicksale nach England verschlagener deutscher Literat, Raspe, der früher zu Kassel, in Münchhausens Nähe, gelebt hatte, kam endlich auf diesen Einfall und gab sie in England und in englischer Sprache heraus. Dort fanden sie einen gedeihlichen Boden und erlebten in kurzer Zeit fünf Auflagen. Sie fanden den Weg übers Meer nach Ostindien, und Offiziere eines hanöverschen Regiments, das nach Madras geschickt wurde, trafen sie dort in den ersten Häusern, wo sie begierig gelesen wurden. Nun erst erschienen diese ursprünglich deutschen Erzeugnisse, aus dem Englischen zurück übersetzt, in Deutschland; der Dichter Bürger war es, der sich mit dieser Übersetzung befaßte, jedoch fand das Buch hier nicht den großen Beifall, wie früher in England.

Über Blinde, Blindenunterricht und Blindenanstalten.

I. Von den Blinden überhaupt.
(Fortsetzung aus Nr. 176.)

Aber auch außer dem Begriff der Farben entbehrt der Blindgeborene oder in früher Jugend Erblindete die Kenntniß jener Gegenstände, welche wegen ihrer Feinheit nicht durch das Gefühl oder einen andern Sinn, erkannt werden können; die sichtbare Wirkung von Schatten und Licht, sowol in der Natur als bei Zeichnungen, die durch entfernte Bewegungen entstehenden Abwechselungen, dann das Vergnügen, welches der Sehende aus dem Überblicke mehrer zu gleicher Zeit vorhandenen Gegenstände und ihren verhältnißmäßigen Beziehungen gegeneinander schöpft, die schöne Mannichfaltigkeit. Die reizende Schönheit kann für den gebildeten Blinden nur durch ein Bild seiner Phantasie ersetzt werden, welches, so sehr es auch von der Wirklichkeit dieser sichtbaren Gegenstände entfernt sein mag, gleichwol den Blinden befriedigt, ihn heiter und froh macht und ihn solche Phantasiegenüsse wünschen läßt. Daher erklärt sich die Vorliebe vieler Blinden für schöne Kleider und Putz, ihr Geschmack am Theater und an andern öffentlichen Schauspielen, und an Beschreibungen solcher Gegenstände. Es ist nicht zu bezweifeln, daß der Blinde dabei manchmal in dem Fall sein werde, daß er sich eine Sache in seinem Sinne schöner und vollkommener vorstellt als sie wirklich ist.

Auf die Phantasie des Blinden muß also der Mangel des Gesichtssinnes einen wichtigen Einfluß haben. Auf der einen Seite scheint ihm der Stoff zu fehlen, der dieser wichtigen und fruchtbaren Seelenkraft gleichsam zur Nahrung dient, auf der andern Seite aber ist es einleuchtend, daß das Bedürfniß, sich durch die Phantasie abwesende Gegenstände zu vergegenwärtigen, öfter eintreten müsse, als bei Sehenden. Der Körper, den der Blinde nicht berührt, sei er ihm auch ganz nahe, ist für ihn schon ein Gegenstand der Phantasie. Die Phantasie des Blinden faßt ihren Gegenstand, entkleidet vom Sichtbaren, auf, desto deutlicher ist sie sich aber der übrigen Eigenschaften desselben, und seiner Verhältnisse und Beziehungen gegen Andere bewußt. Alles tritt handelnd vor die Phantasie des Blinden und füllt seine ganze Seele, die sich desto ruhiger und genauer mit diesem einen Gegenstande beschäftigen kann, da sie durch Zerstreuungen nicht abgezogen wird und ihr Ideenkreis weniger ausgedehnt ist. Der Sehende schöpft die meisten Bilder seiner Phantasie aus sichtbaren Erscheinungen, die oft augenblicklich vorübergehend sind, der Blinde aus Beschreibungen, welche alle übrigen darauf sich beziehenden Umstände umfassen und die mit Muße betrachtet werden können.

Träume, diese eigenthümlichen Geburten der Phantasie, betreffen bei dem Blinden meistens hörbare Gegenstände, aber auch sichtbare Gegenstände, von denen er sich auf andern Wegen Kenntnisse verschafft hat, stellen sich ihm im Traume dar. Diese Träume erlangen manchmal eine solche Lebhaftigkeit, er noch eine Zeit lang nach dem Erwachen die Idee beibehält, er habe im Traume wirklich gesehen. Eine Erscheinung, welche nicht nur bei Blinden, welche früher gesehen haben, sondern auch bei Blindgeborenen vorkommt.

Die Wichtigkeit des Erinnerungsvermögens und Gedächtnisses für den Blinden ist daraus einleuchtend, daß derselbe auch in der Rücksicht mehr auf sich selbst beschränkt ist. Da er nicht lesen oder nachschlagen kann, so ist er meistens in dem Falle, daß ihm sowol im gemeinen Leben als in wissenschaftlichen Dingen, ein Gegenstand nur einmal vorkommt. Auch hier zeigt sich, was unumgängliche Noth und fleißige Übung vermögen.

Das Auge ist es hauptsächlich, das uns halb und ganz vergessene Gegenstände öfters wieder ins Gedächtniß zurückruft; da aber dem Blinden dieses Erinnerungsmittel fehlt, so gewöhnt er sich, Alles, was ihm vorkommt, seien es körperliche oder geistige Gegenstände, so lange festzuhalten, bis er sich Alles tief eingeprägt hat. Dadurch, und weil ihm nicht, wie bei Sehenden, durch häufig neue Eindrücke die vorigen so leicht wieder geschwächt oder verlöscht werden, entsteht jenes getreue Gedächtniß, welches die meisten Blinden und manche in einem bewundernswürdigen Grade besitzen, und welches ihren Unterricht eben so sehr erleichtert, als es ihnen im gemeinen Leben und bei wissenschaftlichen Beschäftigungen nützlich ist.

Da der Blinde jeden Gegenstand einzeln mit ungetheilter Aufmerksamkeit und so genau als möglich gewöhnlich im eigentlichen Sinne von allen Seiten betrachtet, so kann man sich nicht wundern, daß er, die meistens zufällige Beschaffenheit der Farbe abgerechnet, manche Sache genauer und richtiger kennen lernt, als ein Sehender, der es nicht selten bei einem flüchtigen oberflächlichen Blick bewenden läßt, dagegen der Blinde die ganze ihm übriggebliebene Sinnlichkeit, besonders Tastsinn und Gehör aufbietet, um in die Natur des vorliegenden Gegenstandes einzudringen und ihn nach allen Beziehungen auszuforschen. Es ist merkwürdig und rührend zugleich, das innere Streben und die Anstrengung zu beobachten, durch welche der Blinde das wichtige äußere Hinderniß zu überwinden sucht.

Diese genaue Betrachtung und reife Beurtheilung leitet den unterrichteten Blinden auch bei der Behandlung geistiger Gegenstände, so daß er aus Vorsicht zwar etwas langsamer, aber oft bestimmter und richtiger urtheilen wird, als der Sehende. Weniger gebildete Blinde werden jedoch durch das ihnen eigenthümliche Beharren auf der einmal gefaßten Ansicht eines Gegenstandes hin und wieder zu einseitigen Urtheilen verleitet, welche durch zweckmäßige Erziehung und Unterricht um so mehr verhindert werden müssen, da es für ihren Zustand, bei dem sie öfter als Andere in Gefahr gerathen, wichtig ist, sie bei steter Besonnenheit und Geistesgegenwart zu erhalten.

Weil der Blinde durch seine Umstände in seltenere Berührung mit der äußern Welt und mit ihren Verhältnissen kommt, so behalten diese immer den Reiz der Neuheit für ihn, und er richtet sich nicht nur in seinen Handlungen gern nach andern Menschen, sondern auch sein Ideengang bleibt gern auf den gewöhnlichen Wege. Der Blinde ist weniger zum Erfinden und speculativen Denken geeignet, als er schon vorhandenen geistigen Stoff gut bearbeiten kann, ohne daß er jedoch gehindert wäre, durch höhere Bildung in die Tiefen der Wissenschaften und schönen Künste einzudringen.

Der Blinde wird durch seinen Zustand unaufhörlich an seine Hülfsbedürftigkeit erinnert, und dieses veranlaßt ihn, sich fest an andere Menschen anzuschließen. Gewöhnlich hängt er mit ganzer Seele und mit unbegränztem Zutrauen an Denen, die sich seiner annehmen.

Die meisten Blinden, welche es nicht erst in reifern Jahren geworden sind, haben eine ruhige, sich Andern gern anschmiegende Sinnesart, sind offen und unbefangen, zufrieden und heiter. Diese glückliche Gemüthsstimmung fließt größtentheils aus dem Zustande der Blindheit selbst. Jene Hülfsbedürftigkeit setzt den Blinden von Kindheit an in die Lage, dem Willen und der Leitung Anderer zu folgen, und lehrt ihn, sich Denen gefällig zu zeigen, die er niemals entbehren kann. Da der Blinde vielen Sinnesreizen entgeht und ihm manche entbehrliche Genüsse unbekannt bleiben, so trägt dieses mit dazu bei, ihm innere Ruhe und Zufriedenheit zu erhalten. Durch lange Gewohnheit mit seinem Zustande vertraut und in dem Bewußtsein, manche Schwierigkeit glücklich überwunden zu haben, hört man den Blinden nicht selten über sich und seinen Zustand scherzen und sich auf seine Fertigkeiten etwas zu gute thun.

Bei Blinden, die es in irgend einer Kunst oder Wissenschaft weit gebracht haben, artet dieses manchmal in Stolz aus, der freilich um deswillen verzeihlicher erscheint, weil der Blinde die große Anstrengung in Rechnung bringt, die er anwenden mußte, um das ihm entgegenstehende Naturhinderniß zu überwinden.

In ihren Urtheilen über Andere sind die Blinden unbefangener und strenger als die Sehenden, weil sie durch äußern Glanz und Hoheit oder durch die Zeichen von Reichthum und Stand nicht geblendet werden. Für Menschen und ihre Handlungen kennt der Blinde nur den moralischen Maßstab, und das Beste denkt er sich gewöhnlich auch als das Schönste.

Bei der durch stete innere und äußere Anstrengung entstehenden allgemeinen Reizbarkeit geräth der Blinde leicht in Hitze, aber er kommt auch bald wieder zurück. Diese Reizbarkeit und eine gewisse Verwöhnung durch häufiges Mitleiden und Hülfe von guten Menschen, machen den Blinden etwas empfindlich, sodaß er dadurch manchmal zu ungünstigen Urtheilen gegen Andere verleitet wird.

Alle Blinde haben einen Anstrich von Eigensinn oder vielmehr von Beharrung bei dem einmal Gewohnten, welches sich auch sehr natürlich daraus erklärt, daß ihnen jede Veränderung ihrer Lage und Handlungsweise weit schwerer fällt und sie mehr Mühe und längere Zeit brauchen, sich in neuen Verhältnissen zurecht zu finden als ein Sehender. Hierzu kommt noch, daß der Blinde, welcher in so manchen Beziehungen auf sich allein beschränkt ist und nur aus sich selbst schöpfen kann, dem Seinigen, das er so mühsam erworben hat, sei es nun körperliches oder geistiges Eigenthum, einen besondern Werth beilegt, und daß es ihm schwer ankommt, etwas davon aufzugeben. Wer wie der Blinde so oft isolirt unter den übrigen Menschen dasteht, gewöhnt sich leicht in einzelnen Fällen so zu handeln, als ob er allein da wäre.

Viele Blinde, selbst junge Leute und Kinder, haben eine Neigung, Vorräthe zu sammeln, sind geldgierig und eigennützig. Zu gleicher Zeit aber wird man an ihnen eine diesem Alter ungewöhnliche Gesetztheit und Überwindungsgabe antreffen. Die meisten Blinden haben ein reges Gefühl für Wahrheit und Recht. Eigne Kränkungen, die leider dem Blinden so häufig widerfahren, fühlt er zwar tief, aber sie machen ihn weniger betrübt als bitter; er zieht sich in sich selbst zurück und wird verschlossen, selten aber wird man finden, daß er sich auf andere Weise als durch Satire, zu der überhaupt die erwachsenen Blinden aufgelegt sind, zu rächen sucht.

Da der Blinde so manchen rührenden Auftritt nicht sieht und die Kraft des augenblicklichen Eindrucks auf ihn nicht wirkt, da er bei seinem leidenden Zustande sich von Jugend auf an Entbehrungen aller Art gewöhnt, mithin fremde Gebrechen ihm weniger auffallend sind, so ist es kein Wunder, daß die meisten Blinden mehr kalt als gefühlvoll erscheinen, was ihnen manchmal den Vorwurf der Unempfindlichkeit zuzieht.

Blinde, welche mit schlechten Beispielen umgeben sind, besonders solche, welche früher gesehen haben, gerathen manchmal auf moralische Abwege, die ihnen um so verderblicher werden, weil sie dann bei der Blindheit eigne Überlegung und Beharrlichkeit dazu mißbrauchen, ihr ganzes Dichten und Trachten auf die Ausführung ihrer schädlichen Vorsätze zu verwenden. Da sie nichts allein ausführen können, so hängen sie sich an schlechte Menschen, misbrauchen das Mitleiden und Zutrauen, welches man den Blinden zu schenken pflegt, und machen sich dadurch doppelt unglücklich.

(Die Fortsetzung folgt in Nr. 180.)

Das Campo Vaccino (ehemalige Forum) zu Rom.

Das Pfennig-Magazin
der
Gesellschaft zur Verbreitung gemeinnütziger Kenntnisse.

178.] Erscheint jeden Sonnabend. [August 27, **1836**.

Bilder aus Rom.

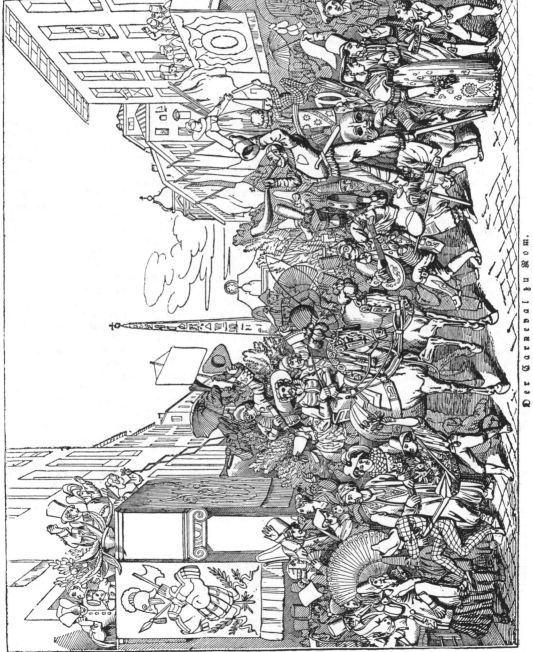

Der Carneval zu Rom.

Bilder aus Rom.
III.
(Beschluß aus Nr. 177.)

Die gewöhnliche Annahme gibt Rom 365 Gotteshäuser. Wir können aus dieser großen Zahl, unter welcher sich die meisten nicht durch architektonische Schönheit auszeichnen und größentheils aus der Epoche des Verfalls der Baukunst herrühren oder doch modernisirt worden sind, während andererseits nicht wenige antike Basiliken und mittelalterliche Bauten sich finden, nur noch drei namentlich ausheben. Die erste derselben ist die große Kirche von St.-Johannes im Lateran, neben dem gleichnamigen päpstlichen Palaste in einer abgelegenen Gegend am Südostende der Stadt, nahe bei dem Thore St.-Giovanni, der alten Porta asinaria, liegen. Hier wurde das letzte römische Concil 1512 unter Julius II. gehalten. Der Platz vor dem Lateran ist durch einen prächtigen Obelisk von rothem Granit geschmückt, welchen Konstantin der Große aus Theben entführte. Weltberühmt ist die Scala Santa, die der Sage nach aus den 28 Stufen der Wohnung des Pilatus zu Jerusalem, welche der Heiland auf- und niederstieg, gebildete Treppe. Die Hauptfaçade der Kirche hat zwar wenig vom eigentlichen Kirchenstyl an sich, dem man überhaupt in Rom fast durchgängig untreu geworden ist, namentlich seit der Erbauung der Peterskirche, sie bringt jedoch eine großartige Wirkung hervor. Im Innern verbindet sich Antikes mit Mittelalterlichem und Modernem, von der Kaiserzeit an bis zu den Nachfolgern Bernini's. Pracht und Aufwand sind hier wie in der Basilica Santa Maria Maggiore vorherrschend. Diese liegt auf der Südostseite des Mons viminalis auf einem gleichfalls durch einen Obelisk gezierten Platze. Zwei Kuppeln erheben sich über dem länglichen Vierecke des Gebäudes, in welchem die 36 ionischen Marmorsäulen und die reiche Decke mit Recht bewundert werden. Die berühmten Mosaiken gehören zum Theil den ältesten christlichen Zeiten an. Nur im Vorbeigehen können wir der Kirchen Araceli, Santa Croce in Gerusalemme (von der Kaiserin Helena gegründet), St.-Pietro in Vincoli, wo Michel Angelo's Mausoleum des Papstes Julius II. mit der Statue des Moses, Santa Maria della Minerva, wo Christus mit dem Kreuze von demselben Künstler und Santa Maria in Trastevere mit schönen antiken Säulen und merkwürdigen Mosaiken, erwähnen, und müssen zum Pantheon des Agrippa übergehen. Wenn auch entstellt durch die häßlichen modernen Glockenthürme, ist dieser Tempel des rächenden Jupiter, jetzt St.-Maria ad Martyres, oder, nach seiner Form, die Rotonda genannt, im Ganzen wol erhalten und athmet antike Einfachheit und Würde. Bekanntlich fällt nur durch die Öffnung der Kuppel, die so oft als Modell diente, das Licht hinein. Die Gebeine Rafael Sanzio's, dessen Grab sich unter der Statue der Madonna del Sasso befindet, wurden am 16. Sept. 1833 aufgefunden, aber an dem Orte, wo sie über 300 Jahre geruht, in einem marmornen Sarkophage gelassen. Eine würdigere und schönere Grabstätte hätte man dem größten Maler der christlichen Welt nicht wählen können.

Es ist unmöglich, eine auch nur im entferntesten vollständige Beschreibung des neuern Rom zu geben, ohne ein Buch darüber zu schreiben. Hunderte von einzelnen Werken, Abhandlungen und Reisen haben sich darüber verbreitet und sind doch nicht zu Ende gekommen. Wer sich über die jetzigen Römer, ihren Charakter, ihre Gewohnheiten und Vergnügungen, über römisches Leben, öffentliche Anstalten und Verhältnisse unterrichten will, dem können wir mit gutem Gewissen die bereits erwähnte Schrift: „Rom im Jahre 1833" empfehlen, die ein treues und lebensvolles Bild gibt. Wir selbst müssen darauf verzichten, in diesen Zeilen auch nur Andeutungen des übrigen Sehenswerthen zu geben und den Leser in die Paläste Farnese, Colonna, Sciarra, Ruspoli, Spada, Chigi, Falconieri, Borghese, Massimi, Vidoni, Mattei, Corsini, Braschi, Barberini, Doria und viele andere zu führen, welche zum Theil Meisterwerke der Architektur eines San Gallo, Buonaroti, Peruzzi, Rafael u. s. w., zum Theil Zeugen des verdorbenen Geschmackes sind und viele der herrlichsten Kunstwerke enthalten, oder mit ihm durch die anmuthigen Villen Medici, Borghese, Albani, Madonna und zahlreiche andere, und zu den prächtigen Brunnen, den vielen Monumenten, Theatern, Ruinen und sonstigen Merkwürdigkeiten zu wandern.

Nachdem die Bevölkerung Roms[*)] im Mittelalter auf eine Erstaunen und Schrecken erregende Weise gesunken und die Weltstadt beinahe zu nichts als einem öden Trümmerfelde geworden war, um dessen Besitz herrschsüchtige Barone und ein ruchloser, verarmter Pöbel, der die frühere Größe nie vergessen konnte, sich stritten, war die Volksmenge bedeutenden Wechseln unterworfen. Jetzt hat sie sich seit einiger Zeit so ziemlich auf derselben Stufe gehalten. Fast alle Gegenden Europas haben zu dieser buntgemischten, noch immer aus allen Weltgegenden sich recrutirenden Einwohnerzahl Bestandtheile geliefert. Brüderlich wohnen sie zusammen und theilen sich in die verschiedenen Gewerbe. Die Trasteveriner machen von Alters her die meisten Ansprüche auf Römerblut, sie sind es, die man am häufigsten in Pinelli's charakteristischen Skizzen dargestellt findet. Lebhaft ist die Stadt im Ganzen nicht, wenn es auch in einzelnen Theilen zu Zeiten nicht an Bewegung fehlt. Daß dem aus dem lärmvollen Neapel zurückkehrenden Reisenden Rom öde und todt erscheint, darüber braucht man sich übrigens nicht zu verwundern. Eine Zeit gibt es indeß, wo Alles von der Tarantel gestochen zu sein scheint, und dies ist der Carneval. Wie es während dieser Tage auf dem Corso und in dessen Nachbarschaft zugeht, wie allem Witz und Spott, aller Lust und Tollheit die Zügel schießen gelassen werden, wie der Vornehme und der Geringste wetteifern und die Späße bisweilen etwas handgreiflich werden, da Maskenfreiheit so ziemlich Alles gestattet, bis am Moccoli-Abend der Jubel den höchsten Grad erreicht, Alles das ist so vielfach beschrieben worden, daß wir auf frühere Darstellungen verweisen dürfen, vor allen auf die meisterhafte Schilderung Göthe's, welche ein ebenso lebendiges als treues Bild dieser ausgelassenen, mit der ersten Stunde des Aschermittwochs plötzlich zu Grabe getragenen Zeit liefert.

Die Pilze.

Aus dem großen Reiche der Gewächse heben wir eine Familie aus, die sich von den übrigen fast in jeder Hinsicht unterscheidet. Denn nicht nur das Äußere der Pilze zeigt eine von den übrigen Gewächsen ganz abweichende Gestalt und Farbe, sondern auch die Bestandtheile derselben sind von denen der eigentlichen Pflanzen wesentlich verschieden. Der Pilzstoff, Fun-

---

[*)] Vergl. Pfennig-Magazin Nr. 2.

gin, nähert sich nämlich mehr den thierischen Stoffen und verbreitet beim Verbrennen den eigenthümlichen Geruch, der sich beim Verbrennen von Haaren, Federn, Horn, Fleisch u. s. w. entwickelt. Wegen dieser und anderer Eigenthümlichkeiten haben einige Naturforscher geglaubt, die Familie der Pilze als ein selbstständiges Naturreich betrachten, und es zwischen das Reich der Thiere und der Gewächse ordnen zu müssen. Die Pilze, im eigentlichen und weitern Begriffe des Worts genommen, sind Gewächse von sehr einfacher Bildung und stehen auf niedriger Entwickelungsstufe. Sie bestehen sämmtlich nur aus Zellen, zwischen welchen sich zuweilen Fäden befinden; sie vergrößern sich von innen aus, und erleiden an ihrer Außenseite, wenn sie einmal vollständig entwickelt sind, keine Veränderung. Die übrigen Gewächse aber entwickeln in stetem Fortgange neue Gebilde, aus den Knospen entstehen Blätter und Blumen, und aus diesen wiederum Samen und Früchte; Pilze haben weder Knospen, noch Blätter noch Blüten, sie sind gleichsam blos Früchte, in denen sich Samen ausbilden. Sie lieben gewöhnlich die Feuchtigkeit und den Schatten, wachsen auf Erde, auf verschiedenen Theilen anderer Gewächse, und am meisten auf den in Zerstörung und Fäulniß begriffenen pflanzlichen und thierischen Körpern, haben gewöhnlich nur eine kurze Dauer und erscheinen in der verschiedenartigsten Färbung, doch nur äußerst selten grün. Die Gestalt, Größe und innere Structur hat bedeutende und wesentliche Verschiedenheiten. Zwischen den staubartigen Gebilden, die unter dem Namen Rostbrand des Getreides bekannt sind, zwischen den spinnewebenartigen Fäden des Schimmels und dem Riesenboviste, der nach dem Zeugnisse des großen Pilzkenners Fries in einem Exemplare von zwei Ellen im Umfange und von der Schwere von 18 schwedischen Pfunden vorgekommen ist, finden sich tausend Arten von Zwischengrößen und Formen. Vielleicht, daß wir später einmal Gelegenheit finden dürften, mehre Pilze von auffallender Gestalt und Größe unsern Lesern vors Auge zu bringen, hier aber wollen wir nur einige der wichtigsten Arten aus der Abtheilung anführen, die man in engerm Sinne Pilze oder auch Schwämme zu nennen pflegt. Es bestehen diese, einige Ausnahmen abgerechnet, meist aus einem Stiele, Strunk genannt, der an seinem obern Ende einen glocken-, mützen-, eichel-, polster-, becher-, napf- oder scheibenförmigen Körper trägt, welcher insgemein Hut genannt wird. Die Unterseite dieses Huts ist mit sternförmig gestellten Plättchen, mit Löchern, Röhren, Falten, Zellen u. s. w. besetzt, in denen sich die Samen, eigentlich nur Keime neuer Individuen, ausbilden, und die deshalb mit dem gemeinschaftlichen Namen Keimschicht belegt werden. Mehre Arten haben keinen Stiel, sondern sitzen gleich mit dem hutartigen Theile seitlich besonders an Baumstämmen und an faulendem Holze an, wie z. B. der Zunder- oder Feuerschwamm, aus welchem man durch Klopfen der dünnen Scheiben, in die man ihn zerschnitten hat, und durch anderweitige Behandlung den bekannten Wund- oder Blut- oder Feuerschwamm bereitet; andere Arten, z. B. der Faltenhutschwamm, der sich im Holze unserer Gebäude entwickelt und dasselbe zerstört, bestehen aus sich weit verbreitenden, zuweilen fast lederartigen Häuten.

Diese eigentlichen Pilze oder Schwämme nun verdienen unsere Aufmerksamkeit besonders deshalb, weil einige derselben als Nahrungsmittel, als Leckerbissen und zu andern Zwecken benutzt werden, und weil ein anderer Theil wegen seiner giftigen Eigenschaften leicht schädlich werden kann und schon oft Unglück angerichtet hat. So groß die Zahl der Pilze ist, so gering ist die der genießbaren, und noch geringer die der eigentlich giftigen und wegen ihres zum Genuß verlockenden Ansehens gefährlichen, denn die meisten haben durch Gottes Vorsehung ein so wenig einladendes, so düsteres und verdächtiges Äußere, daß man sie gern unberührt läßt, oder wol gar, wie sich das bei jedem Volke findet, in gleichsam angeborener Abneigung mit Füßen tritt und zerstört. Viele und vorzügliche Pilzkenner haben sich bemüht, auffallende und genaue allgemeine Kennzeichen für eßbare und giftige Pilze aufzufinden, aber der Ausnahmen sind so viele, daß diese Mühe vergeblich gewesen ist. Auch ist die Bekanntschaft mit solchen Kennzeichen eher schädlich als nützlich, weil man, auf sie sich stützend, leicht gefährliche Misgriffe thun kann. Wer Pilze für die Küche sammeln will, lerne durch Schriften und Lehrer die wenigen genießbaren und giftigen genau kennen, und bekümmere sich um die übrigen gar nicht.

Aber auch genießbare Pilze können durch Standort, Witterung und Alter schädliche Eigenschaften annehmen, deshalb beim Einsammeln folgende Regeln zu beobachten. Man sammle nur bei etwas trocknem Wetter und vorzüglich erst dann, wenn der Thau weggetrocknet ist; man reiße die Pilze nicht aus dem Boden, sondern schneide sie über demselben ab. Es ist ferner anzurathen, die untere aus Plättchen oder Röhrchen bestehende, meist anders gefärbte Schicht des Pilzhutes abzuschneiden. Auch die Stiele oder Strünke, besonders wenn sie hart und faserig sind, müssen weggeworfen werden, da sie unverdaulich sind. Will man Pilze zur Speise zubereiten, so ist es gut, sie mit Wasser, welches mit Salz oder Essig gemischt ist, zu begießen, sie darin eine Zeit lang stehen zu lassen, und sogar dieses Wasser durch Ausdrücken sorgfältig zu entfernen, und endlich sie nochmals mit reinem Wasser abzuspülen. Bei diesem Verfahren werden selbst ungesunde Schwämme unschädlich. Zubereitete Pilze darf man nicht lange aufbewahren, mit Ausnahme der in Essig eingesalzten, weil sie sonst leicht schädliche Eigenschaften annehmen. Ein sehr nahrhafter, leicht zu verdauender und sehr angenehm schmeckender Pilz ist der sogenannte Champignon. Er ist nicht groß, reinweiß und trägt auf der Unterseite seines Huts eine schmuzig rosenrothe Blättchenschicht, die in Alter dunkel-chocoladenfarbig wird. Er hat einen ziemlich angenehmen und lieblichen Geruch, und sein Geschmack kommt dem der Haselnüsse im jungen frischen Zustande nahe, ohne einen zusammenziehenden, unangenehmen Nachgeschmack zu hinterlassen. Einige andere Arten, die anfangs einen ähnlichen Geschmack haben, lassen sich nicht leicht hinabschlucken, wenn man sie vorher gekaut hat und diese sind schädlich. Persoon stellt den Champignon als Muster aller eßbaren Pilze auf, nach welchem man andere prüfen soll. Er kann nicht leicht mit giftigen Pilzen verwechselt werden, außer mit der weißen Abänderung des Knollenblätterschwammes, dessen Geruch gleichfalls nicht unangenehm ist. Dieser Giftpilz hat aber weiße Blättchen auf der Unterseite des Huts und einen am Grunde knollenartig angeschwollenen Strunk; glücklicherweise ist er selten. In der Form hat er mit dem nebenstehend dargestellten Wiesenblätterschwamm, der in England gegessen wird, ziemliche Ähnlichkeit; der Strunk ist jedoch kürzer und dicker, auch wächst er nicht in Gruppen wie dieser, sondern meist einzeln auf trocknen Wiesen und Triften. Er wird zur Speise wie die übrigen eßbaren Pilze zubereitet und außerdem, getrocknet oder in Essig eingesetzt, lange Zeit aufbewahrt; in erster Weise gibt er Suppen und Gemüsen einen feinen Wohlgeschmack.

Der Wiesenblätterschwamm.

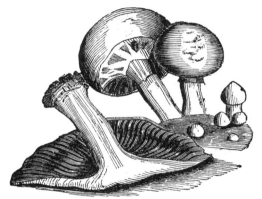

Der Musseron.

Der Musseron, auch Raßling, welcher hier abgebildet ist, hat einen so guten Geschmack und Wohlgeruch, als irgend ein anderer Pilz, und wird deshalb als Gewürz zu verschiedenen Brühen gebraucht. Er übertrifft als Speise an Lieblichkeit und Gewürzhaftigkeit beinahe alle übrigen Pilze, und nach dem Urtheile von Feinschmeckern sogar die Trüffel, von welcher wir ein anderes Mal reden werden, weil dieser Pilz zu einer andern Abtheilung, die gleichfalls viel des Interessanten und Nützlichen bietet, gehört. Der Musseron, den wir hier meinen, denn unter diesem Namen werden auch hier und da andere minder schmackhafte Pilze feil geboten, wächst gegen die allgemeine Regel im Mai (die meisten Pilze bringt nämlich der Herbst hervor) in gebirgigen Buchenwäldern auf der Erde zwischen den Wurzeln der Bäume, jedoch etwas selten. Da die Entwickelungsgeschichte dieses Pilzes bekannter ist, als die von wenigen andern, so geben wir sie hier unsern Lesern. Es entwickelt sich zuerst ein spinnewebartiges, äußerst feines, in die Erdunreinigkeiten und faulenden Holzfasern verwickeltes Gewebe; an einer Stelle desselben, an der es dichter angehäuft ist, entsteht ein kugelförmiger Körper, zuweilen, wenn das Gewebe sehr dicht ist, auch zwei und mehre. Diese wachsen eine Zeit lang nach allen Dimensionen, worauf dann der Strunk vorwaltend nach der Länge hervorzuwachsen beginnt und die Kugel, welche er an seiner Spitze trägt, sich zur Fläche ausbreitet und die gewöhnliche Gestalt eines Pilzhutes annimmt, wie man dies in der oben gegebenen Abbildung sieht. Im Vorgrunde dieser Abbildung liegt ein der Länge nach durchschnittener vollkommen entwickelter Pilz mit dem Hute auf dem Boden. Der ausgewachsene Pilz hat einen dicken, am Grunde etwas angeschwollenen Strunk, der innerlich durchaus erfüllt ist und keine Höhlung zeigt. Der in der Jugend fast kugelrunde Hut erweitert sich allmälig, bleibt jedoch immer etwas gewölbt und trägt in der Mitte einen erhabenen Höcker. Am Rande ist er meist eingerollt, auf der Oberfläche uneben, anfangs weißlich, später bald durchaus, bald nur stellenweis semmelfarbig. Er besteht aus einem derben und so dichten Fleische, daß er in dieser Hinsicht unter den Blätterschwämmen, die sich durch die sternförmig gestellten Plättchen auf der Unterseite des Huts charakterisiren, nicht seines Gleichen hat. Die eben erwähnten Plättchen sind, wie der Strunk, von der Farbe des Huts, nur etwas blässer, und dichter und gedrängter gestellt, als bei irgend einer andern Art. Es finden sich von diesem Musseron Individuen, die kaum einen halben Zoll, und andere, die über drei Zoll hoch werden. Der Hut ist meist so breit, als der Pilz hoch ist. Wir erwähnen hier nur dieser vortrefflichen Pilzarten aus der Gattung der Blätterpilze, und bemerken, daß wir vielleicht später auch einige Darstellungen eßbarer Löcherpilze, der Morcheln und anderer schmackhaften Schwämme geben werden. Aber noch bleibt uns eine zur Speise vortreffliche Art dieser Gattung zu betrachten übrig, weil sie mit einer der giftigsten leicht verwechselt werden kann. Dies ist der goldfarbige Blätterschwamm, Kaiserling, Herrenpilz. Er gehört zu der Abtheilung der Blätterschwämme, welche vor ihrer Entwickelung in eine Hülle, Wulst genannt, eingeschlossen sind. Diese Hülle bleibt nach der vollständigen Entfaltung am Grunde des Strunks stehen und hat den Namen Wulstblätterschwamm veranlaßt. Der Kaiserling, der in Östreich, Süddeutschland, Frankreich und Italien nach dem Champignon am meisten im Gebrauche ist, findet sich während des Herbstes in Wäldern. Jung, so lange er noch in die Wulst eingehüllt ist, gleicht er an Farbe, Größe und Gestalt einem Hühnerei. Die Wulst theilt sich oben in einige Lappen, um den Hut durchzulassen. Dieser ist kreisrund, hat vier bis sechs Zoll im Durchmesser und eine schön orangefarbene Oberfläche ohne Flecken; an dem Rande ist er gestreift und oft eingeschnitten; die Plättchen auf seiner Unterfläche sind dick und gelblich. Der durchaus erfüllte Strunk trägt oberhalb seiner Mitte einen breiten häutigen Ring, der einer Manschette gleicht; beide, Strunk und Ring, sind gleichfalls blaßgelb. Dieser Pilz war schon den alten Römern bekannt und bei ihnen sehr beliebt; sie nannten ihn den Fürsten der Schwämme. Wie hoch sie ihn hielten oder wie selten und kostbar er war, zeigen folgende Verse des Martial:

Silber und Gold und Woll' und Gewänder
Sind leicht dir zu senden;
Schwer ist's, Schwämme zu spenden.

Mit diesem prächtigen Pilz nun ist der nicht minder prächtige, aber höchst giftige Fliegenschwamm, welcher mit diesem in derselben Abtheilung steht, leicht zu verwechseln, wenn man nicht darauf achtet, daß dieser Giftpilz einen ganz weißen Strunk, einen ebenfalls weißen Ring und eine weiße Blättchenschicht hat. Außerdem kann man ihn dadurch, in den meisten Fällen wenigstens, leicht unterscheiden, daß er auf seinem schön rothen oder orangefarbenen Hute mit weißen ungleichen Flecken von unbestimmten Umrissen bestreut ist. Allein es gibt auch eine, wiewol seltene Abart des Fliegenpilzes, welche dergleichen Flecken nicht hat; zuweilen sind aber auch diese Flecken, die Überbleibsel der Wulst, die den Pilz in der Jugend umgibt, im Alter nicht vorhanden, weil Regen und Wind sie abgewaschen oder weggeweht haben, dann bleibt nur die weiße Färbung der genannten Theile ein sicheres Unterscheidungsmittel.

Da der Fliegenpilz dem oben beschriebenen Kaiserlinge in der Gestalt ganz gleich, nur an Größe von diesem übertroffen wird, so lassen wir hier die Beschrei-

Der Fliegenschwamm.

Der Tintenschwamm.

bung weg und bemerken nur noch Einiges über seine Anwendung. Man gebraucht eine Abkochung desselben, die mit Zucker und Syrup versüßt werden muß, zuweilen, um dadurch Fliegen zu tödten, was jedoch nicht jederzeit gelingen will. Wahrscheinlich rührt auch die Benennung davon her. Er soll ein vorzügliches Mittel gegen Wanzen sein und dieselben leicht tödten. Zu diesem Zwecke zerstößt man Fliegenpilze in einem Serpentinmörser und läßt die zermalmte Masse so lange stehen, bis sie sich in einen Schleim verwandelt hat. Dann bestreicht man mittels eines Pinsels alle Fugen, Ritzen und andere Schlupfwinkel dieses lästigen Ungeziefers und wiederholt dieses Verfahren nach Verlauf von einem Monate noch einmal. Zwar sollen die Zimmer ein paar Tage lang einen üblen Geruch erhalten, der jedoch der Gesundheit nicht schädlich ist, die Wanzen aber, wie unser Gewährsmann, der Holländer Houttuyn sagt, davon sterben, als wenn die Pest unter sie gekommen wäre. Die Bewohner Kamtschatkas bereiten mittels dieses Giftpilzes ein höchst berauschendes Getränk, indem sie zugleich andere betäubende Getränke damit verbinden, oder sie genießen gleichfalls, um sich zu berauschen, getrocknete Stückchen. Durch den Genuß getrockneten Fliegenschwammes entsteht anfangs ein Zittern, das nicht selten sogar in Krämpfe übergeht, später jedoch steigern sich die Kräfte des Körpers und auch der Geist wird aufgeregt. Manche werden lustig, singen, tanzen und springen, Andere werden traurig und ängstlich, weinen und schluchzen. Dann aber erscheint der furchtbarste Ausbruch der Tobsucht, wie er nach geistigen Getränken nur selten einzutreten pflegt. Die Berauschten verlieren die Herrschaft über sich selbst fast gänzlich, sie verrathen ihre wichtigsten Geheimnisse, sie stürzen sich in Flüsse und Ströme oder in Lanzen und Schwerter. Sie erkennen und sehen die Gefahr, vermögen aber nicht, sie zu vermeiden. Dabei sind sie kraftvoll und muthig, und außerordentlich die Bewegungen aller Muskeln ihres ganzen Körpers. Zuweilen fallen sie wüthend gegen ihre Umgebungen aus, tödten sogar ihre Freunde oder sich selbst. Durch das Ausspeien des Genossenen wird keine Veränderung bewirkt. Endlich tritt ein fester Schlaf ein, aus welchem die Berauschten mit aufgedunsenem Gesichte, schwerem Kopfe, Kopfschmerz, Schwäche und Lähmung in allen Gliedern erwachen.

Ganz ähnlich, nur minder heftig sind die Wirkungen des erwähnten Getränks, dessen sich die Reichern bedienen. Auch die Rennthiere, welche überhaupt viel Schwämme fressen, gehen den Fliegenpilzen sehr nach und sollen davon oft so betäubt werden, daß sie niederfallen; doch schadet ihnen dieser Genuß weiter nicht. Der hier dargestellte Tintenschwamm wächst während des Sommers und im Herbste oft in großer Menge und gruppenweise beieinander auf fettem Boden, Schutt, Düngerhaufen und am Fuße faulender Baumstämme. Er hat einen weißgrauen, oben mit bräunlichen Schuppen besetzten, glockenförmigen, ein bis drei Zoll hohen, wenig fleischigen Hut; die Plättchen stehen dicht und werden bald purpurschwarz. Der Strunk wird drei bis fünf Zoll hoch. Er dauert nur eine sehr kurze Zeit, wird bald schwarz und zerfließt in einen dicken, schwarzen Schleim. So lange seine Plättchen noch weiß sind, soll er ohne Schaden genossen werden können, doch ist er, wegen seines Standorts schon, eine ekelhafte Speise; Viele halten ihn aber für giftig.

Der zartgefaltete und der schmierige Blätterschwamm, welche hier abgebildet sind, gehören unter die

Der zartgefaltete und schmierige Blätterschwamm.

Giftpilze. Der erstere findet sich häufig auf Wiesen und Gärten und an Wegen, der zweite aber in Kiefer- und Nadelholzwaldungen. Die Gattung der Röhrenschwämme enthält viele eßbare Pilze, doch finden sich auch einige sehr giftige darunter, wie der sogenannte Satanspilz. Der umstehend dargestellte Schuppenpilz oder schuppige Blätterschwamm wird zwar in manchen Gegenden von armen Leuten gegessen, nachdem sie ihn lange in Salz-

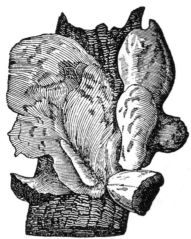

Der Schuppenpilz.

wasser gekocht und dieses sorgfältig abgegossen und ausgedrückt haben, gehört aber, wenn nicht gradezu zu den giftigen, doch mindestens sehr verdächtigen und schwer verdaulichen Arten. Es ist ein großer Baumschwamm, der mit seinem 6—18 Zoll breiten, gelblichen, mit braunen Schuppen bedeckten Hute seitlich am Strunke ansitzt. Die Röhrchen seiner Unterseite sind weißlichgelb und der Strunk meist kurz, braun oder schwärzlich. Das Fleisch des Schwammes ist weiß und schmeckt nicht unangenehm. Er findet sich im Sommer und Herbste an Laubholzstämmen, besonders an Nußbäumen. Er wurde hier dargestellt, um eine abweichende Form der Pilze zu geben.

Über den Weinbau*).

II.

Nachdem wir im Allgemeinen das Gebiet bezeichnet haben, in welchem die klimatischen Verhältnisse den Anbau der Rebe gestatten, sprechen wir von dem Weinbau bei den Alten, insbesondere bei den Griechen und Römern, und bahnen uns dadurch den Übergang zu einer Darstellung des Weinbaues in neuern Zeiten, da noch in mehren Theilen Europas die Gewohnheiten der Alten in der Behandlung der Weine herrschend sind, und nur in denjenigen Gegenden, wo der Verkehr nützliche Erfindungen verbreitet und zu höhern Anstrengungen gereizt hat, eine bessere Behandlung der Reben und ihrer Erzeugnisse eingeführt worden ist.

Die Erfindung, aus dem Safte der Trauben durch Gährung ein geistiges Getränk zu bereiten, geht in die dunkeln Anfänge der Geschichte zurück und wird in den Völkersagen gewöhnlich den Helden zugeschrieben, die zur Beförderung der Gesittung am meisten beigetragen haben. In den Gegenden, wo die Rebe einheimisch ist, mochte man bald auf die Bereitung des Weins kommen. Man fand, daß der durch Zufall oder absichtlich ausgepreßte Traubensaft durch die Einwirkung der Luft neue Eigenschaften erhielt, und wiederholte Versuche zeigten den Werth dieser Entdeckung. Allmälig kam man auf die Mittel, den gewonnenen Saft zu längerm Gebrauche aufzubewahren und die dem Gaumen angenehmen Eigenschaften desselben zu erhöhen, und je einfacher diese Mittel waren, desto schneller wurden sie verbreitet. Lange blieb jedoch die Kunst der Weinbereitung blos auf die aus der Erfahrung abgeleiteten Regeln gestützt, und erst als die Fortschritte der Naturwissenschaften über das Wesen der Gährung Aufschlüsse gegeben hatten, konnte man von einer durch Überlieferung fortgepflanzten Bereitungsart zu einem bessern Verfahren übergehen, während zu gleicher Zeit die Fortschritte in der Pflanzencultur überhaupt auch den Weinbau einwirken mußten.

Wir wissen jetzt, daß die weinige Gährung von gewissen physischen Gesetzen abhängig ist, deren Kenntniß uns in den Stand setzt, sie zu leiten. Wenn der von reifen Trauben gewonnene Saft einer Temperatur von 14° R. ausgesetzt ist, so fängt er schnell an zu gähren; es steigen Blasen auf, die in dem Safte enthaltenen Hülsen und Traubenkerne kommen auf die Oberfläche, die Temperatur des Saftes nimmt zu, er verliert seine frühere Consistenz und seinen Zuckergeschmack und erhält einen Weingeistgeruch, der bei dem Fortgange der Gährung immer stärker wird, bis endlich nach einigen Tagen, oft auch nach einigen Stunden, die Bewegung des Saftes aufhört, der nun klar wird, während die als Schaum aufgestiegenen Theile als Bodensatz niedergeschlagen werden. Der dem Traubensafte eigne Zuckerschleim oder Schleimzucker, der sich von dem in der Traube enthaltenen eigentlichen Zuckerstoff dadurch unterscheidet, daß er nicht krystallisirbar ist, scheint die Ursache der Gährung und der Verwandlung des Mostes in Wein zu sein, und nach seiner Trennung von den Zuckertheilen als Hefe niedergeschlagen zu werden. In mehren Traubenarten heißer Gegenden hat der eigentliche Zuckerstoff ein so großes Übergewicht über den Schleimzucker, daß dieser die Gährung nicht so hoch steigern kann, um den gesammten Zuckergehalt in Alkohol zu verwandeln, und daß daher ein großer Theil des Zuckers als Süßigkeit im Weine zurückbleibt. Der Zuckerschleim scheint besonders in der Mitte der Traube sich zu befinden, der meiste Zucker aber in dem Theile zwischen diesem und der äußern Haut. In der innern Seite des Oberhäutchens der Hülse ist der harzige Extractivstoff oder Färbestoff enthalten, der bei der Gährung sich entwickelt. Drückt man eine Traube leise, so kommt zuerst das süße Mark heraus und erst bei verstärktem Drucke der säuerlichere Gehalt der Beere. Darin liegt der Grund, warum der vor dem Treten der Trauben abfließende Saft wenig oder gar nicht gährt, und daß es nothwendig ist, die Trauben zu pressen, um eine gehörige Mischung der Zuckertheile und des Schleimstoffes hervorzubringen, um eine vollkommene Gährung zu bewirken. Unter einer Temperatur von 13° R. geht die Gährung nur langsam vor sich, und man muß entweder die Kellerwärme erhöhen oder dem Traubensafte gekochten Most zusetzen. Nach begonnener Gährung steigt die Temperatur schnell und oft bis zu 35° R. Selbst die Temperatur der Luft bei der Weinlese hat einen Einfluß auf die Gährung, die langsamer vor sich geht, wenn die Trauben bei kühlem Wetter gepflückt wurden. Der Traubensaft muß anfangs mit der äußern Luft in Berührung gesetzt werden, wenn er gähren soll, daher der Saft in verschlossenen Gefäßen nach angestellten Versuchen selbst bei einer Temperatur von 21° nicht zur Gährung gebracht werden kann; hat aber die Gährung begonnen, so ist es nicht nur unnöthig, sondern auch nachtheilig, den Most der Luft auszusetzen, weil dabei viel Alkohol und Aroma verdünstet.

Der Weinbau war bei den Griechen, besonders aber bei den Römern, ein Zweig der Bodencultur, auf welchen große Sorgfalt gewendet ward, und in ihren Werken über den Landbau verräth sich eine bei dem

---

*) Vergl. Pfennig-Magazin Nr. 170.

damaligen Zustande der Naturwissenschaften umfassende und genaue Kenntniß des Gegenstandes. Bekannt mit dem Einflusse des Bodens und der Lage, zeigten sie große Sorgfalt bei der Anlage ihrer Weinberge. Sie verwarfen einen schweren, thonigen und feuchten Boden und wählten einen solchen, der bei einer Mischung von Dammerde und Kies den Wurzeln der Rebe eine freie Ausbreitung gestattet, besonders einen aus verwitterten Felsen entstandenen Boden und gaben dem aus zersetztem Tuff bestehenden Boden in Campanien vor allen den Vorzug. Ihre Weinberge hatten gewöhnlich eine südliche Lage und nur in wärmern Gegenden eine östliche. Der Weinstock wurde durch Schnittlinge, durch Ableger, durch Pfropfen fortgepflanzt, und immer wählte man dazu nur kräftige Schößlinge mit fruchtbaren Augen. Bei der Anlegung neuer Weinberge oder zur Vermehrung der alten, war in Italien das Absenken gewöhnlich, weil man dadurch eher einen Ertrag erhielt, und nur in Gegenden, wo man sich nicht die Mühe nahm, Pflanzschulen anzulegen, nahm man Schnittlinge. Die Reben wurden so weit auseinander gesetzt, daß der Boden zwischen den Reihen gepflügt werden konnte, und in diesen Zwischenräumen baute man Bohnen und und andere Gewächse an, was aber erfahrene Weinbauer schon damals tadelten. Die Reben blieben im gepflügten Boden ohne Stützen, in andern Weinbergen aber ließ man sie auf den Boden sich ausbreiten oder band sie an Pfähle, oder an vier bis sieben Fuß hohe, aus Stangen oder Rohr bestehende Rahmen oder Spaliere. Die Alten glaubten jedoch, daß es bei dem natürlichen Streben der Rebe, in die Höhe zu schießen und sich weit von der Wurzel hinaufzuranken, am besten sei, sie an hohe Bäume zu binden, und daß die Reife der Trauben dadurch befördert werde. Sie wählten dazu Bäume, deren Wurzeln sich nicht weit ausbreiten, besonders die Schwarzpappel, die Äsche, den Ahorn, vorzüglich aber die Ulme, weil sie schnell wächst und ihre Blätter zum Viehfutter benutzt wurden. Die Bäume waren gewöhnlich 30—40 Fuß hoch, in wärmern Gegenden aber höher, und in Bithynien führte man die Reben an 60 Fuß hohen Bäumen hinan. Mehre alte Schriftsteller rühmen die auf diese Weise gewonnenen Trauben, und rathen, die Reben so hoch als möglich zu ziehen, wogegen andere diesen Gebrauch durchaus verwarfen, und einer von diesen erzählt, der Gesandte des Königs Pyrrhus habe bei dem Anblicke der hohen Ulmen, an welchen die Reben bei Aricia hinaufrankten, die Bemerkung gemacht, er könne sich nicht wundern, daß der Wein in Aricia so herbe sei, da seine Mutter an einem so hohen Galgen hange. Die Vertheidiger dieser Gewohnheit, die mit den neuern Grundsätzen des Weinbaues durchaus in Widerspruch steht, mochten sich durch den Wunsch verleiten lassen, reichliche Ernten zu erhalten. Die Folge war, daß der Weinstock bald erschöpft wurde, und daß man, wie der Landbauschriftsteller Columella sagt, gleichsam in den Tag hinein lebte und nicht für die Nachkommen sorgte.

Die Alten kannten zahlreiche Arten von Reben, von welchen ihre Schriftsteller über den Landbau gegen 50 genauer beschreiben. Sie waren sorgfältig bedacht, sich die besten Sorten zur Anpflanzung ihrer Weinberge zu verschaffen und diejenigen zu wählen, die jedesmal am besten auf den Boden paßten. Manche Weinberge waren blos mit einer einzigen Rebenart bepflanzt, wie z. B. die Hügel bei Sorrento und der Abhang des Vesuvs mit der Art, welche die kleine amineische Traube erzeugte, die für eine der köstlichsten galt. Die ökonomischen Schriftsteller der Römer tadeln strenge die nachtheilige, selbst in unsern Tagen nicht überall aufgegebene Gewohnheit, viele Rebenarten untereinander zu pflanzen, und empfehlen, nur an drei bis höchstens fünf gute Sorten sich zu halten. Diese sollten, nach ihren Vorschriften, in abgesonderten Abtheilungen des Weinbergs angepflanzt werden, sodaß die Frucht jeder Rebenart besonders gelesen, die Vermischung reifer und unreifer Trauben verhütet und jeder Sorte ihr eigenthümlicher Geschmack im Moste und im Weine erhalten werden könnte.

Nach den auf uns gekommenen Nachrichten war der Ertrag der Weinberge der Alten außerordentlich reich. Die Gewohnheit, die Reben hoch zu ziehen, kann dazu beigetragen haben, doch scheinen einige jener Behauptungen übertrieben zu sein. Nach der geringsten Schätzung, die Columella macht, gab ein römischer Acker (28,000 Quadratfuß) einen Culeus, d. i. ungefähr 360 Kannen Wein, aber wenn ein Acker weniger als drei Culei (1080 Kannen) gab, wollte er die Reben ausgerottet wissen, und in den berühmten Weinbergen bei Nomentum gewann man von dem Acker acht Culei (2880 Kannen), ja der höchste Ertrag wird zu 15 (5400 Kannen) angegeben. Noch üppiger war der Ertrag in Spanien. Man zählte dort an einem einzigen Weinstock 2000 Trauben, und von 80 zweijährigen Stöcken erhielt man 2520 Kannen. Diese Angaben treten noch auffallender hervor, wenn wir damit den Ertrag der gesegnetsten Weinländer unserer Zeit vergleichen. In der Champagne gibt ein Morgen (Arpent), der weit größer als der römische ist, 1150 Kannen, und nur in den südlichen Provinzen Frankreichs wol zuweilen 3460 Kannen. In der Provinz Granada, die ein dem Weinbau günstigeres und wärmeres Klima als Italien hat, erhält man zuweilen von einem Marjale oder 250 Weinstöcken 490 bis 600 Kannen, aber der durchschnittliche Ertrag ist weit unter der Hälfte. In all diesen Ländern aber wird mehr darauf gesehen, einen guten Wein zu gewinnen, während die Römer nur nach reichlichen Ernten trachteten.

Sieben Morgen waren so viel als ein Winzer besorgen konnte. Ein solches Stück Rebland kostete 7000 Sestertien (gegen 350 Thaler) und für Weinstöcke, Pfähle und Pflanzen wurden auf jeden Morgen 2000 Sestertien (ungefähr 100 Thlr.) gerechnet. Ein guter Sklave für eine Winzerei — denn auch die Weinberge wurden wie die Felder von Sklaven bearbeitet — kostete 8000 Sestertien, und so betrugen die Kosten der Anlage eines Weinbergs von sieben Ackern gegen 1550 Thaler. Nach diesen Berechnungen gab ein Ertrag von einem Culeus von jedem Acker, der im niedrigsten Preise 300 Sestertien (gegen 15 Thaler) kostete doch sieben Procent Zinsen des Anlagecapitals.

(Fortsetzung folgt in Nr. 179.)

Das Grabmal des Herzogs Karl von Bourbon und seiner Gemahlin Agnes von Burgund, in Souvigny.

Souvigny ist ein kleiner unbedeutender Ort im heutigen Departement des Allier, der zur Zeit Cäsars schon existirte und damals den Namen Umbravallis geführt haben soll.

Aynard, Herr von Bourbon, legte 916 in Souvigny den Grund zu einem Kloster für Benedictiner der Observanz von Clugny, das er sehr reich begabte und zu welchem später die jetzt nicht mehr vorhandene St-

280 — Das Pfennig-Magazin.

Peterskirche gehörte, welche der Volksaberglaube den Feen zuschreibt, deren Grund aber im 14. Jahrhundert gelegt wurde.

In der alten und neuen Kapelle, die zu dieser Kirche und der neuen auf derselben Stelle erbauten gehört, befinden sich viele Grabmäler der alten Herzoge. Das vorzüglichste Monument, welches sie ziert, ist das auf unserer Abbildung dargestellte Grabmal Herzogs Karl I. selbst, unter dem die neue Kirche erbaut ward, der hier neben seiner Gemahlin Agnes von Burgund ruht. Auf einem kolossalen Marmorsarkophage, der von kleinen Säulen getragen wird, liegt dieses Fürstenpaar in Lebensgröße. Zwischen den Säulen befinden sich Nischen mit den Bildnissen der zehn Kinder und der Schutzpatrone des Hauses. Das Monument ist von vortrefflicher Arbeit.

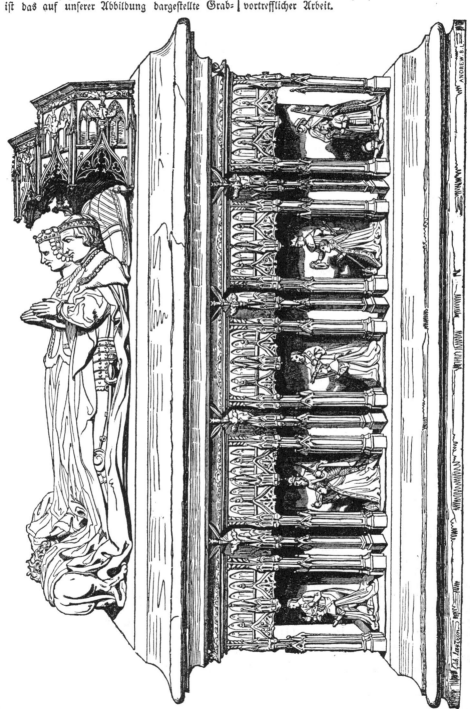

Verantwortliche Herausgeber: Friedrich Brockhaus in Leipzig und Dr. C. Drärler-Manfred in Wien.
Verlag von F. A. Brockhaus in Leipzig.

Das Pfennig-Magazin

der

Gesellschaft zur Verbreitung gemeinnütziger Kenntnisse.

179.]   Erscheint jeden Sonnabend.   [September 3, **1836.**

Ansicht von Birmingham.

IV.   36

Birmingham.

Die erste Fabrikstadt Englands, Birmingham, in der Grafschaft Warwick, hatte schon in den frühesten Zeiten Ansiedler, welchen die waldreiche Umgegend und die Nähe großer Steinkohlenflöze die günstigste Gelegenheit darboten, die Eisenerze zu bearbeiten, die ihnen die reichen Gruben in der Grafschaft Stafford lieferten. Ungeheure Halden von Schlacken, die erst im Laufe vieler Jahrhunderte sich zu Hügeln aufhäufen konnten, beweisen, daß die Gegend von Birmingham die älteste Werkstätte metallischer Arbeiten in England war, und so weit die geschichtliche Kunde hinaufreicht, sehen wir hier Schmelzöfen rauchen und hören das Hämmern geschäftiger Schmiede. Der angelsächsische König Cridda von Mercia schenkte den Ort 585 einem seiner Krieger, dessen Nachkommen die Gegend lange als Grundherren besaßen. Im 16. Jahrhundert wünschte ein mächtiger Nachbar, John Dudley, Lord L'Isle, das alte Erbgut der Familie Birmingham mit seinen Besitzungen zu vereinigen. Der Gutsherr verweigerte beharrlich den Verkauf. Lord L'Isle gewann nun verworfene Menschen, welche sich dazu verstanden, an einigen ihrer Gefährten in dem Augenblicke, wo der Gutsherr vorüberritt, einen scheinbaren Straßenraub zu begehen, und dann zu beschwören, der Gutsherr sei als Mitschuldiger zugegen gewesen. Die List gelang, und auf das abgelegte Zeugniß wurde der Besitzer von Birmingham des Straßenraubes überwiesen. Der Lord gab nun den Wink, daß er durch seinen Einfluß bei dem Könige den Gutsherrn von einem schimpflichen Tode retten könnte, wenn man ihm das begehrte Besitzthum überlassen wollte, und das unglückliche Opfer seiner Ränke mußte die Bedingung eingehen. Die Geschichte Birminghams, als des Mittelpunktes der englischen Fabrikthätigkeit, zerfällt in drei Zeitabschnitte. Von den ältesten Zeiten bis nach der Mitte des 17. Jahrhunderts begnügten sich seine Metallarbeiter, ohne über den engern Kreis ihrer Werkstätten hinauszugehen, die Aufträge aufzuführen, welche sie für Kriegswaffen, landwirthschaftliche, häusliche wie technische Bedürfnisse von denjenigen, die sie zu eignem Gebrauche nöthig hatten, oder von Kaufleuten zur Ausfuhr erhielten. Eine neue Periode begann, als nach 1660 das Beispiel eines prachtliebenden und üppigen Hofes das Verlangen nach zierlicheren Waaren erweckte, und Birmingham befriedigte zuerst diese neuen Bedürfnisse. So schritten seine Werkstätten in gedeihlicher Betriebsamkeit und Geschicklichkeit fort, bis zu dem großen Zeitabschnitte, wo die Erfindung der Dampfmaschine auch diesen Zweig des Kunstfleißes auf eine nie gesehene Höhe brachte. Lange nach jener Zeit aber blieb Birmingham, obgleich es an Umfang, an Bevölkerung und an Gewerbfleiß immer mehr zunahm, bei seiner Entfernung von großen Heerstraßen, in ziemlicher Abgeschiedenheit, bis endlich in neuern Zeiten Verbindungswege mit den wichtigsten Punkten des gewerblichen Verkehrs eröffnet wurden. Ein Gegenstand der blühendsten Manufactur waren in frühern Zeiten die Schuhschnallen, deren jährlich gegen 2,500,000 Paare von 5000 Arbeitern geliefert wurden. Die Schnalle, die gegen Ende des 17. Jahrhunderts Wilhelm III. von Oranien in der Größe einer Bohne nach England gebracht hatte, wuchs nach und nach so ungeheuer an, daß der Fuß sie endlich als lästige Bürde abwarf. Eben so wichtig wurde die Manufactur von Metallknöpfen und ist noch immer ein bedeutender Zweig der Betriebsamkeit. Sie umfaßt gegen 60 verschiedene Zweige von Handarbeit, deren mehre Weibern und Knaben zugetheilt sind. Schwerter wurden wahrscheinlich schon in den ältesten Zeiten in Birmingham verfertigt; die Manufactur der Feuergewehre aber war bis gegen Ende des 17. Jahrhunderts fast ausschließend London eigen, wo 1638 eine Gewehrmacherzunft gegründet wurde. Sie kam jedoch auch in Birmingham bald in Aufnahme. Englische Gewehre wurden aber in England so wenig geachtet, daß Wilhelm III. den Bedarf für das Heer mit großen Kosten meist aus Holland bezog, bis er auf die Fabriken in Birmingham aufmerksam gemacht wurde, die er dann durch eine ansehnliche Bestellung ermunterte. Seitdem hob sich dieser Zweig der Betriebsamkeit so schnell als alle andern Metallarbeiten. Für das englische Heer wurden indeß während der Friedensjahre seit 1783 so wenig Vorräthe gesammelt, daß bei dem Ausbruche des Krieges 1793 sich ein bedeutender Mangel zeigte und in den nächsten Jahren in deutschen Fabriken aufgekauft werden mußte. Während des Krieges aber stieg die Thätigkeit der englischen Gewehrfabriken ungemein. Von 1805—1815 wurden allein in Birmingham für Rechnung der Regierung 3,079,120 Flintenläufe und 2,935,787 Flintenschlösser verfertigt, von welchen 1,827,889 vollständig zu Flinten und Karabinern bearbeitet wurden. Im Allgemeinen wurden monatlich 30,000 Gewehre, oder zwei in einer Minute geliefert. Überdies lieferten die Fabriken in demselben Zeitraume Gewehre für die ostindische Compagnie, und zwar gegen 1 Million, ohne die für den Handel bestimmten Jagdgewehre zu rechnen. Die Feuergewehre aus diesen Fabriken zeichnen sich durch sorgfältige Arbeit aus, und nach dem Urtheile des Franzosen Charles Dupin sind die Schlösser der englischen Musketen besser als irgend eine Fabrik in Europa sie liefert, und versagen weit seltener als andere. Die Regierung hat in Birmingham ein besonderes Probirhaus errichten lassen, wo alle in den dortigen Fabriken verfertigten, für das Heer oder für den Handel bestimmten Flintenläufe, Schlösser, Bayonnete, von Sachverständigen untersucht und erprobt werden. Ein regelmäßiges, mit hohen Mauern umgebenes Viereck, das nur einen Eingang hat, ist im Innern auf drei Seiten von Gebäuden eingeschlossen, wo, außer den Wohnungen der Beamten, ein Pulvermagazin, eine Kugelgießerei und das zu dem Probiren der Waffen bestimmte Zimmer sich befinden. Dieses hat zwei Vorzimmer, wo die Gewehre geladen werden, und aus diesen kommt man in ein kleineres Gemach, wo ein durch die Mauer in das Probirzimmer geführter Eisenstab geglüht wird, um das Pulver zu entzünden. Das Innere des Probirzimmers ist ganz mit $3/4$ bis ein Zoll dicken Platten von Gußeisen ausgelegt, und Thüre und Fensterladen sind gleichfalls von Gußeisen. Die Flintenläufe werden auf zwei eiserne Unterlagen gelegt, von welchen die eine mit einer kleinen Rinne versehen ist, die das Zündpulver enthält. Auf dieser Rinne liegen die Läufe mit abwärts gekehrten Zündlöchern. Hinter den Läufen und vor der Mündung derselben befinden sich hohe Sandhaufen. Sind die Läufe gelegt, so werden die Fensterladen geschlossen und man entzündet das Pulver. Gleich nach dem Abfeuern werden die Fensterladen geöffnet, der Pulverdampf verzieht sich und man findet die abgeprallten Kugeln im Sande. Die Läufe erhalten eine doppelte Ladung von Pulver und Blei, und erst 24 Stunden nach dem Abfeuern werden sie untersucht. Auf der Oberfläche der Läufe darf sich keine Spur von Salpeter zeigen. Die gut befundenen Läufe werden gestempelt, während die schlechten mittels eines von einer Maschine in Bewegung gesetzten Schraubstocks zerbrochen werden.

Der ungemeine Aufschwung, den die Fabriken in Birmingham seit der Erfindung der Dampfmaschine erhalten haben, tritt auffallend hervor, wenn wir in die Zeit zurückblicken, wo noch Holzkohlen zum Schmelzen der Erze gebraucht wurden. Man mußte die Hohöfen in die Nähe der Wälder setzen, die immer lichter wurden, und in eine Gegend, wo sich zu gleicher Zeit ein Bach befand, um das Rad zu treiben, das den Blasebalg in Bewegung setzte, den Hammer hob oder die Walzen drehte. Der Hohofen war daher immer weit von der Eisengrube entfernt, und die Schmiede vom Hohofen, wenn nicht etwa ein Bach von besonders starkem Falle in der Nähe war. Alle diese Nachtheile verschwanden seit dem Ende des 18. Jahrhunderts, als Steinkohlen und Dampf die großen Hebel der Betriebsamkeit wurden. Birmingham und das benachbarte Soho*) erlangten in der Manufactur sowol von gewöhnlichen Bedürfnissen als von Luxusartikeln eine solche Überlegenheit, daß die fortschreitende Bedeutung derselben verbürgt ist.

Mit dem Aufschwunge seiner Fabriken hat sich Birmingham zu einer schönen Stadt erhoben. Sie liegt an dem kleinen Flusse Rea, theils auf den Rücken, theils am Abhange von Hügeln, mit Ausnahme der Theile, die in den engern Räumen zwischen den Hügelwänden gebaut sind, welche die Stadt bei ihrer fortschreitenden Ausdehnung erreichte. Sie bedeckt, da die meisten Häuser nur von einer Familie bewohnt werden, einen großen Flächenraum. Die Vorstädte sind sehr schön. Die Lage der Stadt ist gesund und Beispiele eines hohen Lebensalters sind hier häufiger als in andern großen und volkreichen Städten Englands. Aus der Ferne sieht man sie in Rauchwolken gehüllt, die aus den Essen der Schmelzöfen aufsteigen, in der Nähe aber findet man die Luft nicht sehr unrein, theils weil jene Essen sehr hoch sind, theils weil die hier benutzte Kohle leichter als die newcastler ist, welche die Luft in London so trübe macht. Die Straßen der Stadt sind im Allgemeinen breit und eine der schönsten ist die neue Straße, von welcher wir eine Abbildung geben.

Birmingham, das gegen 147,000 Einwohner zählt, hat keine, durch hohes Alter merkwürdigen Gebäude. Das älteste ist die Martinskirche mit einem schönen Thurme, die aber durch neuere Veränderungen gelitten hat. In der 1715 gebauten Philippskirche werden die seit 1778 eingeführten dreijährigen Musikfeste gehalten. Außer diesen gibt es noch 10 andere zum Theil schöne Kirchen, und für die verschiedenen von der bischöflichen Kirche abgesonderten Parteien, die hier sehr häufig sind, über 40 Bethäuser. Unter den schönen öffentlichen Gebäuden ist vor allen die prächtige, umstehend dargestellte, sogenannte Stadthalle ausgezeichnet, welche zu öffentlichen Versammlungen und zu großen Concerten bestimmt ist. Sie hat einen Saal von 140 F. Länge und 65 F. Höhe und enthält eine Orgel, die zu den schönsten in Europa gehört und 60 Register mit 3 Clavieren hat. Die Markthalle, 365 Fuß lang und 108 Fuß breit, hat eine Façade von dorischer Ordnung. Unter den übrigen Gebäuden sind das in gothischem Styl neugebaute Schulhaus und das Posthaus vorzüglich zu erwähnen. Besondere Aufmerksamkeit verdient auch das dem Seehelden Nelson errichtete Denkmal auf dem Marktplatze, das die Abbildung auf Seite 288 zeigt. Für die Volkserziehung wird durch mehre Anstalten gesorgt. Die schon im 16. Jahrhundert gestiftete lateinische Schule erhielt seit 1830 eine verbesserte Einrichtung. Überhaupt gibt es, öffentliche Schulen und Privatanstalten und 12 Kleinkinderschulen mitgerechnet, 133 Tagschulen. Birmingham war eine der ersten Städte in England, wo Sonntagsschulen eingeführt wurden. Es gibt deren 31 in der Stadt und 12 in den Vorstädten für verschiedene Glaubensparteien. Die meisten besitzen Leihbibliotheken für ihre Schüler. Die Zahl der Zöglinge in sämmtlichen Sonntagsschulen beträgt gegen 13,000. Die Stadt erhielt bereits 1779 eine öffentliche Bibliothek, und 1796 eine zweite. Der wohlthätige Einfluß jener Bildungsanstalten auf die untern Volksclassen hat sich besonders auch in den letzten Jahren bewährt, wo zahlreiche Volksversammlungen in Birmingham gehalten wurden, was 40 Jahre früher nicht ohne die gefährlichsten Störungen der Ruhe möglich gewesen wäre. Vor der allgemeinen Verbreitung nützlicher Kenntnisse waren bei einem augenblicklichen Stillstande des Verkehrs oder bei Theurung der ersten Lebensbedürfnisse, Bäcker, Müller, Fleischer, Landwirthe, Gegenstände des Hasses und der Rache und oft Gewaltthätigkeiten ausgesetzt, wogegen in neuern Zeiten solche Erscheinungen nicht mehr hervorgetreten sind. Unter den wohlthätigen Anstalten zeichnet sich das 1776 gestiftete allgemeine Hospital aus, das vorzüglich auch durch den Ertrag der dreijährigen Musikfeste erhalten wird. Außer dieser Anstalt und dem 1794 gegründeten Krankenhause gibt es noch mehre für besondere Krankheiten und ein sogenanntes Magdalenen-Asyl für gefallene Mädchen. Die Stadt hat seit 1828 auch eine medicinische Schule. Die Verbindung mit London, das gegen 23 Meilen von Birmingham entfernt ist, wird jetzt durch zwei Heerstraßen befördert. Birmingham ist der Mittelpunkt des englischen Kanalsystems, dem es einen großen Theil seines Gedeihens verdankt. Ein Kanal hängt mit dem Severn zusammen, ein anderer mit dem Trent und Mersey, ein dritter mit der Themse, und so gehen die Erzeugnisse des Kunstfleißes auf dem wohlfeilsten Wege nach den Häfen von London, Liverpool, Bristol und Hull. Die seit Kurzem begonnene Eisenbahn wird die Verbindungsmittel mit der Hauptstadt vermehren.

Die Umgebungen der Stadt bieten dem Reisenden das Bild enger Betriebsamkeit in andern Gestalten dar. Überall sieht er unzählige Rauchwolken aufsteigen und die Luft verdunkeln. Er sieht Gebäude von sonderbaren und ungewöhnlichen Formen, mächtige Mauerwerke mit Schornsteinen, die hoch und schlank wie Obeliske emporragen. Hier und da dreht die gewaltige Dampfmaschine das Rad, das eine ganze Maschinerie in Bewegung setzt, während rechts und links Räder sich umschwingen und Taue laufen, die zu den Grubenwerken gehören. Wo nicht Schlackenhügel die Aussicht hemmen, zeigen sich zahlreiche Dörfchen oder einzelne Häuser, die Wohnungen der Arbeiter in den Gruben und Schmelzhütten, und zwischen ihnen erheben sich ansehnliche Gebäude, zuweilen in seltsam gewählten Lagen und in eigenthümlichem Baugeschmack, während hier und da noch eine Scheune sich zeigt, Überreste aus der Zeit des Ackerbaues, ehe der Kohlendampf und die Maschinen in sein Gebiet eindrangen. Nicht weit von Birmingham, auf dem Wege nach Wolverhampton, kommen wir in einen öden Landstrich, wo die Steinkohlenwerke in der Grafschaft Stafford liegen. Bald gehen wir an dem offenen Schacht einer verlassenen Grube vorbei, bald sehen wir ein mattes Flämmchen aus den Spalten des dürren Bodens hervorbrechen, das in alten Kohlengruben sich entzündet, bald eine Hütte, die sich auf dem eingesunkenen, von dem sorglosen Bergmann früherer Zeiten unterwühlten Boden geneigt hat. Die Bergleute, die uns auf den Wegen zu den Gruben begegnen,

---

*) Wir werden in einem der nächsten Stücke darüber sprechen.

sind hohe, kräftige Gestalten. Ihr Gesicht hat eine leichenblasse Farbe, wenn es von dem schwarzen Anfluge des Kohlenstaubes gereinigt ist, und schon im frühen Mannesalter sind ihre Züge tief gefurcht. Ihre gewöhnliche Tracht ist ein kurzer Leibrock und Beinkleider von grobem Flanell, am Sonntag aber sehen wir sie in Manchester gekleidet, mit vielen glänzenden Metallknöpfen, und bunte wollene Strumpfbänder blicken

Die neue Straße in Birmingham.

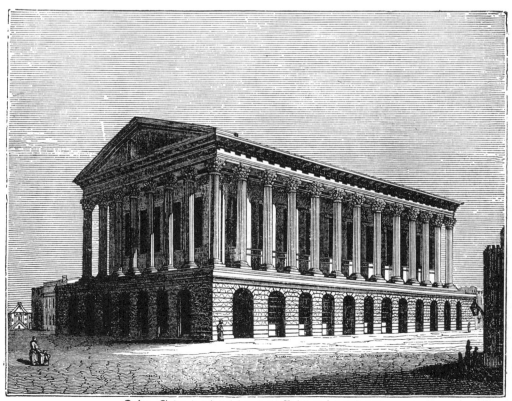

Die Stadthalle zu Birmingham.

unter dem Knie hervor. Sie haben viele Eigenheiten in ihren Sitten. So wird der Zuname nicht wie gewöhnlich fortgepflanzt; der Sohn führt oft einen andern Namen als der Vater und Mancher hat sogar zwei verschiedene Namen, ohne irgend eine listige Absicht, aber der Zuname wird nur bei feierlichen Gelegenheiten, z. B. bei Trauungen und Taufen, gebraucht und im gemeinen Leben wird jeder bei dem Spottnamen genannt, den seine Nachbarn in gutmüthigem Scherze ihm gegeben haben. Diese Sitte ist so allgemein verbreitet, daß die Bergleute oft selbst Fremden einen Spottnamen beilegen, den sie nach einer ihnen auffallenden äußern Eigenschaft aus dem Stegreif erfinden.

Über den Weinbau.
II.
(Fortsetzung aus Nr. 178.)

In warmen und niedrigen Gegenden begann die Weinlese am Ende des Septembers, in den meisten Gegenden aber erst im October, wie noch jetzt in Italien. Die vollreifen Trauben wurden zuerst gelesen und mit den blauen fing man an; aber man schnitt keine ab, wenn sie von der Sonne gewärmt oder vom Thau naß war. Die erste Lese gab den reichlichsten, die zweite den geistreichsten, die dritte den süßesten Wein. In einigen Weingegenden knickte man die Traubenstengel und entblößte die Trauben von den Blättern, um sie ungefähr vier Wochen vor der Weinlese der vollen Einwirkung der Sonnenstrahlen auszusetzen, in andern ließ man sie nach dem Abpflücken einige Tage in der Sonne welken. Die zu gewöhnlichem Wein bestimmten Trauben wurden gleich nach der Lese in Körben in die Kelter oder das Preßhaus gebracht, wo sie erst ausgetreten und dann gepreßt wurden. Der abfließende Traubensaft ward in einem ausgemauerten, mit Gyps ausgefütterten und in den Boden eingelassenen Behälter gesammelt. Schon die Alten wußten, wie sehr die gute Beschaffenheit des Weins von der Schnelligkeit dieser Arbeit abhängt. Hörte der Saft auf zu fließen, so wurden die Ecken des sogenannten Kuchens abgeschnitten und noch einmal unter die Presse gebracht, wodurch man einen geringern Wein erhielt, der besonders gesammelt wurde. Die völlig ausgepreßten Traubenhülsen wurden dann in ein Gefäß geschüttet, wo sie, mit Wasser begossen, in Gährung geriethen und ein schwaches Getränk lieferten, daß die Römer Lora nannten*) und im Winter ihren Arbeitern gaben. Die ältesten Pressen der Römer waren sehr einfache Vorrichtungen, die gewöhnlich nur mit Steinen beschwert wurden, aber später brauchte man Schrauben und Winden, um einen gleichförmigern und stärkern Druck hervorzubringen.

Bei der Bereitung geringerer Weine ließ man den Most ruhig gähren, gewöhnlich neun Tage, und da die Masse beträchtlich war, so mußte die Gährung schnell vor sich gehen und ein großer Theil des würzigen Gehalts und des Weingeistes sich verlieren, ehe sie vollendet war, zumal wenn der Most nicht viel Zuckergehalt hatte. Um diesem Mangel abzuhelfen, suchte man durch verschiedene Mittel einen geistreichen und haltbaren Wein aus dem Moste zu gewinnen. Man sammelte den durch den Druck in den Körben vor dem Treten abfließenden Saft der Trauben in besondern Gefäßen, worin man ihn bis zum nächsten Sommer aufbewahrte, um ihn dann 40 Tage lang der stärksten Sonnenhitze auszusetzen. Da dieser Saft von den reifsten Trauben abgeflossen war und gegen den Einfluß der äußern Luft bewahrt wurde, so erlitt er nur eine geringe Gährung und behielt den vollen Wohlgeschmack der Traube. War der auf diese Weise gewonnene Saft nicht reichlich oder nicht so zuckerhaltig, daß man ihn ohne weitere Zubereitung hätte aufbewahren können, so sammelte man ihn in einem mit Pech ausgegossenen und mit verpichtem Korke verschlossenen irdenen Gefäße, das man in einen Teich hinabließ, wo es gegen vier Wochen unter dem Wasser blieb. Zog man dann das Gefäß wieder heraus, so hatte der Most alle Neigung zum Abgähren verloren und ließ sich ein Jahr und länger unverändert aufbewahren. Auch senkte man die Mostkrüge zuweilen in Seewasser, und der Traubensaft soll dadurch noch schneller einen Wohlgeschmack erhalten haben.

Aus halbgewelkten Trauben machte man auf verschiedene Weise einen Wein, der Passum genannt wurde. Die dazu genommenen Trauben waren eine Art von Muskateller, die man an dem Stocke ließ, bis sie halb zusammengeschrumpft waren, dann man pflückte die überreifen Trauben und setzte sie an Stangen oder auf Strohmatten, sechs bis sieben Fuß vom Boden, der Sonne aus, indem man sie durch ein Obdach gegen den Nachtthau schützte, oder man tauchte sie in siedendes Öl. Dann beerte man sie ab, that sie in ein Gefäß und goß so viel guten Most darauf, daß sie ganz bedeckt waren. Nach fünf bis sechs Tagen wurden sie herausgenommen und gepreßt. Dies war die beste Sorte des Strohweins der Alten, wie man ihn nennen könnte. Eine geringere Art gewann man, indem man statt des Mostes abgekochtes Regenwasser auf die Beeren goß. Nach vollendeter Gährung wurde der Saft auf frische Gefäße gefüllt und zum Gebrauche aufbewahrt.

War der Traubensaft zu dünn und wässerig, um guten Wein zu geben, wie gewöhnlich bei Regenwetter, so ward er eingekocht und etwas Gyps hinzugesetzt. Die Spartaner bewahrten den um ein Fünftel eingekochten Most vier Jahre auf, ehe sie ihn tranken. Zuweilen ging die Eindickung noch weiter, und das Kochen wurde fortgesetzt, bis $1/3$, $1/2$ oder gar $2/3$ des Saftes verdunstet waren. Der bis auf ein Drittheil eingekochte Saft von zuckerreichen Trauben, den die Römer Sapa nannten, wurde wahrscheinlich als Wein getrunken und mochte den gekochten Weinen der Neuern gleichen, der mehr eingedickte Most aber war nur zum Küchengebrauche bestimmt, wie es noch bei der Sapa der Italiener der Fall ist.

Ein Zufall soll auf eine andere Art der Mostbereitung geführt haben. Ein Sklave hatte Most entwendet und Seewasser in das Gefäß gegossen, um den Diebstahl zu verbergen. Später fand man, daß der Most dadurch einen höhern Wohlgeschmack erhalten hatte, und seitdem pflegte man gewissen Weinen Seewasser beizumischen, das man an einem heitern und windstillen Tage so weit als möglich vom Ufer entfernt schöpfte und um $1/3$ einkochte, ehe man es zu dem Weine goß. Zuweilen bewahrte man das Seewasser auch einige Jahre auf, ehe man es zum Gebrauche verdunsten ließ. Mehre der griechischen süßen Weine wurden auf diese Art bereitet. Das Mischungsverhältniß war verschieden, aber den feinen Weinen wurde nur $1/50$ Seewasser zugesetzt.

Dies waren die gewöhnlichen Zubereitungsarten des Mostes, doch wurden die weinigen Eigenschaften des Traubensaftes dadurch sehr oft aufgehoben, und man versuchte daher auch andere Mittel, ihnen Wohlgeschmack

---

*) Auch in den Elbweinbergen macht man hier und da ein solches Getränk, das man Lauer nennt.

und Würze zu geben. Da die Alten aber das in neuern Zeiten gebrauchte Mittel, dem Weine durch einen Zusatz von Alkohol mehr Stärke zu geben, nicht kannten, so nahmen sie andere Substanzen, um den Geruch und Geschmack desselben schärfer zu machen. Man that bei der ersten Gährung des Mostes gepulvertes Pech oder Harz hinzu, oder nach der Gährung Cypressenblätter, zerquetschte Myrrhen, Hobelspäne von Cedernholz, bittere Mandeln, gewöhnlich aber kochte man diese Substanzen erst mit eingedicktem Moste oder auch wol mit Seewasser, und setzte dann dem jungen Weine etwas von dieser Masse hinzu. Freilich wurden solche Zuthaten, wozu auch Spike, Lilien, Safran, Melilote, Cassia u. s. w. gehörten, nur geringern Weinen beigemischt, und da viele jener Stoffe sich in dem Weine nicht auflösen konnten, so wurden sie niedergeschlagen und mochten hauptsächlich nur dazu dienen, den Wein zu schönen, wie wir es nennen. Durch diese Mittel konnte man jedoch das Aufbrausen des jungen Weins nicht verhüten, noch auch ihm Haltbarkeit geben, und gebrauchte zu diesem Zwecke, und um die Säure zu entfernen, oft Kalk, gepulverte Muschelschalen, Gyps, oder man löschte brennende Fackeln und glühende Eisenstangen in dem Weine, oder that Rebenasche, geröstete Galläpfel und Eicheln hinzu, sobald die erste Gährung vollendet war. Ob die Alten das Schwefeln des Weins gekannt haben, ist ungewiß, wenigstens weiß man nicht, wie sie den Schwefel gebraucht haben; aber das Mittel den Wein durch Eiweiß zu schönen, war ihnen nicht unbekannt.

Nach vollendeter Gährung wurde der junge Wein in die Gefäße gefüllt, in welchen man ihn aufbewahren wollte. Der Keller wurde vorher ausgeräuchert. Die ältesten Weingefäße waren Thierhäute, die mit Öl oder harzigen Stoffen getränkt wurden. Später kamen die irdenen Gefäße in Gebrauch, welche, da die Alten das Glasiren nicht kannten, mit Pech ausgegossen wurden, um das Ausschwitzen zu verhüten. In holzreichen Gegenden, wie in der Nähe der Alpen, hatte man auch Fässer, aber bei den Griechen und Römern waren Thongefäße am gewöhnlichsten, die sehr sorgfältig gebrannt waren. Größere Gefäße erhielten bleierne oder hölzerne Reifen. Sie waren zuweilen so groß, daß sie über einen Culeus faßten. Die kleinern Gefäße der Römer hatten eine zierliche Form, einen engen Hals mit zwei Handhaben, und liefen unten schmal zu, damit bei dem Abgießen des Weins der Bodensatz nicht aufgerührt würde.

Waren die Gefäße gefüllt und hatte der junge Wein sich gesetzt, so wurden die Korke mit Gyps oder einer Mischung von Pech und Rebenasche bestrichen, um das Eindringen der Luft zu verhüten. Die Gefäße, welche starke Weine enthielten, wurden in die freie Luft gestellt, um sie der Sonne auszusetzen, gewöhnlich aber standen die Weingefäße an den Wänden des Kellers und wurden mehr oder weniger tief in Sand gestellt. Später wurde der Wein auf kleinere Gefäße gefüllt. Die Keller hatten gewöhnlich eine nördliche Lage, und man sah sorgfältig darauf, sie entfernt von Backöfen, Bädern, Wasserbehältern, Ställen und Düngerstätten anzulegen. Sie waren zwar unter der Oberfläche des Bodens, doch wie es scheint, nicht so tief unterirdisch als die unsrigen.

In diesen Kellern wurden die leichten Weine aufbewahrt, die nur von einer Ernte bis zur andern sich hielten, die stärkern und haltbarern aber in einem andern Behältnisse, das bei den Römern über der Rauchkammer war, wo die Gefäße dem Rauche ausgesetzt waren, weil man glaubte, die Reife des Weins dadurch zu befördern. Ehe man sie dahin brachte, wurden auf jedem Gefäße die Namen des Gewächses und der Consuln zur Zeit der Weinlese angegeben, um darnach das Alter des Weins zu bestimmen. Die Benutzung des Rauchs, um den Geschmack des Weins zu erhöhen, hatten die Römer von den Asiaten entlehnt, welche ihre Weine auf den Dächern der Häuser der Sonnenhitze aussetzten und sie dann in Gemächern aufbewahrten, welche von unten geheizt wurden. Da die Rauchkanäle aus den Bädern und andern durch Züge geheizten Zimmern wahrscheinlich in jene Weinkammern gingen, so waren die Gefäße einer gleichförmigen Temperatur ausgesetzt. In die ausgepichten oder mit einem Gypsüberzuge belegten Gefäße konnte der Rauch nicht leicht eindringen, und die beständige Wärme mußte den Geschmack der starken Weine mildern, und er mochte wahrscheinlich auch den scharfen Beigeschmack der gewürzhaften Zuthaten entfernen. Unvermeidlich aber mußte durch lange Aufbewahrung in den Rauchkammern der Wein in den Gefäßen, wie sorgfältig sie ausgepicht und verschlossen waren, sich verdicken, wiewol in feinern Weinen die unmerkliche Gährung entgegenwirkte. Die meisten Weine wurden aber so dick, daß man sie nicht mehr ausgießen konnte und die Masse in heißem Wasser auflösen mußte, um sie trinkbar zu machen.

Die feinsten Weine wurden in Glasflaschen aufbewahrt. Die Alten zogen den Wein nur bei Nordwind ab, weil sie bemerkt haben wollten, daß er sich trübte, wenn der Wind in entgegengesetzter Richtung wehte. Schwächere Sorten wurden im Frühlinge auf die Gefäße abgezogen, in welchen sie bleiben sollten, stärkere im Sommer.

So auffallend uns zum Theil das Verfahren der der Alten bei der Behandlung der Weine, das zum Theil noch immer in Griechenland und Italien gebräuchlich ist, vorkommen muß, so war es doch für die Eigenschaften des Weins wol nicht so nachtheilig, als es auf den ersten Blick scheint. Wir haben bereits bemerkt, daß viele der Zuthaten nur zum Klären und Schönen der Weine dienten, und wenn andere dem Weine auch einen besondern Beigeschmack geben mußten, so war man doch bedacht, diesen Geschmack nicht vorherrschend werden zu lassen, und er mochte auch zum Theil durch das Alter des Weins gemildert werden.

Die griechischen und römischen Schriftsteller geben uns umständliche Nachrichten über die beliebtesten Weine der Alten. Der griechische Arzt Dioscorides nennt nicht weniger als 60 mit verschiedenen Zusätzen gemischte Weine, und ein anderer Grieche zählt gegen 50 Arten; die Griechenland, Kleinasien und Ägypten lieferten. Diese zerstreuten Angaben gewähren uns eine ziemlich genaue Kenntniß von den Eigenheiten jener Weine. Wir sehen, daß die meisten griechischen und asiatischen Weine zu den süßen und starken gehörten, die überhaupt die beliebtesten waren. Fehlte es den Weinen an Süßigkeit, so setzte man gewöhnlich bei dem Trinken Honig hinzu, doch waren diejenigen die gesuchtesten, in welchen der Zuckerstoff durch langes Liegen so zersetzt war, daß sie nicht am Gaumen klebten, sondern ihn angenehm reizten. Die meisten italienischen Weine, die man als Most auf den Stielen oder Trappen und Hülsen gähren und bis nach vollendeter Gährung im Bottich ließ, gehörten zu den härtern und waren das gewöhnliche Getränk der Römer, ehe sie sich an die griechischen Weine gewöhnten. Die Weine der Alten zerfielen in drei Classen, süße, trockene und süßliche. Die griechischen Weine waren dem Cyperweine ähnlich. Einige leichte Weine der Griechen gehörten zu denjenigen, welche die heutigen Italiener reizendsüße (dolce piccanti) nennen. Die trockenen griechischen Weine, wie der korinthische und pramnische, hatten einen sehr zusammenziehenden Geschmack und waren erst nach langem Liegen trinkbar. Einige Weine, die man in verschlossenen Gefäßen gähren ließ, enthielten, wie der Champagner, viel kohlensaures Gas, und werden daher von mehren Schriftstellern als perlend und schäumend bezeichnet. Die starken Weine erhielten durch die lange Gährung auf den Hülsen im Bottich eine hohe Farbe, besonders die aus blauen Trauben bereiteten. Die aus weißen Trauben gepreßten hatten eine hochgelbe, bernsteinartige Farbe, wie der lieblich süße lesbische Wein. Die rothen Weine waren sehr dunkel. Unter den weißen Weinen im eigentlichen Sinne gab es keine süßen, und sie waren bald scharf und dick, bald dünn und leicht. Die dunkelrothen Weine erhielten nach langem Liegen eine bräunliche Farbe. Keiner der edlern Weine wurde vor dem fünften Jahre getrunken, die meisten aber blieben weit länger liegen. Die dünnen weißen Weine waren am ersten, und genießbar nachdem sie anfänglich etwas herbe gewesen waren, erhielten sie nach zehn Jahren eine angenehme Schärfe, wenn sie nicht in den ersten vier Jahren sauer geworden waren. Hatten sie diese Gefahr überstanden, so hielten sie sich sehr lange. Die leichten rothen Weine, der gewöhnliche Tischtrunk, dauerten selten länger als von einer Weinlese bis zur andern und hielten sich nur in guten Jahren länger. Die stärkern rothen erlitten bei langem Liegen eine Art von Zersetzung, waren aber in diesem Zustande beliebt. Durch die oben beschriebene Behandlung der Weine wurden sie jedoch mehr oder weniger eingedickt, besonders die edlern Arten. Weine im mittlern Alter galten zwar für die gesündesten und angenehmsten, aber die alten, oft kaum trinkbaren wurden außerordentlich theuer bezahlt, zumal von gewissen Jahrgängen, wie der opimische Wein, vom Jahre 533 nach der Erbauung Roms, den man noch 150 Jahre später fand, wo er aber dick wie Honig war und ohne Wasser nicht getrunken werden konnte. Die gewöhnlichen italischen Weine, die in Überfluß gediehen, waren so wohlfeil, daß der frugale Landbauer Cato jedem seiner Sklaven jährlich 270 Kannen zutheilte.

Wir schließen diese Bemerkungen über die Weincultur der Alten mit der Erwähnung einiger ihrer berühmtesten Weine. Unter den griechischen war schon in den ältesten Zeiten der weiße Wein aus der Umgegend von Maronea an der thrazischen Küste geschätzt, der so stark war, daß man gewöhnlich zu einem Theile Wein acht Theile Wasser nahm. Der rothe pramnische Wein, welcher, wie es scheint, von einer eignen in verschiedenen Gegenden, z. B. auf der Insel Lesbos, bei Ephesus und bei Smyrna, gebauten einheimischen Traubenart gewonnen wurde, war sehr stark, weder süß noch dick, aber ungemein haltbar. Die meisten süßen griechischen Weine kamen von den Inseln des ionischen und ägeischen Meeres, besonders aus Chios, Vasos, Lesbos, Cypern, Rhodus. Die meisten derselben waren von Muscatellertrauben und von bernsteingelber Farbe. Unter den Weinen aus Chios wurde besonders der von der felsigen Küste bei Ariusia als ein Nektar gepriesen. Außer diesen Weinen schätzten die Griechen mehre asiatische und afrikanische, besonders die Weine aus Bithynien, von Byblos an der phönizischen Küste und aus Unterägypten, unter welchen der alexandrinische berühmt war. Unter allen Weinen Italiens stand der Falerner oben an, der „unsterbliche", wie römische Dichter ihn nennen. Er wuchs in dem „glücklichen Campanien", der gesegnetsten Weingegend, die sich von Sinuessa bis zum Vorgebirge Sorrento erstreckte und die heutige Terra di Lavoro umfaßte. Hier lagen, außer den weinreichen Abhängen des Vesuvs, die Rebenhügel Massicus und Falernus. Die besten Weine dieses Gebiets, die im Allgemeinen Falerner hießen, wuchsen auf den südlichen Abhängen in der Nähe des alten Sinuessa, wahrscheinlich an dem Berge, der von der Rocca di Mondragone sich erhebt und noch Monte Massico heißt. Unter diesen Weinen wurden Setinum, leicht und geistreich, Cäcubum, erst im Alter köstlich, von den Anhöhen bei Sezza, und Faustianum, aus der Nähe des heutigen Dorfes Falciano, vorzüglich geschätzt, und verdankten ihre Vorzüge dem lockern vulkanischen Boden, wo sie wuchsen. Hier wurden die Reben in frühern Zeiten nicht an Pappeln, sondern an niedrigen Geländern gezogen. Der Falerner war stark und haltbar, in der Jugend herbe und erst im Alter angenehm, vorzüglich im zehnten oder zwölften Jahre. Er war strohgelb und färbte sich erst im Alter dunkler. Nach den Beschreibungen der Alten kann man ihn mit dem Madeira vergleichen, der auch, wie der Falerner, auf vulkanischem Boden wächst. Die nördlich von dem glücklichen Campanien erzeugten Weine waren von geringerer Güte. Die Weine im römischen Gebiete waren meist leicht, dagegen gab die südwestliche Küste von Sicilien einige vorzügliche Arten, wie auch Südfrankreich und Spanien die Tafel der üppigen Römer mit den besten Erzeugnissen ihrer Rebenhügel versorgten.

(Die Fortsetzung folgt in Nr. 183.)

Die steinernen Pferde und versteinerten Bäume bei Pondichery.

Einige Meilen von Pondichery entfernt, sieht man bei einem Dorfe, Namens Valdane, sehr große, gegen 20 Fuß hohe steinerne Pferde, die in ganz Indien verehrt werden. Es sind dazu eigne Braminen bestellt, welche die angeordneten Feierlichkeiten beobachten. Wer diese Pferde nur anrührt, kann in Gefahr kommen, das Leben zu verlieren, oder er hat den Fanatismus der rohen Menge zu fürchten. Einst waren ein paar Offiziere der französischen Besatzung in Pondichery muthwillig genug, die Thiere zu besteigen, aber ehe sie es ahnten, eilten mehre Hindus herbei und rissen sie herab, banden ihnen Hände und Füße und brachten sie nach Pondichery, um ihre Bestrafung zu verlangen. Immer noch ein Glück, daß diese von der erzürnten Menge nicht selbst übernommen wurde. Es gelang dem französischen Befehlshaber die Menge zu überzeugen, daß, da die heiligen Pferde der Unbesonnenen geschont hätten, sie auch wol bei den Verehrern derselben auf Nachsicht Anspruch machen könnten.

Von Valdane kommt man in anderthalb Stunden zu dem Dorfe Trinitaret, und hier nun zu den berühmten Versteinerungen auf einem Berge, an dessen Fuße eine große Pagode steht. Die oben liegenden versteinerten Bäume haben dritthalb Fuß im Durchmesser und sind wol die größten, welche bis jetzt gefunden wurden. Es müssen hier einst große Erderschütterungen stattgefunden haben, daß die Bäume niederstürzten, worauf Überschwemmungen folgten, von deren Gewässern sie vielleicht Jahrhunderte bedeckt blieben, bis das Wasser seine jetzigen Grenzen einnahm und die Kolosse zurückließ. Fragt man die Hindus nach dem Entstehen derselben, so läßt sie der Eine vom Gott Wischnu abstammen, der Andere findet in ihnen das Werk von Riesen; denn Riesen und Zwerge müssen dort bei Allem aushelfen was über den Bereich des Alltagsleben hinaus geht.

Der Marktplatz mit dem Denkmale Nelson's zu Birmingham.

Das Pfennig-Magazin

der
Gesellschaft zur Verbreitung gemeinnütziger Kenntnisse.

180.] Erscheint jeden Sonnabend. [September 10, **1836.**

Perlenfischerei auf Ceylon.

Perlenfischerei auf Ceylon.

Der Perlenmuschelfang auf Ceylon, den uns verschiedene Reisende beschrieben haben, ist unstreitig eine der merkwürdigsten und interessantesten Scenen, die jene Insel darbietet. Man schätzt die Anzahl der Personen, welche um die Zeit, wo das Tauchen beginnt, sich auf der Insel versammeln, auf 50—60,000, größtentheils See- und Handelsleute aller Gegenden. In früherer Zeit mag der Ertrag des Perlenfangs noch weit bedeutender gewesen sein, als gegenwärtig, denn man schätzte 1797 die Einnahme durch denselben auf 1 Million Thaler. Wie man in frühesten Zeiten zu beschwerlichen und gefahrvollen öffentlichen Arbeiten Sklaven und Verbrecher zu benutzen pflegte, und auch noch in neuerer Zeit hier in Ceylon in Berg- und Hüttenwerken vorzugsweise Sträflinge beschäftigt, so wurden solche früherhin auch zum Perlenfang gebraucht, eine Sitte, die jedoch sich ändern mußte, als die Perlenfischerei ausgebreiteter, wichtiger und einträglicher wurde. Zu gewissen Jahreszeiten sieht man die jungen Perlenmuscheln auf dem Meere in so großer Menge hintreiben, daß sie oft eine nicht zu übersehende Fläche einnehmen und bei ihrer außerordentlichen Kleinheit wie Fischschuppen aussehen. In diesem Zustande werden sie von den Seeströmungen an die Küsten der Insel getrieben, bis sie in Folge ihrer zunehmenden Größe untersinken und auf dem Meeresgrunde jene berühmten Perlenbänke bilden, welche eine so außerordentliche Ausbeute liefern. Die vorzüglichsten Perlen geben die Muscheln der Bänke von Arippo, unweit dem Golf von Manar, wo man sie in einer Tiefe von 5½—7 Faden findet. Die schönsten Perlen enthalten in der Regel die fleischigen Theile der Muschel, auf der Stelle, wo sich, so zu sagen, das Charnier der Schalen befindet, doch sind auch die in den übrigen Theilen der Muschel befindlichen oft von ausgezeichneter Größe und vorzüglichem Glanz. Zuweilen enthält eine einzige Muschel über 100 Perlen von verschiedener Größe; aber nicht alle Muscheln enthalten Perlen, und daher erhält sich noch immer der Glaube, der indessen noch durch genauere Beobachtungen bestätigt werden muß, daß diese kostbaren Auswüchse von einer Krankheit der Muschel herrühren. Zerschneidet man eine Perle, so sieht man, daß sie aus vielen Häuten oder Schichten besteht, gleich einer Zwiebel, und der Substanz nach sich nicht von der Schale ihrer Muschel unterscheidet. So hoch die Perlenmuschel wegen ihres Inhalts im Handel geschätzt wird, so verkauft man doch in der Gegend von Arippo während der Zeit des Fangs den Scheffel davon um einen niedrigern Preis, als etwa zu Feversham oder Colchester, wo die ergiebigsten englischen Austerbänke sich befinden, den Scheffel gemeiner Austern.

Die zur Perlenfischerei üblichen Boote sind von besonderer Bauart, in der Regel von 8—15 Last und ohne Verdeck. Vorder- und Hintertheil sind sich ziemlich ähnlich, letzteres zeigt nur eine leichte Krümmung; sie haben keinen Kiel, der Boden ist gerundet, und die Breite des Boots nimmt nach der Spitze hin zu. In der Mitte des Boots steht ein rohgezimmerter Mast, an welchem ein aus dünner Leinwand verfertigtes Segel befestigt ist. Diese leichte Zimmerung macht die Boote gefährlich, und es kommt nicht selten vor, daß sie von den Wellen an die Küste geschleudert werden. Um Mitternacht, mit dem Landwinde, verlassen die Fischer die Küste und segeln nach der Bank, in einer Entfernung von 9—12 Meilen. Sobald sie diese vor Anbruche des Tages erreicht haben, werfen sie Anker in der Nähe des Wachtschiffes, das hier von Seiten der Regierung stationirt ist und die ganze Nacht hindurch Licht aushängen muß, um den nach der Bank steuernden Booten ihre Richtung zu bezeichnen. Das Tauchen nimmt, sobald es hell genug ist, seinen Anfang und dauert fort bis Mittag, um welche Zeit man von dem Wachtschiffe aus eine Kanone abfeuert, zum Zeichen, daß die Arbeit nun aufhören soll. In der Regel ist das Wetter während der Zeit des Fangs schön und ruhig, was auch zu dieser Beschäftigung unumgänglich nöthig ist, da die geringste Unruhe in der Luft und auf dem Meere dem Taucher sogleich seine Arbeit einzustellen gebietet. Die Mannschaft eines Taucherboots besteht gewöhnlich aus einem Schiffsmeister, 10 Tauchern und 12 andern Seeleuten, welche das Boot rudern und die emporkommenden Taucher erwarten und herauf befördern. Auf jedem Boote sind fünf Tauchersteine, deren sich die Taucher wechselsweise bedienen, sodaß also einer um den andern sich in den Meeresgrund hinabläßt. Das Gewicht dieser Steine richtet sich nach der Größe und Gestalt des Tauchers, übersteigt insgemein aber nicht 25 Pfund. Die rüstigsten Taucher pflegen auch in einem Leibgurte vier bis acht Pfund Steine mitzunehmen, damit sie desto leichter Grund halten können, bis sie ihr Netz mit Muscheln gefüllt haben. Dieses Netz ist 18 Zoll tief, und an einem Ringe von ebenfalls 18 Zoll im Durchmesser befestigt, der an ein einfaches Seil geschlungen ist. Sobald sich der Taucher zum Einfahren anschickt, legt er, bis auf ein ganz leichtes leinenes Gewand, seine Kleider ab. Zuerst verrichtet er nun sein Gebet, stürzt sich dann ins Wasser und schwimmt nach dem Tauchersteine hin, welcher über Bord ausgehängt ist. Nachdem er nun durch die beiden Taue, welche den Stein festhalten, hindurchgeschlüpft, ergreift er das Seil, das sich durch den Ring zieht, um sich mit Hülfe desselben nach Belieben herauf- und hinabzulassen. Er stellt nun den linken Fuß fest auf den Reif des Netzes und drückt ihn gegen den Stein, indem er das Seil in der Hand behält. Da die meisten Taucher auf Ceylon Hindus sind, so fehlt es beim Beginn der Arbeit auch nicht an Zauberkünsten und allerlei Gaukeleien durch besonders dazu bestellte Priester. Die hauptsächlichste Obliegenheit derselben ist, daß sie bei den Tauchern so verderblichen Haifische abwenden sollen, aber leider so manches abgebissene Bein und so mancher aus dem Meeresgrunde nicht wiederkehrende Unglückliche zeigt die Ohnmacht jener Besprechungen, an welche die Leute doch immer wieder glauben.

Fast unglaublich ist die Menge der Perlenmuscheln, welche während einer Fangzeit, die ungefähr einen Monat dauert, gefangen werden, da man annimmt, daß ein einziges Boot in einem Tage über 30,000 Stück ans Land bringt. Sobald sie am Ufer sind, theilt man sie in regelmäßige Haufen ab, und hier liegen sie so lange, bis sie zu verfaulen anfangen, was nothwendig vorhergehen muß, um die Perlen von der klebrigen Masse, von welcher sie umgeben sind, abzulösen. Nun thut man die Muscheln in viereckige Behältnisse, die ungefähr einen Fuß hohe Wände haben. Diese Behältnisse stehen unter sich in Verbindung durch vier unbedeckte Leitröhren von stufenweisem Abfalle, mit einem kleinen Becken im Innern, sodaß alle Perlen, die etwa von Regengüssen oder beim Waschen der Muscheln hinweggespült werden möchten, in diese letztern einlaufen und keine verloren geht. Da, wo es keine solchen Behälter gibt, werden die Muscheln auf doppelte Matten auf den Boden hingestreut.

Wenn die Muscheln sich nun in hinlänglich aufgelöstem Zustande befinden, um die Wäsche zu beginnen, so thut man einen Theil derselben in einen 15 Fuß langen und 3 Fuß breiten und gehörig tiefen Kahn. Dieser ist mit Salzwasser angefüllt, worin die Muscheln 12 Stunden verbleiben müssen, damit die faulige Substanz vollkommen weich und von den Maden und anderm Ungeziefer, das sich etwa damit vermischt hat, befreit werde. Zwölf bis funfzehn Männer stellen sich nun auf beide Seiten des Kahns, der an dem einen Ende etwas erhöht wird, damit, wenn er voll ist, das Wasser ablaufen könne. Jetzt nimmt man die Muscheln Stück für Stück heraus, zerbricht die Schalen und wäscht sie in dem Wasser aus. Beinahe unerträglich ist der Gestank, der bei dieser Arbeit die Atmosphäre verunreinigt, aber die Arbeiter und Aufseher sind so daran gewöhnt, daß sie ihr Geschäft lustig und guter Dinge und ohne Nachtheil für ihre Gesundheit zu Ende bringen. Die Schalen, worin Perlen enthalten sind, werden zusammen gethan und kommen hierauf in die Hände der Klopfer, deren Geschäft es ist, die Perlen mittels Zangen und Hämmer von der harten Schale abzulösen. Sobald sie gewonnen sind, werden sie nach ihrer größern oder geringern Vorzüglichkeit geschieden, von den größten und schönsten, die zu dem zierlichsten Schmuck verwendet werden, bis herab zu dem Ausschuß, der, mit den Sandperlen vermischt, nach China geführt wird, wo er, wohlzubereitet, auf die Tafeln der chinesischen Gourmands kommt. Schon allein der Ertrag dieses Perlenausschusses deckt die Kosten, welche die Anstellung der sämmtlichen Arbeiter und alle sonstigen Ausgaben erfodern. Sobald alle Muschelschalen aus dem Kahne heraus sind, bleibt nur die schleimige Substanz der Muscheln, die nun ganz zu Schlamm geworden, auf dem Boden zurück, vermischt mit Sand und kleinen Schalenstücken; dieser wird nun mehrmals ausgeschlemmt und endlich noch getrocknet, um wo möglich keine Perle zu verlieren*).

Der Ramasan

Der Monat Ramasan ist nach dem Glaubensgesetze der Mohammedaner die Zeit eines strengen Fastens, die unmittelbar dem großen Beiramsfeste vorhergeht. Da die Mohammedaner nach Mondenjahren rechnen, so tritt dieser Monat jedes Jahr um elf Tage früher ein und fällt in einem Zeitraume von 23 Jahren nach und nach in alle Jahreszeiten unsers Sonnenjahres. Der Monat beginnt mit dem Neumonde, aber die Kenntniß der türkischen Sternkundigen geht nicht so weit, den Eintritt der astronomischen Zeit zu berechnen, wo der Mond zwischen der Sonne und der Erde steht. Man begnügt sich, die Zeit der ersten Erscheinung des Mondes am Himmel nach dem Neumonde zu beobachten, aber die Wichtigkeit, den Anfang der Fastenzeit genau zu bestimmen, macht es nothwendig, die sorgfältigsten Beobachtungen anzustellen. Dieses Geschäft liegt in den türkischen Städten den Obrigkeiten ob, und in Konstantinopel nehmen selbst die ersten Staatsbeamten Antheil daran. Die Gebetrufer, Muezzin, nehmen dann ihren Platz auf den Minarehs der höchsten Moscheen und bringen oft die ganze Nacht zu, die erste Erscheinung des Mondes am Himmel genau zu beobachten. Eigentlich ist der Ausspruch zweier glaubwürdiger Zeugen erfoderlich, um einen gesetzlichen Beweis von der wirklichen Erscheinung des Neumonds zu begründen. Ein solches Zeugniß aber ist entscheidend, und nach Verlauf von 30 Tagen nach der beobachteten Erscheinung des Mondes darf das Fastengebot gebrochen werden und das Beiramsfest beginnt. Ist zu der Zeit der erwarteten Monderscheinung der Himmel bewölkt, so gilt das Zeugniß eines einzigen Menschen ohne Unterschied des Geschlechts oder des Standes, der den Mond gesehen haben will, jedoch nicht als gesetzlicher Beweis, sondern als bloße Nachricht. In solchen Fällen kann das Fasten nicht nach Verlauf von 30 Tagen aufhören, sondern muß bis zur nächsten Neumonderscheinung fortdauern, wo sich mit Sicherheit bestimmen läßt, daß die Zeit des Beirams eingetreten ist. Erscheint der nächste Neumond, ehe 30 Tage verflossen sind, so wird die Fastenzeit dennoch als geendigt betrachtet und die fehlenden Tage können durch ein sogenanntes „Genugthuungsfasten" zu jeder beliebigen Zeit des Jahres von den Gläubigen nachgeholt werden. Wäre der Himmel so trübe, daß gar keine Beobachtungen gemacht werden können, so beginnt das Fasten in dem nächsten Zeitpunkte, den man für den Eintritt der wirklichen Zeit nehmen kann, nämlich am dreißigsten Tage des vorhergehenden Monats Schaban. Die Zeitberichtigung wird so bald als möglich vorgenommen, und der Moslem berechnet dann, wie viele Festtage er noch schuldig ist oder wie viele er bereits über seine Pflicht beobachtet hat. Sollte während dieser trüben Zeit Jemand den Neumond sehen, sein Zeugniß aber von der Obrigkeit verworfen werden, so ist er dennoch durch Glaubenspflicht gebunden, sein eignes Fasten mit der Zeit der Beobachtung zu beginnen.

Die Fastenzeit wird wenigstens unter den niedern Ständen in der Türkei und in Persien strenge gehalten, welche Abweichungen auch die Vornehmen sich heimlich erlauben mögen. So lange während dieser Zeit die Sonne am Himmel steht, darf sich der Gläubige weder mit Speise noch Trank erquicken und muß selbst seinen liebsten Genuß, das Rauchen, sich versagen, ja der Strengfromme erlaubt sich nicht einmal, durch den Duft einer Blume sich zu erfreuen. Die Ausnahmen von dieser Pflicht sind genau bestimmt und Niemand erhält Erlaß als Kinder, Ammen, kränkliche und bejahrte Leute und Reisende. Jeder aber, Kinder ausgenommen, der jener Pflicht durch Umstände entbunden wird, muß statt derselben ein anderes gutes Werk verrichten, z. B. Almosen geben, oder durch Genugthuungsfasten Ersatz leisten. Ein Reisender darf sich das Fastengebot am ersten Tage seiner Reise erlassen und nicht eher, bis die Umstände ihn dazu treiben, und wenn Krankheit entschuldigen soll, so müssen drei Fieberanfälle vorhergegangen sein oder ein mohammedanischer Arzt das Fasten für nachtheilig erklärt haben.

In diesen langen Fastenstunden sieht man den andächtigen Moslem unablässig die Kügelchen seines Rosenkranzes abzählen, wozu gewöhnlich Dattelkerne aus der heiligen Gegend von Mekka genommen werden, und wenn er strenge an seiner Glaubenspflicht hält, so vergißt er nicht, die 39 Eigenschaften, welche die mohammedanischen Theologen der Gottheit beilegen, dabei herzusagen. Zu manchen Zeiten ist das Fastengebot doppelt drückend, z. B. wenn der Ramasan in die langen heißen Sommertage fällt. Die Entbehrung wird dann peinlich. Nicht ein Lächeln erheitert die Züge des gequälten Fasters, und kein fröhlicher Blick belebt sein Auge. Der Christ, der unter strengen Mohammedanern lebt, wird es, wenn er klug ist, vermeiden, nach seiner reichlichen Mahlzeit mit den fastenden Türken zu verkehren, die in ihrer unmuthigen Stimmung sich leicht

---

*) Vergl. über die Taucher Pfennig-Magazin Nr. 153.

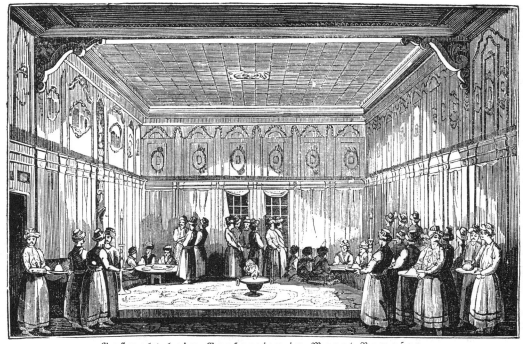

Gastmahl beim Großvezier im Monat Ramasan.

verleiten lassen, eine zufällige Begegnung für eine absichtliche Bosheit zu halten. Der Reiche und Vornehme mag durch üppige Genüsse in den Nachtstunden und durch Schlafen oder müßiges Träumen bei Tage die Strenge des Fastens mildern, aber für den Handwerker und den Tagelöhner ist es doppelt drückend, zumal wenn er in der warmen Jahreszeit seine Arbeit verrichten muß. Doch sein Glaubenseifer gibt ihm Stärke, er läßt in seiner Thätigkeit nicht nach, die freilich während des ganzen Jahres nicht groß ist, und keine Religionspflicht wird im Allgemeinen strenger beobachtet als das Fastengebot. Freiwillige Übertretung desselben bezeichnet den Schuldigen als einen Abtrünnigen, und das Zeugniß zweier glaubwürdigen Zeugen ist hinreichend, ihm die Strafe des Gesetzes zuzuziehen. Daß es an heimlichen Verletzungen des Gebots nicht fehle, daß der Reiche sich in den Fastenstunden verbotene Genüsse erlaube und selbst Heuchelei sich zeige, dürfen wir mehren europäischen Beobachtern glauben. Zuweilen sieht man einen Moslem durch die Straßen schleichen und sich ängstlich umsehen, ob er beobachtet werde. Glaubt er sich sicher, so geht er um eine Ecke in eine von Christen bewohnte Straße. Wie gedankenlos geht er weiter, bis der Zufall ihn vor den Laden eines Pastetenbäckers führt. Aus bloßer Zerstreuung tritt er ein, aber er kauft nichts. Er betrachtet aus bloßer Neugier die leckern Dinge, die auf dem Ladentische ausgestellt sind, nimmt sie in die Hand, fragt nach Namen, Preis und Bestandtheilen. So vergehen bei dem Gespräche einige Minuten und allmälig kommt der Moslem an das Ende des Ladens und steht vor dem Eingange eines kleinen Gemaches, wo wie für einen erwarteten Gast Alles aufgestellt ist, was einen erschöpften Magen erquicken kann. Er tritt ein gedankenlos, ohne die mindeste Absicht, und gleichfalls ganz unabsichtlich dreht der Pastetenbäcker den Schlüssel um, sobald sein Kundmann in dem Gemache ist, und steckt ihn in die Tasche. Der schlaue Grieche hat vielleicht dringende Geschäfte, es vergeht fast eine Stunde, ehe er sich seiner Vergessenheit erinnert. Er denkt an seinen Gefangenen, der ein furchtbares Geschrei erhoben haben würde, wenn er nicht hätte fürchten müssen, in den ungerechten Verdacht einer absichtlichen Verletzung des Gebots zu fallen. Der Grieche öffnet die Thüre mit vielen Entschuldigungen, der Türke geht mürrisch hinaus und schilt den Pastetenbäcker, der aber bald, wenn er sich umsieht, wie durch Zauberkraft seine Pasteten in Piaster, seine Zuckerpflaumen in Zechinen verwandelt findet.

Manche bringen den größten Theil der Nacht während des Ramasans im Gebete zu, und die Moscheen sind daher immer offen und glänzend erleuchtet, die Meisten aber überlassen sich dann den üppigsten Genüssen. Alle Speisehäuser und Kaffeehäuser öffnen sich beim Anbruche der Nacht. Die Pfeifen werden angezündet und es regt sich wieder ein munteres Leben. Die Bazars sind erleuchtet, und nach genossener Mahlzeit sieht man Gruppen um einen wandernden Märchenerzähler unter offenem Himmel sich sammeln, und der ernste Türke, an seinem Nargeil (Wasserpfeife) nach langer Entbehrung sich labend, läßt oft lautes Gelächter und Beifallruf hören. Sobald der Sonnenuntergang verkündigt ist, wird in Familien eine Mahlzeit genossen, das Iftar, der eine halbe Stunde vor Sonnenaufgang eine andere folgt, das Imsah. In den Nächten des Ramasan gibt auch der Großvezier seine festlichen Gastmähler, zu welchen die Staatsbeamten eingeladen werden. Sie beginnen in der dritten Nacht des Monats, wo zuerst die Minister und die ersten Beamten der Pforte bewirthet werden, welchen dann bis zum fünfundzwanzigsten Tage die übrigen Beamten nach der Rangordnung folgen. Unsere Abbildung stellt das erste dieser Gastmähler dar, das in dem sogenannten Audienzsaale gegeben wird, wo die vornehmen Gäste an einem runden, vor einem Divan stehenden Tische sitzen. An einem zweiten Tische in einer andern Ecke des Saals sitzen drei Staatsbeamte von geringerm Range. Alle Gäste erhalten Uhren, goldene Dosen, Pelze, selbst Juwelen zum Geschenke, welche ihnen die Diener des Veziers im Namen ihres Gebieters überreichen.

Die Brüderschaft der weißen Büßenden.

Unsere Abbildung stellt eine Procession der sogenannten weißen Büßenden vor, welche zu Paris am grünen Donnerstage bei Fackelschein stattfand. Diese heilige Gesellschaft (confrérie) — denn ein Klosterorden im strengen Sinne war es nicht — hatte Heinrich III. in demselben Jahre gestiftet, obgleich damals die öffentliche Meinung sehr dagegen war und laut sich auf verschiedene Weise aussprach. Auf Veranlassung des Königs, der daran seine Freude hatte, waren ihm die ausgezeichnetsten und vornehmsten Personen des Hofes, des Parlaments und des höhern Bürgerstandes beigetreten, unter ihnen der Herzog von Guise und der Herzog von Mayenne, der König selbst war Großmeister des Ordens. Dieser war der heiligen Jungfrau gewidmet und in der Kirche der großen Augustiner ihm eine Kapelle eingerichtet. Die Tracht der Ordensbrüder war auffallend, fast wunderlich, wie der Leser auch auf der Abbildung bemerken kann. Sie bestand aus einer weißen Kutte von holländischer Leinwand, und über diese eine Art von Chorhemd, das aber zugleich als Kapuze den ganzen Kopf und das Gesicht bedeckte und nur zwei Öffnungen für die Augen hatte.

Über Blinde, Blindenunterricht und Blindenanstalten.
II. Von der Erziehung und dem Unterrichte der Blinden.
(Fortsetzung aus Nr. 177.)

Aus dem bisher über die Eigenthümlichkeiten der Blinden Gesagten geht hervor, daß der Unterricht und die Erziehung derselben eine sehr schwierige Aufgabe für einen Lehrer ist, und daß dabei, wie bei den Taubstummen, mancher andere Weg als die gewöhnlichen eingeschlagen werden muß, weil bei ihnen der Gebrauch des einen der Hauptorgane fehlt, durch welche der Seele Ideen und Kenntnisse zugeführt werden. Der Blinde bedarf deswegen mehr Sorgfalt, Warnung, Zurechtweisung und Unterricht, als ein sehendes Kind. Auch bei den besten Anlagen sind dem Blinden viele Gegenstände fremd, mit denen andere Kinder ganz unvermerkt, ohne alle Anleitung bekannt werden. Anscheinende Kleinigkeiten, besonders körperliche und mechanische Fertigkeiten, die das sehende Kind durch bloßes Zusehen lernt, werden bei dem Blinden oft der Gegenstand eines mühsamen Unterrichts, der viel Zeit und Geduld fodert.

Gleichwol stellt man sich die Erziehung und den Unterricht der Blinden gewöhnlich weit schwerer und mühsamer vor, als er wirklich ist, weil man gewohnt ist, viele Kenntnisse und Erfahrungen als bloße Resultate des Gesichtssinnes zu betrachten, da doch bei den meisten derselben auch die übrigen Sinne thätig sind, und jede sinnliche Anschauung erst durch ein hinzukommendes Urtheil des Verstandes zum deutlichen Bewußtsein wird. Auch bei dem Sehenden muß die äußere Anschauung zur innern werden, wenn sie für den Verstand fruchtbringend sein soll.

Der Blinde, im völligen Besitze der Verstandesfähigkeiten, entbehrt nur einen Theil des Erkenntnißvermögens, nämlich das Sinneswerkzeug des Auges, dessen Abgang er theils durch Anwendung der durch Übung sehr geschärften übrigen Sinne, theils durch größere Thätigkeit des Verstandes und der Phantasie ersetzt. Dadurch wird es ihm möglich, die ihn umgebende Nacht zu durchdringen, ein thätiges, nützliches und zufriedenes Leben zu führen, und sich Kenntnisse und Fertigkeiten zu erwerben, die ihm bei seinem Zustande die Bewunderung und Achtung Anderer, ihm selbst aber und seiner Familie Einkommen und Unterhalt verschaffen.

Die Geschichte liefert häufige Beispiele von Blinden, welche es bis zu einem solchen Grade nützlicher Thätigkeit und Brauchbarkeit gebracht haben. Fast jede Gegend enthält einen oder mehre Blinde, welche durch Kenntnisse, mechanische Fertigkeiten und andere auffallende Eigenschaften die Aufmerksamkeit Anderer auf sich ziehen.

Die Erziehung eines blinden Kindes muß früher beginnen, als man sie bei sehenden Kindern anzufangen pflegt, weil bei jenem der Nachahmungstrieb weniger wirken kann, durch den andere Kinder Vieles so unvermerkt lernen. Ein blindes Kind, welches durch sichtbare Gegenstände nicht angezogen und zerstreut wird, sehnt sich auch früher nach ernsthafter Beschäftigung und ist früher empfänglich für einen ordentlichen Unterricht. Erhält es diesen nicht und bleibt es sich selbst überlassen, so ergibt es sich leicht der Trägheit, wobei körperliche und geistige Kräfte erlahmen.

Sollte daher keine Gelegenheit vorhanden sein, einem blinden Kinde die seinem Zustande angemessene eigenthümliche Erziehung geben zu lassen, so versäume man doch nicht, dasselbe in eine gewöhnliche Schule zu schicken. Ohne daß der Lehrer eine besondere Mühe hat, wird das blinde Kind durch bloßes Zuhören sich vielerlei Kenntnisse sammeln, und es wird sich finden, daß manches dieser blinden Kinder durch Aufmerksamkeit, leichtes Auffassen und treues Behalten des Erlernten seinen sehenden Mitschülern zum Beispiel und Muster aufgestellt werden kann.

Die körperliche Bildung des Blinden ist der schwierigste und wichtigste Theil seiner Erziehung. Von ihr hängt selbst seine Geistesbildung ab, da eine Menge Kenntnisse, welche sich andere Menschen mittels der Augen, ohne Anwendung eines andern Sinnes verschaffen, für den Blinden nur durch einen mühsamen und künstlichen Gebrauch der Hände und anderer Theile des Körpers erreichbar sind, mithin eine ordentliche Anleitung und viele Übung verlangen. Selbst das Lesen, das bei Sehenden allein die Augen in Anspruch nimmt, muß bei dem Blinden ganz auf die Hände übertragen werden, und um schreiben zu lernen, muß er durch das Gefühl die Figur die einzelnen Buchstaben zuerst kennen lernen. Bei mechanischen Verrichtungen sind sogenannte Nebensachen, die keine körperliche Kraftanwendung fodern, sondern durch einen Augenblick im eigentlichen Sinne des Wortes abgethan werden, gar oft für den Blinden mit besondern Schwierigkeiten verbunden, und immer sind kleine Erfindungen nothwendig, um den Mangel des Gesichts durch ein auf einen andern Sinn berechnetes Hülfsmittel zu ersetzen.

Das Gehör fodert wie das Gesicht weniger äußere Selbstthätigkeit als der Tastsinn, daher wird das blinde Kind zuerst für das Hörbare empfänglich. Alle seine Unterhaltungen und Spiele, selbst sein Lernen, setzt es damit in Verbindung. Während es Zählen und Namen lernt, klatscht es sich oder Andern dabei nach einem gewissen Takte in die Hände. Bald genügen ihm einzelne Töne nicht mehr, es lauscht begierig auf Gesang und Musik und macht selbst Versuche darin. So erwacht und bildet sich nach und nach jenes scharfe und feine Gehör, wodurch sich die meisten Blinden auszeichnen, und was ihnen das Lernen und die Ausübung der Musik so sehr erleichtert.

Das feine Gehör des Blinden kann auch im gemeinen Leben zu seinem Vortheil angewendet werden. Er lernt durch den verschiedenen Laut, welchen Metalle und andere Gegenstände beim Anschlagen geben, diese Gegenstände selbst kennen, oder nach der Stärke des Schalls die Entfernung schätzen.

Bei der starken Anspannung der Nerven, die der Zustand des Blinden erzeugt, ist es natürlich, daß ein sehr nahes und unvermuthetes starkes Geräusch dem Blinden ein augenblickliches Schrecken verursachen, oder wenn er noch Kind ist, ihn mit Furcht und Abscheu erfüllen kann. Dies ist der Fall bei einigen blinden Kindern, wenn sie in der Nähe trommeln oder Thiere stark schreien hören.

Wie bei sehenden Kindern der Gesichtssinn Veranlassung wird, sie über die Eigenschaften der Gegenstände, die sie eben vor Augen haben, zu belehren, so muß bei dem Blinden jeder zufällig oder vorsätzlich erzeugte Laut oder jedes Geräusch dazu benutzt werden, die Art der Entstehung und die Eigenschaft des Körpers, welcher den Schall veranlaßt hat, zu erklären. Der Erzieher darf keine Gelegenheit versäumen, den Zögling dabei zu unterrichten.

Man thut sehr unrecht, wenn man blinde Kinder aus Furcht, daß sie sich beschädigen möchten, in diesem Alter unnatürlichen Ruhigsein und Stillsitzen veranlaßt, was ihrer Gesundheit und ihrer Bildung gleich nachtheilig ist. Vielmehr mache man sie frühzeitig mit den Hülfsmitteln bekannt, wodurch sie sich beim Gehen zurechtfinden und vor Schaden bewahren können. Statt ihrer gewöhnlichen kreisförmigen Bewegungen veranlasse man sie, an den Wänden, an freistehenden Tischen, Geländern oder aufgespannten Seilen fortzugehen, und so zu einem bestimmten Gegenstande zu gelangen. Die Natur lehrt sie selbst bei ihrem Umhergehen die Hände von sich zu strecken, Kopf und Gesicht etwas zurückzuhalten und kleine Schritte zu machen. Statt sie immer zu führen oder zu tragen, lasse man sie Alles selbst aufsuchen und weise sie mündlich zurecht.

Man mache sie früh mit der rechten und linken Hand bekannt, dabei sie sich nur nach einer Seite bewegen dürfen, ohne sich umzudrehen. Man lehre sie die Hülfe des Gehörs benutzen, z. B. einen hinabgefallenen oder fortrollenden Gegenstand zu finden, sich Andern nach Rufen oder leisem Klopfen zu nähern. Selten werden sie empfindlich anstoßen, weil sich ihnen die Nähe eines Gegenstandes durch das Hallen der Stimme und den Druck der Luft mittelst ihrer feinen Sinne ankündigt.

Während dieses freien Umhergehens in ihrer Wohnung kommen ihnen viele Gegenstände unter die Hände. Man lehre sie durch fleißiges und geschicktes Betasten sich mit der Gestalt eines solchen Gegenstandes bekannt zu machen. Blinde Kinder lernen durch ihr Befühlen gewöhnlich nur die größere oder geringere Glätte einer Oberfläche kennen. Man lehre sie alle Flächen, Ecken, Winkel und die Verbindung der einzelnen Theile, aus welchen ein Gegenstand, z. B. ein Kasten, ein Tisch, ein Stuhl besteht, durch genaues Betasten kennen, damit sie eine so deutliche Idee von dem Umrisse und der äußern Form bekommen, daß sie eben diesen oder einen ihm ähnlichen Gegenstand jedesmal sogleich wieder erkennen. Dabei darf nicht versäumt werden, dem blinden Kinde die seinem Alter und seinen Kräften angemessenen gewöhnlichen Verrichtungen, z. B. beim An- und Auskleiden, beim Essen zu lehren und es mit dem Gebrauche der dazu erforderlichen einfachen Werkzeuge bekannt zu machen.

Auf diese Art lernt ein blindes Kind jene kleinen

täglichen Verrichtungen, welche sehenden Kindern niemals gelehrt werden, weil sie es Andern absehen und nachahmen, wie z. B. ein Band binden, sich waschen, anziehen, ein Kleidungsstück, ein Halstuch zusammenlegen u. s. w. Es ist für die fernere Bildung des Blinden von der äußersten Wichtigkeit, daß diese gewöhnlichen Fertigkeiten und Handgriffe demselben so früh als möglich beigebracht und geläufig gemacht werden, weil die aus dem Gegentheil entstehende Unbehülflichkeit auf Körper und Geist so nachtheilig wirkt, daß das Versäumte mit doppelter Mühe in langer Zeit nicht eingeholt werden kann.

Ebenso wichtig ist es, auf den Blinden von Jugend auf aufmerksam zu sein, damit er sich keine üble Geberden, Gesichtsverzerrungen oder unschickliche Bewegungen und Gesticulationen des Körpers angewöhne, und man versäume nicht, ihn deshalb fleißig zu ermahnen. Man belehre ihn über Das, was erfoderlich ist, um sein körperliches Benehmen nach den eingeführten Gebräuchen einzurichten, und ersetze ihm auf diese Art durch Unterricht und Übung den beinahe einzigen Lehrmeister der Sehenden in solchen Dingen, nämlich die Nachahmung Anderer. Ferner hat man ihm Das beizubringen, was Sittlichkeit und Anstand erfodern.

Die Kleidung des Blinden muß nach seinem Zustande eingerichtet sein, so einfach als möglich, mit Vermeidung alles Dessen, was den Spiegel beim Anzuge erfodert oder leicht beschmutzt werden kann.

Der Zweck des Blindenunterrichts ist Verbesserung der geistigen und bürgerlichen Lage der Blinden durch Anleitung zu geistiger, musikalischer und gewerblicher Selbstthätigkeit. Niemand, welcher die Eigenthümlichkeiten der Blinden kennt, wird jedoch verlangen, daß der Blinde seinem sehenden Mitbruder in diesen drei Beziehungen gleichgestellt werde, da der Blinde in den Hülfsmitteln zu diesem Unterrichte beiweitem mehr beschränkt ist als die meisten Unglücklichen und er bei der Benutzung der ihm verliehenen Mittel fortwährend auf die menschenfreundliche Unterstützung der Sehenden rechnen muß.

(Die Fortsetzung folgt in Nr. 181.)

Hogarth's Werke.

11. Der Ausmarsch der Truppen nach Finchley.

Finchley ist ein Flecken, 2½ Meile von London, welchen die 1745 gegen das aus Schottland vorgedrungene Heer des Prinzen Karl Eduard Stuart ausrückenden Regimenter passiren mußten. Auf diesen Ausmarsch, auf welchen auch das berühmte englische Nationallied: God save the king, gedichtet sein soll, bezieht sich das vorliegende geistvolle und satirische Gemälde Hogarth's. Er hatte hier ein unerschöpfliches Feld, seine Kenntniß der menschlichen Natur zu zeigen, und wir wollen den Leser mit den Details dieses ausgezeichneten Bildes etwas näher bekannt machen.

Links im Vordergrunde sehen wir eine jener rührenden Abschiedsscenen, die einen Truppenausmarsch öfters zu begleiten pflegen. Es ist ein Tambour außer Reihe und Glied, der von seiner nicht eben allzu liebenswürdigen Frau und seinem Söhnchen am Achselband zurückgehalten wird. Man sieht aus der Gleichgültigkeit, womit dieser abschiednehmende Ehegatte fortfährt, eine Trommel zu rühren, daß ihm der bewegliche Auftritt nicht sonderlich nahe geht. Dicht neben ihm steht ein kleiner, allerliebster Querpfeifer, der die Scene auch seinerseits lächerlich zu machen scheint. In der Mitte des Blattes ist eine ähnliche Abschiedsscene, nur mannichfaltiger; auch scheint bei dem einen Theile mehr wahre Empfindung zu herrschen. Ein hoher und schöngewachsener Grenadier sieht sich in dem Augenblicke, wo er im Begriff steht, für das Vaterland zu streiten, wie Hercules am Scheidewege in einer unangenehmen Alternative. An seinem rechten Arme führt er seine Geliebte, die eine Ursache hat, ihn nicht zu verlassen und zu vergessen. Sie hat an dem rechten Arme ein Körbchen hängen, worin das Bild des Herzogs von Cumberland, des Heerführers, und das Lied: God save the king, mit deren Verkauf sie sich jetzt kümmerlich nährt, liegen. Durch diese Waare werden des Mädchens Patriotismus und Religionspartei angedeutet. Zur Linken des Grenadiers erscheint eine weniger einladende Gestalt, ist dies seine früher verlassene Geliebte, die nun ihrerseits ebenfalls Ansprüche an den Abschiednehmenden zu machen scheint. Unter ihrem Arme trägt sie ebenfalls allerlei Blätter, die Zeugen ihrer Gesinnung sind; in der Rechten aber schwingt sie hoch empor ein damals berüchtigtes Journal, das den Titel: „Der Denkzettel", führt, mit welchem sie hier auf den ungetreuen Geliebten loszuschlägt. Dieses Verfahren scheint einen nicht mehr ganz nüchternen Sergeanten, der Zeuge davon ist, zu empören, er eilt, den gequälten Grenadier zu rächen, mit einer Hellebarte herbei, die er bereits geschwungen hat, und welche nicht allzu sanft auf das Weib niederfallen wird.

Gleich hinter dieser Scene zur Rechten umarmt ein Soldat ein Milchmädchen. Ob es eine neue Verbindung ist oder der letzte Riß kurz vor der langen Trennung, ist nicht zu ermitteln. Auf ihren Schultern sieht man das Joch, woran sie die Eimer trägt. Die vorübergehende Blindheit des Soldaten und seiner Geliebten macht sich ein schlauer Kerl zu Nutze und gießt sich den Hut voll Milch. Indem dieser Milchraub vorgeht, kommt ein Pastetenbäcker mit seiner Waare auf dem Kopfe des Weges, und ein Unterofficier, der mit der einen Hand auf diese Scene hindeutet, um den Pastetenbäcker darauf aufmerksam zu machen, raubt ihm mit der andern eine seiner Pastetchen. Dieser Pastetenbäcker ist einer der lebendigsten und ausdrucksvollsten Köpfe, welche man sehen kann. Es ist unmöglich, diesen Mund, der weit genug geschlitzt ist, um eine Pastete auf einmal aufzunehmen, hier aber sich bloß auseinander dehnt, um Freude und Wohlbehagen auszudrücken, anzusehen, ohne selbst mitzulächeln. Wer in aller Welt würde einem solchen Gesichte keine Pasteten abkaufen! Allein bei alle dem scheint er ein loser Vogel zu sein und mit der Hand andeuten zu wollen, daß man den Milchdieb nicht stören solle, während er doch unmittelbar in demselben Augenblick selbst bestohlen wird. Noch verdient der kleine Schornsteinfegerjunge bemerkt zu werden, der mit ironischem Lächeln den Milchdieb auch um seine Mütze voll bittet.

Die Gruppe der Figuren im Vordergrunde zur Rechten gehört zusammen. Auf der Erde liegt ein Soldat, der in eine der Wunden, die er erst auf dem Felde der Ehre zu empfangen hofft, zu viel Branntwein gegossen hat. Er sieht sich also genöthigt, nachdem er bereits eine seiner Camaschen verloren hat und die andere nächstens verlieren wird, sein Privatlager schon innerhalb der Stadt unweit einer Mistpfütze aufzuschlagen. Mit dem obern Theile seines ziemlich schweren Körpers hält er vor der Hand noch das Ufer besetzt, da hingegen die Beine, besonders das rechte, sich schon innerhalb des kleinen grünen Sees befinden. In dieser Noth versucht einer seiner Kameraden, ihm Wasser einzugießen; allein die gutmüthig dargereichte Arznei gelangt nicht an den Ort ihrer Bestimmung, sondern verschüttet sich auf die Patrontasche, da der ungeduldige Patient den schwachen Trank unwillig zurückschiebt und dafür lieber nach einem Glas Branntwein greift, das ihm eine mitleidige Frau geben will. Zur Linken des knieenden Arztes sieht man einen treuen, nur heute für den Ruhm des Vaterlandes etwas zu betrunkenen Soldaten. Er schreitet mit lahmer Gravität umher und durchschneidet mit seinem Bayonnet die Luft. Nicht weit von ihm hat ein anderer Soldat ein Faß mit Branntwein angebohrt, woraus er seine Feldflasche vollzapft.

Außerdem ist dieses Blatt noch mit einer Menge von Nebengeschichtchen ausstaffirt, worunter sich auch eine Vorscene befindet. Die beiden Ortschaften, welche man in der Ferne liegen sieht, sind die schönen Dörfer Highgate und Hampstead.

Dieser Kupferstich machte zu seiner Zeit ein so außerordentliches Aufsehen in England, daß man die Einnahme, die Hogarth von demselben und dem Gemälde hatte, auf wenigstens 8000 Thaler schätzen kann.

Der Ausmarsch der Truppen nach Finchley.

Verantwortliche Herausgeber: Friedrich Brockhaus in Leipzig und Dr. C. Dräxler-Manfred in Wien.
Verlag von F. A. Brockhaus in Leipzig.

Das Pfennig-Magazin

der Gesellschaft zur Verbreitung gemeinnütziger Kenntnisse.

181.]   Erscheint jeden Sonnabend.   [September 17, 1836.

Der Sinai.

Die Halbinsel, welche das arabische Meer an seinem nördlichen Ende mit zwei Armen, den Meerbusen von Akaba und Suez, umfaßt, bildet einen Theil des steinigen Arabiens, das aus nackten Felsen und schroffen Klippen besteht, welche von engen Schluchten und sandigen Thälern durchschnitten sind. Man sieht hier nur solche Pflanzen, die in trockenem Sandboden gedeihen, oder in Felsenspalten Nahrung finden, oder in den dünnen Thonschichten, die hier und da den Boden durchziehen. Selten fällt Regen in dieser Wildniß, und wo man Quellen findet, ist das Wasser salzig oder schwefelhaltig, doch nicht ungesund. In der Mitte dieser Halbinsel erhebt sich die Gruppe der Sinaiberge, deren oberer, fast ganz aus Granit bestehender Kern eine kreisförmige Felsenwildniß bildet, die von vielen engen Thälern durchzogen ist, deren eines unsere Abbildung Seite 300 zeigt. Die spitzigen Gipfel und die steilen Abhänge dieser höchsten Bergrücken der Halbinsel zeichnen sich vor allen andern Theilen des Landes aus. Hier findet man die Thäler, welche Fruchtbäume hervorbringen, meist auf der südlichen und südwestlichen Seite des Sinaiklosters. Auch fließen hier reichliche Quellen, und daher ist diese Gegend die Zuflucht der Beduinen, wenn das niedrige Land an Dürre leidet. Wahrscheinlich war dieses Hochland die in der Geschichte der Wanderungen der Israeliten so oft erwähnte eigentliche Wüste Sinai, wiewol es sich kaum bestimmen läßt, welche der verschiedenen Höhen dieser Bergkette der Horeb und der Sinai sind. Die Überlieferung gibt diese Namen zwei benachbarten Höhen oder vielmehr einem Berge mit zwei Gipfeln, dem Mosesberge (Dschibel Muse) und dem Katharinenberge (Dschibel Katarin), und in jenem findet man den Sinai, in diesem den Horeb, wiewol Andere grade umgekehrt diese Namen beilegen.

Eine andere westliche Höhe mit fünf Gipfeln, der Berg Serbal genannt, scheint man in frühern Zeiten für den Mosesberg gehalten zu haben, und der deutsche Reisende Burckhardt fand hier bedeutende Überreste eines großen Gebäudes, Granitblöcke mit Inschriften, Stücke von großen Steinblöcken am Abhange und kleine Höhlen, wo einige Menschen Obdach finden konnten. Burckhardt schließt aus diesen Umständen, daß der Serbal einst das Hauptziel der Pilgerfahrten in der arabischen Halbinsel gewesen sei und für den Berg gegolten habe, wo Moses die Gesetztafeln empfangen, wiewol er den Mosesberg oder den Katharinenberg für den wahren Horeb hält.

Am Fuße des Gipfels des Katharinenberges liegt das berühmte, der heiligen Katharina geweihte Kloster, von welchem die Bergspitze den Namen erhalten hat. Hinter den Mauern des Klosters führen zu dem Gipfel des Mosesberges oder Sinai regelmäßige, in den Felsen gehauene Stufen, die nur durch die winterlichen Gießbäche sehr zerrissen worden sind. Ist man etwa eine Stunde aufwärts gestiegen, so kommt man auf eine kleine Hochebene, in welche man durch einen früher wahrscheinlich verschlossenen Thorweg tritt, den wir auf unserer Abbildung Seite 297 sehen. Nicht weit davon liegt zwischen den Felsen eine kleine, der heiligen Jungfrau gewidmete Kapelle, auf der Ebene selbst aber ein größeres Gebäude, dem Propheten Elias geweiht, in welchem nur zu gewissen Zeiten Messe gelesen wird. Die Pilger verweilen gewöhnlich auf dieser Stelle, wo an einem Teiche, der den Winterregen aufnimmt, eine große Cypresse steht. Hier stand, nach der Meinung der Araber, Moses vor Gott. Ein steiler Pfad führt nun zum Gipfel, dessen Fläche gegen 60 Schritte im Umfange hat. Auf dem höchsten Punkte steht eine Kapelle, das Ziel der frommen Pilger. Sie ist von Granit, hat aber sehr durch die Araber gelitten, welche in dem Glauben, daß die Gesetztafeln unter dem Gebäude liegen, von allen Seiten Ausgrabungen gemacht haben, um sie zu finden. Die Mohammedaner haben hier nur eine kleine, schmucklose Moschee, nicht weit von der Kapelle, auf einem niedrigen Gipfel. Die Beduinen besuchen oft diesen Ort und schlachten ein Schaf zu Ehren des jüdischen Gesetzgebers. In einem Felsen auf dem Wege von der Eliaskirche zu dem Gipfel zeigen sie eine Fußspur, die Mohammed eingedrückt haben soll, als er den Sinai besuchte. Der Katharinenberg ist höher als der Mosesberg und erscheint großartiger. Das Ersteigen des Gipfels ist sehr beschwerlich, wird aber durch die reiche Aussicht belohnt, welche die Meerbusen von Akaba und Suez umfaßt. Auch dieser Gipfel endigt in einer scharfen, schwer ersteiglichen Felsenspitze, ein ungeheurer Granitblock, der eine kleine Kapelle trägt, auf der Stelle, wo man den Leichnam der heiligen Katharina gefunden haben soll. Zwischen den Gipfeln Sinai und Horeb liegt das kleine Kloster El Erbain, ein Rastort der Pilger bei dem Herabsteigen von den Bergen, in dem engen, aber anmuthigen Thale El Ledscha, wo man unter andern Gegenständen der Verehrung den Felsen zeigt, aus welchem Moses durch die Berührung mit seinem Stabe einen frischen Quell hervorrief. Man sieht mehre Öffnungen in dem Felsen, von welchen die meisten offenbar eingehauen, einige aber natürlich sind. Die Beduinen stecken Gras in diese Spalten als Opfer, die sie dem Andenken des jüdischen Gesetzgebers weihen, wie sie die Gräber ihrer Heiligen mit Gras, für sie die köstlichste Gabe der Natur, zu bedecken pflegen. Auch bringen sie ihre Kameelstuten hierher, und während sie einige Gebete sprechen und das Gras in den Spalten erneuern, lassen sie die Thiere knieen, in dem Glauben, sie dadurch fruchtbar und milchreich zu machen.

Nach zurückgelegter Wanderung verweilen die christlichen Pilger in dem großen Katharinenkloster. Es liegt auf einem Vorsprunge, auf der Stelle, wo sich der Berg in die beiden Gipfel zu theilen beginnt, welchen man die Namen Sinai und Horeb gegeben hat. Nach der Überlieferung baute die Mutter Konstantin's des Großen, die Kaiserin Helena, deren frommer Gesinnung so viele kirchliche Gebäude auf dem Schauplatze der heiligen Geschichte*) zugeschrieben werden, eine kleine Kapelle auf der Stelle, wo Moses vor dem brennenden Busche die Weihe zu seiner großen Sendung empfing. Diese Kapelle zog viele Andächtige und Mönche auf den Berg und es wurden im 5. Jahrhunderte mehre kleine Klöster in verschiedenen Theilen der Halbinsel Sinai erbaut. Die Mönche und Einsiedler aber, die sich hier niedergelassen hatten, wurden von den umwohnenden Beduinen so sehr belästigt, daß sie den Kaiser Justinian baten, ihnen ein befestigtes Kloster zu bauen, welches sie gegen ihre Unterdrücker schützen könnte. Justinian schickte Werkleute von Konstantinopel und Alexandria mit dem Auftrage, ein Kloster auf dem Gipfel des Mosesberges zu erbauen, da es aber auf diesem hohen Punkte eine sehr unangenehme Lage gehabt haben würde und überdies Wasser hier fehlte, so wählten die Werkleute die passendere Stelle am Fuße des Gipfels. Nach der Vollendung des Baues schickte Justinian einige Sklaven von der Küste des schwarzen Meeres, welche den Mönchen dienen sollten und sich mit ihren Familien in den nachbarlichen Thälern niederließen. Einige Jahre später, erzählt die Sage, wurden die Gebeine der heiligen Katharina, die in Alexandria den Märtyrertod erlitten hatte, auf dem Gipfel entdeckt und in die Kirche des neuen Klosters gebracht, deren Ruf dadurch unter den Griechen noch höher stieg. Die Mönche glauben, daß Mohammed auf einer seiner Wanderungen in ihrem Kloster verweilt und aus Ehrfurcht gegen den Mosesberg ihm einen Schutzbrief gegeben habe, um ihm die Ehrfurcht seiner Nachfolger zu sichern. Sein Schwiegersohn Ali soll die Urkunde geschrieben und Mohammed, des Schreibens unkundig, seine mit Tinte geschwärzte Hand auf das Pergament gedruckt haben. Die Urkunde ward, erzählt die Überlieferung weiter, in dem Kloster aufbewahrt, bis Sultan Selim I. 1517 Ägypten eroberte, und als er von dem kostbaren Denkmale hörte, es abholen und in die kaiserliche Schatzkammer zu Konstantinopel bringen ließ, wogegen er den Mönchen eine durch Namenszug beglaubigte Abschrift derselben schickte. Diese Abschrift befindet sich noch in dem Kloster, soll aber nach Burckhardt, der sie las, unecht sein. Es war natürlich, daß die Mönche diese Sage zu verbreiten bemüht waren, um sich auch dadurch einen Schutz gegen ihre lästigen Nachbarn zu verschaffen.

Trotz den Schwierigkeiten, welche die kriegerischen und schwärmerischen Anhänger des neuen Glaubens ihnen entgegensetzten, wurde doch ihr Kloster durch die Festigkeit seiner Mauern, durch die Milde und Geduld seiner Bewohner und durch klug ausgetheilte Geldgeschenke gegen Angriffe und Beschädigungen geschützt.

---

*) Vergl. Reise nach Palästina, Pfennig-Magazin 1835, Nr. 125—139.

Die Klosterbewohner wurden, wie die Überlieferung sagt, für die Sicherheit der Pilgerkaravanen von Kahira nach Mekka auf dem Wege durch die Sinaihalbinsel verantwortlich gemacht, und um diese Pflicht zu erfüllen, luden sie mehre Beduinenstämme ein, sich in den fruchtbaren Thälern des Gebirges anzusiedeln und die Straße zu beschützen; die Araber aber kamen in so großer Anzahl und ihre Macht stieg so sehr auf der Halbinsel, daß die Mönche allmälig auf ihr Kloster beschränkt wurden.

Ein Theil des Klosters liegt in dem engen Thale am westlichen Abhange, und es ist nur ein Raum von 20 Schritten zwischen den Mauern und der östlichen Bergwand. Auf der Nordseite nach der Straße von Kahira ist das Thal offen, auf der Südseite aber durch einen andern Berg geschlossen. Das Gebäude ist ein unregelmäßiges Viereck, gegen 130 Schritte auf jeder Seite lang, von einer hohen und festen Mauer eingeschlossen, die mehre kleine Thürme schützen. Es hat 8—10 kleine Höfe, von welchen einige in Blumen- und Gemüsebeete abgetheilt, einige mit Dattelbäumen und Cypressen und mit vielen Reben bepflanzt sind. Das Innere, wegen der abhängigen Lage des Gebäudes sehr unregelmäßig, enthält gegen 300 kleine Zellen, von welchen aber nur wenige bewohnt sind, und ist ungemein reinlich und freundlich. Das Hauptgebäude ist die große Kirche, von Justinian gegründet, aber später vielfach verändert. Eine doppelte Reihe schöner Granitsäulen trägt die Decke. Der Altar ist noch ganz aus der Zeit Justinian's. In der Decke sieht man sein und seiner Gemahlin Bildniß und eine Darstellung der Verklärung des Heilandes, welcher die Kirche ursprünglich geweiht war. Die Umgebungen des Altars sind reich mit silbernen Lampen und Gemälden geziert. Auch sieht man den silbernen Deckel eines Sarkophages mit dem Bildnisse der Kaiserin Anna von Rußland, welche die Absicht hatte, sich in der Kirche des Klosters begraben zu lassen. In einer kleinen an die Kirche gebauten Kapelle zeigt man die Stelle, wo der brennende Busch gestanden haben soll. Außer der großen Kirche sind noch 27 Kirchen und Kapellen in dem Kloster vertheilt und in vielen wird täglich, in allen an jedem Sonntage Messe gelesen. Das Kloster gleicht darin der Kirche des heiligen Grabes zu Jerusalem, daß alle Hauptparteien der Christen, die Protestanten ausgenommen, hier eigne Kapellen haben, von welchen aber die meisten verlassen sind. Neben der großen Kirche steht eine Moschee, die 200 Personen faßt und, wie die Mönche sagen, erbaut ward, um die Zerstörung ihres Klosters zu verhüten. Sie wird von den Beduinen in Ordnung gehalten, die sich hier am Freitage zum Gebete versammeln, und zuweilen von mohammedanischen Pilgern besucht.

Das Kloster wird durch zwei tiefe Brunnen reichlich mit Wasser versorgt und hat überdies eine Cisterne für Regenwasser. Auf diese Weise können die Mönche nicht in den Fall kommen, die Wundergabe zu zeigen, welche die Beduinen ihnen zuschreiben, die glauben, daß der Regen von Moses abhänge, und daß die Mönche im Besitze eines von ihm gesendeten Buches, genannt Taourat, seien, dessen Öffnung oder Verschließung ihrer Halbinsel Regen oder Dürre bringe. Die Araber wallfahrteten bei Wassermangel in großen Schaaren zu dem Mosesberge, um Regen zu erflehen, und wenn Regen kam, schrieben sie den glücklichen Erfolg der Fürbitte der Mönche zu. Sie zogen aber daraus den Schluß, daß die Mönche, wenn sie Regen bringen könnten, auch die Macht hätten, ihn abzuhalten, fanden daher die Ursache einer anhaltenden Dürre in einer Böswilligkeit der Klosterbrüder, und versammelten sich oft vor dem Kloster, um sie zu zwingen, auf dem Berge zu beten. Vor mehren Jahren erfolgte nach einem solchen Vorfalle ein so reichlicher Regen, daß viele Dattelbäume entwurzelt wurden, und ein Beduine, der Kameele und Schafe durch einen überschwemmten Bach verloren hatte, kam wüthend an und rief: Ihr habt das Buch zu weit geöffnet, wir werden Alle ertrinken.

Keine der Kirchen des Klosters hat einen Glockenthurm, doch gibt es eine Glocke, die aber nur an Sonntagen gebraucht wird, an den andern Tagen werden die Mönche zum Morgengebete durch Schläge auf eine aufgehängte Granittafel, zum Abendgebete durch Klopfen auf ein Bret gerufen; ein gewöhnlicher Gebrauch in den morgenländischen Klöstern, da den Christen verboten ist, Glocken zu haben. Das Kloster hat einen Prior und ungefähr 30 Mönche. Der im ganzen Morgenlande verbreitete Orden der Sinaimönche steht unter einem Erzbischof, der von den Abgeordneten des Sinaiklosters und des Klosters zu Kahira gewählt wird. Das Sinaikloster hat ansehnliche Besitzungen in mehren Gegenden des Morgenlandes, besonders im griechischen Inselmeere und in Kandia. Auch hat es zwei Kirchen in Indien, eine in Kalkutta, die andere in Surate. Die meisten Mönche in dem Sinaikloster sind aus den griechischen Inseln und kehren gewöhnlich nach einem Aufenthalte von vier bis fünf Jahren in ihre Heimat zurück. Nur Wenige verstehen Arabisch, Wenige können selbst das Neugriechische geläufig lesen, außer in ihren Gebetbüchern.

Das Kloster wird jetzt selten von Fremden besucht, noch im 18. Jahrhunderte aber kamen jährlich regelmäßige Pilgerkaravanen von Kahira und Jerusalem, meist Armenier und Kopten. Jeder Fremde wird gastfrei empfangen. Bei seiner Ankunft muß er vor dem vermauerten Thore den Wärter herausrufen, der dann ein Seil herabläßt, an welches der Empfehlungsbrief gebunden wird. Genügt die Empfehlung dem Prior, so wird ein anderes Seil mit einem am Ende befindlichen Querholze aus einem 43 Fuß hohen Fenster herabgelassen, um den Gast heraufzuziehen.

Die Lebensweise der Mönche ist sehr streng. Sie müssen zweimal an jedem Tage und zweimal in jeder Nacht eine Messe hören. Fleischspeisen dürfen sie nie genießen. Brot und Pflanzenkost sind ihre Hauptnahrung. Ihre Gemüse erhalten sie aus ihrem an das Kloster stoßenden Garten, zu welchem ein unterirdischer Gang führt, doch wird dieser Garten selten von den Mönchen besucht, da er, obgleich von hohen Mauern eingeschlossen, doch den Beduinen nicht unzugänglich ist, welche häufig die Früchte plündern, die sie dann oft wieder an die Beraubten verkaufen. Jeder Mönch versteht ein Handwerk, wodurch das Kloster in frühern Zeiten, als es noch zahlreiche Bewohner hatte, von Ägypten sich unabhängig machte. Bis 1760 wohnte der Erzbischof in dem Kloster, seitdem aber wählte er einen andern Wohnsitz, da seine Gegenwart die Beduinen zu drückenden Foderungen veranlassen würde, besonders bei seinem Einzuge, wo jeder Scheik mit ihm in das geöffnete Thor zu ziehen berechtigt wäre. Nach dem Herkommen erhält jeder Beduine, der das Kloster besucht, Mann, Weib oder Kind, Brot zum Frühstück und Abendessen, das an einem Seile hinabgelassen wird, da keiner, ausgenommen die Klosterdiener, Zutritt erhält. Zum Glück ist in der unmittelbaren Nähe des Klosters keine gute Weide, daher die Araber immer in einiger Entfernung gelagert sind. Kaum vergeht jedoch ein Tag, ohne daß die Mönche für 30—40 Menschen

Felsenwildniß auf dem Sinai.

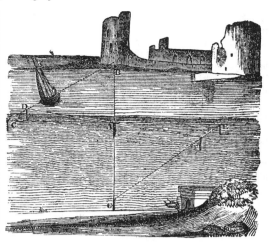

Brot schaffen müssen. Kommt ein Scheik, so erhält er außer Brot auch Kaffee, Zucker, Bohnen, Seife und zuweilen ein Handtuch, Arznei oder Kleidungsstücke. Dazu kommen noch jährliche Geschenke an entfernte Stämme, welche die zu dem Berge ziehenden Pilger zu beschützen und die dem Kloster bestimmten Vorräthe zu geleiten sich verpflichtet haben. Trotz allen Erpressungen aber, welchen die Mönche ausgesetzt sind, sehen sie doch auf der andern Seite die Vortheile, die ihnen die guten Züge des Charakters der Beduinen, ihre Treue und ihre Versöhnlichkeit, gewähren, und wissen sehr wohl, daß ihr Kloster längst verödet sein würde, wenn es, statt Beduinen zu Nachbarn zu haben, in den Wirbel der Revolutionen Ägyptens und Syriens wäre gerissen worden.

Elektricität der Tuberose.

Man hat bemerkt, daß die Tuberose, die nach Sonnenuntergang sehr stark riecht, an schwülen Abenden nach einem Gewitter, wenn die Luft viel Elektricität hatte, einen dunkelgelben Funken ausstrahlte, besonders wenn die Blumen etwas welk waren.

Über Messungen von Höhen und Entfernungen.

Obgleich die Höhenmessung von Thürmen, Pyramiden, Pfeilern und andern hohen Punkten, besonders wenn sie mit völliger Genauigkeit statt finden soll, eine große Sachkenntniß und einen bedeutenden Aufwand von Instrumenten voraussetzt, so gibt es doch auch einige einfachere Methoden, mit ziemlicher Richtigkeit die Höhe eines Gebäudes oder die Entfernung irgend eines nicht leicht zugänglichen Platzes zu bestimmen.

Wenn der Gegenstand der Entfernung, von welcher wir gewiß sein wollen, etwa ein Gebäude ist auf den entgegengesetzten Ufer eines Flusses, so nimmt man sechs Stecken, jeden ungefähr zu vier Fuß Länge, und verfährt damit wie folgt: Zuerst pflanzt man einen Stecken bei dem Punkte A in kurzer Entfernung von dem Ufer, und dem Gebäude so nahe als möglich entgegengesetzt. Sodann nimmt man einen andern Punkt C, zur linken von A, und pflanzt dort ebenfalls einen Stecken, in derselben Entfernung von dem Ufer wie bei A. Noch näher beim Ufer und in einer Linie mit C und dem Gebäude stellt man einen dritten Stecken bei D, sodann geht man rückwärts von A, behält A und D in einer Linie und stellt einen vierten Stecken bei F in derselben Entfernung von A, wie A von D. Ein Gleiches thut man in Bezug auf AC und stellt einen Stecken bei E. Wenn nun der letzte Stecken bei dem Punkte G gepflanzt ist, und zwar in solcher Richtung, daß man A und B in einer Linie behält, und F und E in einer andern, so wird die Entfernung zwischen G und A derjenigen zwischen A und dem Gegenstande gleich sein. Um die Höhe eines Gegenstandes, eines Gebäudes, Baues u. s. w. zu messen, dessen Basis zugänglich ist, kann man auf zweifache Weise verfahren. Die folgende ist sehr einfach, kann jedoch nur in Anwendung kommen, wenn die Sonne scheint und wenn der Gegenstand sich zwischen der Sonne und dem Beobachter befindet: Man pflanzt in den Boden in völlig perpendikularer Richtung einen Stecken A von beliebiger Höhe, angenommen zu drei Fuß, und thut dies in solcher Entfernung von der Basis des Obelisken, daß der Schatten des Obelisken grade über die Spitze des Steckens bei S geht und den Boden erreicht bei dem Punkt O. Mißt man nun die Ent-

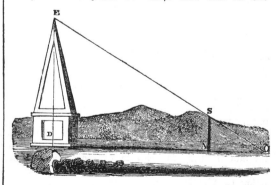

fernung von A bis zur Basis des Gegenstandes bei D, so wird OA dieselbe Proportion zu der Höhe des Steckens haben, wie AD zu der Höhe des Thurmes hat, sodaß also, wenn OA gleich ist fünf Fuß und der Stecken drei Fuß, mithin die Entfernung AD gleich 50 Fuß ist, die Höhe des Gegenstandes selbst zu 30 F. angenommen werden muß. Wird jedoch die Sonnenhelle durch Wolken verdunkelt, sodaß man diese Methode nicht immer anwenden kann, so kann derselbe Zweck auf eben so leichte Weise durch Anwendung des folgenden einfachen Instruments erreicht werden: Man macht sich ein dünnes Stückchen Holz oder Bretchen in der Form zurecht, wie die beigegebene Figur zeigt. AB und BC seien neun Zoll lang, D ist ein kleines Bleiloth, das an einem Faden herabhängt. Diesen Triangel halte man zwischen den Thurm und sich, sodaß die Lothlinie fortwährend der Seite BC parallel, d. h. perpendikular zu dem Horizonte bleibt. Dann nähere man sich entweder oder gehe zurück von dem Thurm, bis eine von dem Auge ausgehende Linie längs der Seite AC des Triangels, wenn sie fortgesetzt würde, die Spitze des Gebäudes erreichen würde; dann messe man die Entfernung von der Stelle, auf welcher man steht, bis zur

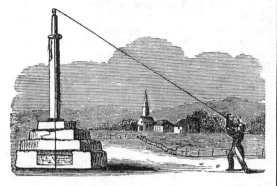

Basis des Thurmes und addirt zu dem Betrag dessen fünf Fuß, so wird ungefähr die Entfernung von der Basis des Triangels bis zum Grund, und der Betrag dieser beiden Messungen die Höhe des Thurms geben.

Die russische Bauernhütte.

Die Bauernhäuser, ja selbst die Wohnungen vieler Edelleute in Rußland sind von Holz gebaut. Gewöhnlich stehen die Bauernhäuser in Gruppen von 10—200 längs der Straße. Alle sind im Innern sich ähnlich wie im Äußern. Das Haus besteht aus abgerindeten, horizontal aufeinander gelegten Baumstämmen, deren Ende durch Zapfen verbunden und deren Zwischenräume mit trockenem Moose ausgestopft sind. Der Giebel des hohen spitzigen Daches ist immer nach der Vorderseite gekehrt und ragt zwei bis drei Fuß über die äußere Wand des Hauses hervor. Das Dach ist gewöhnlich mit Rinden oder Bretern bedeckt, auf welchen Stroh liegt, das durch quer darüber gelegte Stangen befestigt ist. Hier und da sieht man auch wol ein dichtes Strohdach. Zu jedem Hause gehört ein geräumiger Hof, mit offenen Schuppen für das Vieh umgeben und mit großen, auf die Straße gehenden Thüren verschlossen. Im Innern ist nur ein einziges Gemach, in welches ein dunkler Gang führt. Längs den ungetünchten, von Rauch gebräunten Holzwänden laufen hölzerne Bänke, ursprünglich ungehobelt, aber durch langen Gebrauch schmierig abgeglättet. Auf dem Fußboden von dicken Bohlen mit weitklaffenden Zwischenräumen liegt alter Schmuz aufgehäuft. In einer Ecke hängt die Lampe, die an Festtagen vor dem Bilde des Schutzheiligen der Familie angezündet wird. Zuweilen ist das Bild mit einem breiten Rahmen von dünnen Silberplatten eingefaßt, aus welchem blos Hände und Gesicht des Heiligen hervorblicken, und oft ist es mit Palmzweigen geziert oder mit bunten Bändern und künstlichen Blumen als Weihegaben. Der Bauer tritt nie herein, ohne vor dem Heiligenbilde das Knie zu beugen, sich zu bekreuzen und ein leises Gebet zu sprechen. Viele löschen nicht ihren Durst durch einen Trunk Wasser, ohne diese Andachtszeichen vorhergehen zu lassen.

Beinahe den vierten Theil des Gemachs füllt ein ungeheurer Ofen, dessen flache Decke die beliebte Schlafstätte im Winter ist, wo Mann und Kind, Weib und Magd nebeneinander liegen. Der Schlaf ist der einzige Genuß, den der leibeigene Bauer hat, und er gibt sich ihm Tag und Nacht hin, so oft er seinen Arbeiten eine Stunde rauben kann. Sein grobes schwarzes Brot, seine saure Krautsuppe und sein gekochter Buchweizen, Alles wird in jenem Ofen bereitet. Auch muß er zu einem Dampfbade dienen, wo es kein anderes gibt. Der Kranke entkleidet sich, kriecht in den Ofen, gießt von Zeit zu Zeit Wasser auf geglühte Ziegel, und nachdem man die Öffnung des Ofens verschlossen hat, bleibt er im Dampfe liegen, mit einem Birkenzweige sich reibend, bis der Schweiß hervorbricht. Kann er es nicht länger aushalten, so kriecht er hinaus, hüllt sich in seinen Schafpelz und legt sich auf die Decke des Ofens, wo er bald in tiefen Schlaf fällt.

In vielen Häusern findet man keinen Schornstein und der Rauch muß seinen Weg durch Spalten im Dache oder durch ein Loch in der Wand finden. Das Gemach ist mit so dicken Rauchwolken angefüllt, daß nichts übrig bleibt, als sich auf den Boden zu legen, bis sie sich verzogen haben. Das Küchengeschirr ist von sehr schlichter Art, nichts als einige unglasirte irdene Töpfe von verschiedener Größe. Teller, Messer und Gabeln findet man selten, und sie sind auch allenfalls entbehrlich. An Festtagen wird das Fleisch mit dem großen Hausmesser in Stücke geschnitten, die man in eine flache Schüssel legt, aus welcher Jeder sich mit einem kleinen hölzernen Löffel seinen Antheil nimmt. Neben dem Ofen hängt ein irdener Wassertopf und unter ihm steht ein Zuber für das schmuzige Wasser und jeden Unrath, der nicht auf dem Fußboden verfaulen soll. Will sich der Bauer waschen, so läßt er Wasser aus dem obern Gefäße auf Hände und Gesicht laufen und bedient sich des Gemeinhandtuchs, das daneben hängt, und wenn es frisch gewaschen ist, sich mit seinem befranzten Rande recht zierlich ausnimmt. Die Lichter werden von unreinem Talge gemacht und riechen widrig. Zuweilen sieht man statt derselben einen kleinen eisernen Napf, in welchem ranziges Fett, Talg oder Öl ein Stückchen Strick nährt, das statt des Dochtes dient. In den ärmern Hütten findet man nichts als einen angezündeten Holzspan, der in einer Wandritze oder auf einem aufrecht stehenden Holze steckt, wo eine eiserne Zange ihn festhält.

Die Kleidung des gemeinen leibeigenen Bauers besteht aus einem rothen Hemde, das beinahe bis auf die Knie reicht, mit langen blauen Zwickeln unter den Armen. Unter diesem Oberkleide sehen weite leinene Beinkleider hervor, und um den Fuß sind Leinwandstreifen gewickelt und mit Bindfaden festgebunden. Die Schuhe sind von Birkenrinde, sehr weit, aber eine bequeme Wintertracht. Im Sommer trägt er über diesem Anzug ein Oberkleid von grobem grauen Wollenzeuch. Geht er im Winter aus, so bedeckt ihn ein Schafpelz, der um den Leib mit einer wollenen Schärpe befestigt ist. Der Hut ist spitzig zulaufend mit einem breiten, rinnenförmig gebogenen Rande und gewöhnlich mit einer bleiernen Schnalle verziert, zuweilen auch wol mit einer Pfauenfeder. Die Wintermütze ist hoch, viereckig und mit Federn ausgestopft, meist von rothem oder blauem Manchester, mit einer schwarzen Pelzeinfassung.

Der ganze weibliche Anzug besteht aus zwei Theilen, einem leinenen Unterkleide mit weiten Ärmeln, die bis an den Ellbogen gehen, und einem Kleide von grellbuntem Kattun oder dünnem Wollenzeuche. Schuhe und Strümpfe sieht man nicht häufig. Unverheirathete tragen ihr Haar in zwei Flechten, die auf den Rücken hängen und deren Enden mit rothem Bande gebunden sind. Verheirathete und Witwen wickeln ein baumwollenes Tuch um den Kopf. In einigen Gegenden tragen die Weiber eine Art von Krone, bunt gestickt und zuweilen mit bunten Kügelchen geziert, bald spitzig wie ein Horn hervorragend, bald wie ein Halbmond gestaltet, bald viereckig.

Wohlhabendere Bauern sind ebenso gekleidet, ausgenommen, daß das Oberkleid von feinem blauen Tuche ist und statt der Birkenschuhe Stiefeln getragen werden. An festlichen Tagen tragen die Weiber statt des gewöhnlichen Oberkleides einen sogenannten Sarafan von rothem Baumwollenzeuche, vorne und an den Säumen mit Goldstickerei. Der Kopfputz ist roth und gleichfalls reich mit Gold oder Silber verziert. Diesen theuern Anzug findet man freilich nur in reichern Familien, und er geht gewöhnlich als ein Erbstück auf die Nachkommen über. Diese echt volksthümliche Tracht ist höchst malerisch und in der That prächtig. Nach einem Befehle der regierenden Kaiserin ist der Schnitt dieses Kleides als die Hoftracht der kaiserlichen Ehrendamen vorgeschrieben, die aus rothem Sammt besteht und von prächtiger Stickerei und Edelsteinen glänzt.

Man hat den Charakter des russischen Bauers, oft selbst in Rußland, falsch beurtheilt und ihn als ein herabgewürdigtes, seelenloses Wesen geschildert, das kaum der Menschheit angehöre. In tiefe Unwissenheit mag er versunken sein, aber unter seiner rauhen Hülle und in dem ungebildeten Gemüthe liegen die Keime sittlicher Eigenschaften, die ihn nicht selten auf eine höhere Stufe heben müssen.

Über Blinde, Blindenunterricht und Blindenanstalten.

II. Von der Erziehung und dem Unterrichte der Blinden.
(Fortsetzung aus Nr. 180.)

Die meisten Blinden sind mit guten, viele mit vorzüglichen Geistesgaben ausgerüstet, sie sind wißbegierig, fassen und behalten leicht, haben eine gute Beurtheilungskraft und diese Eigenschaften erleichtern ihren Unterricht sehr; dessenungeachtet aber leidet die Geistesbildung vielen Aufenthalt und es entstehen manche Schwierigkeiten durch den Mangel des Augenlichts.

Eine genaue, naturgemäße, systematische Eintheilung für jede Lehre und ein regelmäßiger Stufengang vom Leichten zum Schweren, sind hier um so unentbehrlicher, weil der Blinde, der in der physischen Welt den Überblick eines aus mehren Theilen bestehenden Ganzen entbehrt, auch bei geistigen Gegenständen sich nur mit Betrachtung und Untersuchung der Einzelnen abgibt und ihm daher durch wissenschaftliche Systeme ein Leitfaden gegeben werden muß, seine einzelnen Kenntnisse zu ordnen und aneinander zu reihen. Sprünge und daher entstehende Lücken sind für den Blinden um so nachtheiliger, da er nicht in der Lage ist, die letztern durch Nachschlagen und Lesen auszufüllen.

Weil der Blinde gewöhnliche Schrift nicht lesen, mithin auf diesem Wege sich nicht belehren kann, so ist es nothwendig, daß jedem Gegenstande so viel Zeit gewidmet werde, bis er sich denselben ganz eigen gemacht und unauslöschlich ins Gedächtniß geprägt hat.

Durch fleißiges Auswendiglernen faßlicher und interessanter Sachen, besonders in Versen, muß man das Gedächtniß zu stärken suchen, welches für den Blinden noch weit wichtiger als für den Sehenden ist, wobei man sich aber noch weit mehr als bei Sehenden zu hüten hat, daß man ihn nicht etwas auswendig lernen läßt, was er entweder gar nicht oder nur halb versteht.

Wiewol es nicht an einzelnen Ausnahmen fehlt, so ist dennoch im Allgemeinen die Wissenschaft zur Beglückung des Blinden am wenigsten geeignet, indem ihm hier fast alle Wege verschlossen sind, um zu einer selbständigen Stellung zu gelangen. Die geistige Fortbildung des Blinden hat mit fast unübersteiglichen Hindernissen zu kämpfen, und das Ergebniß der angestrengtesten Bemühungen wird ihn nur wenig über die Stufe der Mittelmäßigkeit erheben.

Hierzu kommt noch, daß die Mehrzahl der Blinden der ärmern Volksclasse angehört, und ehe es bei der Betretung einer wissenschaftlichen Laufbahn doch jedenfalls rathsam ist, neben der innern Befähigung dazu auch die äußern Hülfsmittel und die späterhin zu hoffende Unterstützung ins Auge zu fassen, damit man nicht einen Unglücklichen gewaltsam über den ihm von der Vorsehung angewiesenen Wirkungskreis hinaushebe und ihn nach halbgethanem Werke mit geschärftem Gefühle für sein Elend in Verhältnisse, mit denen er durch zu hohe Geistesbildung entzweit worden ist, wieder zurücksinken lasse.

Daher ist der wissenschaftliche Unterricht der Blinden auf sehr einfache Grundsätze zu beschränken, und der Lehrer hat sich dabei sorgfältig zu hüten, daß er nicht den Zöglingen Bedürfnisse aufdränge, deren Befriedigung außerhalb des Bereichs ihrer eignen Kraft liegt. Stets sei das Hauptbestreben desselben dahin gerichtet, die Kinder zur eignen freien Geistesthätigkeit zu erwecken und einen reich fließenden Born der Erkenntniß in ihrem Innern aufzuschließen, worin ja zuletzt der Hauptzweck des Jugendunterrichts im Allgemeinen besteht, zu dessen Erreichung der Lehrer alle einzelne Wissenschaften als Mittel behandeln muß.

Zum Mittelpunkte dieses Unterrichtes muß derjenige in der Religion genommen werden. Hierbei ist das Gedächtniß durch Auswendiglernen schöner Lieder und erhebender Bibelstellen zweckmäßig zu bereichern. Bei dem Unterrichte in der allgemeinen Weltgeschichte, Geographie, Naturgeschichte, Naturlehre und Gewerbkunde ist besonders darauf Bedacht zu nehmen, daß die Summe ihrer Anschauungen aus der Sinnenwelt, in welcher Beziehung meistens der Blinde außerordentlich arm ist, vermehrt, so wie daß ihr Gehör oder Tastsinn beschäftigt und gebildet werde. Der Rechnenunterricht muß frei von aller Mechanik sein und darf blos in Kopfrechnen, nach ursprünglichen, von der Vernunft aufgestellten Regeln bestehen, in welchem Falle er dann eine angewandte Denklehre genannt werden kann. Dasselbe gilt von der Formenlehre, zu welcher eine kleine Sammlung von Körpern in Holz oder Pappe nothwendig ist, indem diese die Zöglinge in der den blinden Kindern so nothwendigen und doch so schwierigen Kunst übt, ein von außen empfangenes Bild durch bloßes Nachdenken in gewisse regelmäßige Theile zu zergliedern, und umgekehrt diese Theile wieder zu einem Ganzen zu verbinden.

Was den unendlich mühevollen und zeitraubenden Unterricht im Lesen und Schreiben betrifft, so dürfte derselbe blos Blinden aus höhern Ständen, welche nicht eigentlich für den Erwerb gebildet werden dürfen, zu ertheilen sein. Bei ärmern Blinden hingegen, welche sich künftig durch ihren Fleiß und ihre Geschicklichkeit ihr spärliches Brot zu erwerben genöthiget sind, dürfte derselbe wenigen Nutzen gewähren, und die darauf zu verwendende Zeit viel zweckmäßiger zu ihrer technischen Ausbildung benutzt werden können. Es dürfte daher vollkommen ausreichen, wenn er in der Behandlung seiner Muttersprache so weit geübt worden ist, daß er auch schwierigere Sätze verstehen und einige Zeilen dictiren kann. In seinem einfachen Lebenskreise kommt er, wenn sein Gedächtniß gehörig mit Vorstellungen erfüllt und geübt ist, nur selten in den Fall, lesen und schreiben zu müssen, und wenn dieser Fall eintritt, so wird sich gewiß auf jedem Dorfe weit leichter ein für ihn lesendes Auge und eine für ihn schreibende Hand als ein für ihn denkender Kopf finden.

So beschränkt der Blinde, wie wir eben gesehen haben, in dem wissenschaftlichen Fortschreiten ist, so weit kann er es bei zweckmäßiger Anleitung in der Musik bringen. Der Blinde soll dabei zu dem nämlichen Ziele kommen wie der Sehende, aber auf einem andern Wege. Es ist unleugbar, daß er seiner Natur nach mehr Neigung, man kann sogar sagen, mehr Bedürfniß für Musik als der Sehende habe, auch daß der Gehörsinn schärfer wird, wenn das Gesicht mangelt; eben deswegen aber hat man sich zu hüten, auf diesen Vorzug der Blinden allein zu bauen, denn dieser kann nie wahre Musiker hervorbringen. Ein solcher Instinct, wenn er nicht zum Bewußtsein und zur Klarheit gebracht wird, hindert die Vollendung, und eine frühe Gewohnheit, Alles nur obenhin und ungefähr zu machen, macht die gänzliche Ausbildung fast unmöglich. Daher irrt man sehr, wenn man glaubt, der Blinde wäre nur bestimmt, die Musik instinctmäßig zu lernen; im Gegentheile muß die Theorie eines Blinden hierin weit umfassender sein als jene des gewöhnlichen Unterrichts für Sehende. Je mehr man zum Verstande des blinden Musikzöglings spricht, um so weniger wird man den rechten Weg verfehlen. Das höchste Ziel, das man bei Erlernung der Musik erstreben kann, ist: daß dieselbe im Zögling endlich lebendige Sprache wird, daß er daher Alles, was in dieser Sprache zu ihm geredet, wird, verstehen und sich auch selbst in dieser Sprache auszudrücken könne.

Der Blinde muß daher sehr gründlich in der Theorie der Musik unterwiesen werden. Damit er aber das für die Sehenden so bequeme Hülfsmittel der Noten (wofür man allerdings sehr künstliche, aber eben deshalb schwerer anzuwendende, Apparate mit fühlbaren Noten ersonnen hat) entbehren könne, muß seine Musik nicht ein bloßes instinctmäßiges Wiederholen des Gehörten sein, sondern dahin gebracht werden, daß er, vorgesprochene Noten sofort nachspielen oder Stücke in Noten dictiren zu können. Unbezweifelt kommt ihm hierbei sein durch unaufhörliche Übung geschärftes Gehör, welches auch die feinsten Unterscheidungen der Töne aufzufassen vermag, außerordentlich zu statten, und der glückliche und erfolgreiche Gebrauch, welchen er in der Musik von diesem Organe macht, erleichtert seine Bemühungen.

Soll die Musik nicht als etwas Fremdartiges in den Zögling gepflanzt werden, so muß man, lange bevor der eigentliche Unterricht anfängt, seine Empfänglichkeit dafür bilden, was bei dem Blinden wenig oder gar keine Schwierigkeit hat, denn da die Musik die nächste Quelle ist, woraus Vergnügen für ihn fließt, so ist der Blinde ganz Ohr, sobald er Musik hört — alles Tönende hat Reiz für ihn. Die frühesten Eindrücke sind immer die stärksten; wenn man daher dem Blinden in der frühen Jugend oft genug reinen, einfachen und gefühlvollen Gesang, oder überhaupt reine, einfache Musik hören läßt, ohne von ihm sogleich die Nachahmung zu verlangen, damit er Zeit gewinne, die Töne nach und nach erst seinem Ohre einzuprägen, so wird er auch nach und nach selbst Lust bekommen, diese Melodie zu singen. Man störe aber nicht gleich die ersten Versuche, die der Blinde hierin macht, dadurch, daß man sogleich die Gelegenheit ergreifen wolle, ihn methodisch zu unterrichten, sondern man muntere ihn nur durch Wohlgefallen an seinen Versuchen auf, darin fortzufahren, und fahre übrigens selbst fort, in seiner Gegenwart Musik zu machen, bis sein Gehör an Sicherheit bedeutend zugenommen hat. Damit er sich eine Melodie gut einpräge, spiele man ihm dieselbe öfters vor; damit ihm aber das Einerlei keinen Ekel verursache, wechsele man verhältnißmäßig ab.

Wenn das Gehör des Zöglings auf oben beschriebene Art für Musik empfänglich gemacht ist, kann man zum eigentlichen Unterricht schreiten. Da der Blinde überhaupt ein feines Gehör besitzt, so hat es mit der sinnlichen Empfänglichkeit keine Schwierigkeit, und bei seiner erwiesenen Fähigkeit für wissenschaftlichen Unterricht in andern Fächern gibt es auch in der Musik keinen Begriff, den der Blinde nicht zu fassen vermögend wäre. Daß er die Noten nicht vollkommen gebrauchen kann, ist kein Hinderniß, so wenig er gehindert ist, die Sprache zu lernen, weil er den vollkommenen Gebrauch der Schrift nicht hat, und so wenig er der Zahlzeichen bedarf, um zu rechnen. Daß bisher größtentheils die Meinung geherrscht hat, man könne ohne Noten nicht wahrhaft musikalisch werden, kommt daher, weil man das Bedürfniß bisher noch wenig oder gar nicht gefühlt hat, sich die Mühe geben zu müssen, die musikalischen Regeln so deutlich und bestimmt in Worte zu fassen, daß man keiner Noten bedürfte, um verständlich zu werden. Die Noten sind für Sehende ein zu bequemes Mittel, als daß man anrathen könnte, sie zu entbehren; aber man darf, was für den musikalischen Unterricht eines Blinden sehr wichtig ist, mit Recht behaupten, daß man den ganzen musikalischen Unterricht ohne Noten ertheilen könne.

Der Anfang des Unterrichts in der Musik soll vernünftigerweise überall mit Singen geschehen. Ein besonderer Vortheil hierbei ist es, wenn mehre Schüler beisammen sind, die dann Alle zu gleicher Zeit unterrichtet werden können, wo auch Einer den Andern aufmuntert. Sollen auch die Schwächern anfangs noch gar nicht singen, so wird doch durch das wiederholte Zuhören ihr Gehör empfänglich gemacht und gebildet. Im Singen ist es, wo man übrigens fast noch ohne Bewußtsein die Entfernung der Töne, den Tact sammt den Tactgewicht, den Ausdruck und dergl. so in sich aufnimmt, daß es unverlierbar wird.

Es kann nicht genug empfohlen werden, daß das Singen mit dem Erlernen eines Instruments jederzeit innigst verbunden bleibe, besonders weil man auch Das, was man singt, leichter im Gedächtnisse behält. Eine der Hauptübungen bestehe also darin, daß man den Blinden Melodien, die er singen kann, auf das Instrument übertragen lasse, was nicht schwer ist, wenn das Singen mit dem Erlernen des Instruments immer gleichen Schritt hält, indem man dann weiter nichts zu thun hat, als dem Schüler die mechanischen Handgriffe zu zeigen, mittels welcher er die Melodie, die er bereits im Gedächtnisse hat, am leichtesten hervorbringen kann. Diese Art zu unterrichten hat noch den wichtigen Vortheil, daß das Spielen am Instrumente und das Singen sich wechselseitig unvermerkt vervollkommen. Um aber dieses zu erreichen, ist es am vortheilhaftesten, wenn ein und derselbe Lehrer dem Schüler beide Gegenstände lehrt, weil, was im Schüler nicht getrennt sein soll, auch im Lehrer vereint sein muß. Diese Behandlung bringt es endlich dahin, daß dem Schüler die Musik eine verständliche Sprache wird.

Die mechanische Behandlung der Instrumente ist, wie in allen Stücken, so auch in der Musik, der schwerste Theil des Blindenunterrichts. Aber nirgend liegt in der Sache selbst ein so mächtiges Hülfsmittel, als bei der Musik. Während bei andern mechanischen Gegenständen der Blinde eigens eingerichteter Werkzeuge und Handgriffe bedarf, und der Erfolg seiner Arbeit von ihm selbst nie genau beurtheilt werden kann, bedient er sich in der Musik gleicher Instrumente mit den Sehenden; aber er hat für die Töne, die er hervorbringt, durch sein feines Gehör einen Probirstein, der ihn besser und sicherer leitet als den Sehenden. Außer der natürlichen Anlage erklärt sich hieraus auch die große Vorliebe der meisten Blinden für Musik, weil keine andere mechanische Beschäftigung ihnen solche Befriedigung gewährt und ihnen soviel eignen Genuß für die aufgewendete Mühe verschafft.

Bei der Wahl der zu lernenden Instrumente muß theils auf die mit Wahrscheinlichkeit vorauszusehende künftige Lebensstellung des Schülers, theils auf die Befähigung und die Neigung desselben Rücksicht genommen werden, und wenn ein Schüler für ein Blasinstrument bestimmt werden soll, so muß noch außer diesem der Arzt gefragt werden, ob dies seiner Gesundheit nicht schädlich sein werde.

Als Vorbereitung für den künftigen Gebrauch, welchen ärmere Schüler von ihrer erlangten musikalischen Geschicklichkeit machen sollen, muß jeder derselben so weit gebracht werden, daß er sich künftig an eine kleine Truppe anzuschließen vermöge und jeder muß, wenn es nur irgend möglich ist, zwei und mehr Instrumente erlernen, um sich einem stehenden Musikchore durch Brauchbarkeit empfehlen zu können. Insbesondere gewährt die gleichzeitige Verbindung eines Blasinstruments mit einem Saiteninstrumente viele Vortheile. Dieselben dürfen ferner in der Regel nur solche Instrumente erlernen, von denen sie sich künftig entweder durch Anschließen an ein Chor sehender Musiker, oder durch Begleitung mit Gesang einen vortheilhaften Gebrauch versprechen dürfen, wohin wohl folgende Instrumente gehören: Violine, Contrebaß, Clarinette, Flöte, Horn, Trompete, Harfe.

Den wohlhabenden Zöglingen hingegen, welche nicht für den künftigen Erwerb zu bilden sind, kann die Erlernung eines jeden Instrumentes, welches ihrer Gesundheit keinen Nachtheil bringt (wie es bei Blasinstrumenten nur zu oft der Fall ist), gestattet werden.

(Fortsetzung folgt in Nr. 182.)

Katharinenkloster auf dem Sinai.

Das Pfennig-Magazin

der

Gesellschaft zur Verbreitung gemeinnütziger Kenntnisse.

182.] Erscheint jeden Sonnabend. [September 24, **1836.**

Die orkadischen Inseln.

Der „alte Mann" auf der Insel Hoy.

Die orkadischen Inseln.

Die fünf Meilen breite Meeresströmung, das Pentland-Haff (Pentland Frith), trennt von der Nordküste Schottlands die Orkaden oder Orkney, wie man die ganze Gruppe nennt, die aus 67 Inseln besteht, von welchen aber nur 29 von etwa 30,000 Menschen bewohnt sind. Die übrigen, Holme genannt, werden blos zu der Weide, Jagd und Fischerei benutzt, und auf den zu der Gruppe gehörenden, bei hohem Wasser überschwemmten Scheeren (skerries) wird im Sommer aus Seepflanzen Soda (Kelp) gebrannt. Die Orkaden wurden aufgefunden, als die Römer um das Jahr 80 n. Chr. die Nordspitze Britanniens umsegelten. Die Picten, die Bewohner des östlichen Schottlands, wahrscheinlich germanischen Ursprungs, waren die ersten bekannten Ansiedler auf Orkney; im 9. Jahrhunderte aber wurden Orkney, Shetland und die westlichen Inseln durch den Norweger Harald Harfager erobert, der bald nachher seinen Bruder zum Grafen von Orkney machte, dessen Nachkommen die Inseln bis ins 14. Jahrhundert beherrschten, wo der König von Norwegen sie an Heinrich Sinclair gab. Nachdem die westlichen Inseln oder die Hebriden bereits den Schottländern sich unterworfen hatten, wurden ihnen 1468 Orkney und Shetland von dem Könige von Dänemark und Norwegen als Unterpfand überlassen. Innere Fehden zerrütteten darauf die Inseln, bis König Jakob V. 1536 nach Orkney kam und den Frieden herstellte. Die Inseln wurden seitdem verschiedenen schottischen Großen verliehen, zu welchen auch der Günstling der Königin Maria Stuart, Jakob Bothwell, gehörte, bis endlich 1766 der letzte Lehnherr, der Graf von Morton, seine Rechte an die Familie Dundas verkaufte.

Die bedeutendste Insel ist Pomona oder Mainland (Hauptland) mit dem Hauptorte Kirkwall. Unter den übrigen sind Hoy und Südronaldsha auszuzeichnen. Mehre Inseln haben treffliche Häfen, und obgleich von einem stürmischen Meere umbraust und mit schroffen Küsten umgürtet, geben sie doch überall dem Schiffer, der das nördliche Meer befährt, eine sichere Zuflucht. Zwischen diesen Inseln und den englischen Häfen ist keiner, wo auch nur kleine Schiffe sichern Schutz finden können, außer Crommarty-Bai, und daher sind die Häfen auf Orkney für die Grönlandfahrer so wichtig. Der beste Hafen, auch für große Schiffe, ist Long-Hope; Stromneß ist einer der sichersten britischen Häfen für große wie für kleine Fahrzeuge und bietet dem Seefahrer während seines Aufenthalts mehr Bequemlichkeiten dar als das dürftige Long-Hope, wogegen der sonst gute Hafen zu Kirkwall den Nordwinden ausgesetzt ist. Auf der äußersten nordöstlichen Insel Nordronaldsha, die gefährliche Küsten hat, und auf den Pentlandscheeren, am östlichen Eingange des Haffs, sind Leuchtthürme errichtet. Die heftigen Meeresströmungen, welche die Küsten unterwaschen, drohen mehren Eilanden, wie der Insel Hoy, den Untergang. Das nordwestliche Vorgebirge der Insel Sanda ward erst in neuern Zeiten abgerissen und bildet jetzt eine neue Insel; seit 1807 aber ist die neue Meerstraße immer breiter geworden.

Regen und Nebel sind häufig auf den Orkaden und im Winter wird der Himmel oft durch glänzenden Nordschein erleuchtet. An allen Küsten findet man sehr viel Seegras. Moluccabohnen und andere amerikanische Erzeugnisse werden oft durch den Golfstrom an das Gestade geworfen. Die Inseln haben viel pflugbares Land, das Gerste, Roggen, Schwarzhafer, den man als Pferdefutter allen andern Arten vorzieht, und etwas Weizen liefert. Rindvieh ist häufig. Schafe wurden zuerst 1808 nach Orkney gebracht, und obgleich sie auf Pomona selten sind, so gedeihen sie doch gut auf den kleinern Inseln, besonders auf den grasreichen Holmen, und die Wolle hat sich hier, ungeachtet der mangelhaften Pflege, ebenso schnell veredelt als auf den Shetlandinseln. Sie steigen regelmäßig zur Zeit der Ebbe von den Höhen herab, um das Seegras abzuweiden, das die zurücktretenden Wogen entblößen. Das Vieh weidet frei, ohne Hirten, und wird blos von den Eigenthümern gezeichnet. Die Pferde wurden ursprünglich aus Schottland eingeführt und sind wesentlich von den Shetlandpferden*) unterschieden; sie gleichen den Gallowaypferden, sind stark, dauerhaft und unermüdlich. Schweine, gegen welche die schottischen Hochländer und die Bewohner der westlichen Inseln ein Vorurtheil haben, sind auf Orkney sehr häufig. Rothwild gibt es nicht mehr auf denselben, wiewol man die Hörner dieser Thierart nicht selten in den Torfmooren findet. See- und Landvögel sind häufig und in den Felsen horsten Adler. Auf der kleinen Insel Papa-Westra, der nordwestlichsten der Gruppe, sind Eidergänse sehr häufig und so zahm, daß man sich ihnen leicht nähern kann.

Das Kelp (Aschensalz) ist ein wichtiger Erwerbzweig der Inselbewohner und weit besser als das auf den Hebriden und der Westküste Schottlands bereitete, das meist nur zu Seife tauglich ist, wogegen jenes zu Tafelglas gebraucht wird, daher noch einmal so theuer ist als das hebridische. Das beste Kelp kommt von der Insel Sanda. Die Seepflanzen zum Kelpbrennen werden im Juli und August gesammelt, und da dies grade die günstigste Zeit für den Heringsfang ist, so hat der lockende Gewinn, den das Kelp abwirft, zur Vernachlässigung des Fischfangs geführt. Auch dem Ackerbaue ist der steigende Vortheil, den das Kelpbrennen gewährt, nachtheilig geworden, und der Gewinn, den der Landmann aus den am Meeresufer liegenden Theilen seiner Besitzungen zieht, hält ihn häufig von einem sorgfältigen Anbaue seiner Felder ab. Seit dem Aufschwunge, den dieser Erwerbszweig genommen hat, wird das angrenzende Meer nur von Engländern, Schottländern, Holländern und Shetländern besucht, und die Bewohner der Orkaden machen keinen Versuch, sich einen Antheil an dem Fischfange zu sichern. Die Heringe ziehen jährlich im Juli ungestört von der Inselgruppe hinüber nach der Küste von Caithneß in Nordschottland, dem Hauptplatze für den Heringsfang. Sehr einträglich ist der Fang der Hummern, die in den Orkneygewässern von vorzüglicher Güte sind. Diese Fischerei wird von englischen Compagnieen getrieben, welchen die Boote der Inselbewohner zum Theil die Hummern zuführen. Nur den Austerfang treiben die Fischer in Orkney auf eigne Rechnung und mit bedeutendem Gewinn, da die Austern an ihren Küsten vortrefflich sind. Die Inselbewohner liefern jährlich einen ansehnlichen Theil der Bemannung der Grönlandfahrer. Die englischen und schottischen Walfischfänger kommen im März im Hafen von Stromneß an, wo sie ihre Mannschaft ergänzen. Die Bewohner Orkneys, die von Jugend an große Geschicklichkeit und Unerschrockenheit bei der Führung ihrer Boote auf stürmischen und gefährlichen See erlangen, werden vorzüglich zum Bootsdienst gebraucht; aber gewohnt, sich in der Nähe ihrer Küsten und Häfen zu halten, zeigen sie wenig Ausdauer und Muth bei

---

*) Vergl. den Aufsatz „Die Pferderacen" im Pfennig-Magazin Nr. 162—165.

Gefahren auf offenem Meere. Wenn die Grönlandfahrer um die Erntezeit aus dem Polarmeere zurückkehren, erholen sich die einheimischen Schiffer von ihren Beschwerden eine Zeit lang in lärmenden Gelagen. In der neuesten Zeit haben sich jedoch die Sitten dieser Volksclasse gemildert, und besonders hat auch die frühere Vernachlässigung des Gottesdienstes aufgehört, wozu vorzüglich der Umstand beigetragen hat, daß jetzt die Grönlandfahrer an jedem Sonntage eine Flagge auf einem Schiffe aufziehen, um die Mannschaft zum Gebete zu versammeln. Nicht ein einziges einheimisches Schiff nimmt Theil an dem Walfischfange. Ein anderer einträglicher Erwerbzweig auf Orkney ist das Lootsen. So zahlreich und gut die Häfen der Inseln sind, so ist doch die Einfuhr in dieselben bei allen, Long-Hole ausgenommen, so ungemein schwierig, daß die Seefahrer die Ortskunde der einheimischen Schiffer nicht entbehren können. Das Lootsengewerbe ist eine treffliche Schule für den Walfischfang. Die Gewöhnung an das seemännische Leben hat aber die Folge gehabt, daß jetzt kaum ein Soldat für das britische Heer auf den orkadischen Inseln geworben wird, während sie im 12. Jahrhunderte, wo sie freilich bevölkerter waren, gegen 7000 Streiter an fremde Küsten senden konnten, und noch um die Mitte des 17. Jahrhunderts fochten viele Inselbewohner tapfer unter Schottlands Fahnen. Man spricht auf den Orkaden ein sehr reines Englisch. Die oberste Kirchenbehörde und einige wohlthätige Privatvereine in Schottland haben eifrig für die Vermehrung und Verbesserung der Schulen gewirkt, und dies hat zu dem Ergebnisse geführt, daß, während in den Hebriden 70 unter 100 und im schottischen Hochlande 35 unter 100 Menschen nicht lesen können, auf den Orkaden das Verhältniß weit günstiger, wie 12 zu 100, steht. Der Glaube an Zauberei ist auf den Inseln noch ebenso verbreitet als im Hochlande. Der Charakter der Norna in Walter Scott's „Pirat" ist einem lebenden Originale nachgebildet, das in Stromneß wohnte, als der Dichter die Insel besuchte. Einige Spuren der altnorwegischen Poesie haben sich unter den Inselbewohnern erhalten.

Die Wohnungen in den Dörfern sind mit besonderer Sorgfalt gebaut, um gegen die heftigen Winde Schutz zu gewähren. Sie stehen dicht aneinander, sind sehr geschickt von Steinen ohne Mörtel gebaut und haben einen großen Umfang. Der Wohnraum befindet sich in der Mitte und erhält blos durch eine Öffnung in der Decke Licht. Nach den Vermögensumständen der Familie ist dieser Raum zuweilen von mehren Kammern umgeben, die zum Schlafen oder als Korndarren dienen und auf der Außenseite des Gebäudes wie halbrunde Strebepfeiler vorragen. Um das Haus stehen viereckige Torfhaufen und das Ganze umschließt eine hohe Mauer. Jede Hütte hat einen Garten, meist für Kartoffeln und Kohl. Der Grundherr oder Lehnherr der Insel, der Graf von Dundas, erhält Zins von allen Ländereien, außer den ursprünglich der Kirche gehörigen Besitzungen, die jetzt von der Krone zu Lehn gehen. Die meisten Ländereien sind verpachtet und haben Afterpachter, die gewöhnlich von Jahr zu Jahr wechseln, was nicht wenig dazu beiträgt, die Fortschritte des Landbaues aufzuhalten. Es gibt noch einige freie Eigenthümer, die kleine Güter von 10—20 Morgen als Udal oder Alod nach altnordischer Weise besitzen und blos Zehnten und Steuern zahlen, von allen Lehnsgebühren aber gänzlich frei sind. Sie sind sehr stolz auf ihre Rechte, und als einst ein Richter in einem Rechtsstreite, der ein solches Alod betraf, die Frage aufwarf, woher die Udaler ihr Besitzrecht hätten, antwortete ihr eifriger Wortführer: „Von Gott, dem Allmächtigen."

In dem Hauptorte Kirkwall auf Pomona ist das Zollamt, doch zu großer Unbequemlichkeit des Verkehrs, da Stromneß jetzt der Mittelpunkt des Handels der Orkaden ist. Dieser Hafen liegt an einer großen Bai, und ist gegen die Westwinde durch einen hohen Bergrücken geschützt, an dessen Abhange die Stadt gebaut ist. Vor dem Eingange ist ein Damm errichtet, hinter welchem große Schiffe liegen bleiben, um die Schwierigkeiten der Einfahrt zu vermeiden. Stromneß, ursprünglich ein Dorf, ist nach und nach bedeutender als Kirkwall geworden. Auf dem Wege nach dem Hauptorte, unweit des Sees Stennis, sieht man Überreste jener Steinkreise, die man in mehren Gegenden Nordschottlands und auf den anliegenden Inseln so häufig findet, und weil man sie für die zur Verehrung der Gottheiten und zu Versammlungen der Druiden bestimmten Plätze hält, im schottischen Hochlande Druidenhäuser (Druitnich) nennt. Gewöhnlich stehen in diesen Kreisen vier, genau nach den Himmelsgegenden gerichtete Steine, die vielleicht dazu dienten, den Auf- und Untergang der Gestirne, Jahreszeiten und Tagzeiten zu bestimmen, wozu sie noch jetzt benutzt werden können, wenn sie unversehrt sind. In dem größern Kreise sieht man einen großen Stein, der immer vom Mittelpunkte des Kreises südlich liegt, und wie man meint, zur Opferstätte diente, wenn die Sonne im Mittag stand. Was auch die Bestimmung dieser Steinkreise in Schottland gewesen sein mag, so sind doch wenigstens die auf den Inseln befindlichen wahrscheinlich scandinavischen Ursprungs und möchten eher mit der gesellschaftlichen Verfassung des Volkes als mit alten gottesdienstlichen Gebräuchen in Verbindung stehen. Kirkwall liegt an der Scarpa-Bai, auf der nördlichen Seite einer über eine Stunde breiten Landenge. Die im 12. Jahrhundert erbaute Domkirche ist fast die einzige unversehrte Überrest jener prächtigen Denkmale alterthümlicher Kirchenbaukunst, welche Schottland und seine Inseln vor der Reformation zierten. Nicht weit von der Kirche liegen die verfallenen Paläste der ehemaligen Grafen und der Bischöfe von Orkney. In Kirkwall sieht man einige verkrüppelte Bäume, fast die einzigen, die man auf den Orkaden findet, obgleich in den Torfmooren Überreste alter Wälder begraben liegen.

Ungefähr zwei Stunden von Pomona liegt die Insel Hoy, durch ihre großartigen Felsenküsten ausgezeichnet. Nicht weit vom Landungsplatze führt der Weg durch ein düstres Thal, das hohe mit Haidekraut bewachsene Berge einschließen, zu dem Zwergstein, einem 32 Fuß langen, 16 Fuß breiten und 7 Fuß hohen Sandsteinfelsen. In dem Innern sind Gemächer ausgehauen, von welchen eines zur Schlafkammer bestimmt gewesen zu sein scheint, da es die Gestalt eines Bettes hat. Zwischen diesem und einem andern Gemache sieht man einen Platz, der vielleicht zum Herdfeuer diente, da er eine in der Decke angebrachte Öffnung hat, durch welche der Rauch seinen Ausgang finden konnte. Nach der Sage war dieser Felsen die Wohnung eines Zwerges, der eine Riesin geheirathet hatte, wahrscheinlich aber der Aufenthalt eines Einsiedlers. Nicht weit von dieser Einöde treten wir in ein mit Getreidefeldern bedecktes Thal und kommen zu dem Fischerdorf Rackwick am Gestade, von steilen Felsen eingeschlossen. Wir erklimmen eine schroffe Höhe, steigen dann längs dem Rande eines furchtbaren Felsenabgrundes hinab und stehen vor dem gegen 1500 Fuß emporragenden röthlichen Sandsteinfelsen, der alte Mann

*

genannt, welchen wahrscheinlich die Wogen von der Küste getrennt haben. Adler horsten auf dem Gipfel und fliegen mit gellendem Geschrei auf, wenn neugierige Wanderer in die Einsamkeit der wilden Landschaft treten. Die Wuth der Wellen hat hier überall die Küste zerrissen und ungeheure Abgründe, furchtbare Schluchten gebildet. Auf der Südseite des Felsenpfeilers liegt eine kleine Bai. Vor einigen Jahren trieb ein heftiger Sturm ein leckes Fahrzeug gegen die gefährliche Küste, und als es näher kam, sah man zwei Schiffer, den einen auf dem Verdecke ausgestreckt, den andern im Tauwerk verwickelt. Kaum dem vorragenden Felsen entgangen, wurde das Fahrzeug in die Bai geworfen. Zwei Eingeborene hatten dieses Ereigniß ungeduldig erwartet. Auf ihre Beute stürzend, legten sie die unglücklichen Seeleute, von welchen einer noch lebte, auf den Strand, und ohne ihnen Beistand zu leisten, plünderten sie das Schiff. Es war einst der alte Aberglaube unter der geringern Volksclasse herrschend, daß ein aus dem Wellengrabe geretteter Mensch seinem Retter Unglück bringen werde, eine Meinung, die Denjenigen, die sie aufbrachten, und den Leichtgläubigen, die ihr folgten, auf gleiche Weise dienen konnte. Ein Rasenhügel deckt das Grab der Seeleute, nicht weit von der Stelle, wo das Schiff gestrandet war.

Der St.-Michaelsberg in Cornwall.

Einer der romantischsten und anziehendsten Punkte, welche die südliche Spitze von Cornwall dem Reisenden darbietet, ist der St.-Michaelsberg, in grader Richtung dem kleinen Marktflecken Marazion gegenüber liegend, ungefähr vier Meilen von Penzance, der westlichsten Stadt Englands, entfernt, der Berg selbst erhebt sich ungefähr 231 Fuß über dem Meere. Seine höchst pittoreske Lage, die geschichtlichen Erinnerungen, die sich daran knüpfen und die Beschaffenheit der Umgegend überhaupt erregen in gleich hohem Grade die Aufmerksamkeit des Historikers, des Malers und Naturforschers. Eine schmale Landzunge, nicht über eine Viertelmeile lang, verbindet den Berg mit dem Festlande; dieser Landstrich ist bei niedrigem Wasserstande Wagen und Fußgängern zugänglich, bei hoher Flut aber ganz von der See überflutet. Ehedem soll, nach dem Zeugnisse alter Geschichtschreiber, der Berg mit dichter Waldung bedeckt gewesen sein, wovon sich jedoch gegenwärtig keine Spuren mehr zeigen. Schon in den ältesten Zeiten, als die Römer hier verkehrten, wird dieses Platzes gedacht, als eines Stapelorts für die Ausfuhr des Zinns, woran schon damals die Grafschaft Cornwall sehr ergiebig war. Später, um das Jahr 1070, war hier der Sitz einer Abtei der Benediktinermönche. Diese behauptete sich bis auf die Zeiten König Heinrich VIII., wo sie das Schicksal der übrigen Klöster theilte, aufgehoben und der Familie des Sir Humphrey Arundel zuertheilt ward. Um diese Zeit fällt ungefähr die Anlegung des kleinen Dorfes am Abhange des Berges, welches 1726 von einem andern Eigenthümer wieder neu erbaut ward.

In frühern Zeiten diente der Berg des heiligen Michael öfters als militairische Station; so ward er während der Gefangenschaft des Richard Löwenherz in Deutschland von Hugh de la Pomeroy besetzt, der die Mönche vertrieb und den Platz befestigte, in der Absicht, das Unternehmen des Prinzen Johann, der damit umging, sich der Krone zu bemächtigen, zu unterstützen. Nach der Rückkehr des Königs in sein Land flüchtete Pomeroy von seinem eignen Schlosse hierher, aus Furcht, seiner Rache anheimzufallen, und gab sich später selbst den Tod, nachdem er zuvor die Mönche mit einem beträchtlichen Theile seiner Güter beliehen hatte. Die nicht unbemittelte Abtei wurde

Der St.-Michaelsstuhl.

nunmehr zu dem Erzbisthume Canterbury geschlagen. Während der Kriege der Rosen, kurz nach der Niederlage Eduard IV. bei Barnet, kam hier Johann, Graf von Orford, zur See an, der die List angewandt hatte, sich und seine Anhänger in Pilgrimstracht zu verkleiden, und erhielt Eingang, worauf er die Besatzung übermannte und den Platz so lange gegen die Streitkräfte König Heinrich's behauptete, bis er ehrenvolle Capitulation erlangte.

Gegenwärtig ist der Michaelsberg ein Landsitz, der zwar im Innern nicht allzubequem eingerichtet, aber dafür hinsichtlich seiner Umgebungen für einen kurzen Sommeraufenthalt desto reizender ist. Denn das Klima dieses Theils der Küste gehört zu den mildesten von England. Die Myrte gedeiht hier im Sommer vortrefflich, und der Besucher wird sogar durch den Anblick von exotischen Gewächsen in freier Luft überrascht. Auch im Winter ist die Luft noch angenehm, weshalb man auch diesen anmuthigen Platz das Montpellier von England genannt hat. Eine besondere Merkwürdigkeit findet sich auf dem Gipfel eines der alten Klosterthürme. Dies ist eine Art Leuchtthurmsvorrichtung, welche von den Mönchen, die ihren Zehnten von der Küstenfischerei erhoben, unterhalten wurde. Dieser Theil des Thurmes, den unsere zweite Abbildung vorstellt, genannt der St.-Michaelsstuhl, ist gefährlich zu besteigen und so eng, daß nur eine Person mit Mühe darauf Platz findet. Von ihm geht die seltsame Sage, der man in der Umgegend noch starken Glauben beimißt, daß, wer zuerst von zwei neuvermählten Eheleuten darauf sitzt, sei es der Gatte oder die Gattin, ein für allemal zur Herrschaft im Hauswesen gelangt. Um dieses lockenden Preises willen soll schon manche junge Ehefrau, so schwindelig es ihr auch bei dem kühnen Unternehmen geworden, den St.-Michaelsstuhl bestiegen haben, wie denn auch auf unserm Bildchen eine solche verwegene Dame vorgestellt ist.

Die Leopardenjagd in Indien.

Die Jagd wird von den Europäern in Indien mit größerem Eifer getrieben als selbst in Europa von dem thätigsten Waidmann, wahrscheinlich weil mehr Aufregung, mehr Neuheit für den Abendländer damit verbunden ist. Die Landschaften sind großartiger und gewaltiger, das Wild ist unbändiger und schwerer zu erlegen, während das Reitthier des Jägers das größte, stärkste und scharfsinnigste aller Thiere ist. Kommt der Jäger auf einem Elefanten sitzend in das Dickig, einen Tiger oder einen Leopard aufzuspähen, so belebt sich sein ganzes Wesen, jeder Gedanke an Gefahr tritt zurück, und ungeduldig erwartet er, den wilden Feind hervorstürzen zu sehen.

Der Leopard wird in Indien nicht so häufig gejagt als der Tiger, weil der Jäger im Ganzen weniger Unterhaltung dabei hat. Der Leopard ist scheuer und schlauer als der Tiger, und man kann mehre Tage ein Dickig durchsuchen, ohne einen zu finden. Diese Thiere findet man gewöhnlich nur in den dicksten Wäldern, aus welchen sie in der Nacht hervorkommen, um kleinern Thieren nachzustellen, z. B. Schafen, Ziegen, Kälbern, selten aber fallen sie Menschen an. Sie sind äußerst gefräßig, zerreißen ihre Beute mit Krallen und Zähnen, verschlingen sie mit hastiger Gier und sind, ungeachtet ihrer Gefräßigkeit, doch immer mager. Unter allen zum Katzengeschlechte gehörenden Thieren klettern sie mit der größten Behendigkeit Bäume, um der Verfolgung zu entgehen. Darauf deutet auch der indische Name des Leopards, Lackribung, Baumtiger. Der Leopard hat ein ungemein schönes Fell; es ist glänzend hell, mit runden schwarzen Flecken, die in Gruppen über den Körper vertheilt sind. Er ist gegen vier Fuß lang von der Spitze der Schnauze bis zum Anfang des Schwanzes, der zwei bis 2½ Fuß mißt.

Wir entlehnen die Beschreibung einer Jagdscene aus dem Berichte eines reisenden Engländers. Ein Leopard hatte in einem dichten Walde, unweit eines Dorfes, Zuflucht gesucht. Einige Dorfhunde fanden die Spur und der Leopard flüchtete auf einen hohen Mangobaum. Unser Engländer, der in der Nähe wohnte, bestieg einen Elefanten und bewaffnete sich mit einer Büchse. Als er sich dem Baume näherte, verbarg sich das schlaue Thier hinter einem dicken Aste, der seinem Leibe gegen den Jäger Schutz geben konnte, aber der Kopf war nicht bedeckt, und der Engländer zielte so gut, daß die Kugel zwischen den Augen eindrang. Mit furchtbarem Gebrüll drückte der Leopard die Tatze auf die Wunde und stürzte herab.

Wie der Tiger ist der Leopard, wenn er für sein Leben kämpft, äußerst wild; seine Stärke ist für ein so kleines Thier außerordentlich und seine Behendigkeit macht ihn furchtbar. Nicht selten springt er auf den Rücken eines Elefanten und greift den Reiter an; der Elefant fürchtet ihn so sehr, daß er sich einem lebenden Leoparden nicht gern nähert. Wie alle Thiere seines Geschlechts ist er feig, und kann er entfliehen, so wird er nicht verweilen, um sich gegen den Angriff selbst eines kleinen Thieres zu wehren. Selten greift er seine Beute bei hellem Tage an, sondern schleicht in der Nacht umher und faßt sie durch plötzlichen Überfall. Er geht oft, trotz seiner Gefräßigkeit, Tage lang umher, ohne Nahrung zu finden. Ungeachtet seiner Feigheit aber ist er, wenn er gereizt wird, sehr gefährlich. Ein Engländer, der die südlichen Gegenden Indiens bereiste, ließ eines Tages bei Anbruche der Nacht sein Zelt in der Nähe eines Dickigs, nicht weit von einem Dorfe aufschlagen. Er hatte einen Hund mit drei Jungen bei sich, der hinter dem Zelte an einen Baum gebunden wurde, und nicht weit davon nahmen zwei Palankinträger ihr Nachtlager. Die Nacht war nicht mondhell, und die Dunkelheit wurde durch die Nähe des Dickigs noch finsterer. Bald nach Mitternacht wurde der Reisende durch ein lautes Geschrei erweckt. Er sprang von seinem Lager auf und entdeckte sogleich, daß ein Raubthier, ein Tiger, wie die Träger glaubten, seinen Hund geholt hatte. Sobald der Tag graute, nahm er seine Büchse und drang mit zwölf bewaffneten Begleitern in das Dickig, um den vermeinten Tiger aufzusuchen. Nicht weit vom Saume des Dickigs fanden sie das Gesträuch so dicht verwachsen, daß sie nicht weiter vordringen konnten. Sie ließen mehre aus dem Dorfe herbeigeholte Hunde los, deren Gebell bald verrieth, daß sie die Spur gefunden hatten. Ein lautes Geheul verkündigte den Angriff und den Kampf mit dem Feinde, und alsbald sprang ein großer Leopard hervor, von fünf Hunden verfolgt, von welchen einer ihn an dem Beine gefaßt hatte. Einer der Begleiter des Engländers feuerte, und der Schuß traf die linke Schulter des Thieres. Es stürzte, aber schnell wieder aufspringend fiel es den Schützen an, warf ihn nieder, schlug die Krallen ihm in die Lenden und riß das Fleisch bis auf den Knochen ab. Ein zweiter Schuß traf. Der Leopard ließ das verwundete Opfer liegen, um sich auf den neuen Feind zu stürzen, aber da die Kugel den Rückgrat getroffen hatte, war er unvermögend, einen Sprung zu thun. Er schleppte sich jedoch vorwärts und schien noch immer mit verzweifeltem Widerstande zu drohen, als der Engländer zielte und ihm die Todeswunde gab.

Man sieht den Leopard so selten bei Tage, daß die Reisenden ohne Furcht durch die Dickige ziehen. Nur der Tiger ist der gefürchtete Tyrann der Wälder, und wo er sein Lager wählt, ist weit umher eine Einöde, wo Gefahren drohen. Es ist ein merkwürdiger Umstand, daß alle Raubthiere vom Katzengeschlechte in Indien, welche Menschen angreifen, die Schwarzen den Weißen vorziehen. Erfahrene Jäger behaupten dies bestimmt, und unser Gewährsmann versichert, er habe es überall bestätigt gefunden, daß, wenn ein Europäer in Gesellschaft eines Eingeborenen von einem Tiger angefallen wurde, das Thier zuerst den Eingeborenen angriff.

Über Blinde, Blindenunterricht und Blindenanstalten.

II. Von der Erziehung und dem Unterrichte der Blinden.

(Fortsetzung aus Nr. 181.)

Die Anleitung des Blinden zu mechanischen Verrichtungen enthält den schwersten Theil seiner Bildung, wie aus der oben enthaltenen Beschreibung der körperlichen Eigenthümlichkeiten des Blinden und den daraus hergeleiteten allgemeinen Grundsätzen seiner körperlichen Erziehung erhellt. Während der sehende Lehrling das Meiste durch Zusehen und Nachahmung Anderer lernt und mit einem Blicke die einzelnen Handgriffe, ihre Verbindung und Folge, wodurch ein mehr oder weniger zusammengesetztes mechanisches Werk zu Stande kommt, beobachten kann, bleibt dem Blinden jedes, auch das allereinfachste Geschäft fremd und für ihn unausführbar, wenn er nicht theoretisch, durch genaue Zergliederung und Ordnung der einzelnen Handgriffe, die dabei erforderlich sind, dazu angeleitet wird und durch zweckmäßige Hülfsmittel und lange Übung es endlich dahin bringt, daß das dadurch erhöhte und verfeinerte Gefühl den mangelnden Gesichtssinn ersetzt.

Wenn man auch nicht leugnen kann, daß es Blinde gegeben hat und noch gibt, welche aus eigner Kraft die große Schwierigkeit überwunden und sich Fertigkeit in mechanischen Verrichtungen verschafft haben, so hat man dieses doch als seltene Ausnahmen und Folgen vorzüglicher Talente oder besonders günstiger Umstände zu betrachten, dagegen die meisten Blinden aus allen Ständen in diesem Falle der Unthätigkeit und der daraus entstehenden Unbehülflichkeit, Langweile und Unbehaglichkeit überlassen bleiben, wobei sie sich und Andern zur Last leben.

Um die natürliche Neigung zur Thätigkeit in dem blinden Kinde nicht einschlummern zu lassen, wodurch es den größten Theil seiner Bildungsfähigkeit verliert, suche man dasselbe vielmehr von der ersten Jugend an mit angemessenen Gegenständen zu beschäftigen. Das sehende Kind hat immer Beispiele und Aufmunterung zur Thätigkeit vor sich, und sein Nachahmungstrieb veranlaßt dasselbe, seine eignen Kräfte zu versuchen. Dem blinden Kinde muß diese Veranlassung zur Thätigkeit gegeben, ihm müssen die Gegenstände, woran es seine ersten Kräfte üben soll, eigens unter die Hände gebracht, ein regelmäßiger Stufengang dabei beobachtet und die nöthige Belehrung damit verbunden werden. Denn auch diese erste mechanische Übung fodert einen theoretisch berechneten Gang, der beim Unterrichte des Blinden nirgend entbehrt werden kann.

Das Erste, was dem Kinde zu lehren ist, müssen körperliche Übungen sein. Diejenigen Übungen aber, die man mit einem blinden Kinde anstellt, müssen mit den allereinfachsten beginnen. Zuerst lasse man die Finger, die Hände und die Arme in verschiedene Richtungen bringen und eine Zeit lang darin aushalten. Dieses muß bald rechts bald links geschehen, mehrmals wiederholt und dadurch die Sache geläufig gemacht werden. Die zweite Übung besteht darin, daß mit den Händen und Armen Bewegungen gemacht und dieselben auf jedesmaliges Verlangen regelmäßig wiederholt werden. Anfänglich mit beiden Händen und Armen nach einerlei, dann aber nach verschiedenen Richtungen und in verschiedener Geschwindigkeit. Nachher kommt die Reihe an die übrigen Glieder und die geschickte Haltung des Körpers beim Stehen, Gehen, Sitzen, Bücken, sowol in der Ruhe als in der Bewegung. Auf diese Art fahre man fort, dem blinden Zöglinge alle möglichen Bewegungen zu lehren.

Auch beim Essen und Trinken bedarf der Blinde einer Anleitung, sowol in Rüksicht des geschickten Verfahrens dabei als in Rücksicht der Anständigkeit. Selbst darüber müssen blinde Kinder belehrt werden, daß der Kopf und der Mund dem Löffel oder Trinkglase nicht nachzugehen habe, sondern wie diese mit leichter Hand dem Munde zuzuführen sind. Da sehr viele Blinde sich des Messers und der Gabel nicht bedienen können, so verschlingen sie große Bissen, was dem Geschmack und der Verdauung nachtheilig ist. Ferner ist es eine nothwendige Beschäftigung für einen Blinden, welcher stets an die größte Ordnung gewöhnt werden muß, daß er seine Kleider, Wäsche und andere Sachen gehörig zusammenlegen und aufbewahren lerne und überhaupt etwas ordentlich einwickeln könne, daß er Papier und andere Dinge zur leichtern Aufbewahrung in einerlei Form zu bringen wisse und dergl. mehr.

Was nun die Methode betrifft, nach welcher der Blinde in mechanischen Verrichtungen und in dem geschickten Handhaben und Gebrauche der dazu dienlichen Werkzeuge unterrichtet werden soll, so beruht die Hauptsache darauf, daß Alles in einzelne Handgriffe aufge=

löst und jeder derselben dem Blinden langsam vorgemacht werde, während man denselben die dabei nöthige Lage, Richtung und Bewegung der Hand des Lehrers befühlen läßt.

Erst nachdem der Blinde durch dieses sorgfältige Nachgreifen sich eine zusammenhängende deutliche Idee von dem ganzen Verfahren gemacht hat und nun selbst zuzugreifen anfängt, muß ihm durch Handführung nachgeholfen und dadurch die Sache nach und nach zur Geläufigkeit gebracht werden. Mit dieser Handführung den Unterricht anzufangen ist nicht zweckmäßig, weil der Blinde, wenn er von der Arbeit, die er lernen soll, gar keinen Begriff hat, die Hände dabei auch nicht thätig gebrauchen kann, sondern dieselben gleichsam leblos dem Handführer überläßt, der eben deswegen sie fester fassen und halten muß, wodurch vollends alles Gefühl in der Hand des Blinden verloren geht und die Absicht unmöglich erreicht werden kann. Vielmehr wende man nur bei den schwersten Handgriffen eine leise Handführung an und lasse die Hand des Blinden dann mit eigner Thätigkeit fortfahren.

Die dabei nöthige mündliche Erklärung wird dadurch am deutlichsten und für den Schüler am begreiflichsten, wenn während der Arbeit selbst in jedem einzelnen Falle erklärt und zugleich durch leise Handführung gezeigt wird, wie dabei zu verfahren ist. Man sei besonders im Anfange aufmerksam darauf, daß sich der Blinde keine falschen Handgriffe angewöhne, weil es viel Mühe kostet, ihm in der Folge solche Fehler wieder abzugewöhnen. Auch pflegen Blinde gern zu eilen, und wollen schon das Ganze machen, bevor sie es in den einzelnen Handgriffen zu gehöriger Fertigkeit gebracht haben. Man halte sie daher bei den Anfängen einer Arbeit lang genug auf und fodere nach den Fähigkeiten eines Jeden vollkommene Arbeit, ohne für jetzt auf die Länge der Zeit zu sehen, die er damit zubringt, noch weniger aber ihn selbst zum schnellen Arbeiten anzutreiben, was bei einem Blinden erst dann erfolgen kann, wenn ihm die Arbeit durch lange Übung im höchsten Grade geläufig geworden ist.

Hierher gehören zuvörderst die sogenannten Hausarbeiten. Diese kann ein Blinder, nach einer guten Anleitung und eigner fleißiger Verwendung, fast alle verrichten, nur ist der Sicherheit wegen zu rathen, daß er sich nicht mit solchen befasse, wobei Feuer und Licht nothwendig ist, so gern auch Blinde gewöhnlich damit umgehen. Wenn der Blinde in seiner eignen Familie oder in einem fremden Hause lebt, wo auf Ordnung und Pünktlichkeit gehalten wird, und wo er sich bald so gut wie ein Sehender zurecht findet, wenn nur Alles an seinem bestimmten Ort ist, so kann er Wasser schöpfen, wozu bei manchen Gewerben und Fabriken viel Zeit erforderlich ist, Holz und Wasser tragen, Holz sägen, entweder mit einem Sehenden oder allein, mittels eines an dem Sägebock oben angebrachten Gegengewichts, Vorräthe unter Beschluß halten und das Nöthige herausgeben. Weibliche Blinde können aufbetten, in Gesellschaft von Sehenden waschen und rollen, kleine Kinder ankleiden und sie warten.

Das Treiben einfacher und zusammengesetzter Maschinen, wenn dies blos körperliche Kräfte fodert, kann ebenfalls von Blinden verrichtet werden. Hierher gehören: Das Glas- und Marmorschleifen, das Radtreiben bei Schleifern, Zinngießern und andern Handarbeitern, das Blasebalgtreten und das Glockenläuten bei Kirchen, die Bewegung eines Hebels, einer Winde, eines Haspels oder eines Tretrades zum Treiben einer Gewürz-, Taback-, Farben- oder andern Mühle. Das Stampfen dieser und anderer Materien kann entweder mittels einer ähnlichen Vorrichtung oder aus freier Hand durch einen Blinden verrichtet werden.

Das Stricken ist eine von den Arbeiten, welche dem Zustande des Blinden am meisten angemessen sind. Es begreift nur wenige leichte Handgriffe, fodert die einfachsten Werkzeuge und kann an jedem Orte und in dem kleinsten Raum verrichtet werden. Wollte man mit gewöhnlichen Faden und mit dünnen Nadeln den Unterricht in dieser Arbeit mit einem Blinden anfangen, so würde man mit doppelter Mühe kaum zum Ziele kommen. Die ersten Stricknadeln müssen wenigstens die Dicke einer Federspule haben und können von Holz, Fischbein oder Metall sein. Vorn sind sie zugespitzt und sollen sich nicht biegen. Statt des Garns oder Zwirns gebraucht man dünnen Bindfaden, um Alles recht fühlbar zu machen. Die Blinden stricken von Zwirn aus Flachs und Hanf, Baumwolle, Schafwolle und Seide, nur soll der Faden nicht allzufein sein, aber gleich dick und hinlänglich gedreht sein. Sie bringen es durch gute Anleitung, Aufmerksamkeit und Übung dahin, daß sie nicht nur Strümpfe von Anfang bis zu Ende ohne fremde Beihülfe und ohne Fehler stricken, sondern sie können sogar künstliche Strickereien mit regelmäßigen Figuren, mit eingeschlungenen, sammtartigen, schmalen Bändern (Chenillen) oder gefärbten Perlen verfertigen.

Das Netzstricken hat mit der vorherbeschriebenen Arbeit die Einfachheit der Handgriffe und der Werkzeuge gemein. Ferner sind als einfache Arbeiten für Blinde zu empfehlen: das Spinnen, das Schnüremachen, Nähen, Bandweben, Schuhflechten, Strohflechten, Teppichmachen, Gurtschlagen, Franzenmachen, Reitgerten überflechten, alle Arten von Papparbeiten und dergl. mehr.

Die bisher beschriebenen Handarbeiten fodern entweder nur wenige einfache Handgriffe oder sie sind von solcher Beschaffenheit, daß sie mehr eine Lieblingsbeschäftigung ausmachen, als daß sie zum eigentlichen Lebensunterhalt betrieben werden. Daher widmen sich diesen Arbeiten auch nicht besondere Classen von Menschen, sondern sie werden neben andern Beschäftigungen von Vielen getrieben, und der Unterricht in denselben wird weniger auf bestimmte Regeln als auf Nachahmung und lange Übung gebaut, was freilich bei dem blinden Lehrlinge eine Ausnahme leidet.

Nunmehr sollen auch einige solche Arbeiten angegeben werden, welche mehrere und künstliche Handgriffe fodern, und die daher von ordentlichen Meistern zunftmäßig betrieben und gelehrt werden. Für den Unterricht der Blinden werden von diesen Arbeiten solche ausgewählt, deren Material leicht fühlbar ist, und die sich durch ihre Allgemeinheit und Nützlichkeit für den Unterricht des Blinden empfehlen.

Wenn der Blinde auch nicht im Stande ist, in einer gewöhnlichen Werkstätte neben Sehenden zu arbeiten, so kann er doch in einem, seinem Zustande angemessenen Local entweder auf seine eigne Rechnung thätig sein oder das von seinem Meister erhaltene Material verarbeiten.

Hieher gehört die Seilerarbeit, das Weben, Korbflechten, Stuhlflechten, Drechseln, Schuhmachen, Tischlern, Drathflechten und dergl. mehr.

(Fortsetzung in Nr 185.)

Don Rodrigo Diaz, der Cid.

Der Cid.

Der hier nach dem Tode dargestellte Don Rodrigo Diaz, Graf von Bivar, allgemein bekannt unter dem volksthümlichen Beinamen Cid oder Campeador (so viel als Herr und Held), dessen Thaten und Rittertugenden in zahllosen Romanzen besungen sind, wurde 1026 geboren und am Hofe Königs Ferdinand I. von Castilien erzogen. Schon als Jüngling mußte er seinen im Zweikampf überwundenen greisen Vater an einem misgünstigen Höfling rächen. Er tödtete aber dabei in demselben auch zugleich den Vater seiner geliebten Ximene, die nun, von Pflichtgefühl getrieben, beim Könige den Geliebten anklagte, während er im Kampfe mit den in Castilien eingefallenen Mauren Zerstreuung und Linderung seines Kummers suchte. Hier erhielt er vom Feinde den ruhmvollen Beinamen Cid, und bald konnte der 20jährige Held fünf überwundene und gefangene maurische Fürsten an Ferdinand I. abschicken, der ihn dafür mit der Geliebten aussöhnte und verband. Den Siegen des Cid verdankte Ferdinand die Provinzen, welche Castilien unter seiner Regierung erwarb, sowie den Beinamen des Großen. Nach dem Tode des Königs, der sein Reich unter seine drei Söhne getheilt hatte, und als diese sich bekriegten, focht der Cid siegreich für König Sancho von Castilien, der ihn zum Campeador des ganzen Heers ernannte, und nachdem dieser durch Meuchelmord gefallen war, widmete er dessen Nachfolger und Bruder Alfons seine Dienste mit gleicher Treue und gleichem Erfolge, mußte aber dennoch mehrmals erfahren, daß neidische Einflüsterungen mächtiger waren als seine Großthaten. Er tröstete sich darüber im Kreise seiner Familie, und da sein Ruhm stets Kampflustige ihm zuführte, hörte er nicht auf, mit einem für sich allein gebildeten Heere die Ungläubigen zu befehden, und obgleich Alfons ihn seines Vermögens beraubte, unterließ er doch nicht, als gewissenhafter Lehensmann demselben stets den gebührenden Antheil von der gemachten Beute zu übersenden. Die glänzenden Erfolge der Waffen und das makellose Benehmen des Cid gaben endlich dem Könige Alfons die Überzeugung, daß ihm dieser eine Ritter bessere Dienste leiste als alle seine Höflinge; er berief ihn deshalb wieder an seinen Hof und schützte ihn fortan kräftig gegen seine Neider und Feinde. Die Eroberung von Murviedro im Jahre 1095 war die letzte Waffenthat des Cid, der 1099 in Valencia starb. Als kurz darauf diese Stadt von den Mauren angegriffen wurde, soll man den in die wohlbekannte Rüstung gekleideten Leichnam auf des Verblichenen Streitroß Babieça gesetzt, ihm das Schwert in der Hand befestigt und ihn so den Feinden entgegengeführt haben, die alsbald vor dem Anblicke des vermeintlich Lebenden die Flucht nahmen. Die Witwe des Cid führte hierauf die Leiche des Helden nach Castilien, wo er zwei Stunden von Burgos im Kloster San-Pedro de Cardeña beigesetzt, sowie im Klosterhofe sein Streitroß begraben wurde. Da Vieles in der Lebensgeschichte des Cid auf dichterischen Überlieferungen beruht, so bleibt ihre historische Gewißheit allerdings sehr zweifelhaft.

Das Pfennig-Magazin
der
Gesellschaft zur Verbreitung gemeinnütziger Kenntnisse.

183.]   Erscheint jeden Sonnabend.   [October 1, **1836**.

Römisches Denkmal zu Igel.

Römisches Denkmal zu Igel.

In dem Dorfe Igel, an der Straße zwischen Trier und Luxemburg, befindet sich eines der Denkmale römischer Herrschaft, an welchen die ehemalige Hauptstadt *) des belgischen Galliens und ihre Umgegend so reich sind. Dieser in vorstehender Abbildung dargestellte Überrest der Römerherrschaft besteht aus einem viereckigen Thurme von massiven Sandsteinstücken, der sich in eine Pyramide endigt, auf deren Spitze eine Weltkugel mit einem Adler ruht. Er ist beinahe 70 Fuß hoch und die Breite seiner Seiten beträgt 15 Fuß. Der Kopf des Adlers wurde durch eine Stückkugel zerstört, als der französische Marschall von Crequi 1675 in der Ebene von Trier eine Niederlage erlitt. Über die Bedeutung des Denkmals sind die Meinungen getheilt. Nach Einigen ist es ein Todtendenkmal, nach Andern ward es zu Ehren der Geburt des Kaisers Caligula errichtet, oder zum Andenken der Vermählung des Kaisers Constantius Chlorus mit Helena, der berühmten Mutter Konstantin's des Großen, eine Meinung, auf welche die auf dem Basrelief befindliche Figur eines Mannes, der einer Frau die Hand reicht, geführt haben mag. Die Tänze und Spiele der Genien, mit welchen der Thurm geziert ist, und die Figur des Paris auf einer der vier Seiten scheinen indeß mit der Idee eines Todtendenkmals nicht unvereinbar zu sein. Man sieht Ältern und Kinder einander gegenüber; mehre Personen speisen zusammen, und um dem Beschauer zu zeigen, woher die Speisen gekommen sind, sieht man beladene Saumthiere heranziehen. Handel und Gewerbe sind auf verschiedene Weise sinnbildlich angedeutet, und es scheint, daß die Erbauer des Denkmals bei dem römischen Kriegswesen angestellt waren. Eine verstümmelte Inschrift, die man zum Theil hergestellt hat, deutet darauf, daß das Denkmal in der zweiten Hälfte des 4. Jahrhunderts dem Andenken des Secundinus Severus von zwei Gliedern seiner Familie errichtet ward. Der Styl des Werkes zeigt, daß es aus der Zeit des Verfalles der Kunst stammt; aber auch hier finden wir wieder einen Beweis, wie glücklich die Römer in der Wahl der Stellen für ihre Denkmale waren. Die breite Mosel, die sich mit der Saar vereinigt, fließt in der Nähe; die wellenförmigen Erhöhungen des Bodens und der üppige Pflanzenwuchs, der ihn schmückt, geben dem Denkmale Bedeutung und Würde.

Über den Weinbau.
III.
(Fortsetzung aus Nr. 179.)

Es kann nicht der Zweck dieses Aufsatzes sein, in umständliche Erörterungen über den Anbau des Weinstocks und die Bereitung und Pflege des Weins einzugehen, aber zur Erklärung dessen, was wir über den Weinbau der Alten gesagt haben und über die Grundsätze, nach welchen dieser Culturzweig heutiges Tages in den meisten Weinländern betrieben wird, noch mittheilen werden, ist es nöthig, ehe wir weiter gehen, im Allgemeinen über diesen Gegenstand zu sprechen.

Die zuckerreiche Frucht der Rebe kann nur in einem trocknen, sonnigen, gegen den Nord- und Nordostwind geschützten Standorte gedeihen, und die beste Lage für einen Weinberg ist ein gegen Mittag gekehrter sanfter Bergabhang, der noch höhern Werth hat, wenn er sich von seinen Seiten nach der Mitte hin muldenförmig senkt. Rebenpflanzungen in Ebenen geben zwar oft reichliche Ernten, ihre Erzeugnisse stehen aber immer den Bergweinen aus einer guten Lage weit nach. Wenn das Ansteigen der zu einem Weinberge bestimmten Anhöhe einen Winkel über 45 Grad bildet, müssen, um das Herabschwemmen des Bodens zu verhindern, Terrassen angelegt werden, die man zu Rebenspalieren benutzen kann. Nachtheilig sind den Weinbergen die gegen Mitternacht laufenden Bergschluchten, die den Zug des Windes vermehren, oder hinter den Rebenpflanzungen aufsteigende Waldgebirge, Seen und Sümpfe, und die Nachbarschaft von Hohöfen und andern durch Steinkohlenfeuerung betriebenen Werkstätten. Der günstigste Boden ist ein mehr oder weniger vermischter Kies, Syenit, Granit, Schiefer, Porphyr, Kalkstein oder roher Sand, vorzüglich aber auch ein verwittertes vulkanisches Gebilde. Er muß die durch den Einfluß der Sonne entwickelte Wärme leicht aufnehmen und lange erhalten, und die Feuchtigkeit, ohne daß sie zu lange verweile, durchdringen lassen. Hat der Boden nicht überall dasjenige Verhältniß seiner Bestandtheile, das für die Rebencultur günstig ist, so muß er durch Beimischungen verbessert werden, z. B. reiner Kalkboden mit Moorerde, Thon mit Kalk oder Sand, und der Weinbauer muß zu diesem Zwecke stets einen Vorrath der erforderlichen Erdmischungen haben.

Der Weinstock wird vorzüglich durch Anpflanzen abgeschnittener Reben und durch Absenken, aber auch durch Samen vermehrt. Die Schnittlinge, die man von vollkommen gesunden, weder zu alten noch zu jungen Stöcken nimmt, werden entweder gleich auf den ihnen bestimmten Standort gesetzt, oder in einer Rebschule gezogen, um sie später wieder zu verpflanzen. Soll der Weinstock durch Absenken oder Ablegen vermehrt werden, so legt man einen einzelnen Rebenschößling, damit er Wurzeln treibe und einen jungen Stock erzeuge, in eine Grube, befestigt ihn mittels eines Asthakens auf dem Boden, bindet das bis auf ein Auge verschnittene Ende an einen kleinen Pfahl und füllt dann die Grube wieder mit guter Erde. Von dieser Vermehrungsart des Weinstocks ist das sogenannte Senken verschieden, wobei die ganzen Stöcke bis auf die Spitzen ihrer Rebenschößlinge in Gruben gelegt werden. Dies geschieht, um alte und kraftlose Stöcke zu verjüngen und fruchtbarer zu machen. Die Vermehrung durch Samen ist weniger gewöhnlich und es entstehen dabei oft Spielarten, doch kann sich der Weinbauer dadurch manche neue und auch dauerhaftere Sorten verschaffen, als diejenigen sind, von welchen der Same genommen ist. Bei der Anlegung eines Weinbergs kann man auch ausgehackte alte Stöcke anpflanzen, was sehr vortheilhaft ist, da sie schon im zweiten Jahre tragen, doch muß man darauf sehen, daß ihr früherer Standort dem künftigen, hinsichtlich des Bodens, nicht zu ungleich sei.

Bei der Wahl der Traubensorten muß man sowol auf das Klima als auf die Lage des Weinbergs und auf die Beschaffenheit des in einem Weinberge nicht selten verschiedenen Bodens Rücksicht nehmen. Jeder Rebensorte wird ihr angemessener abgesonderter Standort gegeben, da viele derselben nur in einer gewissen höhern oder tiefern, freiern oder verdecktern Lage zu vollkommener Reife gelangen. Alle Reben werden regelmäßig in Reihen gepflanzt, um die Übersicht und jede Arbeit vom Schnitte bis zur Weinlese zu erleichtern. Die Güte des Weins hängt hauptsächlich von dem in den Beeren enthaltenen Zuckerstoffe ab, der nur bei voll-

---
*) Über Trier vergl. Pfennig-Magazin Nr. 126.

kommener Reife der Traube sich völlig entwickeln kann, und man muß sich daher auf die Anpflanzung derjenigen Reben beschränken, deren Trauben gewöhnlich vollkommen reif werden. Zu diesen gehören für das Klima Deutschlands vorzüglich folgende Sorten: 1) der weiße Burgunder (morillon blanc), der in der Blüte mehr als andere ungünstigen Witterungseinflüssen widersteht, und einen geistreichen, haltbaren Wein liefert, sowie eine verwandte Art, der weiße Kleinedel (auvernas blanc), 2) der Kleinbraune, oder kupferfarbene Traminer (grisrouge), der sehr ergiebig ist und fast überall gedeiht, 3) der Rheingraue oder Rulander (gris commun) oder rothe Clävner, 4) der blaue Arbst (pineau), 5) der blaue Clävner (Français noir), trefflich zu rothem Weine, und verschiedene kleinbeerige blaue Burgundertrauben, besonders die Müllerrebe (meunier, façonne) und der frühzeitige Burgunder (morillon hatif), die sämmtlich zuckerreich sind und früh reifen. Sieht man mehr auf die Menge als auf die Güte des Erzeugnisses, so kann man neben jenen Sorten noch einige andere anpflanzen, wie den Ortliebenstock (auch Türkheimer oder gelber Mosler genannt), den an der Mosel häufig gebauten Schönfeiler oder Zierfahnler, und den Gutedel (chasselas), die zwar weniger zuckerreichen, aber doch säurefreien Most geben. In einigen Gegenden Deutschlands, besonders am Rhein und Main, werden auch zwei treffliche Sorten, der Orleanser und der Rießling gepflanzt, doch gelangen beide nicht immer zur vollkommenen Reife. An Terrassen kann man auch mit Vortheil manche Muscatellersorten anpflanzen.

Ist ein Weinberg mit jungen Stöcken sorgfältig bepflanzt, so werden sie bald starke Wurzeln treiben und Kraft zum Fruchttragen erlangen. Durch vorsichtiges Hacken wird der Boden stets locker und rein von Unkraut erhalten. Im ersten Jahre läßt der Winzer nur einen Schößling ungestört aufwachsen, im zweiten aber zwei Schößlinge treiben, die er im Herbste bis auf ein Auge abstutzt. Im dritten Jahre läßt er sie Früchte tragen oder versenkt sie zur Vermehrung der Anpflanzung.

Soll der üppig wachsende Weinstock gute zuckerreiche Früchte tragen, so muß er in seinem Holztriebe beschränkt, das heißt jährlich verschnitten werden, was, wie wir gehört haben, auch bei den Alten gewöhnlich war. Die Ergebnisse der Erfahrung bestätigen den Grundsatz: je niedriger der Weinstock ist und je weniger Holz er hat, desto besser werden die Trauben. Dies ist um so nothwendiger, da in den meisten deutschen Weinbergen die Stöcke zu nahe aneinander stehen und dadurch in der Ausbreitung ihrer Wurzeln zu sehr beschränkt werden. Spalierstöcken läßt man weit mehr Holz, weil ihre Wurzeln gewöhnlich einen unbeschränkten Raum haben. Das Verschneiden erfodert genaue Kenntniß des Weinstocks, um die tragbaren und gesunden Reben von den unnützen und schadhaften Schößlingen zu unterscheiden. Junge Stöcke müssen bis zum sechsten Jahre kurz verschnitten werden, weil sie sonst leicht, besonders im vierten und fünften Jahre, durch zu große Fruchtbarkeit sich erschöpfen. Das Verschneiden geschieht gewöhnlich im Frühlinge, ehe der Saft zu stark in Bewegung ist, doch geben mehre Weinbauer aus guten Gründen dem Herbstschnitte den Vorzug. Im Frühlinge wird die Erde um den Weinstock aufgelockert oder „geräumt", um dem Stocke die Tagewurzeln zu nehmen, aber auch dieses Verfahren ist schon oft als eines der unverständigen, mit den allgemeinen Grundsätzen der Pflanzencultur unvereinbaren Vorurtheile getadelt worden, deren bei dem Weinbau noch so viele herrschend sind, und man hat empfohlen, auch im Herbste zu räumen. Gleich nach dem Frühlingsräumen werden die zu Bögen geschnittenen Reben angeheftet. Nach der Blüte, die in Deutschland im Junius eintritt und, wenn eine gute Ernte erfolgen soll, eine trockene Witterung verlangt, werden die neugetriebenen Reben angebunden, was aber unter manchen Umständen noch vor der Blüte geschieht, worauf das Weinland wieder gehackt wird. Dann werden die jungen geilen Stocktriebe abgebrochen, die dem Wachsthum der Frucht nachtheilig sein würden. Nach dieser Arbeit, die ebenso viel Sorgfalt erfodert als das Verschneiden, wird der Boden um den Stock noch einmal aufgelockert. Nach der Weinlese endigen die Hauptarbeiten des Winzers im Weinberge. Vor dem Eintritte des Winters wird in manchen Gegenden Deutschlands der Weinstock gedeckt, das heißt, auf den Boden gestreckt und entweder ganz mit Erde belegt oder nur mit dem Pfahle beschwert und mit einigen kleinen Erdhaufen bedeckt. Die Absicht dieses Deckens ist, die Stöcke unter dem Schutze des Schnees gegen das Erfrieren zu sichern, aber abgesehen davon, daß die Schneedecke oft fehlt, hat das Decken den großen Nachtheil, daß der Stock durch das Niederlegen den Folgen des schnellen Wechsels der Temperatur der Luft weit mehr ausgesetzt ist als der stehende, und überdies ist eine Kälte von mehr als 18 Grad, die dem Weinstocke verderblich ist, nur selten. Das Düngen der Reben geschieht am regelmäßigsten, wenn man den Weinberg in gewisse Bezirke theilt, von welchen jährlich einer nach der Verschiedenheit der Lage gedüngt wird; gewöhnlich aber begnügt man sich, bei dem Senken der Weinstöcke, im Herbst oder Frühling, Dünger in die Gruben zu werfen, was die Folge hat, daß manche Stöcke in vielen Jahren nicht gedüngt werden.

(Fortsetzung folgt in Nr. 184.)

Reisen in Rußland.

Es gibt, außer auf der schönen Heerstraße zwischen Petersburg und Moskau, im eigentlichen Rußland kaum Postkutschen. Dem Reisenden bleibt nur die Wahl, sich einen eignen Wagen zu kaufen oder sich des einheimischen Fuhrwerks zu bedienen. Gegen die Bezahlung einer bestimmten Taxe erhält er eine Anweisung von der höchsten Behörde, gegen welche ihm auf jeder Station Pferde zu einem festgesetzten Preise geliefert werden müssen, und in jedem Posthause ist ein Aufseher, der die Namen der Reisenden aufzeichnet und für die Herbeischaffung der Pferde sorgt, welche die Bauern geben müssen. Wer die höhern Kosten nicht scheut, wählt gewöhnlich diese Art zu reisen, wer aber wohlfeiler fortkommen oder auch bequemere Gelegenheit finden will, die Sitten des Landes zu beobachten, dingt einen Lohnfuhrmann, der es übernimmt, den Reisenden in einer festgesetzten Zeit an den Ort seiner Bestimmung zu bringen. Gewöhnlich sind diese Fuhrleute freigelassene Kronbauern, die außer andern Vergünstigungen auch vom Kriegsdienste frei sind, wogegen sie die Verpflichtung haben, der Regierung Pferde für ihre Courriere und für den Postdienst zu liefern. In Petersburg und Moskau findet man ihrer mehre in den sogenannten Posthöfen, wo der Reisende sie aufsucht und nach langem Feilschen seinen Vertrag mit ihnen abschließt. Findet sich ein Mitbewerber, so wird gelost. Der eine Fuhrmann wirft seine Peitsche in die Luft und der andere ergreift sie bei dem Niederfallen. Dann fassen

Winterreisen in Rußland.

Beide abwechselnd die Peitsche Hand über Hand, bis sie an das Ende kommen, und wer zuletzt faßt, ist der Gewinner.

Diese Fuhrleute sind ein schöner, kräftiger Menschenschlag. Ihr dichtes schwarzes Haar, ihr breiter Bart, ihr gebräuntes Gesicht, ihr nerviger Hals machen sie zu wahrhaft malerischen Gestalten. Sie haben mehre eigenthümliche Melodien, die sie fast ununterbrochen singen. Bei heiterm Wetter, auf guten Straßen ist das Reisen im Schlitten ungemein angenehm. In seinen Pelz gehüllt, gleitet der Reisende über die ebene Schneebahn. Munter tönen die Schellen, die an einem über dem Halse des mittlern der drei nebeneinander gespannten Pferde befestigten Bogen hängen, und die Melodie des Fuhrmanns erheitert ihn. Besonders schön ist der Tagesanbruch bei hellem Frostwetter auf einer weiten Ebene. In den grauen Wolken am östlichen Himmelsrande leuchtet ein blutrother Lichtstreif, der allmälig dunkler sich färbt, bis endlich die Sonne ihre breite glühende Scheibe über den Horizont hebt und ihren Glanz auf die blendend weiße Schneebahn wirft, die sich röthet und funkelt, wenn zahllose Eiskrystalle die Strahlen auffangen und brechen. Auch die Fahrt durch einen Wald hat ihre Reize. Der Schnee, der in schweren Massen auf den Wipfeln der Fichten liegt, drückt die Zweige nieder und bildet einen auffallenden Contrast mit dem dunkeln Grün. Schlanke Hängebirken senken ihre zarten Zweige unter der Schneelast bis auf die Erde. Mit der Annäherung des Frühlings ändert sich das Schauspiel. Unter den wärmern Strahlen der Sonne verliert der Schnee seine blendende Weiße, die funkelnden Eiskrystalle lösen sich auf. Die großen Straßen, die nun fast unfahrbar werden, sind verlassen und man sucht Nebenwege über die angrenzenden Ebenen oder durch die Wälder, welche an der Straße liegen, und bald sieht man hier tiefe Furchen, wie auf einem gepflügten Felde, und hier und da bilden sich tiefe, mit geschmolzenem Schnee gefüllte Löcher. Die Beschwerden, welchen der Reisende auf solchen Wegen in einem unbequemen Fuhrwerke ausgesetzt ist, hofft er vergebens in einem Wirthshause zu vergessen. Außer auf den Hauptstraßen gibt es keine anständigen Wirthshäuser im Innern des Landes. Will der Reisende nicht in einem Bauernhause ausruhen, so geht er in das Posthaus, wo er wenigstens ein mit Leder überzogenes Sopha findet, von Betten aber und von Erfrischungen ist nicht die Rede. Die russischen Edelleute haben auf Reisen Alles, was sie brauchen, bei sich, Betten, Decken, Lebensmittel, Küchengeschirr, Wachslichter und die Räucherkerzchen werden nicht vergessen als nothwendige Vorsicht, wo die Geruchsnerven nicht ganz abgestumpft sind. Gewöhnlich haben sie auch einen Koch bei sich, da man in den meisten Orten außer Brot, Eiern und zuweilen Milch nichts findet, wenn man nicht mit den Gerichten der Landleute, gekochtem Korne mit Hanffamenöl und einer Suppe von Weißkraut, in welcher Rindfleischschnittchen schwimmen, sich begnügen will.

Sanct Helena.

Einsam erhebt sich im Weltmeere, ungefähr auf halbem Wege zwischen Südamerika und Afrika, die basaltische Felseninsel St.-Helena, gegen 400 Meilen von dem Vorgebirge der guten Hoffnung und über 130 Meilen von der Insel Ascension, dem nächsten Lande, entfernt. Sie erscheint in der Ferne als eine schwarze, zackige Felsenmasse, deren Wände sich 600 — 1200 Fuß hoch erheben, und nur wo Oeffnungen an der Küste haben, deren größte die schöne, für große Schiffe zugängliche Bai bildet, die nachstehende Abbildung zeigt. Der Basaltfelsen ist in vielen Richtungen gewunden, sonderbar zerklüftet und von vielen Thälern durchschnitten. Die Insel hat im Umfange 6½ Meile, in ihrer größten Länge fünf, in ihrer größten Breite über drei Stunden. Der Gipfel bildet eine fruchtbare Ebene mit mehren kegelförmigen Erhöhungen, zwischen welchen ange-

Ansicht von St.-Helena.

nehme Thäler liegen. Der höchste Punkt der Berge, welche die Insel bilden, ist der Dianafelsen, 2700 über der Meeresfläche, von dessen Gipfel sich eine umfassende großartige Aussicht darbietet. Das Klima ist auf der Höhe milder und gemäßigt, doch nicht ohne häufige Abwechselungen, und trübe Tage sind häufig. Es wehen nur die erfrischenden Ost=Passatwinde und nie Orkane.

Die Insel war unbewohnt, als die Portugiesen zu Anfange des 16. Jahrhunderts sie zuerst entdeckten und St.=Helena nannten. Sie fanden nur Schildkröten und Seevögel an der Küste, die Erleichterung aber, welche die Lage der Insel der Fahrt nach Ostindien gewähren konnte, bewog die Entdecker, Vorbereitungen zu einer Niederlassung zu machen. Sie bauten eine kleine Kirche an der Küste in dem wasserreichen Kapellenthale, versetzten mehre europäische Hausthiere auf die Insel, pflanzten einige Bäume an und streuten Saaten aus, um ihren landenden Schiffen Bequemlichkeiten zu verschaffen, waren aber eifersüchtig bemüht, andern Völkern die Vortheile zu entziehen, welche die Insel darbot. Erst mehre Jahre nach der Entdeckung ward eine Ansiedelung gegründet. Der tapfere Alfons Albuquerque, der Oberbefehlshaber der portugiesischen Niederlassungen in Ostindien, hatte bei der Eroberung der Stadt Goa mehre portugiesische Überläufer gefangen genommen, welchen er Nase, Ohren, die rechte Hand und den Daumen der linken abschneiden ließ. Er befahl darauf, die Verstümmelten nach Portugal einzuschiffen, sie wurden aber mit einigen Negern auf St.=Helena zurückgelassen, wo sie den Rest ihres unglücklichen Lebens zubringen wollten. Rebhühner, Fasanen und anderes Geflügel wurden auf die Insel ausgesetzt, um den Verbannten künftig Unterhalt zu geben, und man ließ ihnen mehre Fruchtbäume und Sämereien zurück. Unter der sorgfältigen Pflege der Ansiedler vermehrten sich die Hülfsmittel der Insel bald reichlich. Jedes ankommende portugiesische Schiff konnte frische Vorräthe, Gemüse und Wasser einnehmen, das mehre frische Quellen lieferten, und die frühern Seefahrer fanden es so schwierig, lange von gesalzenem Fleische zu leben, und die durch die Entbehrung frischer Vorräthe erzeugten Krankheiten richteten so große Verheerungen auf den Schiffen an, daß auf der langen und gefährlichen Reise nach Indien ein Ruheplatz mitten im atlantischen Meere, wo sie ihre Gesundheit und ihre Kräfte stärken konnten, von großer Wichtigkeit für sie wurde. Die portugiesischen Indienfahrer ließen ihre Kranken auf der Insel, wo im nächsten Jahre andere Schiffe sie wieder abholten. Die Portugiesen hatten die Vortheile, welche die Lage der Insel ihnen darbot, beinahe 90 Jahre benutzt, als ein englisches Schiff unter Thomas Cavendish auf der Rückkehr aus Indien im Jahre 1588 sie besuchte. Die Engländer fanden Fasanen, Rebhühner, Ziegen und Schweine in Überfluß und in dem angenehmen Thale an der Küste, wo die von den Portugiesen erbaute Kirche stand, gediehen Obstbäume und köstliche Pflanzen, lange Reihen von Citronen=, Pomeranzen=, Granat=, Datteln= und Feigenbäumen erfreuten das Auge durch Blüten und Früchte. Nach der Gründung der englisch=ostindischen Compagnie zu Anfange des 17. Jahrhunderts wurde die Insel häufiger von englischen Schiffen besucht und auch die Holländer legten oft hier an. Die Portugiesen hatten indeß so zahlreiche Niederlassungen auf der west=

lichen und östlichen Küste von Afrika gegründet, daß St.-Helena für sie minder wichtig geworden war, und nachdem sie die Insel verlassen hatten, wurde sie von den Holländern in Besitz genommen, die aber 1651 sie aufgaben und auf dem Vorbirge der guten Hoffnung eine Ansiedelung gründeten. Die englisch-ostindische Compagnie nahm nun St.-Helena in Besitz, um eine dauernde Niederlassung zu stiften. Es wurden Befestigungen angelegt, die man nach dem Herzog von York Fort James nannte. Die Holländer bemächtigten sich im Jahre 1672 durch List der Insel, wurden aber im nächsten Jahre von den Engländern wieder vertrieben. Später wurden Ansiedler eingeladen, welchen man Ländereien anwies, und die Compagnie hatte das Recht, jedes Land, das sechs Monate lang unangebaut geblieben war, andern Ansiedlern zu übergeben. In spätern Zeiten wurde der Anbau der Insel immer mehr verbessert; es wurden gelungene Versuche mit neuen Anpflanzungen gemacht und seit dem Ende des 18. Jahrhunderts besonders auch für die Verbesserung des Zustandes der Bewohner gesorgt, die sich so sehr vermehrten, daß ihre Zahl jetzt gegen 5000 beträgt, unter welchen gegen 2000 Weiße, über 1000 Sklaven, über 700 freie Farbige und gegen 450 Chinesen sind, die seit 1810 aus Kanton dahin gebracht wurden, um als Lohnarbeiter bei dem Landbau zu dienen. Die weitere Einfuhr von Sklaven wurde seitdem verboten, und verordnet, daß alle nach Weihnachten 1818 von Sklavinnen geborenen Kinder frei sein, aber bei den Eigenthümern ihrer Mütter als Dienstboten dienen sollten, Knaben bis zum 18., Mädchen bis zum 16. Jahre. Eine wohlthätige Gesellschaft, deren Hauptzweck die Erziehung armer Kinder war, hatte sich schon früher gebildet und mehre Schulen gegründet, in welchen auch die Sklavenkinder Unterricht erhielten. Das wichtigste Ereigniß in der Geschichte der Insel ist die Gefangenschaft Napoleon's, welcher nach der im August 1815 zu Paris zwischen den verbündeten europäischen Mächten geschlossenen Uebereinkunft der Verwahrung der englischen Regierung übergeben ward. Er kam im November 1815 auf der Insel an und starb am 5. Mai 1821 in seiner Wohnung zu Longwood, die gegen 1800 Fuß über der Meeresfläche liegt und auf unserer Abbildung zwischen den Bergen sichtbar ist. Nicht weit davon in einem Thale ist sein Grab, von Trauerweiden beschattet.

Fast die Hälfte der Oberfläche der Insel ist wüst und felsig. Auf der Hochebene bedeckt eine fruchtbare Erde den Boden. Getreide wird beiweitem nicht hinlänglich für den einheimischen Bedarf angebaut, der durch das aus Europa eingeführte Mehl befriedigt wird. Die Hauptgegenstände des Ackerbaus sind verschiedene Wurzelgewächse und andere nährende Pflanzen. Trauben, Feigen, Pomeranzen und Citronen gedeihen in den Thälern an der Küste, die angepflanzten Stachelbeeren und Johannisbeeren aber geben keine Früchte, sondern verwandeln sich in immergrüne Gewächse. Die gewöhnlichen Küchengewächse Kohl, Erbsen, Bohnen gedeihen in Überfluß. Rindvieh und Schafe sind von englischer Abkunft, und Fasanen, Rebhühner, Kaninchen sehr häufig.

Die Stadt James-Town, 1673 erbaut, liegt im Hintergrunde einer herrlichen Bai, von welcher unsere Abbildung eine Ansicht gibt, in einem engen, sich sanft erhebenden Thale, das eine Viertelstunde lang und zu beiden Seiten von hohen Bergen eingefaßt ist. Nur diese Bai gewährt eine sichere Landung und sie ist, wie die übrigen engern Zugänge der felsigen Küstenwand, durch Batterien und Bollwerke gegen feindliche Angriffe geschützt. Die Stadt hat nur drei gepflasterte Straßen. In den Hauptstraßen findet man mehre Waarengewölbe, wo europäische und indische Erzeugnisse zu haben sind. Die beiden Berge, zwischen welchen die Stadt liegt, sind der Rupertsberg östlich und der Leiterberg westlich. An diesem führt ein geschlängelter Weg zu dem Landhause des Gouverneurs. Die über die Berge in das Innere der Insel führenden Pfade sind für Ochsenkarren fahrbar; sie bieten anfangs einen rauhen und öden Anblick dar, bald aber sieht man freundliche Wohnhäuser und sorgfältig angebaute Pflanzungen, wo die Erzeugnisse der alten und der neuen Welt nebeneinander gedeihen. Die Einwohner bringen den größten Theil des Jahres auf ihren Landgütern im Innern der Insel zu, und nur zur Zeit der Ankunft der Ostindienfahrer, vom Februar bis zum April, kommen sie häufig nach James-Town, wo dann lebhafter Verkehr herrscht.

Die ostindische Compagnie blieb seit dem 17. Jahrhundert ununterbrochen im Besitze der Insel, welche sie aber 1834 der britischen Regierung abgetreten hat.

Über den Bereich des Geruchssinnes.

Bekanntlich steht der Geruchssinn bei vielen Thieren höher als die übrigen Sinne. Beim Hunde z. B., um an ein uns allen bekanntes Thier zu erinnern, ist er in einer fast ans Unglaubliche grenzenden Art vorhanden. Er findet Stunden und Tage weit die einmal aufgenommene Fährte seines Herrn oder eines Wildprets. Auch bei vielen Raubthieren ist das Geruchsorgan äußerst scharf, z. B. bei Wölfen, Füchsen, Mardern. Wir können ihnen nur nahe kommen, wenn wir den Wind gegen uns haben und er ihnen also nicht die durch den Dunstkreis verbreitbaren flüchtigen Theile von uns zuführen kann. Unter den Vögeln gibt es, besonders unter den Raubvögeln, viele mit äußerst scharfem Geruch begabte. Kaum ist ein Maulthier, ein Kameel gefallen, so stellen sich die Condors in Südamerika, die Geier in Afrikas Wüsten ein, die doch nur fern her durch den Aasgeruch herbeigelockt worden sein mußten. Selbst unter den Insekten findet man mehre Arten in solcher Weise begünstigt. Wie fänden die Bienen den Weg nach den blühenden Bäumen und Feldern? Wie wüßte es die Wespe, wo Süßigkeiten verzehrt werden? Ehe man es ahnet, hat man mehre solcher Gäste im Garten. Je weniger sie hoch fliegen und folglich von der Ferne etwas sehen können, destomehr muß ihnen der Geruch sagen, wo sie Nahrung finden. Bei dem Menschen sind alle Sinne mehr gleichförmig thätig; keiner hat ein großes Übergewicht, so lange er nicht vorzugsweise ausgebildet und geübt wird. In diesem Falle wirkt der Geruchssinn aber auch bei ihm auffallend. Der Indianer verfolgt ebenso die Spur eines fliehenden Feindes, wie ein Hund. Allein davon abgesehen, wollen wir nur im Allgemeinen wissen, wie weit ein Gegenstand von uns entfernt sein und doch noch durch den Geruch bemerkbar werden könne. Die Frage ist nicht leicht beantwortet. Erst kommt es auf Beschaffenheit des Gegenstandes an, ob er riechbare Theile von sich ausdünste, ohne welches ihn der Geruchssinn nicht wahrnehmen kann. Die Menge, in welcher er sie ausdünstet, wird dann mit der Entfernung Dessen, der sie durch den Geruch wahrnehmen soll, im Verhältniß stehen. Nicht minder hängt diese von der Richtung des Windes ab, ob er sie uns zuführt, oder in uns entgegengesetzter Richtung fortführt. Wo sich alle drei Momente in hohem Grade vereinen, riecht auch jeder Mensch einen Gegenstand in sehr weiter Entfernung. Seefahrer z. B., welche des Morgens einer mit vielen gewürzhaften Pflanzen bedeckten Küste nahen, können den Geruch davon häufig drei bis vier Stunden von der Küste entfernt wahrnehmen, und wenn in ältern Reisebeschreibungen versichert wird, daß man die Molukken an ihrem Gewürzgeruche wol in einer Entfernung von hundert Meilen wahrnehme, so ist dies zwar eine Übertreibung, aber es liegt ihr doch etwas Wahres zum Grunde, das noch mehr gewinnt, wenn man sich denkt, wie der Reisende einen solchen Landgeruch auch schon einige Tage früher, ehe er die Molukken erreichte, von einer andern Insel her empfand, ihn aber mit dem verwechselte, welchen er mit Recht am Ziele seiner Reise zu finden hoffen durfte.

Soho.

Obgleich zu der großen Manufacturstadt Birmingham gehörend, liegt doch Soho drei Viertelstunden von derselben entfernt. Der Abhang des Berges, den die Gebäude und Pflanzungen dieser prächtigen Anlage bedecken, war vor 1727 eine öde Haide, wo Kaninchen gehegt wurden. In jenem Jahre nahmen die Manufacturisten Ruston und Evans diesen Platz und die umliegenden Ländereien in Erbpacht und erbauten ein Haus und eine Mühle zum Strecken von Metallplatten. Im Jahre 1767 kaufte der berühmte Boulton diese Anlage, erweiterte die Mühle und legte nachher seine Manufactur von Birmingham hierher, da aber die vorhandenen Gebäude für seine großen Unternehmungen nicht umfassend genug waren, so legte er 1764 den Grund zu der jetzigen Manufactur, die im folgenden Jahre vollendet wurde. Er baute zugleich ein schönes Haus, wo er seinen Wohnsitz nahm. Die Manufacturanlagen bestehen aus vier großen Vierecken mit anstoßenden Reihen oder vielmehr Straßen von Waarenhäusern und haben hinlänglichen Raum für 1600 Arbeiter; gewöhnlich sind deren 600 beschäftigt. Man hat keine Kosten gespart, die Anlage gleichförmig und gefällig in der Bauart, wie bequem in der Einrichtung zu machen. Derselbe gebildete Geschmack zeigt sich in den umliegenden Gärten, die dazu beitragen, dem Ganzen den Charakter eines großartigen und reizenden Landschaftsbildes zu geben. Mit rühmlicher Sorgfalt war der treffliche Stifter früh darauf bedacht, auf die sittliche und höhere gewerbliche Ausbildung seiner Werkleute zu wirken, die sich stets durch Anstand, Fleiß und Ordnungssinn auszeichneten.

In der ersten Zeit bestanden die Erzeugnisse dieser großen Manufactur aus solchen, die gewöhnlich von den Handwerkern in jener Gegend gemacht werden, Knöpfen, Schnallen, Uhrketten und ähnlichen Dingen. Bald aber wurde auch die Verfertigung von plattirten Waaren in großem Umfange eingeführt, und als dieser und andere Zweige der Manufactur einen festen Bestand gewonnen hatten, legte sich Boulton, der unterdessen mit Fothergill in Verbindung getreten war, auch auf zierliche und großartige Arbeiten in Bronze. Boulton, ein Mann, der in der Geschichte des englischen Fabrikwesens an Unternehmungsgeist, Einsicht und liberaler Gesinnung nicht seines Gleichen hat, ermunterte talentvolle Männer, die durch Zeichnungen, Modelle und andere Kunstleistungen zur Vervollkommnung seiner Anstalt beitragen konnten. Seine Fabrik von plattirten Waaren nahm einen immer höhern Aufschwung und verminderte nicht nur die Einfuhr ähnlicher Arbeiten aus Frankreich, sondern wurde auch bald ein wichtiger Handelszweig für den Verkehr mit den meisten europäischen Ländern. Der glückliche Erfolg dieser Unternehmung ermunterte zu neuen. Boulton fing nun an, Silberwaaren zu verfertigen, nachdem es ihm nicht ohne Schwierigkeit gelungen war, die Errichtung eines eignen Wardeinamtes in Birmingham zu bewirken, um die Reinheit des Metalls prüfen zu können. Seitdem sind Silberwaaren ein Hauptgegenstand der Fabriken in Soho, zu deren weit über den ursprünglichen Plan hinausgehenden Ausdehnung die Dampfmaschine vorzüglich beigetragen hat.

Soho ist in der Geschichte der Erfindung der Dampfmaschine ein wichtiger Name, es ist die eigentliche Wiege dieses Riesen. Watt, der Verbesserer der Dampfmaschine, war in großer Verlegenheit, als sein Gesellschafter Roebuck durch unglückliche Unternehmungen im Bergbau außer Stand gesetzt war, die bedungenen Unterstützungen zu leisten, und er war so muthlos, daß er die Verfolgung seiner Pläne aufgeben wollte. Boulton war um diese Zeit als einer der verständigsten Fabrikunternehmer in England bekannt geworden, und es wurde 1773 eine Unterhandlung mit Roebuck angeknüpft, der seinen Antheil an dem Patent für die Dampfmaschine an Boulton abtrat. Nichts konnte erwünschter für Watt sein, als einen Gesellschafter zu erhalten, der durch seinen Reichthum ebenso sehr als durch seinen großen persönlichen Einfluß das Unternehmen zu fördern geeignet war. Boulton räumte ihm einen Theil der Gebäude zu Soho zu seinem Gebrauche ein, wo Watt bald einige treffliche Dampfmaschinen vollendete, aber es ward ein Capital von beinahe 330,000 Thalern auf diesen Gegenstand gewendet, ehe die Unternehmer irgend einen Gewinn erhielten. Die Dampfmaschine kam nur langsam in Gebrauch, bis sie endlich ihren Weg in die Bergwerke und Manufacturen des ganzen britischen Reiches fand. Man fand es nun nöthig, in einiger Entfernung von Soho eine Eisengießerei zu erbauen, zu welcher ein Arm des Birmingham-Kanals führt, der Kohlen, Eisen und Sand zu den Docks des Fabrikgebäudes bringt und die Dampfmaschinen und andere schwere Waaren in alle Theile Englands führt. Boulton aber begnügte sich nicht, Dampfmaschinen zu verfertigen, sondern fand es Mittel, sie in seinen Manufacturen in großem Umfange einzuführen. So benutzte er dieselben, um Cylinder zu bohren und zur Erleichterung der Arbeiten bei den Schmelzöfen, z. B. zur Bewegung der Gebläse. Watt blieb mit Boulton in Verbindung, bis im Jahre 1800 das Patent auf die Dampfmaschine erlosch, und setzte ihm, als der treffliche Mann 1809 seine lange Laufbahn schloß, in einem herzlichen Nachrufe ein ehrenvolles Denkmal.

Unter allen Fabrikunternehmungen in Soho erregte keine so große Aufmerksamkeit, als die Anwendung des Dampfes bei dem Prägen in der Münze. Die zuerst 1783 von Boulton in Soho errichtete und später vielfach verbesserte Münzmaschine liefert die Münzen nicht nur mit einer außerordentlichen Schnelligkeit, sondern auch mit einer Genauigkeit, die man früher in England nicht gekannt hatte. Die verbesserte bewegende Kraft setzte zu gleicher Zeit acht Maschinen in Bewegung, deren jede 70—84 Münzen in einer Minute prägen konnte, oder gegen 5000 in einer Stunde, sodaß sämmtliche acht Maschinen in einer Stunde gegen 40,000 Münzen lieferten. Die von diesen durch Dampf bewegten Maschinen vollbrachten Arbeiten sind: das

Strecken der Kupfermassen zu Platten, das Feinwalzen derselben durch cylindrische Stahlwalzen, das Beschneiden der glatten Münzstücke für den Stempel, das Prägen derselben auf beiden Seiten zu gleicher Zeit und des Prägen des Randes, das augenblickliche Wegschaffen der geprägten Stücke, um sogleich andere an ihre Stelle zu legen. Mittels dieser Maschinen sind einige zwölfjährige Knaben im Stande, in sechs Stunden gegen 200,000 Münzen zu prägen. Die Verbesserung der Münzen wird auffallend, wenn man die neuen Stücke mit denjenigen vergleicht, die vor 1799 geprägt wurden, wo Boulton einen Vertrag mit der Regierung abschloß, die englischen Kupfermünzen nach seinem verbesserten Princip zu prägen. Die Vorzüge der in Soho geprägten Münzen bestehen darin, daß sie vollkommen kreisrund sind und alle Stücke von gleichem Münzwerthe denselben Durchmesser haben, und daher einer doppelten Probe unterworfen werden können, nämlich sowol durch Messen als durch Wägen. Guineen und andere Goldstücke können nur durch das Gewicht erprobt werden, da keines derselben vollkommen kreisrund ist und daher der stählerne Messer bei ihnen nicht angewendet werden kann, was bei Boulton's Münzen der Fall ist. Auch macht die concave Form der Halbpfennige und Farthings (Heller) es dem Falschmünzer schwer, sie durch den Stempel nachzumachen, und die gezähnte Form der Ränder hindert das Nachahmen durch das gewöhnliche Verfahren, sie abzugießen. Außer den englischen Kupfermünzen hat das Münzwerk zu Soho auch für verschiedene europäische Staaten, für die ostindische Compagnie und für die Vereinigten Staaten von Nordamerika Münzen geprägt. Boulton's Verbesserungen sind nicht

Soho.

nur von der Münze im Tower zu London, sondern auch von mehren europäischen Regierungen angenommen worden. Dies hat wesentlich zur Verbesserung der neuern europäischen Münzen, nicht nur der kupfernen, sondern auch der goldenen und silbernen beigetragen. Außer Kupfermünzen sind bei verschiedenen Gelegenheiten auch Gold- und Silbermünzen in Soho geprägt worden, ohne der trefflichen Denkmünzen zu erwähnen, welche die Fabrik von Zeit zu Zeit geliefert hat.

Wir haben in dieser kurzen Übersicht nur ein unvollkommenes Bild von der umfassenden Wirksamkeit dieses großen Theaters technischer Kunst geben und die Verdienste des Mannes, der es gründete, nur andeuten können. Soho ist zwar nur ein Privatunternehmen, aber eine Anstalt von der höchsten nationalen Wichtigkeit, und zwar nicht nur durch ihren Einfluß auf die Handelsinteressen des Volkes, indem sie die Kraft der Menschen erweitert und die Bequemlichkeiten des Lebens erhöht, sondern auch durch den nicht zu berechnenden Einfluß, den sie ausgeübt hat, indem sie Künstler aller Art aufmunterte und stets einen heilsamen Wetteifer in der Kunstfertigkeit weckte und belebte.

Verantwortliche Herausgeber: Friedrich Brockhaus in Leipzig und Dr. C. Drärler-Manfred in Wien. Verlag von F. A. Brockhaus in Leipzig.

Das Pfennig-Magazin
der
Gesellschaft zur Verbreitung gemeinnütziger Kenntnisse.

184.]   Erscheint jeden Sonnabend.   [October 8, **1836.**

Isaak Newton's Statue im Trinitycollegium zu Cambridge.

Cambridge.

In einer einförmigen Ebene, die der kleine Fluß Cam durchschleicht, liegt die durch ihre Hochschule berühmte Stadt Cambridge, der Hauptort der gleichnamigen Grafschaft, ungefähr elf Meilen von London. Von keinem Punkte bietet die Stadt aus der Ferne eine anziehende Ansicht dar, zumal da die schönsten, zur Universität gehörenden Gebäude meist von hohen Bäumen verdeckt werden, nur die prächtige Kirche des Königscollegiums und die Thürme einiger Kirchen sieht man von allen Seiten emporragen und die Einförmigkeit unterbrechen. Cambridge war schon zur Zeit der römischen Herrschaft bekannt und hieß früher Grantebridge, nach dem Namen Granta, den einst der Fluß Cam führte, der ihre Mauern bespült. Während der Einfälle der Normannen litt die Stadt sehr, und Wilhelm der Eroberer baute ein Schloß auf den Trümmern einer von den Normannen errichteten Festung. Erst seit der Stiftung der Universität kam die Stadt in Aufnahme. Sie hatte bisher enge und schmuzige Straßen, in der neuesten Zeit aber hat man angefangen, dem Innern ein freundlicheres Ansehen zu geben. Die prächtigen Universitätsgebäude, die schönsten der Stadt, aber in Nebenstraßen zerstreut, machen nicht den großartigen Eindruck, den die in zwei großen Straßen liegenden Gebäude der Hochschule zu Oxford*) hervorbringen. Die Stadt hat über 20,000 Einwohner, und da sie durch Kanalschiffahrt mit der Hauptstadt verbunden ist, treibt sie einen nicht unbedeutenden Handel mit Korn, Kohlen, Hanföl und besonders mit vortrefflicher Butter, die aus der Grafschaft Cambridge und den angrenzenden Gegenden hier zusammenkommt. Sie hält jährlich im September einen großen Jahrmarkt, der von den Oberbeamten der Universität und des Gemeinderaths nach alter Sitte mit besondern Feierlichkeiten eröffnet wird.

Die Zeit der Gründung der Universität läßt sich nicht genau bestimmen, wahrscheinlich aber ist sie nicht viel jünger als Oxford, und schon zu Anfange des 12. Jahrhunderts war hier eine von Mönchen aus der Normandie gegründete vielbesuchte Lehranstalt, der Anfang der Hochschule, die im 13. Jahrhunderte ihre Verfassung erhielt. Dies war die Zeit, wo in mehren Theilen Europas Universitäten gegründet oder aus alten Kloster- und Domschulen durch Erweiterung der Lehrmittel umgebildet wurden, wobei man die Einrichtung der ältesten Hochschulen, Paris und Bologna, zum Muster nahm. Schon im 13. Jahrhunderte wurden in Paris eigne Gebäude gegründet, in welchen Studirende, besonders minder vermögende, unter Aufsicht beisammen wohnten und entweder freie Wohnung allein, oder auch Unterhalt erhielten. Ähnliche Anstalten waren auf den deutschen Universitäten die Bursen, wo Studirende für geringen Miethzins Wohnung erhielten. Das Bedürfniß solcher Einrichtungen zeigte sich bald auch auf den beiden englischen Universitäten Oxford und Cambridge. Mehre Klöster sandten schon früh einige junge Ordensbrüder in diese Sitze der Gelehrsamkeit, um entweder Unterricht zu empfangen oder den Gewinn zu theilen, den die in den ältesten Zeiten nicht besoldeten Lehrer von ihren Schülern zogen. Für diese Mönche wurden besondere Gebäude eingerichtet, Hospitien oder Gasthäuser genannt, wo sie wie in ihren Klöstern einsam und abgeschieden unter einem Vorsteher wohnten. Als nun die Universitäten immer mehr von wißbegierigen Jünglingen besucht wurden, stiegen die Preise der Miethwohnungen immer höher, und die Hauseigenthümer spannten ihre Foderungen so hoch, daß man durch obrigkeitliches Einschreiten, welches nach dem Geiste jener Zeit leicht in Willkür überging, dem Übel abzuhelfen suchte. So bestimmte Kaiser Friedrich II. bei der Gründung der Universität zu Neapel einen höchsten Preis für Studentenwohnungen und befahl, jede Wohnung durch zwei Bürger und zwei Gelehrte abschätzen zu lassen. Auch in Bologna gab es solche Miethzinsschätzer, und es wurde überdies verordnet, daß einem Studenten seine Wohnung nicht aufgekündigt werden konnte, so lange er seinen Miethzins gehörig bezahlte. Auf den englischen Universitäten wurden nach dem Beispiele von Bologna schon im 13. Jahrhunderte auf des Königs Befehl Wohnungsabschätzer ernannt. Dieser Maßregel ungeachtet aber, war der Aufenthalt für minder vermögende junge Leute noch immer sehr kostbar, und überdies wünschten selbst wohlhabende Ältern ihre Söhne auf den Universitäten unter eine wachsame Aufsicht stellen zu können, und dies führte zu der Stiftung von ähnlichen Anstalten, wie die für die jungen Mönche eingerichteten, um unvermögenden Studenten Wohnung und Unterricht ganz oder zum Theil frei zu geben. Man nannte diese meist von wohlthätigen Privatpersonen gestifteten Anstalten, deren jede ihren Vorsteher hatte, Herbergen, Gasthäuser, Hallen oder Collegien. Die älteste dieser Anstalten in Cambridge ist das Peterscollegium, das um die Mitte des 13. Jahrhunderts von einem Bischof von Ely gestiftet wurde, ursprünglich aber blos eine Herberge war, wo Studenten freie Wohnung hatten, für ihre übrigen Bedürfnisse aber selber sorgen mußten. Später aber begabte der Bischof seine Stiftung mit so ansehnlichen Einkünften, daß sie einen Vorsteher, 14 Mitglieder, zwei Leser, die während der Mahlzeiten Abschnitte aus der Bibel vorlesen mußten, und acht arme Studenten unterhalten konnte. In den folgenden Jahrhunderten wurden in Cambridge wie in Oxford mehre ähnliche Anstalten, theils von Privatpersonen, theils von den Königen gegründet, und bis zu Ende des 18. Jahrhunderts entstanden in Cambridge 17 Collegien und Hallen, die hier gleiche Einrichtungen haben, während in Oxford die Collegien von den Hallen verschieden und von höherm Range sind. Die in ihrem Ursprunge ähnlichen Anstalten auf den alten Universitäten im übrigen Europa, die zum Theil auch noch den Namen Collegien führen, haben ihre alte Bestimmung ganz verloren und ihre Einkünfte im Laufe der Zeit zur Unterstützung der Lehrer verwendet, wogegen für unvermögende Studenten Geldstipendien und Freitische gestiftet wurden. Auf den beiden englischen Universitäten haben sich die Collegien auf der Grundlage der ursprünglichen Stiftung eigenthümlich ausgebildet. Sie sind, obgleich mit den Hochschulen in Verbindung, doch ganz verschieden von der Universität als einer geschlossenen Körperschaft. Während die Collegien meist sehr reich ausgestattet sind, haben die Universitäten kaum andere Besitzungen als ihre Bibliotheken, ihre Museen und ihre wenigen öffentlichen Gebäude, von welchen die meisten aus Privatstiftungen oder aus gesammelten Beiträgen erbaut worden sind, und wenn die Universität als abgesonderte Körperschaft Güter als Vermächtnisse erhielt, so wurden sie gewöhnlich einem bestimmten Zwecke, wie der Gründung eines öffentlichen Lehrstuhls oder der Vermehrung der Büchersammlung, gewidmet.

Die Collegien und Hallen haben ihre ursprüngliche Bestimmung, unvermögenden Jünglingen ihre Studien zu erleichtern, verloren und sind Anstalten für reiche wie für minder vermögende Zöglinge, und für Alle sehr

---

*) Vergl. über Oxford Pfennig-Magazin Nr. 115.

kostbar. Ihre Einrichtung bedingt die eigne Unterrichtsweise, wodurch sich die englischen Hochschulen von den Universitäten des Festlandes und selbst von den schottischen unterscheiden. Jedes Collegium steht unter einem Vorstande und hat eine nach den Stiftungen verschiedene Anzahl von Mitgliedern (fellows), welche vollen Antheil an den Vortheilen der Stiftung haben und aus dem Vermögen des Collegiums jährliche Einkünfte genießen, die sie behalten, bis sie entweder eine einträglichere Pfründe erhalten oder liegende Gründe von höherm Ertrage erben, oder sich verheirathen. Sie wählen in den meisten Collegien den Vorstand und ergänzen sich selbst, wenn eine Stelle erledigt wird. Sie haben mit dem Vorstande die Verwaltung der Stiftung und ernennen die verschiedenen Unterbeamten. Dieser Gelehrtenpfründen gibt es in Cambridge 430. Jedes Collegium hat über geistliche Pfründen zu verfügen, auf welche ihre Mitglieder Anspruch haben. Außer diesen wirklichen Mitgliedern gehören zu jedem Collegium noch mehre andere Glieder, als sogenannte adelige Graduirte, die gegen gewisse Gebühren eine Stimme im Universitätssenate haben, andere Graduirte, Doctoren, Magister und Baccalaurei, diejenigen Söhne adeliger oder wohlhabender Familien, welche das Vorrecht genießen, an den Tische der eigentlichen Mitglieder zu speisen, die eigentlichen Studirenden, die für Wohnung und Kost bezahlen, und endlich sogenannte dienende Studenten (sizars), meist minder bemittelte junge Leute, die verschiedene Vortheile genießen. In Oxford stehen diese gegen die übrigen Studenten in einem mehr untergeordneten Verhältnisse als in Cambridge, wo sie schon lange mit ihren Genossen auf gleichem Fuße leben, und ungeachtet der Vortheile, die sie genießen, noch immer bedeutende Kosten haben. Früher mußten diese armen Studenten ihren Mitschülern bei Tische aufwarten, und sie durften auf dem Lande betteln gehen, mußten aber, um nicht mit Landstreichern verwechselt zu werden, einen Erlaubnißschein von dem Kanzler der Universität bei sich haben. Jeder Studirende muß sich in ein Collegium aufnehmen lassen, wo er bei seinem Eintritt eine baare Caution niederlegt, die nach der höhern oder geringern Rangstufe der Studenten (von 350 bis zu 70 Thalern) verschieden ist. In allen Collegien muß auch eine jährliche Summe für den Unterricht bezahlt werden, unabhängig von dem Privatunterrichte, den jeder Student nach seiner Wahl benutzen will. Ist der Student in ein Collegium aufgenommen, so erhält er von der Universität seine Matrikel. Er muß den Gesetzen seines Collegiums streng gehorchen. Geringere Vergehungen werden mit Geld oder Strafaufgaben gebüßt, gröbere mit zeitlicher Verbannung (Rustication genannt) und endlich mit Verweisung gestraft. Bis in das 17. Jahrhundert erhielten die Studenten körperliche Züchtigung. Jeder Student muß dem Morgengebete beiwohnen und am Abend zu einer bestimmten Stunde in die Mauern des Collegiums zurückkehren. Der Unterricht wird gewöhnlich von den Mitgliedern (fellows) der Collegien nach der Wahl der Studirenden ertheilt und umfaßt außer der griechischen und lateinischen Sprache vorzüglich auch Mathematik.

Die Universität besteht aus einem Kanzler, als dem Oberhaupte und Vorstande der ganzen Genossenschaft und der Collegien, die gleichfalls zur Universität gehören, einem Oberbeamten, der über die in Gerichtsbezirke der Universität von Studenten begangenen Vergehungen richtet, einem jährlich gewählten Vicekanzler, der Vorstand eines Collegiums sein muß, einem Redner, der bei feierlichen Gelegenheiten das Wort führt, und andern Beamten. Dies ist die vollziehende Behörde. Die gesetzgebende und berathende bildet der Senat, zu welchem jedes Collegium Mitglieder sendet. Jeder Magister der freien Künste oder Doctor der Theologie, der Rechte und der Medicin, der einem der Collegien angehört, ein Universitätsamt bekleidet oder in der Stadt wohnt, hat Sitz und Stimme im Senat. Die Lehrstühle sind meist Privatstiftungen. Die Professoren gaben früher fast gar keine vollständigen Vorträge einer Wissenschaft und hielten gewöhnlich während der jährlichen drei Studienzeiten nur wenige Vorlesungen, aber obgleich seit mehren Jahren, besonders auch in Beziehung auf Naturwissenschaften, die Gelegenheit zu gründlichen Studien vermehrt worden ist, so fehlt es doch noch an umfassender Anleitung in mehren wissenschaftlichen Gebieten. Die Universität verleiht alle akademischen Grade, aber die Bewerber müssen zuvor eine Erklärung unterschreiben, daß sie Mitglieder der herrschenden bischöflichen Kirche sind. Die jährlichen Einkünfte der Universität, als einer von den Collegien verschiedenen Körperschaft, betragen gegen 112,000 Thaler und stehen unter der Verwaltung des Vicekanzlers, der jährlich dem Senat Rechnung ablegt. Alle Mitglieder der Universität haben eine eigenthümliche Tracht, die nach dem Amte, den akademischen Graden und dem Range der Angehörigen der verschiedenen Collegien verschieden ist, und deren Hauptbestandtheil ein langes mantelartiges Obergewand ist. Kein Student darf, auch außer seinem Collegium, ohne diese Tracht erscheinen.

Wir betrachten nun einige der vorzüglichsten Anstalten und Gebäude der Universität, welche die einzigen Merkwürdigkeiten der Stadt bilden. Das prächtigste Bauwerk ist das von Heinrich VI. im Jahre 1441 gestiftete Königscollegium, berühmt durch seine treffliche Kirche, eines der ersten Meisterwerke der Baukunst in England, deren Inneres besonders prachtvoll ist. Sie wurde von Heinrich VI. begonnen, aber erst 100 Jahre später unter Heinrich VIII. vollendet und zeigt die Baukunst des 15. und 16. Jahrhunderts in ihrer höchsten Vollkommenheit. Man bewundert bei dem Eintritte in das Innere die Einheit der Zeichnung, daher sie kleiner erscheint als sie wirklich ist. Das große Ganze ergreift sogleich das Auge, und erst bei genauerer Beschauung bewundern wir die einzelnen Theile der prächtigen Decke. Die 50 Fuß hohen gemalten Fenster erhöhen den Eindruck des kunstvollen Mauerwerks. Das vornehmste Collegium ist das von Heinrich VIII. gestiftete Dreifaltigkeitscollegium (Trinity College), das aus den Einkünften der aufgehobenen Klöster reich begabt wurde. Es hat das Vorrecht, den König aufzunehmen und zu bewirthen, wenn er Cambridge besucht. Der Saal der von Christoph Wren gebauten prächtigen Bibliothek des Collegiums ist einer der schönsten in England. In der Kirche des Collegiums steht die 1750 errichtete Statue Isaak Newton's, von Roubiliac, von welcher wir auf Seite 321 eine Abbildung geben. Dieser große Naturforscher (geb. 1642, gest. 1727) erhielt seine Bildung in Cambridge, wo er später Mitglied des Trinitycollegiums wurde. In der Hand der Statue sehen wir ein Prisma, als Hindeutung auf Newton's große Entdeckung, daß sich das weiße Sonnenlicht durch das Prisma in die verschiedenfarbigen Strahlen spaltet, aus welchen es zusammengesetzt ist. Das Magdalenencollegium besitzt eine von Samuel Pepys gestiftete reiche Bibliothek. Seit 1820 sind mehre Gebäude erneut und erweitert worden, wie 1824 das neue St.-Johanniscollegium, das mit dem alten Gebäude durch eine gothische Brücke verbunden ist, welche unsere Abbildung auf Seite 328

*

darstellt. Eine neue Sternwarte wurde 1822 vollendet und 1831 die prächtige Druckerei der Universität, Pitt's Presse genannt. Für die von dem 1816 verstorbenen Lord Fitzwilliam der Universität geschenkte Kunstsammlung wird von den Zinsen des in dem Vermächtnisse begriffenen Capitals ein Museum gebaut. Eins der schönsten neuern Gebäude ist das Senatshaus, wo alle Universitätsfeierlichkeiten, öffentliche Prüfungen, Promotionen stattfinden und eine große Gallerie für 1000 Zuschauer Platz hat. Cambridge hat einen botanischen Garten, der nach den Gärten in Kew und Liverpool am reichsten ausgestattet ist.

Eine unweit Pézenas aufgefundene Aschenurne.

Wir geben hier in der Abbildung einer auf einem Acker 1834 unweit Pézenas ausgegrabenen antiken Todtenurne oder Aschenkrug. Sie ist aus weißem Marmor gearbeitet, vollkommen wohl erhalten, und enthielt Gebeine, an welchen die Spuren der Verbrennung noch deutlich zu bemerken waren. Sie ist zwei Fuß sechs Linien hoch, und hat im weitesten Durchmesser 13 Zoll. Im Basrelief sind auf beiden Seiten vorgestellt zwei Greife, welche eine Vase halten. Dergleichen fabelhafte Thiere kommen als Anspielung auf das Geschick des Todten häufig auf antiken Vasen vor, denn nach dem alten Mythos wachten die Greife über die ihnen anvertrauten Schätze, und wehrten jede Annäherung davon ab. So hielt man die Asche eines Verstorbenen für etwas durchaus Heiliges und Unantastbares, welches man unter die besondere Obhut jener abenteuerlichen Vögel stellte. Da man bei Ausgrabung des hier abgebildeten Gefäßes nicht weit davon auch eine Kupfermünze mit dem Bildniß des Agrippa fand, so glaubt man, daß auch die Urne selbst aus dem Zeitalter des Augustus herrühre. — Das Studium der antiken Aschenkrüge ist im Allgemeinen für den Alterthumsforscher von vorzüglichem Interesse, da sich unter diesen eine unendliche Mannichfaltigkeit der Form und Verzierungsweise findet.

Der Maikäfer.

Den Schaden, den in manchen Jahren, wo er häufig ist, dieser gefährliche Käfer durch das Abfressen der Blätter und Blüten der Bäume anrichtet, wodurch mancher schöne Baum in seinem Wachsthume verdirbt, ist zuweilen so erheblich, daß man stets bei häufigem Vorkommen auf Maßregeln zu seiner Vertilgung denken sollte. Vorzüglich wird er solchen Bäumen verderblich, die auf windstillen Plätzen stehen. Wenn man sie Morgens früh abschüttelt und in einem Gefäße mit Wasser sammelt, so kann man ihre Anzahl vermindern, auch wol ihren verderblichen Fraß unterbrechen. Für Schwäne, Enten und Hühner sind sie ein gern gefressenes und gesuchtes Futter. Wird diese Arbeit, sie zu vertilgen, nur von einem Gartenbesitzer vorgenommen, so nützt es nicht viel, vielmehr sollten ganze Gemeinden sie eine Zeit lang vornehmen. Bekanntlich schadet der Maikäfer auch noch als Larve oder Engerling den Wiesen und Rasenplätzen, zuweilen auch, indem er aus den Feldrainen in die Felder selbst übergeht, durch Abfressen der Wurzeln. Das Übertreiben mit Schweinen über das mit Engerlingen behaftete Stück Feld ist das sicherste Mittel, das man bis jetzt bewährt gefunden hat.

Das Löschglöckchen.

Von der in England noch heutiges Tages üblichen Landessitte, zu einer bestimmten Abendstunde das „Löschglöckchen" zu läuten, sowie von dem hohen Alterthum dieser in gewissem Sinne sehr zweckmäßigen Einrichtung haben unsere Leser sicherlich schon gehört. Wir theilen hier jedoch einige nähere, insbesondere historische Umstände über diesen Gegenstand mit, sowie eine Abbildung des Löschglöckchens selbst, welches in England zur Zeit der Herrschaft der Normannen von so hoher Bedeutung war.

Der englische Name des Löschglöckchens ist „curfew" welches Wort aus dem Normännischen abgeleitet wird, von carefou oder couvrefeu, nach Andern auch „garefeu". Im Deutschen würde man es also am richtigsten geben etwa durch „Feuerbewahrglöckchen" oder durch „Wahrglocke" überhaupt. Denn der Hauptzweck bei dieser Einrichtung war, daß man Feuer und Lichter auslöschte, entweder um sich vor der Gefahr, welche diese selbst in später Nacht anrichten können, oder vor Räubern und herumstreifenden Banden zu verwahren. Man sagt insgemein, daß Wilhelm der Eroberer den Gebrauch der Löschglocke zuerst anbefohlen habe; allein dies ist nur mit einiger Beschränkung anzunehmen, denn allerdings befiehlt ein besonderes Gesetz dieses Normannenfürsten allen seinen Unterthanen, daß sie um die achte Stunde, und nicht später, sobald die Glocke geläutet worden, ihre Kamin- und Herdfeuer dämpfen und die Lichter in ihren Gemächern auslöschen sollen. Allein dieses durch Wilhelm den Eroberer besonders geschärfte Gesetz war doch in England nichts Neues, sondern als uralter Gebrauch, schon in den Mönchsklöstern in Anwendung gewesen. Es war damals freilich nicht im strengen Sinne für die Bewohner der benachbarten Ortschaften verbindend, ward aber doch, als eine für die allgemeine Sicherheit sehr zuträgliche Sitte, in Ehren und in Übung erhalten. In jenen Zeiten wurden fast alle Wohngebäude, besonders in den Dörfern, aus Holz aufgeführt, welche mithin leicht in Flammen aufgehen konnten, wenn man das Feuer im Innern zur Nachtzeit verwahrloste. Man wandte auch, wahrscheinlich aus denselben Gründen, nicht blos in England allein, sondern auch in andern Ländern dieselbe Vorsicht an, und in Orford soll die Löschglocke eine schon vom Könige Alfred verordnete Einrichtung gewesen sein. Es hat nicht an Geschichtschreibern gefehlt, welche die Sitte der Löschglocke, als eine für die Landeswohlfahrt durchaus heilsame Einrichtung in Schutz genommen und die Meinung Derjenigen misbilligten, welche darin nur eine Tyrannei des Eroberers erblickten, um auf jede Art die Freiheiten des sächsischen Adels zu kürzen.

Wol nicht hinlänglich begründet ist die Angabe, daß auf das Umgehen des Gesetzes in Betreff des Feuerauslöschens die Todesstrafe gesetzt gewesen sei. Denn man kann annehmen, daß Wilhelm der Eroberer schon aus eigener Klugheit, um nicht durch übermäßige Strenge Anlaß zur Unzufriedenheit zu geben, eine dem Vergehen angemessene Strafe festgesetzt haben wird. Es ist bekannt, daß die normännischen Herrscher in jenen Zeiten zwar Alles aufboten, um die noch immer mächtigen altsächsischen Edlen im Lande zu demüthigen, allein ebenso gewiß ist es, daß diese Macht und der Zusammenhalt der Besiegten die Sieger zu einem gerechten Verfahren veranlassen mußte.

Der Ätna*).

1. Catania.
2. Aci Reale.
3. Der Philosophenthurm.
4. Nicolosi.
5. Aderno.
6. Wasserleitung.
7. Der Fluß Simeto.
8. Die Klippen Fariglioni.

So außerordentlich und erhaben der Anblick des feuerspeienden Vesuvs ist, so gewähren doch die Ausbrüche des um 6000 Fuß höhern Ätna in Sicilien einen noch weit großartigern Anblick. Der Ätna bildet einen regelmäßigen Riesenkegel, dessen Fuß schon am östlichen Gestade des mittelländischen Meeres beginnt, und der beinahe an allen Punkten der Küste in seiner vollen Größe sichtbar ist. Die niedrigern Berge in seiner Nähe dienen dazu, ihn nur um so größer erscheinen zu lassen. Er erhebt sich aus dem Schooße der blühendsten Gefilde, die in aller Fruchtbarkeit des reichen Südens prangen; darüber breitet sich ein doppelter Gürtel von Waldungen und ewigem Schnee, und auf diesem ruht majestätisch der immer dampfende Gipfel. Der Ätna hat keinen Krater wie der Vesuv; seine obere Öffnung ist eine enge Spalte, aus welcher nur dicke Rauchsäulen hervorbringen, niemals jedoch Lava. Wenn die Gewalt der in seinem Schooße gährenden Feuerströme ihren höchsten Grad erreicht hat, so zerreißt oft plötzlich in großer Entfernung von dem Gipfel der Boden; Klüfte entstehen und verschlingen Alles, was dasteht, und ganze Dorfschaften und große Waldstrecken versinken in den glühenden Abgrund. Unaufhaltsam bricht der Feuer- und Lavastrom hervor, und glühende Felsblöcke werden weit hinab in die Ebene geschleudert; mit unglaublicher Schnelligkeit thürmen sich Lava und Steine auf und bilden einen neuen Bergkegel, der, kaum entstanden, Tage lang vulkanische Massen auswirft. Hierauf tritt dann plötzlich eine augenblickliche Ruhe ein, die aber nur um so bedenklicher ist. Denn in dem tiefen Innern des Berges kocht und braust es fort, bis

---

*) Die beigegebene Abbildung zeigt den Berg von der Seite von Catania aus. Man sieht, wie sehr er bewohnt ist, die dunkeln Stellen sind noch nicht verwitterte Lava verschiebener Ausbrüche.

mit einem Male die Glutmasse, nicht stark genug, nach oben zu bringen, an einer tiefern Stelle des Berges durchbricht und unaufhaltsam von Neuem über Fruchtfelder, üppige Thäler, Wiesen und Dörfer ihren langsamen, aber verheerenden Gang nimmt. Gewöhnlich geht dieser feuerrothe Lavastrom dem Meere zu, aber bevor er dieses erreicht, wie viele Hoffnungen und Werke der Menschen gehen zu Grunde! Je weiter er fließt, desto breiter wird er und erreicht oft die Breite von mehren italienischen Meilen, und so gleicht seine Ebene einem Feuersee; wo er Widerstand findet, thürmt er sich auf, und Monate gehen hin, ehe dieser Höllenfluß das Gestade erreicht; eine schwarze Kruste, welche lange noch die inwendige Glut verdeckt, bildet sich, aber nach und nach verwittert diese und verwandelt sich in den fruchtbarsten Boden, und oft beginnt schon die eine Strecke wieder üppig zu grünen, während eine andere noch mit schwarzrothen Schlacken bedeckt ist. So weiß die gütige Natur selbst aus Grauen und Verheerung wieder Leben und Freude hervorzurufen. Nach Jahren kommt der Mensch der Natur zu Hülfe; er bearbeitet den mit der Lava entstandenen Boden, säet und pflanzt darauf, und nirgends gedeiht das Werk seiner Hände herrlicher, als auf diesem Schauplatze der Verheerung. So bildet die Lava, welche vor vielen Jahrhunderten den Hafen von Ulisea ausfüllte und das Meer mehre Stunden weit zurückdrängte, jetzt den herrlichsten und fruchtbarsten Theil der Insel.

Man zählt im Ganzen 82 Ausbrüche dieses größten und mächtigsten aller europäischen Vulkane. Davon sind 17 vor und 65 nach Christi Geburt bekannt. Der furchtbarste Ausbruch unter allen ist der vom Jahre 1669, den Bewohnern Siciliens noch heute unvergeßlich, von welchem wir deshalb dem Leser eine kurze Beschreibung mittheilen wollen.

Nachdem mehre Tage lang ein dickes, ängstliches Dunkel, dem einer gänzlichen Sonnenfinsterniß vergleichbar, über der Gegend zunächst dem Berge geherrscht hatte, spaltete sich plötzlich die Erde in einen ungeheuern trichterförmigen Schlund, aus welchem ein neuer Berg sich erhob, der gegenwärtig den Namen Monterossi führt. Der Schlund wurde bald größer, bald kleiner und erreichte einmal sogar die Weite von 15 italienischen Steinen. Er warf fast eine Woche lang Steine und Asche aus und verschlang mehre blühende Ortschaften. Plötzlich zerbarst dieser neuentstandene Vulkan und der Lavastrom drang nun unwiderstehlich hervor und richtete seinen Lauf nach Catania zu. Die Einwohner dieser Stadt zitterten, als sie das schreckliche Verderben langsam, aber unvermeidlich auf sich losrücken sahen. Sie beschlossen, durch den drohenden Untergang muthig gemacht, Alles zu versuchen, um dem Alles verheerenden Feind Widerstand zu leisten, so weit es menschliche Kraft vermöge. Sämmtliche Einwohner begaben sich alsobald vor die Mauern ihrer Stadt, mit Schaufeln, Hacken und Spaten versehen, um in der Richtung, woher der Lavastrom sich wälzte, einen Wall zwischen sich und dem Feinde aufzuwerfen. Allein, wenn auf eine solche Art das Unheil von Catania abgewendet werden sollte, so waren nothwendig die benachbarten Ortschaften demselben preisgegeben. Daher widersetzten sich die Umwohner mit den Waffen in der Hand dem Unternehmen der Bürger Catanias. Diese wollten aber nicht von ihrem Vorhaben ablassen, und so erhob sich Angesichts des feurigen Stroms, welcher von Minute zu Minute näher rückte, ein gräßlicher Kampf zwischen den Verzweifelten. Auf beiden Seiten stand Alles auf dem Spiele. Die Männer fochten für ihr Leben, für Weib und Kind, Haus und Gut, jede Partei entschlossen, nicht zu ruhen, bis der Sieg erkämpft sei. Die Bürger von Catania unterlagen endlich, und unfähig, ihren Untergang abzuwenden, erwarteten sie ihn nun in dumpfer Verzweiflung. Jetzt berührte der Lavastrom die Mauern, wuchs höher und höher und ergoß sich endlich als feuriger Wasserfall in zahllosen Richtungen über Straßen und Plätze und zerstörte die Stadt gänzlich. Diese Stadt wurde überhaupt zu verschiedenen Malen durch Ausbrüche des Ätna verwüstet; einer derselben, bei welchem die Lava weit ins Meer vordrang, wirkte aber auch segensreich, indem er der Stadt einen festen und dauerhaften Küstendamm gab, woran Menschenhände wahrscheinlich vergebens gearbeitet haben würden. Noch jetzt geschehen in jener Stadt öftere Nachgrabungen, welche unter der versteinerten Schlackenrinde kostbare Überreste der Vergangenheit zu Tage fördern.

Mit diesem schrecklichen Ausbruche des Ätna ist der neueste von 1832 zu vergleichen, worüber wir Folgendes mittheilen wollen. Am 31. October Nachmittags verkündigten mehre, von furchtbarem unterirdischen Tosen begleitete Bebungen des Bodens in der Waldregion des Bergs einen Ausbruch an, allein da die Spitze des Ätna ganz mit Wolken umhüllt war, so ließ sich die Stelle nicht näher ermitteln. Während der Nacht konnte man jedoch deutlich sehen, daß der Berg sich an zwei Stellen geöffnet hatte. Die eine derselben war 9300 Fuß hoch. Die Hauptöffnung war aber in der Nähe des sogenannten Monte Lepre*), in ungefähr 6200 Fuß Höhe, da, wo die waldige Region aufhört. Hier öffneten sich fünf Feuerschlünde, aus denen in kurzen Zwischenräumen Asche, Sand, Steine, Schlacken bis zu einer Höhe von 300 Fuß geschleudert wurden. Die Erde bebte während dieser Ausbrüche ohne Aufhören, und das unterirdische Tosen war schrecklich. Aus der höchsten Mündung erfolgten die Ausbrüche mit solcher Gewalt und hielten in dem Grade an, daß bis zu 150 Fuß Höhe eine Flammensäule emporstieg, die, in gewisser Entfernung sich senkend, einen feurigen Bogen bildete. Ein dunkelblau gefärbter Streifen erhob sich senkrecht zu unermeßlicher Höhe und blieb als ein herrliches Phänomen mehre Tage über diesem offenen Schlunde stehen. Die vier andern Mündungen waren nicht minder thätig. Aus der am tiefsten gelegenen brach der Lavastrom hervor, welcher bald furchtbar und Verderben bringend wurde. In fünf Tagen legte derselbe einen Weg von vier italienischen Meilen zurück**), verwüstete, was sich ihm entgegenstellte, gänzlich, so einen großen Wald und mehre bedeutende Ortschaften. Die Bewohner der Stadt Bronte, auf welche die Lava in grader Richtung zuströmte, sahen dem furchtbarsten Schicksal entgegen. Ein Theil derselben floh schon in Verzweiflung. Andere versuchten es, gleich den Einwohnern von Catania, dem Lavastrome, der jedoch mit solchem Toben vorwärts schritt, daß man sich ihm höchstens auf eine Viertelstunde nähern durfte, einen andern Weg zu bahnen; allein das Bemühen war vergebens. Die Zeit war zu kurz, die Lava verwüstete die ganze Umgegend von Bronte und that der Stadt selbst beträchtlichen Schaden.

Dieser letzte Ausbruch des Ätna währte gegen drei Wochen, erst in der Mitte des Novembers wurde der Berg ruhig.

---
*) Der unserer Abbildung entgegengesetzten Seite.
**) Die Lava fließt vom Ätna langsamer als vom Vesuv.

Über den Weinbau.
III.
(Fortsetzung aus Nr. 183.)

So wichtig diese Arbeiten für das Gedeihen der Frucht des Weinstocks sind, so hängt doch der Werth des Erzeugnisses hauptsächlich von der Lese und der Mostbereitung ab. Die Zeit der Weinlese ist in den meisten Ländern durch gesetzliche Vorschriften bestimmt. Sie soll nicht eher als bei vollkommener Reife der Trauben vorgenommen werden, und wird in den Gegenden Deutschlands, wo der Weinbau mit Sorgfalt betrieben wird, bis in den October verschoben. Manche Trauben müssen, um guten Most zu geben, überreif sein, und einige hartschalige sollte man erst nach einem mäßigen Froste abschneiden. Eine Hauptbedingung eines günstigen Erfolges ist das Absondern der Trauben nach ihrer Güte und ihrer Reife. Verständige Weinbauer empfehlen das Abbeeren der Trauben aller Rebensorten, um einen reinen und milden Wein zu gewinnen, aber weder in Deutschland noch in andern Ländern ist dies allgemein eingeführt. Gewöhnlich werden die Trauben im Bottich getreten und dann mit den Stielen oder Trappen unter die Presse oder Kelter gebracht, weil man irrig glaubt, daß die in den Stielen enthaltene Säure zur Gährung beitrage und den Weinen Stärke und Haltbarkeit gebe. Zu dem Abbeeren bedient man sich eines quirlartigen Werkzeuges, mit welchem die Beeren in einem durchlöcherten Gefäße, das über einem Fasse steht, von den Stielen befreit werden. In neuern Zeiten hat man diese Vorrichtung mit einer Traubenmühle verbunden, welche die Beeren zerquetscht, um dadurch das ekelhafte und mühsame Treten, das ohnehin den Zweck unvollkommen erfüllt, entbehrlich zu machen. Das Auspressen der zerquetschten Trauben darf nicht zu spät oder zu langsam vorgenommen werden, und wer guten Wein gewinnen will, muß die Lese jedes Tages vor dem Abend auf die Kelter und in das Gährungsgefäß bringen. Man läßt den Saft der zu rothem Weine bestimmten Trauben immer auf den ausgepreßten Hülsen abgähren, da der in den Hülsen enthaltene Färbestoff ihm eine mehr oder minder dunkle Farbe mittheilt; aber auch den zu weißen Weinen bestimmten Saft auf den Hülsen gähren zu lassen, empfehlen mehre Weinbauer, weil der Wein dadurch an Geist und Reife gewinne und eher trinkbar werde, als der auf die gewöhnliche Art behandelte Most. Will man aber farblose Weine haben, so werden die Beeren gleich nach dem Zerquetschen leicht gepreßt. Auch der Saft der blauen Trauben gibt weißen Wein, wenn man ihn nicht zu stark preßt und nicht auf den Hülsen gähren läßt, und man kennt nur wenige Traubenarten, deren Fleisch einen rothen Färbestoff enthält. Die Gährung erfolgt nach der Temperatur der Luft früher oder später. Der zu einer vollkommenen Gährung erfoderliche Wärmegrad darf nicht unter 15 und nicht über 20° Reaumur sein. Zuweilen ist sie in zwei bis drei Tagen vollendet, dauert aber auch wol 14 Tage. Den zu rothem Weine bestimmten Saft muß man wenigstens acht Tage auf den Hülsen gähren lassen. Während der Gährung, sobald diese einmal unter dem Einflusse der atmosphärischen Luft eingetreten ist, müssen die Gefäße bedeckt bleiben, so viel es die unvermeidliche Entwickelung der kohlensauren Luft in der gährenden Masse nur immer gestattet. Läßt man das Gährungsgefäß offen stehen, so bleibt die Temperatur nicht gleichförmig und die in die Masse eindringende atmosphärische Luft setzt alsbald ihren Sauerstoff darin ab und gibt Anlaß zur Essigerzeugung; es ist aber nach neuern Untersuchungen nicht gegründet, daß, wie man früher glaubte, bei der Gährung in offenen Gefäßen zu viel Alkohol (Weingeist) verflüchtigt werde. Nach der vollendeten Gährung, die ein angenehm weiniger Geruch und Geschmack und die Klarheit des Traubensaftes anzeigen, wird der Most auf die großen Gefäße gefüllt, auf welchen er eine bestimmte Zeit liegen muß. Auf dem Fasse verlangt der junge Wein fortdauernd eine sorgfältige Behandlung. Er erleidet hier eine neue Gährung; denn obgleich er keinen Zuckergeschmack mehr hat, so sind doch in den meisten Weinen noch einige Zuckertheile unzersetzt, auf welche der in der Auflösung noch befindliche Zuckerschleimstoff wirkt, wodurch kohlensaures Gas frei wird, das eine Trübung des Weins hervorbringt, was besonders zur Zeit der Weinblüte und der Weinbereitung stattfindet. Allmälig hört diese Bewegung auf, aber die unmerkliche Gährung dauert fort, und in den stärkern Weinen oft mehre Jahre, während sie immer edler und geistreicher werden, weil der Alkohol sich vermehrt und sich immer inniger mit der Säure und dem Schleimstoffe verbindet, und das Aroma oder die sogenannte Blume wird entwickelt. Diese Veränderung läßt sich zum Theil durch künstliche Mittel beschleunigen, besonders durch Aufrührung der Hefen, die immer einen Theil Gährstoff enthalten, und durch Wärme. Darin liegt der Grund, daß gewisse starke und ursprünglich herbe Weine besser und milder werden, wenn sie auf den Hefen in eine wärmere Gegend gebracht werden, wie der Madeira, wogegen die leichtern und feinern gewöhnlich dadurch verderben. Während der unmerklichen Gährung wird der in dem Weine, besonders wenn er aus nicht völlig reifen Trauben gewonnen ist, enthaltene Weinstein, ein saures Salz, abgeschieden. Hat nun der Wein seine vollkommene Reife erlangt, so wird er von dem Niederschlag, der sich in den großen Gefäßen gebildet hat, auf kleinere Fässer abgezogen, wo man ihn schwefelt, um eine neue Gährung zu verhüten. Dies geschieht gewöhnlich durch Verbrennung eines in das Gefäß gehängten, mit Schwefel getränkten Bandes, in einigen Weingegenden aber auch durch Beimischung eines mit schwefelsaurem Gas stark geschwängerten Mostes. Manche Weine, besonders solche, die bei der Gährung und im Fasse nicht sorgfältig behandelt worden sind, müssen überdies noch geklärt oder geschönt werden. Dies geschieht durch Hinzufügung verschiedener Substanzen, welche die Stoffe niederschlagen, die den Wein färben, z. B. Hausenblase, Eiweiß, oder in warmen Ländern, wo diese Stoffe leicht zur Fäulniß geneigt sind, arabisches Gummi. Alles Schönen schwächt jedoch den Wein und ist eigentlich nur ein Heilmittel für halb verdorbene Weine. Sind die Bestandtheile des Weins in gehörigem Verhältnisse gemischt, so hält er sich sehr lange, ohne zu verderben; ist aber das Mischungsverhältniß unvollkommen, ist die erste Gährung mangelhaft gewesen, und bleibt noch ein Theil des Gährstoffes unaufgelöst, so wird der Wein schleimig oder sauer. Schwache Weine, die gewöhnlich sehr viel Schleimstoff enthalten und wiederholtes Schönen nicht vertragen würden, sind dem Schleimigwerden leicht ausgesetzt, wogegen schlecht behandelte starke Weine leicht in Essiggährung übergehen, die sich dadurch ankündigt, daß sich auf der Oberfläche Schimmel bildet. Selten ist der Wein, der in den Handel kommt, in seinem ursprünglich reinen Zustande, sondern wird oft mehr oder weniger verschnitten, wie man es nennt. Dies geschieht besonders durch Vermischung mehrer Weine, bald von gleichem Gewächs, bald von verschiedener Art. Man wählt dazu die Zeit, wo der Wein die Neigung zeigt, wieder in Gährung zu gerathen. Diese Mischung verschiedener Weine bringt immer beide in Bewegung und es entsteht eine Gährung, nach deren Vollendung sich ein neues Erzeugniß gebildet hat. Oft wird auch der Saft anderer Beeren dem Weine beigemischt, z. B. dem rothen Hollunderbeeren, Heidelbeeren, auch wol Blauholz. Ein anderes Mittel, dem Weine einen andern Geschmack zu geben, ist die Beimischung von Branntwein. Die Weine werden durch diesen Zusatz allmälig zersetzt. Der Schleimstoff wird niedergeschlagen, wie der Färbestoff, und der angenehme Geschmack des Weins zerstört.

Der in dem Weine enthaltene Alkohol läßt sich durch Destillation in reinem Zustande darstellen. Die starken Weine südlicher Länder enthalten den meisten Alkohol, besonders die Weine Spaniens und Languedoc's, die bei der Destillation $1/3$ Weingeist geben.

(Die Fortsetzung folgt in Nr. 187.)

Brücke zwischen dem alten und neuen Johanniscollegium in Cambridge.

Verantwortliche Herausgeber: Friedrich Brockhaus in Leipzig und Dr. C. Dräxler-Manfred in Wien.
Verlag von F. A. Brockhaus in Leipzig.

Das Pfennig-Magazin

der

Gesellschaft zur Verbreitung gemeinnütziger Kenntnisse.

185.]   Erscheint jeden Sonnabend.   **[**October 15, **1836.**

Der Staubbach.

IV.   42

Der Staubbach.

Nicht weit von Untersee im Canton Bern öffnet sich ein enges Felsenthal, das sich nach Südwesten zwischen den höchsten Gebirgen fünf Stunden lang fortzieht und seinen Namen Lauterbrunnthal von den zahlreichen Bächen hat, die sich über die Felsenwände hinabstürzen. Es ist eins der vielen Thäler, welche im berner Oberlande durch vorspringende Äste der Hochalpen gebildet werden, die den Canton Bern im Süden vom Canton Wallis scheiden. Die Kalkfelsen zu beiden Seiten sind durch eisenhaltige Bestandtheile mannichfaltig gefärbt, in seltsame Gestalten zerrissen, hier und da mit Tannen und Laubholz bewachsen und machen bei wechselnder Beleuchtung eine höchst malerische Wirkung. Auf der westlichen Seite sind die Felsen höher und wilder als auf der jenseitigen und von ihren Wänden stürzen die meisten Fälle, welche die Lütschine anschwellen, die das Thal durchströmt. Die Wände sind sich auf beiden Seiten so ähnlich, daß man wol annehmen kann, das Thal sei durch eine gewaltige Revolution als eine Schlucht zwischen den zerrissenen Bergen gebildet worden, in welche die in ihrem Laufe gehemmten Gebirgsbäche hinabstürzten. Das Thal, worein während des Winters täglich kaum eine halbe Stunde lang die Sonne scheint, ist durch die zahlreichen Sturzbäche, besonders nach Gewitterregen, plötzlichen Überschwemmungen ausgesetzt, und oft stürzen Lawinen von den Wänden. Der Boden ist ziemlich fruchtbar, und die Bewohner des Thales leben theils in zerstreuten Hütten, theils in dem kleinen Kirchdorfe Lauterbrunn, drei Stunden von Untersee.

Nahe bei dem Dorfe stürzt von dem Pletschberge der Staubbach über 800 Fuß hoch herab, wie vorstehende Abbildung zeigt. Gegen eine Stunde höher aufwärts findet man noch andere prächtige und malerische Fälle des Baches, unter welchen der großartigste bei der Staubbachgrotte ist, wo das Wasser sich in drei ungeheuern Bogen, in glänzenden Regenbogenfarben spielend, herabstürzt, während auf der Südseite des Thales die Jungfrau, das Silberhorn und andere gewaltige Alpenhörner in stiller Pracht sich erheben. Ungefähr 50 Schritte von hier stürzt der eigentliche Staubbach von der Felsenwand herab. Bei vollem Wasser fällt der Bach senkrecht von dem Felsen, aber ehe er den Grund des Thales erreicht, löset er sich größtentheils in feinen Staub auf. Man muß das Schauspiel betrachten, ehe die Schatten des Berges sich auf den Fall werfen, am besten in den Vormittagsstunden, wo er von der Sonne herrlich beleuchtet wird. Unten am Falle bildet sich dann ein Regenbogen, der in einiger Entfernung halbkreisförmig erscheint und wenn man sich ihm nähert, zu einem glänzenden Kreise wird.

Bei heftigem Winde zeigen sich eigenthümliche Erscheinungen. Kommt er aus Süden, so weht er oft so mächtig gegen den Fall, daß er ihn auf einige Minuten hemmt, oder er jagt Wolken von der Dunstmasse, die auf dem Falle liegt, und wirbelt sie in der Luft empor. Im Winter widersteht die Schnelligkeit des Falles einige Zeit dem Froste, bei zunehmender Kälte aber verwandeln sich die Wassertropfen in Eiskügelchen und fallen wie Schloßen herab. Ist endlich der ganze Bach gefroren, so gleicht er einem ungeheuern Eiszapfen, der an der Felsenwand herabhängt und immer zunimmt, bis er durch sein Gewicht auf die untern Eismassen, tosend wie eine Lawine, herabstürzt.

Über Blinde, Blindenunterricht und Blindenanstalten.
III. Von den Blindenanstalten.
(Fortsetzung aus Nr. 182.)

Wiewol einzelne Blinde schon früher mit Vortheil unterrichtet wurden und durch die Mildthätigkeit des Königs Ludwig des Heiligen im 13. Jahrhunderte zu Paris ein Hospital für 300 Blinde, Quinze-vingts genannt, errichtet wurde, welches jedoch nur den Zweck hatte, schon erwachsene Blinde, wenn sie mittellos waren, mit den nothwendigsten Bedürfnissen zu versehen, so war doch vor dem menschenfreundlichen Franzosen Valentin Haüy an eine Anstalt, in welcher Blinde, besonders wenn sie sich noch in einem jugendlichen Alter befinden, durch Unterricht und Anleitung zu zweckmäßiger Beschäftigung zu nützlichen und mit sich selbst zufriedenen Menschen herangebildet werden, nicht gedacht worden. Wenigstens war Haüy der Erste, welcher es unternahm, 1784 zu Paris ein Institut für blinde Kinder zu gründen und darin Unterricht in den meisten der Fassungskraft seiner Zöglinge angemessenen Gegenständen selbst zu ertheilen. Die Art, wie seine Landsleute die Blinden zu verspotten pflegten, und die Bildung, die er bei einigen deutschen Blinden bemerkte, brachten ihn auf den Gedanken, für die Blinden das zu thun, was de l'Epée für die Taubstummen gethan hatte, nämlich eine Blindenlehranstalt anzulegen. Haüy hatte nämlich gesehen, wie ein Schenkwirth, um sich Zulauf zu verschaffen, zehn arme Blinde zusammengesucht hatte, die auf eine abscheuliche Art aufgeputzt waren, von denen der Eine, als Midas, mit Eselsohren und Pfauenschwanz, sang, die übrigen ebenfalls lächerlich gekleideten, die Brillen von Pappe ohne Gläser auf der Nase trugen und verkehrt auf Pulten vorgelegte Notenblätter hatten, ihn mit der Geige begleiteten. Haüy fing mit einem Blinden an, und da der Erfolg entsprach, bezahlte die Gesellschaft der Menschenfreunde ein Kostgeld auf 12 Blinde. 1791 ward die Anstalt öffentlich und Ludwig XVI. ließ ihr und der Taubstummenanstalt das Cölestinerkloster einräumen. 1795 wurden beide Anstalten getrennt und die Blindenanstalt in das Katharinenkloster verlegt, die Zahl der Zöglinge aber auf 86, einer aus jedem Departement, festgesetzt. 1801 wurden durch einen Beschluß der Consuln die auf 120 gestiegenen jungen Blinden zu den 300 alten in dem Hospital der Quinze-vingts gebracht, aber dadurch alle Zucht und Ordnung vernichtet. Haüy legte hierauf 1802 eine besondere Anstalt an, sodaß nun zwei Blindenanstalten in Paris waren, jene große öffentliche und diese kleine besondere. In der ersten, der Versorganstalt (Hospital), wohin auch die auf Bonaparte's ägyptischem Feldzuge erblindeten Krieger verlegt waren, wurde zwar der von Haüy angefangene Unterricht fortgesetzt, jedoch nur als Nebensache; statt dessen mußten die Blinden bei einem dort angelegten Tuch- und Tabackwerke arbeiten. In der zweiten, der eigentlichen Erziehungsanstalt (Museum), wurden die Blinden 1) in Handarbeiten, als Spinnen, Stricken, Seildrehen, Fransenmachen, Papparbeiten, Buchdrucken; 2) in Tonkunst, sowol im Sang als im Klang; 3) in Wissenschaften, als Lesen, Schreiben, Rechnen, Formenlehre, Erdkunde, Geschichte und Sprachen unterrichtet. Haüy bewirkte ein Gesetz, daß bei Besetzung aller Ämter der Anstalt bei gleicher Fähigkeit der Blinde dem Sehenden vorgezogen werden solle. Im Jahre 1806 ward Haüy vom Kaiser Alexander nach Petersburg berufen, um dort eine ähnliche Anstalt anzulegen. Seine Anstalt in Paris übernahm nun sein Schüler, Herr Heilmann aus dem Elsaß. Doch ging diese Anstalt bald ein, da Heilmann die blinde Witwe Avisse geheirathet hatte, und zwei Blinde nicht gut einer Haushaltung vorstehen können. Nach der Wiedereinsetzung des Königthums im Jahre 1814 wurde die Trennung der jungen Blinden von den alten beschlossen, aber die Ereignisse dieses Jahres verzögerten die Ausführung bis zur zweiten Wiedereinsetzung des Königs. Endlich, zu Anfange des Jahres 1816, bezog die eigentliche Erziehungsanstalt das Schulgebäude der guten Kinder (collège de bons-enfans) in der Straße St.-Victor. Vorsteher derselben wurde Herr Dr. Guillié, der vorher Arzt bei den Quinze-vingts gewesen war. Er unterrichtete neben seinen ärztlichen Geschäften die Knaben in der Geschichte und in neuern Sprachen, der zweite Lehrer, Herr Dr. Dufau, in Erdkunde und ältern Sprachen, die junge Lehrerin, Fräulein Cardeilhac, die Mädchen. Seit 1821 ist Herr Pignier Director der Anstalt. Zu Versailles hat Herr Alexander Fournier, einer der vorzüglichsten blinden Zöglinge des Herrn Haüy, welcher denselben nach Petersburg begleitet und sich einige Jahre daselbst aufgehalten hat, nach der Rückkehr in sein Vaterland zu Versailles ein Pensionat für blinde Kinder errichtet.

Nach Frankreich entstanden in England zuerst Blindeninstitute. Zu Liverpool stiftete 1790 ein Bürger, welcher bei Verbreitung der Kuhpockenimpfung fand, daß Viele durch die Blattern ihr Gesicht verlieren, eine Arbeitsanstalt, wo männliche und weibliche Blinde in Handarbeiten, Kirchengesang und Orgelspielen unterwiesen werden. Im Herbste 1820 waren 121 Blinde darin. Zu Edinburg ward 1791 durch Unterzeichnung eine ähnliche Arbeitsschule errichtet, worin vorzüglich Korbmachen und Seilerarbeit getrieben wird. Im Herbste 1820 enthielt sie 60 Blinde. Zu London ward 1800 ebenfalls durch milde Beiträge im südlichen Theile der Stadt, im Kirchspiele St.-Georg, beim Obelisken, eine Arbeitsanstalt für Blinde errichtet, worin Korbmachen, Mattenflechten (aus ostindischem Baste), Spinnen und Schnürklöppeln gelehrt wird. Oberaufseher war Dr. Hill. Im Herbste 1820 befanden sich 93 Blinde (46 männliche, 47 weibliche) darin. Zu Dublin, Bristol und zu Norwich gibt es ebenfalls noch Arbeitsschulen für Blinde.

Deutschland folgte nunmehr in der Errichtung der Blindenanstalten und hat jetzt, sowie es überhaupt in der Jugendbildung allen übrigen Ländern vorgeht, allein so viele Blindenanstalten, als das übrige Europa zusammen, und Preußen hat auch hierin den Vorzug.

Die erste öffentliche Blindenanstalt wurde nämlich zu Berlin errichtet. Im Sommer des Jahres 1806 langte daselbst der alte ehrwürdige Haüy nebst Frau, Sohn und seinem blinden Zöglinge Fournier auf seiner Reise nach Petersburg, wo er ebenfalls eine Blindenanstalt anlegen sollte, an und legte vor dem Könige mehre Proben seiner Geschicklichkeit ab. Am 11. August dieses Jahres bekam Herr August Zeune vom Könige den Auftrag, in Berlin mit vier Blinden eine Lehranstalt zu errichten, und am 13. October eröffnete er sie mit seinem ersten Zöglinge. Aber kaum entstanden, drohte die junge Anstalt durch den Einbruch der Franzosen zu verwelken. Die zugesicherten Gelder wurden von den feindlichen Gewalthabern entweder zurückbehalten oder nur sparsam auf langes dringendes Bestürmen zugestellt. Zeune war genöthigt, den Rest seines kleinen Erbtheils aus Sachsen zu ziehen, um dem Vaterlande diese Anstalt zu erhalten. Erst die gänzliche Befreiung des Landes vom Feinde 1809 machte es möglich, die Anstalt wieder auf festen Fuß zu bringen. Dankbar muß erkannt werden, daß der Staat seit dieser Zeit, vorzüglich durch die lebhafte Mitwirkung des verstorbenen Oberconsistorialraths Nolte, als Fürsorgers der Anstalt, einen Arzt zugeordnet, ein eignes Gebäude zugewiesen, die Zahl der Zöglinge bis auf 36 vermehrt, einen Hauswärter angestellt und Lehrer für den Tonunterricht besoldet hat.

Für die in den letzten Feldzügen in beträchtlicher Zahl erblindeten Krieger sind in mehren Provinzen der preußischen Monarchie Unterrichtsanstalten in Handarbeiten errichtet worden; auch hat sich ein Privatverein zur Unterstützung dieser erblindeten Krieger und zur zweckmäßigen Verwendung der für dieselben eingegangenen bedeutenden Zuflüsse gebildet. So entstanden vom Jahre 1817 an die Werkschulen für blinde Krieger zu Berlin, Marienwerder, Münster, Königsberg und Breslau, von denen die beiden letzten bleibend geworden sind. Zu Königsberg ist Jarosch, zu Breslau Knie, selbst blind, Oberlehrer. In Posen wollte Herr Oberpräsident Flottwell eine Blindenanstalt gründen.

Zu Wien legte der Menschenfreund, Herr Rath Klein, 1808 eine Erziehungsanstalt für Blinde an, worin Handarbeiten, Tonkunst und Wissenschaften gelehrt werden, nachdem er schon vier Jahre früher einen blinden Knaben erzogen hatte. Die Zöglinge werden zum Theil auf Kosten des Staats, zum Theil durch milde Beiträge, zum Theil durch ihre Verwandten unterhalten. Die Kinder werden in dem Alter zwischen dem siebenten und zwölften Jahre aufgenommen, und nach vollendeter Lehrzeit, wozu, vom zehnten Jahre des Alters gerechnet, sechs Jahre bestimmt sind, werden dieselben ihren Ältern oder Verwandten zurückgegeben, die ganz armen aber in ein Versorgungshaus aufgenommen. Die Zahl der Zöglinge war im Herbste 1832 in der Erziehungsanstalt etwa 18 und in der damit verbundenen Versorgungsanstalt ebenso viel. Diese Anstalten haben ein Prachtgebäude nebst großem Garten an der Ecke der beiden Kaiserstraßen, unfern des Lerchenfeldes

Zu Prag wurde in demselben Jahre 1808 durch einen Verein, vorzüglich durch Herrn Gouvernialrath von Platzer, eine Lehranstalt für blinde Kinder gegründet. Ihr Zweck ist vorzüglich Tonkunst. Sie zählte im Herbste 1832 etwa 16 Zöglinge, wobei Herr Bezecny Oberlehrer und der Blinde Ptaschek Flötenlehrer war. Zu Ende des Jahres 1832 ward durch den verstorbenen Herrn Professor Klar, welcher sich auch um die erst erwähnte Anstalt sehr verdient gemacht hatte, eine kleine Versorgungsanstalt für Blinde gestiftet.

Zu Schaffhausen wurde von einem vormals blinden, aber durch die Operation wieder sehend gewordenen jungen Manne unter seinen Bekannten im Jahre 1811 eine Verbindung zur Unterstützung der Blinden gestiftet, welche durch milde Beiträge schon ein ansehnliches Capital besitzt und bereits mehre Blinde zu betheilen im Stande ist.

(Der Beschluß folgt in Nr. 186.)

August Herrmann Francke.

Das hier gegebene Bildniß ist das des berühmten, 1663 in Lübeck geborenen Menschenfreundes August Herrmann Francke. Er bildete sich auf dem Gymnasium zu Gotha und studirte 1679 auf den Universitäten zu Erfurt und Kiel, ging darauf einige Zeit nach Hamburg, um neuere Sprachen zu erlernen, und hierauf wieder

*

August Herrmann Francke.

nach Gotha. In Leipzig ward er 1685 Magister und lebte dann einige Zeit in Dresden, um des berühmten Theologen Spener genauern Umgang zu genießen, da dessen milde religiöse Ansichten ihm die allein richtigen zu sein schienen. Schon hatte er manche Angriffe der starren Orthodoxen erfahren, als er 1689 als Diakonus in Erfurt angestellt wurde. Aber sein Wirken fand bald an den Theologen daselbst großen Widerstand, und der Beifall, den er als Prediger genoß, hatte zur Folge, daß er schon im Jahre 1690 auf höhern Befehl aus der Stadt verbannt wurde. Er erhielt aber 1692 auf der von Spener eingerichteten neuen Universität Halle auf dessen Empfehlung eine Anstellung als Professor der griechischen und hebräischen Sprache, wurde Prediger der Vorstadt Glauchau und fand hier den Boden für sein segensreiches Wirken, das seinen Namen der dankbaren Nachwelt bis auf späte Zeiten überliefert hat. Sein religiöses Gemüth und sein menschenfreundliches Herz fühlten sich von dem in körperlicher und geistiger Hinsicht elenden Zustande der niedern Volksclassen so ergriffen, daß er zur Abhülfe desselben seine Kräfte zu verwenden beschloß. Er suchte durch Unterricht verwahrloster Kinder und durch kleine Gaben der dringendsten Noth zu steuern; da aber seine Mittel zu gering waren, wandte er sich an die gefühlvolle Menschheit, und als die gehoffte Unterstützung nicht ausblieb, gründete er im Vertrauen auf Gottes weitere Sorge mit geringen Mitteln eine kleine Anstalt für Unterricht und Erziehung armer und verwahrloster Kinder, aus welcher im Laufe der Zeit die beiden weltberühmten Anstalten zu Glauchau bei Halle, das Waisenhaus und das Pädagogium, entstanden. Er legte selbst 1698 den Grundstein zum Waisenhause, mit dem bald eine Buchdruckerei und eine Buchhandlung, eine Bibliothek, Kunstcabinet und naturgeschichtliche Sammlungen, ein botanischer Garten, eine Apotheke und verschiedene Werkstätten sich vereinigten und dem später sich noch eine Normalschule für künftige Schullehrer und ein Freitisch für arme Studirende anschlossen. Dies Alles geschah mit oft schwachen Mitteln, ward aber durch die Beharrlichkeit Francke's herrlich ausgeführt, und er starb im Genusse der Freude über das Gedeihen seines Werks am 8. Juni 1727, nachdem er seit 1716 noch als ordentlicher Professor der Theologie und Pastor zu St.-Ulrich gewirkt hatte. Die Geschichte nennt den Namen Francke's mit Ehrfurcht, Rührung und Stolz, der Geist der neuern Theologie erkennt in dem vielfach Verkannten das Muster eines frommen und edeln Menschen im Glauben, Denken und Handeln, die dankbare Nachwelt segnet seinen Namen und der gefühlvolle Menschenfreund blickt mit inniger Rührung auf die gegenwärtig von der hochherzigen preußischen Regierung dem Werke des unsterblichen Mannes verliehene Auszeichnung und Unterstützung und auf das ihm 1832 gesetzte Denkmal.

Die „Chambre dorée" zu Paris.

Wir geben hier eine Beschreibung und Abbildung des ehemaligen Gerichtshofes, der sogenannten grand' chambre oder Chambre dorée (güldenen Stube) zu Paris, welche zur Zeit des heiligen Ludwig erbaut ward und worin sich jetzt der Cassationshof befindet. Die Wände waren ursprünglich mit blauem Sammet bekleidet, gestickt mit goldenen Lilienblumen von erhabener Arbeit, welche in kunstvoll gearbeiteten Fransen endigten. Die Fenster waren von buntem Glase, welche schön zusammengefügte Gemälde bildeten. Vermöge dieser Malereien herrschte in dem Saale

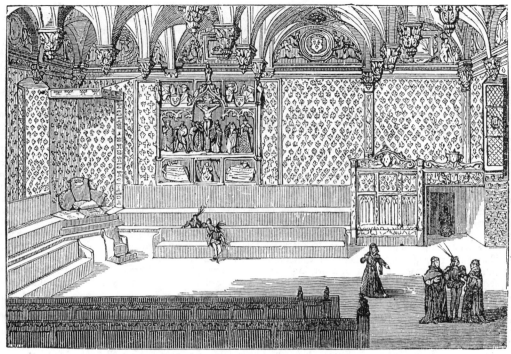

Die „Chambre dorée" zu Paris.

ein liebliches Halbdunkel, das mit der Bedeutung des Orts wohl übereinstimmte. Von der Decke aus wölbten sich überhängende Bogen, die mit Täfelwerk und eingestickten Goldlilien bekleidet waren. Der Fußboden war mit prächtigen Teppichen bedeckt und der Sitz für den König von wahrhaft blendender Pracht. Höchst glänzend war auch die Kleidung der in diesem Saale fungirenden Beamten. Der Präsident trug einen weiten Scharlachmantel, mit Hermelin verbrämt, und eine mit Gold galonirte hohe Sammetmütze. Der erste Gerichtsdiener war mit einem Purpurmantel bekleidet und trug einen mit Silberflittern und Perlen besetzten Hut. Die Kleidung der Advocaten war verschieden; die consultirenden trugen einen langen und weiten Rock von gewässerter Seide, darüber einen Scharlachmantel, doppelt mit Hermelin besetzt und durch reiche Agraffen festgehalten. Die Advocaten, welche die Rechtshändel führten, trugen kleinere Mäntel von violettem und die blos zuhörenden Advocaten solche von weißem Stoffe. Eine im trefflichsten gothischen Style erbaute Pforte führte aus diesem Gemache in den großen Pfeilersaal. Diesen Eingang bewahrte ein kolossaler Löwe aus vergoldeter Bronze, zum Zeichen, wie sich ein alter Chronikenschreiber ausdrückt, daß hier jeglicher Mann, sei er auch noch so groß, gehorchen und sich unter das hohe Gericht und Gesetz demüthigen müsse. Auch an Wundern fehlte es nicht, welche über jenes Prunkgemach in Rede gingen, denn mit ehrwürdigen Gebäuden verbindet der Volksglaube leicht auch außerordentliche Thatsachen. So erzählt man, daß, als einst ein Proceß zwischen dem Erzbischof von Antwerpen und einem reichen Bürger dieser Stadt, welcher der Ketzerei angeklagt war, hier öffentlich verhandelt wurde, und der Advocat beim Vortrag des Rechtsfalls die Lästerungen wiederholte, die der Bürger ausgestoßen haben sollte, sogleich das Gewölbe der chambre dorée zu erzittern begann und sich mächtige Steine ablösten, welche die Versammlung zu zerschmettern drohten. Am nächsten Tage erneuerte sich bei derselben Veranlassung die schreckliche Scene, sodaß alle Anwesenden schier zu sterben vermeinten und so eiligst sich aus dem Saale flüchteten, und man lange Zeit Bedenken trug, dort Processe zu entscheiden. Auch wurde sogleich eine Restauration des Saals beschlossen.

Unsere Abbildung stellt denselben vor, wie er nach dieser, von dem durch Ludwig XII. aus Italien berufenen Baumeister Giovanni Giocondo ausgeführten Restauration beschaffen war. Der Meister erwarb sich durch diese Arbeit hohen Ruhm. Zu den schönsten von ihm angebrachten Verzierungen gehörte ein im großen Styl ausgeführtes Christusbild, eine der vortrefflichsten Arbeiten des 14. Jahrhunderts. Eine neue Restauration des Saals ward 1722 vorgenommen, aber in dem schlechten Geschmacke der damaligen Zeit ausgeführt, und es blieb von der ersten trefflichen Arbeit nur das Gewölbe stehen. Vor einigen Jahren ist der Saal abermals neu eingerichtet worden.

Der Flug der Insekten.

Alle Umwandlungen der Insekten in ihrer äußern Gestalt und alle Entwickelungen ihrer innern Einrichtung sind, wie es scheint, nur Vorbereitungen, sie zum Fliegen fähig zu machen. Die Flügel bilden sich erst auf der letzten Entwickelungsstufe des Insekts aus, nachdem es von allen entbehrlichen Theilen entlastet ist, einen kleinern Umfang erhalten hat und in seinem Innern nach allen Richtungen sich Luftlöcherchen gebildet haben, die jedem Theile Leichtigkeit und Schwungkraft geben. Im Puppenzustande des Insekts zusammengefaltet, erhalten die Flügel ihr volles Wachsthum und sind im Stande, sich auszubreiten, sobald sich die Bande lösen. Ist das Insekt aus seiner Hülle gekrochen, so trennen sich die Flügel von dem Körper und entfalten sich, die darin befindliche Feuchtigkeit verdunstet schnell und die Häutchen werden fest, um sogleich in Thätigkeit treten zu können. Die Fibern der Flügel bilden ein ungemein feines Geflecht, das die zarten Häutchen trägt. Das Mikroskop zeigt, daß diese Fibern röhrenförmig sind und Luft enthalten.

Die meisten Insekten haben vier Flügel. Sie sind an dem stärksten Theile des Skeletts befestigt. Ihre Gestalt ist mehr oder weniger dreieckig. Sie werden durch zahlreiche Muskeln bewegt, welche einen bedeutenden Theil des Innern bilden und eine Vereinigung vieler bewegenden Kräfte sind. Die größten und stärksten dieser Muskeln sind diejenigen, welche die Flügel hinabdrücken. Das bloße Aufsteigen und Niedersteigen würde, ohne ihnen eine andere Bewegung mitzutheilen, hinlänglich sein, das Insekt in der Luft vorwärts zu bringen. Wenn es sich umwenden oder eine schiefe Richtung nehmen will, so bewirkt es dies leicht, indem es die Luft auf der einen Seite mehr als auf der andern bewegt. Durch eine Anstrengung der Flügel, die hinlänglich ist, der Schwerkraft das Gleichgewicht zu halten, kann es lange in der Luft auf derselben Stelle schwebend bleiben.

Die Zahl, Gestalt und Bildung der Flügel haben den Naturforschern passende Kennzeichen zur Eintheilung der Insekten gegeben. Sie zerfallen in dieser Beziehung in sieben Ordnungen, von welchen die ersten sechs die auf verschiedene Art geflügelten enthalten, die siebente aber die ungeflügelten begreift. In der ersten Ordnung, welche die Insekten mit zweihäutigen, zusammengefalteten und mit hornartigen Decken versehenen Flügeln (coleoptera, Käfer) enthält, und beiweiten die zahlreichste ist, sind die unteren Flügel leicht und häutig, von einem ungemein zarten Gewebe und, ganz ausgespannt, gegen die Größe des Körpers von bedeutendem Umfange. Sie sind kunstreich zusammengefaltet, wenn sie nicht gebraucht werden. Zum Schutze dieses zarten Flügelpaares sind die Theile, welche dem oberen Flügelpaare bei anderen Insekten entsprechen, dicke und harte undurchsichtige Schalen, welche die zusammengelegten Flügel decken, wenn das Insekt nicht fliegt. Diese Flügeldecken dienen nie zum Fluge, sondern bleiben aufgerichtet und bewegungslos, während das Insekt fliegt. In der zweiten Ordnung der Insekten (orthoptera) sind die Flügeldecken nicht hart, sondern weich und biegsam, die Flügel selbst breiter als die Decken und wenn sie nicht gebraucht werden, fächerartig gefaltet.

Mehre Insekten schließen ihre Flügel nie, sondern haben sie stets ausgespannt, immer zum Fluge bereit. Sie fliegen sehr leicht in allen Richtungen, seitwärts, rückwärts und vorwärts, und können augenblicklich ihre Richtung ändern, ohne den Körper zu wenden. Dies gewährt ihnen große Vortheile, wenn sie andere Insekten verfolgen und den Nachstellungen der Vögel entgehen. Bienen fliegen oft sehr weit von ihren Körben, um Nahrung zu suchen. Die Hummel hat einen ganz eigenthümlichen Flug. Sie beschreibt in der Luft Kreisabschnitte, bald rechts, bald links, und durchschneidet die Luft mit außerordentlicher Geschwindigkeit.

Bei den vielen Insekten, die nur zwei Flügel haben und eine besondere Ordnung bilden, wozu z. B. die Fliege und die Mücke gehören, findet man zwei aus cylindrischen Fasern bestehende Organe mit rundlichen Enden an der Stelle, wo bei den Vierflüglern das zweite Flügelpaar sitzt.

Die zahlreichen Schmetterlinge, Sphinxe und Motten gehören zu der Ordnung der Schuppenflügler mit vier bestäubten Flügeln (Lepidoptera), und unterscheiden sich dadurch, daß ihre Flügel mit feinen Federn oder Schuppen bedeckt sind. Diese Schuppen sind so leicht an die Flügelhaut befestigt, daß sie bei der Berührung mit dem Finger sich ablösen und sich als Staub anhängen. Unter dem Mikroskop erscheinen sie in ihrer Bildung ungemein schön und sind mit parallelen Streifen bezeichnet, welche oft von noch feinern Linien durchkreuzt sind. Die schönen Farben dieser Schuppen mögen meist aus einem darin befindlichen Färbestoffe entstehen, die zartern Farben aber scheinen aus der optischen Wirkung der Linien auf die Oberfläche hervorzugehen. Die Gestalt dieser Schuppen ist sehr verschieden, sowol bei verschiedenen Insektengattungen als auch auf verschiedenen Theilen der Flügel und des Körpers desselben Insekts. Jede Schuppe ist mittels einer kleinen Wurzel in die Haut eingefügt und geht auf die nahe liegenden über. Sie sind mehr oder minder regelmäßig in Falten gelegt. Die Zahl dieser Schuppen, welche die Flügel decken, muß bei ihrer Kleinheit außerordentlich groß sein. Nach den Beobachtungen des holländischen Naturforschers Leuwenhoek enthält jeder der kleinen Flügel des Schmetterlings der Seidenraupe mehr als 200,000 solcher Schuppen. Viele Insekten haben zwar nur einen beschränkten Flug, viele aber, wie wir es bereits von den Bienen gesagt haben, fliegen weit, und man weiß, daß die Schmetterlinge der Seidenraupe in kurzer Zeit eine außerordentlich weite Strecke zurücklegen.

Anbau der Brunnenkresse in Frankreich.

Bei uns in Deutschland ist auf den Anbau der Brunnenkresse noch nicht gehörig Bedacht genommen, und selbst der Verbrauch der wild wachsenden als Gemüse, Salat oder in den Apotheken als Heilmittel ist verhältnißmäßig nur unbedeutend. In Frankreich dagegen ist man uns in Rücksicht auf die Cultur dieser gemeinnützigen Pflanze schon seit längerer Zeit zuvorgekommen. So bestehen in der Gemeinde von St-Léonard, in dem Thale de la Nonnette, einer Gegend, die sehr reich an lebendigen Quellen, bereits seit Jahren die ausgedehntesten Anpflanzungen von Brunnenkresse, deren Ertrag ebenso bedeutend als ihr Nutzen augenscheinlich ist. Man verdankt diese Anpflanzungen dem gemeinnützigen Sinne des Herrn Cardon, ehemaligen Hauptdirectors der Kasse der Hospitäler der kaiserlichen Armee. Dieser befand sich 1810 in seinem Standquartier zu Erfurt und bemerkte dort an einem Wintertage, daß in den Laufgräben ganze große Strecken Landes mit dem frischesten Grün bekleidet waren, während rings umher Schnee lag. Bei näherer Untersuchung ergab es sich, daß dies Beete von Brunnenkresse waren, die wol, weil diese Pflanze in Üppigkeit wild wuchs, ohne sonderliche Mühe angelegt waren. Herr Cardon kam dadurch auf den Gedanken, den Anbau dieser Pflanze als etwas Neues nach Frankreich zu übertragen, und hatte, sobald er dorthin zurückgekehrt war, nichts Eiligeres zu thun, als sich eine für die Anlegung einer Kressenanpflanzung geeignete Gegend auszusuchen, und diese in der bereits erwähnten Umgegend von St-Léonard zu finden, war er sehr erfreut. Die Einrichtung dieser Anpflanzung geschah mit großer Sorgfalt, und er hatte sich, um seinen Zweck entschiedener zu erreichen, zwei Gärtner aus Erfurt, die das Ganze leiten sollten, kommen lassen. Bald darauf schickte er die ersten Erzeugnisse seiner Pflanzung nach Paris. Die Reinheit und die gute Qualität dieser Kresse sicherten ihr dort einen schnellen Abgang, sodaß sich der Unternehmer in Kurzem für die auf ihren Anbau verwendeten Kosten schon entschädigt sah. Wie bedeutend gegenwärtig die Consumtion der Kresse in Paris ist, ergibt sich aus Nachstehendem; denn während in frühern Zeiten die Kresse nur in Bündeln nach Paris kam, welche die Gärtnerinnen vom Lande hereinbrachten und im Sommer etwa täglich für 1 — 120 Francs, im Winter aber um die Hälfte weniger verkauft wurde, sieht man gegenwärtig zu jeder Jahreszeit Tag für Tag gegen 20 Wagen voll Kresse in Paris ankommen, jeder Wagen zu 300 Francs an Werth. So beläuft sich also der tägliche Verbrauch der Brunnenkresse auf circa 1500 Thaler, wovon immer nur der kleinere Theil auf die Apotheken und Hospitäler, der beiweitem größere auf den Verbrauch in der Hauswirthschaft gerechnet werden muß.

Zurückgelegter Weg der Posten in den königlich preußischen Staaten während des Jahres 1835.

Durch 716 Botenposten . . . 208,270 Meilen.
= 418 Kariolposten . . . 136,353 =
= 247 Reitposten . . . 251,464 =
= 244 Schnellposten . . . 525,411 =
= 763 Fahrposten . . . 749,161 =
                        1,870,659 Meilen.

Und somit hätte die Erde, deren Umfang 5400 Meilen beträgt, 346mal, also beinahe täglich einmal, von den preußischen Posten umfahren werden können.

Hogarth's Werke.

12. Das Thor von Calais, oder der englische Rinderbraten.

Das bekannte Blatt, wozu Hogarth die Ideen an dem Thore zu Calais selbst sammelte, über welcher Ideenjagd man ihn beinahe selbst aufgeknüpft hätte, ist das auf S. 336 gegebene. Man hielt ihn nämlich für einen Spion, der die Festungswerke aufnähme. „Wäre der aachener Friede nicht soeben geschlossen", sagte ihm der Commandant von Calais ganz treuherzig, „so ließe ich Sie am Walle aufhängen." Diese Art der Behandlung, verbunden mit dem Bewußtsein seiner Unschuld und sein ohnehin tödtlicher Haß gegen Alles, was französisch war, hat ihn nachher zu Excessen in seinen Schilderungen der Franzosen verleitet, wodurch das vorliegende Blatt der Liebling des englischen John Bull's (Volkes), besonders wie er damals war, geworden ist.

Zur Linken des Thors hat sich Hogarth selbst, mit der Schreibetafel in der Hand, zeichnend vorgestellt. Ein Sergeant von der Wache arretirt ihn. Von diesem Manne sieht man blos die Spitze der Hellebarte und die rechte Hand auf Hogarth's Schulter, also blos seine Vollmacht und seine Kraft, und mehr braucht man auch bei solcher Gelegenheit von einem Sergeanten nicht zu wissen. Dieses erinnert an einen Einfall Hogarth's, den er einst seinen Freunden als ein Räthsel vortrug, nämlich einen Sergeanten, der zum Thore hinausginge, mit seinem Windhunde hinter sich drein, mit drei Strichen zu zeichnen. Die Auflösung bestand in folgenden drei Strichen: ab, cd und ef. ab ist das Thor im Profil, cd die Pike des Sergeanten auf der Schulter und ef der Schwanz des Windhundes, der, sowie sein Herr, schon durch das Thor ist.

Zur vollständigen Erklärung dieses Blattes bedarf es noch Folgendes: Nach Hogarth's Vorstellung, die sich, was den sogenannten natürlichen Feind, die Franzosen, betrifft, nie über die Vorstellung des John Bull erhob, ist Frankreich das Land, worin es nichts zu essen gibt als gebratene Frösche, Wassersuppen und Salat. Obgleich man von englischem Rinderbraten hier und da als dem höchsten Gute geträumt hat, so ist das doch für die Meisten bloße Musik der Sphären. Auf einmal wird ein solcher seltener Braten zu Calais gelandet, und zwar einer der edelsten. Dieses und das begehrliche Staunen, das er überall, nebst dem Unheil, das er zumal unter den Wassersuppen anrichtet, ist der Inhalt dieses Blattes.

Der hier angekommene Rinderbraten ist, um es so genau als möglich zu bezeichnen, das Stück zu beiden Seiten des Rückens, wo die Nieren liegen. Dieses Stück heißt im Englischen Loin of beef, und seitdem es einst ein, freilich von der Geschichte nicht gekannter, König, der ein Gourmand war, in übermüthiger Tafellaune förmlich zum Ritter schlug, Sir Loin of beef. Dieser Sir Loin of beef erscheint nun hier in der Mitte des Blattes, wozu ihn sein hoher Rang berechtigt, und zwar ist er, wie mehre seines Gleichen, die nach Frankreich reisen, an eine Dame adressirt, nämlich an Madame Grandsire zu Calais, die ihm seine Roheit benehmen und für seine fernere Bildung Sorge tragen soll. Der Koch der Madame Grandsire ist auch bereits beschäftigt, den Ankömmling durch das Stadtthor nach Hause zu tragen, wenn er je dahin gelangt, denn der gute Mann, der kaum den zehnten Theil des Fleisches, das in seinen Armen liegt, auf dem Leibe hat, scheint unter der Last zu brechen. Anstrengung und Furcht blicken aus seinen Augen, Schweiß scheint von seiner Stirne zu triefen; bei einem ungeheuern Haarbeutel trägt er eine Nachtmütze und dabei seidene Strümpfe, über die Knie reichend und mit großen Zwickeln. Die ganze Stellung des armen Teufels zeigt, was ein englischer Rinderbraten vermag, wenn er mit einem Monsieur in Berührung kommt. Ein Franziskanermönch, der grade des Wegs geht, untersucht mit Kennerblicken den Adel des Neugelandeten, mit dem dritten und vierten Finger, welche bekanntermaßen am längsten das feinste Gefühl behalten. Das unnachahmliche Gesicht des Mönchs bedarf keiner Erklärung, und seine ganze Gestalt bildet einen auffallenden Gegensatz zu der magern Figur des Kochs. Das Gesicht dieses Franziskaners ist um so merkwürdiger, da es ein Portrait ist, und zwar das Portrait des berühmten Kupferstechers Pine. Dieser war Hogarth's Freund und saß ihm mit seiner gemästeten Physiognomie gern zu diesem Bilde. Kaum aber war das Blatt erschienen, so erkannte Jedermann Herrn Pine, und er erhielt für seine Gefälligkeit den Namen Pater Pine, sodaß er endlich Hogarth inständig bat, das Gesicht wieder wegzuwischen, was aber wol nicht geschehen ist. An der rechten Seite des Thors befinden sich noch ein Paar Köche, die einen großen Kessel voll Wasser zum Gebrauch für die Tafel wegtragen. Der eine davon scheint ganz voll von der Neuigkeit zu sein, daß ein englischer Rinderbraten in Calais angekommen ist. Der Soldat zur Rechten ist eine fürchterliche Figur, das wahre Sinnbild des Hungers und der Schwindsucht, in lumpiger Uniform. Er geräth beim unerwarteten Anblick des Rinderbratens in ein solches convulsivisches Staunen, daß ein Theil seiner Wassersuppe auf die Straße und von da in den Stadtgraben zurückfließt, aus dem sie gewonnen wurde. Die Schildwacht zur Linken ist auch eine der ausgesuchtesten Franzosenfiguren Hogarth's. Der kleine, etwas schielende Mensch ist ein irländischer Kriegsgefangener, der noch nicht ausgeliefert ist; die diesem Volke eigne heftige Lebhaftigkeit leuchtet aus dem Gesicht sattsam hervor. Er sieht nach dem Braten hin, doch mehr mit einer Alles umfassenden, nie rastenden Neugierde als mit Sehnsucht. Aus dem durchschossenen Hute sieht man, daß er auch an ernsthaftern Expeditionen Theil genommen.

Die kleine Gruppe zur Linken des Thors besteht aus zwei Gemüseweibern, einem Fischweibe und einem Fische, und zwar ist in diesem vierblätterigen Kleeblatte das untere Blatt der Fisch, ein sogenannter Roche, welcher mit den alten Weibern einige Ähnlichkeit hat, zu dem Rinderbraten aber einen starken Gegensatz bildet. Der Alte, der bei verwundetem Kopfe sich seiner Verzweiflung zu überlassen scheint und zur Rechten auf der Brücke sitzt, ist ein Bergschotte, ebenfalls ein Kriegsgefangener, der auf eine Überfahrt nach Dover hofft. Ein Strahl von Rinderbraten scheint in seiner Seele Erinnerungen geweckt zu haben, die sehr mächtig auf ihn wirken und die von einer leeren Dose, einem leeren Tabacksbeutel und einem leeren Magen, für den wenigstens nichts da ist als ein trockenes Stück Brot und eine Zwiebel, unterstützt, zu einer Lebhaftigkeit gediehen sind, die so nahe an der See und dem Wassersuppenquell in der That fürchterlich ist.

Das Thor von Calais oder der englische Rinderbraten.

Verantwortliche Herausgeber: Friedrich Brockhaus in Leipzig und Dr. C. Dräxler-Manfred in Wien.
Verlag von F. A. Brockhaus in Leipzig.

Das Pfennig-Magazin

der
Gesellschaft zur Verbreitung gemeinnütziger Kenntnisse.

186.]   Erscheint jeden Sonnabend.   [October 22, **1836**.

Die Pfalz im Rhein.

Die Pfalz im Rhein.

In dem reizenden Rheingaue, unterhalb der alten Stadt Bacharach, erweitert sich das Stromthal und mitten im Flusse erhebt sich, der kleinen Stadt Kaub gegenüber, ein Felsen, auf welchem der sogenannte Pfalzgrafenstein oder die Pfalz steht, ein viereckiges Gebäude von sonderbarer Gestalt, wie vorstehende Abbildung zeigt, das mit vielen Zinnen und Thürmchen gekrönt ist. Nach der Seite des rechten Stromufers hin öffnet sich eine Fallthüre, zu welcher eine schmale Treppe hinanführt. Im Innern des Thurmes zeigt man ein kleines Gemach, wo nach der Sage die Pfalzgräfinnen ihr Wochenbett halten mußten. Mehre unterirdische Gewölbe dienten ehemals zu Staatsgefängnissen. In den Felsen ist ein tiefer Brunnen gehauen, der seine Quelle nicht im Rheine hat.

Unterhalb der Pfalz wird das Rheinthal romantischer und die Berge auf beiden Seiten rücken näher gegeneinander, bis wir uns der Stadt Oberwesel auf dem linken Ufer nähern. Abwärts nach St.-Goar werden die Ufer wild und schauerlich, das Thal verengt sich immer mehr und der mächtige Schieferfelsen, der Lurley, scheint den Lauf der Schiffer hemmen zu wollen. Den Zuruf der Vorüberfahrenden, besonders auf der Mitte des Stroms oder auf dem linken Ufer, wiederholt das Echo des Felsens 15mal. Diese Eigenthümlichkeit und die Gefahren, welche die Klippe dem unvorsichtigen Schiffer drohte, gaben Anlaß zu der Sage, daß einst eine Undine den Lurley bewohnte und die Vorüberfahrenden durch ihren Zuruf in das Verderben lockte. Auf dem Felsen, erzählt die Sage, ließ sich oft zur Abendzeit und in mondhellen Nächten eine Jungfrau sehen, die mit so lieblicher Stimme sang, daß die Schiffer, von den süßen Tönen bezaubert, auf den Lauf des Schiffes nicht achteten und am Felsen oder im Strudel untergingen. Niemand hatte sie gesehen als zwei junge Fischer, welchen sie zuweilen die Stellen im Strome zeigte, wo sie einen reichlichen Fang machen sollten. Sie priesen überall die Schönheit der Jungfrau, und als der Sohn des Pfalzgrafen die wunderbare Sage hörte, ward eine unwiderstehliche Sehnsucht in seinem Herzen entzündet. Er fuhr am Abend in einem Kahne den Strom hinab, und als das Fahrzeug sich dem Felsen nahte, erblickte er die Jungfrau, wie sie am Abhange saß und einen Kranz für ihre Locken wand. Ihre Stimme erklang, und außer sich vor Entzücken, zwang er die Fischer an den Felsen zu fahren. Er wollte an das Ufer springen, die Jungfrau in seine Arme zu schließen, aber er hatte die Entfernung nicht abgemessen und stürzte in den Strom, dessen Wellen ihn begruben. Als der Pfalzgraf die unglückliche Botschaft erhielt, sandte er einen seiner Hauptleute mit Bewaffneten aus, die Zauberin fangen zu lassen. Sie landeten und stiegen den Felsen hinan. Die Jungfrau saß auf dem Gipfel. „Was sucht ihr?" fragte sie. „Dich! du sollst einen Sprung in den Rhein machen", antwortete der Hauptmann. „Der Rhein mag mich holen", sprach sie und warf eine Bernsteinschnur in den Strom hinab. Ein Sturm erhob sich plötzlich und zwei schäumende Wellen, weißen Rossen gleich, flogen schnell auf die Spitze des Felsens und trugen die Jungfrau in den Strom hinab, wo sie verschwand. Der Hauptmann kehrte auf die Burg des Pfalzgrafen zurück, wo er den todtgeglaubten Sohn fand, den eine Welle an das Ufer getragen hatte. Jetzt ist von der reizenden Undine nichts mehr zu sehen, und anstatt Ritter und Fischer werden nur noch Lachse in großer Anzahl bei diesem Felsen gefangen.

Über Blinde, Blindenunterricht und Blindenanstalten.

III. Von den Blindenanstalten.
(Beschluß aus Nr. 185.)

In Dresden eröffnete Dr. Immanuel Gottlieb Flemming aus Jüterbogk, ein Freund Zeune's in Berlin, in dessen Anstalt er mit dem Blindenunterrichte bekannt geworden war, unterstützt von seiner für den menschenfreundlichen Zweck, so wie er, begeisterten Gattin, am 2. Januar 1809 mit drei Zöglingen eine Blindenanstalt in der Neustadt und zog bald die Aufmerksamkeit nicht blos einzelner Menschenfreunde, sondern auch der städtischen Behörden und der obersten Landesverwaltung in dem Grade auf sich, daß das Institut 1811 in ein besonderes, zu diesem Behufe eingerichtetes Gebäude in der wildruffer Vorstadt verlegt werden und 25 Zöglinge aufnehmen konnte. Allein schon im Februar 1818 wurde Flemming, ein wahrer Vater seiner Blinden, durch einen unerwartet frühzeitigen Tod seiner jugendlichen Schöpfung entrissen. Seine Witwe, welche im Geiste des Verstorbenen mit Ernst, Liebe und frohem Gottvertrauen das begonnene Werk fortführte, vermählte sich mit dem, ihr von Zeune als Lehrer empfohlenen Dr. Ludwig Steckling und blieb fortwährend die Seele des kleinen Blindenstaats, welcher sich 1825 durch seine Verschmelzung mit der 1823 gegründeten Anstalt des Blindenunterstützungsvereins bis auf die Zahl von 45 Zöglingen beiderlei Geschlechts erweiterte. Nachdem 1830 die Blindenanstalt durch die Gnade des Königs Anton zu einer Landesanstalt erhoben und anfänglich der königlichen Armencommission, nach deren Auflösung aber der königlichen Commission für Straf- und Versorgungsanstalten untergeben worden war, befestigte sich mit ihrer äußern Stellung auch ihre innere Haltung, und insbesondere gewann sie an dem an die Spitze dieser Staatsbehörde gestellten Staatsminister von Lindenau und dem Geheimen Regierungsrathe Dr. Schaarschmidt ebenso einsichtsvolle als väterlich liebreiche Leiter, sodaß sich ihre Pflegebefohlenen bis auf 67, worunter mehre aus dem entferntern Auslande, vermehrte, die technische Betriebsamkeit und musikalische Beschäftigung der Blinden durch Anstellung einiger neuen Lehrer schwunghaft erweiterten und endlich durch die Errichtung eines ausschließend auf die besondern Zwecke und Bedürfnisse des Instituts berechneten neuen Gebäudes der Grund zu einer umgreifenden Reform des Ganzen gelegt werden konnte. Dieses neue Gebäude ist auf einem luftigen, erhabenen und daher gesunden Orte vor der Stadt am Wege nach dem Dorfe Plauen erbaut worden und soll noch im Laufe dieses Sommers bezogen werden. Dr. A. Georgi ist seit 1832 Director der Anstalt, die Blinden Koblitz und Fischer sind als Lehrer, Ersterer für die Musik, Letzterer für Gesang angestellt.

Zu Zürich wurde 1810 durch die Hülfsgesellschaft, vorzüglich durch Mitwirkung des Cantonarztes Dr. Hirzel, eine Blindenanstalt gegründet, welche mit dem dortigen Taubstummeninstitut in Verbindung gesetzt worden ist und 12 Zöglinge zählt.

Zu Brünn in Mähren hat ein 1813 verstorbener Menschenfreund ein Capital zur Gründung eines Blindeninstituts gestiftet, an dessen Ausführung, in Verbindung mit einer Augenheil= und Operationsanstalt, eben jetzt gearbeitet wird.

Zu Gmünd in Würtemberg hat der Pfarrer Jäger 1823 eine Blindenanstalt errichtet, welche ebenfalls mit dem Taubstummeninstitute verbunden ist. Ebenso sind zu Linz 1824, zu Freising 1826, zu Bruchsal 1828 und zu Hamburg 1830 Blindenanstalten entstanden.

Rußland. Zu Petersburg eröffnete Dr. Haüy zu Anfange des Jahres 1806 die Unterrichtsanstalt für Blinde, welcher er zehn Jahre lang vorstand, aber im Sommer 1817 aus Altersschwäche in Gesellschaft seines Schülers Fournier nach Frankreich zurückkehrte. Die meisten Zöglinge werden auf öffentliche Kosten, die übrigen auf Rechnung ihrer Ältern erhalten.

Holland. Zu Amsterdam wurde 1808, vorzüglich durch die Gesellschaft der Freimaurer, eine Erziehungsanstalt für Blinde errichtet. Im Sommer 1820 war Verboog Vorsteher und außer ihm noch ein Hülflehrer, acht Tonlehrer (worunter der blinde Organist Brachthuizer für Clavier und Orgelspiel), fünf Werklehrer und eine Werklehrerin, wovon ersterer die Knaben im Netzmachen, Korbmachen, Stuhlflechten, Drahtflechten und Buchdrucken, die letztere aber die Mädchen im Sticken, Geldbeutelweben und Nähen unterweisen. Die Zahl der Schüler war 24.

Dänemark. Zu Kopenhagen ward 1811 durch einen Privatverein, auf den Vorschlag des Professors Brorson, eine Blindenanstalt gestiftet, wo die Zöglinge in Handarbeiten, Tonkunst und Wissenschaften unterwiesen werden. Sie hat etwa neun Lehrer und 18 Zöglinge.

Schweden. Zu Stockholm wurde 1817 eine Blindenanstalt errichtet.

Italien. Zu Neapel wurde 1822 eine Lehranstalt für Blinde eröffnet.

Ungarn. Zu Pesth ward 1825 eine Anstalt für Blinde gegründet.

In Japan gibt es wahrscheinlich ebenfalls Blindenschulen, da die Blinden dort Urkundner des Reichs sind.

Die Vereinigung von Blinden und Taubstummen in einer Anstalt hat allerdings auf den ersten Anblick etwas Auffallendes, indem sich aller Unterricht der Taubstummen grade auf das dem Blinden fehlende Gesicht gründet, und dagegen bei dem Unterrichte der Blinden das dem Taubstummen mangelnde Gehör ungemein wichtig ist. Allein daraus folgt nur, daß sie nicht zu einer und derselben Zeit von einem und demselben Lehrer unterrichtet werden können, nicht aber, daß dies durchaus unausführbar sei. Der Unterricht einer Abtheilung von 10—12 Taubstummen nimmt bereits die volle Thätigkeit eines Lehrers in Anspruch, dagegen kann allerdings ein Lehrer die Blinden oder die Taubstummen unterrichten, während die Andern unter seiner Aufsicht sich selbst beschäftigen. Hierdurch kann auf etwa zwei Stunden des Tages ein besonderer Lehrer erspart werden. Auch ist es ein Vortheil, daß sich die Lehrer von dem Taubstummenunterrichte bei dem minder mühsamen Blindenunterrichte erholen können. Ein weiterer wohlzubeachtender Gewinn ist es, daß die Vereinigung beider Anstalten dazu beiträgt, sowol die Taubstummen als auch die Blinden mit ihrem Schicksale auszusöhnen. Der Taubstumme bemitleidet den Blinden und hält sich für glücklich in Vergleich mit ihm, und ebenso umgekehrt. Dabei ist keinesweges, wie es scheinen könnte, durch ihre Gebrechen alle Gemeinschaft zwischen ihnen aufgehoben. Die gegenseitige Mittheilung ist allerdings nur dürftig, doch kennen die Blinden einen jeden ihrer tauben Mitzöglinge an seiner Stimme und verstehen manches von ihnen Gesprochene, während die Taubstummen vieles von den Blinden Gesagte an den Lippen absehen. So gering dessenungeachtet die Mittheilung zwischen Beiden ist, so hindert sie dieses doch nicht, sich gegenseitig zu dienen. Wer sie auf ihren Spaziergängen sieht, wird an Gellert's bekannte Fabel von dem Blinden und Lahmen erinnert. Der Taube ist das Auge des Blinden und der Blinde das Ohr des Tauben. Dieser führt den Blinden, der ihn dagegen auf von hinten herbeikommende Wagen aufmerksam macht. Im Garten und Hofe treiben sie gemeinschaftlich bald diese, bald jene Spiele. Übrigens schließt sich allerdings ein Jeder mehr an die Genossen seines Gebrechens an. Was endlich die Vereinigung von Taubstummen und Blinden in einer Anstalt noch mehr rechtfertigt, ist der ökonomische Vortheil, welchen sie gewährt, indem dadurch für beide Anstalten nur eine Verwaltung nöthig wird.

In der That sind die Blinden und die Taubstummen bereits in den Anstalten zu Gmünd und zu Zürich, wie schon erwähnt wurde, vereinigt.

Die norwegischen Schlittschuhsoldaten.

Norwegen ist während des größten Theils des Jahres mit Schnee bedeckt und der Winter dauert in den nördlichen Theilen des Landes über sieben Monate. Während dieser Zeit kann wenigstens der Reisende die gebahnte Straße nicht verlassen, und wenn frischer Schnee fällt, ist oft die Verbindung auf den Landstraßen unterbrochen, bis mittels eines von Pferden gezogenen Schneepflugs die Bahn wieder eben gemacht ist und die Schlitten wieder gebraucht werden können. In einem so dünn bevölkerten Lande aber, wo die Bewohner über weite Strecken zerstreut sind, ist es oft nicht möglich, die Straßen dadurch fahrbar zu erhalten. Der Norweger ersann daher ein Mittel, seine meist weit von den Heerstraßen entfernten Gehöfte verlassen oder der Jagd wegen die Wälder in verschiedenen Richtungen durchziehen zu können. Es sind die Schneeschuhe, deren sich auch andere nordische Völkerschaften, z. B. die Eskimos, bedienen. Sie bestehen aus zwei dünnen und schmalen Stücken Fichtenholz von ungleicher Länge, an welchen der vordere Theil zugespitzt und aufwärts gerichtet ist. Das längste Stück, von etwa sieben Fuß, kommt an den linken Fuß, das andere, zwei Fuß kürzer, an den rechten. Beide Schuhe sind gegen drei Fuß breit und in der Mitte, wo der Fuß seinen Platz findet, einen Zoll dick. Diese Schuhe werden mittels Schlingen von Weidenrinde oder Baumwurzelfasern fest unter den Fuß gebunden. Sie sind mit Theer und Pech bestrichen und haben unten in der Mitte eine tiefe Rinne, damit sie nicht seitwärts ausgleiten und der Schneeschuhläufer eine gerade Linie halten könne.

Diese Sitte ist seit den ältesten Zeiten in Norwegen einheimisch, und da das Land oft von Feinden angegriffen wurde, so mußte man bald auf den Gedanken kommen, Schlittschuhe zum Kriegsdienste zu gebrauchen und die geschickten Schützen des Landes mit Schneeschuhen zu versehen. In den frühern Kriegen mit Schweden brauchte das gesammte leichte Fußvolk zuweilen Schlittschuhe, eine eigne Abtheilung aber wurde darin besonders geübt und hieß Schlittschuhläufer. Vor der Vereinigung des Landes mit Schweden gab es zwei Regimenter solcher Schlittschuhläufer, in Drontheim und

*

Die norwegischen Schlittschuhsoldaten.

in Aggerhuus, seitdem aber nur eins. Die Uniform des Regiments ist grün. Die Schlittschuhläufer haben eine besondere Art von Kamaschen, um den Fuß vollkommen gegen den Schnee zu schützen. Ihre Bewaffnung besteht aus einer Büchse, die an einem breiten Riemen über der Schulter getragen wird, und einem kurzen Seitengewehre. Sie haben überdies einen sieben Fuß langen Stab, der über einen Zoll im Durchmesser stark ist. Dieser Stab, der in der rechten Hand getragen wird, hat unten eine eiserne Spitze, um in den gefrorenen Schnee eindringen zu können, und oben ein kreisförmiges Stück Holz, damit es nicht in den Schnee sinke, sondern dem Läufer eine sichere Stütze sei. Auch kann der Läufer mittels dieses Stabes die Geschwindigkeit seines Laufes hemmen, plötzliche Wendungen machen und auf steilen Abhängen das Gleichgewicht halten.

Unsere Abbildung zeigt eine Compagnie solcher Schlittschuhläufer, welche zum Angriffe vorrücken. Das erste Glied läuft voran und feuert und die andern folgen, um dann in gleicher Art vorzurücken. Will der Schlittschuhläufer feuern, so wird, indem er den linken Fuß niedersetzt, der Stab zur Rechten in den Schnee gestoßen, wodurch er zugleich einen Anlegepunkt für seine Büchse gewinnt. Die Schlittschuhläufer bewegen sich mit ungemeiner Behendigkeit und sind wegen des tiefen Schnees sicher gegen die Verfolgung der Reiterei oder des Fußvolks. Sie können dagegen den Feind auf dem Marsche unaufhörlich necken, ohne selbst in Gefahr zu gerathen. Das Geschütz kann wenig gegen sie ausrichten, da sie auf eine Entfernung von 200—300 Schritten zerstreut sind. Die größte Überlegenheit der Schlittschuhläufer aber zeigt sich, wenn der Feind nach einem langen Marsche Halt macht. Bei aller Vorsicht ist er in steter Gefahr gegen Soldaten, die über Moore, Seen und Flüsse laufen und selbst, wo das Eis sehr dünn ist, bei ihrer schnellen Bewegung sicher hinüber kommen. Ihre Lebensmittel und ihr Gepäcke werden auf leichten Schlitten fortgeschafft, die ein Mann mittels eines über die rechte Schulter geworfenen Riemens zieht. Die norwegischen Schlittschuhläufer haben sich bei mehren Gelegenheiten sehr nützlich gezeigt, die Verbindung zwischen entfernten Heerabtheilungen zu unterhalten und kleine feindliche Abtheilungen zu überfallen.

Presburg.

Am linken Ufer der Donau liegt die ansehnliche ungarische Stadt Presburg, die einzige Perle des ungarischen Diadems, welche während der Türkennoth nicht in die Hände der Barbaren gerieth, noch jetzt ein Kronjuwel, welches vor den andern den Vorzug der schönsten von der Natur geschaffenen Fassung hat. Die Stadt erstreckt sich amphitheatralisch von Abend gegen Morgen an die mit dem Schloßberge beginnenden Karpathen gelehnt, südwärts von der Donau begrenzt, im Osten von Gärten und Wiesenland und im Norden und Nordwesten von nahen Weinbergen und Waldhügeln eingeschlossen. Mit Inbegriff der Vorstadt Blumenthal und der Bergorte Schloßberg und Zuckermantel zählt die Stadt in mehr als 1500 Häusern über 34,000 Einwohner, meist deutschen Stammes, mit einigen Slaven und Ungarn vermischt, darunter gegen 3000 Juden, und ist der Bevölkerung nach die dritte im Königreiche Ungarn. Das ehemals herrliche, 1635 auf Landeskosten erbaute und 1760 von Maria Theresia vergrößerte und verschönerte Schloß, eine der schönsten und durch seine Lage auf den hier auslaufenden Karpathen imposantesten Residenzen Europas, gerieth 1811 in Brand, welcher Alles bis auf die noch stehenden, über der Stadt thronenden Mauern, die unsere Abbildung zeigt, ver-

Ansicht der Schloßruine zu Presburg.

zehrte. Der katholischen Kirchen sind 13, worunter die Dom- und Stadtpfarrkirche zu St.-Martin durch ihr Alter und dadurch merkwürdig ist, daß in ihr an Krönungslandtagen der König und auch die Königin gekrönt werden, nebst der prachtvollen Kapelle des heiligen Johannes Eleemosynarius, desgleichen die aus dem 15. Jahrhunderte stammende Franziskanerkirche, in welcher der neugekrönte König den Rittern vom goldenen Sporn den Schwertschlag zu ertheilen pflegt. Außerdem noch sieben Kapellen, drei Mönchsklöster; zwei Kirchen haben die Evangelischen, nämlich eine deutsche und eine slawisch-ungarische, die Juden eine Synagoge. Das sehr reiche Domcapitel hat einen Propst mit elf Capitularen, von welchen einer nach Wahl der Magistrate die Würde des Stadtpfarrers bekleidet. Der Primas des Reichs hat hier einen ansehnlichen Residenzpalast und eine schöne Sommerwohnung. Auch sind ausgezeichnete öffentliche Gebäude das Landhaus, wo die Reichstagssitzungen gehalten werden, das Rathhaus, das Comitatshaus, das Theater mit angebauten Redoutensälen und Casino, das katholische Schulgebäude, das Waisenhaus, zwei große Casernen und ein ansehnliches Kornmagazin. Ausgezeichnete Privatgebäude sind z. B. das Auerische, Mednyanskysche, Esterhazysche, Erdödysche, Zaparysche Haus und mehre andere stattliche und große Häuser, wie denn die ganze architektonische Physiognomie der Stadt durch Wiederaufbau und Wiederherstellung der in der Belagerung 1809 zerstörten und beschädigten Häuser viel gewonnen hat. Die Donau hat statt der ehemaligen fliegenden Brücke seit 1825 eine Schiffbrücke durch Franz I. erhalten, welche er der Stadt geschenkt hat. Nahe an der Donau liegt der Königsberg, durch die der Krönung folgenden Ceremonien bekannt. 1775 unter Maria Theresia erbaut. Von den neun ehemaligen Thoren stehen noch vier, das Michaeler-, Donau-, Veital- und Gaisthor. Ungemein angenehm ist die dem Theater gegenüber, vor etwa 40 Jahren auf einem ehemaligen Sumpfgrunde links der Donau angelegte Promenade mit vier durch schöne Linden-,

Akazien- und Ahornbäume gebildeten Alleen, der Sammelplatz der eleganten Welt und auch sonst lebendig. Unter den vielen schönen Gärten zeichnen sich aus der Primatial-, der fürstlich Palffysche-, Vizeische- und der Kastaniengarten. Schöne Spaziergänge und Erholungsörter außer der Stadt gibt es viele, und in bequemer Nähe liegen die Mühlau, Oberufer, die beiden Landmühlen, die gräflich Appony'sche Mühle an der Wiedreth, die neue Welt, das Batzenhaus, Sans-souci und die friedliche Hütte, alle durch herrliche romantische An- und Aussichten reizend. Ja es ist kein erhabener Standpunkt im Weichbilde der Stadt, von welchem man nicht eine schöne Landschaft erblickt, und jedes Weingebirge, jedes Waldthal, jede Donauinsel hat ihre eigenthümlichen Reize. Unter den Lehr- und Erziehungsanstalten steht oben an die katholische Akademie, aus zwei Facultäten, einer juridischen und einer philosophischen zusammengesetzt, das geistliche Seminarium für zwölf Alumnen, das von Benediktinern versehene katholische Gymnasium, die königliche Nationalmusterschule, fünf städtische Schulen und eine Judenschule. An Lehr- und Erziehungsanstalten für die weibliche Jugend haben die Katholiken außer den Trivialschulen noch eine eigne Mädchenschule bei St.-Martin, und die Ursulinerinnen eine vielbesuchte Schule, sowie die Nonnen von der Congregation de Notre Dame eine dergleichen; beide Frauenklöster haben auch Convictschulen oder Pensionsanstalten für Mädchen aus höhern Ständen. Außerdem besteht ein königliches Pädagogium zur Bildung öffentlicher Lehrerinnen. Die Lehranstalten der Evangelischen bestehen aus zwei Elementarschulen, aus einer Bürgerschule und aus einer lateinischen oder Grammaticalschule; das Lyceum, eine treffliche Lehranstalt, geht schon in die höhern Studien über.

Von weltlichen Behörden haben außer den Militairbeamten, dem Divisionscommandanten und dem Brigadier mit einem Infanteriebataillon, Garnison und Zubehör, in Presburg ihren Sitz ein Hauptdreißigstamt, Postamt, Hauptsalzamt, Versetzamt (Filial des pesther) und Bergwerksproducten-Verschleißfactorei. Sonst hat seinen Sitz hier der Comitatsmagistrat, der Stadtsenat, dessen Glieder zur Hälfte katholisch, zur Hälfte evangelisch sind, wie auch der aus 100 Wahlbürgern bestehende äußere Rath. Handel und Gewerbe sind lebhaft und werden durch die Donauschiffahrt immer und von Zeit zu Zeit durch die Reichstagsversammlungen gefördert, wiewol die sieben Jahrmärkte sich nicht über den Wochenmarktsverkehr erheben. Das Handelsgremium zählt gegen 60 Mitglieder, doch ist der Productenhandel meist in den Händen der Juden. Einige Fabriken in Rosoglio, Tabak, Tuch, Leder, Seide, Spiegeln u. s. w. werden lebhaft betrieben. Ackerbau ist wenig im Weichbilde, doch auf den benachbarten Rebenhügeln bedeutender und edler Weinbau, desgleichen ist der Weinhandel beträchtlich und neuerdings erhöht worden durch die ansehnliche Fabrication des ungarischen Champagners. Der Obst- und Gemüsebau in den Gärten und auf dem nahen Donauufer ist einträglich. Die moralische und politische Physiognomie der Stadt ist vorwaltend deutsch; Gleiches findet man im sprachlichen und geselligen Verkehre, welcher letztere ziemlich lebhaft, zumal während eines Reichstags, ist. In der ältern ungarischen Geschichte ist Presburg dadurch wichtig, daß es nach der türkischen Besetzung von Ofen die Hauptstadt des uneroberten Theils von Ungarn, Bewahrungsort der Krone, Krönungsstadt und häufig Landtagsstadt, auch Sitz der obersten Reichsbehörde war, bis letztere und auch der Krongewahrsam nach dem wiedereroberten Ofen und nach dem neugebauten Pesth verlegt wurden, doch blieben meist die Landtage. In neuerer Zeit wurde die Stadt durch den hier 1805 geschlossenen Frieden und 1809 durch eine sehr verderbliche Belagerung, wobei die Einwohner sich durch Heldenmuth und Patriotismus auszeichneten, berühmt.

Etwas von Gottes unsichtbaren Wasserwelten.

Jeder Tropfen unreinen Wassers, trüben Essigs, verdorbenen Kleisters enthält eine Welt voll kleiner Wesen, welche sich in dem ihnen angewiesenen Raume fröhlich bewegen, feindlich verfolgen, bis ihr Meer versiegt und ihren Freuden und Leiden schnell ein Ende macht. Erst seit der Entdeckung und Vervollkommnung des Mikroskops hat sich das Dasein und die Mannichfaltigkeit dieser sogenannten Infusionsthierchen kund gethan und es ist von Zeit zu Zeit darüber neues Licht verbreitet worden. Auch das Meer enthält sie in großer Menge. Jeder Tropfen desselben, möchte man sagen, ist eine unsichtbare Wasserwelt des Höchsten, aber nur selten hat der Seefahrer Gelegenheit, sich in solchem Maße davon zu überzeugen, wie es 1826 bei dem deutschen Reisenden Pöppig im Südmeere der Fall war. Am 12. März entstand ein bedeutender Lärm auf dem Verdecke, und der Befehl, die Segel einzuziehen, verbreitete allgemeinen Schrecken. „Was gibt es?" rief Jedermann bestürzt. Das Meer, so weit man sehen konnte, hatte eine schmuzigrothe Farbe. Bis an den Horizont ließ sich keine andere Farbe entdecken und zwar in einer Breite von mehr als zwei Stunden. Der Schaum, welcher sich am Vordertheile jedes hinsegelnden Schiffes anlegte, war wie purpur, und die ganze rothe Fläche stach gegen die übrige blaue Meeresfläche um so sonderbarer ab. Jeder hatte erst gefürchtet, daß die Farbe Folge einer Untiefe sei, und war deshalb erschrocken. Aber bald löste sich der Irrthum. Man zog einige Eimer solches Wasser herauf. Es schien hell wie jedes andere; ein schwacher Purpurglanz aber wurde sichtbar, wenn man einige Tropfen auf einen weißen Porzellanteller brachte und im Sonnenscheine hin- und herbewegte. Eine mittelmäßige Vergrößerung bewies nun, daß die rothen Pünktchen im Wasser Infusionsthierchen waren, welche kugelförmige Gestalt, aber keine Bewegungsorgane besaßen. Gegen Salpetersäure waren die unsichtbaren Wesen äußerst empfindlich; ein Tropfen derselben endete fast in einem Augenblicke das Leben von Millionen. Vier Stunden lang segelte das Schiff mit einer Geschwindigkeit, daß es so viele deutsche Meilen zurücklegte, ehe dies mit ihnen gesättigte Fahrwasser ein Ende hatte, das wol einen Flächenraum von 40 Quadratmeilen einnahm und sechs Fuß Tiefe haben mochte. Wer zählte nun wol die Millionen der kleinen darin lebenden Wesen? Wo kamen sie her? Zu welchem Zweck sind sie da? Man findet solche Wesen, wie schon bemerkt, in jedem Tropfen verdorbenen Wassers, oder, richtiger gesagt, solchen Wassers, in welchem sich aufgelöste Thier- und Pflanzenstoffe befinden. Ähnliche Streifen im Meere fanden Kotzebue und andere Seefahrer, und die Entstehung dieser Thierchen dürfte im Allgemeinen darauf zurückzuführen sein, daß sich in ihnen das zerstörte Leben zu einem neuen, wenn auch noch so einfachen Leben gestalte. Die Natur wechselt unaufhörlich zwischen Tod und Leben, Leben und Tod. Ohne Tod gibt es kein Leben, und kein Leben wird vom Tode verschont. Wozu aber sind die Milliarden der für das unbewaffnete Auge unsichtbaren Geschöpfe da? Es ist schon genug, wenn sie sich einen Augenblick lang ihres Daseins freuen, aber sicher dienen sie wieder auch ihrerseits, das Dasein größerer Wesen zu nähren. Pöppig, der die mitgetheilte Erfahrung in seiner unlängst erschienenen Reise in Chile, Peru u. s. w. mittheilt, sah jener wunderbaren Erscheinung der unsichtbaren Wasserwelten eine ganze Heerde Delphine entgegensteuern. Er findet es nicht glaublich, daß sie durch die rothen Infusionsthierchen zu ihrer Fahrt bestimmt worden seien, und kann wol Recht haben. Aber auf der andern Seite ließe es sich doch auch denken, daß die Delphine hier ihre Nahrung fanden. Wasser mit Milliarden solcher Wesen geschwängert, muß nothwendig Nahrungsstoffe enthalten, von welchen wir uns zwar keinen Begriff machen können, die aber andern Wesen durch ihre Menge und Beschaffenheit zusagen mögen, und die Fische in den Flüssen, im Meere und so viele Amphibien mögen zum großen Theile von den zahllosen Milliarden solcher Infusionsthierchen gesättigt werden. Jedes Leben vergeht, neues Leben zu schaffen oder zu unterhalten. Es ist ein ewiger Kreislauf, dessen Anfang Niemand erforschen, wie sein Ende Niemand berechnen kann.

Gewicht der Meereswassermasse.

Die Tiefe des Meeres wird im Durchschnitte zu 5000 Fuß gerechnet, wie die allgemeine Annahme ist, und darnach würden die Wasser der Meere 600,000 Billionen Tonnen, zu 2000 Pfund, wiegen, wovon 20,000 Billionen Salztheile, der Rest aber Wasser ist.

Götz von Berlichingen mit der eisernen Hand.

Mehr um das Gepräge der Eigenthümlichkeit einer ganzen Gattung zu bezeichnen, als besonders merkwürdiger Geistesrichtung und großartiger Erlebnisse wegen, verdient Ritter Götz aus seinen Zeit- und Standesgenossen hervorgehoben zu werden. Er trägt in seinen markigen Zügen alle Tugenden und Laster derselben an sich, altdeutsche Ehrlichkeit, Treue auch als Räuber und Weglagerer, edle Offenheit bei allen Listen seines Handwerks, Zartgefühl und Roheit, Großmuth und häßlichen Eigennutz, Ehrliebe im Kleinen und Geringschätzung der öffentlichen Meinung im Großen, hochstrebenden Sinn, ungeachtet eines eng vorgezeichneten Berufs; Versöhnlichkeit bei nachhaltendem persönlichen Hasse, Frömmigkeit nach seiner Weise, vor Allem aber jenes kecke Selbstständigkeitsgefühl und jenen unbeugsamen Trotz gegen eine Neugestaltung bürgerlicher Verhältnisse, welche dem Gewaltsinn und dem herkömmlichen Faustrechte die Stirne bot. So ist er denn ziemlich der letzte Sprosse jenes wilden Waldgewächses des deutschen Adels, und wir wissen mehr von ihm als von Tausenden, da er in seinen spätern müßigen Tagen in einer etwas ungelenken Sprache selbst die Thaten und Leiden seiner Jugend beschrieben hat.

Um das Jahr 1480 zu Hornberg in Franken als der Sohn eines armen Edelmanns, Kilian von Berlichingen, geboren, besuchte er als Knabe ein Jahr lang die Schule zu Niederhall, hatte wenig Lust zum Lernen, destomehr aber zu Pferden und Waffen, kam nach als Bube in das Haus eines Vetters, und war 1495 mit auf dem Reichstage zu Worms, auf welchem Kaiser Maximilian I. den Landfrieden und das Reichskammergericht zu Stande brachte. Als auf dem Tage zu Lindau sein Herr gestorben, ging Götz in die Dienste des Markgrafen Friedrich von Brandenburg in Franken, machte einen Verwüstungszug gegen Karl VIII. nach Burgund mit, und zog in den großen Schweizerkrieg 1499, in welchem er die Reichsfahne zum ersten und letzten Male im Felde sah. Aber regelmäßiger Kriegerstand, wie er dem Vaterlande Noth that, behagte seinem Sinne nicht, den schon die kecken Händel und Raufereien des Knaben verriethen. Schon im Jahre 1500 war er in Gesellschaft eines berüchtigten Landfriedensstörers, Hans von Massenbach, und faßte zu so gefährlicher Unabhängigkeit Lust, die nie von ihm gewichen ist. Als reisiger Knecht focht er gegen die Nürnberger in der Markgrafenfehde 1502 und erfreute sich bereits eines geehrten Namens unter allen ritterlichen Gesellen weit und breit. Nach Georg's des Reichen Tode entspann sich 1504 ein Erbfolgekrieg in Baiern. In seiner Weise als Waffengesell eines reichern Vetters zog Götz vor Landshut, wo ihm eine Stückkugel die rechte Faust mit dem Schwerte fortriß, er darauf in die belagerte Feste selbst aufgenommen und unter großen Schmerzen des Leibes und der Seele, weil er für seinen Reiterberuf nicht mehr brauchbar zu sein wähnte, geheilt wurde. Aber ein Künstler verfertigte ihm mit einfachem Mechanismus eine eiserne Hand, die ihm den berühmten Beinamen gab, und der er auf das Geschickteste wie einer von Fleisch und Blut in allen Kämpfen sich bediente. Jetzt zum Manne herangereift und mit seinen Brüdern im Eigenen auf Hornberg und Jarthausen angesessen als selbständiger Reichsritter, kümmerte er sich nicht um die Noth Maximilians, sondern aus Selbstgefühl, Thatendrang und Eigennutz, auch um Schwächern zum Recht zu verhelfen, stürzte er aus einem halsbrechenden Handel mit mächtigen Städten und Fürsten in den andern, und ward ihm erst so recht wohl, wenn er keinen Augenblick rastend die verwirrtesten Abenteuer zugleich betreiben konnte, so ließ Götz sich Anderer Klagrecht abtreten, für ihn zur Beschäftigung und zum erklecklichen Lohne. So gerieth er wegen eines Bürgers und Viehtreibers zu Kitzingen in Fehde mit nürnberger Patriziern; wegen eines Schneiders von Stuttgart, Hans Sindelfinger, den die Kölner um den Preis im Armbrustschießen betrogen, in weitläuftige Händel mit jener mächtigen fernen Stadt. Und da nach damals herkömmlichen Rechtsansichten jedes Gemeindeglied für das Ganze einstehen mußte, lauerte er gewöhnlich den Kaufleuten und ihren Waaren auf und nahm sie in Beschlag, um die Bürgerschaft zur Befriedigung seiner auf ihn übertragenen Foderung zu zwingen.

Es lassen sich alle die Anschläge und Räubereien, welche hier durcheinander liefen, gar nicht übersehen; je mehr es ihm gelang, ungestraft und mit Geld davon zu kommen, je ausgebreiteter wurde seine Praxis. Ritt er mit seinen Knechten und guten Gesellen nach allen Winden aus, immer traf er auf ein nöthiges Geschäft, und frohlockte, wenn ihm ein neuer Act des Faustrechts gelungen. Als er seinen Feind, den Bischof von Bamberg, verfehlte, der nach Göppingen ins Wildbad ritt, warf er ihm einen Bundesrath nieder und hieb diesem beiläufig, blos um den Ernst der Sache zu bezeigen, so mit dem Schwerte über den Kopf, daß Blut nachfloß. Als Graf Philipp von Waldeck, ein Vasall von Mainz, ihm seine Brandschatzung abnahm, lauerte er diesem in weiter Ferne auf, nahm ihn gefangen und führte ihn auf Umwegen und über Stege, die allein seinen Gesellen bekannt waren, auf ein verstecktes Waldschloß, von wo er ihn um 20,000 Gulden frei gab. Natürlich mußte am Ende seine Keckheit, als sei kein Richter auf Erden, die Zahl seiner Feinde zum Einverständniß in ihren Angriffen bringen. Der Kaiser erklärte während der nürnberger Fehde ihn, seinen Bruder und seine Genossen in die Acht, schickte ein Heer gegen ihn aus, vor dem Götz weislich das Weite suchte, aber unerreicht den Bürgern so empfindlichen Schaden zufügte, daß sie froh waren, den nicht Bezwungenen unter kaiserlicher Vermittelung zum Vergleich bereit zu finden. Hans von Selbitz mit einem Bein war unsers Ritters unzertrennlicher Gefährte. Aber auch mit Franz von Sickingen, der seine Selbständigkeit in geregelter fürstlicher Weise geltend machte an der Spitze mächtiger Heere, stand er wie mit allen bedeutenden Edeln in schwägerlichem Vernehmen, Vorschub leistend und empfangend. Er band 1514 Fehde an mit dem Kurfürsten von Mainz, geborenen Markgrafen von Brandenburg, dem mächtigsten Reichsfürsten, weil dessen Amtmann das Feld eines seiner Bauern hatte weiden lassen und ihm die gefoderte Genugthuung versagte. Um sich am Kurfürsten zu rächen, fiel er ins frankfurter Meßgeleite und plünderte die unschuldigen Kaufleute; suchte aber dann wieder das Ferne und hielt sich in Westfalen und Hessen versteckt, während seine Güter zur Schadloshaltung eingenommen wurden. Wiederum entging er der Strafe des Reichsfriedensbruchs, indem befreundete Fürsten im Sommer 1516 den Handel, ohne großen Schaden für ihn, vertrugen. War er in allen seinen Privatstreitigkeiten mit unbegreiflichem Glücke davon gekommen, so ereilte ihn die Strafe, als er für den Dienst eines Fürsten focht. Herzog Ulrich von Würtemberg, vom Reiche und dem schwäbischen Bunde bekriegt, weil er gleich nach Maximilian I. Tode 1519 die Reichsstadt Reutlingen überfallen hatte, vertraute dem Ritter Götz, der freiwillig sein Dienstmann geworden, die Vertheidigung des Schlosses Möckmühl. Als Ulrich aus seinem Lande vertrieben war, ergab Götz, dem es an Wasser und andern Bedürfnissen fehlte, als einer der treuesten Anhänger des Herzogs, das Schloß auf freien Abzug, ward aber wider Recht vor dem Thore niedergeworfen und als Gefangener des schwäbischen Bundes, unter dem seine Todfeinde, die Städte, am einflußreichsten waren, nach Heilbronn geführt. Da er die vorgelegte Eidesformel, sich fortan ruhig zu verhalten und von Selbsthülfe abzulassen, nicht schwören wollte, führte man den Widerstrebenden in den Thurm, und würde ihn dort gehalten haben, hätten sich nicht seine Schwäger und Freunde, Georg von Frundsberg, der Führer des schwäbischen Bundesheers, und Franz von Sickingen, das Haupt des Adels, seiner mit Bedrohung der Stadt angenommen und ihm ritterliches Gefängniß verschafft. Viertehalb Jahre lang mußte der Trotzige mit seinem Weibe, die eine tüchtige Reiterin und unverzagte Hausfrau in allen Fährlichkeiten ganz für ihn geschaffen war, in Heilbronn von seinem Gelde zehren, und ward erst nach Erlegung einer großen Summe und nach Beschwörung einer lästigen sogenannten Urfehde, welche ihn auf sein Schloß Hornberg beschränkte, endlich nach Entrichtung schwerer Zehrkosten am Ende des Jahres 1522 auf freien Fuß gestellt. Der jugendliche Trotz seines Sinnes war um Vieles gebeugt; die neuere Zeit, eine kräftige Handhabung bürgerlichen Rechtes, gab überall sich kund, und Götz mußte froh sein, daß ihn nicht, wie so viele Standesgenossen, auch Franz von Sickingen, ein härteres Loos traf. Einige Jahre hatte er unmuthig im Stillliegen seine Kraft verzehrt, die dem Kaiser gegen die Reichsfeinde zu leihen, er keine Lust verspürte, als der Bauernkrieg 1525 ein unheilvolles Geschick über ihn verhängte. Schwer war, in so drangvoller, furchtbarer Zeit parteilos zu bleiben; keines Fürsten Anfoderung gelangte an ihn, seine eignen Bauern tobten; die Frankenbauern trugen ihm die Hauptmannsstelle an, bedrohten sein Weib und seine Kinder, wenn er sich nicht stelle. Da ward es trüb vor der Seele; halb die Lust sich am gehaßten Bunde zu rächen, dann Thatendrang, Hoffnung als Anführer der Bauern neue Greuel zu verhüten, Alles berückte ihn, und er wurde auf einen Monat das Haupt der wilden Horde. Aber seine Erwartungen wurden bitter getäuscht; der Feldhauptmann sah sich zum Spielwerk der zügellosen Bande herabgewürdigt, herumgeschleppt als Zeuge wiederholter Unthat und entfloh, seines Lebens unsicher, ihrer Gesellschaft, als Adel und Fürsten die schwäbischen Bauern bereits überwältigt hatten. Die Strafe seiner halbfreiwilligen, halbgezwungenen Übernahme des neidlosen Amtes blieb nicht aus. Der schwäbische Bund achtete nicht auf seine beredtsamen Entschuldigungen, foderte ihn nach Augsburg und steckte ihn, als er treuherzig erschien, in den Thurm. Da lag er zwei Jahre, schwur 1529 eine schwere Urfehde, welche ihm sogar verbot, jemals ein Pferd zu besteigen, und kehrte in freier Haft auf sein Schloß heim. Volle 16 Jahre hielt er sich so gewissenhaft in seinem Bannbezirke, daß er erschrak, wenn er einmal auf der Jagd seine Grenze überschritt. Die kirchliche Bewegung der Zeit ließ ihn nicht unberührt; er neigte sich zur Lutherischen Lehre, aber die reifen Jahre des erfahrenen Mannes gingen für das Vaterland verloren, und erst nach dem Reichstage zu Speier, 1544, bot ihn König Ferdinand zum Dienste des Kaisers gegen Frankreich auf. Mühsam schleppte der 64jährige Greis sich auf seinem Gaul bis in die Champagne und kehrte, als der Friede zu Crespy geschlossen war, in das dunkelste Landleben zurück. Hoch bejahrt dictirte er seine Lebensbeschreibung, in der er unbefangen alle seine Thaten erzählt, den Beistand des Himmels preist und nach Ansicht des Faustrechts Alles für erlaubt und ehrlich erklärte, und starb über 80 Jahre am 23. Jul. 1562. Im Kloster Schönthal ist sein Grab noch zu sehen.

Der Lurley.

Das Pfennig-Magazin
der
Gesellschaft zur Verbreitung gemeinnütziger Kenntnisse.

187.] Erscheint jeden Sonnabend. [October 29, **1836**.

Landungsplatz am Seeufer bei Neuchâtel.

Neuchatel.

Neuchatel, Neufchatel oder Neuenburg ist die Hauptstadt des gleichnamigen Fürstenthums, das im Juragebirge liegt, aus sechs bis sieben, durch regen Gewerbsfleiß ausgezeichneten Thälern besteht und einen Flächenraum von 14 Quadratmeilen mit 50,000 Einwohnern hat. Der Theil des Gebirges, der das Land bildet, steigt nicht wie die südliche Kette zu schroffen Höhen an, sondern in Terrassen, die aus der Ferne einer hohen Mauer gleichen, deren Gipfel die umfassendsten Aussichten über die Thäler der Schweiz und die Alpen darbietet. Diese Abhänge sind weder mit ewigem Schnee bedeckt, noch Lawinen ausgesetzt, sondern auf den Höhen von dichten Fichtenwäldern beschattet, in den tiefen Gegenden aber mit Nußbäumen bekleidet, welche fast alle Dörfer umgeben. Bis in das 17. Jahrhundert gehörte das Fürstenthum zu dem burgundischen Reiche und seitdem zu Deutschland. Die Besitzer desselben, die Grafen von Neuenburg, breiteten sich später so sehr aus, daß sie sich in mehre Linien theilten, von welchen, nach dem Aussterben der ältern im 14. Jahrhundert, das Fürstenthum an eine jüngere kam, und endlich im 16. Jahrhundert durch eine Erbtochter an das alte französische Haus Longueville. Als dieses Geschlecht 1707 erlosch, wurde der König Friedrich I. von Preußen, als Erbe des Hauses Oranien, das alte Rechte auf das Fürstenthum hatte, von den Landständen zur Herrschaft berufen, und der Canton Bern, mit welchem Neuchatel in altem Bündnisse stand, schützte die Entscheidung der Landstände gegen den Widerspruch und die Drohungen Frankreichs, das aber endlich 1714 den König als rechtmäßigen Besitzer des Fürstenthums anerkannte. Schon im westfälischen Frieden waren dem Fürstenthume, wie den schweizerischen Cantonen, alle Rechte eines unabhängigen Staats gesichert worden, und Neuchatel blieb ungeachtet der Unterwerfung unter den König von Preußen ein Theil der Schweiz und in den alten Bundesverhältnissen mit der Eidgenossenschaft. Die Vortheile, welche die Verfassung des Landes darbot, die ausgedehnte religiöse Duldung, die hier von jeher Grundsatz war, die Erleichterung, die fremden Ansiedlern gewährt wurde, und der regsame Geist des Volkes riefen während des 18. Jahrhunderts einen Kunstfleiß und eine Handelsthätigkeit hervor, die zu einer bewundernswürdigen Höhe stiegen. Im Februar 1806 trat der König von Preußen das Fürstenthum an Frankreich ab, und Napoleon belieh mit demselben den Marschall Alexander Berthier, der später den Titel eines Fürsten von Neuchatel erhielt. Im pariser Frieden aber kam es mit einem Zuwachs an Preußen zurück, und der König gab dem Lande in demselben Jahre eine neue Verfassung, welche sich auf die alten Einrichtungen gründete und dem Fürstenthume die Rechte eines für sich bestehenden, von dem preußischen Staatsinteresse völlig getrennten Staats bestätigte. Das Fürstenthum würde bald nachher als der 22. Canton in die Eidgenossenschaft aufgenommen, und ist der einzige monarchische Canton des schweizerischen Bundes. Auch Neuchatel ward in die Bewegungen gerissen, welche seit 1830 in den meisten Cantonen vielfache Veränderungen der 1814 gegründeten neuen Verfassungen herbeiführten, aber die gestörte Ruhe wurde bald wiederhergestellt. Die Gewalt des Königs ist durch die Verfassung sehr beschränkt; er übt durch den Staatsrath, dem ein Präsident vorsteht, der zugleich Generalgouverneur des Landes ist, die vollziehende Macht aus, die gesetzgebende Gewalt aber steht den Repräsentanten der Bürger zu. Die Religion der Mehrheit des Volkes ist die reformirte und es gibt nur zwei katholische Gemeinden in dem Fürstenthume. Das im Ganzen fruchtbare Land hat beträchtliche Rindviehzucht und erbaut Wein, Obst, Hanf und Flachs, aber nicht genug Getreide für seinen Bedarf; desto blühender aber ist die Manufacturthätigkeit in mehren Zweigen, besonders in Spitzen, Kattun und Uhren. Die Uhrmacherkunst hat sich aus ihren Hauptsitzen, Locle und Chaur de Fonds, seit dem 17. Jahrhunderte auch in andere Thäler des Landes verbreitet. Ein junger Landmann, Daniel Jean Richard aus Lasagne, unweit Locle in einem tiefen, von dem Bled durchströmten Bergthale, erhielt 1679 von einem aus der Fremde zurückgekommenen Roßhändler eine Taschenuhr zur Ausbesserung, weil er der Einzige in den Juratälern war, der sich mit mechanischen Arbeiten beschäftigte. Bei dem Zerlegen und der Zusammensetzung dieser Uhr erhielt die Kunstfertigkeit des Jünglings die erste Anregung. Er erfand binnen Jahresfrist viele Werkzeuge zur Verfertigung einer neuen Uhr, die er in sechs Monaten vollendete. Sein erster Gesell war Jakob Brandt aus Chaur de Fonds, einem Dorfe in einem rauhen, zum Ackerbau untauglichen Thale, wo starke Viehzucht getrieben wird. Zu Anfange des 18. Jahrhunderts zog Richard nach Locle, wo seine Söhne, wie Brandt in Chaur de Fonds, die Uhrmacherkunst lange allein trieben, ehe Andere sich damit zu beschäftigen anfingen. Schon 1780 war dieser Gewerbzweig so hoch gestiegen, daß jedes der beiden Dörfer über 5000 Einwohner zählte, und die Uhrmacherkunst schon in andere Thäler übergegangen war. Ohne die Pendeluhren werden jährlich aus Chaur de Fonds über 40,000 goldene und silberne Taschenuhren und überhaupt aus allen Thälern des Juragebirges gegen 130,000 nach Deutschland, Italien, Spanien, der Türkei und selbst nach Amerika ausgeführt. Zu dem ungemeinen Aufschwunge dieses Gewerbzweiges hat vorzüglich auch die bei der Uhrenfabrik eingeführte Theilung der Arbeit beigetragen. Man findet alle zur Vollendung der Erzeugnisse dieses Industriezweiges nöthigen Arbeiter, z. B. Maler, Graveurs, Vergolder, in diesen Thälern, und rechnet, daß sich gegen 4000 Meister und überhaupt 12,000 Menschen damit beschäftigen. Dieses heitere Künstlervolk hat viele Erfindungen gemacht und ausgezeichnete Mathematiker und Mechaniker sind aus seiner Mitte hervorgegangen. Man verfertigt in Locle und Chaur de Fonds die trefflichsten Werkzeuge für Uhrmacher, welche selbst nach Frankreich und England ausgeführt werden. Alle Bewohner dieser Thäler, Männer, Frauen und Kinder, beschäftigen sich mit einem Kunstzweige, wenn auch nur in Nebenstunden. Ungeachtet der Theurung der Lebensmittel, wird das Werk einer gewöhnlichen Uhr hier wohlfeiler als in irgend einer andern Gegend geliefert. Nahe bei Locle ist ein Amalgamirwerk, worin alle Goldabgänge der Uhrmacher und Goldschmiede aus der Asche geschieden werden. Außer der Uhrmacherkunst ist das Spitzenklöppeln einer der bedeutendsten Gewerbzweige in diesen Thälern und das Dorf Fleurier der Hauptsitz des Spitzenhandels.

Neuchatel, die Hauptstadt des Landes, liegt am Fuße des Jura, am Ufer des schönen, neun Stunden langen neuchateler oder neuenburger Sees, von dem im Gebirge entspringenden reißenden Flusse Seyon durchströmt, der oft große Verheerungen in der Stadt anrichtet. Unsere Abbildung zeigt den Landungsplatz am Seeufer. Die Stadt ist sehr alt, und schon zu den Zeiten der Römer stand auf der Stelle derselben eine der fünf Städte des Volksstammes der Sequaner, der in diesem Theile der Schweiz angesiedelt war. Im 5. Jahrhunderte wurde hier ein fester Thurm gebaut, welcher die neue Burg genannt wurde, woher die im 12. Jahrhundert aus ihren Trümmern wieder erstandene Stadt ihren Namen erhielt. Sie hat in den folgenden Jahrhunderten so viele Verheerungen durch Feuer, besonders 1714, erlitten, daß der größte Theil derselben aus Gebäuden von neuer Bauart besteht. Im Ganzen ist sie gut gebaut, doch sind mehre Straßen steil. Zu den merkwürdigsten Gebäuden gehört das alte Schloß, früher der Wohnsitz des Fürsten des Landes, auf einer die Stadt beherrschenden Anhöhe. Nahe am Schlosse liegt die im 12. Jahrhundert erbaute Hauptkirche, in welcher man das Grabmal sieht, das im 14. Jahrhundert Graf Ludwig, der Letzte des Hauses Neuenburg, seinem Geschlechte widmete und das aus 13 steinernen Bildsäulen besteht. Unter den übrigen bedeutenden Gebäuden sind das Rathhaus, das Waisenhaus und das Hospital zu nennen. Die Stadt verdankt einem ihrer Mitbürger, dem Kaufmann David Pury, der in England und Spanien große Reichthümer erworben hatte, treffliche Stiftungen. Er vermachte bei seinem 1786 zu Lissabon erfolgten Tode sein ganzes Vermögen von drei Millionen Gulden der Bürgergemeinde, und es wurden von dem Ertrage desselben die Lehranstalten der Stadt verbessert, die Pensionen der Lehrer und ihrer Witwen erhöht, die Armen unterstützt und andere gemeinnützige Anstalten gegründet. Ein anderer patriotischer Bürger, der Kaufmann von Pourtales, bestimmte 1807 ein Vermächtniß von 140,000 Thalern zur Gründung und Unterhaltung eines Hospitals. Die Stadt hat gegen 6000 Einwohner und ist der Hauptsitz des Handels des ganzen Fürstenthums, der sich besonders seit dem Ende des 18. Jahrhunderts gehoben hat.

Die Vorgefühle der Thiere für das Wetter.

Die Empfindungen, die sich in dem thierischen Körper vor einer Veränderung des Wetters zeigen und sich durch verschiedene äußere Zeichen ankündigen, beziehen sich auf den Übergang zu trockenem Wetter, zu Regenwetter und zu Sturm. Wir wollen die darüber gemachten Beobachtungen hier mittheilen. 1) Trockenes und helles Wetter folgt gewöhnlich auf feuchtes, wenn die in der Atmosphäre angehäuften Dünste als Regen niederfallen. In Wolken und Regen entladet sich die Luft von den elektrischen Dünsten, die stets aufsteigen, und wenn diese wieder niederfallen, so müssen diejenigen Thiere, die meist in der freien Luft leben, die Leichtigkeit, mit welcher sie athmen und ihre Lebensverrichtungen vollziehen, durch äußere Zeichen ausdrücken. Das Flattern der Fledermäuse am Abend, das Herumfliegen der Käfer an den Straßen, das Schwärmen der Mücken bei Sonnenuntergang sind bekannte Vorzeichen. Dieses Vorgefühl ist für die Fledermäuse und für mehre Insekten sehr nützlich. Bei jedem Regenschauer würde ihnen das Fliegen unmöglich sein, da ihre Flügel nicht durch einen ölichten Stoff gegen Feuchtigkeit gesichert sind, und daher bei Regen weit schwerer und zum Fliegen untauglich werden und sich nicht wieder so leicht in Falten legen, was bei dem eigenthümlichen Bau dieser Thiere nothwendig ist. Aus demselben Grunde erklärt sich das hohe Fliegen der Lerchen und Schwalben, wenn trockenes Wetter bevorsteht. Sie eilen wahrscheinlich in die obern Luftregionen, weil diese freier von Dünsten sind und besser für sie passen. Auch mögen dann die Insekten, welche sie verfolgen, höher fliegen. Nicht so leicht läßt sich das Quaken des Laubfrosches, eine andere Ankündigung von Wetterwechsel, erklären. Wahrscheinlich hat es seinen Grund in der größern Menge herumfliegender Insekten, die er dann leichter fangen kann. Helles und trockenes Wetter ist aber den Fröschen nicht so angenehm als die Rückkehr des warmen Wetters. Machen sie Geräusch bei kaltem Regen, so folgt warmes und trockenes Wetter; entsteht aber das trockene Wetter durch scharfe Winde und folgt warmer Regen, so kann ihr Geräusch Regen verkünden. Das Versammeln der Raben im Felde und das Pfeifen der wilden Tauben läßt sich aus den angegebenen Gründen leicht erklären. Man bemerkt nicht, daß Vögel ihre Federn mit Öl aus ihren Fettdrüsen überziehen, um sie gegen Regen zu schützen, wol aber, wenn der Himmel bewölkt ist und Regen droht. Obgleich nun dieses Vorgefühl zu der nächstfolgenden Classe gehört, so läßt es doch auch eine andere Erklärung zu, nämlich daß die Vögel, indem die Luft leichter wird, auf baldiges trockenes Wetter hoffen, und daher durch Öl ihre Federn gegen Feuchtigkeit schützen wollen, um höher fliegen zu können. 2) Die Zeichen, durch welche die Thiere ein Vorgefühl des Regenwetters verrathen, lassen sich zum Theil durch die zunehmende Schwere der Luft erklären, theils aus ihrer Lebensweise, theils aus dem Bedürfnisse der Feuchtigkeit, die zu ihrer Erhaltung nöthig ist. Die Unruhe der Hausthiere kann mancherlei Ursachen haben. Es ist bekannt, daß die Luft im Sommer vor einem Regen gewöhnlich, wegen der aufsteigenden atmosphärischen Dünste, schwerer ist. Die Insekten, welche das Vieh plagen, werden bei schwerer Luft zahlreicher und kommen in die Ställe, wo sie die Thiere belästigen und unruhig machen. Vielleicht haben auch die aufsteigenden Dünste eine Wirkung auf die Haut der Thiere, die aufhört, wenn nicht mehr so viele Dünste aus der Erde steigen, als vorher, oder die zu stark mit Elektricität angefüllte Luft mag eine unangenehme Empfindung in ihnen anregen. Es könnte sonderbar scheinen, dieselbe Erscheinung aus zwei entgegengesetzten Ursachen herzuleiten, aus zu wenig und zu viel Elektricität. Aber wir kennen ähnliche Fälle im Gebiet der Heilkunde. Menschen, die Wunden oder alte Geschwüre haben, fühlen bei einer Veränderung des Wetters eine Zusammenziehung oder ein Brennen in solchen Theilen, und warum sollten nicht ähnliche Empfindungen bei Thieren vorkommen? Alles dies zusammen kann es erklären, warum Pferde und Esel sich reiben, unruhig die Köpfe bewegen, Luft einschnauben, Kühe die Erde aufkratzen und stampfen, Schweine gierig fressen und die Erde mit der Schnauze aufwühlen. Die Unruhe und das Grasfressen der Hunde, das Arbeiten der Maulwürfe lassen sich aus derselben Ursache herleiten. Hühner krähen bei jeder Veränderung des Wetters außer der gewöhnlichen Zeit. Sie, wie auch die Tauben, eilen zu ihren Ruheplätzen, um gegen den Regen gesichert zu sein, dessen Nähe ihnen die zunehmende Schwere der Luft ankündigen mag. Die Schwalben mögen wahrscheinlich darum auch vor Regenwetter tief fliegen, weil die elektrische Atmosphäre zu schwer für sie ist und sie nicht stark genug sind, sich über derselben zu bewegen. Die stärkern Kraniche bieten ihre ganze Kraft auf, um über dieselbe aufzusteigen. Das Krächzen der Raben, wenn sie nicht Aas wittern, scheint von Furcht herzukommen. Die zunehmende Schwere der Luft deutet ihnen vielleicht an, daß ihnen ein unangenehmes Ungewitter nahe ist, und sie nehmen daher schreiend ihre Zuflucht auf Bäume. Tauben, Wachteln und andere Vögel waschen sich, um ein gewisses

Brennen oder Jucken zu entfernen, und aus demselben Grunde baden sich die Wasservögel. Daß Störche und Kraniche ihre Schnäbel unter die Flügel stecken, ist eine Erscheinung, die man auch bei Hausgeflügel bemerkt, wenn es seine Ruheplätze sucht, um sich gegen Regen zu schützen. Ameisen arbeiten eifriger und die Bienen eilen heim und fliegen nicht weit, weil ihr Instinct sie treibt. Jene suchen ihre Wohnungen zu vollenden, um sich besser gegen den Regen zu schützen, und vielleicht auch, um Vorräthe für die Regenzeit einzusammeln; diese eilen zu ihren Körben, weil die Nässe sie am Arbeiten und Fliegen hindern würde. Mücken kommen in die Häuser, um sich gegen den Regen zu schützen, der ihnen das Fliegen schwer machen würde, und suchen auf Menschen und Thieren die Nahrung, die sie im Freien nicht finden. Erdwürmer kriechen aus ihren Löchern, weil sie sich nur auf schlüpfriger Erde bewegen können. 3) Ein Vorgefühl des Sturmes hat man auch bei den vollkommensten Säugethieren bemerkt. Es scheint überhaupt, daß die unvollkommenen Thiere nur ein Vorgefühl von trockenem Wetter, die vollkommnern von Regenwetter, die vollkommensten von Stürmen haben. Der Hund ist bei bevorstehendem Regen unruhig, kratzt die Erde auf und frißt Gras, was er auch bei sehr heißem Wetter thut, vielleicht, um sich abzukühlen, und gewöhnlich folgt bald nachher Sturm. Vor einem Sturme dünstet er sehr stark aus und sein Geruch wird zuweilen unerträglich; er kriecht zu seinem Herrn und liegt ruhig. Dies hat die Katze mit dem Hunde gemein. Der gesunde Mensch fühlt bei der Annäherung eines Sturmes eine geistige und körperliche Schwere, ein große Trägheit und Abspannung, oft von krankhafter Hitze begleitet. Alle diese Erscheinungen zeigen sich bei einigen mehr, bei andern weniger, aber sehr selten gar nicht. Menschen, die kranke Säfte haben, fühlen überdies ein brennendes Jucken an den bedeckten Theilen des Körpers. Erscheinungen dieser Art haben häufig darin ihren Grund, daß die Ausdünstung durch zu große Hitze gehemmt ist, vielleicht hat aber auch der Mangel an Elektricität im Körper Theil daran. Wenn im Winter stürmisches Wetter droht, zeigen sich jene Vorgefühle nicht, was vermuthlich in dem Einflusse der Jahreszeiten gegründet ist.

Der Corrawasserfall in Schottland.

An schauerlichen, romantischen und erhabenen Naturschönheiten können sich wol wenige Länder in Europa mit Schottland vergleichen. Das Cheviotgebirge im Süden der Flüsse Clyde und Forth, das Grampiangebirge, in nordwestlicher Richtung, welches den eigentlichen Anfang der schottischen Hochlande bildet, bieten in ihrem Zug Scenen und Partien dar, über welche man an pittoresker Schönheit wol nur die Alpengegenden stellen kann. Ausgezeichnet besonders sind die schottischen Gebirge durch die Menge von Seen, welche, von schauerlichen Felsen eingeschlossen, in einem gedrängtem Raume die herrlichsten Aussichten gewähren. So werden sich dem schönen Loch-Lommond (Lommondsee), auf dessen fünf Meilen langem Wasserspiegel dreißig reich bewaldete, üppig grünende Inseln schwimmen, gewiß nur wenige Seen der Erde an die Seite stellen lassen.

Der Clydefluß ist der größte der schottischen Ströme, dessen Ufer größtentheils mit den herrlichsten Umgebungen geschmückt sind. Er bildet in seinem Laufe mehre Wasserfälle, unter denen der hier abgebildete Corrafall einer der vorzüglichsten ist und seinen Namen von dem alten Schlosse Corra, das in der Nähe stand, nun aber in Trümmern liegt, erhalten hat. Die drohenden Felsen ringsumher, das alte Schloß auf dem jenseitigen Ufer, eine Getreidemühle, romantisch auf einem Felsen erbaut, der wilde Strom, der ungeduldig und brausend über die Klippen stürzt, die schauerliche Kluft zu den Füßen des Beschauers, das ewige Geräusch und Branden der Wellen, die aufliegenden Schwärme scheuer Vögel geben diesem Ort einen malerischen und ergreifenden Reiz. Von einem Lusthause aus, welches ein begüterter Edelmann der Gegend hier auf einem Felsenabhange des Ufers erbauen ließ, kann man den ganzen Wasserfall in seiner wilden Größe überblicken. Dieser hat, nach einer genauen Messung, 84 Fuß in der Höhe; in drei verschiedenen Abtheilungen stürzt das Wasser seinem Becken zu; wenn die Sonnenstrahlen darauf scheinen, zeigt sich beständig ein herrlicher Regenbogen, der von dem über dem Becken lagernden Wasserstaub gebildet wird.

Die Eicheln als Nahrung.

Die Rotheiche.

Die Steineiche.

Unter allen Waldbäumen wurde die Eiche, von welcher wir hier zwei Arten in Abbildungen geben, seit den ältesten Zeiten geehrt, bei den Griechen und Römern heilig gehalten und dem Jupiter geweiht, auch bei den Galliern und Briten und den alten Deutschen ein Gegenstand gottesdienstlicher Weihe. Diese Verehrung hatte hauptsächlich darin ihren Grund, daß die Früchte des Baumes Nahrung für Menschen und Vieh darboten, und wir wissen, daß Eicheln noch jetzt nicht nur in Norwegen zu Brot verbacken, sondern auch in reicher begabten Ländern, z. B. in Kleinasien, Persien, Marokko, Spanien, Portugal, von Menschen genossen werden. Es sind dabei aber zwei Umstände nicht zu übersehen, erstlich, daß die Eicheln in südlichen Gegenden, in Vergleichung mit der Frucht der nordischen Eichen, groß, saftig und wohlschmeckend sind, wie z. B. die Frucht der Korkeiche*) in Spanien und Portugal, da in dem nördlichen Klima das Holz des Baumes in demselben Verhältnisse stark und fest geworden, als die Frucht ausgeartet ist, und daß zweitens unter dem allgemeinen Namen Eicheln bei den Alten nicht nur die Frucht der gemeinen Eiche, sondern auch die nußartigen Früchte mehrer andern Bäume, z. B. Kastanien, Nüsse, Buchnüsse, ja selbst Datteln, begriffen wurden. Lange vor dem Anbau unserer Getreidearten aber dienten selbst die gewöhnlichen Eicheln in vielen Ländern als Nahrung und mußten auch nach der Einführung des Korns als Brotfrucht bei einer Hungersnoth Ersatz geben. Wahrscheinlich kam dabei sowol auf die Art der Zubereitung als auf die Gewohnheit viel an. Blicken wir auf die südlichen Länder, so sehen wir, daß in Tunis die Eiche der „mehltragende Baum" genannt wird, und in Spanien, besonders die geringern Volksclassen, noch jetzt die Früchte ihrer Eichen genießen. Während des Kriegs auf der pyrenäischen Halbinsel mußten selbst die Franzosen bei Mangel an Lebensmitteln sich oft wie die Eingeborenen mit Eichelkost begnügen. Wir erinnern hier an einen charakteristischen Zug aus dem frühern Leben des amerikanischen Präsidenten Jackson. An der Spitze einer Abtheilung der Milizen, führte er einen Feldzug gegen die Indianer, die er bis in ihre entferntesten Schlupfwinkel verfolgte. Eines Tages gingen die Lebensmittel aus. Die Soldaten, selbst die Offiziere, murrten und alle wünschten heimzukehren. Jackson ließ seine Offiziere auf den folgenden Tag zum Frühstück einladen. Sie erschienen, erstaunt über eine solche Einladung, und waren neugierig, wie ihr Anführer in einem so bedrängten Augenblicke sie bewirthen wollte. Jackson saß auf dem Boden seiner aus Baumzweigen geflochtenen Hütte und vor ihm lag ein großer Haufen Eicheln. „Meine Herren", sprach er aufstehend und auf die Eicheln deutend, „so lange wir dies haben, dürfen wir nicht über Mangel klagen. Setzen Sie sich." Er setzte sich wieder und begann der ungewohnten Speise zuzulangen. Die Offiziere machten saure Gesichter, aber da kein Rinderbraten zu haben war, mußten sie Eicheln

---

*) Vergl. Pfennig-Magazin Nr. 153.

kauen, und Jackson's Beharrlichkeit wurde mit glücklichem Erfolge gekrönt.

In England hat man in neuerer Zeit aus Neugier einiger Versuche gemacht, aus Eicheln Brot zu backen, welches ebenso gut als die schottischen Haferkuchen (Bannocks) schmeckte, besonders wenn man die Eicheln schälte und vor dem Gebrauche keimen ließ, um das Mehl derselben zum Theil in Zuckerstoff zu verwandeln. Da man die Eicheln in neuern Zeiten als Ersatz des Kaffees empfohlen hat, so könnte eine solche Zubereitung vielleicht auch zu diesem Zwecke nützlich sein.

Die Eicheln werden jetzt, wie die Buchnüsse, meist nur als Viehfutter, besonders für Schweine, benutzt. Schon bei den Römern waren die in den Wäldern Galliens gemästeten Schweine berühmt. In England, wo überhaupt Eicheln, auch in den frühesten Zeiten, weniger als in mehren Gegenden des europäischen Festlandes von Menschen genossen wurden, war schon unter den Angelsachsen die Mast in den Eichenwäldern durch besondere sehr strenge Gesetze gegen das Beschädigen oder Fällen der Bäume geschützt. Zu einer Zeit, wo ansehnliche Wälder England bedeckten, war das Recht, Schweine in die Mast zu treiben, ein gewöhnliches Befugniß geistlicher Stiftungen und ein schätzbares Besitzthum von Privatpersonen, bis die normannischen Könige durch die Ausdehnung des königlichen Jagdrechts in den Wäldern die Mast beschränkten, und dies war eine der Hauptbeschwerden, durch welche die großen Gutsbesitzer den König Johann zwangen, die Magna charta*) zu verleihen. Der Eichelmast verdanken noch jetzt das Schweinefleisch in Spanien und die westfälischen Schinken ihre Vorzüge. Man behauptet, daß eine Metze Eicheln täglich und etwas Kleie in einer Zeit von zwei Monaten hinlänglich sei, einem Schweine täglich ein Pfund an Gewicht zuzusetzen. Auch fressen Truthühner, Tauben und Fasanen gern Eicheln. In England gibt man sie auch wol dem Rindvieh.

Über den Weinbau.
IV.
(Fortsetzung aus Nr. 184.)

Wir wollen nun eine kurze Übersicht der Erzeugnisse der vorzüglichsten Weinländer geben, und dabei auf diejenigen Eigenheiten der Rebencultur hindeuten, welche auf die Beschaffenheit dieser Erzeugnisse Einfluß haben. Die Weine zerfallen in zwei Hauptclassen, rothe und weiße, die man wieder in trockene und süße abtheilt, deren verschiedene Unterabtheilungen von den besondern Eigenschaften abhängen, die durch den Einfluß des Bodens und des Klimas und durch örtliche Verhältnisse hervorgebracht werden. Zuvörderst berühren wir die Frage, welche Eigenschaften die besten Weine in ihrem vollkommenen Zustande haben müssen. Alle Weine haben den Weingeruch, der von dem in denselben enthaltenen Alkohol herrührt und in den verschiedenen Arten nach den Verhältnissen, in welchen dieser Bestandtheil mit den wässerigen, sauren, salzhaltigen, schleimigen und aromatischen Theilen gemischt ist, sich ändert. In einem guten Weine muß der Geschmack keines dieser Bestandtheile vorherrschen, sondern das Ganze eine vollkommene Mischung bilden, die ihren eigenthümlichen Geschmack hat und weder an dem Gaumen klebt, noch

*) Vergl. Pfennig-Magazin Nr. 153.

einen unangenehmen Nachgeschmack zurückläßt. Bei der Bereitung mancher Weine geht man zuweilen von diesem Grundsatze ab, um ihnen besondere Eigenschaften zu geben. So liegen die Vorzüge der schäumenden Weine der Champagne in dem kohlensauren Gase, welches größtentheils entweicht, wenn der Druck, durch welchen es mit dem Wasser und dem Schleimstoff zusammengehalten wird, aufhört. Die angenehmen Eigenschaften der süßen Weine hängen von einem Überflusse unzersetzten Zuckerstoffes ab; die weinigen Eigenschaften einiger Burgunderweine werden aufgeopfert, um ihnen die Blume zu erhalten, wegen welcher sie mit Recht geschätzt werden. In mancher Hinsicht sind weiße Weine vollkommener als rothe, wenigstens sind sie der Zersetzung nicht so sehr unterworfen. Die starken rothen Weine, die nicht nur auf den Hülsen, sondern zuweilen sogar auf den Stielen gegohren haben, erlangen ihre höchste Vortrefflichkeit nicht eher, bis ein großer Theil des in ihnen enthaltenen Weinsteines und Färbestoffes niedergeschlagen ist, aber die leichten Weine dieser Classe gelangen zur Vollkommenheit, ehe diese Veränderungen eintreten, denn sobald sie ihre Farbe verlieren, gehen sie zurück und werden schal. Weiße Weine, selbst geringere, bleiben weit länger unverändert, wahrscheinlich weil sie weniger Schleimstoff und Extractivstoff enthalten, und sind sie vollkommen ausgegohren, so halten sie sich bis zu unbestimmter Zeitdauer. In Hinsicht auf Wohlgeschmack und Blume stehen sie freilich den feinen rothen Weinen nach, und wenige weiße französische Weine können in diesen Punkten mit den Erzeugnissen der besten Weinberge in Bourgogne, Gascogne und der Rhonegegend die Vergleichung aushalten. Die Farbe der rothen Weine wechselt von hellem Roth bis zu der tiefsten, fast in das Schwarze fallenden Purpurfarbe. Setzt man rothe Weine in den Flaschen dem Einflusse der Sonnenstrahlen aus, so sondert sich der Färbestoff in großen Flocken ab, ohne daß der Geschmack des Weins leidet, und wird Kalkwasser hinzugegossen, so wird der Färbestoff als ein unauflösliches Salz niedergeschlagen, das durch die Verbindung des Kalks mit der Weinsäure gebildet wird. Manche weiße Weine, z. B. der moseler, sind fast ganz farblos, die meisten aber heller oder dunkler gelb. Einige Weine, wie der in der Moldau wachsende Cotnar, haben eine grünliche Farbe, die aber nach längerem Liegen dunkler wird. Die hellen weißen Weine werden im Alter bernsteingelb, vermuthlich weil die in ihnen enthaltene Kohlensäure durch Sauerstoff gesättigt wird, wie denn die starken weißen Weine dunkelbraun werden, sobald sie einige Stunden mit der atmosphärischen Luft in Berührung gewesen sind. Die feinen Weine zeichnen sich vor den gewöhnlichen durch ihren Wohlgeschmack, ihre Blume und ihre Fülle aus, und werden durch langes Liegen noch edler.

Frankreich liefert sehr viele, in ihren Eigenschaften wesentlich verschiedene Weine und von jeder Art einige der vorzüglichsten, und ist besonders in der Bereitung rother Weine jedem andern Weinlande überlegen. Der Anbau der Rebe scheint nicht vor dem ersten christlichen Jahrhundert angefangen zu haben und war ursprünglich auf die südlichsten Landschaften eingeschränkt. Im vierten Jahrhundert verbreitete sich der Weinbau weiter und mit den Fortschritten des Landbaues kam er auch in den nördlichern Landschaften auf und wurde selbst in der Normandie, Picardie und in Bretagne versucht, aber wegen der herrschenden kalten Winde und Nebel bald wieder aufgegeben. Das Land, das alle dem Weinbau günstigen Erdschichten barbietet und zahlreiche sanft ansteigende Hügel hat, ist von den Ufern des Rheins bis zu dem Fuße der Pyrenäen mit üppigen und reizenden Weinbergen bedeckt, die ihre köstlichen Schätze in reicher Fülle in alle Theile der Welt senden. Man findet in Frankreich fast alle Arten des Weinbaues, die bei den Alten gewöhnlich waren; in einigen südlichen Landschaften schlingt sich die Rebe noch um den schlanken Stamm der Ulme oder des Ahorns, während der Boden zwischen den Pflanzungen mit Mais oder Korn bedeckt ist; in einigen Gegenden zieht man sie spalierartig an Geländern, in andern, wie bei Bordeaux, über niedrige horizontale Stangen. Mehre jetzt wenig geachtete Weinberge waren in frühern Zeiten wegen ihrer vorzüglichen Erzeugnisse berühmt, und früher fast unbekannte sind in neuern Zeiten zu großer Berühmtheit gelangt. So waren einst die Weine von Orleans gesuchter als die Erzeugnisse von Bourgogne und der Champagne. Im Mittelalter, wo man die Weinbereitung nachlässig betrieb, und wenig darauf bedacht war, die Weine durch langes Liegen zu veredeln, scheint man überhaupt die verschiedenen Eigenschaften der Weine weniger unterschieden zu haben, als in neuern Zeiten, wo die Weincultur, besonders in Frankreich, höher stieg. Auch haben andere Umstände zur Verschlechterung der Weine beigetragen. In Frankreich, wie in andern Ländern, wurden die erlesensten Weine lange Zeit auf den der Geistlichkeit gehörenden Ländereien erzeugt, und der sogenannte theologische Wein wurde mit Recht allen andern vorgezogen, weil die reichen Stifter und Klöster ihre Weinberge am besten anbauten und auf die Behandlung ihrer Weine die größte Sorgfalt wendeten. Als in spätern Zeiten ihre Besitzungen in die Hände von Weltlichen kamen, verminderte sich oft jene Sorgfalt und manches berühmte Gewächs wurde geringer, wie z. B. der Clos Bougeot, der in den Weinbergen einer ehemaligen Cistercienserabtei bei Dijon erbaut wird. Auch hat, in Beziehung auf die rothen französischen Weine, das zunehmende Verlangen nach dunkel gefärbten Weinen die Weinbauer zu einem fehlerhaften Verfahren bei der Weinbereitung verleitet, indem sie den Most zu lange auf den Hülsen gähren ließen, wobei er durch den Einfluß der atmosphärischen Luft Säure aufnahm.

Die besten französischen Weine kommen aus den Landschaften Champagne, Bourgogne, Dauphiné und Bordelais. Die Weine der nördlichen Departements sind mit wenigen Ausnahmen schwach, die Erzeugnisse von Languedoc, Roussillon und andern südlichen Gegenden aber zeichnen sich mehr durch Stärke als durch angenehmen Geschmack aus, und nur unter den süßen Weinen dieser Gegenden stehen einige in großem Rufe. In der Champagne ist das eigentliche Weinland das Departement der Marne. Man theilt ihre Weine in Fluß- und Bergweine ein. Jene sind meist weiß, diese roth. Zwar versteht man unter Champagner gewöhnlich den schäumenden Wein, der im Most nur eine unvollkommene Gährung erlitten und während der unmerklichen Gährung in der Flasche viel Kohlensäure entwickelt hat; diese Bestimmung aber ist nicht genau, da die Weinberge der Champagne mehre treffliche rothe und weiße Weine erzeugen, die nicht schäumen. Die meisten weißen Flußweine sind allerdings schäumend und werden höher geschätzt als die rothen Bergweine. Nicht immer aber sind die schäumendsten Weine die besten, weil es ihnen an den eigentlichen weinigen Eigenschaften fehlt und ihr geringer Alkoholgehalt mit dem aufsteigenden Schaume verflüchtigt wird und das Aroma mit ihm entweicht. Daher werden die perlenden oder halbschäumenden Weine (vins crémans) von Kennern höher als die vollschäumenden (vins grand mousseux) geschätzt. Unter den weißen Champagnerweinen haben den ersten Rang die Erzeugnisse der Weinberge von Verzenay, Mailly und Raumont, die ehemals dem Marquis von Sillery gehörten und von ihm den Namen führen. Sie haben eine hellgelbe Farbe, sind stark und angenehm von Geschmack und unter allen Weinen jener Gegend am besten ausgegohren. Man läßt gewöhnlich die Flaschen in Eis abkühlen, ehe man sie öffnet. Zu den besten Flußweinen gehören die Gewächse in den Thälern und an den Bergabhängen am Ufer der Marne bei Ay, Hautvilliers, Epernay und Avenay, und die mitten in diesem Bezirke liegenden Weinberge von Cumières geben einen trefflichen rothen Wein. Weiter vom Ufer des Flusses werden die Weine, mit wenigen Ausnahmen, z. B. des Closet, geringer. Unter den Bergweinen in der Gegend von Rheims sind besonders der Verzy und Verzenay geschätzt, aber nur der Clos Saint Thierry verbindet die Farbe und Blume des Burgunders mit der lieblichen Leichtigkeit des Champagners. Der Boden der meisten Weinberge in der Champagne ist ein lockerer Mergel, der auf Kalkschichten liegt. Die Weinstöcke werden durch Fechser oder Senker vermehrt und so niedrig gezogen, daß sie selten über 18 Zoll hoch sind. Alle drei oder vier Jahre werden die Stöcke gesenkt, sodaß nur zwei bis drei Augen über der Erde bleiben. Bei dem Senken wird immer mit Torf, Mist, Sand, Mergel und gestoßenen Muschelschalen gedüngt. Die obengenannte Traubensorte, der rothe Clävner oder Rulander (gris commun) gibt den besten Champagner. Zu der Bereitung des weißen Champagners nimmt man gewöhnlich blaue Trauben, weil sie leichter reifen und dem Froste und Regen zur Zeit der Weinlese besser widerstehen als weiße. Sie werden am frühen Morgen, wenn der Thau noch darauf liegt, abgebeert und schnell gepreßt. Was zuerst von der Presse fließt, wird besonders aufbewahrt. Am folgenden Morgen wird der Most auf kleinere geschwefelte Gefäße gefüllt, zu Ende des Decembers abgezogen, mit Hausenblase geklärt, nach sechs Wochen abermals abgezogen und im März auf Flaschen gefüllt. Der Sillery bleibt drei Jahre auf dem Fasse, ehe er auf Flaschen gezogen wird. Bei der Bereitung des rothen Champagners (vin rosé) werden die Beeren durch Treten von den Stielen befreit und ehe man sie preßt, der Gährung ausgesetzt, um den Färbestoff aus den Hülsen zu ziehen. Eine geringere Sorte des rothen Champagners wird mit einer Abkochung von Hollunderbeeren und Weinsteinrahm gefärbt. Die rothen Bergweine werden gewöhnlich im November nach der Weinlese auf Flaschen gezogen, der Clos Saint Thierry aber bleibt gegen zwei Jahre auf den Hefen liegen. Alle Champagnerweine werden in kühlen Felsenkellern aufbewahrt, wo sie sich 10—20 Jahre halten. Der leichtschäumende Ay hält sich sogar noch länger.

(Die Fortsetzung folgt in Nr. 188.)

Notiz.

Kürzlich wurde zu Hull ein Knabe von 15 Jahren ins Spital gebracht, starb aber nach einer kurzen und schmerzhaften Krankheit. Als er geöffnet wurde, fand man zum nicht geringen Erstaunen der Anwesenden, daß das Herz auf der rechten Seite der Brust, die Leber auf der linken Seite war. Magen und Eingeweide waren gleichfalls in verkehrter Stellung, sonst aber alle Theile in völlig normalem Zustande, und es scheint auch, daß alle Functionen wie bei andern Menschen vor sich gingen. Dieser sonderbare Bau und die Krankheit, an der der Knabe starb, hatten jedoch keinen Bezug auf einander.

Ein Bauer aus der Normandie.

Die Normandie ist dasjenige Land, das man nach seinen allgemeinen Zügen am häufigsten mit England verglichen hat, und in der That bieten sich auch mehrfache Gründe dar, um eine solche Vergleichung zu rechtfertigen. Es spricht dafür schon der Umstand, daß beide Länder während eines so langen Zeitraumes unter einer und derselben Herrschaft gestanden haben, wodurch wol manche gegenseitige Beziehungen der Bewohner entstanden sind, und die Lebensweise der Einen in gewissen Stücken auf die Andern überging. Am nächsten liegt die Vergleichung beider Länder wol im Bezug auf das Klima, auf die ausgedehnten, nur von mäßigen Hügeln unterbrochenen Ebenen, auf die herrlichen Weideplätze und die gewöhnlichen Producte des Pflanzenreiches; indessen ist das Klima der Normandie mehr trocken und hat etwas mehr Wärme und Beständigkeit der Luft als das Englands; aber dieselben Winde herrschen vor mit denselben Wirkungen und die Jahreszeiten gleichen sich sehr in beiden Ländern. Daß aber die Civilisation und Cultur Englands der normännischen bedeutend vorangeschritten ist, zeigt sich schon in dem Ackerbau, der im Vergleich zu dem englischen auf einer weit niedrigern Stufe steht. Die Pachtgüter und Meierhöfe sind nur klein, meist nicht über 100 Acker groß, und die Bevölkerung ist nicht so gleichmäßig wie in England, sondern mehr in kleine Dorfschaften vertheilt. In den Dörfern, die meistentheils in Thälern liegen, sind fast alle Wohnungen aus Lehm erbaut und mit Stroh oder Schilf gedeckt. Die mit dem Wohnhause in Verbindung stehenden Nebengebäude haben gewöhnlich eine große Ausdehnung, sind ebenfalls aber auch sehr leicht gebaut. Das Ackergeräth ist noch keineswegs in einem dem englischen ähnlichen Zustande und Maschinen sind noch unbekannt, sogar die Schwingen, um das Korn zu worfeln, erst theilweise eingeführt. Nichts aber ist auch einfacher als die Lebensweise eines normännischen Landwirths. Er lebt fast nur von Brot, Pflanzenspeisen und Obstwein; Fleisch wird wenig genossen, dagegen aber viel Kaffee und Syrup. Die Kleidung der Landleute ist ebenso einfach und von etwas alterthümlichem Zuschnitt. So erblicken wir auf unserer Abbildung einen Bauer aus der Normandie in seinem Alltagskleide, wie er nach vollbrachtem Tagewerk vor der Thüre seines Hauses sitzt. Diese Gestalt in dem einfachsten Anzuge von der Welt sticht freilich gar merklich ab gegen den oft überladenen Putz, dem sich in andern Gegenden auch das Landvolk immer mehr und mehr ergibt.

Verantwortliche Herausgeber: Friedrich Brockhaus in Leipzig und Dr. C. Drärler-Manfred in Wien.
Verlag von F. A. Brockhaus in Leipzig.

Das Pfennig-Magazin

der

Gesellschaft zur Verbreitung gemeinnütziger Kenntnisse.

188.] Erscheint jeden Sonnabend. [November 5, **1836**.

Das Hochkreuz bei Godesberg.

IV. 45

Das Hochkreuz bei Godesberg.

In dem Rheinthale, das sich bei Königswinter erweitert und auf seinen zurückweichenden Ufern mit anmuthigen Landschaftsbildern, volkreichen Städten und Dörfern geschmückt ist, liegt fünf Viertelstunden aufwärts von Bonn das freundliche Dorf Godesberg, am Fuße eines Berges, den die prächtigen Überreste einer alten Burg krönen, die im 13. Jahrhunderte auf den Trümmern eines, wahrscheinlich von dem Kaiser Julian gegründeten, Schlosses der Erzbischof Theodorich von Köln erbaute. Als der Kurfürst Gebhard im 16. Jahrhundert zum protestantischen Glauben übergegangen war und die schöne Agnes von Mansfeld geheirathet hatte, legte er holländische Soldaten als Besatzung in die Burg, die aber 1593 durch die Kriegsvölker des neugewählten Erzbischofs Ernst von Baiern mit Pulver gesprengt wurde. Noch ist von der alten Burg ein Thurm übrig, auf dessen Gipfel eine Treppe führt.

Am Fuße der Berges entspringt ein Gesundbrunnen, die Draitsches Quelle, die gegen Ende des 18. Jahrhunderts neu gefaßt wurde. Der letzte Kurfürst von Köln, Maximilian Franz, Joseph II. Bruder, legte geschmackvolle Gebäude zur Bequemlichkeit der Brunnengäste an, und Godesberg war bis zur Besetzung des Landes durch die Franzosen vielbesucht. Man hat in neuern Zeiten sich bemüht, es als Brunnenort wieder in Aufnahme zu bringen, doch ohne bedeutenden Erfolg. Auf dem Wege nach Bonn steht das gothische Monument, das sogenannte Hochkreuz, von welchem wir eine Abbildung geben. Es ist etwas über 30 Fuß hoch und ward um die Mitte des 14. Jahrhunderts durch den Erzbischof von Köln, Walram von Jülich, errichtet.

Godesberg bietet dem Reisenden, der die herrliche Umgegend, besonders das Siebengebirge, besuchen will, einen angenehmen Aufenthalt dar. Wir fahren von hier nach Königswinter auf dem rechten Stromufer am Fuße des Siebengebirges, das sich von dieser kleinen Stadt bis Römersdorf zieht und seinen Namen von den sieben hohen Kuppen hat, welche aus der ganzen Bergreihe hervorragen. Die steilste dieser theils aus Basalt, theils aus Granit, Porphyr und Sandstein bestehenden Kuppen ist der Drachenfels, der vom Stromufer schroff emporsteigt und von Burgtrümmern gekrönt ist, die wie Felsenmassen sich erheben. An dem südwestlichen Abhange öffnet sich eine enge Höhle, in welcher nach der Sage der Drache wohnte, den der gehörnte Siegfried erlegte. Auf dem Gipfel, wo sich eine herrliche Aussicht öffnet, ist ein kleines Gebäude errichtet und eine Denksäule ehrt das Andenken der 1814 vor dem Feinde gefallenen Landwehrmänner des Siebengebirges. Hinter dem Drachenfels erhebt sich, mit diesem durch einen Bergrücken verbunden, ein abgestumpfter Kegel, die Wolkenburg, die in ältern Zeiten gleichfalls eine Burg hatte, welche Kaiser Heinrich V. zerstörte. Rechts vom Drachenfels steigt der Stromberg empor, auf dessen rundem Gipfel eine kleine Kapelle steht. Hinter diesen drei Bergen, etwas weiter vom Strome entfernt, liegen die übrigen vier Kuppen, der Löwenberg, der Nonnenstromberg, der Ölberg und der Hemmerich. Alle tragen die Trümmer alter Schlösser, deren einige aus der Zeit der Römerherrschaft stammen. Dem Drachenfels gegenüber, auf dem linken Rheinufer, oberhalb Godesberg, erhebt sich der Rolandeck mit seinen Burgtrümmern steil aus dem Strome, der hier ein enges Bett bildet. Auf dem Gipfel liegen die Trümmer einer Burg, die auf der Stromseite von allem Buschwerke entblößt, auf den übrigen Seiten aber mit Epheu und Gesträuch bekleidet sind. Nach der Sage erbaute diese Burg Roland, Karl's des Großen Neffe, um seiner Geliebten nahe zu sein, welche, durch die Nachricht von seinem Tode getäuscht, den Schleier in dem Kloster auf der nahen Rheininsel genommen hatte. Diese anmuthige Insel, Rolandswert oder Nonnenwert, liegt unter dem Felsen, und ihr Kloster, das jene Sage in frühere Zeiten versetzt, wurde erst 1120 gestiftet, nach einem Brande in spätern Zeiten aber in ein prächtiges Gebäude umgeschaffen. Es verdankt seine Erhaltung der Kaiserin Josephine, auf deren Fürbitte Napoleon den Nonnen erlaubte, es bis zu ihrem Tode zu bewohnen. Als das Rheinland 1815 an Preußen gekommen war, wurde diese Erlaubniß zu Gunsten der vier noch übrigen Nonnen bestätigt, nach deren Tode das Kloster aber verkauft und später in einen Gasthof verwandelt. Diese Bestimmung hat es insofern behalten, als es häufig von Fremden, besonders von englischen Familien, wegen der gesunden Lage der Insel zum Sommeraufenthalte benutzt wird.

Stärkung der Lunge.

Eine verständige Beförderung der Thätigkeit der Lunge ist eines der wirksamsten Mittel, die Entwickelung dieses Organs zu begünstigen und es gegen Krankheiten zu schützen. Es verhält sich in dieser Hinsicht mit den Werkzeugen des Athmens grade wie mit den Muskeln und andern Theilen des menschlichen Organismus. Sie sind zur Thätigkeit bestimmt, und wenn sie an Unthätigkeit gewöhnt werden, so muß ihre Kraft und Gesundheit sich vermindern, wogegen, wenn sie zur Unzeit oder zu sehr angestrengt werden, krankhafte Zustände die unvermeidliche Folge sind.

Die Lunge kann mittelbar durch jede körperliche Bewegung oder Muskelanstrengung, die schnelleres und tieferes Athmen nothwendig macht, gestärkt werden, oder unmittelbar durch Anwendung der Stimme zum Sprechen, Lautlesen, Schreien und Singen. Im Allgemeinen müssen beiderlei Übungen verbunden werden; ist es aber der Hauptzweck, die Lunge zu stärken, so sind diejenigen Übungen die zweckmäßigsten, welche die Brust erweitern und die Athmungswerkzeuge in Thätigkeit setzen. Rudern, Fechten und verschiedene gymnastische Übungen sind zu diesem Zwecke besonders wichtig, da sie die Muskeln der Brust und des Oberleibes in Thätigkeit setzen und die Lunge zu freierer Ausdehnung anregen. Aus demselben Grunde ist das Bergsteigen nützlich, da es die Lungenthätigkeit befördert.

Ist die Brust durch erbliche Anlage oder aus zufälligen Ursachen ungewöhnlich schwach, so muß von Kindheit an Alles aufgeboten werden, die Entwickelung und Kraft der Lunge zu befördern, wozu diejenigen der obenerwähnten Übungen benutzt werden müssen, die sich am leichtesten anwenden lassen. Je früher man dazu schreitet und je beharrlicher man sie fortsetzt, desto wohlthätiger wird der Erfolg sein. Bewegung in einer gebirgigen Gegend und häufiges Bergsteigen, besonders wenn man dabei einen bestimmten Gegenstand verfolgt, haben einen außerordentlichen Einfluß auf die Stärkung der Lunge. Es wird dadurch die Brusthöhle erweitert, der freie Blutumlauf durch die Gefäße der Lunge und die vollständigere Sättigung des Blutes mit Sauerstoff befördert.

Sollen aber solche Übungen mit Nutzen, ja mit Sicherheit gemacht werden, so muß keine wirkliche krankhafte Beschaffenheit vorhanden sein. Ist dies der Fall, so können solche Anstrengungen die nachtheiligsten Folgen haben. Hat sich eine Lungenkrankheit entwickelt, so können jedoch einige solcher Übungen in vielen Fällen mit Nutzen angewendet werden, um das Athmen freier zu machen, nur muß man dann gleich nachher den Körper mit trockenen Tüchern reiben und sich umkleiden. Bei solcher Vorsicht ist das Schwitzen nach einer Bewegung keineswegs schwächend. Es befördert den Blutumlauf, stärkt die innern Organe, die Verdauungskraft und die Hautgefäße.

Unmittelbare Übung der Lunge durch tiefes Einathmen, Sprechen, Declamiren, Singen, Spielen auf Blasinstrumenten kann nützlich oder nachtheilig werden, wenn man dabei den eigenthümlichen körperlichen Zustand beachtet oder mißachtet. Wird dabei Sorgfalt beobachtet und fährt man beharrlich damit fort, besonders ehe sich der Körper entwickelt hat, so trägt nichts so sehr dazu bei, die Brust zu erweitern und die darin befindlichen Organe zu stärken; werden solche Übungen aber unzeitig angewendet, so kann nichts nachtheiliger wirken. Man lasse junge Leute stehend Arme und Schultern rückwärts beugen und in dieser Stellung so langsam als möglich Luft einathmen und dies in kurzen Zwischenräumen oft wiederholen. Kann dies in der freien Luft geschehen, so ist es desto besser. Übungen dieser Art müssen von jungen Leuten, deren Brust enge oder misgebildet ist, täglich wiederholt werden. Aus demselben Grunde trägt das Weinen und Schreien der Kinder sehr zu ihrer künftigen Gesundheit bei, vorausgesetzt, daß nicht Krankheit die Ursache davon ist, und daß es nicht übertrieben wird. Das laute Lachen, das lärmende Geschrei bei jugendlichen Spielen haben dieselben wohlthätigen Folgen und sollten daher ermuntert, nicht unterdrückt werden, wie es oft von verkehrten Erziehern geschieht, die von der Kindheit den ernsten Anstand des Alters erwarten.

So wohlthätig die unmittelbare Übung der Lungenthätigkeit für die Stärkung der Brust ist, sie hat noch einen weitern Einfluß. Sie befördert in hohem Grade eine gesunde Thätigkeit der Verdauungswerkzeuge. Wird daher die Lunge selten in Thätigkeit gesetzt, so leidet nicht nur sie, sondern es werden auch, da eine wesentliche Bedingung der Verdauung fehlt, Magen und Unterleib geschwächt. Lautes Sprechen, Vorlesen, Declamiren sind treffliche Mittel, Lunge und Brust zu entwickeln, nur muß auch dabei, da sie Anstrengung fodern, der allgemeine Gesundheitszustand beachtet werden. Wird in früher Jugend dazu geschritten, so läßt sich manchen Krankheiten dadurch vorbeugen, geht man aber plötzlich dazu über und wird es von jungen Leuten, die eine schwache Brust haben, übertrieben, so wirkt es nachtheiliger als jede andere Ursache.

Hat sich eine Brustkrankheit entwickelt, so muß jede Anstrengung der Lunge durch Sprechen, Lesen, Singen ganz vermieden oder doch durch den Rath des Arztes strenge geleitet werden. Bei etwas strenger Kälte muß sich der Leidende Stillschweigen, das heißt gänzliche Unterlassung einer unmittelbaren Anstrengung der Lunge auflegen, und bei starker Entzündung ist diese Regel von großer Wichtigkeit.

Aus ähnlichen Gründen muß bei strenger Kälte jede starke Anstrengung vermieden werden. Viele Menschen schaden sich mehr durch die Anstrengung in der Kälte als blos dadurch, daß sie sich einer unfreundlichen Witterung aussetzen. Ist eine Brustkrankheit geheilt und nur noch Schwäche zurückgeblieben, so stärkt nichts so sehr als eine angemessene Übung der Lungenthätigkeit, und es ist ein großer Irrthum, dem Genesenden Alles zu verbieten, was die geringste Anstrengung fodert, oder ihm im Winter den Genuß der frischen Luft zu entziehen, in dem Wahne, ihn vor Erkältung zu schützen und seine Lunge zu stärken.

Bergerac.

Um die auf Seite 356 gegebene Abbildung verständlich zu finden, müssen wir einige kurze Nachrichten aus dem Leben des Mannes, der hier auf so seltsame Weise vorgestellt ist, dem Leser mittheilen. Cyrano Bergerac, der um die Mitte des 17. Jahrhunderts zu Paris lebte, war ein Franzose im eigentlichen Sinne des Worts. Geistreich, witzig und zur Satire geneigt, verband er mit einem vollkommen sanguinischen Temperamente eine ungemeine Tapferkeit, ja Verwegenheit. Er hatte sich bei den Belagerungen von Mouzon und Arras 1640 als braver Soldat ausgezeichnet und galt allgemein in den damals so üblichen Zweikämpfen für einen der geschicktesten und kühnsten Gegner; denn gar manchen Kampf hatte er hier und dort mit bewunderungswürdiger Kaltblütigkeit und Tapferkeit ausgefochten. In geistiger Hinsicht zeichnete er sich vorzüglich durch eine glänzende Einbildungskraft aus. Er schrieb ein Lustspiel: „Der gefoppte Pedant", welches auf der pariser Bühne mit rauschendem Beifall aufgenommen wurde; noch mehr Aufmerksamkeit erregte jedoch seine spätere Schrift: „Geschichten von den Staaten und Reichen im Mond und in der Sonne", welche man als die Vorläuferin anderer Bücher dieser Art, z. B. der Reisen Gullivers von Swift, der „Welten" von Fontenelle u. s. w. ansehen kann. Diese Schrift ist mit vielem Geiste geschrieben und voll origineller Gedanken, Wendungen und Bilder. Ist gleich darin Manches veraltet, so können doch solche Schilderungen, wie z. B. die Reise des Verfassers in den Mond, welche der beigefügte Holzschnitt vorstellt, wegen ihrer komischen Eigenthümlichkeit auch noch heute ihres Eindrucks nicht verfehlen.

„Es war grade Vollmond", erzählt der Verfasser, „und der Himmel ganz wolkenlos, als wir nach 9 Uhr Abends von Clamart, wo wir bei dem Besitzer des Landguts ein Abendessen eingenommen hatten, nach Paris zurückkehrten. Da schwebte denn über unsern Häuptern die helle, volle, safrangelbe Kugel und gab uns zu mannichfaltigen Betrachtungen Anlaß. In unserm astronomisch-siderischen Enthusiasmus erklärte der Eine die vortreffliche Luna für eine Dachluke des Firmaments, während der Andere versicherte, es sei die Messingplatte, womit Diana die Hemdenkragen ihres Apollo ausplättete. Ein Anderer meinte, es könnte ja auch wol die Sonne selbst sein, die, nachdem sie den Abend vorher ihr Strahlendiadem abgelegt, nunmehr im Negligé durch ein Loch des Himmels herabschaute, was auf Erden während ihrer Abwesenheit vorgehe. Ich für meinen Theil erklärte meinen Begleitern, der Mond sei eine Welt, ganz wie die unserige. Sie schlugen ein Gelächter auf. Ich aber sagte ihnen: Wer weiß, ob man nicht eben jetzt auch im Monde über Jemand lacht, der unsere Erde für eine Welt ausgibt. Jene aber blieben ungläubig, obgleich ich ihnen versicherte, daß vor Jahrhunderten schon weit klügere Leute als ich derselben Meinung gewesen."

Von diesem Gedanken ganz eingenommen, daß der Mond eine Welt sei, gibt Bergerac der fixen Idee, ihn selbst zu besuchen, immer größern Spielraum. Eine wahre Mondsehnsucht bemächtigt sich seiner, er versenkt sich zu Hause immer tiefer in astronomische und philo-

Bergerac's Mondreise.

sophische Studien, und als er endlich gar in einer der Schriften des Philosophen Cardano eine Stelle findet, wo dieser erzählt, daß ihn in einer stillen Nacht auf seinem Studirzimmer zwei Greise besuchen, welche zur verschlossenen Thüre hereinkamen und sich für Mondbewohner ausgaben, da ward die ohnehin schon sehr üppige Einbildungskraft Bergerac's ganz hingerissen, sein Entschluß, den Mond zu besuchen, steht fest, und er verschließt sich in sein Landhaus, um dort den ersten Versuch einer solchen Reise anzustellen.

Hier mag der originelle, närrische Mann wieder selbst sprechen: „Ich hatte mich", schreibt er, „rings um den ganzen Körper mit Glasflaschen behangen, in welchen der reinste Abendthau verschlossen war. Auf diese Flaschen brannten die Sonnenstrahlen so heftig, daß die Hitze den Thau emporzog, sowie es mit den Wolken geschieht, in Folge dessen ich also mit Hülfe des mich umgebenden Thaus weit über die irdische Luftregion emporgezogen ward. Allein ich merkte bald, daß dies mit der außerordentlichsten Schnelligkeit geschah, und daß ich auf diese Weise, anstatt mich dem Monde zu nähern, immer weiter von ihm entfernt ward. Ich zerbrach deshalb einen Theil meiner Phiolen, bis ich fühlte, daß meine Schwere die anziehende Kraft überwog, was auch seine Wirkung that, sodaß ich nun wieder herabwärts nach der Erde zu stieg. Einige Zeit nachher erreichte ich Land; nach meiner Rechnung mußte es Mitternacht sein, allein ich sah die Sonne noch hoch am Horizonte stehen; es war also Mittag. Mein Erstaunen vermehrte, war, daß das Land, wo ich mich befand, mir ganz unbekannt war. Da ich in grader Richtung aufgestiegen war, so hätte ich doch müssen auf demselben Orte wieder herabfallen, von dem ich ausgegangen war."

Unser Mondfahrer stieß nun auf wilde Menschen, welche erschreckt von dannen flohen. „Denn", sagte er, „ich war sicherlich der erste Mensch, den sie in lauter Flaschen gekleidet sahen. Kurz darauf begegnete er einer Compagnie Soldaten, die mit klingendem Spiele gezogen kamen. Zwei davon kamen auf ihn zu, als ob er ihnen bekannt wäre. Er fragt sie, in welchem Lande er sich befinde. „Ihr seid in Frankreich", sagen sie; aber wie Teufel kommt Ihr in diesen Zustand? und warum habt Ihr Euern Branntwein in so viele Flaschen getheilt?" Als unser Held sich für einen Mondfahrer ausgibt, glauben Jene, er wolle sie zum Besten haben, und führen ihn gradewegs zum Vicekönig, wo denn der verschlagene Reisende endlich erfährt, daß er sich wirklich in Frankreich, aber in Neufrankreich befindet, mit andern Worten, in Canada.

Mit dem Vicekönige läßt sich Bergerac in ausführliche mathematische und philosophische Untersuchungen ein, besonders über die Schriften des Cartesius und Gassendi. Der Vicekönig ist ein aufgeklärter Mann und glaubt vollkommen an die Bewegung der Erde um ihre eigne Achse. Diese sucht er auf seine eigne Weise durch Gründe zu unterstützen, welche freilich von denen des Galilei und Kopernicus himmelweit verschieden sind. Er sagt nämlich, die Erde müsse deshalb in beständiger Bewegung begriffen sein, weil ja das Höllenfeuer im Innern derselben verschlossen sei, und die Verdammten, in dem Bestreben, diesem schrecklichen Brande zu entfliehen, unaufhörlich hinauswärts drängten und also die Bewegung des Erdballs hervorbrächten, sowie etwa ein Hund, den man in ein Gehäuse von Pappe eingeschlossen hat, dieses sein Haus mit sich fortrollt.

Unser Mondreisender hat jedoch in dem Lande Neufrankreich nicht lange Ruhe, um so weniger, da die politischen Angelegenheiten dieses Landes in eine große Verwickelung gerathen. Er geräth also aus Langeweile und Überdruß wieder auf seinen Lieblingsgedanken, den Mond zu besteigen, und so begibt er sich einst, am Abende des heiligen Johannes, als eben eine große Versammlung des Staatsraths gehalten wird wegen eines vorzunehmenden Krieges gegen die Irokesen, ganz allein auf einen hohen Berg und stürzt sich mittels einer aëronautischen Maschine seiner Erfindung aufs Gerathewohl in den ungeheuern Luftraum hinab, von wo er nun aufs Neue Abenteuer aller Art besteht.

Wir werden vielleicht später noch einmal auf die seltsamen Phantasien und leichtfertigen Speculationen dieses sonderbaren Mannes zurückkommen. So viel kann man jedoch im Allgemeinen von ihm behaupten, daß er zu jenen abenteuerlichen, unruhigen, in dem Gebiete der Wissenschaft stürmisch sich umhertreibenden Geistern gehörte, welchen die Wissenschaft allerdings niemals bedeutende Forschungen und Erfolge verdankt, die aber doch öfters als die Vorgänger und Veranlasser großer Entdeckungen betrachtet werden können.

Eine Tabacksreibe aus dem 17. Jahrhundert.

Die nachstehend abgebildete Figur, welche der Leser wol nicht für Das erkennen wird, was sie wirklich ist, zeigt uns nichts Anderes als eine Tabacksreibe oder Raspel aus dem in jeder Hinsicht luxuriösen Zeitalter Ludwig XIV. Der Verbrauch des Tabacks war damals beiweitem nicht so allgemein als jetzt; aber die großen Herren, besonders am französischen Hofe, bedienten sich desselben mit ebenso großer Leidenschaft als jetzt, und fanden, da Jeder auf einen starken Vorrath von Carotten hielt, nichts Unschickliches darin, ihren Taback selbst zu reiben. So fand man damals manchen Cavalier in seinem Cabinet bei guter Muße mit dieser Arbeit beschäftigt, die ihnen, da die Sache etwas Neues war, Vergnügen gewährte. Auch die Damen schnupften, und es ist nicht unwahrscheinlich, daß unser in der Abbildung mitgetheiltes Cabinetstück einer Tabacksraspel ehemals einer schnupfenden Dame zugehört

Eine Tabacksreibe aus dem 17. Jahrhundert.

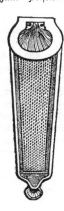

backsdose, welche jedoch nur zum Aufbewahren, nicht zum Prisennehmen bestimmt war. Zu diesem letztern diente eine zweite, niedlichere Kapsel, die am untern Ende der Raspel befindlich ist. Wollte man Jemand eine Prise anbieten, so bewegte man die Dose mittels einer anmuthigen Schwenkung, worauf sich in der untern Muschel so viel Taback als nöthig sammelte. Diese freilich etwas umständliche Art zu schnupfen hat sich noch in einigen Gegenden Frankreichs unter den Landleuten erhalten. So künstlich jedoch wie die hier vorgestellte waren nicht alle Tabacksreiben eingerichtet, aber es finden sich freilich auch noch kunstvoller gearbeitete Dosen dieser Art in mehren Curiositätensammlungen. Die kleinere Abbildung stellt den inwendigen Theil der Dose oder die eigentliche Raspel vor.

Über den Weinbau.
IV.
(Fortsetzung aus Nr. 187.)

Die Burgunderweine gehören zu den ersten in der Welt, und nicht mit Unrecht wurden die ehemaligen Herzoge von Burgund die Fürsten der guten Weine genannt. Sie werden in der größten Mannichfaltigkeit und Vollkommenheit in den Departements Cote d'Or, Yonne, Saone und Loire erzeugt. Der Boden der Weinberge besteht meist aus rothem Lehm und verwittertem Kalkstein. Die vorzüglichsten Weinberge in Cote d'Or liegen zwischen Dijon und Chagny, in südöstlicher Lage, die besten Berge von Nuits gegen Westen, und es ist daher weniger die günstige Lage als die Geschicklichkeit in dem Weinbaue und der Behandlung des Mostes, was den Weinen ihre Vorzüge gibt. Früher war der Beaume hochberühmt, der aber dem Romané Conti weit nachsteht, seit der Weinberg, wo dieser wächst, um das Jahr 1730 durch einen deutschen Offizier, der die Erbin desselben heirathete, verbessert wurde. Die Reben werden durch Fechser vermehrt und an 30—40 Zoll hohen Pfählen gezogen. Der beste Wein wird aus dem blauen Clävner und dem blauen Arbst (pineau) gewonnen. Die Trauben werden abgebeert und selten getreten, und man läßt den Most jetzt in bedeckten Gefäßen gähren, wobei man sorgfältig darauf bedacht ist, das Aroma des Weins zu erhalten. Auf den Hefen versendet, verderben die Burgunderweine leicht, und die feinsten werden daher nur in Flaschen ausgeführt. Außer den bereits genannten Weinen Romané Conti und Clos Rougeot sind die vorzüglichsten Gewächse Chambertin, Richebourg, Romané de Saint Vivant, Tache und St.-George. Der Romané Conti wächst in einem Weinberge, der nur ungefähr sechs Morgen hält, und ist daher außer Frankreich selten echt zu haben. Der Chambertin wächst in einem gleichnamigen Weinberge, einige Stunden südlich von Dijon, und ist nach dem Romané Conti der beste Burgunder. Unter den stärkern Burgunderweinen sind der Corton, Vosne und Nuits die besten, aber selten vor dem dritten oder vierten Jahre trinkbar. Die in dem Departement Saone und Loire nach den Ufern der Rhone hin wachsenden Weine, die im Handel unter dem Namen Maconweine bekannt sind, stehen den Erzeugnissen aus Cote d'Or nach, doch sind sie stark und haltbar

---

hat. Dieses Kunstwerk ist aus Elfenbein höchst zierlich gearbeitet und entspricht ganz dem Geschmacke jener Zeit.

Wir glauben aber unsern Lesern die Sitte dieser Art des Tabackreibens etwas genauer beschreiben zu müssen. Ein gleichzeitiger französischer Schriftsteller schildert sie folgendermaßen: „Der obere Theil der Tabacksreibe war immer mit zierlicher, oft sehr kostbarer Schnitzarbeit geschmückt, unter dieser zierlichen Oberfläche aber, die man abnehmen konnte, befand sich das Reibeisen. Hatte man auf diesem eine kleine Quantität von der Carotte abgerieben, so verwahrte man diese in der Kapsel, welche sich, wie auch die Abbildung zeigt, am obern Ende der Raspel, hier in Form einer Seemuschel, befand. Diese Muschel öffnete sich und war so eine vollkommene Ta-

Zu den besten gehören der Romaneche und der Torins. Die weißen Burgunderweine sind weniger zahlreich als die rothen, gehören aber zu den besten in Frankreich. Der vorzüglichste ist der Mont Rachet, der bei Poligny wächst, und nach ihm der Goutte d'Or, der den Namen von seiner glänzenden Goldfarbe hat.

Unter den Weinen am Ufer der Rhone sind der Hermitage und Côte rotie die berühmtesten und gehören zu den trefflichsten französischen Weinen. Jener wächst am linken Ufer der Rhone, fünf Stunden von Valence, auf einem 500 Fuß hohen Granitberge an niedrig gehaltenen Reben ohne Pfähle, dieser am rechten Ufer, unweit Lyon, gleichfalls auf verwittertem Granit. Die Weinberge von Hermitage liefern auch die besten weißen Rhoneweine, die viel Geist und Blume haben. Die reifsten Trauben werden einige Wochen aufgehängt oder auf Stroh gelegt und geben den lieblichen Strohwein (vin de paille), der dem besten Constantia gleich kommt. — In der Nähe der Küsten des mittelländischen Meeres, in Languedoc, Roussillon und Provence, ranken edle Reben an Mandelbäumen oder Ulmen hinauf oder schlingen ihre Schößlinge dicht, ohne Stützen, über dem üppigen Boden ineinander. Die Erzeugnisse dieses Weinbaues aber können weder mit den Rhoneweinen, noch mit den Burgunder verglichen werden, und nur die süßen Weine sind vorzüglich. Die rothen Weine sind zwar wegen ihres Alkoholgehalts stark, geistreich und haltbar, aber gewöhnlich schwer und ohne Lieblichkeit und Blume, weil man sie zu lange auf den Hülsen gähren läßt, um den Färbestoff zu entwickeln. Zu den besten Weinen in Languedoc gehören der Tavel, der Chuzelan und der Beaucaire, die minder dunkel gefärbt sind. Die rothen Weine von Roussillon gehören zu den stärksten und haltbarsten in Frankreich und werden daher häufig zu Branntwein benutzt, um die leichten Bordeauxweine damit zu versetzen. Die rothen Weine in der Provence sind von geringer Güte. An den Küsten des mittelländischen Meeres wachsen die köstlichsten Muscatweine, der Frontignac, Lunel und Beziers in Languedoc, der Rivesaltes und Salces in Roussillon. Der Frontignac unterscheidet sich von allen durch den eigenthümlichen Geschmack der Traube, von welcher er gewonnen wird, der weißen Muscateller, und nur im Alter wird dieser Geschmack weniger merklich. Der Lunel hat nicht so viel Traubengeschmack. Der Weinberg Rivesaltes, unweit Perpignan, liefert den besten Muscatwein, der im Alter eine goldgelbe Farbe, eine ölichte Milde, eine liebliche Blume und einen Quittengeschmack erhält. Der Salces ist dem Tockayer ähnlich, aber nicht so geistreich als der Rivesaltes.

Die Bordeauxweine wachsen in den Gebieten von Medoc, Graves, Palus und Vignes Blanches, woher die vorzüglichsten Sorten kommen, nach welchen die Bezirke von Bourgeais und Saint Emilion folgen. Der Bezirk von Medoc beginnt zwölf Stunden nördlich von Bordeaux und erstreckt sich auf dem linken Ufer der Gironde und Garonne bis in die Nähe von Bordeaux. Hier liegen die Weinberge Lafitte und Latour, Chateau Margaux und Rauzan. Der Boden besteht meist aus Kies mit einer Mischung von kalkhaltigem Lehm. Die Reben werden an etwa 12 Zoll hohen Rahmen gezogen. Zwischen den Rebenreihen wird das Land mit Ochsen gepflügt. Der Latour ist der stärkste, der Lafitte der leichteste unter den feinsten Medocweinen. Nach diesem kommt der Chateau Margaux. Die Graveweine haben ihren Namen von dem Kiesboden, auf welchem sie wachsen. Ehemals wurden nur die weißen Weine so genannt, in neuern Zeiten aber wurde dieser Name allen rothen und weißen Weinen gegeben, die südöstlich und südwestlich von Bordeaux auf Kiesboden wachsen. Unter den rothen ist der Haut Brion der vorzüglichste und einigen der bessern Burgunderarten nicht unähnlich, doch fehlt ihm der feinere Geschmack der Medocweine. Die Weinbereitung ist in jenen Gebieten verschieden. Die Trauben zu allen bessern Weinen werden sorgfältig abgebeert, und von den zu rothem Wein bestimmten die unreifen oder faulen weggeworfen, wogegen man zu dem weißen auch einen Theil der faulen nimmt, und selten werden die Trauben zu weißem Weine eher gepflückt, als bis sie überreif geworden sind. Man geht dabei in einigen Weinbezirken mit solcher Sorgfalt zu Werke, daß die Weinlese oft zwei Monate dauert. In Medoc wird gewöhnlich zweimal zu rothem Weine abgebeert, in Langon drei- bis viermal für den weißen. Zu den feinsten Medocweinen werden die Trauben von den Stielen befreit. In Lafitte und einigen andern Weinbergen werden die Trauben nicht getreten, ehe sie in den Gährbottig kommen, und doch gibt der Most höher gefärbten Wein als der auf gewöhnliche Weise behandelte. Die Gährbottiche werden hier bedeckt. Die Trauben zu den weißen Weinen werden leicht getreten und zum Theil von den Stielen befreit. Was zuerst von der Presse fließt, wird in große Gefäße gefüllt, wo man es gähren läßt. Die Bordeauxweine halten sich sehr gut, ja sie werden durch die Reise über das Meer sogar veredelt. Die feinern Arten haben zwar nicht viel Alkohol, da aber die erste Gährung vollkommen und die spätere Behandlung des Weins verständig ist, so sind sie weit weniger zum Sauerwerden geneigt als die Burgunderweine. Die rothen Weine werden theurer bezahlt als die weißen. Die Weinhändler in Bordeaux unterwerfen die für das Ausland bestimmten rothen Weine einer besondern Behandlung, und es gibt für diejenigen, die nach England gehen, ein eignes Verfahren, das man englische Bearbeitung (travail à l'anglaise) nennt, und welches darin besteht, daß man zu jedem Oxhoft Bordeauxwein 12—15 Kannen Alicante oder Benicarlo und zuweilen auch etwas Hermitage gießt. Manchem wird auch Branntwein beigemischt. Diese Weine werden unter dem Namen Claret verkauft und bestehen meist aus geringerm Gewächs, da die feinern Sorten für den Begehr nicht ausreichen. In guten Jahren werden Lafitte, Latour und Chateau Margaux sehr theuer bezahlt, und wenn sie sechs Jahre gelegen haben, verdoppelt sich der Preis. Selbst in Bordeaux kostet die Flasche des besten Medocweins nicht weniger als anderthalb Thaler. Die weißen Bordeauxweine zerfallen in zwei Classen, die Graveweine, die trocken sind, und die in ihrer Jugend süßlichen Weine Sauterne, Barsac, Preignac und Beaumes, von welchen der erste für den besten gilt.

Spanien wetteifert mit Frankreich in den Vorzügen einiger seiner besten Weine. Der Boden des Landes ist zum Theil der günstigste und die Wärme des Klimas sichert der Frucht eine frühe und vollkommne Reife; diese natürlichen Vortheile aber gehen in vielen Weingegenden durch nachlässige Behandlung der Ernte verloren, besonders werden die rothen in der Gährung verdorben. Spanien hat keinen rothen Wein, der sich mit dem feinen französischen vergleichen ließe, aber in der Bereitung der trockenen weißen Weine und einiger süßen steht es oben an. Der reiche Ertrag, den seine Weinberge geben, macht den Weinbauer sorglos, und selbst wenn er sich mehr Mühe geben wollte, würde der Mangel an leichten Verkehrmitteln und an angemessenen Einrichtungen zur Aufbewahrung des Weins ihm im Wege stehen. In dem größten Theile Spaniens füllen die Bauern den Ertrag ihrer Weinberge in Schläuche, die verpicht werden, wodurch der Wein einen unangenehmen Geschmack erhält. Fässer und Flaschen findet man selten, außer in Klöstern und großen Handelsstädten. Selbst die Weinberge in der günstigen Lage bei Granada liefern von den reichsten Trauben bei nachlässiger Behandlung nur einen schlechten Wein, aber das treffliche Gewächs, das einzelne Weinbergsbesitzer gewinnen, beweist, daß man hier einen dem feinsten Burgunder ähnlichen Wein erzeugen kann. Die besten Weine liefert Andalusien, besonders Xeres de la Frontera, unweit Cadiz, wo die vorzüglichsten Weinberge in den Händen englischer und französischer Ansiedler sind. Die günstigste Lage haben die Weinberge, deren Boden aus kohlensaurem Kalk mit einer Beimischung von Kieselerde und Thon besteht. Zu diesen gehören die Weinberge von San Lucar und Xeres. Zur Bereitung des trockenen weißen Weins oder Sects werden weiße und blaue Trauben genommen, die man nach dem Abpflücken auf Matten welken läßt, und nach einigen Tagen abbeert, worauf man sie in einen Bottich thut, mit gebranntem Gips bestreut und dann durch Bauern mit Holzschuhen austreten läßt. Nach vollendeter Gährung im December werden sie von den Hefen abgezogen und die zur Ausfuhr bestimmten mit Branntwein versetzt. Jung hat dieser Wein einen harten, feurigen Geschmack, wird aber nach vier bis fünf Jahren auf dem Fasse milder, doch erhält er seine Vollkommenheit erst nach zehn bis zwanzig Jahren. Das ehemalige Kloster Paxarete, unweit Xeres, hat seinen Namen einem köstlichen Malvasier gegeben, der auf dem Kreideboden der Umgegend aus der weißen Muscatellertraube erzeugt wird. Der Tinto de Rota ist der einzige rothe andalusische Wein, der Erwähnung verdient. Die Weinberge um Malaga, deren Boden aus einem mit Quarzadern durchzogenen, auf Kalkstein gelagerten Thonschiefer besteht, liegen zum Theil mehre tausend Fuß über der Meeresfläche, und geben gewöhnlich drei verschiedene Ernten. Die erste im Junius liefert Rosinen, die zweite im September gibt einen trockenen, dem Sect ähnlichen Wein, die letzte im November den eigentlichen Malaga. Unter den übrigen Weinen um Malaga sind der Ximenes, dem Paxarete ähnlich, der Guinda, ein süßer mit Kirschsaft vermischter Wein, und Lagrima de Malaga, dem Constantia ähnlich, zu erwähnen. Bei Alicante in Valencia wird un dem Tinto de Rota ähnlicher geistreicher Wein aus einer rothsaftigen Traube gewonnen. Unter den übrigen Weinen dieser Landschaft sind der La Torre und der Benicarlo geschätzt. In Catalonien wird sehr viel Wein gebaut, der aber wegen nachlässiger Bereitung hart ist. Besser sind die weißen catalonischen Weine, besonders der Malvasier von Sitges, der dem Malaga ähnlich, aber weniger haltbar ist. Aragon liefert viel rothen Wein, worunter der Carißena geschätzt ist. In Neucastilien ist der Muscatwein von Fuencaral berühmt. Der Peralte aus Navarra ist ein angenehmer Dessertwein, besonders der lange gelegene, der Rancio heißt. Die Insel Mallorca liefert den rothen Wein von Benesalem, der ausgeführt wird, und den weißen von Banalbusa, der Alba Flor genannt wird und dem Sauterne gleicht.

Das berühmteste Weingebiet in Portugal am Ober-Douro, fängt ungefähr zehn Meilen von Porto an und zieht sich auf einer Hügelreihe an beiden Ufern des Flusses hin. Alle Weinberge haben eine treffliche Lage und einen günstigen Boden, die besten Weine aber werden auf verwittertem Schiefer erzeugt. Die Reben werden meist niedrig an Pfählen gezogen. Man schneidet die Trauben ab, sobald sie einschrumpfen und tritt sie in flachen Bottichen, was während der Gährung mehrmal wiederholt wird. Hat der Most ausgegohren, so füllt man ihn auf kleine Gefäße. Im Februar zieht man den jungen Wein ab und setzt dem zur Ausfuhr bestimmten, der besonders nach England geht, Branntwein zu. Vor der Einschiffung, die zwölf Monate nach der Ernte geschieht, wird noch mehr Branntwein zugesetzt. Von dem Einschiffungsorte Porto erhält er den Namen Portwein. Hat er einige Jahre auf dem Fasse gelegen, so verliert sich der herbe zusammenziehende Geschmack, aber erst nachdem er zehn bis funfzehn Jahre auf Flaschen gelegen hat, verliert sich der Branntweingeruch. Während dieser Zeit wird ein großer Theil des in dem Weine enthaltenen Färbestoffs niedergeschlagen und setzt sich in der Flasche als eine Rinde an, und wenn dies in hohem Grade der Fall ist, wird der Wein lohfarben und verliert an Wohlgeschmack und Aroma. Vor dem Jahre 1715 scheinen die Portugiesen die beschriebene Behandlung des zur Ausfuhr bestimmten Weins nicht gekannt zu haben, da aber seit jener Zeit die Ausfuhr nach England immer mehr zunahm, wo starke Weine gesucht wurden, ging man immer weiter in jenen Beimischungen. Der eigentliche Dourowein reicht zur Befriedigung des Begehrs nicht aus und es werden daher viele Weine aus andern Gegenden zubereitet und als Portwein ausgeführt. Einige dieser rothen Weine sind besser als der Dourowein, wie z. B. der Monçao, der Torres Vedras, der Alenquer, die den Bordeauxweinen zweiter Classe gleichen. Unter den weißen portugiesischen Weinen sind der Bucelhas und der Setuval, unter den süßen der Carcavelhos und der Muscatwein von Setuval geschätzt.

(Die Fortsetzung folgt in Nr. 189.)

Barcelona.

Die schöne und fruchtbare spanische Provinz Catalonien ward in den frühesten Zeiten der Küstenschiffahrt in dem mittelländischen Meere von Handelsvölkern besucht, und wahrscheinlich ward auf der Mitte der catalonischen Küste von griechischen Ansiedlern eine Stadt gegründet, welche bei den Römern Barcinona hieß. Sie stand, wie ganz Catalonien, bis zum 12. Jahrhunderte unter den Grafen von Barcelona, ward aber durch die Vermählung des Grafen Raimund mit der Tochter des Königs Ramiro von Aragon mit diesem Reiche vereinigt. Erst seit dieser Zeit wurde die Stadt als Handelsplatz wichtig. Sie litt seit dem 17. Jahrhunderte viel durch die Kriege Spaniens gegen Frankreich, besonders aber im Erbfolgekriege, wo sie die Partei des Erzherzogs Karl von Östreich ergriff, und 1714 von Philipp V. Kriegsvölkern unter dem Herzog von Berwick belagert wurde, bis sie sich endlich einem hartnäckigen Widerstande unterwarf. Nach der Eroberung ließ Philipp V., um die Stadt im Zaume zu halten, eine starke Festung auf der Ostseite der Stadt bauen. Im 18. Jahrhundert stieg Barcelona durch Gewerbsamkeit und Handel auf eine hohe Stufe des Wohlstandes und ihre Bevölkerung wuchs immer mehr. Im Jahre 1809 wurde sie von den Franzosen eingenommen, welche sie bis 1814 besetzt hielten. Das gelbe Fieber richtete 1821 so große Verheerungen an, daß ein Fünftel der Einwohnerzahl ein Opfer der Seuche wurde, aber schon 1830 war die Bevölkerung wieder auf 160,000 gestiegen. Die Zerrüttungen, deren Schauplatz Spanien seit einigen Jahren ist, haben der Stadt neue

Barcelona.

Wunden geschlagen. Ihre einst so lebendige Gewerbsamkeit ist gelähmt und statt zahlreicher Handelsschiffe sieht man in ihrem Hafen fast nur Fischerboote und Küstenfahrzeuge. Die glückliche Lage der Stadt aber und die rege Betriebsamkeit der Catalonier werden ihr nach der Rückkehr des Friedens bald wieder einen mächtigen Aufschwung geben.

Barcelona, die Hauptstadt Cataloniens, ist nach Madrid die größte Stadt Spaniens und gehörte bis in die neueste Zeit mit Cadix und Sevilla zu den gewerbsamsten und blühendsten. Sie liegt zierlich gebaut in Gestalt eines Halbmondes an einer sanften Anhöhe an der Meeresküste zwischen den Flüssen Bergos und Lobregat. Unsere Abbildung gibt eine Ansicht von der Hafenseite. Nördlich und nordöstlich von der Stadt ist die Gegend gebirgig. Auf der Abendseite erhebt sich der Berg Montjuy mit einer Feste, die den Hafen beschützt. Die Stadt ist gut befestigt und die Citadelle auf der Ostseite hat mit der am Meere liegenden Schanze eine verborgene Verbindung. Der Hafen unterhalb der Citadelle liegt zwischen der Stadt und der Vorstadt Barcelonetta. Er ist meist durch Kunst geschaffen, zwar geräumig, aber für Kriegsschiffe nicht tief genug, und wird durch einen Damm geschützt, an dessen Ende ein Leuchtthurm und ein Bollwerk sich befinden. Die Stadt ist durch eine Allee in zwei ungleiche Theile getrennt. Die Neustadt ist der kleinste Theil, hat aber die schönsten Gebäude. Die Straßen sind meist enge und krumm und in der Altstadt schlecht gepflastert. Die besten Häuser sind von einfacher, freundlicher Bauart, vier bis fünf Stockwerk hoch, mit großen Fenstern und Balconen, und viele von außen mit Frescogemälden geziert. Unter den zahlreichen Kirchen ist die im 13. Jahrhunderte erbaute, doch nicht ganz vollendete Domkirche auszuzeichnen, die aber nicht den großartigen Baustyl zeigt, den man in andern Kirchen Spaniens findet. Zu den übrigen bedeutenden öffentlichen Gebäuden gehören das Zollhaus, die Börse, das ansehnliche Zeughaus und ein großes Hospital für 3000 Kranke. Die Stadt hat mehre öffentliche Lehranstalten, drei Bibliotheken, eine Schule für Taubstumme, eine Akademie der Künste und Wissenschaften. In der Zeit ihres blühenden Wohlstandes zu Anfange dieses Jahrhunderts suchte der Gemeingeist der Bürger die Künste für die Verbesserung der Manufacturen wirksam zu machen, und es ward eine Lehranstalt für Zeichnungskunst gestiftet, die unentgeltlichen Unterricht ertheilte und die günstigsten Erfolge zeigte. Die bedeutendsten Manufacturzweige waren seither Baumwollenwaaren, Seidenwebereien, Metallwaaren und treffliche Gewehre. Die Ausfuhr besteht, außer den Manufacturgegenständen, in Wein, Olivenöl, Südfrüchten, Korkrinde, wogegen besonders Manufacturwaaren, Getreide, Zucker, gesalzene Fische, Baumwolle, Wolle, Eisen und verarbeitete Metalle eingeführt wurden.

Die Umgegend von Barcelona ist ungemein reizend. So sparsam die Catalonier sind, so viel wenden sie auf den Genuß des Landlebens, und keine Stadt Europas hat zahlreichere und schönere Landsitze als Barcelona. Nicht blos die Reichen suchen die Annehmlichkeiten eines ländlichen Aufenthalts, und jene Landhäuser, nach dem Geschmacke und den Vermögensumständen der Besitzer verziert, bieten eine schöne Mannichfaltigkeit von Ansichten in den Umgebungen dar, besonders wenn man von einigen Standpunkten die Stadt selbst und den Spiegel des Meeres in das Bild aufnehmen kann.

Verantwortliche Herausgeber: Friedrich Brockhaus in Leipzig und Dr. C. Drärler=Manfred in Wien.
Verlag von F. A. Brockhaus in Leipzig.

Das Pfennig-Magazin

der
Gesellschaft zur Verbreitung gemeinnütziger Kenntnisse.

189.] Erscheint jeden Sonnabend. [November 12, **1836**.

Glencoe.

Das Thal von Glencoe.

Unter den malerischen Thälern, die sich zwischen den Gebirgen des schottischen Hochlandes und seinen schönen Seen winden, ist Glencoe durch die Reize einer großartigen Landschaft und die ernsten geschichtlichen Erinnerungen, die sich an die Bergschlucht knüpfen, vor andern anziehend. Wir kommen zu dem Gestade des Loch-Leven und sehen auf der einen Seite Felsen und Wald und nackte kühne Höhen, auf der andern ein angebautes Thal, das die dunkeln und mächtigen Gipfel von Glencoe einschließen. Der Weg führt uns durch einen hohen Wald, Kornfelder und üppige Wiesen in die Schlucht, die sich steinig und öde in das Gebirge zieht. Einige Hütten stehen auf der Stelle der Wohnungen der unglücklichen Thalbewohner. Als König Wilhelm III. die Anhänger Jakob II. in Irland besiegt hatte, dauerten die Unruhen im schottischen Hochlande fort, wo die Partei des Hauses Stuart noch mächtig war. Sein Feldherr Mackay baute viele Feste, um die Hochländer von neuen Einfällen in das Niederland abzuhalten und der König suchte durch Geldvertheilungen die Häuptlinge der hochländischen Stämme zu gewinnen. Der Graf Breadalbane, dem er diese Unterhandlungen auftrug, lebte mit einigen Stämmen in Zwietracht, und dies gab Anlaß zur Strenge. Die feindseligen Stämme wurden aufgefodert, sich an einem bestimmten Tage dem Könige zu unterwerfen. Die erschrockenen Häuptlinge wichen der Übermacht und leisteten die Huldigung, nur Macdonald von Glencoe zögerte bis zum letzten Tage, und durch einen unglücklichen Zufall abgehalten, kam er erst nach abgelaufener Frist, den Eid zu leisten. Seine Unterwerfung wurde von seinen Feinden dem Könige verhehlt, und durch den Staatssecretair Dalrymple aufgereizt, gab Wilhelm III. Befehl, Kriegsvölker gegen Macdonald's Stamm nach Glencoe zu senden. Dem Hauptmann Campbell von Glenlyon wurde 1692 die Vollziehung des Befehls aufgetragen. Unter der Larve der Gastfreundschaft kam er in das einsame Thal, wurde wohlwollend aufgenommen und bewirthet, und in der kalten Winternacht ließ er den alten ehrwürdigen Häuptling und gegen 50 seiner Stammgenossen ermorden, ihre Häuser verbrennen und Weiber und Kinder nackt in das gefrorene Feld hinaus jagen. Diese Grausamkeit, deren durch Privatfeindschaft geleitete Urheber, trotz allen Beschwerden, nicht bestraft wurden, reizte die Hochländer zu einem tiefen Unmuthe, der nach den in ihren rohen Stämmen genährten Grundsätzen der Wiedervergeltung später bei einzelnen Gelegenheiten ausbrach. Auf dem einsamen Mungoeiland im Loch-Leven liegen die Leichen der Erschlagenen begraben. Kein Denkstein zeigt ihre Namen. In einer verfallenen Kapelle sieht man noch einige Denkmäler, unter ihnen eines, das an die Rache erinnert, die ein Hochländer 1745 in der Erinnerung an alle Unbilden an einem Engländer nahm.

Gefangenenbesserung.

Die erfolgreichen Bemühungen der edlen englischen Quäkerin Elisabeth Fry, den sittlichen Zustand der Gefangenen zu verbessern, sind bekannt genug, aber ebenso verdienstvoll wirkte zu gleichem Zwecke eine andere Engländerin, Frau Tatnall, im Gefängnisse zu Warwick 23 Jahre lang, um die verhafteten Weiber und Knaben aus der tiefsten Versunkenheit zu erheben. Was sie uns über ihre aufopfernde Thätigkeit mittheilt, ist so interessant, daß wir es meist mit ihren eignen, ihre Gesinnungen bezeichnenden Worten wiedergeben wollen. Sie verheirathete sich, 24 Jahre alt, im J. 1803 mit dem Oberaufseher des Gefängnisses zu Warwick und trat aus dem stillen Vaterhause in die Wohnung des Elends. Ihre Lage ward ihr bald unerträglich. Bei seiner ersten Abwesenheit übertrug ihr Mann ihr die Aufsicht über das Gefängniß, nach seiner Rückkehr aber fand er sie nicht an ihrer Stelle; sie war zu ihren Ältern zurückgekehrt. Er folgte ihr, suchte sie durch Gründe mit ihrer Lage zu versöhnen und durch seine dringenden Bitten bewogen, kehrte sie mit ihm in das Gefängniß zurück. Bald nachher kamen am Schlusse der Gerichtssitzung mehre Gefangene in Warwick an. „Ich konnte anfänglich", sagt sie, „über die verführten Geschöpfe nur weinen, aber nachdem ich einige Zeit ihren elenden Zustand bemitleidet hatte, kam ich auf den Gedanken, daß selbst ich etwas thun könnte, die Qualen eines schuldigen Gewissens zu mildern und manches verzweifelnde Wesen auf einen bessern Weg zu leiten. Aber die Schwierigkeit war, was ich thun und wo ich anfangen sollte. Endlich faßte ich den Entschluß, meine Aufmerksamkeit vorzüglich Personen meines Geschlechts zu widmen. Die herzzerreißenden Seufzer einiger Gefangenen, die furchtbaren Verwünschungen anderer betäubten meine Sinne. Als ich meine ersten Gemüthsbewegungen überwunden hatte, suchte ich die Geängsteten zu trösten, die Wüthenden zu beschwichtigen; aber umsonst. Nichts als Lärm und Verwirrung. Endlich ließ ich so Viele, als Platz finden konnten, niedersitzen und fragte, ob Eine unter ihnen lesen könnte. Nur zwei unter zwanzig bejahten die Frage. Ich fragte weiter, ob ich ihnen etwas vorlesen sollte. Wozu das? antworteten Viele. Ich sagte ihnen, wenn sie lesen oder die Bibel vorlesen hören und mit aufrichtigem und demüthigem Herzen beten wollten, würde Gott sie hören und in Stand setzen, die ihnen aufgelegte Züchtigung mit Geduld und Standhaftigkeit zu ertragen. Ich las ihnen einige Psalmen und Gebete vor. Einige zeigten sich aufmerksam, während Andere von zu heftigem Kummer ergriffen waren, als daß sie hätten zuhören können. Ich fragte sie, ob sie mich wiedersehen wollten. Nur Wenige wünschten es. Am nächsten Tage fand ich sie ruhiger, und ich ersuchte Diejenigen, welche bleiben wollten, sich niederzusetzen, die Übrigen aber ließ ich indeß in den Gefängnißhof gehen. Bei meinem dritten Besuche blieben weit mehr zurück als vorher, und da ich meine Besuche täglich wiederholte, wurden nach und nach Alle geneigt, mir aufmerksam zuzuhören."

Die nächste Sorge der edlen Frau war nun, Mittel zu finden, die vielen in Trägheit und Unfug zugebrachten Stunden der Gefangenen auf eine für das sittliche Wohl derselben nützliche Weise auszufüllen. „Ich fand dabei große Schwierigkeiten", sagt sie, „da Diejenigen, die seit ihrer Kindheit in Manufacturen beschäftigt gewesen waren, weder stricken noch nähen konnten. Mütter von vielen Kindern waren in der Näherei so unwissend als die jungen Mädchen, und gestanden, daß sie nie eine Nadel brauchten. Ich fragte sie, wie sie es denn machten, sich und ihre Kinder zu kleiden. Sie antworteten, wenn sie Geld hätten, kauften sie sich fertige Kleidungsstücke aller Art, trügen sie, so lange sie dauerten und besserten sie nie aus. So lange sie bei günstigen Handelsverhältnissen stete Beschäftigung hatten, ging dies gut, als aber diese Hülfsquellen aufhörten, fühlten sie die natürlichen Folgen der Sorglosigkeit und ließen sich zu gesetzwidrigen Mitteln verleiten, ihre Bedürfnisse zu befriedigen. Ich kann nicht beschreiben, wie schwierig und peinlich für mich im Anfang meine Bemühungen waren. Kein Tag verging, ohne daß einige Weiber wegen Schlägereien oder andern Unfugs einsam eingesperrt wurden, und dem Übel ließ sich nicht abhelfen, da sie ganz sich selbst überlassen waren. Der Schließer klagte, daß die 23 Weiber ihm mehr Noth machten, als alle männlichen Gefangenen zusammen. Aller dieser Schwierigkeiten ungeachtet, setzte ich meine täglichen Besuche fort, und hatte endlich so viel Einfluß auf die Weiber erlangt, daß ich meinem Manne vorschlug, sie ausschließend meiner Leitung zu überlassen, und es geschah."

Als einige Gefangene nach Botany-Bai abgeführt waren, entstand mehr Ordnung, und Diejenigen, die nach und nach hinzukamen, fanden ein anständiges Betragen eingeführt, dem sie sich fügen mußten. Nach vielen Hindernissen, die sie oft entmuthigten, gelang es ihr, eine Absonderung der Gefangenen zu bewirken. Die tiefer gesunkenen Verbrecherinnen wurden von den minder strafbaren getrennt und dadurch manchem Mädchen, das für ein erstes leichtes Vergehen büßen mußte, die Qual und die Scham erspart, mit den verhärtetsten und verdorbensten umzugehen. Neun bis zehn Jahre hatte sie mit diesen Schwierigkeiten zu kämpfen, welche durch die zunehmende Anzahl der Gefangenen noch vermehrt wurden; selbst Mädchen von 10—12 Jahren wurden oft wegen geringer Vergehungen eingesperrt. Auf diese wandte Frau Tatnall ihre besondere Sorgfalt, und wählte eine aus den ältern Gefangenen, welche die Kinder in Arbeiten und im Lesen unterrichten mußte, wofür sie ihr eine Vergütung gab. Diese unglücklichen Kinder waren meist Abkömmlinge liederlicher Mädchen oder von Müttern, welche die Strafe der Verbannung oder des Todes erlitten hatten. Sie waren von ihren Ältern angeleitet worden, Alles zu entwenden, was ihnen unter die Hände kam, und so lebten sie, bis sie ertappt wurden. Das Gefängniß hatte nichts Schreckliches für sie, und sie schienen sich ebenso leicht einzuwohnen als die verhärtetsten Verbrecherinnen. Es dauerte lange, ehe Frau Tatnall ihre Aufmerksamkeit für den Unterricht gewinnen konnte, den sie ihnen geben wollte, endlich aber hatte sie das Vergnügen, eine Veränderung in ihrem Wesen zu bemerken und fand auch hier den Lohn ihrer Beharrung. Sie hatte schon lange in diesen Verhältnissen gelebt, aber nur selten waren Knaben unter 16 Jahren in das Gefängniß gekommen, als 1821 unter 226 Gefangenen sich 110 befanden, die zwischen 13 und 20 Jahren waren. Frau Tatnall trennte die jüngsten Verbrecher unter 16 Jahren von den übrigen und richtete eine Schule ein, welche sie unter die Leitung eines Gefangenen stellte, dessen Charakter und Betragen Vertrauen einflößen konnten, und ihre Bemühungen hatten so guten Erfolg, daß mehre Knaben bald leidlich lesen konnten. Der Nutzen dieser Knabenschule gab Veranlassung zu der Stiftung einer Anstalt, in welche Diejenigen aufgenommen und fortgebildet wurden, welche in dem Gefängnisse den ersten Unterricht erhalten hatten, und man wußte Mittel aufzutreiben, den Knaben nach dem Ende ihrer Lernzeit ein Unterkommen zu verschaffen und sie auf den Weg zu bringen, nützliche Glieder der menschlichen Gesellschaft zu werden.

Über die Baukunst, vorzüglich die griechische.

Die Baukunst, eine der ältesten und edelsten Künste, hat Das vor den übrigen bildenden Künsten voraus, daß sie den Geist und die besondere Gemüths- und Bildungsbeschaffenheit eines Volkes auf unmittelbarere, kraftvollere und allgemeinere Weise ausdrückt. Denn in einem wohlgelungenen Gemälde, in einer herrlichen Bildsäule erblicken wir doch immer zuerst den Künstler selbst, der sie hervorgebracht, seine besondere Anlage und Eigenthümlichkeit, und es bedarf wol einer anhaltenden, umsichtigen, kenntnißreichen und nach vielen Seiten hin vergleichenden Betrachtung, um das Volksthümliche, das Allgemeinere der Zeit und Nation aus diesen mannichfachen Bildwerken herauszuforschen. Anders ist es dagegen mit der Baukunst. Wer nennt uns die Namen der Meister, welche die ägyptischen Pyramiden in ihrer gigantischen, höchst einfachen Größe gegründet, oder derer, welche die Pantheons und Amphitheater des alten Griechenlands aufführten, oder wer nennt die Namen der herrlichen Schöpfer unserer deutschen Dome? Niemand. In keiner Geschichte der Baukunst finden sich ihre Namen aufgezeichnet. Höchstens ist es eine Sage, eine alte, bedeutungsvolle, aber geheimnißreiche, dunkle Sage, welche nur ungewiß diesen oder jenen Trefflichen als den Werkmeister bezeichnet. Unser deutsches Vaterland zählt kaum sechs Münster, von welchen wir mit Gewißheit behaupten können, dieser oder jener Baumeister habe sie aufgeführt. Und wenn wirklich die Sage uns einen Namen nennt, so ist doch die Geschichte, das Leben selbst des Meisters in Dunkel gehüllt und lautet so wunderbar, verworren und mit dem Werke selbst so seltsam verschlungen, daß wir immer, um uns die Person des Meisters zu denken, auf seinen Wunderbau zurückkommen müssen. Und dies, eben dies ist das Herrliche der Baukunst, daß aller Ruhm und Glanz nicht in dem Namen des Meisters, sondern allein in dem Werke selbst fortlebt. Dies ist die wahrhaft großartige allgemeine Seite aller Architektur, daß das Gebäude unmittelbar zum Eigenthum des Volkes und der Zeit wird, unter welchem und in welcher es entstanden. Darum hat man mit Recht gesagt, daß an den Münstern zu Ulm und Strasburg, an dem Dom zu Köln, dieser ehrwürdigsten Trümmer Deutschlands, das kraftinnige Mittelalter selbst und alle christlich-germanischen Völker mitgebaut haben.

Man kann alle vorzeitige Baukunst der Welt ihrer Geschichte nach in vier große Nationalunterschiede theilen und zusammenfassen, nämlich in eine ägyptische, chinesische, griechische und gothische Baukunst. Diese vier verschiedenen Gattungen unterscheiden sich voneinander auf das Gewaltigste und Bestimmteste und stellen den Inbegriff der verschiedenen Zeiten und Volksgeister, die Gesammtheit einer ganzen Weltanschauung, kann man sagen, in ihrer Totalität, sowie in ihren einzelnen Werken dar. Der ägyptische Styl ist der durchaus massive. Die Gebäude sind hier in den Felsen selbst gehauen, oder sie sind groß, massenhaft, wie aus einem einzigen Felsenblock selbst gebildet. So die Pyramiden, die Obelisken. Dem Ägypter fehlte noch die Säule. Diese gehört erst der griechischen Kunst an, dafür hat er den bloßen Pfeiler. In der hindischen Baukunst sieht man den tatarischen Ursprung hindurchblicken. Diese zeltförmigen Thürmchen, kleinen luftigen Pfeilerchen, diese Spitzen und Glöckchen erinnern noch an das wandernde Nomadenleben des Asiaten. Die chinesische Baukunst verliert sich oft sogar in Tändelei und Abgeschmacktheit der Verzierung. Darum baut der Chinese auch ganz eigentlich in die Luft hinaus, thürmt Stockwerk auf Stockwerk aufeinander, weil er in diesen luftigen Räumen zu viele bewegliche Verzierungen als möglich anbringen kann.

In der griechischen Baukunst ist es nicht mehr das Massive, Felsenhafte, Gigantische, oder das tändelnde Geschmückte, sondern das einfachere, beschränktere Schöne, was uns begegnet. Der Grieche fand in der Säule ein ihm ganz eigenthümliches Mittel, das Schöne und Geschmackvolle in seiner Architektur darzustellen. Leichter, schlanker, zierlicher sind die griechischen Gebäude im Verhältniß zu den altägyptischen; allein in Vergleichung mit den chinesischen sind sie wieder solider, ernster, würdiger. Nur den Bogen, den eigentlichen Kern der Seele der gothischen Baukunst, kannten die Griechen noch nicht. Sie hatten deshalb in ihren Tempeln nicht die hohen feierlichen Wölbungen, welche in unsern Kirchen unmittelbar und unwillkürlich die Seele zur Andacht stimmen. Bei ihnen ruhte das platte Dach auf der Säule, welche sich zwar schlank und schön zum Himmel emporhob, aber doch nicht, wie in dem schönen Spitzbogen der gothischen Architektur, einen gewölbten Himmel über der Erde bildete.

Die im Verhältniß zu der ägyptischen weit leichtere Bauart der Griechen scheint zu verrathen, daß dies kunstreiche und geschmackvolle Volk anfangs und bevor es den Marmor kennen lernte, seine Gebäude in Holz bildete. Allein, abgesehen davon, daß sich von dieser frühesten Bauart keine Spuren mehr vorfinden, kann sie auch nicht lange Bestand gehabt haben, denn Griechenland war ja selbst an Marmor sehr ergiebig, und der feine Kunstsinn des plastisch gebildeten Griechen konnte sich an einem so kärglichen und unersprießlichen Material, wie das Holz ist, unmöglich lange befriedigen.

Wir wollen hier eine kurze Darstellung der griechischen Säule und der sogenannten Säulenordnungen, welche zu verschiedenen Zeiten der griechischen Kunst mehr oder weniger vorherrschten, zu genauerer Verständigung in diesem so wichtigen Theile der Kunst beifügen. Die Säule nämlich ist der vornehmste Bestandtheil eines im griechischen Styl aufgeführten Gebäudes, denn sie ist es, die das ganze Bauwerk trägt. Sie selbst erhebt sich auf einer Grundlage, die man in der Kunstsprache die Basis nennt. Auf dieser erhebt sich der Schaft der Säule, der sich nach oben zu wieder in das mehr oder weniger verzierte Capitál oder den Knauf endigt. Über der Säule oder vielmehr über der ganzen Säulenreihe liegt das Gebälk, und dies unterscheidet sich wieder in drei Theile, nämlich den Architrav, den Fries und den Karnies. Ersteres ist die Schwelle, welche unmittelbar über den Capitälern ruht; über diesem befindet sich der Fries, welcher aus Querbalken besteht, die wiederum auf einem besondern Gesims ruhen, das sie von dem Architrav unterscheidet. Über diesen befindet sich als oberster Theil des Gebäudes das Karnies, das der herabhängenden Traufe eines griechischen Hauses gleicht, wovon die Enden des Sparrwerks sichtbar sind. Die zur Zierde der Gebäude angebrachten Gesimse erhalten je nach ihrer Form verschiedene Namen, deren einige hier mit den betreffenden Abbildungen folgen.

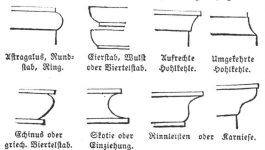

Astragalus, Rundstab, Ring.   Eierstab, Wulst oder Viertelstab.   Aufrechte Hohlkehle.   Umgekehrte Hohlkehle.

Echinus oder griech. Viertelstab.   Skotie oder Einziehung.   Rinnleisten oder Karniese.

Die Griechen setzten bei Vervollkommnung der Baukunst eigne Formen und Verhältnisse der Capitäle fest, und diese wurden die vorzüglichsten Unterscheidungszeichen der von ihnen angenommenen dorischen, ionischen und korinthischen Säulenarten, welche die Römer noch mit der toscanischen und römischen vermehrten, daher man jetzt gewöhnlich fünf Säulenordnungen annimmt. Die erste und älteste ist die dorische Säule. Diese wurde in der Regel ohne Basis aufgeführt, hatte ganz einfaches Capital und nur die Plattform war insgemein mit 20 ziemlich flachen Hohlkehlen cannelirt. Ihre Höhe betrug ungefähr sechsmal den Durchmesser der Basis, und sie zeichnete sich durch Einfachheit und größere Solidität vor den übrigen Säulenordnungen aus.

Die dorische Säule.

Die zweite Gattung ist die ionische Säule, deren Äußeres anmuthiger und gefälliger ist als das der dorischen Säule. So auch ist bei ihr der Schmuck des Capitäls mannichfaltiger. Einige feine Kunstkenner haben den Unterschied zwischen diesen beiden Ordnungen symbolisch so ausgedrückt, daß in der dorischen Säule die Idee der männlichen Form, in der ionischen aber die Idee der weiblichen Form zum Vorschein komme. Und in der That entspricht die Anschauung beider diesem Gedanken. Denn die dorische Säule in ihrer einfachen, stammhaften Schmucklosigkeit erinnert an die ungesuchte Erscheinung des Mannes, während man beim Anblick des ausgearbeiteten Capitäls an der ionischen unwillkürlich an den leichtern, zartern Bau des Weibes denkt, der ein größerer und gesuchterer Schmuck als der des Mannes erlaubt ist.

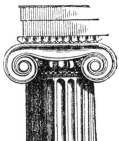

Die ionische Säule.

Noch schlanker und verzierter als die letztere ist die korinthische Säule, als die dritte griechische Säulengattung. Das Capital an dieser ist mit höchster Kunst und Eleganz ausgestattet, und man bemerkt an demselben schon den Übergang zu dem vielfach verschlungenen, ausdrucks- und bedeutungsvollen Blätterwerk des gothischen Spitzbogens. Einer Sage gemäß, deren Gewißheit man jedoch nicht verbürgen kann, ist diese Blätterverzierung des korinthischen Capitäls durch einen Zufall entstanden. Man hatte nämlich in einem Garten an irgend eine abgelegene Stelle einen Korb gesetzt, dessen Öffnung man, um zu verhindern, daß Schmutz hineingerathe, mit Mauerziegel verdeckt hatte. Dieser Korb war vergessen worden, und während er so eine ziemlich lange Zeit an dem abgelegenen Orte stand, wuchs ringsherum eine Wucherpflanze, von der Gattung des Acanthus, und schloß endlich den Korb in ihr aufstrebendes Blätterwerk dergestalt ein, wie es auf unserer beigegeben

Die korinthische Säule.

Der korinthischen Säule Entstehung.

benen Abbildung vorgestellt ist. Da nun der Mauerziegel nach allen Seiten etwas weiter über das obere Ende des Korbes hervorragte, so mußten natürlich im Laufe der Zeit die großen Blätter der sich anschmiegenden Pflanze sich nach außen zu umlegen und so die Gestalt annehmen, welche man an dem Capital der korinthischen Säule so sehr bewundert. Der berühmte Bildhauer und Architekt Kallimachus soll nun, so erzählt man weiter, diesen seltsam verzierten Korb zuerst bemerkt haben und nach seinem Modell die ersten korinthischen Säulencapitäler gearbeitet haben.

Wir lassen nun viertens die Abbildung der sogenannten toscanischen Säule folgen, welche römischen Ursprungs und, obwol schlanker als diese, doch von dem Modelle der dorischen Säule hergenommen ist. Das Capital ist ganz dorisch, allein der Schaft unterscheidet sich von dem dorischen dadurch, daß er leichter, weniger dick und nicht cannelirt ist. Auch

Die toscanische Säule.

hat die Säule, sowie die andern griechischen Gattungen, eine Basis.

Es folgt endlich fünftens die sogenannte zusammengesetzte Säule, welche nach den vorzüglichsten Bestandtheilen der ionischen und korinthischen gebildet ist. Sie wurde in Rom häufig und besonders bei solchen Gebäuden angewendet, die mit großer äußerlicher Pracht versehen, sehr ins Auge fallen sollten.

Daraus, daß wir die Säule im Allgemeinen als Hauptbestandtheil und das vorzüglichste Element der griechischen Baukunst bezeichneten, folgt nun keineswegs, daß ihr Gebrauch nicht auch in die christlich-gothische Baukunst übergegangen sei. Im Gegentheil, auch bei uns, namentlich in unsern herrlichen Kirchen und Sälen, nimmt die Säule eine wichtige Stelle ein; allein die christliche Säule unterscheidet sich von der griechischen dadurch, daß sie nicht als abgeschlossener Theil des Gebäudes für sich dasteht und das platte Dach des Gebäudes trägt, vielmehr sich in die schönen Schwingungen des Spitzbogens fortsetzt und durch diesen mit dem gewölbten Dache selbst in unmittelbarer Verbindung steht. Dies ist es, was die große ergreifende Wirkung der Säulen in unsern christlichen Kirchen hervorbringt. Es ist dies der unmittelbare Ausdruck der andächtigen Erhebung des menschlichen Gedankens zur Gottheit, eine Idee, zu welcher den Griechen freilich ihre sinnlichere und unvollkommnere Religion noch nicht erheben konnte.

Die zusammengesetzte Säule.

Historische Charaktere.

Friedrich, König von Schweden, war ein geborener Prinz von Hessen-Kassel, der nur durch seine Gemahlin Ulrika Eleonora auf den schwedischen Thron gelangte. Er hatte das gesellige und ungezwungene Wesen eines Privatmannes, und man sah es ihm an, daß er nicht für den Thron erzogen war und in seiner Jugend selbst gedient hatte. Er war namentlich Adjutant des Königs Wilhelm von England gewesen. Als König redete er gern von seinen frühern Feldzügen, aus denen er Ruhm und Wunden davon getragen hatte, von sich selbst aber immer mit vieler Bescheidenheit. Als ein Geistlicher in einer Rede bei einer feierlichen Gelegenheit seiner vielen Siege gedachte, sagte er: „Der gute Mann weiß nicht, daß ich nur zweimal allein commandirt und beide Male Schläge bekommen habe." Er liebte die Jagd und war ein trefflicher Schütze, behandelte aber seine Jäger oft übel und ebenso auch seine Ärzte, wenn er unpäßlich war. Ein gewisser alter Baron Höpken sagte daher einst zu ihm: Wenn ich mir etwas wünschen sollte, so möchte ich Ew. Majestät Arzt auf der Jagd und Dero Jäger in der Krankheit sein. Die Regierungsgeschäfte machten ihm wenig Freude, wozu ohne Zweifel der Umstand beitrug, daß seine Macht so überaus beschränkt war. Er scherzte selbst über seinen geringen Einfluß. Einst hatte er eine Suplik erhalten, mit der Aufschrift: A son Excellence, Excellence, Excellence, le roi de Suède. „Der Narr", sagte er, „macht mich zu einer dreifachen Excellenz und ich bin doch nur eine doppelte, weil ich nur zwei Stimmen im Reichsrathe habe.

Im Alter von 72 Jahren wurde er vom Schlage gerührt, lebte aber noch einige Jahre. Sein Gedächtniß wurde so schwach, daß er weder den Namen noch das Amt einer Person zu nennen wußte, und daher Alles ohne Unterschied als Doctor bezeichnete. Laßt nur den Doctor kommen, war seine gewöhnliche Rede. Einst wollte er unter diesem Titel den Oberjäger gerufen wissen. Niemand konnte seine Meinung errathen. Endlich half er sich durch den Zusatz: der Doctor von den Hirschen.

Er hinterließ von seiner Gemahlin, welche zehn Jahre vor ihm starb, keine Kinder, und hatte den Verdruß, zu sehen, daß ihm vom Reichsrath ein Nachfolger in der Person des Bischofs von Lübeck, Adolf Friedrich von Holstein Gottorp, bestellt wurde.

Über den Weinbau.

IV.

(Fortsetzung aus Nr. 188.)

Deutschland erhielt den Weinbau von den Römern, doch ist es nicht erweislich, daß Kaiser Probus im 3. Jahrhundert Reben am Rhein und an der Mosel angepflanzt habe; im vierten Jahrhundert aber waren die Ufer der Mosel reich mit Reben bepflanzt, deren Erzeugniß schon damals Dichter priesen. Später erst wurden auch an den Ufern des Rheins Weinberge angelegt und Karl der Große verpflanzte Reben von Orleans nach Rüdesheim. Als durch die allmälige Erweiterung des Ackerbaus das Klima sich verbesserte, verbreitete sich der Weinbau in Deutschland immer mehr und ging zu einem höhern Breitengrade hinauf als in Frankreich. Der Rhein bietet von Basel bis Mainz nur wenig günstige Lagen zu Rebenpflanzungen dar, zwischen Mainz und Koblenz aber, von hohen Bergen eingeschlossen, geben die Ufer einen angemessenen Boden. In langen Reihen ziehen sich längs dem Strome die üppigen Weinberge, welche treffliche Weine liefern. Die besten aber erzeugt der Rheingau, der unterhalb

Mainz anfängt und sich bis Bacharach erstreckt, aber auch die Erzeugnisse einiger Weinberge oberhalb Mainz werden zu den vorzüglichsten Rheinweinen gezählt. Der Boden dieses Gebiets besteht meist aus zersetztem Tuff mit Mergel und Kies gemischt, der auf Thon= oder Glimmerschiefer liegt. Die Reben bestehen meist aus dem weißen Rießling, der eine im Rheingau einheimische Art zu sein scheint und einen trefflichen Wein liefert, und aus dem gelben Orleanser. Beide, zumal jener, werden besonders in Rüdesheim und andern vorzüglichen Weinbergen angebaut, fodern aber, da sie spät reifen, eine durchaus gute und warme südliche oder südwestliche Lage an Bergabhängen. Die Reben werden niedrig gehalten und wenig zu Bögen geschnitten. Die Weinlese wird spät hinausgeschoben. Man nimmt an, daß der Rießling nicht die gehörige Reife erlangt habe, so lange die Beeren noch fleischig sind, und läßt die Trauben am Stocke, bis sie überreif sind, das Fleisch gehörig zersetzt ist und die Haut sich leicht von den Beeren lösen läßt. Auf dem Johannisberge wird aus den faulenden Beeren des Rießlings der edelste Wein bereitet, während man bei der Lese die genießbaren ausscheidet und zu geringerem Wein benutzt. Die zu weißen Weinen bestimmten Trauben werden von den Stielen befreit und in bedeckten Gefäßen ausgegohren, wo sie ihr Aroma behalten. Sie werden mehrmal von den Hefen abgezogen und wenn sie sich hinlänglich geklärt haben, auf Fässer gefüllt, wo sie milder und immer edler werden. Die leichtern Rheinweine sind den Graveweinen ähnlich, im Allgemeinen aber trockner als die weißen französischen Weine; eigenthümlich aber ist den erlesen Weinen ein lieblicher Geschmak und ein feines Aroma, die sogenannte Gähre, wie man es am Rhein nennt. Sie zeichnen sich durch ihre außerordentliche Haltbarkeit aus, worin sie von keinem andern Weine übertroffen werden. Jung enthalten sie nicht halb so viel Alkohol als der Madeira. Bei langem Liegen geht noch immer mehr davon verloren, aber das Mischungsverhältniß der Bestandtheile ist so vollkommen, daß selbst die Säure des alten Weins von der Essigsäure unterschieden und nicht unangenehm ist und das eigenthümliche Aroma sich immer mehr entwickelt. Nur in ungünstigen Jahren enthalten die Rheinweine einen Überfluß von Äpfelsäure, in guten Jahren aber haben die besten Gewächse nicht mehr Säure als die ähnlichen weißen Weine wärmerer Gegenden. Der Johannisberger, der vorzüglichste unter den Weinen des Rheingaus, wächst am südlichen Abhange des Johannisbergs unterhalb Mainz in einem Weinberge, den gegen Ende des 11. Jahrhunderts die Mönche der gleichnamigen Abtei anlegten. Nach ihm folgen der Rüdesheimer, der auf steilen felsigen Bergabhange, Bingen gegenüber, wächst, und der Steinberger aus einem von dem ehemaligen Kloster Ebersbach angelegten Weinberge. Zu den übrigen ausgezeichneten Weinbergen des Rheingaus gehören der Grafenberg, Markebrunn und der rothe Berg bei Geisenheim. Auch der Hochheimer wird zu den besten Rheinweinen gerechnet, obgleich er am Main, in einem ehemals der Domdechanei zu Mainz gehörigen Weinberge erzeugt wird, wie auch der Nierensteiner, der gleichfalls außer den Grenzen des Rheingaus wächst. Unter den übrigen Rheinweinen sind die Liebfrauenmilch bei Worms, der Scharlachberger, und der Laubenheimer auszuzeichnen. In neuern Zeiten hat man aus mehren Rheinweinarten einen dem Champagner ähnlichen Wein bereitet, der bereits im Handel vorkommt. Der rothe Rheinwein, Bleichert genannt, wächst in mehren Gegenden, der beste bei Asmannshausen in Nassau, in günstigen Jahren einigen guten Burgundersorten ähnlich, und an der Aar in der Eifel zwischen Bonn und Koblenz. An der Mosel, besonders in den günstigen Lagen von Bisport, Zeltingen, Graach, wächst ein leichter, farbloser Wein von lieblichem Geschmack und hoher Blume. Er wird schon in den ersten Jahren getrunken, wird aber nach fünf bis sechs Jahren vollkommen, wiewol Wein von guten Jahrgängen sich weit länger hält, ohne zurückzugehen. Die Neckarweine sind leicht und angenehm. Die besten wachsen bei Affenthal, Baden, Durlach, Gretzingen und Ramsthal. Die vorzüglichsten Weinberge haben hohe Lagen auf Kalkboden. Die Frankenweine gehören zu den edelsten in Deutschland, besonders der Leistenwein, der in einem Weinberge bei Würzburg wächst und im Alter ungemein viel Geist und Aroma entwickelt. Der feurige Steinwein wächst gleichfalls bei Würzburg. Unter den leichtern Sorten sind der Kalmuth und Wertheimer auszuzeichnen. Die besten Frankenweine werden aus dem rheinischen weißen Rießling gewonnen, der mit einigen andern Traubensorten gemischt wird. Östreich, besonders Nieder=Östreich, liefert mehre gute leichte Weine für den einheimischen Bedarf. Tirol hat einen bedeutenden Weinbau und liefert mehre rothe Weine, die den besten italienischen gleichen, z. B. der Traminer, aber sie sind nicht haltbar. Mähren baut mehre gute Weine, die dem Ungarwein ähnlich sind. In Böhmen wird meist an den Ufern der Moldau und Elbe Weinbau getrieben, und unter den rothen Weinen ist besonders der Melnicker geschätzt. Die Elbe bildet die Grenze desjenigen Theils von Deutschland, wo die Rebe mit Erfolg angebaut wird. Bald nach ihrem Eintritte aus Böhmen in Sachsen bietet ihr rechtes Ufer an seinen Bergabhängen theils auf Sandboden, theils auf verwittertem Syenit günstige Lagen für Rebenpflanzungen, die, seit dem 12. Jahrhundert angebaut, oberhalb Dresden anfangen und bis unterhalb Meißen gehen, und rothen, besonders aber viel weißen Wein liefern, der in neuern Zeiten bei verbesserter Cultur gewonnen hat. Die an der Saale erbauten Weine sind weit geringer. Nördlich von der Elbe, bis nach Schlesien hinein, hat man nur einzelne Weinbauversuche gemacht, die aber das Klima nicht begünstigt.

Ungarn ist eines der bedeutendsten Weinländer Europas, sowol hinsichtlich der Menge als der Mannichfaltigkeit seiner Erzeugnisse. Die Ungarweine haben im Allgemeinen bei vielem Weingeiste nur wenig wässerige Theile und gehören zu den schweren Weinen. Nicht überall aber wird auf die Auswahl der Trauben und die Absonderung der reifen und unreifen viel Sorgfalt gewendet, und die guten Weine sind auf einige Bezirke beschränkt. Das edelste Erzeugniß ist der Tockaier, der in der sogenannten Hegyallya, der Umgegend des Tockaigebirges, wächst und seit der Mitte des 17. Jahrhunderts berühmt wurde. Der Boden ist hier meist vulkanisch, und die besten Weine wachsen auf verwittertem Trapp, Porphyr und Feldspath. Es werden mehre, meist weiße, frühreife und zuckerhaltige Trauben, besonders der rothe und weiße Traminer (Formint) und der weiße Muskateller, angepflanzt. Die Reben werden bei der ersten Anpflanzung sehr kurz, bis auf eine Spanne vom Boden, abgeschnitten, und durch das jährlich im Frühlinge wiederholte Ausschneiden der jungen Schößlinge entsteht ein sogenannter Kopf, auf welchem blos ein Zapfen und eine lange Bogenrebe angeschnitten werden, die nicht wie gewöhnlich an den Pfahl befestigt, sondern nach dem Boden gebogen und einen halben Fuß tief in die Erde gelegt wird, sodaß zwei Endaugen der Rebe über dem Boden hervorstehen. Eine solche Rebe bildet von dem Stocke bis an die Stelle, wo sie in den Bo=

den gelegt wird, einen Halbbogen. Der aus der Erde hervorstehende Endtheil trägt Trauben von feinerm Geschmacke als der übrige Theil der Rebe. Die Weinlese beginnt nie vor dem Ende des Octobers, wo viele Trauben bereits halb welket sind. Sie heißen Trockenbeeren und werden sorgfältig von den übrigen gesondert. Man schüttet sie dann in ein Gefäß mit durchlöchertem Boden, und der blos durch den Druck ihres eignen Gewichts ausfließende Saft gibt die ölige Flüssigkeit, die man tockaier Essenz nennt. Sie hält sich ohne weitere Zubereitung, bleibt aber immer dick. Dann werden die Trockenbeeren zerquetscht, mit Most von gewöhnlichen vollreifen Trauben übergossen und geben den tockaier Ausbruch. Ein reichlicherer Mostaufguß gibt eine geringere Sorte, den Maschlasch. Die Mischung wird jedesmal stark umgerührt und die aufsteigenden Hülsen und Kerne werden mittels eines Netzes oder Siebes abgeschöpft. Dann wird das Gefäß bedeckt und nach 48 Stunden erfolgt die Gährung, die gewöhnlich drei Tage dauert. Während dieser Zeit wird die Masse Morgens und Abends umgerührt. Ist sie abgegohren, so wird sie auf Fässer gefüllt, aber erst gegen Ende des folgenden Jahres klar. Junge Tockaierweine haben eine bräunlichgelbe Farbe und einen eigenthümlichen Geruch. So reich sie an Zuckergehalt sind, so gehen sie doch zuweilen zurück, weil sie nur eine unvollkommene Gährung erlitten haben. Auch in andern Weingegenden Ungarns macht man auf die angegebene Weise Ausbruch, und der rothe menescher Ausbruch, der ungemein gewürzhaft ist, wird dem Tockaier gleichgestellt. Ähnliche Weine bereitet man in St.=Georgen und in Rust den sogenannten Ruster. Ungarn liefert mehre vorzügliche Tischweine, unter welchen der erlauer und ofener zu den besten gehören. Manche kommen den Rheinweinen, andere dem Champagner nahe. Die Weine Siebenbürgens sind den ungarischen Mittelsorten ähnlich.

Italien kann bei seinem milden Klima und auf den für die Rebencultur günstigen Bergabhängen vom Fuße der Alpen bis zu der Südspitze von Calabrien die köstlichsten Weine erzeugen, wenn die Betriebsamkeit der Menschen der freigebigen Natur entgegenkäme. Die Reben, die sich an den Hecken und Bäumen hinaufschlingen, welche die Felder begrenzen, geben dem Bauer seinen Weinbedarf und er benutzt das übrige Land zu andern Ernten. Selbst in Gegenden, wo die Rebe sorgfältiger gepflegt wird, zieht man sie doch gewöhnlich an Ulmen oder Pappeln hinan und pflanzt Mais oder Ölbäume in den Zwischenräumen. In der Lombardei und in der Campagna, wo der Weinstock an Pfählen oder Geländern gezogen wird, läßt man ihn doch 10—15 Fuß hoch aufwachsen. Nur in einigen Gegenden von Neapel und Piemont wird er niedrig gehalten. Ebenso fehlerhaft ist der Weinbau in andern Beziehungen. Man ist wenig sorgfältig in der Wahl des Bodens; man pflanzt oft Reben in ein fruchtbares, wohl bewässertes Land, während eine Getreideart auf felsigem Boden verkümmert. Trotz diesen Mängeln würde der italienische Wein noch immer vorzüglich sein, wenn man ihn sorgfältiger bereitete, aber alle Arbeiten, von der Lese bis zur Füllung, werden mit der größten Unkunde und Unreinlichkeit betrieben und oft ist der Wein unheilbar verdorben, ehe er in das Faß kommt. Keine Sonderung reifer und unreifer Trauben, Austreten an den Stielen, Gährung in offenen Gefäßen, die 14—40 Tage dauert, während man immer mehr Most zugießt. Die Gegend, die einst den gepriesenen Falerner erzeugte, liefert den schlechtesten Wein in ganz Italien. Eine rühmliche Ausnahme macht nur Toscana, wo die Weinbereitung besser versteht und mehr gute Weine hat als in irgend einer andern Gegend Italiens. Man hat hier Reben aus Frankreich, Spanien und den canarischen Inseln angepflanzt. Die Presse wird wenig gebraucht, und da die Trauben meist vollreif abgeschnitten und zu feinern Weinen erst getrocknet werden, ehe man sie tritt, so gibt der zuerst ablaufende Saft einen süßen Wein. Dann gießt man Wasser auf den Kuchen und erhält dadurch nach kurzer Gährung noch einen leichten Wein. Zu den besten dieser Süßweine gehört der Montepulciano, der zwischen Siena und dem Kirchenstaate aus rothem Muscateller (Aleatico) gewonnen wird. Er hat eine schöne Purpurfarbe und ist gewürzhaft und angenehm süß. Unter den weißen toscanischen Weinen sind der Verdea und der Trebbiano berühmt. Im Kirchenstaate sind nur die leichten Muscatweine von Albano und Montefiascone und die rothen und weißen Weine von Orvieto auszuzeichnen. In Neapel sind besonders die süßen Weine am Abhange des Vesuvs berühmt, von welchen es drei Arten gibt: 1) Lacrimä Christi, ein rother reicher Wein, 2) ein hochgelber gewürzreicher Muscatwein und 3) der süße Vino Greco. In Sicilien ist die Weinbereitung wie in Italien, aber dessenungeachtet behaupten die Weine der Insel ihren alten Ruhm. Die weißen Weine sind hier häufiger als in Italien und beiweitem besser als die rothen, dahin gehören der Mazzara und der Marsala. Die rothen und weißen Muscatweine von Syrakus gehören zu den feinsten Gewächsen.

(Der Beschluß folgt in Nr. 190.)

Die Hängebrücke zu Freiburg.

Wir haben in Nr. 134 (1835) dieser Blätter eine gedrängte Darstellung der Einrichtung der Ketten= oder Hängebrücken gegeben und einige der vorzüglichsten Werke dieser Art genannt. Als Ergänzung jenes Aufsatzes geben wir jetzt eine Abbildung der Hängebrücke bei Freiburg in der Schweiz, die sich durch ihre prächtige Bauart auszeichnet. Freiburg, die Hauptstadt des gleichnamigen Cantons, liegt zum Theil in dem Thale, das die Saane (Sarine) durchströmt, zum Theil an dem Abhange eines hier und da senkrecht aufsteigenden Sandsteinfelsens, der das Thal umschließt, das an einer Stelle nur 900 Fuß breit ist. Die Verbindung zwischen Freiburg und Bern und der übrigen deutschen Schweiz wurde früher durch einen steilen, das Thal hinablaufenden Weg vermittelt, der im Winter ganz ungangbar und zu allen Zeiten beschwerlich war. Im Jahre 1830 wurden die nöthigen Mittel zum Bau einer Hängebrücke herbeigeschafft und das Werk dem französischen Ingenieur Chaley übertragen. Man wählte für die Brücke den engsten Theil des Thales nahe bei der Stadt. Die jenseitige Thalwand ist gegen 240 Fuß höher als die Stadt, und es war daher nöthig, einen Weg durch den Rücken dieser Wand abzusenken, um der Brücke ein gleiches Niveau zu geben. Die Pfeiler, an welchen sie hängt, bilden Thorwege von römisch-dorischer Bauart, und die Entfernung zwischen den Hängepunkten beträgt 870 Fuß, 301 Fuß mehr als bei der in dem oberwähnten Aufsatze genannten Menaibrücke, welche die Insel Anglesea mit der Küste von Wales verbindet. Der Fahrweg ist 41 Fuß breit und 167 über der Oberfläche des Flusses. Chaley wählte, gegen die Grundsätze britischer Baumeister, statt der Kettentaue von starkem Draht, die aus einzelnen Drähten

368 Das Pfennig-Magazin.

zu cylindrischen Bündeln geflochten und in bestimmten Zwischenräumen mit Draht zusammengebunden sind. Die Brücke wurde nach ihrer Vollendung mit einem Zuge von 15 Stück schweren Geschützes befahren, und als man nach dieser Probe die Drahttaue untersuchte, zeigte sich nirgend eine Beschädigung.

Die Hängebrücke in Freiburg.

Verantwortliche Herausgeber: Friedrich Brockhaus in Leipzig und Dr. C. Drärler-Manfred in Wien.
Verlag von F. A. Brockhaus in Leipzig.

Das Pfennig-Magazin
der
Gesellschaft zur Verbreitung gemeinnütziger Kenntnisse.

190.]   Erscheint jeden Sonnabend.   [November 19, 1836.

Die Kathedrale von Chichester.

IV.   47

Die Kathedrale von Chichester.

Den Ursprung der überaus alten Stadt Chichester leitet man noch aus den Römerzeiten her, ja Einige behaupten sogar, daß die erste Gründung derselben noch vor dem Einfalle der Römer in Britannien geschehen sei. Später soll die Stadt mehrmals, unter andern von dem nordischen Piraten Aella, zerstört worden sein, dessen Sohn Cissa, König der Südsachsen, woher der Name Suthsex oder Sussex kommt, sie wieder aufbaute. Von diesem Cissa soll die Stadt auch ihre Benennung haben. Er starb bereits 577. Da schon seit 711 zu Chichester ein Bischofssitz gestiftet war, so wurde auch mehrmals versucht, eine Kathedrale an diesem Orte zu erbauen. Zweimal kam eine solche, aber jedesmal nur aus Holz gezimmert, zu Stande, wurde jedoch beide Male durch Feuer zerstört. Endlich, um das Jahr 1200, erbaute Seffrid II., Bischof von Chichester, die gegenwärtige Kathedrale, welcher Bau 14 Jahre dauerte und bedeutende Summen kostete. Wie alle, so hat auch diese schöne Kirche im Laufe der Jahrhunderte vielfache Veränderungen erfahren, sodaß von dem frühesten Gebäude wol nicht viel mehr als der Grund vorhanden sein mag.

Der eine von den beiden auf der westlichen Fronte befindlichen Thürmen stürzte 1642 zusammen und wurde erst 1791 wieder erbaut, allein auf sehr unregelmäßige Weise, sodaß er gegen den ihm gegenüber befindlichen jetzt unangenehm absticht. Die Spitze des mittlern Hauptthurms ist 271 Fuß hoch. Im Jahre 1721 war in der Gegend der Stadt Chichester ein gewaltiges Gewitter, verbunden mit außerordentlichem Orkan. Bei dieser Gelegenheit drohte der Hauptthurm der Kathedrale jeden Augenblick den Einsturz, er schwankte sichtlich und schon begannen ziemlich große Steine herabzustürzen; allein es kam dennoch nicht bis zum Äußersten und der Thurm steht, nachdem bereits wieder über 100 Jahre vergangen, noch so fest wie früher.

Wenn man von der Westseite her ins Innere der Kirche tritt, so hat man den vollen Überblick des herrlichen Schiffes. Es wird durch acht Bogen gebildet, die auf Pfeilern ruhen, von Halbsäulen begrenzt, unterhalb einer obern und untern Galerie. Die kleinen Säulen sind aus Marmor von Petworth, mit Spitzen, die denen der Palmbäume gleichen.

Die sogenannte Liebfrauenkapelle am östlichen Ende der Kathedrale verdient einer besondern Erwähnung; es ist ein alterthümliches und zierliches Gebäude, das aber jetzt, seiner ursprünglichen Bestimmung entgegengesetzt, zur Aufbewahrung einer Büchersammlung benutzt wird, die manche alte und kostbare Werke enthält. Die Kapelle ist eigentlich das Erbbegräbniß der berühmten Familie Richmond, welche England mehr als einen König gab. Ihre stattlichen Banner hängen über dem Eingange. Wir geben schließlich die Dimensionen der Chichesterkathedrale nach Höhe und Tiefe im Allgemeinen an. Die gesammte Länge, nämlich von Osten nach Westen, mit Einschluß der Liebfrauenkapelle, beträgt 407 Fuß. Die Länge von der nördlichen Vorhalle zur südlichen 129 F.; die Höhe des Thurms von Grund an 271 F.; die Höhe des Gewölbes des Schiffs 62 F. und die Höhe der gewölbten Decke im Chor 59 Fuß.

Der Purpur und der Scharlach der Alten.

Bei den heidnischen Völkern des Alterthums stand die hochrothe Farbe in so hohem Ansehen, daß sie besonders dem Dienste der Götter geweiht war, daher denn die Babylonier ihre Götterbilder in purpurne Gewänder hüllten, und es war eine herrschende Meinung, daß die Purpurfarbe eine besondere Kraft habe, den Zorn der Götter zu versöhnen. Auch war der Purpur eine Auszeichnung der höchsten Würden unter mehren Völkern. Es gab wahrscheinlich verschiedene Abstufungen dieser Farbe, die mehr oder minder hoch geachtet wurden, und nur eine gewisse Art des Purpurs ward als eine Auszeichnung der Götter oder der Könige betrachtet. Das Wort Purpur bedeutet bei den Alten nicht eine besondere Farbe. Es werden dreierlei Arten von Purpurfarbe erwähnt, eine hell oder brennend rothe, etwa wie unser Scharlach, eine tiefrothe, ins Violette spielende, und eine dritte, die mit der Farbe des geronnenen Stierblutes verglichen wird. Der geachtetste tyrische Purpur scheint von dieser dritten Art gewesen zu sein, doch war auch der tyrische Purpur keineswegs eine besondere Farbe, sondern eine Classe von Farben, die durch thierische Stoffe, im Gegensatze von vegetabilischen, hervorgebracht wurden und verschiedene Abstufungen vom Mattrothen bis zum Tiefrothen hatten. Der tyrische Purpur war jedoch mehr als andere geachtet, wiewol nach jenen Abstufungen im Werthe verschieden. Von den vegetabilischen Purpurfarben wissen wir nichts, am meisten aber von dem Purpur der Phönizier. Die Farbe dieses tyrischen Purpurs gaben verschiedene Schaltthiere, besonders eine an Felsen und Klippen gefundene Muschelart (buccinum) und die eigentliche Purpurschnecke (purpura), die aus dem Meere gefischt wurde. Man fand diese Thiere sowol im mittelländischen als im atlantischen Meere, und sie gaben nach den Fundorten eine verschiedene und mehr oder minder geachtete Farbe. Die atlantischen Muscheln gaben die dunkelste, die an der italienischen und sicilischen Küste gefangenen eine ins Violette spielende und die an der phönizischen, wie überhaupt an der südlichen Küste des mittelländischen Meeres gefundenen eine scharlachrothe Farbe. Die berühmtesten im mittelländischen Meere waren die an den Küsten Siciliens und des Peloponneses, und im atlantischen die an den Küsten Britanniens gefangenen Thiere. Dieser Färbestoff war sehr kostbar, da jede Muschelschnecke nur wenig Saft lieferte, der in einem besondern Gefäß befindlich war und ausgedrückt werden mußte, so lange das Thier lebte. Die Kunst, diesen Saft als Färbestoff zu benutzen, ist verloren gegangen, wahrscheinlich weil man ebenso gute oder noch bessere Färbestoffe entdeckte, die sich mit geringerer Mühe erlangen lassen, wiewol noch jetzt einige Schnecken, z. B. die Kräuselschnecke in Peru, zum Rothfärben gebraucht werden. Die Phönizier übertrafen alle andern Völker in der Kunst, diesen Färbestoff anzuwenden, daher der Purpur von Sidon und Tyrus in so hohem Rufe stand. Die Schönheit und Mannichfaltigkeit der Farben scheinen mehr das Ergebniß der Kunst als der natürlichen Eigenschaften des Färbestoffs gewesen zu sein. Die gewünschte Farbe wurde durch Anwendung von verschieden gefärbten Säften erhalten, deren Mischung und Bereitung große Sorgfalt foderte. Auch besaßen die Phönizier die Kunst, ihrem Purpur einen besondern Glanz zu geben, und dies scheint ihr großes Geheimniß gewesen zu sein. Die geschätztesten Purpurstoffe waren die zweimal gefärbten. Die Phönizier scheinen immer in der Wolle gefärbt zu haben, und wahrscheinlich wurde die Purpurfarbe auf alle Stoffe, Leinwand, Baumwolle und später auch Seide, gewöhnlich aber auf Wollenstoffe angewendet, die aus der feinen arabischen Wolle bereitet wurden.

Der Scharlach war nach der Meinung Einiger bloß eine der phönizischen Purpurarten, die mit dem Safte der Purpurschnecke gefärbt wurde, und allerdings war unter jenen, wie wir bereits angedeutet haben, eine hellrothe Farbe. Andere aber glauben, daß man dazu, außer dem Safte der Purpurmuschel, auch ein der amerikanischen Cochenille ähnliches Insekt, von den Arabern Kermes (das heißt rothe Farbe), von den Römern Coccus genannt, benutzt habe, das auf den Blättern einer immergrünen Eichenart (ilex aculeata) lebt und im westlichen Asien und südlichen Europa häufig gefunden wird. Vielleicht wurde der eigentliche Scharlach mit dem Safte dieses Insekts gefärbt, der Scharlachfärbestoff der Purpurschnecke aber meist nur gebraucht, um die verschiedenen Schattirungen des Purpurs hervorzubringen. Der Purpurscharlach mag carmoisin, der Kermesscharlach aber der eigentliche brennendrothe Scharlach gewesen sein, den bereits die Ägypter zu Moses Zeit zu verfertigen verstanden. Bei den Römern durfte Jeder Scharlach tragen, der Purpur aber war, wie bei andern Völkern, eine Auszeichnung hoher Würden. Die Benutzung des Kermes ist übrigens schon längst durch die Cochenille verdrängt worden, die eine weit bessere Farbe gibt als irgend ein Färbestoff der Alten, und überhaupt haben wir wenig Ursache, den Verlust oder den Nichtgebrauch der Färbestoffe der Alten zu bedauern, besonders der glänzend rothen Farben, die der Chemie so viel verdanken, daß wir den Vorzug der neuern Färbestoffe vor den alten mit Grund annehmen können.

Die Insel Madagaskar.

Die Insel Madagaskar, welche 670 Seemeilen vom Cap der guten Hoffnung, 190 von Isle de France und 150 von der Insel Bourbon entfernt liegt, gehört zu den an Größe und Productenreichthum ausgezeichnetsten, bisher aber auch noch unbekanntesten Südländern. Im Innern desselben wechseln die fruchtbarsten Landstriche mit meilenlangen dichten Waldungen, Morästen und Einöden ab. Hohe Gebirge, von denen einige eine Höhe von 10—11,000 Fuß erreichen, thürmen sich in die Wolken. Die Wälder gleichen an Undurchdringlichkeit den Urwäldern Amerikas; dort finden sich Schlupfwinkel, die, so lange die Erde steht, wol nie ein menschlicher Fuß betrat, und welche nur zum Aufenthalt der Raubthiere dienen. Der Productenreichthum des Landes ist außerordentlich; das Pflanzenreich bringt unter Anderm hervor Reis, Ananas, Zuckerrohr, Mais, Wein, Baumwolle, Hanf; an Fruchtbäumen bietet sich eine herrliche Auswahl dar: Feigen, Mandeln, Kokosnüsse, Tamarinden, eine Art Äpfel, und Cardamomen. Auch Gewürze sind zahlreich. Herrliche Waldbäume von hohem und schlankem Wuchs gewähren den Eingeborenen einen Überfluß an Baumaterial. Der nützlichste unter diesen Bäumen, sowie an Wuchs und Ansehen der zierlichste, ist wol die sogenannte Ravenpalme, welche eine außerordentliche Höhe erreicht und zum Schmuck, sowie zur Schutzwehr von den Eingeborenen neben ihren Wohnungen angepflanzt wird. Die Spitzen ihrer Stiele werden gekocht und als Gemüse gegessen, das sehr wohlschmeckend sein soll, das Holz verwendet man zu den Gebäuden, die großen Blätter dienen zu Fuß- und Zimmerdecken, auch zu Tischen, und aus der Blüte wird eine Art Gummi gezogen von außerordentlicher Süßigkeit und trefflichem Geruch. Außer dieser findet sich noch die Fächerpalme und andere Palmenarten, der Bambus, der Banian, der Drachen- und Balsambaum und unzählige andere. Was das Thierreich anlangt, so finden sich auf der Insel unter andern vier Arten von Rindern, unter denen der Bison, deren Fleisch vortrefflich ist. Die Schafe der Insel gleichen denen am Vorgebirge der guten Hoffnung, sie haben Fettschwänze, deren einer oft 12—20 Pfund wiegt. Zu bemerken sind ferner der Babyroussa, ein wilder Eber mit gewundenen Hauern, der Stammbewohner der ungeheuern Waldungen; verschiedene Affen, Dachse, Füchse, Zibethkatzen, wilde Katzen, Krokodile und andere in Afrika einheimische Raubthiere. Eins der merkwürdigsten Thiere dieses Landes ist aber die Rausette oder große Fledermaus von Madagaskar. Das Geschlecht der Vögel, Insekten und Reptilien ist ebenso mannichfaltig als zahlreich auf Madagaskar; Fliegen, Mücken, schädliche und unschädliche, Scorpione und andere fliegende Insekten schwärmen in Haufen umher, und besonders die Feuerfliege ist in so großer Menge vorhanden, daß ein solcher dichtgedrängter Schwarm zur Nachtzeit das Ansehen eines brennenden Gebäudes hat. Auch das Mineralreich ist sehr ergiebig; Eisen, Kupfer und Silber wird in großer Masse gewonnen, und die Ströme sind reich an kostbaren Edelsteinen, Topasen, Amethysten, Smaragden, Sapphiren, Hyacinthen und andere, welche von den Eingeborenen gegen Geld umgetauscht werden, das sich auf der Insel nicht findet.

Die Eingeborenen von Madagascar sind über Mittelgröße, von kräftigem Gliederbau und feinen Verhältnissen. Ihre Hautfarbe zeigt alle Abstufungen von bräunlichem Weiß bis zum Pechschwarzen, je nachdem sich die verschiedenen Stämme miteinander vermischt haben. Die Frauen sind im Ganzen hübsch zu nennen, von angenehmen Zügen, vortheilhafter Gestalt, glatter Haut und blendend weißen Zähnen. Die Unverheiratheten tragen das Haar in Ringeln die Schulter hinab, die Verheiratheten dagegen knüpfen es in einem Neste auf dem Scheitel zusammen. Die Kleidung der Männer und Frauen ist sehr einfach, wie unsere Abbildung zeigt. Vornehmere schmücken sich aber mehr und tragen viel Geschmeide, kostbare Tücher und Zeuche aus Baumfasern kunstvoll gewebt. Männer und Frauen gehen barhaupt, nur in der Provinz Manghabai trägt man Kopfbedeckungen.

Die Einwohnerzahl schätzt man auf vier Millionen Seelen, eine im Verhältniß zu der Größe und Fruchtbarkeit des Landes sehr geringe Bevölkerung, die aber sehr erklärbar wird, wenn man die, namentlich in frühern Zeiten, in Madagaskar herrschende Sitte bedenkt, nach welcher alle in den sogenannten Unglücksmonaten und Unglückswochen, sowie an den bösen Tagen geborenen Kinder ausgesetzt und ums Leben gebracht wurden. Diese als unheilvoll bezeichneten Perioden waren die Monate März und April, ferner der achte Tag und die letzte Woche eines jeden Monats, und wiederum in jeder Woche die Mittwoche und, wie bei vielen andern cultivirten und rohen Völkern, der Freitag, sodaß man also die Hälfte des Jahres annehmen kann, innerhalb welcher die Neugeborenen der Vernichtung preisgegeben wurden. Seitdem das Christenthum in Madagaskar Eingang gefunden hat, ist jene grausame, der Wohlfahrt des Landes so nachtheilige Sitte fast gänzlich verschwunden.

Die Madagassen, obgleich von der Natur mit guten Geistesanlagen begabt, sind doch, wie die meisten wilden Völker, dem Aberglauben sehr ergeben. Sie haben ihre Ombiassen, welche großen Einfluß auf das Volk ausüben und der wachsenden Cultur durch unsinniges Zauber-

Eingeborene auf Madagaskar in kriegerischer Rüstung.

wesen entgegenarbeiten. Noch ist die Vielweiberei auf der Insel herrschend, und das erste Weib hat stets den Vorzug im Hauswesen. Die Frauen der Madagassen sind übrigens von sanftem Charakter und einnehmenden Sitten, leidenschaftlich dem Tanzen und Singen ergeben. Die Redlichkeit der Madagassen, mit welcher sie untereinander verfahren, ist bemerkenswerth. Man weiß dort weder etwas von Gerichtshöfen, um Streitigkeiten zu schlichten, noch von Riegel und Schloß, um sein Eigenthum zu verwahren. Nur die in Feindschaft stehenden Stämme sind gegeneinander auf ihrer Hut; im Innern derselben herrscht aber vollkommenes Vertrauen und eine patriarchalische Sicherheit.

Im Allgemeinen unterscheidet man in Madagaskar drei Völkerracen, die erste sind die Weißen von Anossi und Matatune, die sich selbst Zafe Rahimini oder Abkömmlinge der Imina, der Mutter Mohammed's, nennen. Die zweite sind die Zafe Hibrahini oder Nachkommen Abraham's, die ebenfalls von weißer Farbe sind, und die Insel St.-Mary, sowie die entgegengesetzte Seite des Festlandes, bewohnen. Die dritte Race umfaßt die Schwarzen und Olivenfarbigen, welche die eigentlichen Urbewohner des Landes sind. Unter diesen sind die Zafe Rahimini die vornehmsten und im Ganzen auch die gebildetsten. Die zweite Classe oder die Söhne Abraham's mögen sich wol der altisraelischen Abkunft nicht ohne Grund rühmen, denn mannichfache, ihnen eigenthümliche Sitten und Ceremonien deuten sehr darauf hin.

Wer übrigens die Madagassen im Allgemeinen deshalb, weil ihnen die europäischen Sitten zum Theil noch fremd oder doch neu sind, für ein wildes und rohes Volk halten wollte, der würde sehr im Irrthume sein. Sie sind vielmehr ein Volk von vollkommen edler Naturanlage und in vielen Dingen, die den Gewerbfleiß und die gesellige Sitte berühren, verhältnißmäßig sehr hoch gestellt. Ihre Lebensweise ist im Ganzen einfach, und seitdem mit Einführung des Christenthums diese Völker auch mit den europäischen Haus- und Familiengebräuchen bekannt geworden sind, ist das Innere ihrer Wohnungen traulicher und bequemer geworden. Sie sind mit musikalischen Instrumenten nicht unbekannt, und finden ein vorzügliches Vergnügen am Tanz. Auch die Jagd nimmt einen großen Theil ihrer Zeit in Anspruch. Durch die ganze Insel wird nur eine Sprache gesprochen, unbeschadet jedoch der Eigenthümlichkeit der verschiedenen Provinzialdialekte. Diese Sprache stimmt im Hauptsächlichen mit dem Arabischen überein, hat aber in Formen und Constructionen auch einige Ähnlichkeit mit dem Griechischen. Die Ombiassen sind ihre Gelehrten, die ihre Muttersprache auch zu schreiben verstehen, und zwar, wie das Arabische, von der Rechten zur Linken. Die bürgerlichen Handwerke und Künste sind bei ihnen keineswegs vernachlässigt. Sie haben ihre Feuerarbeiter, Goldschmiede, Zimmerleute, Töpfer, Weber, Mattenflechter, Korbmacher u. s. w. Sie verstehen die Weinbereitung; auch vortrefflicher Indigo wird im Lande zubereitet. Aus der Rinde der wirklichen Papyrus nilotica verfertigen sie auf sehr einfache Weise Papier. Ehedem kannten die Madagassen nur den Tauschhandel, gegenwärtig aber sind fast durchgängig Geldmünzen eingeführt. Sie führen auch Handel nach auswärts; sehr geschätzt wegen ihrer glänzenden Farbe sind ihre Farbehölzer; ihre Seiden- und Baumwollenstoffe werden denen des Orients gleichgeschätzt.

Die einzelnen Stämme der Madagassen führen häufig Kriege gegeneinander. Als Waffen führen sie Keulen, Bogen und Pfeile, Wurfspieße und Lanzen, haben aber neuerdings auch den Gebrauch

Brotbereitung der Madagassen aus der Maniocwurzel.

der europäischen Schwerter und Musketen kennen gelernt. Sie haben ein Criminal=, sowie ein Civilgesetzbuch. Ersteres ist freilich nicht niedergeschrieben, sondern nur durch mündliche Überlieferung fortgepflanzt. Wenn ein Verbrechen begangen worden, so bestraft die Versammlung der Häupter durch ihre Übereinstimmung den Thäter ohne weitläufige Untersuchung und auf der Stelle. Das bürgerliche Gesetzbuch heißt Massindite und ist eine geschriebene Urkunde, welche eine Sammlung der Vorschriften, Gebräuche, Ceremonien u. s. w. enthält, die den Eingeborenen von ihren Vorfahren überkommen sind. Dieses alterthümliche Sittenbuch des geselligen Lebens, wie man es füglich nennen könnte, wird sehr beachtet und in besonderer Geltung erhalten.

Wir sagen nur einige Worte über die Geschichte der Insel Madagaskar. Sie wurde im Jahre 1506 von den Portugiesen entdeckt, welche die Eingeborenen im Zustande der Wildniß fanden. Seit 1665 gründeten die Franzosen daselbst zu verschiedenen Zeiten Niederlassungen, von denen sie jedoch immer wieder durch die kriegerischen Eingeborenen vertrieben wurden. Erst in der neuesten Zeit ist es ihnen gelungen, sich an einigen Stellen aufs Neue anzusiedeln. Die Insel ist in 22 Provinzen getheilt, welche von ebenso vielen Königen beherrscht werden. Die Hauptmacht jedoch besaß der 1828 verstorbene König der Hoas, Radama, dem die meisten Provinzen unterthan waren, ein Mann, der an Geist und Bildungsfähigkeit allen seinen Landsleuten beiweitem überlegen war. Er stand in sehr freundschaftlichen Verhältnissen zu den Engländern und war es, der den Sklavenhandel in seinem Lande gänzlich abschaffte. Er begünstigte auch sehr die Thätigkeit der christlichen Missionare, welche 1828 auf Madagaskar bereits 100 Schulen gestiftet hatten, in welchen über 5000 Kinder christlichen Unterricht empfingen.

Wir fügen dieser kurzen Skizze über die Insel Madagaskar zwei Abbildungen bei, auf deren einer ein Madagasse in kriegerischer Rüstung, auf der andern in der friedlichern Beschäftigung des Brotbereitens aus der Maniocwurzel vorgestellt sind.

Über den Weinbau.
(Beschluß aus Nr. 189.)

Griechenland hat unter der türkischen Herrschaft zu viele Hemmungen der Betriebsamkeit erfahren, als daß es alte Culturzweige hätte fortsetzen oder neue anbauen können. Nur auf den Inseln, die am längsten von dem Joche der Türken frei blieben oder in Überzahl von Griechen bewohnt waren, wurde der Anbau des Bodens nicht ganz vernachlässigt. Kandia und Cypern versorgten zur Zeit der venetianischen Herrschaft ganz Europa mit den feinsten süßen Weinen. Später als die griechische Volksmenge abnahm, beschränkte sich der Weinbau auf einige Bezirke, und Cypern führt jetzt nur noch wenige feine Weine aus. Fast überall in Griechenland ist der Boden dem Weinbau sehr günstig, auf dem Festlande und den fruchtbarsten Inseln, Scio, Tenedos, Zante, Kandia, meist Kalkerde, auf andern einst wegen ihrer Weine ebenso berühmten, Lesbos, Naros, Santorini, vulkanisch. In mehren Gegenden wird der Weinbau mit Einsicht getrieben, die Rebe niedrig verschnitten und an Spalieren gezogen, nur bei der Weinbereitung geht man nicht von alten Vorurtheilen ab. Die Beeren werden untereinander gelesen, in offenen Cisternen der Gährung ausgesetzt, und da sie oft halb getrocknet sind, ehe man sie tritt, so gießt man Wasser zu, um die Gährung zu befördern. Salz, Gyps und Kalk werden dem Moste beigemischt, und zuweilen auch etwas Harz, um ihm die Schärfe von altem Weine zu geben. In einigen Gegenden wird der Wein in getheerten Schläuchen aufbewahrt, wodurch er oft verdirbt. Nur wo lebhafter Verkehr ist und unterirdische Keller angelegt sind, hält er sich länger. Ein trefflicher rother Wein wächst in Ithaka, auch liefern Cephalonia, Kandia, Cypern Wein, die dem leichten Rhonewein ähnlich sind. Die besten griechischen Weine gehören auch jetzt, wie in frühern Zeiten, zu den süßen. Die Weine aus Cypern und Tenedos können die Vergleichung mit den besten ungarischen Weinen aushalten, und der Commendaria aus Cypern, den einst die Malteserritter anbauten, woher er den Namen hat, übertrifft alle süßen Weine des griechischen Inselmeeres an Wohlgeschmack und Aroma. Santorini liefert den feinen Vino Santo, und auf Zante wird ein Wein aus Korinthentrauben bereitet, der dem Tokaier ähnlich sein soll. Auf dem griechischen Festlande pflanzt der arme Weinbauer, des reichlichern Ertrags wegen, seine Reben in niedriges Land, das im Winter gewöhnlich sumpfig wird. Die Trauben werden im Weinberge getreten und dann in Schläuchen in die Städte und Dörfer gebracht, wo man den Most unvollkommen gähren läßt. Der Wein wird gewöhnlich nicht eher klar, bis er sauer wird. In einigen Gegenden von Macedonien ist durch Kaufleute, die Verkehr mit Deutschland haben, eine sorgfältigere Weinbereitung eingeführt worden. Morea, das Vaterland der Malvasiertraube, erzeugt nur schlechte Weine.

Madeira*) verdankt, wie mehre andere Länder, die jetzt die köstlichsten Weine liefern, Griechenland seine Reben. Besonders wurden die Reben von Kreta gesucht, nach Madeira aber ließ Heinrich der Seefahrer Malvasierreben aus Kandia bringen, die bald üppig gediehen. Der Boden besteht meist aus vulkanischen Gebilden, mit Thon, Sand und Mergel vermischt; mehre Hügel sind ganz mit vulkanischer Asche und verwitterter Lava bedeckt. Die Reben werden durch Ableger oder Schnittlinge vermehrt und man läßt die Wurzeln tief in den vulkanischen Boden bringen. Einige wachsen ohne Stützen und werden niedrig im Schnitt gehalten, andere werden an Rahmen oder Geländern 20—30 Zoll hoch gezogen, andere an Gittern von Rohr, höchstens 7 Fuß hoch vom Boden. Im nördlichen Theile der Insel werden sie an Bäumen gezogen. Zu Anfange des Septembers sind die Trauben reif. Die zu dem besten weißen Weine bestimmten werden sorgfältig abgebeert, und die halbreifen oder verdorbenen Beeren nur zu geringern Weinen genommen. Das Treten geschieht in Trögen von starken Bohlen oder in Cisternen, die in die Lava gehauen sind. Der zuerst gewonnene Saft wird Blumenwein (vinho da flor) genannt. Dann werden die zerquetschten Trauben in ein Geflecht von Weinreben gethan und ausgepreßt. Der abfließende Saft wird gewöhnlich mit dem Blumenwein vermischt und in die Gährungsgefäße gegossen. Nach begonnener Gährung thut man gebrannten Gyps hinzu und rührt die Flüssigkeit oft um. Im November ist der Wein gewöhnlich klar. Er ist ungemein haltbar. Erst wenn er acht bis zehn Jahre auf dem Fasse gelegen hat, ist er gut, muß aber noch zweimal so lange auf den Flaschen liegen, um vollkommen milde zu werden. Ist er von gutem Gewächs, so hat er dann seine ursprüngliche Herbheit ganz verloren, einen angenehm reizenden Geschmack und eine ungemein reiche Blume. Der Nußgeschmack, der oft stark hervorsticht, ist nicht, wie man behauptet hat, durch bittere Mandeln hervorgebracht, sondern dem Weine eigenthümlich. Die Weinhändler auf der Insel haben in neuerer Zeit die kostbare Gewohnheit, die für Europa bestimmten Weine nach Ostindien zu schicken, um sie durch den Einfluß eines wärmern Klimas zu verbessern, vielfältig beschränkt und andere künstliche Mittel zu demselben Zwecke angewendet. Wie die Römer ihren Falerner, legen sie einen Theil ihrer Ernte in geheizte Gemächer, wo die Weine sehr bald milde werden, aber freilich fehlt es ihnen dann an dem Wohlgeschmacke, den nur die Zeit geben kann. Einige Weine der canarischen Inseln sind den Madeiraweinen ziemlich ähnlich, besonders die Weine von Teneriffa*), aber obgleich beide Inseln gleichen Boden haben und dieselben Reben bauen und das Klima von Teneriffa wärmer ist, so fehlt doch dem Erzeugnisse dieser Insel das Gewürzhafte des Madeiras. Auf Palma wächst ein süßer Malvasier, der einen lieblichen Ananasgeruch hat und einst in ganz Europa berühmt war.

Das Vorgebirge der guten Hoffnung, dessen Klima allem Pflanzenwuchse so ungemein günstig ist, verdankt den Holländern seine Reben; aber nur wenige Weinberge haben einen günstigen Boden, und fast alle Capweine jenen Erdgeschmack, den man bei Weinen findet, die auf schlechtem Boden wachsen, doch fehlt es nicht an Gegenden, die einen guten Boden darbieten. Die Habsucht der holländischen Landbauer will den Weinbau nicht auf felsigen Boden beschränken und obgleich das Beispiel des Constantiaweinberges ihnen den wohlthätigen Einfluß eines steinigen Bodens zeigt, so bauen sie doch noch immer ihre Reben nur an Orten, wo sie auf reichen Ertrag rechnen können. Auch ihr Cultursystem ist fehlerhaft. Um viele Trauben zu erhalten, düngen sie ihre Reben mit frischem Mist und bewässern sie reichlich. Die Reben sind ursprünglich aus Persien und vom Rheine gekommen, haben aber Namen, unter welchen man sie nicht wieder erkennt; so scheint die grüne Traube (groene druyf) der aus dem Rheingau stammende weiße Rießling zu sein. Die reichern Weine werden zum Theil aus Muskatellertrauben bereitet. Die Reben werden niedrig geschnitten, aber nicht sowol in der Absicht, den Ertrag zu verbessern, als um sie gegen die heftigen Südostwinde zu schützen. Im August werden die Reben beschnitten, im September gedüngt und im Februar oder März beginnt die Weinlese. Die Trauben werden oft vor der Reife abgeschnitten und nicht nur die Kämme, sondern sogar Blätter mit ausgetreten. Der Wein wird auf den Gefäßen, da man ihn nicht nachfüllt, oft sauer, und um dies zu verhüten, wird dem zur Ausfuhr bestimmten viel Rum zugesetzt. Nur die beiden Weinberge Groß- und Klein-Constantia, am östlichen Abhange des Tafelberges, zwei Meilen von der Capstadt, machen eine Ausnahme von jener fehlerhaften Cultur. In dem erstgenannten Weinberge wächst der süße rothe Wein, Constantia genannt,

---

*) Vergl. Pfennig-Magazin 1835 Nr. 142, wo mehre Nachrichten über den Madeirawein gegeben werden, die das hier Mitgetheilte ergänzen.

*) Vergl. Pfennig-Magazin 1836 Nr. 160.

für Trier, dessen Domcapitel im Jahre 1307 seinen jüngern gelehrten Bruder Balduin zum Erzbischof erwählte. Graf Heinrich, seine einmüthige Erwählung zum König der Deutschen als göttlichen Beruf erkennend, empfing zu Aachen die Krone, reiste alten Brauches im Reiche umher, die Huldigung anzunehmen und das Gesetz mit Strenge zu handhaben, und schrieb seinen ersten großen Reichstag nach Speier aus. Hier bat ihn Elisabeth, die noch unvermählte Schwester des letzten Böhmenkönigs aus Przemislav's Stamme, durch Gesandte um Hülfe gegen unwürdige Freier, und eröffnete ihm Aussicht zum Erwerb einer Krone für seinen jungen Sohn Johann. Ferner bestattete er feierlich in der Kaisergruft zu Speier beide Könige, sowol Adolf als Albrecht, der jenen erschlagen, hielt Blutgericht über die Mörder des Vorgängers und nöthigte Albrecht's Söhne, durch Milde und Ernst zum Gehorsam, im September 1309. Er strafte den Übermuth der Bürger, ächtete den landfriedensbrüchigen Grafen Eberhard von Würtemberg und legte, aufgefodert durch die kaiserliche Partei in Italien, die Ghibellinen genannt, sowie durch einen Brief des berühmten Dichters Dante, den Ständen seinen Plan vor, einen Römerzug zu thun, Italien wieder zu erobern und zu Rom, wie er dem Papste gelobt, die Kaiserkrone auf sein Haupt zu setzen. So hohes Vornehmen billigte die Versammlung und versprach dem Könige ihren Beistand. Im folgenden Jahre ward zu Speier die Erbin von Böhmen nach Prüfung ihres untadeligen Lebenswandels mit dem jungen Prinzen Johann vermählt, ihm ein Heer gegeben, mit welchem er das erheirathete Königreich rasch in seine Gewalt bekam. Als so die Zeit des Römerzuges herangenaht und alle Reichsgeschäfte bestellt waren, seine Boten bereits auch italienischen Fürsten und Städten seine Ankunft verkündigt, machte König Heinrich mit der Reichshülfe, die nicht, wie versprochen, in großer Zahl sich gesammelt hatte, noch vor Winter 1310 sich auf den Weg, zog mit seinen Blutsfreunden und einigen Fürsten durch Savoyen und stieg am 24. October über den Berg Cenis nach der Lombardei hinab. Ihm strömten die Ghibellinenhäupter, welche Rache an ihren Feinden erwarteten, entgegen; auch Guelfen kamen in sein Hoflager, um den Sinn des Königs auszuforschen; unter den erstern Maffeo Visconti, den Guido della Torre aus Mailand vertrieben hatte. So ging der schwellende Zug auf jene Hauptstadt, deren Gebieter den König scheinbar gehorsam begrüßte und ihn zu Weihnachten 1310 in Mailand aufnahm. Heinrich versöhnte die erbitterten Parteiführer, behielt die Oberverwaltung des Landes und ließ sich am heiligen Dreikönigstage mit der eisernen Krone krönen, deren Original, in der frühern Verwirrung verpfändet und verschwunden, durch eine neue rasch ersetzt wurde. Aber die Eintracht der Häupter und die Ruhe erwies sich betrüglich; der Volksunwille wuchs, als die Eroberer eine Kronsteuer foderten, und der 12. Februar sah nach einem blutigen Aufstande das Geschlecht der Torre verjagt, die Visconti auf kurze Zeit verbannt. Auch in andern lombardischen Städten loderte der Haß von Neuem auf; die Stadt Lodi, Cremonas Trotz, wurde gedemüthigt; aber ehe der König nach Rom aufbrechen konnte, mußte er vor Brescias Mauern seine Kraft vier Monate hindurch prüfen (Mai bis September 1311), verlor seinen Bruder Walram durch einen Pfeilschuß und durch eine furchtbare Seuche zwei Drittheile seines Heeres.

Nach Brescias Bezwingung wäre er gern sogleich durch Toscana auf Rom gezogen; aber die Florentiner, mit dem Könige Robert von Neapel verbündet, verschlossen seinem geminderten Heere die nächsten Pässe; daher er, ohne auf des ungeduldigen Dichters Dante Mahnung zu achten, im Winter 1311 zu Genua verweilte, von dort aus den tapfern Grafen Werner von Homberg, einen Minnesänger, zum Oberstatthalter in der Lombardei bestellte, seine treue Gattin Margaretha begrub und im Februar zu Schiffe nach Pisa ging. Unterdessen hatte Clemens V., aus Furcht vor der steigenden Macht des Königs Heinrich, dem Könige von Neapel Vorschub gethan, um dadurch die Kaiserkrönung zu verhindern. Als Heinrich von Pisa, wo man ihn als Befreier empfing, sich nach Rom auf den Weg gemacht, und er, keinen Feind vermuthend, bis zur Tiberbrücke gekommen war, mußte er im Mai 1312 dort mit den Waffen in der Hand sich durchschlagen; fand die Ruinen, Kirchen und sonstigen Bauwerke der ewigen Stadt mit Kriegsleuten besetzt, welche einander gegenseitig belagerten und auf den Straßen Schlachten lieferten. Weil es den Deutschen nun nicht gelang, die Kirche zu St.-Peter, wo die Kaiser gekrönt zu werden pflegten, zu erobern, ließ sich Heinrich am 29. Juni durch die vom Papste abgeschickten Cardinäle das römische Diadem zu St. Johann im Lateran aufs Haupt setzen, sorgte nach Kräften für die Ruhe der Stadt, schloß einen Bund mit dem Könige Friedrich von Sicilien, dem Nachkommen der Hohenstaufen, und ging während der Sommerhitze nach dem kühlern Tivoli. Während er darauf durch das römische Gebiet nach Toscana zog und, verlassen von seinem deutschen Gefolge, vergeblich Florenz belagerte, dessen Bürger sich nicht gegen sein kleines Häuflein ins offene Feld wagten, stritt der Statthalter Werner von Homberg wacker gegen die Rebellen in der Lombardei; aber so oft er einen Feind niedergeschlagen, erstanden wieder andere, ermuthigt durch den König von Neapel, welchen der Papst schützte. Aber Heinrich wollte ein wahrer Kaiser sein, ließ nicht ab vom Kampfe, verwüstete der Florentiner Gebiet und erbaute im Januar 1313 auf einem wüsten Berge sich eine Kaiserburg, von wo aus er, im Bewußtsein seiner Macht, über alle Empörer des Reichs das Urtheil der Acht aussprach. Wie seine Gegner triumphirten und seinen Muth gebrochen wähnten, warb er in Deutschland ansehnliche Hülfe auf dem Reichstage zu Nürnberg, harrte der Ankunft derselben in Pisa, wo er voll Gnade einen Enkel des Grafen Ugolino, den nach dem Hungertode der Verwandten von der Wiege an eingesperrt hatten, freigab, im Gericht dem Könige von Neapel als ungehorsamen Vasallen die Todesstrafe zuerkannte und sich im Bunde mit König Friedrich von Sicilien rüstete, den Verurtheilten zu Lande und zu Wasser anzugreifen. Da verzagte der französische Prinz auf Neapels Thron und vermochte seinen Vetter, den König Philipp von Frankreich, der längst scheel auf Heinrich's Thaten in Italien blickte, in den Papst zu dringen, daß er den Kaiser mit dem Banne bedrohe. Heinrich aber zog unbekümmert mit verstärktem Heere und treuen Deutschen verwüstend an Siena vorüber auf Rom. Schon griff sein Bundesgenosse Friedrich mit seiner Flotte die Küste von Neapel an, schon kam König Johann von Böhmen mit seiner Ritterschaft aus der Lombardei herab; die lombardischen Guelfen waren bei Parma aufs Haupt geschlagen; das feindliche Italien zitterte und Robert rüstete bereits schnelle Galeeren, um dem Verderben nach Frankreich zu entfliehen; da raffte den Kaiser am 24. August 1313 in Buonconvento ein plötzlicher Tod im 51. Jahre hin. Ein kaltes Flußbad hatte alte Übel zum Ausbruch gebracht, welche die Laufbahn eines Kaisers schlossen, der nahe daran war, die deutsche Herrschaft über Italien dauernd wieder zu gewinnen. Der Haß der Deutschen gab einem Dominicanermönche, Bernhard von Montepulciano, Schuld, den geliebten Herrscher vergiftet zu haben, und verfolgte haßentbrannt seine Ordensbrüder; doch ist der natürliche Tod Heinrich VII. erwiesen. Sein Heer ging auseinander; die Guelfen jubelten über den Fall des Mannes, während in tiefer Trauer die Ghibellinen die Reste ihres kaiserlichen Schutzherrn in Pisa aufnahmen und sie unter einem Marmordenkmal in ihrem Prachtdome bestatteten.

Deutschland gerieth durch den Tod des gerechten, milden, frommen und willensstarken Kaisers in die unheilvollste Verwirrung; sein Verehrer, der Dichter Dante, welcher die Rückkehr des goldenen Zeitalters für Italien gehofft, starb in der Verbannung, und kein Nachfolger Heinrich's bis auf Karl V. sprach die allgemeine Herrschaft über Italien, als dem deutschen Kaiser gebührend, aus.

Bewohner der Steppen der asiatischen Tatarei.

Von den Bewohnern des ungeheuern Tafellandes, das sich zwischen dem 30. und 50. Breitengrade, vom kaspischen Meer bis zum Baikalsee und von den Quellen des Indus bis zur chinesischen Mauer hin erstreckt, wissen wir noch immer so wenig als von dem Lande selbst. Hohe und steile Gebirge, unermeßliche Steppen, unter denen die sogenannte Wüste Kobi die beträchtlichste ist, sind das charakteristische Gepräge Hochasiens. Im Osten dieses Landes findet man weite Strecken (10,000 Fuß hoch über dem Meere) mit grobem Sande und Kieseln bedeckt, unter denen sich aber auch Edelsteine finden, fast ohne alle Bäume und ohne jede andere Vegetation, fast immer mit Schnee bedeckt, ohne Quellen und von den furchtbarsten Stürmen durchzogen. Die Karavanen, welche genöthigt sind, diese Wüsten zu durchziehen, haben unbeschreibliche Mühsale zu erdulden. Man kann dieses ganze Tafelland in zwei verschiedene Züge theilen: der östliche befaßt das Plateau von Tibet und die Wüste Kobi, erhebt sich von 4 Fuß bis zu 10,000 F. über dem Meere und enthält ungefähr 7,000,000 Quadratmeilen. Der westliche Theil, das Plateau von Iran oder Persien, ist geringer an Ausdehnung und Höhe, welche letztere nur bis zu 4000 Fuß ansteigt, und umfaßt nicht mehr als 1,700,000 Quadratmeilen. Das Klima ist wegen der großen Höhe rauh und kalt. Die gegenwärtige Bevölkerung, mongolischen Stammes, ist ein Nomadenvolk, das sich zu der Religion des Dalailama bekennt. Ihr Reichthum besteht in Pferden, die wild diese Steppen durchstreifen, in Kameelen, in Rindvieh, Schaf= und Ziegenheerden. Sie sind in Beziehung auf ihrer Lebensweise ein cultivirtes Volk zu nennen und mit den Bedürfnissen des Lebens reichlich versehen. Daß jedoch dies unwirthliche Land in ältern Zeiten auf einer weit höhern Stufe der Cultur gestanden hat, beweisen die Trümmer von Bauwerken, Tempeln und Grabmälern, die sich in den Gebirgen finden. Man sagt, daß zur Zeit der Völkerwanderung von hier aus die gewaltigen Züge der Hunnen, Avaren und Alanen zuerst ausgingen, obgleich man sich nicht wohl erklären kann, wie grade in diesen rauhen und wüsten Gegenden damals eine so große Übervölkerung stattfinden konnte.

Verantwortliche Herausgeber: Friedrich Brockhaus in Leipzig und Dr. C. Drärler=Manfred in Wien.
Verlag von F. A. Brockhaus in Leipzig.

Das Pfennig-Magazin
der
Gesellschaft zur Verbreitung gemeinnütziger Kenntnisse.

193.]   Erscheint jeden Sonnabend.   [December 10, **1836**.

Rotterdam.

IV.   50

Rotterdam.

Rotterdam ist hinsichtlich seines Umfangs, seiner Einwohnerzahl und seiner Bedeutung als Handelsplatz die zweite Stadt des Königreichs Holland. Die Stadt liegt an dem nördlichen Ufer der Maas, welche hier ungefähr eine Viertelstunde breit und von ihrer Ausmündung in das Meer noch etwa 4 Meilen entfernt ist. Ein kleiner Fluß, die Rotte, welcher die Stadt mitten durchschneidet und sich dann in die Maas ergießt, scheint derselben ihren Namen gegeben zu haben. Frühere Geschichtschreiber leiteten den Ursprung der Stadt aus sehr alten Zeiten her und verirrten sich in Sagen, die mit alten geschichtlichen Thatsachen in Widerspruch stehen; es läßt sich nur so viel bestimmen, daß Rotterdam 1270 mit Mauern umgeben ward und städtische Vorrechte erlangte. Nur nach und nach erhob sie sich zu ihrer spätern Größe und Bedeutung, was besonders um die Zeit geschah, wo die vereinigten flandrischen Provinzen unter der Oberherrschaft Spaniens standen. Früherhin wurde die Stadt einmal von dem Grafen Flemings, dann 1418 von dem Grafen von Brederode erobert. Die Franzosen besetzten sie im Februar 1794; auch hatte sie während der letzten französischen Kriege viel zu leiden. Hauptsächlich verdankt die Stadt Rotterdam ihre Bedeutung als Handelsplatz dem schönen und großen Hafen, der noch bequemer und günstiger ist als der von Amsterdam. Er wird von der Maas gebildet und ist einer der besten in Europa. Das Wasser ist so tief, daß die größten Fahrzeuge bis unter die Waarenhäuser mitten in die Stadt kommen und dort ihre Ladung nehmen oder löschen können, was noch durch die vielen, die Stadt durchschneidenden Kanäle erleichtert wird. Ein anderer Vortheil, den dieser Hafen darbietet, ist, daß er auch im strengsten Winter ziemlich frei vom Eise bleibt; Vorzüge, welche bewirken, daß hier jährlich beinahe so viele Schiffe einlaufen als in Amsterdam, ja zuweilen noch mehr. Früher mußten alle großen Schiffe, welche über 15 Fuß im Wasser gingen, einen Umweg über Wilhelmstadt und Dordrecht nehmen, um in den Hafen einzulaufen, eine Unbequemlichkeit, welche durch die Anlegung eines neuen Kanals, von Helvoetsluis aus bis in die Maas, beseitigt ist, sodaß nun auch die größten Schiffe in gerader Richtung nach dem Hafen gehen können.

Die Stadt ist in Gestalt eines ungleichseitigen Dreiecks erbaut, dessen längste Seite an dem rechten Ufer der Maas hinläuft. Die Kanäle, welche die Stadt durchschneiden, bilden viele Inseln, die durch Zugbrücken miteinander verbunden sind. Die Ufer dieser Kanäle sind, nach holländischer Sitte, mit Bäumen bepflanzt, was ihnen ein heiteres, lebendiges Ansehen gibt. Außer den sechs Thoren, von welchen zwei ihre Einfahrt zu Wasser haben, und einen Graben, der rings um die Stadt läuft, ist diese nicht weiter befestigt. Längs der Maas hin zieht sich eine schöne Häuserreihe, die wegen ihrer schönen Baumpflanzung den Namen der „Boomtjes" führt; dies ist der schönste Theil der Stadt, von wo aus man über die Maas eine herrliche Aussicht genießt. Ein anderer schöner Platz ist der Quai des Hering-Vleit. Auf diesem Quai, dessen Häuser hin und wieder aus schönen Quadersteinen erbaut sind, wohnte einst der berühmte Bayle, dessen Haus noch jetzt den Fremden gezeigt wird. Angenehmer zum Aufenthalt als die Stadt selbst sind die geschmackvoll angelegten Vorstädte. Hier sind viele hübsche Gärten, mit der bekannten holländischen Nettigkeit eingerichtet, welche sämmtlich mit dem Wasserspiegel gleiche Höhe haben und nur durch einen Damm voneinander getrennt sind.

Die Häuser in Rotterdam sind mehr bequem als elegant; es herrscht hier der allgemeine Grundsatz des Holländers vor, stets das Nützliche vor Augen zu haben. Die ältern haben meist eine Höhe von vier, fünf und sechs Stockwerken, wobei noch die keineswegs zierliche, alterthümliche Bauart sich findet, nach welcher das höhere Stockwerk über das niedere vorspringt. Die neuern Gebäude sind dagegen sehr schön und zugleich elegant gebaut.

Im Allgemeinen hat der Anblick von Rotterdam, besonders für den Fremden, etwas Heiteres und Regsames, die hohen Gebäude, deren oberste Abtheilungen in den Lüften zu schweben scheinen, die großen und kleinen Fahrzeuge mit den hohen und niedern Masten und den lustigen Matrosen, die vielen schönen Baumgruppen, welche im Innern der Stadt das Auge erfreuen, die allgemeine Betriebsamkeit des Volks, das sich immer fröhlich gestimmt zeigt, dies alles gibt ein Bild von dem allgemeinen Wohlleben, welches schon vor mehren Jahrhunderten die niederländischen Städte vor allen übrigen in Europa auszeichnete.

Der besonders auffallenden und ausgezeichneten öffentlichen Gebäude finden sich in Rotterdam verhältnißmäßig nur wenige. Eins der vorzüglichsten ist die St.-Lorenzkirche, welche der Leser in dem Hintergrunde unserer Abbildung bemerken wird. Sie ist im Jahre 1472 erbaut, und eine Inschrift am Fuße des ziemlich hohen Thurms sagt, daß dieser Thurm kurz nach der Erbauung der Kirche sich anfing aus seiner perpendiculairen Richtung herabzuneigen, allein durch die Geschicklichkeit eines rotterdamer Baumeisters wieder in seine senkrechte Stellung zurückgebracht wurde. Von der Zinne dieses Thurms genießt man eine vortreffliche Aussicht, nordwestlich bis nach dem Haag, nördlich bis Leyden, und südwestlich bis Dordrecht hin. Im Ganzen hat Rotterdam 15 Kirchen, unter denen auch eine für die englischen Episcopalen, und eine andere für die schottischen Presbyterianer. Einige von diesen Kirchen sind in einem schönen Styl erbaut. Das Rathhaus ist ein schönes Denkmal altdeutscher Baukunst. Auch die Börse, deren Aufbau 1736 vollendet wurde, ist ein schönes Gebäude. Außerdem gibt es unter den öffentlichen Gebäuden noch zwei Hospitäler und ein Waisenhaus. Der Palast des großen Raths, die Bank, die Gebäude der ost- und westindischen Compagnien, das Theater, die Arsenale und das delfter Thor sind gleichfalls sehenswerthe Bauwerke. Rotterdam ist die Vaterstadt des berühmten Gelehrten Erasmus, der zur Zeit der Reformation lebte und in mancher Beziehung auch als Gegner Luthers auftrat. Das kleine Haus, in welchem er geboren wurde, wird den Fremden noch gezeigt; es befindet sich noch in vollkommen alterthümlichem Zustande und mit einer lateinischen Inschrift versehen, die es als das Geburtshaus jenes ausgezeichneten Mannes bezeichnet. Überhaupt haben die Bürger der Stadt ihrem berühmten Landsmann zu verschiedenen Zeiten drei Statuen errichtet, das erste Standbild war von Holz und wurde 1540, das zweite 1572 von Stein und das dritte 1622 aus Bronze errichtet. Sie steht auf der großen Brücke über die Maas, unweit der Börse, und von ihr hat man einen Platz „Erasmusplatz" benannt. Das Standbild selbst ist zehn Fuß hoch und stellt den Gelehrten in der Doctortracht seiner Zeit vor, wie er in einem und in Klein-Constantia ein weißer. Der Boden ist hier verwitterter Sandstein, und auf Lese und Weinbereitung wird viel Sorgfalt gewendet. Der Ertrag beider Weinberge an süßem Wein ist nicht bedeutend und beträgt jährlich im Durchschnitt 80 Pipen.

Mag Persien, wie Einige meinen, die ursprüngliche Heimat der Rebe sein oder nicht, ihre Frucht gelangt hier wenigstens zu außerordentlicher Vollkommenheit. Unter allen Trauben, die auf den Inseln des griechischen Meeres, in Kreta, Cypern, Syrien oder Italien wachsen, ist keine mit der Kismischtraube zu vergleichen, deren Beeren weiß, von ungemein feinem Geschmack und ohne Kerne sind. In Schiras wachsen sehr große und saftige Trauben und noch köstlichere in Kaswin. Die Perser beobachten zwar Mohammed's Weinverbot nicht so strenge als die Türken, aber sie überlassen doch den Weinbau den unter ihnen wohnenden Juden, Armeniern und Hindus. Erlauben sie sich heimlich den Genuß des Weins, und meist unmäßig, so glauben sie die Sünde zu vermindern, wenn sie nur den von Ungläubigen bereiteten Wein trinken. Der Abscheu vor einer von Mohammedanern gemachten Weinernte ist so groß, daß die Obrigkeit in Schiras jeden Weinkrug, der bei einem Perser gefunden wird, zerschlagen läßt. Die Juden und Armenier bereiten für die Mohammedaner einen besondern Wein, dem sie Kalk und Hanfsamen beimischen, um ihn stärker und berauschender zu machen. Der beste Wein wächst zwischen dem persischen Meerbusen und dem kaspischen Meere, besondes bei Schiras, Ispahan, Teheran, Kaswin. Der Schiraswein wächst auf felsigem Boden in einer sehr günstigen Lage. Die Reben werden niedrig gehalten, und der Wein wird meist aus Kismischtrauben gemacht und aus einer dunkeln Purpurtraube ein rother, der dem Hermitage ähnlich ist. Die Trauben werden in einer ausgemauerten, mit Gyps überzogenen Cisterne getreten. Der Saft läuft in einen darunter stehenden Trog, aus welchem man ihn sogleich in große, inwendig gefirnißte oder mit Fett bestrichene irdene Krüge gießt, um ihn gähren zu lassen. Die gährende Masse wird von den Arbeitern mit nackten Armen umgerührt, womit man 18—20 Tage fortfährt. Der Wein wird dann durch ein Sieb auf andere Gefäße gefüllt, die man mit Matten bedeckt, und hat er in diesen die zweite Gährung überstanden, so wird er auf kleinere Krüge oder Flaschen abgezogen, in welchen er sich leicht fortschaffen läßt. Die Flaschen werden mit Baumwolle zugestopft, die in Wachs oder Pech getränkt ist. Der Schiraswein hat in neuern Zeiten durch nachlässige Cultur sehr verloren, seit ihn in Ostindien, wohin er sonst häufig ausgeführt wurde, der Madeira verdrängt hat.

Begräbnißgebräuche in Rußland.

Sobald Jemand den letzten Athemzug gethan hat, schließen seine nächsten Angehörigen ihm Augen und Mund und auf die Augen werden Kupfermünzen gelegt. Nach einiger Zeit wird die Leiche gewaschen und angekleidet. Die Leichenbekleidung ist nach Rang, Geschlecht und Alter verschieden. Unter den geringern Volksclassen wird der Todte in seinen gewöhnlichen Kleidern begraben. Wohlhabendere hüllen ihn in ein Leichentuch, Vornehme werden in einen schwarzen Anzug gekleidet. Einem Mädchen wird ein Blumenkranz aufgesetzt. Kinder werden in ein hellrothes Sterbekleid gehüllt, man legt ihnen einen Blumenstrauß in die Hand und der Sarg wird mit Blumen bestreut. Bei allen Todten werden die Hände auf die Brust gekreuzt. Das Sargtuch ist bei Kindern hellroth, bei erwachsenen Frauen hochroth, bei Witwen braun, aber die schwarze Farbe wird nie gebraucht.

Vor dem Begräbnisse findet eine Ausstellung des Todten statt, die mit so viel Glanz verbunden ist, als die Umstände der Familie es erlauben. Beschreiben wir diese Feierlichkeit bei einer Person von einigem Range; bei Vornehmern ist sie glänzender, und Geringere ersetzen Manches durch eine minder kostbare Einrichtung. Der Sarg ist mit rothem Tuche verziert. Über dem Haupte des Todten steht ein Crucifix. Unter den Sarg wird im Sommer ein Gefäß mit Eis gestellt, um die Luft abzukühlen. Auf der Brust des Todten liegt ein kleines Crucifix. Drei große Wachskerzen mit schwarzem Flor umwunden stehen am Kopfende des Sarges, eine vierte unten. Zur Rechten steht ein Priester, der Gebete abliest und zu bestimmten Zeiten von einem andern abgelöst wird. Auf einem Tische neben dem Sarge sieht man eine Schüssel mit Reis, in deren Mitte sich ein von Rosinen gebildetes Kreuz befindet, mit großen Stücken weißen Zuckers umgeben. Dies ist das Gericht, das für die Leichenbegleiter bestimmt ist.

Am Begräbnißtage wird die Leiche von Priestern mit Kreuzen und brennenden Wachslichtern in die Kirche begleitet. Auf dem Wege werden Hymnen gesungen. Nur unter den höhern Ständen tragen die Verwandten schwarze Trauerkleider. Bei Wohlhabenden folgen der Leiche zuweilen mehre singende Knaben, von welchen einer das glänzend verzierte Bild der heiligen Jungfrau trägt. Alle Leidtragenden gehen zu Fuße, die Leiche aber wird entweder getragen oder auf einem Wagen gefahren, dessen Pferde mit schwarzem Tuche bedeckt sind. Der Sarg ist noch ohne Deckel und nur mit einem Tuche bedeckt.

In der Kirche wird eine Leichenfeierlichkeit gehalten, die zum Theil in Gesängen besteht, wobei die Worte: „Der Herr erbarme sich unser" häufig wiederholt werden. Dann spricht der Priester über der Leiche ein Gebet, dessen Inhalt ist, daß der Todte Vergebung aller Sünden erhalten möge. Eine Abschrift dieses Gebets wird in den Sarg gelegt. Darauf gehen der Priester, die Verwandten und Freunde des Verstorbenen um den Sarg und küssen die Leiche. Endlich wird der Deckel auf den Sarg gelegt, der dann zu dem Grabe getragen wird.

Zu Anfange jedes Jahres wird ein Todtenfest gefeiert. Die Verwandten besuchen die Gräber ihrer Angehörigen, auf welche sie einige Lebensmittel tragen, die der Priester erhält, der die Todtenmesse liest.

Hogarth's Werke.
13. Der Chorus

Die Unterschrift dieses Blattes lautet: Die Probeaufführung des Oratoriums Judith. Dieses Oratorium ist von William Huggins geschrieben und von Wilhelm von Fesch in Musik gesetzt, und wurde 1733 mit neugemalten Scenen, prächtigen Decorationen und dem größten Pomp von Instrumenten in London aufgeführt. Fesch, der sich auf der Violine außerordentlich hervorthat, eine Zeit lang Capellmeister zu Antwerpen war und zuletzt eine Gesellschaft von Musikern zu Marylebone-Garden dirigirte, strengte alle seine Kräfte an, um dem neuen Stücke Eingang zu verschaffen, konnte aber dessenungeachtet nicht verhindern, daß das Publicum es unerträglich fand und ihn sogar in der Mitte aufzuhören nöthigte. Huggins, der den Text verfaßt hatte, appellirte nun an das größere Publicum, er ließ das Oratorium drucken, ein Titelkupfer dazu von Hogarth zeichnen und von Vandergucht stechen, konnte aber mit allen diesen Mitteln dem

Publicum keinen Beifall entlocken. Es blieben ihm also nichts als Klagen übrig über Neid, Cabale und Mangel an Kunstgefühl und er mußte sich mit dem Troste beruhigen, daß der Pöbel für sein Meisterwerk unempfänglich sei.

Hogarth wählte in seiner ironischen Darstellung die Scene, wie Fesch eine musikalische Probe vom Oratorium hält. Es ist zwar unmöglich, den Sturm der Instrumente und die Alles überrauschenden Menschenstimmen zu malen, was sich jedoch durch die Kraft des Pinsels bewirken ließ, hat Hogarth hier geleistet. Man sieht, daß sich Alle bemühen, es recht nach dem Sinne des Musikdirectors zu machen; die Buben trillern, so weit es ihr Kehlenumfang nur immer gestattet, und die Bassisten gurgeln und donnern kräftig dazwischen. Die Stelle, welche der Chor singt, beginnt mit den Worten: „Die Welt wird sich neigen vor dem assyrischen Throne", sie sind aus dem Oratorium selbst entlehnt und von Hogarth absichtlich gewählt, weil die londoner Welt kein großes Interesse an der jüdischen Heldin bewiesen hatte. Die Hauptfigur, welche in der größten Bewegung ist und den Takt mit aufgehobener Rechten schlägt, ist Fesch selbst. Bei der höchst pathetischen und feierlichen Stelle, welche eben gesungen wird, scheint er nicht einmal den Verlust seiner Perücke zu bemerken. Der Sänger unter ihm mit der herum- und herabfallenden Perücke und dessen Augen mit einer Brille bewaffnet sind, ist ein Italiener; der kleine Sänger aber in dem untern Winkel ist ein Wollhändler, Namens Tothall, ein vertrauter Freund Hogarth's und leidenschaftlicher Musikliebhaber; die übrigen Sänger sind unbekannt und wahrscheinlich keine Portraits.

Die Probeaufführung des Oratoriums Judith.

Verantwortliche Herausgeber: Friedrich Brockhaus in Leipzig und Dr. E. Drärler-Manfred in Wien.
Verlag von F. A. Brockhaus in Leipzig.

Das Pfennig-Magazin
der
Gesellschaft zur Verbreitung gemeinnütziger Kenntnisse.

191.] Erscheint jeden Sonnabend. [November 26, **1836**

Petra.

Petra.

Durch das steinige oder wüste Arabien, das Edom oder Idumea der Alten, ging ursprünglich ein großer Theil des Handels von Arabien und Indien nach den Küsten des mittelländischen Meeres, und die Bewohner des Landes waren durch diesen Verkehr auf eine hohe Stufe der Gesittung gekommen. Mitten in einem engen, aber wasserreichen Felsenthale lag die Hauptstadt Petra, in deren Nähe auf dem Berge Hor, nach der alten Überlieferung, Aaron's Grab ist. Die Überreste dieser glänzenden Stadt waren den Europäern unbekannt, als der berühmte Reisende Burckhardt 1812 auf seiner Reise von Damask nach Kahira das Thal Wadi Mousa zu besuchen sich vornahm, um die Alterthümer zu sehen, von welchen die Eingeborenen mit Bewunderung sprechen. Die Gefahren einer Reise durch die Wüste erschreckten seinen Wegweiser so sehr, daß er sich weigerte, ihn zu begleiten, bis ihn endlich Burckhardt durch das Vorgeben bewog, er habe ein Gelübde gethan, eine Ziege auf Aaron's Grabe zu schlachten, und der Araber wagte es nun nicht, sich länger zu widersetzen, weil er fürchtete, Aaron's Zorn auf sich zu ziehen. Burckhardt fand in dem Thale die großartigen Trümmer, welche, wie sich aus der Vergleichung der Örtlichkeit mit Nachrichten und Beschreibungen in den Schriften der Alten ergibt, die Überreste der Stadt Petra sind. Der feindselige Argwohn der Eingeborenen erlaubte es ihm nicht, diese Denkmale des Alterthums genau zu untersuchen. Wie alle Araber, glauben sie, daß unter den Trümmern, welche das steinige Arabien bedecken, unermeßliche Schätze begraben seien, und meinen, daß die Europäer, welche das Land durchreisen, die Absicht haben, durch Zauberkünste oder überlegene List jene Reichthümer ihnen, den Herren des Bodens, zu rauben. Spätere Reisende waren glücklicher. Zwei Engländer, die nach Burckhardt Wadi Mousa besuchten, kamen von der Ostseite in das von Osten nach Westen sich erstreckende steinige, aber angebaute Thal. An der Wand eines kleinern Thales, das sich nach der Südseite senkt, liegt ein Araberdorf über üppigen Pflanzungen, die eine Quelle bewässert. Nicht weit davon sieht man die äußersten Theile der Trümmerstadt. Je weiter man geht, desto großartiger und gewaltiger wird der Charakter der Landschaft und desto häufiger sieht man auf beiden Seiten Aushöhlungen in den Felsenwänden und Bildwerke, bis man endlich in eine ununterbrochene Straße von Gräbern kommt, und nun die Felsen allmählig sich nähern und endlich den Weg zu verschließen scheinen. Es öffnet sich aber eine enge Kluft, welche den Bach durchströmen läßt und, wie in frühern Zeiten, der einzige Zugang der Stadt auf der Ostseite ist. Sie ist nur so breit, daß zwei Pferde nebeneinander Platz haben; auf beiden Seiten ragen die Felsen bis zu 700 Fuß senkrecht empor, und ihre Gipfel nähern sich auf einer Strecke von einigen hundert Schritten so sehr, daß man den Himmel nicht mehr sieht und wie in einer dämmernden Höhle wandelt. Endlich nähert man sich den Überresten des Amphitheaters und die Trümmer der Stadt zeigen sich in ihrer ganzen Großartigkeit dem erstaunten Blicke, auf der andern Seite von öden und schroffen Felsen eingeschlossen, von welchen zahlreiche Schluchten und Thäler nach allen Richtungen auslaufen. Die Seiten der Berge sind mit vielen ausgehauenen Gräbern und Wohnungen bedeckt, welche den sonderbarsten Anblick darbieten. Die Gipfel der mannichfaltig gefärbten Felsenwände zeigen uns die Natur in ihren wildesten Zügen, während ihr Fuß mit allem Ebenmaß der Kunst zu Säulen und Gängen ausgehauen ist. Die ungeheure Anzahl von Gräbern ist die merkwürdigste Eigenheit der Stadt, einer der bedeutendsten Überreste aber ist der Tempel, von welchem wir eine Abbildung geben, der Schatz Pharao's genannt, weil die Araber glauben, daß hier die großen Reichthümer verborgen sind, nach welchen sie vergebens an vielen andern Orten gesucht haben, wobei manche Denkmale in ihren zerstörenden Händen gelitten haben. Der Tempel ist aus einer ungeheuern, gelblich gefärbten Sandsteinwand gehauen und sehr gut erhalten. Nur die kolossalen Statuen am Fuße der Säulen haben durch die Feuchtigkeit des Bodens gelitten, und eine Säule ist durch dieselbe Zerstörungsursache von der Felsenwand abgelöst. Der Eindruck, den der Anblick dieses Kunstwerkes macht, wird durch den Contrast der umliegenden wilden Landschaft erhöht. Der Tempel ist sehr hoch. Auf der höchsten Spitze steht eine Urne, 120 Fuß hoch, die nach dem Glauben der Araber den reichsten Schatz enthält, und nach welcher sie im Vorübergehen zu schießen pflegen, um sie zu zerstören. Mehre Verzierungen, besonders aber der Porticus, zu welchem fünf Stufen führen, sind sehr edel. Selbst die kleinsten Zierathen, wo Menschenhände sie nicht absichtlich zerstört haben, sind so vollkommen, daß kein Werk des Alterthums, einige Denkmale Ägyptens ausgenommen, so wohl erhalten auf uns gekommen ist. Das Innere des Tempels erfüllt die Erwartung nicht, welche die prächtige Außenseite erregt. Mehre Stufen führen zu einem Gemache, dessen Thüre man unter der Vorhalle sieht. Es ist zwar regelmäßig ausgehauen, aber die Wände sind nackt und man scheint das Werk aufgegeben zu haben, ehe es vollendet war. Auf den Seiten sind zwei andere Kammern, von welchen die eine unregelmäßig ist, die andere aber zwei Öffnungen hat, die für Särge bestimmt gewesen zu sein scheinen.

Thier- und Pflazenleben.

Auch nur bei einem flüchtigen Blicke auf das Heer lebendiger Wesen, die über alle Theile der Erde verbreitet sind, müssen wir die unglaubliche Mannichfaltigkeit von Formen und Bildungen bewundern, welche die Natur mit Leben begabt hat. Was kann mehr unser Erstaunen erregen, als die Verschiedenheit, die wir unter den Insekten finden, welche alle, bei unendlichen Abweichungen in ihrer Gestalt, doch eine Übereinstimmung in der allgemeinen Einrichtung ihres Baues zeigen? Welches reiche Feld der Beobachtung bieten die Landthiere dem Naturforscher dar. Welche Mannichfaltigkeit findet man unter den Familien der vierfüßigen Thiere und der Amphibien, und welche unendliche Verschiedenheit in ihrer Lebensweise und ihren Gewohnheiten. Wie viel Stoff zur Beobachtung bieten allein die Vögel dar und wie sinnreich hat die Natur dem Baue derselben alle Abwechselungen gegeben, die mit ihrer Lebensweise und ihrer Bestimmung in der Luft zu leben, irgend vereinbar sind. Welche unermeßliche Anzahl lebender Wesen bewohnt das Meer, dessen Wogen noch so viele uns unbekannte Geschöpfe verbergen mögen. Die Fische allein bilden eine in ihrem Baue und ihrer Lebensweise unendlich verschiedene Thierclasse. Noch weit merkwürdiger und abweichender in ihrer Bildung sind die Seegeschöpfe, die auf einer niedrigern Stufe des thierischen Lebens stehen; einige schwimmen in unzähliger Menge auf der Oberfläche, andere wohnen in der unzugänglieuch Tiefe, andere sind an Schalen oder andere feste Stoffe geheftet, die aus ihrem Körper gebildet werden und im Laufe der Zeit, wie die Korallen, zu ungeheuern unterseeischen Bergen anwachsen und oft als Inseln aus den Wellen sich erheben. Wunder zeigt uns das Mikroskop in einer Welt kleiner Geschöpfe, die fast jede in der Natur vorhandene Flüssigkeit beleben und die alle mit eigenthümlichen Organen und mit Bewegungsfähigkeit begabt sind. Überblicken wir alle Theile der Erde, von dem glühenden Sande der heißen Gegenden bis zu dem Eismeere, von den höchsten Berggipfeln bis zu den tiefsten Abgründen, bringen wir in die dichtesten Wälder oder in die verborgensten Höhlen und Klüfte, überall finden wir Leben in neuer und unerwarteter Gestalt, aber immer den Umständen der Lage angemessen, welche die Natur ihm angewiesen hat. Nicht minder reich an Wundern ist die Pflanzenwelt. Auch hier erstaunen wir über die unendliche Mannichfaltigkeit der Formen, die wir in den zahllosen Gattungen in diesem Gebiete der Natur finden, über jenen Bildungstrieb, welcher bei so großer Verschiedenheit der äußern Lage das Leben jeder Gattung erhält und sie unaufhörlich vermehrt. Überall, wo die Umstände den Pflanzenwuchs möglich machen, sehen wir Gewächse entstehen. Es ist bekannt, daß überall, wo Pflanzen wachsen können, der Boden so sehr mit den Keimen derselben vermischt ist, daß, wenn die Erde in beträchtlicher Tiefe aufgegraben und mit der Luft in Berührung gebracht wird, bald Pflanzen hervorsprießen, als ob sie eben erst wären gesäet worden, obgleich der Same vielleicht Jahrhunderte in der Erde geschlummert hat, ohne seine Keimkraft zu verlieren. Koralleninseln haben sich kaum aus den Wellen erhoben und man sieht sie mit einer Pflanzendecke bekleidet; selbst auf dem nackten Felsen, auf der Lava, welche die Vulkane ergießen, bildet die Natur eine fruchtbare Decke, wo Pflanzen gedeihen können, und selbst die kleinste Felsenspalte ist hinlänglich, die stets in der Luft schwimmenden Pflanzenkeime aufzufangen, aus welchen Flechten und Moose entstehen.

Die Pilger im Mittelalter.

Die heiligen Örter, wohin die Andächtigen im Mittelalter wallfahrteten, waren außer denjenigen, die es in jedem christlichen Lande gab, hauptsächlich Jerusalem, Compostella in Spanien, Rom und Loretto. Schon im 4. Jahrhundert waren Pilgerfahrten nach Palästina gewöhnlich, als aber der Weg nach Asien durch die Feindseligkeit der Ungarn verschlossen wurde, gingen die meisten Pilger nach Rom, wohin besonders bei den großen Jubelfesten Andächtige aus allen Gegenden Europas zogen, um Ablaß zu gewinnen. Die Wallfahrten nach Palästina hörten indeß nie ganz auf, und als sich die Ungarn zum Christenthum bekehrt hatten, wurden sie wieder häufiger, bis die Türken das heilige Land eroberten und durch die Bedrückungen, welche sie sich gegen die Pilger erlaubten, Veranlassung zu den Kreuzzügen gaben*). Der Verlust des heiligen Landes im 13. Jahrhunderte störte die Wallfahrten nach Jerusalem nur auf einige Zeit. Die christlichen Kaiser zu Konstantinopel und mehre europäische Fürsten thaten so viel als sie vermochten zum Schutze der nach Palästina wandernden Pilger, für deren Bequemlichkeit besonders die überall in jenem Lande angesiedelten europäischen Mönche sorgten. Seit dem 13. Jahrhunderte wurde

*) Vgl. Pfennig-Magazin Nr. 125—139.

Loretto ein so berühmter Wallfahrtsort, daß zu gewissen Zeiten oft nicht weniger als 200,000 Pilger sich dort versammelten. Im 15. Jahrhundert wurden die Wallfahrten nach Santiago de Compostella häufig, wo der heilige Jakob, der Schutzheilige Spaniens, verehrt wurde. Ferdinand und Isabella gründeten hier im 16. Jahrhundert ein Hospital für Pilger. Aus England allein wanderten in den Jahren 1435 und 1435 jährlich 2—3000 Pilger nach Compostella.

Die Pilger hatten eine eigenthümliche Tracht, wozu besonders die Tasche, der Stab, das Gewand, die Schärpe, der Hut und der Rosenkranz gehörten. Die Tasche, gewöhnlich ein lederner Beutel, war von den ägyptischen Mönchen entlehnt, an der Schärpe befestigt und diente zur Aufbewahrung von Lebensmitteln und andern Bedürfnissen. Arme Pilger trugen zuweilen einen Sack. Die Schärpe war ein einfacher lederner Gürtel. Der lange Stab hatte in der Mitte einen Knoten, keineswegs aber oben ein Kreuz, wie er wol in bildlichen Darstellungen vorkommt. Er war zuweilen ausgehöhlt und diente als einfache Flöte, mit welcher die Pilger ihren Gesang unterwegs begleiteten. Pilger, die aus Palästina zurückkehrten, hatten Stäbe von Palmen. Das Pilgerkleid war ein grobes Gewand und bei Männern und Weibern ziemlich gleich, außer daß diese engere Ärmel trugen. Der Hut hatte einen breiten Rand und war vorn aufgeschlagen. Zuweilen ließ ihn der Pilger auf dem Rücken herabhängen und hatte eine andere Kopfbedeckung, um sich gegen Regen zu schützen. Die nach Rom, Jerusalem und Compostella wandernden Pilger unterschieden sich durch besondere Auszeichnungen. Die Pilger nach dem heiligen Lande hatten die Sinaizeichen, nämlich die von dort mitgebrachten Reliquien. Die Andächtigen, die von Rom kamen, trugen auf ihrem Mantel gekreuzte Schlüssel und das Tuch der heiligen Veronica. Die Muschel, welche die Pilger vorn am Hute trugen, war eigentlich nur eine Auszeichnung der Compostella-Pilger und sollte nach den von einigen Päpsten dem Erzbischof von Compostella verliehenen Bullen bei Strafe des Bannes nirgend als in der Stadt Santiago verkauft werden. Man findet nicht selten die Pilgermuschel in den Wappen adeliger Geschlechter, zum Andenken an die Pilgerreise eines Vorfahrs. Vor dem Antritt der Pilgerfahrt ging der Andächtige zur Beichte, und wenn er sein Gebet vor dem Altare verrichtet hatte, wurden seine Tasche und sein Stab geweiht und er mit seinem Gewande bekleidet. In Nordfrankreich wurde der Pilger, wenn er in der Kirche den Segen erhalten hatte, in feierlicher Procession mit Kreuz und Weihwasser aus dem Kirchspiele geführt. Nach seiner Rückkehr brachte er sein Dankgebet in der Kirche dar und übergab dem Priester Palmzweige, die auf den Altar gelegt wurden.

Die Pilgerreisen waren nicht ohne Einfluß auf die Verbreitung von Kenntnissen und Gesittung im Mittelalter, und besonders hatten die Abendländer, die über Konstantinopel nach Asien zogen und die von Mohammedanern eroberten Gegenden besuchten, vielfache Gelegenheit, Kunstfertigkeiten kennen zu lernen, die in ihrer rohen Heimat noch unbekannt waren.

Herr von Goguelu.
Französische Caricatur aus dem 17. Jahrhundert.

Die hier mitgetheilte Abbildung ist eine von den witzigsten unter den ältern französischen Zerrbilder (Caricatu-

Herr von Goguelu.

tur), welche sich auf die Sitten der Hauptstadt während des 17. Jahrhunderts, und insbesondere auf die Mahlzeiten bezieht, die damals auch zu ernsthaften Betrachtungen Veranlassung gaben. In jenen Zeiten nämlich pflegte man in Paris um 10 Uhr Morgens zu Mittag und um 6 Uhr Nachmittags zu Abend zu speisen. Nach dieser Mahlzeit machten die vornehmen und wohlhabenden Leute noch einen Spaziergang, worauf man sich nach Hause begab. Die Thüren der Häuser schlossen sich bei guter Zeit und jedesmal nach 9 Uhr, wenn das sogenannte Löschglöckchen*) auf dem Thurme der Sorbonne geläutet hatte. Alsdann wurden alle Lichter ausgelöscht, und in den dunkeln Straßen sah man nur wenige Personen sich umhertreiben. Hier und da nur bemerkte man noch einen verspäteten Bürger, der eiligen Schrittes seine Wohnung suchte, mit seiner Laterne und mit seinem mit Eisen beschlagenen Stocke, oder man stieß auf einen Haufen lustiger Bursche, die in irgend einem Weinhause über die Gebühr verweilt hatten, oder auf eine Bande Gauner, die irgend einen diebischen Streich verüben wollten. Zuletzt bemerkte man auch einen Mann, der mit langsamen und feierlichen Schritten die Straße hinabging, gekleidet in eine lange braune Kutte, die auf seltsame Weise mit gemalten Todtenköpfen und kreuzweise übereinander gelegten Knochen verziert war. Dieser Mann führte eine helltönende Glocke, mit welcher er von Zeit zu Zeit klingelte und dabei in langsamen Tönen die Worte ausrief: „Wachet auf, ihr, die ihr schlafet, und betet für eure Verstorbenen." Dies war der allgemeine Gebrauch noch zur Zeit Heinrich IV., und wer damals diese Lebensweise überschritt, galt für einen unordentlichen Bürger. Sogar der Minister Sully beobachtete streng diese Lebensordnung. Nach dieser Zeit veränderten sich mehrmals die frühern Stunden der Mahlzeiten. Unter der Regierung Ludwig XII. pflegte man anfangs um 8 Uhr Abends zu Mittag zu speisen. Nachdem jedoch dieser Monarch sich mit einer englischen Prinzessin vermählt hatte, in deren Vaterlande es nicht Sitte war, so spät zu speisen, wurde die Stunde der Mittagstafel auf den Mittag selbst verlegt. Zu Anfange des 18. Jahrhunderts aß man zu Mittag erst um zwei, dann um drei Uhr und endlich noch später. Trotz allen diesen vielfachen Veränderungen der Speisestunden war und blieb jedoch in Frankreich immer das Abendessen die Hauptmahlzeit, zu welchem sich auch Verwandten und Freunde in voller Gemüthlichkeit versammelten. Bei dem Abendessen legte man alle Geschäfte und alle Sorgen bei Seite und verschob sie bis zum andern Morgen. An Sonn= und Festtagen luden sich die Nachbarn gegenseitig ein, und wir erfahren sogar aus einem französischen Roman, „Le roman bourgeois", daß bei diesen Einladungen jeder Gast seine Schüssel oder, wie man es damals nannte, sein Salmigondis mitbrachte. Es glichen diese Schmausereien also den modernen Pikniks, wobei die Auswahl und Zusammenstellung der Gerichte oft das bizarrste Ganze ausmachten. Auf diesen in der That seltsamen Gebrauch, der natürlich sehr bald in einen großen Misbrauch ausarten mußte, bezieht sich nun die auf unserer Abbildung vorgestellte Caricatur. Dies ist nämlich obengenannter Herr von Goguelu, wie er, auf die seltsamste Weise bepackt mit einer kolossalen Laterne, die beinahe einem Leuchtthurme gleicht, und mit der zugedeckten Schüssel, aus welcher nur ein eben nicht mehr sehr ergiebiges Schinkenbein hervorsieht, zum Abendessen läuft. Allein Herr von Goguelu hat noch eine ganz andere Kameradschaft bei sich, nämlich in dem Tragkorbe sitzen seine Frau, seine Kinder und seine ganze Familie bis auf Hund und Katze, welche sämmtlich von dem Gastmahle ihren Antheil haben sollen. An dem Gürtel hat er eine ungeheure Kürbisflasche hängen, worin er den guten Wein sammeln will, den beim Gastmahle er selbst und sein Anhang nicht zu sich nehmen können. Seine Schritte sind, ungeachtet er über die Maßen beladen ist, ungeheuer, und es liegt um seine Nase und Mundwinkel ein Zug, als ob er die Zeit des Mahls nicht erwarten könnte.

Begräbnißgebräuche der nordamerikanischen Indianer.

Der Mensch glaubt fast überall an ein Leben nach dem Tode, überall hat er daher Achtung gegen den Todten, spricht mit Ehrfurcht von ihm und bezeigt ihm diese auf mancherlei Art, je nachdem Cultur, Religion, Klima, Lebensweise sie ihm vorschreiben. Die Gebräuche einiger Indianerstämme in Nordamerika bei dem Begraben der Todten haben viel Merkwürdiges. Man sieht daraus, daß die Idee der Fortdauer nach dem Tode bei diesen Völkern fest eingewurzelt ist, und den wohlthätigsten Einfluß auf ihren Charakter hat. Der Nordamerikaner stirbt in der Regel mit vieler Ruhe. Mit dem schönsten Schmuck bekleidet, setzt man seinen Leichnam in die Mitte seiner Hütte. Alle umringen ihn. Man hält ihm eine Rede und bringt ihn dann ins Grab. Aber nur für einige Zeit; dann nimmt man ihn mit andern Leichnamen heraus, und die benachbarten Dörfer werden zu der Todtenfeier eingeladen, welche bei manchen Völkerschaften verschieden sind. Einige reinigen die Knochen, calciniren sie und trinken das Pulver, während getanzt und gesungen wird. Allgemeiner ist der Gebrauch, die Leichname so viel als möglich zu reinigen, zu kleiden und dann in langen Zügen auf dem Rücken unter Klagen nach dem bestimmten Platze oft viele Meilen weit zu tragen. In jedem Dorfe bewillkommt man feierlich einen solchen Zug. Im Versammlungsorte vereinigen sich die Bewohner aller Dorfschaften;

---

*) Vgl. Pfennig=Magazin Nr. 184.

befreundete und verbündete Stämme kommen, um das Fest zu verherrlichen, Geschenke werden gegeben, Tänze und Schmausereien finden bis zu dem Tage statt, wo die Feierlichkeiten vorgehen sollen. Besonders übt sich die Jugend im Ringen, Schießen, Wettrennen, und erhält dafür Preise.

Um eine große Grube von etwa sechs Fuß Tiefe wird nun eine Art Bühne gebaut, und an das Lattenwerk hängt man frei die mitgebrachten Gerippe und Knochen auf. Um die Grube herum sitzen die minder verwesten Leichname. Am Haupttage des Festes hört man in den Lagerplätzen ein seltsames Geschrei. Dies ist das Zeichen zum Aufbruche nach der Grube und der Bühne. Man steigt schnell hinauf, jeder hängt das Skelett seines Verwandten auf, eilt herunter und hilft die Grube mit Steinen pflastern, ihren Rand mit Biberfellen belegen und dann die Leichname hineinbringen. Man wirft etwas Erde darauf, löst dann die Skelette und bringt sie hinein, und nun wird endlich Alles mit Biberfellen bedeckt, worauf noch Matten, Rinden, Holz, Steine und Erde kommen.

Diese Feierlichkeit ist, wie man sieht, ein Fest, ein großes Nationalfest, das die verschiedenen Stämme und die Gemeinden eines Stammes näher an einander kettet und, wenn auch nicht durch die Art, doch durch die dabei beobachtete rührende Achtung gegen die Todten, diesen Wilden Ehre macht.

Das Thor von Akropolis.

Vorstehende Abbildung zeigt das Thor der Akropolis zu Arpino, der Vaterstadt des Marcus und Cicero, ein Baudenkmal aus der altpelasgischen Zeit. Man sieht, wie roh und unbeholfen die Bauart zu jener Zeit noch war, denn die alten Pelasger kannten in der frühesten Zeit ihrer Architektur noch nicht einmal den Gebrauch des Win- kelmaßes, sondern bedienten sich dabei, nach dem Zeugnisse des Aristoteles, nur einer Art von Bleiloth. Dies wandten sie an, um damit den Abriß für das Behauen des Blocks zu nehmen. Altpelasgische Denkmäler befinden sich noch in ganz Griechenland und den griechischen Inseln zerstreut, auch in Italien, vornehmlich in Sabinum, wo sich, nach der Versicherung des römischen Schriftstellers Varro, die Pelasger zuerst niederließen und sich mit den Ureinwohnern Italiens vermischten. Hier bauten sie in der Umgegend der Tiber, des Anio, des Liris u. s. w. zahlreiche Städte, in deren Ruinen man noch heute mit Entschiedenheit den pelasgischen Ursprung leicht wahrnehmen kann.

Die Verbindung zwischen Großbritannien und Indien durch Dampfschiffahrt.

Seit der Dampf seine Riesenkräfte der Schiffahrt geliehen und den Schiffer vor vielen Gefahren der Winde und Wogen gesichert hat, ist dieses neue Mittel des Völkerverkehrs schnell zu einer gewaltigen Bedeutung gestiegen. Vor dem Anfange des 19. Jahrhunderts beschränkte sich die Benutzung des Dampfes zur Bewegung von Schiffen auf mehr oder weniger, zum Theil nur aus Mangel an kräftiger Unterstützung mislungene Versuche. Der Gedanke selbst ist nicht neu und es möge hier ein flüchtiger Blick auf die Geschichte der Erfindung geworfen werden. Merkwürdig ist die auf uns gekommene dunkele und unvollständige Nachricht von einer Maschine, die der spanische Seecapitain Blasco de Garay Karl V. vorschlug, durch welche Schiffe ohne Ruder oder Segel bewegt werden sollten. Es ward 1543 ein Versuch im Hafen von Barcelona mit einem Schiffe von 200 Tonnen gemacht. Garay verbarg die Beschaffenheit seiner Maschine und man sah nur, daß sie aus einem großen Wasserkessel bestand und daß sich Räder auf beiden Seiten am Hintertheile des Schiffes umdrehten. Nach dem Berichte eines der Zeugen des Versuches war die Maschine im Stande, ein Schiff in drei Stunden zwei Seemeilen weit zu bewegen, aber sehr verwickelt und der Gefahr des Zerspringens ausgesetzt. Günstiger berichtete ein anderer Zeuge. Man hegte gute Erwartungen und der Erfinder wurde belohnt, aber der Versuch nicht wiederholt und noch weniger praktisch benutzt. Der Umstand, daß Garay die Natur seiner forttreibenden Kraft verhehlte, macht es unmöglich, zu bestimmen, ob Dampf dabei wirksam gewesen sei, und ob, wenn dies der Fall war, die Maschine nicht blos die Wiederholung eines sehr alten Versuches gewesen sein möge, den schon Hero von Alexandria 120 Jahre vor Christus machte, Maschinen mittels der Reaction, die bei dem Ausströmen warmer Dämpfe aus einer Dampfkugel entsteht, zu bewegen, was aber mit dem Princip der Dampfmaschine gar nichts gemein hat. Ehe die Dampfmaschine erfunden und vervollkommnet war, konnte von Dampfschiffahrt nicht die Rede sein, und sobald daher der englische Seecapitain Thomas Savery gegen Ende des 17. Jahrhunderts entscheidende Schritte in der Erfindung der Dampfmaschine gethan hatte, zeigte er auch schon das Modell eines Schiffes, welches durch Schaufelräder bewegt wurde, die er durch andere Räder in Bewegung setzte, auf welche das durch seine Maschine gehobene Wasser fallen sollte. Noch näher kam 1736 die Erfindung des Engländers Jonathan Hull. Er wollte die ältere sogenannte atmosphärische Dampfmaschine durch Seile ohne Ende auf Räder wirken laſſen, dieſe ſollten ein Schaufelrad drehen und die Schiffe von dem Boote, auf welchem die Maſchine ſtand, in das Schlepptau genommen werden. Die engliſche Admiralität wies Hull's Vorſchläge ab. „Wird nicht die Kraft der Meereswogen jeden Theil der Maſchine zerbrechen, der ſich im Waſſer bewegt?" fragte ihn die Behörde. „Wer wird die Maſchine auf dem Meere anwenden, wenn es ſtürmt und die Wellen hoch gehen?" antwortete Hull, der es ſelber nicht für möglich hielt, was ſich 80 Jahre ſpäter als ausführbar erweiſen ſollte. Der große Vervollkommner der Dampfmaſchine, der Schottländer Watt, wurde nur durch andere Unternehmungen abgehalten, Verſuche mit Dampfbooten zu machen. Wir übergehen frühere Verſuche, welche in Frankreich 1775 Perrier und 1781 des Marquis von Jouffroy mit Watt's Dampfmaſchine auf der Seine und der Saone machten, und erinnern nur, daß auch Benjamin Franklin ſchon 1775 den Gedanken erweckte, Schiffe durch Dampfmaſchinen zu bewegen. Seine Landsleute griffen zuerſt mit Eifer den fruchtbaren Gedanken auf. Jonathan Fitch und Rumſay beſchäftigten ſich gleichzeitig 1783 mit der Erbauung von Dampfbooten, wovon ſie dem General Waſhington Modelle vorlegten. Beide machten Verſuche, die Engländer für ihre Erfindung zu gewinnen. Rumſay gelang es, ein Patent in England zu erlangen, aber das Dampfboot, das er auf der Themſe baute, befriedigte die Erwartung nicht. Ein anderer Amerikaner, Stevens, begann ſeine Verſuche 1791, und war der Erſte, der einen röhrenförmigen Dampfkeſſel, wie er jetzt in den Schiffsdampfmaſchinen gewöhnlich iſt, anwendete. Mittels verſchiedener Forttreibungsvorrichtungen kam er dahin, mit ſeinem Boote etwas über eine deutſche Meile in einer Stunde zurückzulegen, was keiner ſeiner Vorgänger erreicht hatte. In Großbritannien hatte indeß der Schottländer Patrick Miller ſchon 1788 einen gelungenen Verſuch gemacht, der alle Erwartungen befriedigte, aber nicht benutzt wurde, während in Amerika die Erfindung raſch fortſchritt. Der amerikaniſche Staatsmann, Robert Livingſton, baute 1797 ein Dampfboot auf dem Hudſon, und erhielt 1798 von dem Staate Neuyork ein Privilegium auf 20 Jahre, unter der Bedingung, daß er in Jahresfriſt ein Schiff von 20 Tonnen bauen ſollte, das in einer Stunde drei engliſche Meilen zurücklegte. Er konnte dies nicht leiſten und gab den Gedanken auf. Als er um 1803 zum Geſandten der Vereinigten Staaten in Paris ernannt wurde, verband er ſich mit ſeinem Landsmanne, Robert Fulton, der ſchon früher um 1795 dem für alle neuen Entwürfe empfänglichen Lord Stanhope ſeinen Plan zu einem Dampfſchiffe vorgelegt hatte. Nach vielen Verſuchen überzeugte ſich Fulton, daß Schaufelräder die vortheilhafteſten Forttreibungsmittel wären. Er brachte das früher gar nicht beachtete Verhältniß der Kraft der Maſchine zu der Geſchwindigkeit des Umſchwunges der Räder und den Widerſtand des Waſſers gegen die Bewegung des Schiffes in Anſchlag, und beſchränkte die Geſchwindigkeit, die er erreichen wollte, auf vier engliſche (ungefähr 7/8 deutſche) Meilen in einer Stunde. Nach dieſem Plane ward ein Boot gebaut, das 1803 auf der Seine eine Fahrt machte, die Fulton's Erwartungen vollkommen befriedigte. Die franzöſiſche Regierung lehnte ſeine Anträge ab, und Fulton ging nach Amerika zurück, um ein Boot in größerm Maßſtabe zu bauen. Watt und Bolton in Soho lieferten ihm dazu eine Dampfmaſchine von 20 Pferdekräften, die 1806 in Neuyork ankam. Er baute nun ein Dampfboot von 160 Tonnen, Clermont genannt, das 1807 den Weg von Neuyork nach Albany, 120 engliſche Meilen, in 32 Stunden ſtromaufwärts auf dem Hudſon zurücklegte. Sein Landsmann, Stevens, hatte, mit Fulton wetteifernd, ſeine Arbeiten und Verſuche gleichfalls fortgeſetzt, als Fulton aber ſein Boot eher vollendet und daher gemeinſchaftlich mit Livingſton ein Patent für den Staat Neuyork erhalten hatte, faßte Stevens den kühnen Gedanken, ſein Boot auf der See in den Delaware zu führen, und war ſo der Erſte, der mit Dampfkraft das Meer befuhr. Seit dieſen gelungenen Verſuchen wurden in Amerika mehre Dampfſchiffe gebaut. Eines der größten war Fulton's Dampffregatte, die aber erſt nach ſeinem Tode 1815 vollendet wurde. Sie war ein Doppelſchiff mit dem Waſſerrade in der Mitte, 152 Fuß lang, 57 Fuß breit, 20 Fuß tief, mit 32 Achtzehnpfündern. Erſt lange nach Miller's gelungenen Verſuchen und erſt fünf Jahre nach Fulton's Fahrt auf dem Hudſon, wurde der Gedanke der Dampfſchiffahrt in England im Großen ausgeführt. Nach einigen frühern Verſuchen auf der Themſe, wurde 1812 von Bell und Thomſon in Glasgow ein Dampfboot zur Beſchiffung der Clyde gebaut. Seitdem vermehrte ſich die Zahl der Dampfboote ſehr ſchnell in England und ſeit 1816 auch in Frankreich und andern Theilen Europas; jedoch meiſt nur für binnenländiſche Gewäſſer. Schon 1815 gingen Dampfboote, von Fulton gebaut, von Neuyork nach Providence, zum Theil zur See. Das erſte engliſche Dampfboot fuhr 1816 von Brigthon über das Meer nach Havre. Das Dampfboot Savannah reiſte 1817 von Amerika nach Rußland und 1818 fuhr ein Dampfſchiff von Neuyork nach Neuorleans, das Charleſton und die Havana berührte. Eine Dampfſchiffahrtverbindung zwiſchen Holyhead und Dublin begann 1820 und 1825 ging das Dampfſchiff Enterpriſe von London nach Kalkutta.

Dieſe glücklichen Unternehmungen mußten zu großartigern Entwürfen führen und in der vorletzten Sitzung des britiſchen Parlaments beſchäftigte man ſich eifrig mit dem Gedanken, eine Verbindung zwiſchen England und Indien auf einem kürzern Wege als um das Vorgebirge der guten Hoffnung, durch eine Linie von Dampfſchiffen anzuknüpfen. Ein Ausſchuß des Unterhauſes ſammelte Zeugniſſe und Gutachten und erſtattete einen Bericht, worin zwei verſchiedene Wege vorgeſchlagen wurden, deren jeder eine Fortſetzung der von den Dampfſchiffen der britiſchen Admiralität bereits zwiſchen Malta und den ioniſchen Inſeln hergeſtellten Verbindung ſein ſollte. Der eine Weg ſollte durch Ägypten, über das rothe Meer und den indiſchen Ocean nach Bombay oder einer andern indiſchen Präſidentſchaft gehen, der andere durch Syrien zu dem Ufer des Euphrats und aus dieſem durch den perſiſchen Meerbuſen nach Bombay. Jeder dieſer Wege bot eigenthümliche Schwierigkeiten dar und auf jedem war eine lange Seereiſe zurückzulegen.

Für die Fahrt über das rothe Meer ſollten Dampfſchiffe zwiſchen Malta und Alexandria gehen, eine Entfernung von 860 Seemeilen*). Ein Dampfboot von 400 Tonnen mit einer Maſchine von 100 Pferdekräften, würde dieſe Reiſe im Durchſchnitt in ſechs Tagen machen und täglich zehn Tonnen Kohlen brauchen. Von Alexandria könnte die Reiſe zu Lande über die Landenge von Suez (vier bis fünf Tagereiſen) in Karavanen und mit Kameelen gemacht werden, oder auch von Alexandria nach Kahira zu Lande oder auf dem Nil und von

---

*) Die engliſche Seemeile iſt größer als die gewöhnliche Meile. Jene hat 5915, dieſe 5135 rheiniſche Fuß. Die geographiſche Meile hat 23,661 Fuß.

Kahira nach Suez durch die Wüste in etwa fünf Tagen. In Suez würde eine Station für Dampfschiffe sein, um über das rothe Meer in etwa drei Tagen zu fahren. Wenn es nöthig wäre, könnten in Kosseir, Dschidda, Mokka und auf der Insel Sokotora, jenseit des Einganges des rothen Meeres im indischen Ocean, Niederlagen für Steinkohlen angelegt werden. Von Suez nach Kosseir sind 300 Seemeilen, von Kosseir nach Dschidda 450, von Dschidda nach Mokka 517, von Mokka nach Sokotora 632. Alle diese Entfernungen liegen, selbst bei dem ungünstigsten Wetter, innerhalb der Grenzen der Leistungskraft der Dampfschiffahrt. Wäre Bombay das Ziel der Fahrt, so würde der Weg von Sokotora dahin 1200 Seemeilen betragen, die sich in acht Tagen zurücklegen ließen. Die ganze Reise von Alexandria nach Bombay, drei Tage für den Aufenthalt zwischen Suez und Bombay eingerechnet, würde in 20 Tagen gemacht werden, die Reise von Bombay nach Malta würde gegen 33 Tage fodern, und rechnet man 14 Tage für die Überfahrt von Malta nach England hinzu, so würde der Weg von London nach Bombay in 47 Tagen zurückgelegt werden. Ist Kalkutta das Ziel, so wird die Reise von Sokotora 1250 Meilen südöstlich zu den Malediven gehen, wo eine Kohlenniederlage angelegt würde. Von den Malediven ist die Südspitze der Insel Ceylon, der treffliche Hafen Point de Gale, 400 Meilen entfernt, und von hier sind 600 Meilen bis Madras und ebenso viel von hier nach Kalkutta. Die Reise von London nach Kalkutta würde in 60 Tagen gemacht werden.

In einer gewissen Jahreszeit ist auf dem Wege von Indien nach Suez ein mächtiges physisches Hinderniß zu besiegen, nämlich von der Mitte des Junius bis zu Ende des Septembers weht mit unablässiger Heftigkeit der südwestliche Passatwind über den indischen Ocean, besonders zwischen Sokotora und Bombay. Dieser Wind ist so stark, daß es selbst dem stärksten Dampfschiffe nur eben möglich wäre, ihm entgegenzufahren, und die Reise könnte nicht ohne bedeutende Nachtheile für das Schiff zurückgelegt werden, wenn anders überhaupt eine ununterbrochene Fahrt während dieser Zeit ausführbar wäre. Die Aufmerksamkeit der britischen Regierung hat sich daher auf eine andere Verbindungslinie gerichtet, wo diese Schwierigkeit nicht entgegensteht, und es soll eine Linie von Dampfschiffen von Bombay über den persischen Meerbusen bis zum Euphrat gehen. Von Bombay geht die Fahrt nach Maskat an der südlichen Küste des Meerbusens, 840 Meilen, in nordwestlicher Richtung und daher den südwestlichen Passatwinden nicht entgegengesetzt. Von Maskat nach Bassidore auf der nördlichen Küste der Einfahrt in den persischen Meerbusen sind 255 Meilen, von Bassidore nach Buschir an der östlichen Küste des Meerbusens 300 Meilen, von Buschir bis zur Mündung des Euphrats 120. Man sieht, daß die längste dieser Reisen nicht mehr Schwierigkeiten haben würde, als die Fahrt von Malta nach Alexandria. Von Basra, unweit der Mündung des Euphrats, nach Bir, einer Stadt auf dem linken Ufer des Stromes, unweit Haleb (Aleppo), sind 1143 Meilen, ohne ein unüberwindliches physisches Hinderniß der Flußschiffahrt. Man sah zwar voraus, daß der wilde Charakter der Uferbewohner einige Schwierigkeiten herbeiführen würde, die man aber durch Unterhandlungen mit dem Pascha von Ägypten beseitigen zu können hoffte. Von Bir nach Skanderun, einem Hafen am mittelländischen Meere, Cypern gegenüber, sollte die Reise zu Lande gehen, doch ist der Weg weder schwierig noch lang, und von Skanderun nach Malta ist etwa so weit als von Malta nach Alexandria. Die Reise von London nach Bombay auf diesem Wege würde um einige Tage kürzer sein, als über Ägypten und das rothe Meer.

Das Parlament nahm den zweiten Plan an und bestimmte 20,000 Pfund Sterling zur vorläufigen Erforschung des Weges und zu einer Versuchsfahrt auf dem Euphrat, den der Seecapitain Chesney und Andere bereits seit einigen Jahren zu untersuchen angefangen hatten. Der Fanatismus der Anwohner des Euphrats und vielleicht die Ungeschicklichkeit der Europäer, zum Theil wol auch die politischen Verhältnisse des Orients, haben seither diese Wasserstraße verschlossen, welche die Straße der Völker des westlichen Asiens bei ihren Kriegszügen nach Indien gewesen zu sein scheint. Seit dem Sturze des Kalifats zu Bagdad blieb dieser Weg für den Handel gesperrt; als aber in der neuesten Zeit die Eroberung Syriens durch den Pascha von Ägypten neue Aussichten für jene Gegenden geöffnet hatte, mußte der Gedanke erwachen, diese vortheilhafte Straße für den Verkehr wieder zu gewinnen. Chesney begab sich 1835 mit zwei trefflichen Dampfbooten nach Skanderun, um von dort den Orontes, Antiochia vorbei, hinaufzufahren, dann die Fahrzeuge auseinander zu nehmen und sie auf dem Wege durch das nördliche Syrien zu Lande bis Bir am Euphrat zu schaffen. In Bir wurden die Boote wieder zusammengefügt, um dann den Euphrat hinabzufahren. Der Zweck der Unternehmung war, den Lauf des Stromes besser als es zeither geschehen konnte, von Bir bis an den persischen Meerbusen zu erforschen. Es ist bekannt, daß er von Hillah bei dem alten Babylon bis zu seiner Mündung bei Basra für Schiffe tief genug ist, weniger aber kannte man seine Tiefe zwischen Hillah und Bir, wo besonders Stromschnellen und Dämme, die einst zur Bewässerung von Fluren angelegt wurden, die Schiffahrt hindern könnten; doch sind diese Hemmnisse nur zur Zeit der Dürre zu fürchten. Es läßt sich aber, ungeachtet der Schwierigkeiten, die sich allerdings auf dieser Versuchsfahrt gefunden haben, erwarten, daß es beharrlicher Anstrengung gelingen werde, dem Welthandel eine neue Bahn zu öffnen, und da die Gesittung den Waarenzügen des Kaufmanns folgt, Licht und Bildung in jene dunkeln Gegenden zu bringen *).

Die Waffensammlung in Tower.

Die reiche Sammlung alter Waffen und Rüstungen, welche im Tower **) zu London aufbewahrt wird, war in gänzlicher Unordnung, als der gelehrte Dr. Meyrick in seinem ausgezeichneten Werke über alte Waffen die allgemeine Aufmerksamkeit darauf richtete. Die Regierung nahm sein Anerbieten an, die Sammlung der Ritterrüstungen in historischer Ordnung aufzustellen. Es wurde zu diesem Zwecke 1825 ein besonderes Gebäude im Umfange des Towers auf der Südseite des sogenannten weißen Towers errichtet. Das Innere, das nachstehende Abbildung zeigt, bildet einen 149 Fuß langen und 33 Fuß breiten Saal und ist in zwei unglei-

---

*) Über die Reise des Capitain Chesney werden wir ausführlich berichten.

**) Vergl. über diese alte, durch große historische Erinnerungen bedeutende Feste Pfennig-Magazin Nr. 82

Die Waffensammlung im Tower.

che Gänge abgetheilt, wo die Ritterbilder die Mitte einnehmen. Den Rittern gegenüber sieht man mehre Figuren, welche Bewaffnete aller Art, Armbrustschützen, Lanzenträger, vorstellen, und eine Menge von Waffen und Rüstungen. Hinter der Reihe sind Waffen aus verschiedenen Zeitaltern, besonders aus dem 15., 16. und 17. Jahrh., mit mehren Figuren geschmackvoll geordnet. Diese Sammlung, die in ihrer neuen Ordnung zu den vorzüglichsten in Europa gehört, wurde zuerst gegen Ende des 17. Jahrhunderts angelegt und immer vermehrt, aber ohne alle Rücksicht auf Zeitordnung und Geschichte nahm man aus den Vorräthen im Tower Rüstungen und Waffen für die Ritterfiguren, die man nach Laune und Willkür benannte. In ihrer neuen Anordnung bietet die Sammlung ein hohes geschichtliches Interesse dar. Es befinden sich jedoch nur zwölf Rüstungen in der ganzen Sammlung, die erweislich den Personen zugehörten, welchen sie beigegeben werden. Die übrigen hat Meyrick nach seiner Kenntniß von dem Styl oder der Sitte der verschiedenen Zeitalter geordnet. Über jeder Gestalt befindet sich ein Banner mit dem Namen der Figur und der muthmaßlichen Jahrzahl. Die älteste Figur, die wir auf unserer Abbildung nicht sehen, ist König Eduard I. vom Jahre 1272, mit Waffen und Rüstung aus gleichzeitigen Stücken zusammengesetzt. Eine besonders kunstreiche Rüstung trägt die nächste Figur, Heinrich VI., mit einer Streitart von deutscher Arbeit und einem sauber gearbeiteten Sattel, der eine deutsche Inschrift hat. Auf der Pferdedecke sind die Wappen von England und Frankreich gestickt. König Eduard IV. trägt eine Turnierrüstung und auf der Pferdedecke sieht man die weiße Rose des Hauses York und eine Sonne. Ihm zunächst Heinrich VII. in einer stählernen Rüstung, wahrscheinlich von deutscher Arbeit, und neben ihm Heinrich VIII., der einen Turnierhelm mit offenem Visir und eine reich mit Gold eingelegte Rüstung trägt. Unter den übrigen Figuren sind durch kunstreiche Rüstungen oder historische Bedeutung ausgezeichnet Eduard VI., Robert Dudley, Graf von Leicester, der Graf von Essex in einer kostbaren Rüstung, Jakob I. und sein Sohn Heinrich, Prinz von Wales, Karl I. und Jakob II. Zu den merkwürdigsten Stücken der Sammlung gehört ein erst nach der durch Meyrick veranstalteten Anordnung aufgefundenes Panzerhemd, das man einem Kreuzfahrer aus der Zeit der normannischen Herrschaft beigelegt hat, dessen Echtheit jedoch nicht völlig ausgemittelt ist. Die prächtigste Rüstung aber ist diejenige, welche Heinrich VIII. bei seiner Vermählung mit Katharina von Aragon von dem Kaiser Maximilian I. zum Geschenk erhielt. Sie ist gravirt und einer zweiten, den König vorstellenden Ritterfigur angelegt. Die hinter den Ritterfiguren aufgestellten Waffen sind größtentheils aus der Zeit des Bürgerkriegs unter Karl I.

Verantwortliche Herausgeber: Friedrich Brockhaus in Leipzig und Dr. G. Drärler-Manfred in Wien.
Verlag von F. A. Brockhaus in Leipzig.

Das Pfennig-Magazin
der Gesellschaft zur Verbreitung gemeinnütziger Kenntnisse.

192.] Erscheint jeden Sonnabend. [December 3, 1836.

Glasgow.

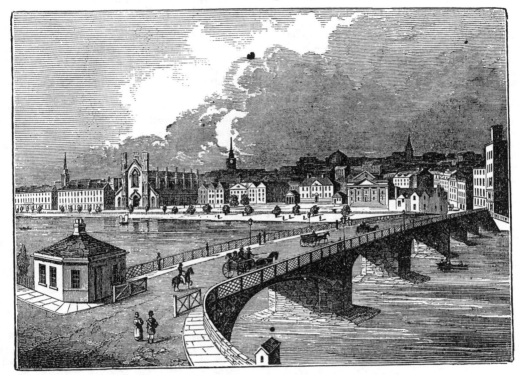

Die volkreichste Stadt Schottlands und nach London und Liverpool die bedeutendste Handelsstadt des britischen Reichs, Glasgow, liegt in der Grafschaft Lanark am nördlichen Ufer des Clyde. Zwar nicht, wie die stolze östliche Hauptstadt, von einem großartigen Landschaftsbilde umgeben, hat sie doch eine reizende Lage. Ihre zahlreichen Thürme, die zweckmäßige Lage der meisten öffentlichen Gebäude an den Enden der Straßen und der schöne Fluß geben ihr manche Vorzüge vor Edinburg. Glasgow ist eine der ältesten Städte Schottlands und entstand aus den Ansiedelungen, die sich um die im 6. Jahrhundert durch den heiligen Mungo oder Kentigern gegründete Domkirche bildeten und sich allmälig am Abhange nach dem Ufer des Clyde ausdehnten. Im 12. Jahrhundert wurde Glasgow zu einem reich begabten Bischofssitz erhoben, was jedoch wenig Einfluß auf das Gedeihen der Stadt hatte, die bei der Stiftung der Universität 1450 nicht mehr als 1500 Einwohner zählte. Der schnelle Aufschwung der neuen Hochschule hatte die wohlthätigste Wirkung auf die Erhöhung des städtischen Wohlstandes. Die Bevölkerung nahm zu und in weniger als 100 Jahren hatte die Stadt an Ausdehnung bedeutend gewonnen. Die Bischöfe hatten einen unbeschränkten Einfluß auf die Leitung der städtischen Verwaltung und erst nach der Mitte des 16. Jahrhunderts gelangten die Bürger zur freien Ausübung ihrer Gemeinderechte, bis die Stadt endlich im 17. Jahrhundert zum vollen Genusse der Rechte einer königlichen Stadt kam. Während der Bürgerkriege, die Schottland in diesem Jahrhundert zerrütteten, ward auch Glasgow in den wilden Kampf der Parteien gerissen. Im Jahre 1652 wurde beinahe der dritte Theil der Stadt der Raub eines furchtbaren Brandes. Die meist hölzernen Häuser wurden seitdem von Stein wieder aufgebaut und die Straßen regelmäßiger angelegt. Glasgow trieb um diese Zeit den bedeutendsten Binnenhandel in Schottland und einen ansehnlichen Ausfuhrhandel, der in Lachs und andern Erzeugnissen des Landes bestand, und die Bevölkerung hatte sich in dem vierzigjährigen Zeitraume von 1610—60 (auf 15,000) verdoppelt. Einen höhern Aufschwung nahm die Stadt seit der Vereinigung Schottlands und Englands (1707), wie dieses anfangs von den Schottländern so sehr beklagte Ereigniß überhaupt das Gedeihen der gewerblichen Volksclasse des Landes befördert hat. Von dieser Zeit beginnt Glasgows Handelsmacht, da früher die schottischen Kaufleute durch die Beschränkungen oder vielmehr Verbote, die sie von dem Verkehr mit den englischen Colonien in Amerika und den westindischen Inseln abhielten, in ihren Unternehmungen gehemmt wurden. Die außerordentliche Zunahme der Bevölkerung, die zu Ende des 18. Jahrhunderts über 80,000 betrug, war eine Folge der steigenden Gewerbsamkeit in Handel und Fabriken, und da diese Förderungen des Wohlstandes seitdem noch bedeutender geworden sind, so erklärt sich daraus die Erscheinung, daß sich in 36 Jahren die Einwohnerzahl mehr als verdoppelt hat und jetzt auf 220,000 geschätzt wird. Glasgow gehört mit Liverpool, Birmingham und Manchester zu denjenigen britischen Städten, wo in dem Jahrzehend von 1821—31 die Bevölkerung in dem günstigsten Verhältnisse (36—38 Procent) gestiegen ist, wogegen sie in den andern großen Städten des Reichs, in London, nur um 19, in Edinburg um 17, in Dublin um 9 Procent zugenommen hat.

Die Ebene, in welcher die Stadt liegt, dehnt sich auf der südöstlichen Seite in eine Aue, das Green (Grün) genannt, von 140 Morgen aus, die sich längs dem Clyde hinzieht, mit Bäumen eingefaßt und in einer Ausdehnung von beinahe zwei Stunden von Kieswegen durchschnitten ist. Reizende Aussichten öffnen sich hier in heiterer Mannichfaltigkeit, und am westlichen Ende der Aue erhebt sich ein 1806 vollendeter Obelisk zu Nelson's Andenken. Zu Anfange des 16. Jahrhunderts hatte das Bett des Clyde bis auf mehr als sechs Stunden unterhalb Glasgow so viele Fuhrten und Untiefen, daß der Fluß selbst für kleine Fahrzeuge kaum schiffbar war. Nach und nach, besonders aber in der neuesten Zeit, hat der Stadthafen, Broomielaw, viele Verbesserungen erhalten, und früher nur 730 Fuß lang, hat er jetzt auf der Nordseite des Flusses eine Länge von 3340 und auf der Südseite von 1260 Fuß. Schiffe, die über 13 Fuß Wassertiefe haben, können jetzt bis Glasgow fahren, während früher Fahrzeuge von sieben bis acht Fuß Wassertiefe in Greenock löschen und laden mußten. Vier Brücken führen aus der Stadt über den Clyde. Die alte Brücke, oder Stockwellbrücke, die wir auf vorstehender Abbildung sehen, wurde statt der alten hölzernen, in der Mitte des 14. Jahrhunderts von Stein erbaut. Sie ist 415 Fuß lang und innerhalb der Geländers 34 Fuß breit. Die neue Brücke, ursprünglich 1768 errichtet, 1833 nach des berühmten Baumeisters Telford Rissen umgebaut, hat sieben Bogen und 560 Fuß Länge, 60 Fuß Breite. Die 1794 erbaute Hutchesonbrücke, oberhalb der Stockwellbrücke, wurde 1829 erneut, und ist 406 Fuß lang, 36 Fuß breit. Unterhalb dieser ist eine 1832 erbaute zierliche hölzerne Brücke.

Die Stadt ist von zwei großen Straßen durchschnitten, die sich in rechten Winkeln kreuzen; die eine läuft von der Domkirche nach dem Clyde, in ihren Fortsetzungen unter verschiedenen Namen, und ist etwas über eine Viertelstunde lang, die andere, die schöne Trongatestraße, zieht sich in ihren Fortsetzungen von Osten nach Westen in eine Länge von ⅝ Stunden durch die Stadt. Andere Straßen laufen mit diesen in verschiedenen Richtungen. Wenige Straßen sind unregelmäßig, viele sehr schön und alle durch ein geschäftiges und heiteres Volk belebt. Seit 1818 ist die Stadt mit Gas erleuchtet. Die öffentlichen Gebäude sind nach der Straßenseite meist von Steinen und mit Schiefer gedeckt. Die meisten Privathäuser, besonders in dem ältern Stadttheile, sind, wie in Edinburg, für zwei oder mehre Familien eingerichtet, und daher ansehnliche Gebäude. In neuern Zeiten aber hat man angefangen, sich der englischen Sitte zuzuwenden und die Häuser in dem neuern Stadttheile sind meist nur für eine Familie eingerichtet. Auch die arbeitenden Classen wohnen besser als in frühern Zeiten. Seit einigen Jahren wird die Stadt mit filtrirtem Wasser aus dem Clyde versorgt, das Wohlhabende durch Röhren in alle Theile des Hauses leiten lassen, während es Andern gegen geringe Vergütung in das Haus gebracht wird. Eine eigenthümliche und in gesundheitspoliceilicher Hinsicht sehr zweckmäßige Einrichtung ist der 1818 eröffnete Markt für Schlachtvieh. Er nimmt einen Flächenraum von 87,000 Fuß ein, ist mit einer Mauer umschlossen, enthält ein Wirthshaus, Schuppen, einen Stall für Ochsen, worin sie zum Ansehen ausgestellt werden können, Hürden für 10,000 Schafe u. s. w. Die Zahl der Armen, gegen 5000, ist im Verhältniß zur Bevölkerung nicht bedeutend zu nennen.

Besuchen wir die Merkwürdigkeiten der Stadt, so zieht zuerst die Domkirche unsere Blicke an. Sie ist nebst der Kathedrale auf Orkney*) die einzige alte Kirche in Schottland, welche die Reformation überlebt hat. Sie erhebt sich auf ungleichem Boden und bietet einen etwas düstern Anblick dar, steht aber mit ihren Umgebungen in solchem Einklange, daß sie einen ernsten Eindruck auf den Beschauer macht. Hohe Mauern trennen sie von den Häusern der Stadt, auf der andern Seite ist sie von einem tiefen Graben begrenzt, durch welchen ein kleiner Bach fließt. Sie hat 1090 Fuß im Umfange, wird von 147 Säulen getragen und hat 156 Fenster. In der Mitte ragt ein stattlicher Thurm empor, nur wird durch einen später angebauten stumpfen Glockenthurm auf der Abendseite der großartige Umriß des Gebäudes störend unterbrochen. „Es ist ein festes, wohlgebautes Mauerwerk", sagt Walter Scott in seinem Roman „Robin der Rothe", „und wird stehen so lange als die Welt, wenn Menschenhände und Schießpulver davon bleiben." Aber dieses Schicksal drohte der Kirche bald nach der Einführung der Reformation, als der Befehl der Machthaber, die Bilder aus den Kirchen zu schaffen, den Pöbel zu Zerstörungsentwürfen verleitete. Auch in Glasgow, wie in andern Städten, bemühten sich die städtischen Beamten und die verständigen Häupter der protestantischen Partei, diesen Ausbrüchen des Schwärmereifers Einhalt zu thun. Endlich mußten sie 1579 der heftigen Partei nachgeben. Es wurden durch Trommelschlag zahlreiche Arbeiter herbeigerufen, und eben wollten sie das Zerstörungswerk beginnen, als die Handwerker der Stadt, von ihren Zunftmeistern angeführt, auf dem Domplatze erschienen, und schwuren, der Erste, der es wagen würde, einen Stein aus dem Gebäude zu reißen, sollte nicht so lange leben, daß er einen andern herabstürzen könnte. Die Stadtbeamten ergriffen gern die Entschuldigung, welche der Muth der Zünfte ihnen darbot, ihre Einwilligung zu widerrufen, und als der Bürgermeister versprochen hatte, daß die Domkirche nicht beschädigt werden sollte, zogen die Handwerker ruhig ab. Dieser Gefahr entgangen, wurde das Innere des Doms in drei protestantische Kirchen abgetheilt. Eine Mauer theilte das Ganze in die obere und untere Hochkirche. Die halb unterirdische, geräumige und von vielen mächtigen Säulen getragene düstere Gruft wurde zu einer dritten Kirche eingerichtet, die aber zu Anfange des 19. Jahrhunderts dem gottesdienstlichen Gebrauche entzogen und wieder zu einem Begräbnißplatze bestimmt wurde, und die beiden obern Kirchen erhielten eine gefälligere Einrichtung, welche die störende Scheidewand in ein etwas besseres Verhältniß zu dem ursprünglichen großartigen Bauwerk setzte.

Die Universitätsgebäude in der Hochstraße haben eine über 300 Fuß lange Vorderseite, bedecken mit ihren vier Höfen einen Flächenraum von 28,000 Quadratfuß, und kommen den prächtigen Gebäuden der Hochschule zu Oxford ziemlich nahe. Sie sind blos zu Hör-

---

*) Vergl. Pfennig-Magazin Nr. 182.

sälen, zu Wohnungen für Lehrer und zur Aufbewahrung der wissenschaftlichen Sammlungen der Anstalt bestimmt, da die Studenten nicht, wie auf den englischen Hochschulen, in Universitätsgebäuden, sondern in der Stadt wohnen. Das Stadthaus, 1636 vollendet, liegt am Ende der schönen Trongatestraße, ein stattliches Gebäude. Im Erdgeschoß ist das Tontinen-Kaffeehaus, 1781 auf Actien gegründet, das einen 74 Fuß langen Saal enthält und den Kaufleuten zur Börse diente, bis in den letzten Jahren das neue prächtige Börsengebäude vollendet wurde. In dem Gesellschaftssaale des Kaffeehauses findet man zahlreiche inländische und ausländische Zeitschriften, und jeder Fremde genießt vier Wochen lang unentgeltlich alle Rechte wirklicher Mitglieder, ohne einer Einführung zu bedürfen. Vor dem Tontinen-Kaffeehause steht die schöne eherne Reiterstatue Wilhelm III. — Der Theehändlerladen ist auf dem Platze des ehemaligen Stadtgefängnisses Tolbooth, von welchem der alterthümliche Thurm mit einem Glockenspiel in dem neuen Bau erhalten werden mußte. Das neue Gefängniß hat eine Vorhalle von sechs dorischen Säulen, enthält 122 Gemächer für Gefangene und ist mit einem Aufwande von 238,000 Thalern so prächtig gebaut, daß man gesagt hat, die Gefängnisse seien die besten Gebäude in Schottland. — Unter den öffentlichen Denkmalen ist außer dem bereits genannten die Statue des tapfern Generals Moore, der 1808 bei Coruña fiel, von Flaxman auszuzeichnen. Vor der Domkirche steht auf einer hohen Säule das kolossale Bildniß des schottischen Reformators Knor, das aber weder durch Ähnlichkeit noch durch zeitgetreue Tracht sich auszeichnet. Die Stadt besitzt drei Statuen des Vervollkommners der Dampfmaschine, Jakob Watt, der in Greenock bei Glasgow geboren wurde, von welchen zwei, eine eherne und eine marmorne, von dem englischen Bildhauer Chantrey sind.

Der Name Watt führt uns zu einer nähern Betrachtung der beiden großen Hebel des Aufschwunges, den Glasgow seit kaum einem Jahrhundert genommen hat, des Handels und der Manufacturthätigkeit. Wir haben bereits erwähnt, wie seit der Vereinigung Schottlands und Englands die Kaufleute in Glasgow die günstige Lage ihrer Stadt benutzten, um den Handel nach den Colonien mit lebhaftem Eifer zu ergreifen. Ihr Blick war hauptsächlich auf den Tabackshandel mit Virginien gerichtet, dem sie ihre Thätigkeit und ihr Vermögen fast ausschließend widmeten. Dieser Handel ward anfangs in englischen Schiffen geführt, bis 1718 das erste auf dem Clyde gebaute Schiff über das atlantische Meer segelte. Es wurde sonst wenig auswärtiger Handel versucht und einige unbedeutende Manufacturen arbeiteten meist nur für den Bedarf des virginischen Marktes. Die Versorgung Virginiens mit europäischen Waaren wurde fast ein Monopol der Kaufleute in Glasgow, die dafür Taback eintauschten, und der Hafen der Stadt wurde der große europäische Tabacksmarkt. Bis um die Mitte des 18. Jahrhunderts wurden alle Handelsunternehmungen fast ausschließend durch Actienvereine auf Credit ausgeführt. Sechs bis acht verantwortliche Kaufleute verbanden sich und jeder von ihnen gab hundert Pfund Sterling zu dem Geschäfte, was aber weiter zu dem Unternehmen erforderlich war, wurde gegen Schuldscheine der Gesellschaft aufgebracht. Erst später, als sich bedeutende Handelscapitale im Lande gesammelt hatten, fand man einzelne Kaufleute oder Gesellschaften, die mit ihrem eignen Capital Unternehmungen machten. In jenen Actienvereinen handelte einer als Geschäftsführer, ohne daß die Übrigen sich einmischten. Die zu verschiffenden Waaren wurden auf zwölfmonatlichen Credit eingekauft und wenn die Zahlungszeit für eine Ladung kam, beschied der Geschäftsführer Diejenigen, welche die Waaren geliefert hatten, in ein Weinhaus, um die Rechnung abzuschließen. Sie erhielten dann ihre Bezahlung und dazu ein Glas Wein, das aber jeder selber bezahlen mußte. Diese Weinhäuser lagen dem Stadthause gegenüber und kein Geschäft wurde anderswo als in einem derselben abgemacht. Man hatte dabei die Nebenabsicht, Mädchen aus der achtbaren Mittelclasse, deren Ältern in eine unglückliche Lage gekommen waren, ein Unterkommen zu verschaffen, indem man sie in diesen Weinhäusern als Ausgeberinnen anstellte. Die alte Sitteneinfalt und häusliche Beschränkung verloren sich allmälig mit der schnell steigenden Wohlhabenheit. Zu Anfange und bis in die erste Hälfte des 18. Jahrhunderts hatten selbst die Wohnungen der vornehmsten Bürger in der Regel nicht mehr als ein Besuchzimmer, wo nur, wenn sie Gesellschaft hatten, gespeist wurde, da die Familie sonst gewöhnlich in dem Schlafzimmer speiste. Nach Tische ging der Hausherr seinen Geschäften nach, besuchte Abends seinen Club, wo er sich mit geringem Aufwande bis um neun Uhr die Zeit vertrieb, um dann zu seiner Familie zurückzukehren. Die Hausfrau empfing ihre Freundinnen zum Thee in ihrem Schlafzimmer. Die Männer erschienen nur selten in diesen Gesellschaften. Es herrschte große Frömmigkeit und die Sonntagsfeier wurde sehr strenge beobachtet. Manche Familien ließen am Sonntage weder die Zimmer auskehren noch die Betten machen, noch Essen kochen, ja einige öffneten die Fensterladen nur so weit, daß man im Zimmer auf- und niedergehen und am Fenster sitzen konnte, um ein Buch zu lesen. Der Stadtrath unterhielt besondere Leute, welche die Stadt in der Sonnabendnacht durchwanderten, und sobald sie um Mitternacht lustige Zecher selbst in einem Privathause hörten, hineingingen und Feierabend geboten. Auch am Sonntage während des Gottesdienstes durchzogen sie die Stadt, und Jeder, der, außer in dem Falle dringender Geschäfte, umherging, wurde nach Hause gewiesen oder, wenn er widerspenstig war, verhaftet. Diese Strenge hörte aber um die Mitte des 18. Jahrhunderts nach und nach auf. Während nun durch den Reichthum, den der gedeihende Handel brachte, die häusliche Einrichtung vor der Mitte des 18. Jahrhunderts bequemer wurde, zeigte sich auch bei den vornehmsten Kaufleuten schon eine aristokratische Überhebung. Die Virginier- oder die „Tabackslords", wie man sie nannte, hatten einen Vorrechtsweg auf der Straße, wo sie in ihren langen Scharlachmänteln und ihren buschichten Perücken sich spreizten, und wenn ein achtbarer Handwerksmeister mit der Handelsherren zu sprechen wünschte, so mußte er auf die Seite treten und warten, bis er gerufen wurde, denn ihm entgegen zu gehen, hätte für vermessenen Dünkel gegolten. Die höhere Bildung, die sich später unter den Mittelclassen verbreitete, führte auch sie zu umfassenden Handelsunternehmungen, und ihr ehrenvolles Streben verschaffte ihnen einen Platz in der Gesellschaft, der früher nur den höhern Classen vorbehalten war.

Der Ausbruch des Krieges mit den amerikanischen Colonien 1774 unterbrach den gewinnvollen Handel mit Virginien, und die reichen Kaufleute waren in Verlegenheit, welchen Unternehmungen sie ihre Geldmittel widmen sollten. Zum Glück für den Wohlstand der Stadt, der jetzt nicht das Ergebniß von Handel oder Manufacturthätigkeit allein, sondern von der Verbindung beider ist, ward ihre Aufmerksamkeit auf Manufacturen gerichtet und mehre Zweige derselben wurden mit Eifer ergriffen. Es war ein günstiges Ereigniß, daß grade um diese Zeit Arkwright's wichtige Erfindung der Spinnmaschinen mehre Städte Schottlands auf die Baumwollenmanufactur führte, und auch Glasgow trat mit desto glücklicherm Erfolge in diese neue Bahn, je mehr todt liegende Capitale seit dem Kriege hier ein reges Leben hervorrufen konnten. Nach dem Frieden (1783) benutzten die Kaufleute in Glasgow die gewonnenen Vortheile, ihre frühern Verbindungen mit Amerika wieder anzuknüpfen. Ein günstiger Umstand war es für die neue Handelsverbindung, daß einige Jahre nach dem Frieden der Anbau der Baumwolle in den südlichen Staaten der Union eingeführt wurde, was nicht nur Mittel zur Ausbreitung des Handels darbot, sondern auch für die Manufactur selbst wichtig wurde, da sie ohne den reichen Zufluß von Rohstoff, den sie nun aus Amerika erhielt, den zunehmenden Bedarf nicht hätte befriedigen und nie die Höhe erreichen können, zu welcher sie seitdem gelangt ist.

Die Einfuhr der Baumwolle und die Ausfuhr von schottischen Manufacturwaaren wurde nun ein bedeutender Verkehr und führte zur Anknüpfung von Handelsverbindungen mit Charlestown und Neworleans. Der Verkehr mit Westindien war vor dem amerikanischen Kriege nicht bedeutend, aber seit 1793, nachdem die Colonien anderer europäischer Staaten in die Gewalt der Briten gekommen waren, konnte Glasgow seine Verbindungen mit Amerika benutzen, um einen Antheil an dem Handel zu erhalten, der den Briten zufiel. Glasgow blieb nicht lange hinter Liverpool zurück, als bei der vorletzten Erneuerung des Freibriefes der ostindischen Compagnie (1814) auch Privatkaufleuten der Handel mit Ostindien freigegeben ward, und schon 1816 ging das erste Schiff aus Schottland nach Kalkutta. Seitdem haben mehre Kaufleute in Glasgow an dem indischen Handel Theil genommen, und in den letzten Jahren liefen in keinem britischen Hafen, außer London und Liverpool, so viele Schiffe aus Indien ein als in Glasgow. Nach der Aufhebung des Alleinrechts der ostindischen Compagnie 1834 und der Eröffnung des Handels nach China war ein auf Kosten eines Kaufmanns in Glasgow ausgerüstetes Schiff das erste nicht der ostindischen Compagnie gehörende Fahrzeug, das mit einer Theeladung nach Großbritannien kam.

Im 17. Jahrhundert waren die Manufacturen in Glasgow noch in ihrer Kindheit. Leinwandweberei war einer der ersten Manufacturzweige und in der ersten Hälfte des 18. Jahrhunderts schon im Aufschwung, aber vor 1792 hörte sie fast ganz auf, um der Baumwollenweberei Platz zu machen, die seit dem Anfange dieses Jahrhunderts zu ihrer Höhe gestiegen ist. Vor dieser Zeit waren die eingeführten Spinnmühlen nur Versuche und es wurden viele Geldkräfte aufgewendet, ehe das Unternehmen eine sichere Grundlage hatte. Die meisten Spinnmühlen Schottlands befinden sich in Glasgow und der Umgegend bis auf eine Entfernung von fünf Meilen, und selbst von den entferntern arbeiten viele für Glasgow und das benachbarte Paisley. Von 1818—34 stieg die Einfuhr roher Baumwolle für den einheimischen Bedarf von 46,500 auf 95,600 Ballen. In genauer Verbindung mit der Baumwollenmanufactur steht die Dampfmaschinenfabrik. Sobald Watt's Patent erloschen war, fing man in Glasgow an, Dampfmaschinen zu bauen, und dieser Gewerbszweig gedieh so glücklich, daß 1835 schon 13 Fabriken bestanden, welche Dampfmaschinen und Spinnmühlen lieferten. Es gibt in der Stadt 31 verschiedene Manufacturen, welche Dampfmaschinen gebrauchen, und in diesen, sowie in den benachbarten Kohlengruben und Steinbrüchen und auf den Dampfbooten, die den Clyde befahren, zählt man 355 Dampfmaschinen, welche 7366 Pferde ersetzen, jede im Durchschnitt zu mehr als 20 Pferdekräften. Seit 1830 hat man das Spinnen der Wolle zu Kasimir und Merino nach französischer Art mit Erfolg in Glasgow eingeführt. In der Umgegend von Glasgow gibt es 37 Kohlengruben, von deren Ertrag zu 561,000 Tonnen vier Fünftel in Glasgow verbraucht wurden. Von 28 Hohöfen der 10 schottischen Eisenhammergesellschaften befinden sich 23 in der Gegend von Glasgow. In der Stadt besteht seit 1800 eine bedeutende Fabrik von chemischen Producten in Gebäuden, die einen Flächenraum von 81,000 Quadratfuß bedecken, und gegen 100 Retorten haben. In einem Zimmer befinden sich Platingefäße zu einem Werthe von 49,000 Thalern. Die Fabrik verbraucht wöchentlich allein 600 Tonnen Steinkohlen.

Neben einer so regen und vielverzweigten Gewerbsamkeit würde die wissenschaftliche Thätigkeit zurückgeblieben sein, wenn nicht eines Theils der Gewerbstand in Großbritannien gewohnt wäre, in mehren Zweigen der Wissenschaft Lebensquellen und Anregungen zu finden, und andern Theils die Universität fördernd eingegriffen hätte. Die erste Buchdruckerei wurde 1638 errichtet, und die Brüder Faulls machten durch ihre schönen Ausgaben der Classiker die glasgower Presse im 18. Jahrhundert berühmt. Von ihrer Ausgabe des Horaz ward 1741 ein Probebogen in der Halle der Universität aufgehängt und Jedem eine Belohnung versprochen, der einen typographischen Mangel darin auffände. Die Schriftgießerei ward 1718 in Glasgow eingeführt und später durch Wilson vervollkommnet, dessen Enkel das Geschäft in Glasgow fortsetzten, bis sie es 1834 nach London und Edinburg verlegten, wo sie neue Schriftgießereien gegründet hatten.

Die Universität, die zur Zeit der Reformation fast ganz in Verfall gerathen war, wurde gegen Ende des 16. Jahrhunderts durch neue Begabungen und eine neue Verfassung wieder gehoben. Sie hat vier Facultäten, 21 Lehrer und gewöhnlich gegen 1000 Studenten. Unter ihren Lehrmitteln ist das von dem Arzt Hunter gegründete Museum bedeutend, das aus einer Bibliothek, einer Münzsammlung, Gemälden und anatomischen Präparaten besteht und in neuern Zeiten bedeutenden Zuwuchs erhalten hat. Die ehemalige Gelehrtenschule, aus einer schon im 14. Jahrhunderte bestandenen bischöflichen Schule hervorgegangen, hat seit 1834 den Unterricht in den gelehrten Sprachen aufgegeben und ist in eine Realschule umgewandelt worden. Anderson's Lehranstalt wurde zu Ende des 18. Jahrhunderts als eine Stiftung des Professors Anderson gegründet und mit reichen Lehrmitteln von ihm begabt. Sie hat besonders durch gemeinfaßliche Vorträge über Naturwissenschaften wohlthätig gewirkt. Die 1825 gegründete Handwerkeranstalt ist nach dem Muster der vielen ähnlichen Bildungsanstalten in England eingerichtet und lehrt Naturwissenschaften, populaire Anatomie und Physiologie gegen ein sehr geringes Honorar, während arme Handwerkslehrlinge unentgeltlich Zutritt erhalten. Es gibt in Glasgow überdies 100 Sonntagsschulen für 4600 Knaben und Mädchen, drei Schulen für Erwachsene beiderlei Geschlechts und neun Kleinkinderschulen. Wie in mehren Städten und selbst in vielen Dörfern Schottlands gibt es auch in Glasgow sogenannte Büchergesellschaften oder Umlaufbibliotheken, deren Bücher Eigenthum der Leser sind, die meist zu den arbeitenden Classen gehören. Zu Anfange des 18. Jahrhunderts gab es nur eine Zeitung, jetzt erscheinen elf, und überhaupt 21 Wochenschriften.

Die Weinlese bei Bordeaux.

Indem wir uns auf unserm umfassenden Aufsatz über den Weinbau*) beziehen, geben wir hier zur Erklärung der vorstehenden Abbildung eine nähere Beschreibung der Arbeiten bei der Weinlese in den Weinbergen um Bordeaux. Die Trauben werden von Frauen und Kindern gepflückt, nachdem man die faulen und unreifen sorgfältig ausgeschieden hat, und in Körbe gelegt. Auf jede Reihe Weinstöcke kommt eine Pflückerin und über zwölf Reihen ist ein Aufseher angestellt, der darauf zu sehen hat, daß die Arbeit gehörig vorgenommen wird und keine Trauben an den Stöcken bleiben. Auf acht Reihen kommen zwei Buttenträger. Hat die Pflückerin ihren Korb gefüllt, so nimmt ein anderer Arbeiter ihn ihr ab und leert ihn in die Butte aus. Der bei dieser angestellte Arbeiter tritt dann die Trauben, ohne sie jedoch zu sehr zu zerquetschen, damit bei dem Fortschaffen des Gefäßes der Saft nicht verschüttet werde. Ist die Butte beinahe voll, so trägt sie der Arbeiter auf der Schulter zu dem großen Fasse, das auf einen Wagen gestellt ist. Zuweilen werden auch die Trauben aus den Butten, ohne sie vorher zu zerquetschen, sogleich in das Faß auf dem Wagen geschüttet und dann in diesem getreten, wie unsere Abbildung zeigt. Das Faß hat unten eine Öffnung, aus welcher der Saft in ein Gefäß läuft, in welchem man ihn dann zu den Fässern trägt, worin die Gährung vorgehen soll. Ist das Wetter sehr warm und sind die Trauben überreif, so muß das Anfüllen der Mostfässer an demselben Tage begonnen und geendigt werden. Füllt man diese Gefäße zu voll, so geht bei der Gährung zu viel Saft verloren, und man läßt daher einen leeren Raum von 12—15 Zoll. Die Trauben werden oft mit einer Art von Quirl von den Stielen getrennt, was auch durch Reiben auf einem Drahtsiebe geschieht, das auf vier Beinen steht. Die Trauben werden auch wol, statt sie im Fasse auf dem Wagen zu treten, sogleich auf die Kelter oder Presse gebracht. Der Most bleibt 8—20 Tage, je nach der mehr oder minder warmen Witterung oder nach der größern oder geringern Reife der Trauben, in dem Gährungsgefäße. Man macht gewöhnlich zwei bis drei verschiedene Weine aus demselben Ertrag der Lese. Der beste wird aus den wohlschmeckendsten Trauben gemacht, die in der günstigsten Lage gereift sind; der zweite von geringern Trauben, besonders solchen, die auf feuchtem Boden wachsen, der dritte aus dem nach Abziehen des Mostes übrigbleibenden Bodensatze in dem Gährungsgefäße, den man mit Wasser auffüllt und weiter gähren läßt. Dieser Dünnwein heißt Piquette. Soll der Most nach der Gährung auf Fässer abgezogen werden, um ihn in den Keller zu schaffen, so wird ein Drahtsieb unter das Zapfenloch gestellt, damit nicht die Fruchtkerne oder andere fremdartige Dinge in die Fässer kommen.

Wir wollen hier noch einige aus den neuesten Quellen geschöpfte Angaben über die Verhältnisse des Weinbaues in Frankreich mittheilen, die zur Erläuterung der in unserm frühern Aufsatze über den Weinbau*) enthaltenen Nachrichten dienen können. Die dem

---

*) Vergl. Pfennig-Magazin Nr. 170. 178. 179. 183. 184.   *) Vergl. Pfennig-Magazin Nr. 187. und 188.

Weinbau gewidmete Bodenfläche beträgt mehr als fünf Millionen Morgen, über 1½ Millionen mehr als 1788, während die gesammte Bodenfläche Frankreichs zu beinahe 130 Millionen Morgen gerechnet wird. Der Werth des jährlichen Ertrags der Weinberge (gegen 2700 Millionen Kannen) beträgt über 150 Millionen Thaler. Mit dem Weinbau beschäftigen sich 1,800,000 Menschen. Das wichtigste Weinbaugebiet, sowol hinsichtlich der Menge als der Güte der Erzeugnisse, ist das Departement der Gironde, wo von der gesammten Bodenfläche von 2,500,000 Morgen 359,000 dem Weinbaue gewidmet sind. Der durchschnittliche Ertrag wird auf mehr als 150 Millionen Kannen geschätzt, wovon ⅝ auf rothen Wein kommen. Am höchsten wird das Weinland in dem Medocbezirk bezahlt, und die Preise der Weinberge sind seit dem Anfange dieses Jahrhunderts durch die vermehrte Ausfuhr des Weins, besonders nach England, bedeutend gestiegen. Die Besitzer vorzüglicher Weinberge in der Gironde sind sehr wohlhabend, andere dagegen würden sich nicht ernähren können, wenn sie nicht Weinberge pachteten, und manche kleine Landbesitzer kaufen oft, um ihr Eigenthum zu vermehren, Weinland weit über den Werth. Im Medocbezirk wird eine gewisse, dem Weinbau gewidmete Bodenfläche, gewöhnlich sieben Morgen, getheilt und von dem Winzer bearbeitet. Er muß die Reben beschneiden, die Schößlinge abbrechen, den Boden hacken und auflockern; alle übrigen Kosten dagegen fallen auf den Eigenthümer. Der Winzer bekommt gewöhnlich einen Gehalt von ungefähr 40 Thalern an Geld, die Hälfte der abgeschnittenen Reben, einige Fässer Dünnwein (piquette) und freie Wohnung nebst einem kleinen Garten. Die großen Weinbergsbesitzer von Sauterne und Barsac lassen ihre Weinberge durch ganze Winzerfamilien gegen bestimmten Lohn bearbeiten, überlassen jeder Familie ein kleines Haus mit Garten und Hanffeld, die Hälfte der Rebenschnittlinge, erlauben ihr, gegen alle Grundsätze eines verständigen Weinbaues, Gemüse in den Furchen des Weinberges anzubauen und geben überdies dem Manne, der Frau und jedem Kinde jährlich eine bestimmte Menge von Roggen und dem Mann und jedem arbeitsfähigen Kinde auch eine geringe jährliche Geldvergütung. Übrigens stehen die Weinbergarbeiter in der Gironde sowol in wirthschaftlichen Kenntnissen als in geistiger Bildung auf einer tiefen Stufe. In der Champagne, wo das Eigenthum sehr getheilt ist, beschäftigt sich ein unverhältnißmäßig großer Theil der Volksmenge mit dem Weinbau, und Viele kaufen bei Aussichten auf eine günstige Ernte einen Weinberg und gerathen so in schlechten Weinjahren in bedrängte Umstände. In den Weinbezirken von Macon und Beaujolais im Rhonedepartement hat jeder Winzer mit seiner Familie ungefähr 4½ Morgen zu besorgen. Der Ertrag wird zwischen dem Eigenthümer und dem Anbauer gleich getheilt. Diese Einrichtung, die ein freundliches Verhältniß zwischen Beiden begründet, knüpft den Arbeiter an den Boden, und Diejenigen, die thätig und sparsam sind, befinden sich in guten Umständen.

Sterblichkeit unter den Engländern in Indien.

Ein Beispiel von dem furchtbaren Menschenverlust der englischen Regimenter in Indien führt die Naval and Military Gazette an. Ein Regiment landete im Juli 1822 aus England in Indien mit 652 Mann. Das Regiment stand sechs Jahre und vier Monate im Standquartier, sieben Jahre und zwei Monate in einer Feldstation. Es erhielt im Laufe dieser 13 Jahre und 6 Monate nicht weniger als 1508 Recruten und Freiwillige, also mit den anfänglichen 652 Mann nicht weniger als 2150 Mann.

Von diesen 2150 Mann kamen in Gefechten um 17
Starben an Krankheiten 1171
Am Ende Decembers 1835 waren an Dienstfähigen übrig 649
Und endlich an Invaliden 312
                                                    2150

Von den Offizieren kamen 2 in Gefechten um, 41 starben an Krankheiten, und von Allen, die mit dem Regimente gelandet hatten, war am Ende Decembers 1835 keiner mehr übrig, der die ganze Zeit hindurch beim Regiment gedient hätte.

Kaiser Heinrich von Lützelburg.

Das Kaiserhaus der Hohenstaufen war untergegangen in dem riesigen Kampfe; Italien, seit 60 Jahren vom Reiche der Deutschen wieder getrennt, zerfiel in die sprödeste Vereinzelung, als im Sinne hochbegabter Vorgänger der siebente Heinrich den Versuch wagte, das Recht seiner Krone in vollem Umfange geltend zu machen und, dem Ziele nahe, einem dunkeln Tode unterlag.

Rudolf von Habsburg und seine beiden Nachfolger, Adolf von Nassau und Albrecht I., hatten nähere Sorge im Auge gehabt, als über die Alpen zu ziehen; sie waren bemüht gewesen, in Deutschland selbst ihre Herrschaft zu befestigen. Da ermordete den König Albrecht sein Neffe unter großen Anschlägen (1308) und um die Krone der Deutschen bewarben sich viele Fürsten, auch Philipp der Schöne von Frankreich, welcher das Reich Karl's des Großen wiederherzustellen gedachte. Aber die deutschen Fürsten wurden durch den Papst, welchen der französische König in seiner Gewalt hielt, vor den Folgen gewarnt, und die Wähler erhoben sich im October 1308 an den Rhein auf dem Königsstuhl bei Rense, und da Clemens V. den Grafen Heinrich von Lützelburg empfahl und dessen Bruder, Balduin, als Kurfürst von Trier bereits für ihn geworben, auch Peter Aichspalter, der Kurfürst von Mainz, ihm, seinem ehemaligen Herrn, wohlwollte, geschah es, daß am 22. November der Graf zum König der Deutschen erhoben wurde. Graf Heinrich's väterliches Erbe war ein kleines mit Wald und Gebirg bedecktes Land und zählte nur neun Städte. Es ging die Sage, daß ein Meerweib, Melusine, die Ahnfrau des uralten Hauses, ihren Enkeln Reichthum und die höchsten weltlichen Ehren verheißen habe. Frühe hatte Heinrich Prüfungen des Geschicks erfahren; sein Vater war in der Schlacht bei Wöringen 1288 gegen Herzog Johann von Brabant und die Bürger von Cöln mit einer großen Zahl Fürsten und Edeln, er selbst durch die Hand Walther's von dem Bisdamme, erschlagen worden. Doch vermählte dem Sohne der Sieger von Brabant seine leibliche Tochter Margaretha, worauf beim Hochzeitsmahl dieser Mörder seines Vaters großmüthig verzieh. Als Graf von Lützelburg und Arlon vor allen Zeitgenossen berühmt in vielen Turnieren und Kämpfen, übte er Gerechtigkeit und freundlichen Sinn gegen die Städter, und schuf solchen Frieden und solche Sicherheit in seinem Lande, daß Kaufleute mit reicher Habe ohne Geleit seine Wälder, sonst voll Räuberschlupfwinkel, durchziehen konnten. Besonders war er ein guter Nachbar

Buche liest, das er mit beiden Händen hält. Er steht auf einem Piedestal von Marmor, das ringsum von einem eisernen Geländer umgeben ist.

Die Anstalten zur Beförderung der Gelehrsamkeit, der Kunst und des Handels in Rotterdam sind der Zahl und der Bedeutung nach beträchtlich.

Irländische Leichengebräuche.

„Ein leichter Tod und ein schönes Begräbniß!" ist ein gewöhnlicher Segenswunsch unter dem Volke in Irland. Der Landmann betrachtet während seines ganzen Lebens sein Begräbniß und sein Grab als eine hochwichtige Sache, und anständig und an der Seite der Seinigen begraben zu werden, ist ein Wunsch, den er oft und angelegentlich ausspricht. In den spätern Lebensjahren versagt der Arme und Freundlose sich gern die nothwendigsten Bedürfnisse, und sammelt Alles, was er beitreiben kann, um den Aufwand für sein Begräbniß bestreiten zu können. Es werden alle Vorbereitungen getroffen, um den Verwandten ein anständiges Leichenfest geben zu können; oft liegen Leichentuch und Sterbekleid lange vorher bereit, ehe sie gebraucht werden, und nie wird der Eigenthümer sie benutzen und sollte er mit den elendesten Lumpen sich bedecken müssen. Selbst der Grabstein ist oft lange vorher fertig, und an der Mauer der ländlichen Hütte stehend, erinnert er den Eigenthümer, der über seine Schwelle geht, an die letzte Stunde.

Viele der eigenthümlichen Leichengebräuche der Irländer haben ihren Ursprung in der unter den geringern Volksclassen allgemein herrschenden Ansicht von dem künftigen Leben, das sie als einen Zustand betrachten, dem sie manche noch dringendere Bedürfnisse zuschreiben als dem irdischen Leben. So hält man Schuhe, die im Leben als ein Überfluß betrachtet werden, für unumgänglich nöthig nach dem Tode, da man voraussetzt, daß der abgeschiedene Geist viel zu gehen habe. Der irländische Landmann glaubt, daß der Abbüßungsort nach dem Tode nicht ein feuriger Ort, sondern eine große, mit scharfen Steinen und Dornen bedeckte Wüste sei. Der Aberglaube des ungebildeten Volkes zeigt sich in den sonderbarsten Verirrungen. Eine arme Frau stritt mit ihrem Manne über den Begräbnißplatz ihres Kindes. Sie wollte es neben einer Verwandten begraben lassen; er widersetzte sich lebhaft, weil er glaubte, daß sie mehr an ihren Freunden als an ihm hange, wurde aber bald beruhigt, als sie ihm sagte, ihre Verwandte, die kurz zuvor im Wochenbette gestorben war, würde ihrem Kinde die Brust reichen und ihm die Nahrung geben, die es entbehren müßte, wenn es anderswo begraben würde. Eine andere Bäuerin gab mehreren Bettlern ein Brot und einen Suppennapf, damit es ihrem Kinde in der andern Welt nicht an Suppe oder Brot fehlen sollte. Sie versicherte, ein guter Mann, der zuweilen Verzuckungen habe, in welchen seine Seele mit abgeschiedenen Geistern verkehre, habe ihr gesagt, daß jung gestorbene Kinder, welchen ihre Ältern aus Nachlässigkeit keinen Suppennapf gegeben hätten, Milch aus ihren Händen lecken müßten, während Andere, die in ihrem Leben besser versorgt gewesen wären, solcher Bequemlichkeit nicht ermangelten. „Jetzt bin ich ruhig", sprach sie, als sie den Bettlern ihr letztes Brot und einen Napf gegeben hatte, „mein armes Kind ist so glücklich als die besten in der andern Welt."

Zuweilen zeigen sich jene abergläubigen Ansichten auch in Zügen jener dem Irländer eigenen Gutmüthigkeit und liebreichen Gesinnungen. Es herrscht lebhafte Anhänglichkeit an einen bestimmten Begräbnißplatz und der Wunsch neben Verwandten begraben zu werden, gibt dem Tode selbst ein Gefühl von geselligem Interesse. Eine Bettlerin in Cork wünschte auf einem Dorfkirchhofe, wo ihre Angehörigen ruhten, begraben zu werden. Ihre verwaiste Tochter hatte nicht die Mittel, die Leiche fortschaffen zu lassen. Sie befestigte den Sarg mit Stricken auf ihren Rücken und trug ihn auf einem beschwerlichen Wege über zwei Meilen weit, um den Wunsch ihrer Mutter zu erfüllen.

Es ist eine gewöhnliche Meinung unter dem Volke, daß die zuletzt begrabene Leiche in der andern Welt ihren früher beerdigten Kirchhofsgenossen dienen müsse, bis sie durch einen spätern Ankömmling erlöst werde. Dieses Vorurtheil führt nicht selten zu den ernstlichsten Folgen. Einst begegneten sich zwei Leichenzüge auf dem Wege zum Kirchhof. Beide machten plötzlich Halt. Es wurden Unterhandlungen über den Vorrang gepflogen, und als man sich nicht vereinigen konnte, kam es zwischen den beiden Parteien der Leidtragenden zu einer blutigen Schlägerei. Auch herrscht die abergläubige Meinung, daß der Geist eines Fremden selten von den alten Inhabern eines Kirchhofes gut aufgenommen werde, zumal wenn es der alte Begräbnißplatz eines Stammes ist. Diese Ansicht ist um so auffallender, da sonst Gastfreiheit ein vorwaltender Zug im Charakter des Irländers ist.

Ist das Haupt einer Familie gestorben, so wird, wenn es der Mann ist, der Kopf auf die Fußseite des Bettes gelegt, um Unglück von den Überlebenden abzuwenden; Weiber aber bleiben in der gewöhnlichern Lage. Dann beginnt die Leichenwache. Die Leiche liegt zwei bis drei Tage lang mit unbedecktem Gesichte und bei brennenden Lichtern im offenen Sarge. Abends versammeln sich die Nachbarn und werden mit Branntwein, Rauch- und Schnupftaback bewirthet. Man singt Lieder, erzählt sich Geschichten und das junge Volk vertreibt sich die Zeit mit Blindekuh und andern Spielen.

Das Begräbniß bietet einen ganz eigenthümlichen Anblick dar, ganz verschieden von englischer Sitte. Der Sarg wird auf einer offenen Bahre, die eine von vier Säulen gestützte Decke hat, von vier Pferden gezogen. Der Leiche folgen einige Wagen, von Kutschern in ihren Werkeltagskleidern gefahren. Dann der Geistliche in einem einspännigen Wagen und zuletzt ein langes Gefolge zu Fuße. Auf dem Wege zu dem Kirchhofe wird der Zug immer größer. Jeder Wanderer, der ihm begegnet, schließt sich an und folgt der Leiche wenigstens eine Strecke weit. Das Leichenbegängniß eines Stammhauptes, das man aber fast nirgend als zuweilen in der Grafschaft Kerry sieht, ist besonders feierlich, wenn man den langen Zug durch ein romantisches Thal am Fuße wilder Berge sich langsam fortbewegen sieht und den tausendstimmigen Chor des Todtengesanges hört. Eine alte Frau, die Amme vorstellend, sitzt gebeugt neben dem Sarge auf der Bahre und ihr Haupt ist in die Kappe des weiten Mantels gehüllt, der in breiten und schweren Falten herabfällt. Auf jedem Kreuzwege wird angehalten, die Männer entblößen das Haupt und ein Gebet für die Seele des Verstorbenen wird gesprochen.

Die irische Todtenklage wird zwar immer seltener, doch hängt das Volk in den minder gebildeten Gegenden des Landes noch sehr an dem alten Gebrauche, und

*

Die Insel Raghery.

Ansicht der Vorgebirge Fairhead auf der Insel Raghery.

Ungefähr eine Meile nördlich von der kleinen Stadt Ballycastle im nordöstlichen Theile der irländischen Grafschaft Antrim liegt die Insel Raghery, die bei stürmischem Wetter so unzugänglich ist, daß die Bewohner derselben im Winter und zur Zeit der Äquinoctialstürme oft mehre Wochen von aller Verbindung mit der Hauptinsel abgeschnitten sind. Fährt man von Antrim hinüber, so kommt man bald unter das ungeheure Vorgebirge Fairhead, das uns vorstehende Abbildung zeigt. Hier beginnen die prächtigen regelmäßigen Basaltbildungen, welche längs der ganzen nördlichen Küste Irlands, bis zu den Donegalbergen laufen und in dem majestätischen Riesendamm, zwei Meilen westlich von Ballycastle, weit hinaus in das Meer ragen. Viele Säulen des Vorgebirges Fairhead sind gegen 400 Fuß hoch, meist unregelmäßig vierseitig und in ihrer ganzen Länge unzerrissen, wogegen die Säulen am Riesendamm durch Fugen getrennt sind, wie man es gewöhnlich auch bei dem Säulenbasalt in andern Erdgegenden findet. Die östliche Küste der Insel ist felsig und gebirgig und hat keine Häfen. Unter den Basaltfelsen, welche diese Küste umgürten, erhebt sich das mächtige Vorgebirge Doon=Point, dessen Säulen theils senkrecht, theils horizontal, theils schiefliegend sind. Der Fuß des Vorgebirges gleicht einem Damm, der aus aufrechtstehenden Säulen besteht, wie der Riesendamm. Über diesem zeigen sich andere in gebogener Gestalt, als ob sie in weichem Zustande sich übergelegt und verschiedene Krümmungen angenommen hätten. Höher hinauf aber sieht man Säulengruppen in mannichfaltigen horizontalen Lagen, sodaß man auf diesem Vorgebirge mit einem Blicke fast alle Lagerungen des Säulenbasalts übersehen kann. Ungefähr eine halbe Stunde nördlich ist eine kleine Bai, an deren nördlichem Ende der Seerabenfelsen (Roo na scariff), eine nicht minder merkwürdige Basaltbildung, sich erhebt, von welcher wir eine Abbildung geben. Die Inselbewohner haben an der östlichen Küste hier und da Dämme von Basalt und Granitblöcken aufgehäuft, um die Landung zu erleichtern. Zwischen malerisch zerstreuten Felsenblöcken kommen wir in ein enges Thal, das bald mit üppigem Grün bekleidet ist, bald wieder von nackten Wänden eingeschlossen, von welchen jeder Windstoß oder Regenschauer Felsengerölle herabwälzt. Endlich kommen wir zu einem klaren kleinen See, wo das schwarze Blashuhn und die Moorhenne ihre Jungen füttern und Scharen von Mauerschwalben an dem stillen Wasserspiegel ihre Nahrung finden. Die meist von Kalkfelsen eingefaßte westliche Küste ist offener, aber das Land in diesem Theile der Insel weniger fruchtbar als in dem östlichen. Man findet hier mehre kleine Häfen und die Bewohner dieser Küste sind daher meist Fischer, die kleine Reisen machen und Tauschhandel treiben. Der Verkehr mit Fremden hat manche ihrer volksthümlichen Eigenheiten abgeschliffen und die englische Sprache ist allgemein unter ihnen bekannt, während unter den abgeschiedenen Bewohnern der östlichen Küste die irische Sprache allein herrschend ist und ihr ursprünglicher Volkscharakter sich erhalten hat. Ackerbau ist die Hauptbeschäftigung der Inselbewohner, wird aber mit wenig Einsicht und Sorgfalt getrieben. Die Pachtungen sind sehr klein und die Landbauer, wie die Bewohner der Insel überhaupt, gleichen in ihrem Äußern den Be=

Der Seerabenfelsen auf der Insel Raghery.

wohnern der Hauptinsel. Auch ihre Wohnungen sind ebenso ärmlich, nur werden sie, da das Branntweintrinken nicht so verderblich eingerissen ist, weniger zu einem lasterhaften Leben verführt. Die stets zwischen Irland und Schottland fahrenden Dampfboote haben die Inselbewohner in neuern Zeiten mehr zur Betriebsamkeit angeregt und ihnen mehr als früher Gelegenheit verschafft, die Erzeugnisse ihres Bodens und des Meeres abzusetzen. Sie fangen jetzt viele Fische, die sie an die Schiffer verkaufen, besonders Hummern. Ein anderer Erwerbszweig ist das Sammeln des Seegrases, womit sich Weiber und Kinder beschäftigen. Es wird theils zu Kelp gebrannt, den die irländischen und schottischen Bleichen und Kattunfabriken ihnen abnehmen, theils in neuern Zeiten auch häufig zu Betten und Matratzen verwendet. Die Inselbewohner sind zwar von manchem Aberglauben befangen, aber gutmüthig, ungemein ehrlich und bei den häufigen Schiffbrüchen, welche die aus Norwegen, Schweden, Schottland und Nordamerika kommenden Fahrzeuge an den stürmischen Küsten erleiden, sind sie hilfreich und gastfrei gegen die Gestrandeten und vergreifen sich nicht an ihren Gütern, sondern bringen jeden Gegenstand von Werth ihrem Pfarrer, der seit vielen Jahren einen wohlthätig bildenden Einfluß auf sie ausübt, und zugleich der Gutsherr seines Kirchspiels ist.

Die Insel war schon den Römern unter dem Namen Ricina bekannt. Später wurde sie Recran, Raglina, Raclinda genannt. Der berühmte irische Glaubensbote Columba soll im 6. Jahrhundert eine Kirche auf der Insel gebaut haben, die aber im 8. Jahrhundert von den Normannen zerstört wurde, welche die ganze Insel verheerten. Robert Bruce fand hier lange eine Zuflucht, als er vor den übermächtigen Engländern aus Schottland fliehen mußte, und noch zeigt man die Trümmer eines Schlosses, das seinen Namen führt.

Erst 1720 erhielt die Insel, obgleich sie schon 500 Bewohner hatte, durch die Bemühungen des irländischen Bischofs, zu dessen Sprengel sie gehörte, einen Pfarrer und 1723 wurde an einer Bai auf der südlichen Küste eine neue Kirche gebaut.

Die Indianer in Nordamerika.

Unsere Kenntniß von dem Ursprunge der Urbewohner Nordamerikas ist noch sehr mangelhaft. Die Denkmale ihrer Vorzeit sind einfach und wenig zahlreich, meist Beile von plumper Gestalt, steinerne Messer, Mörser, worin der Mais zerrieben wurde, Pfeilspitzen und ähnliche Dinge. Sie können uns nicht auf die Spuren der Geschichte jener Volksstämme leiten, sie sind noch jetzt, wie sie lange vor der Entdeckung Amerikas im Gebrauche waren, und hatten sich nicht verändert, als die ersten englischen Ansiedler im 17. Jahrhunderte landeten. Aber es gibt Spuren eines Volkes, das vor der Zeit gelebt zu haben scheint, wo die Indianerstämme den Europäern bekannt wurden, ihre Geschichte ist jedoch in tiefes Dunkel gehüllt. In mehren Gegenden Nordamerikas findet man Gräben und Wälle, und nach den Jahrringen der Bäume, die auf diesen Denkmalen der Vorzeit wachsen, hat man berechnet, daß wenigstens 1000 Jahre verflossen sein müssen, ehe sie verlassen wurden, und wie lange sie vorher bestanden haben mögen, läßt sich auch nicht einmal in einer begründeten Vermuthung angeben. Gewöhnlich findet man diese Wälle in der Nähe großer Flüsse, zwischen den Ufern des Eriesees und dem Meerbusen von Mexico. Es ist nicht blos eine leere Vermuthung, daß das Volk, welches sie errichtet hat, mit den Künsten des geselligen Lebens nicht ganz unbekannt und folglich gesitteter gewesen sei als die spätern Bewohner des Landes, ja man hat sogar geglaubt, daß diese Überreste auf das Dasein ansehnlicher Städte im Alterthum schließen lassen.

Es ist berechnet worden, daß das große Gebiet, welches sich zwischen dem atlantischen und dem stillen Meere ausdehnt, von zwei Millionen Indianern bewohnt gewesen sei, als die ersten englischen Ansiedler nach Nordamerika kamen. Über 11,000 sind allein in dem Bezirke, der jetzt in dem nordamerikanischen Staate Maine begriffen ist. Unter diesen Indianerstämmen waren einige durch Kriegserfahrenheit und gute gesellschaftliche Einrichtungen ausgezeichnet. Die Mohawk-Indianer bildeten mit vier andern Stämmen einen Bund, der sich von den canadischen Seen bis nach Virginien erstreckte. Die Tschirokesen hatten ein ausgedehntes Jagdgebiet, das sie mit ihren Waffen vertheidigten. Das ganze unermeßliche Gebiet von Nordamerika war unter viele Stämme vertheilt, die sich alle als Krieger und Jäger auszeichneten, und es fand sich in diesen Gegenden Alles, was ein Volk anziehen konnte, dem die Anstrengung fortgesetzter Arbeit beschwerlich war. Die Wälder lieferten einen Überfluß wilder Früchte, die Ebenen eßbare Pflanzen, und an Rothwild, Bären, Truthähnen, Tauben, Wachteln und Rebhühnern fehlte es nirgend. Biber und viele andere Thiere, die kostbares Pelzwerk geben, waren überall häufig, und die Baien, Flüsse und Seen lieferten viele Fische und wildes Geflügel. Es war so leicht, sich hier die wenigen Lebensbedürfnisse zu verschaffen, daß die eingeborenen Stämme hätten zunehmen und glücklich leben können, und wenn es mit einem solchen gesellschaftlichen Zustande vereinbar wäre, würden ihrer Lebensweise vielleicht wirklich jene Reize eigen gewesen sein, die man irrigerweise im Gegensatze zu den Anstrengungen eines gesitteteren Zustandes darin hat finden wollen. Der Zustand des wilden Jägers aber, wie günstig er auch immer sein mochte, gab keine Anregung zum Fortschreiten, und als die ersten europäischen Ansiedler durch Betriebsamkeit und die Anwendung geselliger Künste sich die Mittel eines behaglichen Lebensgenusses verschafft hatten, mußten die wilden Indianerstämme, die nicht von der immer weiter verbreiteten Gesittung ergriffen wurden, nach und nach an Zahl und Macht schwinden, bis es endlich zweifelhaft geworden ist, ob nach einer Reihe von Jahren noch eine Spur ihres Daseins gefunden werden möchte. „Die Zeit wird nur zu bald kommen", sagt ein amerikanischer Schriftsteller, „wo die Geschichte von den Indianern wie von einem Volke sprechen wird, von welchem kein lebender Überrest auf Erden sich findet. Ihre Kähne von Baumstämmen werden nicht mehr die nördlichen Seen durchfurchen, selbst die Wiesenebenen und die Berge des fernen Westlandes werden nicht mehr ihre Zuflucht sein gegen die unaufhaltsamen Fortschritte der Gesittung. Ihre Wälder werden unter der Axt fallen, ihr Wild wird verschwinden, und dann, wenn kein segensreicher Strahl menschlicher Bildung, keine rettende himmlische Wahrheit das Dunkel der Wildniß aufhellt, dann wird der letzte Indianer am Ufer des stillen Meeres stehen und seine Sonne wird für immer untergegangen sein."

In dem Gebiete der Vereinigten Staaten von Nordamerika leben jetzt ungefähr 313,000 Indianer. In den Staaten Vermont, New-Hampshire und einigen andern gibt es gar keine Indianerstämme mehr. In Maine, Massachusetts, Rhode Island, Connecticut und Virginia zusammen leben nur 2500. Die Indianer haben bisher fast überall, wo sie sich durch die Jagd erhalten konnten, allen Bemühungen widerstanden, sie zu einem gesitteten Leben zu führen. Nur einige Stämme, wie die südlichen Indianer, welche durch die weißen Ansiedler immer mehr aus ihrem Jagdgebiete verdrängt wurden, haben sich zu dem Anbau des Bodens gewendet, um sich ihren Unterhalt zu verschaffen. Die ersten englischen Ansiedler gaben den Indianern für das Recht, das Land nach ihrem Gefallen als Jäger zu durchstreifen, gewöhnlich vollen Ersatz, und nur in einigen Fällen hatten sich die Eingeborenen über Ungerechtigkeit zu beklagen. Als aber das Jagdgebiet der Indianer auch hier immer mehr verengt und das Wild durch Verwandlung der Wälder in Äcker sich verminderte, sahen sie sich in dem einzigen Mittel zur Gewinnung ihres Unterhalts beschränkt, und je mehr ihr Zustand sich verschlimmerte, desto mehr mußte ihre Zahl abnehmen. Die Gewöhnung an europäische Waaren, die sie gegen Pelzwerk eintauschten, vermehrte die Bedürfnisse der Indianer; sie brauchten nun immer mehr Thiere, alle Bedürfnisse zu befriedigen, und es waren doppelte Anstrengungen nöthig, sie sich zu verschaffen. Die zahlreichen Bison-Heerden, die man meist am See Erie und am Fuße des Alleghany-Gebirge sah, sind fast ganz auf das westliche Ufer des Mississippi gegangen und schon ziehen sie immer weiter über die Felsenberge hinaus zu den Ufern des stillen Meeres. Der Biber ist fast von allen Stromufern verschwunden; selbst das Rothwild zieht sich zurück. Nicht weniger verderblich wirkte der Branntwein auf die Verminderung der Indianerstämme, die in unmittelbarer Nähe der Weißen lebten, da die wohlthätigen Verfügungen, die den Verkauf des Branntweins an die Indianer verbieten, nur zu leicht sich umgehen lassen. Zu diesen verderblichen Wirkungen kam nun noch, daß sich die Indianer durch Bedrängnisse nicht an Vorsicht, durch Mangel nicht an Betriebsamkeit gewöhnen ließen. Als das Wild immer seltener wurde, dachten sie nicht daran, die Pflanzennahrung zu vermehren und hingen fest an ihren alten Gewohnheiten. Schon in frühern Zeiten wurden von der Bundesregierung der Vereinigten Staaten Mittel versucht, der vorausgesehenen Verminderung der Indianerstämme entgegen zu wirken und Pläne zur Verbesserung ihres Zustandes gemacht. Es wurden Indianerkinder in die öffentlichen Lehranstalten aufgenommen, und nach dem zuerst von den Katholiken gegebenen Beispiele auch protestantische Missionare unter verschiedene Stämme geschickt, wackere Männer, die nicht nur in den Grundsätzen der christlichen Religion, sondern auch in Ackerbau und Handwerken sie unterrichteten. Im Ganzen hatten diese Bemühungen wenig Erfolg, was auch im Einzelnen gewirkt werden mochte. Unter allen Indianerstämmen haben nur die Tschirokesen, oder Tsulaki, wie sie selbst sich nennen, Fortschritte in der Gesittung gemacht. Sie besaßen einst die Hälfte des Staates Tennessee, den südlichen Theil von Kentucky, einen großen Theil von Georgia und ansehnliche Landstriche von andern südlichen Staaten, überhaupt ein Gebiet von 35 Millionen Morgen. Als dieser Stamm schon vor längerer Zeit den Wunsch aussprach, in dem Lande seiner Väter als selbständiges Volk zu bleiben, wurde von der Bundesregierung ein Vertrag mit ihm geschlossen, der die Grenzen seines Gebiets bestimmte und die Verhältnisse mit den weißen Nachbaren freundschaftlich ordnete. Die Tschirokesen hatten seit 1783 mehr als drei Viertheile ihres ursprünglichen Gebietes an die Vereinigten Staaten verkauft und besaßen nur noch gegen 10 Millionen Morgen in Georgia und in Alabama. Die Regierung von Georgia aber behauptete 1827 das Recht, sich des Gebiets der Tschirokesen zu bemächtigen und wollte den Indianern nur einen widerruflichen Anspruch auf die Besitzungen zugestehen, welche die Bundesregierung ihnen gewährleistet hatte. Später dehnte sie ihre Foderungen immer weiter aus, und verbot sogar den Missionaren, unter den Tschirokesen zu wohnen, ließ mehre Eingeborene verhaften und drohte den ganzen Stamm zu verbannen. Drei Missionare wurden vor das Gericht des Staats gestellt, weil sie die angemaßte Obergewalt desselben nicht anerkennen wollten, und sie wurden grausam zu vierjähriger Haft in dem Besserungshause verurtheilt. Die Bundesregierung suchte den Zwist zu vermitteln, und bot den Tschirokesen ein ansehnliches Gebiet westlich vom Arkansasstrome an, das ihnen für immer als Eigenthum gesichert werden sollte. Die Tschirokesen verweigerten ihre Zustimmung, aber die Sache wurde von dem amerikanischen Congresse gegen die Indianer entschieden. Außer dem Eigennutz, der zu dem Verfahren einzelner Staaten gegen die Indianer beigetragen hat, mag auch das in Amerika allgemein herrschende Vorurtheil gegen die Farbigen, wovon wir früher in unserm Magazin bei Gelegenheit der Colonie Liberia gesprochen haben, hier nicht ohne Einfluß gewesen sein. Der Stolz der Weißen sieht auch in dem rothbraunen Abkömmlinge der Urbewohner nur ein geringeres Wesen, wie in dem Schwarzen und Halbschwarzen.

Als die Regierung von Georgia ihre drohenden Ansprüche gegen die Tschirokesen erhob, hatte sich dieser Stamm in dem Laufe von achtzehn Jahren fast in demselben günstigen Verhältnisse vermehrt, das unter den Weißen in den Vereinigten Staaten obwaltet, und war in der Gesittung weiter gekommen als alle übrigen Stämme. Diese Fortschritte sind nicht unterbrochen worden, und 1832 war der Stamm auf mehr als 15,000 angewachsen, mit Einschluß von 1200 Negersklaven. Auch unter dem bedrängten Volke der Fluch der Sklaverei! Mit den Vortheilen des gesitteten Lebens hatte es auch diese Schmach von seinem Vorbilde, dem Weißen, angenommen. Der Ackerbau und mehre Künste des gesitteten Lebens hatten bedeutende Fortschritte gemacht. Die Tschirokesen hatten damals bereits gegen 80,000 Hausthiere, 3000 Pflüge, 2500 Spinnräder, 800 Webstühle, viele Korn- und Sägemühlen, über 60 Schmieden. Sie haben jetzt eine geordnete Regierung, die nach dem Vorbilde der Vereinigten Staaten eingerichtet ist. Die gesetzgebende Gewalt hat der sogenannte Gesammtrath des tschirokesischen Volkes, der aus zwei Abtheilungen besteht, dem Volksausschuß von 16 und dem Volksrath von 24 Mitgliedern, die auf zwei Jahre gewählt werden. Jeder Bewohner des Landes, der das 18. Jahr erreicht hat, ist bei der Wahl stimmberechtigt, aber Menschen, in deren Adern Negerblut fließt, sind auch hier ausgeschlossen, wie in dem Musterstaate. Die vollziehende Gewalt ist in den Händen eines Häuptlings, der nebst seinem Gehülfen und drei Räthen von der gesetzgebenden Behörde gewählt wird. Die Rechtspflege wird von einem Obergericht, reisenden Richtern (wie in den Vereinigten Staaten) und Untergerichten besorgt. Die Regierung hat eine Buchdruckerei und eine Schriftgießerei und seit 1828 erscheint eine Zeitung „der Phönix", die mit tschirokesischer Schrift gedruckt wird. Der Erfinder dieser Schrift ist der Enkel eines unter den Tschirokesen angesiedelten Weißen. Er kannte keine andere als die tschirokesische Sprache, und ward auf den Gedanken, Schriftzeichen zu erfinden, durch die Unterredung mit einigen jungen Leuten geführt, die ihm sagten, daß die Weißen „auf dem Papier reden" und „ihre Worte verständlich in jede Entfernung senden" könnten. Anfänglich sah er kein anderes Mittel, als jedem Worte ein eignes Zeichen zu geben, verfolgte diesen Gedanken ein Jahr lang und erfand mehre tausend Zeichen. Endlich aber überzeugte er sich, daß er nicht auf dem rechten Wege war, und nach manchen andern Versuchen fiel er auf den Gedanken, die Wörter in Theile zu zerlegen, und fand nun bald, daß dieselben Zeichen für verschiedene Wörter dienen könnten und dadurch die Zahl der Zeichen sich sehr vermindern ließe. Nachdem er nun alle Sylben, die er auffinden konnte, sich eingeprägt und bezeichnet hatte, achtete er aufmerksam auf die Rede jedes Fremden, und so oft ihm ein Wort vorkam, das eine Sylbe enthielt, die sich noch nicht in seinem Verzeichnisse befand, merkte er sie sich, bis er ein Zeichen dafür gefunden hatte. Auf diese Weise gelang es ihm, alle Sylben seiner Sprache aufzufinden. Bei der Bildung seiner Zeichen machte er einigen Gebrauch von den Buchstaben, die er in einem englischen A B C-Buch fand. Als der Erfinder mit seinem Plan im Reinen war, hatte er sein Verzeichniß in kurzer Zeit vollendet und für alle Sylben seiner Sprache 85 Zeichen aufgestellt. Dies ist ein wichtiger Fortschritt in der Geschichte der Indianerstämme. Früher hatten sie nur eine Bilderschrift, die auf eine Baumrinde oder auf einen zu diesem Zwecke von der Rinde entblößten Baum gezeichnet ward, um Kriegsereignisse oder den Erfolg einer Jagd Stammgenossen oder andern Stämmen mitzutheilen.

(Beschluß in Nr. 194.)

Die Kathedralkirche zu Hereford.

Die auf unserer Abbildung dargestellte Kathedralkirche zu Hereford in England gehört zu den ausgezeichnetsten kirchlichen Bauwerken dieses an Denkmälern der alten Baukunst so außerordentlich reichen Landes. Sie ist besonders merkwürdig deshalb, weil sie in ihrer vielfach verschlungenen Construction Spuren von fast jedem Styl der kirchlichen Architektur zeigt, ein Umstand, welcher ihr in den Augen der Kunstkenner einen erhöhten Werth verleiht. Schon 544 wird das Bisthum von Hereford als Weihbisthum erwähnt, das zu der Diöcese des Erzbisthums von Caerleon gehörte, und 601 war der Bischof von Hereford einer der Prälaten, die der von Augustinus zu Canterbury zusammenberufenen Synode beiwohnten. Später mag der Umstand, daß seit den ältesten Zeiten viel zu dem dort befindlichen Grabe eines angeblich getödteten Fürstensohnes gewallfahrtet wurde, dessen Standbild noch dem Hochaltar gegenüber steht, viel dazu beigetragen haben, dem Bischofssitze zu Hereford ein so hohes Ansehen zu verleihen.

Nachdem diese berühmte Kathedrale 1012 von Athalstan neugebaut, aber auch 43 Jahre später von Abgar, Grafen von Chester, fast von Grund aus zerstört worden war, begann man den Wiederbau 1075 unter dem frommen Bischof Robert Lozing. Eine Reihe späterer Bischöfe, deren Monumente noch in der Kirche vorhanden sind, waren an diesem Bauwerke thätig. Ausgezeichnet schön, und unstreitig eine der vortrefflichsten Kapellen in ganz England, ist die Liebfrauenkapelle, welche gegen das Ende des 12. Jahrhunderts ausgebaut zu sein scheint.

Der Thurm der Kathedrale gehört dem 13. Jahrhundert an, und ist um dieselbe Zeit aufgeführt, wo die nördliche Seite der Kirche, einer ihrer schönsten Theile, gebaut worden. Die vorzügliche Aufmerksamkeit des Beschauers erregt aber die nördliche Vorhalle durch ihren wahrhaft edlen Styl und ausgezeichnete architektonische Schönheit. In dem Kreuze derselben befinden sich vortreffliche Denkmäler, von denen aber einige stark beschädigt sind.

Der am westlichen Ende der Kathedrale befindliche, zur Zeit der Normannen erbaute massive Thurm stürzte 1786 zusammen und zerschmetterte den obern Theil des Schiffs. Dieser wurde später wieder gebaut, erinnert aber, wie er sich jetzt ausnimmt, nur unvollkommen an die vormalige treffliche Bauart.

In der reichen Bibliothek der Kirche befinden sich höchst merkwürdige alte Handschriften und namentlich auch sehr alte Karten.

Die Kathedralkirche zu Hereford.

Verantwortliche Herausgeber: Friedrich Brockhaus in Leipzig und Dr. E. Drärler-Manfred in Wien.
Verlag von F. A. Brockhaus in Leipzig.

Das Pfennig-Magazin

der

Gesellschaft zur Verbreitung gemeinnütziger Kenntnisse.

194.]   Erscheint jeden Sonnabend.   [December 17, **1836**.

Der große Saal in Middle Temple zu London.

Die englischen Rechtsschulen.

Eigenthümliche Anstalten, die sich mit der Rechtspflege in England im Mittelalter ausbildeten, sind die sogenannten Rechtsschulen in London, die aber längst diesen Charakter verloren haben und jetzt nur als bloße alterthümliche Formen bestehen, aber durch ihren Namen, Gerichtsherbergen (Inns of Court), an ihre ursprüngliche Einrichtung erinnern. Während der Herrschaft der Angelsachsen waren die Geistlichen auch in England die einzigen Rechtskundigen wie die einzigen Inhaber aller wissenschaftlichen Kenntnisse jener Zeit, und das Volk überließ sich ihrem Rathe und ihrer Leitung, da sie in der Anwendung der ungeschriebenen Rechtsregeln und der Gewohnheitsrechte die meiste Erfahrung hatten. Bald nach der Eroberung Englands durch die Normannen wurde das römische Recht vorzüglich durch ausländische Geistliche bekannt, welche in ihren Schulen den Unterricht in dem bürgerlichen und geistlichen Rechte mit dem Studium der Theologie verbanden. Die einheimischen Edlen betrachteten diese Neuerungen mit Eifersucht und begünstigten das alte Gewohnheitsrecht, während die Geistlichen es von den Lehranstalten ausschlossen. Bei diesem Kampfe erhielt zwar das wissenschaftlich ausgebildete fremde Recht einen bedeutenden Einfluß auf das einheimische, das aber, mit Ausnahme der geistlichen Gerichte und der Admiralitätsgerichte, nie eine allgemeine gesetzliche Giltigkeit erlangte. Für den Sieg des vaterländischen Rechts war ein entscheidender Umstand die in der Magna charta *) des Königs Johann versprochene Errichtung eines stehenden obersten Gerichtshofes in Westminster, welche von seinem Nachfolger, Heinrich III., im 13. Jahrhunderte ausgeführt wurde. Die bei diesem Gerichte beschäftigten Rechtsgelehrten bildeten nun eine Art von Innung, und als sie bald auf den Gedanken kamen, Unterricht zu ertheilen und die Zöglinge zum praktischen Berufe vorzubereiten, wurden diese Anstalten von den mächtigen Begünstigern des vaterländischen Rechts unterstützt und durch Stiftungen begabt, um weltlichen jungen Leuten Gelegenheit zum Studium der Rechte zu geben und dadurch dem Einflusse der Geistlichkeit, die auf den Universitäten als kirchlichen Anstalten das römische Recht lehren ließ, entgegenzuwirken. Die jungen Leute und die zu dem Gerichte gehörenden Personen versammelten sich in gemeinschaftlichen Wohnungen, Herbergen (Inns) genannt, wo sie in frühern Zeiten nicht nur mit dem Studium der Rechte sich beschäftigten, sondern auch Tanzen, Musik und andere Kunstfertigkeiten lernten, wodurch sie am Hofe des Königs sich empfehlen konnten. Häufig wurden bis herab ins 17. Jahrhundert von den Zöglingen kostspielige Feste, Mummereien und Aufzüge veranstaltet, und jährlich gab es vier Bälle, wofür in jedem Jahre ein sogenannter Gelagmeister erwählt wurde.

Aus diesen Herbergen entstanden Gesellschaften und Stiftungen, welche seit Heinrich III. von den Königen manche Vorrechte erhielten und gewissen Anordnungen, die sich selbst auf die Kleidertracht, auf Bärte und Haarputz bezogen, unterworfen wurden. Dieser Genossenschaften gab es schon in frühern Zeiten vier, die noch jetzt bestehen, Lincoln's Inn, Inner Temple, Middle Temple und Gray's Inn. In ältern Zeiten mußten die Zöglinge dieser Anstalten, ehe sie vor den Gerichten als Sachwalter auftreten konnten, nicht nur während einer Reihe von Jahren dem Studium der Rechte sich widmen, sondern auch zu bestimmten Zeiten über streitige Rechtssätze in französischer Sprache disputiren, die bis auf Eduard III., der von 1327—77 regierte, die Gerichtssprache war. Diese Übungen haben, wie der eigentliche Unterricht selbst, längst aufgehört. Jeder, der zu dem Sachwalterberufe zugelassen werden will, muß zwar während einer Reihe von Jahren einem der vier Inns als Mitglied angehört haben, aber die Pflichten derselben sind zu leeren Formen geworden. Sie bestehen darin, daß jedes Mitglied während einer bestimmten Zahl von Tagen im Speisesaal seiner Anstalt beim Essen zugegen sein muß. Ob er während der Zeit seiner Mitgliedschaft sich dem Studium widmen will, bleibt ihm überlassen und die Genossenschaft legt ihm in dieser Beziehung keine Verpflichtungen auf. So angestrengten Fleiß die Kenntniß des verwickelten englischen Rechtssystems fodert, so kann doch bei dieser Einrichtung und da keine Prüfungen stattfinden, Jemand zum Sachwalterberufe gelangen, ohne der Rechte kundig zu sein, und die Vermessenheit des Unwissenden wird nur durch Mangel an Beschäftigung und Vertrauen bestraft. Alle vier Anstalten sind voneinander unabhängig, haben aber gewisse gemeinschaftliche Einrichtungen eingeführt. Niemand kann in einer derselben zu den Rechten eines Mitgliedes gelangen, wenn er nicht drei Tage in der Speisehalle beim Gebete nach dem Essen gegenwärtig ist. Keine Anstalt kann Jemand zum Sachwalterstande zulassen, der nicht fünf Jahre Mitglied gewesen ist, aber wenn er Magister der Künste oder Baccalaureus der Rechte auf den Universitäten zu Oxford, Cambridge oder Dublin geworden ist, sind nur drei Jahre erfoderlich. Niemand, der ein Gewerbe treibt oder die Weihe eines Diakonus erhalten hat, oder der Schreiber eines Notarius kann überhaupt zugelassen werden. Wird Jemand von einer dieser Genossenschaften abgewiesen, so erhalten die übrigen Nachricht davon, und keine kann ihn aufnehmen. Die Art der Aufnahme ist in den vier Anstalten wenig verschieden. Der Bewerber muß zuvörderst der Genossenschaft sein Gesuch schriftlich einreichen und genaue Nachricht von seinen Lebens- und Familienverhältnissen geben. Zwei Sachwalter müssen seine sittliche Achtbarkeit verbürgen und ein anderer Bürge für die Bezahlung der Gebühren einstehen. Ist seine Zulassung verfügt, so bezahlt er ein bestimmtes Eintrittgeld und muß in Verbindung mit einem andern Mitgliede eine Versicherung über die Bezahlung für seinen Mittagstisch während seines Aufenthalts ausstellen. Ehe er nun wirklich in die Rechte eines Mitgliedes treten, das heißt eine gewisse Anzahl von Mahlzeiten in jedem sogenannten Cursus verzehren kann, muß er 100 Pfund Sterling niederlegen, die ihm ohne Zinsen zurückgegeben werden, wenn er Sachwalter wird oder die Genossenschaft verläßt, wofern er anders nicht bescheinigen kann, daß er die erfoderlichen Lehrcurse in Oxford, Cambridge, Dublin oder als Mitglied der Advocaten-Facultät in Schottland gemacht hat. In allen Anstalten sind zwölf Lehrcurse erfoderlich, ehe Jemand als Sachwalter vor Gericht auftreten kann. Alle müssen noch jetzt der Förmlichkeit sich unterwerfen, neun Übungen zu machen, die im Inner Temple die Gestalt einer Prüfung haben, aber mehr um die Vorstände der Anstalt mit der Persönlichkeit als mit den Fähigkeiten des jüngern Mitgliedes bekannt zu machen. Hat der Zögling seine Curse vollendet und das einundzwanzigste Jahr zurückgelegt, so muß er sein Gesuch um Zulassung zum Sachwalterberufe eingeben, die gewöhnlichen Amtseide ablegen und Bürgschaft für die Bezahlung der Gebühren leisten. Die Mitglieder der Anstalten haben

---

*) Vergl. Pfennig-Magazin Nr. 153.

verschiedene Grade, die den akademischen entsprechen, wie der Barrister, früher Lehrling genannt, dem Baccalaureus oder Licentiaten, und der Sergeant, dem Doctor des Civilrechts auf den Universitäten. Einer der Barristers heißt der Vorleser und hat die Verpflichtung, den Mitgliedern eine Vorlesung über einen Gegenstand der Rechtswissenschaft zu halten. Die Leitung der Anstalten steht unter gewählten, vor den Gerichten zugelassenen Sachwaltern. Sie können ein Gesuch um Zulassung ohne Angabe eines Grundes verwerfen, und es findet keine Berufung von ihrem Ausspruche statt. Die zwölf Oberrichter Englands sind die Aufseher der Anstalten, und sie haben über das Benehmen der Vorstände gegen die Mitglieder zu wachen. Zwar kann Niemand wegen verweigerter Zulassung zu den Anstalten, die man als bloße freiwillige Genossenschaften betrachtet, sich an sie wenden, wohl aber kann die Verweigerung der Zulassung zum Sachwalterberufe ihrem Urtheile unterworfen werden, weil die Anstalten ihr Vorrecht, die Erlaubniß zum gerichtlichen Sachwaltergeschäfte zu ertheilen, nur in Folge der Ermächtigung der Oberrichter genießen. Ungeachtet der Mängel dieser alterthümlichen, zu einer leeren Form herabgesunkenen Einrichtung, die gar keine Bürgschaft für die Befähigung der Bewerber gibt, steht doch der Advocatenstand in England in sehr hohem Ansehen, weil nur gründliche Kenntnisse Auszeichnung geben, und weil schon die Zulassung zu der ersten Stufe der Sachwalter in den Gerichten, wo das theils auf die alten Rechtsbücher, theils auf den Gerichtsgebrauch sich stützende gemeine Recht gilt, zu dem Range eines Barrister mehre Prüfungsjahre fodert. Jeder muß binnen dieser Zeit 12 große und 24 kleine Probeprocesse als Sachwalter durchführen, und ist er als Barrister angenommen, noch drei Jahre als bloßer Zuhörer den Gerichtssitzungen beiwohnen. Erst nach 16 Dienstjahren als Barrister kann er den Rang eines Sergeant erhalten, der ihm unter andern Vortheilen auch den Anspruch auf höhere Gebühren gewährt.

Zu den bedeutendsten Inns gehören Inner Temple und Middle Temple, deren Gebäude den Platz einnehmen, wo vor Zeiten das Haus der Tempelherren stand, das nach der Unterdrückung des Ordens dem Könige zufiel und endlich an eine Genossenschaft von Studenten der Rechte kam, die sich im 14. Jahrhunderte in die jetzt bestehenden zwei Anstalten trennte. Von dem alten Ordensgebäude ist nur noch die Kirche übrig. Der Middle Temple, dessen großen Saal unsere Abbildung auf S. 401 zeigt, ward ursprünglich im 14. Jahrhunderte gebaut, nach dem Brande der Hauptstadt (1666) aber neu gebaut und hat in der neuesten Zeit vielfache Veränderungen erhalten. Lincoln's Inn wurde gegen Ende des 13. Jahrhunderts gegründet und das Gebäude im 15. und 16. vollendet. Die Kapelle der Anstalt ward im 17. Jahrhunderte von dem berühmten Inigo Jones erbaut und 1791 gänzlich erneuert. Zu diesen Zierden gehört das Standbild des großen Rechtsgelehrten Lord Erskine. Gray's Inn ward im 14. Jahrhundert gegründet, und zu seinen Zöglingen gehörte der berühmte Kanzler Bacon, der die Ulmen im Garten des Gebäudes mit eigner Hand pflanzte. Zu diesen vier Anstalten gehören acht sogenannte Kanzleiherbergen (Inns of chancery), die ursprünglich als Wohnungen für Studenten der Rechte angelegt wurden. Jetzt tritt Niemand in diese Anstalten, der sich zu dem höhern Sachwalterberufe vorbereiten will. Sie werden meist von Procuratoren und Anwalten, die zu der untern Classe der Advocaten gehören, bewohnt. — Irland hat ähnliche Anstalten, die nach dem Muster der englischen Gerichtsherbergen eingerichtet wurden, als Dublin stehende Gerichtshöfe erhielt. Irländische Advocaten müssen acht Curse in England und neun in Dublin machen, ehe sie zu den Gerichten in Irland zugelassen werden können.

Erwärmungsmethode in Madrid.

Außer in einigen großen Häusern findet man in Madrid nirgend Kamine. Einige Erneuerungssüchtige sind zwar so kühn gewesen, den frostigen Diplomaten nachzuahmen und sich Öfen in ihren Zimmern setzen zu lassen, trotz der patriotischen Widersprüche der Stadtbehörden, die einen gewaltigen Lärm darüber erhoben, als sie eiserne Röhren durch die Häuser leiten und Schornsteine aufbauen sahen, wodurch, wie sie meinten, die Symmetrie in den Bauten zerstört wurde, welche freilich, die Alcalastraße ausgenommen, nirgend existirt, denn es kann keinen buntern Mischmasch von Gebäuden geben, als in Madrid. Dieses feuerlose System, für Ausländer ein so empfindlicher Mangel, macht den Eingeborenen keine Beschwerde. Einige versichern sogar, der Anblick eines Kaminfeuers verursache ihnen Kopfschmerz, und sie behaupten, es könne nicht ordentlich warmen. „Wie könnt ihr Fremden", sagen sie, „uns eure Kamine anpreisen, da jeder Windstoß, der in den Schornstein hineinfährt, die ganze Gesellschaft aus dem Zimmer zu treiben oder eine Windmühle in Gang zu setzen im Stande ist? Da loben wir uns unsere Brasero!" Das Brasero, eine Art Kohlenpfanne, vertritt hier den Theetisch, es bringt die Leute einander näher. Die Damen, jung und alt, rücken mit ihren Stühlen heran, legen sich ihre Kleider so zurecht, daß ihnen die Wärme gehörig ankommen kann, und kriechen um ein Gemisch von Asche und Holzkohlen zusammen; mit aller Mühe gelangen sie am Ende dazu, sich ihre Schuhe zu versengen und sich die Zehenspitzen zu verbrennen, während ihr Rücken die ganze Zeit auf Null bleibt. Haben sie diese Höhe des Genusses erreicht, so reiben sie sich die Hände, sehen einander an, trinken Chokolade, die Männer rauchen Cigarren, und fangen an, behaglich zu schwatzen.

Die Verfertigung der Kastorhüte.

Auch die Kunst, feine Hüte, und namentlich Kastorhüte zu verfertigen, hat sich nur nach und nach, und vorzüglich erst in neuerer Zeit zu der gegenwärtigen Vollkommenheit ausgebildet, und da diese Fabrikation in mancher Beziehung höchst interessant ist, so wollen wir dieselbe näher beschreiben und durch die beigegebenen Abbildungen unsere Beschreibung erklären.

Worauf es in der ersten Periode bei Fertigung der Hüte zuvörderst ankommt, und was mithin der erste Gegenstand der Hutfabrikation ist, ist der sogenannte Filz des Hutes. Die Bestandtheile desselben sind der Flaum von Kaninchen- und Hasenhaaren, welche die nöthigen Vorrichtungen von den sogenannten Haarschneidern erhalten haben, und eine kleine Quantität von Kameelhaaren, die, länger sind, sich sehr gut zusammenfilzen und walken lassen und daher dem Filz hauptsächlich seine innere Festigkeit geben müssen. Nachdem nun der Fabrikant von genannten Stoffen die verhältnißmäßige Quantität eines jeden abgewogen hat, beginnt die Arbeit des Fachens. Sie werden dabei auf eine Tafel (Fachtafel) gelegt, welche an der rechten Seite einen Vorhang hat, damit hier nichts von den Stoffen bei der Arbeit herunterfliegen könne. Von der Decke herab hängt einige Zoll hoch über dieser Tafel an einer Schnur, der sogenannte Fachbogen, der, von starkem Holze wie ein Violinbogen gestaltet, 3½ Elle lang ist und mit einer schwächern oder stärkern Darmsaite bespannt ist, je nach der feinern oder gröbern Arbeit. Der Arbeiter ergreift mit der linken Hand den schwebenden Bogen wagrecht und bewegt mit der rechten

Das Verfahren beim Fachen.

mittels eines ungefähr ½ Elle langen, in der Mitte etwas stärkern und an beiden Enden knopfähnlich gedrehten Holzes (Schlagholz) fortwährend sehr schnell die Darmsaite, welche so geleitet wird, daß sie die links auf der Tafel liegenden Stoffe stets anprellend berührt, wodurch diese aufgelockert und gemischt auf die rechte Seite der Tafel als durchsichtiger und leichter Flaum zurückfallen. Eine bestimmte Menge davon wird zugleich in eine herzförmige Gestalt gebracht und heißt ein Fach. Zu jedem Filze müssen auf diese Weise zwei Fache bereitet werden, welche man mittels eines Siebes mit ledernem Boden ohne unten hervorstehenden Rand nach und nach unter rüttelnder Bewegung desselben so zusammendrückt, daß sie ohne Gefahr des Zerreißens von der Tafel genommen und zur Seite gelegt werden können. Sind beide Fache so weit fertig, so nimmt man das Modellpapier, welches ein Stück glockenförmiges, ungeleimtes festes Papier ist, legt dieses auf einen bereits in einem feuchten groben Leinwandtuche durch Wirken mit den Händen schon etwas fest gefilzten Theil, dergestalt, daß die untere Seite, welche offen bleiben und zuletzt den Rand bilden muß, abschneidet, und faltet das auf drei Seiten Heraustehende hereinwärts so über das Modellpapier, daß A den Theil desselben, soweit es sichtbar, und B den darüber gefalteten Stoff bezeichnet. Ist dies geschehen, so wird der andere Theil (Fach) darauf gelegt, durch obenerwähntes Sieb rüttelnd angedrückt, das Untere nach oben gewendet und das beschriebene Verfahren wiederholt. Das Modellpapier ist nun auf beiden Seiten mit Stoff bedeckt, welcher die Gestalt einer regelmäßigen Glocke bildet. Um diesem sehr lockern, vielleicht jetzt dreimal zu großen Filze die nöthige Festigkeit zu geben, wird er in einem feucht zu erhaltenden groben Leinwandtuche (Filztuch) auf einer heißen Eisenplatte oder auch nur kalt fest gefilzt, indem man ihn wie einen Teig mit den Händen knetet. Das Modellpapier, welches das Zusammenfilzen beider Fache gehindert hat, wird dann herausgenommen und der Filz gewalkt, was ihm erst die rechte Festigkeit gibt. Man braucht dazu einen kupfernen Kessel, worauf eine vier- oder mehreckige Tafel liegt, welche sich nach ihrer Mitte zu in vertiefter schräger Richtung in einem Loch nach der Form des Kessels endet; den Kessel füllt man mit einer Flüssigkeit von Wasser mit Bier- oder Weinhefen, oder auch mit Vitriolöl vermischt, welche durch eine schnell heizende Feuerung auch beim thätigsten Arbeiten immer dem Kochen nahe heiß erhalten wird. In diese taucht man den Filz, drückt ihn dann etwas aus, worauf der Arbeiter anfänglich ganz behutsam das Walken beginnt, bis der Filz mehr Festigkeit erlangt und zugleich an Größe verloren hat. Das Walken selbst besteht in einem, dem steten Eintauchen in die heiße Flüssigkeit schnell folgenden Auf- und Niederrollen des Filzes auf der Tafel. Diese Arbeit wird so lange fortgesetzt, bis der Filz die verlangte Größe oder vielmehr Kleinheit und zugleich gehörige Festigkeit erlangt hat, worauf er Rumpf heißt und getrocknet wird. Dieser Rumpf wird nun durch eine Auflösung von Schellack und verschiedenen Gummiarten in Weinspiritus wasserdicht gemacht, ein der neuesten Zeit angehöriges und noch nicht von jedem Hutfabrikanten angewendetes Verfahren. Jetzt gilt es, der Außenseite das schöne rauhe Haar zu geben, was man „Federn" oder auch „Vergolden" nennt. Man verwendet dazu Biber- oder die feinsten Hasenhaare, oder eine Mischung aus beiden, welche schon nach der Form des Rumpfes in drei dergleichen, und zwar doppelten Abtheilungen mit ebenso vielen handbreiten Streifen gefacht und etwas fest gedrückt worden sein muß. Um diesen Überzug auf den Rumpf zu befestigen, muß letzterer wieder in die heiße Flüssigkeit getaucht und ausgedrückt auf ein feuchtes, auf heißer Eisenplatte liegendes Haartuch gelegt werden, wo dann eine Lage auf den Rumpf gelegt, mit einer in Wasser getauchten Bürste festgeklopft und auf dem heißen Bleche festgewalkt wird; ist das mit der ersten Lage geschehen, so wird mit der zweiten und dritten ebenso verfahren. Hierauf werden zwei bis vier Stück solcher halbfertigen Hüte in ein starkes Haartuch nebeneinander zusammen aufgerollt, fleißig gerüttelt und dabei oft in kochendes Wasser getaucht; nach vier Stunden legt man sie aus diesem Haartuche und nimmt jeden einzeln und schüttelt oder klärt ihn in kochendem Wasser, damit sich die groben Haare entfernen und die feinen hervortreten können, und sie sind nun bis zum Formen fertig. Der Arbeiter schlägt ihn hierauf auf den Kranz, d. h. er gibt durch die Verwandlung desselben in viele zusammenhängende Ringe ihm das Ansehen eines dicken hölzernen Tellers, worauf er durch Herausziehen der innersten mittelsten Ringe ihn den Boden (Platte) zum Hute vorbereitet, selbigen auf die bestimmte Form legt, die andern Ringe auf dieser herunterzieht, mit einer Schnur fest anschnürt und den über der Form herunterstehenden Filz bei immerwährend heißer Benetzung zum Rande und das Ganze so zum Hute nach bekannter Form bildet. Hierauf wird er in kaltem, reinem Wasser abge=

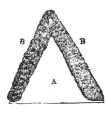

Das Walken des Filzes.

spült und getrocknet, worauf er zur zweiten Periode, zum Zurichten oder Fertigmachen, übergeht.

Das Erste ist bei den Castorhüten dann das Schwarzfärben, welches eine vorzügliche Aufmerksamkeit und durch fleißige Beobachtung erlangte praktische Kenntniß fodert. Es geschieht ebenfalls in einem Kessel oder in einer Pfanne, und zwar je nach der kleinern oder größern Fabrik, vielleicht mit mehren Hundert Hüten zugleich. Die Hüte müssen 10—18 Stunden lang unter mehrmaligem Herausnehmen und Abkühlen derselben und jedesmaligem frischen Zusatz von Färbestoff in dem Kessel in der Farbenbrühe kochen, worauf sie in Flußwasser rein gespült und dann getrocknet und an den Zurichter abgegeben werden. Dieser macht die jetzt wieder umgestalteten Hüte in der Dunstmaschine heiß und weich und zieht jeden, ehe er erkaltet, auf die gewöhnlich aus mehren Theilen bestehende Form, worüber er eine Zeit lang stehen bleiben und trocknen muß, worauf er, bei etwas Anfeuchten, mit einem schwe-

ren, heißen Bügeleisen fest an die Form und der Rand scharf ausgebügelt wird. Die Form wird nach diesem stückweise aus dem Hute genommen, der gewöhnlich noch viel zu breite Rand nach der Mode beschnitten und dann der gebügelte Hut gerupft, eine Arbeit, wobei mittels einer Zange von Stahl die groben stachlichten Haare herausgezogen werden. Nach diesem Verfahren erhält ihn die Nähterin zum Staffiren, d. h. Füttern u. s. w., und von dieser wieder der Façonnier zum Fertigmachen.

Es gibt auch mehre Gattungen von Filzhüten, welche nicht überzogen oder vergoldet sind, sondern aus einem Gemisch von den feinsten, mittelfeinen und ordinairen Haaren der Hasen, auch aus Kameelhaar und Wolle verfertigt werden. Erstere werden mit der Bürste gewalkt, deshalb Bürstelhüte genannt, und vor oder nach der Farbe wasserdicht gemacht. Feine graue Hüte werden mit Biber-, Bison- oder Hasenhaar überzogen; geringer ist ein Gemisch von Kaninchen- und ordinairem Hasenhaar u. s. w.

Die Indianer in Nordamerika.
(Beschluß aus Nr. 193.)

Gleichzeitig mit diesen Fortschritten treten manche Verbesserungen des gesellschaftlichen Zustandes hervor. Die Tschirokesen leben größtentheils in Dörfern, und haben bequeme und reinliche Wohnungen. Die einfachsten Häuser bestehen aus Baumstämmen, manche aber haben zwei Stockwerke und sind auch von außen verziert. Die Vielweiberei nimmt ab, und die Frauen erhalten die Stellung, die ihnen im häuslichen Leben gebührt. Viele weiße Männer und Frauen haben sich durch Zwischenheirathen mit den Tschirokesen verbunden und leben unter ihnen. Die Abkömmlinge aus solchen Ehen treiben den Ackerbau thätiger als die Tschirokesen von unvermischter Abkunft. Diese Indianer haben aufgehört, von der Jagd allein ihren Unterhalt zu erwarten, und dadurch den ersten großen Schritt zur Gesittung gethan. Die meisten Familien ernten ihren eigenen Bedarf und viele behalten Getreide zur Ausfuhr übrig. Der alte Volksaberglaube verschwindet immer mehr. Schon 1832 wurden in 18 Schulen 500 Kinder unterrichtet, die Englisch lernten; gegen 200 junge Männer nach den Grundsätzen der Weißen erzogen, und immer allgemeiner wurde das Verlangen, den Kindern Unterricht zu verschaffen. Die Masse des Volkes hat sich dem christlichen Glauben zugewendet, und es werden an mehren Orten sowol von Missionaren als von Eingeborenen Predigten gehalten. Die in Arkansas wohnenden Tschirokesen sind derjenige Theil des Stammes, der seit 1804 von dem östlichen Ufer des Mississippi auswanderte, und nach einem 1828 mit ihnen abgeschlossenen Vertrage noch weiter westlich gezogen ist. Auch hier sind Missionare thätig gewesen und es zeigen sich Fortschritte im Ackerbau. Ein anderer Indianerstamm, die Tsikasa, treiben Ackerbau, Viehzucht und Handwerke und haben bereits geschriebene Gesetze; weniger Fortschritte in der Gesittung aber bemerkt man unter den Creek=Indianern und andern Stämmen, seit sie mit den Weißen in nähere Berührung gekommen sind. So günstige Erfolge aber auch die Bemühungen wohlwollender Männer auf einzelne Stämme gehabt haben, so hat sich doch in neuern Zeiten unter den Amerikanern immer mehr die Ansicht verbreitet, daß die Indianer nur durch Entfernung von den Weißen in einen besseren Zustand versetzt werden können, und selbst einige Missionare, die lange unter ihnen lebten, haben die Meinung ausgesprochen, daß die Urbewohner in ihren jetzigen Verhältnissen ihrem Untergang nicht entgehen können. Auf jeden Fall möchte nur von dem jüngern, für die höhern Bedürfnisse der Gesittung erzogenen Geschlechte etwas zu hoffen sein; die ältern Indianer sind zufrieden mit ihrem Zustande und ihren alten Einrichtungen hartnäckig ergeben. Es bildete sich vor mehren Jahren ein Verein zur Beförderung der freiwilligen Auswanderung der Indianer, welcher den Plan entwarf, allen Stämmen, die sich den Gesetzen des Staates, wo sie leben, nicht unterwerfen wollen, ein neues Gebiet anzuweisen, wo sie nach ihrer Ansiedelung fortdauernde Unterstützung und Mittel zu geistiger, sittlicher und gewerblicher Bildung erhalten sollen. Diese Entwürfe hat die Bundesregierung in der neusten Zeit auszuführen gesucht und mehren Stämmen westlich vom Mississippi neue Gebiete angewiesen. Aber es sind selbst in Amerika auch mehre Gegner dieser Auswanderung aufgetreten, die lieber alle Mittel zur Bildung der Indianer in ihrer jetzigen Heimat aufgeboten sehen wollen, und den Vorwurf aussprechen, daß die einzelnen Staaten viel zu wenig zur Veredlung der Indianer gethan, ja selbst ihren Bürgern gestattet haben, trotz den bestehenden Gesetzen, sie zu entsittlichen, sie zu verderben und zu berauben. Auch ist die Auswanderung noch nicht in allen Fällen, wo die Indianer sich dazu verstanden haben, so freiwillig gewesen, als sie nach jenem Plane sein sollte. Und wenn bei dem immer zunehmenden Drange, sich im westlichen Gebiete anzusiedeln, die Weißen nachrücken, werden die den Indianern verliehenen Wohnsitze bald neuen Ansprüchen ausgesetzt sein, und es wird dann doch die Zeit kommen, wo der letzte der unglücklichen Indianer am Ufer des stillen Meeres steht. Die Indianer mögen dieses unvermeidliche Ergebniß voraussehen, und darum werden durch die Bemühungen der Weißen, sie zurückzudrängen, fast immer Bewegungen an den Grenzen erregt, die mit Waffengewalt von den Amerikanern unterdrückt werden müssen. Aus denselben Ursachen ist der Kampf gegen die kriegerischen Seminolen in Florida, einen Stamm der Creek=Indianer, hervorgegangen, der jetzt den Nordamerikanern so große Anstrengungen kostet. Sie widersetzen sich dem Vorhaben der Weißen, sie aus ihrem alten Jagdgebiete zu verdrängen und auf das westliche Ufer des Mississippi zu versetzen, wo man auch ihnen, wie den andern verpflanzten Stämmen, ein eignes Gebiet verleihen wollte.

Die Indianer, welche die britischen Colonien in Nordamerika bewohnen, sind in ihren Sitten und ihren Bildungszustande ihren Stammverwandten in den Vereinigten Staaten gleich. Die britische Regierung war in ihren Verhältnissen mit den Urbewohnern in frühern Zeiten blos darauf bedacht, sie zu Verbündeten in den Kriegen gegen die Franzosen in Canada und später seit 1776 in dem Kampfe gegen die Nordamerikaner zu machen. Erst in neuern Zeiten wurden edlere Zwecke erstrebt und die sittlichen Bedürfnisse des Volkes beachtet, die man vernachlässigt hatte, während man die Indianer gegen die Nachbarn hetzte. Bis 1816 bezahlte die britische Regierung den Indianern in Canada jährlich über 1 Million Thaler für geleistete Dienste. Es bestand eine eigene mit der obersten Verwaltung der Colonien verbundene Behörde, deren Geschäft es war, die Verhältnisse Großbritanniens mit den Indianerstämmen auf einem freundschaftlichen Fuße zu erhalten. Dies geschah durch jährliche Geschenke an die Häuptlinge und alle Glieder eines Stammes, eine Art von Wartegeld. Diejenigen Stämme, die ihre Ländereien an die Krone abgetreten hatten, erhielten gleichfalls jährliche Geschenke. Diese Spenden wurden seit 1827 bedeutend vermindert und betragen jetzt nur den siebenten Theil jener Summe. Im Jahre 1830 erhielten indeß noch mehr als 18,000 Indianer in Ober= und Untercanada Geschenke, und viele derselben kamen gegen 400 Meilen weit, um das Pfand der britischen Freundschaft zu empfangen. Darunter waren nicht nur Krieger, die in Gefechten Wunden erhalten hatten, sondern auch Witwen und über 700 Knaben und Mädchen von 1 bis 15 Jahren. Unter den vertheilten Gegenständen befanden sich Decken, Tuch, Leinwand, Kattun, aber auch silberne Ringkragen, das höchste Ehrenzeichen für einen Indianer. Unter die Weiber wurden mehre tausend silberne Ohrgehänge und Schmucksachen, Spiegel, Kämme aller Art, seidene Tücher, Band vertheilt. Auf einige Fortschritte des gesitteten Lebens kann man schließen, wenn man unter diesen Spenden auch viele tausend Nähnadeln, Zwirn, Scheren, Knöpfe findet, dagegen aber neben den Werkzeugen friedlicher Künste auch Pulver, Blei, Flintensteine, Gewehre und Streitärte. Das gewöhnliche Geschenk besteht aus einem Fleischmesser, einigen Pfund Pulver und Blei, einigen Flintensteinen und einer Decke. Gegen den Vorschlag, statt solcher Gaben Geld zu vertheilen, wurde von Denjenigen, welche die Sitten der Indianer kannten, der Einwurf gemacht, sie würden dadurch Mittel erhalten, sich der Unmäßigkeit hinzugeben, und von dem Zustande der Gesittung entfernt werden, in welchem sie bereits das Mittel zur Rettung ihrer Selbständigkeit zu erkennen angefangen hätten.

Die Fortschritte des Ackerbaues haben bereits den Werth ihres Jagdgebiets herabgesetzt, und sollten sie, um ihren Unterhalt zu finden, weiter gegen die westlich wohnenden Stämme ziehen müssen, so würden blutige Zwiste kaum zu vermeiden sein. Die britische Regierung hat daher Alles aufgeboten, um die Indianerstämme zu festen Niederlassungen und zu der Beschäftigung mit dem Ackerbau zu bewegen. Alle Indianer, die dazu geneigt waren, haben Ländereien er=

halten, aber man fand, daß ihre alten Gewohnheiten mächtige Hindernisse einer geregeltern Betriebsamkeit sind. Ihre Ansichten von Gastfreundschaft, nach welchen sie Alles mit jedem wandernden Indianer theilen müssen, halten sie nicht weniger ab, sich einer thätigen Lebensweise hinzugeben. Die Erhaltung des Wildes, besonders der größern Thierarten, ist unverträglich mit gehörigem Anbau des Bodens. Die Lage der Indianer ist daher mit großen Schwierigkeiten verbunden und würde verzweifelt sein, wenn sich nicht ihr Verlangen verriethe, sie zu besiegen. Es hat sich in neuerer Zeit ihr Wunsch, sich in festen Wohnsitzen anzusiedeln und Unterricht zu empfangen, vielfältig offenbart. Ein Theil des Mohawk-Stammes, der sich vor mehren Jahren von seinen Stammgenossen trennte, hat ziemliche Fortschritte in der Kenntniß der Landwirthschaft gemacht und die europäische Tracht angenommen. Die Chippewäh-Indianer, gegen 500 Seelen, haben das Verlangen ausgedrückt, zum Christenthum überzutreten. Die Missisqua-Indianer, früher wegen ihrer Neigung zum Trunke und ihrer unordentlichen Lebensweise bekannt, bewohnen jetzt ein Dorf von 20 Baumstammhütten, und haben eine Schule, worin 30 Knaben unterrichtet werden, die das Englische geläufig lesen. Sie haben zwei eingefriedigte Landstriche von mehren Morgen, wo sie Weizen bauen, und ein größeres Stück, das eine einträgliche Maisernte gewährt. Gegen 2000 Indianer von dem Mohawkstamm und den sechs Nationen haben einen Landstrich von 260,000 Morgen in Obercanada; aber sie sind noch weit zurück im Ackerbau und gewinnen sonst nichts als Mais, Bohnen und Kartoffeln. Im Jahre 1826 gab die Regierung 200 Indianern eine Ansiedelung am Kreditfluß und ließ 20 Hütten für sie bauen, seitdem aber haben die Ansiedler mehre neue aus eigenen Mitteln erbaut. Sie haben ein Bethaus, das zugleich als Knabenschule dient, eine Schulstube für Mädchen und ein Haus für den Missionar. Sie zeigen ein lebhaftes Verlangen, ihre Kinder in Handwerken unterrichten zu lassen. Ein erfreuliches Zeichen ist es, daß sie die Spielsachen und grell bunten Zeuche, die früher so viel Beifall fanden, jetzt gering schätzen, und lieber Bindfaden, Stricke und Blei nehmen, um sich Fischernetze zu machen. Der Häuptling eines canadischen Indianerstammes äußerte das Verlangen nach den Kenntnissen des gesitteten Lebens gegen einen britischen Beamten, in folgenden Worten: „Vater, wir haben nicht ohne Neid die Anstalt in Michilimackinak gesehen (eine Missionarschule), wo die Kinder unseres großen Vaters (Indianer) die Mittel erfahren, wie die weißen Männer zu leben, und auch lernen ihre Gedanken auf Papier zeichnen und Neues aus Büchern denken, wie ihr thut, und wir haben etwas gehört, Vater, das uns die Hoffnung gibt, unser großer Vater werde uns die Mittel gewähren, zu leben wie die Weißen. Vater, unsere jungen Leute, die vorigen Winter euere Papiere nach York trugen, sagen uns, daß unsere Brüder dort, wie wir große Trunkenbolde und böse Leute waren, jetzt nüchtern und fleißig geworden sind. Der große Geist ist ihnen gewogen, weil sie wissen, wie sie seinen Segen erbitten müssen. Gewiß, wenn unsere Väter in York und Quebek mit dem Elende und der Noth bekannt wären, worunter wir leiden, sie würden uns lehren, wie wir uns dem großen Geiste gefällig machen müssen, und wir würden glücklicher sein. — Unser großer Vater zu York hat unsern Brüdern die Mittel gegeben, die Erde zu schneiden (zu pflügen) und sie das Land bauen gelehrt. Wie glücklich sie sind! Wir wünschen, er wäre auch so gütig gegen uns. — Wir haben Arme, so gut als die Weißen, aber wir wissen sie nicht zu gebrauchen. Unsere Herzen sind dunkel, wir möchten sie weiß machen. Wie würden wir lachen, wenn wir unsere Töchter die Kühe melken und Kleider für uns machen sähen, und wenn wir sähen, wie unsere jungen Burschen Eisen schlügen und Schuhe für einander machten!"

Es konnte nicht fehlen, daß dieser Hülferuf des Natursohnes, in welchem die Ahnung eines bessern Zustandes erwacht war, empfängliche Gemüther fand, und so haben britische Beamte in Canada mehre gute Vorschläge gemacht, wie dem aufgeregten Verlangen nach Bildung durch thätigen Beistand der Regierung entgegen zu kommen sei, wie man beträchtliche Landantheile unter der Bedingung, sie in einer bestimmten Zeit anzubauen, als Eigenthum ihnen überlassen, Handwerker unter ihnen ansiedeln und Indianerkinder gemeinschaftlich mit Weißen in englischen Schulen unterrichten und zu künftigen Schulmeistern erziehen, einige aber durch höheren Unterricht zu Missionaren bilden solle. Die Indianer in Untercanada sind katholisch, in Obercanada aber gibt es nur wenig Katholiken; die englischen Missionare arbeiten indeß mit Erfolg, die Eingeborenen zum Christenthum zu bringen. Gibt es auch in Canada noch keinen Indianerstamm, der mit den Tschirokesen auf gleicher Stufe der Gesittung stände, so ist doch der bei Vielen erwachte Wunsch, das Wanderleben zu verlassen, eine Erscheinung, welche, gut benutzt, ebenso erfreuliche Erfolge herbeiführen kann.

Champagnerverbrauch.

Man hat im vorigen Jahre an Ort und Stelle genaue Nachforschungen über den Verbrauch und die Ausfuhr des echten Champagners angestellt. Die angegebenen Quantitäten gelten nur vom Weine aus der eigentlichen Champagne (Departement de la Marne) und keineswegs dem Burgunderchampagner und mehren andern Sorten Wein, die man unter dem Namen Champagner ausführt. Die Gesammtmasse des aus dem Departement de la Marne ausgeführten Champagner Mousseux beträgt 2,700,000 Bouteillen. Bei dem Pfropfen der Bouteillen und der Versendung geht ein Drittheil des Products durch das Springen der Bouteillen verloren. Sillery liefert bei 50 Tagewerken nur 10,000 Bouteillen, Ai bei 200 Tagewerken 50,000 Bouteillen. Die mittlern Preise an Ort und Stelle betrugen während der letztern acht Jahre im Durchschnitt: erste Qualität im Durchschnitt 3—4 Francs; zweite Qualität 1 Franc 50 Centimes bis 3 Fr.; dritte Qualität 1 Fr. bis 2 Fr. 50 C. Der Verbrauch von echtem Champagner in Frankreich beträgt jährlich 626,000 Bouteillen, ist aber im Abnehmen. Die auswärtige Consumtion beträgt im Durchschnitt in England und Ostindien 467,000 Bouteillen; in Deutschland 479,000 Bout.; in den Vereinigten Staaten 400,000 Bout.; in Rußland 280,000 Bout.; in Schweden und Dänemark 30,000 Bouteillen.

Hogarth's Werke.
14. Das lachende Parterre.

Dieses Blatt bedarf eigentlich kaum einer Erklärung; die Absicht des Künstlers scheint hauptsächlich gewesen zu sein, dem Beschauer das Vergnügen zu gewähren, Alles selbst zu finden. Es stellt die vordern Bänke des Parterres eines Schauspielhauses vor, nebst einem Theil des Orchesters. Sämmtliche Personen, mit Ausnahme einiger, sind in einem herzlichen Gelächter begriffen. Der Effect dieses Bildes wird durch zwei Contraste gehoben: während das Parterre nach Herzensgrund sich satt lacht, sitzen im Vordergrunde drei Männer, die nicht lachen dürfen, und im Hintergrunde erblickt man drei andere die nicht lachen wollen. Erstere, die Virtuosen des Orchesters, müssen bei ihrer musikalischen Arbeit den Mund zusammenziehen, den das Lachen aufreißen würde. Die drei Personen im Hintergrunde, die nicht lachen wollen, sind erstens die beiden Elegants hinten auf der Galerie, und zweitens der Kunstrichter. Für einen solchen halten wir nämlich den ältlichen Mann mit der Perücke im Hintergrunde des Parterres, der spitzigen Nase und den halb eingefallenen, halb zusammengezogenen Lippen. Er runzelt die Stirn bedeutend, um sich ein rechtes Autoritätsgesicht zu geben. Die beiden Modeherren aber wollen nicht mitlachen, weil es zum guten Ton gehört, nur selten um des Schauspiels willen ins Schauspiel zu gehen, und lieber, während Andere auf das Stück achten, sich auf eine pikantere Weise zu unterhalten. Den einen dieser Gecken vergleicht ein Erklärer Hogarth's sehr passend mit einem halbverhungerten Windhund.

Das lachende Parterre.

Das Pfennig-Magazin

der

Gesellschaft zur Verbreitung gemeinnütziger Kenntnisse.

195.]   Erscheint jeden Sonnabend.   [December 24, **1836**.

Windsor.

Virginiawasser.

Vorstehende Abbildung gibt eine Ansicht der sogenannten Virginiawasser in dem berühmten Park des königlichen Schlosses Windsor in England, worin der durch Kunst erweiterte schöne See, den der Herzog Wilhelm von Cumberland anlegen ließ, eine der schönsten Zierden bildet. Die Umgebungen des Parks sind so dicht und auf so ungezwungene Weise bepflanzt, daß das Ganze sich wie eine natürliche Landschaft ausnimmt. Jedem ist der Eintritt in den Park ohne Umstände verstattet, welches denn auch von London aus an schönen Tagen von den verschiedensten Bürgerclassen fleißig benutzt wird, einen so reizenden Aufenthalt auf einen oder mehre Tage zu besuchen. Nicht weit davon liegt das niedliche Dorf Blackneot, wo die Wohnung des Försters ist, der die Aufsicht über den Park hat, und wo man Führer findet. Von hier aus kommt man zuerst durch einen dichten Fichtenwald, der sich in mehre schöne Alleen öffnet. Die zur Rechten führt nach einem steilen Hügel, auf welchem ein reizendes Sommerhaus steht, Belvedere genannt. Durch die Alleen zur Linken gelangt man an das Ufer des Virginiawassers. Dort wird der Wanderer durch einen Anblick überrascht, der nichts zu wünschen übrig läßt: herrliche Baumgänge führen am Gestade des Sees hin; die gewähltesten Baumgruppen überraschen das Auge; Lerchenbäume, Eschen und die schönen Trauerbirken, welche ein englischer Dichter „die Jungfrauen der Wälder nennt", spiegeln sich von allen Seiten in dem klaren Gewässer, dessen Becken das Ansehen hat, als ob es das Bassin eines großen Stromes bildete. Dichtbelaubte Gänge, belebt von wilden Kaninchen und Eichhörnchen, welche die Nähe der Menschen kaum fliehen, führen nach allen Theilen des Sees, an dessen breitestem Ausbug der vom König Georg IV. angelegte zierliche Fischertempel liegt.

Eine natürliche Bemerkung, welche sich dem Beschauer künstlich angelegter Landschaften fast immer von selbst darbietet, ist die, daß es auch der vortrefflichsten Parkanlage, sei sie nun beschränkt oder weit ausgedehnt, nicht an störenden Einzelnheiten fehlt, denen man das Gezwungene und Verkünstelte ansieht, und die darum, so sehr man auch das Bestreben des Begründers, Mannichfaltiges zu geben, ehren muß, ein unbefangenes Auge nicht befriedigen und einen einfachen, natürlichen Sinn nicht erfreuen können. Auch der treffliche Windsorpark, von welchem wir auf Seite 416 eine Abbildung geben, ist nicht frei von solchen verkünstelten

Stellen. So erblickt man hier neben dem kühnen Brückenbogen, über welchen die Kunststraße nach Blackneot führt, einige Fragmente von antiken Ruinen, Säulen, Architrave, Thürgesimse und dergleichen, welche ehedem in dem Hofgarten des britischen Museums lagen und nun hierher gebracht sind, wo sie gar nicht hingehören, exotischen Gewächsen gleichend, die man dem heimatlichen Boden und damit all ihren natürlichen Umgebungen entrissen hat. Einige wirkliche Trümmer, seien sie auch noch so verfallen, mögen sie auch nur eine geringe Kunde von ihrer vormaligen Größe geben, verfehlen nie, in dem menschlichen Gemüth den Eindruck des Erhabenen hervorzubringen. Aber eine künstliche Ruine trägt in sich selbst den Widerspruch, nämlich den Widerspruch Dessen, was erhaben sein soll, und des Lächerlichen. Was sollen antike Säulen und Baustücke, die wol nicht einmal einem und demselben Gebäude angehört haben, bei einer neuen Kunststraße und unter einem modernen Brückenbogen? Da, wo Alles und Jedes den Anstrich des Neuen, des Heutigen hat, können verschlagene Fragmente des Alterthums nicht den Eindruck hervorbringen, der ihnen angemessen ist.

Ebenso störend wirkt die an dem einen Ende des Sees angebrachte künstliche Caskade. Wie schön wirkt in einer romantisch-pittoresken, durch Menschenhand unverstellten Gegend ein natürlicher Wasserfall! Aber ein Wasserfall, dem Alles, sogar das Wasser fehlt, ein solcher kann nicht zur Freude anregen. Von diesem Wasserfall führt eine Straße nach dem Dorfe Bishopsgate, einem wegen seiner malerischen Lage in den Sommermonaten überaus angenehmen Aufenthaltsort.

Die Misbildungen der Brust *).

Die naturgemäßen Verhältnisse der Brusthöhle erleiden durch mechanischen Druck, durch Krankheiten des Rückgrats und andere Umstände vielfache Veränderungen, welche auf die Verrichtungen der in derselben befindlichen Organe einen mehr oder minder störenden Einfluß haben und auf den Gesundheitszustand überhaupt einwirken. Dieser Gegenstand verdient um so mehr Aufmerksamkeit, da diese Misbildungen in neuern Zeiten häufig durch die übliche Kleidertracht, durch den Druck der Schnürbrüste, Blankscheite und ähnlicher Dinge theils verursacht, theils verschlimmert werden. Die Misbildungen der Brust sind hauptsächlich von zweierlei Art. In dem ersten Falle sind die Seiten der Brusthöhle flach und das Brustbein tritt hervor, in dem andern Falle ist das Brustbein eingedrückt oder vorn concav und die Seiten haben eine mehr convexe Bildung als die naturgemäße Form zeigt.

Die erste Art dieser Misbildungen ist in den meisten Fällen mit einem schwächlichen Gesundheitszustande verbunden und, nach der Beobachtung des französischen Wundarztes Dupuytren, gewöhnlich bei Menschen, die in niedrigen, feuchten und kalten Wohnungen leben, schlecht gekleidet und dürftig genährt sind. Zuweilen ist diese Misbildung angeboren, nicht selten aber entsteht sie in den Kinderjahren oder auch im spätern Alter. Nach den Beobachtungen eines englischen Arztes entsteht sie nach und nach in der Kindheit, wenn die Thätigkeit der Lunge wegen der Schwäche der das Athmen befördernden Muskeln und der Biegsamkeit der Rippen bei Kindern nicht gehörig entwickelt wird. In diesen Fällen ist die Lebensthätigkeit der Lunge unzulänglich für ihre gesunde Wirksamkeit, das Athmen kann sie nicht gehörig ausdehnen und dem steten Drucke der Atmosphäre nicht hinlänglicher Widerstand geleistet werden. Die gewöhnliche Sitte der Wärterinnen, durch das Andrücken der Hände auf die Seiten der Brusthöhle, unmittelbar unter den Achseln, die Kinder aufzuheben, mag oft das Übel vermehren. Bei diesen Misbildungen ist nicht selten eine Seite der Brust mehr eingedrückt als die andere, die Rippen sind zuweilen einwärts oder wie von einer Seite auf die andere gedrückt, und die Verbildung ist bei einigen Kindern so auffallend, daß die beiden Seiten der Brust mit den Fingern einer Hand umspannt werden können. Die Folge davon ist, daß das Brustbein weit vorragt; doch ist es nicht immer so weit vorgedrückt, als es auf den ersten Blick scheint, da die Vorragung durch die an demselben befestigten Enden der Rippen entsteht, das Brustbein selbst aber flach oder an dem untern Theile ein wenig concav ist, am obern Ende aber vorragt. Werden keine Mittel angewendet, dieser Misbildung, die der gehörigen Entwickelung und den Verrichtungen der in der Brusthöhle befindlichen Organe so nachtheilig ist, in dem Alter, wo die Knochen noch biegsam sind, abzuhelfen, so werden früher oder später tödtliche Krankheiten der Lunge oder des Herzens entstehen, welche durch die steten Störungen dieser Organe hervorgebracht werden.

Bei der zweiten Art der Misbildung ist das äußere Ansehen der Brusthöhle grade das Gegentheil der oben beschriebenen Erscheinungen. Das Brustbein ist äußerlich hohl oder concav und entweder in der Mitte oder am untern Theile, oder in seiner ganzen Ausdehnung einwärts gedrückt, die Seiten der Brusthöhle ragen weit hervor und die Rippen sind sehr gebogen, die Brust ist breit, aber vorn gedrückt, die Schultern sind hoch und der Rückgrat entweder grade oder nur wenig von der naturgemäßen Form abweichend. Die Lunge und das Herz sind vorwärts gedrückt, ihre Verrichtungen daher gestört und ihr innerer Zustand muß endlich leiden. Die krankhaften Zeichen dieser Misbildung sind jedoch nicht so bedenklich, als bei der ersten Art. Der Umlauf des Blutes ist beschleunigt, der Athem kurz und schnell und der Kranke häufig zu Husten und chronischen Katarrhen geneigt, und werden nicht Mittel angewendet, so entstehen gewöhnlich Lungenkrankheiten. Zur Heilung des Übels werden in beiden Fällen örtliche und innere Mittel angewendet. Die innern bestehen in nährender Diät, Stärkung der Verdauungsorgane, Bädern von Salzwasser und vorzüglich Seebädern. Zu den örtlichen Mitteln gehören besonders diejenigen, welche die Muskeln stärken, die von den Armen und Schultern nach der Brust gehen.

Die Uhrenfabrik in der Schweiz.

Einer der bedeutendsten Zweige des schweizerischen Gewerbfleißes ist die Uhrenfabrikation, welche nicht nur in den Gebirgsdörfern des Cantons Neufchatel, wie wir bereits früher in dieser Zeitschrift erwähnt haben, sondern auch in dem einen Theile des Cantons Bern und in Genf und dessen Umgegend in immer zunehmendem Umfange getrieben wird. Sie ist eine Quelle der Wohlhabenheit für viele Tausende, welche in den selten besuchten Thälern des Juragebirges sich viele Annehmlichkeiten des Lebens zu verschaffen gewußt haben. Die Schweiz hat schon lange die französischen Märkte mit dieser Waare versorgt, und obgleich mehre französische Uhrmacher zu großer Berühmtheit gelangt sind, so ist

---

*) Vergl. Pfennig-Magazin Nr. 12.

es doch nach der auf die glaubwürdigsten Zeugnisse gestützten Versicherung des kundigen Engländers Dr. Bowring Thatsache, daß in Paris jährlich nicht zehn Uhren gemacht werden, sondern der unermeßliche Bedarf Frankreichs aus der Schweiz kommt und die schweizerischen Arbeiten in Frankreich nur untersucht und berichtigt werden.

Wie wir bereits in dem erwähnten Aufsatze angegeben haben, war das Juragebirge die Wiege dieses Gewerbzweiges. Während des Winters, der sechs bis sieben Monate dauert, sind die Bewohner jener Thäler in ihre Wohnungen eingeschlossen und beschäftigen sich dann größtentheils mit der Verfertigung der Uhren. Es werden jährlich gegen 120,000 Uhren, unter welchen man gegen 35,000 goldene rechnet, blos in den gebirgigen Theilen des Fürstenthums Neufchatel verfertigt. Das Uhrmachergewerbe steht in hohem Ansehen, und die Uhrmacher gestatten ihren Kindern nicht leicht, sich mit den geringern Handwerkern zu verheirathen. Indem wir uns hinsichtlich der Geschichte der Uhrmacherkunst in den Schweizerthälern auf den angeführten Aufsatz beziehen, erwähnen wir hier nur, daß bereits im 17. Jahrhunderte Schlaguhren mit Gewichten in jenen Gegenden gemacht wurden, eben durch einen sinnreichen Thalbewohner, der eine beschädigte Taschenuhr wiederherzustellen unternahm, der neue Gewerbszweig gegründet wurde. Man hatte anfangs mit desto größern Schwierigkeiten zu kämpfen, da es an Werkzeugen fehlte, die man zuerst meist aus Genf, später aus England bezog, die hohen Preise derselben aber bewogen mehre Arbeiter zu gelungenen Versuchen, sie selbst zu verfertigen, und sie kamen bald dahin, nicht mit fremden Arbeiten zu wetteifern, sondern sie sogar zu übertreffen, und sie liefern jetzt Uhrmacherwerkzeuge selbst den Ländern, aus welchen sie früher ihren Bedarf zogen. Der Ausfuhrhandel hob sich auch nur nach und nach. Die glücklichen Versuche, die einige Kaufleute vor 80—90 Jahren machten, Uhren auf fremde Märkte zu bringen, erweiterten den Umfang der Fabrikation so sehr, daß sich jetzt der größte Theil der Gebirgsbewohner diesem Gewerbszweige widmet. Die Volksmenge hat sich verdreifacht, und viele Uhrmacher aus der Schweiz haben sich in mehren europäischen Städten und selbst in den Vereinigten Staaten, in Ostindien und China niedergelassen. Die Gebirgsgegenden von Neufchatel haben seitdem ein ganz anderes Ansehen gewonnen. Überall entstanden schöne Dörfer und bequeme Verbindungswege wurden angelegt. Die schweizerischen Uhren verdanken ihre Vorzüge hauptsächlich der unabhängigen Lage der Arbeiter und der sorgfältigen Ausführung der Arbeiten, die Jedem nach seinen besondern Talenten anvertraut werden. Jeder arbeitet zu Hause und für Jeden, der ihm die besten Preise bezahlt, und da der Kaufmann ein Interesse dabei hat, Diejenigen zu ermuntern, die ihm vorzügliche Arbeit liefern, so wird unter den Fabrikanten ein wohlthätiger Wetteifer erregt. Die Lebensgewohnheiten und Sitten der Fabrikanten, die zugleich Landeigenthümer sind, haben gleichfalls dazu beigetragen, Talente unter ihnen zu entwickeln. Sie leben einfach im Kreise ihrer Familien und sind, mit Ausnahme einiger Feldarbeiten, ausschließend mit ihrer Kunst beschäftigt, und da sie den Versuchungen nicht ausgesetzt sind, welche auf die Sitten der Bewohner großer Städte nachtheiligen Einfluß haben, so ist ihr ganzes Streben auf höhere technische Ausbildung gerichtet.

Der Ertrag des Uhrenhandels bringt der Schweiz jährlich gegen 1,250,000 Thaler ein, Schlaguhren und Uhrmacherwerkzeuge nicht gerechnet. Der größte Theil der Uhren geht nach Amerika. In den östreichischen Staaten und in Schweden sind sie verboten, in Spanien und den meisten Staaten Italiens mit sehr hohen Abgaben belegt, in England aber bezahlen sie für den einheimischen Verbrauch 25 Procent, in Frankreich, wo früher der Schleichhandel sehr bedeutend war, jetzt sechs Procent für goldene, zehn Procent für silberne Uhren. In den preußischen Staaten in Deutschland genießt der Handel die meisten Begünstigungen. Mit Ausnahme des Goldes und Silbers für die Gehäuse sind die übrigen Rohstoffe für diese Fabrikation nicht kostbar. Stahl wird aus England, Messing aus Frankreich bezogen, Gold und Silber gewinnt man in Neufchatel meist durch Einschmelzen von Münzen. Unter einer Volksmenge von 56,000 Menschen in den Jurathälern beschäftigen sich gegen 20,000 mit diesem Gewerbszweige.

Das Labyrinth auf Creta.

An dem Abhange eines Berges auf der Insel Kandia, die bei den Alten Kreta hieß, eine Meile von der Stadt Agiosdeka, sieht man eine Öffnung von Mannshöhe, die sich von vielen andern in der Nähe nicht unterscheidet. Sie führt zu einer Reihe in den Felsen gehauener Gänge, in welchen ohne die größte Vorsicht Niemand einen Ausweg finden kann. Fast der ganze Berg besteht aus solchen unterirdischen Gängen, die nach allen Richtungen laufen und bei ihrer Unregelmäßigkeit eher ein Werk des Zufalls als absichtliche Menschenarbeit zu sein scheinen. Als der Franzose Tournefort 1700 diese Gänge besuchte, hatte jeder seiner Begleiter eine Fackel; bei jeder bedenklichen Windung steckten sie ein mit einer Nummer bezeichnetes Papier in die Mauer und einer ihrer Wegweiser zündete Bündel von Fichtenreisern an, die in bestimmten Entfernungen zurückgelassen wurden, und ein anderer streute Heckerling auf den Boden, während sie weiter gingen. Aller dieser Vorsichtsmaßregeln ungeachtet aber konnte Tournefort nur einen Theil dieser Irrgänge untersuchen. Der Engländer Douglas ging 1812 mit sehr vielen Wegweisern, welche Fackeln und Leuchten trugen, in das Labyrinth und nahm gegen 2000 Ellen Bindfaden mit, aber auch er wagte es nicht, in viele hohe und breite Gänge einzudringen. Gleich am Eingange öffnet sich eine kleine Kammer, von welcher rechts ein über 3000 Fuß langer, 12 Fuß breiter und 10 Fuß hoher Gang ausläuft. Dieser Gang ist ziemlich eben, die Wände sind ganz senkrecht und aus dem Felsen gehauen, außer an einigen Stellen, wo sie sorgfältig ausgemauert sind. In Entfernungen von 10—12 Schritten öffnen sich ähnliche Gänge, die entweder in andere übergehen oder in denjenigen zurückführen, von welchem sie auslaufen. Douglas war mit seinen Begleitern ungefähr eine Stunde lang gegangen und glaubte in der Mitte des Berges zu sein, als er, von seinem Bindfaden geleitet, an den Ort zurückkam, von welchem er ausgegangen war. Nirgend fand er die Luft in diesen engen Gängen drückend oder ungesund, sondern konnte im Innern des Berges so frei athmen wie am Eingange der Höhle. Alle Winkel dieser sonderbaren Aushöhlungen waren so scharf, als ob sie eben erst aus dem Felsen gehauen wären. In zwei fast runden Kammern findet man viele Namen von Reisenden, die zur Zeit, als die Venetianer Kandia besaßen, das Labyrinth besuchten, bis ins 15. Jahrhundert hinauf. Der verwickeltste und schwierigste Theil des Labyrinths sind die links vom Eingange aus-

*

laufenden Gänge. Nach der alten griechischen Sage ließ Minos, Beherrscher von Kreta, durch den kunstreichen Athener Dädalus das Labyrinth nach dem Vorbilde des ägyptischen 1300 Jahre vor Christus anlegen, um das Ungeheuer Minotaurus einzusperren, welchem die von den zinsbaren Athenern gesandten Jünglinge und Mädchen vorgeworfen wurden, bis Theseus mit dem Faden, den ihm die schöne Ariadne gab, in die Felsengänge eindrang und den Minotaurus erlegte. Über den Zweck des Labyrinths hat man sehr verschiedene Meinungen aufgestellt. Einige hielten es für eine Todtengruft, wie das prächtige ägyptische, obgleich man, wie Douglas versichert, gar keine Spuren in den Felsenwänden findet, die an Katakomben erinnern könnten. Andere haben diese Gänge für bloße Steinbrüche gehalten, aber gegen diese Meinung streitet sowol die regelmäßige Anlage mehrer Kammern als die offenbar sich ankündigende Absicht, den Wanderer irre zu leiten. Überdies findet man in der Umgegend der nächsten Stadt, die aus einem solchen Steinbruche hätte erbaut werden können, dieselben Steine. Tournefort hielt diese Gänge für ein Naturspiel, das Menschenhände weiter ausgebildet haben, um sich eine Zuflucht in bürgerlichen Kriegen oder gegen Seeräuber zu verschaffen.

Kohlenbrennerei.

Die Holzkohle wird wie die thierische Kohle durch Zerstörung pflanzlicher Körper mittels des Feuers als Rückstand gewonnen, indem die übrigen Bestandtheile dieser Körper dabei mit einem Antheile des Kohlenstoffes selbst als Gase verflüchtigt werden, wogegen der übrige Kohlenstoff, mit Erden, Salzen, Wasserstoff gemischt, zurückbleibt. Sie dient nicht nur zum wirthschaftlichen Gebrauche, sondern hat auch eine vielfache Anwendbarkeit in Manufacturen, sowie als chemisches Hülfsmittel und selbst als Arznei. Eine merkwürdige Eigenschaft der Kohle ist, daß sie viele Gasarten und Dämpfe einsaugt, und zwar um so mehr, je niedriger die Temperatur und je größer der Luftdruck ist; die eingesaugten Gase und Dämpfe aber können wieder ausgetrieben werden, wenn man die Kohle erhitzt oder in einen luftleeren Raum bringt. Auch riechende Dämpfe werden von der Kohle eingesaugt, so verliert z. B. Luft, die durch faulende Stoffe verdorben ist, durch schwach angefeuchtete Kohle ihren fauligen Geruch. Eine mit dieser zusammenhängende Eigenschaft der Kohle ist, daß Färbestoffe und faulige Stoffe aus den damit geschwängerten Flüssigkeiten aufgenommen werden, was häufig angewendet wird, um dieselben zu reinigen. So wird morastiges Wasser, durch Kohlen filtrirt, klar und trinkbar. Branntwein wird durch Kohle vom Fuselgeruch befreit und faule Wunden werden durch sie gereinigt. Auch benutzt man sie zum Klären des Sirups und zur Reinigung des Honigs. Zur Entfärbung von Flüssigkeiten ist die Holzkohle wie die thierische Kohle brauchbar. In technischer Beziehung wird sie bei der Bereitung des Stahls gebraucht, da Stahl sowol als Reißblei (Graphit) Verbindungen von Kohle und Eisen sind, vorzüglich aber bei der Verfertigung des Schießpulvers. Man nimmt dazu die leichteste Holzkohle, besonders von Erlen, Weiden, Kornelkirschenbaum oder Kreuzdorn. In neuern Zeiten hat man eine bedeutende Verbesserung der Kohle zu diesem Zwecke dadurch erlangt, daß man das Holz in eisernen Cylindern verkohlt. Das aus einer durch dieses Verfahren gewonnenen Kohle bereitete Pulver ist so stark, daß man ein Drittel weniger braucht, als wenn die Kohle auf die gewöhnliche Art gewonnen ist. Zu den Reißkohlen dienen am besten die dünnen Zweige der Reben oder Weiden. Die eigenthümliche, dem Verderbniß widerstehende Eigenschaft der Kohle hat auch zu dem gewöhnlichen Verfahren geführt, Holz, das den Abwechselungen von Feuchtigkeit und Trockenheit ausgesetzt ist, äußerlich zu verkohlen.

Am häufigsten wird die Holzkohle als Brennmittel benutzt, wo eine kräftige und gleichförmige Hitze ohne Rauch erforderlich ist. In mehren Gegenden Europas wird, wie das Holz, auch der Torf zu Brennstoff verkohlt, besonders zum Schmelzen von Erzen.

Das Verkohlen geschieht theils in Öfen, theils aber, und zwar gewöhnlich, weil jenes Verfahren zu kostbar ist, in Meilern. Es ist dabei der Zweck, das Holz auf eine gleichförmige und am wenigsten kostbare Weise in Kohle zu verwandeln. Dies geschieht, indem man das gewöhnlich ein Jahr vorher gefällte Holz in Kloben von bestimmter Länge spaltet, die man dann wagerecht übereinander oder senkrecht nebeneinander in einer regelmäßigen halbkugelförmigen Gestalt aufstellt. Der dadurch gebildete kegelförmige Haufen wird gegen die äußere Luft durch eine Bedeckung von Rasen geschützt, der mit der Grasseite nach innen gekehrt wird. Auf den Rasen wird eine Mischung von Erde und Kohlenasche gelegt. Die Verschiedenheit des Verfahrens bei dem Kohlenbrennen liegt in der verschiedenen Lage der Kloben eines Meilers und in der Art, ihn anzuzünden. Wir beschreiben die vier verschiedenen Arten von Meilern. Die erste zeigt der Durchschnitt unserer Abbildung (Fig. 1). Ein Kreis von Kloben liegt horizon-

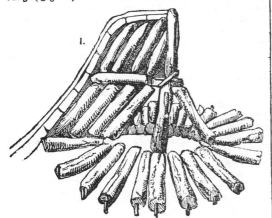

tal um einen mit Reißig angefüllten Mittelpunkt und die Enden jedes Klobens sind 12 Zoll von dem andern entfernt. In der Mitte sind vier starke Kloben senkrecht gestellt und neigen sich oben gegeneinander, wo sie durch zwei Querstücke verbunden sind. Nach der Neigung dieser aufrecht stehenden Kloben werden Holzschichten um den mittlern Raum aufgestellt, bis der ganze zu dem Meiler bestimmte Flächenraum, ein Kreis von ungefähr 100 Fuß, ausgefüllt ist. Über diese kommen horizontale Kloben, auf welche dann wieder aufrecht stehende gestellt werden. Der mittlere Kloben ist so lang, daß er von den Querstücken bis zum obern Theil des Holzhaufens reicht. Die Zwischenräume zwischen den größern Kloben werden mit kleinern Holzstücken angefüllt und endlich die äußern Bedeckungen von Rasen und Asche aufgelegt. Bei dem Anzünden des Meilers wird der mittlere Kloben herausgezogen und in die dadurch entstandene Öffnung eine Lunte unter das trockne Reißig gebracht.

Bei der zweiten Art von Meilern werden, wie Fig. 2 zeigt, die Kloben durchgängig horizontal aufge-

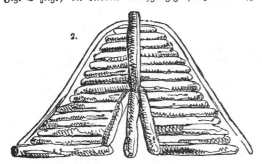

häuft, ausgenommen drei Kloben in dem Mittelpunkte, welche einen offenen Raum für trockenes Reißig einschließen. Über diesen ragt ein aufrecht stehender Klo-

ben bis zur Spitze des Meilers hervor, wie bei der ersten Art. Soll der Meiler angezündet werden, so zieht man einen Kloben der untersten Lage und den obern Kloben im Mittelpunkte heraus und legt das Feuer unten an.

In der dritten Art (Fig. 3) steht die untere

Reihe der Kloben aufrecht und wird durch die Seitenwände der Grube in dieser Lage erhalten. Die obere Lage ist horizontal, ausgenommen drei aufrecht stehende Kloben, welche, wie bei der zweiten Art, einen offenen Raum umgeben, der mit leicht entzündlichen Stoffen angefüllt ist. Das Feuer wird hier von oben angebracht.

Die vierte Art zeigt der Durchschnitt Fig. 4. Die

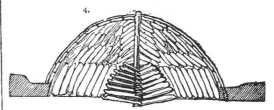

Höhe des Meilers ist sechs Fuß, sechs Zoll. In den drei ersten Arten werden drei oder vier aufrecht stehende Kloben gebraucht, einen offenen Raum im Innern des Meilers einzuschließen, dieser aber hat eine künstlichere Anordnung. Es wird nämlich zuvörderst auf dem Boden ein Dreieck von drei Kloben gebildet, deren Enden übereinander liegen. Der innere Flächenraum ist etwas kleiner als ein Drittel des Durchmessers der Grundfläche des Meilers. Über diesem Dreiecke liegt ein zweites von geringern Dimensionen, und die obern nehmen immer mehr ab, bis in einer Höhe von drei Fuß das Dreieck nur so groß ist, um den aufrecht stehenden Kloben fassen zu können. Ist die erste Schicht auf diese Art gelegt und der innere Raum mit Brennmitteln angefüllt, so wird die untere Reihe der Kloben aufgestellt, die sich nach dem Dreiecke neigen und eine Kreisfläche einschließen. Dann wird der aufrechtstehende Kloben aufgerichtet und durch die um denselben gelegten Kloben gehalten, deren dickere Enden einwärts gekehrt sind. Der Meiler erhält hier eine kegelförmige Gestalt, und wenn der aufrecht stehende Kloben weggenommen und das Feuer angezündet wird, füllen die andern Kloben die entstandene Höhlung. Die Seiten werden endlich mit Scheiten von verschiedener Größe ausgefüllt und die Außenseite enthält eine doppelte Decke von Rasen, Erde und Asche.

Die Eigenheit der verschiedenen Arten der Verkohlung wird noch deutlicher hervortreten, wenn wir den Bau der Meiler in Beziehung auf die Verbrennung betrachten. Bei der ersten und vierten Art wird das

Holz meist auf den Seiten in Brand gesetzt, bei der zweiten und dritten beginnt die Verbrennung an den Enden. Bei der ersten und vierten Art erfolgt die Verbrennung sehr schnell, bei der zweiten und dritten werden die flüchtigen Theile des Holzes langsam von den festen und mineralischen geschieden, da ein Theil der erdigen oder salzhaltigen Stoffe nach der Verbrennung mit der Luft in Berührung bleibt. Die Beschleunigung der Verkohlung hängt jedoch sehr vom Luftzuge im Meiler ab. In den Meilern 2 und 3 bleibt stets eine Öffnung im Mittelpunkte, die aber bei 1 und 4 fehlt, nachdem die aufrecht stehenden Kloben herausgezogen sind und das Feuer angezündet ist.

Die Beförderung der Verbrennung und die Verstärkung des Feuers, sowie die endliche Löschung desselben fodern die ganze Aufmerksamkeit des Kohlenbrenners. Der Luftzug wird durch Öffnungen bewirkt, welche durch die äußere Bedeckung bis auf die Kloben gebohrt werden. Das Zuströmen der Luft durch diese Öffnungen befördert das Verbrennen mit einem geringen Verluste an Kohlen. Der Zweck ist die vollkommene Verzehrung der flüchtigen Theile des Holzes und die Erhaltung der Kohlenbestandtheile, und man sieht, wenn man einen Theil der äußeren Bedeckung wegnimmt, mit Überraschung, daß die feinsten Grashalme in ihrer Gestalt unverändert, obgleich in eine schwarze Kohle verwandelt sind.

Der Meiler brennt gewöhnlich vier Tage. Schlägt die Flamme aus den Zuglöchern, so ist er gahr, wie man es nennt; er wird dann abgekühlt und gelöscht und die Kohlen werden herausgezogen.

Die Parias.

Der Zustand tiefer Erniedrigung, in dem ein großer Theil der indischen Unterthanen der ostindischen Compagnie schmachten muß, wird in Europa wenig gekannt oder verstanden. Selbst viele einsichtsvolle Männer, die lange Jahre in britischen Indien sich aufgehalten haben, wissen ganz und gar nichts von der wirklichen Lage solcher Verstoßenen, die sie zu Knechtsarbeiten gebrauchen. Will man aber bei den höheren Kasten in wahrer Achtung stehen, so muß man mit dem socialen Zustande der Paria's vollkommen vertraut sein, um keiner Befleckung sich auszusetzen; denn nicht dadurch, daß wir dieser verworfenen Menschenclasse unsere Gunst zuwenden, können wir sie zu Ehren bringen; im Gegentheil, die Art von Verkehr, welche der Europäer in Ostindien, entweder aus Wohlwollen oder aus Unbedachtsamkeit, mit einer Menschenclasse anknüpft, die von der Gesellschaft ausgeschlossen ist, kann den moralischen Einfluß der Europäer schwächen. Es ist nur allzu wahr, daß dieser unglückliche, dem Anschein nach von Gott und Menschen verfluchte Menschenschlag in Folge seines unheilbaren Elends, viele abscheuliche und anwidernde Gewohnheiten angenommen hat, die ihn uns auch zum Gegenstande des Abscheus und Grausens machen, und wol ein Fünftheil der Bevölkerung Indiens ist zu der niedrigsten Sklaverei verdammt, die Menschen jemals ihren Brüdern auferlegt haben.

Das Wort Paria soll nach Einigen aus Pehari entstanden sein, welches einen Bergbewohner bezeichnet. Die Bergbewohner auf der ostindischen Halbinsel sind alle Hindus, und man hält sie aus sehr gutem Grunde für die Aboriginer des Landes. Sie haben jedoch die Lehrsätze der Brahmanen nicht angenommen, haben keine Kastenunterschiede, sind ziemlich frei von Vorurtheilen und kümmern sich wenig darum, was sie essen oder trinken, und Fleisch wie auch berauschende Getränke sind ihnen zu jeder Zeit willkommen. Diese Leute werden von den Bewohnern der Ebenen verachtet, und ihre verächtlichen Ausdrücke, wenn sie von diesen Kuhfleischessern reden, haben Europäern den Glauben beigebracht, daß Alle, welche sich so verunreinigen, für Parias gälten. Die Phrase Pariah-pat, welche eine erniedrigte Kaste bezeichnet, wird von den Eingeborenen in ihrer Unterhaltung selten oder nie gebraucht; sprechen sie aber mit Personen, die von den Sitten des Landes wenig verstehen, so pflegen sie den Ausdruck auf diejenigen anzuwenden, welche von ihrer Gesellschaft ausgeschlossen sind; daher besonders in Kalkutta und in dessen Nachbarschaft der Ausdruck Paria von den Europäern auf alle nicht orthodoxe Hindus ausgedehnt wird. Die frühesten Ansiedler in der bengalischen Präsidentschaft bekümmerten sich wenig oder gar nicht um diese Kastenunterschiede, und noch jetzt sind besonders viele Militairpersonen mit dem Wesen der verschiedenen Kasten, zu welchen ihre Dienerschaft gehört, völlig unbekannt. So lange aber die Kasten bestehen, müssen sie auch von Europäern beachtet werden, wofern wir nicht überall anstoßen wollen.

Je höher und ehrenwerther die Kaste der Bedienten ist, welche ein Europäer hält, desto größer ist die Achtung, in der er bei allen Eingeborenen steht; ja seine Bedienten selbst haben größern Respect vor ihm. In der Präsidentschaft Bengalen, wo das Kastenwesen eine noch weit größere Rolle spielt, als in den übrigen, soll das dienende Personal aus Muhammedanern und aus Hindus von verschiedenen Kasten bestehen. Der Schaffner sollte immer nur entweder ein Indoportugiese oder ein Mohammedaner sein; ebenso der Koch, weil kein Hindu von ehrenwerther Kaste in eine Küche geht, die durch das Schlachten solcher Thiere, welche ihm heilig sind, entweiht wird. Bekenner des Islam müssen ferner sein: die Kellner, die Aufwärter bei Tische, der Pfeifenstopfer, der Küchenjunge, der Aufseher über das Geflügel, der Wasserträger, der Thürsteher u. s. w. Die Anwesenheit von Parias ist den höhern Classen der Eingeborenen so ekelerregend, daß sie kaum über einen Teppich gehen, den ein Paria betreten hat; kein Hindu oder Muselmann von Rang würde einen Paria in sein Haus nehmen, und der Letzere müßte eines grausamen Todes sterben, wenn er eine zum Haushalt eines indischen Fürsten gehörende Sache berührte. In europäischen Haushaltungen läßt man die Parias bisweilen Enten und Hühner mästen; obgleich aber diese Thiere schon an sich keine ekle Esser sind, so glaubt man doch, daß sie unter den Händen so ekelhafter Pfleger ausarten. Einen besondern Beweis von Verachtung, in der die Parias stehen, zeigt der Umstand, daß sie sich zu dem Geschäfte eines Scharfrichters hergeben, und schon oft haben Hindus oder Mohammedaner auf dem Blutgerüste um Erlaubniß gebeten, sich selbst den Strick umlegen zu dürfen, damit die Berührung eines Paria vor ihrem Tode sie nicht noch entweihe.

Ursachen der Schiffbrüche.

Englische Blätter theilen den Anfang des Berichtes der Commission des Unterhauses mit, welche niedergesetzt worden ist, um die Ursachen der so häufigen Schiffbrüche in der englischen Handelsmarine zu erforschen und zugleich zu untersuchen, ob sich nicht in dem Bau, der Bemannung und Leitung der Schiffe Veränderungen vornehmen ließen, durch welche jenem Übel einigermaßen abgeholfen werden könnte. Die Commission hat zwei dreijährige Perioden, nämlich die Jahre 1816—18 und 1833—35 zur Basis ihrer Untersuchung gemacht und unter Anderm gefunden, daß die Zahl der Schiffe, von deren Verlust man Nachricht hat, in der ersten Periode 1114, in der zweiten 1573 betragen hat, während außerdem in der ersten Periode 89, in der zweiten 129 Schiffe gänzlich verschollen sind. Den Werth jedes einzelnen der verunglückten Schiffe wird durchschnittlich zu 30,000 Thalern angenommen. Ferner ergibt sich, daß in der ersten Periode 49, in der zweiten 81 Schiffe mit Mann und Maus verloren gegangen, und daß außerdem in jener 1700, in dieser 1714 Menschen durch Schiffbruch umgekommen sind, sodaß im Ganzen während der ersten Periode 2228, oder alljährlich 763 Menschen, während der letzten drei Jahre dagegen 2682, oder alljährlich 894 Menschen bei Schiffbrüchen den Tod gefunden haben. Als besonders reich an Unglücksfällen wird die Periode vom 1. Januar 1833 bis zum 1. Mai 1834 bezeichnet, während welcher die Zahl der als verschollen aufgeführten Schiffe 95 betrug. Da die Berechnungen der Commission nur auf die Bücher von Lloyd's basirt sind, gar viele Schiffe aber verloren gehen, ohne in jenen Büchern erwähnt zu werden, so nimmt die Commission an, daß alljährlich 18 Millionen Thaler dem britischen Publicum durch Schiffbrüche verloren gehen, und daß außerdem alljährlich nicht weniger als 1000 Menschen bei Schiffbrüchen umkommen. Was die Ursachen betrifft, denen die Commission diese Unglücksfälle hauptsächlich zuschreiben zu müssen glaubt, so sind dieselben unter die folgenden Rubriken gebracht worden: 1) Mangelhafte Construction der Schiffe. 2) Unzulängliche Bemannung. 3) Unvollkommene Instandhaltung. 4) Unzweckmäßige oder übermäßige Belastung. 5) Unangemessene Form. 6) Untauglichkeit der Schiffer und Steuerleute. 7) Trunksucht der Schiffer und der Mannschaft. 8) Üble Wirkung der bestehenden Assecuranzgesetze. 9) Mangel an Nothhäfen und 10) Unvollkommenheit der Schiffskarten.

Werth des Wassers in heißen Erdgegenden.

„Wer aber euch tränket mit einem Becher Wasser in meinem Namen, darum daß er Christo angehöret, wahrlich ich sage euch, es wird ihm nicht unvergolten bleiben." Die volle Kraft dieser Worte der Schrift ist in unserm gemäßigten Klima kaum fühlbar, aber in den heißen Erdgegenden ist ein Becher mit frischem Wasser oft eine unschätzbare Erquickung. „In unsern nördlichen Himmelsgegenden, sagt ein neuerer Reisender, können wir es uns gar nicht denken, welcher herrliche Genuß das Trinken in Ägypten ist, wenn der ermüdete Wanderer eine frische Quelle findet. Er fühlt wenig Eßlust, aber wenn er die brennenden Sandflächen durchzogen hat und in den Wäldern am Ufer des Nils die frischen Limonien pflückt und ihren Saft in das weiche Nilwasser preßt und mit ägyptischem Zucker vermischt, genießt er eine Erquickung, die jeden andern Sinnengenuß übertrifft, und er fühlt dann die Schönheit und Kraft jener Gleichnisse in der heiligen Schrift, welche die süßesten Regungen des Herzens mit der Stillung des Durstes in einem heißen Lande vergleichen."

In mehren Gegenden des Morgenlandes hat man viel Mühe und Aufwand auf Erfindungen gewendet, um Reisende mit Wasser zu versorgen, und man betrachtet dies immer als besonders wohlthätige Handlungen. In einigen Gegenden Indiens sucht der fromme Hindu oft in weiter Entfernung Wasser, um es auf die Heerstraßen zu tragen, wo Reisende häufig vorüber ziehen, und damit der erhitzte Wanderer nicht Schaden leide, siedet er es erst ab. Von Morgen bis Abend sieht man ihn mit seinen Krügen an der Straße stehen, wo er dem müden Wanderer den erquickenden Trunk zu Ehren der Götter darbietet.

Springbrunnen sind sehr gewöhnlich im Morgenlande, und da der ausgetrocknete durstige Boden Feuchtigkeit fodert, um dem Pflanzenwuchse Gedeihen zu geben, und die glühende Sonne Schatten und Kühlung, die mit den Brunnen verbunden sind, zum Bedürfniß macht, so findet man sie nicht nur in Städten und Dörfern, sondern auch in Gärten und Feldern, an den Heerstraßen und an den gebahnten Pfaden in den Gebirgen. Mehre dieser Brunnen sind milde Stiftungen, welche die Türken für so verdienstlich halten, daß sie, wenn sie die Abwaschung vorgenommen oder getrunken haben, sich nicht entfernen, ohne das Andenken des Stifters zu segnen. Das Wasser wird noch immer wie bei den Alten herbeigeführt durch Röhren oder gemauerte Kanäle. Am Orte seiner Bestimmung fließt das Wasser in ein Behältniß mit einem Abflusse und das überflüssige Wasser läuft unten durch eine andere Cisterne. Gewöhnlich hängt ein zinnerner oder eiserner Becher an einer Kette in der Nähe oder eine hölzerne Schöpfkelle steht in einer Nische. Die vordere Seite des Springbrunnens ist von Stein, zuweilen gemalt und vergoldet, mit einer türkischen Inschrift. In Kahira gibt es eine eigne öffentliche Gebäude, wo allen Vorübergehenden, die es verlangen, Wasser gespendet wird. An einem Fenster auf der Straßenseite steht der Wasserschank mit einem sauber verzinnten kupfernen Gefäße, immer bereit, die Durstigen zu laben.

Theilung der Arbeit.

Nirgend hat der Grundsatz der Theilung der Arbeit für den gewerblichen Verkehr so große Ergebnisse hervorgebracht, als in England. Der Landwirth ist dort blos Landwirth, der in Manufacturen beschäftigte Arbeiter, blos Manufacturist. Während in Frankreich und Amerika das Capital eines Menschen häufig zwischen verschiedene Manufacturen getheilt ist, widmet der englische Manufacturist sein Capital ausschließend einem einzigen Zwecke. Daher jenes unablässige Streben nach Verbesserungen, das in jedem Zweige der britischen Gewerbsamkeit hervortritt. Eine andere bemerkenswerthe Eigenheit der britischen Manufacturen ist der Umstand, daß viele mit demselben Manufacturzweige beschäftigten Menschen an demselben Orte beisammen leben. Der Hauptsitz einer Fabrik wird allerdings zuweilen durch natürliche und örtliche Umstände bestimmt, z. B. Überfluß an Eisen oder Kohlen oder günstiges Wassergefälle, oder auch wol durch Zufall, in allen Fällen aber hat das Beisammenleben vieler mit derselben Arbeit beschäftigten Menschen an den Fortschritten der Verbesserung wesentlichen Antheil, indem es den Austausch der Gedanken über einen für Alle wichtigen Gegenstand befördert, den Erfindungsgeist anregt und einen glücklichen Erfinder abhält, seine Entdeckung für sich zu benutzen und vor allen Dingen Wetteifer erweckt. In England werden daher die blühendsten Manufacturen von großen Factoreien geführt, die bedeutende Capitale besitzen und über viele arbeitende Hände gebieten, die in der Absicht zusammengebracht werden, um die verschiedenen Theile der Manufactur unter ihnen zu vertheilen. Manufacturen, die durch geringe Capitale und wenige Menschen betrieben werden, wie die Seidenwebereien in Spitalsfield in London und die Spitzenwirkerei in der Grafschaft Buckingham, kommen immer mehr in Verfall und werden durch große Factoreien verdrängt, wie die großen Seidenwebereien in Macclesfield und Manchester und die Spitzenmanufacturen in Nottingham und Tiverton.

Merkwürdige Heilung der Wasserscheu.

Kürzlich starb in Irland ein Mann, der einst durch den Biß eines wüthenden Hundes in die Wasserscheu verfallen war und auf eine sonderbare Art gerettet wurde. Nach dem Biß wurde er unwohl und schnell entwickelten sich alle Symptome der Krankheit, welche sich bis zu einem solchen furchtbaren Grade entwickelte, daß seine Freunde den Entschluß faßten, seinen Leiden durch Erstickung ein Ende zu machen. Zu diesem Zwecke legten sie eine Matratze auf das Estrich, legten den Unglücklichen mit Gewalt auf dieselbe nieder, deckten ihn mit einer andern Matratze zu und streckten sich nun selbst auf dieselbe hin, um ihm den Athem zu benehmen, während seine Frau und einige andere Verwandte den traurigen Ausgang in einem andern Gemache abwarteten. Die Anstrengungen, die der Kranke machte, und sein Röcheln waren schaudererregend, und die Gefühle der Frau während dieser Zeit unbeschreiblich. Als nach kurzer Zeit der Lärm allmälig aufhörte, stürzte sie mit wahnsinniger Verzweiflung herbei, riß mit fast übermenschlicher Kraft die Männer von dem Körper ihres Gatten weg, mit der Erklärung, daß sie es der Hand des Allmächtigen überlasse, wie er sterben solle, möge daraus entstehen, was da wolle. Als sie die Matratze von ihm entfernte, war er fast todt, und seine Anstrengungen waren so fürchterlich gewesen, daß er im Schweiß ganz gebadet war. Als man ihn nun aber eine Weile an die frische Luft brachte, ermunterte er sich und sagte, daß er nicht mehr krank sei, und so war es auch in der That.

Notiz.

An der Küste von Brighton wurde unlängst ein ungeheurer Hummer oder Seekrebs von dem ungewöhnlichen Gewichte von 9½ Pfund gefangen. Er maß vom äußersten Ende der Fühlhörner bis zur Schwanzspitze eine englische Elle, von der Nase bis zum Schwanze 22 Zoll, und hielt 16 Zoll im Umfang. Die Scheren waren sechs Zoll lang und maßen neun Zoll im Umfang.

Der Windsorpark.

Das Pfennig-Magazin

der

Gesellschaft zur Verbreitung gemeinnütziger Kenntnisse.

196.]   Erscheint jeden Sonnabend.   [December 31, **1836**.

Die Stadt und der Hafen Mokka.

Der Hafen der Stadt Mokka, deren Ansicht, von der Landseite aufgenommen, wir hier geben, ist der vorzüglichste von Europäern besuchte Hafen des rothen Meeres. Wir sind gewohnt, mit diesem Namen den Gedanken an Genuß und Luxus zu verbinden, dem allerdings die Hauptartikel seiner Ausfuhr dienen, und nur Wenige gibt es, die noch nichts von dem bekannten Kaffee gehört haben sollten, der von ihr seinen Namen erhalten hat.

Jene große Halbinsel, welche unter dem allgemeinen Namen Arabien begriffen ist, theilt man in drei Theile, die nach ihren physischen Eigenschaften das steinige, sandige oder wüste und das glückliche Arabien genannt werden. Das glückliche Arabien schließt das Hochland in sich, welches an den indischen Ocean grenzt und sich durch sein Klima und durch seine Fruchtbarkeit vor den übrigen auszeichnet und aus den Königreichen Mascat und Jemen besteht. In diesem, und zwar in der Provinz Tehama, liegt Mokka, nicht weit von dem südwestlichen Theile der Küste oder den südlichen Ufern des rothen Meeres.

Mokka ist eine der neueren Städte Tehamas und frühestens im 14. Jahrhundert erbaut worden. Ihr Gründer war ein Scheikh Schadeli (ein Ehrentitel, den viele Nachfolger Mohammed's und seines Schwiegersohnes Ali annahmen), welcher zu dieser Zeit als Eremit in der Gegend lebte, wo sich später die Stadt Mokka erhob. Er stand in dem Rufe so großer Heiligkeit, daß

seine mohammedanischen Brüder aus allen Gegenden zu seiner Klause wallfahrteten, um von seinen Lippen Lehren der Weisheit zu vernehmen. So ereignete es sich eines Tages, daß ein indisches Schiff, welches nach dem Hafen von Dschidda im rothen Meere bestimmt war, in der Gegend des heutigen Mokka ankerte. Die Schiffer erspähten am Ufer die Hütte des Eremiten, und von Neugierde getrieben, stiegen sie ans Land. Der Scheikh empfing sie sehr freundlich und bewirthete sie mit Kaffee. Dieser neue Trank sagte den Fremdlingen sehr zu; er prophezeite ihnen außerdem, daß in einiger Zeit auf diesem Platze sich eine Handelsstadt erheben würde, welche den Indiern einen Markt für ihre Handelsartikel öffnen sollte. Immer mehr Araber und Indier kamen zu der Hütte des Einsiedlers; sein Ruf verbreitete sich weiter und bald erhob sich um seine unansehnliche Wohnung ein Dorf, welches, von seiner Lage begünstigt, endlich zur Handelsstadt emporwuchs.

Was auch immer an dieser Erzählung wahr sein mag, so viel ist gewiß, daß das Andenken des Scheikhs noch heutiges Tages von den Einwohnern Mokkas verehrt wird, welche ihn als ihren Schutzgeist betrachten. Über seinem Grabe erhebt sich die Hauptmoschee der Stadt, und es sind noch mehre Gegenstände, z. B. der Brunnen, nach ihm benannt. Außerdem ist er noch besonders der Schutzgeist der mohammedanischen Kaffeehändler, und alle seine Nachfolger führen den Titel Scheikh.

Das Gebiet Jemen wurde im 16. Jahrhunderte von den Türken erobert, und unter vielen andern bedeutenden Städten fiel auch Mokka unter ihre Herrschaft; die ersten Europäer, welche Mokka besuchten, waren 1513 die Portugiesen; zu Anfang des folgenden Jahrhunderts, als das rothe Meer von den Engländern unter Capitain Alexander Scharpey besucht wurde, erhob sich die Stadt zum Mittelpunkte des Handels zwischen Indien und Ägypten. Die ostindische Compagnie trieb freien Handel dahin zufolge eines Freibriefs, welchen sie 1618 vom Befehlshaber von Mokka erhalten hatte.

Die Stadt ist auf einer sandigen Ebene erbaut, sie liegt nahe am Seeufer in einer kleinen Bucht, welche von zwei Hügeln gebildet wird. Auf jedem derselben steht ein Thurm, von welchen der südliche ebenfalls den Namen des Scheikhs führt. Die Bai ist für große Schiffe nicht tief genug, welche daher auf der offenen Rhede ankern müssen und dort sehr gefährlichen Winden ausgesetzt sind. Das Ansehen Mokkas von der See ist imponirend, die Gebäude sind weiß angestrichen und contrastiren kräftig mit dem tiefblauen Wasser, aus dem sie sich zu erheben scheinen. Die Stadt ist von einer mit Schießscharten versehenen Mauer umgeben, welche in der Ferne ein kriegerisches Aussehen hat, aber in der Nähe sehr an Bedeutung verliert, da sie nur leicht gebaut ist und dem Geschütze nicht widerstehen könnte.

Den Fremden verläßt beim Eintritt in die Stadt der angenehme Eindruck, welchen sie in der Ferne auf ihn gemacht hat; er findet schmutzige und unregelmäßig gebaute Straßen, und nur sehr wenige Gebäude, die seine Aufmerksamkeit fesseln könnten; meist hohe, mit unregelmäßigen Fenstern versehene Häuser. Dies gilt jedoch nur von den Häusern der höhern Classen, die Wohnungen der Armen sind runde, aus Flechtwerk bestehende Hütten zuweilen mit etwas Lehm bedeckt. Das britische Handelshaus ist ein großes, in arabischem Style erbautes und nach englischer Art verziertes Gebäude; die Terrasse auf seinem Dache gewährt eine sehr schöne Aussicht über die Stadt und ihre Umgebung. Die Moscheen mit ihren hohen, schmalen Thürmen sind sehr schön, besonders die Hauptmoschee. Außerhalb der Mauern liegen drei kleine Dörfer oder Vorstädte, welche von Juden, Abyssiniern und Beduinen bewohnt sind.

Die Bevölkerung Mokkas wird sehr verschieden angegeben. Einige schätzen sie zu 5000, Andere auf 7000. Hier sieht man Abyssinier mit ihren langen Gestalten, ihren klugen Gesichtern, ihren feinen Zügen und meist glänzenden und lebhaften Augen, wildblickende Beduinen, bewaffnet vom Kopf bis zum Fuß, gesittetere Araber aus der Stadt und endlich ernsthafte Türken in ihrem glänzend schönen Anzug.

Der wichtigste Ausfuhrartikel Mokkas ist der Kaffee, welcher als die feinste Sorte anerkannt ist. Er wächst in einiger Entfernung von der Stadt, in den engen Thälern der „glücklichen" Gegend. Man nimmt an, daß Mokka jährlich über 4000 Tonnen dieses Kaffees ausführt. Der größere Theil wird nach Dschidda und Suez gebracht, für den Bedarf Ägyptens und der Türkei; ein anderer Theil geht nach Bombay und andern Gegenden Indiens, von wo er seinen Weg nach Europa findet. In Mokka selbst wird der Kaffee sehr wenig verbraucht; der Araber zieht aus Sparsamkeit einen aus den Hülsen des Kaffees bereiteten Trank vor. Selbst in den Kaffeehäusern der Stadt sieht man In- und Ausländer diesen Kischu oder Hülsentrank trinken.

Außer Kaffee besteht Mokkas Ausfuhr auch noch in Tamarinden, Myrrhen, Gummi arabicum, Tragant, Weihrauch, Sennesblättern, Balsam, Aloe, ferner in Hörnern und Häuten vom Rhinoceros, Elfenbein, Goldstaub und Zibeth, welcher von der abyssinischen Küste herübergebracht wird.

Gefahren bei Besteigung der Gletscher.

Am 29. Juli 1836 verließ ein Reisender Chamouny mit seinem Führer, Michel, um über das sogenannte Eismeer bis zu jenem Punkt hinaufzusteigen, den man den „Garten" nennt. Ein kleiner mit Blumen bedeckter Rasenhügel, der wie eine Insel aus dem ungeheuren ewigen Schneemeere hervorragt, führt bekanntlich diesen Namen. Das Hinaufsteigen ist selten gefahrlos; diesmal schien es aber noch gefährlicher, als je, wegen des Schnees, der einige Tage vorher auf den Höhen gefallen war.

Unsere beiden Wanderer waren fast am Ziele, als der Führer plötzlich, vom Schnee verschlungen, vor den Augen des erschreckten Fremden verschwand. Er hatte es unterlassen, den Boden vor sich mit seinem eisenbeschlagenen Stocke zu untersuchen, war auf eine nur leicht mit Schnee überdeckte Spalte getreten, die dünne Kruste brach ein und Michel stürzte in den Abgrund.

Der Reisende, der seinem unglücklichen Führer selbst durchaus von keinem Nutzen sein konnte, kehrte um und machte sich, so schnell es seine Kräfte erlaubten, auf den Weg nach dem nächsten bewohnten Orte Montenvert, um dort Hülfe zu holen. Aber nach dreistündigem Umherwandern im Schnee war es ihm unmöglich, den Weg wieder aufzufinden, so gänzlich hatte er sich in der weiten Einöde verirrt.

Man kann sich leicht vorstellen, in welche Angst ihn diese schreckliche Lage versetzte; da bemerkt er in geringer Entfernung einen Mann, der auf ihn zukommt. Er eilt ihm sogleich entgegen. „Sie sind wol vom Wege abgekommen, mein Herr?" ruft ihm Jener zu. „Mein Führer ist verunglückt", antwortete der Reisende, „und die schleunigste Hülfe thut noth." Er wollte in seiner traurigen Erzählung fortfahren, als der Unbekannte, der sich immer mehr näherte, rief: „Sie erkennen mich also nicht, mein Herr?" Und der Reisende wirft sich voller Freude in die Arme seines Führers Michel, denn dieser war es, aber so verwundet und mit Blut bedeckt, daß man ihn kaum erkennen konnte.

Nach der Erzählung Michel's war dieser ungefähr 15 Fuß tief in die Spalte hinabgefallen, bis er vom Eise aufgehalten wurde. Lange konnte er sich nicht rühren, weil er mit dem Kopfe beinahe nach unten hing; endlich sammelte er seine Kräfte, sich aufzurichten, und es gelang ihm auch zum Theil; durch seine Bewegung aber stürzte er wol noch 50 Fuß tiefer zwischen die Eiswände der Spalte hinunter. Eisiges Wasser tröpfelte ihm unaufhörlich auf Kopf und Glieder herab. In dieser gefährlichen Lage hatte aber Michel noch Kraft und Geistesgegenwart genug, um mit seinem Taschenmesser eine Vertiefung in die Eiswand einzugraben, worin er seinen Fuß hineinstellte; dann nahm er alle seine Kräfte zusammen und war so glücklich, sich ein wenig emporzuheben. Dieser erste Erfolg belebte seinen Muth, er fuhr fort, diese Art Stufen bald in diese, bald in jene Wand einzugraben, auf denen er wie ein Essenkehrer hinaufklimmte, und nach zwei Stunden der mühseligsten Arbeit gelang es ihm so, aus dem Abgrunde heraus zu kommen, in welchem ihm im Falle des Mislingens der schrecklichste Tod bevorgestanden hätte.

Nicht ohne Mühe erreichten unsere beiden Wanderer das Dorf Chamouny; Michel hatte mehre Quetschungen am Kopfe und Verwundungen an allen Gliedern davongetragen, aber glücklicherweise weder Arm noch Bein gebrochen. Er wurde sogleich aufs Sorgfältigste verpflegt, und es hatte dieser Unfall weiter keine bedenklichen Folgen für den Mann.

Die Hängebrücken in Hochasien.

Unter den Hängebrücken, die man nach den Berichten der Reisenden in dem Innern Asiens, Afrikas und Amerikas findet, sind wol keine so eigenthümlicher Art, als die zu Rhampore und andern Orten, auch auf dem Himalayagebirge. Um eine solche zu errichten, so erzählt Frazer in seiner Reise durch einen Theil dieser Gebirgsgegenden, wird zuvörderst eine schmale Stelle des Flusses ausgesucht, wo die Felsenufer zu beiden Seiten sich hoch über den Strom erheben. Hierauf rammt man an jeder Seite des Ufers zwei Pfähle ein, sodaß jeder derselben dem entgegengesetzten so genau als möglich gegenüber zu liegen kommt. Die zwei nebeneinander befindlichen Pfähle werden sowol den einen als an dem andern Ufer mit einem horizontalliegenden Baumstamme so fest verbunden, daß sie der ganzen Spannung der Brücke Widerstand leisten können, und daß folglich das Losreißen derselben nicht zu befürchten ist. Hierauf befestigt man an den Querbaum ein dickes Tau, und schleudert das andere Ende an das entgegengesetzte Ufer, wo es gleichfalls, nachdem es mittels einer Winde straff angezogen ist, am Querbaum befestigt wird. Auf diese Weise geht es fort, bis die Brücke die beabsichtigte Breite erhalten hat. Durch diese parallel liegenden Seile steckt man nun ein halbkreisförmiges Holz, welches so weit ausgehöhlt ist, daß es sich frei hin und her bewegen läßt. Von diesem Holze hängen mehre Seile in Form von Schlingen herab. Personen, welche über den Fluß setzen wollen, müssen sich in diese Schlingen setzen, hängen daher unterhalb der Brücke; sie werden hierauf mittels eines an dem Holze befestigten Strickes, am entgegengesetzten Ufer hinübergezogen. Obschon in der That nichts zu besorgen ist, so kann sich der in der Schlinge Schwebende eines unheimlichen Gefühles nicht erwehren, denn das ununterbrochene Toben des 90—100 Schritte breiten Stromes, und die Macht, mit welcher er sich in eine Tiefe von 30—40 Fuß unterhalb der Brücke stürzt, sind wol geeignet, einen grauenvollen Eindruck hervorzubringen. Indessen müssen Übersetzende sich hüten, die Schlinge noch mit zu vielem Gepäcke zu belasten, indem die Vernachlässigung dieser Vorsichtsmaßregel schon oft Unglücksfälle herbeigeführt hat. Die Brücke bleibt zwar unverletzt, aber die Schlinge zerreißt, der Mensch stürzt in den Strom und ist unrettbar verloren.

Die Stimmwerkzeuge bei Menschen und Thieren.

Es war nach dem Plane der Natur durchaus nothwendig, der Art des Ausdrucks der Empfindungen durch Töne oder Geräusch bei den Thieren eine Verschiedenheit zu geben, damit für ihre Sicherheit durch den Ton oder Charakter des Ausdrucks, der die Annäherung eines Freundes oder Feindes ankündigt, gesorgt sei. Das Wort Stimme im strengsten Sinne paßt nur auf die Menschenstimme, als einer besondern Eigenschaft, welche mehr die Wirkung einer geistigen Anstrengung als einer blos mechanischen Fähigkeit ist, denn die Organe, durch welche die Laute bei allen vierfüßigen Thieren hervorgebracht werden, sind in ihrer Einrichtung ziemlich dieselben wie bei dem Menschen.

Bei der Hervorbringung eines Tones wird die Luft aus der Lunge mit Gewalt in die Luftröhre getrieben, aber auf ihrem Wege, ehe sie die obere Öffnung, den Kehlkopf (larynx), erreicht, durch zwei Bündel von Muskelfasern, Stimmsaiten (chordae vocales) genannt, aufgehalten, die durch beide Seiten des Innern der Luftröhre gehen. Durch diese Muskelfasern, welche die Öffnung bald zusammenziehen, bald erweitern, wird ein gellender oder tiefer Ton hervorgebracht. Dies ist aber noch keine Stimme, sondern ein bloßer Ton, der Menschen und Thieren gemein ist.

Bei den Affen ist die beschriebene Vorrichtung schon mehr zusammengesetzt, und grade dieser Umstand würde die Hervorbringung articulirter Töne weit schwieriger machen, selbst wenn sie durch die Mitwirkung der Vernunft unterstützt würde. Bei der Katze liegen dicht hinter den Stimmsaiten zwei sehr zarte Häute, welche, wenn der Athem sanft durch die Luftröhre getrieben wird, das sogenannte Schnurren hervorbringen. Bei dem Schweine sind die verschiedenen Theile dieser Abtheilung der Luftröhre dick und machen den Ton des Thieres grunzend. Bei dem Maulthiere und dem Esel befindet sich hier eine besondere Höhlung, über welche eine dünne Haut gespannt ist, wie das Fell über eine Trommel, und diese Einrichtung verursacht die eigenthümlichen mistönenden Laute dieser Thiere. Die Fledermaus hat fast gar keine Stimmsaiten und ist daher beinahe stumm.

Die Hervorbringung articulirter Töne wird bewirkt durch die Zunge, den Kehlkopf und die Lippen. Der Ton wird, wie bemerkt, zuerst durch den Durchgang der Luft zwischen den Stimmsaiten hervorgebracht, dann in einer Höhlung verändert, die nach Willkür erweitert oder verkleinert werden kann. Verläßt nun der Ton dieses Behältniß, so erhält er mit Hülfe des Kehlkopfs, der Zunge und der Lippen eine articulirte Form. Wird er plötzlich durch die Kehlöffnung in den Mund getrieben, so entsteht der Kehllaut, wie unser ch zu Anfang einer Sylbe. Zunge und Gaumen werden gebraucht, die Gaumenlaute oder flüssigen Laute (**L D T**) hervorzubringen, und mit den Lippen werden die Lippenlaute (**P B**) gebildet. Folgende Übersicht articulirter Töne enthält die Elemente aller gesprochenen Sprachen. Lippenlaute **p b m f v pr**; Gaumenlaute **t dt n th s sch z j** (Consonant) **r**; Kehlenlaute **k g ng ch gh ghr**.

Bei den Vögeln werden die Töne nicht im Kehlkopfe hervorgebracht, sondern kommen aus dem untern Ende der Luftröhre. Hier tritt eine ähnliche Wirkung ein wie bei der Posaune, welche tiefere oder hellere Töne hervorbringt, wenn ein Theil der Röhre geschoben wird. Zu diesem Zwecke haben die Vögel gewisse Muskeln, welche die Länge der Luftröhre bestimmen und nach der Stärke der Stimme in Zahl und Leistungsfähigkeit verschieden sind. Man findet bei einigen Gattungen in verschiedenen Theilen derselben Luftröhre Ungleichheiten, die eine besondere Wirkung auf die Stimme haben, und die Länge der Luftröhre ist dabei bemerkenswerth. So werden gellende Töne durch kurze Röhren hervorgebracht, und umgekehrt; jene bei den Singvögeln, das Gegentheil bei den Sumpf- und Schwimmvögeln. Auch der Durchmesser der Luftröhre hat Einfluß; weite Röhren bringen tiefe Töne hervor, und umgekehrt. Die

Substanz der Röhre ist nicht weniger zu beachten, wiewol in dieser Beziehung einige Abweichungen sich zeigen. Vögel mit starken und breiten Knorpeln haben eintönige und laute Stimmen, diejenigen aber, bei welchen die Knorpel der Luftröhre aus zartern Ringen mit weitern Zwischenräumen bestehen, können bei freierer Bewegung eine entsprechende Verschiedenheit in der Tonleiter hervorbringen.

Der Muskeln, durch welche die Öffnung des obern Theils der Luftröhre bei Vögeln gelenkt wird, gibt es in der Regel zwei. Wir sehen sie bei d Fig. 1. Sie

dienen dazu, die Öffnung zu verschließen. Die Muskeln am untern Ende der Luftröhre aber sind entweder in einem oder in fünf Paaren vorhanden. Mehre Vögel haben keine eigentlichen Stimmmuskeln, wie die Luftröhre des Geierkönigs (Fig. 2), in welcher die Theile a a nach den beiden Lungenflügeln gehen. Auch die Löffelgans hat keine Stimmmuskeln, aber ihre Luftröhre, welche nachstehende Abbildung zeigt, ist sonderbar

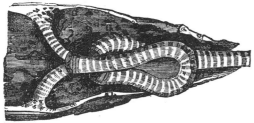

Luftröhre der Löffelgans.

gewunden. Bei den meisten Vögeln befindet sich in dem Theile der Luftröhre, wo sie nach der Lunge geht, ein Knochen. In Fig. 3 sehen wir diesen Knochen in der Luftröhre des Raben. Bei den Papagaien fehlt dieser Theil. In Fig. 4 sehen wir den Durchschnitt desselben Theils der Luftröhre bei dem gelben Macan oder indischen Raben.

Zu den Vögeln mit einem Muskelpaare in der Luftröhre gehören die Falken, Eulen, Schwimmvögel u. s. w. Fig. 5 zeigt uns eine solche Luftröhre. Der

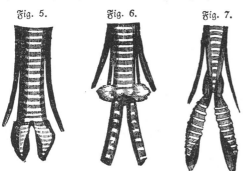

Curassow hat gleichfalls nur ein Muskelpaar, aber seine nachstehend abgebildete Luftröhre ist sonderbar gewunden. Die Luftröhre der Rothgans (Fig. 6) gibt ein Beispiel von zwei Muskelpaaren. Die Vögel mit drei Muskelpaaren sind blos auf das Papagaiegeschlecht beschränkt. Die Muskeln sind so geordnet, daß der untere Theil der Luftröhre sehr enge zusammengedrückt werden kann, und diese Vögel werden dadurch in Stand gesetzt, jene gellenden und durchdringenden Töne hervorzubringen, die ihnen eigen sind. In seiner zusammengesetztern Form

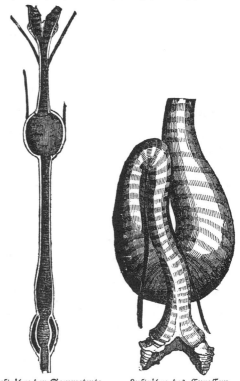

Luftröhre der Sammetente.   Luftröhre des Curassow.

mit fünf Muskelpaaren findet sich dieses Organ bei den Krähen, Staaren, Drosseln und allen Singvögeln, und der Unterschied scheint nur in der verschiedenen Größe zu liegen. In Fig. 7 sehen wir die Luftröhre des Raben. Die merkwürdige Verlängerung der Luftröhre bei der Sammetente, welche vorstehend abgebildet ist, bringt ohne Zweifel eine Veränderung in der Stimme dieses Vogels hervor.

Das große Karthäuserkloster bei Grenoble.

An der äußersten Grenze des südlichen Frankreichs nach Savoyen hin liegt in den Vorbergen der hohen Alpenkette, zwischen Grenoble und Les Echelles, ein Karthäuserkloster, gleichsam abgeschieden von der übrigen Welt, zu welchem nur ein höchst beschwerlicher, ja selbst gefährlicher Weg von dem genannten Städtchen führt. Der Führer bringt den Reisenden in ein Außengebäude, wo ihn ein Laienbruder bewillkommt und dann in das Gastzimmer des Klosters geleitet. Auf Verlangen wird ihm ein einfaches Mahl gereicht und sonst gut für ihn gesorgt. Der Laienbruder führt den Gast im Kloster herum. Längs einem langen Corridor

Das große Karthäuserkloster bei Grenoble.

liegen die Zellen der Mönche; über jeder steht ein Spruch aus der Bibel oder einem Kirchenvater. In diesen Zellen sind zwei Abtheilungen und eine Thüre führt in einen kleinen Garten. Jenseit der diesen umgebenden Mauern steigt eine steile mit Fichten bewachsene Felsenwand empor, auf deren höchster Spitze ein Kreuz steht. Neben der Thüre jeder Zelle ist eine kleine Oeffnung, durch welche die Speise hereingegeben wird, denn nur an Sonn= und Feiertagen wird gemeinschaftlich gespeist, aber auch da kein Wort gesprochen, weil ohne Erlaubniß des Abts kein Mönch mit dem Andern und ebenso wenig mit Fremden reden darf. Nach 1792 wurde das Kloster aufgehoben und seine Besitzungen verkauft, seit 1816 aber wiederhergestellt, und man zählte 1830 gegen 150 Mönche, mit Einschluß der Laienbrüder. Diese besuchen und pflegen die Kranken und besorgen die in den Bergen zerstreut liegenden Kirchen. Acht Monate lang im Jahre liegt rings umher hoher Schnee. In den Sommermonaten dagegen, wo viele Fremde hinkommen, ist das schöne Grün der Weide, die ansehnliche Größe des Gebäudes in der menschenleeren Einöde, die darin herrschende Todtenstille und überhaupt die wilde Felsengegend ein ebenso ergreifendes als anziehendes Schauspiel.

Ersteigung des Vulkans Popokatepetl in Amerika.

Das Thal von Mexico, eine der herrlichsten Landschaften der Erde, wird gegen Südosten von einer Bergkette begrenzt, deren höchste Spitze der ungeheure Vulkan Popokatepetl bildet, der beinahe 18,000 Fuß über der Meeresfläche sich erhebt. Er ist der höchste unter allen bekannten Vulkanen und gleicht in seiner kegelförmig spitzig zulaufenden Gestalt sehr dem Aetna, nur daß sein Fuß nicht wie der des letztern auf einer horizontalen Ebene ruht. Die große Hochebene der Andeskette, an deren Rande sich der Popokatepetl erhebt, ist einer der fruchtbarsten Landstriche von Amerika und entfaltet in ihrem Schooße den ganzen reichen Pflanzenwuchs der Wendekreise. Auf der einen Seite, gegen Nordwest, erstrecken sich mächtige Tannenwälder, die sich bis in das Thalgelände ausdehnen und deren letzte Bäume in Korn=, Mais= und andern Getreidefeldern zerstreut sind, welche bis zu dieser Höhe reichen. Gegen Südost laufen Wälder von verschiedener Beschaffenheit noch weiter. Unter ihnen erblickt man Zucker= und Cactuspflanzungen von einer Fruchtbarkeit und Üppigkeit, wie es nur innerhalb der Wendekreise möglich ist. Auf der Südostseite des Berges erleidet der Schnee, der sie bedeckt, zu gewissen Zeiten den Einfluß der warmen Luftschichten, welche sich aus dem darunter befindlichen Kuautlathal erheben. Der Schnee schmilzt deshalb auf dieser Seite in der trockenen Jahreszeit fast gänzlich, sodaß auf der Südseite des Bergriesen oft die Porphyr= und Lavaschichten fast bis zu dessen Gipfel von ihrer Winterdecke entblößt erscheinen, während auf der Vorderseite die ewigen Schneelager bis herab in die Tannenwaldungen reichen. Auf der Südseite ist daher allein die Ersteigung des Gipfels (des höchsten Punktes von Nordamerika) möglich, und von hier aus ist derselbe im April 1834 von dem französischen Gesandtschaftssecretär Gros zu Mexico und dem dortigen preußischen Generalconsul von Gerolt in Begleitung zweier andern Personen auch wirklich glücklich erstiegen worden. Die Beschreibung, welche der Erstere von diesem Unternehmen gibt, ist so interessant und belehrend, daß wir unsern Lesern davon um so lieber einen Auszug mittheilen, da dieselben dadurch Gelegenheit finden, diese Reise mit einer früher in dem Pfennig=Magazin mitgetheilten Erzählung von einer Besteigung des Montblanc zu vergleichen, der vielleicht wegen seiner schauerlichen Gletscher und Eisklüfte unzugänglicher als der Popokatepetl, dafür aber auch um 4000 Fuß niedriger ist.

Schon ein Jahr früher hatten es die beiden Reisenden versucht, den Popokatepetl zu ersteigen, um das Gestein dieses Berges genauer kennen zu lernen und auf seinem Gipfel Versuche über die Beschaffenheit der ihn bedeckenden Luftschicht anzustellen; allein sie waren damals unterwegs von einem furchtbaren Ungewitter überfallen worden und nach einem sechsstündigen fruchtlosen Umherirren im Schnee, verlassen von ihren Führern und in Gefahr, von einer durch das Zurückprallen der Sonnenstrahlen von der Schneefläche bewirkten Blindheit befallen zu werden, waren sie genöthigt, ihr Vorhaben aufzugeben und wieder herabzusteigen, nachdem sie nur noch etwa 12—1500 Fuß senkrecht vom Gipfel entfernt gewesen waren. So fruchtlos und angreifend dieser erste Versuch der beiden rüstigen Naturforscher gewesen war, so glücklich und gefahrlos lief der zweite ab, da bei jenem die Reisenden manche Erfahrung gemacht hatten, welche sie bei der zweiten Reise benutzten und sich so ihr Unternehmen bedeutend erleichtern konnten. In den ersten Apriltagen waren die nöthigen Vorbereitungen zur Besteigung des Berges vollendet. Die Reisenden hatten sich mit mehren Barometern, mit einem Minircompaß, in Ermangelung des zum Transport auf einem hohen Berge zu schweren Höhenmessers (Theodelits), wie auch mit einigen Thermometern, mit einer kleinen Dampfkugel zum Wasserkochen, einem guten Fernrohre, einem Hygrometer (Feuchtigkeitsmesser) und mehren andern trefflichen Instrumenten versehen. Ferner hatte Gros ein Zelt verfertigen lassen, um einem etwaigen Sturme auf dem Gipfel des Berges Trotz zu bieten. Beile, Sägen, Stricke und mit Eisen beschlagene Bambusstöcke zur Erleichterung des Kletterns fehlten nicht; der Stab des Herrn Gros hatte 15 Fuß Länge und war dazu bestimmt, als Stiel für die Flagge zu dienen, welche die Reisenden auf dem Gipfel des Berges aufpflanzen wollten. Am 15. April Morgens begannen sie ihre Reise. Die Karavane bestand außer den Hauptpersonen aus vier mexikanischen Bedienten und drei Dragonern zur Bedeckung. Jeder hatte ein Beipferd und zwei beladene Maulthiere. Am zweiten Tage gelangten sie nach Zukualpan=Amilpas, wo der englische Maler Egerton zu der Gesellschaft stieß, und wo diese so lange zu verweilen dachte, bis vollkommen günstige Witterung eingetreten war. Während dieses Aufenthalts beobachtete Herr Gros mittels seines guten Fernrohrs den Gipfel des Feuerberges und zeichnete so genau als möglich die Felsen, Schluchten und Lavaströmungen, welche sich auf dieser Seite befanden. Er suchte dann auf dem Papier den besten Platz auf, wo man hinanklimmen konnte, was um so nöthiger war, da es hier keine so muthvollen Führer gibt, als der Montblancbesteiger im Chamounythale findet, und die Wegweiser durch keine Belohnung zu bewegen sind, über die Schneeregion hinauszugehen.

„Mit Lebensmitteln für vier Tage versehen", erzählt Gros, „brachen wir endlich am 28. April um sieben Uhr Morgens auf und klimmten mit unsern Pferden und Maulthieren bergan. Um ein Uhr Nachmittags befanden wir uns zu La Vaquecia, einer Art von Alpensennerei, wo die auf dem Berge weidenden Kühe einen Zufluchtsort finden, und die der letzte bewohnte Punkt auf dieser Seite ist. Um 3 Uhr erreichten wir die Grenze des Pflanzenwuchses, bis wohin noch ziemlich gangbare Fußwege führen, indem wir auf diesem Wege nur einmal uns unserer Äxte hatten bedienen müssen. Wir durchwanderten die herrlichsten Eichen=, Tannen= und Fichtenwälder, die den europäischen vollkommen gleichen, nur daß wir in den mexikanischen ganze Schwärme von Guapamaias oder grünen Papagaien mit rothen Köpfen fanden. Es gibt in diesen Waldungen auch Löwen von einer kleinen Gattung, Jaguars, Wölfe, Hirsche, Rehe und eine große Menge wilder Katzen. Je höher man steigt, desto kleiner und seltener werden die Tannen. In der Nähe des über dem Walde beginnenden Sandes sind sie ganz verkrüppelt und ihre Zweige kriechen längs dem Boden, als ob sie da eine weniger dünne Luft suchen wollten. Nach diesen letzten Bäumen, wovon die meisten schon entwurzelt und zur Hälfte verfault sind, findet man nur noch eine Art Johannisbeergesträpp, mit schwarzen Beeren bedeckt, sodann von Zeit zu Zeit einige gelbliche Moosbüschel, die im Halbkreise zwischen Bimsstein=, Lava= und Basalttrümmern wachsen. Endlich hörte aller Pflanzenwuchs auf und es waren selbst keine Flechten mehr zu bemerken. Man fühlt, daß man sich in einer Region befindet, die nicht mehr zum Aufenthalte der Menschen bestimmt ist. Nur mit Mühe kann man Athem holen. Es läßt sich übrigens schwer beschreiben, von welchen mannichfachen und gemischten Gefühlen man in dieser Einöde befangen ist. Von den letzten Bäumen bis auf eine weite Strecke gegen den vulkanischen Spitzberg bemerkt man nichts als violetten Sand, der an einigen Stellen so fein ist, daß der Wind regelmäßige Streifen und Linien auf seiner Oberfläche gezeichnet. Rothe Porphyrblöcke, die sich von des Berges Gipfel abgelöst haben, und die hie und da zerstreut sind, unterbrechen die Einförmigkeit dieser Sandwüste. Der Gipfel der vom Sande gebildeten Wellen ist von einer ungeheuern Menge zerbröckelten, gelben Bimssteins bedeckt, die der Wind hier aufgehäuft zu haben scheint. Vom Gipfel herab durchschneiden einige vulkanische Felsgrate mit schwärzlichem Porphyr und Lavamassen den Sand in verschiedenen Richtungen, wonach sie sich im Walde verlieren. Der höchste Theil des Feuerbergs ist ganz mit Schnee bedeckt, und dieser Schnee ist um so glänzender, da er sich auf einem dunkelblauen, beinahe schwarzen Himmel zeichnet."

Während der Nacht, welche die Reisenden auf einem niedrigern Theil des Berges in einem Fichtenwalde zubrachten, hatten sie viel von der Kälte zu leiden. Am folgenden Morgen um 3 Uhr bei schönem Mondschein waren die Reisenden wieder unterwegs, das Gesicht und die Augen hatten sie mit grünem Flor und grünen Brillen bedeckt; Jeder trug einen kleinen Sack, worin sich Brot und eine mit Zuckerwasser gefüllte Flasche befanden. Die Indianer trugen die Instrumente und einige Lebensmittel. Der Zug ging sehr langsam, denn alle 15 Schritte mußte man stehen bleiben und Athem schöpfen. Alle fünf Minuten tranken die Reisenden etwas Zuckerwasser, welches die stechende Trockenheit des Mundes und Gaumens linderte. Bei Sonnenaufgang waren sie Zeugen einer merkwürdigen Erscheinung, welche auch an den Ufern des Rheins, auf dem Pilatusberge und andern einzeln stehenden Alpenbergen nicht selten ist. Der ganze Schatten des Feuerberges zeichnete sich nämlich in den Wolken mit den schärfsten Umrissen und den lebhaftesten Farben. Es war ein ungeheurer düsterer Spitzberg, durch welchen man die ganze Umgegend bis an den Saum des Horizontes erblickte, über den sie sich weithin erhob, um sich in einer Dunstsäule zu endigen, die sich von Süden nach Norden bewegte, und je höher die Sonne stieg, desto durchsichtiger wurde, bis sie endlich ganz verschwand. Um 9 Uhr Morgens erreichten die Reisenden den sogenannten Pico del Fraile, von welchem es noch 12—1500 Fuß bis zum Gipfel ist. Von hier aus stellten sich mehr senkrechte und ganz unzugängliche Felsenmassen entgegen. Um den Gipfel oder Krater zu erreichen, mußte man durch eine tiefe Schlucht gehen, welche sich in gerader Linie von Gipfel des Vulkans bis zu den ersten Bäumen erstreckt und von Basalt, Lava und Porphyr durchschnitten ist. Hier und da erheben sich in ihrer ganzen Breite senkrecht abgerissene Felsen und beträchtliche Schneemassen, und überhaupt war der Weg durch diese Schlucht sehr gefährlich, besonders in dem lockern Sande und über die leicht zerbröckelnden Felsenblöcke. Um 12 Uhr Mittags hatten die Reisenden die Schlucht hinter sich. Obgleich von allen Seiten mit Schnee umgeben und auf einer Höhe von 17,000 Fuß, verspürten die Wanderer dennoch keine besondere Kälte, ausgenommen wenn sie tranken oder das Metall ihrer Instrumente berührten. Die Luft aber war auf dieser Höhe so dünn, daß man sehr stark schreien mußte, um in einer Entfernung von 20 Schritten gehört zu werden. Zu pfeifen war ganz unmöglich, und nur mit Mühe ließen sich auf einem kleinen Horne, das der Maler Egerton bei sich hatte, einige Töne hervorbringen. Nachmittags halb 3 Uhr erreichte Gerolt zuerst den wirklichen Gipfel, und sieben Minuten später Gros. Alle Ermattung war nun wie durch einen Zauberschlag verschwunden; sie konnten ungehindert Athem holen. Das Gefühl, den höchsten Punkt endlich erreicht zu haben, den nie zuvor ein amerikanischer Reisender erstiegen hatte, erhöhte ihre physische und geistige Kraft.

Von dem Krater des Popokatepetl, dessen Rand die höchste Spitze des nördlichen Amerika bildet, gibt Gros folgende Beschreibung: „Der Krater ist ein ungeheurer, fast zirkelrunder Abgrund. Sein Umfang mag eine Stunde betragen und seine senkrechte Tiefe 900—1000 Fuß. Der Rand ist nicht gleichmäßig, er senkt sich gegen Morgen so steil hinab, daß ein Unterschied von 150 Fuß in der Höhe der beiden entgegengesetzten Punkte besteht. Die Seitenwände des Feuerschlundes sind steil abgerissen, sie zeigen deutlich drei horizontale Schichten, die fast in gleicher Entfernung senkrecht von drei langen schwarzen und grauen Linien durchschnitten sind. Der Grund ist ein von eingestürzten Felsbrocken, die stets durch neue Einstürze vermehrt werden, gebildeter Trichter. Der eine Rand des Kraters besteht von der Oberfläche bis zu einer Tiefe von 15—20 Fuß aus schwarzen, rothen und weißlichen dünnen Felsschichten, auf welchen vulkanische Massen ruhen, die früher oder später in den Krater rollen werden. Seine Wände sind gelblich und haben auf den ersten Anblick Ähnlichkeit mit einer Gypsgrube. Mitten aus diesem Abgrunde steigen im Wirbel und mit großer Gewalt weiße Dunstmassen empor, die auf der Hälfte der innern Höhe des Kraters in der Luft zerfließen. Die Grundöffnungen sind am Rande mit einem starken Ansatz reinen Schwefels belegt, welcher von den aufsteigenden Dämpfen mit emporgerissen wird. Diese Ausströmung des schwefelsauren Gases ist so beträchtlich, daß sie den oben befindlichen Personen das Athmen erschwert. Die Masse dieses im Grunde des Trichters liegenden Schwefels ist so groß, daß sie nach der Angabe des Herrn Gros eine reine Ausbeute von mehren tausend Centnern geben könnte. Des Kraters äußerer Rand ist vom Schnee ganz entblößt, dagegen bemerkt man in seinem Innern auf der von der Sonne nicht getroffenen Seite eine große Menge Eiszacken, die bis zum Anfang der dritten Felsschicht reichen."

Von den auf dem Gipfel vorzunehmenden physikalischen Versuchen, welche die Reisenden zu machen gewünscht hatten, mußten viele unterbleiben, da wegen des heftig wehenden Windes die mitgebrachte Weingeistlampe nicht angezündet und das Wasser auf dieser Höhe nicht zum Kochen gebracht werden konnte. Auch des Barometers konnte man sich zu den Messungen nicht mehr bedienen, da beim Umdrehen desselben, um das Quecksilber in der Kugel zu sammeln, Luft in die Röhre gedrungen war.

Die Reisenden verweilten eine volle Stunde auf dem Gipfel des Popokatepetl. Erst nach halb 4 Uhr Nachmittags verließen sie denselben, nachdem Gros vorher eine Zeichnung von dem Krater entworfen und die Fahne auf dem höchsten Punkte des Kraterrandes aufgepflanzt hatte. Sie brachten die Nacht wieder unter dem Zelte im Walde zu, brachen am nächsten Morgen den 30. April ihr Lager ab und traten den Rückweg an. In den Wäldern sammelten sie eine große Menge Pflanzen und Blumen, worunter sich auch ein bisher noch unbekanntes, dem Oleander sehr ähnliches Staudengewächs befand, dessen Blumen aus vollen Sträußern, den Maiblumen ähnlich, von blaßrother Farbe bestehen.

In Ozumba, auf der Hochebene am Fuße des Popokatepetl, stellte Gros in dem Hofe des von den Reisenden bewohnten Hauses ein gutes Fernrohr auf das gegen den Gipfel des Vulkans gerichtet war. Der Hof war zwei Tage lang beständig mit Neugierigen angefüllt, welche die auf der Spitze aufgepflanzte Fahne betrachten wollten. Am 2. Mai traf die Gesellschaft glücklich wieder in Mexico ein. Die volle Höhe des Popokatepetl beträgt 17,860 Fuß über dem Meere. Der ungeheure Vulkan ist noch nicht ganz erloschen, obgleich wahrscheinlich seine eigentlichen Ausbrüche schon mehre Jahrhunderte vor der Eroberung Mexicos aufgehört haben. Ein fortdauerndes dumpfes Getöse im Innern des Kraters und das immerwährende Aufsteigen vom Schwefeldämpfen beweisen, daß noch eine vulkanische Gährung in den Eingeweiden des Berges statt findet. Den Umkreis der Landschaft, welche von dem Gipfel sichtbar war, berechnet Gros auf 60 Stunden; allein die Gegenstände zeigten sich nicht ganz deutlich, sondern wie von einem durchsichtigen Nebel umhüllt. Eine merkwürdige Erscheinung war die dunkle Bläue, fast Schwärze des Himmels, welcher immer lichter wurde, je tiefer die Reisenden herabstiegen. Hinsichtlich des körperlichen Zustandes, worin sie sich während ihres Aufenthaltes auf dem Gipfel befanden, berichtet Gros, daß ihr Puls mit ungeheurer Schnelligkeit ging, nämlich in 140 bis 145 Schlägen in einer Minute. Sein und seiner Gefährten Aussehen war zum Entsetzen blaß, ihre Lippen waren mattblau und die Augen schienen sich in ihre Höhlen zurückgetreten zu sein. Wenn sie sich, um auszuruhen, vor Ermattung nieder legten, so schienen sie eine Gesellschaft von Leichen, aus ihren Gräbern erstanden.

Von lebenden Wesen entdeckten die Reisenden auf einer Höhe von mehr als 17,000 Fuß noch mehre Raben und eine den Asseln ähnliche Gattung Würmer, welche, fast erstarrt, in den feuchten Höhlungen der Felsenblöcke lagen.

Die Kälte am botnischen Meerbusen.

Die Stadt Torneå, erzählt Maupertuis, bot bei unserer Ankunft am 30. December einen höchst schauerlichen Anblick dar. Ihre kleinen Häuser waren bis an die Dächer in Schnee begraben, der das Tageslicht, wenn es um diese Zeit überhaupt solches gegeben hätte, gänzlich hätte ausschließen müssen. Der beständig fallende Schnee verbarg meistentheils die Sonne, selbst in den wenigen Augenblicken, wo sie sich Mittags über den Horizont erhoben hatte. Im Januar stieg die Kälte zu solcher Höhe, daß das Thermometer 37 Grad unter dem Gefrierpunkt zeigte und der Weingeist gefror. Öffneten wir die Thüre eines warmen Zimmers, so verwandelte die äußere Luft augenblicklich die innere in Schnee, der sich in weißen Wirbeln herumdrehte. Wenn wir herausgingen, hatten wir eine Empfindung, als ob die Luft uns die Brust zerreißen wollte. Das Brechen des Holzes, aus welchem die Häuser gebaut sind, setzte uns beständig wegen Zunahme der Kälte in Unruhe, weil die Heftigkeit derselben es zerspalten zu wollen schien. Die Straßen waren so leer, als wenn die ganze Stadt ausgestorben wäre. In dieser Gegend sieht man oft Verstümmelte, die der Frost um einen Arm oder ein Bein gebracht hat. Die Kälte wächst bisweilen so plötzlich, daß sie Denen, die ihr ausgesetzt sind, häufig den Tod bringt. Nicht selten erheben sich auf einmal Stürme mit Schnee, die schreckliche Verheerungen in ihrem Gefolge haben. Die Winde scheinen dann aus allen Weltgegenden zu wehen, und die Schneeflocken mit solcher Wuth umherzutreiben, daß man nicht weiß, ob sie von unten oder oben kommen, und im Augenblick die nächsten Gegenstände von einer undurchdringlichen Schneewolke eingehüllt sind. Wehe Dem, der von einem solchen Sturm auf den Feldern überfallen wird! Seine Bekanntschaft mit der Gegend oder mit den Kennzeichen, die er von den Bäumen hergenommen haben mag, kann ihm nichts helfen. Er wird vom Schnee irregeführt und jeder Schritt kann ihm den Tod bereiten.

An die geehrten Leser!

Seit wir den Verlag des Pfennig=Magazins übernommen haben, ist unser Streben beharrlich darauf gerichtet gewesen, diese Zeitschrift ihrem Zwecke, Belehrung und Unterhaltung in einem größern Kreise zu fördern, den Geist anzuregen und gemeinnützige Kenntnisse zu verbreiten, immer näher zu führen. Dieses Ziel zu verfolgen, werden wir von dem nächsten Jahrgange an noch mehr als früher durch günstige Verhältnisse in den Stand gesetzt sein, und es soll bei der Wahl der Mittheilungen sowol als in der Darstellung immer sorgfältiger Alles berücksichtigt werden, was den Bedürfnissen, der Geistesrichtung und dem Interesse des deutschen Volkes zusagt, um unsere Zeitschrift zu einem Volksblatte im würdigsten Sinne des Worts zu erheben. Bei vorzüglicher Beachtung des Vaterländischen aber wird sie nicht aufhören, ihre Leser in dem weitern Gebiete des Wissenswerthen umherzuführen, das sich in unsern Tagen immer mehr öffnet, immer mehr alle Interessen des wissenschaftlichen wie des gewerblichen Lebens berührt und daher keinem Gebildeten, der den raschen Fortschritten der Zeit folgen will, fremd bleiben darf. Während wir nun bemüht sein werden, für höhere Bedeutung und Mannichfaltigkeit des Inhalts zu sorgen, wird eine Vereinigung von Umständen es uns möglich machen, auch in den bildlichen Darstellungen nur Ausgezeichnetes zu liefern, das Pfennig=Magazin immer würdiger auszustatten und den Beifall, den es in artistischer Hinsicht bereits gewonnen hat, in noch höherm Grade ihm zu sichern. Wir haben zu diesem Zwecke, da das Sonntags=Magazin zu erscheinen aufhören wird, mit den Eigenthümern des in Paris erscheinenden Musée des familles die Übereinkunft getroffen, daß sämmtliche Originalabbildungen, welche diese Zeitschrift, durch ihre Verbindung mit den bedeutendsten Künstlern in Paris und London begünstigt, als ausgezeichnete artistische Leistungen geben wird, das Pfennig=Magazin zur ausschließenden und uneingeschränkten Benutzung für Deutschland erhält. Außer den Abbildungen, welche wir selber, nach den nächsten Bedürfnissen deutscher Leser, von deutschen Künstlern fertigen lassen, werden uns daher vom nächsten Jahre an die Originalabbildungen des Penny-Magazine, des Saturday-Magazine, des Musée des familles, des Magasin pittoresque und des Nederlandsch Magazijn zur Verfügung stehen und wir werden eine so reiche Auswahl allgemein interessanter bildlicher Darstellungen haben, daß wir nur Dasjenige zu benutzen brauchen, was dem Gegenstände nach oder durch künstlerische Vollendung der Aufnahme werth ist.

Die frühern Jahrgänge des Pfennig=Magazins und des Pfennig=Magazins für Kinder, sowie des ebenfalls in unsern Verlag übergegangenen Sonntags=Magazin und National=Magazin, Zeitschriften ähnlicher Tendenz wie unser Pfennig=Magazin, sind, die letztern zu sehr ermäßigten Preisen, durch alle Buchhandlungen zu beziehen.

Expedition des Pfennig=Magazins.
(F. A. Brockhaus.)

Verantwortliche Herausgeber: Friedrich Brockhaus in Leipzig und Dr. C. Dräxler=Manfred in Wien.
Verlag von F. A. Brockhaus in Leipzig.